요가사전

The Encyclopedia of Yoga and Tantra

by Georg Feuerstein

Published by arrangement with Shambhala Publications, Inc., Boulder through Sibylle Books Literary Agency, Seoul

요가사전

게오르그 포이에르슈타인 Georg Feuerstein
| 김재민 옮김

여래

정승석
(동국대학교 대학원장 / 불교학술원장)

요가와 탄트라?

우리에게 요가는 외래어라는 생각이 들지 않을 만큼 일상어의 반열에 올라 있는 데 비하면 탄트라(Tantra)는 아직 생소한 말일 수도 있다. 그러나 인터넷으로 전세계의 지식을 공유할 수 있는 지금은 궁금증을 풀고자 마음만 먹으면, 이런 건가 보다 하는 수준으로 탄트라를 알 수는 있다. 물론 대체로 선정적인 것들을 먼저 찾아다니며 얻는 지식으로는 진실을 곡해하기 쉽다.

사실 우리가 직간접으로 경험하거나 목격한 요가는 인도에서 유구한 수행의 전통으로 계승되면서 계발된 요가의 일부를 퓨전 요리처럼 가공한 것이기 일쑤이다. 그렇다면 이런 요가와 결부되거나 요가라는 이름으로 횡행하는 탄트라가 더욱 그 본래의 목적을 왜곡하고 있음은 두말할 나위가 없다.

이 사전의 저자 포이에르슈타인은 서론에서 다음과 같이 언명하는 것으로 이 같은 현실을 직시하고 있다.

"요가는 대체로 육체적인 피트니스 트레이닝으로 바뀌고, 탄트라는 해탈의 가르침으로부터 성적이고 선정적으로 자극하는 상품으로 타락되었다. 그러나 도처에서, 특히 인도와 티베트에서 두 전통의 참된 스승을 찾는 것은 여전히 가능하다."

"우리가 접하는 서구의 요가와 탄트라는 흔히 그 영적 전통의 배후에 있는 의도를 왜곡한 것이고, 그래서 불행하게도 틀림없이 그것들의 원래 기법과 접근법들의 효과도 얼마간은 감소시킨 통속화된 것들뿐이다."

저자는 이 같은 현실에서 인류에게 유익한 전통적 가치가 오히려 유해한 수단으로 변질될 수 있다는 것을 심각한 문제로 인식하여 이 사전을 편찬한 것으로 이해된다. 그래서 그는 입문자에게는 요가와 탄트라의 진정한 전통을 알기 위해 진력하는 노력이 전제조건으로 필요하다는 것을 지적한다. 저자의 목적은 이런 전제조건을 충족시킬 자료를 제공하는 데 있을 것이지만, 이 사전의 실질적 효용성은 요가와 탄트라에 대한 왜곡된 지식을 교정하고 바른 지식을 취득하는 것으로 발휘될 것임이 분명하다.

일본에서는 이 사전과 같은 목적을 공유하면서 도형화 한 그림을 곁들인 효과적인 방법으로 긴요한 지식을 대중화하려는『도설 요가대전』(2011)이 출판되었다. 그러나 이보다 먼저 출판된 이 포이에르슈타인의 사전은 그 내용으로 보면 전공자와 일반인을 아우르는 정통 해설사전에 속한다. 이러한 사전이 요가의 다방면에 걸쳐 전문 식견이 풍부한 김재민 박사에 의해 번역 출판된 것은 크게 축하하고 치하할 만한 경사이다.

번역본의 가치는 원서에 달려 있지만, 훌륭한 원서일지라도 번역자의 역량과 구상에 따라 그 가치가 훼손되거나 원서보다 확장될 수 있다. 이 번역본은 원서의 가치를 더욱 확장시킬 것으로 믿어 의심치 않는다. 다른 무엇보다도 독자를 배려한 역자의 노력이 그 믿음을 충분히 입증할 것이다. 역자는 원서에 방치되어 있는 세부 사항들을 제시하면서 국내의 전문 연구자와 일반 독자들에게 활용성과 편의성을 제공하는 편제로 원서를 재구성하는 데 진력했다.

단적인 예로, 이 번역본에서는 전문 연구자를 위해 영어식으로 표기된 산스크리트를 모두 정확한 원어 표기로 바꾸었다. 이와 아울러 일반 독자를 위해 산스크리트에 한글 음독을 병기해 두었다. 또한 두 가지 유형의 색인을 부록으로 작성하였다. 즉 「한글-산스크리트-영어」 색인과 「영어-산스크리트-한글」 색인으로 산스크리트에 익숙하지 않은 독자들도 이 사전을 충분히 활용할 수 있도록 배려했다.

역자의 이 같은 세심한 배려는 번역의 질을 담보하는 증거이기도 하다. 더욱이 김재민 박사는 나의 지도제자로 인도철학에 입문한 이래, 요가 분야에서는 가장 성실하게 이론과 실천을 수습해 오면서 많은 역서와 저서를 출판했기에 그의 번역은 더욱 신뢰할 만하다.

요가와 탄트라 관련으로는 국내에서 처음으로 출간된 이 사전이 그간 이 분야에 대한 바른 지식을 갈망하는 독자들에게 지식의 창고이자 지식 습득의 지름길이 될 것으로 확신한다.

인도의 전통에서 요가는 학파와 종파를 불문한 공통의 실천 수단이었으며, 탄트라는 신분을 초월한 문화적 사회적 지식의 창고인 동시에 삶의 도구를 제공했다. 이 같은 가치와 용도가 이 사전을 통해 우리에게도 활용되고 응용될 수 있기를 기대하며, 역자의 의지와 노력에 상응하는 결실이 있기를 기원한다.

2016년 11월 13일

정승석

이 책은 게오르그 포이에르슈타인(George Feuerstein)의 *The Encyclopedia of Yoga and Tantra*(Shambhala, 2011)의 번역서이다.

포이에르슈타인은 인도사상, 특히 요가 분야의 연구자와 관심자 들에게 비교적 널리 알려진 인물이다. 해당 분야와 관련하여 많은 저작과 논문을 남겼고, 국내에서는 그의 저작 중 『요가 전통』*Yoga Tradition*, 『탄트라』*Tantra: The Path of Ecstasy*, 『요가의 세계』*The Shambhala guide to yoga*와 S. 칵(Kak)·D. 프롤리(Frawley)와의 공저인 『최초의 문명은 고대 인도에서 시작되었다』*In Search of the Cradle of Civilization: New Light on Ancient India* 등이 번역 소개되었다. 이 중에서 특히 『요가 전통』은 인도사상사 내에서 요가사상의 흐름과 개개의 유파들이 갖는 특성들에 대하여 비교적 소상히 소개하고 있는 역작이다.

이와 더불어 본 역서의 원서인 *The Encyclopedia of Yoga and Tantra*는 저자가 기존의 원고를 다듬고 새로운 표제어를 추가하여 작성한 삶의 마지막 시기의 저술로, 그의 평생의 연구와 수행의 총화를 축적한 최종 저장고라고 할 수 있을 것이다. 이 점은 그가 이 책의 초판을 1990년에 출간한 이래로 1997년에 완전 개정·확장판을 내놓았고, 2011년에 다시 이전 판본의 결점을 바로잡고 기존 표제어들을 갱신하거나 확충하고 더불어 5백 개가 넘는 새 표제어를 추가하여 재출간한 데서 잘 드러난다. 또한 추모사적 성격의 그의 이력(뒤의 '요가와 더불어 한 생애를 살았던 그를 기리며……' 참조)에서 주요 저작이 열거되는 순서에서 맨 처음 언급되고 있는 점에서도 잘 알 수 있다.

서문에서 밝히고 있듯이 저자는 한편으로는 전문적인 요가 연구자와 종교사학자를 위해서 가치 있는 내용을 제공하는 방식으로 서술하고 배열하면서도, 다른 한편으로는 일반 독자들이 접근하기 용이하고 유용하면서도 포괄적인 참고서가 되도록 이 사전을 만들려고 하였다. 이러한 의도는 이 책이 단지 용어 사전이나 일반적인 사전이 아니라 자세한 설명이 풍부하게 되어 있는 '백과사전'이라는 점에서 분명하게 보인다. 원서가 갖는 기본적인 특징들은 저자의 서문에 자세히 언급되어 있으므로 여기서는 본 번역서가 갖는 특징, 원서와 다른 점 등을 서술하겠다.

본 번역서에서는 저자가 의도하는 바를 좀 더 확장하고 강화하였다. 표기에 있어서는 전문가들을 위해서 원서와 달리 산스크리트를 영어식이 아니라 IAST(International Alphabet of Sanskrit Transliteration) 방식의 로마자 표기법을 채택하였고, 일반 독자들을 위해서 산스크리트 한글 독음을 병기하고 「한글-산스크리트-영어」 색인을 부록에 덧붙였다. 전문연구자들이 아닌 일반인들의 경우에 서로 원활히 통용될 수 있는 표준화된 산스크리트 한글 독음이 필요하다고 생각되어서 고심 끝에 이러한 작업을 하게 되었다. 더불어 산스크리트에 익숙하지 않은 영어 가능자들이 적지 않다는 점과 저자가 채택한 산스크리트의 영어식 표기법([부록2] 참조)이 영미권의 서적들에서도 대체로 통용되는 표기체계라는 점을 고려해 볼 때 영서를 읽는 독자들도 배려해야겠다는 생각이 들어서 「영어-산스크리트-한글」 색인도 실었다. 이러한 두 종류의 색인은 본문과 표제어 간의 상호 참조성을 높이는 데, 특히 한글 표제어를 주로 활용하는 독자에게 도움이 될 것이다. 본문에서 표제어에 없는 산스크리트 용어의 경우에 로마자 앞에 ∮표시를 해 두었다. 이 부호가 없는 용어는 표제어에 있으므로 해당 표제어로 가서 참조하면 된다. 마지막으로 영어 표제어의 경우는 기본적으로 본문 내용 번역 시 알파벳을 병기하지 않았다. 영어 표제어의 대부분은 산스크리트의 영어 번역이고, 표제어에 대한 설명은 거의 없고 대개 해당 산스크리트 표제어를 참조하라고 되어 있기 때문이다. 표기와 관련된 세부 내용은 '일러두기'를 참조하기 바란다.

내용에 있어서는 이 사전이 백과사전인 점을 고려하여 독자들이 표제어별 서술 내용을 가급적 편하게 읽을 수 있도록 번역하려고 노력하였다. 그리고 약호를 거의 대부분 풀어서 서술하였고 필요에 따라서는 풀어쓰고도 부호를 사용하여 보다 명확하게 눈에 띄도록 만들었다(어근 √, 참조 ⇒의 경우). 또한 번역어 선택에 있어서도 저자의 원의에 충실하면서도 다소 과감하게 의미 전달을 중심으로 하였고, 해당 번역어 옆에 국내 학계에서 일정 정도 통용되고 있는 용어도 병기해 주었다. 이러한 점들이 일반인들에게는 요가와 탄트라 분야에 대한 진입장벽을 낮추는 역할을 하기를, 전문가들에게는 본서의 학술적 엄밀성과 활용도를 제고하는 데 도움이 되기를 희망한다.

기타 사항으로는 본문의 산스크리트의 영어식 표기 오류와 문헌에서 장, 절, 송 인용 시의 숫자 오기 등을 가능한 한 바로 잡으려 노력하였다. 그리고 본 번역서 내의 모든 각주는 옮긴이가 단 것들이므로 따로 그것들에 '옮긴이 주' 표기를 하지 않았다.

옮긴이의 학부 전공은 인도철학, 요가철학이 아니다. 그저 요가를 실천 수련하는 것이 좋아서 하다 보니 요가의 사상이 궁금해졌고, 그 당시 그러한 부분을 배울 곳이 마땅히 없어서 동국대학교 인도철학과 대학원 석사 과정에 들어갔다. 옮긴이는 그때 영어 원서조차 읽어내기가 버거웠는데, 첫 학기 첫 요가철학 수업시간에 들어가니 데바나가리Devanāgarī로 된 산스크리트 경전을 강독하였다. 영어의 알파벳에 해당하는 데바나가리 문자조차 제대로 암기하지 못하는 상태였기에, 내용이라도 이해해 볼 요량으로 국내의 번역서나 저서를 찾아서 읽다 보니 무엇보다도 산스크리트 용어들에 대한 번역어들이, 더불어 한글 독음이 일정하지 않아서 동일한 용어임에도 불구하고 다른 것으로 착각하여 이해하거나 모르는 것이라고 생각하는 웃지 못 할 해프닝을 셀 수 없이 겪기도 했다. 더욱이 인도철학과 요가철학 전반에 대한 배경지식이 부족했던 탓에 한글로 된 전공서적도 속도감 있게 읽어나갈 수 없었다. 이러한 상황에서 큰 도움이 되었던 책이 『요가 백과사전』*Encyclopedic Dictionary of Yoga*(Unwin, 1990)의 개정본인 『샴발라 요가 백과사전』*The Shambala Encyclopedia of Yoga*(Shambala, 1997)이었다. 이 책은 『요가, 탄트라 백과사전』*The Encyclopedia of Yoga and Tantra*이라는 제목(번역서명은 『요가 사전』)으로 개정·증보되어

2011년에 재출간되었는데, 이것이 이제 더 이상 저자의 개정이나 증보가 없는 최종본일 것이다. 책이 보완되어서 발간되어 온 과정을 언급하고 이 책이 최종본이라고 표현한 데는 나름의 이유가 있다. 옮긴이가 처음 번역의 대상으로 삼았던 책이 1997년에 나온 『샴발라 요가 백과사전』이었다. 2012년 말에, 전체의 70%가량 번역이 진척되었을 무렵에 『요가, 탄트라 백과사전』이라는 제목으로 그 책의 개정판이 출간되었다는 사실을 알게 되었다. 내용을 검토해 보니 기존 표제어들 중 갱신되거나 확충된 것도 있고 새 표제어도 5백 개가 넘게 추가되어 있었다. 처음부터 다시 어느 표제어의 어떤 내용이 바뀌었는지 점검하여 반영하고 새 표제어도 번역하였다. 추가된 것들은 새로운 것들이라서 구분하기가 용이했지만, 수정·보완된 것들은 다시 한 문장씩 보는 작업을 해야 하는, 꽤나 품이 많이 드는 과정을 거칠 수밖에 없었다. 1차 번역을 거의 마칠 때쯤인 2014년 말에 저자인 G. 포이에르슈타인이 이 지상에 나와 함께 존재하고 있지 않다는 사실을 그가 저 세상으로의 여행을 떠난 지 두 해쯤 지난 시점에서야 알게 되었다. 따라서 2011년에 출간된 이 『요가, 탄트라 백과사전』이 물리적으로 최종본이 되었다. 번역을 1차 완료하면서 저자 소개 부분을 보니 내용이 너무 간략하여서 부재한 그에게 다소 미안한 마음이 들었다. 그래서 저자 소개를 좀 더 상세하게 해야겠다는 생각에 관련 내용을 인터넷에서 찾다가 그의 약력이 담긴 추모사적 성격의 글을 발견하였고 이것을 번역하여 역자 서문 뒤에 실었다.

한 분야에 대한 지식을 축적해 가는 과정은 집을 짓는 과정과 유사하다. 해당 분야에 대한 개설서가 집의 개괄적 설계도라고 한다면 그 개설서의 한 장章은 또는 좀 더 세부적인 내용들을 다루고 있는 서적들은 기둥에 해당하고 그 모든 서적에 사용되고 있는 용어들은 벽돌들에 해당한다. 집을 짓는 데 있어서 전체 설계도나 기둥과 같은 거시적이고 구조적인 것이 얼마나 중요한지는 말할 필요가 없겠다. 그러나 미시적이고 단편적인 것이라 할 수 있는 단단하고 알맞은 벽돌 한 장 한 장 또한 그 중요성에 있어서는 앞서의 것들에 못지않다고 할 수 있다. 벽돌로 쌓아올리지 않은 집이 어디 있겠는가. 이 사전에 실려 있는 2천5백 개가 넘는 표제어가 2천5백 장이 넘는 벽돌이다. 불량 벽돌은, 예컨대 일주일 정도의 제대로 된 양생과정을 거치지 않은 벽돌은 압축강도가 낮아서 하중을 받게 되면 쉽게 무너지기에 이러한 벽돌들을 사용하게 되면 제대로 된 집을 지을 수가 없다. 이는 한 분야의 지식을 쌓아나가는 경우에도 그대로 적용된다. 특히 특정한 분야에 대한 전문 지식을 쌓으려는 사람의 경우는 더욱 그러하다. 해당 분야의 전문 용어들을 정교하게 쌓아올려 전체 지식체계를 축조하는데 있어서 개개의 용어들을 제대로 이해하고 사용하지 못한다면, 자신이 전달하거나 주장하려는 바를 상대에게 정확하고 설득력 있게 전하지 못 할 뿐만 아니라 그릇된 정보를 전달하거나 잘못된 주장을 하게 되기 쉽다. 마치 건물의 벽과 바닥이 갈라지거나 내려앉게 되고 심지어는 건물 전체가 붕괴되는 것과 같다. 그런 점에서 이 책은 요가와 탄트라, 인도철학에 관심을 가진 모든 분, 특히 해당 분야에 대해 보다 깊은 지식, 전문적 지식을 쌓아나가려는 사람들에게 오랜 기간 지속적으로 함께할 수 있는 좋은 안내자이자 동반자인 동시에 해당 지식 체계를 튼튼하게 지탱시켜주는 단단한 버팀목이라 할 수 있겠다.

가장 먼저 감사드려야 할 분은 옮긴이의 은사이신 동국대학교 불교대학의 정승석 교수님이다. 이 사전을 번역하고 싶다는 마음을 촉발시킨 분이자, 학문적으로 사표이시기 때문이다. 은사께서 과거에 번역한

『불전해설사전』(민족사, 1989)을 보며 나도 이런 사전 작업을 해야겠다는 마음을 내어 이 사전을 번역하기 시작했다. 그래서 번역을 완료하자마자 추천사를 부탁드렸다. 아직도 많이 부족한 제자의 작업 결과물에 대한 추천사 청을 선뜻 받아들여주시고, 짐작건대 많은 시간을 들여, 정성스럽고 세심하게 써주셨다. 추천사에서 해주신 과분한 칭찬은 제자에게 앞으로 그런 연구자가 되라는 당부와 격려의 말씀이라 생각하고 마음에 새기며 다시 한 번 선생님께 감사드린다. 고마움을 꼭 전하고 싶은 또 한 분은 스와라 요가 인스티튜트Svara Yoga Institute의 수연 선생이다. 번거로운 작업들을 늘 마다하지 않고 해 주었고, 옮긴이의 시선이 미치지 못한 세세한 부분까지 꼼꼼히 살펴서 원고의 수정과 보완에 상당한 도움을 주었다. 그리고 이 책의 부록 중 하나로 실린 산스크리트 한글 표기법('범어 음역 한자의 독음 표기법')을 제공해 준, 현재 동국대 다르마칼리지 교수이신 김미숙 선배님께도 고마움을 전한다. 마지막으로 여래출판사의 정창진 사장님께 감사드린다. 올해는 옮긴이가 첫 번역서를 여래에서 출간한 지, 정사장 님과 같이 작업한 지 꼭 10년이 되는 해이고, 개정 번역서까지 포함하면 이 『요가 사전』이 여래에서 출간되는 옮긴이의 아홉 권째 책이다. 매 번 묵묵히 옮긴이의 말을 경청해 주고 언제나 즐겁게 함께 작업해 준 그 마음에 감사드린다.

은사께서 가신 길을 따라서 이제 '요가 백문백답(百問百答)'을 준비해야겠다.

德濟山房에서 김재민 합장

| 요가와 더불어 한 생애를 살았던 그를 기리며…… |

게오르그 포이에르슈타인(Georg Feuerstein; 1947~2012)[1]

게오르그 포이에르슈타인 박사는 십대 초반에 요가에 관심을 가지게 되었고 그때 이후로 시간이 지날수록 요가 철학과 역사에 대해 더 공부를 했다. 그는 잉글랜드에서 대학원 공부를 하였고 50권이 넘는 책을 저술하였다. 그것들은 모두 요가에 대한 것만은 아니고 시적인 제목으로 된 두서너 권의 책을 포함하고 있다. 그의 주요 저작들로는 『요가, 탄트라 백과사전』 *The Encyclopedia of Yoga and Tantra*(Shambhala 2011), 『요가 전통』 *The Yoga Tradition*(Hohm Press 2008), 『요가의 도덕률』 *Yoga Morality*(Hohm Press, 2007), 『요가의 더 깊은 차원』 *The Deeper Dimension of Yoga*(Shambhala 2003), 『신역 바가바드-기타』 *The Bhagavad-Gītā: A New Translation*(Shambhala 2011)가 있다.

게오르그는 몇 가지 원격 학습 코스를 개발하였고, 현재 그의 아내가 운영하는 캐나다 교육회사인 TYS를 통해서 이것들을 이용할 수 있다. 그는 공식적으로 2004년에 반半 퇴직 상태에 들어갔다. 그러나 2011년에 그는 보다 깊이 요가 철학에 파고드는 데 진지한 관심이 있는 사람들을 고무시키기 위한 TYS 사사 프로그램(mentorship program)에 참여하는 데 동의했다. 2012년에 게오르그는 아내 브렌다Brenda를 모든 TYS 코스에 대한 개인 지도 교수로, 그리고 멤버십 프로그램에 대한 조교로 지명했다.

게오르그 포이에르슈타인은 겸허하게 봉사를 하는 매우 건설적인 삶을 살았다. 2012년 8월 25일 토요일에 당뇨로 인한 합병증으로 그는 서스캐처원Saskatchewan의 남부에 있는 자택 근처에서 평화롭게 명료한 의식 속에서 이 세상을 떠났다. 아내 브렌다와 많은 영적 친구에 둘러싸여서 격려 받았던, 9일간의 애정 어린 마감 여행 이후에 그의 마지막 생生과 사死의 전환이 일어났다.

전 세계 요가계에 기여한 그의 학술적 유산은 방대하고 경외심을 고취시키고, 우리 모두는 그 유산에 엄청난 신세를 지고 있다. 사랑하는 파트너이자 연인이자 친구이자 아내인 브렌다 포이에르슈타인이 애정을 기울여 그의 연구를 지속시키고 관리할 것이다.

게오르그와 브렌다는 프랜치맨 강(Frenchman River)을 따라서 은신처와 같은 환경의 평원에 거주하기를 선택했고, 거기서 그들은 자신들의 수행을 진일보시켰고 생산성을 크게 향상시켰다. "9년 사이에 나는 내 삶의 다른 어느 때보다 …… 더 적은 시간에 …… 더 많은 연구를 수행하였다. 나의 영감? 그것은 이 평원의 풍경과 브렌다였다."

1 http://www.traditionalyogastudies.com/about-us/georg-feuerstein/의 내용을 번역한 것이다.

게오르그에게 경의를 표하기 위해서 무엇을 할 수 있는지 물어보는 사람들에게 요청하는 것은 단지 하나뿐이다. 우리에게 유익함과 이해력을 주기 위해서 게오르그가 탐구하고 설명하는 데 자신의 삶을 보낸 요가의 가르침들을 실행에 옮기라는 것이다.

고대에 요긴yogin은 자연의 세계로 시선을 돌리고 참자아에 대한 깨달음이라는 자신의 목적에 대한 이해력을 함양하기 위해서 자신의 내부로 주의를 돌렸다. 오늘날 우리는 가르침들을 전하는 책들이 주는 혜택을 받고 있다. 그러한 책들을 집어 들었을 때, …… 출판물들을 통해서 계속 살아 있는 게오르그의 삶과 시대에 대해 감사의 기도를 하라.

금전적인 기부로 감사를 표하고 싶다면 감금된 수행자들을 지원하기 위한 장학 기금이 조성되고 있다는 점을 기억해 두면 좋겠다. 자세한 내용이 곧 마련되어서 www.traditional yogastudies.com에 게시될 것이다. 게오르그 포이에르슈타인의 삶과 연구를 기릴 기금과 장래의 기념행사들에 대한 최신 정보는 부디 웹사이트를 참조하기 바란다.

| 개정판 저자 서문 |

책의 개정은 때때로 저자에게 자신의 작업을 수정할 기회를 제공하는데, 운 좋게도 이 책이 그런 경우이다. 이 책의 초판(『샴발라 요가 백과사전』*The Shambala Encyclopedia of Yoga*)에 있던 결점들을 바로잡고 기존의 표제어들을 갱신하거나 확충시켰을 뿐만 아니라 책을 훨씬 더 유용하게 만들기 위해서 5백 개가 넘는 새 표제어를 추가하였다. 현재 널리 인기가 있지만 대단히 곡해되고 있기도 한 탄트라에 대한 나의 광범위한 자료는 『요가, 탄트라 백과사전』*The Encyclopedia of Yoga and Tantra*[1]이라는 새 책의 제목에 합당한 근거가 된다.

나아가 책의 발행인과 수많은 독자 모두 내가 왜 이 책의 초판에서 아헹가B. K. S. Iyengar나 스와미 사티야난다Swami Satyananda와 같은 유명한 요가의 스승들을 포함하지 않았는지 궁금해 했다. 그들을 제외시켰던 이유는 그들이 다행히도 여전히 생존해 있었고 그들을 포함시키면 다른 사람들, 다시 말해서 아직 우리 가운데 있는 덜 진실한 사람들에게도 기회를 주어야 했을 것이다. 이 개정판에서 나는 처음의 의혹을 버리고 슈리 아난다무르티Shri Anandamurti, 테오스 버나드Theos Bernard, 폴 브런튼Paul Brunton, 데시카차르T. K. V. Desikachar, 아헹가, 팟타비 조이스Pattabhi Jois, 스와미 사티야난다 등과 같이 힌두 요가/탄트라 수행이나 바네르지S. C. Banerjee, 밧타차리야R. S. Bhattacharya, 다스굽타S. N. Dasgupta, 미르치아 엘리아데Mircea Eliade, 하우어J. W. Hauer, 존 우드로프John Woodroffe 경, 짐머H. Zimmer 등과 같이 힌두 요가/탄트라 연구에 역사적으로 영향력이 있었던 사람들이나 중요하게 공헌해 온 사람들은 생사를 불문하고 포함시켰다. 이러한 개정의 명확한 범주 내에 나는 상대적으로 적은 수의 이름만 포함시킬 수 있었다. 이러한 선별은 당연히 어느 정도 객관적인 기준에 근거하고 있기에 변명하지는 않겠다.

다른 새로운 특징은 아슈타다샤-싯다(aṣṭādaśa-siddha, '18명의 달인')와 판차-클레샤(pañca-kleśa, '다섯 가지 번뇌')처럼 숫자에 의한 분류를 다수 포함한 것이다. 이러한 분류는 힌두이즘의 두드러진 면이다.

나는 일반 독자들을 위해서 이 책을 가장 유용하고 포괄적인 참고서로 만들려고 노력을 아끼지 않았다. 이러한 개정에 착수할 수 있는 기회를 너그럽게 제공해 준 샴발라 출판사(Shambhala Publications)에, 특히 피터 터너Peter Turner에게 감사드린다. 또한 편집 과정 전반을 통해서 이 책에 대한 조언과 정보를 제공해 준 클로이 포스터Chloe Foster와 제임스 루드니카스James Rudnickas, 나의 원고 정리 편집자로서 불일치한 것들을 잡아 준 켄지 그루비츠Kenzie Grubitz에게도 고마움을 전한다. 입수하기 어려운 몇몇 삽화들을 구할 수 있게 즉각적으로 도움을 준 스

1 본 역서에서는 호명의 편의를 위해 제목을 『요가 사전』으로 하였고, 원서의 제목을 부제로 즉 '요가와 탄트라에 대한 백과사전'으로 덧붙였다.

와미 바라티Swami Bharati에게도 진심으로 감사드린다. 요가와 탄트라라는 인도의 쌍둥이 영적 전통에 대한 대중들의 이해가 향상되는 것으로 나의 노력이 보상받게 될 것이라고 굳게 믿는다.

게오르그 포이에르슈타인Georg Feuerstein
2010

요가는 이제 적어도 5천 년에 이른다고 생각되는 역사를 가진 굉장히 풍부하고 매우 복잡한 영적 전통이다. 이것은 매우 많은 접근법, 학파, 스승, 문헌, 수행법, 전문용어를 포함하고 있다. 완전한 융통성과 오래 지속된 역사라는 관점에서 요가는 세계에서 심리영성적 변환의 가장 중요한 전통으로 간주되어야만 한다. 요가에 대해 구할 수 있는 수많은 책에도 불구하고 극소수만이 그러한 놀라운 풍부함을 반영하고 있다. 수년간 나는 여러 종류의 출판물에서 다양한 요가 길의 탁월함과 중요 세부 사항들의 일부를 전달하려 노력해 왔다.

이 백과사전은 서구의 수행자와 종교역사학자와 인도학자 들을 위해서 요가 전통에 대해 믿을 만하게 묘사하고 그것의 가치 있는 산물을 밝히려는, 어쩌면 비밀 중 일부를 드러내려는 또 하나의 노력이다. 요가에 대한 사전이 현재 몇 권 존재하고 있지만 이것들은 너무 모호하고 쉽게 구할 수 없거나 또는 불충분하고 믿을 수 없다. 전자의 범주에 속하는 것으로는 스와미 디감바르지Swami Digambarji와 마하조트 사하이Mahajot Sahai 박사가 편집한 『요가 코샤』*Yoga Kośa*(Lonavla, Poona, India: Kaivalyadhama S. M. Y. M. Samiti, 1972)가 있다. 이 편집본은 가치 있고 자세한 언급을 많이 포함하고 있음에도 불구하고 그 범위가 한정적이고, 구성상 산스크리트 학자들만이 용이하게 이 책에 접근할 수 있으며 이 책으로부터 유익함을 얻을 수 있게 되어 있다. 또 하나의 주목할 만한 출판물은 람 쿠마르 라이Ram Kumar Rai 박사의 『요가 백과사전』*Encyclopedia of Yoga*(Varanasi, India: Prachya Prakashan, 1975)이다. 『요가 코샤』와 마찬가지로 이 편집본은 표제어들이 산스크리트 알파벳순으로 열거되어 있어서 전문가가 아닌 독자들은 상대적으로 접근하기 어렵다. 또한 개념들의 선택이 다소 고르지 못하고 이따금씩 서술들이 주제를 벗어난다. 사전이 영어 표제어들도, 상호 참조용 기입사항도 포함하고 있지 않다. 대중적인 사전 중에서 어네스트 우드Ernest Wood의 『요가의 지혜』*Wisdom of Yoga*(New York: Philosophical Library, 1970)를 언급하지 않을 수 없다. 이 책에는 대략 3백 개의 표제어만 있고, 이것들이 항상 정확한 것은 아니다. 약간 더 크지만 동일한 단점들을 가지고 있는 것으로 하비 데이Harvey Day의 『사진, 삽화가 든 요가 사전』*Yoga Illustrated Dictionary*(London: Kaye & Ward, 1971)이 있다.

포괄성과 용이한 접근성을 결합한 요가 백과사전을 준비하는 것에 대한 아이디어가 1980년대 초반에 내게 떠올랐다. 대규모의 작업을 위한 계획이 실현되지 못한 이후에, 다소 생략하여 줄인 형태가 『요가 백과사전』*Encyclopedic Dictionary of Yoga*(New York: Paragon House, 1990)이라는 제목으로 출판되었다. 이 책은 사서들을 위한 출판물인 「초이스」*Choice*지로부터 올해의 우수학술저술상을 받았다. 초판이 매진되었을 때 기쁘게도 샴발라 출판사에서 그 『요가 백과사전』을 완전히 개정하고 상당히 확장된 형태로 재출판할 것을 내게 제안했다. 이 신판은 포괄성과 용이한 접근성이라는 당초의 목표를 만족스럽게 실현한 것이다.

이제 2천 개가 훌쩍 넘는 표제어로 이루어진 이 백과사전은 자세한 설명이 풍부함에도 불구하고 비전문가인 독자를 압도하기보다는 그들에게 정보를 제공하는 한편, 동시에 전문적인 요가 연구자와 종교사학자를 위한 가치 있는 언급들을 제공하는 방식으로 배열되고 서술되었다. 앞서 언급한 전문적인 사전들과 함께 이 책을 유용하게 참고할 수 있다. 한편 이 책이 단지 용어 사전이나 일반적인 사전이라기보다는 백과사전이게 만드는 몇 가지 독특한 특징이 있는데, 그것들은 다음과 같다. 첫째, 각 표제어는 신중하게 정의되고 상호 참조(독립된 표제어처럼 보이는 단어들 앞에 별표로 표시)되어 있다.[1] 그래서 독자들은 연관 개념의 관련성을 따라갈 수 있다. 둘째, 수많은 주제 지향적인 표제어는 독자에게 요가의 역사나 심리학 또는 주요 분과들과 같이 요가 전통의 가장 중요한 면들에 대한 개요를 제공한다. 셋째, 표제어들은 모두 영어 알파벳 순서이고, 또한 그것들의 산스크리트 동의어나 관계가 있는 다른 산스크리트 개념과 연관된 영어 키워드들을 포함하고 있다.[2] 마지막으로 많은 표제어에서는 가장 중요한 원전 문헌들을 예로 들거나 심지어 인용하기도 한다. 그렇게 함으로써 요가의 문헌적 유산의 지속력을 강조하고, 바라건대 독자들로 하여금 원전 문헌들을 더 면밀히 검토해 볼 마음을 품게 한다. 요컨대 이 백과사전은 요가의 이론과 실천의 많은 면에 대해 신뢰할 만한 보도를 하고, 더 나아간 조사와 연구를 위해 가치 있는 지침을 주기에 충분한, 선택적이지만 대표적인 다양한 개념들을 제공하려 한다.

수년 동안 요가와 일반적인 영적 전통들에 대한 나의 관심을 촉진시켜 준 많은 모든 친구와 동료 그리고 편지를 주고받았던 사람들에게 진심으로 감사를 표하고 싶다. 그들 중 대부분의 이름은 이전의 책들에서 이미 언급했다. 여기서는 특히 수바쉬 카크Subhash Kak 교수와 데이비드 프롤리David Frawley에게 고마움을 전하고 싶다. 왜냐하면 그들은 내게 고대 인도의 역사에 대해 (그러므로 요가의 초기 역사도) 완전히 재검토하도록 격려해 주었고, 또한 『문명의 발상지를 찾아서』*In Search of the Cradle of Civilization*를 나와 함께 공동 집필하였기 때문이다. 그리고 또한 이 백과사전의 멀티미디어판에 주력해 준 데이비드 다익스트라David Dykstra, 자신들의 잡지에서 선택한 사진들과 삽화들을 친절하게 제공해 준 「이너 디렉션스」*Inner Directions*지의 메튜 그린블라트Matthew Greenblatt와 「힌두이즘 투데이」*Hinduism Today*지의 나의 스와미 친구들, 애정 어린 정신적 지지와 파탄잘리Patanjali 조각상이라는 뜻밖의 선물을 준 요가차리야Yogacarya 아행가, 자진해서 편집을 해준 켄드라 크로센Kendra Crossen과 래리 햄버린Larry Hamberlin, 발행인으로서 통찰력을 보여 준 사무엘 버콜즈Samuel Bercholz에게도 고마움을 전한다. 열세 번째 생일에 요가의 세계를 만난 이후로 요가는 사적으로, 직업적으로 반복해서 나의 주의를 끌어 왔다. 나는 저술들을 통해서 나에게 많은 가르침을 주어 온 고대와 현대의 스승들에게 크나큰 부채를 지고 있다. 그래서 이 백과사전을 나의 깊은 감사의 표시라고, 그리고 살아 있는 진짜 요가 전통의 유지에 기여하는 것이라고 생각하고 싶다.

게오르그 포이에르슈타인 1997

1 영어 원문과 달라진 표제어, 산스크리트 표기법, 상호 참조 방식 등에 대해서는 뒤의 '일러두기' 항목에서 자세히 서술하였으므로 이를 참조하면 된다.

2 표제어의 순서는 기본적으로 영어 알파벳 순서이기는 하나 영어 원문, 즉 산스크리트를 영문 알파벳으로 표기한 것과 달리 산스크리트를 로마자화한 것이므로 영문 알파벳에 없는 문자가 있다. 따라서 본문의 표제어 배열 순서가 달라질 수밖에 없다. 이에 대한 구체적인 내용은 뒤의 '일러두기' 항목에 자세히 설명되어 있다.

| 차례 |

| 서론 |

자매 전통인 요가Yoga와 탄트라Tantra는 인간의 창의력으로 이루어진 가장 주목할 만한 업적들이자, 영적 열망으로 된 가장 매력적인 창조물 중의 두 가지임에 틀림없다. 그것들은 보편적인 질문인 "나는 누구인가?"에 대한 인도의 원숙한 답변이다. 그 질문은 조만간 자기 탐구를 하고 있는 모든 개인들에게 영향을 줄 것이다. 현대의 과학 지향적인 우리의 문명은 영성과 존재에 관한 더 깊은 탐구를 거의 배척해 왔다. 종교는 대체로 행동적 순응 또는 기껏해야 도덕성과 동의어가 되었다. 그리고 신비적인, 다시 말해서 진정한 영적인 자극은 거의 잊혀져 왔다.

따라서 수백만의 민감한 서구인은 영적인 자양분과 지침을 얻기 위해서 동양으로 주의를 돌려 왔다. 탐구 속에서 많은 사람이 요가와 탄트라를 발견해 왔고, 그러한 발견은 그들을 대단히 풍요롭게 만들어 왔다. 어떤 사람들에게, 특히 더 열린 마음을 가진 유대교와 기독교인들 사이에서, 요가와 탄트라는 그들이 가진 고유한 믿음을 강화시켜 왔다. 다른 사람들에게 그것들은 가능한 범위에서 관념적인 가르침들을 초월한 영성으로 그들을 이끌어 왔다. 몇몇 사람은 힌두이즘의 교리 구조 속으로 뛰어들었다.

여기서 이해되는 요가와 탄트라는 융통성 있는 문화 복합체인 힌두이즘 내의 두 가지 비의秘義적인 전통이다. 이 두 전통은 모두 영적인 탐구에 있어서 세계에서 가장 오래되고 가장 지속적인 분파들에 속하고, 오직 샤머니즘 다음으로 인간의 정신에 대한 가장 오래되고 가장 강렬한 실험이다. 그 실험의 목적은 물질의 작용이 아니라 의식의 속성들과 바로 그 한계들을 탐구하는 것이다. 왜냐하면 인도인들은 의식이 물질보다 탁월하다는 것을 깨달았기 때문인데, 이 관념은 물리학과 초심리학의 뜻밖의 새로운 사실을 통해서 점차적으로 되살려지고 있다. 더욱이 인도에서 천천히 진행되고 있는 세속화에도 불구하고 심지어 오늘날에도 그러한 대담한 실험이 계속되고 있다. 요가와 탄트라의 달인과 유파 들은 유물론과 상업화의 맹공격 하에서 이전보다 더욱 비밀스럽게 유지되는 쪽을 선택했음에도 불구하고 여태까지 자신들의 입장을 고수해 왔다. 더 중요하게는 두 전통이 분명히 서구에 도착했고, 부분적으로는 유감스럽게도 쇠퇴라는 특징을 가진 변화를 겪고 있다는 것이다. 요가는 대체로 육체적인 피트니스 트레이닝으로 바뀌어 왔다.(표제어 '현대의 동작 중심 요가' 참조) 탄트라는 해탈의 가르침에서 성적이고 선정적인 자극을 하는 상품으로 타락되었다. 그러나 여기저기에서, 대부분 인도와 티베트에서, 두 전통의 참된 스승들을 찾는 것은 여전히 가능하다.

요가와 탄트라에 대한 가능한 가장 폭넓은 정의를 사용하여 우리는 다음과 같이 말할 수 있다. 기독교의 역사가 2천 년이고 세속적인 '현대'문명의 역사가 3백 년이 되지 않는 데 비해 그 두 전통의 역사는 약 5천 년에 이른다. 그것들은 원뿌리가 고대의 샤머니즘에 있을 수 있고, 그것들의 오랜 발전은 인도의 다원적 문화들, 특히 힌두이즘과 불교와 자이나교의 점진적인 전개와 관련되어 있다. 요가가 문헌들 속에 등장한 것은 불교 이전 시대인 한편, 탄트라는 기원후 500년경에 문헌들에 처음 나타났다.

요가의 다양한 유파와 학파의 역사에 대해 세밀히 그린 나의 책 『요가 전통』*Yoga Tradition*에서 보여 준 바와 같이, 가장 초기의 원시 요가 사상과 수행법 들은 힌두이즘의 성전인 베다Veda들에서 발견될 수 있다. 신비하고 정신우주적인 사색들은 옛날 리쉬ṛṣi들이 '보았던' 찬가들의 모음집인 『리그-베다』*Ṛg-Veda*에 이미 나타나지만, 많은 학자들은 여전히 초기 베다 전통에 '요가'라는 라벨을 붙이는 것에 대해 논쟁하고 있다. 최근까지 학술적인 견해에서 대다수의 의견은 이 찬가를 기원전 1,200~1,500년경의 시기에 배정한다. 새로운 연구에서는 언제나 상당히 임의적이었던 이 연대를 아주 많이 늦은 것이라고 폭로했다. 이제 『리그-베다』를 기원전 3천 년에 위치시키기에 알맞은 증거가 있고, 그것의 일부분은 기원전 4천 년 전까지 거슬러 올라가는 것도 가능할 것이다. 베다 성전의 필수적인 부분을 이루는, (네 종류의 베다 모음집처럼 원래 구전 전승되어 온) 후속하는 문헌들 또한 이에 상응하여 연대가 보다 이전 시기까지 거슬러 올라가게 된다. 그러므로 지금까지 기원전 900년에서 기원전 1,200년 사이에 성립된 것으로 생각되었던 가장 오래된 브라마나Brāhmaṇa들은 이제 일부 학자에 의해서 기원전 2천 년 초반에 속하는 것으로 간주된다. 아리아인 침입론과 『리그-베다』 항목에서 논해진 이 역사적인 재평가는 요가의 연대기를 상당히 확장시킨다.

요가에 대한 『리그-베다』의 언급에 더하여 원시 요가 유형의 사색과 수행법 들은 『아타르바-베다』*Atharva-Veda*에서도 발견될 수 있다. 이 찬가는 마법적 주문들이 풍부하지만 형이상학적이고 영적인 취지의 찬가들도 포함하고 있다. 이것은 『리그-베다』보다 약간 더 후대의 것으로 간주되지만, 『아타르바-베다』에 반영되어 있는 믿음과 수행법 들은 『리그-베다』 찬가들의 그것들만큼 오래되거나 심지어 더 오래 된 것일 수 있다. 일부 학자들은 또한 원시 탄트라의 가능성 있는 원천으로 『아타르바-베다』를 들기도 한다.

인간 정신의 가능성들을 탐구하려는 초기의 이러한 노력들은 요가와 탄트라와 연관이 있게 된 다양한 정신기법의 중심 부분을 형성한다. 엄격히 말해서 그것들은 인도의 종교와 영성의 새벽을 나타내는 고행주의(타파스 tapas)라는 고대의 흐름의 특징이다. 샤먼처럼 고행자(타파스윈tapasvin)는 우주에 생기를 주는 힘들(즉 신들 또는 신성한 에너지들)에 대한 통제력을 획득하기를 갈망한다. 그는 의지를 견고하게 하기 위해서 스스로 모든 종류의 고난을 견디고 마법이라는 수단을 통해서 자연의 숨겨진 힘들을 통제하는 데 필수적인 내적 에너지 또는 '열'(타파스)을 발생시킨다. 우리는 『마하바라타』*Mahābhārata*에서 타파스라는 용어가 요가라는 용어로 바뀌는 것을 목격할 수 있지만, 양자는 심리영성적 노력을 나타낸다.

타파스윈과는 현저히 다르게 전체적으로 요긴yogin 또는 탄트리카tāntrika는 본질적으로 (그리고 원칙적으로) 에고와 신들과 세계의 초월과 관계있다. 그의 위대한 중심적 이상은 모크샤mokṣa, 묵티mukti, 카이발리야kaivalya, 아파바르가apavarga, 니르바나nirvāṇa로 다양하게 명명되는 해탈이다. 무엇이 해탈인가? 여러 비전秘傳적 학파들 사이에서 만장일치된 것은 없다. 그러나 그들의 대답은 우리에게 사용 가능한 다음과 같은 정의를 제공하는 것과 진배없다. 해탈은 타고난 습관적 패턴들과 상대적인 무의식성을 가진, 그리고 본질적으로 사랑이 없는 조건 지워진 개인성이라는 속박이 없는 근본적이고 의식적인 자유의 상태이다. 동시에 그것은 마음의 동요들, 다시 말해 영원히 변화하는 생각과 감정 들에 의해서 영향을 받지 않는 순수한 참의식/참자각의 상태이다. 이 초월적 참의식/참자각은 근본적으로 궁극적인 참실재와 동일하다.

해탈에 필수적인 것은 에고 정체성으로부터 참자아 정체성으로 옮겨가는 것이다. 여기서 참자아는 초개인적 · 초월적 참실재이다. 즉 해탈한 달인(묵타-싯다mukta-siddha)은 더 이상 경험으로 된 관통할 수 없는 경계로서 자신의 신체와 마음을 경험하지 않는다. 도리어 순수한 참의식(치트cit)에 확고하게 서 있는 달인은 그 궁극적 참존재/참의식이 나타나는 것으로서 신체와 마음을 경험한다. 요가와 탄트라의 오랜 발달 과정에서 정교하게 되어 온 여러 가지 형이상학적 입장들에도 불구하고 이 순수 참의식/참자각, 즉 초월적 보는 자(사크쉰sākṣin)는 공통분모이다. 이것은 산스크리트 문헌들에서 아트만(ātman, '참자아')이라고 불린다. 이것은 우리의 가장 깊숙이 있는 핵심이고, 그와 꼭 마찬가지로 우주의 가장 깊은 토대이다.

요가와 탄트라는 형이상학에 있어서, 그러므로 해탈에 대한 이해에 있어서 상이하다. 적어도 한 가지 중요하게 고려할 점은 탄트라 전통에서는 궁극적 참실재를 정적이지 않고 매우 동적[일부의 양자물리학자가 말하는 것과 같은 '전일적 움직임'(holo-movement)]이라고 인식한다는 것이다. 이것은 쉬바Śiva와 샥티Śakti 사이의 초월적 결합 관념으로 표현된다. 쉬바는 정적인 참의식의 원리이고 샥티는 모든 존재의 근저에 있는 동적인 힘의 원리다.

초월적 참자아(파라마-아트만parama-ātman)는 경험될 수 없다. 왜냐하면 그것은 대상이 아니고 궁극적인 참주체, 즉 궁극적인 유일한 참실재이기 때문이다. 그러나 그것은 깨달을 수 있다. 다시 말해서 사람은 그 참자아로서 '깨어날' 수 있다. 참자아에 대한 깨달음은 널리 완전한 지복으로 간주된다. 그러나 이것은 그 깨달음이, 시간과 공간에서의 고유한 한계 때문에 불가피하게 괴로움과 고통의 경험과 연관되어 있는 일반적인 에고 정체성의 정반대임을 말하는 것뿐이다. 참자아에 대한 깨달음은 즐겁지 않다. 왜냐하면 고통과 마찬가지로 즐거움은 에고 인격이 경험할 수 있을 뿐인 어떤 것이다. 참자아를 경험들 속에서는 포착하지 못한다. 참자아는 신체와 마음속에서 경험들의 발현을 지각할('지켜볼') 뿐이다. 더 적절하게 말하자면 높은 산의 꼭대기는 저지대의 좋고 나쁜 날씨 위에 영원히 있는 것과 같다.

그러나 이 모든 것이 참자아를 깨달은 성인이 무감각한 괴물이라는 의미는 아니다. 반대로 고전 요가의 개조인 파탄잘리는 그러한 성인은 몹시 민감하다고 서술하고, 비야사Vyāsa는 『요가-바쉬야』 *Yoga-Bhāsya*에서 '안구와 같다'고 언급한다. 이러한 민감성의 이유는 다음과 같은 라틴어로 된 시의 구절에 가장 잘 요약되어 있다. Homo sum, humani nihil a me alienum puto. 번역해 보자면 "나는 인간이다. 인간에 관한 그 어떤 일도 나와 관계가 없는 것으로 여기지는 않는다."

요가와 탄트라의 달인은 인간이라는 조건과 긴 시간 투쟁을 한 후에만 참자아에 대한 깨달음에 도달한다. 그러한 개인적 고난의 과정에서 그는 인간이라는 것과 연관된 수많은 모든 장애와 약점과 대면해야만 한다. 그것들을 초월한 달인은 이제 다른 사람들을 연민을 가지고서 볼 수 있고, 일반적으로는 아직 자신과 싸우고 존재와 싸우고 있는 사람들 또한 자아를 발견하고 참자아를 발견하는 여행 중에 있다는 것을 이해한다. 비록 그들의 걸음걸이가 더디고 머뭇거릴 수 있고 그들이 자신들의 여행에 대해 자각조차 하지 못하고 있을지라도 그들

역시 이미 해탈되었고, 이미 자유롭다. 물론 그 성자는 더 이상 Homo sum, 즉 "나는 인간이다"라고 주장하기보다는 아함 브라마 아스미Ahaṃbrahma asmi, 즉 "나는 브라만brahman이다", 다시 말해 "나는 초월적 참자아이다"라고 주장한다. 그렇지만 인간이라는 조건을 초월한 달인에게는 참자아보다는 신체와 마음과의 동일시를 고집하는 사람들과 공감하는 능력이 생긴다.

그들의 혼란과 불안과 육체적 · 정신적 고통을 지켜보는 성자는 인간성의 본질인 자유라는 복음을 전하지 않을 수 없다고 느낀다. 유감스럽게도 우리의 기술문명의 소음이 지난 시대와 현 시대의 지혜를 가진 사람들의 평온하지만 설득력 있는 노래를 들을 수 있는 귀를 먹먹하게 만들었다.

신체와 마음의 성쇠를 넘어선 영원한 참자아에 대한 요가와 탄트라의 가장 고귀한 발견에도 불구하고 이 두 전통은 고대의 고행주의 전통의 특징을 많이 보유하고 있다. 그러므로 요긴과 특히 탄트리카 양자는 지혜의 소유자일 뿐만 아니라 초자연적 능력(싯디siddhi)들의 소유자로서 일반적으로 칭송받는다. 보통의 인도인들에게 그들은 현자, 기적을 행하는 자 또는 마법사 들이다. 이것은 우리가 다른 영적 전통들에 대해 알고 있는 것과 일치한다. 아직 참자아를 깨닫지 못한 숙련된 요긴 또는 탄트리카조차 보통 사람들의 능력들을 넘어서는 신비한 능력들을 가지고 있다고 생각된다. 그러나 요가와 탄트라의 수행자들은 이 힘들을 남용하지 말라고, 때로는 심지어 그것들을 전혀 사용하지 말라고 빈번히 경고 받는다. 그 힘들로 인해 구도자가 영적인 목표에 집중하지 못하게 되지 않도록.

힘에 대한 어떤 종류의 수행이든지 그것은 위험으로 가득하다. 왜냐하면 그것은 에고를 즐겁게 해주고 에고를 꾀어서 본질적으로 에고의 초월인 해탈의 위대한 이상으로부터 멀어지게 하기 쉽기 때문이다. 일단 참자아를 깨닫게 되면 달인은 애써 획득한 자유를 위험에 빠뜨리지 않고 모든 종류의 힘을 즉각적으로 사용할 수 있게 된다. 참된 요긴이나 탄트리카는 초자연적인 힘들과 전반적으로 엄청나게 세심한 주의력을 언제나 다루게 될 것이다. 영적 수행자의 주요한 동인은 참자아를 깨닫게 될 때까지 계속해서 자아를 넘어서 나아가는 것이다. 마침내 참자아를 깨닫게 되면 은총의 상실이 있을 수 없는 것과 마찬가지로 힘의 오용은 있을 수 없다. 이것이 사실이라면 참자아에 대한 깨달음은 영원하다.

요가와 탄트라의 대부분의 학파에서 참자아에 대한 깨달음은 개인 존재의 우주적 본질인 유일한 참자아(아트만)에 대한 깨달음을 의미한다. 이것은 초개인적 사건이다. 왜냐하면 참자아는 한 사람의 인성의 특정한 형태를 초월하여 존재하기 때문이다. 모든 존재의 참자아는 동일하다. 이 관념은 아드와이타 베단타Advaita Vedānta, 즉 힌두 불이론의 여러 학파의 토대를 이룬다. 형성 단계에서 요가는 우파니샤드Upaniṣad들에서 상세히 설명되어 있는 베단타Vedānta의 여러 갈래로 퍼진 형이상학적 전통들과 가깝게 정렬되어 있다. 대략 연대를 기원전 1천 5백 년~1천 년이라고 확정할 수 있는, 이 문학 장르의 가장 오래된 문헌들에서는 범신론 또는 더 알맞게는 만유내재신론을 가르친다. 깨닫지 못한 존재들에 의해서 다양한 우주로 경험되는 오직 하나의 참실재만이 있다. 알맞은 입문식(디크샤dīkṣā), 포기(산니야사saṃnyāsa), 명상(니디디야사나nididhyāsana, 디야나dhyāna)을 통해서 영적 구도자는 마음과 감각들을 넘어서 우선하여 존재하는 유일한 참실재를 깨달을 수 있다.

그 참실재는 객관적 존재의 궁극적 토대, 즉 브라만인 것만은 아니다. 그것은 개인의 참된 정체성, 다시 말해서 초월적 참자아 즉 아트만이기도 하다. 브라만과 아트만의 동일성에 대한 이상적인 교의는 모든 우파니샤드적인 또는 베다적인 사유에 공통되는 본질적인 관념이다. 요가 전통은 이 형이상학적인 사색들과 그것들을 따르는 영적 수행자들로부터 차츰 전개되어 나왔다.

또한 요가는 강한 우주론적 경향을 가진 리얼리즘 철학으로 특징지어지는 상키야Sāṃkhya 전통과 원래 가장 친밀하게 연결되어 있기도 하다. 상키야는 존재의 범주들을 정의내리는 것과 연관이 있다. 그 범주들은 프라크리티(prakṛti, '산출자')로 불리는 영원한 세계의 토대로부터 나온 위계질서 속에 등장한다. 세계의 토대와 그것의 심리물질적인 전개물들을 넘어서 근원의 참자아인 푸루샤puruṣa, 즉 순수 의식이 있다. 베단타, 요가, 상키야는 모두 우파니샤드 시대의 지적 환경을 형성하였다. 가우타마 붓다Gautama Buddha 그리고 바르다마나 마하비라Vardhamāna Mahāvīra 역시 그 환경에서 태어났다.

때로 요가의 실용적 견해로 여겨지는 붓다의 가르침은 형이상학적 사색, 특히 영원한 참자아(아트만)에 대한 관념을 거부하는 데 기반을 두고 있다. 붓다는 영적인 삶에 몰두하려 하기보다 그러한 삶에 대해 항상 존재하는 이론화하려는 경향을 철회하는 실제적인 수행, 다시 말해서 해탈을 향한 고귀한 팔정도八正道를 강조했다. 그러나 마하야나Mahāyāna와 바즈라야나Vajrayāna 불교의 학파들을 볼 때 분명한 것처럼 형이상학은 실제 수행의 모진 시련 속에서 언제나 시험받아 왔지만 불교 내에서조차 근절할 수 없음이 판명되었다.

이와 유사한 수행 지향적 접근은 역사상 자이나교의 개조인 바르다마나 마하비라의 가르침의 특징이다. 붓다보다 더 나이가 많은 동시대인이었던 바르다마나는 완전하게 깨달은 스승들의 긴 계보에서 마지막 인물로 생각되었다. 사실상 자이나의 길은 매우 고대의 것인 듯한 특징들을 가지고 있다. 후대에 일부 자이나 스승들은 심지어 자신들의 가르침들을 요가의 형태로 이야기했다.

불교와 자이나교 양자는 요가의 더욱 더한 발전, 특히 기원후 2세기에 살았을 것으로 추정되는 파탄잘리 하에서 요가의 철학적 형성에 강력한 영향을 미쳤다.

요가는 기원전 6세기경이나 그 이전에 성립되었을 것으로 추정되는 『카타-우파니샤드』*Kaṭha-Upaniṣad*에서 처음으로 분명하게 영적인 방법이라고 언급되었다. 이 저작에서는 아디야트마-요가Adhyātma-Yoga, 즉 '가장 내면에 있는 자아의 요가'라고 불리는 것을 제기했는데, 그 성자는 이 요가로 심장의 동굴에 감춰져 있는 위대한 신을 알게 되었을 것이다. 그 뒤 기원전 4세기 또는 5세기에 힌두이즘의 새로운 경전인 『바가바드-기타』*Bhagavad-Gītā*의 익명의 저자는 그 당시에 통용되고 있던 다양한 요가적 접근법을 통합하려는 독특한 시도를 했다. 가장 중요한 점은 그 『기타』에서 초인간(푸루샤-웃타마puruṣa-uttama)으로서의 신에게 헌신한다는 관념(박티bhakti)을 도입하여서 박티-요가Bhakti-Yoga의 길을 마련한 것이다. 이는 급속하게 엄청난 대중성을 획득했다.

그럼에도 불구하고 힌두이즘의 여섯 조류의 철학적 '견해'(다르샤나darśana) 중 하나로서 요가에 고전의 형태를 부여한 것은 파탄잘리의 『요가-수트라』*Yoga-Sūtra*('요가경')였다. 파탄잘리의 저작은 매우 영향력이 있었다. 왜냐하면 그것이 요가 길의 근본 개념들에 대한 가치 있는 정의를 내놓았기 때문이다. 그러나 그의 형이상학적 이원론은 주류 힌두이즘 내에서 결코 호의적으로 여겨지지 않았다. 파탄잘리 학파가 요가의 탁월한 철학으로 간주되긴 하지만, 다른 많은 요가학파는 계속해서 그것과 나란히 존재하고 번성했다. 요가의 이 비고전적 학파들은 베단타(불이론)적 토대를 가지고 있었고, 시간이 흐르면서 현저하게 탄트라의 영향을 보여 주는 후고전 요가라는 매혹적인 발전으로 이어졌다.

서력기원 초기에 등장하여 서기 6세기에 가속도를 붙인 탄트라는 힌두이즘과 불교 그리고 정도는 덜하지만 자이나교를 크게 변형시킨 전인도적인 통합 운동이다. 탄트라는 거대하게 폭넓기 때문에 정의하기 어렵다. 그것은 철학이라기보다는 문화의 스타일이다. 그리고 처음부터 (전통적으로 기원전 3012년으로 확정되어 있는) 크리슈나Kṛṣṇa의 죽음으로 시작되었을 암흑시대(칼리-유가kali-yuga)를 위한 가르침이라고 주장했다.

간단히 말해서 탄트라는 세계가 모든 것을 포괄하는 참존재 속에서 발생한다는 고대의 만유내재신론적 직관을 의례 행위와 심층적인 철학적 이해로 전환하였다. 그것은 여성적 힘, 즉 샥티로서의 신에 대한 오래된 대중적인 믿음을 형이상학적 원리의 첫째 순위로 격상시켰다. 이것은 사회 속의 여성성에 대한 일정한 재평가를 야기하였다. 그러나 그것은 주로 신의 현현으로서의 신체, 그래서 해탈을 얻는 데 긍정적인 도구로서의 신체에 대한 재검토로 이어졌다.

탄트라 내에서 중요한 전통으로는 시기가 서기 6세기까지 거슬러 올라가는 싯다siddha 운동이 있다. 싯다는 모든 종류의 초자연력(싯디, 비부티vibhūti)을 가지고 있는 성변화聖變化된 신체를 통해서 완전성(싯디)을 획득한 영적 달인이다. 이러한 '신체 수행'(카야-사다나kāya-sādhana) 전통으로부터 강력한 요가(하타-요가Haṭha-Yoga)의 다양한 학파가 성장하였다. 하타-요가의 기원은 매우 모호하지만 전통적으로는 12세기의 스승인 고라크샤Gorakṣa의 이름과 관련되어 있다.

하타-요가의 스승들은 중요한 매뉴얼들을 만들어 왔다. 그 중 일부는 아직까지 남아 있다. 이것들은 인간 신체 내의 생기(프라나prāṇa)를 운용하기 위한, 주로 호흡 조절과 정신 집중을 수단으로 하는 기법들의 눈부신 축적을 보여 준다. 이 수행법들의 배후에 있는 기본적인 생각은 강하고 건강한 신체가 해탈, 즉 깨달음을 얻는 데, 그리고 그 자체의 초자연적 결과들을 분명히 드러내 보이는 데 필요하다는 것이다. 시간이 지나면서 적지 않은 하타-요긴haṭha-yogin이 이 전통의 영적 목표를 잊어버리고 그것의 치료적 · 예방적 면들에 더 집중하거나 초자연적 힘들을 기르기 위한 수단으로 그것을 이용하였다. 이것 때문에, 그리고 또한 하타-요가가 탄트라와 밀접하게 연관되어 있기 때문에 평판이 나빠졌는데, 특히 인도 사회에서 교육을 더 많이 받은 계층들 사이에서 그러하였다.

서구에서 네오-힌두의 스승들, 특히 스와미 비베카난다Swami Vivekananda의 선교사적 노력은 전세계에서 하타-요가의 예견치 못한 부활로 이어졌다. 오늘날 인도 바깥에는 한 형태의 또는 다른 형태의 요가를, 특히 하타-요가의 육체적 행법들을 수행하는 수백만 명의 사람이 있다. 그러나 이 하타-요가는 보기에 매력이 넘치기는 하지만 성적인 힘을 조절하는 탄트라 고유의 어려운 수행을 포함하지는 않는다. 신비한 쿤달리니-요가Kuṇḍalinī-Yoga의 신체에 대한 광범위한 심리영성적 에너지를 통제하려는 노력이나 박티-요가의 헌신주의 또는 카르마-요가Karma-Yoga의 숙련된 행위로 된 접근법을 선택하는 사람들보다 훨씬 더 적은 수의 사람이 라자-요가Rāja-Yoga의 정신적 수행법들을 채택해 왔다.

많은 탐구자가 단지 건강, 아름다움, 장수, 더욱 의미 있는 삶을 추구한다. 하타-요가에 대한 의학적 연구는 그것의 많은 기법이 탁월하게 강력한 치료 도구라는 것을 보여 주었다. 그 도구들은 병든 신체를 건강하게 회복시켜 줄 수 있을 뿐만 아니라 노화 과정을 어느 정도 늦출 수 있고 심지어 그것의 유해한 영향들의 일부를 뒤바꿀 수 있다. 명상은 평정심을 함양하기 위한 놀라운 도구임에 분명하다. 아마도 가장 널리 알려진 접근법은 초월 명상(TM; Transcendental Meditation)일 것이다. 이것은 1960년대 후반에 마하리쉬 마헤쉬 요기Maharshi Mahesh Yogi에 의해서 서구에 소개되었다. 이러한 명칭의 배후에는 만트라-요가Mantra-Yoga로 알려진 신성한 소리들의 명상적 암송이라는 고대의 기법이 놓여 있다. TM 수행자들에 대한 연구는 그들이 이 기법으로부터 많은 종류의 신체적 · 정신적 유익함을 얻었다는 것을 보여 준다. 이러한 결과와 결론 중 일부는 아마도 다소 과장되었을 수 있지만, 사실상 그것들은 요가와 탄트라의 권위자들이 수 세기 동안 주장해 왔던 것, 다시 말해서 두 전통이 변화시키는 힘이 있는 강력한 접근법을 제공한다는 것을 확인하였다.

또한 현대의 연구에서 요긴과 탄트리카 들이 의식과 신체 사이의 교차점에 대한 예리한 이해력을 가진 일급 실험자들이었다는 사실이 보다 더 분명하게 되었다. 요가와 탄트라 수행의 많은 면이 여전히 편견 없는 과학적 탐구를 기다리고 있고, 의심의 여지없이 많은 놀라운 것이 연구자와 수행자 들을 위해서 준비되어 있다.

그 사이에 요가와, 보다 덜하게 탄트라가 서구 세계의 문화적 만화경의 일부가 되었다. 이는 특히 융C. G. Jung으로 하여금 동양 전통들에 대해 어떤 것도 너무 단순하게 받아들이지 말라고 경고하도록 만들었다. 그의 경고는 틀림없이 가치가 있다. 왜냐하면 단순한 모방은 건설적이고 유익한 결과들을 산출할 수 없기 때문이다. 그렇지만 융의 평가는 다소 한쪽으로 치우쳐 있는데, 이는 자신의 유럽인적 편견에서 발생한 것이다. 서구와 인도의 문화 사이에는 명백히 많은 차이가 있으므로 기초적인 인성 구조 사이에 차이가 있지만, 이 차이들이 근본적이지는 않다. 바꾸어 말해서 서구인과 인도인 들 사이에 극복될 수 없는 본질적인 차이들은 없다. 아무리 다양한 인간이 있다 하더라도 모든 인간 존재는 동일한 기본적인 신체적 · 감정적 · 지성적 · 영적 능력들을 공유하고 있다.

그러나 이 자매 전통들을 낳은 분명한 문화적 환경에 관해 서구의 요가 수행자들에게, 또한 탄트라 수행자들에게도 빈번히 불충분하게 알려진다는 것이 사실이다. 그러므로 우리가 서구에서 접하게 되는 요가와 탄트라라는 것들은 빈번히 이 영적 전통들의 배후에 있는 의도를 왜곡한 것이고, 또한 틀림없이 그 전통들의 원래의 기법과 접근법 들이 가진 효과도 감소시킨 이런저런 불행한 대중화일 뿐이다. 그 결과 초보 수행자들은 어떠한 접근법을 시작하기 전에 또는 스승이나 강사를 선택하기 전에 요가와 탄트라의 진정한 전통들을 알기 위해 온갖 노력을 다하라고 충고 받는다. 나의 여러 책에서 또한 이 책에서도 이러한 종류의 예비 연구를 위한 충분한 자료가 제공되어 있다. 사실은 그 책들이 영적인 길 위에 있는 훨씬 더 성숙한 여행자들에게 신뢰할 수 있는 동반자로서 도움이 될 수 있을 것이라고 조심스럽게 제안해 본다.

동양 전통들에 대해 진지하게 접근하는 수행자들의 중요한 질문은 진정한 요가와 탄트라가 가지고 있는 주요 본질이 서구인들이 실행 가능한 것인지 아닌지 하는 것이다.

전통적으로 그것들은 대개 자격이 있는 스승(구루Guru)에 의해서 전수되었다. 서구인들이 구루를 수반하는 수행으로부터 유익함을 얻을 수 있을까? 구루라는 인물에 찬성하든 반대하든 간에 솔깃한 오해를 무릅쓰거나 존재하는 편견들을 강화하지 않고 이 질문에 간단히 답할 수 있는 방법은 없다. 나의 책 『신성한 광기』*Holy Madness*에서, 역사적 · 심리적 · 경험적 관점에서 어느 정도 심층적으로 이 질문에 대해 이야기를 했다. 이러한 맥락에서 줄 수 있는 가치 있는 유일한 충고는 건전한 상식을 이용하는 것과 몸으로 느껴지는 지혜를 신뢰하라는 것, 그리고 제자 신분의 기간 전반을 통해서 계속 그렇게 하라는 것이다. 자신에게 할 수 있는 최상의 질문은 다음과 같다. 스승이 내가 내 자신에게서 계발하기를 바라는 종류의 자질이나 전형 들을 보여 주는가?

요가는 대부분 여러 역사적·문화적 맥락에 능숙하게 적응하면서 5천 년이 넘는 기간 동안 존속해 왔다. 탄트라 역시 오랜 역사를 가졌고 인도, 히말라야의 나라들, 극동 지역에서 광범위하게 영향력을 발휘해 왔다. 두 전통이 오래도록 우리와 계속 함께 할 것이라는 충분한 징후가 있다. 자신의 본질을 인식하기 위한 현대의 탐구에서 그 두 전통을 수행하는 사람들이 누적해 온 지혜로부터 유익함을 얻을 수 있기 위해서는 그것들을 이해하려 노력하는 것이 바람직해 보인다. 이 사전은 요가와 탄트라의 수행자들, 그리고 다원주의 사회의 복잡성의 일부로서 이 전통들을 이해하고 싶어 하는 나머지 사람들 모두가 그것들을 더 잘 이해할 수 있도록 만들어 주려는 시도이다.

1. 기초: 표기, 항목 배열, 사용 부호

※ 표기

1) 산스크리트 로마자 표기는 IAST(International Alphabet of Sanskrit Transliteration) 방식을 기준으로 한다.
2) 산스크리트의 한글 표기는 동국대학교 불교대학의 정승석 교수님의 표기법([부록2]의 '범어 음역 한자의 독음 표기법' 참조)에, 힌디나 그 외 인도의 지방어들의 한글 표기는 대부분 산스크리트 한글 표기법에 준한다.
3) 산스크리트의 영어식 표기는 저자의 영어 표기법([부록2]의 '산스크리트 영문 표기: 음역 및 발음에 대하여' 참조)을 따른다.
4) 표제어는, 산스크리트의 경우는 로마자(한글)로, 영어의 경우는 영문 알파벳(한글 번역어)으로 표기한다.
   예) 산스크리트: kleśa(클레샤), 영어: abandonment(버림), 타밀어: Avvaiyār(아브와이야르)

※ 항목 배열

1) 기본적으로는 영어 알파벳 순서를 따른다. 그러나 영어에 없는 자모들 즉 산스크리트 로마자들은 다음의 순서대로 표기한다.
   ① 모음: a→ā, i→ī, u→ū
   ② 자음: d→ḍ, h→ḥ, m→ṃ, n→ṅ→ñ→ṇ, r→ṛ, s→ś→ṣ, t→ṭ

※ 사용 부호

『 』: 독립된 문헌의 명칭

「 」: 독립된 문헌 속의 일부분, 예를 들자면 장章, 품品, 절節, 편篇 등이거나 논문의 명칭

" " : 인용문

' ' : 인용문 속의 인용문이나 강조할 때 또는 하나의 개념이나 용어에 대한 뜻을 풀이할 때

√: 어근 표시

⇒: 참조 표시

∮ : 표제어에 없는 용어(본문 서술에서 ∮부호가 없는 산스크리트 용어의 경우는 해당 용어가 표제어로 있음)

∵ : 두 개 이상의 동일 용어가 표제어로 있고, 그 중 본문 사용 빈도가 거의 없는 경우

[연성] 산스크리트 연성 표기

[비교] 해당 표제어와 비교하여 살펴봐야 할 용어

2. 세부 내용: 표기 관련

1) 산스크리트의 한글 표기가 동일할 경우 아래의 기준을 따른다.

(1) 각각의 용어 뒤에 로마자 숫자(Ⅰ, Ⅱ 등)를 붙여서 구분한다.

예) 아가마 Ⅰ āgama, 아가마 Ⅱ Āgama/ 수라 Ⅰ sura, 수라 Ⅱ surā

(2) 그러나 Ⅰ, Ⅱ로 구분할 수는 있지만 Ⅱ로 분류된 표제어가 내용 서술에 사용되지 않고 표제어로만 한 차례 사용될 경우 또는 한두 차례 내용 서술에 등장하는 경우는 Ⅰ, Ⅱ로 구분하지 않는다. 대신, 매우 적게 사용되는 용어 앞에 ∵부호를 붙여 표기한다.

예) Buddha(∵붓다), chakra(∵차크라), Haṃsa(∵항사), Khaṇḍa(∵칸다), rudra(∵루드라), Śaṃkara(∵샹카라)

(3) 또한 영어를 한글로 옮겼을 때 동일한 용어의 표제어는 한글 뒤에 영어를 병기하고 로마자 숫자로는 구분하지 않는다.

예) 길(path), 길(way)

2) 영어와 산스크리트가 혼합된 방식으로 사용된 용어는 아래의 방식에 준하여 표기한다.

(1) 산스크리트+영어, 영어+산스크리트(예. Shaiva Sect, Classical Sāmkhya)와 용어 자체의 변형(예. Shaivism) 양자의 경우, 산스크리트 부분은 로마자로 표기하고, 영어 부분은 영어 알파벳으로 표기한다(단, Yoga와 형용사 형태는 제외).

(2) [부록 1]의 색인에서 산스크리트 항의 경우는 산스크리트+영어를 혼합하여 표기하고, 영어 항의 경우는 원서의 영어식 표기를 따른다.

(3) 산스크리트와 영어가 동일한 형태의 경우에는 두 항 모두에 동일하게 표기해 준다.

3) 인명과 지명의 경우는 표제어로 수록되어 있어도 해당 로마자나 영문 알파벳을 괄호 안에 병기한다. 단, 인명 표기의 경우는 17세기까지의 인물은 산스크리트 로마자로, 18세기 이후의 인물은 영어식으로 표기한다.

4) 용어의 한글 표기법이 이미 국내에서 일반적으로 통용되고 있는 경우는 비록 본 번역서의 표기법과 다르더라도 통용 표기법을 그대로 따른다.

예) vipassanā(비파사나), Sri(슈리), Sivananda(쉬바난다), Iyengar(아헹가), Mahesh Yogi, Maharshi(마하리쉬 마헤쉬 요기), Ramana Maharshi(라마나 마하리쉬)

5) 산스크리트 표제어 복수는 -[s](-들)로 표기하고, 영어 표제어 복수는 본문의 내용에 맞게 복수 또는 단수로 표기한다.

예) Nayanmā[s](나얀마르[들]), Upaniṣd[s](우파니샤드[들])

6) 한자 병기가 필요한 용어의 경우는 대부분 해당 표제어에만 한자를 병기해 주고 본문에는 병기하지 않는다. 그러나 단음절 용어의 경우는 대부분 한자를 병기해 준다.

7) 영문 표제어는 아래의 방법으로 표기한다.

(1)영문 표제어는 기본적으로 본문 내용 번역 시 알파벳을 병기하지 않는다. 그러나 상대적으로 중요도가 높으면서 비교적 다양한 의미로 번역되는 다음과 같은 몇몇 용어의 경우는 한글 번역어 뒤 괄호 안에 알파벳을 병기한다.

예) consciousness, mental, concentration, contemplation, meditation, awareness 등

A

abandonment(버림)

고대 인도에서는 일상적인 세속을 떠나서 숲과 동굴과 같은 차단된 곳에서 금욕적인 삶을 추구하는 경향이 두드러졌다. (티야가 tyāga 또는 산니야사 saṃnyāsa라고 불리는) 세속 포기(renunciation) 운동은 초기 우파니샤드 Upaniṣad 시기에 시작되었고, 이 우파니샤드들은 이러한 새로운 사상을 반영한다. 이 운동은 곧 사회적 문제가 되기에 매우 충분할 만큼 성장하였다. 이에 대해 힌두 Hindu법 제정자들은 삶의 이상적인 단계(아슈라마 āśrama)를 만들어 냈다. 이 사회적 모델에 따라서 사람은 세속에서 은퇴하기 전에 학생기(브라마차린 brahmacārin)와 가주기(그리하스타 gṛhastha)를 마쳐야만 한다.

⇒ 바이라기야 vairāgya도 참조.

abhaṅga(아방가)

마라티어 Marathi로 '부서지지 않은', '침범할 수 없는'이라는 뜻이다. 마라티어로 쓰인 영혼이 담긴 노래로, 신(Divine)에 대한 헌신자(박타 bhakta)의 열망과 사랑을 표현하고 있다.

abhaya(아바야)

'두려움 없음'이라는 뜻이다. 두려움은 개체화된 인간 존재에게 공통적으로 있다. 고대의 『브리하다란야카-우파니샤드』*Bṛhadāraṇyaka-Upaniṣad*(1. 4. 2)에서 설명된 것처럼 "두려움은 다른 것이 있을 때 생긴다." 두려움 없음은 참자아의 완전한 실현, 즉 깨달음(보다 bodha)의 결과로, 바꿔 말하면 비이원성의 회복이다.

[비교] 바야 bhaya.

abhaya-mudrā(아바야-무드라)

'두려움 없음의 결인'이라는 뜻이다. 마하야나(Mahā yāna, 대승) 불교와 탄트리즘 Tantrism의 도해圖解에서 발견되는 고전적인 손 제스처(하스타-무드라 hasta-mudrā) 중 하나이다. 타인들에게 있는 두려움(바야 bhaya)을 쫓아 버리기 위해 달인들이 사용하는 것이다. 모든 두려움은 근거가 없다. 왜냐하면 우리의 진정한 본성은 유일한 참존재이기 때문에 거기에는 다름이 없고 그것은 순수한 지복(아난다 ānanda)이다. 도해상에서 두려움을 쫓아버리는 손 제스처는 또한 아바야-하스타(☞ abhaya-hasta, 하스타 hasta는 '손'을 의미)라고도 알려져 있다.

아바야-무드라. 두려움을 없애 주는 손 제스처

⇒ 무드라mudrā도 참조.

abhāva(아바바)

'비존재'라는 뜻이다. 초기 베다Veda 시대에 이미 인도의 성자들은 없기無보다는 무언가가 왜 있고有, 없음無의 본질은 어떠한 것인가, 라는 철학적 질문에 대해 숙고하였다. 그래서 『리그-베다』*Ṛg-Veda*(10. 129)에서 현자인 시인(리쉬 ṛṣi)은 세상의 출현 이전에 무엇이 존재했는가, 라는 질문을 제기한다.

⇒ 아사트asat, 순야śūnya도 참조.

[비교] 바바III bhāva.

Abhāva-Yoga(아바바-요가)

'비존재의 요가Yoga'라는 뜻이다. 일부 푸라나Purāṇa에서 발견되는 복합어이다. 예를 들자면 『쿠르마-푸라나』*Kūrma-Purāṇa*(2. 11. 6)에서는 이것을 다음과 같이 이해한다. "텅 비어 있고 [그럼에도] 매우 빛나는 것으로서 [자신의] 본질에 대해 숙고하고, 이에 의해 참자아를 바라보는 [그러한 접근법을] 비존재의 요가라고 부른다." 유사한 정의가 『링가-푸라나』*Liṅga-Purāṇa*(2. 55. 14)에 나타나 있는데, 거기서는 마음의 절멸citta-nirvāna을 초래하는 것이라고 한다. 또 『쉬바-푸라나』*Śiva-Purāṇa*(7. 2. 37. 10)에서는 이것을 대상에 대한 어떤 인식도 없이 세계를 숙고하는 것이라고 설명한다. 이것은 '초의식 무아경'(무상 삼매, 아삼프라갸타-사마디 asamprajñāta-samādhi)과 동등한 것인 듯하다.

[비교] 바바-요가Bhāva-Yoga.

abhicāra(아비차라)

⇒ 마법 또는 마술(magic) 참조.

abhijñā(아비갸)

'지식'이라는 뜻이다. 초자연적 수단으로 얻은 지식을 의미하는 불교 용어이다. 전통적으로 여섯 가지 아비갸abhijñā가 알려져 있다. '신성한 눈'(디비야-차크슈스divya-cakṣus), '신성한 귀'(디비야-슈로트라divya-śrotra), 다른 사람의 마음을 앎para-citta-jñā-na, 전생들에 대한 기억pūrva-nivāsa-anusmṛti, 초자연적 힘들에 대한 직접적인 경험ṛddhi-sākṣāt-kriyā, 죽음에 대해 앎āsrava-kṣaya-jñāna이다. 이러한 형태의 지식은 힌두이즘Hinduism에서도 발견된다.

⇒ 발라bala, 초심리학(parapsychology), 싯디siddhi, 비부티vibhūti도 참조.

abhimāna(아비마나)

'자만' 또는 '아만'我慢이라는 뜻이다. '내적 기관'(안타카라나antaḥkaraṇa), 즉 마음인 개아(psyche)의 작용 중 하나이다. 이것은 수행자가 [자신이] 에고적 인성과 동일하지 않다는 통찰(vision)을 통해서 극복되어야만 하는 것이다.

⇒ 다르파darpa도 참조.

Abhinanda(아비난다)

⇒ 가우다 아비난다Gauḍa Abhinanda 참조.

Abhinavagupta(아비나바굽타; 950년경)

카슈미르 샤이비즘Kashmiri Śaivism의 가장 유명한 학자이자 달인으로, 지성과 영적 수승함이 반드시 상호 모순적이지 않다는 것을 증명하였다. 셰샤Śeṣa의 화신으로 생각되고 기적을 행하는 자로 널리 추앙받았다. 그는 수많은 저작들을 남겼는데 가장 유명한 것은 탄트라Tantra의 카울라Kaula 지파의 가르침을 체계적으로 설명하고 있는, 여러 권으로 된 『탄트랄로카』*Tantrāloka*('탄트라의 광휘')이다. 그는 또한 다른 샤이바 아가마

아비나바굽타(Abhinavagupta)

A

Śaiva Āgama들에 대한 주석들과 『요가-바시슈타』♯Yoga-Vāsiṣṭha에 대한 주석을 저술하였고, 『기타르타-상그라하』♯Gītārtha-Saṃgraha로 불리는 『바가바드-기타』Bhagavad-Gītā에 대한 주석을 썼는데, 이 저작은 샤이바Śaiva의 관점에서 『기타』Gītā를 요약한 것이다. 그의 첫 저작인 『보다-판차다쉬카』♯Bodha-Pañcadaśikā('깨달음[에 대한] 15[송]')는 몇 송으로만 되어 있고 샤이비즘Śaivism의 기본 원리를 다룬다. 『이슈와라-프라티야-비갸-비마르쉬니』♯Īśvara-Pratya-bhijñā-Vimarśinī('주의 재인식에 대한 연구')는 그의 마지막 저작이다. 『말리니-비자야-바룻티카』♯Mālinī-Vijaya-Vārttika('『말리니-비자야』에 대한 주석')는 『말리니-비자야-탄트라』Mālinī-Vijaya-Tantra의 가장 어려운 송들에 초점을 맞춘다. 그의 『파라트링쉬카-비바라나』Parātriṃśikā-Vivaraṇa는 『루드라-야말라-탄트라』Rudra-Yāmala-Tantra에 대해 자세히 설명하고 있다. 형이상학에 대한 그의 공헌들은 그가 미학에 미친 공헌들만큼 중요하다. 전설에 따르면 아비나바굽타는 생의 마지막에 1,200명의 제자들과 함께 멀리 떨어진 동굴로 들어가서 다시는 나타나지 않았다고 한다.

⇒ 아바사-바다ābhāsa-vāda, 탓트와tattva도 참조.

abhiniveśa(아비니베샤)

'생존욕' 또는 '삶에 대한 의지'라는 뜻이다. 고전 요가(Classical Yoga)에 따르면 다섯 가지 번뇌(클레샤kleśa) 중 하나이다. 파탄잘리Patañjali는 『요가-수트라』Yoga-Sūtra(2. 9)에서 다음과 같이 말한다. "삶에 대한 갈망은 자신의 성향에 의해 흘러가는 것으로, 심지어 성자들에게도 뿌리내려 있다." 결국 아비니베샤abhiniveśa는 영적 무지(아비디야avidyā)로부터 일어나는데, 그로 인해 사람은 그릇되게 자신을 육체와 동일시하고 생존 본능의 지배를 받게 된다.

⇒ 트리슈나tṛṣṇā도 참조.

abhiṣeka(아비셰카)

'흩뿌리기', '관정'灌頂이라는 뜻이다. 『쿨라르나바-탄트라』Kulārṇava-Tantra(17. 52)에 '나'라는 관념♯ahaṃ-bhāva과 두려움♯bhīti을 제거하고 성수聖水를 뿌려서 지복과 떨림(캄파kampa)을 유도하는 관정 의례로 설명되어 있다. 이 수행법은 종종 요가적 의례의 맥락, 특히 탄트라Tantra에서 사용된다. 이것은 입문 세례의 한 형태인 권능 부여 의례이다. 이것에 의해 수행자의 영적 노력은 축복을 받는다. 이 용어는 또한 일반적으로 입문 의례를 나타내기 위해 사용된다. 『샤타-파타-브라마나』♯Śata-patha-Brāhmaṇa(5. 4. 2. 2)에 따르면 아비셰카abhiṣeka는 받는 자의 내적 광휘와 힘을 낳게 한다. 이것은 또한 기름이나 물을 부어 왕을 성별聖別하는 국가 의례, 특히 황제들의 대관식을 지칭하기도 한다. 더욱이 신성한 이미지들에 대한 '관정'은 널리 수행되었는데, 이를 통해서 그 이미지에 신성한 힘이나 생명력을 불어 넣어서 그것이 나타내는 신을 물질적 영역으로 데리고 온다. 물뿐 아니라 우유와 기름, 다른 액체 들도 사용된다.

탄트라에서는 샥타-아비셰카♯śākta-abhiṣeka와 푸르나-아비셰카♯pūrṇa-abhiṣeka, 두 종류를 구분한다. 후자는 특별한 준비와 테스트가 필요하다. 탄트라 문헌들에서는 관정의 여덟 가지 형태 또는 단계를 구분한다. (1)샥타-아비셰카('권능을 부여하는 관정'), (2)푸르나-아비셰카(♯'충분한 관정'), (3)크라마-디크샤-아비셰카(♯krama-dīkṣā-abhiṣeka; '점진적 입문 관정'), (4)삼라지야-아비셰카(♯sāmrājya-abhiṣeka; '최고의 관정'), (5)마하-삼라지야-아비셰카(♯mahā-sāmrājya-abhiṣeka; '위대한 최고의 관정'), (6)요가-디크샤-아비셰카(♯yoga-dīkṣā-abhiṣeka; '요가적 입문 관정'), (7)푸르나-디크샤-아비셰카(♯pūrṇa-dīkṣā-abhiṣeka; '충분한 입문 관정') 또는 비라자-그라하나-아비셰카(♯virāja-grahaṇa-abhiṣeka; '빛나는 획득 관정'), (8)파라마-항사-아비셰카(♯parama-haṃsa-abhiṣeka; '지고의 백조 관정').

⇒ 디크샤dīkṣā도 참조.

abhyāsa(아비야사)

'수행' 또는 '실행'이라는 뜻이다. 영적 삶의 핵심적인 두 측면 중 하나이다. 다른 하나는 이욕(dispassion, 바이라기야vairāgya), 즉 포기(renunciation)이다. 『요가-바쉬야』Yoga-Bhāṣya(1. 12)에서는 마음 즉 개아(psyche)를 두 방향으로 흐를 수 있는 흐름에 비유한다. 한 갈래는 영적 무지에서 시작해서 악(惡, 즉 재생)으로 끝나고, 다른 갈래는 식별로 시작하여 선한 것(善, 즉 해탈)으로 끝난다. 후자는 세속적인 대상들을 향해 주의가 흘러나가는 것을 멈추는 포기와 더 높은 진보의 가능성들을 열어 주는 식별(비베카viveka) 수행의 지배를 받는다. 후대의 하타-요가Haṭha-Yoga 문헌인 『쉬바-상히타』*Śiva-Saṃhitā*(4. 9)에서는 다음과 같이 밝히고 있다. "수행을 통해서 완전하게 된다. 수행을 통해서 수행자는 해탈을 얻게 될 것이다."

Abhyāsa-Yoga(아비야사-요가)
'요가Yoga 수행' 또는 '실천적 요가'라는 뜻이다. 이 복합어는 특히 서사시 요가(Epic Yoga)에서 흔히 볼 수 있다.

abhyāsin(아비야신)
'수행자'라는 뜻이다. 요긴yogin 또는 사다카sādhaka와 동의어이다. 여성형은 아비야시니*f* abhyāsinī이다.

ability, paranormal(초자연력)
⇒ 발라bala, 초심리학(parapsychology), 싯디siddhi, 비부티vibhūti 참조.

ablution(세정식)
⇒ 스나나snāna 참조.

Absolute(절대자)
인도의 모든 영적 전통은 궁극의 존재, 바꿔 말해서 초월적 참실재를 인정하지만, 여러 학파는 그것에 대한 상이한 관념들을 제시한다. 대부분은 절대자가 무속성이고 초물질적 · 초의식적 · 초개인적이라는 데 동의한다. 이 모든 전통은 절대자가 인간 존재의 바로 그 본질, 즉 참자아와 일치하고 마음을 초월함으로써 그것 자체를 깨달을 수 있다고 주장한다. 그러나 그들은 절대자와 가장 내면의 그러한 본질 사이의 연관성에 대하여 상이한 견해를 내놓는다. 가장 급진적인 해법은 아드와이타 베단타Advaita Vedānta의 견해로, 그들은 절대자(브라만brahman)와 개아(psyche)의 본질적인 면, 즉 초월적 참자아(아트만ātman) 사이에 어떠한 차이도 없다고 본다. 그러나 고전 요가(Classical Yoga)와 고전 상키야(Classical Sāṃkhya)에서는 그러한 많은 본질적 참자아(푸루샤puruṣa)들이 존재한다고 가정하고 그 중 하나는 결코 화신의 환영에 종속되지 않아 왔고 또한 앞으로도 영원히 그럴 것이라고 하는 점에서 독특하다. 특별한 그 참자아는 '주'(이슈와라Īśvara)라고 불리는데, 이것은 파탄잘리Patañjali 요가Yoga에서 신에 해당한다. 그러나 비이원론 학파들에서 (창조자로서의) 주는 궁극성을 갖지 못한다. 대개 브라마II Brahma 또는 프라자파티Prajāpati라고 불리는 그는 단지 오래 사는 신(데바 deva) 또는 절대자에 대한 정신적(mental) 투사일 뿐이다.

absorption(집중 또는 전념)
주의를 숙고(contemplation)의 대상에 몰두할 수 있는 능력은 모든 요가Yoga학파에 필수적이다. 명상적 몰두(meditation, 디야나dhyāna)는 수반되는 감각 제어(제감制感, 프라티야하라pratyāhāra)의 정도 때문에 집중(concentration, 다라나dhāraṇā)보다 상급 단계이다.
⇒ 바바나bhāvanā, 라야laya, 니디디야사나nididhyāsana도 참조.

abstinence(금욕)
성적 충동에 대한 자발적 억제는 요가Yoga와 탄트라Tantra를 포함하여 영성을 추구하는 대부분의 전통적인 학파들에 있어서 중요한 수행이다. 이것은 신체의 심리영성적 에너지(프라나prāṇa, 오자스ojas)를 축적하는 주요한 수단으로 간주된다. 그러므로 이것은 영적인 목표들에 마음을 집중하기 위해서 사용된다.
⇒ 브라마차리야brahmacarya, 동정童貞 또는 순결(chastity), 섹슈얼리티 또는 성(sexuality)도 참조.

abuddha(아붓다)
'각성하지 않은' 또는 '활성화하지 않은'이라는 뜻이다. 전고전 요가(Preclassical Yoga)의 일부 학파에 있어서 초월적 참자아에 반대되는 것으로서, 자연(nature, 근본

A

원질, 프라크리티prakṛti)의 초월적 기반이다. 이것을 부디야마나budhyamāna라고 부른다.
⇒ 아프라티붓다apratibuddha도 참조.

Acala(아찰라)
'부동'不動이라는 뜻이다. 쉬바Śiva의 별칭이다.

accomplished posture(성취된 자세) 또는 **adept's posture**(달인좌)
⇒ 싯다-아사나siddha-āsana 참조.

acit(아치트)
'무의식'이라는 뜻이다. 라마누자Rāmānuja의 형이상학 체계에서 궁극적 참의식(Consciousness), 즉 참실재에 대조되는 것이다. 참의식(치트cit)과 마찬가지로 무의식도 영원한 원리이다. 이것은 신(Divine)의 신체를 형성하고 동적이며 영속적으로 유동적인 상태에 있다. 이것은 우주(cosmos, 프라크리티prakṛti)와 순수 존재śuddha-sattva와 시간(칼라II kāla)으로 이루어진다.

action(행위)
영적 수행자(요긴yogin, 사다카sādhaka)는 우주(cosmos)의 더 높은 원리들에 따라서 어떻게 이 세상에서 행위를 해야 하는지 알고 있을 것이다. 달인에게 바른 행위는 도덕적으로 건전할(즉 고결하거나 가치 있을) 뿐만 아니라 영적 성장이나 진보로 이끌기도 하는 것이다. 게다가 행위는 업으로 속박되어 있다. 다시 말해 행위는 영적 무지(아비디야avidyā)를 강화하여 윤회로 이끈다. 산스크리트Sanskrit로 '행위'와 행위에 의해 발생하는 '운명'은 동일한 용어인 카르만karman이거나, 주격 또는 목적격인 카르마karma이다.

행위는 인도에서 초기 우파니샤드Upaniṣad들, 특히 『바가바드-기타』*Bhagavad-Gītā*에서 깊은 철학적 탐구의 주제가 되었다. 근원적인 존재론적 질문인 '나는 무엇을 해야만 하는가?'는 '나는 누구인가?'라는 질문과 밀접하게 연관되어 있다. 우파니샤드의 성자들과 또 후대의 요긴들에게 인간의 행위란 조건 지워진 실재의 한정된 영역에서 모두 소진되어서 초월적 참자아, 즉 참실재에 다다를 수 없는 것이었다. '내'가 행위한다는 관념은 환영이므로 결국에는 '나의' 행위의 결과도 마찬가지이다. 깨닫자마자 행위는 자아 정체감 없이 단지 일어나는 것으로 경험된다.
⇒ 카르마-요가Karma-Yoga도 참조.

activator, subconscious(잠재의식의 활성체 또는 잠세력潛勢力)
⇒ 상스카라saṃskāra 참조.

actor(행위자) 또는 **agent**(동인動因)
조건 지워진 에고적 인성(지바jīva, 아항카라ahaṃkāra)은 자신이 행위를 하는 자라고 여긴다. 고전 요가(Classical Yoga)와 고전 상키야(Classical Sāṃkhya), 베단타Vedānta에 따르면 이것은 착각이다. 앞의 두 학파의 사유 체계에 따르면 초월적 참자아(푸루샤puruṣa)는 단지 한정된 인간 개아에 대한 방관자, 즉 보는 자(사크쉰sākṣin) 또는 수동적 향수자(보크트리bhoktṛ)일 뿐이다. 참자아는 의식(consciousness)의 내용들을 완전히 무심하게 관조한다. 그러나 고유의 순수성 때문에 참자아는 우주(cosmos)의 전개 작용에서 끌어 모으는 힘으로 작용하고, 이것은 개인들과 전 세계 주기(유가yuga)가 점진적으로 향상되는 이유가 된다.

앞의 두 학파와는 대조되게 카슈미르 샤이비즘Kashmiri Śaivism에서는 참자아를 궁극적 동인動因(카르트리kartṛ)으로 간주한다. 쉬바Śiva로서 참자아는 절대적이고 스스로 존재하고 자유로우며, 태어나지 않았고(아자aja) 영원하고 시작이 없다. 그러나 그것은 또한 지고의 의식이고 그것의 참의식 또는 참인식(Awareness) 속에 그 작용이 놓여 있다. 그것은 모든 지식(갸나jñāna)의 배후에 있는 아는 자jñātṛ이자 아는 대상이다. 그것은 탁월한 창조 원리이고, 참자아(또는 쉬바)의 활동(크리야kriyā)은 완전히 자발적이고 노력함이 없으며 지복(아난다ānanda)이다. 쉬바의 이 측면을 샥티I śakti, 즉 여성적 창조 원리라고 부른다.

Acyuta(아치유타)

'타락하지 않은'이라는 뜻이다. 비슈누Viṣṇu, 즉 크리슈나Kṛṣṇa의 별칭이다.

adamantine posture(금강좌)

⇒ 바즈라-아사나vajra-āsana 참조.

adarśana(아다르샤나)

'무지'라는 뜻이다. 아비디야avidyā의 동의어이다.

[비교] 다르샤나darśana.

adbhuta(아드부타)

'놀라운' 또는 '초자연적인'이라는 뜻이다. 산스크리트Sanskrit 미학에서 일반적으로 인정되는 아홉 가지 감정(나바-라사nava-rasa) 중 하나이다. 이것은 놀라움(비스마야vismaya)의 감각에서 솟아나온다.

Adbhuta-Gītā(아드부타-기타)

'놀라운 노래' 또는 '감탄할 노래'라는 뜻이다. 구루guru 나나크Nānak가 저술한 것으로 여겨지는 산스크리트Sanskrit 작품이다.

adept(달인)

영적 삶의 사다리 꼭대기에 오른 숙련된 영적 수행자이다. 그는 단지 수행의 달인일 뿐 아니라 무엇보다도 자기 자신의 자아와 신체와 마음의 주인(스와민svāmin)이다. 달인은 대개 깨달은 존재로 간주되는데, 그는 일상적인 삶의 '꿈'에서 깨어나서 참자아(아트만ātman)를 깨달았다. 그런 존재는 싯다siddha 또는 마하-싯다mahā-siddha로 알려져 있다.

[비교] 사다카sādhaka.

adharma(아다르마)

다르마dharma라는 단어는 엄청나게 많은 상이한 의미를 가지고 있다. 아다르마adharma도 마찬가지이다. 일반적으로 말해서 후자의 단어는 '무법' 또는 '아노미'(사회적 무질서)를 의미하므로 도덕적 · 영적 혼란뿐 아니라 도덕(virtue)이나 올바름의 결여를 가리킨다. 『바가바드-기타』*Bhagavad-Gītā*(4. 7)에서 크리슈나Kṛṣṇa는 무법을 근절하고 영적 질서를 재확립하기 위해서 자신이 모든 세계의 시대(유가yuga)에 화신한다고 밝힌다. 무법은 악(惡, 아푼야apuṇya), 즉 손상시키는 카르만karman을 만들고, 이것은 차례로 바람직하지 못한 재탄생을 낳는다. 아다르마는 다르마의 함양으로 극복되어야만 한다. 그러나 궁극적으로는 깨달음으로 양자를 초월해야만 한다.

adhibhūta(아디부타)

'요소들과 관련된'이라는 뜻이다. 『바가바드-기타』*Bhagavad-Gītā*(8. 1)에서 이 용어는 불멸(아크샤라akṣara)의 영속하지 않는(크샤라kṣara) 나타남을 가리킨다.

⇒ 아디다이바adhidaiva, 아디야트만adhyātman도 참조.

adhidaiva(아디다이바)

'신들과 관련된'이라는 뜻이다. 더 높은 힘에 의해 지배된다고 생각되는 어떤 이의 운명과 연관된 것이다. 어떤 문헌들에서 이 용어는 초월적 참자아를 지칭한다.

⇒ 아디부타adhibhūta, 아디야트만adhyātman도 참조.

adhikāra(아디카라)

'자격' 또는 '자질'이라는 뜻이다. 영적 지식과 능력을 전수(샥티-파타śakti-pāta)할 때 제자는 스승이 주는 것을 충분히 받아들일 수 있는 참된 자격이 필요하다. 전통적으로 부적격한 제자는 그러한 전수에서 배제되고 있다. 왜냐하면 스승뿐 아니라 제자 자신에게도 손상을 줄 수 있기 때문이다.

adhikārin(아디카린)

'자격이 있는 [수행자]'라는 뜻이다. 요가Yoga의 다양한 전통들은 누가 자격이 되는 수행자(사다카sādhaka)인지, 즉 해탈의 위대한 비전 지식에 입문시켜서 가르침을 전수할 가치가 있는 유능한 사람인지 판단하기 위해 온갖 종류의 기준에 의지한다. 그래서 『쉬바-상히타』Śiva-Saṃhitā(3. 16~19)에서는 긍정적 확신(비슈와사 viśvāsa)이 제일의 자격요건이라고 한다. 이것에 뒤이어 수행에 충실히 전념하고 스승을 존경(아차리야-우파사나ācārya-upāsana)하고 공명정대하며 감각을 억제하고 알맞은 식습관을 유지하게 된다.

위에서 언급한 하타-요가Haṭha-Yoga 문헌(5. 10ff.)에 따르면 약한♯mṛdu 수행자는 열정적이지 않고 어리석고 변덕스럽고 우둔하고 건강이 나쁘고 의존적이고 행실이 바르지 못하고 허약하다. 그는 오직 권능을 부여받은 소리(만트라mantra)를 반복하는 만트라-요가Mantra-Yoga에만 적합하다고 여겨진다. 한편 중간 정도♯madhya의 수행자는 평정한 마음과 인내(크샤마 kṣamā), 선(善, virtue, 다르마dharma)에 대한 갈망, 친절한 말, 모든 것들에서 알맞게 수행하려는 경향성을 가지고 있다. 그는 명상적 몰입을 통해 마음을 소멸시키는 라야-요가Laya-Yoga를 수행할 수 있다고 간주된다.

비범한♯adhimātra 수행자는 다음과 같은 자질을 보여준다. 확고한 이해와 명상적 몰입(라야laya)을 위한 태도, 자기 의존, 해탈에 열중하는 마음, 용기, 활력, 충실함, 스승의 '연꽃 발'(문자 그대로의 의미와 비유적인 의미 양자 모두)에 자진해서 경배하려는 마음, 요가 수행을 즐거워함.

어떤 유형의 요가도 수행할 수 있는 아주 탁월한♯adhimātratama 수행자는 다음과 같은 31가지 덕목(virtue)을 갖추고 있다. 많은 에너지, 열의, 매력, 영웅적 자질, 문헌적 지식, 수행하려는 성향, 망상(브란티bhrānti) 없음, 규칙성, 원기 왕성함, 알맞은 식습관, 감관 통제력(인드리야-자야indriya-jaya), 두려움 없음(아바야abhaya), 순수성, 능숙함, 관대함, 모든 이의 안식처가 될 수 있는 능력, 평온함(스타이리야sthairya), 사려 깊음, 스승이 무엇을 원하든 기꺼이 하려는 마음, 인내(크샤마), 좋은 습관, 도덕적·영적 규칙 준수, 자신과 계속 투쟁할 수 있는 능력, 친절한 말씨, 문헌들에 대한 확신, 신(神, Divine)과 이의 화신인 스승에 대해 경배할 준비가 되어 있음, 수행의 수준과 연관된 서약(브라타vrata)에 대한 지식, 마지막으로 모든 유형의 요가에 대한 적극적인 추구.

adhvan(아드완)

'길' 또는 '통로'라는 뜻이다. 카슈미르 샤이비즘Kashmiri Śaivism에서 탓트와tattva라고 불리는 존재의 세 가지 유형 또는 범주로 된 모든 것이다. 현현顯現 또는 창조(사르가sarga)의 세 통로는 순수한 것(슛다śuddha)과 혼합된 것♯miśra, 불순한 것(아슛다aśuddha)이다. 순수한 것은 존재의 가장 높은 다섯 범주, 즉 쉬바(Śiva; '상서로운 존재'), 샥티 I (śakti; '힘'), 사다-쉬바(Sadā-Śiva; '영원히 상서로운 존재') 이슈와라(Īśvara; '주'), 사드-비디야(♯Sad-Vidyā; '참된 지혜')로 이루어진다. 둘째 통로인 혼합된 것은 샤이비즘Śaivism에서 아누aṇu로 불리는 푸루샤puruṣa에다가 마야māyā와 다섯 칸추카kañcuka(판차-칸추카pañca-kañcuka)로 이뤄진 일곱 개의 존재론적 범주로 구성되어 있다. 셋째 통로인 불순한 것은 상키야Sāṃkhya 전통과 유사하게 24범주로 이루어져 있는데, 이는 프라크리티prakṛti와 그것의 전개이다.

아드완adhvan은 또한 영적 수행자(사다카sādhaka)가 최고의 목표인 해탈을 추구할 수 있는 여섯 가지 길을 나타낸다. 아비나바굽타Abhinavagupta에 따르면 그것들은 다음과 같다. (1)구루guru의 도움으로 프라나-샥티♯prāṇa-śakti의 작용을 통해서 나타나게 되는 근원의 소리, 즉 나다(nāda, 여기서는 바르나varṇa라고 부름). (2)다양한 종류의 만트라mantra 암송. (3)열 가지 파다 I pada을 수단으로 하여 본래 스스로 빛을 내는 지식에 대한 접근. (4)존재의 다양한 층위 아래에 있는 다섯 칼라 I kalā의 참된 본성에 대한 발견. (5)존재(탓트와)의 36범주로 된 내재하는 결합의 발견. (6)창조의 다양한 층위들에 있는 118세계(부바나bhuvana), 즉 존재 영역의 초월적 기반에 대한 깨달음.

탄트라Tantra는 여섯 통로(샤드-아드완ṣaḍ-adhvan)에 대해서도 말한다. 『쿨라르나바-탄트라』Kulārṇava-Tantra(14. 58)의 해설처럼 이것들은 수행자의 무릎에서 정수리에 이르는, 미세한(수크슈마sūkṣma) 층위에 있는 상징적 신체를 구성하는 데 사용된다. 이 여섯은 특히 『스와얌부바-수트라-상그라하』♯Svāyambhuva-Sūtra-Saṃgraha(비디야-파다♯vidyā-pāda, 4. 2)에서 다음과 같이 언급된다. 단어(파다 I), 음소(音素, 바르나), 세계(부바나), 만트라,

부분(칼라 I) 들 모두는 쉬바Śiva로 이어진다. 아드완들은 신체와 마음의 정화를 위해서 중요하다.

adhyāropa(아디야로파)

'이식', '주입', '가탁'假託이라는 뜻이다. 어근 √ruh에서 파생되었다. 비실재의 속성들(즉 유한한 존재의 환영적 영역)을 참실재에 속하는 것으로 생각하는 작용을 나타내는 베단타Vedānta의 핵심 개념이다.

⇒ 아디야사adhyāsa, 마야māyā도 참조.

adhyāsa(아디야사)

'포개짐', '겹쳐짐', '덧입혀짐'이라는 뜻이다. 주어진 실재에 대한 속성 중에서 잘못된 속성을 나타내는 아드와이타 베단타Advaita Vedānta의 근본 개념이다. 특히 절대자에 대해 유한한 속성을 투영하는 것이다. 이것을 설명하는 가장 일반적인 직유적 표현은 실제로는 밧줄인 것에 가상의 뱀을 투영하는 것이다.

⇒ 아디야로파adhyāropa, 마야māyā도 참조.

adhyātman(아디야트만)

'자아와 관련 있는'이란 뜻이다. 가장 내면의 참자아(아트만ātman), 즉 사람의 근원적 본성이다.

⇒ 아디부타adhibhūta, 아디다이바adhidaiva도 참조.

adhyātma-prasāda(아디야트마-프라사다)

'내적 자아의 명석함'이라는 뜻이다. 이 용어는 『요가-수트라』*Yoga-Sūtra*(1. 47)에서 마음이 북인도의 가을 하늘만큼 맑을 때, 초숙고적(무사, 니르비차라ś nirvicāra) 무아경의 가장 높은 단계에서 발생하는 고양된 상태의 의식(consciousness)을 기술할 때 사용된다.

Adhyātma-Rāmāyaṇa(아디야트마-라마야나)

'영적인 라마야나Rāmāyaṇa'라는 뜻이다. 전설적인 비야사Vyāsa가 저술한 것으로 여겨지는 산스크리트Sanskrit 저작이고 고전 서사시 『라마야나』*Rāmāyaṇa*에 기초하고 있는데, 영적인 가르침에 초점을 맞추고 있다. 3,643송으로 구성된 이 저작은 『브라만다-푸라나』*Brahmāṇḍa-Purāṇa*(1. 61)의 일부이다. 거기에는 독립된 문헌으로도 유통되는 『라마-기타』*Rāma-Gītā*가 실려 있다.

adhyātma-vikāsa(아디야트마-비카사)

'영적인 펼침'이라는 뜻이다. 이들 속성, 즉 수행자를 초월적 참실재, 즉 참자아에 더 가깝게 끌어당기는 인성의 속성이나 면들이 개화하는 것이다.

⇒ 비카사vikāsa도 참조.

Adhyātma-Yoga(아디야트마-요가)

'내적 자아에 대한 요가Yoga'라는 뜻이다. 『카타-우파니샤드』*Kaṭha-Upaniṣad*(1. 2. 12)에 처음 나타난 어구이다. "아디야트마-요가Adhyātma-Yoga를 수습함으로써 고래로부터 존재하였고 보기 어려우며 동굴 속에 숨어들어가 머무르게 되어 깊숙한 곳에 거주하는 신(데바deva)을 깨달은 성자는 즐거움(하르샤harṣa)과 슬픔(쇼카śoka) [양자]를 버린다."

아디야트마-요가는 알리가르Aligarh의 성자 다다Dāda가 가르쳤다. 그리고 다다의 제자인 박학한 하리 프라사다 샤스트리Hari Prasada Shastri가 1929년에 이 요가를 영국에 소개하였다. 그는 런던에 있는 샨티 사단Shanti Sadan의 설립자이다.

Aditi(아디티)

'속박되지 않은'이라는 뜻이다. 베다Veda의 여신으로 여러 가지 중에서 광활한 하늘을 나타낸다. 『야주르-베다』*Yajur-Veda*에서 아디티Aditi는 땅과 하늘의 유지자이고 비슈누Viṣṇu의 배우자로 불린다. 그녀는 여덟 명의 아들이 있었는데, 그 중 태양신인 마르탄다Mārtaṇḍa를 버렸다. 그러나 후대의 서사시 신화에서 그녀는 비슈누의 어머니로 불린다. 그녀는 비슈누와 인드라Indra를 포함해서 12명의 아들(아디티야Āditya들)을 낳았다. 양쪽 모습 모두에서 그녀는 자유와 초월의 원리를 나타낸다.

adoration(숭배)

⇒ 아라다나ārādhana 참조.

A

adṛṣṭa(아드리슈타)

'보이지 않는 것'이라는 뜻이다. 운명 또는 숙명이다. 우리가 오직 결과만 볼 수 있는 보이지 않는 영향력이다.

⇒ 카르만karman도 참조.

advaita(아드와이타)

'불이론'不二論이라는 뜻이다. 이것은 모든 차별을 초월한 궁극적 실재의 특징이다.

[비교] 드와이타dvaita.

Advaita Vedānta(아드와이타 베단타)

'불이론不二論적인 베다Veda들의 끝'이라는 뜻이다. 우파니샤드Upaniṣad들과 이것들에 기초한 문헌들에 자세히 설명된 형이상학이다. 힌두이즘Hinduism 내에서 지배적인 철학적 전통인 불이론(아드와이타advaita)은 많은 상이한 학파로 이루어져 있다. 가장 중요한 학파는 샹카라Śaṅkara의 근본적 불이론(케발라 아드와이타 바다Kevala Advaita Vāda)과 라마누자Rāmānuja의 한정 불이론(비쉬슈타 아드와이타 바다Viśiṣṭa Advaita Vāda)이다.

요가Yoga는 원래 범재신론凡在神論적이었다. 세계는 신(Divine)으로부터 출현했고 신 안에 내재되어 있지만 신과 동일한 것은 아니다. 영적인 길은 원래의 참의식(Consciousness, 치트cit), 즉 초월적 참자아를 깨달을 때까지 존재의 층위로 된 진보하는 단계들을 통한 의식에서의 움직임이다. 그 참자아는 궁극적 참실재의 통합적 부분(앙샤aṃśa)으로 자신을 경험한다.

철학 체계(다르샤나darśana)로 요가를 정립한 파탄잘리Patañjali는 이원론(드와이타dvaita)적 형이상학을 선호했던 것으로 보인다. 참의식(즉 참영혼Spirit)과 우주(cosmos) 사이에 영원한 차이가 있다고 생각했다. 우파니샤드들의 위상을 뒤집어 놓은 그는 초월적인 참자아(푸루샤puruṣa)와 초월적인 우주(프라크리티prakṛti)의 바탕을 대비하였다.

후고전 요가(Postclassical Yoga)학파는 불이론 형이상학, 주로 샹카라의 그것으로 복귀하였다.

advaya(아드와야)

'불이'不二라는 뜻이다. 아드와이타advaita와 동의어이다. 불교 탄트라Tantra 경전들에서 종종 발견된다.

Advaya-Tāraka-Upaniṣad(아드와야-타라카-우파니샤드)

'불이론不二論 전달자의 우파니샤드Upaniṣad'라는 뜻이다. 서력기원의 요가-우파니샤드Yoga-Upaniṣad 중 하나이다. 19개의 짧은 송에서 이 저작은 타라카-요가Tāraka-Yoga를 제시한다. 거기에서는 (환시幻視라고 알려진) 내·외적으로 지각되는 빛 현상이 중요한 역할을 한다. '불이론의 전달자'는 초월적 참의식(Consciousness)이다. 그것은 '무수한 불로' 요긴yogin에게 자신을 드러낸다.

⇒ 타라카tāraka도 참조.

aeon(이온)

⇒ 칼파kalpa, 만완타라manvantara, 시간(time), 유가yuga 참조.

aesthetics(미학)

인도 사상은 영적 지향성 때문에 진정한 철학이 아니라고 이따금씩 말하곤 했다. 그러나 더 자세히 검토해 보면 이 견해는 단지 선입견일 뿐이라고 판명된다. 서구 사상과는 많은 방식에서 차이가 있지만 인도 사상은 그리스의 철학자들과 그들의 선조들을 몰입하게 만들었던 철학적 탐구의 주요 주제들과 동일한 주제들에 대해 날카로운 관심을 보인다. 그러므로 우리는 인도의 사상가들이 지식의 본질과 수단(어원학), 이성적 사고의 본성(논리학), 아름다움의 본질(미학)과 같은 중요한 쟁점들과 씨름했다는 것을 알 수 있다. 이러한 쟁점들은 성숙한 철학적 숙고의 특징들이라고 한다.

일부 전통적인 산스크리트Sanskrit 저자들은 문체와 비유 언어 또는 함축성 있는 내용이 시의 핵심적 요소가 된다고 생각한 반면, 대부분은 오히려 그 요소가 아름다움의 맛(라사rasa)이라는 것에 의견이 일치했다. 이 관념은 시와 드라마와 연관하여 서력기원에 매우 상세하게 논의되었다.(미학적 철학은 인도에서 훨씬 더 긴 역사를 가지고 있겠지만 현재는 어떠한 초기 저작들도 남아 있지 않다.) 인도 미학 분야에서 가장 위대한 이론가는 철학자이자 달인인 아비나바굽타Abhinavagupta였다.

관객에게 아름다움의 느낌을 불러일으키는 예술 작품이 되기 위해서는 성애, 영웅, 재미, 역겨움, 끔찍함, 애통함, 경이로움(아드부타adbhuta), 평화로움으로 이루어진, 주요하거나 영원한 아홉 가지 감정(라사, 즉 '맛'으로 불리는) 중 한 감정 아래서 통일성을 표현해야만 한다. 이러한 예술적 통일성을 성취하기 위해서 전통적인 인도의 예술가들은 고대 이래로 요가Yoga 수행, 특히 집중(concentration)과 심상화를 적절히 사용해 왔다.

그러나 예술가가 어떤 요가 기법들을 완성했더라도 그의 목표는 해탈이 아니고 아름다움의 창조이다. 요기yogi의 관점에서 보면 이것은 물론 예술가의 깨닫지 못한 상태로 인해 야기되는 한계이다. 그래서 『요가-바쉬야』*Yoga-Bhāṣya*의 복주석인 『탓트와-바이샤라디』*Tattva-Vaiśāradī*(1. 2)에 따르면 가장 정교한 아름다움ati-sundara조차도 끝이 나므로 그 아름다움은 고통의 원천이다. 따라서 요긴yogin은 아름다움에 대한 모든 집착을 극복하려 노력해야만 한다.

affliction(번뇌)

⇒ 클레샤kleśa, 고통(suffering) 참조.

agarbha-prāṇāyāma(아가르바-프라나야마)

'종자 없는無種 호흡 조절'이라는 뜻이다. 니르가르바-프라나야마nirgarbha-prāṇāyāma와 동의어이다.

⇒ 가르바garbha, 프라나야마prāṇāyāma도 참조.

[비교] 사가르바-프라나야마sagarbha-prāṇāyāma.

Agastya(아가스티야) 또는 **Agasti**(아가스티)

타밀어Tamil로 아갓티야르Agattiyar이다. 몇 사람의 이름이다. 고대 『리그-베다』*Ṛg-Veda*의 찬가 몇 송을 작곡한 현자(리쉬ṛṣi) 아가스티야Agastya는 비데하Videha족族 통치자의 딸인 로파무드라Lopāmudrā와 결혼했다. 『리그-베다』(1. 179. 4)에는 아가스티야와 그의 아내 사이의 대화가 보존되어 있다. 그는 베다Veda의 켈라Khela 왕의 최고 사제였을 것이다.

아가스티야라Agastya는 이름은 또한 문법학, 의학, 보석학과 다른 학문들에 관한 저작들과도 연관되어 있다. 아가스티야는 키가 작다고 기억되고, 도상학에서는 일반적으로 난쟁이로 묘사된다. 그는 수많은 브라마나II Brāhmaṇa와 『마하바라타』*Mahābhārata*, 『라마야나』*Rāmāyaṇa*, 몇몇 푸라나Purāṇa들에서 언급된다. 『라마야나』(3. 11. 86)에서 위로 솟아오르는 빈디야Vindhya 산맥의 산aga들을 멈추게 한, 믿을 수 없는 행위로 그의 이름을 설명한다. 사실상 전설에서는 그가 산맥을 강제로 굽히게 함으로써 자존심 강한 빈디야 산맥을 낮추었다고 한다.

아가스티야의 은둔처(아슈라마āśrama)는 인도 반도의 남단에 있다고 한다. 전설에 따르면 그는 남쪽 지역에 처음으로 이주지를 건설하였다. 아가스티야가 남인도에서 위대한 달인(싯다siddha)인 것은 맛시옌드라Matsyendra가 북인도에서 그러한 것과 같다. 그의 명성은 인도네시아Indonesia까지 퍼졌다.

탄트라Tantra에서 아가스티야는 남인도의 열여덟 명의 달인(아슈타다샤-싯다aṣṭādaśaśa-siddha) 중 한 명으로 기억된다.

아가스티야(Agastya)

A

Agattiyar(아갓티야르)
타밀어Tamil이다.
⇒ 아가스티야Agastya 참조.

age(시대)
⇒ 칼파kalpa, 만완타라manvantara, 시간(time), 유가yuga 참조.

Aghora(아고라)
'무섭지 않은'이라는 뜻이다. 쉬바Śiva의 별칭이다. 역설적으로 그의 무섭고 광폭한 면을 나타낸 것인데 아마도 입문한 숭배자를 위해서 그런 것은 아닐 것이다.

Aghoraśivācārya(아고라쉬바차리야; 12세기 중엽)
아고라aghora + 쉬바śiva + 아차리야ācārya로 만들어졌다. 사디요지요티 쉬바Sadyojyoti Śiva의 『라우라바-탄트라-브릿티』 ♯ *Raurava-Tantra-Vṛtti*에 대한 주석을 포함하여 수많은 저작을 저술한 샤이바Śaiva 달인이다. 그의 구루guru는 사르바트마 쉬바Sarvātma Śiva였다. 그는 나라야나칸타Nārāyaṇakaṇṭha의 『므리겐드라-브릿티』 ♯ *Mṛgendra-Vṛtti*에 대한 복주석인 『디피카』 ♯ *Dīpikā*를 저술하였다.
이 이름을 가진 둘째 사람은 13세기에 살았고, 『사르바갸-웃타라-브릿티』 ♯ *Sarvajña-Uttara-Vṛtti*('궁극적 전지에 대한 주석')를 저술하였다. 뿐만 아니라 또 다른 동명이인은 『하타-라트나발리』 *Haṭha-Ratnāvalī*에 대한 주석을 저술하였다. 따라서 그는 16세기 초반이나 후반에 위치되어야만 한다. 촐라Cola 왕국 출신인 이 위대한 달인은 대략 이십만 명의 제자를 거느렸던 것으로 추정된다.

Aghorī(아고리)
원형은 아고린Aghorin이다. 14세기에 얼마 동안 보다 널리 퍼져 있던 카팔리카Kāpālika 고행주의 교단으로부터 발전된, 탄트라Tantra에 기반한 유파이다. 아고리판티 ♯ Aghorīpanthi들로 알려진 이 유파의 추종자들은 항상 멸시 받았다. 왜냐하면 사람의 두개골을 그릇으로 사용하고 공동묘지(슈마샤나 śmaśāna)를 자주 가고 쓰레기를 먹으며, 그 중에서도 (19세기 말엽까지 지속된 것으로 추정되는) 인육을 먹는 행위와 같은 기괴한 수행법 때문에 항상 멸시를 받았다.
또한 탄트라의 이 극단주의자 유파의 일원을 가리키기도 한다.

agni(아그니 I)
'불'이라는 뜻이다. 가장 조대한 차원으로 현현顯現된 우주(cosmos)를 구성하는 다섯 가지 물질 요소(부타 bhūta) 중 하나이다. 또한 소화의 불이자 정신신체적인 열이기도 하다.
⇒ 탓트와tattva, 바니vahni도 참조.

Agni(아그니 II)
고대 베다Veda 종교에서 중요 데바deva로 묘사된 불의 신이다. 그는 베다의 불의 희생 의례와 밀접하게 연관되어 있다. 아그니 II Agni의 상징성은, 어떤 맥락에서는 '뱀의 힘'(쿤달리니-샥티 kuṇḍalinī-śakti)과 동일할 수도 있다는 견해를 포함하여 많은 다양한 해석에 열려 있다.
⇒ 자타라-아그니jāṭhara-agni도 참조.

agni-bindu(아그니-빈두)
'불의 종자'라는 뜻이다.
⇒ 빈두bindu 참조.

agni-hotra(아그니-호트라)
'불에 대한 봉헌'이라는 뜻이다. 독실한 힌두교도 Hindu가 매일 행하는 불의 희생제로, 불속에 우유를 바치는 것이 반드시 포함되어 있다. 우파니샤드Upaniṣad 시대 이래로 요가Yoga는 내적 불의 희생제로 간주되어 왔다.
⇒ 안타르-야가antar-yāga, 야갸yajña도 참조.

Agni-Purāṇa(아그니-푸라나)

18개의 주요 푸라나Purāṇa 중 하나이다. 이 푸라나는 382장 또는 383장으로 이루어진, 실로 포괄적인 저작이다. 성립 연대는 이후에 덧붙여진 것과 함께 대략 900년에서 1000년 사이로 거슬러 올라간다. 352~358장에서는 파탄잘리Patañjali의 여덟 가지로 된 길(8지支 요가Yoga)에 대해 상세히 설명하고 있다.

agni-sāra-dhauti(아그니-사라-다우티)

바니-사라-다우티vahni-sāra-dhauti와 동의어이다.

Agni-Yoga(아그니-요가)

'불의 요가Yoga'라는 뜻이다. 호흡(즉 통제된 정신신체 에너지)과 마음의 결합 작용을 통해서 '뱀의 힘'(쿤달리니-샥티kuṇḍalinī-śakti)을 각성시키는 과정이다. 러셀 폴 스코필드Russell Paul Schofield가 설립한 현대의 한 영적 유파도 같은 명칭을 사용하고 있다. 이 유파에서는 심신에 막힘을 발생시키는 소화되지 않은 지각적·감정적 경험들을 용해시키기 위해서 신체의 정신신체 에너지(프라나prāṇa)와 심상화를 결합하여 사용한다. 이 접근법은 또한 현실화(Actualization)로도 알려져 있다.

aham(아함)

'나'라는 뜻이다. 한정된 에고, 즉 아항카라ahaṃkāra이다. 카슈미르 샤이비즘Kashmiri Śaivism에서 이것은 쉬바Śiva로서 초월적 참자아를 가리킨다. 이것은 아한타(ahaṃtā; '자의식')로도 알려져 있다.

aham-idam(아함-이담)

'나는 이것이다'라는 뜻이다. 카슈미르 샤이비즘Kashmiri Śaivism에 따르면 순수한 아함aham인 쉬바Śiva로서 절대자에 나타나는 차별의 첫째 단계이다. 이 단계는 세계가 궁극적 주체인 쉬바로부터 객체 형태로 출현하기 시작하는 차이 속의 통합 상태로 특징지어진다. 이것은 사다-쉬바(Sadā-Śiva; '영원한 쉬바')로도 알려져 있다. 전개의 다음 단계는 이담-아함(idam-aham; '이것은 나이다')이다.

ahaṃ brahma asmi(아함 브라마 아스미, [연성]**ahaṃ brahmāsmi**아함 브라마스미)

'나는 절대자이다'라는 뜻이다. 아드와이타 베단타Advaita Vedānta의 유명한 금언 가운데 하나이다. 초기 우파니샤드Upaniṣad들에서 시작되었고 불이론(不二論, 아드와이타advaita)을 공언한 중세 요가Yoga 문헌들에서 되풀이되었다. 그것은 철학적인 선언이라기보다 무아경의 감탄사이다. 깨달음 상태에서 '나'는 더 이상 에고적 인성(자아의식, 아견我見, 아항카라ahaṃkāra)이 아니라 초월적 참자아(아트만ātman)이다.

⇒ 브라만brahman도 참조.

ahaṃkāra(아항카라)

'나를 만드는 것', '자아의식', '아견'我見이라는 뜻이다. 에고, 즉 개체화의 원리이다. 상키야Sāṃkhya 철학에서는 이것이 본성의 주요한 여덟 가지 전개(비크리티vikṛti) 중 하나로 간주되므로 모든 전개 범주(탓트와tattva)를 나타낸다. 그러나 빈번하게 이것은 단순히 에고라는 착각, 즉 특정한 몸과 마음으로 되어 있다는 느낌, 특정한 속성들('나의 감정', '나의 생각', '나의 아이' 등)을 가지고 있다는 느낌, 행위들을 일으키는 행위자라는 느낌을 의미한다. 모든 영적 전통들은 에고 감각을 초월해야만 한다는 데 동의한다. 때로 이것은 이타적일 것을 요구하는 것으로 잘못 해석된다. 이들 전통은 훨씬 더 깊은 것, 말하자면 우리를 구성하는 느낌에서 우리가 근본적으로 변화하는 것을 의도한다. 자아에 대한 동일시로부터 참자아에 대한 동일시로, 바꿔 말해서 아항카라ahaṃkāra로부터 아트만ātman으로 옮겨갈 것을 우리에게 요구한다.

⇒ 아스미타asmitā, 지바jīva도 참조.

ahaṃtā(아한타)

'자의식'이라는 뜻이다. 초월적 참자아를 가리키는 카슈미르 샤이비즘Kashmiri Śaivism의 표현이다. 『프라티야비갸-흐리다야』*Pratyabhijñā-Hṛdaya*(20)에서는 초월적 참자아가 '빛과 지복의 정수'*s* prakāśa-ānanda-sāra로 이루어져 있다고 한다.

ahaṃ-vimarśa(아함-비마르샤)
'자기에 대한 인식(awareness)'이라는 뜻이다. 카슈미르 샤이비즘Kashmiri Śaivism에 따르면 초월적 참의식(Consciousness)의 기본적이고 주된 창조 활동(크리야kriyā)이다. 비마르샤vimarśa라는 단어는 대체로 '검토' 또는 '논의'를 의미하지만, 여기서는 대상 세계의 모든 변화 과정을 목격하는 제1의 지성을 말한다.
⇒ 사크쉰sākṣin도 참조.

ahiṃsā(아힝사)
'불상해'不傷害라는 뜻이다. 종종 '비폭력'으로 번역되기도 하지만 더 근본적인 무언가를 나타낸다. 파탄잘리Patañjali는 그것을 어떠한 상황에서도 지켜야만 하는 '위대한 서약'(마하-브라타 mahā-vrata)을 구성하는 다섯 가지 도덕 훈련(금계, 야마yama) 중 하나로 간주한다. 다른 권위자들은 다섯 가지 자기 억제(권계, 니야마niyama) 하에 아힝사ahiṃsā를 열거한다. 이것은 일반적으로 육체적 · 정신적 · 구두적으로 다른 사람을 해하는 것을 항상 피하는 수행으로 정의된다. 실행 가능한 도덕적 · 정치적 수행으로 아힝사를 주장한 마하트마 간디Mahatma Gandhi는 아힝사가 힌두이즘Hinduism 내에서 예로부터 전해 내려오는 전통이라고 분명히 말했다. 그러나 그의 급진적인 접근을 모든 힌두Hindu 학파들의 사상으로 특징지을 수는 없다. 예를 들자면 브라마니즘Brahmanism은 희생제(야갸yajña)를 목적으로 동물의 도살을 허용한다. 또한 『바가바드-기타』*Bhagavad-Gītā*의 가르침은 고대 인도의 가장 격렬한 전쟁 중 하나를 역사적 배경으로 하여 만들어졌다. 여기서 크리슈나Kṛṣṇa는 아르주나Arjuna 왕자에게 적 중에 있는 친족과 이전의 스승 들을 죽이는 것에 대해 낙담하기보다는 전쟁에 참여할 것을 권고한다. 군대 간의 전쟁이라는 주제 때문에 『바가바드-기타』는 빈번히 인간 존재의 내적 투쟁에 대한 비유담으로 해석되어 왔다.
⇒ 브라타vrata도 참조.
[비교] 힝사hiṃsā.

Ahirbudhnya-Saṃhitā(아히르부드니야-상히타)
카슈미르Kashmir에서 유래한 판차라트라Pañcarātra 문헌으로 대략 15세기경에 성립되었을 것이다. 아히르부드니야♯Ahirbudhnya는 쉬바Śiva의 별칭이고, '깊은 구멍 속의 뱀'[아디(adhi; '뱀')+부드니야(budhnya; '깊은')에서 유래]을 의미한다. 쉬바Śiva와 성자 나라다Nārada 사이의 가상의 대화로 이뤄진 이 상히타Saṃhitā는 의례에서부터 오컬티즘Occultism, 철학, 신학에 이르기까지 폭넓은 주제를 다루고 있다. 이 문헌은 요가Yoga 연구자들의 관심을 끄는데, 그 이유는 히란야가르바Hiraṇyagarbha가 저술한 것으로 여겨지는 잃어버린 요가 문헌에 대해 기술하고 있기 때문이다.

aikya(아이키야)
'결합'이라는 뜻이다. 비라 샤이비즘♯Vīra Śaivism에서 영적 성장의 최고 단계이다. 이것은 유일한(에카eka) 초월적 참실재에 대한 깨달음을 가리킨다.
⇒ 샤트-스탈라ṣaṭ-sthāla도 참조.

air(공기 또는 바람風)
⇒ 파바나pavana, 프라나prāṇa, 바타vāta, 바유vāyu 참조.

aiśvarya(아이슈와리야)
'지배자'라는 뜻이다. 위대한 마법적 성취(싯디siddhi) 중 하나이다. 이것에 의해서 요긴yogin은 우주(cosmos)의 현현顯現된 면과 미현현未顯現된 면에 대한 통제력을 획득하게 된다고 한다. 이것은 '주'(이슈와라Īśvara)의 지배력과 유사하다.
⇒ 초심리학(parapsychology), 비부티vibhūti도 참조.

Aïvanhov, Omraam Mikhaël(옴람 미카엘 아이반호프; 1900~1986)
불가리아 출신의 성자이다. 그는 스승인 벤사 도우노Bensa Deuno(페테르 되노프Peter Deunov)의 요청에 따라서 프랑스로 이민을 갔고 거기서 49년 동안 살았다. 그는 쉬지 않고 수많은 강연에서 '태양 요가Yoga'에 대한 영지적 가르침들을 전했다. 이 강연들은 70권이 넘는 책으로 출간되었다.

aja(아자)

'태어나지 않은'이라는 뜻이다. 어근 √jan('태어나다')에서 파생되었다. 이미 고대의 『브리하다란야카-우파니샤드』*Bṛhadāraṇyaka-Upaniṣad*(4. 4. 20)에서 초월적 참자아는 태어나지 않는다, 즉 불생不生이라고 한다. 이것은 아트만ātman에 대한 베단타Vedānta의 일반적인 묘사이고, 예를 들자면 가우다파다Gaudapāda의 『만두키야-카리카』*Māṇḍūkya-Kārikā*에서 많이 발견된다.

아자(♯ajā, 여성형 어미)라고 표기될 때 그 단어는 '염소'를 의미한다. 그리고 이러한 의미는 특히 『브리하다란야카-우파니샤드』(1. 4. 4)의 한 쌍♯mithuna으로 모든 것의 창조를 서술하는, 바꿔 말해서 존재의 내재적인 성애적 본성을 언급하는 구절에서 사용된다.

ajapā-mantra(아자파-만트라)

아자파-가야트리♯ajapa-gayatrī라고도 알려져 있다. '암송되지 않는 만트라mantra', 즉 호흡 과정의 결과로 신체에서 지속적으로 발생하는 소리인 항사haṃsa이다. 음절 함ham은 들숨과, 사sa는 날숨과 관련되어 있다. 『게란다-상히타』*Gheraṇḍa-Saṃhitā*(5. 84~85)와 중세의 다른 저작들에 따르면 이 소리는 인체에서 하루에 2만 1천6백 회 자동적으로 '암송'된다. 『게란다-상히타』(5. 90)에서는 수행자가 이 잠재적 소리(만트라)를 의도적으로 암송해야만 하고, 고양 상태(운마니unmanī)를 성취하기 위해서는 심지어 두 배로 암송해야만 한다고 가르친다. 이 관념은 비전적인 가르침에 뿌리 박혀 있는데, 이에 따르면 지속적인 소리 항사-항사-항사haṃsa-haṃsa-haṃsa는 '내가 그이다, 내가 그이다, 내가 그이다', 다시 말해서 '나는 참자아이다'를 의미하는 소함-소함-소함so'ham-so'ham-so'ham으로 들릴 수도 있다.

⇒ 가야트리gāyatrī, 항사haṃsa, 자파japa, 만트라-요가Mantra-Yoga도 참조.

ajñāna(아갸나)

'무지'라는 뜻이다. 아비디야(avidyā; '무지')와 동의어이다. 육체적인 고통(두카duḥkha)과 심령적인 괴로움을 알고, 나이 들고 죽도록 운명 지어진 개체화된 몸과 마음으로 우리 자신을 경험한 결과에서 기인하는 영적인 장님을 의미한다. 영적인 지혜와 지식(갸나jñāna, 비디야vidyā)에 반대되는 이것은 자아에 대한 참된 앎과 궁극적으로는 참자아에 대한 깨달음에 도움이 된다.

akala(아칼라)

'나뉘지 않은'이라는 뜻이다. 이 단어는 아직 초기 우파니샤드Upaniṣad들에서는 발견되지 않지만 『슈웨타슈와타라-우파니샤드』*Śvetāśvatara-Upaniṣad*(6. 5) 시기에서부터 발견된다. 거기서는 신(Divine)에 대해 부분(칼라 I kalā)들이 없는 것으로 말한다. 칼라 I 은 참자아를 기술하는 데 종종 사용되는데, 동일하게 널리 알려진 니슈칼라niṣkala와 동의어이다.

[비교] 칼라 I kalā.

akarman(아카르만)

'무행위'라는 뜻이다. 『바가바드-기타』*Bhagavad-Gītā*(3. 8)에 따르면 현현顯現된 세계에서는 행위 하지 않는 것이 불가능하다. 왜냐하면 바로 그 우주(cosmos)의 구성 요소, 즉 구나guṇa가 영원히 움직이기 때문이다. 그러므로 생명은 최소한의 행위 없이는 유지될 수 없다. 행위를 피하는 대신 이 저작은 초월적 행위(나이슈카르미야-카르만naiṣkarmya-karman)라는 이상을 제시한다.

[비교] 카르만karman, 카르마-요가Karma-Yoga.

akliṣṭa(아클리슈타)

'오염되지 않은'이라는 뜻이다. 『요가-수트라』*Yoga-Sūtra*(1. 5)에 따르면 마음(mental) 작용(브릿티vṛtti)의 두 가지 기본 범주 중 하나로, 바꿔 말해서 그것은 해탈로 이끄는 것이다.

⇒ 클레샤kleśa도 참조.

[비교] 클리슈타kliṣṭa.

akrama(아크라마)

'비연속적인'이라는 뜻이다. 카슈미르 샤이비즘Kashmiri Śaivism에 따르면 궁극적 실재, 즉 참자아의 특징 중 하나이다. 창조는 크라마krama라 불리는 연속적 또는 순차적 전개를 수반하는 반면, 초월적 존재는 시공간을 초월하고 완전하게 동질同質적이어서 나뉘지 않는(아칼라akala)다.

⇒ 탓트와tattva도 참조.

akrama-kriyā(아크라마-크리야)

'비연속적 활동'이라는 뜻이다. 카슈미르 샤이비즘Kashmiri Śaivism에 따르면 쉬바Śiva라 불리는 궁극적 실재는 영원히 창조적이지만, 이 창조성은 비연속적이다. 인간의 입장에서 이것은 일부 학파의 사상에서 '초월적 행위'(나이슈카르미야-카르만naiṣkarmya-karman)로 알려진 것에 상응한다.

akṣa-mālā(아크샤-말라)

문자 그대로, '눈眼으로 만들어진 화환'이라는 뜻이다. 아크샤(akṣa; '눈')+말라(mālā; '화환' 또는 '염주')로 만들어졌다. 루드라크샤♯rudrākṣa 씨앗으로 만들어진, 만트라mantra 암송을 위한 염주이다. 『쿨라르나바-탄트라』Kulārṇava-Tantra(15. 45ff.)에 따르면 두 종류의 아크샤-말라akṣa-mālā가 있다. 마트리카(mātṛkā, 아a에서부터 크샤kṣa까지)로 만들어진 심상화된 것♯kalpita과, 보석과 그밖의 재료들로 만들어진 실제적인 것이 있다. 동일 문헌(15. 51)에 30개의 '구슬'로 만들어진 염주로 수행자는 부를 얻고 27개로 만들어진 것으로 건강을 얻으며, 15개로 만들어진 것으로 신기한 매력으로 된 결과들을 얻는다.

akṣara(아크샤라)

'불변의', '불멸하는'이라는 뜻이다. '글자가 들어 있는', '글자'라는 뜻도 있다. 절대자의 명칭이며, 그것의 상징인 옴Oṃ을 지칭하기도 한다.

[비교] 크샤라kṣara.

Akṣi-Upaniṣad(아크쉬-우파니샤드, [연성]Akṣyupaniṣad아크쉬유파니샤드)

'눈目에 대한 우파니샤드Upaniṣad'라는 뜻이다. 일반적인 베단타Vedānta 우파니샤드 중 하나이다. 이 문헌의 호기심을 끄는 제목(아크쉬♯akṣi는 '눈'을 뜻함)은 이 문헌이 통찰력(vision) 있는 지혜♯cākṣumatī-vidyā를 가르친다는 것을 나타낸다. 두 부분 중 후반부에서는 요가Yoga의 일곱 단계(삽타 갸나 부미 sapta-jñāna-bhūmi 참조)를 다루고 있다. 요가를 '초의식 · 의식(consciousness)의 비인위적 제거♯kṣaya'로 정의한다.(2. 3)

Akula(아쿨라)

'무리 짓지 않음'이라는 뜻이다. 쉬바Śiva의 많은 탄트라Tantra적 별칭 중 하나이다.

⇒ 카울라 전통(Kaula tradition)도 참조.

[비교] 쿨라kula.

Akula-Vīra-Tantra(아쿨라-비라-탄트라)

카울라 전통(Kaula tradition)에 속하는 짧은 저작이다. 두 가지 판본이 있는 것으로 보인다. 아쿨라-비라♯akula-vīra, 즉 '아쿨라의 영웅'은 지고의 실재이다.

Akulāgama-Tantra(아쿨라가마-탄트라)

아쿨라akula+아가마āgama+탄트라tantra로 만들어졌다. 맛시옌드라Matsyendra의 카울라 전통(Kaula tradition)에 속하는 경전이다. 제1장에서는 하타-요가Haṭha-Yoga의 6지의 길을 다룬다. 제3장에서는 요가Yoga 수행의 일부로서 탄트라의 다섯 '구성 요소', 즉 판차-탓트와pañca-tattva들을 설명하지만, 그것들을 문자 그대로 실행하는 것을 비난한다.

al-Bīrūnī(알-비루니)

11세기 초반에 인도를 방문했던 페르시아의 유명한 여행가이다. 그는 『요가-수트라』Yoga-Sūtra를 아랍어로 상당히 자유롭게 번역한 『키탑 파탄잘리』Kitāb Patañjali를 저술했는데, 거기에는 『탓트와-바이샤라디』Tattva-Vaiśāradī였을 수 있는 긴 주석이 포함되어 있다. 그의 번역은 파탄잘리Patañjali의 요가Yoga에 대한 우리의 지식에 조금도 보탬이 되지 않는다. 사실상 알-비루니al-Bīrūnī는 보다 복잡한 수많은 전문적 문제들에 대해 잘못 이해하고 있는 것으로 보인다.

alchemy(연금술)

보기에 초자연적인 결과들, 특히 불사를 낳기 위해 자연의 요소들을 사용하는 과학 이전의 기술이다. 중국에서든 인도에서든 유럽에서든 연금술사들은 엔트로피entropy라는 우주의 법칙을 뛰어넘을 불로장생의 영약, 즉 철학자들의 돌을 구하려 했다. 인도에서 이 불로장생의 영약은 라사(rasa; '맛' 또는 '정수')로 알려져 있고, 연금술은 라사야나(rasāyana; '영약의 길', 라사+아야나 āyana로 만들어짐) 또는 다투-바다(♬ dhātu-vāda; '기본 원소에 대한 교의')라고 불린다. 알-비루니al-Bīrūnī와 마르코 폴로Marco Polo 같은 경험 많은 여행자들의 여행기에서 우리는 인도의 요긴yogin들이 연금술도 수행했다는 것을 배운다. 사실상 요가Yoga는 연금술의 한 형태이다. 왜냐하면 요가는 인간 의식(consciousness)의 변형을, 탄트라Tantra와 하타-요가Haṭha-Yoga에서는 심지어 신체의 성변화聖變化를 목표로 하기 때문이다. 중세의 한 가운데에 있었던 싯다siddha 전통에서는 여러 가지 불가사의한 능력(싯디siddhi)을 가진 '신성한 신체'(디비야-샤리라♬ divya-śarīra)와 완전한 깨달음을 추구한다. 싯다의 깨달음은 신체의 화학적 성질을 영구적으로 변화시킨다.

연금술은 마법적 화학이라 불릴 수 있는 것으로서 약 2세기경에 시작되었다. 기술적으로 정교하고 영적으로 탄트라 연금술에 기초를 둠으로써 이것을 대신하게 되었다. 탄트라의 연금술은 약 1천 년부터 1천4백 년까지 두드러졌고, 생해탈(지반-묵티 jīvan-mukti) 상태에서 불멸하고 무적인 신성한 신체(디비야-데하 divya-deha)를 만드는 것을 목표로 한다. 마다바(Madhava; 14세기경)가 『사르바-다르샤나-상그라하』♬ *Sarva-Darśa-na-Saṃgraha*(9장)에서 연금술에 대한 논의를 위해 원형으로 삼았던 것이 이 유파이다.

탄트라의 연금술은 하타-요가에 그 영향을 남겼고, 아유르-베다Āyur-Veda 속에 라사-샤스트라♬ rasa-śastra로 일부 흡수되었으며, 싯다-치킷사siddha-cikitsā와 아바다우티카-치킷사avadhautika-cikitsā로 독립적으로도 존속하였다. 연금술의 영향은 신성한 만트라적 신체(만트라-데하 mantra-deha)를 만들려는 목표를 가진 카슈미르Kash-mir의 트리카 카울라♬ Trika Kaula학파에까지도 확장되었다. 수많은 탄트라는 연금술의 기초 과정들이라는 관점에서 이해할 수 있고, 그 반대도 마찬가지이다.

신체적 성변화를 가져오기 위한 연금술의 주요 매개는 머큐리mercury, 즉 수은(파라다 pārada)이다. 이것은 요가와 탄트라에서 변화의 도구인 마음에 상응한다. 머큐리는 남성의 정액(빈두bindu)을 상징하는 반면, 유황은 월경액 또는 여성의 성적 분비물을 상징한다. 그것들의 혼합물은 적색 황화수은(辰砂, 다라다♬ darada, 타밀어로 링감liṅgam), 즉 황화제이수은을 산출하고, 쉬바 Śiva와 샥티 II Śakti의 성적 결합을 상징한다.

연금술에 대한 가장 중요한 저작들은 『아난다-칸다』*Ānanda-Kanda*, 『라사-라트나카라-탄트라』*Rasa-Rat-nākara-Tantra*, 『라사르나바』*Rasārṇava*, 『라사-흐리다야』*Rasa-Hṛdaya*, 『라사-라트나-사뭇차야』*Rasa-Ratna-Samuccaya*, 『라사-라트나-라크슈미』*Rasa-Ratna-Lakṣmī*, 『샤릉가다라-상그라하』*Śārṅgadhara-Saṃgraha*이다. 고라크샤 I Gorakṣa은 『고라크샤-상히타』*Gorakṣa-Saṃhitā*(이 저작은 동일 제목의 요가 문헌과 별개의 것이다)의 저자로 생각되어 왔다.

alcohol(알코올)

⇒ 술(wine) 참조.

aliṅga(알링가)

'표징 없음'이라는 뜻이다. 고전 요가(Classical Yoga)에서 우주(cosmos, 프라크리티prakṛti)의 층위 중에서 가장 높은 (또는 가장 깊은) 위치이다. 미분화된 존재 상태이다. 『탓트와-바이샤라디』*Tattva-Vaiśāradī*(1. 45)에서는 이것을 우주적 존재의 세 가지 주요 구성 성분(구나guṇa)의 균형으로 정의한다. 그에 반해 전고전 요가(Preclassical Yoga)에서 이 용어는 간혹 푸루샤puruṣa, 즉 초월적 참자아와 동의어로 사용된다.

⇒ 우주(cosmos), 탓트와tattva도 참조.

[비교] 링가liṅga.

Allāma Prabhudeva(알라마 프라부데바)

12세기의 달인이다. 60여 명의 여성을 포함하여 300명이 넘는 깨달은 존재들로 된 아누바바-만다파♂Anubhava-Maṇḍapa 교단의 우두머리로 기억되는 바사바Basava와 동시대 사람이다. 알라마Allāma는 『하타-요가-프라디피카』Haṭha-Yoga-Pradīpikā(1. 8)에 하타-요가Haṭha-Yoga의 스승 중 한 명으로 언급되어 있다. 가우라나Gaurana의 14세기 저작인 『나바-나타-차리트라』♂Nava-Nātha-Caritra('아홉 명의 주主의 생애')에 따르면 고라크샤I Gorakṣa은 알라마에게 어떻게 무기 없이 그를 해칠 수 있는지 증명했다. 그러자 알라마는 고라크샤에게 칼로 알라마 자신의 몸을 찌를 것을 요청했다. 놀랍게도 몸이 마치 허공으로 만들어진 것처럼 칼이 알라마의 몸을 관통했다. 그러고 나서 고라크샤는 이 위대한 달인에게 입문 의례를 청했다. 알라마와 고라크샤의 만남은 16세기의 저작인 『프라부-링가-릴라』♂Prabhu-Liṅga-Līlā에도 기술되어 있다. 알라마의 사망 시기는 전통적으로 1196년경이라고 한다.

almsgiving(자선)

⇒ 다나dāna 참조.

alobha(알로바)

'불탐'不貪 또는 '탐욕 없음'이라는 뜻이다. 힌두이즘Hinduism과 붓디즘Buddhism에서 탐욕(로바lobha)은 세 가지 주요 악惡의 근원 중 하나로 간주된다. 이 셋은 '지옥(나라카Nāraka)으로 가는 문들', 즉 재탄생(푸나르-잔만punar-janman)의 순환에서 깨닫지 못하고 덫에 걸리게 하는 원인이 되는 요인들이다. 나머지 둘은 정욕(情慾, 카마kāma)과 분노(크로다krodha)이다. 탐욕 없음은 평정심에 도움이 된다. 이 덕목(virtue)은 파탄잘리Patañjali의 『요가-수트라』Yoga-Sūtra(2. 39)에서도 발견된다. 거기서는 유사한 용어인 아파리그라하(aparigraha; '무소유')를 다섯 가지 주요 도덕 훈련(금계, 야마yama) 중 하나로 열거한다. 동일 경전에서는 아파리그라하가 수행자의 출생 이면에 있는 (카르마karma적) 반작용에 대한 지식으로 이끈다고 언급한다.

aloluptva(알롤룹트와)

'흔들림 없음'이라는 뜻이다. 『슈웨타슈와타라-우파니샤드』Śvetāśvatara-Upaniṣad(2. 12)에 따르면 요가Yoga 성취의 첫 단계의 특징 중 하나이다. 그 단계에서 수행자는 영적 수행 과정에 확고히 전념하게 된다.

⇒ 아나바스티타트와anavasthitatva도 참조.

aloneness(홀로 있음 또는 독존獨存)

⇒ 카이발리야kaivalya, 케발라타kevalatā 참조.

alphabet(알파벳 또는 자모字母)

변형시키는 힘이 있는 소리(샤브다śabda)의 가치는 많은 영적 전통에서 인정된다. 그러나 몇몇 전통, 특히 히브리어 카발라Kabbalah가 자모의 신비주의의 완전한 체계를 발달시켜 왔다. 일부 권위자들은 이 카발라가 동양의 원천들과 인도의 탄트라Tantra에 영향을 받아 온 것으로 간주한다. 마지막에 언급된 전통에서 산스크리트Sanskrit 자모는 50개의 음소 또는 글자(바르나varṇa)로 이루어진다. 이것들은 요긴yogin의 집중(concentration)을 돕는 명상적 암송(자파japa)이나 기하학적인 도형으로 된 그림(얀트라yantra와 만달라maṇḍala)에서 채택된 신성한 소리(만트라mantra)의 창조에 사용된다.

카슈미르Kashmir의 카울라 전통(Kaula tradition)에 따르면 데바-나가리♂deva-nāgarī 자모의 50개 글자는 존재의 조대한 물질적 층위로 내려오는 절대자의 창조 또는 현현顯現의 단계에 상응한다. 그러므로 첫 여섯 모음(a, ā, i, ī, u, ū)은 궁극적 참실재로부터 발생하는 주요한 여섯 가지 힘, 즉 아눗타라anuttara, 아난다ānanda, 잇차icchā, 이샤나īśana, 운메샤unmeṣa, 우르미♂ūrmi의 순서를 나타낸다. 자음들은 창조(사르가sarga)의 후반부에 대한 상징들이다.

이 글자들은 마트리카(mātṛkā; '작은 어머니')들, 즉 모체(母體, matrix)들로도 불린다. 왜냐하면 그것들은 단지 죽은 소리가 아니고 생식력 있는 소리라고 생각되기 때문이다. 어떤 의례들에서 50개의 글자는 신체의 여러 부분, 특히 심령 에너지 센터(차크라cakra)들에 '배치'되는데, 이 수행법은 마트리카-니야사mātṛkā-nyāsa로 알려져 있다.

탄트라적인 쿤달리니-요가Kuṇḍalinī-Yoga에서 글자들은 신체의 주요 심령 에너지 센터(차크라)들과 관련이 있는 연꽃(파드마padma)의 꽃잎에 새겨지는 것으로 묘사된다. 사하스라라-차크라sahasrāra-cakra로 불리는 정수리에 있는 센터는 1천 개의 꽃잎을 가지고 있는데, 각각의 꽃잎에는 자모의 한 글자씩 있고, 이 글자는 20회 반복된다. 이 센터들은 전통적으로 '뱀의 힘'(쿤달리니-샥티kuṇḍalinī-śakti)으로 된 신체를 구성한다고 하기 때문에, 쿤달리니 자체가 전체 자모로 화현하는 것 또는 전체 자모의 배후에 있는 심령 우주적 힘으로 간주될 수 있다. 사실 쿤달리니는 소리의 절대자(샤브다-브라만śabda-brahman)로 간주된다.

자모는 그림처럼 아름답게 '글자로 된 화환'ʃ varṇa-mālā으로 불린다. 이 자모의 화환은 여신 칼리Kālī가 착용한 두개골 목걸이로 도상에 나타난다. 이것의 배후에 있는 상징은 시간의 끝에 또는 세속이 초월되는 깨달음의 순간에 그 여신이 자모로 된 글자들을 포함하여 인간의 모든 말을 거두어들이거나 없애버리는 것이다.

⇒ 바츠vāc도 참조.

altered state of consciousness(변성의식 상태)

경험자가 보통의 정신(mental) 작용 상태와는 질적으로 다른 것이라고 여기는 의식(consciousness) 상태이다. 이 용어는 심리학자 찰스 타트Charles Tart가 만들었고, 그는 이 주제에 대한 선구적인 저작을 저술하였다. 우리 문화에서 일상적인 의식 상태에 높은 가치를 두는 일은 역사상 주목할 만한 특이한 사건이다. 현대 이전의 대부분의 문화에서는 꿈, 환상, 신들린 상태, 무아경과 같은 그러한 변성 상태를 높이 평가하였다. 이와는 반대로 우리는 이러한 상태들을 당혹스럽고 거북하게 여기는 경향이 있기에, 그것들에서 정신(psyche)의 '비정상적인', 즉 결함이 있는 나타남을 본다. 주로 LSD와 같이 '정신에 변화를 주는' 약물에 광범위하게 노출됨으로써 1960년대의 반문화는 일상적이지 않은 인식(awareness) 상태에 대한 우리의 태도를 부드럽게 만들었다. 뉴에이지New Age 운동의 성장에서 이것을 가장 확실하게 볼 수 있다. 그러나 변성의식 상태들이 대중화됨에도 불구하고 그것들은 여전히 불완전하게 이해될 뿐이다. 가장 중요한 것은, 깨달음 상태는 변성의식 상태와는 주의 깊게 구분되어야만 한다는 것이다. 왜냐하면 깨달음은 마음 자체의 초월을 반드시 수반하기 때문이다. 그러나 많은 심리학자들은 널리 제기되는 이러한 주장을 거부한다.

⇒ 다라나dhāraṇā, 디야나dhyāna, 사마디samādhi도 참조.

amanaskatā(아마나스카타)

'초정신' 또는 '마음의 초월'이라는 뜻이다. 아마나스카(ʃ amanaska; '초월적인')라고도 한다. 하위의 마음(마음 감관, 마나스manas)을 초월한 지고한 깨달음의 상태이다. 이것은 '고양'(운마니unmanī)이라고도 불린다.

Amanaska-Yoga(아마나스카-요가)

이슈와라 바마데바Īśvara Vāmadeva가 저술한 하타-요가Haṭha-Yoga에 대한 저작이다. 이것은 2장 총 208송으로 되어 있고, 타라카-요가Tāraka-Yoga라 불리는 요가Yoga를 상세히 설명하고 있다. 그러나 이 가르침은 『아드와야-타라카-우파니샤드』*Advaya-Tāraka-Upaniṣad*의 빛의 요가와 동일하지는 않다. 오히려 모든 것을 포기(renunciation)할 때 발견되는 수행자의 응시, 호흡, 집중으로 된 즉각적인 안정을 위한 기법이다.

amara(아마라)

'불사'不死라는 뜻이다.

⇒ 아므리타amṛta도 참조.

Amaramaitra(아마라마이트라)

'불멸과 친밀한 [자]'라는 뜻이다. 아마라amara+마이트라(maitra; '친밀한/친한 관계')로 만들어졌다. 『갸나-

디피카』♯Jñāna-Dīpikā(‘지혜의 등불’), 『아마라-상그라하』♯Amara-Saṃgraha(‘불멸에 대한 해설’), 『아마리-상히타』♯Āmarī-Saṃhitā(‘불멸에 대한 모음집’)를 저술했던 19세기 후반의 벵골Bengal 탄트리카tāntrika이다. 세 권 모두 요가Yoga의 여러 측면을 다루고 있다.

Amara-Nātha-Saṃvāda(아마라-나타-상와다)
‘불멸의 주主와의 대화’라는 뜻이다. 대략 12세기에 고라크샤 I Gorakṣa이 저술한 마라티어Marathi 문헌이다.

Amaraugha-Prabodha(아마라우가-프라보다)
‘불멸의 넘쳐흐름에 대한 깨달음’이라는 뜻이다. 아마라amara＋오가(ogha; ‘홍수’)＋프라보다(prabodha; ‘깨어남’)로 만들어졌다. 고라크샤 I Gorakṣa이 저술한 것으로 여겨지는 74송으로 된 문헌이다. 많은 송이 『하타-요가-프라디피카』Haṭha-Yoga-Pradīpikā의 송들과 일치한다.

Amaraugha-Śāsana(아마라우가-샤사나)
‘불멸의 넘쳐흐름에 대한 가르침’이라는 뜻이다. 고라크샤 I Gorakṣa이 저술한 것으로 여겨지는 요가Yoga서에 대한 논서이다.

amarolī-mudrā(아마롤리-무드라)
‘아마롤리♯amarolī 결인’이라는 뜻이다. 아마롤리라는 단어는 번역하기 어렵다. 이것은 ‘불사의(아마라amara) 감로’를 의미한다. 이 ‘결인’(무드라mudrā)은 타락한 의식을 가진 브라민brahmin들이 하타-요가Haṭha-Yoga의 평판을 떨어뜨렸던 기법 중 하나이다. 『요가-탓트와-우파니샤드』Yoga-Tattva-Upaniṣad(128)에서는 이것을 아마리♯amarī, 즉 소변을 매일 마시는 것으로 묘사한다. 『하타-요가-프라디피카』Haṭha-Yoga-Pradīpikā(3. 96ff.)에는 이 수행법에 대한 더 자세한 설명이 포함되어 있는데 다음과 같다. 수행자는 자신의 소변의 첫 흐름은 버리고 중간 흐름을 즐겨야만 한다. 첫 흐름은 담즙(핏타pitta)을 증가시키고 마지막 흐름은 정수精髓가 부족하기 때문이다. 이것은 바즈롤리-무드라vajrolī-mudrā의 변형으로 간주된다. 『하타-라트나발리』Haṭha-Ratnāvalī(2. 109)에서는 아마롤리를 코로 ‘감로’를 흡수하는 것으로 설명한다.
⇒ 사하졸리-무드라sahajolī-mudrā, 올리 olī도 참조.

amā-kalā(아마-칼라)
탄트라Tantra의 이 전문 용어는 초승달 밤 또는 달의 28수宿 중 열여섯째(티티 tithi)를 의미하는 아마♯amā라는 단어와 ‘부분’을 의미하는 칼라 I kalā이라는 단어로 이루어진다. 이것은 신체의 가장 높은 심령에너지 센터, 즉 사하스라라-차크라sahasrāra-cakra 단계에서 현현顯現되지 않은 쿤달리니-샥티kuṇḍalinī-śakti의 세 측면 중 하나이다. 이 측면에서 ‘뱀의 힘’은 형태는 없지만 미세한(수크슈마 sūkṣma) 상태이고 붉은 빛과 연관이 있다. 이것은 반쯤 감겨 있다고도 한다. 아마-칼라amā-kalā는 명상(meditation, 디야나dhyāna)으로부터 의식 무아경(유상 삼매, 삼프라갸타-사마디 samprajñāta-samādhi)으로 전환시킨다.
[비교] 니르바나-칼라 nirvāṇa-kalā, 니르바나-샥티 nirvāṇa-śakti.

amānitva(아마니트와)
‘겸손’이라는 뜻이다. 『바가바드-기타』Bhagavad-Gītā(13. 7)에 따르면 이 덕목(virtue)은 지혜(갸나jñāna)의 나타남이다.
[비교] 아비마나abhimāna, 다르파darpa.

amātra(아마트라)
‘측정할 수 없는’이라는 뜻이다. 신성한 음절 옴Oṃ의 초월적 측면이다. 이것은 들을 수 없고, 심지어 마음으로 인식할 수도 없다. 샹카라Śaṅkara가 가우다파다Gauḍapāda의 『만두키야-카리카』Māṇḍūkya-Kārikā(1. 29)에 대한 자신의 유명한 주석에서 설명했듯이 아마트라amātra는 ‘넷째’(투리야 I turīya), 즉 절대자를 나타낸다.

ambrosia(암브로시아)
⇒ 아마롤리-무드라amarolī-mudrā, 아므리타amṛta, 소마

soma, 수다sudhā 참조.

amṛta(아므리타)

'불멸의' 또는 '불사의 감로'라는 뜻이다. 초월적 참자아는 죽음이 없기 때문에 깨달음은 종종 불사와 동일시된다. 그러나 하타-요가Haṭha-Yoga 문헌에서 아므리타amṛta라는 용어는 전문적인 의미를 갖는다. 그것은 머릿속의 비밀스러운 센터로부터 흘러내리는 불사의 감로를 나타내고, 보통 사람들은 이 비밀을 모르기 때문에 이것을 소모시킨다. 이 감로와 불사 사이의 본질적 연관성은 『카울라-갸나-니르나야』*Kaula-Jñāna-Nirṇaya*(14. 94)에 간명하게 표현되어 있다. "감로의 [흐름] 없이 어떻게 불사♯amaratva가 있을 수 있는가?"

소마soma, 수다sudhā, 아마라-바루니♯amara-vāruṇī, 피유샤pīyūṣa 등으로 다양하게 불리는 감로는 밝은 백적색白赤色이고 강렬한 지복을 야기한다. 『쉬바-상히타』*Śiva-Saṃhitā*(2. 7f.)에 따르면 불사의 감로는 두 가지 형태를 가지고 있다. 하나는 왼쪽 도관(이다-나디iḍā-nāḍī)을 통해 흐르고 신체를 양육한다. 다른 하나는 중앙 통로(수슘나-나디suṣumnā-nāḍī)를 따라서 흐르고 '달'(찬드라candra)을 창조한다. '뱀의 힘'(쿤달리니-샥티kuṇḍalinī-śakti)이 척주의 기저에 있는 센터로부터 인후에 있는 심령 에너지 센터로 상승할 때 감로의 흐름은 증가한다.

『하타-요가-프라디피카』*Haṭha-Yoga-Pradīpikā*(4. 53)에서는 온몸이 이 감로로 넘쳐야만 하고, 이것은 엄청난 힘과 활기를 가지고 질병으로부터 자유로운, 보다 나은 신체를 만들어 낸다고 말한다. 이 수행은 또한 노화를 방지하고 여덟 가지 초자연력(아슈타-싯디aṣṭa-siddhi)뿐만 아니라 불사를 준다.

『쿨라르나바-탄트라』*Kulārṇava-Tantra*(17. 66)는 다음과 같은 신비한 어원적 의미를 제공한다. "그것은 '감로의 줄기'(♯amṛtāṃśu, 즉 달)의 정수로 되어 있기 때문에, 죽음(므리티유mṛtyu)의 공포를 제거하기 때문에, 참실재(탓트와tattva)가 빛을 발하며 나타나게 하기 때문에 아므리타라고 불린다."

⇒ 케차리-무드라khecarī-mudrā, 탈루tālu도 참조.

Amṛta-Bindu-Upaniṣad(아므리타-빈두-우파니샤드, [연성]Amṛtabindūpaniṣad아므리타빈두파니샤드)

'불사의 빈두bindu에 대한 우파니샤드Upaniṣad'라는 뜻이다. 요가-우파니샤드Yoga-Upaniṣad 중 하나이다. 22송만으로 되어 있고 베단타Vedānta 형이상학에 기초한 이 문헌은 신성한 음절 옴Oṃ의 암송(자파japa)과 이욕(renunciation)을 결합한 형태의 요가Yoga를 가르친다.

Amṛta-Kuṇḍa(아므리타-쿤다)

'불사의 저수지'라는 뜻이다. 고라크샤 I Gorakṣa이 저술한 하타-요가Haṭha-Yoga 문헌의 제목이지만 16세기 후반에 속한다.

Amṛta-Nāda-Upaniṣad(아므리타-나다-우파니샤드, [연성]Amṛtanādopaniṣad아므리타나도파니샤드)

'불멸의 소리에 대한 우파니샤드Upaniṣad'라는 뜻이다. 요가-우파니샤드Yoga-Upaniṣad 중 하나이다. 38송으로 된 이 문헌은 베단타Vedānta에 기초한 여섯 가지로 된 요가Yoga(6지支 요가, 샤드-앙가-요가ṣaḍ-aṅga-yoga)를 자세히 설명한다. 이 문헌은 앞에 루드라Rudra 신에 대한 경배와 연결된 프라나바(praṇava, 즉 옴Oṃ)의 암송 방법을 다루는 네 송이 붙어 있다.

⇒ 아므리타amṛta, 나다nāda도 참조.

amṛta-nāḍī(아므리타-나디)

'불사의 통로'라는 뜻이다. 현대의 인도 성자이자 갸닌jñānin인 라마나 마하리쉬Ramana Maharshi에 따르면 아므리타-나디amṛta-nāḍī는 머리에서 심장까지 무한히 뻗어 있는 비밀스러운 구조물이다. 이것은 척주의 통로(수슘나-나디suṣumnā-nāḍī)에 의해 형성된 회로를 완성한다고 한다. 이 통로는 척주의 기저에서부터 정수리까지 이른다.

⇒ 아므리타amṛta, 나디nāḍī도 참조.

Amṛta-Siddhi-Yoga(아므리타-싯디-요가)

'불사의 완성' 또는 '성취의 요가Yoga'라는 뜻이다. 하타-요가Haṭha-Yoga에 대한 저작으로 사본 형태로만

A

구할 수 있다.

amṛtatva(아므리타트와)
'불멸성'이라는 뜻이다.
⇒ 아므리타amṛta 참조.

Amṛtānandanātha(아므리타난다나타)
'불사 속에서 지복 상태인 주主'라는 뜻이다. 아므리타amṛta＋아난다ānanda＋나타nātha로 만들어졌다. 푼야난다나타Puṇyānandanātha의 제자이다. 그는 10세기 말에 살았고 『요기니-흐리다야-탄트라』*Yoginī-Hṛdaya-Tantra*에 대한, 『디피카』*Dīpikā*('광휘')라 불리는 주석을 저술하였다.

amṛtī-karaṇa(아므리티-카라나)
'불사를 만드는 것'이라는 뜻이다. 탄트라Tantra에서, 데누-무드라dhenu-mudrā를 하고 신상神像의 머리에 물을 뿌리면서 물라-만트라mūla-mantra, 디파니-만트라dīpanī-mantra, 마트리카mātṛkā를 세 차례 암송함으로써 신의 이미지나 상像을 의례적으로 정화하는 것이다.

aṃśa(앙샤)
'부분' 또는 '조각'이라는 뜻이다. 일반적으로 『바가바드-기타』*Bhagavad-Gītā*와 바가바타Bhāgavata 전통의 범신론적 가르침에서 우주(cosmos)와 개아(지바-아트만jīva-ātman)는 단지 신(神, Divine)의 측정할 수 없는 신체의 조각일 뿐이다. 개별 존재들은 '주'(主, 바가바트Bhagavat)인 무한한 유기체의 세포이다.
⇒ 라마누자Rāmānuja도 참조.

Ananda Acharya, Swami(스와미 아난다 아차리야; 1881~1945)
벵골Bengal의 브라민brahmin 가정에서 태어났고, 어렸을 때 이름은 수렌드라나트 바랄Surendranath Baral이었다. 이 요가Yoga 스승은 영적인 삶을 추구하기 위해서 논리학과 철학 교수로서의 경력을 버렸다. 그는 1912년에 구루guru인 스와미 시바나라야나 파라마함사Swami Sivanarayana Paramahamsa의 요청에 따라서 유럽에 갔다. 잉글랜드에서 3년을 머문 후에 유럽이 승리한 날(V-E Day)인 1945년 5월 8일에 사망할 때까지 노르웨이의 트로이Troy 산에 있는 자신의 은둔처에서 살았다. 그는 수많은 시적인 책들을 저술하였다. 그 중에서도 가장 탁월한 저작은 『정복의 요가』*Yoga of Conquest*(1924년 초판, 1971년 재판)와 두 권으로 된 『삶과 열반』*Life and Nirvana*(사후인 1970년에 출간)일 것이다.

아난다 아차리야(Ananda Acharya)

Anandamayi Ma(아난다마위 마; 1896~1992)
'지복으로 충만한 어머니'라는 뜻이다. 아난다ānanda＋마위(mayi; '~로 만들어진')＋마(mā; '어머니')로 만들어졌다. 어렸을 때 이름은 니르말라 순다리Nirmala Sundari였다. 어렸을 때 자발적 무아경(삼매, 사마디samādhi) 상태로 들어갔던 벵골Bengal 출신의 유명한 성자이다. 스물여섯 살에 그녀는 스스로 입문 의례(디크샤dīkṣā)를 하였고 이어서 자발적인 요가Yoga 자세(아사나āsana)를 시작하게 되었으며 온갖 종류의 초자연적 능력을 발휘하였다. '마하트마' 간디Mahatma Gandhi와 유명한 탄트라Tantra 입문자이자 산스크리트Sanskrit 학자인 고피나트 카비라즈Gopinath Kaviraj가 그녀의 인도와 서구의 수많은 제자 중에 포함되어 있었다.

Anandamurti, Shri Shri(슈리 슈리 아난다무르티; 1921~1990)

어릴 때 이름은 프라바트 란잔 사르카르Prabhat Ranjan Sarkar였다. 1955년에 아난다 마르가(Ananda Marga; '지복의 길')를 설립한 인도 철학자이자 사회개혁가, 시인, 작곡가였다. 아난다 마르가는 1970년대 중반에 이르러 세계적인 조직이 되었다. 보편주의적 · 평등주의적인 그의 신인도주의적 접근법은 이데올로기적 · 사회적 장벽들을 무너뜨리려고 노력하였고 공공연히 탄트라Tantra적이었기 때문에 그는 수많은 반감을 불러일으켰고, 일부 제자들을 살해하도록 사주했다는 이유로 수감되었다. 수감된 뒤 5년 넘게 항의의 표시로 단식을 했던 그는 모든 기소 조항에서 무죄임이 밝혀졌다. 그는 5천 곡이 넘는 노래와 250권 이상의 책을 저술하였다.

Ananta(아난타)

'무한한 것'이라는 뜻이다. 비슈누Viṣṇu의 별칭으로, 『마하바라타』*Mahābhārata*(12. 175. 19)에서는 "그의 무한성 때문에 심지어 달인들조차 그를 알기 어렵다"고 한다. 아난타Ananta, 즉 셰샤Śeṣa는 힌두Hindu 신화에서 비슈누의 침상 역할을 하는 '천 개의 머리가 달린' 우주의 뱀이다. 셰샤('남은 것')라는 이름은 셰샤가 우주(cosmos)의 멸망 이후에 존속한다는 사실로 설명된다. 비야사Vyāsa는 자신의 『요가-바쉬야』*Yoga-Bhāṣya*를 시작할 때 그를 "자신을 요가Yoga에 결합시킨 요가의 증여자"로 언급한다.

아난타는 또한 후대 저작인 『요가-수트라-아르타-찬드리카』*Yoga-Sūtra-Artha-Candrikā*('요가경의 의미에 대한 달빛')의 저자명이기도 하다.

ananta-samāpatti(아난타-사마팟티)

'무한과의 일치'라는 뜻이다. 『요가-수트라』*Yoga-Sūtra*(2. 47)에 따르면 요가Yoga 자세(아사나āsana)를 적절히 수행하기 위한 전제 조건이다. 생각건대 이 용어는 깊은 이완(샤이틸리야śaithilya)의 상태에서 수행자 자신이 '넓게 확장되는' 주관적인 경험을 나타낸다. 일부 산스크리트Sanskrit 주석가들은 이것이 뱀의 왕인 아난타Ananta를 언급하는 것이라고 생각한다.

⇒ 사마팟티samāpatti도 참조.

anatomy(해부학)

단어가 암시하는 것처럼 해부에 기초한 전통적인 의학적 해부학은 육체적 신체의 물질적 구조와 관계된다. 이와는 대조적으로 요가의 해부학은 주로 몸과 마음의 비의적이거나 '미세한'(수크슈마 sūkṣma) 구조들과 연관되는데, 그것들은 명상(meditation)과 무아경(삼매, 사마디 samādhi)과 같은 그러한 변성의식 상태(altered state of consciousness)에서 경험되기 때문이다. 이 비의적 구조들에는 생기(프라나 prāṇa)의 분배 통로(나디 nāḍī)와 소용돌이(차크라 cakra) 들이 포함된다. 이 해부학은 또한 숨겨진 심리영성적 힘이 가볍게 두드려질 때 신체가 동요되는 충격파, 즉 쿤달리니-샤티kuṇḍalinī-śakti도 다룬다. 이전 세대의 요가Yoga 연구자들은 차크라와 나디 들을 신경계에 대한 비현실적인 표현으로 간주했다. 그러나 요긴yogin들은 신체에 대한 그들의 모델과 인도 토착 건강관리 체계인 아유르-베다 Āyur-Veda의 의학적 모델 사이의 차이를 잘 인식하고 있었다.

하나가 아니라 많은 요가적 모델이 있다는 사실은

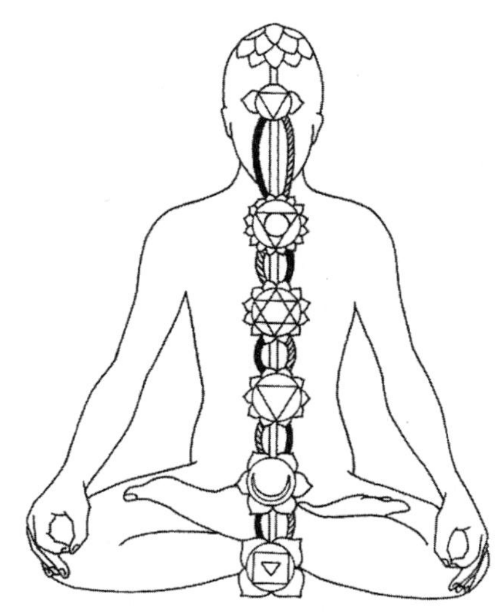

수크슈마-샤리라(sūkṣma-śarīra)
일곱 개의 주요 심령 에너지 센터와 세 개의 주요 통로를 가진 미세 신체

차크라와 나디 들이 전적으로 객관적인 구조들은 아니라는 것을 가리킨다. 어느 쪽도 순전히 허구적이지는 않다. 여러 가지 차크라 모델을 검토하는 편리한 방법은 그 모델들을 내면으로의 긴 여행을 하는 요긴을 위한 지도라고 생각하는 것인데, 그 기간 동안 그는 오직 궁극적인 참존재(사트sat), 즉 초월적 참의식(Consciousness, 치트cit)의 완전한 광휘 속에서 그것들을 초월하기 위해서만 자기 존재의 심신 구조들을 발견한다. 그러므로 요가 해부학의 목적은 요긴이 물질적 운송 수단과 연결되어 있는, 정신(psyche)으로 된 내면세계라는 이상한 나라를 통과하고 넘어서도록 이끄는 것이다.

아나하타-차크라
초월적 참의식(Consciousness)의 자리로 간주되는, 심장에 위치한 심령 에너지 센터

anavasthitatva(아나바스티타트와)

'불안정성'이라는 뜻이다. 요가Yoga의 장애(안타라야 antarāya) 중 하나이다. 때로는 '마음(mental)의 불안정'∮citta-anavasthiti을 나타내기도 한다. 『요가-수트라』*Yoga-Sūtra*(1. 30)에 따르면 이것은 산란(비크셰파vikṣepa) 중 하나이다.

⇒ 알롤룹트와aloluptva도 참조.

anāhata-cakra(아나하타-차크라)

'울리지 않는 [소리]의 바퀴'라는 뜻이다. '심장의 연꽃'∮hṛt-padma, '심장 센터'∮hṛdaya-cakra, '열두 개의 살로 된 센터'∮dvādaśa-ara-cakra와 다른 많은 동의어로도 알려져 있는 비밀스러운 센터이다. 이 센터는 베다Veda 시대 이래로 인체 내에 있는 신성하고 특별한 장소로 인정받았다. 고대 이래로 심장은 비밀스러운 신(神, Divine)의 자리이고, 어떤 것에 의해서도 나지 않는 불멸의 소리인 옴Oṃ을 들을 수 있는 장소로 간주되어 왔다.

이 심령 에너지 센터는 종종 짙은 열두 개의 붉은색 꽃잎을 가진 연꽃으로 묘사된다. 이것의 종자 음절(비자 만트라bīja-mantra)은 얌yaṃ이고, 풍風 요소와 관계있다. 이 센터에 거주하는 달인은 피나킨∮Pinākin이고, 거주하는 여신은 세 개의 눈을 가진 노란색의 카키니∮Kākinī이다. 심장 센터는 전설의 소원 성취 나무에 비유된다. 이곳은 '백조'(항사haṃsa), 즉 생기(프라나prāṇa)의 거주처이다. 이 비의적 센터에 대해 규칙적으로 명상(contemplation)하면 무한한 지식, 초인적인 청력, 천리안을 포함하여 다양한 초자연력(싯디siddhi)이 생긴다.

⇒ 다하라dahara도 참조.

anātman(아나트만)

'참자아가 아닌 것'이라는 뜻이다. 개아 속에 영속적인 정체성, 즉 '참자아'(아트만ātman)가 없다는 파탄잘리Patañjali의 개념이다.

angels(천사)

(조로아스트교가 영감을 준) 유대교와 크리스트교의 전통에서 신과 인간 사이의 중간쯤에 있는 존재들이다. 그리스어에서 파생된 그들의 이름이 암시하듯이 그들은 메신저로 생각된다. 힌두이즘Hinduism과 인도의 다른 전통들도 마찬가지로 미세한(수크슈마sūkṣma) 층위들에 존재하는 존재들이 있다는 것을 인정한다. 그들은 단지 죽은 자들의 영靈일 뿐만 아니라 하늘의 위계에서 신(Divine) 자체보다 아직은 더 낮은, 빛과 힘과 아름다움을 갖춘 존재이다. 이 존재들은 데바deva들, 즉 '빛나는 자들'로 불린다. 왜냐하면 그들은 영원히 신성한 빛에 끌리기 때문이다. 이들은 인도인들에게 알려진 많은 주요 신들과 부차적인 신들이다.

anger(분노)
⇒ 크로다krodha 참조.

Aniruddha(아니룻다; 1500년경)
『상키야-수트라』*Sāṃkhya-Sūtra*에 대한 주석인 『브릿티』♯*Vṛtti*를 쓴 상키야Sāṃkhya의 권위자이다.

anitya(아니티야)
'비영구성' 또는 '영원하지 않는'이라는 뜻이다. 『요가-수트라』*Yoga-Sūtra*에 따르면 조건 지어진 존재(상사라saṃsāra)의 세 가지 주된 특징♯tri-lakṣaṇa 중 첫째이다. 삶은 연속되지 않고 그러므로 어떠한 안정도 제공하지 않는다는 일반적인 견해이다. 이러한 사실은 고통의 주요 원인이고, 지혜가 지배적이게 되면 자아 초월에 대한 추구의 주요 원인이 된다.
⇒ 아나트만anātman, 라크샤나lakṣaṇa도 참조.
[비교] 니티야Nityā.

anīśvara(아니슈와라)
'주主가 없음'이라는 뜻이다. 『마하바라타』*Mahābhārata*(특히 12. 238. 7과 289. 3)의 몇몇 구절에 나타나는 이 용어는 학술적 논쟁을 불러일으켰다. 일부 권위자들은 이것을 '무신론자'라는 뜻으로 해석했지만, 이것은 해탈하지 못한 자아, 즉 '주'(主, 이슈와라Īśvara)가 아닌 개체화된 정신, 즉 개아(psyche, 지바jīva)를 나타낼 가능성이 더 높다.

anna(안나)
'음식'이라는 뜻이다.
⇒ 아하라āhāra 참조.

Annadā(안나다)
'음식을 주는 자'라는 뜻이다. 안나(anna; '음식')+다[dā; da('주는', '제공하는')의 여성형 어미]로 만들어졌다. 여신의 한 형태로 만물을 기르거나 지탱·유지한다.

Annadā-Kalpa-Tantra(안나다-칼파-탄트라)
'안나다Annadā와 연관된 탄트라Tantra'라는 뜻이다. 17장으로 구성된 탄트라 저작이다. '음식을 주는'anna-dā 여신을 칭송하고 그녀를 세 가지 형상을 가진 것으로 기술한다. 삿트위카sāttvika 형상에서는 두 팔이 있고 사자 위에 앉아 있는 아름다운 신으로 묘사된다. 라자시카♯rājasika 형상에서는 무기를 들고서 자신의 탈것(바하나vāhana) 위에 의기양양하게 서 있는 모습을 보여 준다. 타마시카♯tāmasika 형상에서 안나다는 분노를 표현하고 난폭하게 보이는 면을 가지고 있다.

anna-maya-kośa(안나-마야-코샤)
'음식으로 이뤄진 겹'이라는 뜻이다. 고대 베단타Vedānta의 교의에 따르면 초월적 참자아를 덮고 있는 다섯 '겹' 중에서 가장 낮은 또는 가장 조대한 겹, 즉 물리적 신체이다.

Annapūrṇa(안나푸르나)
'음식으로 가득 참'이라는 뜻이다. 안나(anna; '음식')+푸르나(pūrṇa; '가득한' 또는 '완전한')로 만들어졌다. 인자한 면을 가진 두르가Durgā의 한 형태이다.

Anna-Yoga(안나-요가)
'음식의 요가Yoga'라는 뜻이다. 음식에 대한 우리의 관계, 다시 말해서 식량의 재배와 소비에 초점을 맞춘 영적 수행으로 요가를 기술한 현대 용어이다.
⇒ 아하라āhāra도 참조.

anomie(아노미 또는 사회·도덕적 무질서)
⇒ 아다르마adharma 참조.

antaḥkaraṇa(안타카라나)
'내적 도구'라는 뜻이다. 상키야Sāṃkhya, 요가Yoga, 베단타Vedānta 문헌들에서 발견되는 용어로 마음(psyche)이다. 『상키야-카리카』*Sāṃkhya-Kārikā*(32)에 따르면 이것은 상위의 마음(지성, 붓디buddhi), '나를 만드는 것'(자아의식, 아견我見, 아항카라ahaṃkāra), 하위의 마음(마음 감관, 마나스manas)으로 이루어져 있다. 고전 요가(Classical Yoga)에서는 칫타citta가 이 용어 대신 사용된다.

anta-kāla(안타-칼라)

'최후의 시간'이라는 뜻이다. 한 사람의 임종의 때, 즉 마지막 시간이다. 이때는 영적 수행자에게 특별한 책무가 있는 시간이다. 물질적 관점에서 보면 죽음은 단순히 개인의 몸과 마음의 마지막이자 돌이킬 수 없는 정지이고, 영원한 망각이 뒤따른다. 이러한 관점은 모든 영적 전통에 의해 거부된다. 그러므로 고대의 『바가바드-기타』*Bhagavad-Gītā*(8. 5f.)에서는 잘 죽는 것의 중요성과 어떻게 사람의 마지막 생각이나 의도가 그 자신의 사후 존재를 결정짓는지를 강조한다. 크리슈나Kṛṣṇa는 다음과 같이 충고한다.

> 그리고 신체를 버리는 마지막의 시간에 오직 나(크리슈나)만을 기억하는 자는 죽어서 나(크리슈나)의 상태에 도달한다오. 이것에 대해 의심의 여지가 없다오.
> 또한 마지막에 신체를 버릴 때 어떠한 상태를 [어떤 사람이] 기억하든지 간에 그는 그 [상태]에 간다오. 오, 카운테야(♯Kaunteya, 아르주나Arjuna)여! 언제나 그 상태가 되지 않을 수 없게 하시오.

그러한 비의적 지식의 연대는 가장 초기의 우파니샤드Upaniṣad들에까지 거슬러 올라간다. 『바가바타-푸라나』*Bhāgavata-Pu-rāṇa*(5. 8. 1ff.)에는 이 오래된 '죽음의 기술'(ars moriendi)을 분명히 보여 주는 대중적인 바라타Bharata의 이야기가 들어 있다. 바라타는 사자의 손아귀에서 구한 어린 사슴에게 너무 몰두하여서 요가Yoga 수행을 성실히 실천해 나가는 것을 잊었고, 결과적으로 즉각 사슴으로 새로 태어났다.

전통적인 요가의 가르침을 이야기하는 『샤트-차크라-니루파나』*Ṣaṭ-Cakra-Nirūpaṇa*(38)에서는 요긴yogin에게 죽을 때 아갸-차크라(ājñā-cakra, 뇌의 중심)에 주의를 집중하라고 충고한다.

antar-aṅga(안타르-앙가)

'내적 지분支分'이라는 뜻이다. 『요가-수트라』*Yoga-Sūtra*(3. 7)에 나오는 전문 용어로 여덟 가지로 된 길(8지支 요가Yoga)의 마지막 세 지분, 즉 집중(concentration, 총지總持, 다라나dhāraṇā), 명상(meditation, 정려精慮, 디야나dhyāna), 무아경(삼매, 사마디samādhi)을 가리킨다.

⇒ 앙가aṅga, 아슈타-앙가-요가aṣṭa-aṅga-yoga, 판차-다샤-앙가-요가pañca-daśa-aṅga-yoga, 삽타-사다나sapta-sādhana도 참조.

[비교] 바히르-앙가bahir-aṅga.

antarāya(안타라야)

'장애'라는 뜻이다. 『요가-수트라』*Yoga-Sūtra*(1. 30)에서는 요가Yoga 길에 있는 장애를 다음과 같이 열거한다. 질병(비야디vyādhi), 무기력(스티야나styāna), 의심(상샤야saṃśaya), 부주의(프라마다pramāda), 나태(알라시야ālasya), 무절제(아비라티avirati), 그릇된 지각(브란티-다르샤나bhrānti-darśana), 영적인 길의 더 높은 단계를 얻지 못함♯alabdha-bhūmikatva, 획득한 단계에서 불안정함(아나바스티타트와anavasthitatva). 이것들은 의식(consciousness)의 '산란'(비크셰파vikṣepa)으로도 불린다. 『요가-수트라』(1. 29)에서는 이러한 장애들을 신속하게 제거하기 위해서 암송(자파japa)과 신성한 음절 옴Oṃ에 대한 명상(contemplation, 바바나bhāvanā)을 제시한다.

『링가-푸라나』*Liṅga-Purāṇa*(1. 9. 1ff.)에서는 믿음의 결여♯aśraddhā, 고통(두카duḥkha), 우울(다우르마나시야daur-manasya)을 포함한 약간 다른 목록을 제시한다. 이 저작에서는 지속적인 수행과 스승에 대한 헌신을 통해서 그러한 장애들을 제거할 수 있다고 말한다. 베단타Vedānta적인 『웃다바-기타』*Uddhāva-Gītā*(10. 33)에서는 부가적으로 초자연적 능력(싯디siddhi)들을 '주'(主, 이슈와라Īśvara)와의 합일을 추구하는 사람에게 장애라고 간주하고, 그 능력들을 '시간을 낭비하게 만드는 것'이라 부른다.

⇒ 우파사르가upasarga, 비그나vighna도 참조.

antar-dhauti(안타르-다우티)

'내부 청소'라는 뜻이다. 다음의 네 기법으로 이루어진 수행법으로 『게란다-상히타』*Gheraṇḍa-Saṃhitā*(1. 12ff.)에 따르면 다음과 같다. 공기를 삼켜서 뜻대로 항문을 통해 배출하기, 물로 위장을 완전히 채우기(위험한 기법임), 반복해서 배꼽을 척주 쪽으로 밀어서 복부의 불 자극하기, 탈출된 장腸 씻기(적절한 지시 없이 한다면 위험한 기법임).

antar-dvādaśa-anta(안타르-드와다샤-안타, [연성]antardvādaśānta안타르드와다샨타)

'내부의 열두째로 끝남'이라는 뜻이다. 샤이비즘Śaivism의 비의적 관념이다. 인체에서 생기 호흡(프라나prāṇa)이 시작되는 지점이다. 생기가 신체의 외부에서 끝나는 점인 바히야-드와다샤-안타(bāhya-dvādaśa-anta; '외면의 열두째로 끝남')에 반대되는 것이다. 카슈미르Kashmir에서 내려오는 구전 전통에 따르면 내부의 공간은 세 단계가 있고, 심장에 있는 심령 에너지 센터에서 시작하여 '인후의 우물'♯kanthā-kūpa, 즉 상응하는 심령 에너지 센터(비슛디-차크라viśuddhi-cakra)로 나아가서 종국에는 미간(브루-마디야bhrū-madhya)에 이른다. 심장과 인후, 인후와 미간 사이의 거리는 대략적으로 열두 손가락 너비이고, 이것은 그 명칭을 설명한다. 크셰마라자Kṣemarāja의 『스판다-니르나야』♯*Spanda-Nirṇaya*(3)에서 설명하는 바와 같이 요긴yogin이 프라나-샥티♯prāṇa-śakti, 즉 생기의 힘에 대해 숙고해야만 하는 것은 이 내부의 공간에 대해서이다. 내부와 외부의 드와다샤-안타dvādaśa-anta 사이의 공간은 16투티tuṭi, 즉 36손가락 너비이다.

antarikṣa(안타리크샤)

'사이의 공간' 또는 '중간의 공간'이라는 뜻이다. 안타리(antari; '사이' 또는 '중간')+크샤/카(kṣa/kha; '공간')로 만들어졌다. 중천中天 또는 하늘과 땅 사이의 창공으로, 천상의 음악가♯gāndharva, 님프♯āpsarasa, 유사한 다른 영적(spirit) 존재 들의 거주처이다. 이 관념은 물질적 대기가 시사하는 것 이상이다.

[비교] 부bhū, 디브div.

antar-lakṣya(안타르-라크쉬야)

'내적 징표'라는 뜻이다. 타라카-요가Tāraka-Yoga의 수행에 속하고 내면의 빛 체험(라크쉬야lakṣya)을 나타내는 전문 용어이다. 『아드와야-타라카-우파니샤드』*Advaya-Tāraka-Upaniṣad*(13)에서는 이것을 상위의 마음(지성, 붓디buddhi)의 동굴 속에 숨겨진 인식(awareness)의 빛으로서의 절대자에 대한 환시幻視적 경험으로 묘사한다. 『만달라-브라마나-우파니샤드』*Maṇḍala-Brāhmaṇa-Upaniṣad*(1. 2. 6)의 익명의 저자에 따르면 이 경험의 대상은 무수한 번갯불의 연속처럼 빛나는 '뱀의 힘'(쿤달리니-샥티kuṇḍalinī-śakti)이다. 또는 그것은 수행자가 마음을 두 눈 가운데나 심장에 고정할 때 거기서 경험될 수 있는 푸른빛이다. 이 수행은 『싯다-싯단타-팟다티』*Siddha-Siddhānta-Paddhati*(2. 27)에도 언급되어 있다.

[비교] 바히르-라크쉬야bahir-lakṣya, 마디야-라크쉬야madhya-lakṣya.

antar-tīrtha(안타르-티르타)

'내면의 순례 센터'라는 뜻이다. 안타하(antaḥ; '내면의')+티르타(tīrtha; '여울')로 만들어졌다. 이 용어는 일반적으로 심장과 같은 신체 내의 순례 센터를 나타낸다.

antar-yāga(안타르-야가)

내적 또는 정신적(mental) 숭배이다. 『마하니르바나-탄트라』*Mahānirvāṇa-Tantra*(5. 143ff.)에 따르면 이것은 수행자가 여신에게 그녀의 자리를 위해 자신의 심장을 바치고, 그녀의 발을 씻기기 위한 물로 달의 감로를 생각하고, 그녀의 옷을 위해 내면의 공간을 제공하고, 향수로서 자신의 생기(프라나prāṇa)를 선물하는 것 등이다.

[비교] 바히르-야가bahir-yāga.

antaryāmin(안타리야민)

'내적 통제자'라는 뜻이다. 인간의 정신, 즉 개아(ps

yche, 지바jīva)에 유효한 초월적 참자아(아트만ātman)이다. 이 개념은 『브리하다란야카-우파니샤드』*Bṛhadāraṇyaka-Upaniṣad*(3. 7. 1ff.)에서 처음 소개되었다.

anubhava(아누바바)
'경험'이라는 뜻이다. 초월적 참실재에 대한 직접적 깨달음을 포함한 개인의 경험이다.

anubhūti(아누부티)
'경험'이라는 뜻이다. 아누바바anubhava와 동의어로 참자아에 대한 직접적인 경험, 즉 깨달음을 뜻하는 베단타Vedānta의 전문 용어인 아파로크샤-아누부티 aparokṣa-anubhūti에서 사용되었다.

Anu-Gītā(아누-기타)
'뒤이은 노래'라는 뜻이다. 『마하바라타』*Mahābhārata*(14. 16~51)의 교훈적인 부분이다. 『바가바드-기타』*Bhagavad-Gītā*를 면밀하게 모방하여 만든 『아누-기타』*Anu-Gītā*는 바라타♯Bharata 전쟁 전날에 크리슈나Kṛṣṇa가 아르주나Arjuna 왕자에게 전한 가르침에 대한 간단한 요약이라고 주장한다. 전쟁을 하고 도덕적 질서(다르마 dharma)가 회복된 후에 이 둘째 가르침이 생겨났다.

anugraha(아누그라하)
'호의'라는 뜻이다. 참자아에 대한 깨달음의 주요 수단으로 종종 인용되는 신(divine)의 은총이다. 고전 요가(Classical Yoga)에서 '주'(主, 이슈와라Īśvara)는 완전함을 얻으려고 부지런히 노력하는 요긴yogin에게로 마음이 기운다고 한다.
⇒ 크리파kṛpā, 프라사다prasāda도 참조.
[비교] 노력(effort).

anukalpa(아누칼파)
'대체물'이라는 뜻이다. '다섯 엠M'(판차-마-카라pañca-ma-kāra)의 '구성 요소'를 대체하는 모든 대용품을 나타낸다.

anumāna(아누마나)
'추론'이라는 뜻이다. 힌두Hindu 형이상학에서 지식의 타당한 수단(프라마나pramāṇa)으로 널리 간주된다. 『요가-바쉬야』*Yoga-Bhāṣya*(1. 7)에서는 이것을, "추론되는 것♯anumeya으로 동일한 종류에 속하는 것들에는 있고, 다른 종류들에 속하는 것에는 없으며, 주로 그 종류의 확인[과 관련된] 그 연관 [관계]를 나타내는 [마음(mental)] 작용"으로 정의한다. 이것은 『탓트와-바이샤라디』*Tattva-Vaiśāradī*에서 더 발달되었다. 거기서 추론의 논리적 구조가 검토된다.

anupāya(아누파야)
'방법 없음'이라는 뜻이다. 카슈미르 샤이비즘Kashmiri Śaivism에서 어떠한 노력도 없이 얻게 되는 참자아에 대한 즉각적인 깨달음이다.
⇒ 갸나-차투슈카jñāna-catuṣka도 참조.
[비교] 아나바-우파야āṇava-upāya, 우파야upāya.

anurakta(아누락타)
'집착'이라는 뜻이다. 박티-요가Bhakti-Yoga를 통해서 신(Divine)에게 매달리는 것을 제외하고 집착(라가 rāga)은 전형적으로 부정적 감정이고, 영적인 길의 장애라고 간주된다.

anusvāra(아누스와라)
'뒷소리'라는 뜻이다. 문법에서 산스크리트Sanskrit 글자 m 위에 점을 찍어서 (또는 학술적 쓰기에서는 글자 m 아래에 점을 찍어서) 표시하는 비음화된 소리이다. 점, 즉 빈두bindu는 특히 카슈미르 샤이비Kashmiri Śaivism에서 심오한 형이상학적 연상 의미들과 관계가 있다.
⇒ 프라나바praṇava도 참조.

anuttara(아눗타라)
'능가할 수 없는', '최고의'라는 뜻이다. 쉬바Śiva로 불리는 궁극적 실재이다. 아비나바굽타Abhinavagupta는 자신의 저작인 『파라트링쉬카-비바라나』*Parātriṃśikā-Vivaraṇa*(1. 1)에서 아눗타라anuttara의 개념과 카울라 전통

(Kaula tradition)과의 관계는 심장과 육체적 신체와의 관계와 같다고 언급한다. 그는 그것에 대해 16가지 설명을 제시한다.

⇒ 파라parā, 궁극적 실재(Ultimate)도 참조.

anuttara-cakra(아눗타라-차크라)

'최고의 바퀴'라는 뜻이다. 쉬바Śiva가 세계로 나타난 것이다. 카슈미르 샤이비즘Kashmiri Śaivism에 따르면 세계는 심장으로부터 흘러나와 눈의 '공'空을 통해서 감각의 대상으로 향한다. 쉬바 자신이 바퀴의 주主(ś cakra-īśa, cakreśa라고 씀)라고 한다.

anvaya(안와야)

'결합', '연계'라는 뜻이다. 고전 요가(Classical Yoga)의 전문 용어이다. 『요가-바쉬야』*Yoga-Bhāṣya*(3. 44)에서는 이것을 우주(cosmos)의 주요 성분(구나guṇa)을 나타내는 것으로 설명한다. 그 성분은 모든 것 안에 본래 갖추어져 있다.

anyatā-khyāti(안야타-키야티)

'차이의 통찰력(vision)'이라는 뜻이다. 고전 요가(Classical Yoga)에서 초월적 참자아와 삿트와sattva의 차이에 대한 무아경적 '통찰력'으로, (의식이 없는) 우주(cosmos)의 가장 높은 양태이다. 이것은 비베카-키야티 viveka-khyāti와 동의어이다.

⇒ 키야티khyāti도 참조.

aṅga(앙가)

'사지'四肢 또는 '가지'라는 뜻이다. 온몸 또는 더 구체적으로는 신체의 사지나 남성의 생식기를 지칭한다.

또한 요가Yoga의 길을 구성하는 실천 범주들을 나타낸다. 『요가-라자-우파니샤드』*Yoga-Rāja-Upaniṣad*(2)에서는 모든 길에 공통되는 네 가지 기본 범주에 대해 다음과 같이 언급한다. 요가 자세(아사나āsana), 호흡 억제(프라나-상로다prāṇa-saṃrodha), 명상(meditation, 디야나dhyāna), 무아경(삼매, 사마디samādhi). 가장 널리 알려진 전통은 파탄잘리Patañjali가 가르친 여덟 가지로 된 길(8지支 요가), 즉 아슈타-앙가-요가aṣṭa-aṅga-yoga이다. 다른 유명한 접근법은, 예를 들자면 『마이트라야니야-우파니샤드』*Maitrāyaṇīya-Upaniṣad*(6. 18)에서 가르친 여섯 가지로 된 길(6지 요가, 샤드-앙가-요가ṣaḍ-aṅga-yoga)이다. 또한 일곱 가지 수행(삽타-사다나sapta-sādhana)과 열다섯 가지로 된 길(15지 요가, 판차-다샤-앙가-요가pañca-daśa-aṅga-yoga)도 알려져 있다. 고전 요가(Classical Yoga)에서는 '외적 지분'(바히르-앙가bahir-aṅga)들과 '내적 지분'(안타르-앙가antar-aṅga)들을 구분하고 있고, 거기서 후자는 더 높은 정신적(mental) 수행법들을 구성한다.

aṅga-nyāsa(앙가-니야사)

'지분支分에 배치'라는 뜻이다. 프라나prāṇa를 신체의 각 지분에 배치하는 여러 종류의 니야사nyāsa 중 하나이다. 그러므로 심장, 머리, 보호 상징물, 눈, 장腸인 지분들과 함께 다섯 '배치'이든 여섯 '배치'이든 어느 하나의 방법으로 요가Yoga를 수행할 수 있다.

⇒ 샤드-앙가-니야사ṣaḍ-aṅga-nyāsa 참조.

Aṅgiras(앙기라스)

현재 세계 주기(만완타라manvantara)의 일곱 명의 위대한 현자(삽타-리쉬sapta-ṛṣi) 중 한 사람이다. 베다Veda 시대부터 이 이름은 마술이나 마법, 그리고 특히 『아타르바-베다』*Atharva-Veda*와 연관되어 왔다.

aṅguṣṭha-mātra-puruṣa(앙구슈타-마트라-푸루샤)

'엄지만한 크기의 사람'이라는 뜻이다. 『카타-우파니샤드』*Kaṭha-Upaniṣad*(2. 1. 12)에 따르면 신체와 연관된 초월적 참자아 또는 참의식(Consciousness)이다. 『슈웨타슈와타라-우파니샤드』*Śvetāśvatara-Upaniṣad*(3. 13)에서 같은 표현이 발견된다. 거기서는 이 난쟁이를 아는 자는 불멸(아므리타amṛta)하게 된다고 덧붙인다.

añjali-mudrā(안잘리-무드라)

심장 앞에서 손바닥을 약간 오목하게 만들어 양손바닥을 맞대는 '결인'(무드라mudrā), 즉 손 제스처이다.

사르바-라젠드라 ♯ sarva-rājendra 또는 삼푸탄잘리 ♯ sampuṭāñjali로도 불리는 이 무드라는 현대 힌두Hindu들이 인사의 한 형태로 여전히 사용하고 있다. 영적인 인물에게 인사할 때는 손바닥을 눈높이에서 맞댄다. 신이나 신성성(神聖性, Divine)에게 경건한 예배를 드릴 때는 손바닥을 머리 위에서 맞댄다.

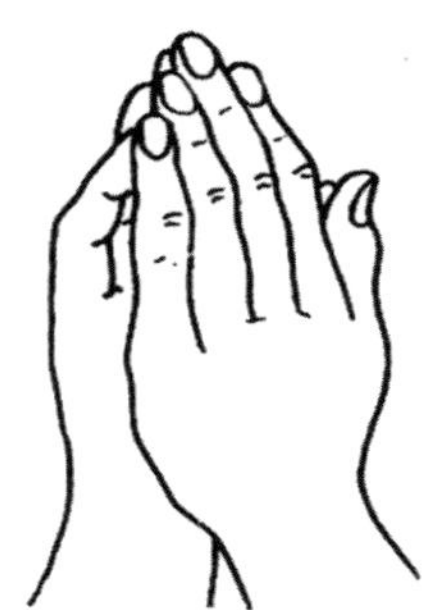

안잘리-무드라.
경건한 예배의 손 제스처

aṇiman(아니만)
'원자화' 또는 '극소화'라는 뜻이다. 『요가-수트라』 *Yoga-Sūtra*(3. 44f.)에 따르면 요소들을 정복함으로써 얻게 되는 위대한 초자연력(싯디 siddhi) 중 하나이다. 이것은 달인이 자신을 무한히 작게 만드는 능력이다.

aṇu(아누)
'원자'라는 뜻이다. 물질은 불가분의 극미한 부분들로 이뤄져 있다는 관념은 고대 그리스의 우주론자들에게까지 거슬러 올라간다. 이 관념은 그 당시 인도에서도 통용되었고, 독자적으로 이 관념에 이르렀을 가능성이 매우 높다.
카슈미르 샤이비즘Kashmiri Śaivism에서 아누aṇu는 개체화된 '원자적' 존재(지바 jīva), 즉 보편적인 초월적 참자아와 대조적인 유한한 인성을 나타내는 전문 용어이다.
⇒ 아나바-말라 āṇava-mala, 파라마-아누parama-aṇu도 참조.

ap(아프)
'물'이라는 뜻이다. 어근 √ap('활동적이다')에서 파생된 여성 복수 단어이다. 물은 인간의 신체를 포함하여 우주(cosmos)의 물질적 영역을 구성한다고 생각되는 다섯 물질 요소(판차-부타 pañca-bhūta) 중 하나이다. 이것은 특히 신체의 다섯 가지 액체, 즉 침, 소변, 정액, 혈액, 땀과 연관된다. 물은 때로 항문에서 무릎까지의 신체 부위를 관장한다고 한다. 이것의 상징은 반달(아르다-찬드라 ardha-candra)이고 색상은 흰색이며 종자 음절(비자-만트라 bīja-mantra)은 밤vaṃ이다.
⇒ 잘라 I jala, 탓트와tattva도 참조.

apaprāṇa(아파프라나)
'부차적 생기'라는 뜻이다.
⇒ 프라나prāṇa 참조.

aparānta-jñāna(아파란타-갸나)
'사람의 죽음에 대한 지식'이라는 뜻이다. 징조(아리슈타 ariṣṭa)와 꿈 등을 통한 사람의 죽음에 대한 예지로, 요가Yoga적 능력(싯디 siddhi) 중 하나이다. 요긴yogin이 잘 죽는 것, 다시 말해서 의식적으로 죽는 것은 중요하다. 그래서 그는 신체를 가진 존재의 마지막 순간 동안 죽음의 과정을 인도할 수 있고, 해탈할 수 있을 것이다. 죽음의 시간을 정확하게 예언한 요긴들에 대한 수많은 전설과 일화가 있고, 어떤 경우엔 수년 전에 그런 일이 실제로 일어났다.
⇒ 갸나jñāna도 참조.

aparigraha(아파리그라하)
'탐욕 없음', '무소유'라는 뜻이다. 고전 요가(Classical Yoga)의 다섯 가지 도덕 훈련(금계, 야마 yama) 중 하나이다. 『요가-수트라』 *Yoga-Sūtra*(2. 39)에서 말하듯이 완전하게 될 때까지 수행한다면 그것은 자신의 출생 '원인'에 대한 지식을 발생시킨다. 『바가바드-기타』 *Bhagavad-Gītā*(4. 21)에서는 모든 소유물을 버릴(abandonment) 것을 요구한다. 이 관념은 세속에 대한 근본적인 포기(renunciation)를 지지하는 학파를 생기게 했다. 그러나 『바가바타-푸라나』*Bhāgavata-Purāṇa*(3. 28. 4)와 같은 다른 문헌적 전거들에서는 무소유에 대한 최소한의 해석을 옹호하여서, 그것을 '필요한 만큼[만] 소유하는 것'으로 이해한다.

Aparokṣa-Anubhūti(아파로크샤-아누부티, [연성]Aparokṣānubhūti아파로크샤누부티)

'직접적인 깨달음'이라는 뜻이다. 샹카라Śaṅkara가 저술한 짧은 베단타Vedānta 저작이다.

⇒ 아누부티anubhūti도 참조.

apas(아파스)

'물'이라는 뜻이다. 아프ap의 단수형이다.

apavarga(아파바르가)

'벗어남'이라는 뜻이다. 모크샤mokṣa, 묵티mukti, 카이발리야kaivalya와 동의어이다.

apavāda(아파바다)

'논박', '반박', '탈가탁'脫假託이라는 뜻이다. 베단타Vedānta의 핵심 용어이고 후고전 요가(Postclassical Yoga)의 일부 저작에서도 발견된다. 실재의 본성에 대한 잘못된 단정(아디야로파adhyāropa)이 사실상 그것 자체로 드러나게 될 수 있다고 하는 지성적 방법을 나타낸다. 그러므로 이것은 일상적 의식(consciousness)으로 된 생각의 합의점에 대한 체계적인 공격이다. 이 의식으로 인해 실재가 한정적이지도 고통스럽지도 않고 무한하고 지복(아난다ānanda)이라는 것을 깨닫지 못하게 된다고 주장한다.

apāna(아파나)

'하강하는 숨'이라는 뜻이다. 생기(프라나prāṇa)의 주요 흐름 중 하나이다. 호흡은 생기의 외적인 나타남이다. '내쉬는 숨'(프라나)과 함께 아파나apāna는 신체에 기운을 주는 위대한 피스톤이다. 여러 요가-우파니샤드Yoga-Upaniṣad에 따르면 아파나는 생식기에서 무릎까지, 그렇지 않으면 복부에서 정강이, 또는 심지어 발까지 신체의 하반신에 존재한다. 우주적 생명 에너지의 이 측면은 노폐물의 배출을 책임지고 내쉬는 숨과 연관된다. 프라나와 복부의 '불'이 섞일 때 그것은 '뱀의 힘'(쿤달리니-샥티kuṇḍalinī-śakti)을 상승시키는 데 도움이 된다.

Appar(앗파르)

'아버지'라는 뜻이다. 샤이바Śaiva 성자인 티루나부카라사르(Tirunāvukarasar; 7세기경)의 별칭 중 하나이다. 그는 가장 존경받는 나얀마르Nayanmār 중 한 명이고 배교한 샤이비즘Śaivism 신자들, 특히 마헨드라 바르만Mahendra Varman 왕을 자이니즘Jainism으로 재개종시킨 것으로 기억된다. 칭송 일색의 성인전에서 마룰르니키Marulniki라는 이름으로 알려졌던 앗파르Appar 자신은 원래 자이나Jaina였다. 남인도의 비랏타남Virattanam에 있는 샤이바 사원에 입장한 후에 고통스러운 위장병이 기적적으로 치유되자 그는 샤이비즘으로 개종하였다. 많은 찬가 중 하나에서 앗파르는 자신을 잘 익은 과일이 손 가까이 있을 때 익지 않은 과일을 훔친

앗파르(Appar)

도둑에 비유했다. 자신의 마음속에서 쉬바Śiva를 발견한 후에 앗파르는 이 사원 저 사원으로 옮겨 다니면서 자신을 유지하고 신(Divine)에게 헌신하기 위해서 비천한 일을 했고, 언제나 신의 영광과 모든 두려움을 초월할 가능성을 찬양하였다. 성인 같은 음유시인으로서 그가 성공을 거두자 자이나 통치자인 구나바라(Gunabhara, 마헨드라 바르만)는 그를 체포해서 신앙을 버리고 배교하도록 고문하였다. 앗파르가 모든 고문에도 기적적으로 생존하자 왕은 굴복하고 스스로를 그 성자의 제자라고 선언했다. 그런 다음 자신의 수도에서 자이나 수도원을 파괴하고 그 자리에 쉬바 사원을 지었다.

appearance(현현顯現)

철학에서 이 관념은 참실재의 관념과 대조를 이룬다. 현현顯現과 실재 사이의 연관성에 대한 질문은 근본적인 철학적 문제이다. 이것은 특히 우파니샤드Upaniṣad 시대 이래로 인도의 사상가들에 의해 집중적으로 연구되어 왔다. 이원론에서부터 제한적 불이론不二論(비쉬슈타 아드와이타Viśiṣṭa Advaita), 급진적 불이론(케발라 아드와이타Kevala Advaita)까지 다양한 해법을 내놓았다. 일부 학파는 감각적 세계를 절대적 참실재의 왜곡으로 간주했고, 다른 학파들은 그것을 단지 환영(마야māyā)으로 여겼다. 그러나 인도의 모든 형이상학 학파는 감각에 나타난 객관적 세계가 아트만ātman이나 브라만brahman 또는 탓트와tattva로 다양하게 불리는 초감각적 참실재보다 존재론적으로 또는 적어도 영적으로 더 낮은 상태로 되어 있다는 점에 동의한다.

⇒ 아바사ābhāsa, 절대자(Absolute), 신 또는 신성성(神聖性, Divine), 신(God)도 참조.

aprabuddha(아프라붓다)

'깨어나지 않은'이라는 뜻이다. 카슈미르 샤이비즘Kashmiri Śaivism에서는 사람들을 다음과 같이 구분한다. (1)자신의 영적 본성(참자아)을 완전히 망각한 자, (2)실천 수행하는 요긴yogin이 그렇듯이 부분적으로 자신의 참된 본성을 자각한 자, (3)완전히 깨어난, 즉 깨달은 자. 첫째는 아프라붓다aprabuddha로, 둘째는 프라붓다♯prabuddha, 셋째는 수프라붓다(♯suprabuddha; '잘 깨어난')라고 부른다.

⇒ 붓다buddha도 참조.

apratibuddha(아프라티붓다)

'완전하게 각성되지는 않은'이라는 뜻이다. 전고전요가(Preclassical Yoga)의 전문 용어에서 아붓다abuddha와 동의어이다.

apuṇya(아푼야)

'결점', '악'惡, '책망 받아야 할'이라는 뜻이다. 많은 힌두Hindu 학파에서는 악을 거의 대부분 몸과 마음에 축적되어서 그것의 운명을 결정짓는 물질적 실체로 본다. 그것은 카르마karma 교의의 일부이다.

[비교] 푼야puṇya.

arcanā(아르차나)

'숭배'라는 뜻이다. 자기 억제(권계, 니야마niyama)의 구성 요소 중 하나이다. 신에 대한 헌신의 요가(박티-요가Bhakti-Yoga)의 측면 중 하나이기도 하다.

⇒ 경배(worship)도 참조.

arcā(아르차)

'숭배' 또는 '흠모'라는 뜻이다. 아르차나arcanā와 동의어이다.

Archaic Yoga(고대 요가)

원시 요가Yoga로도 불린다. 베다Veda들, 특히 『리그-베다』*Ṛg-Veda*와 인더스-사라스와티 문명(Indus-Sarasvati civilization)의 고고학적 증거에 기반을 둔 영적 수행 체계로 재구성될 수 있는 믿음과 수행법 들의 본체이다.

⇒ 요가Yoga도 참조.

ardha-candra(아르다-찬드라)

'반달'이라는 뜻이다. 아르다-인두(♯ardha-indu, [연성] ardhendu아르덴두)로도 불린다. 아르다-마트라ardha-mātra

의 문자적 표현이다.

ardha-mātra(아르다-마트라)

'반음절'이라는 뜻이다. 음절 옴Oṃ 위에 놓인 반원 모양의 상징이다. 때로는 초 위에서 일렁이는 불꽃에 비유된다.

⇒ 옴Oṃ에 있는 그림 참조.

Ardhanārīśvara(아르다나리슈와라)

아르다(ardha; '반')+나리(nārī; '여성')+이슈와라(īś-vara; '주'主)에서 유래되었다. 쉬바Śiva의 형상 중 하나이다. 도상학적으로 오른쪽에 남성, 왼쪽에 여성인 양성의 모습으로 묘사되는 아르다나리슈와라Ardhanārīś-vara는 모든 이원성을 초월한 쉬바와 샥티II Śakti의 결합을 나타낸다. 이 이미지는 요가Yoga에 대한 본질적인 이해를 표현한다.

ardha-paryaṅka(아르다-파리양카)

'반半침대틀'이라는 뜻이다. 이 자세는 대臺에 앉아 있는 동안 몸 아래에서 한쪽 다리는 접고 다른 쪽 다리는 무릎을 구부려서 이완된 상태로 두는 것이다.

[비교] 파리양카paryaṅka.

ariṣṭa(아리슈타)

'징조'라는 뜻이다. 징조들은 요가Yoga에서 중요한 역할을 한다. 요긴yogin은 보기에 무관하고 임의적인 사건들에 심지어 보다 깊은 중요성을 부여한다. 아무것도 우연으로 인한 것은 없다고 생각한다. 우주(비슈와viśva)는 동시 발생적이고 본질적으로 의미가 있다고 생각하는데, 이는 소우주는 대우주의 거울이라는 관념 속에서 포착되는 믿음에 근거하고 있다. 『요가-수트라』*Yoga-Sūtra*에 대한 오래된 주석서인 『요가-바쉬야』*Yoga-Bhāṣya*(3. 22)에 따르면 다음과 같은 세 종류의 징조가 있다. 자기 자신에 의해 생성된 것들, 다른 것들과 연관된 것들, 신(데바deva)들과 연관된 것들. 많은 문헌은 요긴의 죽음과 관련된 징조들에 대한 목록을 제공한다. 이것은 영적으로 중요한 전환인데, 그 이유는 완전한 자각(awareness)을 가지고 통과해야만 하기 때문이다.

⇒ 안타-칼라anta-kāla도 참조.

Arjuna(아르주나)

'흰' 또는 '밝은'이라는 뜻이다. 기본적으로 아르주나Arjuna와 크리슈나Kṛṣṇa 사이의 대화인 『바가바드-기타』*Bhagavad-Gītā*의 영웅이다. 햄릿Hamlet처럼 아르주나 Arjuna 왕자는 의심으로 고통받는 우유부단한 사람을 대표한다.

armpit(겨드랑이)

⇒ 카크샤kakṣā 참조.

arrogance(오만 또는 거만 또는 자만)

⇒ 아비마나abhimāna, 다르파darpa 참조.

[비교] 아마니트와amānitva.

art(예술)

인도에서 예술가śśilpin는 전통적으로 창조 과정을 돕기 위해서 요가Yoga의 명상(meditation)을 사용했다. 예술가의 최종 작품에서 어떤 결함들은 집중(concen-tration)과 명상을 소홀히 한 탓이었다. 문헌들에서는 심심찮게 장인이나 예술가를 요긴yogin이나 사다카 sādhaka로 표현한다. 또한 대개 이러한 전문서적들에는 요가 수행을 위한 규정을 포함하고 있다. 숙고(contem-plation, 디야나dhyāna)는 (『라마야나』*Rāmāyaṇa* 전체를 내면으로 들었던 발미키Vālmīki의 경우에서처럼) '환시'幻視나 '환청'을 낳는다고 생각된다. 인도의 전통적 · 종교적 예술은 결코 미美 자체를 목적으로 미를 추구하는 것과는 아무런 관련이 없다. 더 정확히 말하자면 예술가는 그의 창조적 작업을 통해서 무한한 것과 소통하고 사람을 고양시켜서 그의 작품에 '참여'하기를 갈망한다.

탄트라Tantra는 인도의 조각뿐만 아니라 테라코타 인장(무드라mudrā), 나무와 나무껍질, 천, 종이에 그린 그림, 판화와 같은 다른 예술 형태들에도 지대한 영향

A

력을 행사했다. 엘로라Ellorā 동굴(약 8세기경), 카주라호(Khajuraho; 약 1천 년경), 부바네슈와라Bhuvaneshvara의 링가라자(Liṅgarāja; 약 11세기경), 코나라크(Konarak; 약 13세기경)의 사원들과 그 밖의 지역의 사원들에 있는 노골적인 에로티시즘Eroticism으로 된 탄트라의 주제들은 가장 잘 알려져 있다. 탄트라의 이미지들은 바이라바Bhairava, 바이라비Bhairavī, 찬디Caṇḍī, 칼리Kālī, 쿠루쿨라♯Kurukullā, 타라Tārā, 요기니yoginī 들과 같은 신들의 유입으로 도상들이 풍부해졌다. 인도의 주류 사회에 의해 금기로 여겨졌던 성교(마이투나maithuna)와 성적 행위들에 대한 묘사를 포함하여 종교적 · 영적 맥락의 노골적인 에로티시즘의 이유는 명확하지는 않다. 또한 탄트라는 사원 건축에도 영향을 미쳤다. 특히 주목할 만한 것은 라자 느리싱하 데바라야(Rājā Nṛsiṃha Devarāya, 탄트라 입문자)가 설계하고 건축을 의뢰받은, 반스베리아(Bāñsberia, 서벵골)에 있는 항세슈와리Haṃseśvarī 사원(약 1814년)이다. 이 사원은 여섯 차크라cakra에 따라서 설계되었다.

⇒ 미학(aesthetics), 춤(dance)도 참조.

artha(아르타)

'대상' 또는 '물건'이라는 뜻이다. 특정한 전문적 맥락에서 이 단어는 '의도된 대상' 또는 '의식(consciousness)의 내용'을 의미한다. 이것은 또한 '목적'의 의미도 가지고 있다. 더 나아가 힌두Hindu 윤리학에서 인정되는 인간의 네 가지 목적(푸루샤-아르타puruṣa-artha) 중 가장 낮은 '물질적 번영'을 의미하기도 한다.

⇒ 파라-아르타트와para-arthatva, 비사야viṣaya도 참조.

Arulnandi(아룰난디; 13세기)

남인도 샤이비즘Śaivism의 위대한 교사(아차리아ācārya) 중 한 명이다. 『쉬바-갸나-싯디야르』♯*Śiva-Jñāna-Siddhiyar*의 저자이다.

⇒ 나얀마르[들]Nayanmār[s]도 참조.

arundhatī(아룬다티)

쿤달리니kuṇḍalinī와 동의어이다. 삽타-리쉬sapta-ṛṣi 중 한 명의 아내 이름이기도 하다.

Aryan Invasion Theory(아리아인 침입론)

유럽 중심주의 때문에 19세기 서구의 학문은 베다Veda가 진실로 오래되었다는 것을 평가하는 데 실패했다. 고고학적 자료들이 없어서 학자들은 고대 세계에서 인도-유럽어족 언어들이 확산된 당시의 언어 모델에만 의존하였다. 이것은 산스크리트Sanskrit를 말하는 베다의 부족들이 인도 외부에서 유래하였고, 기원전 1천5백 년에서 1천2백 년 사이의 시기에 정복자로서 인도 반도로 들어왔다는 가설로 그들을 이끌었다. 이러한 연대들은 힛타이트Hittite 점토판들에서 발견되는 언어학적 증거에서 나왔다. 이 가설은 탁월한 몇몇 학자들에 의해 격렬한 비판을 받았지만 급속하게 '사실'이 되었는데, 그 이유는 주로 독일의 저명한 산스크리트 학자 막스 뮐러(Max Müller; 1823~1900)로부터 지지를 받았기 때문이다. 반대되는 모든 증거를 무시하고 일치된 학술적 견해 또한 힌두쿠시Hinukush 산맥(주로 현재 아프가니스탄에 있는 카이버 길Kyhber Pass)을 경유하여 '아리아인들'이 북인도를 침입한 이후에 『리그-베다』*Ṛg-Veda*가 만들어졌다고 추정하는 것이었다.

그러나 『리그-베다』의 기준이 되는 연대기는 1921년에 소위 인더스 문명(현재 점점 더 많은 수의 학자가 인더스-사라스와티 문명Indus-Sarasvati civilization이라고 다시 이름 붙이고 있음)의 발견에 의해 완전하게 뒤흔들렸다. 이번에 연구자들은 아리아인 침입 이론을 그 문명의 초기로 규정된 연대기와 나란하게 맞추려고 노력하였다. 특히 고고학적 증명을 과도하게 해석한 그들은 침입한 아리아인 종족들을 인더스 도시들을 파괴한 야만적 파괴자들로 묘사했다. 이로 인해 그들은 증거 없이 주장된 침입의 연대를 5백 년까지 뒤로 미루지 않을 수 없었다. 그러나 최근의 연구에서 아리아인 침입 이론이 역사적 실재를 심각하게 왜곡했다는 사실이 밝혀졌다.

(기원전 6천5백 년까지 거슬러 올라가는) 신석기 시대의 메르가르Mehrgarh 도시의 인더스-사라스와티 문명과 후대 힌두Hindu 사회와 문화 사이의 놀라운 문화적 연

속성에 비추어, 현재 점점 더 많은 수의 학자들은 베다의 종족들이 인더스-사라스와티 문명의 쇠퇴 훨씬 이전에 있었던 인도 원주민이었다는 관점을 선호하고 있다. 사실상 아리아인들이 인더스와 사라스와티 강과 그 강들의 지류를 따라서 도시들을 건축하고 그곳에 거주했다는 것을 시사하는 좋은 증거가 있다. 고대 인도의 역사에 대한 새로운 이해에 맞추어 요가Yoga 전통의 연대기 또한 수정되어 왔다. 요가적 유형의 지혜와 수행법 들의 가장 초기 표현들을 『리그-베다』에서 발견할 수 있기 때문에 현재는 요가의 발달이 5천 년 이상에 이른다고 생각된다.

asamprajñāta-samādhi(아삼프라갸타-사마디)

'초의식 무아경'(무상 삼매)이라는 뜻이다. 모든 인식적 내용을 초월하는 통합된 의식(consciousness) 상태로 이끄는 기법이자 그 상태의 경험이다. 이 최상의 상태에서 주체와 대상은 하나가 된다. 베단타Vedānta에서 이것은 '분별 없는 무아경'(무상 삼매, 니르비칼파-사마디 nirvikalpa-samādhi)으로 알려져 있다. 이 깨달음은 일상적 의식(칫타citta)의 일시적 붕괴를 전제로 한다. 남아 있는 모든 것은 (상스카라saṃskāra로 불리는) 잠재의식의 경향성의 잔재물들이다. 초의식 무아경 상태가 오랜 시간을 넘어서 지속된다면 이 잠재의식의 경향성들은 차례로 중화되기 시작해서 궁극적이고 역행될 수 없는 해탈, 즉 깨달음에 이르게 된다. 그러나 처음에 초의식 무아경은 짧은 시간 동안만 유지될 수 있다. 왜냐하면 일상적인 깨어 있는 상태를 야기하는 강력한 잠재의식의 활성체(잠세력潛勢力, 상스카라)는 다시 영향을 미치는 경향이 있기 때문이다. 그러나 의식의 내용물들에 대한 억제(니로다nirodha) 시기는 잠재의식의 저장고(아샤야āśaya)가 완전히 제거될 때까지 점점 더 길어지게 된다. 이 시점에서 초의식 무아경은 '무종자'♯ nirbīja로 불린다.

⇒ 다르마-메가-사마디dharma-megha-samādhi, 사마디 samādhi도 참조.

[비교] 삼프라갸타-사마디samprajñāta-samādhi.

asaṃsakti(아상삭티)

'단절'이라는 뜻이다. 지혜(갸나jñāna)의 일곱 단계(부미bhūmi) 중 하나이다.

asaṅga(아상가 I)

'무집착'이라는 뜻이다. 『브리하다란야카-우파니샤드』*Bṛhadāraṇyaka-Upaniṣad*(3. 9. 26)에 따르면 초월적 참자아의 특징 중 하나이다. 요긴yogin은 절대적 참실재를 본받으려 하기 때문에 무집착 또한 요가Yoga 수행의 중요한 측면이기도 하다.

⇒ 버림(abandonment), 산니야사saṃnyāsa, 티야가tyāga, 바이라기야vairāgya도 참조.

[비교] 상가II saṅga, 사트-상가sat-saṅga.

Asaṅga(아상가II; 4세기경)

대승불교의 요가차라Yogācāra 학파의 유명한 개조이다. 그는 칫타-마트라(citta-mātra; '오직 마음뿐', 유식唯識)의 가르침을 체계화했는데, 이 가르침은 『요가-바시슈타』♯ *Yoga-Vāsiṣṭha*의 철학과 많은 유사성이 있다. 달인 마이트레야나타Maitreyanātha로부터 비롯된 것으로 보이는 이 학파의 사상은 비갸나바다(♯ Vijñānavāda; 유식론)로도 알려져 있다. 인도 붓디즘Buddhism의 발전에서 더욱 더 중요한 사람은 저명한 『아비다르마-코샤』♯ *Abhidharma-Kośa*의 저자인, 아상가Asaṅga의 동생 바수반두Vasubandhu이다.

asat(아사트)

'비존재', '무'無라는 뜻이다. 요가Yoga와 상키야 Sāṃkhya 전통에 따르면 존재는 오직 존재로부터 발생한다. 이것은 예컨대 기독교 신학에서 신봉되는 것과 같은 무(ex nihilo)에서 창조가 일어난다는 교의에 대한 거부의 의미를 내포하고 있다.

⇒ 아바바abhāva, 사트-카리야-바다sat-kārya-vāda도 참조.

[비교] 사트sat.

ascetic(고행자)

⇒ 타파스윈tapasvin 참조.

asceticism(고행주의)

초기의 운문 우파니샤드Upaniṣad들, 특히 『카타-우파니샤드』*Kaṭha-Upaniṣad*, 『슈웨타슈와타라-우파니샤드』*Śvetāśvatara-Upaniṣad*, 『마이트라야니야-우파니샤드』*Maitrāyaṇīya-Upaniṣad*뿐만 아니라 동시대에 성립된, (스스로 우파니샤드라고 여기는) 『바가바드-기타』*Bhagavad-Gītā*와 함께 요가Yoga는 기원전 첫 천 년의 중반쯤에 독특한 전통으로 부각되기 시작했다. 그러나 요가의 사상과 수행법 들은 『리그-베다』*Ṛg-Veda*에서 증명되었듯이 그때보다 훨씬 이전에 시작되었다. 가장 초기의 이러한 요가적 요소들은 엄밀하지 않게 빈번히 타파스tapas, 즉 고행주의라고 불린다. 요가가 독립적인 철학적 · 영적 전통으로 구체화되자 타파스의 관념은 요가의 더욱 정교한 영적 접근법 속으로 통합되었다. 수천 년 동안 타파스는 요가 수행의 흐름과 아주 유사하게 흘러 왔고, 현재는 주로 수많은 사두sādhu들이 수행하고 있는 힌두Hindu 고행주의(fakirism)의 형태로 분명하게 드러난다.

타파스윈tapasvin으로 불리는 고행주의 전통의 수행자는 은총(프라사다prasāda)보다는 오로지 의지력에, 헌신과 자아 초월보다는 통제와 자기 수행에 의지한다. 힘, 특히 마법적 능력(싯디siddhi)을 획득하기 위한 분투 속에서 타파스윈은 우주의 숨겨진 힘들, 즉 신과 정령 들의 지지를 얻으려 노력한다. 많은 점에서 그는 샤머니즘Shamanism적인 전前요가적 전통을 지속한다.

⇒ 버림(abandonment), 산니야사saṃnyāsa, 티야가tyāga, 바이라기야vairāgya도 참조.

ashes(재)

푸라나Purāṇa들의 신화에 따르면 쉬바Śiva는 이마 가운데 있는 '제3의 눈', 즉 아갸-차크라ājñā-cakra에서 나오는 강렬한 광선으로 다른 모든 신을 포함한 전 우주를 태워서 재로 만들었다. 그런 다음 그는 세계에 대한 지배와 완전한 포기(ruenunciation)의 징표로 그 대화재大火災 이후에 남은 재를 자신의 몸에 문질러 발랐다.

⇒ 바스만bhasman, 비부티 vibhūti도 참조.

asmitā(아스미타)

'나의 존재성', '자아의식', '아견'我見, '아만'我慢이라는 뜻이다. 분리된 개별 존재로서 자신을 인식(awareness)하는 것이다. 『요가-수트라』*Yoga-Sūtra*(2. 6)에서는 '나의 존재성'을 다섯 종류의 번뇌(클레샤kleśa) 중 하나로 열거하고, 보는 자의 능력(즉 참자아)과 보는 능력(즉 마음)을 동일시하는 것으로 정의한다. 뿐만 아니라 이 경전(1. 17)에 따르면 이것은 의식 무아경(유상 삼매, 삼프라갸타-사마디 samprajñāta-samādhi) 상태에서 나타나는 기본적인 현상 중 하나이다. 일부 권위자들은 아스미타-사마팟티asmitā-samāpatti라고 부르는, '나의 존재성'으로 된 느낌으로만 이루어진 무아경(삼매) 상태라고 기술한다.

asmitā-mātra(아스미타-마트라)

'오직 나의 존재성뿐', '유아견'唯我見이라는 뜻이다. 고전 요가(Classical Yoga)에서 최초의 개체화의 원리로서 이것은 존재의 위계에서 독특한 층위를 나타낸다. 모든 개별화된 의식(consciousness)(니르마나-칫타 nirmāṇa-citta)의 포괄적 저장고이다.

⇒ 칫타-마트라citta-mātra, 마트라mātrā도 참조.

asmitā-samāpatti(아스미타-사마팟티)

'나의 존재성과의 일치', '아견 등지'我見 等持라는 뜻이다. 고전 요가(Classical Yoga)에서 이것은 독립체로 존재하는 느낌에만 기초한 의식 무아경(유상 삼매, 삼프라갸타-사마디 samprajñāta-samādhi)의 상급 유형이다. 에고와의 동일성(ego identity)의 가장 정화된 형태이다.

⇒ 사-아스미타-사마팟티 sa-asmitā-samāpatti, 사마디 samādhi도 참조.

[비교] 니라스미타-사마팟티 nirasmitā-samāpatti.

Asparśa-Yoga(아스파르샤-요가)

'접촉하지 않는 요가Yoga', '무촉無觸 요가'라는 뜻이다. 아포파시스(apophasis)적인, 다시 말해 부정不定에 바탕한 요가로 불이론不二論의 형이상학에 기초하고 있고, 가우다파다Gaudapāda가 처음 주창하였다. 샹카라Śaṅkara는 아스파르샤asparśa라는 용어를 모든 것과 접촉sparśa하지 않고 절대자와 본질이 같은 것으로 설명한다. 그러므로 이 요가는 수행의 길이라기보다는 비이원성으로 된, 깨달은 상태로 사는 수행이다.

[비교] 스파르샤-요가Sparśa-Yoga.

asteya(아스테야)

'도둑질 하지 않음', 즉 '불투도'不偸盜라는 뜻이다. 도덕 훈련(금계, 야마 yama) 중 하나이다. 『요가-수트라』*Yoga-Sūtra*(2. 37)에 따르면 이 덕목(virtue)을 수행하여 완성하게 되면 모든 종류의 보석♯ratna이 수행자 자신에게 모인다고 한다. 이 진술은 상징적으로 이해된다. 『요가-바쉬야』*Yoga-Bhāṣya*(2. 30)에서는 이것을 다른 사람에게 속하는 물건들을 무단으로 차지하지 않는 것으로 정의한다. 『샨딜리야-우파니샤드』*Śāṇḍilya-Upaniṣad*(1. 1. 7)에서는 이것을 다른 사람의 소유물에 대해 육체적 · 정신적으로, 입 밖으로 소리 내어 탐내지 않는 것이라고 설명한다.

astonishment(놀람)

⇒ 차맛카라camatkāra 참조.

[비교] 아슈차리야āścarya.

astral travel(아스트랄 여행)

⇒ 아카샤-가마나ākāśa-gamana 참조.

astrologer(점성가)

⇒ 지요티샤-샤스트린jyotiṣa-śāstrin 참조.

astrology(점성학)

오컬트occult 기법들은 인도의 전통적인 해탈 학파들에 있어서 불가결한 측면이고, 몇몇 탄트라Tantra들은 점성학과 예언을 전문적으로 다룬다. 가장 오래된 (네와르어Newari) 문헌은 아마도 밧톳팔라Bhattotpala가 저술한 것으로 여겨지는 『윳다-자야르나바』♯*Yuddha-Jayārṇava*('[행성의] 충衝에 대한 정복의 물결')일 것이다. 이 문헌에서는 호흡 진단인 스와로다야♯svarodaya를 탁월하게 논한다. 요가Yoga와 탄트라, 아유르-베다Āyur-Veda는 모두 카르마karma적 개연성들도 이해하고 사건들의 전개도 알아내기 위하여 점성학을 그들의 전통 속으로 받아들여 왔다. 우주를 본질적으로 의미 있게 여긴 달인은 현재의 순간을 더 잘 이해함으로써 상황의 흐름과 더 조화롭게 행위하기 위해서 전조나 징후 들을 찾는다. 일부 학파 또는 요가의 권위자 들은 입문식이나 다른 의례를 하기에 적합한 시간 중 가장 상서로운 순간을 결정하기 위해서 점성학을 포함한 다양한 예언 방법들을 채택한다.

산스크리트Sanskrit로 지요티샤(jyotiṣa, 이것은 천문학을 포함함)라고 부르는 인도 점성학은 약 5천 년 전인 『리그-베다』*Ṛg-Veda* 시기에 시작되었다. 힌두이즘Hinduism에서 그것은 보조적인 열두 주제 중 하나로 간주된다. 인도 점성학은 회귀 황도대 대신 항성 황도대에 기초하고 있으므로 별들의 실제 위치를 작업 대상으로 한다. 태양 주야평분시에 의존하는 회귀 황도대는 2천 년 전과 일치하는 별의 패턴을 반영한다. 그래서 물병자리의 성좌에 있다고 생각되는 행성이 사실상 이전의 물고기자리 성좌에 위치하고 있다.

원형으로 된 서양 천궁도와 달리 인도 천궁도는 직사각형(남인도)이거나 마름모꼴(북인도)이고, 이것들은 행성들 간의 동적인 측면보다는 열두 별자리를 강조한다. 인도 점성학은 눈에 보이는 일곱 개의 '행성'(태양과 달을 포함)과 두 개의 달의 교점(각각 라후♯rahu와 케투♯ketu로 불림)으로 작업한다. 이것은 또한 상승점에 의해 결정되는 열두 집(house)도 인정한다. 행성들은 서양 점성학에서와 마찬가지로 수비학적 값, 다섯 요소와의 연관성, 근본적인 속성들을 부여받는다. 더불어 인도 점성학은 27개의 달의 성좌(나크샤트라 nakṣatra)에 대해 알고 있고, 그것들은 각각 한 행성의 지배를 받는다. 행성들 간의 정확한 각도에 엄청난 주의를 기울이는 서양 점성학과는 달리, 인도 점성학은 주로 행성이 위치하고 있는 집을 기준으로 한 각도들로 판단

A

한다. 그것은 요가yoga라 불리는 행성의 결합을 강조하는데, 그것에 대한 긴 목록이 있다. 인도 점성학은 많은 독특한 특징이 있고, 이것은 경험으로 얻은 발견의 긴 역사를 보여 준다. 인도 의학(아유르-베다)과 요가의 기법에서 그것은 상당히 중요한 역할을 해왔다.

고대 세계에서 학자와 현자 들은 현대 천문학이 그렇듯이 어떠한 이론적 매력에서가 아니라 일상의 삶을 위한 지침을 구하기 위해서 별들에 의지했다. 그러므로 수천 년 동안 천문학과 점성학은 하나이자 동일한 과학이었다. 다만 현대의 합리주의 경향이 증가함에 따라 둘로 분리되었을 뿐이다. 케플러Kepler와 갈릴레오Galileo와 같은 그러한 위대한 천문학자들조차 과학의 훈련에서 점성학적 측면에 상당히 깊은 관심을 가졌다.

asura(아수라)

'반신'反神이라는 뜻이다. '생명'이라는 뜻의 아수♯ asu에서 파생되었다. 종종 '악마'로 잘못 이해된다. 이 용어는 '반신', 즉 신의 하위 형태이다. 상위의 신('수라 I 'sura로 불림)들이 초월을 지향하는 반면, 반신들은 감각적이거나 세속적인 경험을 지향한다. 원래 『리그-베다』*Ṛg-Veda*의 가장 오래된 부분에서 아수라asura는 궁극의 참영혼(Spirit)을 나타내었고, 또 베다Veda의 위대한 신들인 인드라Indra, 아그니 II Agni, 바루나Varuṇa에 그렇게 적용되었다. 이 용례는 브라마나 II Brāhmaṇa들에서 변했고, 세계의 대양을 휘젓는 푸라나Purāṇa의 이야기에서 정점에 이르렀다. 이 이야기는 수라 I 과 아수라 들 사이의 줄다리기로 나타난다.

유대교와 크리스트교의 전통에서 아수라들은 타락한 천사로 묘사될 것이다. 그들은 강력한 존재들이고, 후대 힌두이즘Hinduism에서는 악마들로 간주되었다. 이상하게도 아수라라는 단어는 원래 지고의 신(Divine)을 나타내었고, 조로아스트교의 같은 어원인 아후라ahura에 그 함축적 의미가 유지되어 있다. 후베다(post-Veda) 문헌들은 아수라에 대한 모든 종류의 어원을 제공하고 있지만, 그것 중 어떤 것도 확정적이지는 않다.

미세하거나 보이지 않는 존재의 영역들에서 선한 힘과 악한 힘을 나누는 것은 인간의 위치에서 유사하게 구분하기 위한 원형이다. 그러므로 『바가바드-기타』*Bhagavad-Gītā*(16. 1ff.)에서는 신성한(다이바daiva) 존재, 악한(아수라) 존재 들과 세상에서의 운명들을 구분한다. 이 운명들은 행위(프라브릿티pravṛtti)와 포기(renunciation, ♯nivṛtti)에 대한 이해의 결여로, 또 불만족, 욕망, 위선, 자만, 오만, 망상뿐 아니라 청정과 선행, 진실을 잃는 것으로 기술된다.

aśuddha(아슛다)

'불순한', '불결한'이라는 뜻이다.

⇒ 아슛디aśuddhi 참조.

[비교] 슛다śuddha.

aśuddhi(아슛디)

'불순' 또는 '불결'이라는 뜻이다. 『탓트와-바이샤라디』*Tattva-Vaiśāradī*(1. 2)에 따르면 불순함은 즐거움과 고통, 환영의 본성이다. 따라서 이것은 극복되어야만 한다.

[비교] 슛디śuddhi.

aśvamedha(아슈와메다)

'말 희생제'라는 뜻이다. 아슈와-메다aśva-medha에서 유래되었다. 말의 도살과 소비를 수반하는 베다Veda의 주요 공동체 의례로 집단의 지속적인 행운을 보장하고자 한다. 제물인 말은 태양을 나타낸다. 그리고 수바슈 칵Subhash Kak(2002)이 보여 주었듯이 전체 의례는 정신우주적 · 천문학적 의미가 있다. 브라마나 II Brāhmaṇa들에서는 아슈와메다aśvamedha에 성적인 다산의례로 된 특색을 부여하였는데, 이 점은 후대 탄트라Tantra를 연상시킨다.

aśvinī-mudrā(아슈위니-무드라)

'새벽 말馬의 결인'이라는 뜻이다. 『게란다-상히타』*Gheraṇḍa-Saṃhitā*(3. 82)에 기술되어 있는 25개의 '결인' 중 하나이다. 베다Veda 신화에서 여동생 우샤♯ Uṣā

의 전차를 새벽에 몰았던, 황금빛의 쌍둥이 전차기사였던 아슈윈♯aśvin들의 이름을 따서 붙였다. 이것은 항문 괄약근을 반복해서 수축하는 행법으로, 신체에 활력을 주고 직장의 질병을 치료하며 '뱀의 힘'(쿤달리니-샥티kuṇḍalinī-śakti)을 각성시킨다고 한다.

[비교] 물라-반다mūla-bandha, 요니-무드라yoni-mudrā.

aṣṭa-aṅga-yoga(아슈타-앙가-요가)

'여덟 가지로 된 길/요가Yoga', '8지支 요가'라는 뜻이다. 파탄잘리Patañjali가 제안한 요가 성숙의 길이다. 이것은 다음의 여덟 가지 수행법으로 이뤄져 있다. 도덕 훈련(금계, 야마yama), 자기 억제(권계, 니야마niyama), 요가 자세(아사나āsana), 호흡 조절(프라나야마prāṇāyāma), 감각 제어(제감制感, 프라티야하라pratyāhāra), 집중(concentuation, 총지總持, 다라나dhāraṇā), 명상(meditation, 정려精慮, 디야나dhyāna), 무아경(삼매, 사마디samādhi).

⇒ 앙가aṅga도 참조.

[비교] 판차-다샤-앙가-요가pañca-daśa-aṅga-yoga, 삽타-사다나sapta-sādhana, 샤드-앙가-요가ṣaḍ-aṅga-yoga.

aṣṭa-dala-padma(아슈타-달라-파드마)

'여덟 개의 꽃잎으로 된 연꽃'이라는 뜻이다. 탄트라Tantra에서 보편적 상징으로 사용되는 현실적 또는 마음속에 그려진 그림이다. 거기에는 굽타타라-요기니♯guptatārā-yoginī로 알려진 여러 여신들의 존재를 나타내기 위한 글자 카ka, 차ca, 타ṭa, 타ta, 파pa, 야ya, 샤śa, 라la가 들어 있다.

aṣṭa-koṇa-cakra(아슈타-코나-차크라)

'여덟 모서리의 바퀴'라는 뜻이다. 이 팔각형 디자인은 특정한 탄트라Tantra 의례들에 사용된다. 여덟 모서리는 각각 샥티II Śakti의 한 형태, 즉 바쉬니♯Vaśinī, 카메쉬♯Kāmeṣī, 모디니♯Modinī, 아루나♯Aruṇā, 자위니♯Jayinī, 사르베쉬♯Sarveṣī, 카울리니♯Kaulinī와 연관되거나 그것에 의해 관장된다. 이 상징의 이면에 있는 실재에 대해 명상적인 숭배를 함으로써 달인은 향수의 힘♯bhukti-siddhi을 얻는다.

[비교] 트리-코나tri-koṇa.

aṣṭa-maithunā-aṅga(아슈타-마이투나-앙가, [연성] **aṣṭamaithunāṅga**아슈타마이투낭가)

'여덟 성교 가지支'라는 뜻이다. 성적 교합의 여덟 구성 요소를 나타내는 용어로 다음과 같다. (1)기억하기(스마라나smaraṇa) 또는 행위에 대해 숙고하기, (2)찬송(키르타나kīrtana) 또는 그것에 대해 이야기하기, (3)여성과 유희♯keli하기, (4)여성을 눈여겨보기♯prekṣaṇa, (5)비밀스러운 대화♯guhya-bhāṣaṇa 또는 밀어蜜語 나누기, (6)성교할 의도(상칼파saṃkalpa), (7)성교할 결정♯adhyavasāya, (8)활동(성교)의 완료♯kriya-niṣpatti. 영웅(비라vīra)이 아니고 차크라-푸자cakra-pūjā의 외부에 있는 모든 사람은 대부분의 탄트라Tantra학파가 베다Veda의 도덕 규율을 따른다는 것을 잘 이해하는 것이 중요하다.

⇒ 마이투나maithuna도 참조.

aṣṭa-mātrikā(아슈타-마트리카)

'여덟 [명으로 이루어진] 모체/어머니'라는 뜻이다. 탄트라Tantra에서 여성 신들인 브라마니♯Brahmanī, 마헤슈와리♯Maheśvarī, 카우마리♯Kaumārī, 바이슈나비♯Vaiṣṇavī, 바라히♯Vārāhī, 아인드리♯Aindrī, 차문다♯Cāmuṇḍā, 마하라크슈미♯Mahālakṣmī를 나타내는 집합명사이다.

aṣṭan-(아슈탄-) 또는 **aṣṭa-**(아슈타-)

'여덟'8이라는 뜻이다. 종종 완전함을 암시하기 위한 집단화와 연관된 숫자이다.

⇒ 아슈타-달라-파드마aṣṭa-dala-padma, 아슈타-코나-차크라aṣṭa-koṇa-cakra, 아슈타-마이투나-앙가aṣṭa-maithunā-aṅga, 아슈타-마트리카aṣṭa-mātrikā, 아슈탕가-마르가aṣṭāṅga-mārga, 아슈타-앙가-요가aṣṭa-aṅga-yoga, 아슈타-싯디aṣṭa-siddhi, 아슈타바크라-기타Aṣṭāvakra-Gītā, 아슈타-비디예슈와라aṣṭa-vidyeśvara, 아슈타-빙샤티aṣṭa-viṃśati 참조.

aṣṭa-siddhi(아슈타-싯디)

'여덟 가지 힘'이라는 뜻이다. 요가Yoga의 달인들에게 있다고 하는 여덟 가지 초자연적 힘(싯디 siddhi)으로 된 전형적인 세트이다. 『요가-바쉬야』*Yoga-Bhāṣya*(3. 45)에 따르면 이것들은 다음과 같은 능력들로 구성된다. 원자화(극소화, 아니만aṇiman), 공중부양(경량화, 라기만laghiman), 팽창(거대화, 마히만mahiman), 뜻대로 뻗음(도달력, 프랍티prāpti), 의지의 자유(수의력隨意力, 프라카미야prākāmya), 우주적 지배력(바쉬트와vaśitva), 주재력(이쉬트리트와īśitrītva), 완전한 소원 성취(원하는 대로 결정하는 능력, ♯kāma-avasāyitva).

⇒ 비부티vibhūti도 참조.

aṣṭa-vakrā(아슈타-바크라)

'여덟 번 굽은'이란 뜻이다. 『하타-라트나발리』*Haṭha-Ratnāvalī*(2. 118)에 따르면 쿤달리니kuṇḍalinī의 동의어이다.

aṣṭa-vidyeśvara(아슈타-비디예슈와라)

'지혜의 여덟 주主'라는 뜻이다. 쉬바Śiva의 별칭 중 하나는 '지혜의 주'이다. 탄트라Tantra에서는 덜 중요한 '주'(主, 이슈와라Īśvara)들도 인정하는데, 그들은 종종 함께 분류된다. 따라서 슈리-비디야 I Śrī-Vidyā 전통에 따르면 여덟 '주'의 그룹에는 마누(Manu, 인류 최초의 조상)가 포함된다.

aṣṭa-viṃśati(아슈타-빙샤티)

'스물여덟'28이라는 뜻이다.

⇒ 아슈타빙샤티-아가마aṣṭaviṃśati-āgama 참조.

aṣṭaviṃśati-āgama(아슈타빙샤티-아가마)

'스물여덟 종류의 아가마II Āgama'라는 뜻이다. 샤이비즘Śaivism의 원본 계시서로 간주되는 스물여덟 개의 문헌군이다.

aṣṭādaśan(아슈타다샨) 또는 **aṣṭādaśa-**(아슈타다샤-)

'열여덟'18이라는 뜻이다. 108(아슈톳타라샤타 aṣṭottaraśata)에서 파생된 것으로 여겨지는 숫자 18은 많은 상징적 의미를 지니고 있다. 특히 『마하바라타』*Mahābhārata*에서 그 수는 희생제 관념을 나타낸다. 또한 18푸라나Purāṇa, 18우파푸라나UpaPurāṇa, 18명의 달인(아슈타다샤-싯다aṣṭādaśa-siddha) 등도 있다.

aṣṭādaśa-siddha(아슈타다샤-싯다)

'18명의 달인'이라는 뜻이다. 남인도의 샤이바Śaiva 전통에서는 18명의 마하-싯다mahā-siddha 그룹을 인정한다. 이 그룹에는 아가스티야Agastya, 보가르Bogar, 찻타이무니Cattaimuni, 단완티리Danvantiri, 고락카르Gorakkar, 이다익카다르Idaikkādar, 카말라무니Kamalamuni, 카루부라르Karuvūrār, 콘가나르Konganar, 쿠담바잇칫타르Kudambaiccittar, 맛차무니Maccamuni, 난디데바르Nandidevar, 팜밧팃칫타르Pāmbātticcittar, 파탄잘리Patañjali, 라마데바르Rāmadevar, 순다라난다르Sundarānandar, 티루물라르Tirumūlar, 발미키Vālmiki가 있다. 위 달인 중 일부는 북인도에서 유명한 84명의 마하-싯다mahā-siddha 그룹에도 포함된다.

aṣṭāṅga-mārga(아슈탕가-마르가)

'여덟 가지로 된 길'이라는 뜻이다. 아슈타(aṣṭa; '8')+앙가(aṅga; '가지' 또는 '지분'支分)+마르가(mārga; '길', '경로')로 만들어졌다. 일반적으로 파탄잘리Patañjali의 고전 요가(Classical Yoga)를 가리키는 용어이다.

Aṣṭāvakra(아슈타바크라)

『아슈타바크라-상히타』♯*Aṣṭāvakra-Saṃhitā*에서 두드러지게 나타난 베단타Vedānta의 성자이다. 전설에 따르면 『마하바라타』*Mahābhārata*(3. 132~134)에 기록된 것처럼 그는 아버지의 저주로 인한 여덟 가지의 육체적 기형 때문에 그 이름을 얻게 되었다. 아슈타바크라Aṣṭāvakra가 어머니의 자궁에 있을 때 아버지 카호르Kahor가 신성한 『리그-베다』*Rg-Veda*를 암송하는 데 실수를 저지르자 그를 꾸짖었다. 독실한 브라민brahmin인 카호르는 아직 태어나지도 않은 아들의 비판을 흔쾌히 받아들이지 않았다. 수년 후에 카호르는 궁중에서 벌어진 지적 논쟁에서 패해서 여생을 바루나Varuṇa의 수중 세계에서 보내라는 선고를 받았다. 당시 12살이었던 아슈타바크라는 아버지의 불행에 대해 알게 되자 곧장 궁중으로 가서 아버지 카호르의 논적에게 도전했다. 처음에 그는 나이가 어리다는 이유로 입장을 거부당했지만 경전들에 대한 상당한 학식이 있는 것을 본 왕의 신하들은 그가 들어갈 수 있게 했다. 그는 이어진 논쟁에서 즉각 승리하여 바루나로부터 아버지를 구했다. 보답으로 카호르는 아들을 사망가Samaṅgā 강에서 목욕하게 하여 그의 육체적 기형을 완치시켰다. 그러나 이름은 예전 그대로 썼다.

그의 이름을 가진 『상히타』 *Saṃhitā*에서 보이는 아슈타바크라의 가르침은 비이원적 참실재로 가는 길인 순수한 형태의 갸나–요가Jñāna-Yoga이다.

Aṣṭāvakra-Gītā(아슈타바크라–기타)
'아슈타바크라Aṣṭāvakra의 노래'라는 뜻이다. 『아슈타바크라–상히타』 *Aṣṭāvakra-Saṃhitā*('아슈타바크라 모음집') 또는 『아바두타–아누부티』 *Avadhūta-Anubhūti*('아바두타의 깨달음')라고도 한다. 304송으로 구성된 인기 있는 중세 베단타Vedānta 저작이다. 일부 학자들은 이 문헌을 『바가바드–기타』*Bhagavad-Gītā*를 '모방'한 것이라고 생각한다. 이것은 스와미 비베카난다Vivekananda, Swami가 좋아한 문헌 중 하나였다. 이 문헌은 갸나–요가Jñāna-Yoga를 널리 알리고 있고, 1865년에 플로렌스Florence에서 카를로 쥬싸니Caulo Giussani에 의해 이탈리아어로 처음 출간되었다.

aṣṭottarasahasra(아슈톳타라사하스라)
'천여덟'1008이라는 뜻이다. 문자 그대로 '1000보다 8이 더 높은'이라는 뜻이다. 아슈타–웃타라–사하스라 aṣṭa-uttara-sahasra에서 유래되었다. 인도의 다양한 체계에서 암송(자파japa)이나 '봉헌' āhuti에 쓰이는 반복 염송과 관련된 공통되는 수이다.

aṣṭottaraśata(아슈톳타라샤타)
'백여덟'108이라는 뜻이다. 문자 그대로 '100보다 8이 더 높은'이라는 뜻이다. 아슈타–웃타라–샤타 aṣṭa-uttara-śata로 만들어졌다. 인도의 여러 체계에서 물품이나 계단 또는 반복 염송과 관련된 공통적인 수이다. 특히 108개의 구슬은 염주(말라II mālā)로 선호된다. 칵(S. Kak, 2000)은 108이라는 숫자가 달의 직경에 기초를 두고 달과 지구의 평균 거리를 반영한 것이라고 천문학적으로 설명했다. 따라서 염주의 전체 한 바퀴는 108계단으로 이루어져 있는, 땅에서 하늘('천상')에 이르는 상징적 여행을 나타낸다. 이것은 인도판 야곱Jacob의 사다리이다.

⇒ 디비야–데샤divya-deśa도 참조.

Aṣṭottaraśata-Saṃhitā(아슈톳타라샤타–상히타)
'108 모음집'이라는 뜻이다. 아가마II Āgama, 탄트라Tantra와 유사한 바이슈나비즘Vaiṣṇavism의 신성한 문헌군이다. 가장 중요한 저작은 판차라트라Pañcarātra 전통의 『아히르부드니야–상히타』*Ahirbudhnya-Saṃhitā*이다.

Atattva(아탓트와)
샤이비즘Śaivism에서 이것은 탓트와tattva로 알려진 존재의 원리나 범주 중 하나가 아닌 쉬바Śiva 형태의 신(Divine)이다.

Atharva-Veda(아타르바–베다)
'아타르반 Atharvan의 지식'이라는 뜻이다. 베다Veda의 네 가지 찬가 중 하나이다. 베다 시대의 가장 위대한 현자 가문 중 하나에 속하는 현자(리쉬 ṛṣi) 아타르반으로부터 그 이름을 받았다. 그 이름은 '불을 가진 자', 즉 불의 제의(아그니–호트라agni-hotra)에 능숙한 자를 의미한다. 기원전 3천 년경에 집성된 것으로 추정되는 이 베다는 (730개의 찬가에 있는) 약 6천 개의 마법적 주문으로 이루어져 있다. 그러나 거기에는 또한 후대의 상키야Sāṃkhya와 요가Yoga의 관념과 수행법 들, 특히 호흡과 호흡 조절(프라나야마 prāṇāyāma)에 대한 고찰을 앞지르는 형이상학적 구절들을 분명히 보여 줄 뿐만 아니라, 의료적이거나 치유적 의도와 많은 매혹적인 철학적 수수께끼를 담고 있는 찬가들도 있다.

A

『브라티야-칸다』♯ *Vrātya-Kāṇḍa*로 알려진 열다섯째 권이 요가 연구자들에게 특별한 흥미를 갖게 한다. 거기에는 초기 요가 수행법들을 발전시킨 브라티야Vrātya 형제단에 대한 가치 있는 정보가 담겨 있다.

이 베다는 탄트라Tantra적 관념과 수행법 들의 가장 초기 원천으로 자주 간주된다. 후대 탄트라에 대한 직접적인 영향을 가정할 수 없는 것은 분명하지만, 어떤 문헌들, 특히 『파다말라-만트라-비디야』♯ *Padamālā-Mantra-Vidyā*('단어들의 화환에 대한만트라적 지식')에는 『아타르바-베다』*Atharva-Veda*에서 발견되는 명확한 표현과 현저한 유사성을 가진 구절들이 들어 있다. 마찬가지로 『쿠브지카-우파니샤드』*Kubjikā-Upaniṣad*(카울라Kaula 문헌)에는 『아타르바-베다』의 내용이 풍부하게 인용되어 있다.

atheism(무신론)

인도의 사상과 문화의 맥락에서 무신론은 다음의 두 종류라고 말할 수 있다. (1)차르바카♯ Cārvāka들의 유물론. 그들은 어떠한 상위의 또는 영적인 실재나 독립체 들의 존재를 완전히 거부한다. (2)불교와 같은 전통들. 힌두이즘Hinduism은 불교와 같은 그러한 전통에 대해 나스티카(♯ nāstika,; '무성'無性)라는 딱지를 붙였다. 이것은 베다Veda의 계시와 신성한 참존재가 있음을 믿지 않는 자들이라는 의미이다. 사실상 불교도들은 베다들을 가치 있는 계시로 받아들이지 않지만, 그들 개조의 무신론은 불가지론의 한 형태라고 기술하는 편이 더 적절하다. 왜냐하면 붓다Buddha는 형이상학적 질문들에 대해 사색하기를 거부했기 때문이다. 그러나 니르바나nirvāṇa에 대한 그의 언급 중 일부는 영원히 변화하는 현현顯現된 세상을 넘어선 궁극적 참실재에 대한 확언으로 해석될 수 있을 것이다. 사실 이러한 해석은 대승♯ Mahāyāna불교와 (티벳의) 금강승♯ Vajrayāna 불교의 많은 철학 학파들이 선호하는 듯하다. 게다가 모든 불교도 학파가 신들의 존재를 긍정한다. 대승과 금강승 전통의 초월적 붓다들은 그들 자신의 '영역', 즉 우주의 창조자들로 묘사된다.

atikrānta-bhāvanīya(아티크란타-바바니야)

'초월에 몰입하고 있는 자'라는 뜻이다. 『요가-바쉬야』*Yoga-Bhāṣya*(3. 51)에서는 이 고도의 영적 성취를 우주(cosmos) 구성 성분(구나guṇa)의 '역전개'(환멸還滅, 프라티프라사바 pratiprasava)를 발생시키려는 의도로 구성된 것이라고 설명한다. 영적 발전에서 이 단계에 도달한 달인은 일곱 가지의 지혜(삽타다-프라갸saptadhā-prajñā)를 즐긴다.

[비교] 마두-부미카madhu-bhūmika, 프라갸-지요티스 prajñā-jyotis, 프라타마-칼피카prathama-kalpika.

atomization(원자화 또는 극소화)

⇒ 아니만aṇiman 참조.

attachment(집착)

⇒ 라가rāga, 상가II saṅga 스네하sneha 참조.

attainment(도달)

⇒ 프랍티prāpti 참조.

attention(주의注意)

아바다나♯ avadhāna이다. 선택한 대상에 마음이나 의식(consciousness)을 집중하는 것으로, 모든 요가Yoga의 기초가 되는 정신 내부 작용이다. 하타-요가Haṭha-Yoga 문헌들에서 반복적으로 지적하고 있는 것처럼 신체 내 심신 에너지(프라나prāṇa)의 흐름과 밀접하게 연관되어 있다. 다른 말로 하자면 주의와 호흡은 상호 연관되어 있다. 이 점은 요긴yogin에 의해 활용되었다. 주의는 의식을 존재의 훨씬 더 '미세한'(수크슈마 sūkṣma) 측면에 놓을 수 있게 한다. 깊은 명상(meditation)이나 숙고(contemplation)의 과정에서 마음의 내용물들이 점진적으로 없어지고, 종국에는 주의를 고정해야 할 정신적(mental) 대상도 없게 된다. 그 순간에 참자아는 자신의 진정한 본성을 빛나게 하고, 주의 자체는 초의식 무아경(무상삼매, 아삼프라갸타-사마디asamprajñāta-samādhi) 속에서 완전히 초월한다.

atyāhāra(아티야하라)

'과식'이라는 뜻이다. 아티ati＋아하라āhāra로 만들어졌다. 『하타-요가-프라디피카』*Haṭha-Yoga-Pradīpikā*(1. 15)에 따르면 요가Yoga를 방해하는 여섯 가지 요인 중 하나이다.

[비교] 미타-아하라mita-āhāra.

audāsīnya(아우다신야)

'무관심'이라는 뜻이다. 평정심(사마트와samatva)에 기초를 둔, 세속적 물질에 대해 무관심한 심리적 속성이다.

augha(아우가)

'홍수' 또는 '밀물'이라는 뜻이다. 『쿨라르나바-탄트라』*Kulārṇava-Tantra*(6. 63ff.)에서는 구루guru의 계보(아우가augha)를 세 종류, 즉 신(Divine, 디비야divya), 달인(싯다siddha), 인간♯mānava으로 분류한다. 열두 디비야우가-구루♯divyaugha-guru가 있는데, 그들은 다음과 같은 신들과 그들의 배우자들로 구성되어 있다. 아디나타Ādinātha, 사다-쉬바Sadā-Śiva, 이슈와라Īśvara, 루드라Rudra, 비슈누Viṣṇu, 브라마II Brahma이다. 열한 종류의 싯다우가-구루♯siddhaugha-guru는 사나카♯Sanaka, 사난다♯Sānanda, 사나타나♯Sanātana, 사낫쿠마라Sanatkumāra, 사낫수자타♯Sanatsujāta, 리부크샤자♯Ṛbhukṣaja, 닷타트레야Dattātreya, 라이바타카♯Raivataka, 바마데바Vāmadeva, 비야사Vyāsa, 비야사의 아들 수카Sukha이다. 여섯 명의 최초의 인간, 즉 마나바우가-구루♯mānavaugha-guru들은 느리싱하♯Nṛsiṃha, 마헤샤♯Maheśa, 바스카라♯Bhāskara, 마헨드라♯Mahendra, 마다바♯Mādhava, 비슈누Viṣṇu이다.

aum(아움)

⇒ 옴Oṃ 참조.

aum-kāra(아움-카라)

'글자 아움aum'이라는 뜻이다.

⇒ 옴Oṃ 참조.

aura(아우라)

서구 오컬티즘Occultism에서 아우라aura는 물질적 신체(physical body)를 둘러싸고 있는 미세 에너지장이다. 조대한 신체(스툴라-샤리라♯sthūla-śarīra) 너머까지 뻗어 있는 한 이것은 미세 신체(수크슈마-샤리라 sūkṣma-śarīra)의 다양한 층위들일 뿐이다. 에너지의 다양한 층위들은 요가Yoga 전통에서 인정되는 다양한 '겹' 또는 '덮개'(코샤kośa)에 상응한다. 요긴yogin의 고양된 시각視覺, 즉 '신성한 눈'(디비야-차크슈스divya-cakṣus)은 이것들을 완전하게 볼 수 있다. '아우라'에 상응하는 산스크리트Sanskrit 단어는 차야(chāyā; '그림자'), 프라바-만달라(♯prabhā-maṇḍala; '빛나는 원'), 딥타-차크라(♯dīpta-cakra; '눈부신 바퀴')이고, 뒤의 둘은 에너지장의 조명성을 말한다.

키를리안Kirlian 사진을 통해 포착된 아우라는 서구 오컬티즘에서 '에테르적 복제체'複製體(etheuic double) 또는 '에테르적 아우라'로 알려진 것에 해당한다. 사실상 이것은 아직 물질적 신체, 바꿔 말해서 산스크리트로 안나-마야-코샤anna-maya-kośa로 알려진 것에 속한다. 물질적 아우라의 방사를 넘어서까지 뻗어 있는 더 미세한 아우라장은 소위 아스트랄 신체(astual body), 즉 정서적 신체(emotional body)로 프라나-마야-코샤prāṇa-maya-kośa에 해당한다. 아스트랄 신체를 넘어서까지 뻗어 있는 더욱 더 미세한 장場은 소위 정신적 아우라(mental aura), 즉 마노-마야-코샤mano-maya-kośa이다. 이것을 넘어서 비갸나-마야-코샤vijñāna-maya-kośa로 알려진 더 높은 마음의 겹은 존재의 훨씬 더 미세한 층위이다. 마지막으로 힌두이즘Hinduism에서는 아난다-마야-코샤ānanda-maya-kośa로 알려진 소위 원인적 아우라, 즉 원인적 신체(causal body)가 있다. 이들 겹, 즉 신체를 모두 넘어선 초월적 참자아는 무한하고 영원하다.

Aurobindo Ghose(아우로빈도 고세; 1872~1950)

일반적으로 슈리 아우로빈도Sri Aurobindo로 부른다. 현대 인도의 가장 유명한 성자 중 한 명이다. 벵골Bengal의 친영국주의적 가정에서 태어난 아우로빈도 고세는 잉글랜드에서 교육을 받았고 후에 바로다Baroda의 마하라자Mahārāja에게 고용되었다. 커즌Curzon 총독 재임 동안 그는 벵골 민족주의 운동의 지도적 인물이 되었다. 정치적 선동으로 인해 일 년간 투옥되어 있는 동안 그에게 영적인 변화가 일어났다. 석방되자마자 그는 정치를 버리고 남인도에 있는 퐁디셰리Pondicherry의 도시에 정착했다. 다작 작가인 그는 철학, 예술, 교육, 그리고 특히 요가Yoga에 대한 수많은 책을 저술하였다. 요가에 대한 책으로는 『신성한 삶』*The Divine Life*(두 권으로 1939년과 1940년에 초판 발행), 『요가의 통합』*The Synthesis of Yoga*(1941년에 초판 발행), 『기타에 대한 에세이』*Essays on the Gita*(1916년에서 1920년까지 연속적으로 초판 발행) 등이 있다. 그의 저술은 '어머니'로 더 잘 알려져 있는, 터키-이집트 혈통의 프랑스 여인인 미라 알파사 리차드Mira Alfassa Richard에 의해 계속되었다. 슈리 아우로빈도는 그녀에게서 신성한 샥티II Śakti의 화신을 보았다.

슈리 아우로빈도는 자신의 영적 접근법을 '통합 요가'(푸르나-요가Pūrṇa-Yoga)라고 기술했다. 이 요가는 영적인 경험에 확고히 기반을 둔, 현대 인도에 나타난 유일한 새로운 철학체계로 열렬한 지지를 받아 왔다. 통합 요가는 개인의 해탈 추구를 인류의 진화적 운명과 결합하려 노력한다. 이 요가는 현재의 전 지구적 위기에 대해 실행 가능한 영적인 길을 제공하는 것이라고 주장한다. 아우로빈도는 이 위기를 정신적 의식(mental consciousness)으로부터 초정신적(즉 신의 힘에 의해 계시를 받은) 의식으로의 변환으로 이해했다.

슈리 아우로빈도(SriAurobindo)

auspicious posture(상서로운 자세 또는 길상좌吉祥坐)
⇒ 바드라-아사나bhadra-āsana 참조.

auṣadhi(아우샤디)
'약초' 또는 '약초로 만든 조제약'이라는 뜻이다. 오샤디oṣadhi라고도 한다. 식물에서 추출하였고, 가끔 요긴yogin이 초자연력(싯디siddhi)뿐 아니라 변성의식 상태(altered states of consciousness)를 얻기 위해 사용하는 어떤 약물이다. 약초는 인도 연금술에서 중요한 역할을 한다.
⇒ 초심리학(parapsychology)도 참조.

autogenic training(자율 훈련법)
독일인 의사 슐츠J. H. Schultz가 개발한 자율 훈련법은 요가Yoga에 상당하는 일종의 서구적 기법으로 내세워져 왔다. 이것은 1905년에서 1920년 사이에 최면을 사용한 광범위한 실험에서 생겨났다. 그는 그 기법을 요가의 '신비적' 접근에 상반되는 '생물학적 · 합리적 기술'로 이해했다. 요가가 아마도 온갖 종류의 신화를 만드는 축적물들을 낳는 '우주적 건강염려증'에 기원을 두었을 것이라고 말했지만, 그럼에도 불구하고 그는 요가 전통의 치밀함에 놀라움을 표했다.

avadhautika-cikitsā(아바다우티카-치킷사)
'아바두타avadhūta와 연관된 의학'이라는 뜻이다. 탄트라Tantra적 치유 체계이다. 이 체계는 인도의 곳곳에 여전히 남아 있다.
⇒ 연금술(alchemy), 싯다-치킷사siddha-cikitsā도 참조.

avadhūta(아바두타)
'던져 버리다'라는 뜻이다. 세속적인 모든 일과 관심을 '버린' 영적 달인이다.

『만달라-브라마나-우파니샤드』*Maṇḍala-Brāhmaṇa-Upaniṣad*(5. 9)에 따르면 그러한 극단적인 포기(renunciation) 수행자는 초의식적 · 초인식적 무아경(니르비칼파-사마디 nirvikalpa-samādhi)이라는 가장 높은 유형의 수행에서 성취를 이룬다. '지고의 백조'(파라마-항사 parama-haṃsa)로도 알려진 아바두타avadhūta는 자신의 가계에서 101세대의 해탈을 성취시킨다고 한다. 『마하니르바나-탄트라』*Mahānirvāṇa-Tantra*(14. 149)에서는 아바두타를 다음과 같은 두 유형으로 구분한다. 완전한 자는 '지고의 백조'로 불리고, 아직 완전하지 못한 자는 '방랑자'♯ parivrāj로 알려진다.

⇒ 바울파(Baul sect), 미치광이 달인(crazy adept), 산니야신saṃnyāsin도 참조.

Avadhūta-Gītā(아바두타-기타)

참자아에 대한 깨달음의 지복 상태에서 사회적 관습을 따르지 않고 모든 것을 완전하게 포기한 아바두타avadhūta의 생활 방식을 기술하고 극찬한 후대 베단타Vedānta 저작이다.

avaguṇṭhana-mudrā(아바군타나-무드라)

'베일로 가리는 결인'이라는 뜻이다. 의례적 손 제스처(하스타-무드라 hasta-mudrā) 중 하나이다. 이것은 손가락을 쭉 펴서 거꾸로 한 채 양손을 잡고 신의 이미지 앞에서 그 손을 흔드는 것이다.

⇒ 하스타-무드라hasta-mudrā(그림 포함)도 참조.

Avalon, Arthur(아서 아발론)

존 우드로프John Woodroffe 경의 필명이다.

avasthā(아바스타)

'상태' 또는 '양상'이라는 뜻이다. 요가Yoga의 권위자들은 영적인 길에서의 완성에 대한 몇 가지 상태 또는 단계를 구분하였다. 이와 같이 『하타-요가-프라디피카』*Haṭha-Yoga-Pradīpikā*(4. 69)에서는 입문 상태(아람바-아바스타 ārambha-avasthā), 활동 또는 '항아리 상태'(가타-아바스타 ghaṭa-avasthā), '축적 상태'(파리차야-아바스타 paricaya-avasthā), '완성 단계'(니슈팟티-아바스타 niṣpatti-avasthā)에 대해 언급한다. 이것들은 더 빈번하게 '단계'(부미 bhūmi)라고 불린다.

베단타Vedānta 전통에 따르면 아바스타avasthā라는 단어는 의식(consciousness)의 네 가지 또는 다섯 가지 상태를 기술하는 데도 사용된다. 이것들은 깨어 있는(자그라트jāgrat) 상태, 꿈꾸는 수면(스와프나 svapna) 상태, 꿈없는 수면(수숩티 suṣupti) 상태, 그리고 참자아에 대한 깨달음의 상태인 '넷째'(투리야 I turīya) 단계이다. 때로는 여기에 근본적인 깨달음과 절대적인 초월 상태인 '넷째' 단계를 초월한(투리야-아티타 turīya-atīta) 상태를 덧붙인다.

마지막으로 아바스타는 호흡 조절(프라나야마 prāṇāyāma)의 여러 가지 상태 또는 단계를 지칭한다.

avatāra(아바타라)

'하강' 또는 '화신'이라는 뜻이다. 어근 √tri('교체하다', '바꿔다')에서 파생되었다. 일반적으로 신(Divine)이 지상에 현현顯現, 즉 화신하는 것, 특히 비슈누Viṣṇu의 그러한 열 명의 현현, 즉 화신을 말한다.

바이슈나비즘Vaiṣṇavism에서 인정되는 열 명의 신성한 화신들을 연대기 순으로 배열하자면 다음과 같다. 맛시야(Matsya; '물고기'), 쿠르마(Kūrma; '거북이'), 바라하(♯Varāha; '수퇘지'), 나라-싱하(♯Nara-Siṃha; '반인반사'半人半獅, 반은 인간이고 반은 사자), 바마나(♯Vāmana; '난장이'), 파라슈-라마(♯Paraśu-Rāma; '도끼를 지닌 라마'), 라마(♯Rāma; '어둠' 또는 '유쾌함'), 크리슈나(Kṛṣṇa; '검정' 또는 '매력 있는 사람'), 붓다(buddha; '깨달은 자'), 칼키(Kalki; '토대인 자')이다. 『사트와타-탄트라』*Sātvata-Tantra*와 『라크슈미-탄트라』♯*Lakṣmī-Tantra*와 같은 바이슈나비즘의 일부 탄트라Tantra들에서 이 관념은 신의 완전한(푸르나 pūrṇa) 또는 부분적인(앙샤 aṃśa) '화신', 즉 현현顯現에 적용된다. 그러나 이러한 것들을 신의 실제적 부분들로 이해해서는 결코 안 된다. 『아히르부드니야-상히타』*Ahirbudhnya-Saṃhitā*(51. 50~57)에서는 바수데바Vāsudeva의 서른아홉 명의 아바타(아바타라 avatāra)를 인정한다.

그러나 『바가바타-푸라나』*Bhāgavata-Purāṇa*에서는 또

A

한 열여섯, 스물둘, 스물아홉 명의 아바타에 대해서도 나타나 있다. 일련의 아바타 중 가장 널리 알려진 것은 신인神人인 라마와 크리슈나이다. 현재의 이온aeon, 즉 칼리-유가kali-yuga 또는 어둠의 시대를 위한 신의 화신은 아직 오지 않은 칼키, 즉 칼킨♯Kalkin이다. 예언에서 말하기를 그는 백마를 타고 화염검을 들고 나타날 것이라고 한다.

aversion(혐오)

⇒ 드웨샤dveṣa 참조.

avidyā(아비디야)

'무지'라는 뜻이다. 아갸나ajñāna와 동의어로 대개 영적 무지를 의미한다. 고전 요가(Classical Yoga)에서 아비디야avidyā는 인간 존재들을 태어남과 다시 태어남의 끊임없는 순환(상사라saṃsāra)에 속박시키는 번뇌(클레샤kleśa)의 다섯 가지 원인 중 주된 것이다. 『요가-수트라』*Yoga-Sūtra*(2. 5)에서는 이것을 덧없고 불순하고 슬프며 참자아가 아닌 것을 영원하고 순수하고 기쁘며 참자아로 여기는 것이라고 정의한다. 적은 친구가 아닐 뿐만 아니라 적인 것처럼, 무지는 지식이 없기도 하지만 실재에 대해 확실히 잘못 생각하는 것이다.

[비교] 갸나jñāna, 비디야vidyā.

avirati(아비라티)

'무절제'라는 뜻이다. 수행자가 무가치한 것을 추구하는 데 자신의 에너지를 낭비하는 것이다. 파탄잘리Patañjali가 언급한 아홉 가지 장애(안타라야antarāya) 중 하나이다.

aviśeṣa(아비셰샤)

'무차별의', '차별이 없는'이라는 뜻이다. 우주(cosmos, 프라크리티prakṛti)의 뚜렷이 구별되는 위계적 단계를 가리키는 고전 요가(Classical Yoga)의 전문 용어이다. 『요가-바쉬야』*Yoga-Bhāṣya*(2. 19)에 따르면 그것은 여섯 개의 존재론적 범주(탓트와tattva), 즉 다섯 미세 요소(탄마트라 tanmātra)와 자아의식 원리(아스미타-마트라asmitā-mātra)로 구성되어 있다.

⇒ 우주(cosmos), 파르반parvan도 참조.

[비교] 비셰샤viśeṣa.

avīra(아비라)

'비非영웅'이라는 뜻이다. 탄트라Tantra에서 영적 발전(울라사ullāsa)의 네 단계 중 첫째 단계에 있는 수행자이다.

Avvaiyār(아브와이야르)

추측컨대 타밀어Tamil일 것이다. '어머니'라는 뜻이다. 8세기경에 살았고, 시詩의 형태로 된 영적 자서전이자 상징적 관점에서 쿤달리니-요가Kuṇḍalinī-Yoga에 대한 암호화된 문헌인 『비나야카르 아카발』♯*Vināyakar Akaval*을 지은 여성 싯다siddha이다. 비나야카(Vināyaka, 즉 가네샤Gaṇeśa)는 프라나바praṇava를 상징한다. 아카발akaval은 특정한 타밀어 운율이다. 아브와이Avvai 또는 경칭으로 아브와이야르Avvaiyār라 불리는 이름은 서력 초기에 살았던 여성 시인을 포함하여 한 개인 이상을 나타낸다.

avyakta(아비약타)

'미현현未顯現된 것'이라는 뜻이다. 요가Yoga와 상키야Sāṃkhya 전통의 고대 어휘에 속하는 용어이다. 일반적으로는 우주(cosmos, 프라크리티prakṛti)의 모체와 현현顯現된 형태들의 근원을 나타낸다. 그리스어의 아르케arché 관념에 해당된다. 파탄잘리Patañjali는 이 용어 대신에 알링가aliṅga와 프라다나pradhāna를 동의어로 사용한다.

⇒ 우주(cosmos), 파르반parvan도 참조.

[비교] 비약타vyakta.

awakening(각성 또는 깨어남)

요가Yoga의 일부 학파를 포함하여 세계의 관념론 전통들에서는 일반적인 깨어 있는 상태를 꿈 또는 환영에 비유한다. 다시 말해서 우리가 경험하는 실재는 객관적인 실체가 있는 것이 아니라 우리의 경험 의식

(consciousness)에 외재하는 것이라는 잘못된 가정에 기초를 둔 상기된 이미지, 즉 투사된 것이다. 경험하는 주체(에고 의식)와 경험되는 대상 세계로 분리되는 것은 이러한 꿈과 같은 상태의 부분이다. 영적으로 깨어나자마자, 즉 깨닫자마자 우리는 보는 자와 보이는 것 사이의 이원성(드와이타 dvaita)이 순전히 비실재이고 참실재는 하나뿐이라는 것을 이해한다. 이러한 관점에서 우리의 일상적인 인식(awareness) 상태는 감손된 의식의 하나이다. 바꿔 말해서 그것은 습관적 패턴(바사나 vāsanā)들에 지배되는 반의식 상태이다. 그러나 파탄잘리 Patañjali는 이러한 꿈의 비유를 사용하지 않았다. 그는 참자아(푸루샤 puruṣa)와 자연(nature, 근본 원질, 프라크리티 prakṛti) 사이에 궁극적이고 폐기할 수 없는 단절이 있다고 생각했다.

awareness(인식, 의식 또는 자각)

⇒ 차이탄야 I caitanya, 치트 cit, 치티 citi, 참의식(Consciousness) 참조.

ābhāsa(아바사)

'빛남' 또는 '나타남'이라는 뜻이다. 베단타 Vedānta적 요가 Yoga에서 참실재 그 자체보다 실재의 나타남을 의미하는 데 사용되는 용어이다. 아드와이타 베단타 Advaita Vedānta에 따르면 유한한 세계의 나타남은 환영幻影이지만, 샤이비즘 Śaivism의 철학적 유파들은 세계를 실재적인 나타남, 즉 신(Divine)의 현현顯現으로 간주한다.

⇒ 마야 māyā도 참조.

ābhāsa-vāda(아바사-바다)

아비나바굽타 Abhinavagupta 체계의 철학에 대한 전문 명칭이다. 이것은 '현실적 이상주의'로 번역되어 왔다. 다시 말해서 존재하는 모든 것은 실재이며, 환영적 나타남(아바사 ābhāsa)이 아니다. 왜냐하면 그것은 궁극의 또는 지고의(아눗타라 anuttara 또는 파라 parā) 포괄적 참의식(Consciousness)이나 참인식(Awareness)의 나타남이기 때문이다.

ābhoga(아보가)

'향수'享受 또는 '경험'이라는 뜻이다. 어근 √bhuj('먹다' 또는 '즐기다')에서 파생되었다. 신체 감각 또는 마음을 통해 세상을 소비하는 것을 말한다.

ācamana(아차마나)

'한 모금 마심'이라는 뜻이다. 『마하니르바나-탄트라』 *Mahānirvāṇa-Tantra*(5. 39)에 따르면 이 형태의 상징적 정화법은 자신의 손바닥에서 물을 한 모금 마신 다음, 신체의 다른 부위들로 뿌림으로써 수행된다.

ācāra(아차라)

'행동' 또는 '수행'이라는 뜻이다. 일반적으로 행위를 말한다. 또한 참자아를 깨닫기 위한 어떤 특별한 접근법이기도 하다. 따라서 탄트라 Tantra에서는 '우도적 접근법' ♯ dakṣinā-ācāra과 '좌도적 접근법' ♯ vāma-ācāra 사이를 중요하게 구분한다. 『쿨라르나바-탄트라』 *Kulārṇava-Tantra*(2)에서는 삶의 일곱 가지 방법들을 오름차순으로 다음과 같이 구분한다. (1)베다차라(♯ vedācāra; Veda-ācāra). 베다 Veda적 의례의 길. (2)바이슈나바차라(♯ vaiṣṇavācāra; vaiṣṇava-ācāra). 비슈누 Viṣṇu 숭배자들의 길. (3)샤이바차라(♯ śaivācāra; śaiva-ācāra). 쉬바 Śiva 숭배자들의 길. (4)다크쉬나차라(♯ dakṣiṇācāra; dakṣiṇa-ācāra). 우도. (5)바마차라(vāmācāra; vāma-ācāra). 좌도. (6)싯단타차라(♯ siddhāntācāra; siddhānta-ācāra), 즉 교의의 길. (7)쿨라차라(♯ kulācāra; kula-ācāra). 여성 원리(샥티 I śakti)인 쿨라 kula의 길. 쿨라차라는 참자아를 깨닫기 위한 모든 접근법 중 가장 수승하고 가장 비밀스러운 길로 찬양된다.

⇒ 카울라 전통(Kaula tradition)도 참조.

ācārya(아차리야)

'교사' 또는 '스승'이라는 뜻이다. 요가 Yoga는 전통적으로 스승으로부터 제자에게로 구전으로 전승되는 입문의 가르침이다. 스승은 구루 guru, 즉 영적인 안내자의 기능을 하거나 그렇지 않을 수 있는 교사이다. 때때로 두 용어는 상호호환성 있게 사용된다. 『브라마-비디야-우파니샤드』 *Brahma-Vidyā-Upaniṣad*(51-52)에서는 다음과 같이 세 종류로 스승을 구분한다. 촉진자♯codaka, 각성자♯bodhaka, 해탈 수여자♯mokṣa-da. 『마하바라타』*Mahābhārata*(12. 313. 23)에서는 스승을 나룻배 사공에, 그의 지혜를 나룻배에 비유한다. 『바유–푸라나』♯*Vāyu-Purāṇa*(69. 2)에서는 이것을 다음과 같이 정의한다. 저작들의 내용을 축적할♯ācinoti 뿐만 아니라 사람들이 지속적으로 선행을 하도록 만들고 스스로 선행을 준수하는♯ācarate 그는 스승이다.

⇒ 우파디야야upādhyāya도 참조.

ācārya-sevana(아차리야–세바나)

'스승에 대한 섬김'이라는 뜻이다. 때로 자기 억제(권계, 니야마niyama) 수행 중 하나로 간주되기도 한다.

⇒ 구루–세바guru-sevā, 세바sevā도 참조.

ācārya-upāsana(아차리야–우파사나, [연성]**ācāryopāsana**아차리요파사나)

'교사' 또는 '스승'에 대한 존경'이라는 뜻이다. 인도의 영적 전통들에서 스승에게 주어진 핵심적인 중요성 때문에 영적 전수가 일어나지 않더라도 제자(쉬쉬야śiṣya)는 스승을 향해 공경하는 태도를 가져야만 한다고 모든 학파는 강조한다. 스승이라는 사람은 제자를 위한 자아 초월의 수단 역할을 한다. 이것을 지나친 찬사와 결코 혼동하지 말아야만 하지만, 때때로 구루–요가Guru-Yoga는 이런 종류의 과도함에 시달린다. 『바가바드–기타』*Bhagavad-Gītā*(13. 7)에 따르면 스승에 대한 존경은 지혜(갸나jñāna)의 나타남이다.

⇒ 구루–박티guru-bhakti, 구루–세바guru-sevā, 세바sevā도 참조.

ādhāra(아다라)

'지탱하다' 또는 '받치다'라는 뜻이다. 요긴yogin이 마음을 수행할 때뿐 아니라 신체의 심령 에너지(프라나prāṇa)를 이용할 때도 주의를 집중해야 하는, 신체에 있는 몇몇 지점 중 일부이다. 때로 그러한 지탱점들은 여섯, 아홉, 심지어 열여섯 개로 구분된다. 열여섯 세트는 빈번히 다음과 같은 신체 부위로 구성되는 것으로 나타난다. 엄지손가락, 발목, 무릎, 넓적다리, 포피包皮, 생식기, 배꼽(나비nābhi), 심장, 목, 인후♯kaṇṭha, 구개(탈루tālu), 코(나사nāsā), 미간(브루–마디야bhrū-madhya), 이마(랄라타lalāṭa), 머리, 정수리에 있는 '브라만brahman의 구멍'(브라마–란드라brahma-randhra).

아다라ādhāra라는 단어는 특히 신체의 맨 아래 센터(즉 물라다라–차크라mūlādhāra-cakra)를 나타내는 용어로도 사용된다.

⇒ 차크라cakra, 데샤deśa, 마르만marman도 참조.

ādhāra-śakti(아다라–샥티)

'지탱하는 힘'이라는 뜻이다. 하타–요가Haṭha-Yoga와 탄트라Tantra에서 쿤달리니kuṇḍalinī와 동의어이다.

ādhyātmika(아디야트미카)

'자아의 속성을 지닌'이란 뜻이다. 아디야트미카–샤스트라♯ādhyātmika-śastra, 즉 '영적인 가르침'에서 종종 '영적인'이란 의미로 사용된다.

Ādi-Granth(아디–그란트)

'첫째 책'이라는 뜻이다. 또는 그란트 사히브(Granth Sāhib; '주主의 책')이다. 다섯째 스승인 구루guru 아르준(Arjun, 산스크리트Sanskrit로 아르주나Arjuna)에 의해 편찬된 쉬크교(Sikhism) 추종자들의 신성한 문헌이다. 완성된 연대는 전통적으로 1604년 8월이라고 한다. 모든 쉬크교 사원에서 중심적으로 숭배되는 대상이다. 거의 6천 개에 달하는 찬가의 1/3은 구루 아르준이 쓴 반면, 나머지는 앞선 네 명의 구루와 아홉째 구루(테그 바하두르Tegh Bahadur), 그리고 널리 알려져 있는 힌두Hindu와 수피 헌신주의(박티bhakti)의 다른 스승들에서 유래한다.

Ādinātha(아디나타)

'태초의 주'라는 뜻이다. 카울라Kaula 또는 나타Nātha 전통의 최초의 스승에게 쓰이는 명칭이다. 이것은 쉬바Śiva와 동일시되고, 통달한 스승(구루guru, 아차리야ācārya)의 긴 계보에서 최초의 위대한 성취자(마하–싯다

mahā-siddha)로 여겨진다.

아디나타 Ādinātha라는 명칭은 자이나교(Jainism)의 24명의 깨달은 스승, 즉 '여울을 만드는 자' ♯ tīrthaṅkara 중 첫째인 리샤바Ṛṣabha에게도 주어진다.

Āditya(아디티야)

'아디티 Aditi와 연관된'이라는 뜻이다. 단수형으로 쓰일 때는 바루나Varuṇa의 호칭이다. 그는 베다 Veda 시대에 우주 질서(리타 ṛta)를 유지했던 신으로 숭배되었다.

Āditya[s](아디티야[들])

아디티Aditi의 아들들이다. 원래는 여섯 또는 일곱이었지만 『샤타-파타-브라마나』 ♯ *Śata-patha-Brāhmaṇa*에 이르러 열둘까지 늘어나서 일 년의 열두 달을 상징하게 되었다. 그들 모두는 어떤 식으로든 빛의 원리와 연관되어 있다.

ādi-yāga(아디-야가)

'제1의 희생제'라는 뜻이다. 마이투나maithuna, 즉 탄트라Tantra의 성적 교합과 동의어이다.

⇒ 야갸yajña도 참조.

āgama(아가마 I)

'전해 내려오다'라는 뜻이다. 증언이나 권위 있는 지식, 즉 직접 지각(프라티야크샤pratyakṣa)을 통해 얻거나 믿을 만한 사람(아누마나 anumāna 참조)에 의해 추론되는 지식이다. 고전 요가(Classical Yoga)에서 인정된 세 가지 바른 지식(프라마나 pramāṇa) 중 하나이다. 이 단어는 종종 '전승'으로 번역된다.

⇒ 슈루티śruti, 스므리티 smṛti도 참조.

Āgama(아가마 II)

샤이비즘Śaivism에 속하는 신성한 힌두Hindu 문학의 특정한 장르 안에 있는 모든 저작이다. 200여 종의 그러한 문헌이 알려져 있지만 거의 연구되지는 못했다. 그 문헌들은 쉬바 Śiva의 계시(슈루티 śruti)로 나타난다. 바이슈나비즘 Vaiṣṇavism에서 그것들에 상응하는 것은 상히타 Saṃhitā들로, 샥티즘 Śaktism에서는 탄트라 Tantra들로 알려져 있다. 전통적으로 남인도의 쉬바 공동체의 계시 성전을 형성하는 것들로서 다음과 같은 스물여덟 종의 아가마 II Āgama들이 인정된다. 『아지타-아가마』 ♯ *Ajita-Āgama*, 『앙슈마나-아가마』 ♯ *Aṃśumāna-Āgama*, 『아날라-아가마』 ♯ *Anala-Āgama*, 『빔바-아가마』 ♯ *Bimba-Āgama*, 『친티야-아가마』 ♯ *Cintya-Āgama*, 『찬드라-갸나-아가마』 ♯ *Candra-Jñāna-Āgama*, 『딥타-아가마』 ♯ *Dīpta-Āgama*, 『카미카-아가마』 ♯ *Kāmikā-Āgama*, 『카라나-아가마』 ♯ *Kāraṇa-Āgama*, 『키라나-아가마』 ♯ *Kiraṇa-Āgama*, 『랄리타-아가마』 ♯ *Lalita-Āgama*, 『마쿠타-아가마』 ♯ *Makuṭa-Āgama*, 『니슈와사-아가마』 ♯ *Niḥśvāsa-Āgama*,『파라메슈와라-아가마』 ♯ *Pārameśvara-Āgama*, 『프로드기타-아가마』 ♯ *Prodgīta-Āgama*, 『라우라바-아가마』 ♯ *Raurava-Āgama*, 『사하스라-아가마』 ♯ *Sahasra-Āgama*, 『산타나-아가마』 ♯ *Saṃtāna-Āgama*, 『사르복타-아가마』 ♯ *Sarvokta-Āgama*, 『싯다-아가마』 ♯ *Siddha-Āgama*, 『수크슈마-아가마』 ♯ *Sūkṣma-Āgama*, 『수프라베다-아가마』 ♯ *Suprabheda-Āgama*, 『스와얌부바-아가마』 ♯ *Svāyambhuva-Āgama*, 『바툴라-아가마』 ♯ *Vātula-Āgama*, 『비자야-아가마』 ♯ *Vijaya-Āgama*, 『비말라-아가마』 ♯ *Vimala-Āgama*, 『비라-아가마』 ♯ *Vīra-Āgama*, 『요가자-아가마』 ♯ *Yogaja-Āgama*. 이 문헌들은 산스크리트Sanskrit와 타밀어Tamil, 다른 남인도 지방어로 쓰였다. 쉬바의 다섯 얼굴(판차-박트라-쉬바 Pañca-Vaktra-Śiva)에 의해 계시된 최초의 아가마 II는 오직 쉬바만이 알았던 9십만 송으로 이루어져 있다고 한다. 이 광범위한 유산은 스승으로부터 제자에게로 전수되어 왔기 때문에 대략 10만 송이 남을 때까지 그것들은 아주 조금씩 감소하였다.

이 문헌들은 북인도 브라마니즘Brahmanism의 네 베다Veda에 상당하는 것들이고, 때로는 일괄하여 '다섯째 베다'로 불린다. 탄트라들처럼 이것들은 해탈에 이르는 더 관습적인 길을 따를, 도덕적 · 정신적(mental) 역량이 결여된 현재의 암흑시대(칼리-유가kali-yuga)의 영적 수행자를 위한 것들이라고 주장한다. 애석하게도 이 문헌 중 극소수만이 현재까지 책의 형태로 출판되었고, 더 적은 수의 문헌만이 지금까지 영어로 번역되었다.

Āgama-Kalpadruma(아가마-칼파드루마)
'아가마II Āgama로 된 소원 성취 나무'라는 뜻이다. 15세기 초에 고빈다II Govinda가 저술한 탄트라 Tantra 문헌이다. 이 문헌은 『프라판차-사라-탄트라』*Prapañca-Sāra-Tantra*에 대한 주석인 듯하다.

Āgama-Kalpa-Vallī(아가마-칼파-발리)
'아가마II Āgama 의례들에 대한 넝쿨'이라는 뜻이다. 『아가마-칼파-티카』*Āgama-Kalpa-Tīkā*('아가마II 의례들에 대한 주석')라고도 한다. 야두나타Yadunātha가 저술한 후대 탄트라Tantra 문헌으로, 25장으로 구성되어 있다. 이 문헌은 다샤-마하비디야Daśa-Mahāvidyā와 다른 신들에 대한 숭배를 다룬다.

āgāmi-karman(아가미-카르만)
'다가올 카르마karma' 또는 '내생에 받을 업'(來生受業)이라는 뜻이다.
⇒ 카르만karman 참조.

āgneyī-dhāraṇā-mudrā(아그네위-다라나-무드라) 또는 **vaiśvānarī-dhāraṇā-mudrā**(바이슈와나리-다라나-무드라)
'불에 대한 집중(concentration) 결인'이라는 뜻이다. 『게란다-상히타』*Gheraṇḍa-Saṃhitā*(3. 61)에 묘사된 다섯 가지 집중 기법 가운데 하나이다. 수행자는 150분 동안 주의와 생기 에너지를 복부에 있는 (소화의) '불'(아그니I agni)에 집중해서 거기 있는 정신신체 에너지(프라나prāṇa)를 자극해야 한다. 이 수행을 성취하면 수행자는 불꽃의 열에 어떠한 해도 입지 않게 된다고 한다.
⇒ 다라나dhāraṇā, 무드라mudrā, 판차-다라나pañca-dhāraṇā도 참조.

āhāra(아하라)
'음식' 또는 '식습관'이라는 뜻이다. 음식물에 대한 규정들은 초기부터 요가Yoga 수행의 중요한 부분을 구성하였다. 그래서 성립 연대가 기원전 8세기까지 거슬러 올라가는 『찬도기야-우파니샤드』*Chāndogya-Upaniṣad*(7. 26. 2)에서는 음식물의 순수성과 존재의 순수성 사이의 밀접한 연관에 대해 언급한다. 현대의 요긴yogin들이 선호하는 금언으로는 "당신은 당신이 먹는 것이다"이다.

『바가바드-기타』*Bhagavad-Gītā*(17. 8ff.)에서는 음식물에 있는 속성들, 즉 그 속에 있는 삿트와sattva, 라자스rajas, 타마스tamas의 지배에 따라서 음식물을 구분하는데 다음과 같다.

> 생기, 맑음(삿트와), 힘, 건강, 행복, 만족(프리티prīti)을 높이고, 맛있고 기름지고 든든하고 마음[을 기쁘게 하는] 음식은 삿트와적 본성을 가진 [사람]에게 적합할 것이다.
> 톡 쏘는 듯하고 시고 짜고 양념 맛이 강하고 자극적이고 불쾌하고 얼얼한 맛의 음식은 라자스적 본성을 가진 [사람이] 갈망하는 것이다. 그 음식들은 고통(두카duḥkha), 슬픔(쇼카śoka), 질병(로가roga)을 발생시킨다.
> 그리고 상하고 아무런 맛이 없고 부패하고 오래되고 먹다 남고 불결한 [음식은] 타마스적 본성을 가진 [사람]에게 적합한 음식이다.

『게란다-상히타』*Gheraṇḍa-Saṃhitā*(5. 17ff.)에서는 수많은 구체적인 사항을 권고하는데 다음과 같다. 요긴은 쌀, 보리, 밀, 다양한 종류의 콩과 더불어 인도 땅에서 난 과일과 야채를 먹어야만 한다. 요가 수행의 초기에 수행자는 쓰고 시고 짜고 톡 쏘는 듯하고 그을은 음식뿐만 아니라 커드, 버터 우유, 술, 소화가 잘 안 되는 야채, 야채 뿌리, 박과科 열매, 장과漿果류, 여타 다른 이름의 다양한 과일과 식물을 피해야만 한다. 또한 그는 여성과의 교제, 여행, 난로 불도 피해야만 한다.
요긴은 신선한 버터, 기, 우유, 설탕, 사탕수수, 야자즙 조당(粗糖, jaggeury), 잘 익은 플랜테인, 코코넛, 석류, 아니스, 포도, 카다멈, 육두구(肉荳蔻, 너트맥), 정향(丁香, 클로브), 장미 열매, 대추 야자, 시지 않은 주스, 인도 땅에서 난 여타 수많은 다른 이름의 식물을 섭취해야 할 것이다. 음식은 소화하기 쉽고 부드럽고 기름져야만 한다. 딱딱하고 오염되고 부패하고 오래되고 매우 차거나 뜨거운 음식은 피해야만 한다. 요긴은 하루에 한 번 이상 먹어야 하고, 수시로 전혀 먹지 않거나 너무 많이 먹는 것은 피해야만 한다.

구체적으로 말하면 호흡 조절 수행을 위해서 요긴은 하루에 두 번, 즉 정오와 저녁에 우유나 기를 약간씩 먹어야 한다. 『하타-라트나발리』*Haṭha-Ratnāvalī*(1. 23)에서는 요가 수행의 초기에 우유와 유제품류를 권하지만 수행이 안정된 사람들에게는 정해진 규정이 없다.

고대와 현대의 모든 요가 권위자들이 무엇이 좋은 식습관인지에 대해 반드시 의견을 같이하는 것은 아니다. 그러나 예외 없이 그들 모두는 음식 섭취에 대한 절제 수행의 중요성을 강조한다. 이 규칙은 미타-아하라mita-āhāra로 알려져 있다.

⇒ 안나-요가Anna-Yoga, 라구-아하라laghu-āhāra, 우파바사upavāsa도 참조.

āhāra-jaya(아하라-자야)

'음식에 대한 통달'이라는 뜻이다. 규율 바른 식습관으로, 때로는 도덕 훈련(금계, 야마yama) 중 하나로 열거되어 있다. 이것은 이 수행이 매우 중요하다는 것을 보여 준다.

⇒ 안나-요가Anna-Yoga도 참조.

ājñā-cakra(아갸-차크라)

'명령 바퀴'라는 뜻이다. 미간 높이의 머리 가운데 위치한, 인체의 일곱 주요 심령 에너지 센터(차크라cakra) 중 하나로, '제3의 눈'으로도 알려져 있다. 이 명칭은 구루guru가 제자와 정신 감응적 의사소통을 하기 위한 수신기라는 것에서 파생되었다. 그러므로 이것은 구루-차크라guru-cakra로도 불린다. 도상으로 회색이나 흰색으로 된 두 개의 꽃잎이 있는 연꽃으로 묘사되는 아갸-차크라ājñā-cakra는 여성 원리, 즉 샥티 I śakti의 상징인 역삼각형 내에 놓인 남근(링가liṅga)의 상징을 포함하고 있다. 이 남근은 남성의 창조성, 즉 쉬바Śiva의 상징이다. 이 센터는 개별성의 느낌(아항카라ahaṃkāra), 하위의 마음(마음 감관, 마나스manas), 신성한 음절 옴Oṃ과 연결되어 있다. 여기에 거주하는 신은 파라마 쉬바(♯Parama Śiva; '지고의 쉬바')와 여신 하키니♯Hākinī이다. 이 센터는 척주를 따라 '뱀의 힘'(쿤달리니-샥티kuṇḍalinī-śakti)이 상승하는 데 있어서 끝에서 두 번째 자리이다. 이것의 작용으로 모든 종류의 심령적 능력(싯디siddhi), 특히 천리안과 정신 감응으로 의사소통할 수 있는 능력이 생기게 된다고 한다.

⇒ 브루-마디야bhrū-madhya도 참조.

ākāśa(아카샤)

'광휘'라는 뜻이다. 오래된 이 산스크리트Sanskrit 단어는 초기에 '공간' 또는 '에테르'라는 의미를 얻었고, 무수한 태양보다 더 밝은 것으로 묘사되는 초월적 참자아에 대한 비유로 빈번하게 사용되었다. 그러므로 고대의 『브리하다란야카-우파니샤드』*Bṛhadāraṇyaka-Upaniṣad*(2. 1. 17)에서 아카샤(ākāśa; 에테르/공간/공空)는 참자아의 비밀스러운 자리인 심장에 위치한다고 한다. 『아드와야-타라카-우파니샤드』*Advaya-Tāraka-Upaniṣad*와 같은 중세의 저작들에서 이 용어는 '[내면의] 빛나는 공간'이라는 구체적인 의미를 가진다. 이것은 빛 현상이 중요한 역할을 하는 일련의 신비한 경험을 묘사한다. 다섯 유형의 아카샤가 구분되는데 다음과 같다. (1)

아갸-차크라
머리 가운데 위치한 심령 에너지 센터

구나-라히타-아카샤(♯ guṇa-rahita-ākāśa, [연성]guṇarahitākāśa 구나라히타카샤; '속성이 없는 에테르 공간'). (2)파라마-아카샤(♯ parama-ākāśa; '지고의 에테르 공간'). 이것은 눈부신 '전달자'(구제자, 타라카 Tāraka)가 밝히는 뚜렷한 어둠과 유사하다. (3)마하-아카샤(♯ mahā-ākāśa; '위대한 에테르 공간'). 이것은 세상이 끝나는 날의 대화재처럼 밝다. (4)탓트와-아카샤(♯ tattva-ākāśa, [연성]tattvākāśa탓트와카샤; '진리로 된 에테르 공간'). 이것은 비교를 초월하여 찬란히 빛난다. (5)수리야-아카샤(♯ sūrya-ākāśa; '태양의 에테르 공간'). 이것은 10만 개의 태양만큼 눈부시다. 요긴 yogin은 빛나는 이 실재들과 결합하고, 이것은 초정신적♯ amanaska 상태로 가는 디딤돌이다.

후대에 아카샤는 현현顯現된 우주(cosmos)의 다섯 가지 물질 요소(조대 요소, 부타bhūta) 중 가장 미세한 것으로 간주되었다. 이런 의미에서 그 관념은 아리스토텔레스Aristotle의 '제5원소'와 19세기 물리학자들의 '빛나는 에테르'와 유사하다. '빛나는 에테르' 관념은 다음 세기 초반에 폐기되었다.

⇒ 카 kha, 마디야-라크쉬야 madhya-lakṣya, 타라카-요가 Tāraka-Yoga, 탓트와 tattva, 비요만 vyoman도 참조.

ākāśa-cakra(아카샤-차크라)

'공空의 바퀴'라는 뜻이다. 『싯다-싯단타-팟다티』 *Siddha-Siddhānta-Paddhati*(2. 9)에 따르면 신체에 있는 아홉째 심령 에너지 센터이다. 그것은 16개의 꽃잎을 가진, 위를 향한 연꽃으로 묘사된다. 과피 중앙에는 세 개의 뾰족한 끝이 있다. 이 구조는 아마도 비요마-차크라 vyoma-cakra와 동일할 것이다.

⇒ 차크라 cakra도 참조.

ākāśa-gamana(아카샤-가마나)

'에테르(공空) 속을 걷기'라는 뜻이다. 육체적으로 이해했다면 공중부양에 해당하고, 또 정신적으로 이해했다면 '다른 차원들'을 통한 마음의 여행을 수반하는 심상화에 해당하는 요가 Yoga적 능력(싯디 siddhi)이다. 후자의 의미에서 이것은 예컨대 『요가-수트라』 *Yoga-Sūtra*(3. 38)에서 언급된 다른 사람의 신체에 들어가는(파라-데하-프라베샤 para-deha-praveśa) 마법적 기법의 전제 조건이다.

⇒ 케차라트와 khecaratva, 마노-가티 mano-gati, 초심리학(parapsychology)도 참조.

ākāśī-dhāraṇā-mudrā(아카쉬-다라나-무드라) 또는 **nabho-dhāraṇā-mudrā**(나보-다라나-무드라)

'에테르(공空)에 대한 집중(concentration) 결인'이라는 뜻이다. 『게란다-상히타』 *Gheraṇḍa-Saṃhitā*(3. 63)에 다섯 가지 집중 기법 중 하나로 기술되어 있다. 이 수행법은 수행자가 호흡 조절을 통해 150분 동안 주의와 생기(프라나 prāṇa)를 에테르(공) 요소(나바스 nabhas=나보 nabho=아카샤 ākāśa)에 집중함으로써 심신의 에너지를 자극하는 것으로 이루어져 있다. 이 기법으로 '해탈로 향하는 문을 부수어 열' 수 있다고 한다.

⇒ 다라나 dhāraṇā, 무드라 mudrā, 판차-다라나 pañca-dhāraṇā도 참조.

ālambana(알람바나)

'토대'라는 뜻이다. 집중(concentration, 다라나 dhāraṇā)을 위한 받침대로 작용하는, 의식(consciousness)에 나타나는 대상, 즉 자극물이다.

⇒ 비자 bīja도 참조.

ālambusā-nāḍī(알람부사-나디) 또는 **alaambuṣā-nāḍī**(알람부샤-나디)

'안개 자욱한 통로'라는 뜻이다. 신체의 주요 도관(나디 nāḍī), 즉 생기 에너지(프라나 puāṇa)의 통로 중 하나이다. 일반적으로 이 나디는 아래 복부의 '구근'(칸다 kanda)에서 시작된다고 생각되지만, 그것의 도달점은 눈이나 귀, 또는 입에 있는 것으로 다양하게 설명된다.

ālasya(알라시야)

'나태'라는 뜻이다. 요가 Yoga의 장애(안타라야 antarāya) 중 하나이다. 『요가-바쉬야』 *Yoga-Bhāṣya*(1. 30)에서는 신체적·정신적(mental) 무거움의 결과로 발생하는 무활동으로 설명된다. 『쉬바-푸라나』*Śiva-Purāṇa*(5. 26. 35)에서 그것은 정복되어야만 하는 큰 적 중 하나로 간주된다. 『마하바라타』*Mahābhārata*(12. 263. 46)에서 그것은 수행자가 천상에 도달하지 못하게 하는 요인 중 하나라고 한다. 시트-카리-프라나야마♯sīt-kārī-prāṇāyāma로 그것을 효과적으로 방지할 수 있는데, 그 호흡법은 하타-요가Haṭha-Yoga에서 사용되는 호흡 조절법의 주요 유형 중 하나이다.

⇒ 스티야나styāna, 탄드라tandrā/tandra도 참조.

ālolya(알롤리야)

대략 '헌신' 또는 '열중'과 같은 의미이다. 이런 의미에서 요가Yoga의 진전에 대한 징표(치나cihna) 중 하나로 생각된다.

Ālvār[s](알와르[들])

남인도의 바이슈나비즘Vaiṣṇavism에서는 열두 알와르Ālvār를 기억한다. 알와르들은 비슈누Viṣṇu의 형태를 한 신(神, Divine)에 대한 불타는 사랑을 표현하는 헌신적 찬가로 사람들에게 영감을 불러일으켰다. 그들의 이름은 '깊게 뛰어드는 자들', 즉 신의 신비에 깊게 몰입하는 자들이라는 의미이다. 알와르들에게 신은 비슈누 또는 비슈누의 다양한 형태나 화신 들, 특히 크리슈나Kṛṣṇa와 라마Rāma였다.

열두 명에는 불가촉천민인 티룻판Tiruppan, 왕인 쿨라세카라 Kulasekhara, 브라민brahmin인 페리야(Periya, 비슈누칫타 Viṣṇucitta로도 알려져 있음), 족장인 티루만카이Tirumankai, 시인인 안달Āndāl, 많은 사랑을 받았던 남-알와르(Namm-Ālvār; '우리들의 알와르')가 포함된다. 박티-요가Bhakti-Yoga의 전파자였던 이들은 600년에서 900년 사이의 시기에 살았다. 그들의 헌신적 찬가는 『날라위라프-피라판탐』♯*Nālāyirap-Pirapantam*으로 알려진 타밀어Tamil로 된 모음집에 들어 있다. 4천여 개의 찬가 중 대부분은 이 그룹의 후대 인물들인 티루만카이와 남이 지은 것이다.

[비교] 나얀마르[들]Nayanmār[s].

āmbhasī-dhāraṇā-mudrā(암바시-다라나-무드라)

'수水 [요소]에 대한 집중(concentration) 결인'이라는 뜻이다. 『게란다-상히타』*Gheraṇḍa-Saṃhitā*(3. 72ff.)에 다음과 같이 기술되어 있는 다섯 가지 집중 기법 중 하나이다.

[수] 요소는 소라고둥이나 달과 같거나 쿤다♯kunda꽃처럼 희고 상서롭다고 한다. 그것의 종자 [음절]은 그것의 암브로시아ambrosia[인] 글자 바va이고 비슈누Viṣṇu와 연결되어 있다. 수행자는 5가티카ghaṭikā(대략 150분 정도) 동안 거기에 마음과 호흡을 집중해야만 한다. 이것이 모든 악惡과 고통, 슬픔을 파괴하는 수 요소에 대한 집중이다. 이 결인을 아는 자는 누구나, 심지어 가장 깊은 물속에서조차도 죽음을 만나지 않을 것이다. 이것은 조심스럽게 비밀로 지켜져야만 한다. 그것을 공개하면 성공을 잃는다.

⇒ 판차-다라나pañca-dhāraṇā도 참조.

āmnāya(암나야)

'전승'傳承이라는 뜻이다. 탄트라Tantra의 풍부한 전통 내에서 저자들은 초기에 수많은 분류 체계를 만들어서 상당히 방대한 가르침들을 이해하려고 시도하였다. 암나야āmnāya들이라는 관념은 지리적인 기원에 따라서 쿨라kula 문헌들과 신, 수행자, 가르침 들을 구분하기 위해서 도입되었다. 하나의 주요한 군群은 '흐름'(스로타srota)들이 되고, 다른 군은 '자리'(피타pīṭha)들이 되고, 셋째와 더 뒤의 군들은 넷, 다섯, 여섯 또는 심지어 일곱 '전승'이 된다. 네 가지 군이 된 그 배열은 가장 오래되고 가장 일반적인 듯하다. 어떤 엄격한 지리적 의미는 아니지만 암나야는 주요 방위들에 기초하고 있고, 때로는 세계의 네 가지 시대(유가yuga)와도 연관되어 있다.

『쿨라르나바-탄트라』*Kulārṇava-Tantra*(3. 7)에 따르면 암나야들은 쉬바Śiva의 다섯 얼굴, 즉 푸르바(♯pūrva; '동쪽'), 파슈치마(♯paścima; '서쪽'), 다크쉬나(♯dakṣiṇa; '남쪽'), 웃타라(♯uttara; '북쪽'), 우르드와(♯ūrdhva; '위쪽') 전통에서 파생되었다고 한다. 3. 8송에서는 우르드와 전통이 가장 중요한 것으로 인정하지만 그 전통의 학식 있는 입문자들은 드물다. 동일한 『탄트라』*Tantra*(17. 48)에서 우리는 다음의 비의적 어원을 발견한다. "암나야는 탁월함♯āditva으로 인해 그렇게 불린다. 왜냐하면 그것은 정신적(mental) 즐거움♯manollāsa-puavaudh anāt으로 이끌고, 희생(야갸yajña)과 같은 덕목(virtue)의 원인이기 때문이다." 동일한 『탄트라』(3. 15~16, 19)에서는 다음과 같이 정의한다.

> [진실로] 그 군群 중 하나를 아는 자는 틀림없이 해탈하게 된다. 네 군을 아는 자는 어떻게 될 것인가? 그는 즉각 쉬바Śiva가 된다. 네 군의 지식보다 훨씬 더 위대한, 소중한 것은 위쪽 군이다. 그러므로 성취(싯디siddhi)를 갈망하는 자는 그것을 [완전하게] 알아야만 한다. 오! 여신이여, 우르드와-암나야♯ūrdhva-āmnāya를 해탈로 가는 직접적인 방법으로 알아야 한다. 다른 모든 군의 결과들을 넘어서는 우르드와-암나야는 가장 높은 것보다 더 높다.

[비교] 크란타krānta, 피타pītha, 스로타srota.

ānanda(아난다)

'지복'至福 또는 환희라는 뜻이다. 즐거움과 초월적 지복 양자의 의미를 모두 내포하고 있다. 『하타-요가-프라디피카』*Haṭha-Yoga-Pradīpikā*(4. 75)에서는 정신적(mental) 상태로서의 지복♯citta-ānanda과 절대자와 연관된 순전히 타고난 기쁨♯sahaja-ānanda, 이 둘을 구별한다. 고전 요가(Classical Yoga)에서 이 용어는 의식 무아경(유상 삼매, 삼프라갸타-사마디samprajñāta-samādhi)에 수반되는 현상 중 하나를 나타낸다. 카슈미르 샤이비즘Kashmiri Śaivism에서는 지복의 경험을 다음과 같이 일곱 단계로 나눈다. (1)니자난다(♯nijānanda=nija-ānanda; '타고난 지복'). 이것은 객관적 세계라기보다는 주관적 지복의 경험이다. (2)니라난다(♯nirānanda=nir-ānanda; '외적인 지복'). 생기(프라나prāṇa)가 정수리, 즉 드와다샤-안타dvādaśa-anta까지 상승하는 데서 기인하는 것으로, 객관적 영역에서 경험하는 지복이다. (3)파라난다(♯parānanda=para-ānanda; '지고의 지복'). 객관적 내용들을 연속적으로 파악하는 것과 섞여 있는 참자아에 대한 깨달음으로, 머리에서 심장으로 생기가 하강하는 데서 기인한다. 거기서 생기는 아파나apāna가 된다. (4)브라마난다(♯brahmānanda=brahma-ānanda; '브라만의 지복'). 이 지복에서는 객관적 내용들이 동시에 파악되는데, 이것은 생기가 심장에서 사마나samāna로 변환하는 데서 기인한다. (5)마하난다(♯mahānanda= mahā-ānanda; '위대한 지복'). 이 지복은 객관적 대상이 없는 상태로, 생기가 우다나udāna의 양태로 위로 움직이는 데서 기인한다. (6)치다난다(♯cidānanda=cid-ānanda; '순수의식의 지복'). 주체이고 객체이며 지식의 수단으로서의 참자아에 대한 깨달음으로, 우다나 생기를 중앙 도관, 즉 수슘나-나디suṣumṇā-nāḍī에 있는 비야나vyāna 흐름으로 변환하는 데서 기인한다. (7)자가다난다(♯jagadānanda=jagad-ānanda; '세상의 지복'). 신체와 세상이 완전히 동일한 것이라는 참자아에 대한 깨달음이다.

⇒ 아난다-마야-코샤ānanda-maya-kośa, 행복(happiness), 마하-수카mahā-sukha, 수카sukha도 참조.

Ānanda Bhairava(아난다 바이라바)

『하타-요가-프라디피카』*Haṭha-Yoga-Pradīpikā*(1. 5)에서 하타-요가Haṭha-Yoga의 탁월한 스승으로 언급되었다.

⇒ 바이라바Bhairava, 비갸나-바이라바Vijñāna-Bhairava도 참조.

ānanda-kanda(아난다-칸다 I)

'지복의 뿌리'라는 뜻이다. 아나하타-차크라anāhata-cakra와 연관된 여덟 장의 꽃잎으로 된 연꽃이다.

Ānanda-Kanda(아난다-칸다 II)

하타-요가Haṭha-Yoga와 결합된 연금술에 대한 현존하는 가장 광범위한 남인도 문헌이다. 6,000개 이상의 송들로 구성되어 있다. 14세기에 성립되었을 것이다.

Ānanda-Laharī(아난다-라하리)

'지복의 물결'이라는 뜻이다. 103송으로 된, 샥티 II Śakti에게 바치는 탄트라Tantra의 찬가이다. 이것은 아드와이타 베단타Advaita Vedānta의 스승인 샹카라Śaṅkara의 저작이라고 잘못 생각되고 있다. 이 제목을 가진 몇몇 탄트라 저작이 있다.

⇒ 사운다리야-라하리Saundarya-Laharī도 참조.

ānanda-maya-kośa(아난다-마야-코샤)

'지복으로 이뤄진 겹'이라는 뜻이다. 초월적 참자아를 덮고 있는 다섯 '겹'(코샤kośa) 중에서 가장 높거나 가장 미세하다. 이 겹의 본질은 지복(아난다ānanda)이다. 때로는 보통 말하는 그런 참자아와 동일시된다.

ānanda-samāpatti(아난다-사마팟티)

'[명상(contemplation, 정려精慮, 디야나dhyāna)의 대상과의] 환희 있는 일치'(환희 등지歡喜 等至)라는 뜻이다. 『요가-바쉬야』*Yoga-Bhāṣya*(1. 17)와 『요가-수트라』*Yoga-Sūtra*에 대한 다른 주석들에 따르면 순수 환희에 대한 경험으로 이루어진 높은 단계의 의식 무아경(유상 삼매, 삼프라갸타-사마디samprajñāta-samādhi)이다. 그러나 아난다-사마팟티ānanda-samāpatti, 즉 아난다-사마디♯ānanda-samādhi에서 경험되는 환희는 제한적이고 일시적이다. 바차스파티 미슈라Vācaspati Miśra는 그의 『탓트와-바이샤라디』*Tattva-Vaiśāradī*(1. 17)에서 다음과 같이 설명한다. 내면으로 향한 요긴yogin의 주의가 우주(cosmos)의 삿트와(sattva, 조명성) 성질이 우세한 감각기관(인드리야indriya) 중 하나에 놓여 있을 때 환희의 경험이 발생된다. 그러므로 이 경험은 초월적 참존재-참의식(Consciousness)-지복(사츠-치드-아난다sac-cid-ānanda)을 드러내는, 베단타Vedānta의 '분별 없는 무아경'(무상 삼매, 니르비칼파-사마디nirvikalpa-samādhi)과는 다르다. 여기서 환희는 궁극적 참실재의 필수적인 측면으로 간주된다.

⇒ 아난다ānanda, 사마디samādhi, 사마팟티samāpatti도 참조.

Ānanda-Samuccaya(아난다-사뭇차야)

'지복에 대한 모음집'이라는 뜻이다. 여덟 장에 걸쳐 총 277송이 나뉘어져 구성된 13세기 하타-요가Haṭha-Yoga 저작이다. 무엇보다도 이 문헌은 다른 비의적 신체 구조뿐만 아니라 심령 에너지 센터(차크라cakra)와 '통로'(나디nāḍī)도 다루고 있다.

ānanda-śakti(아난다-샥티)

'지복의 힘'이라는 뜻이다. 우주(cosmos)의 신성한 여성 에너지에 대한 묘사 중 하나로 간단히 샥티 I śakti 이라고도 표현한다. 아비나바굽타Abhinavagupta와 다른 탄트라Tantra 권위자들은 이 힘을 참의식(Consciousness)으로 된 쉬바Śiva의 힘(치트-샥티cit-śakti)과 구별한다.

⇒ 아난다ānanda도 참조.

Ānanda-Tantra(아난다-탄트라)

'지복의 탄트라Tantra'라는 뜻이다. 1,913송으로 이뤄진 남인도 기원의 탄트라 문헌이다. 이것은 두 개의 알려진 주석을 가지고 있다. 숭배의 여러 측면을 다루고 있고, 마지막 다섯 장에서는 주제에서 벗어나 카스트caste, 탄트라 분파, 철학적 학파 들에 대해 논의한다.

Ānandārṇava-Tantra(아난다르나바-탄트라)

'지복의 물결에 대한 탄트라Tantra'라는 뜻이다. 10장에 걸쳐 약 400송이 나뉘어져 구성되어 있고, 슈리-비디야II Śrī-Vidyā에 대한 숭배를 다루고 있는 후대 탄트라 문헌이다.

ānava-mala(아나바-말라)

샤이비즘Śaivism에서 아누(aṇu, 따라서 형용사는 아나바ānava)로 알려진 깨닫지 못한 정신(psyche)에 붙어 있는 결점 또는 결함(말라 I mala)이다. 개인은 사실상 쉬바Śiva이지만 영적인 무지(아비디야avidyā)와 다른 결점들 때문에 이 진실을 자각하지 못한다. 특히 아나바-말라ānava-mala는 인간이 한정된 심신과 자신을 동일시하게 됨으로써 환영적인 에고적 인성을 창조하게 되는 결점이다.

[비교] 카르마-말라karma-mala, 마위야-말라māyīya-mala.

ānava-upāya(아나바-우파야, [연성]ānavopāya아나보파야)

'개체적 방법'이라는 뜻이다. 샤이비즘Śaivism에서 참자아에 대한 깨달음, 즉 개인의 노력을 통한 깨달음을 위한 접근법이다. 형용사 '개체적'ˢānava은 여기서 개체화된 정신(psyche), 즉 개아를 의미하는 아누aṇu라는 말에서 파생되었다. 이것은 전체의 '조각'(앙샤aṃśa)으로 생각된다.

⇒ 갸나-차투슈카jñāna-catuṣka도 참조.

[비교] 아누파야anupāya, 우파야upāya.

Āndāl(안달; 9세기 초)

오늘날까지도 남인도의 위대한 시인이자 성자 중 한 사람으로 추앙받는다. 비슈누Viṣṇu 숭배자이다. 안달의 타밀어Tamil 시는 신(Divine)에 대한 자신의 경배를 표현하기 위해 노골적인 성적 이미지를 훨씬 더 많이 사용하는 경향이 있지만, 중세 유럽의 신부 신비주의bridal mysticism를 연상시킨다.

⇒ 알와르[들]Ālvār[s], 바이슈나비즘Vaiṣṇavism도 참조.

안달(Āndāl)

ārambha-avasthā(아람바-아바스타, [연성]ārambhāvasthā아람바바스타)

'초기 단계'라는 뜻이다. 요가Yoga 성취의 네 상태(아바스타avasthā) 중 첫째이다.

『요가-탓트와-우파니샤드』*Yoga-Tattva-Upaniṣad*(64)에 따르면 그것은 신성한 음절 옴Oṃ의 암송으로 이루어지는 한편, 『바라하-우파니샤드』*Varāha-Upaniṣad*에서는 그 대신에 그것을 마음속으로 외적 행위와 내적 작용을 포기하는 것으로 설명한다. 그러나 『하타-요가-프라디피카』*Haṭha-Yoga-Pradīpikā*(4. 70f.)에서는 그 단계에서 '브라마 결절'(브라마-그란티 brahma-granthi)이 관통되고 (심장에 있는) 공空으로부터 지복이 일어나며 여러 종류의 신비한 소리를 들을 수 있다고 설명한다. 『쉬바-상히타』*Śiva-Saṃhitā*(3. 28)를 저술한 익명의 저자는 이 단계에서 신체 내 흐름의 네트워크(나디nāḍī)의 정화가 시작된다고 한다.

Āraṇyaka(아란야카)

'삼림에 속하는 [논서]'라는 뜻이다. 삼림의 은둔자들에 의해, 그들을 위해 쓰인 일종의 고대 의례서이다. 이 장르의 문헌들은 우파니샤드Upaniṣad들에 앞서고, 이념적으로 말하자면 우파니샤드들의 비전秘傳과 베다Veda, 브라마나II Brāhmaṇa들의 희생의례주의 사이의 가운데 위치해 있다.

āratī(아라티)

산스크리트Sanskrit 아라다나(ārādhana; '속죄' 또는 '위로')에서 유래된 힌디어Hindi이다. 신이나 자신의 스승의 초상 앞에 개아(soul)의 상징인 불꽃을 흔드는 숭배 의례 행위이다. 불빛의 흔들림을 동반한 신앙심 깊은 기도이기도 하다.

ārādhana(아라다나)

'숭배'라는 뜻이다. 이슈와라-푸자나īśvara-pūjana와 동의어이다. 때로는 자기 억제(권계, 니야마niyama)의 수행법 중 하나로 열거되기도 한다.

ārādhya(아라디야)

'숭배할 만한' 또는 '흠모하는'이라는 뜻이다. 『쿨라르나바-탄트라』*Kulārṇava-Tantra*(17. 13)에서 그것은 영적 스승의 별칭으로 취급된다. 그 단어의 구성 음절(ā, rā, dhya)들은 구루guru의 참자아 상태♯ātma-bhāva의 전수와 집착(라가rāga)과 혐오(드웨샤dveṣa)의 초월, 지속적인 명상(meditation, 디야나dhyāna) 상태로의 몰입에 대한 언급을 포함하고 있는 것으로 설명된다.

ārjava(아르자바)

'정직'이라는 뜻이다. 때로는 도덕 훈련(금계, 야마yama) 중 하나에 포함된다. 『바가바드-기타』*Bhagavad-Gītā*(13. 7)에 따르면 정직은 지식 또는 영지(갸나jñāna)의 나타남이고 육체적 고행(타파스tapas)의 부분을 형성한다.

ārogya(아로기야)

'건강'이라는 뜻이다. 『슈웨타슈와타라-우파니샤드』*Śvetāśvatara-Upaniṣad*(2. 13)에 따르면 건강은 영적 진전의 초기 징표 중 하나이다. 이것이 서구의 건강관보다 좀 더 포괄적인 관념이라는 것은 『하타-요가-프라디피카』*Haṭha-Yoga-Pradīpikā*(2. 2)의 예에서 분명히 알 수 있다. 그 문헌에서는 다음의 내용을 건강의 표시로 간주한다. 원하는 만큼 숨을 멈출 수 있는 능력, 위장의 '불'의 활동성 증가, 내면의 소리(나다nāda)에 대한 지각.

[비교] 로가roga, 비야디vyādhi.

ārurukṣu(아루루크슈)

'상승을 원하는'이란 뜻이다. 『바가바드-기타』*Bhagavad-Gītā*(6. 3)에 따르면 영적 수행자의 수행은 모든 행위를 포기(renunciation)하기보다는 행위(카르만karman)를 하는 데 있다.

[비교] 아루다ārūḍha, 싯다siddha.

ārūḍha(아루다)

'상승된'이라는 뜻이다. 영적인 길의 정상에 오른 달인이다. 『바가바드-기타』*Bhagavad-Gītā*(6. 3)에 따르면 이 용어는 수행 방법이 침묵(샤마śama)인 요긴yogin에게 사용된다. 동일 문헌(6. 4)에서 요가-아루다♯yoga-ārūḍha의 상태는 모든 의지(상칼파saṃkalpa)를 포기한 수행자에 의해 실현된다고 한다.

[비교] 아루루크슈ārurukṣu.

ārya(아리야)

'고귀한'이라는 뜻이다. 베다Veda 시대 이래로 영적인 인물이나 가르침에 적용하는 형용사이다. 영적인 고귀함이 결여된 이들은 아나리야♯anārya라고 한다. 베다를 해석하던 서구의 학자들은 우선 아리야ārya를 언어적(인도-유럽어) 범주로 변화시킨 다음, 강력한 정치적 뉘앙스를 내포한 인종적 함의를 부여했다.

āsana(아사나)

'앉기'라는 뜻이다. 원래는 요긴yogin이 앉는 자리이다. 그 자리는 안정되고 너무 높거나 낮아서도 안 되고 충분히 크고 편평하고 깨끗하며 대체로 쾌적하다. 이 용어는 풀, 나무, 천 또는 여러 종류의 동물 가죽으로 만들 수 있는 자리의 깔개에도 동일하게 적용된다. 『쿨라르나바-탄트라』*Kulārṇava-Tantra*(15. 32ff.)에서는 대나무, 돌, 흙, 나무, 풀, 새싹이나 어린 가지로 만든 자리를 피하라고 충고하면서 이것들은 빈곤함과 질병, 고통(두카duḥkha)을 불러온다고 말한다. 이와는 반대로 면, 울, 천, 그리고 사자, 호랑이, 사슴의 가죽으로 만든 자리에서는 상서로운 통찰력(vision)이 생긴다고 말한다. 동일 문헌(17. 62)에서는 다음과 같은 비의적 어원에 대해 설명한다. "이것은 아사나āsana라 불린다. 왜냐하면 자아의 완성♯ātma-siddhi을 가져오고 모든 질병♯sarvaroga을 예방하며 아홉 가지 성취♯nava-siddhi를 주기 때문이다."

그렇지만 아사나라는 용어의 가장 일반적 의미는 '자세'이다. 이것은 요가Yoga 길의 정례적 '가지'(지분, 앙가aṅga) 중 하나로 여겨진다. 『요가-수트라』*Yoga-Sūtra*(2. 46)에서는 자세를 안정적이고 편안해야 한다고만 규정하고 있다. 후자의 조건은 이완 상태(샤이틸리아śaithilya)로 수행되어야만 한다는 점을 내포하고 있다. 일반적인 충고의 일례를 들자면 수행자는 또한 몸통과 목, 머리를 일직선으로 곧게 펴서 앉아야만 하고, 그 결과 생기(프라나prāṇa)는 신체의 척주를 따라서 자유롭게 상승하고 하강할 수 있게 된다. 요가 문헌들에 다양한 자세들이 나타나 있고 기술되어 있다. 원래 자세들은 장시간 명상(meditation)하기 위한 안정된 자세들로서 기능한다. 후대에 이들은 대단히 정교해지고 다양한 치료적 기능들을 획득하게 되어서 하타-요가 Haṭha-Yoga의 세밀한 아사나 기법에 도달하게 되었다.

후고전 요가(Postclassical Yoga)의 문헌들은 쉬바Śiva가 8백4십만 가지의 상이한 아사나를 제안했다고 밝힌다. 이 형상은 전 종류의 생명체 숫자를 나타낸다고 여겨진다. 쉬바는 영적 수행자들을 위해서 이렇게 광범위하게 다양한 아사나 중 한정된 수의 '자리'(피타pīṭha)들만 권한다. 그래서 『고라크샤-팟다티』Gorakṣa-Paddhati(1. 9)에서는 84자세가 특히 적합하다고 언급하는 반면, 『게란다-상히타』Gheraṇḍa-Saṃhitā(2. 2)에서는 32자세가 인간 존재에게 유용하다고 주장한다.

현대의 하타-요가Haṭha-Yoga 교본들에서는 그러한 자세를 2백여 가지로 기술하고 있다. 『하타-라트나발리』Haṭha-Ratnāvalī(3. 8-19)에서는 84가지 요가 자세를 다음과 같이 이름 붙이고 있지만, 그 중 39가지만 기술하고 있다. (1)싯다-아사나siddha-āsana, (2)바드라-아사나bhadra-āsana, (3)바즈라-아사나vajra-āsana, (4)싱하-아사나siṃha-āsana, (5)쉴파-싱하-아사나∮śilpa-siṃha-āsana, (6)반다-카라-아사나∮bandha-kara-āsana, (7)삼푸티타-아사나∮samputita-āsana, (8)슛다-아사나∮śuddha-āsana, (9)~(12)4종류의 파드마-아사나padma-āsana, (13)단다-파르슈와-아사나∮daṇḍa-pārśva-āsana, (14)사하자-아사나∮sahaja-āsana, (15)반다-아사나∮bandha-āsana, (16)핀다-아사나∮piṇḍa-āsana, (17)에카-파다-마유라-아사나(∮eka-pāda-mayūra-āsana, 여섯 종류가 있음), (18)바이라바-아사나∮bhairava-āsana, (19)카마-다하나-아사나kāma-dahana-āsana, (20)파니-파트라-아사나pāṇi-pātra-āsana, (21)카르무카-아사나∮kārmuka-āsana, (22)스와스티카-아사나svastika-āsana, (23)고-무카-아사나go-mukha-āsana, (24)비라-아사나vīra-āsana, (25)만두카-아사나maṇḍūka-āsana, (26)마르카타-아사나markata-āsana, (27)맛시옌드라-아사나matsyendra-āsana, (28)파르슈와-맛시옌드라-아사나∮pārśva-matsyendra-āsana, (29)반다-맛시옌드라-아사나∮bandha-matsyendra-āsana, (30)니랄람바나-아사나nirālambana-āsana, (31)찬드라-아사나∮cāndra-āsana, (32)칸타바-아사나∮kāṇṭhava-āsana, (33)에카-파다카-아사나∮eka-pādaka-āsana, (34)파닌드라-아사나∮phaṇīndra-āsana, (35)파슈치마타나-아사나∮paścimatāna-āsana, (36)샤위타-파슈치마타나-아사나∮śayita-paścimatāna-āsana, (37)치트라-카라니-아사나∮citra-karaṇi-āsana, (38)요가-무드라-아사나∮yoga-mudrā-āsana, (39)비두나나-아사나vidhūnana-āsana, (40)파다-핀다나-아사나∮pāda-piṇḍana-āsana, (41)항사-아사나(∮haṃsa-āsana, hiṃsā로 오기되어 있음), (42)나비-탈라-아사나∮nābhī-tala-āsana (43)아카샤-아사나∮ākāśa-āsana, (44)웃파다-탈라-아사나∮utpāda-tala-āsana, (45)나비-라시타-파다카-아사나∮nābhī-lasita-pādaka-āsana, (46)브리슈치카-아사나vṛścikā-āsana, (47)차크라-아사나cakra-āsana, (48)웃팔라카-아사나∮utphālaka-āsana, (49)웃타나-쿠르마-아사나∮uttāna-kūrma-āsana, (50)쿠르마-아사나kūrma-āsana, (51)밧다-쿠르마-아사나∮baddha-kūrma-āsana, (52)카반다-아사나∮kabandha-āsana, (53)고라크샤-아사나gorakṣa-āsana, (54)앙구슈타-무슈티카-아사나∮aṅguṣṭha-muṣṭika-āsana, (55)브라마-프라사디타-아사나∮brahma-prasādita-āsana, (56)판차-출리-아사나∮pañca-cūli-āsana, (57)쿡쿠타-아사나kukkuṭa-āsana, (58)에카-파다-쿡쿠타-아사나∮eka-pāda-kukkuṭa-āsana, (59)아카리타-아사나∮ākārita-āsana, (60)반다-출리-아사나∮bandha-cūli-āsana, (61)파르슈와-쿡쿠타-아사나∮pārśva-kukkuṭa-āsana, (62)아르다-나리슈와라-아사나∮ardha-nārīśvara-āsana, (63)바카-아사나∮baka-āsana, (64)찬드라-칸타-아사나∮candra-kānta-āsana, (65)수다-사라-아사나∮sudhā-sāra-āsana, (66)비야그라-아사나∮vyāghra-āsana, (67)라자-아사나∮rāja-āsana, (68)인드라니-아사나∮indrāṇi-āsana, (69)샤라바-아사나∮śarabha-āsana, (70)라트나-아사나∮ratna-āsana, (71)치트라-피타-아사나∮citra-pītha-āsana, (72)밧다-파크쉬-이슈와라-아사나∮baddha-pakṣī-īśvara-āsana,

엄선된 하타-요가의 고난도 자세(아사나)들

핏차-마유라-아사나
pīccha-mayūra-āsana
('깃털이 있는 공작 자세')

브리슈치카-아사나
vṛścika-āsana
('전갈 자세')

바카-아사나
baka-āsana
('두루미 자세')

아슈타바크라-아사나
aṣṭvakra-āsana
('아슈타바크라 자세')

나타-라자-아사나
naṭa-rāja-āsana
('춤의 왕 자세')

파르슈와-바카-아사나
pārśva-baka-āsana
('옆으로 한 두루미 자세')

라자-카포타-아사나
rāja-kapota-āsana
('왕비둘기 자세')

팃티바-아사나
ṭiṭṭibha-āsana
('반딧불이 자세')

요가-단다-아사나
yoga-daṇḍa-āsana
('요가적 막대 자세')

마리치-아사나
marīci-āsana
('마리치 자세')

하누만-아사나
hanumanz-āsana
('하누마트 자세')

(73)비치트라-아사나♯vicitra-āsana, (74)날리나-아사나♯nalina-āsana, (75)칸타-아사나♯kānta-āsana, (76)슛다-파크쉬-아사나♯śuddha-pakṣi-āsana, (77)수만다카-아사나♯sumandaka-āsana, (78)차우랑기-아사나♯caurangi-āsana, (79)크라운차-아사나♯krauñca-āsana, (80)드리다-아사나♯dṛḍha-āsana, (81)카가-아사나♯khaga-āsana, (82)브라마-아사나♯brahma-āsana, (83)나가-피타-아사나♯nāga-pītha-āsana, (84)샤바-아사나 śava-āsana.

『요가-수트라』(2. 48)에 따르면 아사나는 더위와 추위와 같은 '상반된 것'(드완드와 dvandva)들의 영향에 요긴이 둔감해지도록 한다. 후고전 요가의 많은 문헌들은 세계를 정복하는 수단으로서, 그리고 예방하고 치료하는 만병통치약으로서 요가 자세를 찬양한다. 『하타-요가-프라디피카』*Haṭha-Yoga-Pradīpikā*(1. 17)에서는 요가 자세를 규칙적으로 수련하면 안정성, 건강, 신체의 가벼움이 생기게 된다고 주장한다. 후대의 요가 수행에서 이러한 측면이 비대화된 데 대한 반작용으로 생각되지만, 『가루다-푸라나』♯*Garuḍa-Purāṇa*(227. 44)에서는 이렇게 비판한다. "자세의 기법들, 즉 '앉기'(스타나 sthāna) 기법은 요가를 촉진하지 못한다. 비록 핵심적 요소로 불리지만 그것들은 모두 [수행자의 진보]를 늦출 [뿐]이다."

⇒ 니샤다나 niṣadana도 참조.

āstikya(아스티키야)

'있음' 또는 '존재함'이라는 뜻이다. asti('존재하다', '있다')에서 파생되었다. 흔히 도덕 훈련(금계, 야마 yama)과 자기 억제(권계, 니야마 niyama)를 구성하는 수행법 중 하나로 간주된다. 『샨딜리야-우파니샤드』*Śāṇḍilya-Upaniṣad*(1. 2. 4)에서는 이것을 계시(슈루티 śruti)와 전승(스므리티 smṛti)으로 된 지식에 대한 믿음으로 설명한다.

Āsuri(아수리)

상키야 Sāṃkhya 전통을 세운 카필라 Kapila의 수제자이다. 파라마르타 Paramārtha의 6세기 중국어 번역에만 현존하는 『수바르나-삽타티』♯*Suvarṇa-Saptati*(『금칠십론』金七十論)에 따르면 성자 카필라는 브라민 brahmin 재가자였던 아수리 Āsuri의 집 문간에 나타나서 그에게 상키야의 지식을 드러냈다. 그러나 천 년 동안 희생제를 행해 온 완성된 수행자로 묘사되는 아수리는 대답하지 못했다. 카필라는 두 번 더 방문했는데, 매번 천 년의 간격을 두었다. 마침내 아수리는 그의 재가자 생활을 포기할 준비가 되었고, 그 성자의 제자가 되어서 포기자(산니야신 saṃnyāsin)의 생활방식을 택하였다. 아수리는 최초의 상키야 스승 중 한 명으로 기억되지만, 그에 대해 알려진 것은 실제로 아무것도 없다. 『마하바라타』*Mahābhārata*의 남부 개정판에서 발견되는 그와 카필라 사이의 대화는 허구이다.

āsvāda(아스와다)

'미각'이라는 뜻이다. 고전 요가(Classical Yoga)에서 '신성한' (초감각적) 맛을 볼 수 있는 초자연적 능력이다. 파탄잘리 Patañjali는 이것을 일종의 초감각인 조명성의 번쩍임, 즉 직관(프라티바 pratibhā) 중 하나로 간주한다. 이 감각은 무아경(삼매)에 장애(우파사르가 upasarga)가 되는 것으로 생각된다.

āśaya(아샤야)

'안식처', '쉼터'라는 뜻이다. 고전 요가(Classical Yoga)에서 빈번히 '업의 저장고'♯karma-āśaya로 불리는 무의식의 '저장소'이다. 이것은 잠재의식이나 심층 기억(스므리티 smṛti)의 구조를 형성하는 잠재의식의 활성체(잠세력潛勢力, 상스카라 saṃskāra)로 된 네트워크이다. 행위의 이러한 잔류물은 개인의 출생, 수명, 삶의 경험(향수)을 초래한다. 깨달음이 일어나기 위해서는 이것을 초월해야만 한다.

āśā(아샤)

'희망'이라는 뜻이다. 『찬도기야-우파니샤드』*Chāndogya-Upaniṣad*(7. 14. 1)에서는 희망을 기억♯smara 이상의 것이라고 말한다. 왜냐하면 희망에 의해 자극받을 때 사람은 신성한 주主를 기억할 수 있고, 배웠던 신성한 의례를 행할 수 있기 때문이다. 이 『우파니샤드』

Upaniṣad(7. 14. 2)에서는 다음과 같이 분명하게 밝힌다. "희망을 브라만brahman으로 외경하는 ♯upāste 자는 희망을 통해서 모든 욕망(카마 kāma)을 충족한다. …… 희망이 미치는 한, 거기까지 그는 뜻대로 움직일 것이다♯kāma-cāra." 그러나 이 문헌이 이어서 이야기하는 것처럼 희망이 가장 중요한 것은 아니다. 참자아에 대한 깨달음만이 궁극적으로 중요하다.

일부 문헌에서는 희망을 영적인 길에서의 장애로 묘사한다. 그러므로 『바가바드-기타』 *Bhagavad-Gītā*(16. 12)에서는 "희망으로 된 수백 가닥의 밧줄에 묶인 '악마적인'(아수라 asura) 자"에 대해 묘사한다. 그러한 맥락에서 희망은 언제나 건설적인 태도로 간주되는 진실한 믿음(슈랏다 śraddhā)이라기보다는 에고의 발현들을 나타낸다.

āścarya(아슈차리야)

'놀라움' 또는 '경이'라는 뜻이다. 잠시 멈추어 삶을 깊이 생각하고, 거기에 아무것도 없는 것이 아니라 무언가가 있다는 사실을 알게 될 때 우리는 경이로 가득 차게 된다. 유사하게 초월적 참자아 또는 참실재의 존재에 대해 숙고할 때 우리는 경탄하는 반응을 보인다. 『바가바드-기타』 *Bhagavad-Gītā*(2. 29)에는 사람들과 참자아와의 관계를 묘사하는 다음과 같은 송이 들어 있다. "어떤 이는 그를 경이로운 자로 보고, 다른 이는 그에 대해 경이로운 자라고 말하며, 또 다른 이는 그에 대해 경이로운 자라고 듣는다오. 그러나 그를 아는 이는 단 한 명도 없다오." 바꿔 말하자면 참자아인 경이로운 자는 완전하게 인식되는 직접적인 이해를 통해서 깨닫게 되어야만 한다. 그러한 이해는 반드시 가장 심오한 방식으로 그 사람을 변형시킨다. 『카타-우파니샤드』 *Kaṭha-Upaniṣad*(1. 27)에서는 참자아를 알고 놀라운, 즉 이해력을 넘어서고 경외심을 불러일으키는 직접 경험에서 그것에 대해 가르칠 수 있는 달인에 대해 말한다.

⇒ 아드부타adbhuta, 비스마야vismaya도 참조.

āśrama(아슈라마)

슈라마(śrama; '노력')에서 파생되었다. 달인이 신성한 삶의 방식으로 스스로 열심히 노력하는 제자들을 가르치는 은둔처이다. 이것은 또한 삶의 한 단계이기도 하다. 힌두Hindu의 사회 모델은 다음과 같이 네 단계로 구분된다. (1)학생(브라마차린 brahmacārin) 단계는 브라마차리야brahmacarya로, (2)재가(그리하스타 gṛhastha)의 단계는 가르하스티야♯gārhasthya로, (3)숲 속에 거주하는 자♯vānaprastha의 단계는 바나프라스티야♯vānaprāsthya로, (4)포기자(산니야신 saṃnyāsin)의 단계는 산니야사 saṃnyāsa로 불린다.

⇒ 쿠티라kuṭīra도 참조.

āśraya(아슈라야)

'뒷받침' 또는 '토대'라는 뜻이다. 『요가-수트라』 *Yoga-Sūtra*(4. 11)에서 잠재의식의 활성체(잠세력潛勢力, 상스카라 saṃskāra)의 바탕을 이루는 의식(consciousness)을 나타낸다. 반면 알람바나ālambana라는 용어는 여기서 의식에 나타나는 대상, 즉 자극물을 나타낸다.

ātithya(아티티야)

'환대'라는 뜻이다. 때로는 요가Yoga의 자기 억제(권계, 니야마 niyama)의 구성 요소 중 하나로 간주된다. 베다Veda 시대 이래로 인도에서는 수행자가 신을 맞이하듯이 손님들을 환영해 왔다. 그들이 변장한 신들일지도 모르기 때문이다. 환대는 관용(다나dāna)의 한 측면이다. 아티티♯atithi라는 단어는 같은 장소(즉 주인집)에 그다지 오래 머물지 않는 사람인 '방랑자'와 비슷한 의미이다.

ātivāhika-deha(아티바히카-데하)

문자 그대로 '초전도 신체'라는 뜻으로 '운반신'運搬身이라고도 한다. 간단하게 아티바히카ātivāhika라고도 하는데, 죽음 이후 상태의 떠도는 신체이다. 『아그니-푸라나』 *Agni-Purāṇa*(369. 9)에 따르면 이 신체는 장례식의 봉납물에서 자신의 자양분을 얻는다. 이것은 죽은 사람의 영혼(Spirit)으로 된 신체♯preta-deha 특유의 신

A

체를 획득하기에 앞서 중단된 자기 정체성을 위한 매개적 운송 수단이다. 그 후에 '향수하는 신체' ♯bhoga-deha에서 죽은 자는 세상에서 행한 자신의 행위에 대한 상서롭거나 불길한 결실들을 천국이든 지옥이든 어느 한쪽에서 거두어들인다. 이 신체는 푸리야슈타카puryaṣṭaka로도 불린다. 아티바히카에 대한 다른 해석이 『요가-바시슈타』♯Yoga-Vāsiṣṭha(3. 57. 29)에서 발견된다. 여기서 그것은 유일한 참실재의 우주적인, 편재하는 '신체'와 동일시된다. 이것은 인간 존재의 참된 신체로 찬미되고, 물질적 신체는 단지 환영으로 간주된다.

⇒ 죽음(death), 데하deha, 피트리-야나pitṛ-yāna도 참조.

ātma-darśana(아트마-다르샤나)

'참자아에 대한 통찰력(vision)'이라는 뜻이다. 참자아에 대한 깨달음 또는 해탈의 동의어로 빈번히 쓰인다. 『요가-수트라』*Yoga-Sūtra*(2. 41)에서 이것은 무아경(삼매, 사마디samādhi)의 최고 상태에서 의식(consciousness)의 지평선 위에 초월적 참자아가 나타남을 의미한다.

⇒ 푸루샤-키야티puruṣa-khyāti도 참조.

ātma-jñāna(아트마-갸나)

'참자아에 대한 앎'이라는 뜻이다. 단지 소크라테스적(Socratic) 의미에서의 자기 이해가 아니라 초월적 참실재에 대한 무아경적 깨달음이다.

ātma-khyāti(아트마-키야티)

고전 요가(Classical Yoga)의 푸루샤-키야티puruṣa-khyāti에 대한 베단타Vedānta의 동의어이다.

⇒ 키야티khyāti도 참조.

ātman(아트만)

'자아' 또는 '참자아'라는 뜻이다. 산스크리트Sanskrit는 대문자가 없기 때문에 문맥 속에서만 경험적 자아, 즉 에고적 인성(지바jīva, 지바-아트만jīva-ātman)을 의미하는지 아니면 초월적 참자아를 의미하는지 결정지을 수 있다. 그러나 이것을 구별하는 것이 언제나 쉬운 것만은 아니다. 이 점은 다음의 『바가바드-기타』*Bhagavad-Gītā*(6. 5~6)의 송에서 명확히 알 수 있다.

> 아트만ātman은 아트만으로 자신의 아트만을 정복한 자의 아트만의 친구이다. 그러나 아트만을 잃은 [자]에게 아트만은 증오하는 적과 같다.

아트만이라는 용어는 주로 재귀대명사로 쓰이지만, 고대의 우파니샤드Upaniṣad 시대 이래로 초월적 참자아를 의미하는 것으로 사용되어 왔다. 이것은 흔히 말하듯이 힌두Hindu 형이상학, 특히 베단타Vedānta학파와 이 학파에 기반을 둔 요가Yoga학파의 핵심 개념이다. 힌두교의 성자와 철학자 들은 아트만의 본성을 정하고 전달하는 데 상당한 창의력을 발휘했다. 문제는 정의상 참자아가 마음과 감각이 닿는 범위 내에 있지 않다는 것이다. 『마하바라타』*Mahābhārata*(12. 196. 4)에서는 "참자아의 형상은 눈으로 볼 수 없다"고 말하였다. 이는 가장 초기의 우파니샤드에 이미 언급되었던 것을 반복한 것으로, 고대의 『브리하다란야카-우파니샤드』*Bṛhadāraṇyaka-Upaniṣad*(3. 7. 23)의 널리 알려진 구절 속에서 다음과 같이 명료하게 언급되어 있다. 참자아는 잡히지 않는다. 왜냐하면 참자아는 잡는 자이고 보는 자이며 모든 것으로 이뤄져 있기 때문이다. 달리 말하자면 참자아는 그 자신을 오직 자신에게만 드러낸다. 한정된 인식 작용과는 전혀 연관이 없다. 그러므로 『쉬바-상히타』*Śiva-Saṃhitā*(1. 62)에서는 다음과 같이 말한다. "[의식(consciousness)의] 잘못된 상태에 대한 인식을 버리고 모든 의지(상칼파saṃkalpa)를 포기한 자는 틀림없이 참자아에 의해서 참자아 속에서 참자아를 지켜본다."

ātma-nigraha(아트마-니그라하)

'자제[심]' 또는 '극기'라는 뜻이다. 모든 수행의 근본이 되는 중요한 요가Yoga 덕목(virtue)이다.

ātma-nivedana(아트마-니베다나)

'자신을 바치기'라는 뜻이다. 헌신의 요가(박티-요가

Bhakti-Yoga)의 여러 측면 중 하나이다. 이것은 무아경(삼매, 사마디samādhi)의 상태에서만 가능하기 때문에 에고를 완전히 포기하고 무조건적으로 신(神, Divine)에 헌신하는 것을 의미한다.

ātma-pratyabhijñā(아트마-프라티야비갸)
'참자아에 대한 재인식'이라는 뜻이다. 달인이 쉬바Śiva의 형태 속에서 궁극적 참자아나 참실재로서 자신의 참된 본성을 인식하는 깨달은 상태이다. 카슈미르 샤이비즘Kashmiri Śaivism의 프라티야비갸학파(Pratyabhijñā school)의 중추적인 측면이다.

Ātmarāma(아트마라마)
⇒ 스와트마라마 요긴드라Svātmārāma Yogīndra 참조.

ātma-śuddhi(아트마-슛디)
'자기 정화'라는 뜻이다. 탄트라Tantra의 다섯 가지 유형의 정화법 중 하나이다.
⇒ 판차-슛디pañca-śuddhi 참조.

āvāhanī-mudrā(아바하니-무드라)
'봉헌하는 손 제스처'라는 뜻이다. 의례적 손 제스처(하스타-무드라hasta-mudrā) 중 하나이다. 이것은 양손바닥을 찻잔 모양으로 오므려서 공물인 꽃을 받칠 수 있게 하는 것이다.
⇒ 하스타-무드라hasta-mudrā(그림 포함)도 참조.

Āyur-Veda(아유르-베다)
'생명 과학'이라는 뜻이다. 아유스(āyus; '생명')+베다(Veda; '지식')로 만들어졌다. 인도의 토착 의학 체계이다. 전통적으로 『아타르바-베다』*Atharva-Veda*의 부록으로 간주되어 온, 이 제목으로 된 원래 문헌은 더 이상 남아 있지 않지만, 이 의학의 지식 중 일부는 『차라카-상히타』*Caraka-Saṃhitā*, 『수슈루타-상히타』*Suśruta-Saṃhitā*와 다른 유사한 모음집들에 보존되어 왔다. 아유르-베다Āyur-Veda와 요가Yoga는 베다 시대에서 시작된 그들의 긴 역사 동안 서로 영향을 주었다. 인도 의학은 베다든 탄트라Tantra든 어느 한쪽 계통을 따라서 발달했다. 전자는 『수슈루타-상히타』와 『차라카-상히타』와 같은 문헌에 담겨 있다. 탄트리카-치킷사ś tāntrika-cikitsā로 불리는 아유르-베다의 탄트라적 형태는 싯다-치킷사siddha-cikitsā와 아바다우티카-치킷사avadhautika-cikitsā를 포함한다. 이들은 연금술과 밀접하게 연관되어 있다.

Āyur-Veda-Sūtra(아유르-베다-수트라)
'생명 과학에 관한 경전'이라는 뜻이다. 요가난다 나타Yogānanda Nātha가 저술했다고 여겨지는 16세기 저작이다. 요가Yoga 연구자들에게 이 문헌이 특히 흥미로운 것은 파탄잘리Patañjali의 여덟 가지로 된 길(8지支요가)과 인도 의학을 연결하려 한다는 점에 있다.

B

Babaji(바바지)

바바Bābā+힌디어hindi의 존칭 접미사 지(-ji)로 만들어졌다. 남인도의 특정 싯다Siddha 전통 유파들에서 보가르나타르Bogarnāthar의 제자로 여겨지는 전설적인 불멸의 스승이다. 크리야 바바지 나가라자Kriya Babaji Nagaraja로도 알려진 그는 파라마한사 요가난다Paramahansa Yogananda가 쓴 『어느 요가 수행자의 자서전』*Autobiography of a Yogi*(1946)을 통해서 서구의 영적 탐구자들에게 소개되었는데, 요가난다는 그를 위대한 화신(아바타라 avatāra)이라고 불렀다. 현대의 여러 스승들이 바바지Babaji와의 만남에 대해 언급해 왔는데, 그는 특히 크리야-요가Kriyā-Yoga와 연관되어 있다. 이 전통에 따르면, 요기 라마이아하Yogi S. A. A. Ramaiah로 살았을 때 바바지는 서기 203년 11월 30일에 카우베리Cauvery 강 어귀 근처에 있는 파랑기펫타이Parangipettai라는 남인도 마을의 사제 집안에서 태어났다. 그는 다섯 살 때 (파키스탄에 있는) 발루치스탄Baluchistan에서 온 무역상에게 납치를 당했고, 그 상인은 배를 타고 캘커타Calcutta로 가서 그 미소년을 팔아버렸다. 그러나 소유주는 그를 자유롭게 놓아주었고, 그 어린 소년은 즉시 방랑 수행자 집단에 합류하였다. 이렇게 해서 그는 위대한 영적·문헌적 지식을 얻게 되었다. 11살에 그는 남인도 달인 보가르나타르가 설립한 스리랑카Sri Lanka의 카티르가마Katirgama 성지로 순례를 떠났다. 바바지는 보가르나타르의 제자가 되었고 크리야-요가Kriyā-Yoga의 길에서 빠른 진전을 보였다. 어느 순간 보가르나타르는 유명한 달인 아가스티야Agastya에게 그를 보냈고, 아가스티야는 그에게 호흡 조절법(타밀어Tamil 문헌에서는 바시 요감vasi yogam으로 불림)의 비밀을 가르쳐 주었다. 그런 다음 그는 티베트 국경에서 남쪽으로 몇 마일 떨어진 히말라야의 바드리나트Badrinath로 은퇴할 때까지 바바지를 가르쳤다. 높은 산에서 홀로 지내며 크리야-요가를 수행한 지 18개월 만에 바바지는 신체 성변화聖變化와 동시에 발생하는 소루바-사마디soru-

바바지(Babaji)

ba-samādhi 상태에 들었다. 바바지는 샹카라Śaṅkara, 카비르Kabīr, 라히리 마하사야Lahiri Mahasaya를 입문시켰다고 한다. 돌아온 바바지가 1952~1953년 동안에 구술한 책들을 출간하기 위한 책임이 마샬 고빈단(Marshall Govindan, 삿치다난다Satchidananda)에게 떨어진 것으로 보이는데, 그는 스와미 라마이아하Swami Ramaiah의 제자이고 아차리야ācārya들의 바바지 크리야 요가 교단(Babaji's Kriya Yoga Order of Acharyas, 캐나다)의 수장이다.

back extension posture(등 펴기 자세)

⇒ 파슈치마-타나-아사나paścima-tāna-āsana 참조.

baddha-padma-āsana(밧다-파드마-아사나, [연성] baddhapadmāsana밧다파드마사나)

'결박된 연꽃 자세' 또는 '결박된 연화좌'라는 뜻이다. 연화좌(파드마-아사나 padma-āsana)로 앉아서 팔을 등 뒤에서 교차시켜 양손으로 엄지발가락을 움켜잡는 방식으로 한다. 『고라크샤-팟다티』*Gorakṣa-Paddhati*(1. 96)에 언급되어 있다. 특히 심령 에너지 통로의 정화(나디-쇼다나nāḍī-śodhana)를 위해서 자주 이 행법을 권한다.

밧다-파드마-아사나. 테오스 버나드(Theos Bernard) 시연

bahir-aṅga(바히르-앙가)

'외적 지분支分', '외적 구성 요소'라는 뜻이다. 고전 요가(Classical Yoga)의 여덟 가지로 된 길(8지支 요가, 아슈타-앙가-요가aṣṭa-aṅga-yoga)에서 첫 다섯 '가지'(지분, 앙가aṅga)이다. 이것은 세 가지 '내적 지분'(안타르-앙가 antar-aṅga)과 대비된다.

⇒ 아슈타-앙가-요가aṣṭa-aṅga-yoga도 참조.

bahir-lakṣya(바히르-라크쉬야)

'외적 대상'이라는 뜻이다. 타라카-요가Tāraka-Yoga에서 빛에 관한 세 유형의 경험 중 하나이다. 『아드와야-타라카-우파니샤드』*Advaya-Tāraka-Upaniṣad*(6)에서는 이것을, 자신의 코 앞쪽으로 4, 6, 8, 10, 12 '엄지손가락 너비'♯aṅgula의 거리에서 파란색, 짙은 파란색, 붉은색, 노란색으로 빛나는 '에테르-공간'(비요만vyoman)에 대해 지각하는 것으로 기술하고 있다. 이것을 경험하기 전에 황금빛이 나타나는데, 이 빛은 수행자가 성취를 이루었을 때 눈가나 바닥에서 볼 수 있다.

⇒ 라크쉬야lakṣya도 참조.

bahir-yāga(바히르-야가)

'외적 희생제'라는 뜻이다. 바히르(bahir; '외적', '외부의')+야가(yāga; '희생제')로 만들어졌다. 영적 목적을 위해 신체로 행하는 모든 의례 행위이다.

[비교] 안타르-야가antar-yāga.

bahiṣ-kṛta-dhauti(바히슈-크리타-다우티)

'배출된 청소'라는 뜻이다. 하타-요가Haṭha-Yoga에서 사용되는 내부 청소(안타르-다우티 antar-dhauti)의 네 유형 중 하나이다. 『게란다-상히타』*Gheraṇḍa-Saṃhitā*(1. 22)에서는 다음과 같이 설명한다. '까마귀 결인'(카키-무드라kākī-mudrā)을 한 뒤, 복부를 공기로 채워 90분간 보유한다. 그런 다음 공기를 장腸으로 내려가게 한다. 그러고는 배꼽까지 차는 물속에 서서 장(보다 정확하게는 '직장')을 밖으로 내밀어 완전히 깨끗하게 될 때까지 씻는다. 그런 뒤 뱃속으로 다시 밀어 넣는다. 그러나 스승 없이 이 행법을 수행해서는 안 된다. 이 행법으로 '빛나는 신체'♯deva-deha가 된다고 한다.

⇒ 다우티dhauti도 참조.

bala(발라)

'능력' 또는 '힘'이라는 뜻이다. 고대로부터 요가Yoga 수행은 신체적·심령적 힘 양자를 모두 얻을 수 있게 한다고 한다. 이것은 요가와 고행주의(타파스tapas) 사이에 밀접한 역사적 연관성이 있음을 입증해 준다. 『요가-수트라』*Yoga-Sūtra*(3. 46)에서는 신체의 완전함(카야-삼파트kāya-saṃpat)을 나타내는 징표 중 하나로 발라bala를 열거하고 있다. 그러나 『바가바드-기타』*Bhagavad-Gītā*(16. 18)에서는 힘이 재탄생을 반복하게 할 뿐이라고 하면서, 힘을 갈망하는 데 대해 경고하고 있다. 발라라는 단어는 또한 요긴yogin들이 갖추어야 할 긍정적인 필요조건으로서 '힘'이나 '에너지'를 의미한다. 『마하바라타』*Mahābhārata*(12. 289. 16)에 따르면 에너지가 결핍된 자들은 틀림없이 길을 잃게 된다.

⇒ 초심리학(parapsychology)도 참조.

Baladeva Mishra(발라데바 미슈라)

바차스파티 미슈라Vācaspati Miśra의 『탓트와-바이샤라디』*Tattva-Vaiśāradī*에 대한 주석서인 『요가-프라디피카』*Yoga-Pradīpikā*를 저술한 20세기 학자이다.

balance(균형)

⇒ 사마트와samatva 참조.

bali(발리)

'봉헌'이라는 뜻이다. 만트라-요가Mantra-Yoga의 '가지'(지분, 앙가aṅga) 중 하나이다. 의례 요가Yoga의 가장 많은 형태 중 한 측면인 이 수행은 수행자가 자신이 선택한 신성(이슈타-데바타iṣṭa-devatā)에게 과일과 꽃을 바치는 것이다.

bandha(반다)

'결박' 또는 '속박'이라는 뜻이다. 산스크리트Sanskrit 문헌에서 폭넓은 의미를 지니고 있고, '서약'과 '힘줄'뿐만 아니라 '묶기' 또는 '다리 놓기'를 나타낼 수도 있다. 요가Yoga에서 이것은 무엇보다도 유한한 존재로서의 인간 상태(상사라saṃsāra), 즉 깨닫지 못한 상태를 의미한다. 다시 말해서 우리의 영적 무지(아비디야avidyā)가 속박이다. 이것은 탄생에서부터 죽음, 재탄생, 반복된 죽음이라는 윤회에 우리를 묶어 둔다. 고전 요가(Classical Yoga)에서 반다bandha는 초월적 참자아, 즉 푸루샤puruṣa와 한정된 에고적 인성, 즉 의식(consciousness) 사이의 '상관관계'(상요가saṃyoga)를 나타낸다. 이 연관성은 가끔 불과 나무 사이로 묘사되기도 한다. 그리고 또한 『요가-수트라』*Yoga-Sūtra*(3. 1)에 따르면 이 용어는 특정 대상이나 지점(데샤deśa)에 의식을 '매는 것'을 나타내는데, 이는 집중의 참된 핵심이다.

마지막으로 반다는 하타-요가Haṭha-Yoga에서 심신 에너지(프라나prāṇa)의 흐름을 국부적으로 멈추는 것과 연관되어 있는 특정한 종류의 기법들을 나타낸다. 이러한 의미에서, 이 단어는 빈번히 '잠금'이나 '수축'으로 번역된다. 그런 잠금은 일반적으로 세 종류로 구분된다. 물라-반다(mūla-bandha; '회음 잠금'), 웃디야나-반다(uḍḍiyāna-bandha; '복부 잠금'), 잘란다라-반다(jālandhara-bandha; '목 잠금'). 『요가-쿤달리-우파니샤드』*Yoga-Kuṇḍalī-Upaniṣad*(1. 40)에 따르면 호흡 조절법이 알맞게 통달되었을 때 이 셋을 수행해야만 한다.

⇒ 차크리-반다cakrī-bandha, 무드라mudrā도 참조.

Banerji, S. C.(바네르지)

벵골Bengal의 탁월한 산스크리트Sanskrit 학자이다. 그는 『탄트라 문헌 약사略史』*A Brief History of Tantra Literature*(1988)와 『탄트라에 대한 새로운 등불』*New Light on Tantra*(1992), 『벵골의 탄트라』*Tantra in Bengal*(1978. 1992년에 두 번째 개정판 출간)를 포함하여 자신의 이름으로 된 많은 책을 저술하였다.

baptism(세례식 또는 세례)

⇒ 아비셰카abhiṣeka 참조.

Basava(바사바; 12세기)

링가야타파(Liṅgāyata sect), 즉 비라-샤이바파(vīra-śaiva sect)의 개조이고 빗잘라 칼라추리Bijjala Kalacuri 왕의 대신이었다. 그는 베다Veda와 브라민brahmin 들의 권위를 부정했고, 화장, 형상 숭배(image worship), 성지 순례, 희생제 관습을 강력히 반대했다. 『바사바-푸라나』♯*Basava-Purāṇa*(1370년경)에 따르면 바사바Basava는 브라민의 아들이었고, 빗잘라 왕의 최고 대신이었던 발라데바Baladeva의 딸과 결혼했다. 발라데바 사후에 바사바가 그 직위에 임명되었을 때 장가마(♯jaṅgama; '이동하는 자', 즉 방랑 고행자)들로 알려진, 자신이 새로 세운 유파의 사제들에게 기부를 많이 했다. 나라의 보물 창고가 급속도로 비워지는 것을 발견한 왕은 바사바를 체포하려고 했다. 그러나 이 전설적인 영적 지도자는 추종자들을 모아서 전쟁에서 빗잘라 왕의 군대를 물리쳤다. 그들은 협약을 맺게 되었고, 바사바는 자신의 지위에 복직되었다. 바사바에 대해 이 『푸라나』*Purāṇa*와 자이나 전기에서 전하고 있는 이야기는 더욱 불미스럽게도 결국 그가 왕을 살해했다는 것이다. 바사바는 왕이 진짜 죽었다는 것을 알게 되었을 때, 스스로 육신을 버리고 신(Divine)과 합일했다고 한다.

bath(목욕) 또는 **bathing**(목욕재계)
⇒ 스나나snāna 참조.

Baul sect(바울파)
벵골어Bengal로 바울(baul, 힌디어hindi로는 바우르baur)이라는 단어는 산스크리트Sanskrit 용어 바툴라(♯vātula; '미친', '광적인') 또는 비야쿨라(♯vyākula; '몰두하는', '당혹한') 중 하나에서 파생되었다고 할 수 있다. 두 용어 모두 황홀경에 취한 상태와 종교적 열정을 가리키는데, 바울들은 그것들로 유명하다. 느슨하게 조직된 이 유파는 중세 인도의 벵골Bengal 지역에 그 기원을 두고 있다. 주로 사회의 낮은 계층으로부터 그 구성원들을 입문시켰다. 바울들은 틀에 박히지 않은 자유로운 태도와 관습으로 주목받는다. 요긴yogin이자 음유 시인들처럼 그들은 자신들의 노래로 유명한데, 그 노래들은 전형적으로 '심장 속에 거주하는 인간', 즉 인간의 신체 속에 내재하는 초월적 참자아를 중심으로 전개된다.
⇒ 아바두타avadhūta, 사하지야 운동(Sahajiyā Movement)도 참조.

바울파의 현대 멤버

Bābā(바바 I)
힌디어hindi로 '아버지'라는 뜻이다. 힌두Hindu의 성자나 성인에 대한 존칭이다.

bāhya-dvādaśa-anta(바히야-드와다샤-안타)
'외부에서 열둘로 끝남'이라는 뜻이다. 날숨이 코끝에서 12 손가락 너비의 거리에 이르는 지점이다.
⇒ 드와다샤-안타dvādaśa-anta도 참조.
[비교] 안타르-드와다샤-안타antar-dvādaśa-anta.

Bālarāma Udāsīna(발라라마 우다시나)
1911년에 『요가-수트라』*Yoga-Sūtra*에 대한 자신의 주석서 『팁파니』♯*Tippanī*를 출간했던 인도 학자이다.

bāṇa-liṅga(바나-링가)
'갈대/화살-표시/남근[상]'이라는 뜻이다. 샤이비즘Śaivism과 탄트라Tantra에서 미세(수크슈마sūkṣma) 신체에 있는 세 개의 주요 링가liṅga 중 하나로 심장에 있다.
[비교] 이타라-링가itara-liṅga, 스와얌부-링가svayambhū-liṅga.

B

beauty(아름다움)
⇒ 칸티kānti 참조.

bee breathing(꿀벌 호흡)
⇒ 브라마리bhrāmarī 참조.

Being(참존재 또는 참실재)
산스크리트Sanskrit로 사트sat이다. 영원하고 불변하는(아크샤라akṣara) 궁극적 실재이다. 이것은 비존재, 즉 비실재(아사트asat)와 동일시되는 생성(바바II bhava)과 대조를 이룬다.

bellows breathing(풀무 호흡)
⇒ 바스트리bhastrikā 참조.

Bernard, Pierre(피에르 버나드; 1875~1955)
테오스 버나드Theos Bernard의 삼촌이자 서구(뉴욕주)에 탄트라Tantra 학교를 설립한 최초의 미국인이다. 그는 많은 사교 모임을 유치했고, 나이액Nyack에 있는 자신의 클락스타운 컨트리 클럽Clarkstown Country Club을 통해서 북아메리카 요가Yoga의 발전에 상당한 영향을 미쳤다. 그는 의사들 앞에서 죽음의 상태와 같은 사마디samādhi 상태를 입증할 능력이 있었다.

Bernard, Theos Casimir(테오스 카시미르 버나드; 1908~1947)
전통적 계보들을 따라 하타-요가Haṭha-Yoga를 진지하게 배운 최초의 서구인이다. 그는 자신의 책 『하타 요가』*Hatha Yoga*(1944)에 자신이 배운 결과의 일부를 실어 발표했다. 그는 티베트에서 환생한 라마Rāma로 환대를 받았고, 스리나가르Srinagar에 머무는 동안 네팔인 충복들에게 (실수로) 살해당했다.

bhadra-āsana(바드라-아사나, [연성]**bhadrāsana**바드라사나)
'길상좌'라는 뜻이다. 4세기에 『요가-바쉬야』*Yoga-Bhāṣya*(2. 46)에서 이미 언급되었던 요가Yoga 자세(아사나āsana)이다. 『탓트와-바이샤라디』*Tattva-Vaiśāradī*(2. 46)에 다음과 같이 기술되어 있다. 양발바닥을 천골 부위에 서로 가깝게 가져와서 양손으로 속이 비게 만들어서 거북 형상으로 된 그 발 위에 놓는다. 『게란다-상히타』*Gheraṇḍa-Saṃhitā*(2. 9f.)에서는 수행자가 천골 아래에 발꿈치를 십자로 놓고 등 뒤에서 손을 교차하여 발가락을 잡아야 한다고 말한다. 잘란다라-반다jālandhara-bandha를 하는 동안 수행자는 시선을 코끝에 고정시켜야만 한다. 이것은 모든 질병을 치료한다고 한다. 『하타-요가-프라디피카』*Haṭha-Yoga-Pradīpikā*(1. 53)에 따르면 이것은 '고라크샤의 자세'(고라크샤-아사나gorakṣa-āsana)로도 알려져 있다. 그러나 하타-요가Haṭha-Yoga의 현대 매뉴얼들은 바드라-아사나bhadra-āsana와 고라크샤-아사나를 구분하는 경향이 있다.

bhaga(바가)
'시여자', '분배자'라는 뜻이다. 베다Veda의 여러 신의 별칭이자, 아디티야Āditya 중 하나의 이름이다. 이것은 태양, 행운, 존엄, 아름다움, 사랑을 가리키기도 한다. 마지막으로 이것은 새 생명이라는 선물을 나누어 주는 여성의 성기(요니yoni)를 나타낸다.
⇒ 바가바트Bhagavat도 참조.

Bhagavad-Gītā(바가바드-기타)
'주主의 노래'라는 뜻이다. 모든 요가Yoga 문헌 중에서 가장 유명하다. 이것은 『마하바라타』*Mahābhārata*(6. 13-40)에 들어 있는 이야기이고, 서력기원 전에 거기에 솜씨 있게 삽입된 것으로 보인다. 서사시처럼 대체로 그 『기타』*Gītā*('노래')는 소위 힌두이즘Hinduism의 '전통'(스므리티smṛti) 문헌에 속하지만, 사실상 수세기 동안 베다Veda의 성전, 즉 슈루티(śruti; '계시서')의 일부분으로 다루어져 왔다. 간기에 따르면 이 문헌은 우파니샤드Upaniṣad와 같은 비밀스러운 가르침으로 이해되기를 원한다. 이 문헌은 기원전 3~4세기경에 성립된 것으로 추정되지만, 더 이전이나 이후의 시기에 지어진 것으로 간주되기도 한다. 알다시피 700송으로 구성된 『기타』가 통합된 하나의 작품이 아닐 가능성도 있지만, 학자들은 지금까지 만족할 만한 '원본'을 재구성해 내지 못하고 있다.

『기타』의 가르침들은 고대 바가바타 컬트(Bhāgavata cult)의 판차라트라Pañcarātra 전통에서 유래한다. 그들은 독특한 특징을 가지고 있는데, 특히 두드러진 유신론은 『기타』가 동시대의 다른 저작들과 다른 성격을 갖고 있다는 것을 보여 준다. 이러한 접근법은 크리슈나Kṛṣṇa 숭배는 물론 베단타Vedānta, 상키야Sāṃkhya, 요가, 정통 브라마니즘Brahmanism과 같은 그런 다양한 견해들을 종합하려 할 만큼 두드러지게 통합적이다. 도덕(다르마dharma)에 대한 가르침과 신비한 지식(요가-샤스트라 I yoga-śāstra) 양자를 요지로 하는 『기타』는 해탈을 위한 세 가지의 길, 즉 카르마-요가Karma-Yoga, 갸나-요가Jñāna-Yoga, 박티-요가Bhakti-Yoga를 주장한다. 첫 두 길은 1~12장에서 주로 설명하는 한편, 마지막 여섯 장은 헌신(박티bhakti)의 이상과 탁월함에 대해 전통적인 방식으로 다루고 있다. 많은 우파니샤드를 특징짓는 세속을 부정하는 고행주의를 거부하지는 않지만, 『기타』는 모든 행위를 포기(renunciation)하는 이상보다 무욕한 행위(나이슈카르미야-카르만naiṣkarmya-karman)를 하는 이상을 우위에 둔다. 그러나 특히 수행의 가치보다는 헌신을 내세운다. 왜냐하면 수행자의 깨달음이 (개인적이기보다는) 모든 것을 포함하는 초개인적 실재인 크리슈나의 신성한 사람과 관계되는 한, 헌신은 단지 '세속에서의 열반'(브라마-니르바나brahma-nirvāṇa)보다 더 높은 깨달음의 상태로 이끌어 주기 때문이다.

주主 크리슈나(Kṛṣṇa)와 아르주나(Arjuna) 왕자가 전차를 타고 있고, 거기서 『바가바드-기타』의 가르침이 전수되고 있다.

⇒ 아누-기타 Anu-Gītā, 아슈타바크라-기타 Aṣṭā-vakra-Gītā, 아바두타-기타 Avadhūta-Gītā, 가네샤-기타 Gaṇeśa-Gītā, 이슈와라-기타 Īśvara-Gītā, 웃다바-기타 Uddhāva-Gītā도 참조.

Bhagavat(바가바트)

'축복받은 자'라는 뜻이다. 명사형은 바가반bhagavān이다. 일반적으로 크리슈나Kṛṣṇa를 부르는 별칭이지만, 때로는 힌두Hindu 만신전의 다른 개별적 신들을 지칭하기도 한다. 궁극적 실재는 추상적 상태로 있는 것이 아니라 살아 있는 존재라고 주장한다. 특정한 연음들로 시작하는 단어가 뒤에 오면 바가바트Bhagavat는 『바가바드-기타』*Bhagavad-Gītā*에서처럼 바가바드Bhagavad로 쓰거나 바가반-마야(bhagavan-maya; '주主에 몰입')에서처럼 바가반Bhagavan으로 쓴다.

⇒ 바가bhaga, 이슈와라Īśvara도 참조.

Bhairava(바이라바)

쉬바Śiva의 무서운 형상 중 하나이다. 또한 『하타-요가-프라디피카』*Haṭha-Yoga-Pradīpikā*(1. 6)에 언급된 하타-요가Haṭha-Yoga 달인의 이름이기도 하다.

하르샤바르다나Harṣavardhana 왕을 묘사한 바나Bāna의 유명한 7세기 역사 소설 『하르샤-차리타』*Harṣa-Carita*에 어떤 바이라바 아차리야(Bhairava Ācārya, [연성]바이라바차리야Bhairavācārya)가 언급되어 있었는데, 그는 그 궁전의 시인 중 한 사람이었다. 바이라바 아차리야는 수천 명의 추종자들을 거느린, 남인도 출신의 성자로 묘사되어 있다. 바나는 그를 다음과 같이 생생하게 묘사한다.

바이라바. 쉬바의 형상

B

호랑이 가죽 위에 앉아 있는 그는 헝클어진 긴 머리에 유리구슬과 조개를 꿰어 만든 염주를 하고 짙은 수염을 길렀다. 수정 귀걸이(쿤달라kuṇḍala)를 하고, 허브로 만든 보호용 실로 묶은 한 쪽 팔뚝에는 쇠팔찌를 찼다. 그는 또한 허리 감개(카우피나kaupīna)를 하고 숄(요가-팟타카yoga-paṭṭaka)을 걸치고 있다.

⇒ 아난다 바이라바Ānanda Bhairava, 우그라 바이라바Ugra Bhairava, 비갸나-바이라바Vijñāna-Bhairava도 참조.

bhairava-mudrā(바이라바-무드라) 또는 **bhairavī-mudrā**(바이라비-무드라)

케차리-무드라khecarī-mudrā와 동의어이다.

Bhairavī(바이라비)

바이라바Bhairava의 신성한 배우자, 즉 샥티 II Śakti이다. 소문자 바이라비bhairavī는 다키니ḍākinī와 동의어이다.

bhairavī-cakra(바이라비-차크라)

'바이라비Bhairavī의 원'이라는 뜻이다. 차크라-푸자cakra-pūjā와 동의어이다.

bhajana(바자나)

'숭배'라는 뜻이다. 키르타나kīrtana와 동의어이다.

Bhajan, Yogi(∴요기 바잔)

⇒ 요기 바잔Yogi Bhajan 참조.

bhakta(박타)

'헌신자', '숭배자'라는 뜻이다. 숭배나 헌신은 수행자 자신이 믿고 의지하는 신(Divine)께 감사하려고 노력하는 영적 수행이다. 『바가바타-푸라나』*Bhāgavata-Purāṇa*(3. 29. 7ff.)에서는 헌신자를 네 가지 유형으로 구분한다. 처음 세 유형의 헌신자는 우주(cosmos)의 세 가지 주요 속성(구나guṇa)과 일치하는 반면, 넷째 유형은 니르구나nirguṇa, 즉 주요 속성들을 넘어선다고 한다. 『바가바드-기타』*Bhagavad-Gītā*(9. 23)에 따르면 크리슈나Kṛṣṇa는 모든 희생제의 수취인이기 때문에, 크리슈나 외에 다른 신(데바deva)을 숭배하는 데 완전히 헌신하는 사람들일지라도 실제로는 크리슈나를 숭배한다. 그러나 그런 숭배자들은 크리슈나가 지고의 존재라는 것을 알지 못하기 때문에 마지막 해탈을 얻지 못한다. 그러한 헌신주의에는 유신론에서 발견되는 배타적인 요소가 항상 있다. 그러나 숭배자의 궁극적인 선(善, virtue)은 모든 존재와 형상에서 신을 발견하는 것이다.

bhakti(박티)

'헌신' 또는 '연모'라는 뜻이다. 어근 √bhaj('~에 참여하다')로부터 파생되었다. 이 용어는 처음부터 힌두이즘Hinduism의 유신론적 전통과 긴밀하게 연관되어 있었다. 그것은 초기 샤이바Śaiva 문헌인 『슈웨타슈와타라-우파니샤드』*Śvetāśvatara-Upaniṣad*(4. 23)에 처음 나타났는데, 거기서는 신(Divine)과 자신의 스승에게 헌신하도록 권한다.

그러나 원래 박티bhakti 관념은 유신론 철학을 강력하게 지지하는 비슈누Viṣṇu 숭배자 사이에서 주로 고취되었다. 이러한 경향성은 『바가바드-기타』*Bhagavad-Gītā*(6. 30)에서 크리슈나Kṛṣṇa가 다음과 같이 말하는 곳에서 가장 잘 나타난다. "어디에서나 나를 보고 나를 모든 것으로 아는 자, 그는 나를 잃지 않고 나도 그를 잃지 않는다." 『바가바드-기타』(18. 54f.)에서는 해탈을 헌신이 없는 것과 헌신이 있는 것이라는 두 범위로 구분한다.

> "세계의 토대(브라만brahman)가 되고 마음이 안정된 그는 슬퍼하지도 갈구하지도 않는다. 모든 존재들 안에서 똑같은 [실재를 [보는] 그는 나에 대한 지고의 사랑을 얻는다.
>
> 헌신(박티)을 통해서 그는 진실로 나를 안다. 내가 얼마나 위대한지, 내가 누구인지를. 그런 다음 나를 진실로 알게 된 그는 지체 없이 [나의 참존재라는 지고한 상태로] 들어온다."

이 송들은 다른 곳에서, 해탈하여서 궁극적 참실재

가 비개인적이 아니라 초개인적이라는 것을 깨달은 사람의 '더 높은 헌신'♯para-bhakti이라 불리는 것에 대해 말하고 있다. 『바가바드-기타』에 대한 가장 훌륭한 주석으로 평가받는 마라티 성자 갸나데바Jñānadeva의 『갸네슈와리』Jñāneśvarī에 따르면 헌신은 인간 목적(푸루샤-아르타puruṣa-artha)의 다섯째를 구성한다. 한편 『바가바타-푸라나』Bhāgavata-Purāṇa(6. 9. 47)에서는 사랑과 지식이 상호의존적이고, 하나는 다른 하나를 수단으로 도달할 수 있다고 강조한다.

⇒ 박티-마르가bhakti-mārga, 박티-요가Bhakti-Yoga, 구루-박티guru-bhakti, 프라니다나praṇidhāna도 참조.

bhakti-mārga(박티-마르가)

'헌신의 길'이라는 뜻이다. 7~9세기에는 남인도를, 14~17세기에는 북인도를 휩쓸었던 헌신적 종교 운동이다. 현대의 크리슈나 의식파(Krishna Consciousness Sect)는 이러한 가르침이 부활한 것이다.

⇒ 슈릴라 프라부파다Prabhupāda, Shrīla 참조.

Bhakti-Sūtra(박티-수트라 I)

'헌신에 대한 경전'이라는 뜻이다. 나라다Nārada가 저술한 중세 바이슈나바vaiṣṇava 저작으로, 라마누자Rāmānuja 시대 이후에 성립된 것으로 추정된다. 84개의 송에서 성자 나라다는 신(神, Divine)에 대한 헌신적 접근(박티-요가Bhakti-Yoga)의 핵심을 단순명료한 언어로 설명한다. 그는 위대한 달인들과의 교류(상가II saṅga)와 신에 대한 지속적 숭배(바자나bhajana)를 권하는데, 이 숭배는 욕망 없는 행위, 찬송, 신의 영광에 대한 성전의 말들에 귀 기울여 듣는 것으로 표현된다. 해탈은 은총(크리파kṛpā)을 통해서만 얻을 수 있다. 83송에서 그는 여러 박티bhakti 스승 중 샨딜리야Śāṇḍilya를 언급한다.

Bhakti-Sūtra(박티-수트라II)

샨딜리야Śāṇḍilya가 저술하였다. 나라다Nārada의 『박티-수트라』Bhakti-Sūtra와는 달리 더 학술적이고 논쟁적이며, 철학 영역에서 더 많은 영향을 미치고 있다. 이 문헌은 세 개의 장에 걸쳐 100개의 송(수트라sūtra)으로 나누어져 구성되어 있고, 8세기 작품인 『바가바타-푸라나』Bhāgavata-Purāṇa에 앞서는 것으로 추정된다. 샨딜리야의 저술에 대한 현존하는 최초의 주석은 벵골Bengal의 바이슈나바vaiṣṇava인 스와프네슈와라Svapneśvara의 『바쉬야』♯Bhāṣya이다. 그는 1300~1400년대 사이에 살았을 것이다. 다른 주석은 17세기의 학자이자 영적 수행자인 나라야나 티르타Nārāyaṇa Tīrtha가 저술하였다.

Bhaktivedanta Swami, A. C.(박티베단타 스와미)

⇒ 슈릴라 프라부파다Prabhupāda, Shrīla 참조.

Bhakti-Yoga(박티-요가)

'헌신의 요가Yoga'라는 뜻이다. 힌두이즘Hinduism 요가 전통의 주요 유파 중 하나이다. 갸나-요가Jñāna-Yoga와 카르마-요가Karma-Yoga의 접근법들을 보완하는 것으로 종종 소개된다. 후대에 이 유형의 요가의 바이슈나바vaiṣṇava 권위자들은 다음과 같이 아홉 '가지'(지분, 앙가aṅga)를 언급한다.

성스러운 문헌을 '귀 기울여 듣기'인 슈라바나śravaṇa. 신을 찬양하는 헌신적인 노래 '부르기'인 키르타나kīrtana. 신(Divine)의 형상에 대해 명상함으로써 신을 '기억하기'인 스마라나smaraṇa. 주主의 '발아래에서 봉헌하기'인 파다-세바나pāda-sevana. 의례적 숭배하기인 아르차나arcanā. 신의 형상 앞에 '엎드리기'인 반다나vandana. 주께 '맹목적으로' 헌신하기인 다시야♯dāsya. 신이 겸손한 헌신자를 친구의 상태로 승격시킴으로써 '친교함'인 사키야♯sākhya. 숭배자가 신의 불사의 몸으로 들어감으로써 '자신을 공물로 바침'인 아트마-니베다나ātma-nivedana. 루파 고스와민Rūpa Gosvāmin은 자신의 저작인 『박티-라사-아므리타-신두』♯Bhakti-Rasa-Amṛta-Sindhu('헌신에 대한 불멸의 정수의 대양')에서 박티-요가Bhakti-Yoga의 이러한 면들, 즉 단계들을 가장 명쾌하게 설명한다.

『바가바타-푸라나』Bhāgavata-Purāṇa(3. 28. 7)에 따르면 박티-요가에는 수행자들의 다양한 내적 기질(스와-바바sva-bhāva)에 따른 많은 길이 있다. 또한 이 문헌(3. 29.

14)에는 신에 대한 순수한 헌신으로 이루어진 아티얀티카(ātyantika; '극단적인') 박티-요가에 대해서도 언급되어 있다. 일부 헌신자들은 비슈누Viṣṇu의 낙원에 도달하기를 원치는 않지만, 신의 도구가 되려는 욕망 이외에 개인적인 동기가 완전히 없어질 때까지 자신들의 의지를 포기한다. 이것은 또한 '무속성의 헌신' nirguṇa-bhakti으로도 알려져 있다.

⇒ 프라팟티prapatti도 참조.

Bhanukin(바누킨)

『하타-요가-프라디피카』*Haṭha-Yoga-Pradīpikā*(1. 8)에 언급된 하타-요가*Haṭha-Yoga*의 달인이다.

Bhartṛhari(바르트리하리 I ; 7세기경)

『바이라기야-샤타카』*Vairāgya-Śataka*('이욕의 세기')와 『샨티-샤타카』*Śānti-Śataka*('평화의 세기')로 가장 널리 알려진 시인이자 문법학자이다. 앞 작품은 이욕(dispassion)의 이상을 찬양하고, 자신을 포기(renunciation)를 위해 분투하는 데 여전히 전념하고 있는 사람으로 묘사하고 있다. 한편 뒤 작품에서는 자신을 영적으로 유리한 어떤 위치를 획득한 자로 표현하고 있다. 이 교훈적인 시(4. 10)에서 저자는 고통스러운 자기 질책을 통해 힘(초능력)은 획득하지만 참된 내면의 평화가 결핍된 잘못된 요긴yogin들을 비난한다. 바르트리하리 I Bhartṛhari은 아드와이타 베단타Advaita Vedānta의 비바르타vivarta, 즉 환영적 세계의 방사에 대한 교의를 제안한 최초의 인물이다.

Bhartṛhari(바르트리하리 II; 11세기경)

지역의 전설에 따르면 위대한 스승인 고라크샤 I Gorakṣa이 직접 나티즘Nāthism으로 개종시킨 웃자인(Ujjain, 서인도)의 왕이다. 다른 전설에 따르면 그를 입문시킨 사람은 잘란다리Jalandhari였다. 칸파타파Kānphaṭa sect의 지파 중 하나는 그의 이름을 따서 자신의 명칭을 지었다. 13세기에 살았던 그와 이름이 동일한 사람은 나타 전통Nātha cult의 바이라그 판트Vairāg Panth의 개조로, 그리고 고라크샤나 잘란다리의 제자로 기억된다.

bhasman(바스만)

'열렬한', '게걸스럽게 먹는'이라는 뜻이다. 불에 의해 삼켜진 것, 즉 재이다. 내적 포기(renunciation)의 외적 징표로 요긴yogin과 사두sādhu 들은 자신들의 피부 일부나 전체에 재를 바른다. 재 가루로 만든 이마(랄라타 lalāṭa)의 표시는 바스마-랄라티카bhasma-lalāṭikā라고 불린다. 일부 고행자들은 화장터의 장작더미 근처에 살면서 시체를 태운 재를 사용하여 세속적인 모든 것들에 대해 상징적인 죽음을 표현한다. 『게란다-상히타』*Gheraṇḍa-Saṃhitā*(3. 54)에서는 샥티-찰라나 śakti-cālana를 수행하기 위해서는 몸에 재를 칠하라고 권한다. 쉬바Śiva의 많은 별칭 중 하나는 바스마프리야Bhasmapriya이다. 이것은 '재를 좋아하는 자'란 뜻이다. 신령스러운 만트라mantra의 힘으로 가득 찬 희생제(호마homa)에서 얻은 재는 이마와 신체 다른 부위에 칠하거나 온몸에 바르는 데 사용된다. 샤이바Śaiva들은 이마에 영적 수행[사다나(sādhana 또는 sādhanā)]으로 재가 되는 자연(nature, 근본 원질, 프라크리티prakṛti)의 3질을 나타내는 세 개의 가로선을 그린다. 바이슈나바vaiṣṇava들은 (라크슈미Lakṣmī를 나타내는) 붉은 점이 있는 흰색의 V나 Y 표시를 이마 가운데 그린다. 헌신자들의 믿음을 강화시키는 살아 있는 성자들 또는 성자들의 이미지와 연관되어 있는 재의 초자연적인 [힘의] 현현顯現들은 비부티vibhūti로 알려져 있다.

bhastrikā(바스트리카) 또는 **bhastrā**(바스트라)

'풀무'라는 뜻이다. 『게란다-상히타』*Gheraṇḍa-Saṃhitā*(5. 74f.)와 그 밖의 하타-요가Haṭha-Yoga 문헌들에 기술된 8종의 호흡 조절법(프라나야마prāṇāyāma) 중 하나이다. 이것은 다음과 같이 설명된다. 대장장이의 풀무질이 공기를 이리저리 앞뒤로 움직이게 하는 것처럼, 그렇게 양쪽 콧구멍으로 천천히 호흡해야만 한다. 요긴yogin은 이것을 20회 반복한 후에 '멈춘 숨'(쿰바카kumbhaka), 즉 호흡을 보유하는 수행을 해야만 한다. 들숨은 오른쪽 콧구멍으로, 날숨은 왼쪽 콧구멍으로 쉬어야만 한다는 『하타-요가-프라디피카』*Haṭha-Yoga-Pradīpikā*(2. 59ff)의 서술로 볼 때 그것은 분명하다. 그러나 『요가-쿤달리-우파니샤드』*Yoga-Kuṇḍalī-Upaniṣad*(1. 32ff.)에서는 반대로 하는 과정이 명기되어 있다. 바스트리카bhastrikā를 하는 주된 목적은 '뱀의 힘'(쿤달리니-샥티kuṇḍalinī-śakti)을 깨우는 것이다.

⇒ 샥티-찰라나-무드라śakti-cālana-mudrā도 참조.

Bhattacharya, Ram Shankar(람 샹카르 밧타차리야; 1927~1996)

자신에게 영예가 되는, 요가Yoga와 상키야Sāṃkhya에 대한 많은 출판물을 가진 저명한 산스크리트Sanskrit 학자이다. 여러 저작 중에서도 가치 있는 연구서인 『요가: 명상에 대한 인도의 철학』*Yoga: India's Philosophy of Meditation*(2008)을 라슨G. J. Larson과 공동 집필하였다.

bhava(바바II)

'~이 됨', '생성'이라는 뜻이다. 어근 √bhu('존재하다', '있다')에서 파생되었다. '출생', '근원', '번영'과 같은 매우 다양한 의미를 나타낼 수 있다. 그러나 많은 문맥에서 이 용어는 상사라saṃsāra의 의미로 '존재'를 나타낸다.

⇒ [비교] 참존재 또는 참실재(Being).

Bhavadeva Miśra(바바데바 미슈라)

현재 비하르Bihar 북부에 있는 미틸라Mithilā 지역에서 살았던 것으로 추정되는 17세기의 박학한 판디타paṇḍita이다. 그는 마찬가지로 유명한 학자인 발라데바Baladeva의 형이었고, 그의 구루guru는 바바데바 타쿠르Bhavadeva Thakur였다. 그는 『요가-수트라』*Yoga-Sūtra*, 『브라마-수트라』*Brahma-Sūtra*, 『샨딜리야-수트라』*Śāṇḍilya-Sūtra*, 『육타-바바데바』*Yukta-Bhavadeva*라는 제목의 문헌에 대한 주석을 포함하여 여러 산스크리트Sanskrit 작품을 저술한 것으로 여겨진다.

bhaya(바야)

'두려움'이라는 뜻이다. 극복해야 할 에고적 인성의 결함(도샤doṣa) 중 하나이다. 요가Yoga의 모든 전통에서는 두려움이 보편적으로 지속되는 인간의 경험이라는 것을 깨닫게 되었고, 그것은 그것을 초월할 수 있는 가능성이기도 했다. 참자아에 대한 완전한 깨달음으로 모든 두려움을 뿌리 뽑을 수 있다.

[비교] 아바야abhaya.

Bhāgavata cult(바가바타 컬트)

'축복받은 자'(바가바트Bhagavat), 즉 비슈누Viṣṇu 또는 크리슈나Kṛṣṇa인 바수데바Vasudeva에 대한 숭배에 기초한 전통이다. 고대의 바가바티즘Bhāgavatism은 매우 잘 정립되어 있지만, 그 역사는 여전히 다소 모호하다. 이 파의 구할 수 있는 가장 초기 문헌들은 『바가바드-기타』*Bhagavad-Gītā*와 『마하바라타』*Mahābhārata*의 나라야니야Nārāyaṇīya 편(12. 334-51)이다. 베단타Vedānta 형이상학의 고전적 개요인 『브라마-수트라』*Brahma-Sūtra*(2. 2. 42f.)에 대한 샹카라Śaṅkara의 박학한 주석에 따르면 바가바타Bhāgavata라는 용어가 판차라트라Pañcarātra로 알려진 종교 전통의 추종자들에게 적용되지만 이 구분이 항상 명확한 것은 아니다.

⇒ 바이슈나비즘Vaiṣṇavism도 참조.

Bhāgavata-Purāṇa(바가바타-푸라나) 또는 **Śrīmad-Bhāgavata**(슈리마드-바가바타)

750년경에 성립된 것으로 추정되는 주요 푸라나Purāṇa이다. 바가바타 컬트Bhāgavata cult의 가장 중요한 문헌이다. 이 문헌의 철학적 토대는 크리슈나Kṛṣṇa라는 인간의 모습을 한 신(Divine)에 대한 관념과 숭배로 원숙해진 아드와이타 베단타Advaita Vedānta이다. 그러나 이 저작에서 숭배 의례는 판차라트라Pañcarātra 전통의 상히타Saṃhitā 문헌들과는 달리 중요한 역할을 하지 않는다. 『바가바타-푸라나』*Bhāgavata-Purāṇa*는 요가Yoga와 상키야Sāṃkhya에 대한 가르침으로 가득 차 있다. 여덟 가지로 된 길(8지支 요가, 아슈타-앙가-요가aṣṭa-aṅga-yoga)의 모든 요소가 나타나 있지만, 전반적으로 인격신에 대한 봉사와 헌신에 초점을 맞추고 있다. 그러므로 이 푸라나에서 주창하는 길은 짐작컨대 이원적 접근 방식을

B

취하는 고전 요가(Classical Yoga)의 요가와는 대비되는 박티-요가 Bhakti-Yoga이다. 명상(meditation) 속에서 개인이 [선택한] 신(이슈타-데바타 iṣṭa-devatā)을 관상觀相하는 법을 가르치는 데 많은 부분을 할애하고 있다.

『웃다바-기타』 *Uddhāva-Gītā*로 알려진, 『바가바타-푸라나』의 열한째 권의 6~29장이 특히 흥미롭다. 『바가바드-기타』 *Bhagavad-Gītā*를 모방한 이 저작에서는 세 유형의 요가, 즉 카르마-요가 Karma-Yoga, 갸나-요가 Jñāna-Yoga, 박티-요가를 설명한다. 한 송(9. 20)에서 비슈누 Viṣṇu는 헌신보다 더 좋아하는 것은 없다고 밝힌다. 그 밖의 다른 곳(23. 41)에서 『웃다바-기타』는 초자연적 능력(싯디 siddhi)의 획득을 목적으로만 신체를 수련하는 요가 유형, 즉 하타-요가 Haṭha-Yoga에 대해 반대의 입장을 표명한다. 왜냐하면 신체는 결국 죽음을 면할 수 없기 때문이다.

Bhāgavatism(바가바티즘)

바가바타 Bhāgavata 전통에 대한 현대의 신조어이다.

Bhāskara(바스카라)

'빛을 만드는 자'라는 뜻이다. 12세기에 구자라트 Gujarat로 이주했던 카슈미르 Kashmir인 의사이다. 그는 두 제자를 두었는데, 그 중 한 명은 역시 의사였던 자신의 아들 소달라 Sodhala였다. 둘째 제자는 (간혹 『카크샤푸타-탄트라』 ✍ *Kakṣapuṭa-Tantra*를 저술한 것으로 믿어지는) 나가르주나 Nāgārjuna였다.

Bhāskarakaṇṭha(바스카라칸타)

바스카라 bhāskara + 칸타(kaṇṭha; '인후')로 만들어졌다. 『바스카리』 ✍ *Bhāskarī*라 불리는, 아비나바굽타 Abhinavagupta의 『프라티야비갸-비마르쉬니』 *Pratyabhijñā-Vimarśinī*에 대한 박식한 주석을 포함하여 많은 저작을 저술한 18세기 후반의 달인이자 학자였다. 그의 스승은 카울라 나롯타마 Kaula Narottama였다. 그리고 그는 랄라 Lallā의 금언들을 산스크리트 Sanskrit로 번역하기도 했다.

Bhāskararāya(바스카라라야)

19세기 후반의 위대한 탄트라 Tantra 주석가이다. 그의 저작물들에는 『바마케슈와라-탄트라』 *Vāmakeśvara-Tantra*에 대한 주석인 『세투-반다』 ✍ *Setu-Bandha*('교량 건축'), 『데비-마하트미야』 ✍ *Devī-Māhātmya*에 대한 주석인 『굽타바티』 ✍ *Guptavatī*, 『랄리타-사하스라-나마』 ✍ *Lalitā-Sahasra-Nāma*에 대한 주석인 『사우바기야-바스카라』 ✍ *Saubhāgya-Bhāskara*, 『바리바시야-프라카샤』 ✍ *Varivasyā-Prakāśa*('헌신에 대한 설명')라 불리는 자신의 주석이 달린 『바리바시야-라하시야』 ✍ *Varivasyā-Rahasya*('헌신의 비밀')가 포함되어 있다. 그의 구루 guru는 『라트나카라』 ✍ *Ratnākara*('보석 광산')를 저술했고 베나레스(Benares, 바라나시 Vārāṇasī)에서 남인도의 촐라 Cola 왕국으로 이주한 바수라난다나타 Bhāsurānandanātha였다. 그의 제자는 『니티욧사바』 ✍ *Nityotsava*('영원한 사업')를 저술한 우마난다 나타 Umānanda Nātha였다.

Bhāskarācārya(바스카라차리야)

바스카라 bhāskara + 아차리야 ācārya로 만들어졌다. 『쉬바-수트라-바룻티카』 ✍ *Śiva-Sūtra-Vārttika*와 다른 여러 샤이바 Śaiva 저작을 저술한 10세기 중엽의 작가이다.

Bhāsvatī(바스와티)

'광휘'라는 뜻이다. 하리하라난다 아란야 Hariharānanda Āranya의 『바스와티』 *Bhāsvatī*는 『요가-수트라』 *Yoga-Sūtra*에 대한 20세기의 산스크리트 Sanskrit 주석으로 많은 계몽적 정의를 제공한다.

Bhāṣya(바쉬야)

'말' 또는 '논의'라는 뜻이다. 수트라 sūtra와 같은 주요 문헌에 대한 첫 주석이다. 예를 들자면 『요가-바쉬야』 *Yoga-Bhāṣya*를 참조해 보라.

bhāva(바바 III)

어근 √bhu('존재하다', '있다')에서 파생되었다. '존재', '조건', '본성', '기질', '감정'을 나타낸다. 마지막에 언급한 감정은 주로 박티-요가 Bhakti-Yoga에 대한 저작에서 발견된다. 이 요가는 다섯 가지 주요한 감정 또는 기분을 구별하고 있다. (경외나 겸손의) '평온한 감정'인 샨타-바바 ♯ śānta-bhāva, (존경, 종속, 헌신의) '충복하는 감정'인 다시야-바바 ♯ dāsya-bhāva, (자식 같거나 형제 같은 애정이 담긴 감정의) '새끼 같은 감정'인 밧살리야-바바 ♯ vatsalya-bhāva, (우정의 감정인) '우호적인 감정'인 사키야-바바 ♯ sākhya-bhāva, (연인 사이의 기쁨인) '달콤한 감정'인 마두리야-바바 ♯ mādhurya-bhāva. 이 감정들은 궁극적으로 라사rasa, 즉 신과 친밀한 사랑을 공유하는 순수한 은총의 맛으로 발전한다.

『상키야-카리카』*Sāṃkhya-Kārikā*(23)에 따르면 마음에는 8가지 근본적인 상태(바바III bhāva)가 있다. 지식(갸나 jñāna), 선(善, virtue, 다르마 dharma), 이욕(dispassion, 바이라기야 vairāgya), 권력(아이슈와리야 aiśvarya), 무지(아갸나 ajñāna), 악(惡, 아다르마 adharma), 이욕의 결여 ♯ avairāgya, 권력이나 권위의 부재 ♯ anaiśvarya이다. 다른 상키야Sāṃkhya 문헌들에서는 50개의 그러한 바바III 들을 언급하고 있다. 『요가-수트라』*Yoga-Sūtra*(2. 27)에서 7가지 지혜(삽타다-프라갸 saptadhā-prajñā)에 대한 언급은 지식을 제외한 이러한 정신적(mental) 상태들에 대한 이야기일 것이다. 지식은 다른 모든 것을 초월하는 수단이다. 그러나 비야사Vyāsa의 『요가-바쉬야』*Yoga-Bhāṣya*(2. 27)에서는 전적으로 확신할 수는 없지만 다른 설명을 제시한다.

탄트리즘Tantrism에는 수행자들을 기질에 따라 3가지 근본 유형으로 나누는 널리 알려진 분류법이 있다. 이는 '짐승 같은 기질' ♯ paśu-bhāva, '영웅적 기질' ♯ vīra-bhāva, '신성한 기질' ♯ divya-bhāva이다. 파슈paśu라는 용어는 '짐승' 또는 '피조물'을 의미하는데, 일반적으로는 환영(마야 māyā)의 세계에 속박된 개인을 말한다. 이와 같은 사람 속에서 활동하는 지배적인 속성은 불활성(타마스 tamas)이다. 그러나 어떤 문헌들에서는 이 용어가 영적 성취의 특정 단계에 대해 완전하게 통달한 전수자를 나타낸다. 동적인 속성(라자스 rajas)이 두드러진 데서 기인한 영웅(비라 vīra) 기질은 현재의 말세 시대(칼리-유가 kali-yuga)의 전형적인 영적 구도자의 특성이다. 신성한 기질은 순수함의 원리(삿트와 sattva)가 우세하기 때문이고, 이 기질은 자연스럽게 명상(meditation)하고 평정심을 유지하며 신(Divine)을 기억하는 몹시 드문 사람의 특징이다.

B

Bhāva Gaṇeśa Dīkṣita(바바 가네샤 디크쉬타; 1550~1600)

『프라디피카』 ♯ *Pradīpikā*('등불')라는 제목도 붙어 있는 『요가-아누샤사나-수트라-브릿티』*Yoga-Anuśāsana-Sūtra-Vṛtti*('요가를 자세히 설명하는 송들에 대한 주석')의 저자이다. 그는 비갸나 비크슈Vijñāna Bhikṣu의 수제자였다.

bhāva-liṅga(바바-링가)

'존재의 표시'라는 뜻이다. 시공간을 초월한 실재로서의 쉬바Śiva를 나타낸다.

⇒ 링가liṅga도 참조.

bhāvanā(바바나)

'함양', '배양'이라는 뜻이다. 명상(meditation, 디야나 dhyāna)의 동의어이다. 탄트라Tantra에서 이 용어는 일반적으로 심상화(心象化, visualization)의 의미로 사용된다.

Bhāva-Yoga(바바-요가)

'존재의 요가Yoga'라는 뜻이다. 『쉬바-푸라나』*Śiva-Purāṇa*(7. 2. 37. 9)에 따르면 만트라mantra 암송을 포함하지 않는 요가적 접근이다.

[비교] 아바바-요가Abhāva-Yoga.

bhikṣu(비크슈)

'걸인'이라는 뜻이다. 힌두이즘Hinduism과 불교 양자에 모두 있는 남성 승려 또는 남성 탁발승이다.

⇒ 비갸나 비크슈Vijñāna Bhikṣu도 참조.

bhikṣuṇī(비크슈니)

힌두이즘Hinduism과 불교 양자에 모두 있는 여성 승려 또는 여성 탁발승이다.

bhoga(보가 I)

'향수', '즐김'이라는 뜻이다. 고전 요가(Classical Yoga)에서 해탈(아파바르가 apavarga)에 반대되는 것으로 '세속적 경험'을 의미한다. 『요가-수트라』*Yoga-Sūtra*(3. 35)에서는 이것을 참자아와 우주(cosmos)의 가장 순수한 측면인 삿트와 sattva 사이를 식별하지 못함에 기초를 둔 관념으로 정의한다. 『바가바드-기타』*Bhagavad-Gītā*(5. 22)에서는 고통(두카 duḥkha)의 발생지인 감각 대상과 접촉함으로써 생겨나는 즐거움이라고 말한다.

⇒ 아보가 ābhoga도 참조.

Bhoga(보가 II)

⇒ 보가르 Bogar 참조.

Bhoja(보자; 1018~1060)

이름이 라나랑가 말라 Raṇaraṅga Malla였던 다라 Dhārā의 왕이다. 쉬바 Śiva의 숭배자인 보자는 『요가-수트라』*Yoga-Sūtra*를 몹시 찬양하는, 『라자-마르탄다』*Rāja-Mārtaṇḍa*라는 제목의 주석서를 저술하였다. 또한 샤이바 Śaiva 철학, 문법학, 윤리학, 천문학(지요티샤 jyotiṣa), 병법에 대한 저작들을 저술하였다고도 인정된다. 그의 구루 guru는 웃퉁가(♯ Uttuṅga; '탁월한') 쉬바차리야 Śivācārya였다.

Bhoja-Vṛtti(보자-브릿티)

⇒ 라자-마르탄다 Rāja-Mārtaṇḍa 참조.

bhoktṛ(보크트리)

'향수자', '즐기는 자'를 뜻한다. 정신적(mental) 상태들의 경험 주체로서 참자아이다. 상키야 Sāṃkhya의 형이상학에 따르면 초월적 참자아는 모든 것을 즐기는 자이다. 그래서 『마이트라야니야-우파니샤드』*Maitrāyaṇīya-Upaniṣad*(6. 10)에서는 참자아가 우주의 음식♯ prakṛtam annam을 게걸스럽게 삼키는데, 이 음식은 특히 '요소들로 된 자아'(부타-아트만 bhūta-ātman)이다.

⇒ 보가 I bhoga, 카르트리 kartṛ도 참조.

bhrama(브라마 I)

'혼란', '당황'이란 뜻이다. 수행이 필요한 방황하는 마음이다. 요가 Yoga의 열 가지 장애(비그나 vighna) 중 하나이다.

bhrāmarī(브라마리)

'꿀벌'이란 뜻이다. 8종의 하타-요가 Haṭha-Yoga 호흡법(프라나야마 prāṇāyāma) 중 하나이다. 『하타-요가-프라디피카』*Haṭha-Yoga-Pradīpikā*(2. 68)에 다음과 같이 기술되어 있다. 수컷 꿀벌 소리를 내면서 숨을 들이쉰 다음, (숨을 잠시 보유한 뒤) 암컷 꿀벌 소리를 내면서 천천히 숨을 내쉬어야만 한다. 『게란다-상히타』*Gheraṇḍa-Saṃhitā*(5. 78ff.)에 따르면 이 수행법은 다소 다르게 나타나는데, 이것은 내면의 소리에 대한 지각과 관련이 있다.

bhrānti(브란티)

요가 Yoga의 열 가지 장애(비그나 vighna) 중 하나이다. 『카울라-갸나-니르나야』*Kaula-Jñāna-Nirṇaya*(5. 2)에 따르면 이것은 지속적인 명상(meditation, 디야나 dhyāna)의 수행으로 극복된다.

bhrānti-darśana(브란티-다르샤나)

'잘못된 통찰력(vision)'이란 뜻이다. 파탄잘리 Patañjali가 언급한 장애(안타라야 antarāya) 중 하나이다. 『링가-푸라나』*Liṅga-Purāṇa*(1. 9. 7)에서는 이것을 영적 목표, 수행자 자신의 스승, 지식, 행위, 신(Divine)의 본성과 연관된 잘못된 지식으로 설명하고 있다.

bhrū-cakra(브루-차크라)

'미간 차크라 cakra'란 뜻이다. 아갸-차크라 ājñā-cakra로 더 잘 알려져 있다.

bhrū-madhya(브루-마디야)

'미간의 가운데'라는 뜻이다. 양미간♯ bhrū 사이의 이마에 위치한다. 요긴 yogin들이 정신을 집중(concentration)하는 동안 이 지점에 자신들의 시선(드리슈티 dṛṣṭi)을 집중시키는 것을 종종 볼 수 있다. 브루-마디야bhrū-madhya는 흔히 아갸-차크라ājñā-cakra로 언급되는, 머리 가운데 있는 비밀스러운 연꽃이기도 하다. 이 차크라 cakra는 요긴들이 집중을 위해 선호하는 고정점이다. 『하타-라트나발리』*Haṭha-Ratnāvalī*(1. 142)에 따르면 이 지점은 트리-쿤다♯tri-kuṇḍa, 수치-하타♯suci-haṭhā, 고비타♯govīṭha, 쉬카라♯śikhara, 트리-샹키♯tri-śaṅkhi, 바즈라 vajra, 옴-카리♯oṃ-kārī로도 불린다. 『트리-쉬키-브라마나-우파니샤드』*Tri-Śikhi-Brāhmaṇa-Upaniṣad*(2. 132)에서는 브루-마디야를 신체의 18개의 치명적 지점(마르만 marman) 중 하나로, 그리고 '넷째'(투리야 I turīya), 즉 초월적 참자아의 자리로 간주한다.

[비교] 나사-아그라-드리슈티 nāsā-agra-dṛṣṭi.

Bhṛgu(브리구)

'밝음', '광휘'라는 뜻이다. 인류의 조상인 전설적인 마누Manu의 아들 중 한 명이다. 그는 베다Veda의 현자(리쉬 ṛṣi)로 기억되며, 아그니 II Agni에게 저주를 내려서 그를 아무것이나 닥치는 대로 먹는 신으로 변하게 만들었다. 그는 베다의 사제 가문인 브리구Bhṛgu의 구성원으로, 불의 희생제를 고안해 냈다. 브리구는 바이슈나비즘Vaiṣṇavism 전통과 연관되게 되었다. 그는 중세 문헌들에서 종종 요가Yoga의 스승 역할을 한다.

bhujaṅga-āsana(부장가-아사나, [연성]**bhujaṅgāsana** 부장가사나)

'뱀 자세'라는 뜻이다. 부즈(bhuj; '굽은')와 앙가(aṅga; '사지'四肢)로 만들어졌다. 문자 그대로 '굽은 팔다리'이다. 일반적으로 '코브라'라고 불리는 자세이다. 『게란다-상히타』*Gheraṇḍa-Saṃhitā*(2. 42ff.)에서는 이것을 다음과 같이 기술한다. 배꼽에서 발끝까지 몸이 바닥에 닿아 있어야만 한다. 손바닥을 바닥에 대고 머리와 어깨를 뱀처럼 올려야 한다. 이것은 '뱀의 힘'(쿤달리니-샥티 kuṇḍalinī-śakti)을 각성시킬 뿐만 아니라, 체온을 상승시키고 모든 종류의 질병을 제거한다고 한다.

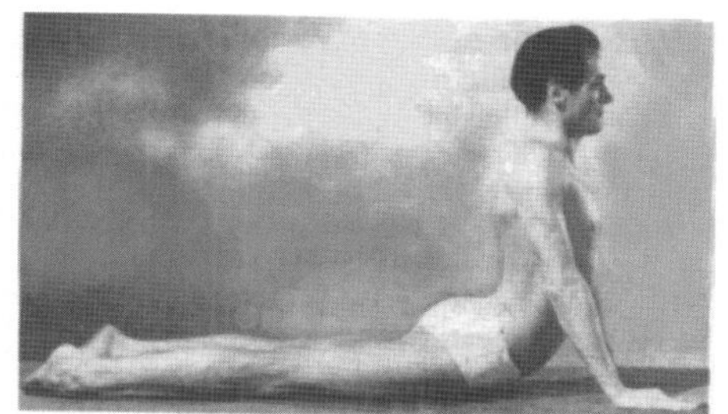

부장가-아사나.
테오스 버나드(Theos Bernard) 시연

bhujaṅginī-mudrā(부장기니-무드라)

'뱀 결인'이란 뜻이다. 『게란다-상히타』*Gheraṇḍa-Saṃhitā*(3. 92f.)에 다음과 같이 기술되어 있다. 얼굴을 약간 앞쪽으로 내밀고 목구멍으로 공기를 빨아들인다. 이것은 모든 복부질환, 특히 소화불량을 신속하게 치료한다고 한다.

⇒ 무드라mudrā도 참조.

bhujaṅgī(부장기)

'뱀'이란 뜻이다. 쿤달리니kuṇḍalinī의 동의어이다.

bhukti(북티)

'향수' 또는 '즐김'이란 뜻이다. 보가 I bhoga과 동의어이다.

bhuvana(부바나)

'우주'(cosmos)라는 뜻이다.

⇒ 우주(cosmos), 자가트jagat, 로카loka, 상사라saṃsāra, 비슈와viśva 참조.

bhū(부)

'땅'地, '흙', '대지'라는 뜻이다. 우리가 걸어 다니는 대지나 지구 중 하나이다.

bhū-cara-siddhi(부-차라-싯디) 또는 **bhū-carī-siddhi**(부-차리-싯디)

'대지를 움직이는 힘'이란 뜻이다. 마음대로 공중부양 할 수 있는 초자연력(싯디 siddhi)이다. 『요가-탓트와—우파니샤드』Yoga-Tattva-Upaniṣad(59)에 따르면 이것은 호흡법(프라나야마 prāṇāyāma)에 통달했을 때 얻게 되는 유익함 중 하나이다. 『쉬바—상히타』Śiva-Saṃhitā(5. 88)에서도 심장의 중심에 있는 바나—링가bāṇa-liṅga에 명상(contemplation)함으로써 이것을 성취할 수 있다고 여긴다.

⇒ 공중부양(levitation)도 참조.

bhūmi(부미)

'땅'地, '흙', '대지'라는 뜻이다. 여러 가지 것을 나타낸다. 그러므로 이 용어는 (1)요가 Yoga를 수행하는 터, (2)지地 요소(프리티비 pṛthivī), (3)지구, (4)수행의 특정 '국면'이나 단계를 나타낸다.

마지막에 언급한 의미는 설명할 만하다. 요가에는 노력의 단계가 나누어져 있고, 『요가—수트라』Yoga-Sūtra(2. 27)에 따르면 입문자는 '일곱 가지 지혜'(삽타다—프라갸 saptadhā-prajñā)의 마지막 단계 ♯ prānta-bhūmi에 도달할 때까지 이제까지보다 높은 단계의 성취를 위해 나아가는 것으로 여겨진다. 그러나 진전은 개인의 능력과 전념의 정도에 달려 있기 때문에, 엄격한 객관적 잣대는 있을 수 없고 그 길에서 이정표 역할을 하는 모델만 있을 뿐이다. 그러한 모델 중 하나는 파탄잘리 Patañjali의 무아경(삼매, 사마디 samādhi)에 대한 네 가지 분류이다. 파탄잘리의 송 중 하나(3. 6)에서는 한 수준의 무아경에서 다음 수준으로의 어떤 자연스러운 진전을 함축하고 있는 것처럼 보일 수도 있지만, 사실상 반드시 특정한 순서에 따라야만 한다고 말하는 위대한 요가 달인은 어디에도 없다. 『요가—수트라』의 주석가인 비야사 Vyāsa는 자신의 『요가—바쉬야』Yoga-Bhāṣya(3. 6)에서 '요가 자체가 스승'이라고 언급함으로써 실제로 보다 높은 단계로 급작스럽게 도약하는 것을 받아들였다. 『탓트와—바이샤라디』Tattva-Vaiśāradī(1. 17)에서 바차스파티 미슈라 Vācaspati Miśra는 요긴 yogin을 처음에는 가까운 거리에 있는 큰 과녁으로, 나중에야 먼 거리에 있는 작은 과녁으로 연습하는 궁수에 비유했다. 바차스파티는 집중(concentration)을 할 때 처음에는 '조대한'(스툴라 sthūla) 대상이, 나중에 필요한 기술이 발전되면 우주(cosmos)의 '미세한'(수크슈마 sūkṣma) 차원과 관계가 있는 대상이 필요하다고 제안한다.

바차스파티는 또한 무아경적 환멸還滅의 과정을 네 단계로 언급한다. 마두—마티—부미(♯ mādhu-mati-bhūmi; '꿀이 든 단계'), 마두—프라티카—부미(♯ mādhu-pratīka-bhūmi; '꿀의 얼굴을 한 단계'), 비쇼카—부미(♯ viśoka-bhūmi; '슬픔이 없는 단계'), 상스카라—세샤—부미(♯ saṃskāra-śeṣa-bhūmi; '잠재의식의 활성체[잠세력潛勢力, 상스카라 saṃskāra]들의 잔재로 구성된 단계'). 더욱이 『요가—바쉬야』(1. 1)에서는 다섯 단계의 마음(mental) 작용(칫타—부미 citta-bhūmi)에 대해 언급한다.

⇒ 안타리크샤 antarikṣa, 아티크란타—바바니야 atikrānta-bhāvanīya, 아바스타 avasthā, 마두—부미카 madhu-bhūmika, 프라갸—지요티스 prajñā-jyotis, 삽타—갸나—부미 sapta-jñāna-bhūmi도 참조.

bhūpura(부푸라)

'대지의 요새'라는 뜻이다. 부(bhū; '땅', '대지')+푸라(pura; '요새', '도시')로 만들어졌다. 이것은 네 개의 입구가 있는 사각형으로, 만달라 maṇḍala나 얀트라 yantra의 가장 바깥쪽 모양이다.

bhūta(부타)

부(bhū; '존재하다', '있다', '되다')의 과거분사이다. 이것은 여러 가지 함의가 있는데, 일반적으로 살아 있는 존재 또는 요소적이거나 신체를 떠난, 특히 낮은 계층의 영혼을 나타낼 수 있다. 많은 문맥에서 이것은 물질로 된 우주(material cosmos)를 구성하는 다섯 요소(판차—부타 pañca-bhūta)를 나타낸다. 이 요소들은 오름차순으로 지(地, 프리티비 pṛthivī), 수(水, 아프 ap), 화(火, 아그니 agni), 풍(風, 바타 vāta), 공(空, 아카샤 ākāśa)이다.

⇒ 판차—부타 pañca-bhūta, 탓트와 tattva도 참조.

bhūta-ātman(부타—아트만, [연성]bhūtātman 부타트만)

'요소적 자아'라는 뜻이다. 개체화된 자아이다. 이 개념은 전고전 요가(Preclassical Yoga)의 유파들에서 처음 나타나지만, 베단타 Vedānta의 영향을 받은 것으로 보이는 후대 요가 문헌들에서도 발견된다. 『마하바라타』

Mahābhārata(12. 245. 11)에 따르면 요소적 자아는 심장에 거주하고 지고의 광휘, 즉 초월적 참자아의 한 조각(앙샤 aṃśa)이다.

bhūta-jaya(부타-자야)

'요소들에 대한 정복'이란 뜻이다. 초자연적 능력(싯디 siddhi) 중 하나이다. 『요가-수트라』*Yoga-Sūtra*(3. 44)에 따르면 이것은 다양한 수준의 주어진 대상들에 대한 무아경적 '억제'(총제總制, 상야마 saṃyama) 수행으로부터 발생한다.

⇒ 초심리학(parapsychology)도 참조.

bhūta-śuddhi(부타-숫디)

'요소들의 정화'라는 뜻이다. 종종 쿤달리니-요가 Kuṇḍalinī-Yoga와 동의어로 사용되는데, 이 요가는 신체를 점진적으로 변화시켜서 '신'(divine)으로, 다시 말해서 신의 능력들을 부여받은 성변화聖變化된 신체(디비야-데하divya-deha, 바즈라-데하vajra-deha)로 만들려고 시도한다. '뱀의 힘'(쿤달리니-샥티 kuṇḍalinī-śakti)이 척주의 기저에서 정수리까지 상승할 때 다섯 요소(판차-부타 pañca-bhūta)를 성공적으로 '용해'시키는 것이라고 생각되고, 이는 점진적인 정화 과정으로 해석된다. 수행에서 심리영성적인 힘이 상승하면 신체로부터 의식(consciousness)이 점진적으로 거두어들여지게 되어서 몸통과 팔다리가 무감각하고 차가운 상태에 이르게 된다. '분별 없는 무아경'(무상 삼매, 니르비칼파-사마디 nir-vikalpa-samādhi)의 상태가 뒤따를 때까지 의식이 훨씬 더 통일된다는 점을 고려해 보면 이 영적인 연금술은 마음(mind)의 층위에서 매우 유사한 결과를 갖는다. 그때 요긴 yogin의 의식(awareness)의 정체성은 어떠한 신체적 자각(awareness)도 없이 초월적 참자아와 일치하게 된다.

부타-숫디 bhūta-śuddhi의 과정에는 의례적 대응물이 있기도 한데, 그것에 의해 물질적 요소들은 상징적으로 용해된다. 이 정화의 목적은 신체를 변환시켜서 자신이 선택한 신(이슈타-데바타iṣṭa-devatā)을 받아들일 준비가 된 사원으로 만드는 것이다.

⇒ 쇼다나 śodhana, 숫디 śuddhi도 참조.

bhūtāpasāraṇa(부타파사라나)

부타(bhūta; '정신' spirit) + 아파사라나(apasaraṇa; '피함', '막음', '물리침')로 만들어졌다. 원치 않은 유령들을 물리치거나 어떤 지역에서의 미세한 영향을 막는 것을 의미한다.

bhūti(부티)

'번영', '재'를 포함하여 많은 함의를 가지고 있다.

⇒ 바스만 bhasman도 참조.

Bhūtirāja(부티라자)

'상서로운 통치자'라는 뜻이다. 아비나바굽타 Abhinavagupta의 스승 중 한 명이다. 그는 아비나바굽타에게 이원론적 아가마 II Āgama들과 브라마-비디야 brahma-vidyā를 전수해 주었다. 그의 아들 헬라라자 Helārāja도 아비나바굽타를 가르쳤다.

bile(담즙)

⇒ 핏타 pitta 참조.

Bileśaya(빌레샤야)

『하타-요가-프라디피카』*Haṭha-Yoga-Pradīpikā*(1. 5)에 언급된 하타-요가 Haṭha-Yoga의 위대한 달인이다.

bimba(빔바)

'반영'이란 뜻이다. 바차스파티 미슈라 Vācaspati Miśra가 해설한 고전 요가(Classical Yoga) 인식론에서의 전문 용어이다. 이것은 마음의 가장 명료한 면, 즉 삿트와 sattva나 붓디 buddhi에서 초월적 참자아 의식(awareness, 차이탄야 I caitanya)이 '반영'된 것을 의미한다. 또한 '참의식(Consciousness)의 그림자' ♯ citi-chāya로도 불린다.

⇒ 차야 chāyā, 프라티빔바 pratibimba도 참조.

bindi(빈디)

힌디어 hindi이다. 산스크리트 Sanskrit로는 빈두 bindu로

B

'물방울', '점'이라는 뜻이다. 주로 여성들이 양미간에 하는 장식적인 무늬로, '제3의 눈'(아갸-차크라 ājñā-cakra)의 위치를 나타낸다.

[비교] 틸라카 tilaka.

bindu(빈두)

'물방울', '점'이라는 뜻이다. 요가 Yoga에서 다른 많은 전문적 함의를 담고 있다. 때로는 '종자'(비자 bīja)나 '근본이 되는 점點'의 동의어로 사용된다. 그런 의미에서 모든 현현顯現, 특히 모든 소리(나다 nāda)의 근원이다. 빈두 bindu는 들을 수 없고 초월적인 절대자의 '소리'를 나타내고, 성스러운 음절 옴 Oṃ에 담겨져 있다. 이것은 아르다-마트라 ardha-mātra 상징에서 점으로 생생하게 묘사되어 있다.

탄트라 Tantra와 하타-요가 Haṭha-Yoga에서 빈두는 종종 '정액'을 나타낸다. 정액(레타스 retas)의 상실은 영적 진보에 가장 강력한 장애물 중 하나이고, 이것을 보존하는 것은 필수적인 것으로 간주된다. 일반적으로 요긴 yogin은 정액을 보존하기 위해 성적 결합(마이투나 maithuna)을 삼가 해야만 한다고 권한다. 성적으로 왕성한 수행자에게조차도 정액의 방사를 피하라고 권고한다. 『하타-요가-프라디피카』Haṭha-Yoga-Pradīpikā(4. 28)에 따르면 정액의 안정은 마음과 생기(프라나 prāṇa)의 안정에 영향을 받는다. 왜냐하면 빈두의 움직임은 호흡의 형태로 된 생기 에너지의 순환과 밀접하게 연관되어 있기 때문이다. 『고라크샤-팟다티』Gorakṣa-Paddhati(1. 69)에서 말했듯이 빈두가 신체에 남아 있는 한 죽음을 두려워할 필요가 없다.

정액의 방사를 막기 위해 강력히 권하는 기법은 케차리-무드라 khecarī-mudrā이다. 이 무드라 mudrā는 성교 중에도 효과적이라고 한다. 정액이 생식기로 흘러내리기 시작했을 때 요니-무드라 yoni-mudrā를 사용해서 방사를 막을 수 있다. 사정했을 때는 바즈롤리-무드라 vajrolī-mudrā로 빨아들일 수 있다.

요가와 탄트라 문헌들은 명백히 정액 분비에 대한 현대적 관념과는 상당히 다른 관념을 가진다. 이는 남녀, 즉 두 종류의 정액 유형에 대한 교의에 표현되어 있는 비의적 차원을 포함하고 있다. 전자는 슈클라 śukla 또는 슈크라 śukra(양자는 '흰색'을 의미하는 단어)라고 불리고, 후자는 라자스(rajas, 문자 그대로 '빛나는 것'을 의미), 마하('위대한')-라자스 mahā-rajas, 쇼니타-빈두(♯ śoṇita-bindu; '붉은 정액')로 불린다. 흰색인 남성 빈두는 '달의 영역'♯ śaśi-sthāna, 즉 머리 중앙에 위치하는 한편, 붉은색인 여성 빈두는 '생식기 부위'♯ yoni-sthāna에서 발견된다. 『하타-라트나발리』Haṭha-Ratnāvalī(2. 89)에서는 여성의 분비액 또한 빈두라고 부르고, 여성 입문자들에게도 바즈롤리-무드라 수행을 똑같이 권한다.

『고라크샤-팟다티』(1. 72)에 따르면 이 두 빈두의 결합은 가장 성취하기 어렵다. 요긴이 이것을 성취하면 지고의 거주처, 즉 해탈을 얻는다. 『요가-추다마니-우파니샤드』Yoga-Cūḍāmaṇi-Upaniṣad(63)에서 언급하듯이 이 결합은 '뱀의 힘'(쿤달리니-샥티 kuṇḍalinī-śakti)의 활동을 통해서 발생될 수 있는데, 이 기법은 샥티-찰라나♯ śakti-cālana라고 불린다.

⇒ 레타스 retas, 섹슈얼리티 또는 성(sexuality)도 참조.

bindu-jaya(빈두-자야)

'정액의 정복'이라는 뜻이다. 빈두-싯디(♯ bindu-siddhi; '정액을 지배하는 힘')라고도 불린다. 『하타-요가-프라디피카』Haṭha-Yoga-Pradīpikā(2. 78)에서 이것은 하타-요가 Haṭha-Yoga에서의 완성을 나타내는 징표 중 하나로 간주된다.

⇒ 케차리-무드라 khecarī-mudrā, 바즈롤리-무드라 vajrolī-mudrā, 요니-무드라 yoni-mudrā도 참조.

Bindunātha(빈두나타)

『하타-요가-프라디피카』Haṭha-Yoga-Pradīpikā(1. 7)에 하타-요가 Haṭha-Yoga의 달인으로 언급되어 있다. 이름으로 판단해 보자면 그는 빈두-싯디♯ bindu-siddhi의 달인이었다. 그는 연금술적 의학서인 『라사-팟다티』♯ Rasa-Paddhati의 저자와 동일인일 것이다.

biofeedback(바이오피드백)

심장박동, 혈압, 뇌파 패턴과 같은 신체 기능을 모

니터하는 기술적 장비들을 사용하는 이 트레이닝 기법은 때로 전통 요가Yoga에 상당하는 현대적 기법으로 광고된다. 요가와 마찬가지로 바이오피드백 트레이닝은 의심의 여지없이 무의식적 신체 기능으로 간주되는 것에 대한 어느 정도의 통제력을 얻는 데 도움이 된다. 그러나 요가와 달리 이것은 영적 목적에는 도움이 되지 않는다. 바이오피드백 트레이닝이 만성 두통과 요통을 성공적으로 완화하거나 제거하기까지 한다고 증명해 왔지만, 깨달음을 통한 인간의 존재적 고통을 끝내지도 못하고 또한 그렇게 한다고 주장하지도 않는다. 그러나 이것은 모든 요가적 방법론과 기법 들의 궁극적 목표이다. 어쨌든 요긴yogin들이 하는 주장 중 일부를 새로운 시각으로 살펴보기에 충분하도록 바이오피드백 트레이닝의 성공은 장려되어야만 한다.

⇒ 자율 훈련법(autogenic training), 심리학(psychology)도 참조.

bird catcher seal(새 잡이 결인)

⇒ 파쉬니-무드라pāśinī-mudrā 참조.

birth(출생)

⇒ 잔만janman, 자티jāti 참조.

bīja(비자)

'씨앗', '종자'라는 뜻이다. 번뇌(클레샤kleśa)의 원인들이다. 고전 요가(Classical Yoga)에서 이것들은 '결점(도샤doṣa)들의 씨앗들'이라 불리고, 잠재의식의 활성체(잠세력潛勢力, 상스카라saṃskāra)들을 나타낸다. 비자bīja라는 용어는 또한 사비자-사마디sabīja-samādhi와 니르비자-사마디 nirbīja-samādhi 같은 복합어에서처럼 명상(meditation)의 대상이나 도구를 의미하기도 한다. 마지막으로 이 용어는 비자-만트라bīja-mantra의 줄임말이기도 하다.

bīja-mantra(비자-만트라)

'종자 [낱]말'이라는 뜻이다. 탄트라Tantra의 중심 개념이다. 이 범주의 만트라mantra는 단음절어를 사용하고 더 복합적인 소리 조합들의 정수를 나타내기 때문에 그렇게 말한다. 그러한 '간단명료한' 만트라들은 특징상 의미가 없고 메타언어적인 기능을 가지고 있다. 그것들은 탄트라 의례를 행하는 동안 청하고 입문자가 동화되고자 하는 특정한 신(데바타devatā)들을 나타낸다고, 그 신들의 일부라고 생각된다. 신비한 이 음소들은 신체의 7개(또는 이상)의 심령 에너지 센터(차크라cakra)들과 연관되기도 한다.

blessings(은총)

아쉬♯āśī, 망갈라♯maṅgala이다. 삶을 보호해 주고 내적 성장을 촉진시키는 영적 전승의 한 형태로서 전통적으로 매우 진지하게 받아들여져 왔다. 행운을 염원하는 자들은 항상 자신들의 영적 존재로부터 유익함을 얻기 위해 고결한 친교(사트-상가sat-saṅga)를 구해 왔다.

bliss(지복 또는 환희)

힌두Hindu들은 지복의 단계들에 대해 생각한다. 가장 낮은 단계는 감각기관의 자극에서 기인한 즐거움으로 된 비교적 경미한 '지복'이다. 많은 사람에게 가장 강렬한 쾌락으로 알려진 오르가즘의 전율조차도 존재의 미세한(수크슈마 sūkṣma) 차원에서 경험되는 지복의 그림자일 뿐이다. 한편 신이나 고원한 존재에 의해 경험되는 많은 단계의 지복조차도 해탈한 달인(싯다siddha)이 깨달은 초월적 참실재에 내재한 완전한 자유의 지복과 비교해 보면 무가치할 뿐이다.

⇒ 아난다ānanda, 마하-수카mahā-sukha, 수카sukha 참조.

blood(혈액)

산스크리트Sanskrit로 락타♯rakta, 루디라♯rudhira, 쇼니타śoṇita, 로히타♯lohita라고 불리는 혈액은 힌두이즘Hinduism에서 힘(샥티 I śakti)의 근원으로 간주된다. 다른 문화들에서처럼 그렇게 이것은 위험과 순수와 연관되어 있다. 정액(인두♯indu, 슈크라śukra, 레타스retas)처럼 이것은 모든 종류의 금기로 둘러싸여 있다. 이 사실은 좌도(바마vāma) 탄트라Tantra 유파, 특히 카울라kaula 유파에서 개발되어 왔다. 여기서는 특히 (샥티II Śakti의 화신으로 간주되었던) 처녀의 월경혈을 여신 숭배를 위한 마법적인 판차-탓트와pañca-tattva 의례와 사다카sādhaka를 위한 에너지를 생성시키는 데 사용하였다.

⇒ 카-푸슈파kha-puṣpa도 참조.

boastfulness(자랑함)

⇒ 캇타나katthana 참조.

bodha(보다) 또는 **bodhana**(보다나)

'각성', '깨어남' 또는 '깨달음'이라는 뜻이다. 일반적으로 해탈(모크샤mokṣa)과 동의어이다.

⇒ 각성 또는 깨어남(awakening)도 참조.

bodhi(보디)

'각성', '깨어남'이라는 뜻이다. 보다bodha의 동의어이다. 삶은 깨달은 존재가 '깨어난' 꿈으로 이해된다.

bodhisattva(보디삿트와)

보디(bodhi; '각성', '깨어남')＋삿트와(sattva; '존재', '해탈한 존재')로 만들어졌다. 대승불교에서 보디칫타♯ bodhicitta, 즉 타인을 위해서 깨달음을 얻으려는 결심을 함양하는 존재(삿트와)이다. 보디삿트와bodhisattva라는 용어는 위대한 성취를 이룬 달인들 뿐만 아니라, 타라Tārā와 아발로키테슈와라♯ Avalokiteśvara 같은 초월적 존재들 양자 모두에 적용된다. 힌두이즘Hinduism에서는 이 용어가 사용되지 않지만, 그 관념과 이상은 나타난다. 예를 들자면 『바가바드-기타』*Bhagavad-Gītā*에서의 로카-상그라하loka-saṃgraha가 있다.

body(신체)

세계의 모든 비의적 전통과 마찬가지로 요가Yoga는 인간의 신체를 각각이 상이한 주파수(또는 미세함의 정도)에서 진동하는, 상호간에 포개어져 있는 '겹'(코샤kośa)들로 된 복잡한 위계 체계로 그리고 있다. 가장 낮은 층위는 다섯 물질 요소(판차-부타pañca-bhūta)로 이루어진 물질적 신체이다. 가장 높은 층위는 순수한 참의식(Consciousness)/참자각(Awareness)이자 완전한 지복인 초월적 참실재로 된 우주적 '신체'이다. 이 양극단 사이에 우리의 의식적 자각(awareness)으로는 일반적으로 접근할 수 없는 다양한 중간의 '매개물들', 즉 신체적 겹들이 존재한다고 생각된다. 그러나 그것들의 존재는 그것들의 다양한 활동으로부터 추론할 수 있다. 요긴yogin들은 이 미세한 겹들을 빈번하게 자기 성찰적 탐구의 주제로 삼아 왔고, 그들은 수세기에 걸쳐 비의적 해부학이라 불리는 매력적인 모델들을 발전시켜 왔다. 이 모델들에서는 변성의식 상태(altered state of consciousness), 특히 신비적 경험의 현상학에 대해 설명하려고 노력한다. 그러나 이것들의 주된 목적은 철저하게 묘사하거나 분석하려는 것이 아니고 영적인 길을 여행하는 수행자들을 위한 지침을 제공해 주려는 것이다. 『쿨라르나바-탄트라』*Kulārṇava-Tantra*(9. 41)에서 언급하듯이 "오, 여신이여! 신체는 사원이고, 생명체(지바jīva)는 사다-쉬바Sadā-Śiva 신입니다. 수행자는 [시든] 무지(아갸나ajñāna)의 화환을 버리[고], '내가 그(He)이다'♯ so'ham를 숙고함으로써 경배를 해야만 합니다."

신체적 존재의 미세한 차원들에 대해 가장 널리 알려진 요가 모델 중 하나는 일곱 개의 주요한 심령 에너지 센터(차크라cakra) 분류이다. 이것은 척주를 따라서 일직선으로 정렬해 있고 물질적, 즉 조대한(스툴라sthūla) 신체에 있는 신경총에 거의 상응한다고 생각된다. 이 센터들은 생기 에너지(프라나prāṇa)로 형성된 '도관', 즉 '통로'(나디nāḍī)에 의해 연결되어 있다. 사실상 요긴의 혜안慧眼에는 사람이 심령 에너지 흐름으로 된 촘촘한 망으로 만들어진 에너지로 된 빛나는 거품처럼 보인다.

초심리학과 생체 전기에 대한 최근의 연구들은 이 모델들에 약간의 신뢰를 주지만, 이 결과들은 여전히 논란의 소지가 남아 있다. 예를 들면 키를리안Kirlian 사진을 이용한 연구자들이 생명체들을 둘러싸고 있는 생체 전기장의 존재를 증명했는데, 그 장은 죽고 난 이후에만 점차적으로 사라진다. 침술의 경락을 연구한 연구자들 또한 일반적인 생리학적 원리들로는 설명할 수 없는, 생체 전기의 흐름과 소용돌이 같은 차크라의 존재에 대한 명백한 증거도 발견했다.

유체이탈 경험에 대한 실험실 실험에 대해서도 반드시 언급해야만 한다. 이는 의식이 신체 바깥에서도 작용할 수 있다는 전통적 가정에 유리한 상당한 증거가 된다. 여전히 이 모든 분야에 대한 훨씬 더 실질적인 연구가 필요하다. 아마도 의학이 19세기의 유물론적 패러다임을 넘어설 때, 명망 있는 연구자들이 이 분야에 대한 연구에 진입하는 것을 덜 두려워할 것이다. 틀림없이 신체에 대한 비의적 모델들은 훨씬 더 호기심을 자극하는 통찰(vision)을 제공할 뿐만 아니라 본질적으로 현대 의학의 전통적 신체 모델보다 더 그럴 듯하다. 왜냐하면 현대 물리학의 연구 결과를 통해서 명백해지고 있는 것처럼 그것들이 세부적으로는 아무리 비현실적으로 보인다 하더라도 존재의 다차원적 본성을 공평하게 다루기 때문이다.

⇒ 데하 deha, 신체화(embodiment), 카야 kāya, 샤리라 śarīra, 만트라-타누 mantra-tanu도 참조.

Bogar(보가르) 또는 Bogarnāthar(보가르나타르)

타밀어 Tamil이다. 산스크리트 Sanskrit에서 유래하였는데, 보가(bhoga; '향수') + 나타 nātha로 만들어졌다. 전통적으로 3~5세기에 살았다고 추정되는 유명한 남인도의 싯다 siddha이다. 중국 출신이거나 또는, 더 가능성이 높게는, 적어도 중국을 두 차례 방문했던 남인도 달인이라고 한다. 그의 스승은 티루물라르 Tirumūlar의 제자인 칼랑기 Kālāṅgi였다. (운문 형식으로 쓴) 그의 타밀어 저작에는 『자나나-사가람』*Janana-Sāgaram*과 『삽타-칸담』*Sapta-Kāṇḍam*이 있다.

이 위대한 달인을 둘러싼 수많은 전설이 만들어졌다. 그의 저작들에서 다음과 같은 독특한 그의 삶을 엿볼 수 있다. 보가르는 금세공인 조합 소속이라고 주장하지만, 그의 제자 카루부라르 Karuvūrār는 그가 도공陶工이었다고 말한다. 직업이 무엇이었든지 간에 그는 세상을 두루 여행했고, 중국에서는 보양 Bo-Yang이라는 이름으로 통했다. 중국에서 돌아온 후에 그는 『삽타-칸담』을 저술하였다. 그는 카일라야-바르가 ś kailāya-varga, 즉 아가스티야 Agastya까지 거슬러 올라가는 카일라사 Kailāsa 계보에 속한다고 주장하기도 했다.

자신의 증언에 의하면 자신의 마음은 공空, 슌야타(śūnyatā, 타밀어로는 파일 pail 또는 벨리 veli)의 상태였고, 탄트라 Tantra 의학으로 자신의 신체를 수행에 적합하게 만들었으며, 쿤달리니-요가 Kuṇḍalinī-Yoga를 통해서 신체를 디비야-데하 divya-deha로 변화시켰다. 그는 자신이 카야-칼파 kāya-kalpa라 불리는 환약을 복용했다고 말했는데, 그 약은 그의 신체를 불멸하게 만들었고 금빛을 띄게 해주었다. 그는 자신이 1만 2천 년 동안 외국에서 살았다고 했다. 그는 또한 자신이 아슈타-앙가-요가 aṣṭa-aṅga-yoga를 가르쳤던 제자가 63명이라고 단언하기도 한다. 그 중에는 카루부라르, 콘가나르 Konganar, 찻타이무니 Cattaimuni, 중국인 풀립파니 Pulippāni가 있다. 구전에서는 바바지 Babaji를 이 그룹에 포함시킨다. 보가르의 말 중 많은 것들은 상징적인 방식으로 이해될 수 있어서, 문자 그대로 이해할 수 있다고 말하기는 어렵다.

그의 성취에는 다양한 초자연력(싯디 siddhi), 특히 (중국에서 높이 평가된) 죽은 사람과의 소통 능력이 포함되어 있었다. 『삽타-칸담』에서 가장 주목할 만한 언급 중에는 낙하산 구조에 대한 보가르의 설명(281~284)이 있다. 여기서 우리는 또한 그가 증기선과 (예루살렘 Jerusalem까지 줄곧 몰았던) 연기를 내뿜는 마차를 사용

보가르(Bogar)

한 이야기도 발견할 수 있다. 그는 예수Jesus의 제자들과 예수의 무덤에서 기도하던 로마인들에 대한 환영을 보았다고 주장하기도 했다. 보가르의 마법적인 업적들에 대해 어떻게 생각하든지 간에 독특한 화학적 성질을 가진 팔라니 안다바르Palani Āndavar 사원의 무루간Murugan 상은 그가 조각한 것으로 여겨진다. 보기에 그 조각상은 독이 있는 아홉 가지의 약초와 광물질로 이루어져 있고, 그것들을 갈아 으깬 다음 알려지지 않은 방법으로 모아 붙인 것 같다.

boldness(대담함)

⇒ 사하사sāhasa 참조.

bondage(속박)

⇒ 반다bandha 참조.

[비고] 해탈(liberation).

book learning(책으로만 배운 지식)

⇒ 그란타-샤스트라grantha-śāstra 참조.

bound lotus posture(결박된 연꽃 자세)

⇒ 밧다-파드마-아사나baddha-padma-āsana 참조.

bow posture(활 자세)

⇒ 다누르-아사나dhanur-āsana 참조.

Brahma(브라마II)

힌두이즘Hinduism의 고전적 세 신 중에서 창조의 신이다. 나머지 두 신은 비슈누Viṣṇu와 쉬바Śiva이다. 브라마Brahma는 모든 구별을 넘어선 비인격적 절대자인 브라만brahman과 주의해서 구분해야 한다.

⇒ 브라마-로카brahma-loka, 데바deva, 프라자파티Prajāpati도 참조.

brahma-aṇḍa(브라마-안다, [연성]**brahmāṇḍa**브라만다)

'브라만brahman의 알卵'이라는 뜻이다. 대우주이다. 그러나 『쉬바-상히타』*Śiva-Saṃhitā*(1. 91)에서 이 용어는 소우주, 즉 인간의 신체를 나타낸다.

[비고] 핀다-안다piṇḍa-aṇḍa.

brahma-bila(브라마-빌라)

'브라만brahman의 동굴'이라는 뜻이다.

⇒ 브라마-란드라brahma-randhra 참조.

brahma-cakra(브라마-차크라)

'브라마brahma의 바퀴'라는 뜻이다. 물라다라-차크라mūlādhāra-cakra와 동의어이다. 『슈웨타슈와타라-우파니샤드』*Śvetāśvatara-Upaniṣad*(1. 6)에서 이 용어는 신의 하위 본성, 즉 한정적으로 현현顯現한 세계(프라크리티prakṛti)를 나타내는 데 사용된다.

⇒ 삼사라saṃsāra도 참조.

brahmacarya(브라마차리야)

'브라만brahman의 행위'라는 뜻이다. 베다Veda 시대의 학생(브라마차린brahmacārin)의 생활 방식이다. 브라마차리야brahmacarya는 본질적으로 금욕에 대한 이상을 나타낸다. 이것은 '브라만의 행위'로 불리는데, 절대자(브라만)가 모든 성별 구분을 초월하기 때문일 것이다. 영적 수행자는 정액(빈두bindu)에 내재한 위대한 힘을 보존하고 배양하기 위해서 성별이 없는 상태를 모방하도록 요구받는다. 브라마차리야는 금계(야마yama) 수행의 구성 요소 중 하나이다. 『요가-수트라』*Yoga-Sūtra*(2. 38)에 따르면 이 계율(virtue)에 확고히 기반한 요긴yogin은 위대한 생명력(비리야vīrya)을 얻는다. 『바가바드-기타』*Bhagavad-Gītā*(17. 14)에 따르면 이것은 신체적 고행주의(타파스tapas)의 일부를 형성한다. 『쿠르마-푸라나』*Kūrma-Purāṇa*(2. 11. 18)에서는 이것을 언제나, 어떠한 환경에서나 행위·마음·말에서의 성적 결합(마이투나maithuna)의 절제로 정의한다. 다른 많은 문헌에서도 유사한 정의가 발견된다. 『다르샤나-우파니샤드』*Darśana-Upaniṣad*(1. 13f.)에서도 브라만의 상태를 지향하는 마음의 움직임으로 이것을 설명한다.

『아그니-푸라나』*Agni-Purāṇa*(372. 9)에서는 브라마차리야를 다음과 같은 일곱 단계의 성적 활동에 대한 포기(renunciation)로 이해한다. 몽상(스마라나 smaraṇa), 성행위 또는 이성을 찬양(키르타나 kīrtana), 희롱거림 ♯ keli, 눈맞춤 ♯ prekṣaṇa, 비밀 대화 ♯ guhya-bhāṣaṇa, 즉 사랑의 밀어, 갈망(상칼파 saṃkalpa), 순결서약을 깨뜨리는 결심 ♯ adhyavasāya, 성행위의 절정 ♯ kriyā-nivṛtti. 『링가-푸라나』 *Liṅga-Purāṇa*(1. 8. 17)에 따르면 위의 엄격한 정의는 오직 은둔자 ♯ vaikhānasa, 숲속 거주자 ♯ vāna-prastha, 과부에게만 적용된다. 반면 재가자(그리하스타 gṛhastha)들은 아내와의 성교는 허락되지만, 다른 모든 여인에 대해서는 반드시 금욕을 수행해야만 한다.

⇒ 바즈롤리-무드라 vajrolī-mudrā도 참조.

brahmacārin(브라마차린)

브라마차리야 brahmacarya를 수행하는 학생이다.

brahma-dvāra(브라마-드와라)

'브라만 brahman의 문'이란 뜻이다. 『샤트-차크라-니루파나』 *Ṣaṭ-Cakra-Nirūpaṇa*(3)에 따르면 '브라만의 문'은 치트리니-나디 citriṇī-nāḍī의 입구에 위치해 있고, '브라만 결절'(브라마-그란티 brahma-granthi)을 의미하는 '결절의 자리' ♯ granthi-sthāna라고도 불린다. 척주의 기저에 있는 이 입구는 숨겨진 뱀(쿤달리니-샥티 kuṇḍalinī-śakti)의 머리로 덮여 있고, '강력한 요가'(하타-요가 Haṭha-Yoga)의 수행으로 부서져 열릴 수 있다.

brahma-granthi(브라마-그란티)

'브라만 brahman의 결절'이란 뜻이다. 중앙 통로(수슘나-나디 suṣumṇā-nāḍī)를 따라 흐르는 생기(프라나 prāṇa)의 자유로운 흐름을 막는 인체 내의 첫째 '결절'이다. 이 결절은 신체의 가장 낮은 심령 에너지 센터인 물라다라-차크라 mūlādhāra-cakra에 위치해 있다. 그러나 전통적인 힌두이즘 Hinduism의 몇몇 권위자는 이 결절이 심장에 위치한다고 말한다.

⇒ 그란티 granthi도 참조.

brahma-loka(브라마-로카)

'브라만 brahman의 세계'라는 뜻이다. 사구나-브라만 saguṇa-brahman, 즉 주(主, 이슈와라 Īśvara) 또는 창조주 브라마 II Brahma의 영역으로, 우주적 존재의 최고 단계이다. 이것을 넘어선 것은 니르구나-브라만 nirguṇa-brahman이라 불리는 무속성의 절대자이다.

⇒ 우주(cosmos), 로카 loka도 참조.

brahma-mantra(브라마-만트라)

삽타-아크샤라-만트라 sapta-akṣara-mantra와 동의어이다.

brahma-muhūrta(브라마-무후르타)

'브라만 brahman의 시간'이란 뜻이다. 명상(meditation)을 하기에 이상적인 때, 특히 '뱀의 힘'(쿤달리니-샥티 kuṇḍalinī-śakti)이 솟아오르는 때로 간주되는 일출 시간대이다. 브라만의 시간은 전통적인 8 무후르타 muhūrta 체계의 마지막 '시간' 구분에 해당한다. 16 무후르타 체계에 따르면 이 시간은 마지막 세 시간 구분으로 이뤄져 있고 90~144분 동안 유지된다.

brahman(브라만)

'광대하게 팽창한'이란 뜻이다. 어근 √brih('자라다', '확장하다')에서 파생되었다. 일반적으로 '절대자'로 번역된다. 고대 베다 Veda에서 이 용어는 기도나 명상(meditation)을 나타내는데, 그것은 브라만 brahman이라고도 불리는 우주적인 신성한 힘을 일깨우는 수단이다. 『리그-베다』 *Ṛg-Veda*(1. 105. 15)의 찬가 한 구절에서는 바루나 Varuṇa가 '브라만을 창조하는' 방법을 안다고 말한다. 그 밖의 다른 곳(10. 50. 4)에서는 인드라 Indra가 브라만, 즉 창조의 말-힘-기도-명상에 의해서 장대하게 된다고 한다. 베다의 현자들에게 이것은 브라만의 주인 브라마나스파티 ♯ Brahmaṇaspati였다. 그는 대장장이처럼 상계와 하계를 함께 합쳐서 하나로 만들었다.(10. 72. 2)

『샤타-파타-브라마나』 ♯ *Śata-Patha-Brāhmaṇa*에서 비로소 브라만이라는 용어는 지고의 원리, 즉 여러 신(데바타devatā)과 존재와 세계의 배후에서 그들보다 위에 있는 절대자로 널리 알려진 철학적 함의를 획득한다. 이런 의미에서 이 용어는 간혹 '자라다'ⓢbrihati와 모든 것을 '자라게 하다'ⓢbrihmyati라는 가공적인 민간 어원으로 설명되기도 한다.

가장 초기의 우파니샤드Upaniṣad들은 힌두Hindu의 형이상학과 신학의 기준점 중 하나가 된 철학적 관념을 구체화한, 고대 성자들의 지적 고투로 이루어진 독특한 기록이다. 가장 초기의 언급들에서 여전히 브라만은 빈번하게 우주(cosmos), 즉 여러 세계를 창조한 근본적 실재의 기원을 나타냈다. 또 다른 더 정교한 해설에서는 우주를 본질에 있어서는 브라만과 동일한 존재로 이해한다. 『찬도기야-우파니샤드』*Chāndogya-Upaniṣad*(3. 14)에서는 이것을 다음과 같이 말한다. "이 모든 것은 브라만이다." 이 범신론적 관념은 그 후에 '면도날이 면도기 속에 숨어 있는 것처럼'(1. 4. 7) 모든 것 속에 브라만이 존재한다는 『브리하다란야카-우파니샤드』*Bṛhadāraṇyaka-Upaniṣad*의 교의에서 더 명료하게 만들어졌다. 다음에는 아트만ātman이라 불리는, 인간 존재의 가장 깊은 곳에 자리한 자아 (또는 참자아)와 브라만을 동일시하는 중요한 관념이 나타났다. 이러한 동일성은 우파니샤드 문헌과 베단타Vedānta 철학의 중심 주제를 이루었다. 베단타학파는 일반적으로 절대자의 하위적ⓢapara인 면과 상위적para인 면을 구분한다. 하위적인 면은 때로 '소리로 된 절대자'(샤브다-브라만śabda-brahman)라고 부른다.

[비교] 브라마II Brahma.

brahma-nāḍī(브라마-나디)

'브라만brahman의 도관 또는 통로'라는 뜻이다. 『샤트-차크라-니루파나』*Ṣaṭ-Cakra-Nirūpaṇa*(2)에 따르면 치트리니-나디citriṇī-nāḍī 속에 위치한 미세한 통로이다. 치트리니-나디는 신체의 중심 도관(수슘나-나디suṣumṇā-nāḍī) 내에서 순차적으로 발견되는 바즈라-나디vajra-nāḍī 안에 위치한다. 『싯다-싯단타-팟다티』*Siddha-Siddhānta-Paddhati*(2. 27)에서 '브라만의 통로'는 '내적 징표'(안타르-라크쉬야antar-lakṣya) 수행의 적절한 대상이라고 한다.

⇒ 나디nāḍī도 참조.

brahma-nirvāṇa(브라마-니르바나)

'세속에서의 열반'이라는 뜻이다. 호기심을 끄는 이 복합어는 『바가바드-기타』*Bhagavad-Gītā*(2. 72)에서 발견되는데, 거기서 이것은 사후 세계의 초월적 중심과 통합된 상태를 나타낸다. 여기서 브라만brahman이라는 용어는 절대자가 아니라, 프라크리티-프라다나ⓢprakṛti-pradhāna 또는 브라마-로카brahma-loka라고 불리는 곳을 가리키는 것으로 보인다. 『바가바드-기타』(5. 24~25)에서는 다음과 같이 단언한다.

> 내면의 즐거움과 환희(아난다ānanda), 내적 광명을 지닌 자가 요긴yogin이다. 브라만이 된 그는 브라만의 열반에 다가간다.
>
> 오염을 제거하고 이원성을 소멸하고 자신을 통제하여 모든 존재의 선(善, 히타hitā)에 기뻐하는 현자는 브라만의 열반에 이른다.

이 영적 깨달음은 불완전하다. 왜냐하면 신, 좀 더 구체적으로는 크리슈나Kṛṣṇa에 대한 넘치는 사랑을 자각(awareness)하지 못하기 때문이다.

[비교] 니르바나nirvāṇa.

Brahmanism(브라마니즘)

희생제의 비전秘傳에 집중한 후기 베다Veda 시대의 사제 문화이다. 이것은 힌두이즘Hinduism으로 발전하였다.

⇒ 브라마나 I brāhmaṇa, 브라마나 II brāhmaṇa도 참조.

Brahma-Purāṇa(브라마-푸라나)

『아디-푸라나』ⓢ*Ādi-Purāṇa*, 즉 '최초의 푸라나Purāṇa'로도 언급된다. 푸라나 중 하나로, 산만하게 구성된 245개의 장에 여러 시대의 내용을 담고 있다.

brahma-randhra(브라마-란드라)

'브라만brahman의 구멍 또는 틈'이란 뜻이다. 정수리에 있는 척주 통로(수슘나-나디 suṣumṇā-nāḍī)의 구멍으로, 전두봉합(前頭縫合, ≠ sutura-frontalis)에 해당된다. 『싯다-싯단타-팟다티』*Siddha-Siddhānta-Paddhati*(2. 8)에서는 이것을 '열반의 차크라cakra'(니르바나-차크라 nirvāṇa-cakra)라고 부른다.

⇒ 브라마-드와라brahma-dvāra도 참조.

Brahma-Sūtra(브라마-수트라)

'절대자에 대한 경전'이라는 뜻이다. 전설적인 비야사Vyāsa 또는 바다라야나Bādarāyaṇa가 저술한 것으로 여겨지는 가장 중요한 베단타Vedānta 문헌으로, 2세기경에 성립된 것으로 추정된다. 최소한 세 개의 송(1. 1. 19, 2. 1. 3, 4. 2. 21)에서 요가Yoga를 언급한다.

brahma-vid(브라마-비드)

'절대자에 대해 아는 자'라는 뜻이다. 참자아에 대해 깨달은 달인이다.

⇒ 지반-묵타jīvan-mukta도 참조.

[비교] 요가-비드yoga-vid.

brahma-vidyā(브라마-비디야)

'절대자에 대한 지혜'라는 뜻이다. 참자아에 대해 깨달은 드문 상태이다.

⇒ 아트마-갸나 ātma-jñāna, 각성 또는 깨어남(awakening), 깨달음(enlightment)도 참조.

Brahma-Vidyā-Upaniṣad(브라마-비디야-우파니샤드, [연성]Brahmavidyopaniṣad브라마비디요파니샤드)

요가-우파니샤드 Yoga-Upaniṣad 장르에 속하는 중세 문헌으로, 111송으로 구성되어 있고 베단타Vedānta의 비이원적 형이상학에 기초한 '소리의 요가'(나다-요가 Nāda-Yoga)를 다룬다. 음절 '옴'Oṃ과 이것의 세 부분에 대한 탐구에 상당한 양을 할애하고 있다. 매우 보수적이지만 '뱀의 힘'(쿤달리니-샥티 kuṇḍalinī-śakti)을 포함하여 탄트라Tantra 유형의 많은 특징들을 언급한다. 항사-요가Haṃsa-Yoga에 대해 언급하고 호흡 조절에는 다섯 가지가 있다고 한다. 익명의 저자는 마음(mental)을 배꼽(나비-칸다 nābhi-kanda)에 집중(concentration)하면서 호흡을 멈추는 기법(쿰바카 kumbhaka)을 권한다. 그는 또한 근본적인 포기(renunciation)의 이상에 대해 서술하면서, 참자아를 깨달은 달인에게 모든 것을 완전히 버리라고 명했다. 53째 송 이후에 새로운 글이 시작되는데, 거기에서 가우타마Gautama라는 이름의 어떤 사람에게 다시 한 번 항사haṃsa의 비밀과 연관된 문제들에 대해 가르친다.

brahma-vihāra(브라마-비하라)

'브라마brahma의 거주처' 또는 '사무량심'四無量心이라는 뜻이다. 파탄잘리Patañjali뿐만 아니라 불교 내의 권위자들에게도 널리 알려져 있는 네 가지 수행법으로 된 세트이다. 이것은 자애(자慈, 마이트리 maitrī), 연민(비悲, 카루나 karuṇā), 기쁨(희喜, 무디타 muditā), 무관심(사捨, 우페크샤 upekṣā)의 감정을 발산하는 것으로 구성되어 있다.

『요가-수트라』*Yoga-Sūtra*(1. 33)에 따르면 기쁘거나 슬프거나 가치가 있거나 없거나 간에 모든 생명체와 무생물을 향해 이러한 감정을 표출해야 한다. 이 수행은 의식(consciousness)의 정화를 낳는다. 『요가-수트라』(3. 23)에 명확히 드러나듯이 네 가지 브라마-비하라 brahma-vihāra는 무아경적 억제(총제總制, 상야마 saṃyama)의 주제가 될 수도 있는데, 이 경우에 요긴yogin은 자애 등으로 된 각각의 힘을 획득한다. 그러나 비야사Vyāsa는 우페크샤가 여기에 적합하지 않다고 생각한다.

Brahma-Yāmala(브라마-야말라)

오직 사본 형태로만 존재하는 탄트라Tantra 문헌으로 1052년까지 거슬러 올라가지만, 몇 세기 이전에 저술된 것일지도 모른다. 우도, 좌도, 중도로 된 다양한 탄트라 유파들을 매우 상세하게 기술하고 있다. 또한 원래 125,000송으로 전해진 광범한 전통을 슈리칸타II Śrīkantha에게 전해 준 신과 성자 들을 열거하기도 한다.

⇒ 야말라II Yāmala도 참조.

B

Brahmāṇḍa-Purāṇa(브라만다-푸라나)

'브라만brahman의 알에 대한 고대[사]'라는 뜻이다. 『랄리타-사하스라-나마』 ♯ *Lalitā-Sahasra-Nāma*와 『아디야트마-라마야나』*Adhyātma-Rāmāyaṇa*도 실려 있는 푸라나Purāṇa 중 하나이다.

brahmin(브라민)

브라마나 I brāhmaṇa에 대한 영어화된 번역이다. 힌두Hindu 사회의 최상위 사회 계급(바르나varṇa)의 일원이다.

brāhmaṇa(브라마나 I) 또는 **brahmin**(브라민)

베다Veda의 지식을 배운 사람이다. 더 일반적으로는 전통 힌두Hindu 사회의 네 계급(바르나varṇa) 중 첫째 계급의 구성원이다. 브라마나(brāhmaṇa, 브라민brahmin)들은 우파니샤드Upaniṣad들에서 분명하게 나타났듯이 전통적으로 신성한 지식의 수호자였지만 다른 나머지 계급들, 특히 전사 계급 ♯ kṣatriya도 베단타Vedānta와 요가Yoga의 발전에 상당히 중요한 역할을 했다.

⇒ 브라마니즘(Brahmanism)도 참조.

Brāhmaṇa(브라마나II)

베다Veda의 희생적 의례와 상징을 상세히 설명한, 힌두Hindu의 신성한 문헌으로 된 독특한 장르에 속하는 모든 저작을 말한다. 가장 오래된 것은 기원전 2천 년 전까지, 심지어 3천 년 전까지로 거슬러 올라갈 수 있다고 생각되는 브라마나Brāhmaṇa들은, 네 베다의 '모음집'(상히타Saṃhitā)에 대한 초기의 신학적 · 의례적 사색들을 설명하려고 노력한 해석적 저작들이다. 이 문헌들은 일종의 희생제적 신비주의를 상세히 설명하였는데, 이것은 나중에 우파니샤드Upaniṣad들에 나타난 일부 견해의 근원이 되었다.

⇒ 브라마니즘(Brahmanism), 야갸yajña, 아란야카Āraṇyaka, 우파니샤드Upaniṣad, 베다veda도 참조.

[비교] 브라민brahmin.

breath(숨) 또는 **breathing**(호흡)

초기에 인류는 호흡을 조절함으로써 변성의식 상태(altered state of consciousness)에 도달할 수 있다는 사실을 깨달은 것으로 보인다. 이 지식은 인도 유럽어에 반영되어 있다. 거기서는 또한 '호흡'이라는 용어가 종종 '영혼'(spirit)이나 '정신'(psyche)도 의미한다. 우리의 현대 문명은 의식과 호흡 사이의 비의적 연관 관계에 대해 거의 잊어버렸다.

⇒ 프라나prāṇa, 프라나야마prāṇāyāma, 슈와사śvāsa도 참조.

breath control(호흡 조절)

⇒ 프라나야마prāṇāyāma 참조.

bridge(다리)

⇒ 차크라-아사나cakra-āsana 참조.

Brindavan(브린다반)

⇒ 브린다바나vṛndāvana 참조.

Brunton, Paul(폴 브런튼; 1898~1981)

본명은 라파엘 허스트Raphael Hurst이다. 영국 태생의 사려 깊은 작가이자 20세기 영적 르네상스의 주요 고무자 중 한 명이다. 그는 1931년에 인도를 방문한 후, 거기서 라마나 마하리쉬Ramana Maharshi를 만났고 『비밀스러운 인도에 대한 탐색』*A Search in Secret India*(1933)을 저술하였으며, 그 책은 즉각 성공작이 되었다. 다른 많은 저작이 연이어 나왔다. 그의 후기 작품들은 『폴 브런튼의 노트』*The Notebooks of Paul Brunton*라는 제목 하에 16권의 유작(1984~1988)으로 출간되었다.

Bṛhadāraṇyaka-Upaniṣad(브리하다란야카-우파니샤드, [연성]**Bṛhadāraṇyakopaniṣad**브리하다란야코파니샤드)

'거대한 숲의 우파니샤드Upaniṣad'라는 뜻이다. 브리하드(bṛhad; '거대한')+아란야카āraṇyaka+우파니샤드로 만들어졌다. 힌두Hindu 문학의 이 장르에서 가장 오래된 문헌으로 추정된다. 이 문헌에서 가장 초기에 성립된 부분은 대략 기원전 800년경이지만, 그보다 몇 세기 전으로 거슬러 올라갈 수 있다. 이 저작에는 재탄생(푸나르-잔만punar-janman)과 해탈(모크샤mokṣa)에 대한 교의들이 최초로 분명하게 공표되어 있다.

Bṛhad-Yogi-Yājñavalkya-Smṛti(브리하드-요기-야갸발키야-스므리티)

'요긴yogin 야갸발키야Yājñavalkya의 위대한 저작'이라는 뜻이다. 의례적 숭배를 광범하게 다룬 저작으로 14~15세기경에 지은 것으로 추정되지만, 몇몇 연구자들은 7세기에 성립된 것으로 보고 있다. 저자는 알려지지 않았지만 베다Veda의 성자 야갸발키야와 동일시되고, 호흡 조절(프라나야마prāṇāyāma)과 결합된 성음 '옴'Oṃ에 대한 명상(meditation) 수행을 강조한다. 고전 요가(Classical Yoga)의 8'지'(支, 앙가aṅga)를 언급하고 있다. 이 문헌은 더 짧고, 아마도 더 일찍 성립된 것으로 추정되는 『요가-야갸발키야』*Yoga-Yājñavalkya*와 반드시 구분되어야만 한다.

buddha(붓다)

'깨어난'이란 뜻이다. 어근 √budh('깨다')의 과거분사형이다. 깨달음을 성취한 사람이다.

[비교] 아붓다abuddha, 아프라붓다aprabuddha.

Buddha(∵붓다)

'깨달은 자'라는 뜻이다. 『하타-요가-프라디피카』*Haṭha-Yoga-Pradīpikā*(1. 6)에 언급된 하타-요가Haṭha-Yoga의 달인이다. 그를 불교의 창시자인 가우타마 붓다Gautama Buddha와 결코 혼동해서는 안 된다.

Buddha, Gautama(가우타마 붓다; 기원전 563~483)

싯다르타 가우타마Siddhārtha Gautama, 샤키야무니 붓다Śākyamuni Buddha로도 불리는 불교의 역사상 창시자이다. 그는 팔리pali 경전에 빈틈없는 명상가로 기술되어 있고, 대승불교의 후대 산스크리트Sanskrit 문헌들에서는 그를 요긴yogin으로 자주 언급하였다. 일정 기간 동안 가우타마는 두 명의 널리 알려진 스승 밑에서 수학했고, 두 스승이 깨달음의 궁극적 상태라고 제시했던 신비한 상태를 분명하고도 신속하게 통달하였다. 한 스승인 아라다 칼라마Arāḍa Kālāma는 '무無의 영역'♯ ākiṃcanya-ayatana의 경험 속에서 최고의 경지에 이르는 일종의 우파니샤드Upaniṣad적 요가Yoga를 가르쳤던 것으로 보인다. 이 경험은 우파니샤드에서 최고의 목표로 찬양하는 '분별 없는 무아경'(무상 삼매, 니르비칼파-사마디nirvikalpa-samādhi)에 상응했을 것이다. 가우타마의 다른 스승인 우드라카 라마푸트라Udraka Rāmaputra는 '의식(consciousness)도 무의식도 아닌 영역'♯naiva-saṃjñā-asaṃjñā-āyatana을 최고로 고양된 영적 상태로 선언하였다.

양쪽의 깨달음의 궁극성을 확신하지 못한 가우타마는 6년간 극심한 고행(타파스tapas)을 수행했다. 하지만 그의 노력은 헛된 것으로 입증되었고 그는 자신의 유명한, 고행과 세속적 삶 사이의 '중도'를 채택했다. 젊은 시절 갑작스럽게 그를 압도했던 삼매에 대한 자발적 경험을 기억한 가우타마는 그냥 앉아서 명상(meditation)하기 시작했다. 의식의 모든 제한적 상태를 뚫고 나아갈 때까지 자리에서 움직이지 않겠다고 결심했다. 계속 명상한 지 7일 후에 그는 '열반'(니르바나nirvāṇa)에 도달한, 즉 모든 욕망이 그친 '깨달은 이'(붓다buddha)가 되었다. 그 이후에 곧바로 그는 새롭게 얻은 깨달음을 다른 사람에게 전하고 네 가지 성스러운 진리, 즉 '사성제'四聖諦를 함께 나누었다. 사성제는 다음과 같다. (1)삶은 고(苦, 두카duḥkha)이고, (2)삶에 대한 갈망은 모든 고통의 원인이고, (3)그러한 선천적 갈망을 제거함으로써 고통을 초월할 수 있고, (4)삶에 대한 갈망의 제거 수단은 그가 발견한 해탈에 이르는 고귀한 8가지 길, 다시 말해 팔정도八正道이다.

붓다의 8가지 길, 즉 팔정도는 다음과 같은 수행법들로 이뤄져 있다. (1)바르게 보기(정견正見, ♯samyag-dṛṣṭi). 제한된 존재의 덧없음에 대해 깨닫고 진실로 우리가 집착할 수 있는 지속적 에고나 자아가 없다는 것을 이해하는 것이다. (2)바르게 생각하기(정사유正思惟, ♯samyak-saṃkalpa). ①덧없는 것에 대한 포기, ②자비심 수행, ③어떤 존재도 해하지 않는 것을 내용으로 하는 세 가지 결심이다. (3)바르게 말하기(정어正語, ♯

samyag-vacā). 쓸 데 없는 말이나 거짓말을 하지 않는 것이다. (4)바르게 행동하기(정업正業, ♯samyak-karmantā). 주로 살상, 투도, 부정한 성관계를 하지 않는 것으로 되어 있다. (5)바르게 생활하기(정명正命, ♯samyag-ājīva). 생계 유지를 위해 사기, 고리대금, 배신, 점치기 등을 하지 않는 것이다. (6)바르게 노력하기(정정진正精進, ♯samyag-vyāyāma). 미래의 부정적인 정신(mental) 활동을 막고, 현재의 불건전한 느낌이나 생각을 극복하고, 미래의 건전한 마음 상태를 배양하고, 현재의 긍정적 심리정신 활동을 유지하는 것이다. (7)바르게 기억하고 생각하기(정념正念, ♯samyak-smṛti). 정신 신체 작용을 자각(awareness)하는, 다시 말해서 다른 무의식적 활동들에 대해 주의 깊게 관찰하는 능력을 배양하는 것이다. (8)바르게 집중(concentration)하기(정정正定, ♯samyak-samādhi). 내면화와 개별화된 의식의 궁극적 초월을 위한 특정 기법들을 수행하는 것이다. 이 수행은 감각기관의 제어(제감制感, 프라티야하라pratyāhāra)에서부터 무아경적 초월 상태(팔리어로 자나jhāna, 산스크리트로 디야나dhyāna)의 다양한 층위에 이르기까지의 명상 상태를 포함한다. 그러나 팔정도의 목적은 깨달음이지 어떠한 높은 상태의 의식을 획득하는 것이 아니다. 붓다의 가르침은 실용적 유형의 요가라고 말할 수 있는데, 이것은 흔히 주장되듯이 형이상학적인 문제들에 대해 무신론적 입장이라기보다는 불가지론不可知論적 입장을 선호한다.

가우타마 붓다(Gautama Buddha)

붓다의 길에 나타난 요가 유형은 요가 자세(아사나 āsana)와 호흡법(프라나야마prāṇāyāma)과 같은 그러한 기법들을 사용하는 데서 보다 명백하게 드러난다. 마치 붓다의 가르침을 펴는 데, 특히 (금강승이라 불리는) 탄트라Tantra 유파에서 요가의 권위자들이 엄청나게 공헌했듯이, 요가 전통의 발전에 미친 불교의 공헌은 상당하다.

buddhi(붓디)

붓다buddha의 여성형이다. 베단타Vedānta와 마찬가지로 요가Yoga와 상키야Sāṃkhya 전통의 핵심 개념 중 하나이다. 이 용어는 『카타―우파니샤드』*Kaṭha-Upaniṣad*(3. 3)에서 처음 나타났다. 그것의 주된 전문적 의미는 자연(nature, 근본 원질, 프라크리티prakṛti)의 첫째 산물, 즉 전개물을 나타낸다. 그와 같이 붓디buddhi는 존재의 가장 단순한 형태일 뿐만 아니라 가장 미세한 것이기도 하며, 더 전개함으로써 물질적 · 심리적 존재의 모든 다른 원리(탓트와tattva)들을 산출한다. 신플라톤주의의 지성(nous)과 유사한 붓디는 링가liṅga, 링가―마트라 liṅga-mātra, 삿트와sattva로도 불린다.

둘째로 붓디라는 용어의 연관 함의는 하위의 마음(마음 감관, 마나스manas)과 대조를 이룬 '지성 능력', 즉 '상위의 마음'이다. 『카타―우파니샤드』(3. 3)에서 처음 채택되어 널리 알려진 직유로서의 붓디는 마부이고, 마차는 신체, 마차의 주인은 초월적 참자아라고 한다. 이런 의미에서 붓디는 인간 정신(psyche)의 가장 높거나 깊은 측면, 다시 말해 참된 지혜인 영지靈智가 태어난 곳이라 할 수 있다. 그러므로 어떤 문맥에서는 이 용어가 '지혜'를 나타내기도 한다. 『요가―수트라』 *Yoga-Sūtra*에서 이것은 단지 '인식 작용'(지성)을 의미한다.

buddhi-indriya(붓디-인드리야, [연성]**buddhīndriya** 붓딘드리야)

'인식 기관'이란 뜻이다.

⇒ 인드리야indriya 참조.

Buddhism(붓디즘 또는 불교)

가우타마 붓다Gautama Buddha가 창시한 영적 전통에 기초한 문화적 복합체이다. 협의로는 자신의 요가Yoga 학파를 발전시킨 정교한 요가 전통으로 이해될 수 있다. 팔리pali 경전을 통해 알게 된 바에 따르면 붓다의 근본 교의들은 정념들의 '꺼짐'(열반, 니르바나nirvāṇa)이라는 목표 달성을 지향하는 불가지론적 요가 유형을 제안한다. 붓다의 참된 가르침을 유지한다고 주장하는 대승불교의 경전들도 열반의 추구를 연민(카루나karuṇā)의 긍정적인 윤리 이상으로 균형 잡는다. 이 윤리적 이상은 다른 모든 존재가 해탈되어 고통에서 벗어날 때까지 한정된 영역에 남아 있겠다는 보살의 서약으로 표현된다.

후대 불교는 요가적 성질을 띠면서 여러 가지 의미심장한 발전을 보였는데, 중국의 선禪과 일본의 선불교 유파들뿐만 아니라 대승불교의 무착(無着, 아상가II Asaṅga, 5세기) 유식(요가차라Yogācāra)학파와 불교 탄트라Tantra의 수많은 학파, 특히 (금강승Vajrayāna으로 알려진) 티베트 탄트라를 주목할 만하다.

Buddhi-Yoga(붓디-요가)

『바가바드-기타』*Bhagavad-Gītā*에서 여러 차례 만나게 되는 복합어이다. 2장 49송에 따르면 자신의 행위의 결과(팔라phala)를 갈망하지 않기 위해서 '지혜의 능력'(붓디buddhi)에 도피하는 것이다. 10장 10송에서 붓디-요가buddhi-yoga는 맹목적인 사랑으로 주主를 숭배하는 자에게 주가 내리는 것이라고 한다.

⇒ 지혜(wisdom)도 참조.

budhyamāna(부디야마나)

'깨달은 자'라는 뜻이다. 전고전 요가(Preclassical Yoga)의 주요 개념이다. 거기서는 스물다섯째 원리(탓트와tattva), 즉 의식의 존재 원리를 나타낸다. 이것이 '깨어날'때, 다시 말해 초월적 참의식(Consciousness)인 자신의 본성을 깨달을 때, 이것은 (케발라kevala라 불리는) 절대자가 된다.

[비교] 샤드-빙샤ṣaḍ-viṃśa.

bulb(구근)

⇒ 칸다kanda 참조.

bull posture(황소 자세)

⇒ 브리샤-빙샤vṛṣa-āsana 참조.

C

caitanya(차이탄야 I)

'의식'(awareness) 또는 '지성'이라는 뜻이다. 개체화된 마음이다. 다른 맥락에서는 초월적 참의식(Consciousness), 즉 참자아의 참된 정수라는 의미이기도 하다.

⇒ 치트cit, 치티citi도 참조.

[비교] 칫타citta.

Caitanya(차이탄야II) 또는 **Kṛṣṇa Caitanya**(크리슈나 차이탄야; 1486~1533)

동인도의 중요한 크리슈나Kṛṣṇa 신앙 부흥 운동가이다. 그는 (『쉬크샤-아슈타카』*Śikṣa-Aṣṭaka*('여덟 (송)의 가르침'라 불리는) 신앙적인 시를 불과 여덟 송밖에 쓰지 않았던 것으로 보인다. 그의 바이슈나비즘Vaiṣṇavism 박티bhakti 유파는 『바가바타-푸라나』*Bhāgavata-Purāṇa*의 가르침에 기초하고 있다. 그는 고-스와민go-svāmin들의 전통을 창시했는데, 크리슈나 의식 운동(Krishna Consciousness movement)의 슈릴라 프라부파다Shrīla Prabhupāda는 그 전통의 위대한 마지막 지도자 중 한 명이었다. 비범한 카리스마를 가진 사람이었던 차이탄야Caitanya는 일생 동안 크리슈나의 화신으로서 숭배되었다.

⇒ 박티-마르가bhakti-mārga, 박티-요가Bhakti-Yoga도 참조.

cakra(차크라)

'바퀴'라는 뜻이다. 어근 √car('움직이다')에서 파생되었다. 영어로는 차크라chakra가 번역어로 채택되었다. 명백히 세속적인 의미와 거리가 먼 네 가지 주요한 비의적 함의를 갖고 있다. 첫째는 '생성의 바퀴' bhava-cakra 또는 '존재의 순환'(상사라saṃsāra), 다시 말해서 현상적 우주(cosmos)를 나타낸다. 둘째는 좌도 탄트라Tantra의 성적 의례에서 입문자들이 만든 원을 나타내는데, 거기서는 남성과 여성 참가자들이 스승을 중심으로 원형으로 앉아(차크라-푸자cakra-pūjā) 있다. 셋째는 개별 수행자나 상태에 알맞은 종류의 만트라mantra

차이탄야(Caitanya, 현대 초상화)

를 결정하는 데 사용되는 얀트라yantra와 유사한 도형을 말한다. 예를 들면 그러한 도형들은 『만트라-요가-상히타』*Mantra-Yoga-Saṃhitā*에 기술되어 있다. 넷째, 차크라라는 용어는 생기 에너지(프라나prāṇa)로 이뤄진, 신체의 주요 '기관들'을 형성하는 심령 에너지의 소용돌이들을 의미한다. 이들의 비의적 구조는 '연꽃'(파드마padma, ♯kamala)들로 언급되기도 하고 도상으로도 표현된다.

대부분의 요가Yoga와 탄트라 학파들은 신체적 존재를 넘어선 것으로 생각되는 일곱째 센터와 함께 여섯 개의 주요 센터(샤트-차크라ṣaṭ-cakra)를 제시한다. 일곱 개의 센터는 내림차순으로 다음과 같다. (1)사하스라라-차크라(sahasrāra-cakra; '천 개의 살로 된 바퀴')는 정수리에, 또는 그 위에 있다. (2)아갸-차크라(ājñā-cakra; '명령의 바퀴')는 미간 뒤쪽 머리 중앙에 있다. (3)비슛다-차크라(viśuddha-cakra; '순수의 바퀴')는 인후에 있다. (4)아나하타-차크라(anāhata-cakra; '울리지 않는 [소리]의 바퀴')는 심장에 있다. (5)마니푸라-차크라(maṇipura-cakra; '보석으로 된 도시')는 배꼽에 있다. (6)스와디슈타나-차크라(svādhiṣṭhāna-cakra; '자신에 근거를 둔 바퀴')는 생식기에 있다. (7)물라다라-차크라(mūlādhāra-cakra; '토대를 받치는 바퀴')는 항문에 있다.

아홉 개, 열두 개, 그 이상의 수로 된 차크라 모델도 알려져 있다. 중세의 저작인 『카울라-갸나-니르나야』*Kaula-Jñāna-Nirṇaya*(10)에는 여덟 개의 센터가 언급되어 있지만 명칭이 붙어 있지 않다. 이 문헌(3, 5)에서는 일백억 천만, 일천오백만, 삼천만, 심지어 일십억 꽃잎을 가진 연꽃에 대해서도 말하고 있다. 이것들은 보다 높은 단계의 요가 수행을 하는 데 중요한 역할을 하는 비밀 센터들에 속한다. 『카울라-갸나-니르나야』(10)에서는 더 나아가 이 차크라들에 명상(contemplation)하면 죽음을 정복하고 초자연력(싯디siddhi)을 획득하게 된다고 주장한다.

파우스타 노워트니(Fausta Nowotny, 1958)가 연구한 카슈미르어Kashmir로 쓰인 두루마리에서는 다음의 열두 센터, 즉 연꽃들을 내림차순으로 각각의 위치와 꽃잎의 수와 함께 열거하고 있다. (1)브라마라-차크라(♯bhramara-cakra; '벌 차크라')는 정수리(또는 아마도 그 위)에 있고 꽃잎의 수는 나타나 있지 않다. (2)사하스라-달라-차크라(♯sahasra-dala-cakra; '천 개의 꽃잎으로 된 차크라')는 정수리에 있고 천 개의 꽃잎을 가지고 있다. (3)푸르나-기리-피타-차크라(♯pūrṇa-giri-pīṭha-cakra; '산으로 가득 찬 자리 차크라')는 이마에 있고 스물두 개의 꽃잎으로 되어 있다. (4)아갸-차크라('명령 차크라')는 미간에 있고 두 개의 꽃잎을 가지고 있다. (5)발라바트-차크라(♯balavat-cakra; '강한 힘을 가진 차크라')는 코에 있고 세 개의 꽃잎을 가지고 있다. (6)비슛다-차크라('순수 차크라')는 인후에 있고 열여섯 개의 꽃잎으로 되어 있다. (7)아나하타-차크라('울리지 않는 [소리]의 차크라')는 심장에 있고 열두 개의 꽃잎을 가지고 있다. (8)마나스-차크라(♯manas-cakra; '마음 차크라')는 배꼽 중앙에 있고 여덟 개의 꽃잎으로 되어 있다. (9)마니푸라-차크라('보석으로 된 도시 차크라')는 배꼽에 있고 열 개의 꽃잎을 가지고 있다. (10)쿤달리니-차크라(♯kuṇḍalinī-cakra; '쿤달리니의 차크라')는 자궁(가르바garbha)에 있고 꽃잎의 수는 나타나 있지 않다. (11)스와디슈타나-차크라('자신에 근거한 차크라')는 생식기에 위치하고 여섯 개의 꽃잎으로 되어 있다. (12)아다라-차크라(♯ādhāra-cakra; '토대 차크라')는 항문에 위치하고 4개의 꽃잎을 가지고 있다.

티베트의 금강승♯Vajrayāna 불교에서는 다섯 개의 센터만 선별되어 특별하게 다루어지고 있다. 이 센터들은 각각 이마 또는 정수리, 인후, 심장, 배꼽, 생식기 또는 항문에 있다고 한다.

이 심령 에너지 센터들에 대해 비입문자들이 제안하는 가장 일반적인 설명은 서양 의학의 생리학에 알려진 신경총과 이 센터들을 직접적으로 연관시키는 것이다. 그러나 이 가설은 요가 권위자들의 말과 글로 된 증언을 부정하는 것이다. 더 적합하고 신뢰할 만한 견해는 차크라들과 신경체계 구조 간의 상호 연관성을 제시하는 것이다. 일부 학자들, 특히 아게하난다 바라티(Agehananda Bharati, 1965)에 따르면 그러한 견해들은 말이 되지 않는다고 한다. 왜냐하면 차크라들은 명상(meditation)의 과정을 돕기 위한 '체계적 가설들'이거

C

나 '스스로 발견하게 하는 도안들'일 뿐이기 때문이다. 한편 차크라 모델의 상징적 구성 요소들을 부정하지 않은 자아 초월 심리학자 켄 윌버(Ken Wilber; John White, 1979 참조)는 차크라들이 특정 신체 기관과 상호 연관되어 나타나는 것처럼 차별적 감각들이나 의식(consciousness) 상태들과 결부되어 있는 한 이것들은 실재한다고 말한다.(샤트-차크라-베다 ṣaṭ-cakra-bheda도 참조)

탄트라에서 차크라는 의례의 '원', 특히 마하-차크라 mahā-cakra를 나타내기도 한다. 여섯 차크라(샤트-차크라 ṣaṭ-cakra)로 된 그룹은 드라마 작가인 바바부티 Bhavabhūti의 8세기경 희곡 『말라티-마다바』 ♯ Mālatī-Mādhava에서 처음 언급되었다. 이것은 때로 만달라 maṇḍala와, 보호력을 상징하는 비슈누 Viṣṇu의 원반과 동의어로 여겨진다.

⇒ 슈리-차크라 śrī-cakra도 참조.

cakra-āsana(차크라-아사나, [연성]**cakrāsana**차크라사나)

'바퀴 자세'라는 뜻이다. 『바라하-우파니샤드』 *Varāha-Upaniṣad*(5. 17)에 언급되어 있는 요가 Yoga 자세(아사나 āsana)이다. 거기서는 이것을 다음과 같이 설명하고 있다. 몸을 세운 상태를 유지하면서 오른 발목 위에 왼쪽 넓적다리를 올리고 왼 발목 위에 오른쪽 넓적다리를 올린다. 이것은 현대의 매뉴얼들에서 '산 자세' ♯ parvata-āsana로 알고 있는 것에 대한 묘사일 것이다. 산 자세는 '연화좌'(파드마-아사나 pad ma-āsana) 를 취한 다음 양팔을 위로 쭉 뻗어올리면서 무릎으로만 몸을 균형 잡을 수 있을 때까지 위로 들어올리는 것이다. 현대 요가 수행에서 차크라-아사나 cakra-āsana는 완전히 뒤로 젖힌 자세, 즉 다리 자세를 의미한다.

차크라-아사나. 현대의 바퀴 자세 또는 다리 자세. 케이 버드(Kay Bird) 시연

cakra-bheda(차크라-베다)

'바퀴 관통하기'라는 뜻이다. 쿤달리니-요가 Kuṇḍalinī-Yoga에서 처음에 프라나 prāṇa로, 그 다음에 '뱀의 힘'(쿤달리니-샥티 kuṇḍalinī-śakti) 자체로 각 차크라 cakra를 의식적으로 관통하는 과정이다.

cakra-pūjā(차크라-푸자)

'원圓 숭배'라는 뜻이다. 탄트라 Tantra 입문자들이 '다섯 엠M'(판차-마-카라 pañca-ma-kāra)과 다른 의례들을 수행하기 위해 비밀히 만든 의례용 원이다.

cakrī-bandha(차크리-반다)

'회전 잠금'(rotating lock)이라는 뜻이다. 『하타-탓트와-카우무디』 *Haṭha-Tattva-Kaumudī*(9. 7~8)에 기술되어 있는 하타-요가 Haṭha-Yoga의 기법으로, 앉은 상태로 다리를 쭉 뻗고 손으로 발을 반쯤 잡고서 한다. 그 상태에서 수행자는 머리 위로 발을 여러 차례 들어올려야만 한다. 그런 다음 궁둥이를 들어올리려 손의 도움을 받아서 '마치 바퀴처럼' ♯ cakra-vat 재빠르게 궁둥이를 회전시켜야만 한다. 이 기법은 쿤달리니 kuṇḍalinī를 '뒤흔들'뿐 아니라, 모든 장애를 제거하고 소화의 불(대사)을 촉진시키고 독소와 소화불량, (복부) 통증을 완화한다.

cakrī-karma(차크리-카르마)

'휘젓는 행위'라는 뜻이다. 하타-요가 Haṭha-Yoga의 정화 행법이다. 『하타-라트나발리』 *Haṭha-Ratnāvalī*(1. 28)에서는 이것을 다음과 같이 기술하고 있다. 직장 속으로 손가락 절반(때로는 가운데 손가락이라고 언급함)을 삽입하여 항문 괄약근이 충분히 펴질 때까지 원을 그리며 움직인다. 이 수행법은 치질, 비장 질환, 소화불량을 치유하기 위해 권해진다. 이 기법은 다른 문헌들에 기술되어 있는 물라-쇼다나 mūla-śodhana와 동일한 것처럼 보인다.

cakṣus(차크슈스)
'눈'이라는 뜻이다.
⇒ 디비야-차크슈스 divya-cakṣus, 인드리야 indriya, 갸나-차크슈스 jñāna-cakṣus 참조.

calmness(고요함 또는 평정)
⇒ 우파샤마 upaśama 참조.

camatkāra(차맛카라)
'놀라움', '경악'이라는 뜻이다. 문자 그대로 '탄성을 지르다' √camat라는 의미이다. 카슈미르 샤이비즘 Kashmiri Śaivism에서 요긴 yogin이 쉬바 Śiva의 궁극적 참의식(Consciousness)이 개화하는 경험을 할 때, 경탄(비스마야 vismaya)하거나 놀라는 순간이다. 이 의식은 자신의 세속에서의 모든 경험을 변화시킨다.
[비교] 아드부타 adbhuta.

camel posture(낙타 자세)
⇒ 우슈트라-아사나 uṣṭra-āsana 참조.

candra(찬드라)
'달'이라는 뜻이다. 하타-요가 Haṭha-Yoga와 탄트라 Tantra에서 '불멸의 감로'(아므리타 amṛta, 소마 soma)가 흘러나오는, 신체의 비의적 구조이다. '달'은 감로를 끊임없이 뿌리지만 보통 사람들은 이 귀중한 액체를 낭비해 버린다. 그러나 요긴 yogin은 이것의 흐름을 억제하는 법을 배워서 신체의 성변화聖變化를 추구하는 데 사용한다. 중세 문헌인 『요가-쉬카-우파니샤드』 *Yoga-Śikhā-Upaniṣad*(5. 33)에 따르면 달은 '입천장의 뿌리'(탈루-물라 tālu-mūla)에 위치해 있다. 『카울라-갸나-니르나야』 *Kaula-Jñāna-Nirṇaya*(5. 16)에서는 그 위치를 머리의 '배꼽'이라고 암호와 같이 나타낸다. 『쉬바-상히타』 *Śiva-Saṃhitā*(2. 6)에서는 '달'이 '메루 meru 산'의 정상, 즉 척주의 맨 꼭대기에 위치한다고 본다. 이 문헌은 달이 여덟 '부분'(칼라 I kalā)으로 되어 있다고도 언급하는데, 이것은 반달을 의미한다. 그렇지만 다른 송(5. 148)에서는 열여섯 '부분'으로 되어 있다고 언급하는데, 이것은 보름달에 해당한다. 더 나아가 『쉬바-상히타』(5. 146)에서는 3일 밤낮 동안 명상(contemplation)을 계속하면 (아마도 내면의 눈으로) '달'을 볼 수 있게 된다고 말한다.

'달'의 감로는 몸통으로 흘러내려서 복부에 있는 '태양'(수리야 sūrya)에 의해 소모된다고 생각된다. 어깨로 서기나 물구나무서기와 같은 신체를 거꾸로 세우는 기법들은 아래로 흐르는 달의 감로를 거꾸로 되돌리기 위해 설계되었다. 잘란다라-반다 jālandhara-bandha 즉 인후 잠금과, 두개강頭蓋腔을 막기 위해 구개에 혀를 갖다 대어서 뒤로 말아 넣는 케차리-무드라 khecarī-mudrā도 동일한 목적을 가진다. 이것은 바즈롤리-무드라 vajrolī-mudrā와 같은 그러한 수행법들을 통해서 '정액'(빈두 bindu)을 되돌리려 한다는 것과 유사하다.

태양과 달의 은유는 대우주가 소우주에 반영된다는 신비적 관념의 훌륭한 예이다. 복합어인 하타-요가는 두 개의 거대한 소우주적 구조를 나타내는 태양과 달의 결합(요가 yoga)으로 비의적이게 설명된다. 그러므로 요긴은 보다 높은 의식(consciousness)의 통합적인 힘을 사용하여 자신의 내면의 환경에서 참된 우주(cosmos) 즉 참된 '질서'를 만들려고 시도한다.

일부 요가 문헌들에서조차 예사로이 달의 분비물(아므리타 amṛta)이 침이라고 밝혀 왔다. 현대의 여러 해석자는 그 안에 뇌척수액이 있다고 보았다. 이 액체를 보존하면 건강이 증진되고 장수할 수 있다고 생각했다. 그러나 이것을 넘어서 '달'은 차크라 cakra들처럼 요가의 명상적인 여정을 위한 중요한 기준점이다. 『샤트-차크라-니루파나』 *Ṣaṭ-Cakra-Nirūpaṇa*(41)에서는 이것을 '달의 원' √candra-maṇḍala이라고 언급하는데, 이 원은 천 개의 잎으로 된 연꽃(사하스라라-차크라 sahasrāra-cakra)의 과피에 위치한다. 『쉬바-푸라나』 *Śiva-Purāṇa*(3. 5. 53)에서는 이 영역이 지고의 참의식(Consciousness)의 본성으로 이루어져 있다고 기술한다. 일부 문헌들에서는 이 자리를 인두-차크라 indu-cakra 또는 소마-차크라♂soma-cakra라고 부르는데, 이 차크라는 일반적으로 달빛 흰색의 16개의 꽃잎으로 된 연꽃으로 묘사된다. 이것은 상위의 마음(지성, 붓디buddhi)의 자리라고 묘사된다.

C

Candra-Dvīpa(찬드라-드위파)

'달의 섬'이라는 뜻이다. 맛시옌드라Matsyendra가 쉬바Śiva와 샥티II Śakti 사이의 신성한 대화를 엿들었다고 하는, 물고기의 배 속에 있는 전설상의 장소이다. 찬드라-기리(Candra-Giri; '달의 언덕')로도 알려져 있는, 탄트라Tantra의 이 중요한 장소는 바라나시Vārāṇasī 지역과 동일시된다.

candra-grahaṇa(찬드라-그라하나)

'월식'이라는 뜻이다. 『다르샤나-우파니샤드』*Darśana-Upaniṣad*(4. 46)에 따르면 생기(프라나prāṇa)가 왼쪽 통로(이다-나디iḍā-nāḍī)를 통해 '뱀의 힘'(쿤달리니-샥티kuṇḍalinī-śakti)이 있는 곳에 도달할 때 일어난다.

Caṇḍīdās(찬디다스)

힌디어hindi이다. 산스크리트Sanskrit로는 찬디다사(♂Caṇḍīdāsa; '[여신] 찬디의 종')이다. 사하지야 운동(Sahajiyā Movement)의 선두에 선 14세기 후반의 벵골Bengal 스승이다. 수많은 사랑 노래, 라다Rādhā와 그녀의 신성한 연인 크리슈나Kṛṣṇa 사이의 유희에 대한 이야기, 기도적 명상(meditation)을 위한 매개로 신체를 이용하는 방법 때문에 북인도 전반에 걸쳐 명성을 얻었다. 그의 작품으로 인해 바이슈나바vaiṣṇava 시학의 새로운 유파가 생겨났다. 그가 지은 것으로 여겨지는 수천 편의 시들 가운데 약 200편 정도가 진짜라고 한다.

⇒ 박티-마르가bhakti-mārga도 참조.

Caraka-Saṃhitā(차라카-상히타)

'차라카Caraka의 모음집'이라는 뜻이다. 카니슈카(Kaniṣka; 78~120) 왕의 궁중 의사였던 차라카가 저술한 것으로 추정되는 저작이다. 그렇지만 현재의 형태는 대략 800년까지 거슬러 올라간다. 이 문헌은 인도 토착 의학(아유르-베다Āyur-Veda)에 대한 위대한 두 저작 중 하나이며, 여덟 장에 걸쳐 약학, 영양학, 병리학, 해부학, 발생학, 진단학, 예후, 독물학, 일반 치료와 같은 주제를 다루고 있다. 전고전 상키야(Preclassical Sāṃkhya)에 철학적 기반을 두고 있다.

⇒ 수슈루타-상히타Suśruta-Saṃhitā도 참조.

caraṇa(차라나)

'움직임'이라는 뜻이다. 『싯단타-셰카라』♂*Siddhānta-Śekhara*(15장)에 언급되어 있고, 『하타-탓트와-카우무디』*Haṭha-Tattva-Kaumudī*(9. 13~19)에 인용된 하타-요가Haṭha-Yoga 기법이다. 이것은 머리, 복부, 손, 다리, 허벅지, 무릎, 발, 발가락, 손목과 신체의 다른 관절들과 각기 연관되어 있는 신체의 열 개 부위를 움직이는 행법이다. 쉬바Śiva의 춤추는 형상♂Nātharāja에 대해 숙고(contemplating)하는 동안 수행자는, 예를 들자면 머리를 돌리면서 머리가 가슴을 가볍게 스치도록 해야만 한다.

이것은 메루-찰라나(♂meru-cālana, 『하타-탓트와-카우무디』(9. 4))로도 알려져 있다. 이와 유사하게 수행자는 복부 근육(나울리naulī 참조)을 시계 방향과 반시계 방향 양쪽으로 10회 회전하고, 앞서 언급했던 신체의 부위들로 비슷하게 움직여야만 한다. 빈도를 (서서히) 100회까지 늘려야만 한다. 미세한 도관(나디nāḍī)들의 정화(나디-쇼다나nāḍī-śodhana)를 포함하여 모든 종류의 유익함이 열거된다.

Carpaṭa(차르파타)

『차르파타-샤타카』♂*Carpaṭa-Śataka*('차르파타의 100개 [송]'), 『아난타-바키야』♂*Ananta-Vākya*('무한한 말'), 『차르파타-만자리』♂*Carpaṭa-Mañjarī*('차르파타의 꽃 장식')를 저술한 것으로 여겨지는 하타-요가Haṭha-Yoga의 위대한 교사 중 한 명이다. 그의 제자 중 한 명은 캄바주(Camba state, 현재의 펀자브Punjab)의 왕이었던 사힐라 바르마(Sahila Varma; 920년경에 활약)였다.

Carpaṭa-Śataka(차르파타-샤타카)
'차르파타Carpaṭa의 100개 [송]'이라는 뜻이다. 차르파타가 저술한 것으로 추정되는 초기 하타-요가Haṭha-Yoga 저작이다. 거기에는 몇몇 필사본이 나타나 있다.

Carpaṭi(차르파티)
『하타-요가-프라디피카』*Haṭha-Yoga-Pradīpikā*(1. 6)에 하타-요가Haṭha-Yoga의 달인으로 언급되어 있다. 그가 유명한 차르파타Carpaṭa와 동일인인지 아닌지는 분명치 않다.

caryā(차리야)
'행위'라는 뜻이다. 내적 정화와 에고적 인성의 변화를 일으키려는 충분히 훈련된 행위이다. 이것은 아가마II Āgama와 탄트라Tantra 들에서 논해진 영적인 길의 네 면 중 하나이다. 다른 세 가지는 갸나(jñāna; '지식'), 크리야(kriyā; '의례'), 요가(yoga; '결합의 수행')이다.

caste(카스트)
자티(jāti; '출생')이다. 힌두이즘Hinduism의 사회체계에서 세습되는 계급이다. 카스트에는 그 구성원들의 행위, 특히 계급간의 결혼과 음식 소비의 사회적인 면에 관하여 규정하는 사회적 불평등이 내포되어 있다. 그것은 카르마karma의 결과로 설명되는데, 추정컨대 카스트 체계 이전에 존재했을 네 종류의 사회적 신분, 즉 계층(바르나varṇa)과는 구분되어야만 한다.

역사적으로 볼 때 탄트라Tantra의 매력은 전통적인 카스트의 장벽들을 의도적으로 무시한 데서 일부분 기인한다. 그 장벽들은 악평이 자자한 차크라-푸자cakra-pūjā를 지속시키기 위해 폐지되었다. 당연히 탄트라는 특히 인도 사회에서 사회·경제적으로 혜택 받지 못한 구성원들, 소위 최하층민ś śūdra들의 마음을 끌었다.

catuḥ(차투흐) 또는 **catur-**(차투르-)
'넷'4이라는 뜻이다.
⇒ 차투샤슈티catuḥṣaṣṭi, 차투라쉬티caturaśīti, 차투라쉬티-싯다caturaśīti-siddha, 차투르타caturtha, 차투르빙샤티caturviṃśati, 차투르-유가catur-yuga 참조.

catuḥṣaṣṭi(차투샤슈티)
'예순넷'64이라는 뜻이다.
⇒ 차투샤슈티-탄트라catuḥṣaṣṭi-tantra, 차투샤슈티-요기니catuḥṣaṣṭi-yoginī 참조.

catuḥṣaṣṭi-tantra(차투샤슈티-탄트라)
'64종의 탄트라Tantra'라는 뜻이다. 전통적으로 현존한다고 하는 탄트라들의 수이다. 실제로는 더 많은 문헌이 알려져 있고, 훨씬 더 많은 문헌이 소실되어 왔다.

catuḥṣaṣṭi-yoginī(차투샤슈티-요기니)
'64명의 요기니yoginī'라는 뜻이다. 탄트라Tantra에서, 그 중에서도 『샤라다-틸라카-탄트라』*Śāradā-Tilaka-Tantra*(7. 35~43)에서 이름을 붙인 요기니들의 그룹이다.

caturaśīti(차투라쉬티)
'여든넷'84이라는 뜻이다.
⇒ 차투라쉬티-아사나caturaśīti-āsana, 차투라쉬티-싯다caturaśīti-siddha 참조.

caturaśīti-āsana(차투라쉬티-아사나, [연성]**caturaśīty āsana**차투라쉬티야사나)
'84종의 자세'라는 뜻이다. 하타-요가Haṭh-Yoga에서 종종 언급되지만 개별적으로 열거되는 경우는 드문 일군의 아사나āsana이다.

caturaśīti-siddha(차투라쉬티-싯다)
'84명의 달인'이라는 뜻이다. 북인도, 특히 히말라야 지역에서는 84명의 마하-싯다mahā-siddha를 인정한다.

caturdaśan(차투르다샨) 또는 **caturdaśa-**(차투르다샤-)
'열넷'14이라는 뜻이다.

⇒ 차투르다샤-나디caturdaśa-nāḍī 참조.

caturdaśa-nāḍī(차투르다샤-나디)
'14개의 도관'이라는 뜻이다. 대부분의 탄트라Tantra와 하타-요가Haṭha-Yoga 권위자들에 따르면 신체에 있는 주요한 미세 통로(나디nāḍī)의 개수이다.
[비교] 드위삽타티사하스라-나디dvisaptatisahasra-nāḍī.

caturtha(차투르타)
'넷째'라는 뜻이다. 베단타Vedānta에서 깨어 있는 상태, 꿈꾸는 상태, [꿈 없이] 자는 상태로 된 세 가지 상태(아바스타avasthā)를 넘어서 있는 초월적 참자아를 나타내는 전문 용어이다. 이것은 투리야 I turīya 또는 투리야II turya라고도 불리는데, 두 용어 모두 '넷째'를 의미한다. 고전 요가(Classical Yoga)에서 차투르타caturtha라는 용어는 들숨과 날숨을 넘어서 있는 호흡(프라나야마prāṇāyāma)의 형태, 다시 말해 케발라-쿰바카kevala-kumbhaka로 알려진 전면적인 호흡 중지를 나타낸다.

catur-vaktra(차투르-박트라)
'네 개의 입을 가진'이라는 뜻이다. 브라마II Brahma, 비슈누Viṣṇu, 쉬바Śiva의 별칭이다.
[비교] 판차-박트라-쉬바Pañca-Vaktra-Śiva.

caturviṃśati(차투르빙샤티)
'스물넷'24이라는 뜻이다.
⇒ 차투르빙샤티-싯다caturviṃśati-siddha, 차투르빙샤티-탓트와caturviṃśati-tattva 참조.

caturviṃśati-siddha(차투르빙샤티-싯다)
'24명의 달인'이라는 뜻이다. 때로 성취를 이룬 남인도의 샤이바Śaiva 달인들의 그룹에는 일반적인 18명의 싯다(아슈타다샤-싯다aṣṭādaśa-siddha)보다는 24명의 싯다siddha가 열거된다.

caturviṃśati-tattva(차투르빙샤티-탓트와)
'24개의 원리/범주'라는 뜻이다. 여러 현상, 특히 상키야Sāṃkhya의 탓트와tattva들에 적용되는 수 분류이다.
[비교] 산나바티-탓트와ṣaṇṇavati-tattva, 샷트링샤트-탓트와ṣaṭtriṃśat-tattva.

catur-yuga(차투르-유가)
'네 개의 이온(eon)'이라는 뜻이다. 세계의 네 시대(유가yuga)를 통칭하는 명칭이다.

Caṭṭaimuni(찻타이무니)
'[모직] 셔츠의 성자'라는 뜻이다. 타밀어Tamil 차잇타이(caittai; '모직의')+산스크리트Sanskrit 무니muni로 만들어졌다. 남인도의 열여덟 달인 중 한 명이다. 매춘여성의 아들이자 보가르Bogar의 제자이다. 다른 싯다siddha들은 비밀스러운 사안들을 드러내 놓고 쓴 그를 비난했다.

Cauraṅginātha(차우랑기나타)
방언이다. 산스크리트Sanskrit로는 차투랑기나타(ʃ Caturaṅginātha; '사지의 주主')이다. 고라크샤 I Gorakṣa과 동시대에 살았던 더 젊은 사람으로 샬리바하나Śālivāhana 왕의 아들이다. 그는 『프란 산칼리』ʃ *Prān Sānkali*[힌디어hindi. 산스크리트Sanskrit로는 『프라나-상칼라』ʃ *Prāṇa-Saṃkala*('생기 에너지에 대한 모음집')]를 저술하였고, 『하타-요가-프라디피카』*Haṭha-Yoga-Pradīpikā*(1. 5)에 초기 하타-요가Haṭha-Yoga의 달인 중 한 명으로 언급되어 있다. 『하타-라트나발리』*Haṭha-Ratnāvalī*(3. 19)에는 그의 이름을 따서 붙인 아사나āsana가 나타나 있다.

causation(원인)
⇒ 카라나kāraṇa, 나바-카라나nava-kāraṇa, 사트-카리야-바다sat-kārya-vāda 참조.

causation, moral(도덕적 원인)
⇒ 카르만karman 참조.

causes of affliction[번뇌(고통)의 원인]
⇒ 클레샤kleśa 참조.

cave(동굴)
⇒ 구하guhā 참조.

cākṣuṣī-dīkṣā(차크슈쉬—디크샤)
'눈目으로 하는 입문 의례'라는 뜻이다. 드리그—디크샤dṛg-dīkṣā와 동의어이다.

Cāṅgadeva(창가데바)
젊은 갸나데바Jñānadeva의 제자가 되었던 유명한 하타—요긴haṭha-yogin이다. 갸나데바는 그에게 마라티어Marathi로 된 65개의 송을 가르쳤다. 이 송들은 『창가데바—파사슈티』*Cāṅgadeva-Pāsaṣṭī*로 알려지게 되었다.

cela(첼라)
산스크리트Sanskrit 쉬쉬야śiṣya에 해당하는 힌디어hindi이다.

cetas(체타스)
'마음' 또는 '의식'(consciousness)이라는 뜻이다. 마나스manas 또는 칫타citta와 동의어이다.

chakra(∵차크라)
차크라cakra에 대한 보편적인 영어식 표기이다.

change(변화 또는 전변轉變)
⇒ 파리나마pariṇāma 참조.

channel, subtle(미세 통로)
⇒ 히타hitā, 나디nāḍī 참조.

chanting(가창歌唱 또는 찬팅)
⇒ 바자나bhajana, 자파japa, 키르타나kīrtana 참조.

charity(자선 또는 자애)
⇒ 다나dāna, 다야dayā 참조.

chastity(동정童貞 또는 순결)
⇒ 금욕(abstinence), 브라마차리야brahmacarya 참조.

C

Chāndogya-Upaniṣad(찬도기야—우파니샤드, [연성] Chāndogyopaniṣad찬도기요파니샤드)
우파니샤드Upaniṣad 장르 중 가장 오래된 문헌 중 하나이다. 일반적으로는 기원전 600~800년경에 성립되었다고 보지만, 일부 학자들에 따르면 기원전 2000년 중반에 쓰였다. 이 문헌은 다른 무엇보다도 (우드기타udgītha라고 불리는) 성음 옴Oṃ에 대한 상세한 탐구를 담고 있다. 셋째 장에서는 기본적으로 '꿀의 교의'(마두—비디야madhu-vidyā)와 생기 에너지(프라나prāṇa)의 본질에 대해 설명하고 있다. 이 문헌은 종교사가들에게 베다Veda의 희생제 의례가 내면화되기 시작할 때인 힌두Hindu 형이상학의 가장 초기 형성 국면에 대해 값진 일별을 제공함으로써 요가Yoga가 적절하게 발전할 수 있는 길을 열어 주었다.

chāyā(차야)
'그림자' 또는 '반영'이라는 뜻이다. 고전 요가(Classical Yoga)에서 전문적 의미를 가지고 있다. 이것은 초월적 참자아, 즉 참의식(Consciousness)에 의해 붓디buddhi라 불리는 상위의 마음에 비춰진 '반영'을 나타낸다. 바차스파티 미슈라Vācaspati Miśra가 자신의 『탓트와—바이샤라디』*Tattva-Vaiśāradī*(2. 17)에서 처음 도입한 이 개념은, 마음(마나스manas, 칫타citta)이 의식이 없는 우주(cosmos, 프라크리티prakṛti)의 전개라는 사실을 고려할 때 어떻게 지식이 가능한지를 설명하려고 한다.
후고전 요가(Postclassical Yoga)의 많은 저작에서 이 용어는 물질적 신체를 둘러싼 아우라(aura)를 의미한다. 『바라하—우파니샤드』*Varāha-Upaniṣad*(5. 41)에 따르면 요긴yogin은 언제나 이것을 지각해야만 한다.
⇒ 빔바bimba, 프라티빔바pratibimba도 참조.

chāyā-puruṣa(차야—푸루샤)
'그림자 사람'이라는 뜻이다. 신체에 의해 던져진 그림자로, 자신과 타인의 운명을 예언하기 위해 일부 요긴yogin이 사용했다.

Chelappaswami(첼랍파스와미; 1840~1915)

남인도 난디나타Nandinātha 전통의 카일라사Kailāsa 계보의 은둔 달인으로, 그의 제자 중에는 요가스와미Yogaswami가 있다.

Chinmoy, Sri(슈리 친모이; 1931~2007)

본명은 친모이 쿠마르 고세Chinmoy Kumar Ghose이다. 벵골Bengal 태생의 명상(meditation) 스승이자 수필가이며 시인으로 1964년에 뉴욕New York에서 자리 잡은 아티스트이다. 수년간 그는 UN 직원들에게 평화 명상(peace meditation)을 정기적으로 지도하였고 700권이 넘는 책을 저술하였으며 14만 점이 넘는 신비로운 그림을 그렸다.

Chinnamastā-Tantra(친나마스타-탄트라)

'잘린 머리를 한 [여신]의 탄트라Tantra'라는 뜻이다. 친나마스타Chinnamastā 숭배에 대해 구체적으로 서술한, 196송으로 된 탄트라 저작이다. 『프라찬다-찬디카-탄트라』*Pracaṇḍa-Caṇḍikā-Tantra*로도 알려져 있다.

Christianity(기독교)

16세기에서 17세기 사이 동안 인도에서 기독교 선교사들을 통해 기독교와 요가Yoga의 만남이 처음 발생하였다. 자신들의 일을 효과적으로 하기 위해서 그들은 부득이하게 지방어들, 특히 타밀어Tamil를 배워야만 했다. 이는 또한 그 지방어들로 쓰인 세속적이고 영적인, 대단히 귀중한 문헌들과 그들을 연결시키기도 했다. 이 초기 선교사들 가운데 주목할 만한 사람은 포르투갈인인 로베르토 노빌리(Roberto Nobili; 1577~1656)였는데, 그는 인도인들에게 기독교를 '잃어버린' 베다Veda로 제시하였다. 독일의 루터 교도인 바돌로뫼우스 지겐발크(Bartholomäus Ziegenbalg; 1682~1719)와 같은 몇몇 선교사는 인도인들의 신앙과 사상 들에 대한 연구에 상당히 몰두했다. 그들의 작업은 교회 당국자들에 의해 금지까지는 아니더라도 방해는 받았다. 인도에서 그들의 선교 노력들이 크게 성공적이었다고는 말할 수 없다고 한다. 반대로 스와미 비베카난다Swami Vivekananda 등의 네오-힌두이즘neo-Hinduism을 통해서 힌두Hindu의 유산이 서구 세계에 강력하게 파고들었다. 모니에르-윌리엄스M. Monier-Williams와 막스 뮐러Max Müller와 같은 19세기 인도학(Indology) 선구자들은 여전히 기독교의 선교적 관심에 사로잡혀 있었다. 이 분야의 그 다음 세대 학자들은 아마도 보다 적거나 덜 명백한 기독교적 편견과 목적 들을 가지고서 자신들의 연구에 착수했던 것 같다. 일부 학자는 심지어 힌두이즘Hinduism을 다룰 때조차 중립을 유지하였다. 보다 넓은 범위에서 요가는, 부분적으로는 뉴에이지 사상의 수단으로서, 부분적으로는 신체 피트니스 운동으로서 서구 문화에 현저한 영향을 주었다. 당연하게도 실천적인 기독교인들은 이 동양 전통을 어떻게 이해할 것인지 생각해 왔는데, 그렇다 하더라도 아주 조금 그렇게 해왔다. 그리고 근본주의자들은 이 동양 전통에 대항해 강하게 반발해 왔다. 1989년에 바티칸은 기독교인들에게 요가를 포함한 동양의 방식과 어떠한 관계도 갖지 말라고 경고했다. 교황 베네딕트 16세는 2008년에 더욱 관대한 입장을 취했지만, 요가가 "신체 문화가 되어버릴" 수 있다고 직접적으로 경고했다. ('현대의 동작 중심 요가'Modern Postural Yoga 참조)

자신들의 기독교적 뿌리에 여전히 충실하기를 원함과 동시에 요가의 영적인 가르침들 속으로 더 깊게 내려가는 사람들은 다양하게 변화된 형태의 '기독교 요가'를 기꺼이 받아들여 왔다. 그 중 주목할 만한 이들로는 『기독교 요가』*Christian Yoga*(불어판, 1956년)를 저술한 프랑스 베네딕트회 수사인 데샤네J. M. Déchanet뿐만 아니라, 프랑스 태생의 베네딕트회 수사인 아비쉬크타난다(Abhishiktananda; 1910~1973)와 영국 태생의 베네딕트회 수사인 베데 그리피스(Bede Griffith; 1906~1993)가 있다. 뒤의 두 사람은 인도에서 오랜 세월을 살면서 일했다.

Cidghanānanda(치드가나난다; 18세기경)

잘못된 요가Yoga 수행으로 발생하는 질병을 다룬 두

권의 저작, 즉 『미슈라카』*Miśraka*와 『샤트-카르마-상그라하』*Ṣaṭ-Karma-Saṃgraha*의 저자이다. 그는 『아누바바므리타』*Anubhavāmṛta*('경험의 감로')도 저술한 것으로 여겨진다. 입문하기 전의 이름은 라가바 Rāghava 또는 라구비라 Raghuvīra였던 것으로 추정된다.

cihna(치나)

'징표', '징후', '사인'이라는 뜻이다. 요긴yogin은 세상을 정신물리적 작용으로 이해하기 때문에, 특정한 외적 징표가 내적 상태나 잠재적 가능성을 나타내는 것으로 생각한다. 따라서 『마르칸데야-푸라나』*Mārkaṇḍeya-Purāṇa*(39. 63)에 따르면 영적인 길에 따른 진보의 첫 번째 징표는 다음과 같다. 열정(알롤리야 ālolya), 건강, 온유함, 기분 좋은 향기, 대소변 양의 감소, 아름다움(칸티 kānti), 명석함, 고운 음성. 『쉬바-상히타』*Śiva-Saṃhitā*(3. 28f.)에서도 유사하게, 초기 단계(아람바-아바스타 ārambha-avasthā)에서 진보의 확고한 징표는 수려하고 기분 좋은 냄새를 풍기는 '정연한 신체'(사마-카야 sama-kāya)를 얻는 것이라 말한다. 나아가 이 단계에 있는 요긴은 '강력한 (소화의) 불'을 즐기고 잘 먹으며, 행복하고 용감하고 에너지 넘치며 튼튼하고, 균형 잡힌 팔다리를 가지고 있다고 한다. 『요가-탓트와-우파니샤드』*Yoga-Tattva-Upaniṣad*(44ff.)에서 네 가지 외적 징표는, 다시 말해서 신체의 가벼움과 광채(딥티 dīpti), '복부의 불'(자타라-아그니 jāṭhara-agni)의 증가, 호리호리한 신체는 심령 에너지 통로(나디 nāḍī)의 정화로 발생한다고 언급되어 있다. 그리고 예를 들자면 『요가-야갸발키야』*Yoga-Yājñavalkya*(5. 21f.)와 『샨딜리야-우파니샤드』*Śāṇḍilya-Upaniṣad*(1. 5. 4)에서는 마지막 징표를 미세한 내면의 소리(나다 nāda)의 나타남으로 대체하였다.

또한 요가Yoga 문헌들에서는 참자아에 대한 깨달음 직전이나 직후에 일어나는 징표에 대해서도 언급한다. 『마하바라타』*Mahābhārata*(12. 294. 20)에는 이런 송이 있다. "연기가 없는 일곱 개의 타오르는 [불]처럼, 빛나는 태양처럼, 공중에서 번쩍이는 섬광처럼, 그렇게 자아 속에서 참자아를 본다." 『요가-쉬카-우파니샤드』*Yoga-Śikhā-Upaniṣad*(2. 18f.)에서도 초자연적 능력(싯디 siddhi)을 얻기 위한 '문들'로 불리는 수많은 징표들, 다시 말해 깊은 명상(meditation) 중에 경험하는 램프의 불꽃이나 달, 반딧불이, 번개, 별자리, 마지막으로 태양을 연상시키는 빛을 열거해 놓았다.

⇒ 프라브릿티 pravṛtti, 루파 rūpa, 타라카-요가 Tāraka-Yoga도 참조.

cin-mātra(친-마트라)

'순수 의식/인식(awareness)'이라는 뜻이다. 음운의 변화 때문에 여기서 치트cit는 친cin으로 바뀐다. 일반적으로 아트만ātman의 동의어이다. 이것은 초월적 근원으로 초의식적이고 마음을 넘어서 있다.

⇒차이탄야 I caitanya, 치트cit, 치티citi도 참조.

[비교] 칫타citta.

cin-mudrā(친-무드라)

'의식/인식(awareness)의 결인'이라는 뜻이다. 음운의 변화 때문에 여기서 치트cit는 친cin으로 바뀐다. 특정한 요가Yoga 자세(아사나 āsana)와 결합하여 사용되는, 또는 신성한 의례에서 사용되는 손 제스처(하스타 무드라 hasta-mudrā) 중 하나이다. 엄지와 검지를 모으는 한편, 나머지 손가락들은 편 상태를 유지함으로써 수행한다.

⇒ 요가-무드라 yoga-mudrā도 참조.

cintā(친타)

'사고', '생각'이라는 뜻이다. '숙고'나 '명상'(meditation)의 의미로 빈번하게 사용된다. 예를 들면 『마이트라야니야-우파니샤드』*Maitrāyaṇīya-Upaniṣad*(4. 4)에서는 고행(타파스 tapas)과 지혜(비디야 vidyā) 또는 친타 cintā로 절대자에 이를 수 있다고 한다. 그러나 『바가바드-기타』*Bhagavad-Gītā*(16. 11)와 같은 다른 저작들에서 이 용어는 '근심' 또는 '염려'를 의미한다.

cintāmaṇi(친타마니)

친타(cintā; '사고', '우려')+마니(maṇi; '보석')로 만들어졌다. 인도 신화에 나오는 마법의 소원 성취 보석이

C

다. 마음 자체에 빈번히 적용된다.

circumambulation(보행)
⇒ 프라다크쉬나 pradakṣiṇā 참조.

cit(치트)
'인식'(awareness) 또는 '의식'(consciousness)이라는 뜻이다. 초월적 참의식(Consciousness), 즉 순수한 참인식(Awareness)을 의미한다. 요가 Yoga와 베단타 Vedānta 문헌들에서 널리 쓰이는 용어이다.
⇒ 차이탄야 I caitanya, 친-마트라 cin-mātra, 치티 citi도 참조.
[비교] 칫타 citta.

citi(치티)
'인식/의식'(awareness) 또는 '지성'이라는 뜻이다. 치트 cit와 동의어이다.
⇒ 치티-샥티 citi-śakti도 참조.

citi-chāyā(치티-차야)
'인식/의식(awareness)의 그림자'란 뜻이다. 마음(칫타 citta)과 동의어이다.
⇒ 차야 chāyā, 치티 citi 참조.

citi-śakti(치티-샥티)
'인식(awareness)의 힘'이라는 뜻이다. 예를 들면 『요가-수트라』 *Yoga-Sūtra*(4. 43)에서 발견되는 용어로, 여기서 이것은 정신적(mental) 과정에 자신이 관여하지 않고서 마음의 내용들을 지속적으로 지각하는 초월적 참자아를 나타낸다.

citriṇī-nāḍī(치트리니-나디)
'빛나는 통로'라는 뜻이다. 일부 탄트라 Tantra 저작에 따르면 중앙 통로(수슘나 나디 suṣumṇā-nāḍī) 안에 있는 미세한 도관이다. 이 속에 '브라만 brahman 통로'(브라마-나디 brahma-nāḍī)가 있는데, 이것이 쿤달리니-샥티 kuṇḍalinī-śakti로 알려진 심리영성적 힘의 실제적 통로이다.
⇒ 나디 nāḍī도 참조.

cit-śakti(치트-샥티)
'인식(awareness)의 힘'이라는 뜻이다. 치티-샥티 citi-śakti와 동의어이다.

citta(칫타)
'마음' 또는 '의식'(consciousness)이라는 뜻이다. 어근 √cit('의식하다', '인식하다')의 과거분사이다. 고전 요가(Classical Yoga)의 핵심 개념 중 하나이다. 이 용어가 파탄잘리 Patañjali에 의해 명료하게 정의되지는 않았지만, 그 의미는 그의 저작 속에서 확인할 수 있다. 칫타 citta는 의식이 없는 우주(cosmos, 프라크리티 prakṛti)의 일부분이지만 독립적 존재 범주(탓트와 tattva)로 다뤄지지는 않는다. 대신 이 용어는 다양한 내적 작용, 주로 집중 능력을 지칭하는 포괄적 용어로 사용된다. 어떤 의미에서는 초월적 참의식(Consciousness, 치티 citi)의 산물이자 인식된 대상이라 할 수 있는데, 그것은 양자에 의해 '물든다'고 말해지기 때문이다. 거기에는 그러한 마음(칫타)이 많이 존재한다. 『요가-수트라』 *Yoga-Sūtra*(4. 15)에서 파탄잘리는 하나의 마음(칫타)만 존재한다는 관념론자들의 견해를 명확히 거부한다.

칫타는 '훈습'(바사나 vāsanā)들이라 불리는 것과 결합된 셀 수 없이 많은 '잠재의식의 활성체'들, 즉 잠세력(潛勢力, 상스카라 saṃskāra)들로 가득 차 있다고 생각된다. 이것들은 다양한 심리정신적 현상, 특히 다섯 가지 '작용'(브릿티 vṛtti)을 산출하는 데 책임이 있다. 『요가-수트라』(4. 24)에서는 칫타가 궁극적으로 인간 존재의 해탈에 맞게 설계되어 있다고 단언한다. 참자아를 깨닫자마자 (실로 물질적 현상인) 의식은 용해된다. 왜냐하면 참자아에 대한 깨달음은 프라크리티의 주요 구성 요소들, 즉 '속성(구나 guṇa)들'의 '역전개'(환멸還滅, 프라티프라사바 pratiprasava)를 전제로 하기 때문이다. 의식이 없는 우주의 다른 모든 측면들처럼 의식은 지속적인 변화를 경험하고, 요가 Yoga의 관점에서 이것의 가장 중요한 변형들은 다섯 종류의 '작용'(브릿티), 즉 바른 인식, 그릇된 인식, 망상, 수면, 기억이다. 더 높은 상태의 의식(awareness)을 실현하기 위해서는 이것들을 중지시켜야만 한다.

산스크리트Sanskrit 주석가들은 칫타가 신체 크기에 상응하는지(상키야Sāṃkhya의 견해) 아니면 사실상 편재하는지에 대해 장황하게 논의한다. 그들은 양자택일에서 후자를 선택하고서 칫타는 수축하고 팽창한다고 말해질 수 있는 정신(mental) '작용'(브릿티)일 뿐이라고 주장한다. 바차스파티 미슈라Vācaspati Miśra는 '원인 의식'♯kāraṇa-citta과 '결과 의식'♯kārya-citta의 차이를 도입하여 전자를 무한한 것이라고 주장하는데, 이것은 파탄잘리의 '순수 자의식'(아스미타-마트라 asmitā-mātra) 개념과 유사한 것 같다.

주석가들은 인지 과정을 설명하기 위해 다양한 은유를 사용한다. 따라서 『요가-바쉬야』*Yoga-Bhāṣya*(1. 4)에서는 의식을 대상을 끌어당기는 자석에 비유한다. 다른 곳(1. 41)에서는 이것을 근처에 있는 대상의 색상을 반영하는 수정에 비유한다. 『탓트와-바이샤라디』*Tattva-Vaiśāradī*(1. 7)에서도 이것을 참자아의 '빛'이 반영되는 거울이라고 말한다.(차야chāyā 참조)

고전 요가의 범주 밖에서 '칫타'라는 용어는 일반적으로 전문적인 면에서 덜 정확한 의미로 사용되고, 대부분의 경우는 보통의 '마음'을 나타낸다. 이러한 경향성은 이미 『요가-수트라』에 대한 주석에 나타나는데, 거기서 칫타는 빈번하게 붓디buddhi와 동일한 의미로 사용된다.

요긴yogin들의 가장 두드러진 발견 중 하나는 의식과 호흡(프라나prāṇa) 사이에 존재하는 긴밀한 연관성에 관심을 기울인 점이다. 이러한 발견은 특히 후고전 요가(Postclassical Yoga)의 문헌에서 강조되었다. 예를 들면 『요가-쉬카-우파니샤드』*Yoga-Śikhā-Upaniṣad*(1. 59)에서는 마음을 생기(프라나)의 밧줄에 묶인 새에 비유한다. 이 저작의 다른 곳(6. 69)에서는 '숨'(즉 생기) 이 신체 어느 곳에 머무르든지 간에 거기에 의식 또한 존재한다고 언급한다. 『라구-요가-바시슈타』*Laghu-Yoga-Vāsiṣṭha*(5. 9. 73)에서는 마음을 '생기의 진동'♯prāṇa-parispanda으로 정의하고 있다. 호흡을 조절하면 마음을 정복할 수 있다는 것이 일반적인 법칙이다.

citta-bhūmi(칫타-부미)

'마음/의식(consciousness)의 층위'라는 뜻이다.

⇒ 부미bhūmi 참조.

citta-mātra(칫타-마트라)

'오직 마음뿐', 즉 유식唯識이라는 뜻이다. '유식'이라는 관념은 불교의 유식학파(요가차라 Yogācāra)와 같은 그러한 관념론 학파의 중심사상이고, 또한 『요가-바시슈타』♯*Yoga-Vāsiṣṭha* 속에 깊게 뿌리내린 철학이기도 하다. 이 교의에 따르면 세계는 마노-마트라♯mano-mātra라고도 불리는 순수 마음에 지나지 않는다. 실재론의 충실한 신봉자였던 파탄잘리Patañjali는 이 가르침에 대해 반론을 제기한다. 그는 『요가-수트라』*Yoga-Sūtra*(4. 16)에서 다음과 같이 주장한다. "또한 사물은 단일한 마음(consciousness)♯eka-citta에 의존하지 않는다. 이것은 증명할 수 없다. 그렇다면 [그러한 상상의 사물은] 무엇이 될 것인가?"

cittar(칫타르)

싯다siddha에 해당하는 타밀어Tamil이다.

citta-śarīra(칫타-샤리라)

'마음으로 된 신체'라는 뜻이다. 『요가-바시슈타』♯*Yoga-Vāsiṣṭha*(3. 22. 15)에서는 '육체적 신체'♯māṃsa-deha와 '마음으로 된 신체'를 구분한다. 후자는 항상 죽지도 살아 있지도 않는데, 왜냐하면 비공간적 참실재 그 자체이기 때문이다.

⇒ 신체(body), 데하deha, 링가-샤리라liṅga-śarīra도 참조.

Civavākkiyar(치바박키야르)

타밀어Tamil이다. 산스크리트Sanskrit로는 쉬바바키야Śivavākya이다. 9세기경에 살았던 것으로 추정되는, 남부 샤이비즘Śaivism의 위대한 타밀 달인 중 한 명이다. 5백 편이 넘는 시가 남아 있고, 그의 삶을 엮은 전설들은 그가 정통 종교에 거침없이 대항한 반항자라는 것을 보여 준다. 그는 베다Veda와 아가마II Āgama 들을 거부했고, 우상 숭배와 카스트 제도, 윤회의 교의를 비난했다. 강력하고 단도직입적인 그의 시는 샤이바 Śaiva 경전에는 제외되어 있다. 저명한 타밀 문헌 학자인 카밀 즈벨레빌(Kamil V. Zvelebil, 1973)은 치바박키야르를 티루물라르Tirumūlar보다 더 위대한 시인으로 간주한다. 그의 시는 사람들이 자신의 내면에 거주하는 위대한 신인 쉬바Śiva를 발견하도록 일깨우는 명쾌한 외침이다.

cīnācāra(치나차라)

'중국의 행위'라는 뜻이다. 치나cina＋아차라ācāra로 만들어졌다. 탄트라Tantra의 입문 의례 행위이다. 중국이라 불렸던 보다 광대한 지역에서 수행되었던 것으로서, 특히 '다섯 엠M'(판차-마-카라pañca-ma-kāra)으로 된 좌도 수행이다.

clairaudience(초자연적 청력)

⇒ 디비야-슈로트라(divya-śrotra), 싯디siddhi 참조.

clairvoyance(초자연적 시력)

⇒ 디비야-차크슈스divya-cakṣus, 싯디siddhi 참조.

Classical Sāṃkhya(고전 상키야)

⇒ 상키야Sāṃkhya 참조.

Classical Yoga(고전 요가)

파탄잘리Patañjali의 『요가-수트라』*Yoga-Sūtra*가 성립될 무렵에 발전했던 철학 체계(다르샤나darśana)와 이 『수트라』*Sūtra*에 대한 광범한 주석 문헌들을 지칭한다. 이 학파의 사상은 일반적으로 힌두Hindu의 육파 철학 체계 중 하나로 간주되는 요가-다르샤나yoga-darśana, 즉 라자-요가Rāja-Yoga를 말한다. 나머지 다섯은 상키야Sāṃkhya, 베단타(Vedānta, 웃타라-미망사ᶠUttara-Mīmāṃsā로도 알려짐), 푸르바-미망사ᶠPūrva-Mīmāṃsā, 니야야Nyāya, 바이셰쉬카Vaiśeṣika이다.

파탄잘리가 요가Yoga의 창시자는 아니다. 단지 존재하던 지식과 기법 들을 체계화했을 뿐이다. 전통적으로는 히란야가르바Hiraṇyagarbha가 요가를 창시했다고 믿어지지만, 이 전설적인 달인이 창시한 것으로 간주될 수 있는 실제 기록 문헌들은 남아 있지 않다. 파탄잘리의 요가에 대한 아포리즘(수트라)들은, 확실히 존재했지만 현재는 유실되고 없는 다른 유사 편집물들을 곧 능가했던 것으로 보인다.

『요가-수트라』는 파탄잘리의 형이상학적 관념들을 정교화하도록 다른 사람들을 자극하는 요가 철학과 수행에 대한 해석을 제공하였다. 그는 극단적인 이원론을 가르쳤는데, 그것은 힌두이즘Hinduism의 집단 내에서 상당한 논쟁의 여지를 남겼다. 파탄잘리에 따르면 존재의 영원한 두 범주, 즉 초월적 참자아(푸루샤 puruṣa)와 초월적 세속 토대(프라크리티prakṛti)가 있다. 전자의 범주는 편재하고 전지하며 우주(cosmos) 현상에 대한 수동적 관조자(사크쉰sākṣin)인 무수한 참자아들로 이루어져 있다. 세속의 토대인 후자의 범주는 우주의 모든 현현顯現되고 미현현未顯現된 차원과 형태로 이뤄져 있는데, 이것들은 본질적으로 동적이다.

참자아들은 본질적으로 의식적이라기보다는 초의식적인 반면, 우주는 근본적으로 의식과 지각이 없다. 그 자체로는 목적이 없지만 무수한 참자아를 위해 일한다. 참자아들은 초월적 해탈을 자각하거나 스스로 한정된 존재들이라 믿으면서 자연(nature, 근본 원질, 프라크리티)에 속박되어 있다. 존재의 최상위 형태에서 자연은 이 참자아들의 빛을 '반영'하기에 충분할 만큼 투명하여서 자신의 전개에서 지각과 지성의 환영을 창조하기 때문에 이것이 가능하다. 따라서 마음(마나스manas와 붓디buddhi 양자로서)은 사실상 참의식(Consciousness)의 이러한 반영(차야chāyā)의 산물이다. 요가의 역할은 참자아가 자연의 양태들로부터 점진적으로 [마음을] 거두어들여서 초월적 상태를 깨닫도록 하는 것이다. 이것은 파탄잘리의 여덟 가지로 된 길(8지支 요가, 아슈타-앙가-요가aṣṭa-aṅga-yoga), 특히 더 높은 단계인 명상(meditation, 정려精慮, 디야나dhyāna)과 무아경(삼매, 사마디samādhi)을 통해 성취된다. 지고의 목표는 '독존'(獨存, 카이발리야 kaivalya)이라고 알려져 있는데, 이것은 참자아의 완전한 '홀로됨'이다.

일부 학자들이 부인했던 이 극단적 이원론은 힌두이즘 내에서도 또 바깥에서도 많은 비판을 불러일으켰고, 명백히 이로 인해 고전 요가(Classical Yoga)는 더 영향력 있는 학파가 되지 못했다. 힌두이즘은 불이론不二論적 경향을 띠는데, 이것은 후고전 요가(Postclassical Yoga)의 학파들이 예외 없이 고전 요가보다는 아드와이타 베단타 Advaita Vedānta의 형이상학에 영향을 받았다는 사실에 매우 잘 반영되어 있다. 파탄잘리 체계는 대체로 처음부터 불이론이었던 전통에서 중간에 잠시 나타난 체계로 간주될 수 있다. 왜냐하면 (불교를 이 범주에 넣고자 한다면, 불교를 제외한) 전고전 요가(Preclassical Yoga)의 널리 알려진 유파들은 베단타적 유형의 가르침에 모두 기초하기 때문이다.

cleansing practices(청소법)
⇒ 다우티 dhauti, 샤우차 śauca, 쇼다나 śodhana 참조.

cloth, yogic(요가복)
⇒ 도티 dhotī 참조.

cobra posture(코브라 자세)
⇒ 부장가-아사나 bhujaṅga-āsana 참조.

cock posture(수탉 자세)
⇒ 쿡쿠타-아사나 kukkuṭa-āsana 참조.

codanā(초다나)
'재촉하기'라는 뜻이다. 『마하바라타』*Mahābhārata*에서 발견되는 요가 Yoga 용어이다. 한 송(12. 294. 11)에서는 요긴 yogin에게 10이나 12 초다나 codanā로 자신을 '재촉하라'√codayet고 조언한다. 이 저작에서는 다음과 같이 더 구체적으로 언급한다. 초저녁에 10이나 12 초다나를 수행하고, 자고 일어나 한밤중에 12 초다나를 더 수행한다. 가장 잘 알려진 대서사시 주석가인 닐라칸타 Nīlakantha는 이것을 호흡의 억제로 이해했다.

cognition(인식)
⇒ 붓디 buddhi, 드리슈티 dṛṣṭi, 갸나 jñāna, 프라갸 prajñā, 프라티아야 pratyaya 참조.

cognition, accurate(바른 인식)
⇒ 프라마나 pramāṇa 참조.

coinciding, ecstatic(무아경적 일치)
⇒ 사마팟티 samāpatti 참조.

collectedness, mental(정신적인 침착함)
⇒ 사마다나 samādhāna 참조.

compassion(연민)
⇒ 다야 dayā, 카루나 karuṇā 참조.

concealed posture(감춰진 자세)
⇒ 굽타-아사나 gupta-āsana 참조.

concentration(집중 또는 총지總持)
요가 Yoga의 집중은 지속 시간, 깊이, 특히 그 목적에 있어서 일반적인 주의 집중 노력과는 차이가 있다. 이것은 집중된 마음 자체를 초월하는 것이다.
⇒ 다라나 dhāraṇā, 무드라 mudrā, 판차-다라나 pañca-dhāraṇā도 참조.

conceptualization(개념화)
⇒ 상칼파 saṃkalpa, 비칼파 vikalpa 참조.

conduct(행위)
⇒ 아차라 ācāra, 차리야 caryā 참조.

confusion(미망迷妄)
⇒ 모하 moha, 삼모하 sammoha 참조.

Consciousness(참의식)
의식(consciousness)의 본성은 요가 Yoga의 긴 역사에서 주요한 철학적 관심이었다. 대부분의 요가학파는 의식이 초월적이라는, 다시 말해서 유한한 심신의 산물이 아니며 더구나 뇌의 현상만은 아니라는 견해에 동의한다. 의식의 초월적 본성은 철학적으로 자명하고 최고의 요가 상태, 즉 초의식 무아경(무상 삼매, 아삼프라갸타-사마디 asamprajñāta-samādhi 또는 니르비칼파-사마디 nirvikalpa-samādhi)으로 '입증'될 수 있다고 생각된다. 참의식(Consciousness)은 인간 존재들의 궁극적 정체성으로 제시된다. 그러므로 이것은 몸과 마음, 언어를 초월한 참영혼(Spirit)인 참자아(아트만 ātman) 또는 푸루샤 puruṣa라고도 불린다.

요가의 비이원론 학파에 따르면 그 지고의 참의식/참인식(Awareness)은 완전한 지복(아난다 ānanda)이고 압도적인 실재(사트 sat)이며, 알 수는 없지만 깨달을 수는 있다. 참자아에 대한 깨달음은 요가에 대한 모든 접근법에서 중심이 되는 요소이다.

⇒ 친타 cintā, 치트 cit, 치티 citi, 칫타 citta, 마나스 manas, 프라갸 prajñā, 깨달음(realization)도 참조.

consecration(관정灌頂 또는 흩뿌리기)
⇒ 아비셰카 abhiṣeka 참조.

constituent, bodily(신체 구성 요소)
⇒ 다투 dhātu 참조.

constraint, ecstatic(무아경적 억제 또는 총제總制)
⇒ 상야마 saṃyama 참조.

contemplation(숙고나 명상 또는 정려精慮)
⇒ 바바나 bhāvanā, 디야나 dhyāna 참조.

contentment(만족)
⇒ 산토샤 saṃtoṣa, 투슈티 tuṣṭi 참조.

continuity(지속성)
⇒ 산타나 saṃtāna 참조.

contraction(수축)
⇒ 상코차 saṃkoca 참조.

control(억제)
⇒ 니로다 nirodha 참조.

convention(관습)
⇒ 상케타 saṃketa 참조.

conviction(신념)
⇒ 마티 mati 참조.

corpse posture(송장 자세)
⇒ 므리타-아사나 mṛta-āsana 참조.

correlation(관련성)
⇒ 상요가 saṃyoga 참조.

cosmos(우주)

요가 Yoga의 우주철학적 · 우주구조론적 관념들은 근대 과학 발생 이전의 힌두이즘 Hinduism 문헌들, 특히 푸라나 Purāṇa들에서 통용되던 것들이다. 비야사 Vyāsa가 자신의 『요가-바쉬야』 *Yoga-Bhāṣya*(3. 26)에서 이례적으로 힌두 Hindu의 풍부하고 상상적인 우주구조론의 핵심적 요소들의 윤곽을 그렸지만, 이 관념들은 요가 수행에서 중요한 역할을 하지 못한다. 그러나 이것들은 인도 사회 식자층들의 보편적으로 축적된 지식의 일부를 형성한다.

비야사의 우주구조론적 묘사에 따르면 우주는 계란 모양(브라마-안다 brahma-aṇḍa 참조)이고 일곱 개의 지대 또는 영역(로카 loka)으로 나뉘어져 있는데, 이 영역들은 자신들의 세부 분할들을 가지고 있다. 일곱 세계를 내림차순으로 열거하면 다음과 같다. (1)사티야-로카(♯ satya-loka; '진실계'). 세상에 피조물(사르가 sarga)들이 존재하는 만큼 오래 사는 신들로 된 네 그룹이 거주하는 곳이다. (2)타포-로카(♯ tapo-loka; '고행계'). 자나-로카 ♯ jana-loka의 신들보다 수명이 두 배나 긴 신들로 된 세 그룹이 거주하는 곳이다. (3)자나-로카('인간계'). 요소와 감관 들을 정복한 신들로 된 네 그룹이 거주하는 곳이다. (4)마하르-프라자파티야-로카(♯mahar-prājāpatya-loka; '프라자파티의 마하르 세계'). 요소들을 정복하고 일천 세계 주기(칼파 kalpa) 동안 사는 신들로 된 다섯 그룹이 거주하는 곳이다. (5)마하-인드라-로카(♯mahā-indra-loka, [연성]마헨드라-로카 mahendra-loka; '위대한 인드라 Indra의 세계'). 주요한 초능력(싯디 siddhi)들을 획득하고 완전한 한 세계 주기(칼파) 동안 사는 신들로 된 여섯 그룹이 거주하는 곳이다. (6)안타리크샤-로카(♯antarīkṣa-loka; '중간 지대의 세계'). 세계의 중심에 있는 메루 meru 산의 정상에서부터 북극성까지 뻗어 있고 행성과 별 들이 채워져 있다. (7)부-로카(♯bhū-loka; '지구 세계'). 이것은 다음의 세 가지로 구성되어 있다. ①중간에 메루 산이 있고 일곱 대양과 로카-알로카♯loka-aloka 산들(이 만곡의 원반 지름은 5억 요자나♯yojana, 즉 대략 4십 5억 마일로 추정됨)에 둘러싸인 일곱 대륙으로 된 지구(부 bhū, 부미 bhūmi). ②일곱 지하 지역(파탈라 pātāla). ③일곱 지옥(나라카 nāraka).

의심의 여지없이 우주에 대한 이런 저런 유사한 유형들은 신화의 영역에 속한다. 탄트리즘 Tantrism과 하타-요가 Haṭha-Yoga에서 메루와 일곱 세계와 같은 그러한 우주 구조의 관념들은 요가적 명상(meditation)을 하는 동안 경험할 수 있는 신체의 소우주적 실재를 묘사하고 있다. 따라서 메루 산은 척주, 즉 생기 에너지(프라나 prāṇa)의 축을 이루는 흐름(수숨나-나디 suṣumṇā-nāḍī)인데 반해, 일곱 세계는 일곱 개의 주요 심령 에너지의 초점(차크라 cakra)이다.

⇒ 부바나 bhuvana, 프라크리티 prakṛti, 사르가 sarga, 탓트와 tattva, 비슈와 viśva도 참조.

couch (posture)[침상 (자세)]
⇒ 파리양카 paryaṅka 참조.

cow(소)
⇒ 고 go 참조.

cowherd(소치는 남자)
⇒ 고파 gopa 참조.

cowherdess(소치는 여자)
⇒ 고피 gopī 참조.

cow-muzzle posture(소 얼굴 자세)
⇒ 고-무카-아사나 go-mukha-āsana 참조.

craving(갈애)
⇒ 트리샤 tṛṣā, 트리슈나 tṛṣṇā 참조.

crazy adept(미치광이 달인)
세상의 모든 주요 종교 전통들에는 광적인 지혜, 즉 영적인 우상 파괴 현상이 포함되어 있는데, 그 현상의 대표자들은 미치광이 달인들이라고 불려 왔다. 예를 들자면 힌두이즘 Hinduism에서는 아바두타 Avadhūta, 티베트(금강승) 불교에서는 라마 스미욘파 lama smyonpa, 기독교에서는 '그리스도를 위한 바보'의 모습이 있다. 이 달인들은 비전통적인, 심지어 기이한 방법으로 영적 진리들과 소통하려 노력한다. 비록 그들의 목적은 언제나 선하지만, 다른 사람을 가르치는 즉흥적인 방법들은 충격을 주려는 의도를 지니고 있다. 다시 말해서 일반적인 평범한 사람(worldling)에게 고통에 있는 그대로 휘말려들어 있고 자기 이해가 결핍된 깨닫지 못한 존재로서의 자신이 가진 '광기'를 비춰주기 위해서이다.

미치광이 달인들은 관습적 행위를 거부하고, 성·속적 질서 양자를 모두 전복시키고 비판하고 조롱하는 데서 자유를 느낀다.

그들은 기괴한 방식으로 옷을 입거나 심지어 벌거벗은 채로 돌아다니면서 사회적 접촉의 세세한 차이점들을 무시하고 저주하고 음탕한 말을 사용하며, 성적인 것(섹슈얼리티 sexuality)뿐만 아니라 흥분제와 도취제 들을 사용한다. 그들은 해탈(묵티 mukti)이 향수(북티 bhukti)와 본질적으로 동일하고 영적 실체가 세속과 분리되어 있지 않다는 탄트라 Tantra의 비의적 원리를 구현한다.

creation(창조)
⇒ 사르가sarga, 세계의 시대(world ages) 참조.

C

Creator(창조자)
힌두Hindu의 많은 학파는 대개 이슈와라Īśvara 또는 브라마II(Brahma, 중성의 브라만brahman이 아니다!)라 불리는, 세계의 신성한 창조자를 인정한다. 샹카라Śaṅkara와 같은 불이론(不二論, 아드와이타advaita) 철학자들조차 전통적인 진리(비야바하리카-사티야vyāvahārika-satya)라는 관점에서 그러한 존재의 실존을 인정한다. 오직 고전 상키야(Classical Sāṃkhya)만 무신론적이다. 고전 요가(Classical Yoga), 바이세쉬카Vaiśeṣika, 니야야Nyāya 전통은 어색한 유신론을 가지고 있는데, 거기서 이슈와라는 세상의 창조자가 아니다.

creature(창조물)
⇒ 파슈paśu 참조.

critical posture(위태로운 자세)
⇒ 상카타-아사나saṃkaṭa-āsana 참조.

crow seal(까마귀 결인)
⇒ 카키-무드라kākī-mudrā 참조.

curlew seat(마도요 좌법)
⇒ 크라운차-니샤다나krauñca-niṣadana 참조.

D

D

dagdha-siddha(다그다-싯다)
'불에 탄 달인'이라는 뜻이다. 흑마술사이다. 예를 들자면 이 용어는 단딘Daṇḍin의 7세기 저작 『다샤-쿠마라-차리타』 *Daśa-Kumāra-Carita*('열 명의 왕자의 삶')에서 흑마술 수행자와 관련하여 사용된다. 그 수행자는 결혼한 부부를 노예로 만들었고, 공주의 목을 베려고 찾아다녔고, 책 제목에서 언급되었던 열 명의 왕자 중 한명인 만트라굽타Mantragupta에게 목이 베였다. 단딘은 그 흑마술사를 피부가 재로 덮여 있고, 헝클어진 머리카락(자타 I jaṭā)과 사람의 뼈로 만든 장신구를 하고 있는 카팔리카Kāpālika 유형의 고행자로 묘사했다.
⇒ 싯다siddha도 참조.

dahara(다하라)
'아주 작은'이라는 뜻이다. 어근 √dabh('작다')에서 파생되었다. 심장, 즉 '심장의 연꽃'(흐리트-파드마hṛt-padma) 내에 있는 가장 작은 공간으로, 심신과 초월적 참자아 사이의 연결점이다. 이 단어에는 광휘라는 뜻도 함축되어 있다. 왜냐하면 관련 어근인 √dah가 '불태우다' 또는 '불타다'를 의미하기 때문이다.

dahara-ākāśa(다하라-아카샤, [연성]daharākāśa(다하라카샤)
'빛나는 작은 공간'이란 뜻이다. 타라카-요가Tāraka-Yoga에서 요긴yogin이 명상하는 내면의 빛나는 공간(아카샤ākāśa) 중 하나이다.

daiva(다이바)
'신의'(Divine), '신성한'이라는 뜻으로 '신의 섭리'를 뜻한다. 『요가-바시슈타』 *Yoga-Vāsiṣṭha*(2. 9. 4)에는 상스럽거나 불길한 행위(카르만karman)들의 피할 수 없는 결과로 설명되어 있다. 그러나 이 저작의 다른 곳(2. 5. 18)에서는 운명의 존재를 부정하고 이것에 의존하는 것을 결단코 거부한다. 대신에 자기 노력(파우루샤pauruṣa)의 덕행(virtue)을 권장한다. 운명은 때로 요가Yoga의 장애(비그나vighna) 중 하나로 열거된다.

dakṣiṇā(다크쉬나)
스승에게 지불하는 수업료이다.

dama(다마)
'억제'라는 뜻이다. 『마하바라타』 *Mahābhārata*(12. 2ff.)에서 때로 최상의 덕목(virtue)으로 간주된다. 후고전 요가(Postclassical Yoga)의 문헌들에서 이것은 간혹 금계(야마 yama)로 분류된다. 『바가바타-푸라나』 *Bhāgavata-Purāṇa*(11. 19. 36)에서는 이것을 감각기관의 제어 indriya-saṃyama로 이해한다.

dambha(담바)
'과시', '허식'이라는 뜻이다. 『바가바드-기타』 *Bhagavad-Gītā*(16. 4)에 따르면 악마의 운명을 타고난 사람의 특징이다.
⇒ 자만(pride)도 참조.

dance(춤)

고대 이래로 종교적 또는 영적 감정이나 동경을 표현하는, 그리고 심신을 초월하는 수단이다. 예를 들자면 바이슈나비즘Vaiṣṇavism에서는 신인神人인 크리슈나Kṛṣṇa와 고피gopī들의 유명한 춤ⓢrasa-līlā을 찬양한다. 크리슈나의 마법으로 각각의 여인들은 자신이 연인인 주主와 함께 춤을 추는 유일한 사람이라고 생각한다. 이는 신(Divine)에게 이르는 영적 구도자들의 여정에 대한 탁월한 직유이다.

춤은 또한 우주(cosmos)의 리듬에 대한 비유로도 사용되어 왔다. 이것은 춤의 주ⓢnaṭa-rāja로서의 쉬바Śiva의 도상학적 이미지 속에 아름답게 포착되어 있다. 거기서 그 위대한 신은 우주의 파괴를 상징하는 불꽃으로 된 원 속에서 열광적으로 춤추고 있는 것으로 보인다. 춤 그 자체는 쉬바의 다섯 가지 주요한 활동, 즉 창조, 유지, 파괴, 덮어 감추기, 구원의 은총을 나타낸다.

일반적인 인도의 전통적 예술과 마찬가지로 인도의 춤은 요가Yoga의 한 유형으로 여겨질 수 있다. 춤은 분명히 상당한 자기 훈련과 집중(concentration)을 요구한다. 유럽인들의 춤과 달리 힌두Hindu의 춤은 신체 전체를 필요로 하고 상징적 표현으로 가득 차 있다. 모든 움직임은 의미가 있고 모든 자세와 제스처는 아주 자세하게 체계적으로 정리되어 있다. 그래서 고전 문헌들에서는 13가지의 머리 자세, 36가지의 눈 자세, 9가지의 목 자세, 수백 가지의 결인(무드라mudrā)에 대해 언급한다.

무아경적 춤은 타밀어Tamil로 아난쿠 아툴랄ⓢananku ātulal로 알려져 있다. 예를 들자면 『티루–바이몰리』*Tiru-Vāymoli*에서 이 구절이 몇 차례 나타난다. 그 문헌에서 남말와르Nammālvār는 다음과 같이 고백한다.(1. 6. 3f.)

> 주보다 더 높은 것은 없고,
> 심지어 어떤 것도 같지 않다네.
> 나의 혀는 오직 그에게만 노래하네.
> 나의 사지는 무아경 속에서 춤을 춘다네.
> 나의 사지는 무아경 속에서 춤추면서
> 그에게 고개 숙인다네.

⇒ 탄다바Tāṇḍava도 참조.

dangerous posture(위험한 자세)

⇒ 상카타–아사나saṃkaṭa-āsana 참조.

Daniélou, Alain(알랭 다니엘루; 1907~1994)

샤이비즘Śaivism을 전공한, 널리 알려진 프랑스의 인도학자이자 음악학 연구가이다. 바라나시Vārāṇasī에서 고전 인도 음악을 연구하였다. 그가 출간한 많은 저작 가운데, 『요가, 재통합을 위한 방법』*Yoga: The Method of Reintegration*과 『힌두의 다신교』*Hindu Polytheism*(1949. 『인도의 신화와 신들』*The Myths and Gods of India*로 1991년에 재발간)는 특히 가치가 있다.

danta-dhauti(단타–다우티)

'치아 청소'라는 뜻이다. 하타–요가Haṭha-Yoga에 규정되어 있는 네 종류의 청소법(다우티dhauti) 중 하나이다. 『게란다–상히타』*Gheraṇḍa-Saṃhitā*(1. 26)에 따르면 이것은 다음과 같은 수행법들로 구성되어 있다. 치아 청소(단타–물라–다우티danta-mūla-dhauti), 혀 청소(지와(–물라)–다우티jihvā(-mūla)-dhauti), 귀 청소ⓢkarṇa-dhauti, 이마굴(전두동) 청소(카팔라–란드라–다우티kapāla-randhra-dhauti).

danta-mūla-dhauti(단타–물라–다우티)

'치아뿌리 청소'라는 뜻이다. 『게란다–상히타』*Gheraṇḍa-Saṃhitā*(1. 27f.)에 다음과 같이 기술되어 있다. "매일 아침 모든 불순물이 제거될 때까지 카데쿠(catecu, 아선약) 가루나 깨끗한 흙으로 치아를 문질러라."

⇒ 단타–다우티danta-dhauti도 참조.

Danvantiri(단완티리)

단완타리Dhanvantari에 대한 타밀어Tamil이다.

daṇḍa(단다)

'지팡이' 또는 '막대기'라는 뜻이다. 고행자의 전통적 도구 중 하나이다. 사두sādhu와 산니야신saṃnyāsin들이 휴대하는 것이다. 이것은 '뱀의 힘'(쿤달리니-샤티 kuṇḍali nī-śakti)이 올바르게 깨어났을 때 상승하는 중앙 채널(수슘나-나디suṣumṇā-nāḍī)의 외적 표상이다. 다른 맥락에서 이 용어는 '처벌의 지팡이'를 나타낸다.

daṇḍa-āsana(단다-아사나, [연성]daṇḍāsa단다사나)

'막대 자세'라는 뜻이다. 『요가-바쉬야』*Yoga-Bhāṣya*(2. 46)에 언급되어 있다. 바차스파티 미슈라Vācaspati Miśra는 다음과 같이 기술한다. 수행자는 다리를 쭉 뻗고 앉아서 두 발을 가깝게 모아야만 한다.

daṇḍa-dhauti(단다-다우티)

'가늘고 긴 막대 또는 줄기[를 사용한] 청소'라는 뜻이다. '심장 청소'(흐리드-다우티 hṛd-dhauti) 행법 중 하나이다. 『게란다-상히타』*Gheraṇḍa-Saṃhitā*(1. 37f.)에서는 이것을 다음과 같이 기술한다. "수행자는 플란테인plantain이나 심황 또는 사탕수수의 줄기를 잡고서 천천히 식도로 넣은 다음, 다시 그것을 꺼내야만 한다." 이것은 모든 점액질(카파kapha)과 담즙질(핏타pitta)과 다른 불순물들을 입과 가슴으로부터 배출시킨다고 생각된다.

⇒ 다우티dhauti도 참조.

darbha(다르바)

일종의 풀이다. 태초에 대양을 휘젓는 동안 비슈누Viṣṇu의 거북이 등에서 자란 털에서 왔다고 한다. 이것은 특히 신성한 것으로, 심지어 종교 행사와 연관된 것으로 여겨진다.

darkness(어둠 또는 암질暗質)

⇒ 타마스tamas 참조.

darpa(다르파)

'거만', '자만'이라는 뜻이다. 대체로 요가Yoga 문헌들에서 영적 성숙을 방해하는 성격적 특성으로 비난받는다.

[비교] 아마니트와amānitva.

darśana(다르샤나)

'봄/보기' 또는 '통찰력'(vision)이라는 뜻이다. 문자적·비유적 의미 양자 모두에서 통찰력이다. 다시 말해 요가-다르샤나yoga-darśana라는 표현에서처럼 견해(관점)이다. 『마하바라타』*Mahābhārata*(12. 232. 21)에서 통찰력 있는 상태는 명상(meditation)에서 진전의 부산물 또는 징표(치나cihna)로 간주된다. 그러나 그것들은 또한 무아경(삼매, 사마디samādhi)과 관련해서는 장애(우파사르가upasarga)들로 생각된다.

⇒ 아트마-다르샤나ātma-darśana, 브란티-다르샤나 bhrānti-darśana, 싯다-다르샤나siddha-darśana도 참조.

Darśana-Upaniṣad(다르샤나-우파니샤드, [연성]Darśanopaniṣad다르샤노파니샤드)

10장에 걸쳐 224송이 나뉘어져 구성되어 있는, 요가-우파니샤드Yoga-Upaniṣad 중 하나이다. 닷타트레야Dattātreya는 자신의 제자 상크리티Saṃkṛti에게 이 『우파니샤드』*Upaniṣad*의 가르침들을 상세히 설명한다. 닷타트레야 요가Yoga의 기본적 수행법들은 『요가-수트라』*Yoga-Sūtra*에서 소개된 것들과 동일하다. 그러나 그 문헌의 형이상학적 지향은 이원론이다. 심령 에너지의 흐름(나디nāḍī)들과 그것들의 정화에 대해서는 많은 주의를 기울인 반면, 상급의 요가 수행법들은 개략적으로만 기술되어 있다.

Dasgupta, Surendra Nath(수렌드라 나트 다스굽타; 1887~1952)

인도에서 명망 있는 직위를 역임하였고 미르치아 엘리아데Mircea Eliade의 옛 스승이었던 벵골Bengal 출신의 저명한 산스크리트Sanskrit 학자이다. 그는 요가Yoga 철학에 대해 몇 권의 영향력이 큰 저작을 저술하였고 또한 다른 저작 중에서도 다섯 권으로 된 훌륭한 연구서인 『인도 철학사』*A History of Indian Philosophy*도 집필하였다.

daśa-avatāra(다샤-아바타라, [연성]**daśāvatāra**다샤바타라)

'열 명의 [신성한] 화신'이라는 뜻이다.

⇒ 아바타라avatāra 참조.

daśa-dvāra(다샤-드와라)

'열 개의 문'이라는 뜻이다. (남성의) 신체에 있는 열 개의 구멍이다. 다시 말해서 두 눈, 두 귀, 두 콧구멍, 입, 요도, 항문, 정수리에 있는 문이다.

⇒ 드와라dvāra도 참조.

daśama-dvāra(다샤마-드와라)

'열째 문'이라는 뜻이다. 해탈에 이르는 비밀스러운 구멍이다. 이것은 수슘나-나디suṣumṇā-nāḍī의 위쪽 끝에 있고 시상봉합에 해당된다.

⇒ 드와라dvāra도 참조.

Daśa-Mahāvidyā(다샤-마하비디야)

'위대한 지혜를 가진 열 명의 [여신]'이라는 뜻이다. 남인도 샤이비즘Śaivism에서는 위대한 또는 초월적 지혜의 다양한 면을 상징하는 열 명의 여신에 대해 알고 있다. (1)칼리Kālī. 궁극적인 파괴력인 시간(칼라II kāla)의 배후에 있는 힘이다. 그녀는 또한 영적인 변화의 힘이기도 하다. (2)타라Tārā. 이름이 암시하듯이 모든 악惡과 변화(상사라saṃsāra) 그 자체로부터 숭배자를 해방시키는♯tārayanti 길잡이 별이다. (3)쇼다쉬♯Ṣoḍaśī. 16세의 소녀로 묘사되고 성취(싯디siddhi)의 힘이다. (4)부바네슈와리♯Bhuvaneśvarī. 창조된 우주(cosmos)를 통치하고 그것에 지혜의 가능성을 불어넣는다. (5)친나마스타♯Chinnamastā. 영적인 진전의 토대를 이루는 자기희생의 힘을 잘려진 머리로 상징한다. (6)바이라비 Bhairavī. 두려움을 불러일으킨다. 왜냐하면 그녀는 죽음의 힘이기 때문이다. (7)두마바티♯Dhūmāvatī. 절대적인 포기(renunciation)와 부정의 상징인 노파로 묘사된다. (8)바갈라♯Bagalā. 궁극적으로 영적인 변화로 이끄는 모든 고통의 배후에 있는 힘이다. (9)마탕기니♯Mātaṅginī. 이름이 나타내듯이 '코끼리 같은' 지배력이다. 그 힘으로 이 여신은 평화를 확립한다. (10)카말라♯Kamalā. 대개 라크슈미Lakṣmī와 동일시된다. 왜냐하면 그녀는 숭배자에게 행운을 주기 때문이다.

열 명의 여신 모두는 신(Divine)의 여성 원리, 즉 샥티II Śakti의 측면들이다. 더불어 그녀들은 자기 이해, 자아 초월, 최후의 참자아에 대한 깨달음으로 된 영적 진전을 촉진한다.

daśan(다샨) 또는 **daśa-**(다샤-)

'열'10이라는 뜻이다.

⇒ 다샤-마하비디야Daśa-Mahāvidyā, 다샤-드와라daśa-dvāra, 다샤마-드와라daśama-dvāra 참조.

Daśanāmī Order(다샤나미 교단)

아드와이타 베단타Advaita Vedānta의 위대한 스승인 샹카라Śaṅkara가 만든 다음과 같은 열 개의 수도승 교단이다. 아란야Āraṇya, 아슈라마Āśrama, 바라티Bhārati, 기리♯Giri, 파르바타Pārvata, 푸리Pūrī, 사가라Sāgara, 사라스와티Sarasvatī, 티르타Tīrtha, 바나Vāna. 각 교단의 구성원들은 이를테면 스와미 기타난다 기리Swami Gitananda Giri, 스와미 라마 티르타Swami Rāma Tīrtha처럼 그 이름을 붙인다.

Dattātreya(닷타트레야)

초기에 신격화된 후고전 요가(Postclassical Yoga)의 스승이다. 이름이 '아트리Atri의 아들인 닷타Datta'를 의미하는 닷타트레야Dattātreya는 많은 푸라나Purāṇa에서 언급된, 지혜 있는 미치광이 달인(crazy-wisdom adept)이다. 그는 여덟 가지로 된 길(8지支 요가, 아슈타 앙가-요가aṣṭa-aṅga-yoga)을 가르쳤지만 그의 이름은 현저하게 아바두타avadhūta 전통과 연관이 있다. 나타 컬트Nātha cult의 하위분파인 아바두타를 세웠다고 하는 그는 대략 12세기에서 13세기에 살았다고 추정된다. 신화에서는 그를 비슈누Viṣṇu의 화신(아바타라avatāra)으로 칭송하지만 쉬바Śiva 숭배자들 또한 그를 자신들의 위대한 영적 인물 중 한 명이라고 주장한다. 다른 저작들에서는 그를 『아바두타-기타』Avadhūta-Gītā, 『지반-묵티-기타』♯Jīvan-Mukti-Gītā, 『트리푸라-라하시야』Tripura-Rahasya의 작자라고 믿고 있다. 이 모두는 아드와이타 베단타Advaita Vedānta를 옹호하는 저작들이다.

닷타트레야(Dattātreya)

Dattātreya-Gorakṣa-Saṃvāda(닷타트레야-고라크샤-상와다)

'닷타트레야Dattātreya와 고라크샤 I Gorakṣa 간의 대화'라는 뜻이다. 가상의 대화로, 『아바두타-기타』Avadhūta-Gītā라는 다른 명칭을 가지고 있다.

Dattātreya-Tantra(닷타트레야-탄트라)

연금술에 대한 12~13세기의 탄트라Tantra 저작으로 닷타트레야Dattātreya가 저술한 것으로 추정된다.

daurmanasya(다우르마나시야)

'낙담'이라는 뜻이다. 『요가-수트라』Yoga-Sūtra(1. 31)에 언급된 산란(비크셰파 vikṣepa)들에 수반된 증상 중 하나이다. 비야사Vyāsa는 자신의 『요가-바쉬야』Yoga-Bhāṣya(1. 31)에서 이 용어를 욕망의 좌절에서 기인하는 정신적인(mental) 동요로 설명한다. 『링가-푸라나』Liṅga-Purāṇa(1. 9. 10)에 따르면 낙담은 보다 상위의 이욕(dispassion, 바이라기야vairāgya)으로 극복되어야만 한다.

[비교] 사우마나시야saumanasya.

dayā(다야)

'연민'이라는 뜻이다. 간혹 열 가지 도덕 훈련(금계, 야마yama) 중 하나로 열거된다. 『요가-야갸발키야』Yoga-Yājñavalkya(1. 63)에서는 이것을 마음과 말(speech)과 행위(action)에서 언제나 모든 존재에 대한 호의(아누그라하anugraha)로 정의한다.

⇒ 카루나karuṇā도 참조.

dāna(다나)

'관용' 또는 '자비'라는 뜻이다. 『트리-쉬키-브라마나-우파니샤드』Tri-Śikhi-Brāhmaṇa-Upaniṣad(2. 33)에서는 다나dāna를 열 가지 자기 억제(권계, 니야마 niyama) 중 하나에 포함시킨다. 『샨딜리야-우파니샤드』Śāṇḍilya-Upaniṣad(1. 2. 5)에서는 이것을 올바른 수단으로 얻게 된 모든 정직한 부를 주는 것으로 설명한다. 『바가바드-기타』Bhagavad-Gītā(17. 20ff.)에 따르면 다나는 우주(cosmos)의 세 성분(구나guṇa)의 우세함에 따라서 세 종류로 나뉜다. 그러므로 그것은 삿트위카(sāttvika, 올바른 장소에서 올바른 때(칼라 II kāla)에 어떠한 보상도 바라지 않고 받을 만한 가치가 있는 수령인을 위해서 자신의 의무로서 행할 때), 라자사(♯rājasa, 돌아올 호의를 기대하거나 카르마karma의 이익을 기대할 때), 타마사(♯tāmasa, 잘못된 때에 부적절한 장소에서 가치 없는 수령인을 위해서 존경 없이 경멸적으로 행할 때)이다. 관용이라는 덕목(virtue)의 기초가 되는 철학은 『마하나라야나-우파니샤드』♯Mahānārāyaṇa-Upaniṣad(523)에 나타나 있는데, 거기서 모든 존재는 다른 존재의 기부로 살아간다고 설명한다. 이상하게도 『쉬바-상히타』Śiva-Saṃhitā(5. 4)에서는 자선을 요가Yoga의 장애(비그나vighna) 중 하나로 간주한다.

ḍamaru(다마루)

어근 √dam('울려 퍼지다')에서 파생되었다. 일부 요긴yogin들이 악한 힘을 쫓아버리기 위해 휴대하는 북이다. 특히 모래시계 모양으로 된 쉬바Śiva의 드럼을 말한다. 이것은 우주(cosmos)의 모든 진동의 근원 또는 리듬이다.

ḍāka(다카)

수많은 반신半神적 남성 존재 중 한 사람이다. 그는

다마루

또한 요긴yogin과 요기니yoginī 속의 지복 에너지를 일깨울 수 있는 바이라바Bhairava라고도 불린다.
[비교] 다키니 ḍākinī.

ḍākinī(다키니)
일반적으로 '공중 보행자'로 설명된다. 요긴yogin과 요기니yoginī 속의 지복 에너지를 일깨울 수 있는 수많은 반신半神적 여성 존재 중 아무나 한 사람이다.
[비교] 다카ḍāka.

dead pose(송장 자세)
⇒ 샤바-아사나śava-āsana 참조.

death(죽음)
유물론 철학들은 개아(soul) 또는 영혼(spirit)과 같은 어떠한 비물질적 원리가 물질적 신체의 사망 이후에 살아남는다는 것을 부인한다. 인간의 본질에 대한 이 일차원적 관점은 불교의 실리주의적 전통을 포함한 요가Yoga의 모든 유파들에 의해서 격렬하게 거부된다. 사실상 요가의 권위자들은 사람이 어떻게 죽는가, 하는 것이 결정적으로 중요하다는 데 동의한다. 신체를 버리는 동안, 그리고 그 후에 완전한 자각(awareness)에 의해서 영향을 받는 것처럼 오직 죽음의 과정에 대한 철저한 통제만이 사후에 상서롭게 존재하는 것을 보장한다. 숭고한 이상은 '죽는 것', 정확히 말하면 살아 있는 동안 에고의 환영을 초월하는 것이다. 그 결과 죽음은 놀라움으로 다가오는 것이 아니라 그저 옷을 바꾸는 것에 비견될 수 있다. 예를 들자면 의식적 죽음에 대한 비의적 기법은 고대의 『바가바드-기타』 *Bhagavad-Gītā*(8. 10, 8. 12f.)에 다음과 같이 암시되어 있다.

> 떠날[즉 죽을] 때 사랑(박티 bhakti)과 요가의 힘에 의해 결합되어 있는 동안 부동의 마음으로 생기(프라나 prāṇa)를 미간의 중앙으로 향하게 하는 그 [수행자는] 그 지고의 신성한 참영혼(Spirit, 푸루샤 puruṣa)에 도달한다. [신체의] 모든 문을 통제하고 심장에 마음을 가두고 생기를 머리에 고정시키고 요가적 집중(concentration, 다라나 dhāraṇā)에 자리 잡는 한편, 절대자를 [의미하는 신성한] 한 음절인 옴Oṃ을 암송하며 나[즉 크리슈나 Kṛṣṇa]를 기억하는, [그와 같이] 신체를 버리고서 떠나는 자는 [해탈을 향한] 지고의 행로로 간다.

그러한 사람은 도덕적 인과(카르마 karma)의 법칙을 초월하고 반복된 출생과 죽음의 순환을 끝낸다. 이 가르침은 『브리하다란야카-우파니샤드』 *Bṛhadāraṇyaka-Upaniṣad*(4. 1f.)에 보이는 더 오래된 설명에 기초한다.
⇒ 안타-칼라 anta-kāla, 아티바히카-데하 ātivāhika-deha, 지바 jīva, 카르만 karman, 므리티유 mṛtyu, 파란타-갸나 parānta-jñāna도 참조.

defects(결점)
⇒ 도샤doṣa, 말라 I mala 참조.

deha(데하)
'신체' 또는 '육체'라는 뜻이다. 어근 √dih('바르다', '칠하다')에서 파생되었다. 인도(와 그밖의 다른) 영적 전통에 나타나 있는 신체와 물질성에 대한 두 종류의 다르고 상반된 태도는 일반적으로 구별될 수 있다. 한편으로 신체는 "악취가 나고, …… 뼈, 피부, 힘줄, 근육, 골수, 살, 정액, 혈액, 점액, 눈물, 점막 분비물, 대소변, 가스, 담즙, 가래의 집합체이며 …… 욕망, 분노, 탐욕,

망상, 두려움, 낙담, 질투, 바람직한 것과의 분리, 바람직하지 못한 것과의 결합, 배고픔, 갈증, 노쇠, 죽음, 질병, 슬픔 등으로 인해 고통받는 것"『마이트라야니야-우파니샤드』*Maitrāyaṇīya-Upaniṣad*(1. 3)]으로 특징지어진다. 다른 한편으로 신체는 『마이트레야-우파니샤드』♯ *Maitreya-Upaniṣad*(2. 2)에서처럼 '신의 사원'♯deva-ālaya으로 지위가 격상된다. 두 번째의 긍정적인 세계관은 고대의 『찬도기야-우파니샤드』*Chāndogya-Upaniṣad*(8. 12. 1)에 이미 표현되어 있다. "이 신체는 반드시 멸한다오. 오! 마가반Maghavan이여. 이것은 죽음의 지배를 받는다오. 그러나 이것은 불멸의, 육체가 없는 참자아(아트만ātman)가 쉬는 곳이라오."

유사한 맥락으로 탄트라Tantra의 영향을 받은 것으로 추정되는 『요가-바시슈타』♯*Yoga-Vāsiṣṭha*(5. 66. 32)에서는 신체를 세속적 의무를 벗어나기 위한 가장 효과적인 도구라고 말한다. 이 문헌(4. 23. 189f.)에서 밝히고 있듯이 신체는 영적으로 무지한 사람에게는 끝없는 골칫거리의 원천이지만, 사망함으로써 죽음을 경험하지 않는 성자에게는 행복의 샘이다. 신체는 그에게 마차 역할을 하여서 부와 해탈로 이끈다. 유사하게 『마르칸데야-푸라나』*Mārkaṇḍeya-Purāṇa*(39. 61)에서는 신체가 조심스럽게 보존되어야만 한다고 언급한다. 왜냐하면 그것은 도덕(virtue, 다르마dharma), 부(아르타artha) 성적 욕망(카마kāma), 해탈(모크샤mokṣa)을 획득하기 위한 수단이기 때문이다. 『웃다바-기타』*Uddhāva-Gītā*(15. 17)에서는 신체를 순풍인 크리슈나Kṛṣṇa가 전진시키고, 자신의 스승이 키잡이로 있는 잘 건조된 배에 비유한다.

신체를 보존하고 이것의 잠재적인 힘(싯디siddhi)을 개발하는 것은 연금술과 하타-요가Haṭha-Yoga와 같은 탄트라에 기초를 둔 학파들의 주요한 목표가 되었다. 이 유형의 요가Yoga 권위자들은 신체를 종종 요가 수행의 불로 잘 구워야 하는 도자기♯ghaṭa에 비유한다. 그러나 이상하게도 이 비유는 『바라하-우파니샤드』*Varāha-Upaniṣad*(2. 25)에서 거부되었다. 『요가-쿤달리-우파니샤드』*Yoga-Kuṇḍalī-Upaniṣad*(1. 77)에서는 '물질적 신체'♯ādhibhautika-deha를 '신성한 신체'♯ādhidaivika-deha로 변환시키는 것에 대해 말한다. 그러나 가장 청정한 운송 수단은 '초전도적 신체'(아티바히카-데하ātivāhika-deha)이다. 『요가-쉬카-우파니샤드』*Yoga-Śikhā-Upaniṣad*(1. 27)에서 설명한 것처럼 신체는 일반적으로 지각이 없♯jaḍa거나 '미성숙 되어'♯apakva 있다. 그래서 이것은 요긴yogin에 의해 '동력을 공급받아야만'♯rañjayet 하고, 그 결과 '숙성'되거나 '성숙'♯pakva하게 된다. 『웃다바-기타』(10. 29)에서는 이러한 성숙한 신체를 요가-마야-바푸스♯yoga-maya-vapus, 즉 '요가를 통해 만들어진 신체'라고도 부르고, 이것은 파괴되지 않는다고 한다.

『요가-바시슈타』(3. 57. 23)에서는 '요긴의 신체'♯yogi-deha가 다른 요긴들에게조차 보이지 않다고 말한다. 이러한 영적 신체는 요가의 많은 달인이 가진 것으로 생각되었고, 이 관념은 민담과 전설에 충분한 소재를 제공하였다.

⇒ 드리다-카야dṛḍha-kāya, 샤리라śarīra, 바즈라-데하vajra-deha도 참조.

dehin(데힌)

'신체화된 자' 또는 '신체를 가진 자'라는 뜻이다. 개체화된 자아(self), 즉 인성이다.

⇒ 지바jīva, 지바-아트만jīva-ātman, 상사린saṃsārin, 샤리린śarīrin도 참조.

deity(신)

⇒ 창조자(Creator), 데바deva, 데바타devatā, 신 또는 신성성(神聖性, Divine), 신(God), 여신(Goddess) 참조.

delusion(환영)

⇒ 브란티bhrānti, 모하moha 참조.

demon(악마)

요가Yoga에서는 정신(mental)의 영역을 침범할 수 있고 반신(反神, 아수라asura)들과 구별되어야만 하는, 지옥(나라카Nāraka)에서 온 존재가 있음을 인정한다.

depression(낙담)
⇒ 다우르마나시야daurmanasya, 비샤다viṣāda 참조.

Desikachar, T. K. V.(데시카차르; 1938년생)
크리슈나마차리야T. Krishnamacharya의 아들이다. 세계적으로는 소위 비니 요가Viniyoga의 주요 주창자이고 인도 푸나Poona의 크리슈나마차리야 만디르Krishnamacharya Mandir의 책임자로 근무한다.

D

desire(욕망)
⇒ 잇차icchā, 입사īpsā, 카마kāma 참조.

desire-burning posture(욕망을 태우는 자세)
⇒ 카마-다하나-아사나kāma-dahana-āsana 참조.

desire for liberation(해탈에 대한 열망)
일반적으로 무무크슈트와mumukṣutva로 불리는 자아 초월에의 충동은 카르마karma에 말려들지 않는, 오직 동기가 부여된 힘뿐이다.

despair(낙담)
⇒ 다우르마나시야daurmanasya, 비샤다viṣāda 참조.

despondency(실망)
⇒ 다우르마나시야daurmanasya, 비샤다viṣāda 참조.

deśa(데샤)
'장소'라는 뜻이다. 요가yoga 수행을 위해 적합한 환경과, 심령 에너지 센터(차크라cakra)와 신체의 예민한 지점♯marma-sthāna과 같은 집중(concentration)을 위한 특별한 장소 양자를 나타내는 용어이다.
적합한 주위 환경은 요가 수행에서 성공하기 위한 핵심적 전제 조건으로 여겨진다. 데샤deśa는 열다섯 가지로 된 요가(15지支 요가, 판차-다샤-앙가-요가pañca-daśa-aṅga-yoga)를 구성하는 원리 중에 포함된다. 가장 일반적인 조건은 그 장소가 깨끗하고 조용해야만 한다는 것이다. 일부 문헌에서는 상당히 더 구체적이다. 고대의 『슈웨타슈와타라-우파니샤드』*Śvetāśvatara-Upaniṣad*(2. 10)에서는 바닥은 평평하고 조약돌, 자갈, 불이 없어야 하고 그 장소는 감춰지고 귀에 거슬리지 않고 눈에 만족스러워야 하고 바람으로부터 보호되어야 한다고 말한다. 요긴yogin들은 산, 동굴, 사원, 빈집 들과 같이 고립된 장소를 선호한다.

determination(결심)
⇒ 니슈차야niścaya 참조.

deva(데바)
'신' 또는 '신성한'이라는 뜻이다. 어근 √div('빛나다')에서 파생되었다. 비슈누Viṣṇu, 쉬바Śiva, 인드라Indra, 아그니 II Agni, 브라마 II Brahma, 루드라Rudra와 같은 인격신(personal Divine)이나 칼리Kālī나 두르가Durgā 같은 여신들 또는 유대교와 기독교 전통에서의 천사와 같은 존재들과 비슷한 더 낮은 신을 나타낼 수 있다. 후자의 의미에서 데바deva 또는 데바타devatā 들은 유한한 (그리고 깨닫지 못한) 실체들이지만, 그들의 수명은 인간 존재들의 수명을 훨씬 넘어선다.['우주'(cosmos) 참조] 그러나 힌두Hindu 문헌들은 한결같이 천상계(로카loka)의 거주자들보다 인간 존재를 더 높게 평가한다. 왜냐하면 인간의 삶은 영적 깨달음, 즉 해탈에 곧바로 이르게 할 수 있는 특별히 강렬한 경험을 제공하기 때문이다.
⇒ 절대자(Absolute), 천사(angels), 신(God), 참실재(Reality)도 참조.

deva-datta(데바-닷타)
'신이 준 것'이라는 뜻이다. 신체의 가장 중요한 열 개의 심령 에너지 흐름(나디nāḍī) 중 하나이다. 『트리-쉬키-브라마나-우파니샤드』*Tri-Śikhi-Brāhmaṇa-Upaniṣad*(2. 82)에 따르면 이것은 피부와 뼈들에 있고, 수면을 담당한다. 그러나 『싯다-싯단타-팟다티』*Siddha-Siddhānta-Paddhati*(1. 68)에 따르면 이 나디의 위치는 입이고, 이것은 눈살(eyebrows)의 찌푸림을 담당하고 있다. 대부분의 문헌에서는 하품♯vijṛmbhaṇa의 기능을 가지고 있다고 본다.

Devadatta(데바닷타)
'신이 준'이라는 뜻이다. 여신(데비Devī)에게서 직접 탄트라Tantra를 전수받은 웃디야나Uḍḍiyāna가 배출한 탄트라 달인이다.

devadāsī(데바다시)
'신의 노예/종'이라는 뜻이다. 사원의 신과 '결혼'하도록 부모가 사원에 바친 처녀이다. 그녀는 과부가 될 수 없기 때문에 '영원히 상서롭'ᶠ nitya-su-maṅgalī게 여겨졌다. 사원의 의무 외에도 그녀는 종종 사원의 매춘부로 일했다. 1947년 이후로 이 관습은 폐지되었다.

deva-mandira(데바-만디라)
'신의 거주처', 즉 사원이라는 뜻이다. 사원들은 전통적으로 신(Divine)의 현현顯現인 우주(cosmos)의 복제물들이라고 이해된다. 그것들의 기하학은 신성한 기하학 또는 천체 기하학과 일치한다. 역으로 세계 그 자체는 사원으로 간주되고 힌두Hindu 숭배의 대부분은 강기슭의 야외나 강의 합류점, 신성한 나무 아래, 산에서 아주 높은 곳, 외딴 섬에서 발생하였다. 힌두

남인도 사원(데바-만디라)

사원들은 종교적 집회를 위한 만남의 장소가 아니고 설교를 하지도 참회를 받지도 않는다. 그곳은 신들의 집 또는 신들의 방사물로서 귀중하게 여겨지고, 독실한 사람들이 기도하고 명상하고 향과 꽃 그리고 다른 공물 들을 그들이 마음으로 느끼는 신이나 여신 들의 존재의 이미지(무르티mūrti)에 바치기 위해 그 사원에 방문한다.

devatā(데바타)
'신'이라는 뜻이다. 특정한 심령 에너지 센터(차크라cakra)와 연관된 주재신을 나타내는 데 종종 사용되는 데바deva의 동의어이다.

deva-yāna(데바-야나)
'신들의 길'이라는 뜻이다. 수행자를 절대자(브라만brahman)에게로 이끄는 사후에 일어나는 운명이다.
⇒ 크라마-묵티krama-mukti도 참조.
[비교] 피트리-야나pitṛ-yāna.

devī(데비)
'여신'이라는 뜻이다. 신(Divine)의 여성적인 면으로, 흔히 쉬바Śiva의 천상의 배우자 형상이다.
⇒ 샥티 II Śakti도 참조.

Devī-Bhāgavata-Purāṇa(데비-바가바타-푸라나) 또는 **Śrīmad-Devī-Bhāgavata**(슈리마드-데비-바가바타)
일반적으로는 부차적 푸라나Purāṇa 중 하나로 간주되지만, 샥타śākta들은 이 문헌을 주요 푸라나로 추앙한다. 이 문헌은 박티-요가Bhakti-Yoga로 여신(데비 devī)을 숭배하는 데 몰두한다. 13세기에 성립된, 샥티즘Śaktism의 중심 문헌이다.

Devī-Gītā(데비-기타)
『데비-바가바타-푸라나』*Devī-Bhāgavata-Purāṇa*의 제7권 중에서 제29~40장을 이루고 있는 샥타śākta 문헌이다. 이 문헌은 여신에 대한 외적 숭배와 모든 형태를 초월한 신(神, Divine)에 대한 내적 명상(meditation)을 상세히

설명하고 있다. 『두르가-삽타샤티』♯*Durgā-Saptaśatī* 또는 『찬디』*Caṇḍī*로도 알려져 있는 『데비-마하트미야』♯*Devī-Māhātmya*('여신의 위대함')는 중요한 샥타 문헌이다. 이것은 『마르칸데야-푸라나』*Mārkaṇḍeya-Purāṇa*의 일부이지만 독립적으로 유통되기도 한다.

D

devotee(헌신자)

⇒ 박타bhakta 참조.

devotion(헌신)

⇒ 박티bhakti, 프라니다나praṇidhāna 참조.

dhairya(다이리야)

'평정'이라는 뜻이다. 『하타-요가-프라디피카』*Haṭha-Yoga-Pradīpikā*(1. 16)에 따르면 요가Yoga를 증진시키는 요소 중 하나이다. 이것은 '일곱 가지 수행'(삽타-사다나sapta-sādhana)의 구성 요소 중에도 포함되어 있다.

⇒ 드리티dhṛti도 참조.

dhana-āsana(다나-아사나, [연성]**dhanāsana**(다나사나))

'부富/보상 자세'라는 뜻이다. 『칼리-탄트라』*Kālī-Tantra*(14장)에 언급되어 있는 요가Yoga 자세이다.

dhanaṃ-jaya(다남-자야)

'부에 대한 정복'이라는 뜻이다. 신체의 가장 중요한 열 개의 심령 에너지 흐름(나디nāḍī) 중 하나이다. 대부분의 요가Yoga 문헌에서는 이 나디가 몸 전체에 널리 퍼져 있고 사후에도 몸을 떠나지 않고 사체를 불룩하게 만든다고 말한다. 이 나디는 또한 때로 점액질♯śleṣma과 딸꾹질의 원인이 된다고도 생각된다.

dhanur-āsana(다누르-아사나)

'활 자세'라는 뜻이다. 『게란다-상히타』*Gheraṇḍa-Saṃhitā*(2. 18)에 다음과 같이 기술되어 있다. 두 다리를 곧게 펴고 엎드려서 두 손으로 발끝을 잡고 몸을 활♯dhanus처럼 구부린다. 『하타-요가-프라디피카』*Haṭha-Yoga-Pradīpikā*(1. 25)에서는 조금 더 상세하게 설명한다. 두 손으로 양쪽 엄지발가락을 잡고서 활시위를 당기듯이 발끝을 귀쪽으로 당긴다.

다누르-아사나, 즉 활 자세.
테오스 버나드(Theos Bernard) 시연

Dhanvantari(단완타리) 또는 **Danvantitiri**(단완티리; 타밀어)

'활 사이에 [있는 자]'라는 뜻이다. 다누스(dhanus; '활')+안타리(antari; '사이에')로 만들어졌다. 아주 뛰어난 의사이자 아유르-베다Āyur-Veda의 창시자이다. 그는 불사의 감로(아므리타amṛta)를 지니고 다닌다. 또한 탄트라Tantra와 연금술과 연관된 남인도의 열여덟 명의 달인(아슈타다샤-싯다aṣṭādaśa-siddha) 중 한 명을 포함하여 여러 시대에 살았던 몇 사람의 이름이기도 하다.

dharma(다르마)

어근 √dhṛ('붙잡다' 또는 '보유하다')에서 파생되었다. 다르마dharma는 고전 요가(Classical Yoga)에서 주로 '형태' 또는 '속성'이라는 전문 의미로 채택되었고, 그것은 '형태의 소유자', 즉 '실체'(다르민dharmin)의 개념과 대조된다. 파탄잘리Patañjali는 『요가-수트라』*Yoga-Sūtra*(3. 13f.)에서 사트-카리야-바다sat-kārya-vāda, 즉 변화는 단지 어떤 것의 형태에만 영향을 미칠 뿐 실체에는 영향을 미치지 못한다는 관점을 지지한다. 그래서 그는 어떤 것의 세 가지 형태 또는 상태를 구분한다. 그것은 '불활성한'♯śānta, 즉 과거적인 면과 '발생한'♯udita, 즉 현재적인 면 그리고 '확정할 수 없는'♯avyapadeśya, 즉 미래적인 면이다. 다르마라는 단어는 일반적으로 단순히 '물건'을 나타내기도 한다.

윤리적인 분야에서 다르마는 '옳음' 또는 '덕목'(virtue), 즉 아다르마adharma에 반대되는 도덕적 질서를 의미한다. 힌두이즘Hinduism에서 도덕은 세계의 실제적 토대로 보인다. 또한 그것은 '인간의 네 가지 목적'(푸루샤-아르타puruṣa-artha) 중 하나로 간주된다. 『탓트와-바이샤라디』*Tattva-Vaiśāradī*(2. 12)에서는 다르마를 해탈보다는 오히려 천상(스와르가svarga)으로 이끄는 것으로 설명하고, 바람직한 ♯kāmya 행위들을 하는 경향성에서 발생하는 것이라고 하였다. 『요가-수트라』에 대한 박학한 주석의 저자인 바차스파티 미슈라Vācaspati Miśra는 심지어 다르마가 올바른 분노(크로다krodha)로부터 발생할 수 있다고 인정하고 드루바Dhruva의 전설적인 사례를 인용한다. 드루바는 아버지에게서 받은 모욕을 금욕수행의 동기로 생각했다. 이로 인해 결국 그는 다른 모든 사람보다 높은 지위에 올라가게 되었다.

역사적으로 다르마의 이상과 해탈의 이상 사이에는 긴장이 있어 왔다. 왜냐하면 후자는 선善과 악惡, 도덕과 부도덕 위에 있는 것으로 생각되기 때문이다. 그래서 『마하바라타』*Mahābhārata*(12. 316. 40)에는 다음과 같은 송이 있다. "다르마와 아다르마를 버려라. 진실과 거짓을 버려라. 진실과 거짓 양자를 버리고서 [신념, 즉 마음을] 버려라. 이것에 의해 당신은 [모든 것을] 버린다."

요긴yogin은 부도덕(아다르마)뿐만 아니라 도덕(다르마)도 피해야만 한다는 것을, 예를 들자면 『요가-수트라』(4. 7)로부터 분명히 알 수 있다. 여기서는 검은 카르마karma와 흰 카르마, 검지도 희지도 않은 요긴의 카르마를 구분한다. 요긴의 보통이 아닌 카르마 상태에 대한 원인은 선하거나 악한 행위의 실행자로서 그 자체를 경험하는 에고(아항카라 ahaṃkāra, 아스미타 asmitā)에 대한 지속적인 초월에 있다.

⇒ 리타ṛta도 참조.

dharma-megha-samādhi(다르마-메가-사마디)

'다르마dharma 구름의 무아경'이라는 뜻이다. 고전 요가(Classical Yoga)에서 인정된 가장 높은 단계의 무아경(삼매, 사마디 samādhi)이다. 이것은 '식별의 통찰력(vision)'에 잇달아 일어나고, 결과적으로 궁극적 해탈(카이발리야kaivalya)의 전조이다. 이 전문 용어는 또한 『판차-다쉬』♯*Pañca-Daśī*(1. 60), 『파잉갈라-우파니샤드』♯*Paiṅgala-Upaniṣad*(3. 2), 『아디야트마-우파니샤드』♯*Adhyātma-Upaniṣad*(38)를 포함한 몇몇 베단타 Vedānta 문헌에서 나타난다. 그것의 정확한 의미는 어느 곳에서도 분명하게 정의되고 있지는 않지만 많은 주석자들은 다르마라는 단어를 이 맥락에서는 '법'(法, virtue, 다르마)을 의미하는 것으로 이해한다. 그들은 아마도 대승♯Mahāyāna불교의 복합어인 다르마-메가♯dharma-megha에서 힌트를 얻었을 것이다. 그러나 그것이 명확하게 다르마와 아다르마adharma를 초월한 최종 국면의 전조가 된다면 도대체 왜 이 고귀한 무아경적 상태가 요긴yogin에게 덕을 퍼붓는 것일까? 샹카라Śaṅkara는 그의 『요가-바쉬야-비바라나』*Yoga-Bhāṣya-Vivaraṇa*(4. 29)에서 이 높은 단계의 상태를 다소간 좀 더 설득력 있게 '홀로 있음'(독존獨存, 카이발리야kaivalya)이라고 불리는 지고의 덕을 퍼붓는 것으로 설명한다. 그러나 이 문맥에서 다르마는 '구성 요소'를 의미하고 요긴과 궁극적 해탈 상태 사이에 희미한 구름처럼 여전히 있는 구나guṇa들을 나타내는 것에 더 가깝다.

다르마-메가-사마디 dharma-megha-samādhi는 '초의식 무아경'(무상 삼매, 아삼프라갸타-사마디 asamprajñāta-samādhi)의 가장 높은 형태이다. 우주(cosmos)의 주요 구성 요소가 그것의 초월적 모체 속으로 환원되어 들어갈 때, 이것은 길고 고된 요가Yoga의 여정에서 마지막 순간이다. 구나들의 이 '역전개'(환멸還滅, 프라티프라사바 pratiprasava)는 해탈, 즉 참자아에 대한 깨달음과 동시에 발생한다.

dharma-śāstra(다르마-샤스트라 I)

'법에 대한 가르침'이라는 뜻이다. 다르마dharma의 개념에 대한 많은 가르침과 해석이다. 이것은 힌두이즘Hinduism 도덕률의 핵심이다. 이 용어는 윤리적인 또는 다른 문제들을 다루는 교본(샤스트라śāstra)을 가리키기도 한다.

D

Dharma-Śāstra(다르마-샤스트라 II)

마누Manu의 저작으로, 『마나바-다르마-샤스트라』 *Mānava-Dharma-Śāstra* 또는 『마누-스므리티』 *Manu-Smṛti*로도 알려져 있다.

dharmin(다르민)

'형태의 소유자'라는 뜻이다. 변할 수 있는 형태(다르마 dharma)와 대조되는 불변하는 실체이다. 이것은 파탄잘리Patañjali가 자신의 『요가-수트라』 *Yoga-Sūtra*(3. 13f.)에서 채택한 변화(전변轉變, 파리나마 pariṇāma) 이론의 핵심 요소이다.

⇒ 드라비야dravya도 참조.

dhauti(다우티)

'씻기', '청소', '정화'라는 뜻이다. 하타-요가Haṭha-Yoga의 '여섯 정화 행법'(샤트-카르만 ṣaṭ-karman) 중 하나이다. 『게란다-상히타』 *Gheraṇḍa-Saṃhitā*(1. 13)에 따르면 이것은 다음의 네 가지 기법으로 구성되어 있다. 내부 청소(안타르-다우티 antar-dhauti), 치아 청소(단타-다우티 danta-dhauti), '심장' 청소(흐리드-다우티 hṛd-dhauti), 직장 청소(물라-쇼다나 mūla-śodhana). 『하타-요가-프라디피카』 *Haṭha-Yoga-Pradīpikā*(2. 24f.)에서는 이러한 하위 범주를 언급하지 않고, 다우티dhauti를 다음과 같이 기술한다. "네 손가락 폭과 열다섯 손가락 너비의 젖은 무명천을 스승의 지시에 따라 천천히 삼킨 다음, 다시 꺼내야만 한다." 그 외에 이 기법은 '천을 사용한 청소'(바소-다우티 vāso-dhauti)로 알려져 있다.

⇒ 카팔라-란드라-다우티kapāla-randhra-dhauti도 참조.

dhāraṇā(다라나)

'집중' 또는 '총지'(總持, concentration)라는 뜻이다. 어근 √dhṛ('잡다', '유지하다')에서 파생되었다. 때로는 사마다나(samādhāna; '평정')라고도 불리는데, 고전 요가(Classical Yoga)의 여덟 '가지'(지분, 앙가 aṅga) 중 하나이다. 또한 영적인 길(spiritual path)의 다른 형태들의 구성 요소이기도 하다. 『요가-수트라』 *Yoga-Sūtra*(3. 1)에서는이것을 한 장소(데샤 deśa)에 마음(consciousness, 칫타 citta)을 매는 것으로 정의한다. 그러므로 이것은 지속적인 주의집중 수행으로, '한 점에의 집중'(에카그라타 ekāgratā)의 핵심이다. 『아므리타-나다-우파니샤드』 *Amṛta-Nāda-Upaniṣad*(15)에서는 이것을 마음의 '응축' saṃkṣepa으로 이해한다.

명상(meditation, 정려精慮, 디야나 dhyāna)에 앞서는 집중(concentration, 총지總持, 다라나 dhāraṇā) 수행은 내면으로 향하는 요가Yoga의 과정에서 토대를 이룬다. 이것은 수행자가 심령 에너지를 모으는 것을 나타내고, 고도의 감각 제어(제감制感, 프라티야하라 pratyāhāra)와 사고의 둔화에 수반된다. 요가의 집중에서는 내면화된 신의 이미지에서부터 내면화된 소리(나다 nāda), 신체 내의 장소(데샤)에 이르기까지 다양한 정신적(mental) 대상(아르타 artha)들을 가질 수 있다. 집중이 깊어지면 명상에 이른다.

일부 문헌에서는 다라나가 호흡의 보유를 나타낸다.

⇒ 판차-다라나pañca-dhāraṇā도 참조.

dhāraṇā-mudrā(다라나-무드라)

'집중(concentration) 결인'이라는 뜻이다. 하타-요가 Haṭha-Yoga와 탄트라Tantra에서 다섯 가지 집중 기법(판차-다라나 pañca-dhāraṇā) 중 하나이다.

dhātu(다투)

'구성 요소' 또는 '성분'이라는 뜻이다. 이것은 세 가지 체질, 즉 풍질(바타 vāta), 담즙질(핏타 pitta), 점액질(카파 kapha)을 나타낼 수 있다. 또한 일곱 가지 구성 요소, 예를 들자면 『요가-바쉬야』 *Yoga-Bhāṣya*(3. 29)에 피부, 혈액, 살, 힘줄, 뼈, 골수, 정액(슈크라 śukra)으로 열거된 것들을 나타낼 수도 있다. 일부 학파에서는 피부를 (심장에서 흘러나와 몸 전체를 유지한다고 생각되는) 라사rasa로, 골수를 지방으로 바꾸어 놓는다. 『탓트와-바이샤라디』 *Tattva-Vaiśāradī*(1. 30)에서는 다투dhātu들이 신체 구조를 '유지하기'(다라나 dhāraṇā) 때문에 그렇게 불린다고 언급한다. 때로는 다투가 신체의 주요 성분을 의미한다. 그것은 '불사의 감로'(아므리타 amṛta)이다.

⇒ 도샤doṣa, 오자스ojas도 참조.

dhātu-strī-laulyaka(다투–스트리–라울리야카)

'천한 여성에 대한 갈망'이라는 뜻이다. 『요가–탓트와–우파니샤드』*Yoga-Tattva-Upaniṣad*(31)에 언급된 다섯 가지 장애(비그나vighna) 중 하나이다.

dhātu-śakti(다투–샥티)

'요소의 힘'이라는 뜻이다. 일곱 차크라cakra 각각을 주재하는 신에 대한 총칭이다.

dhenu-mudrā(데누–무드라)

'암소 결인'이라는 뜻이다. 아므리티–카라나–무드라♯amṛti-karaṇa-mudrā로도 불린다. 의례의 손 제스처(하스타–무드라hasta-mudrā) 중 하나이다. 이것은 두 손을 함께 모으고 다음과 같은 방식으로 놓음으로써 만든다. 양손의 엄지손가락을 맞대고서 오른손 집게손가락 끝을 왼손 가운뎃손가락의 끝에, 오른손 가운뎃손가락을 왼손 집게손가락의 끝에, 오른손 약손가락을 왼손 새끼손가락에, 오른손 새끼손가락을 왼손 약손가락에 댄다.

⇒ 무드라mudrā(그림 포함)도 참조.

dhī(디)

'생각'이라는 뜻이다. 고대 현자(리쉬ṛṣi)들의 숙고 또는 통찰적 사유를 나타내는 베다Veda의 핵심 개념이다. 그들은 이것을 통해서 물질로 된 세계(world)의 장막을 뚫고 들어가서 절대적인 참실재를 힐끗 보았다.

dhotī(도티)

'옷감', '직물'이라는 뜻이다. 산스크리트Sanskrit 다우티dhauti에서 파생된 힌디어hindi이다. 남자들이 입는 긴 천이다. 이 천을 다리 사이를 가로질러서 뒤쪽에서 허리부분으로 말아 넣는다.

dhṛk-sthiti(드리크–스티티)

'안정된 통찰(vision)'이라는 뜻이다. 열다섯 가지로 된 길(15지支 요가Yoga, 판차–다샤–앙가–요가pañca-daśa-aṅga-yoga)의 수행법 중 하나이다. 이것은 『테조–빈두–우파니샤드』*Tejo-Bindu-Upaniṣad*(1. 29)에 다음과 같이 정의되어 있다. 세계를 절대자로 여기는, 지혜(wisdom)로 이루어진 그러한 통찰이고, 이것은 단지 코(nose)끝을 응시하는 것과 결코 혼동해서는 안 된다.

⇒ 드리슈티dṛṣṭi도 참조.

dhṛti(드리티)

'안정' 또는 '부동'이라는 뜻이다. 때로는 열 가지 도덕 훈련(금계, 야마yama) 중 하나로 간주된다. 『샨딜리야–우파니샤드』*Śāṇḍilya-Upaniṣad*(1. 1. 12)에서는 이것을, 특히 자기를 잃어버리는 순간에 항상 '정신적인(mental) 평정'♯cetaḥsthāpanam을 유지하는 것으로 해석한다. 『웃다바–기타』*Uddhāva-Gītā*(14. 36)에서는 이것을 '혀와 생식기에 대한 통달'로 설명한다. 『바가바드–기타』*Bhagavad-Gītā*(18. 33ff.)에서는 우주(cosmos)를 구성하는 세 성분(구나guṇa)의 지배력에 따라서 드리티dhṛti를 세 종류로 구분한다. 그러므로 삿트위카–드리티♯sāttvika-dhṛti는 마음, 호흡, 감각을 억제하는 그러한 안정이다. 라자사–드리티♯rājasa-dhṛti는 법(法, virtue, 다르마dharma), 물질적 부(아르타artha), 성적 욕망(카마kāma)을 고수하고, 또한 그 결과들에 집착하는 그러한 안정이다. 마지막으로 타마사–드리티♯tāmasa-dhṛti는 수면(스와프나svapna), 두려움(바야bhaya), 슬픔(쇼카śoka), 낙담(비샤다viṣāda), 열광(마다mada)에 집착하는 미혹된 사람의 특성이다.

⇒ 다이리야dhairya도 참조.

dhūpa(두파)

'향'香이라는 뜻이다. 간혹 헌신적인 요가Yoga 길의 '가지'(지분, 앙가aṅga) 중 하나로 열거된다. 향은 요가 수행과 숭배를 행하게 될 장소(데샤deśa)를 정화하고 신성하게 만드는 데 사용된다. 기분 좋은 향기는 수행자들에게 도움이 될 수 있는 상서로운 존재(angel)들을 끌어들인다고 생각된다.

dhvani(드와니)

'소리'라는 뜻이다. 샤브다śabda와 나다nāda의 동의어이다.

dhyāna(디야나)

'명상'(meditation) 또는 '숙고'(contemplation)라는 뜻이다. 모든 요가Yoga의 길(path)에 공통되는 토대를 이루는 기법이다. 『바가바드-기타』*Bhagavad-Gītā*(12. 12)에서는 명상을 지성적 지식(knowledge) 위에 위치시키고 『쉬바-푸라나』*Śiva-Purāṇa*(7. 2. 39. 28)에서는 명상을 어떠한 성지(pilgrimage) 참배와 고행(타파스tapas), 희생제의보다 더 낫다고 생각한다. 『가루다-푸라나』♯*Garuḍa-Purāṇa*(222. 10)에서는 다음과 같이 단언한다. "명상은 최고의 덕목(virtue)이다. 명상은 최고의 고행이다. 명상은 최고의 정화(purity)이다. 그러므로 명상을 좋아해야 한다."

고전 요가(Classical Yoga)의 여덟 가지의 길[에서 명상(정려精慮, 디야나dhyāna)]은 무아경(삼매, 사마디samādhi)보다 먼저 일어난다. 파탄잘리Patañjali는 자신의 『요가-수트라』*Yoga-Sūtra*(3. 2)에서 명상을 한 대상에 대한 집중과 관련된 현재의 관념(프라티야야pratyaya)들의 '한 방향으로의 흐름'(에카타나타ekatānatā)으로 정의한다. 그와 마찬가지로 명상은 자연적인 지속, 다시 말해서 집중(concentration, 총지總持, 다라나dhāraṇā)의 심화이다. 『요가-수트라』(1. 39)에서는 어떠한 대상이라도 명상 과정을 위한 도구가 될 수 있다고 주장하지만, 예를 들자면 『파탄잘리-라하시야』♯*Patañjali-Rahasya*(1. 39)에서는 그 대상이 벌거벗은 여성과 같은 금지된 대상이어서는 결코 안 된다고 규정하고 있다.

명상은 파탄잘리가 언급한 5가지 종류의 마음(consciousness) '작용'(브릿티vṛtti)에 대한 억제(니로다nirodha)를 가져온다. 그러나 『쿠르마-푸라나』*Kūrma-Purāṇa*(2. 11. 40)에서는 다른 작용들에 의해 방해받지 않는 특정한 장소에 주의를 둔, 작용들의 연속♯vṛtti-saṃtati으로서의 명상에 대해 말한다. 명상은 감각 제어(제감制感, 프라티야하라pratyāhāra)의 상위 단계로 특징지어진다. 그러므로 『마하바라타』*Mahābhārata*(13. 294. 16)에서는 명상하는 요긴yogin을 다음과 같이 묘사한다. 그는 듣지 않는다. 그는 냄새 맡지 않고, 맛을 느끼지도, 보지도, 촉감을 경험하지도 않는다. 마찬가지로 마음은 상상하기를 그친다. 그는 아무것도 욕망하지 않고 통나무처럼 생각하지 않는다. 그러므로 성자들은 그를 '결합된'(육타yukta), 다시 말해서 '우주의 토대에 도달한 자'♯prakṛtimāpannaṃ라고 부른다.

후고전 요가(Postclassical Yoga)의 많은 문헌은 '속성이 있는'♯saguṇa 명상과 '속성이 없는'(니르구나nirguṇa) 명상을 구분한다. 전자가 확고한 대상(자신이 선택한 신과 같은)을 가진 반면, 후자는 직접적인 대상은 없지만 일종의 자신에게의 몰두이다. 또한 이 두 범주는 각각 '형상이 있는'(무르티mūrti) 명상과 '형상이 없는'♯amūrti 명상, 또는 '부분이 있는'♯sakala 명상과 '부분이 없는'♯niṣkala 명상으로 언급된다. 『요가-야갸발키야』*Yoga-Yājñavalkya*(9. 9f.)에서는 "나는 절대자이다"라는 지속적인 느낌을 후자 유형의 명상의 예로 든다. 『쿨라르나바-탄트라』*Kulārṇava-Tantra*(9. 3b-4)에서는 두 종류의 명상에 대하여 다음과 같이 말한다. "형상이 있는 [명상은] 조대(스툴라sthūla)하다고 한다. 형상이 없는 것은 미세(수크슈마sūkṣma)하다. 어떤 이들은 조대한 명상을, 하위의 마음(마음 감관, 마나스manas)을 안정시키는 목적[에 도움이 되는 것으로] 설명한다. 조대한 [명상은] 정신의(mental) 부동으로 이끈다. 미세한 [명상]도 또한 [정신의] 부동으로 이끈다." 동일 문헌(16. 55ff.)에서는 삿트위카sāttvika 명상이 심지어 숭배와 희생제의 공물들 없이도 긍정적인 결과를 낳는다고도 말한다. 형상이 있는 명상은 심상화의 강력한 요소를 포함한다. 이것은 특히 탄트라Tantra와 하타-요가Haṭha-Yoga에 해당된다. 거기서는 종종 강렬한 집중과 상상력을 필요로 하는 정교한 내면의 환경이 요긴에게 요구된다. 일반적으로 그러한 상세한 심상화의 대상은 수행자가 '선택한 신'(이슈타-데바타iṣṭa-devatā)이다. 수행자에 대해 압도적인 심령적 실재의 형태를 취하기 위해 그 신들은 매우 생생하게 상상된다. 그런 다음 요긴은 자신의 에고적 인성이 제거될 때까지 결합 경험인 무아경(삼매, 사마디) 속에서 그 신과의 동일시를 시도할 수 있다. 기본적인 관념은 상상 없는 몰입으로 된 '형상 없는' 명상을 시작하는 것이 너무 어렵다는 것을 대부분의 수행자가 안다는 것이다.

『게란다-상히타』*Gheraṇḍa-Saṃhitā*(6. 1ff.)에서는 다음과 같이 명상을 세 가지 유형으로 구분한다. '조대 명상'(스툴라-디야나 sthūla-dhyāna), '빛 명상'(지요티르-디야나 jyotir-dhyāna), '미세 명상'(수크슈마-디야나 sūkṣma-dhyāna). 첫째 것은 확고한 형상(수행자가 선택한 신과 같은)에 대한 숙고(contemplation)로 이루어지고 초심자를 위한 것이라고 한다. 둘째 것은 다양한 빛 현상에 대한 명상(contemplation)으로 이루어지는 한편, 셋째 것은 샴바비-무드라 śāmbhavī-mudrā를 수행하는 동안 참자아에로의 통합에 해당된다.

어떤 접근법을 선택하든지 간에 명상은 집중에 의해 시작되는 강력한 변화의 경향이 지속되는 것이다. 적절한 엄격함과 더불어 추구된다면 그 경향은 잠재의식의 카르마karma의 '저장고'(아샤야 āśaya)들에 대한 근본적인 제거, 다시 말해서 에고적 인성으로부터 초월적 참자아성(아트만ātman)으로의, 수행자 개인의 정체성에 대한 완전한 재구성으로 이어진다. 명상은 무아경(삼매, 사마디)에 이르는 디딤돌이고, 따라서 일정한 지점에서 초월되어야만 한다. 그러므로 『쉬바-상히타』*Śiva-Saṃhitā*(5. 4)에서처럼 가끔 명상은 요가의 장애(비그나vighna) 중 하나로 간주된다.

일부 문맥에서 디야나는 사마디라는 의미로 사용된다.

⇒ 바바나bhāvanā, 니디디야사나nididhyāsana도 참조.

Dhyāna-Bindu-Upaniṣad(디야나-빈두-우파니샤드, [연성]**Dhyānabindūpaniṣad**디야나빈두파니샤드)

요가-우파니샤드 Yoga-Upaniṣad 중 하나로, 106송으로 이루어져 있다. 이 소문헌은 '명상(meditation) 요가'(디야나-요가Dhyāna-Yoga)에 대해 상세히 설명한다. 이 요가Yoga는 프라나바praṇava로 불리는 성음 옴Oṃ을 사용한 명상적인 내향화의 길(path)로 이해된다. 여섯 가지로 된 길(6지支 요가, 샤드-앙가-요가 ṣaḍ-aṅga-yoga)은 수행의 구성 요소로서 요가 자세(아사나 āsana), 호흡 억제(프라나-상로다 prāṇa-saṃrodha), 감각 제어(제감制感, 프라티야하라pratyāhāra), 집중(concentration, 다라나 dhāraṇā), 명상(디야나dhyāna), 무아경(삼매, 사마디samādhi)을 제시한다.

'뱀의 힘'(쿤달리니-샥티 kuṇḍalinī-śakti)이 사용되지만 그것의 각성에 대한 상세한 가르침은 설명되어 있지 않고, 다만 신체의 처음 네 가지의 심령 에너지 센터(차크라 cakra)만 언급하고 개략적으로 기술할 뿐이다. '심장의 연꽃'(흐리트-파드마 hṛt-padma)을 중요시 여긴다.

dhyāna-mudrā(디야나-무드라)

'명상(meditation) 결인'이라는 뜻이다. 요가에서, 특히 다양한 명상 자세와 함께 결합하여서 사용되는 손 제스처(하스타-무드라 hasta-mudrā) 중 하나이다. 손바닥을 위로 하여 펼친 왼손을 접은 다리 위에 놓고, 오른손바닥도 위로 하여 왼손바닥 위에 오른손을 포개는데, 이때 양쪽 엄지손가락 끝이 닿도록 한다. 디야나-무드라dhyāna-mudrā라는 용어는 또한 『요가-마르탄다』*Yoga-Mārtaṇḍa*(159)에서도 '편안좌'(수카-아사나 sukha-āsana) 수행을 하는 동안 수행자가 설령 눈을 뜨고 있더라도 '마음이 내면으로 향해' 있을 때 신체의 균형(사마트와 samatva)을 나타내기 위하여 사용된다.

디야나-무드라. 명상을 위한 손 제스처

Dhyāna-Yoga(디야나-요가)
'명상(meditation)의 요가'라는 뜻이다. 요가 문헌에서 흔한 복합어이다. 이것은 일찍이 『마하바라타』*Mahābhārata*에서 자주 사용되었다. 그 문헌(12. 188. lff.)에서는 목표가 '열반'(니르바나 nirvāṇa)인 네 종류의 명상을 가르쳤다. 디야나-요가 Dhyāna-Yoga는 한 지점에 마음을 집중하는 동안 감각(sense)들을 둥근 덩어리로 만드는 것(그 구절은 핀디-크리티야 piṇḍī-kṛtya임)과 통나무처럼 앉아 있는 것으로 이루어져 있다. 둘째 단계에서 마음은 비구름 속의 섬광처럼 떨린다고 한다. 더 나아가 마음은 바람의 길 위에서 배회하는 경향이 있는 것으로 묘사된다. 이는 아마도 마음이 호흡의 움직임을 따르는 경향이 있다는 것을 의미하는 것이고, 그런 까닭에 수행자는 마음을 명상의 길로 되돌려야만 한다. 듣기에 명상의 과정에서 다양한 유형의 생각들이 일어나고, 이것들은 비차라 vicāra, 비타르카 vitarka, 비베카 viveka로 언급된다. 그것들의 정확한 의미는 이 맥락에서 분명하지 않지만, 『요가-수트라』*Yoga-Sūtra*에 이 용어들과 아주 유사한 용어들이 있다. 『바가바드-기타』*Bhagavad-Gītā*(18. 52)에서는 디야나-요가를 이욕(dispassion, 바이라기야 vairāgya)과 함께 수련되어야만 하는 것으로 강조한다.

dhyātṛ(디야트리)
'명상자'라는 뜻이다. 명상(meditation)이나 숙고(contemplation)의 대상(디예야 dhyeya)에 대립하는 것으로서 명상하는 주체이다.

dhyeya(디예야)
'숙고되는 것'이라는 뜻이다. 명상(meditation)의 대상이다. 이것은 형상이 없는 절대자 자체를 포함하여 내면화된 대상은 어떤 것이든 될 수 있다.
⇒ 알람바나 ālambana, 비자 bīja, 데샤 deśa도 참조.

diet(식습관)
⇒ 아하라 āhāra, 안나 anna 참조.

Digambara(디감바라)
'공간을 입은' 또는 '공간으로 덮힌'이라는 뜻이다. 쉬바 Śiva처럼 벌거벗고 돌아다니는 아바두타 avadhūta의 일종이다. 자이니즘 Jainism 내에 있는 고행자 유파들이 기도 하다.

disciple(제자)
⇒ 쉬쉬야 śiṣya 참조.

discipleship(제자 기간 또는 제자 신분)
즉 쉬쉬야타 śiṣyatā이다. 비밀스럽고 신성한 지식을 주로 구두로 전하는 모든 형태의 영적 전통들에서 핵심이다.
⇒ 아디카라 adhikāra, 구루 guru, 쉬쉬야 śiṣya도 참조.

discipline(수행)
신체적으로나 감정적으로 또는 정신적(mental)으로 통제된 행동은 모든 형태의 요가 Yoga에 필수적이다. 이와는 상반되게, 엄밀히 말해서 오직 깨달은 달인만이 가능한 영성에 기초한 자발성(사하자 sahaja)이 있다.
⇒ 아비야사 abhyāsa, 니야마 niyama, 사다나(sādhana 또는 sādhanā), 야마 yama도 참조.

discrimination(구별) 또는 **discernment**(식별)
⇒ 타르카 tarka, 비갸나 vijñāna, 비베카 viveka, 비베카-키야티 viveka-khyāti 참조.

disease(질병)
⇒ 로가 roga, 비야디 vyādhi 참조.

disgust(혐오)
⇒ 주굽사 jugupsā 참조.

dispassion(이욕)
⇒ 바이라기야 vairāgya, 비라 vīra가 참조.

dissipation(무절제)

⇒ 아비라티avirati 참조.

distraction(산란)

⇒ 비크셰파vikṣepa 참조.

div(디브)

'천상'이라는 뜻이다. 하늘과, 미세한(수크슈마 sūkṣma) 층위에 있는 신들의 영역 양자 모두를 가리킨다.

[비교] 안타리크샤antarikṣa, 부bhū.

Divalī(디발리)

산스크리트Sanskrit 디브(div; '광휘')에서 파생된 힌디어hindi이다. 영어로는 흔히 디왈리Diwali로 표기된다. 10~11월에 라크슈미Lakṣmī를 찬미하기 위해 열리는 4일간의 축제이다.

Divine(신 또는 신성성神聖性)

힌두이즘Hinduism은 상당한 종교적 기교와 철학적 독창성을 보여 주는 놀랍도록 다양한 형이상학 체계 또는 신학 이론 들 때문에 널리 잘 알려져 있다. 무엇보다도 거기에는 비슈누Viṣṇu, 쉬바Śiva, 크리슈나Kṛṣṇa, 라마♯Rama, 두르가Durgā, 칼리Kālī와 같은 수많은 대중적인 신(데바deva, 데바타devatā)들이 있다. 인도의 지방에서 그들은 숭배되고, 대중적인 상상력은 그들을 천상의 영역(스와르가svarga)에 거주하고 기도와 마법적 주문(만트라mantra)을 통해서 청원될 수 있거나 심지어 억압될 수 있는 초인적인 인물들로 바라보았다. 그러나 힌두Hindu 사회의 더 교육받은 계층들에서는 유일한 궁극적 참존재가 신들로 된 이 만신전을 넘어서 머문다는 것을 믿는다. 바이슈나비즘Vaiṣṇavism과 같은 일신교 학파들에서 이 궁극적 참실재는 초개인적인 것으로 인식된다. 그러므로 비슈누는 시공간을 넘어선 '지고의 인간'(푸루샤-웃타마puruṣa-uttama)으로 찬양된다. 또 범신론적·만유내재신론적 학파들은 궁극적 참실재를 비인격적이고 속성이 없으며(니르구나nirguṇa) 묘사할 수 없다고 상상한다. 그들은 그를 절대자(브라만brahman) 또는 초월적 참자아(아트만ātman)라고 부른다.

그러나 거기에는 또한 유일한 궁극적 참존재를 언급하지 않고 수많은 초월적 참자아(푸루샤puruṣa)들로 된 다원론적 형이상학을 제안하는 고전 상키야(Classical Sāṃkhya), 미망사♯Mīmāṃsā, 니야야Nyāya와 같은 철학 학파들도 있다. 이것은 또한 우주(cosmos, 프라크리티prakṛti)와 푸루샤로 불리는 존재의 의식 원리 사이의 엄격한 이원론을 주장하는 고전 요가(Classical Yoga)의 자리이기도 하다. 니야야학파처럼 고전 요가는 '주'(主, 이슈와라Īśvara)가 단지 특별한 종류의 초월적 참자아일 뿐이라고 주장한다. 아마도 그것의 이원론적 (또는 다원론적) 형이상학과 신에 대한 약화된 관념 때문에 고전 요가는 철학 학파로서 결코 광범위하게 영향을 미치지는 못했다. 그러나 파탄잘리Patañjali가 체계화한 여덟 가지로 된 요가Yoga의 길(8지支 요가)은 후대의 많은 권위자들에게 하나의 모델로서 역할을 하였다. 전고전 요가(Preclassical Yoga)와 후고전 요가(Postclassical Yoga) 학파들은 예외 없이 베단타Vedānta 전통에서 발전된 불이론(不二論, 아드와이타advaita) 형이상학을 지지하였다.

divya(디비야)

'신'(Divine)이라는 뜻이다. 절대자, 즉 궁극적 실재이다. 또한 초감각적 실재와 영역 들이기도 하다. 그러므로 이 용어는 요컨대 '신성한'을 의미할 수 있다.

divya-cakṣus(디비야-차크슈스)

'신성한 눈'이라는 뜻이다. 디비야-드리슈티♯divya-dṛṣṭi, 즉 천리안이라고도 부른다. 요긴yogin과 사두sādhu 들이 가지고 있다고 생각되는 초자연적 능력(싯디siddhi) 중 하나이다. 일부 문헌에서는 이것을 '선견지명' 또는 '원시안'♯dūra-darśana이라고도 부른다. 이것은 '텔레비전'을 나타내는 현대 산스크리트Sanskrit 용어이기도 하다.

⇒ 차크슈스cakṣus, 카팔라-란드라-다우티 kapāla-randhra-dhauti, 초심리학(parapsychology)도 참조.

divya-deha(디비야—데하) 또는 **divya-vapus**(디비야—바푸스)

'신성한 신체'라는 뜻이다. 요가Yoga 수행의 첫 단계에서 또는 『하타-요가-프라디피카』*Haṭha-Yoga-Pradīpikā*(4. 71)에 따르면 내면의 소리(나다 nāda)가 현현顯現하는 7단계에서 얻게 되는 빛나는 신체이다. 해탈에 기초한 신과 같은 신체는 물질적 실체가 아니다. 이 용어는 간혹 아티바히카-데하ātivāhika-deha를 나타낸다.

[비교] 바즈라-데하vajra-deha.

divya-deśa(디비야-데샤)

'신성한 장소'라는 뜻이다. 타밀어Tamil 문헌에 암호화되어 있는 것처럼 남인도 샤이비즘Śaivism에서는 108개의 신성하거나 성스러운 장소를 인정한다. 산스크리트Sanskrit로는 바이쿤타♯Vaikuṇṭha, 타밀어로는 티루나투♯Tirunātu로 알려진 지고의 천상이 여기에 포함되는데, 이곳은 주主 비슈누Viṣṇu의 영원한 거주처이다.

⇒ 티르타tīrtha도 참조.

divya-jñāna(디비야-갸나)

'신성한 지혜'라는 뜻이다. 초자연적 지혜이다.

⇒ 아비갸abhijñā, 초심리학(parapsychology)도 참조.

Divya-Prabandham(디비야-프라반담) 또는 **Nālāyira-Divya-Prabandham**(날라위라-디비야-프라반담)

'신성한 모음집'이라는 뜻이다. 샤이비즘Śaivism에 대한 4,000송으로 된 타밀어Tamil 문헌이다. 이 문헌에는 남 알와르Namm Ālvār의 유명한 『티루-바이몰리』*Tiru-Vāymoli*가 포함된다. 남인도에서 이 모음집은 북인도에서 베다Veda가 가진 것과 동일한 신성한 지위를 가진다.

divya-saṃvid(디비야-상위드)

'신성한 지각'이라는 뜻이다. 『요가-바쉬야』*Yoga-Bhāṣya*(1. 35)에 따르면 극도로 민감한 시각이나 청각과 같은 초자연적 감각 작용이다.

⇒ 초심리학(parapsychology), 상위드saṃvid, 싯디siddhi도 참조.

divya-śrotra(디비야-슈로트라)

'신성한 청각'이라는 뜻이다. 초인적인 청력이다. 예를 들면 『요가-수트라』*Yoga-Sūtra*(3. 41)에 언급된 초자연적 능력(싯디 siddhi)이다. 거기서 이것은 귀와 공간의 연관성에 관한 무아경적 '억제'(총제總制, 상야마 saṃyama) 수행의 결과로 발생하는 것으로 설명된다.

⇒ 초심리학(parapsychology)도 참조.

dīkṣā(디크샤)

'입문식'이라는 뜻이다. 이것은 요가Yoga 전통의 모든 유파와 학파의 중심을 차지한다. 『쿨라르나바-탄트라』*Kulārṇava-Tantra*(10. 3)에 따르면 입문식 없이 깨달음을 획득하는 것은 불가능하다. 이러한 견해는 다른 많은 성전들에 반영되어 있다. "입문식 없이 해탈은 있을 수 없고, [능력 있는] 스승(아차리야ācārya) 없이 그러한 [입문식은] 있을 수 없다고 쉬바Śiva의 가르침에 명시되어 있다. 이와 같이 입문식은 스승에게서 제자로의 전승(파람파라 paramparā)이다."

디크샤dīkṣā의 큰 중요성은 본질적으로 스승으로부터 제자에게로 지혜(갸나 jñāna)나 힘(샥티 I śakti)을 전수하는 데 있다. 입문식을 통해서 제자는 신비하게도 스승의 존재 상태를 함께하게 되고 심지어 스승의 전승 계보(파람파라)의 일부가 된다. 스승(구루 guru)의 계보는 세상의 시·공간을 넘어서는 영적 권한 부여의 연쇄이다. 디크샤라는 용어와 그것의 근본 관념은 모두 『아타르바-베다』*Atharva-Veda*까지 거슬러 올라간다. 이 베다Veda에는 다음과 같은 적절한 송(11. 5. 3)이 있다. "입문식은 말하자면 마치 어머니가 몸속에 태아를 [배는] 것처럼, 스승 자신이 제자를 수용함으로써 일어난다. 3일 간의 의례 후에 제자는 태어난다."

입문식은 일반적으로 다양한 범위를 가진다고 생각된다. 흔히 다음의 세 가지 유형의 입문식으로 구별된다. (1)만트라-디크샤♯mantra-dīkṣā에서는 제자에게 암송과 명상(meditation)을 위한, 권한이 부여된 만트라 mantra를 수여한다.(아나비-디크샤♯ānavī-dīkṣā로도 알려져 있다.) (2)샥티-디크샤♯śakti-dīkṣā에서 스승은 제자의 '뱀의 힘'(쿤달리니-샥티 kuṇḍalinī-śakti)을 활성화시키고, 『쉬바-푸라나』Śiva-Purāṇa(7. 2. 15. 6)에 따르면 그 의례에서는 스승에게 제자의 신체로 들어갈 것이 요구된다. 이것은 파라-데하-프라베샤para-deha-praveśa로 알려진 기법이다. (3)쉬바-디크샤♯Śiva-dīkṣā는 최고의 입문식이다. 이 의례에서 스승은 접촉하거나 힐끗 쳐다보기(드리슈티 dṛṣṭi)만하고, 그때 제자는 무아경(삼매, 사마디 samādhi)의 상태로 나아가게 된다. 이것은 또한 샴바비-디크샤♯śāmbhavī-dīkṣā로도 알려져 있다. 전승의 과정은 종종 '힘의 하강'(샥티-파타 śakti-pāta)으로 불린다.

『쿨라르나바-탄트라』(14. 3ff.)에 따르면 입문식 없이 해탈은 있을 수 없고, 입문식은 계보의 스승과 함께할 때만 가능하다. 이 『탄트라』Tantra(14. 34ff.)에서는 또한 입문은 세 가지 종류, 즉 접촉(스파르샤sparśa), 봄♯dṛk, 단순한 생각♯mānasa으로 되어 있다고 언급한다. 마지막 것은 어떠한 노력이나 의례도 필요로 하지 않는다. 다른 구절(14. 39ff.)에서는 디크샤를 일곱 종류로 구분하는데 다음과 같다. 의례, (제자에게 내던져진) 알파벳(자모字母), 특별한 에너지의 방사(칼라 I kalā), 접촉, 말, 봄, 생각. 이것들은 각기 사마야-디크샤♯samayā-dīkṣā, 사디카-디크샤♯sādhikā-dīkṣā, 푸트리카-디크샤♯putrikā-dīkṣā, 베다카-디크샤♯vedhaka-dīkṣā, 푸르나-디크샤♯pūrṇā-dīkṣā, 차리야-디크샤♯caryā-dīkṣā, 니르바나-디크샤♯nirvāṇa-dīkṣā로 불린다. 『쿨라르나바-탄트라』(17. 51)에서는 디크샤를 다음과 같이 정의한다. "그것은 신성한 상태♯divya-bhāva를 주고 죄♯kalmaṣa를 씻기며♯kṣālana 세속적 존재의 속박으로부터 풀려나게 하기 때문에 디크샤라고 불린다."

⇒ 아비셰카abhiṣeka도 참조.

dīpa(디파)

'램프' 또는 '초롱불'이라는 뜻이다. 의례적 숭배에 필요한 주요 도구 중 하나이다. 간혹 요가Yoga 길의 '지분'(支分, 앙가aṅga) 중 하나로 열거된다.

dīpti(딥티)

'광휘' 또는 '밝은 빛'이라는 뜻이다. 많은 요가Yoga 적 상태와 연관된 현상이다. 따라서 『요가-탓트와-우파니샤드』Yoga-Tattva-Upaniṣad(45)에는 이것이 심령 에너지 도관(나디 nāḍī)들의 성공적 정화에 대한 징표 중 하나로 열거되어 있다.

Dīrghatamas(디르가타마스)

'긴 어둠'이라는 뜻이다. 눈이 먼 채로 태어난 베다 Veda 시대의 위대한 현자(리쉬ṛṣi)이다. 그는 『마하바라타』Mahābhārata와 푸라나Purāṇa들에서도 대단히 중요하다.

dolphin posture(돌고래 자세)

⇒ 마카라-아사나makara-āsana 참조.

doṣa(도샤)

'결점' 또는 '흠'이라는 뜻이다. 힌두Hindu 윤리학의 일반적 개념이다. 요가Yoga 전통에서 이것은 특히 5가지 도덕적 결점, 즉 성적 욕망(카마 kāma), 분노(크로다 krodha), 두려움(바야 bhaya), 수면(스와프나 svapna 또는 니드라 nidrā)을 나타낸다. 때로 이 세트는 탐욕(라가 rāga), 어리석음(모하 moha), 집착(스네하 sneha), 성적 욕망, 분노로 이루어진다고 한다. 가끔 그것 중 하나는 잘못된 호흡(슈와사 śvāsa 또는 니슈와사 niśvāsa)으로 대체되기도 한다. 『아므리타-나다-우파니샤드』Amṛta-Nāda-Upaniṣad(27)에서는 다시 7가지의 그러한 결점이 다음과 같이 인용된다. 두려움, 분노, 나태(알라시야 ālasya), 과도한 수면♯atisvapna, 과도한 깨어 있음♯atijāgara, 과식♯atyāhāra, (과도한) 단식♯anāhāra. 『요가-탓트와-우파니샤드』Yoga-Tattva-Upaniṣad(12f.)에서는 수행자의 영적 발전을 늦추는 20가지의 목록을 제공한다. 성적 욕망, 분노, 두려움, 어리석음, 탐욕, 자만(마다 mada), 열정(라자스 rajas), 출생(잔만 janman), 죽음(므리티유 mṛtyu), 비천함(카르판야 kārpaṇya), 비애(쇼카 śoka), 게으름[탄드라(tandrā 또는 tandra)], 배고픔(크슈다 kṣudhā), 갈증(트리샤 tṛṣā), 갈애(트리슈나 tṛṣṇā), 수치심(랏자 lajjā), 근심(바야 bhaya), 슬픔(두카

duḥkha), 낙담(비샤다 viṣāda), 흥분(하르샤 harṣa). 『마하바라타』 *Mahābhārata*(12. 290. 56)에서는 심지어 100가지의 그러한 결점을 언급한다. 또한 그 문헌(12. 205. 18)에서는 이들 모두가 영적 무지(아갸나 ajñāna)에서 발생하고 선천적(사하자 sahaja)이라고도 말한다.

『요가-수트라』 *Yoga-Sūtra*(3. 50)에서 도샤doṣa라는 용어는 파탄잘리Patañjali가 모든 심리 · 정신적 활동을 산출하는 잠재의식의 '활성체'(잠세력潛勢力, 상스카라 saṃskāra)를 의미하는 '결점의 종자'♯doṣa-bīja들에 대해 말할 때 오직 한 차례만 사용된다. 파탄잘리는 '고통의 원인들'을 나타내는 클레샤kleśa라는 전문 용어를 사용한다. 아유르-베다 Āyur-Veda의 의학적 문헌들에서 도샤라는 용어는 세 가지 체질을 의미하고, 이 용례는 가끔 요가 문헌들에서도 채택된다.

doubt(의심)

산스크리트Sanskrit로는 상샤야 saṃśaya이다. 보편적으로 영적 전통에서 수행자의 열정과 의지를 서서히 빼앗는 거대한 잠식력으로 간주된다. 믿음으로 이것을 극복할 수 있다.

draṣṭṛ(드라슈트리)

'현자'라는 뜻이다. 심리 · 정신적 현상의 흐름에 대한, 보는 자로서의 역할을 하는 참자아를 나타내는 파탄잘리Patañjali의 용어이다. 이것은 『요가-바쉬야』 *Yoga-Bhāṣya*(2. 17)에서 정의하는 것처럼 '마음의 참자아 의식'(붓디 buddhi)이다.

⇒ 사크쉰sākṣin, 상요가saṃyoga도 참조.

[비교] 드리쉬야dṛśya.

dravya(드라비야)

'실체' 또는 '물질'이라는 뜻이다. 비야사Vyāsa의 『요가-바쉬야』 *Yoga-Bhāṣya*(3. 44)에는 '분리되어 존재하지 않는 다른 요소들의 집합'으로 정의되어 있다. 일부 학자들은 실체(『요가-수트라』 *Yoga-Sūtra*에서는 다르민 dharmin으로 불림)에 대한 요가Yoga 달인인 파탄잘리 Patañjali의 설명과 문법가 파탄잘리 사이에 차이가 있기 때문에 두 저자가 동일할 수가 없다고 주장해 왔다. 그러나 이 주장은 문법가의 저작에 대한 잘못된 해석에 기초한 것으로 보인다. 그럼에도 불구하고 우리가 두 파탄잘리를 반드시 구별해야만 한다는 것을 의미하는 것은 아니다.

dravya-śuddhi(드라비야-슛디)

'물질 정화'라는 뜻이다. 드라비야(dravya; '물질')+슛디(śuddhi; 정화)로 만들어졌다. 탄트라Tantra 의례에서 사용되는, 만트라mantra와 데누-무드라 dhenu-mudrā에 의한 물질들의 정화이다.

dreams(꿈)

꿈꾸는 것(스와프나 svapna)은 변성의식 상태(altered state of consciousness)이다. 요가Yoga의 불이론不二論 학파에서 그것은 초월적 참자아를 숨기는 상태(아바스타 avasthā) 중 하나이다. 그러나 꿈들은 종종 사람의 심리 · 정신적 생활, 즉 마음의 심층 구조의 표현이기 때문에 예언적 징조(아리슈타 ariṣṭa)로 사용될 수 있다.

게다가 꿈 상태는 더 높은 의식 상태들로 가는 통로의 역할을 할 수 있다. (티베트의) 바즈라야나♯Vajrayāna 불교의 독특한 접근법 중 하나는 꿈 상태의 요가(티베트어로는 밀람 milam임)이다. 거기서 수행자는 자신의 꿈들에 대한 지배력을 수행해서 꿈들이 부정적인 감정들을 나타내는 것을 중단하고, 또한 꿈 상태 속에서 자각(awareness)의 증진을 통해 장점을 만들어 낼 기회가 되게 한다. 그때 꿈들의 환영적 본성에 대한 인식을 유사하게 환영적인 깨어 있는 상태(waking state)의 현상들로 전이시킬 수 있다.

drop(점)

⇒ 빈두bindu 참조.

drum(북)

⇒ 다마루ḍamaru 참조.

dṛḍha-kāya(드리다-카야) 또는 **dṛḍha-śarīra**(드리다-샤리라)

달인의 변화된 신체를 나타내는 하타-요가 Haṭha-Yoga의 용어이다.

⇒ 바즈라-데하 vajra-deha도 참조.

dṛḍhatā(드리다타)

'확고부동'이라는 뜻이다. 『게란다-상히타』*Gheraṇḍa-Saṃhitā*(1. 10)에 상세히 설명되어 있는 일곱 가지 길(삽타-사다나 sapta-sādhana) 중 둘째 구성 요소이다. 이것은 요가 Yoga 자세(아사나 āsana) 수행의 결과로 발생한다. 그러나 『하타-요가-프라디피카』*Haṭha-Yoga-Pradīpikā*(2. 13)에 따르면 호흡 조절 수행의 과정에서 생긴 땀(스웨다 sveda)으로 몸을 문지르면 효과적이다.

⇒ 마르다나 mardana도 참조.

dṛg-dīkṣā(드리그-디크샤)

'힐끗 봄' 또는 '일견 입문식'이라는 뜻이다. 구루 guru가 단지 힐끗 쳐다보기만 함으로써 제자를 영적으로 고양시키거나 깨닫게 만드는 입문식의 한 유형이다.

dṛśi-mātra(드리쉬-마트라)

'순수한 봄見'이라는 뜻이다. 참자아의 바로 그 본질을, 지속적인 정신(mental) 과정의 대상을 변함없이 영원히 지각하는 것으로 나타내는 고전 요가(Classical Yoga)의 전문 용어이다.

⇒ 드라슈트리 draṣṭṛ, 푸루샤 puruṣa도 참조.

[비교] 드리쉬야 dṛśya.

dṛśya(드리쉬야)

'보여 지는 것'이라는 뜻이다. 대상이다. 고전 요가(Classical Yoga)에서 이것은 자연(nature, 근본 원질, 프라크리티 prakṛti)을 나타내는 포괄적 용어이다. 『요가-수트라』*Yoga-Sūtra*(2. 18)에서는 이것을 조명성, 활동성, 불활성의 성격을 갖는 것으로 정의하는데, 그것은 자연의 주요 구성 요소들의 세 유형을 나타낸다.

[비교] 드라슈트리 draṣṭṛ, 사크쉰 sākṣin.

dṛṣṭi(드리슈티)

'관점', '견해', '응시'라는 뜻이다. 『만달라-브라마나-우파니샤드』*Maṇḍala-Brāhmaṇa-Upaniṣad*(2. 2. 6)에서는 명상(meditation)하는 동안 세 가지 유형의 응시를 구별한다. 눈을 감고서 하는 '초승달 응시' *s*amā-dṛṣṭi, 반쯤 뜬 눈으로 하는 '반달 응시' *s*pratipad-dṛṣṭi, 눈을 크게 뜨고 하는 '보름달 응시' *s*purnimā-dṛṣṭi이다. 몇몇 요가 Yoga 자세나 호흡 조절 기법은 특정한 눈의 위치를 요구한다. 가장 잘 알려진 두 가지는 미간(브루-마디야 bhrū-madhya) 응시와 코끝 응시(나사-아그라-드리슈티 nāsā-agra-dṛṣṭi)이다.

⇒ 드리크-스티티 dhṛk-sthiti도 참조.

브루-마디야-드리슈티. 요가의 미간 응시(드리슈티)

dualism(이원론)

⇒ 드와이타 dvaita 참조.

duality(이원성)

⇒ 드와이타 dvaita 참조.

[비교] 아드와이타 advaita.

D

D

duḥkha(두카)

원래는 '불량한 차축 구멍을 가진'이라는 뜻이다. 그러나 초기에는 '슬픔'이나 '고통' 또는 '통증'을 의미하게 되었다. 인도의 영적 전통들에 따르면 존재는 본질적으로 슬프다. 이 교의는 빈번히 인도철학이 근본적으로 염세적이라고 묘사하도록 서구의 비평가들을 이끌었다. 그러나 이러한 유형화는 명백히 오해의 소지가 있다. 왜냐하면 인도 영성의 공언된 목표는 슬픔이나 고통의 완전한 초월이기 때문이다. 실로 대부분의 인도 영성 학파는 궁극적 실재를 완전한 지복(아난다ānanda)으로 묘사한다. 따라서 슬픔은 오직 에고가 자리 잡고 있는 개인에게만 속하는 것이지 참자아에 속하는 것은 아니다. 더 이상의 낙관적인 지향이 어떻게 있을 수 있겠는가?

파탄잘리Patañjali의 『요가-수트라』*Yoga-Sūtra*(2. 17)에 따르면 변하지 않는 참자아와 우주(cosmos) (또는 신체와 마음) 사이의 '결합'(상요가saṃyoga)은 고통 경험의 원인이다. 그 결합이 단절되었을 때 고통은 그친다. 이미 『바가바드-기타』*Bhagavad-Gītā*(6. 23)에서는 요가yoga를 '고통과의 결합의 분리'♯duḥkha-saṃyoga-viyoga로 정의하였다.

[비교] 수카sukha.

dullness(지둔함)

⇒ 자디야jāḍya 참조.

Durgā(두르가)

'도달하기 어려운'이란 뜻이다. 힌두이즘Hinduism에서 가장 중요한 여신이다. 푸라나Purāṇa들에서는 그녀를 쉬바Śiva의 신성한 배우자로 찬양한다. 그러나 그녀의 역사적 뿌리는 원시 농경사회의 종교까지 거슬러 올라간다. 사자를 타고 여러 종류의 무기를 가진 이 여신은 진정한 파괴의 상징이다. 그러나 헌신자들에게는 상냥하고 사랑스러운 신이다. 왜냐하면 모든 장애를 제거하고 궁극적으로는 에고의 환영을 없애기 때문이다.

⇒ 칼리Kālī도 참조.

Durvāsas(두르바사스)

'악惡으로 덮힌'이라는 뜻이다. 힘은 세지만 화를 잘 내는 성자이다. 그는 맹렬한 고행으로 기이한 능력(싯디 siddhi)을 많이 얻었다. 꽃들로 된 공물을 받기를 거부한 후에는 크리슈나Kṛṣṇa조차 그 성자의 저주를 떨쳐버릴 수 없었다. 두르바사스Durvāsas의 위업은 푸라나Purāṇa들에 언급되어 있다.

duty(의무)

⇒ 다르마dharma 참조.

dūtī(두티)

'메신저'라는 뜻이다. 탄트라Tantra의 성적 의례(마이투나maithuna)에서 샥티 II Śakti를 의인화한 여성 파트너이다. 이상적으로 말하자면 그녀는 지극히 아름답지만 그녀의 가장 중요한 특성은 강력한 영적 지향이다. 아비나바굽타Abhinavagupta에 따르면 가까운 모든 여성 친척은 자격이 되지만 수행자 자신의 아내는 그렇지 못하다. 왜냐하면 그녀는 의례 중에 성적 욕망의

두르가(Durgā)

원천이 될 수 있기 때문이다. 이는 현대의 정서에는 거의 적합하지 않은 규정이다. 그러나 이 규정은 차크라-푸자cakra-pūjā가 전통적으로 최대한의 내적 포기(renunciation)와 자기 억제(self-mastery)를 필요로 한다는 것을 보여 준다. 그러므로 진정한 탄트라는 쾌락주의를 초월한다.

⇒ 나위카nāyikā도 참조.

dva(드와)

'둘'2이라는 뜻이다.

⇒ 드완드와dvandva 참조. 드위-dvi도 참조.

dvaita(드와이타)

'이원성'이라는 뜻이다. 아드와이타 베단타Advaita Vedānta의 형이상학에 기초한 전고전 요가(Preclassical Yoga)와 후고전 요가(Postclassical Yoga) 학파들에서 이원성(즉 주체와 객체의 분리)의 경험은 영적 무지(아비디야avidyā)의 결과이다.

dvandva(드완드와)

'한 쌍'이라는 뜻이다. 더위와 추위, 빛과 어둠, 기쁨과 고통 같이 상반되는 것들로 된 그러한 쌍들, 즉 양극성들에 대한 일반적인 명칭이다. 『바가바드-기타』*Bhagavad-Gītā*(7. 27)에서 밝아들였듯이 이것들은 모든 존재를 당황하게 한다. 파탄잘리Patañjali의 『요가-수트라』*Yoga-Sūtra*(2. 48)에 따르면 요긴yogin은 감각 제어(제감制感, 프라티야하라pratyāhāra)의 요소를 포함한 요가Yoga 자세(아사나āsana) 수행을 통해서 이러한 이원성들을 무력하게 한다.

dvādaśa-anta(드와다샤-안타, [연성]**dvādaśānta**드와다샨타)

'열두째[손가락 너비]의 끝♯anta'이라는 뜻이다. 샤이바Śaiva 요가Yoga의 일부 학파에 따르면 머리 위로 열두 손가락 너비의 높이에 위치한다고 하는 비밀스러운 심령 에너지 센터(차크라cakra)이다. 이것은 보통 사하스라라-차크라sahasrāra-cakra와 동일시된다. 이 표현은 또한 코끝에서부터 열두 손가락 너비에 있는 공간 지점을 나타낼 수도 있는데, 이 지점은 숨을 내쉬는 동안 생기(프라나prāṇa)가 공간으로 뻗어나간다고 생각되는 곳이다. 공간에서 이곳은 타라카-요가Tāraka-Yoga에서 특정한 빛 현상을 심상화하기 위해 사용된다. 일부 문헌들은 사하스라라-차크라를 나타내는 우르드와-드와다샤-안타♯ūrdhva-dvādaśa-anta와 신체의 중심을 나타내는 안타르-드와다샤-안타antar-dvādaśa-anta, 신체 외부의 장소를 나타내는 바히야-드와다샤-안타bāhya-dvādaśa-anta를 구분한다.

⇒ 아카샤ākāśa도 참조.

dvādaśa-ara-cakra(드와다샤-아라-차크라, [연성]**dvādaśāra-cakra**드와다샤라-차크라)

'열두 개의 살로 된 바퀴'라는 뜻이다. 후고전 요가(Postclassical Yoga)에 알려져 있는 신체 중앙의 심령 에너지 센터(차크라cakra)이다. 어떤 맥락에서 이것은 심장의 연꽃(흐리트-파드마hṛt-padma)을 나타내는 한편, 다른 맥락에서는 '통로들의 바퀴'(나디-차크라nāḍī-cakra)를 나타낸다.

dvādaśa-kalā(드와다샤-칼라)

'열두 부분/면'이라는 뜻이다. 태양은 그해의 열두 달을 의미하는 열두 면(칼라 I kalā)을 가지고 있다고 하는데, 이 모두는 뚜렷이 구분되는 성질을 표현한다. 몇몇 권위자는 태양을 나타내는 열 가지 칼라에 대해서만 말한다.

[비교] 쇼다샤-칼라ṣoḍaśa-kalā.

dvādaśa-liṅga(드와다샤-링가)

'열두 표식/남근'이라는 뜻이다. 열두 성지(티르타tīrtha)에 있는 쉬바Śiva의 빛나는 남근♯jyotir-liṅga의 표식들로 된 샤이바Śaiva 전통이다. 구자라트Gujarat의 소마나타(Somanātha; '소마soma의 주主'), 안드라 프라데슈Andra Pradesh에 있는 크리슈나Krishna 강 근처의 성스러운 산의 말리카르주나(Mallikārjuna; '흰 자스민') 또는 슈리샤일라(Śrīśaila; '은총 받은 바위'), 웃자인Ujjain에 있는 마하칼라(Mahākāla; '위대한 죽음') 또는 마하칼레슈와라(Mahākāleśvara; '위대한 죽음의 주'). 1231년에 무슬림들이 이곳의 표식을 파괴했다. 웃자인에 옹카라(Oṃkāra; '옴을 만드는 자')가 있지만 그 표식은 나르마다Narmada 강 한 섬의 옹카라 만닷타Oṃkāra Māndhāttā에 있는 것으로 추정된다. 웃자인에 있는 아마레슈와라(Amareśvara; '불멸의 주'). 벵골Bengal의 데오가르흐Deogharh에 있는 바이디야나타(Vaidyanātha; '치유자인 주'). 라미스세람Ramisseram 섬에 있는 라메샤Rameśa 또는 라메슈와라Rāmeśvara(양자의 명칭은 '주 라마Rāma'를 뜻한다). 다키니Ḍākinī에 있는 비마샹카라(Bhīmaśaṅkara; '무서운 샹카라Śaṅkara'). 바라나시Varanasi에 있는 비슈베슈와라(Viśuveśvara; '최고의 주). 고마티Gomati 강의 트리얌바카Tryambaka 또는 트리야크샤Tryakṣa(양자의 명칭은 '세 개의 눈을 가진 자'라는 뜻이다). 가우타메샤(Gautameśa; '주 가우타마Gautama'). 히말라야 산맥에 있는 케다레샤Kedāreśa 또는 케다라나타Kedāranātha(양자의 명칭은 '케다라Kedāra의 주'라는 뜻이다).

⇒ 링가liṅga도 참조.

dvādaśan(드와다샨) 또는 **dvādaśa-**(드와다샤-)

'열둘'12이라는 뜻이다.

⇒ 드와다샤-안타dvādaśa-anta, 드와다샤-아라-차크라dvādaśa-ara-cakra, 드와다샤-칼라dvādaśa-kalā, 드와다샤-링가dvādaśa-liṅga, 드와다샤-스타나dvādaśa-sthāna 참조.

dvādaśa-sthāna(드와다샤-스타나)

'열두 지점'이라는 뜻이다. 카슈미르 샤이비즘Kashmiri Śaivism에서 '뱀의 힘'(쿤달리니-샥티kuṇḍalinī-śakti)이 각성되어 통과하는 열두 장소이다. 『비갸나-바이라바』Vijñāna-Bhairava(30)에 대한 주석에 다음과 같은 명칭으로 되어 있다. (1)잔마-아그라(♯janma-agra; '출생점', [연성]잔마그라janmāgra), 즉 생식기. (2)물라(♯mūla; '뿌리'), 즉 회음으로 쿤달리니kuṇḍalinī의 자리. (3)칸다(kanda; '구근'), 즉 수많은 미세 '도관들'의 근원. (4)나비(nābhi; '배꼽'). (5)흐리드(hṛd; '심장'). (6)칸타(♯kaṇṭha; '인후'). (7)탈루(tālu; '구개'). (8)브루-마디야(bhrū-madhya; '미간'). (9)랄라타(lalāṭa; '이마'). (10)브라마-란드라(brahma-randhra; '브라만brahman의 틈'). (11)샥티 I (śakti; '힘'), 즉 신체를 넘어선 의식 에너지. (12)비야피니♯vyāpinī, 즉 쿤달리니가 상승을 끝마쳤을 때 나타나는 신성한 에너지.

dvāra(드와라)

'문'門이라는 뜻이다. 『바가바드-기타』Bhagavad-Gītā(16. 21)에서는 지옥의 세 문으로 욕망(카마kāma), 분노(크로다krodha), 탐욕(로바lobha)에 대해 말한다. 그러나 좀 더 일반적으로 드와라dvāra라는 단어는 신체의 구멍들을 나타낸다. 고대의 『아타르바-베다』Atharva-Veda(10. 2. 21)에서 이미 신체를 아홉 개의 문이 있는 성채에 비유했다.

『카타-우파니샤드』Kaṭha-Upaniṣad(5. 1)에서는 열한 개의 구멍을 말하는데, 이것들은 두 눈, 두 귀, 두 콧구멍, 입, 생식구, 항문, 배꼽 그리고 죽음의 순간에 영혼(psyche, 지바jīva)이 빠져나가는 시상봉합(矢狀縫合, ♯vidṛti)으로 추정된다. 때로 그런 문은 열 개로 분류된다. 또한 『아므리타-나다-우파니샤드』Amṛta-Nāda-Upaniṣad(26)에서는 일곱 개의 문을 열거하지만, 이 문들은 '심장의 문'♯hṛd-dvāra과 인후에 있는 비슛다-차크라viśuddha-cakra를 나타내는 것으로 추정되는 '바람의 문'♯vāyu-dva과 같은 신체의 비의적 장소이다. 명칭을 알 수 없는 네 개의 문은 머리에 위치한다.

탄트라Tantra에서 '열째 문'♯daśama-dvāra은 머리에 있는 이다-나디iḍā-nāḍī와 연결되어 있다. 이것은 케차리-무드라khecarī-mudrā에 의해서 열린다. 때로 이 구조는 두 가지가 있다고 하는데, 그 경우에는 아마도 위와 아래에 구멍을 가진 수슘나-나디suṣumṇā-nāḍī를 의미할 것이다.

dveṣa(드웨샤)

'증오' 또는 '혐오'라는 뜻이다. 고전 요가(Classical Yoga)에서 고통(번뇌, 클레샤kleśa)의 다섯 가지 원인 중 하나이다. 이것은 『요가-수트라』Yoga-sūtra(2. 8)에서 고통스러운(두카 duḥkha) 것에 머무는 것으로 정의된다. 그러나 증오가 또한 긍정적인 영적 결과를 가질 수 있다는 것은 체디Cedi의 왕인 쉬슈팔라Śiśupāla 이야기에서 증명된다. 그는 세 번의 생애 동안 지속적으로 비슈누Viṣṇu를 증오했기 때문에 세계에 사로잡히는 것으로부터 해방되었다. 『웃다바-기타』*Uddhāva-Gītā*(4. 22)에서는 다음과 같이 설명한다.

> 집착(스네하 sneha)을 통해서든 심지어 증오를 통해서든 어느 쪽 하나로 개인이 완전하고 지성적으로 무엇에든지 마음을 집중한다면, 그는 그것과 본질적으로 같게 된다.
> 또는 한편으로 그[절대자]는 차이를 알지 못하기 때문에, 적의나 우의, 두려움이나 집착이나 욕망(카마 kāma)의 속박을 통해서 [신(Divine)과] 합일할 수 있다.

이들 관념은 힌두Hindu의 영성 내에서 가장 놀라운 발전 중 하나인 드웨샤-요가Dveṣa-Yoga의 입장을 표현한다.

[비교] 라가rāga.

Dveṣa-Yoga(드웨샤-요가)

'증오의 요가Yoga'라는 뜻이다. 바이슈나바vaiṣṇava 전통에서 강한 증오의 감정은 마치 사랑처럼 때로는 참자아에 대한 깨달음의 수단으로 간주된다. 고전적인 예로는 프라흘라다Prahlāda의 아버지인 히란야카쉬푸Hiraṇyakaśipu가 있다. 신(Divine)에 대한 그의 변치 않는 증오는 마침내 그를 영적인 해탈에 이르게 했다. 그러므로 증오는 수행자가 자신이 명상하는 것이 된다는 비의적 원리에 기초한, 자신도 모르고 하는 영적 수행의 한 형태가 될 수 있다.

⇒ 드웨샤dveṣa도 참조.

dvi-(드위-)

'둘'2이라는 뜻이다.

⇒ 드위자dvija, 드위베딘dvivedin 참조. 드와dva도 참조.

dvija(드위자)

'두 번 태어난'이라는 뜻이다. 브라마나 I brāhmaṇa이다. 또한 (처음에 낳았음에 틀림없는 알에서 태어난) 새이기도 하다. 이 두 의미는 산스크리트Sanskrit 문헌에서 각종 동음이의어를 만들어 낸다.

dvisaptatisahasra(드위삽타티사하스라)

'7만 2천'72,000이라는 뜻이다. 드위-삽타티-사하스라dvi-saptati-sahasra로 되어 있다.

⇒ 드위삽타티사하스라-나디dvisaptatisahasra-nāḍī 참조.

dvisaptatisahasra-nāḍī(드위삽타티사하스라-나디)

'7만 2천 개의 도관'이라는 뜻이다. 드위삽타티사하스라dvisaptatisahasra+나디nāḍī로 만들어졌다. 탄트라Tantra와 하타-요가Haṭha-Yoga에 따르면 신체의 미세한 도관들로 된 망(잘라 II jāla, 차크라 cakra)이다.

[비교] 차투르다샤-나디caturdaśa-nāḍī.

dvivedin(드위베딘)

두 베다Veda를 암기한 사람이다.

[비교] 트리베딘trivedin.

D

E

eagle posture(독수리 자세)
⇒ 가루다-아사나 garuḍa-āsana 참조.

earrings(귀걸이)
⇒ 쿤달라 kuṇḍala, 무드라 mudrā 참조.

ears(귀)
많은 신비주의 전통에서 에테르-공간(아카샤 ākāśa)과 연관이 있는 귀는 상당히 중요하다. 많은 붓다상 Buddha像에서 볼 수 있듯이 인도에서 길게 늘어진 귀는 포기(renunciation)의 상징으로 받아들여진다. 칸파타파 Kānphaṭa sect의 요긴 yogin들은 특정한 미세 통로(나디 nāḍī)를 자극하기 위해 귀의 연골에 구멍을 뚫어서 큰 귀걸이를 하는데, 이 통로는 내면의 소리(나다 nāda)를 더 잘 듣게 해준다고 생각된다.

Easwaran, Eknath(에크낫 이스워런; 1910~1999)
인도 태생의 미국인이다. 명상(meditation)의 대가이자 1백만 부가 훨씬 넘게 팔린 많은 저작의 저자이다. 그는 1961년에 블루 마운틴 명상 센터(Blue Mountain Center of Meditation)를 설립하였다.

easy posture(쉬운 자세)
⇒ 수카-아사나 sukha-āsana 참조.

eclipse([일월]식蝕)
⇒ 그라하나 grahaṇa 참조.

ecstasy(엑스타시)
'무아경' 또는 '황홀경'이라는 뜻이다. 그리스어에서 파생된 이 단어가 암시하듯이 자신의 '외부에 있기'이다. 이것은 자신의 정체감의 중대한 변화와 연관되어 있는 평범하지 않은, 즉 변성의식 상태(altered state of consciousness)이다. 이 경험은 적어도 지복(아난다 ānanda)을 동반하는, 에고에 대한 부분적 초월을 수반한다. 엑스타시라는 용어는 감정적 황홀감과 정신적(mental) 희열을 의미하기 때문에 마음을 초월한 의식이라는 전형적인 요가 Yoga의 상태에 해당되지는 않는다. 미르치아 엘리아데(Mircea Eliade, 1969)와 다른 이들은 삼매라는 용어로 'enstasy'나 'enstasis'를 채택하는 데 반대한다. 'enstasy'는 문자 그대로 자신의 '내부에 머무르기'를, 궁극적으로는 자신의 본 상태, 즉 초월적 참자아(아트만 ātman, 푸루샤 puruṣa) 안에 머무른다는 것을 의미한다.
그러나 이러한 구분이 언제나 명확한 방식으로 이루어지는 것은 아니다. 몇몇 요가의 삼매는, 특히 박티 bhakti 전통에서는 엔스타시보다 일반적으로 이해되는 엑스타시(ecstasy; '황홀경' 또는 '무아경')와 더 유사하다. 요가적 의식 상태들의 통상적인 목표는 몸과 마음을 고요하게 해서 감정적 · 지성적 흥분은 전혀 없고 순수 참자각(Awareness, 치트 cit)만 활성화하는 것이다.

effort(노력)

몇몇 요가Yoga 유파에서는 개인적인 노력(프라야트나prayatna, 야트나yatna)과 은총(아누그라하anugraha, 크리파kṛpā, 프라사다prasāda) 사이의 연관성에 대해 의문을 제기했다. 그에 대한 답은 자신의 노력에 완전히 의지해야 한다는 데서부터 신(神, Divine)의 개입에 전적으로 기대야 한다는 데까지 걸쳐 있다. 그러나 대부분의 경우는 수행자가 영적 진보에 지속적으로 전념함으로써 신의 은총을 받는다는 중도론을 권한다. 남인도 샤이비즘Śaivism에서는 원숭이ƒmarkaṭa의 길과 고양이ƒmārjāra의 길로 구분한다. 전자의 길은 어린 원숭이가 부모에게 착 달라붙어 있듯이 수행자가 신에게서 떨어지지 않으려 노력하는 것이다. 하지만 후자의 길은 어미 고양이가 새끼 고양이를 물고 가는 것처럼 신이 헌신자(박타bhakta)를 데리고 가는 것이다.

⇒ 파우루샤pauruṣa도 참조.

ego(에고)

종교적·영적 맥락에서 에고는 개별 존재의 심리적 원리를 나타낸다. 그것에 의해 개인은 다른 모든 존재로부터 분리된 한 개체로서 자신을 경험한다. 이 에고적 존재는 모든 인간의 고통(두카duḥkha) 경험의 근저에 놓여 있다고 생각된다. 그래서 에고는 영적인 길에서 제1의 장애로 간주된다.

이 문제에 접근하는 일반적 방식은 두 가지로 구분된다. 첫째 접근법은 자기표현으로 된 전형적으로 인간적인 모든 형태와 함께 에고를 근절하려는 노력이다. 여기서 목표는 세속으로부터 분리되어 있는 초월적 참실재를 깨닫는 것이다. 이것은 극단적인 자기관찰의 추구와 세속으로부터, 인간의 문화에 대한 참여로부터 근본적인 물러남을 수반한다. 이것은 버림(abandonment)의 이상이다.

더 통합적 방식인 둘째 접근법도 또한 에고의 초월을 통해 참자아에 대한 깨달음을 추구하지만, 근본적으로는 세속에 대해 긍정적이다. 기초를 이루는 논점은 실재가 오직 하나만 있다면 세계를 반드시 포함해야만 한다는 것이다. 이는 세계와, 따라서 인간의 인성을 반드시 그 궁극적 실재의 정당한 현현顯現들로 보아야만 한다. 그러므로 자아 초월은 첫째 접근법처럼 에고의 거부를 의미하는 것은 아니다. 에고적 인성은 오히려 세속에서 행위 하기 위한 도구로 사용되는 동시에 의식적인 자기 포기(self-surrender)의 행위를 통해 지속적으로 초월된다. 이 사상은 카르마-요가Karma-Yoga의 접근법에 가장 잘 표현되어 있다.

⇒ 아함aham, 아항카라ahaṃkāra, 아스미타asmitā, 지바jīva도 참조.

ego transcendence(에고 초월)

⇒ 자아 초월(self-transcendence) 참조.

eight(여덟8)

⇒ 아슈탄-aṣṭan- 참조.

eighteen(열여덟18)

⇒ 아슈타다샨aṣṭādaśan 참조.

eightfold path(8지支의 길)

⇒ 아슈탕가-마르가aṣṭāṅga-mārga 참조.

eighty-four(여든넷84)

⇒ 차투라쉬티caturaśīti 참조.

eka(에카)

'하나'라는 뜻이다. 철학적으로 몽매하고 에고에 속박된 개체가 경험하는 다양성을 넘어선 유일한 참실재, 즉 초월적 참자아이다.

⇒ 아드와이타advaita, 아드와야advaya, 아이키야aikya, 에카그라타ekāgratā, 에카나타Ekanātha, 에칸타-바사ekānta-vāsa, 에카-슈링가eka-śṛṅga, 에카타나타ekatānatā, 에카-브라티야Eka-Vrātya도 참조.

Ekanātha(에카나타; 1533~1599)

잘 알려진 『갸네슈와리』Jñāneśvarī를 편집하고 또한 많은 원작을 직접 저술하기도 한 칭송받는 마라티

Marathi의 달인이다. 특히 수많은 교훈적인 시(아방가 abhaṅga)뿐만 아니라 『바가바드-기타』*Bhagavad-Gītā*에 대한 주석과 『바가바타-푸라나』*Bhāgavata-Purāṇa*의 열한째 송에 대한 주석이 주목할 만하다. 참자아에 대한 깨달음에 접근하는 에카나타Ekanātha의 방법은 헌신(박티 bhakti), 지혜(갸나 jñāna), 포기(renunciation, 산니야사 saṃnyāsa), 명상(meditation, 디야나 dhyāna)을 통합하는 것이다.

⇒ 갸나데바Jñānadeva, 나마데바Nāmadeva도 참조.

E

eka-śṛṅga(에카-슈링가)

'유니콘'이라는 뜻이다. 인더스-사라스와티 문명(Indus-Sarasvati civilization)의 동석凍石 인장들과 초기 베다Veda 문헌에서 뚜렷이 드러나는 문양이다. 이것은 태양을 상징하는 것으로 추정된다.

ekatānatā(에카타나타)

'하나의 연장延長'이라는 뜻이다. 에카eka+타나타(tānatā; '연장')로 만들어졌다. 명상(meditation, 디야나 dhyāna)의 단계에서 에카그라타ekāgratā의 지속이다. 이것은 명상의 동일한 대상과 관련하여 '나타난 관념들'(프라티야야pratyaya)의 지속적인 흐름이다.

Eka-Vrātya(에카-브라티야)

'단 하나의 브라티야Vrātya'라는 뜻이다. 『아타르바-베다』*Atharva-Veda*(15. 1)에서 찬양되는 브라티야들의 신 또는 신격화된 원형이다.

ekāgratā(에카그라타)

'한 곳에 집중됨'이라는 뜻이다. 에카(eka; '하나', '유일')+아그라타(agratā; '집중됨')로 만들어졌다. 하나에 집중된 마음됨(심일경성心一境性), 즉 집중된 주의(attention)이다. 다시 말해서 바로 요가Yoga적 집중(concentration)의 핵심이다. 한 곳에 집중 수행함을 통해서 마음이 한 대상에, 이어서 차례로 다른 대상에 들러붙는 것을 막는다. 『마하바라타』*Mahābhārata*(12. 242. 4)에서 에카그리야(♯ekāgrya, 에카그라타ekāgratā의 동의어)는 다음과 같이 칭송된다. "감각들과 마음의 '한 곳에의 집중'♯ekāgrya은 고행(타파스tapas)의 최상의 [형태]이다."

산만함은 주의의 자연스러운 성향이다. 이러한 지속적인 움직임의 이유는 존재 자체의 진동하는(스판다 I spanda) 본성 때문이다. 모든 것은 끊임없이 변환(파리나마 pariṇāma)한다. 요긴yogin은 자신의 의식(consciousness)이라는 소우주 안의 이 영속적인 움직임을 둔화시키려 노력한다. 그래서 자신의 진정한 정체성인 순수한 참의식(Consciousness)/참인식(Awareness)(치트cit)이 자신에게 명확하게 되는 지점에 이르고자 한다.

ekānta-vāsa(에칸타-바사)

'고독 속에 거주하기', '외딴 곳에서 살기'라는 뜻이다. 에칸타(ekānta; '고독', '은둔')+바사(vāsa; '거주하기')로 만들어졌다. 때로 권계(니야마 niyama) 중 하나에 포함시킨다. 침묵(마우나 mauna)처럼 주기적인 또는 장기간의 독거는 자기만족과 자제심(아트마-니그라하ātma-nigraha)을 성취하기 위한 강력한 수단이다.

elements(요소)

다섯 물질 요소(판차-부타pañca-bhūta), 즉 지地, 수水, 화火, 풍風, 공空은 우주 전개 과정의 마지막 산물들이다. 요소들은 존재의 '조대한'(스툴라sthūla) 차원, 즉 가장 바깥쪽 층위를 이룬다.

⇒ 아디부타adhibhūta, 탄마트라tanmātra, 탓트와tattva도 참조.

[비교] 수크슈마sūkṣma.

elephant seal(코끼리 결인)

⇒ 마탕기니-무드라mātaṅginī-mudrā 참조.

elephant technique(코끼리 기법)

⇒ 가자-카라니gaja-karaṇī 참조.

elevation, ecstatic(무아경(사마디samādhi)의 높은 곳)

⇒ 프라상키야나prasaṃkhyāna 참조.

Eliade, Mircea(미르치아 엘리아데; 1907~1986)
국제적으로 유명한 루마니아 태생의 미국인 종교사가이자 소설가이다. 그는 다른 많은 출판물도 있지만, 『요가: 불멸성과 자유』 *Yoga: Immortality and Freedom*[프랑스어 원본(1954), 영역본(1969)]라는 제목으로 된, 요가Yoga 전통에 대한 최초의 상세한 연구서 중 하나를 저술하였다.

embodiment(신체화)
신체화는 구체적인 신체와 마음, 다시 말해서 개체, 즉 에고를 가지는 경험을 의미한다는 점에서 많은 영적 전통에서 해 결되어야 할 문제이다. 오직 대승Mahāyāna불교와 같이 조건 지어진 존재(상사라 saṃsāra)를 궁극적 참실재(니르바나 nirvāṇa)에 대립시키지 않는 전통들에서만 신체 긍정적, 세속 긍정적 윤리를 발달시켜 왔다. 개인적인 해탈과 모든 존재에 대한 연민의 수행이라는 면에서 그들에게 신체화는 유일한 영적 기회이다.
⇒ 아바타라avatāra도 참조.

emission, divine(신神의 방사)
⇒ 비사르가visarga 참조.

emotion(감정)
⇒ 감정(feeling) 참조.

empowerment(권능 부여)
⇒ 디크샤dīkṣā, 아비셰카abhiṣeka 참조.

emptiness(공성空性)
⇒ 슌야타śūnyatā 참조.

energy(에너지)
⇒ 발라bala, 샥티 I śakti, 비리야vīrya 참조.

enjoyment(향수 또는 경험)
⇒ 보가 I bhoga, 북티bhukti 참조.

enlightenment(깨달음 또는 해탈)
신체와 마음이 초월적 참실재와 완전하게 일치되는 상태이다. 이것은 참자아에 대한 깨달음과 동일하다.
⇒ 아트마-갸나ātma-jñāna, 각성 또는 깨어남(awakening), 보다bodha, 해탈liberation, 푸루샤-키야티puruṣa-khyāti도 참조.

E

enstasy(엔스타시)
'무아경' 또는 '황홀경'이라는 뜻이다.
⇒ 엑스타시ecstasy, 사마디samādhi 참조.

enthusiasm(열정)
영적 과정에 대한 지속적인 전념의 형태인 열정은 참자아에 대한 깨달음으로 가는 길에서 기본적으로 필요한 것이다. 이것은 감정적인 흥분 이상의 것임에 틀림없다. 이 흥분은 일시적인 것이어서 자아 초월이라는 어려운 과제에 긴 기간 전념하는 데 부적합하다. 오히려 열정은 수행자의 지식(갸나jñāna), 즉 지혜의 정도이고 영적 과정의 실재성에 대한 강력한 믿음(슈랏다śraddhā)에 의해 생겨난다.
⇒ 알롤리야ālolya도 참조.

environment(환경)
⇒ 데샤deśa 참조.

envy(부러움)
⇒ 맛사리야mātsarya 참조.

epics(서사시)
⇒ 마하바라타Mahābhārata, 라마야나Rāmāyaṇa 참조.

Epic Yoga(서사시 요가)
『마하바라타』 *Mahābhārata*에 나타난 여러 요가Yoga 유파와 가르침 들을 통칭하는 명칭이다. 이 명칭은 때로 전고전 요가(Preclassical Yoga)와 호환해서 사용되고, 엄격히 말하자면 더 포괄적인 개념이다.

epistemology(인식론)
⇒ 프라마나pramāṇa 참조.

equanimity(평정)
⇒ 사마-다르샤나sama-darśana, 사마트와samatva, 우페크샤upekṣā 참조.

E

equilibrium(평정)
⇒ 사마-라사트와sama-rasatva 참조.

Eroticism(에로티시즘)
⇒ 카마kāma, 마이투나maithuna, 섹슈얼리티 또는 성(sexuality) 참조.

error(오류 또는 그릇된 지식)
⇒ 비파리야야viparyaya 참조.
[비교] 프라마나pramāṇa.

ether(에테르)
⇒ 아카샤ākāśa, 카kha, 공空(space), 비요만vyoman 참조.

ethics(윤리)
'다르마-샤스트라 I 'dharma-śāstra이다. 도덕법(다르마dharma)에 대한 학문이다. 이것은 선악善惡과 시비를 결정하기 위한 지침들을 명확히 서술하는 것과 연관되어 있다.
⇒ 도덕성(morality)도 참조.

even position(균형 잡힌 자세)
⇒ 사마-상스타나sama-saṃsthāna 참조.

even vision(평등한 통찰력 또는 평등함으로 된 통찰력)
⇒ 사마-다르샤나sama-darśana, 사마-드리슈티sama-dṛṣṭi 참조. 동일한 마음가짐(same-mindedness)도 참조.

evil(악惡)
⇒ 아다르마adharma, 파파pāpa 참조.
[비교] 선善(good), 도덕성(morality), 푼야puṇya.

Evola, Baron Giulio(Julius)[줄리오(줄리어스) 에볼라 남작; 1898~1974]
논란이 많은, '반反대중적인' 이탈리아의 학자이자 예술가이자 정치 활동가이며, 탄트라Tantra에 대한 권위자였다. 그의 수많은 저작에는 『현대 세계에 대한 반감』*Revolt against the Modern World*(1934)과 『에로스와 사랑의 신비』*Eros and the Mysteries of Love*(1958)가 포함되어 있다.

evolution(전개)
지각이 있는 종류들과 지각이 없는 종류들이 서서히 펼쳐지는 것이다. 많은 영적 전통에서는 자연(nature, 근본 원질, 프라크리티prakṛti)의 일련의 위계적인 발전 단계들을 가정한다. 힌두이즘Hinduism에 있어서, 특히 상키야Sāṃkhya와 요가Yoga의 학파들에서 그렇게 가정하였다. 그 학파들은 현현顯現한 우주(cosmos)와 미현현未顯現된 우주의 주요 범주(탓트와tattva)들을 상세히 나타내려는 목적으로 포괄적인 전개 모델들을 만들어 냈다. 그러나 이 모델들의 목적은 우주론적인 이론들을 제공하는 것이라기보다는 영적 수행자의 환멸還滅 여정을 돕는 것이다.

요가와 상키야 양자는 사트-카리야-바다sat-kārya-vāda라고 불리는 교의를 지지하는데, 이 교의는 결과果kārya가 원인 속에 이미 존재(사트sat)한다고 말한다. 이것이 의미하는 바는 존재의 모든 전개하는 범주들은 잠재적으로 보다 앞선 범주들에 존재하고 있다는 것이다. 그러므로 유일한 초월적 모체(프라다나pradhāna)로부터 통합된 전前물질적·전前정신적 영역인 붓디(buddhi, 즉 마하트mahat)라는 범주가 전개한다. 이것으로부터 차례로 물질적 존재와 정신적 존재의 다른 범주들이 나타난다. 이 전개 법칙에 대한 일반적인 설명은 진흙(원인)으로부터 만들어진 항아리(결과)라는 것이다. 우리는 또한 대리석 덩어리 속에 이전부터 존재하여서 장인의 통찰력(vision)과 기술로 모양을 부여받은 대리석 조각품을 생각할 수도 있다.

이 우주 생성 과정에 대한 상키야의 설명을 대체로 채택하였지만, 궁극적 상태는 다양한 형태로 된 세계가 아니라고 말한 아드와이타 베단타Advaita Vedānta의 전통에서는 한 범주에서 다른 범주로의 이러한 변환들을 환영적인 것으로 간주한다. 그것들은 영적인 무지(아비디야avidyā)의 홀리는 작용의 산출물이다. 그러므로 이 가르침은 '환영적 전개', 즉 비바르타♯vivarta로 알려져 있다. 이와는 반대로 상키야와 요가는 리얼리즘적인 철학에 동의한다. 그들의 입장은 파리나마-바다♯pariṇāma-vāda, 즉 [실재적] 전개의 교의로 알려져 있다.

exaltation(고양)
⇒ 운마니unmanī 참조.

excitement(즐거움)
⇒ 하르샤harṣa 참조.

existence(존재)
⇒ 바바 II bhava, 우주(cosmos) 참조.
[비교] 참존재 또는 참실재(Being).

experience(경험)
⇒ 아보가ābhoga, 아누바바anubhava, 아누부티anubhūti 참조.

extinction(열반)
⇒ 니르바나nirvāṇa 참조.

eyebrows(눈썹)
⇒ 브루-차크라bhrū-cakra, 브루-마디야bhrū-madhya 참조.

eye of wisdom(혜안慧眼)
⇒ 갸나-차크슈스jñāna-cakṣus 참조.

eyes(눈)
신체의 가장 복잡한 기관 중 하나인 인간의 눈은 많은 비의적 전통에서 특별한 중요성을 부여받는다. 이것은 가장 중요한 감각기관(인드리야indriya)이고 전통적으로 들어오는 빛의 수동적 수용 기관일 뿐만 아니라 지각되는 대상(비샤야viṣaya)과 실제적으로 접촉하는 에너지의 능동적 전달자라고 한다. 따라서 눈은 다른 존재에 대해 요긴yogin의 의도를 투영하기 위한 매개이다. 쉬바Śiva는 자신의 제3의 눈으로 욕망의 신인 카마Kāma를 태워서 재로 만들었다. 제3의 눈은 불의 눈이다. 감겼을 때 그 눈은 내적 통찰력(vision)이나 보다 높은 인식을 암시한다. 쉬바의 다른 두 눈은 각각 태양과 달을 상징한다. 쉬바는 또한 트리-네트라♯Tri-Netra나 트리-아크샤(♯Tri-Akṣa, 트리야크샤Tryakṣa로 씀) 또는 트리-나야나♯Tri-Nayana로도 알려져 있다. 이것들 모두는 '세 개의 눈을 가진'이라는 뜻이다. 일부 연구자는 제3의 눈을 중뇌에 위치한 작은 솔방울 모양의 송과선과 동일시한다. 이 선은 빛에 민감하다. 이 선의 생리학적 기능은 잘 알 수 없다.

E

F

faith(믿음)

단순한 믿음(belief)과 대비되는 것으로서, 존재에 대해 깊이 느끼게 되는 믿음(faith)이다. 그런 의미에서 이것은 모든 영적 전통의 토대를 이룬다. 요가Yoga의 길에서 성숙은 믿음, 특히 자신의 스승(구루guru)에 대한 믿음 없이 생각할 수도 없다. 스승은 삶의 영적인 차원이 실재한다는 것을 증명한다고 여겨진다. 『바가바드-기타』*Bhagavad-Gītā*(17. 3)에서 크리슈나Kṛṣṇa는 다음과 같은 방식으로 믿음(슈랏다śraddhā)의 중요성을 강조한다. "모든 [사람의] 믿음은 자신의 선천적인 기질(삿트와sattva)에 따른다오, 오! 바라타Bhārata족의 후손[즉 아르주나Arjuna]이여. 사람(푸루샤puruṣa)은 믿음으로 만들어졌다오. 자신의 믿음이 어떠한 것이든, 그것이 바로 그 자신이라오."

⇒ 프라티티pratīti도 참조.

fasting(단식)

산스크리트Sanskrit로 우파바사upavāsa, 아나하라ʃanāhāra이다. 많은 종교적 · 영적 전통에서 중요한 역할을 한다. 이것은 더 높은 자아 초월 수행, 특히 집중(concentration), 명상(meditation), 무아경(삼매, 사마디samādhi)을 준비하는 데 있어서 신체와 마음을 정화하는 수단으로 사용된다. 때로 단식은 결점(도샤doṣa)으로 간주된다.

⇒ 다우티dhauti, 라구-아하라laghu-āhāra, 미타-아하라mita-āhāra, 샤우차śauca, 쇼다나śodhana도 참조.

[비교] 아티야하라atyāhāra.

fate(운명)

⇒ 다이바daiva, 카르만karman 참조.

fear(두려움)

⇒ 바야bhaya 참조.

fearlessness(두려움 없음)

⇒ 아바야abhaya 참조.

feeling(감정)

요가Yoga 전통과 힌두이즘Hinduism에서는 대체로 느낌이나 감정 또는 정서 들에 주의를 거의 기울이지 않는다고 이따금 생각된다. 그러나 사실상 힌두Hindu의 권위자들은 현대 심리학에 알려진 감정이나 정서 들의 전체 영역에 대한 목록을 만들어 왔다. 사실상 요가 문헌들은 심리학에서 해당되는 직접적인 동의어가 없는 무아경(삼매, 사마디samādhi)의 보다 높은 단계들에 있는 감정적 경험들에 대해 언급한다. 무아경적인 '환희 있는 일치'(환희 등지歡喜 等至, 아난다-사마팟티ānanda-samāpatti)가 적당한 예이다. 『타잇티리야-우파니샤드』*Taittirīya-Upaniṣad*에서는 "진실로 [궁극적 참존재]는 단지 감정(라사rasa)일 뿐이다"라고 단언한다.

위에서 말했던 잘못된 인상의 원인은 아마도 더 전체론적으로 생각하는 인도인 철학자들의 경향성 때문일 것이다. 따라서 요가에서 감정들은 대체로 동기들과 함께 다루어지는데, 현대의 특정한 감정-동기 이론들에 앞선다. 심리학적 전체론은, 예를 들자면 『요가-수트라』*Yoga-Sūtra*의 클레샤kleśa 교의에 집약적으로 나타나 있다. 클레샤는 사람의 삶을 지배하는 다섯 가지 주요 요소이다. (1)영적 무지(아비디야avidyā). 바른 지식이 없을 뿐만 아니라 실재에 대한 긍정적인 오해이다. (2)'나의 존재성'(아견我見, 아만我慢, 아스미타asmitā). (3)'살고자 하는 의지'(생존욕, 아비니베샤abhiniveśa). (4)집착(라가rāga). (5)혐오(드웨샤dveṣa). 집착과 혐오는 동기유발적 연속체의 일부분을 형성한다. 깨닫지 못한 개인으로서 일반인들의 삶은 쾌락의 추구와 고통의 회피를 중심으로 돌아간다. 이 동기유발적 구조 내에서 풍부한 감정들이 발생한다.

요가의 과정은 주로 부정적인 감정들을 연민(카루나karuṇā), 자애(마이트리 maitrī), 사랑(박티 bhakti)과 같은 긍정적인 감정들로 변화시키는 것이다. 이것은 고전 요가(Classical Yoga)에서 프라티파크샤-바바나pratipakṣa-bhāvanā로 알려진 수행법이다. 이것은 도덕 훈련(금계, 야마yama)과 자기 억제(권계, 니야마niyama) 수행의 고수를 통해서 성취된다. 그러나 요가는 온화하고 실용적인 인성을 만드는 인간적인 목표에 그치지 않는다. 요가는 신체와 마음을 초월하고 감정적 차원도 초월하려 노력한다. 그러나 동시에 대부분의 요가 유파들에 있어서 참자아에 대한 깨달음, 즉 해탈의 궁극적 성취가 요긴yogin의 감정적 삶의 종결을 알리는 것은 아니라는 점이 강조되어야만 한다. 오히려 완전히 해탈한 달인으로서 요긴은 다른 사람들에게 도움을 주기 위하여 이제 자발적으로 삶에 관여할 수 있고, 감정들에 속박됨 없이 모든 종류의 감정들에 자유롭게 생기를 불어넣을 수 있다. 미치광이 달인의 경우에 특히 이것은 명백하다. 자신들의 정체성이 에고가 아니라 참자아에 머물기 때문에, 그들은 다른 사람들을 가르치기 위해서 인간 감정의 모든 영역을 활성화시킬 수 있다. 비록 참자아에 대한 깨달음의 상태가 선善과 악惡을 초월해 있다고 하지만, 참자아를 깨달은 달인은 본질적으로 자비로운 사람이다.

feet(발)

요긴yogin들과, 성스러운 사람들은 자신들의 심리영성적(psychospiritual) 에너지(프라나prāṇa)를 발을 통해서 땅의 에너지와 연결시키기 때문에, 성자의 발이나 신발(파두카pādukā)은 전통적으로 공경의 대상이 되어 왔다.

fetter(속박)

⇒ 반다bandha, 파샤pāśa 참조.

fickleness(변덕)

⇒ 라울리야laulya, 롤룹트와loluptva 참조.
[비교] 다이리야dhairya.

fifteen(열다섯15)

⇒ 판차다샨pañcadaśan 참조.

fire(불)

⇒ 아그니 I agni, 요소(elements), 자타라-아그니jāṭhara-agni, 바니vahni, 바이슈와나라vaiśvānara 참조.

firmness(확고함)

⇒ 드리다타dṛḍhatā 참조.

fish-belly(물고기 배)

산스크리트Sanskrit로 맛시요다라♯matsyodara이다. 맛시야(matsya; '물고기')+우다라(udara; '배')로 만들어졌다. 신체의 생기 에너지(프라나prāṇa)를 통제하고 저장하는 달인들은 종종 배불뚝이들이다. 이것은 폐의 아래 부분에 공기를 보유함으로써 생긴다고 생각되지만, 정신신체 에너지(프라나prāṇa)의 저장고와 관련하여 다른 설명이 가능할 수 있다.

fish posture(물고기 자세)

⇒ 맛시야-아사나matsya-āsana 참조.

five(다섯5)
⇒ 판찬pañcan 참조.

five M's(다섯 엠M)
⇒ 판차–마–카라pañca-ma-kāra 참조.

food(음식)
⇒ 아하라āhāra, 안나anna, 안나–요가Anna-Yoga 참조.

F

foot bench posture(발로 된 벤치 자세)
⇒ 파다–피타–아사나pāda-pīṭha-āsana 참조.

forbearance(관용)
⇒ 크샨티kṣānti 참조.

force(힘)
⇒ 발라bala, 샥티 I śakti 참조.

forehead(이마)
⇒ 랄라타lalāṭa 참조.

form(형상)
⇒ 무르티mūrti, 루파rūpa 참조.

fortunate posture(행운좌)
⇒ 스와스티카–아사나svastika-āsana 참조.

foundation(토대)
⇒ 아다라ādhāra, 알람바나ālambana, 프라다나pradhāna 참조.

four(넷4)
⇒ 차투후catuḥ 참조.

fourteen(열넷14)
⇒ 차투르다샨caturdaśan 참조.

fourth(넷째)
초월적 참실재에 대한 베단타Vedānta의 명칭이다.
⇒ 차투르타caturtha, 투리야 I turīya, 투리야II turya도 참조.

fragment, divine(신의 조각 또는 부분)
⇒ 앙샤aṃśa 참조.

freedom(자유)
모든 영적 전통은, 평범한 인간의 상태는 속박 중 하나이고 참자아 또는 참영혼(Spirit)으로 다양하게 불리는 우리의 진정한 정체성에 자유가 존재한다는 데 동의한다. 한정된 존재는 인과(카르만karman)의 철칙의 지배를 받는다. 힌두이즘Hinduism에 따르면 이것은 도덕적 차원에서 매우 공평하다. 거기서는 우리의 행위와 자유의지 들이 카르마karma와 재탄생의 메커니즘을 통해서 우리의 미래를 결정짓는다. 한정된 신체와 마음을 우리와 동일시하는 한 우리는 자유로울 수 없다. 자유는 에고를 넘어선 곳에 가득하다. 따라서 인도의 모든 영적 전통은 우주적 참자아(파라마–아트만parama-ātman, 푸루샤puruṣa)를 위하여 자아를 초월하는 수단을 제시한다. 참자아는 근본적인 자유와 본질적으로 같고 빈번히 불멸과 동일시된다. 참자아에 대해 깨닫자마자, 다시 말해 해탈하자마자 신체와 마음을 제한하는 조건들과 환경은 더 이상 우리의 본질적 자유를 축소시키는 것으로 경험되지 않는다. 따라서 달인은 세상에서 극단적인 자발성(사하자sahaja)을 가지고 행위 할 수 있고, 자신의 존재감이 조금도 약화되지 않고서 보통의 즐거움과 고통을 경험할 수 있다.

friendliness(자애)
⇒ 마이트리maitrī 참조.

frog posture(개구리 자세)
⇒ 만두카–아사나maṇḍūka-āsana 참조.

G

Gahinīnātha(가히니나타; 12세기)

니브릿티나타Nivṛttinātha의 스승이다. 그는 마하라슈트라Maharashtra에서 살았다.

gaja-karaṇī(가자-카라니) 또는 **gaja-kariṇī**(가자-카리니)

둘 다 '코끼리 기법'을 의미한다. 『하타-라트나발리』*Haṭha-Ratnāvalī*(1. 25)에서는 후자로 표기되어 있다. 『하타-요가-프라디피카』*Haṭha-Yoga-Pradīpikā*(2. 38)에 다음과 같이 기술되어 있다. 아파나apāna 생기를 목구멍까지 끌어올린 다음, 위장의 내용물들을 토하라. 이 수행법으로 수행자는 심령 에너지 흐름의 네트워크(나디nāḍī)들을 서서히 지배하게 된다고 한다. 이 기법은 '여섯 정화 행법'(샤트-카르만ṣaṭ-karman) 중에 열거되어 있지는 않지만, 분명히 이 행법에 속하고 바마나-다우티vamana-dhauti와도 유사하다.

Ganapathy, T. N.(가나파티 I ; 1932년생)

은퇴한 이후로 남인도의 싯다siddha들에 주목하였고, 요가 싯다 연구 센터(Yoga Siddha Research Center)의 책임자를 역임했던 인도철학 교수이다. 그는 중요한 저작들을 저술하였는데, 특히 『타밀 싯다들의 철학』*The Philosophy of the Tamil Siddhas*(1993)은 주목할 만하고 타밀어Tamil에서 영어로 번역한 중요한 서적들을 편집하였다.

Gandhi, Mohandas Karamchand(모한다스 카람찬드 간디; 1869~1948)

마하트마[Mahātma; '위대한 영혼(Soul)'] 간디Gandhi로도 알려져 있는 인도의 민족주의자이자 영적 지도자로 직업은 변호사였다. 인도에서 사는 동안 비폭력적인 소극적 저항으로 정치적인 억압에 맞서는 수단인 사티야-그라하(satyā-graha; 문자 그대로 '진리에의 헌신')를 전개했다. 1914년에 고향으로 돌아온 그는 인도의 정치적 독립을 성취하는 데 중요한 역할을 맡았다. 그는 전형적인 카르마-요가Karma-Yoga 수행자였다.

Gaṇapati(가나파티 II)

가네샤Gaṇeśa와 동의어이다.

Gaṇeśa(가네샤)

'무리들의 주主'라는 뜻이다. 또는 비나야카(☞Vināyaka; '지도자')라고도 한다. 코끼리 머리를 한 배불뚝이 신이다. 쉬바Śiva의 아들이고 지고의 신으로서 장애들의 제거자라고 널리 언급된다. 그는 타밀Tamil의 싯다siddha 문헌들에서 프라나바praṇava를 상징한다.

Gaṇeśa-Gītā(가네샤-기타)

'가네샤Gaṇeśa의 노래'라는 뜻이다. 몇몇 학자가 '『기타』*Gītā*를 모방한 문헌'이라고 부르는 것의 일부이다. 이 문헌은 11장에 걸쳐 414송이 나뉘어져 구성되어 있고, 『가네샤-푸라나』☞*Gaṇeśa-Purāṇa*의 마지막 부

가네샤(Gaṇeśa). 장애들을 제거하는 자

분의 일부를 형성한다. 대부분의 송들이 『바가바드-기타』Bhagavad-Gītā의 송들과 동일하지만, 저자는 크리슈나Kṛṣṇa 숭배에 역점을 둔 주요 송들을 제외시켰다. 900~1300년 사이 어느 때에 성립된 이 모음집은 닐라칸타(Nīlakantha; 1700년경)의 주석서를 가지고 있다. 이 문헌은 가네샤를 찬양하고, 그의 숭배를 위한 탄트라Tantra적 타입의 요가Yoga에 대해 규정하고 있다.

garbha(가르바)

'자궁' 또는 '씨앗'이라는 뜻이다.

⇒ 아가르바-프라나야마agarbha-prāṇāyāma, 사가르바-프라나야마sagarbha-prāṇāyāma, 니르가르바-프라나야마nirgarbha-prāṇāyāma 참조.

gariman(가리만)

'무거움'이라는 뜻이다. 자신을 자유자재로 물리적으로 무겁게 만드는 능력이다. 성취를 이룬 요긴yogin들이 발휘하는 것으로 여겨지는 고전적인 초자연력(싯디siddhi) 중 하나이다.

Garuḍa(가루다)

반은 독수리 반은 인간인 비슈누Viṣṇu의 탈 것으로 베다Veda들에 기술되어 있다. 전통적으로 가루다Garuḍa는 영적 수행자가 최고의 존재 영역들에 오를 수 있는 신성한 베다의 말들을 상징한다. 고대의 『샤타-파타-브라마나』*Śata-patha-Brāhmaṇa*(6. 7. 2. 6)에 따르면 가루다는 용기의 화신이다. 상징적으로 볼 때 이 신화적 존재는 생기를 나타내는데, 이것 없이는 사제들도 요긴yogin들도 집중(concentration)과 명상(meditation) 의례의 임무를 정확히 수행할 수 없다. 베다 전승 지식에서는 그를 불사를 주는 감로(소마soma)를 훔치는 데 성공한 강력한 존재라고 기억하고 있다.

garuḍa-āsana(가루다-아사나, [연성]**garuḍāsana**가루다사나)

'독수리 자세'라는 뜻이다. 『칼리-탄트라』*Kālī-Tantra*(14장)에 언급되어 있고, 『게란다-상히타』*Gheraṇḍa-Saṃhitā*(2. 37)에는 다음과 같이 기술되어 있다. 두 허벅지로 바닥을 누르면서 손을 자신의 무릎 위에 놓음으로써 몸을 안정되게 유지해야만 한다. 현대의 교본들에서는 이 요가Yoga 자세(아사나āsana)를 다르게 설명한다. 한쪽 다리로 곧게 서서 다른 쪽 다리로 쭉 편 다리를 감아야만 한다. 두 팔은 함께 바닥과 평행이 될 때까지 몸 앞에서 들어올린다. 그런 다음 두 팔을 팔꿈치에서 구부려서 한쪽 아래팔로 다른 쪽 아래팔을 감아야만 한다.

gate, bodily(신체의 문)

⇒ 드와라dvāra 참조.

gate of hell(지옥의 문)

⇒ 나라카-드와라nāraka-dvāra 참조.

Gauḍa Abhinanda(가우다 아비난다; 10세기 초)

카슈미르Kashmir인이다. 『라구-요가-바시슈타』*Laghu-Yoga-Vāsiṣṭha*의 저자이다. 그는 『요가-바시슈타-사라』*Yoga-Vāsiṣṭha-Sāra*도 저술한 것으로 여겨진다. 일부 학자들은 심지어 그가 더 긴 『요가-바시슈타』*Yoga-Vāsiṣṭha*도 저술한 것으로 생각하지만, 그럴 가능성은 없는 것 같다.

Gauḍapāda(가우다파다; 500년경)

아드와이타 베단타Advaita Vedānta의 형이상학에 대한 초기 해설서인 『만두키야-카리카』*Māṇḍūkya-Kārikā*의 저자이다. 종종 숨은 불교도로 비난받았던 가우다파다Gauḍapāda는 자신의 저작(4. 99)에서 자신의 견해가 붓다Buddha의 견해와 결코 같지 않다고 했다. 전통에 따르면 그는 샹카라Śaṅkara의 스승이었던 고빈다 바가바드파다Govinda Bhagavadpāda의 스승이었다. 가우다파다의 『카리카』*Kārikā*는 요가Yoga 연구자들의 관심을 끌었는데, 이 문헌에서 '무촉 요가'(아스파르샤-요가Asparśa-Yoga)를 소개하고 있기 때문이다.

Gaurī-paṭṭa(가우리-팟타)

'가우리Gaurī의 접시'라는 뜻이다. 쉬바-링가śiva-liṅga가 놓인 요니yoni의 밑바탕이다.

Gautamīya-Tantra(가우타미야-탄트라)

'가우타미Gautamī의 탄트라Tantra'라는 뜻이다. 32장으로 구성되어 있고 바이슈나비즘Vaiṣṇavism에 속하는 후대의 우도 탄트라 문헌이다. 중심이 되는 신은 크리슈나Kṛṣṇa이고, 하루 세 번 그를 숭배해야만 한다. 만트라-요가Mantra-Yoga를 주요하게 다루고 있고, 여덟 가지로 된 길(8지支 요가, 아슈타-앙가-요가aṣṭa-aṅga-yoga)이 언급되어 있다.

gaze(응시 또는 시선)

⇒ 드리슈티dṛṣṭi 참조.

Gāndharva-Tantra(간다르바-탄트라)

'참영혼(Spirit)의 탄트라Tantra'라는 뜻이다. 총 42장으로 구성된 후대 탄트라 문헌으로, 데비devī 숭배에 초점을 맞추고 있다. 이 문헌에서는 두 종류의 해탈(묵티mukti), 즉 '[모든] 부분으로 나눠진' sakalā 해탈과 '부분이 없는' niṣkalā 해탈을 설명한다.(제40장) 이 문헌에서는 또한 악명 높은 차크라-푸자cakra-pūjā도 다루고 있고 이 의례를 정당화하려 노력한다.

gāndhāra-nāḍī(간다라-나디) 또는 **gāndhārī-nāḍī**(간다리-나디)

'간다라gāndhāra 통로'라는 뜻이다. 신체를 순환하는 생기(프라나prāṇa)의 열네 개의 주요 도관(나디nāḍī) 중 하나이다. 이 나디는 '구근'(칸다kanda)에서 시작하여 왼쪽 눈, 또는 『다르샤나-우파니샤드』*Darśana-Upaniṣad*(4. 22)에서 주장하듯이 오른쪽 눈까지 뻗어 있다. 『싯다-싯단타-팟다티』*Siddha-Siddhānta-Paddhati*(1. 67)에서는 양쪽 귀를 이 나디의 도달점으로 설명한다. 이것의 위치는 일반적으로 이다-나디iḍā-nāḍī 뒤에 있는 것으로 언급되지만, 『바라하-우파니샤드』*Varāha-Upaniṣad*(5. 26)에 따르면 이 나디는 중앙 통로(수숨나-나디suṣumṇā-nāḍī)와 사라스와티-나디sarasvatī-nāḍī 사이를 흐른다.

gāyatrī(가야트리)

'성가집', '찬송집'이라는 뜻이다. 어근 √gai('노래하다', '찬송하다')에서 파생되었다. 고대 베다Veda 시대 이래로 매일 암송되어 온 힌두이즘Hinduism의 가장 유명한 만트라mantra이다. 이 단어는 이 만트라를 구성하는 특별한 운율을 나타내기도 한다. 『리그-베다』*Ṛg-Veda*(3. 62. 10)에 따르면 이것은 다음과 같이 쓰여 있다. "저 신성한 사비트리II(Sāvitrī, 태양의 신)의 아름다운 웅대함에 대해 명상하자. 그러면 그는 우리의 통찰력(vision)에 영감을 줄 것이다."(tat sarvitur vareṅyaṃbhargo devasyaṃdhīmahi dhiyo yo naḥpracodayāt) 이 만트라는 종종 옴Oṃ과 부르 부바르 스와르bhūr bhuvar svar라는 말을 앞에 붙인다. 이것은 세 영역, 즉 지상계, 중간계(또는 아스

तत् सवितुर् वरेण्यं
भर्गो देवस्य धीमहि
धियो यो नः प्रचोदयात् ॥

가야트리-만트라:
tat sarvitur vareṅyaṃ
bhargo devasya dhīmahi
dhiyo yo naḥpracodayāt//

G

트랄 층위), 천상계(스와르가svarga)를 나타낸다. 이 만트라를 염송하는 것은 일찍이 요가Yoga 전통 속으로 흡수되었다.

⇒ 아자파-만트라ajapā-mantra도 참조.

generosity(관용 또는 자비)

⇒ 다나dāna 참조.

genital control(생식기 통제)

⇒ 우파스타-니그라하upastha-nigraha 참조.

genitals(생식기)

⇒ 앙가aṅga, 링가liṅga, 메드라meḍhra, 우파스타upastha, 요니yoni 참조.

gesture(제스처)

⇒ 하스타-무드라hasta-mudrā, 무드라mudrā 참조.

ghaṇṭā(간타) 또는 **ghaṇṭikā**(간티카)

'종'鍾 또는 '악어'라는 뜻이다. 일부 문헌에 인후에 위치하는 것으로 언급된 신체의 비의적 구조이다. 대다수의 문헌에서 이것은 목젖에 상응하는 것처럼 보인다.

Gharote, M. L.(가로테; 1931~2005)

로나블라 요가 연구소(Lonavla Yoga Institute, 1996)의 저명한 설립자이자 스와미 쿠발라야난다Swami Kuvalayananda의 제자이다. 그는 요가Yoga에 대한 의학적·문헌적 연구 양자 모두를 활발하게 진척시켰고, 요가에 대한 수많은 저작과 번역서를 가지고 있다. 번역서 중 특히 『하타-요가-프라디피카』*Haṭha-Yoga-Pradīpikā* 10장본(2001)과 『하타-탓트와-카우무디』*Haṭha-Tattva-Kaumudī*(2007)는 주목할 만하다.

ghaṭa-avasthā(가타-아바스타, [연성]**ghaṭāvasthā**가타바스타)

'항아리 상태'라는 뜻이다. 몇몇 하타-요가Haṭha-Yoga 문헌에 언급된 네 단계 중 둘째이다. 『쉬바-상히타』*Śiva-Saṃhitā*(3. 56)에서는 이것을 들숨(프라나prāṇa), 날숨(아파나apāna), 내면의 소리(나다nāda), '종자'(빈두bindu), 개아(지바jīva), 초월적 참자아가 모두 합쳐진 상태로 정의한다. 『하타-요가-프라디피카』*Haṭha-Yoga-Pradīpikā*(4. 73)에 따르면 이것은 '비슈누 결절'(비슈누-그란티viṣṇu-granthi)의 관통과 동시에 일어난다.

Ghaṭastha-Yoga(가타스타-요가)

'항아리에 기초한 요가Yoga'라는 뜻이다. 가타(ghaṭa; '항아리')+스타(stha; '서 있기')로 만들어졌다. 『게란다-상히타』*Gheraṇḍa-Saṃhitā*(1. 9)에서 하타-요가Haṭha-Yoga에 붙인 명칭이다. '항아리'ghaṭa는 요가의 불 속에서 완성되어야 할 신체이다.

ghaṭikā(가티카)

24분으로 된 시간 단위이다.

⇒ 무후르타muhūrta도 참조.

Gheraṇḍa-Saṃhitā(게란다-상히타)

'게란다Gheraṇḍa의 모음집'이라는 뜻이다. 7장에 걸쳐 351송이 나뉘어져 구성되어 있는, 하타-요가Haṭha-Yoga에 대한 17세기 후반의 매뉴얼이다. 이 문헌은 이 요가Yoga학파의 세 가지 고전 문헌 중 하나에 포함되고, 이 문헌에 약술되어 있는 기법들은 많은 현대 요가 수행의 기초를 이룬다. 알려진 바가 전혀 없는 성자 게란다와 그의 제자 찬다 카팔리Caṇḍa Kāpāli 사이의 대화 형식으로 가르침들이 나타나 있다. 이 바이슈나바vaiṣṇava 저작은 『하타-요가-프라디피카』*Haṭha-Yoga-Pradīpikā*를 본떠서 만들어졌고, 일부 송은 말 그대로 『하타-요가-프라디피카』와 일치한다.

게란다는 일곱 가지 수행(삽타-사다나sapta-sādhana)을 가르치고 있고, 적어도 32가지 요가 자세(아사나āsana)와 25가지 '결인'(무드라mudrā)을 기술하고 있다. 이 저작의 가장 독창적인 부분은 다양한 정화 기법(쇼다나śodhana)을 광범위하게 다룬다는 점이다. 그는 또한 무아경(삼매, 사마디samādhi) 현상에 대한 흥미로운 분류를 제시하기도 한다. 이 문헌에는 많은 주석이 있다.

Ghoḍācolī(고다촐리)
『하타-요가-프라디피카』*Haṭha-Yoga-Pradīpikā*(1. 8)에 하타-요가Haṭha-Yoga의 스승으로 언급되어 있다.

ghosts(유령 또는 귀신)
⇒ 프레타preta 참조.

ghūrṇi(구르니)
'흔들림' 또는 '동요'라는 뜻이다. 카슈미르 샤이비즘Kashmiri Śaivism에서 항상 존재하는 궁극적 참존재에 대한 깨달음이다. 달인이 자신을 모든 것과 절대적으로 하나가 되는 경험을 하는 완전히 편재하는 높은 에너지 상태이다.

girdle, yogic(요가 벨트)
⇒ 요가-카크샤yoga-kakṣa 참조.

Gitananda Giri, Swami(스와미 기타난다 기리; 1906~1993)
신드족Sindhi 아버지와 아일랜드인 어머니 사이에서 태어난 그는 열여섯 살에 잉글랜드로 갔고, 서구에서 대부분의 삶을 의사라는 직업을 가지고 보내면서 세계보건기구에서 많은 직위를 역임했다. 1968년에 인도로 돌아가자마자 그는 타밀나두Tamil Nadu의 퐁디셰리Pondicherry에 아난다 아슈람Ananda Ashram을 설립했고, 그 아슈람은 현재 전 세계에 75개의 센터를 가지고 있다. 그는 수천 명의 서구 요가Yoga 수련생을 양성한 것 이외에, 남인도 문화계의 지도적인 인물이기도 하였다. 그는 자신이 시작한 캄블리스와미Kambliswamy 요가와 문화예술 프로그램으로 2만 명이 넘는 마을 어린이들에게 요가와 고전 댄스·음악에 대한 교육을 제공하였다. 스와미 기타난다 기리Swami Gitananda Giri는 또한 25권의 저작을 저술하였고, 사반세기 동안 월간지 『요가 라이프』*Yoga Life*를 발행하였다.

스와미 기타난다 기리(Swami Gitananda Giri)

gītā(기타)
'노래'라는 뜻이다.
⇒ 아슈타바크라-기타Aṣṭāvakra-Gītā, 아바두타-기타Avadhūta-Gītā, 바가바드-기타Bhagavad-Gītā, 가네샤-기타Gaṇeśa-Gītā, 이슈와라-기타Īśvara-Gītā, 웃다바-기타Uddhāva-Gītā 참조.

Gītā-Govinda(기타-고빈다)
'고빈다Govinda의 노래'라는 뜻이다. 12세기의 시인 자야데바Jayadeva가 지은 솜씨 있는 작품이다. 이 저작은 신인神人 크리슈나Kṛṣṇa와 그의 애인인 양치기 소녀 라다Rādhā 사이의 사랑놀이를 찬양하고 있다. 강력하게 에로틱한 함축에서 이 저작은 혼례 신비주의에 대한 가장 대담한 중세 기독교의 저작들을 닮아 있다. 이것은 신(Divine)과 궁극의 참연인과의 결합을 위해 분투하는 인간의 마음(psyche) 사이의 헌신적인 사랑(박티bhakti)에 대한 풍자이다.

gladness(기쁨 또는 희흠)
⇒ 무디타muditā, 사우마나시야saumanasya 참조.

go(고)
'암소'라는 뜻이다. 『리그-베다』*Ṛg-Veda*에서는 '황소'(수컷일 경우)와 '암소'(암컷일 경우) 양자 모두를 가리키는데, 암소는 베다Veda인들의 가장 소중한 물질적 재산이다. 이 단어는 소젖, 신성한 '말', '땅'地, 광'선'을 나타내기도 한다. 게다가 복수형으로 쓰일 때는 별들을 나타낼 수 있다. 한참 뒤에 하타-요가Haṭha-Yoga 문헌에서 이 용어는 혀를 나타내면서 비의적 의미를 갖게 되었다. 혀로 '젖을 짜듯이 훑는것'은 케차리-무드라khecarī-mudrā를 위한 중요한 예비 행법이다.

⇒ 고빈다 I Govinda도 참조.

G

God(신)

⇒ 절대자(Absolute), 참존재 또는 참실재(Being), 창조주(Creator), 신(deity), 신 또는 신성성(神聖性, Divine), 데바deva, 이슈iś, 이슈와라Īśvara, 참실재(Reality) 참조.

Goddess(여신)

⇒ 데비devī, 샥티 II Śakti 참조.

Go-Kula(고-쿨라)

'외양간' 또는 '가축우리'라는 뜻이다. 크리슈나Kṛṣṇa의 유년시절 집이 있던 마투라Mathurā 근처의 목초지이다. 그곳은 상징적으로 사하스라라-차크라sahasrāra-cakra와 동일시된다.

go-mukha-āsana(고-무카-아사나, [연성]gomukhāsana고무카사나)

'소 얼굴 자세'라는 뜻이다. 『게란다-상히타』*Gheraṇḍa-Saṃhitā*(2. 16)에 다음과 같이 기술되어 있다.

궁둥이 아래에 발꿈치를 교차하여서 발을 바닥에 놓고, 몸은 소의 얼굴과 유사하게 하기 위해서 안정되게 유지되어야만 한다. 다른 많은 문헌에서 다음과 같은 설명을 발견할 수 있다. 오른쪽 발목을 왼쪽 궁둥이 옆에, 유사하게 왼쪽 발목을 오른쪽 궁둥이 옆에 놓는다. 현대 매뉴얼들에서는 한쪽 팔을 자신의 어깨 너머로 뻗고서 양손을 꽉 잡아야만 한다고 덧붙인다.

good(선善)

⇒ 다르마dharma, 푼야puṇya 참조.

[비교] 아다르마adharma, 파파pāpa.

gopa(고파)

'소치는 남성'이라는 뜻이다. 크리슈나Kṛṣṇa의 남성 헌신자이다.

[비교] 고피gopī.

Gopinath Kaviraj(고피나트 카비라즈; 1887~1976)

널리 알려진 벵골Bengal의 산스크리트Sanskrit 학자이자 탄트라Tantra 입문자로, 영국 왕세자비 웨일스 사라스와티 바바나 텍스트들(Princess of Wales Sarasvati Bhavana Texts, 산스크리트) 시리즈의 편집자이다. 그의 탄트라 구루guru는 파라마함사 비슛다난다Paramahamsa Vishuddhānanda였고, 그는 또한 아난다마위 마Anandamayi Ma의 헌신자이기도 하였다.

gopī(고피)

'소치는 여성'이라는 뜻이다. 『바가바타-푸라나』*Bhāgavata-Purāṇa*와 『기타-고빈다』*Gītā-Govinda*와 같은 중세의 저작들에서는 헌신의 요가(박티-요가Bhakti-Yoga)에 필수적인 강한 열정의 한 예로써 신인神人 크리슈나Kṛṣṇa와 상사병에 걸린 브린다바나(vṛndāvana, 브린다

플루트 연주로 양치기 소녀(고피)들을 매혹하는 주 크리슈나(Kṛṣṇa)

반Brindavan)의 소치는 여성 사이의 위대한 사랑을 가르친다. 고피gopī들은 크리슈나에게 마음을 상당히 빼앗기게 되어서, 그의 마법의 플루트 연주를 들을 때마다 자신들의 남편과 가족 들을 금방 잊어버리게 되었다.
[비교] 고파gopa.

Gopīcandra(고피찬드라)
11세기의 벵골Bengal 왕이다. 그의 깜짝 놀랄 만한 퇴위와 나타 컬트Nātha cult로의 개종은 수많은 전설과 시에서 기억되고 있다. 이 사건은 힌디어hindi 시집인 『마니크-찬드라 라자르 간』 *Manik-candra Rājar Gan*('마니크 찬드라 왕의 노래')에 가장 잘 나타나 있다.

go-pura(고-푸라)
'암소의 요새'라는 뜻이다. 고(go; '암소')+푸라(pura; '요새')로 만들어졌다. 사원의 탑을 나타낸다. 이것은 상징적으로 정수리(사하스라라-차크라 sahasrāra-cakra 참조)에 상응한다.

Gorakh(고라크)
고라크샤 I Gorakṣa에 대한 힌디어hindi이다.

Gorakh-Bodh(고라크-보드)
'고라크Gorakh의 해설'이라는 뜻이다. 성립 연대가 대략 12세기까지 거슬러 올라가는 고 힌디어hindi 문헌이다. 이 문헌은 고라크샤 I Gorakṣa과 그의 스승 맛시옌드라Matsyendra 사이의 가상의 대화로 이루어져 있다. 33개의 송에서 아바두타avadhūta의 삶, 공(空, 순야 śūnya)의 개념, 내면의 소리(나다nāda), 여섯 개의 비의적 신체 센터(차크라cakra), 아자파-만트라ajapā-mantra인 '암송되지 않는 암송' ajapa-japa, 자발성(사하자sahaja)에 대한 교의와 같은 매우 다양한 주제를 다루고 있다.

Gorakh-Upaniṣad(고라크-우파니샤드)
나타 컬트Nātha cult의 초기 문헌이다. 힌두스탄어 Hindusthani와 라자스탄어Rajasthani가 섞여 있고, 아바두타avadhūta의 생활방식, 쿨라kula와 아쿨라akula의 교의, 요가Yoga의 여덟 '가지'(지분, 앙가aṅga)에 대해 언급하고 있다.

Gorakh-Vijay(고라크-비자이)
힌디어hindi이다. 산스크리트Sanskrit로 『고라크샤-비자야』 *Gorakṣa-Vijaya*('고라크샤의 승리')이다. 고라크샤 I Gorakṣa의 삶에 대한 16세기의 성인전이다.

Gorakkar(고락카르)
고라크샤 I Gorakṣa에 대한 타밀어Tamil이다.

G

Gorakṣa(고라크샤 I) 또는 **Gorakṣanātha**(고라크샤 나타)
힌디어hindi로 고라크나트Gorakhnāth이다. 생몰 연대는 대략 10~12세기경이다. 이 이름을 가진 스승이 적어도 두 명은 있다. 한 명은 하타-요가Haṭha-Yoga와 관련된 달인이고, 다른 한 명은 몇 세기 이후에 살았던 동명이인이다.
가장 널리 알려져 있고 하타-요가의 가장 위대한 스승 중 한 사람임에 틀림없는 그는 펀자브Punjab 출

고라크샤(Gorakṣa). 하타-요가의 스승

신으로 보인다. 일부 사람들은 그를 힌디어나 펀자브어Punjabi로 산문을 쓴 첫 작가로 인정하고, 『고라크샤-상히타』*Gorakṣa-Saṃhitā*, 『아마라우가-프라보다』*Amaraugha-Prabodha*, 『갸타-아므리타-샤스트라』*Jñāta-Amṛta-Śāstra*, 『싯다-싯단타-팟다티』*Siddha-Siddhānta-Paddhati*를 포함한 수많은 저작들의 원작자로 믿고 있다. 민간 설화에서는 고라크샤의 출생에 대해서 여러 가지로 이야기하고 있지만, 아삼Assam 지역의 설화에 따르면 직공 카스트(caste)였다. 대부분의 설화들은 그가 어린 나이에 세상을 포기하고 기적을 행하는 자로서, 스승으로서 널리 여행을 했다고 한다. 북인도의 많은 지역에서 그는 완전한 성취자(싯다 siddha)로서, 심지어 신으로서 여전히 존경과 숭배를 받고 있다. 그는 고르카Gorkha 지역의 수호성인이 되었고 일찍이 신격화되었다. 제1의 성지는 고라크푸르Gorakhpur에 있다. 티베트 문헌들에서는 그를 불교의 마법사라고 말하고 있지만, 그와 그의 유파에서 저술한 것으로 추정되는 저작들은 샤이비즘Śaivism의 성격을 뚜렷하게 띠고 있다. 고라크샤가 죽은 장소는 알려져 있지 않다. 그의 영적 계보에 대한 몇 가지 설명을 보면 만장일치로 그가 (쉬바Śiva와 동일함에 틀림없는) 아디나타Ādinātha와 맛시옌드라(Matsyendra, 또는 미나나타Mīnanātha)의 뒤를 잇는다고 한다.

몇몇 권위자에 따르면 고라크샤와 맛시옌드라는 특정한 수준의 영적 성취를 이룬 전수자에게 주는 호칭이다. 이 말이 맞다면 둘 중 어느 한 인물에 대해서도 역사적 사실성을 의심할 이유는 없다. 고라크샤라는 칭호는 문자 그대로 '소를 지키는 자'라는 뜻이고, 혀에 대한 통제를 성취한 사람을 나타내기도 한다. 후자는 말에 통달한 자와 혀 '삼키기'인 케차리-무드라khecarī-mudrā 기법을 통달한 자라는 두 가지 의미가 있다.

고라크샤는 나타 컬트Nātha cult의 권위자 중 한 사람이지만, 그의 이름은 전통적으로 그가 세웠다고 하는 칸파타파Kānphaṭa sect와 똑같이 연관되어 있다. 고라크샤와 맛시옌드라 사이의 있음직한 역사적 연관성은 두 스승을 상당한 성취를 이룬 마법사로 묘사하는 수많은 전설 속에서 윤색되어 왔다. 고라크샤가 좀 더 탄트라Tantra적인 스승의 가르침을 수정한 것으로 보이지만, 그 전통을 결코 버리지는 않았다. 모한 싱(Mohan Singh, 1937)이 고라크샤의 가르침을 하타-요가 문헌이 아니라 포기(renunciation, 이욕)의 이상을 찬양한 산니야사-우파니샤드Saṃnyāsa-Upaniṣad들에서 찾아야 한다고 주장한 것은 일정 정도 사실이다. 그렇기는 하지만 『하타-요가-프라디피카』*Haṭha-Yoga-Pradīpikā*와 다른 초기 문헌들과 같은 그러한 저작들로부터 알게 되었듯이 고라크샤를 하타-요가의 창시자로 간주할 수 없다 하더라도, 이 요가Yoga 분파의 발전에 도움이 되었다는 점은 의심의 여지가 없다.

⇒ 다음 표제어도 참조.

Gorakṣa(고라크샤II) 또는 **Maheśvarānanda**(마헤슈와라난다)

마헤슈와라난다는 마하(mahā; '위대한') + 이슈와라īśvara + 아난다ānanda로 만들어졌다. 아비나바굽타Abhinavagupta 전통의 입장에 서 있는 12세기 촐라Cola 지역의 달인이다. 그는 카슈미르Kashmir의 다양한 철학파에 대해 통달했고, 참자아에 대한 깨달음도 얻었다. 그는 카슈미르 샤이비즘Kashmiri Śaivism의 여러 학파의 통합에 대해 상세히 설명한 『마하르타-만자리』*Mahārtha-Mañjarī*('위대한 주제에 대한 꽃망울')를 포함하여 카울라kaula에 대해 강조한 많은 저작을 저술하였다. 『쉬바-수트라』*Śiva-Sūtra*에 대한 『바룻티카』*Vārttika* 주석만 남아 있다.

gorakṣa-āsana(고라크샤-아사나, [연성]**gorakṣāsana**고라크샤사나)

'고라크샤 I Gorakṣa의 자세'라는 뜻이다. 『게란다-상히타』*Gheraṇḍa-Saṃhitā*(2. 24f.)에 다음과 같이 기술되어 있다. 발을 위로 향하게 하여 양 무릎과 넓적다리 사이에 두고 쭉 편 양손으로 뒤꿈치를 조심스럽게 덮는 동시에, 목구멍을 수축kaṇṭha-saṃkoca하고 코끝에 시선을 고정(드리슈티 dṛṣṭi)한다. 그러나 『하타-요가-프라디피카』*Haṭha-Yoga-Pradīpikā*(1. 54)에서 이 요가Yoga 자세는 바드라-아사나bhadra-āsana와 동일시된다.

Gorakṣa-Bhujaṅga(고라크샤-부장가)

'고라크샤 I Gorakṣa의 뱀'이라는 뜻이다. 상대적으로 후대의 하타-요가 Haṭha-Yoga 소책자로, 고라크샤를 칭송하는 아홉 송으로 이뤄져 있다. 라크슈미다라 Lakṣmidhāra가 저술하였다.

Gorakṣa-Paddhati(고라크샤-팟다티)

'고라크샤 I Gorakṣa의 길들'이라는 뜻이다. 『고라크샤-상히타』*Gorakṣa-Saṃhitā*('고라크샤의 모음집')로도 알려져 있다.

Gorakṣa-Saṃhitā(고라크샤-상히타)

'고라크샤 I Gorakṣa의 모음집'이라는 뜻이다. 『고라크샤-팟다티』*Gorakṣa-Paddhati*의 다른 명칭이다. 고라크샤가 저술한 많은 저작 중 하나이다. 200송 중 상당수는 하타-요가 Haṭha-Yoga의 다른 문헌들에서 발견되고, 성립 연대는 12~13세기경으로 추정된다. 거기서는 여섯 가지로 된 길(6지支 요가, 샤드-앙가-요가 ṣaḍ-aṅga-yoga)을 상세히 설명하고, 비의적 해부학의 중심 관념들에 대해 자세히 기술한다. 또한 '뱀의 힘'(쿤달리니-샥티 kuṇḍalinī-śakti)의 상승에 대한 가르침도 포함하고 있다. 프라나바 praṇava, 즉 신성한 음절 옴 Oṃ의 암송을 대단히 강조한다.

이 저작은 요가 문헌과는 다른, 연금술에 대한 것이기도 하다.

Gorakṣa-Siddhānta-Saṃgraha(고라크샤-싯단타-상그라하)

'고라크샤 I Gorakṣa의 교의들 모음'이라는 뜻이다. 제목이 암시하듯이 총 50개 가량의 초기 하타-요가 Haṭha-Yoga 문헌들에 의지한 18세기 저작이다. 나타 컬트 Nātha cult의 구루 guru들, 특히 고라크샤, 맛시옌드라 Matsyendra, 잘란다리 Jālandhari, 바르트리하리 II Bhartṛhari가 저술하거나 말한 것들로 이뤄져 있다. 이 문헌은 나타 개념들에 대한 기본적 개요를 제공해 준다. 아바두타 avadhūta를 묘사하고, 나타 nātha라는 용어를 기발하게 음절 나(na; 시작이 없는 것)와 타(tha; 영원히 배치되어 있는 것)로 이뤄진 것으로 정의한다.

Gorakṣa-Śataka(고라크샤-샤타카)

'고라크샤 I Gorakṣa의 1백 개[의 송]'이라는 뜻이다. 101개의 송으로 이뤄진 소책자이다. 명백히 『고라크샤-상히타』*Gorakṣa-Saṃhitā*의 일부분이다.

Gorakṣa-Vacana-Saṃgraha(고라크샤-바차나-상그라하)

'고라크샤 I Gorakṣa의 말씀 모음'이라는 뜻이다. 164송으로 이뤄져 있고 8송으로 된 짧은 부록이 있는 작자 미상의 저작이다. 18세기에 저술된 것으로 추정된다. 이 문헌은, 참실재는 이원론(드와이타 dvaita)과 불이론(不二論, 아드와이타 advaita)을 넘어선다, 라는 말로 시작된다. 주로 하타-요가 Haṭha-Yoga의 호흡법과 10개의 결인(무드라 mudrā)과 결합된 신성한 음절 옴 Oṃ의 암송을 통해서 '뱀의 힘'(쿤달리니-샥티 kuṇḍalinī-śakti)의 각성을 일으키는 여섯 가지로 된 길(6지支 요가 Yoga)을 가르친다. 몇 개의 송(150ff.)에서는 급진적인 이욕 수행자(아바두타 avadhūta)의 표식들에 대해 기술하고 있다.

Gorakṣa-Vijaya(고라크샤-비자야)

'고라크샤 I Gorakṣa의 승리'라는 뜻이다. 스승 고라크샤의 전설적인 위업들에 대한 저작으로, 오늘날까지도 북인도 전역에서 불리는 발라드 형식의 노래이다.

Goswami, Shyam Sundar(쉬얌 순다르 고스와미; 1891~1978)

캘커타 Calcutta 근방에서 태어났다. 이 라야-요가 Laya-Yoga 스승은 발라크 바라티 Balak Bharati 아래에서 하타-요가 Haṭha-Yoga를, 드위자파다 라야 Dwijapada Raya 아래에서 라야-요가를 수학했다. 그는 생의 대부분을 스웨덴에서 살면서 가르쳤고 『하타-요가』*Hatha-Yoga*(1959)라는 제목의 전문서와 『라야-요가』*Laya-Yoga*(1980년에 유작으로 출판되었고, 1999년에 재출간됨)라 불리는, 미세 신체 해부학을 상세히 다룬 논문을 저술하였다.

gotra(고트라)
'외양간'이라는 뜻이다. 리쉬ṛṣi, 즉 고대의 현자에까지 거슬러 올라가는 가족 혈통 또는 하위 카스트(caste)이다.

Govardhana(고바르다나)
'소의 건강한 성장'이라는 뜻이다. 고(go; '소떼')+바르다나(vardhana; '번영', '성장')로 만들어졌다. 인드라Indra가 불러일으킨 폭우로부터 주민들을 보호하기 위해서 크리슈나Kṛṣṇa가 7일 간 자신의 새끼손가락으로 떠받치고 있었다고 하는 브린다바나Vrindāvana에 있는 산이다. 그래서 크리슈나의 별칭이 고바르다나다라(Govardhanadhara; '고바르다나Govardhana를 지탱하는 자')이다.

G

Govinda(고빈다 I)
'소를 발견한 자'라는 뜻이다. 크리슈나Kṛṣṇa의 별칭 중 하나이다. 산스크리트Sanskrit에서 고(go; '암소')라는 단어는 신성한 보물, 즉 현자의 돌을 나타내기도 하는데, 이는 『리그-베다』*Ṛg-Veda*의 고대 현자들에게 이미 알려져 있는 어법이다.

Govinda(고빈다 II)
『라사-흐리다야』*Rasa-Hṛdaya*를 저술한 10~11세기의 라사-싯다rasa-siddha이다. 또한 잔나타Jannātha의 아들이었고 『아가마-칼파드루마』*Āgama-Kalpadruma*를 저술한 것으로 여겨지는 14~15세기의 탄트리카tāntrika이기도 하다.

grace(은총)
⇒ 아누그라하anugraha, 크리파kṛpā, 프라사다prasāda 참조.

graciousness(친절 또는 정중)
⇒ 마두리야mādhurya 참조.

graha(그라하)
'붙잡는 것'이라는 뜻이다. 행성이다. 행성들은 전통적으로 인간 존재와 모든 국가의 운명을 형성하거나 '움켜잡는다'고 생각되었다. 힌두Hindu 점성학에서는 두 빛, 즉 태양과 달 이외에도 일곱 개의 '행성', 즉 수성, 금성, 화성, 목성, 토성, 달의 두 교점(각각 라후Rāhu와 케투Ketu로 알려져 있음)을 인정하고 있다. 그라하graha라는 단어는 특히 태양과 달을 붙잡아서 가리는 라후에 해당된다. 더 나아가 이 말은 사람을 홀리는 악마를 가리키는 데 사용되기도 한다.

grahaṇa(그라하나)
'붙잡기'라는 뜻이다. 고전 요가(Classical Yoga)에서 인식의 과정, 특히 감각적 인식을 의미한다.
⇒ 그라히트리grahītṛ, 그라히야grāhya, 프라마나pramāṇa도 참조.

grahītṛ(그라히트리)
'붙잡는 것'이라는 뜻이다. 대상을 인식하거나 인지하는 것이다.
⇒ 그라하나grahaṇa, 그라히야grāhya, 프라마나pramāṇa도 참조.

grantha(그란타)
'매듭으로 묶인 것' 또는 '매듭으로 결합된 것'이라는 뜻이다. 무수한 세대 동안 인도의 신성한 문헌들과 다른 문헌들이 쓰인, 보통의 종려나무 잎 필사본이다. 넓은 의미에서 그란타grantha는 '책'을 의미한다.

grantha-śāstra(그란타-샤스트라)
'책으로 배운 지식'이라는 뜻이다. 영적 전통들에서는 대체로 직접 얻은 경험과 비교해 볼 때 책으로만 배운 지식은 쓸모없다고 생각한다. 요가Yoga 전통에서도 정교한 교의들을 상세히 설명하는 아주 많은 문헌들을 발달시켜 왔지만 개인적 전념과 실제적 수행의 중요성이라는 견해를 결코 잃어버리지 않는다. 『마하바라타』*Mahābhārata*(12. 293. 25)에서는 이러한 지향을 다음과 같이 요약한다. "책의 의미를 알지 못하는 자는 단지 짐을 가지고 다니고 있다. 그러나 책의 의미를 넘어선 실재를 아는 자, 그에게 그 책의 가르침은 헛되지 않다." 그렇지만 요가의 일부 학파에서는 반이론적인 것에 긍정적이고 모든 형태의 학식에 대해서 공공연히 비난한다. 이러한 접근법은, 예를 들면 사하지야 운동(Sahajiyā Movement)의 추종자들 가운데서 발견된다.

⇒ 판디타paṇḍita, 샤스트라śāstra도 참조.

granthi(그란티)

'결절'이라는 뜻이다. 고대의 『찬도기야-우파니샤드』*Chāndogya-Upaniṣad*(7. 26. 2)에서는 전통의 가르침(스므리티smṛti)을 아는 자들이 풀려나 자유롭게 되는 '결절들'에 대해 언급하고 있다. 『카타-우파니샤드』*Kaṭha-Upaniṣad*(6. 15)에서는 다시 다음과 같이 말한다. "여기[이 신체 내] 심장의 모든 결절이 잘리고 나면, 인간은 불멸의 존재가 된다." 이 용례에서 '결절'은 일반적으로 '욕망'이나, 어쩌면 '의혹'을 상징한다. 이 결절은 참자아에 대한 깨달음이 일어날 수 있도록, 사전에 반드시 제거되어야만 한다.

후대 전통들, 특히 탄트라Tantra와 하타-요가Haṭha-Yoga에서는 세 결절에 대해 알고 있고, 집합적으로 트리-그란티(tri-granthi; '세 개의 결절'), 즉 '브라만 결절'(브라마-그란티 brahma-granthi), '비슈누 결절'(비슈누-그란티 viṣṇu-granthi), '루드라 결절'(루드라-그란티 rudra-granthi)이라고 언급한다. 이들은 각각 심장, 인후, 미간에 있는 것으로 생각되지만, 일부 권위자들에 따르면 이들 각각의 위치는 토대 센터(물라다라-차크라 mūlādhāra-cakra), 심장의 연꽃(흐리트-파드마hṛt-padma), 머리에 있는 명령 센터(아갸-차크라ājñā-cakra)이다.

이 결절들은 축흐름(수슘나-나디 suṣumṇā-nāḍī)의 장애물들이고, '뱀의 힘'(쿤달리니-샥티 kuṇḍalinī-śakti)이 정수리 센터(사하스라라-차크라 sahasrāra-cakra)로 상승하는 것을 막는다. 『요가-쉬카-우파니샤드』*Yoga-Śikhā-Upaniṣad*(1. 113~114)에서는 쿤달리니kuṇḍalinī가 결절들을 관통하는 것을 달궈진 쇠꼬챙이가 대나무 마디를 꿰뚫는 것에 비유한다. 이 과정은 베다카-트라야-요가(♯vedhaka-traya-yoga; '3종 관통 요가')와 샤트-차크라-베다 ṣaṭ-cakra-bhedа로도 알려져 있다.

grasana(그라사나)

'삼키기'라는 뜻이다. 천문학적인 일·월식 현상이다. 또한 내적인 태양과 달의 일·월식이기도 하다.

⇒ 지요티샤jyotiṣa도 참조.

grāhya(그라히야)

'붙잡히게 되다'라는 뜻이다. 인식 또는 지각의 대상이다.

⇒ 그라하나grahaṇa, 그라히트리grahītṛ, 프라마나pramāṇa, 비샤야viṣaya도 참조.

great([형용사] 위대한, 큰)

⇒ 마하maha 참조.

great([명사] 대大)

⇒ 마하트mahat 참조.

greed(탐욕)

⇒ 로바lobha 참조.

Green Yoga(그린 요가) 또는 **Eco-Yoga**(에코-요가)

동시대의 관심사에 대한 요가Yoga의 관련성을 환경문제들과 연계시킨 현대의 신조어이다. G. 포이에르슈타인G. Feuerstein과 B. 포이에르슈타인B. Feuerstein이 쓴, 널리 읽히는 책인 『그린 요가』*Green Yoga*(20007)와 『그린 다르마』*Green Dharma*(2008)는 이러한 지향을 개척해 왔다.

grief(비애)

⇒ 쇼카śoka 참조.

gṛhastha(그리하스타) 또는 **gṛhin**(그리힌)

'재가자'라는 뜻이다. 요가Yoga는 숲이나 산의 동굴로 물러나 은둔하는 고행자들만을 위한 것이 아니라는 것은, 예를 들자면 『쉬바-상히타』*Śiva-Saṃhitā*(5. 186)에 의해서 입증된다. 여기에 윤곽이 그려진 방법들을

G

따르는 재가자에게 이 저작은 성공을 약속한다. 이것은 『바가바드-기타』Bhagavad-Gītā에 처음 공표된 행위의 요가(카르마-요가Karma-Yoga)의 위대한 이상이다.

Gṛhastha-Yoga(그리하스타-요가)

'재가자의 요가Yoga'라는 뜻이다. 세속(상사라saṃsāra)에서 바쁜 삶을 살아가는 그리하스타gṛhastha를 위해 만든 요가의 유형이다.

G

guhā(구하)

'동굴'이라는 뜻이다. 우파니샤드Upaniṣad들에서 참자아(아트만ātman)는 심장의 동굴에 숨겨져 있다고 한다. 이 관념은 초기 베다Veda 시대로 거슬러 올라간다.

⇒ 흐리드-아카샤hṛd-ākāśa도 참조.

Guhāvāsi Siddha(구하바시 싯다)

샤이바 싯단타Śaiva Siddhānta의 가르침을 펼친, 17세기의 중앙 인도의 달인이다. 또한 동굴에 거주하는guha-āvāsin 고행자로서의 쉬바Śiva에 대한 많은 별칭 중 하나이기도 하다.

guhya(구히야)

'숨겨진' 또는 '비밀의'라는 뜻이다. 심장에 숨겨진 참자아의 상태이다. 그러므로 『카타-우파니샤드』*Kaṭha-Upaniṣad*(1. 2. 12)에서 신(神, Divine)은 '동굴에 배치되어'♯guhā-hita 감추어져♯gūḍha 있다고 한다. 즐거움(하르샤harṣa)과 비애(쇼카śoka)가 사라진 성자만 이것을 볼 수 있다.

⇒ 신비(mystery), 비밀(secret)도 참조.

guide(지도자)

⇒ 구루guru 참조.

guilt(죄 또는 불의나 상해)

⇒ 킬비샤kilbiṣa 참조.

guṇa(구나)

'밧줄', '가닥' 또는 '성질', '속성'이라는 뜻이다. 이 단어는 엄청나게 많은 함의를 가지고 있다. 이것의 가장 공통되고 연관된 두 가지 용례는 '성질'과 '구성 요소'이다. 이러한 의미에서 이 용어는 요가Yoga와 상키야Sāṃkhya 전통의 전문 어휘에 속한다. 거기서 이것은 우주(cosmos)의 주요 구성 요소라고 생각되는, 잘 알려진 3가지 힘들, 즉 삿트와sattva, 라자스rajas, 타마스tamas가 한 세트로 된 것을 나타낸다. 구나guṇa 교의의 기원은 모호하지만, 독일의 학자인 반 부이테넨(J. A. B. van Buitenen, 1957)은 그것이 고대의 『아타르바-베다』*Atharva-Veda*(10. 8. 43)와 연관되어 있을 수도 있다고 분석했다. 그 『베다』*Veda*에서는 세 개의 '밧줄'로 덧씌워져 있는 인간의 신체를 의미하는, 9개의 문을 가진 연꽃에 대해 말하고 있다. 반 부이테넨은 가장 초기의 관념에서 이 구나에 대한 교의는 상위의 마음(지성, 붓디buddhi)이 하위의 마음(마음 감관, 마나스manas), 감각기관(인드리야indriya)들, 물질 요소(부타bhūta)들이 되는 심리 우주적 전개를 설명하려 한다는 것을 보여 주었다.

파탄잘리Patañjali는 자신의 『요가-수트라』*Yoga-Sūtra*(2. 15)에서 현대 물리학의 양자 에너지와 닮았다고 할 수 있는 이 세 유형의 근본적인 힘을 서로 끊임없이 충돌하고 있는 존재로서 묘사한다. 그것들 사이의 이러한 내재된 긴장의 결과로 그것들은 존재의 여러 가지 층위(파르반parvan)를 만들어 낸다. 파탄잘리의 고전 요가(Classical Yoga)의 명확한 목표는 구나들이 '역전개'(환멸還滅, 프라티프라사바pratiprasava)되게, 다시 말해서 적어도 개인적·소우주적 층위에서 자연의 초월적 모체(프라크리티prakṛti) 속으로 그것들이 재흡수 되도록 만드는 것이다.

『바가바드-기타』*Bhagavad-Gītā*(13. 21)에 따르면 구나들은 '자연(nature, 근본 원질, 프라크리티prakṛti)에서 태어났'고, 개체화된 또는 화신된 자아(데힌dehin)를 특정한 신체(데하deha)에 속박한다. 『마하바라타』*Mahābhārata*(12. 301. 15)에서 우주는 자신의 욕망과 자유 의지를 통해서 그리고 우주적 유희를 목적으로 구나들을 백 배로 또는 천 배로 펼친다고 한다. 다른 한편 파탄잘리는 구나들에 대해 우주의 작용 패턴(쉴라 śīla)들로부터 추론할 수 있는 존재로서 세 가지 유형의 힘 또는 에너지처럼 생각한 것으로 보인다. 파탄잘리의 『요가-수트라』에 대한 현존하는 가장 오래된 주석인 『요가-바쉬야』 *Yoga-Bhāṣya*(2. 18)에서 우리는 다음의 내용을 알 수 있다. (1)비록 구나들은 구분되지만, (2)그럼에도 불구하고 그것들은 상호의존적이고, (3)결합하여서 현상 우주를 창조한다. 거기서 (4)모든 것은 이 세 요소의 '상승 작용'으로 간주되어야만 한다. 16세기에 저술된 비갸나 비크슈 Vijñāna Bhikṣu의 방대한 저작인 『요가-바룻티카』 *Yoga-Vārttika*(2. 18)가 나오고서야 비로소 구나들이 무한한 수로 존재하고 물질적 · 비물질적 우주의 다양한 현상을 산출하는 물질로서 인식되었다.

구나들의 성질(쉴라)들은 빈번히 묘사된다. 예를 들면 파탄잘리[『요가-수트라』(2. 18)]는 광휘성(프라카샤 prakāśa), 활동성(크리야 kriyā), 불활성(스티티 sthiti)으로 향하는 각각의 성질을 언급한다. 다른 권위자들이 더 명쾌하지만 일반적으로는 심리적 측면을 강조한다.

guṇa-atīta(구나-아티타, [연성]**guṇātīta** 구나티타)

'성분 또는 속성을 초월하는'이라는 뜻이다. 우주(cosmos)로부터 근본적으로 해탈한 상태이다. 그러므로 그 사람은 자유롭기도 하다. 『바가바드-기타』 *Bhagavad-Gītā*(14. 22ff.)에서 표현한 바와 같이 그런 사람은 세 구나 guṇa의 나타남을 거부하지도 비통해 하지도 않지만 기쁨과 슬픔, 명예와 불명예 등에 동일하게(사마 sama) 머무른다. 다른 말로 하자면 해탈된 존재는 우주의 성분들을 초월한다고, 즉 니르구나 nirguṇa라고 생각된다.

gupta-āsana(굽타-아사나, [연성]**guptāsana** 굽타사나)

'감춰진 자세'라는 뜻이다. 『게란다-상히타』 *Gheraṇḍa-Saṃhitā*(2. 2)에 다음과 같이 기술되어 있다. 무릎과 허벅지 사이에 발을 감추고서 자신의 발 위에 궁둥이를 놓아야만 한다.

⇒ 싯다-아사나 siddha-āsana도 참조.

Gupta-Sādhana-Tantra(굽타-사다나-탄트라)

'숨겨진 수행법에 대한 탄트라 Tantra'라는 뜻이다. 인쇄된 페이지가 60쪽 가량에 이르는, 12장으로 구성된 후대 탄트라 문헌이다. 이 문헌에서는 쉬바 Śiva를 아쿨라 akula로, 샥티 II Śakti를 쿨라 kula로 언급한다. 만트라 mantra 암송에 현저한 주의를 기울인다.

⇒ 싯다리-차크라 siddhāri-cakra도 참조.

guru(구루)

'무거운 것' 또는 '영향력 있는 사람', '스승'이라는 뜻이다. 서구 세계에서 가르쳐진 대부분의 혼성적 형태의 요가 Yoga와 대조되는 전통적인 요가는 심지어 이 생을 넘어서까지 이어진다고 생각되는 강력한 사제 관계로 특징지어진다. 조언이나 판단이 '영향력이 있는' 구루 guru는 요가의 전체 입문 구조의 중심이다. 『쉬바-상히타』 *Śiva-Saṃhitā*(3. 11, 13f.)의 다음 송들은 실제적으로 모든 학파에 있어서 구루의 역할이 더할 나위 없는 중요성을 설명하고 있다.

> [오직] 구루의 입을 통해서 알려진 지식[만]이 [해탈을] 발생시킨다. 그렇지 않으면 그것은 결실이 없고 약하고 많은 고통의 원인이 된다.
>
> 구루가 수행자의 아버지라는 것은 의심의 여지가 없다. 구루가 수행자의 어머니라는 것은 의심의 여지가 없다. 구루는 신이다. 따라서 그는 모든 행위, 말, 생각으로 섬겨져야만 한다. 구루의 은총(프라사다 prasāda)에 의해 자신에게 상서로운 모든 것이 획득된다.

유사하게 『하타-요가-프라디피카』 *Haṭha-Yoga-Pradīpikā*(4. 9)에서는 참스승(사드-구루 sad-guru)의 연민(카루나 karuṇā) 없이는 사하자 sahaja 상태를 획득하기는 어렵다고 단언한다. 『쉬바-푸라나』 *Śiva-Purāṇa*(7. 2. 15. 38)에서는 스승이 단지 '이름뿐'이라면 그가 제자(쉬쉬야 śiṣya)에게 주는 해탈도 그러하다. 『요가-쿤달리-우파니샤드』 *Yoga-Kuṇḍalī-Upaniṣad*(3. 17)에서는 구루를 현상적 존재의 대양을 건너는 데 있어서 제자를 도와주는, 자신의 지식으로 지은 배의 키잡이에 비유한다. 『아드와야-

G

타라카-우파니샤드』Advaya-Tāraka-Upaniṣad(14ff.)에는 다음과 같은 송들이 있다.

> [참된] 스승은 베다Veda에 매우 정통하고, 비슈누Viṣṇu의 헌신자이고, 시기하지 않고, 순수하고, 요가를 아는 자이고, 요가에 몰두하고, 언제나 요가의 본성을 가지고 있다.
> 스승에게 헌신하고, 특히 참자아에 대해 알고, [위에서 언급된 것과 같은] 그러한 특성들을 소유하고 있는 자는 구루로 칭해진다.
> 음절 구gu는 어둠을 [의미하고], 음절 루ru는 그 [어둠]의 파괴자를 [의미한다.] 어둠을 파괴하는 [그의 힘] 때문에, 그는 구루라고 불린다.
> 구루만이 지고의 절대자이다. 구루만이 지고의 길이다. 구루만이 최상의 지식이다. 구루만이 최고의 의지처이다.
> 구루만이 지고의 한계이다. 구루만이 최상의 부이다. 그는 그러한 [비이원적 참실재]의 스승이기 때문에 그는 [다른 어떤] 구루보다 더 위대한 구루이다.

그와 같은 구루의 중요성은 그가 참자아를 깨닫게 되는 데서 시작된다. 이러한 깨달음은 자신의 존재 상태에서의 변화를 표현하고, 그러한 상태에서는 자연스럽게 자기 자신을 다른 사람들, 심지어 자연환경에도 전한다. 참자아를 깨달은 달인은 언제나 해탈이라는 자신의 순수한 상태를 전수하는데, 이 해탈은 모든 존재의 참된 상태이다. 따라서 그는 계속해서 다른 사람들에게 동일한 깨달음을 전수하지만, 그들이 이것을 의식적으로 경험하는 데는 시간이 걸릴 수도 있다.

그와 같이 깨달은 스승들은 초월적 참실재와 완전하게 동일하기 때문에 전통적으로 그들에게 최대한의 존경을 가지고 접근한다. 그들은 심지어 신(Divine)의 화신♯vigraha들로 여겨진다. 그러나 실제로는 어떤 시간에서도 소수의 살아 있는 스승들만이 참자아를 깨닫게 된다. 『쿨라르나바-탄트라』Kulārṇava-Tantra(13. 106ff.)에서는 다음과 같이 조언한다.

> 오, 데비여. 지상에는 참자아 이외의 것을 주는 많은 구루가 있지만, 모든 세계에서 찾기 어려운 것은 참자아를 밝히는 구루이다.
> 제자의 부를 갈취하는 구루들은 많지만, 제자의 고통들을 제거해 주는 구루는 드물다.
> 단지 자신의 접촉만으로도 최상의 지복(아난다ānanda)이 흐르게 하는 그는 [참된] 구루이다. 현명한 자는 자신의 구루로 다름 아닌 그러한 사람을 골라야만 한다.

극소수의 구루들이 온전한 깨달음을 향유한다는 사실은, 틀림없이 때때로 쉽게 잘 믿는 제자들에 대한 착취로 이어진다. 많은 스승이 의심할 바 없는 복종뿐 아니라 지속적인 섬김을 기대하고, 어쩌면 심지어는 이러저러한 입문식(디크샤dīkṣā)에 대한 두둑한 보수조차 당연한 것으로 생각할지 모른다. 예를 들자면 『쉬바-상히타』(5. 33)에서는 수행자가 자신의 모든 부동산과 가축을 입문식의 대가로 스승에게 양도해야만 한다고 규정한다. 『마이트라야니야-우파니샤드』Maitrāyaṇīya-Upaniṣad(7. 8ff.)에서는 이미 순진한 사람들을 속이기만 하는 거짓 스승에 대해 경고하고 있다.

반대로 자신의 구루를 버리는 것에 대한 경고도 있는데, 이러한 버림은 카르마karma에 있어서 끔찍한 결과를 낳는다고 생각된다. 예를 들자면 중세의 백과사전적 모음집인 『사우라-푸라나』♯Saura-Purāṇa(68. 11)에는 저주 같은 이러한 위협이 아래와 같이 들어 있다.

> 자신의 스승을 버리는 자는 죽음을 맞이하게 하소서. [스승이 자신에게 준] 만트라mantra[의 암송을] 중단하는 자는 빈곤으로 시달리게 하소서. [스승과 만트라] 양자를 버리는 자는, 설령 그가 완성된 [달인]이라 하더라도 지옥으로 던져지게 하소서.

죄 중에서 가장 나쁜 것 중 하나는 스승의 부부관계를 침해하는 것이다. 『마하바라타』Mahābhārata(12. 159. 46f.)에 따르면 유일한 속죄는 쇠로 만든 벌겋게 달궈진 여성상을 끌어안아서 죽거나 스스로 거세하는 것뿐이다. 이러한 가혹한 처벌은 추측건대 제자가 스승의 가정(쿨라kula)의 일부가 되는 구루-쿨라guru-kula 시스템 때문에 필요하다고 느껴졌을 것이다.

특히 중세에 탄트라Tantra의 정교하고 종종 위험한 심리기법이 등장하면서 구루의 안내가 절대적으로 필요한 것으로 간주되었다. 일부 탄트라에서는 스승을 네 수준으로 구분한다. (1)구루, (2)파라마-구루parama-guru, (3)파라파라-구루♯parāpara-guru, (4)파라메슈티-구루♯parameṣṭhi-guru. 『닐라-탄트라』Nīla-Tantra(5. 73)에 따르면 샥티II Śakti는 '높은 스승보다 높은 스승'♯parāpara-guru인 반면, 쉬바Śiva는 가장 높은 스승♯parameṣṭhi-guru이다. 이 『탄트라』(5. 65~66)에서 분명히 밝히고 있는 것처럼 구루들이 반드시 인간일 필요는 없다. 이 문헌에서는 디비야우가♯divyaugha, 싯다우가♯siddhauga, 마나바우가♯mānavaugha를 구별한다.('아우가'augha 참조) 아마도 부분적으로는, 전통적으로 구루에게 부여했던 과도한 권위와 영적 스승들에 대한 신격화를 향한 강력한 경향을 상쇄시키기 위해 일부 힌두Hindu 학파에서는, 참된 스승은 다름 아닌 초월적 참자아라는 것을 강조하기 시작했다. 그러므로 『웃다바-기타』*Uddhāva-Gītā*(2. 20)에서는 다음과 같이 언급한다. "참자아는 [모든] 자아, 특히 인간들의 스승이다. 왜냐하면 그것은 지각과 추론을 수단으로 하여 수행자를 최고의 선(善, ♯śreyas)으로 인도하기 때문이다."

영적 전수를 위한 기초로서 구루-요가guru-Yoga 수행은 오늘날에도 존속하고 있다. 요가와 다른 유사한 비의적 전통들의 서구 도입은 수많은 의문, 그 중에서도 영적 제자 신분의 적절성과 영적 권위의 타당성에 대한 의문을 발생시켜 왔다.

⇒ 아차리야ācārya, 미치광이 달인(crazy adept), 스트리-구루strī-guru, 우파디야야upādhyāya도 참조.

guru-bhakti(구루-박티)

'스승에게 헌신'이라는 뜻이다. (적어도 이론상으로는) 사하자-요가♯sahaja-yoga의 가장 급진적 유파들을 제외하고 모든 요가Yoga의 길에서 필요로 하는 것이다. 이것은 때로 자기 억제(권계, 니야마niyama) 수행의 9가지 구성 요소 중 하나로 열거된다. 구루guru는 제자에게 궁극적 참실재, 다시 말해서 그 자신의 보다 높은 참자아의 확고한 이미지 역할을 한다. 구루에 대해 지속적으로 생각함으로써 제자는 구루의 비범한 존재 상태로 조율되어서 실제로 그 상태에 참여하게 된다. 이는 제자의 점진적인 변화를 가져온다. 모든 영적 전통에 알려져 있는 기본 관념은 수행자가 자신의 주의를 집중하는 것이 된다는 것이다. 『요가-쉬카-우파니샤드』*Yoga-Śikhā-Upaniṣad*(5. 53)에서는 다음과 같이 말한다. "삼계[三界, 즉 전체 우주]에서 구루보다 위대한 자는 없다. 그는 신성한 지식(디비야-갸나divya-jñāna)을 주는 자이고 지고의 헌신(박티bhakti)으로 숭배되어야만 하는 자이다."

그러한 헌신은 애정 어린 집착의 한 형태이다. 제자는 일반적인 것들에 대한 집착 대신에 자신의 모든 감정적 에너지를 구루에게 쏟는다. 이것은 지속적인 섬김(세바seva), 구루에 대한 명상(meditation), 완전한 복종(슈슈루샤śuśrūṣā)으로 표현된다. 정신 의학에 알려져 있는 전이 현상이라는 용어로 이러한 과정을 이해할 수 있다. 그러므로 구루는 제자의 영적 성숙을 주의 깊게 관찰해야만 하고, 제자가 자신에게 신경과민적으로 의존하게 되는 것이 아니라 진정으로 자유롭게 된다는 점을 확실히 해야만 하는 것이 중요하다.

⇒ 구루-푸자guru-pūjā도 참조.

guru-cakra(구루-차크라)

'스승의 바퀴'라는 뜻이다. 아갸-차크라ājñā-cakra와 동의어이다. 왜냐하면 구루guru가 텔레파시로 제자와 연락하는 곳이 머리에 있는 이 심령 에너지 센터에 있기 때문이다.

guru-catuṣṭaya(구루-차투슈타야)

'스승의 네 종류'라는 뜻이다. 스승의 계보(파람파라paramparā) 내에 있는 구루guru의 네 계층이다. (1)구루, (2)'고등한 스승'♯parama-guru, (3)'더 고등한 스승'♯parāpara-guru, (4)'가장 높은 스승'♯parameṣṭhi-guru.

Guru-Gītā(구루-기타)

'스승의 노래'라는 뜻이다. 352송으로 된 대중적인 힌두Hindu 저작으로, 『스칸다-푸라나』♯*Skanda-Purāṇa*의 2장에 있는 『사낫쿠마라-상히타』♯*Sanatkumāra-Saṃhitā*의

G

일부를 구성한다. 이 문헌은 마헤슈와라(Maheśvara, 즉 쉬바Śiva)와 자신의 신성한 배우자 파르바티♯Pārvatī 사이의 대화로 서술되어 있다.

guru-kula(구루-쿨라)
'스승의 가족'이라는 뜻이다. 베다Veda 시대에 공부하고 스승을 섬기(세바seva)면서 수년간 구루guru와 함께 살았던 영적인 구도자들이다. 어떤 계보에서는 이 관습이 심지어 훗날까지 유지되었다. 탄트라Tantra에서 쿨라kula라는 용어는 '씨족' 또는 '일족'이라는 의미나 그와 비슷한 개념을 갖게 되었다.

guru-pātra(구루-파트라)
'스승의 그릇'이라는 뜻이다. 탄트라Tantra에서는 5가지의 의례용 그릇pañca-pātra 중 하나이다. 여기에 술을 담는다.

guru-pūjā(구루-푸자) 또는 **guru-pūjana**(구루-푸자나)
'스승에 대한 숭배'라는 뜻이다. 사람으로의 스승이든 이미지(무르티mūrti) 형태의 스승이든 자신의 스승에 대한 정신적(mental)·신체적 숭배이다.
⇒ 구루-박티guru-bhakti도 참조.

guru-pūrṇimā(구루-푸르니마)
자신의 스승에게 경의를 표하는 축하연으로 해마다 7월 보름♯pūrṇimā에 열린다.

guru-sevā(구루-세바)
'스승을 섬김'이라는 뜻이다. 『쉬바-상히타』*Śiva-Saṃhitā*(3. 35)에 요가Yoga를 성공하기 위한 수단 중 하나로 열거되어 있는 이것은 대부분의 요가 유파의 기본 원칙이다. 이것은 구루-박티guru-bhakti의 한 유형이고, 자아 초월을 함양하는 확실한 방법이다.

guru-śuśrūṣā(구루-슈슈루샤)
'스승에 대한 복종'이라는 뜻이다. 예를 들면 『링가-푸라나』*Liṅga-Purāṇa*(1. 89. 25)처럼 때로는 자기 억제(권계, 니야마niyama)의 규율 중 하나라고 생각된다. 슈슈루샤śuśrūṣā라는 단어는 어근 √śuru('듣다')의 의욕형(deseiderative form)이고, 스승에게 '귀 기울이려는 욕망'이라는 의미이다.
⇒ 복종(obedience)도 참조.

Guru-Tantra(구루-탄트라)
다섯 개의 장으로 된 15세기 탄트라Tantra 문헌으로, 151개의 송으로 된 것에서부터 264개의 송으로 된 것에 이르기까지 송의 개수 차이를 보인다. 이 문헌은 라마샹카라Rāmaśaṃkara가 저술한 것으로 추정되고, 구루guru의 모습에 초점을 맞추고 있다. 여기서는 다음과 같이 다섯 명의 쿨라-구루kula-guru를 언급한다. 프라흘라다난다 나타Prahlādānanda Nātha, 사칼라난다 나타Sakalānanda Nātha, 수카난다 나타Sukhānanda Nātha, 갸나난다 나타Jñānānanda Nātha, 보다난다 나타Bodhānanda Nātha.

Guru-Yoga(구루-요가)
모든 문제를 구루guru의 의지에 복종시키는 영적인 훈련이다. 이 수행은 때로 스승이나 스승과 관련된 신성한 소지품들, 특히 스승의 샌들(파두카pādukā)에 대한 의례적 숭배를 수반하는 독특한 영적인 길로 만들어진다.

H

hair(머리카락)

많은 신성한 전통에서 중요한 역할을 한다. 일부 요긴yogin들은 극도의 포기(renunciation)의 징표로 머리카락을 모두 깎는다. 나머지는 머리카락을 관리하지 않고 자라도록 내버려 둔다. 쉬바Śiva를 모방한 어떤 사람들은 여전히 긴 머리카락을 땋아 늘여서(자타 I jaṭā) 진흙과 재를 칠하거나 터번으로 가린다. 그런 수행법 모두에 비의적 이유를 부여한다. 긴 머리의 고행자들은 초기 베다Veda 시대에 이미 케쉰keśin으로 알려졌었다. 크리슈나Kṛṣṇa의 왼쪽 가슴에 늘어뜨린 금빛 머리카락 다발은 슈리-밧사⸗śrī-vatsa, 즉 '행운의 연인'으로 알려져 있다. 그것은 현현顯現된 세계의 근원을 상징한다.

hala-āsana(할라-아사나, [연성]**halāsana**할라사나)

'쟁기 자세'라는 뜻이다. 하타-요가Haṭha-Yoga의 현대 매뉴얼들에 기술된 것처럼 어깨서기(사르바-앙가-아사나sarva-aṅga-āsana)나 물구나무서기(쉬르샤-아사나śīrṣa-āsana) 자세에서 양다리를 바닥으로 내리는 것이다.

할라-아사나, 즉 쟁기 자세. 테오스 버나드(Theos Bernard)

hallucination(환영 또는 환각)

⇒ 브라마 I bhrama, 마야māyā, 모하moha 참조.

haṃsa(항사)

대개 '백조'로 번역되지만 더 정확하게는 기러기(인도기러기, 학명: Anser indicus)를 나타낸다. 그 기러기의 고공비행은 고대 인도인들이 그것을 태양의 상징으로, 후대에는 빛나는 초월적 참자아(아트만ātman)를 깨달은 어떤 유형의 포기자(산니야신saṃnyāsin)뿐만 아니라 그 참자아의 상징으로 삼도록 고무하였다.

하타-요가Haṭha-Yoga 문헌들에서 항사haṃsa라는 단어는 흔히 개아(지바jīva), 특히 그것의 생기(프라나prāṇa)로서의 면과 호흡으로서의 외적인 면을 나타낸다. 그러므로 이미 『슈웨타슈와타라-우파니샤드』*Śvetāśvatara-Upaniṣad*(1. 6)에서는 항사가 브라마-차크라brahma-cakra에서 정처 없이 헤매고 있다고 언급한다. 여기서 브라마-차크라는 신의 하등한 본성, 즉 세계(world)를 의미한다. 이 문헌의 다른 곳(3. 18)에서는 비록 항사가 '아홉 개의 문으로 된 도시'(즉 신체) 속에 구현되어 있지만 신체 바깥에서 왔다갔다 맴돌고 있다고 한다. 이는 아마도 (호흡의 형태로) 항사가 왼쪽과 오른쪽의 길(즉 콧구멍들)을 경유하여 36손가락 너비의 거리까지 신체를 떠난다는 후대의 관념의 원천일 것이다.

요가-우파니샤드Yoga-Upaniṣad들에서는 항사에 대한 사색들이 풍부하다. 예를 들자면 『항사-우파니샤드』*Haṃsa-Upaniṣad*(5)에 따르면 불이 나무에 퍼져 있듯이 또는 오일이 참깨의 씨에 충만하듯이 항사가 신체 전체에 퍼져 있다고 한다. 『카울라–갸나–니르나야』 *Kaula-Jñāna-Nirṇaya*(17. 13)에서는 또 다시 항사가 발에서 정수리까지 뻗어 있는 코일의 형태로 있고, 이는 또한 '아름다운', '여성', '구부러진', '왼쪽'을 의미할 수 있는 바마vāma로도 알려져 있다. 다른 말로 하자면 이것은 신체의 숨겨진 영적 에너지인 '뱀의 힘'(쿤달리니–샤티 kuṇḍalinī-śakti)과 일치한다. 그러나 『파슈파타–브라마나–우파니샤드』 *Pāśupata-Brāhmaṇa-Upaniṣad*(1. 25)에서는 항사가 왼쪽 팔과 오른쪽 엉덩이 사이에서 순환한다고 언급하는 반면, 『요가–쉬카–우파니샤드』 *Yoga-Śikhā-Upaniṣad*(6. 35)에서는 그것이 신체의 중앙 통로(수슘나–나디 suṣumṇā-nāḍī) 내에서 위아래로 움직인다고 가르치고 있다.

항사라는 단어는 빈번히 호흡, 다시 말해서 하ha 소리를 일으키는 프라나prāṇa의 배출과 사sa 소리를 초래하는 프라나의 신체로의 재진입에 의해서 만들어지는 소리로 설명된다. 자연발생적으로 발생하는 이 소리는 아자파–만트라 ajapā-mantra, 아자파–가–야트리 ♯ ajapā-gā-yatrī 또는 항사–만트라♯hamsa-mantra로 널리 알려져 있다. 신체는 하루에 이 만트라mantra적 소리를 자동적으로 2만 1천6백 회 암송한다고 생각된다. 『요가–쉬카–우파니샤드』(6. 54)에서는 이 소리가 거꾸로, 말하자면 소함♯so'ham, 즉 "내가 그(He)이다"로 암송되어야만 한다고 충고한다. 이것은 『항사–우파니샤드』(10)에서 '쐐기'♯kīlaka라고 말해지고, 이것으로 해탈로 가는 문이 열리게 할 수 있다.

⇒ 파라–프라사다–만트라parā-prāsāda-mantra도 참조.

Haṃsa(∴항사)

황금시대, 즉 크리타–유가(♯kṛta-yuga, 유가yuga 참조) 시기 동안 비슈누Viṣṇu의 화신이다. 서사시 『마하바라타』 *Mahābhārata*에 따르면 그는 사나카Sanaka, 사나난다 Sanānanda, 사나타나Sanātana, 사낫쿠마라Sanatkumāra와 같은 위대한 성자들에게 요가Yoga를 가르쳤다. 사디야데바♯Sādhyadeva들에 대한 그의 영적 조언은 이른바 『항사–기타』♯*Haṃsa-Gītā*라고 불리는데, 이는 『마하바라타』의 제12권(제288장)에서 발견되는 이야기이다.

Haṃsa-Upaniṣad(항사–우파니샤드, [연성]**Haṃsopaniṣad**항소파니샤드)

요가–우파니샤드 Yoga-Upaniṣad 중 하나로 21개의 짧은 장으로 구성되어 있고 항사haṃsa에 대한 이론과 수행법이 매우 간략한 방식으로 자세히 설명되어 있다. 이 문헌은 성자 사낫쿠마라Sanatkumāra와 그의 제자 가우타마Gautama 사이의 대화 형식으로 되어 있다. 여기서 제시된 가르침은 쿤달리니–요가Kuṇḍalinī-Yoga 유형이다. 이 문헌에서는 항사의 여덟 가지 작용을 언급하지만, 실제로는 열두 가지를 기술하고 있다. 이것들은 '심장의 연꽃'(흐리트–파드마hṛt-padma)과 연관되어 있다. 또한 여기에는 내면의 소리(나다 nāda)의 나타남의 열 단계에 대해서도 기술되어 있다.

Haṃsa-Vilāsa(항사–빌라사)

'항사haṃsa의 나타남'이라는 뜻이다. 항사 미투(Haṃsa Mithu, 크리파라마Kripārāma와 수리Sūri의 아들)라는 사람이 저술한 52장으로 구성된 20세기의 탄트라Tantra 문헌이다. 이 문헌은 저자 구자라티Gujarati와 그의 아내 사이의 대화로 서술되어 있다. 많은 지면에 라사rasa의 개념이 서술되어 있다. 성적 쾌감을 나타내는 안타라–라사♯āntara-rasa가 라사의 최상의 형태로 이해된다. 이 문헌은 일반적인 아홉 라사에 덧붙여서 열째 라사로서 마야–라사♯māyā-rasa, 즉 환영의 감정을 다루고 있다. 판차–탓트와pañca-tattva에 대한 논의를 볼 수 있기를 기대하겠지만, 있어야 할 것이 없어서 이채롭다.

Haṃsa-Yoga(항사–요가)

'항사haṃsa에 대한 요가Yoga'라는 뜻이다. 이 표현은, 예를 들어 『나다–빈두–우파니샤드』 *Nāda-Bindu-Upaniṣad*(5)에서 발견된다. 거기서 이것은 성음 옴Oṃ의 암송을 나타낸다.

hand vessel posture(손 그릇 자세)

⇒ 파니–파트라–아사나pāṇi-pātra-āsana 참조.

Hanumat(하누마트)

주격은 하누만♯hanuman이고, '[강력한] 턱을 가진 자'라는 뜻이다. 바람(파바나pavana)의 신의 아들인 흰색의 큰 원숭이로, 『라마야나』*Rāmāyaṇa* 시대에 라마Rāma에게 비길 데 없이 헌신해서 명성을 얻었다. 그는 날 수 있는 능력과 엄청난 신체적 힘(발라bala)을 포함하여 온갖 종류의 초자연력(싯디siddhi)을 가지고 있었다. 시타Sītā를 납치했던 악마의 왕인 라바나Rāvaṇa에 대항한 전쟁 기간 동안 그는 자신의 초자연력들을 라마가 마음대로 사용할 수 있게 했다. 푸라나Purāṇa들에서 하누마트Hanumat는 쉬바Śiva의 아들로서 칭송받았고, 비슈누Viṣṇu의 화신인 라마의 충실한 하인으로 기억된다. 『마하바라타』*Mahābhārata*에서는 하누마트를 아르주나Arjuna 군대의 기旗에 앉아 있는 원숭이로 인정한다.

happiness(행복)

행복의 추구는 인간의 삶에서 본질적이다. 대개 그것은 사람이 즐거운(수카sukha) 경험을 추구하고 동시에 괴로운(두카duḥkha) 경험을 회피하는 형태를 취한다. 그러나 영적인 관점에서 보면 감각적 즐거움도, 감정적 즐거움도, 지성적 즐거움도 궁극적으로 사람을 만족시킬 수는 없다. 오직 초월적 참자아로서의 자신의 참된 정체성을 회복하는 것만이 영원한 새로운 매혹적 경험에 대한 끊임없는 갈망(트리슈나tṛṣṇā)의 끝을 보장한다. 다른 말로 하자면 우리는 잘못된 장소들, 즉 외적인 것들이든 내적인 상태이든 어느 한 쪽에서 행복을 찾는 경향이 있다. 반면에 참자아의 본성은 내면의 지복(아난다ānanda)이다. 비록 이 관념이 고전 요가(Classical Yoga)에서와 같이 참자아에 대한 이원론적 개념들에도 사실상 들어 있지만, 적어도 이것은 요가Yoga의 대부분의 불이론不二論학파의 가르침이다. 고작해야 깨달음이 고통 또는 심지어 보통의 경험과 연관되어 있다면, 왜 모두 참자아, 즉 절대자를 깨닫기를 원하는가? 달인들의 보편적인 증언에 따르면 사람이 자신의 참된 정체성을 회복하는 것은 인간의 모든 가능한 열망 중 최고의 보상이다.

⇒ 아난다ānanda, 지복 또는 환희(bliss), 무디타muditā, 수카sukha도 참조.

Hara(하라)

'약탈자' 또는 '제거자'라는 뜻이다. 신(Divine)의 파괴적인 면으로서 쉬바Śiva의 별칭이다. 현대적인 용어로 그는 엔트로피(entropy)의 원리이다.

Haragovinda Rāya(하라고빈다 라야)

19세기 벵골Bengal의 탄트리카tāntrika로, 칼리Kālī 숭배를 주로 다룬 쿨라kula 문헌인 『판차마-베다-사라-니르나야』♯*Pañcama-Veda-Sāra-Nirṇaya*('다섯째 베다Veda의 정수에 대한 규명')를 저술하였다.

Harakumāra Thākura(하라쿠마라 타쿠라)

벵골Bengal 출신의 널리 알려진 18세기 후반의 탄트리카tāntrika이다. 그는 『하라-탓트와-디디티』♯*Hara-Tattva-Dīdhiti*('하라의 실재에 대한 해설')와 『푸라슈차라나-보디니』♯*Puraścaraṇa-Bodhinī*('준비 [의례]에 대한 해설'), 『쉴라-차크라르타-보디니』♯*Śilā-Cakrārtha-Bodhinī*('환상열석' 環狀列石, Stone Circle)들에 대한 해설을 포함하여 여러 저작을 저술하였다. 마지막에 언급된 문헌은 샬라-그라마śāla-grāma들에 대해 상세히 다루고 있다.

Hari(하리)

'황갈색인 자'라는 뜻이다. 비슈누Viṣṇu나 크리슈나Kṛṣṇa의 많은 이름 중 하나이다.

Hariharānanda Āranya(하리하라난다 아란야; 1869~1947)

다른 저작 중에서도 『요가-카리카』*Yoga-Kārikā*와 『요가-수트라』*Yoga-Sūtra*에 대한 주석인 『바스와티』*Bhāsvatī*를 저술한 벵골Bengal의 달인이다. 그는 상키야-요가Sāṃkhya-Yoga 전통의 마지막까지 남은 학파 중 하나인, 비하르Bihar에 있는 카필라 마타Kapila Matha의 설립자이다.

harṣa(하르샤)

'흥분'이라는 뜻이다. 바람직하지 못한 감정 상태로

H

널리 간주된다. 때로는 요가Yoga 길의 진전을 방해하는 결점(도샤doṣa)들로 분류된다.

hasta-mudrā(하스타–무드라)

'손 결인'이라는 뜻이다. 신들의 숭배에 널리 사용되는 의례적 손 제스처이다. 몇몇 권위자는 108개의 손 제스처를 말하지만, 『니르바나–탄트라』 *Nirvāṇa-Tantra*(11)에 따르면 55개가 가장 일반적으로 사용된다. 『무드라–비차라』 *Mudrā-Vicāra*('결인들에 대한 연구')에서는 72개를, 『무드라–비디』 *Mudrā-Vidhi*('결인들의 방법')에서는 114개를 기술하고 있다. 두 문헌 모두 자이니즘Jainism에 속한다.

슈리–비디야 I Śrī-Vidyā 전통에서는 다음과 같이 9개가 한 세트로 된 손 제스처(하스타 무드라 hasta-mudrā)에 대해 알고 있다. 아바군타나–무드라 avaguṇṭhana-mudrā, 아바하니–무드라 āvāhanī-mudrā, 데누–무드라 dhenu-mudrā, 스타파니–무드라 sthāpanī-mudrā, 산니다파나–무드라 saṃnidhāpana-mudrā, 산니로다니–무드라 saṃnirodhanī-mudrā, 삼무키카라니–무드라 sammukhīkaraṇī-mudrā, 사칼리크리티–무드라 sakalīkṛti-mudrā.

연구에서 각 손가락의 끝이 뚜렷한 전기 신호를 발생시킨다는 것을 보여 주었다. 손가락들을 접촉하는 것 또한 전압의 진폭을 낮추면서 신호도 변화시켰다. 루드라크샤rudrākṣa는 금속 실을 사용했을 때 선택적으로 '[신체의] 표면들'에 기초를 둔 신경계를 자극하였다. 따라서 연구 결과는 문헌의 진술을 입증하였다.

⇒ 무드라 mudrā도 참조.

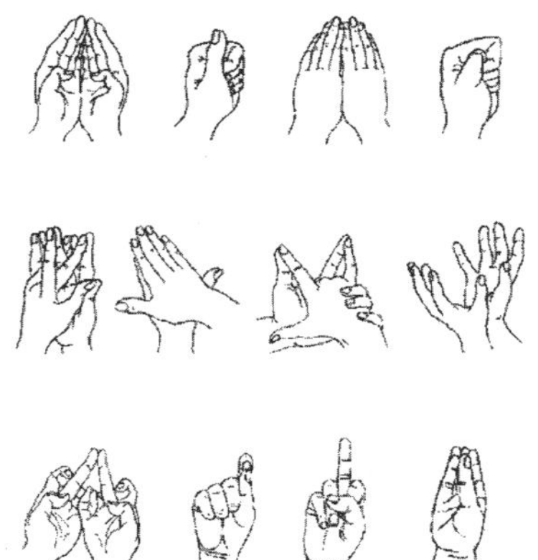

슈리–비디야 전통에서 사용되는 의례적 손 제스처(하스타–무드라)

hasti-jihvā(하스티–지와)

'코끼리의 혀'라는 뜻이다. 신체에 있는 열네 개의 주요 생기(프라나 prāṇa) 통로(나디 nāḍī) 중 하나이다. 이 나디는 일반적으로 중앙 통로(수슘나–나디 suṣumṇā-nāḍī)의 뒤쪽에 위치하고 오른쪽 눈까지 뻗어 있다고 한다. 그러나 『다르샤나–우파니샤드』 *Darśana-Upaniṣad*(4. 14)에 따르면 이것은 이다–나디 iḍā-nāḍī 뒤쪽에 위치하고 오른쪽 엄지발가락까지 뻗어 있다. 『요가–야갸발키야』 *Yoga-Yājñavalkya*(4. 44)에서는 이 나디가 왼쪽 발가락들과 연결되어 있다고 주장하는 한편, 『싯다–싯단타–팟다티』 *Siddha-Siddhānta-Paddhati*(1. 67)에는 이것이 귀에 이른다고 되어 있다.

hasti-niṣadana(하스티–니샤다나)

'코끼리 자리(좌법)'라는 뜻이다. 『요가–바쉬야』 *Yoga-Bhāṣya*(2. 46)에 언급되어 있기는 하지만 더 이상 기술되어 있지 않은 좌법(아사나 āsana)이다.

⇒ 니샤다나 niṣadana도 참조.

hatred(혐오 또는 증오)

⇒ 드웨샤 dveṣa, 드웨샤–요가 Dveṣa-Yoga 참조.

haṭha-pāka(하타–파카)

'강력하게 조리함'이라는 뜻이다. 크셰마라자 Kṣemarāja의 『프라티야비갸–흐리다야–수트라』 *Pratyabhijñā-Hṛdaya-Sūtra*(11)에서 영적 수행자를 성숙시키는 강렬한 과정을 나타내는 데 사용된 용어이다. 탄트라Tantra의 입문 과정은 다음과 같이 세 종류의 입문 과정으로 이루어져 있다. (1)스파르쉬–디크샤(sparśī-dīkṣā; '접촉을 통한 입문식'), (2)차크슈쉬–디크샤(cākṣuṣī-dīkṣā; '시각적 입문식'), (3)마나시–디크샤[mānasī-dīkṣā; '정신적(mental) 입문식'].

Haṭha-Ratnāvalī(하타-라트나발리)

'하타[-요가]Haṭha[-Yoga]에 대한 보석 목걸이'라는 뜻이다. 『하타-요가-프라디피카』*Haṭha-Yoga-Pradīpikā*에 담긴 내용을 훌륭한 방식으로 부연 설명한, 397송으로 된 저작이다. 이 문헌은 적어도 한 개 정도의 주석(아고라쉬바차리야Aghoraśivācārya가 쓴)이 있는 것으로 보인다. 이 책의 저자인 슈리니바사 밧타Śrīnivasa Bhatta의 스승은 아트마라마Ātmārāma임에 틀림없다. 그는 또한 베단타Vedānta, 니야야Nyāya, 탄트라Tantra에 대한 저작도 저술하였다.

Haṭha-Saṃketa-Candrikā(하타-상케타-찬드리카)

'하타[-요가]Haṭha[-Yoga] 전통에 대한 달빛'이라는 뜻이다. 순다라데바Sundaradeva가 저술한 18세기 저작으로, 그는 베나레스Benares의 카쉬야파(Kāśyapa 또는 Kaśyapa) 가문♯gotra에 소속된 비슈와나타데바Vishvanāthadeva의 아들이다. 저자는 다른 저작들에서 풍부하게 인용하고, 그의 문헌은 대략 3천 송으로 되어 있다. 흥미롭게도 이 문헌에는 『게란다-상히타』*Gheraṇḍa-Saṃhitā*와 관련된 언급들이 전혀 들어 있지 않다.

Haṭha-Tattva-Kaumudī(하타-탓트와-카우무디)

'하타[-요가]Haṭha[-Yoga]의 원리들에 대한 달빛'이라는 뜻이다. 순다라데바Sundaradeva가 저술한 하타-요가 문헌이다. 그는 열두 권 가량의 다른 저작뿐만 아니라 『하타-상케타-찬드리카』*Haṭha-Saṃketa-Candrikā*도 저술하였다. 총 56장으로 구성된 『카우무디』*Kaumudī*에서는 분명히 훨씬 더 방대한 축약본이 있다고 주장하지만, 아직까지 『요가-흐리다야』♯*Yoga-Hṛdaya*라는 제목의 저작은 발견되지 않았다. 저자는 이 문헌에서 하타-요가의 이론과 수행에 대한 조예 깊은 지식을 보여 준다. 『육타-바바데바』*Yukta-Bhavadeva*처럼 독창적이지는 않은 것 같지만, 『카우무디』는 18세기 하타-요가의 상황을 개략적으로 훌륭하게 설명한다.

Haṭha-Yoga(하타-요가)

'힘의 요가Yoga' 또는 '강력한 요가'라는 뜻이다. 또는 하타-비디야(♯haṭha-vidyā; '하타의 지식')라고도 불린다. 이 정의는 일반적으로 신체를 완전하게 함으로써 참자아를 깨달을 수 있도록 되어 있는 광범한 이론 및 실천 체계에 적용할 수도 있지만, 요가의 종류 가운데서도 구체적으로 칸파타파Kānphaṭa sect를 의미한다. 이와 같은 하타-요가Haṭha-Yoga는 탄트리즘Tantrism의 전 인도적 운동에서 중요한 면이다. 이러한 절충적 요가의 역사적 뿌리는 여러 가지이다. 한편으로 이것은 카야-사다나(♯kāya-sādhana; '신체 수행')를 가진 탄트라Tantra의 싯다 컬트Siddha cult에 견고하게 뿌리 내리고 있고, 다른 한편으로는 연금술(라사야나rasāyana)에서 영감을 받았다. 또 샤이비즘Śaivism, 샥티즘(Śaktism, 쿤달리니 kuṇḍalinī 교의의 형성에서), 아드와이타 베단타Advaita Vedānta, 심지어 (탄트라적) 금강승♯Vajrayāna 불교로부터 매우 중요한 자극을 받았다. 거기에는 또한 이욕(離慾, renunciation)을 다룬 신비한 베단타Vedānta 저작인 산니야사-우파니샤드Saṃnyāsa-Upaniṣad들에 기술된 '내면의 소리를 배양하는 수행'♯nāda-anusaṃdhāna과 강한 연관이 있는 것도 보인다.

하타-요가의 창시자로서 널리 칭송받고 있는 가장 대표적인 스승은 나타Nātha 전통의 일원인 고라크샤 I (Gorakṣa; 9세기 또는 10세기)이다. 이 전통에서는 신체 단련이 해탈에 결정적인 역할을 한다고 보았다. 서구의 많은 학자는 하타-요가가 문화적 쇠퇴기의 산물이라고 간주한다. 인도에서조차도 이 요가는 일찍이 발전 초기부터 비판을 받았다. 예를 들자면 『라구-요가-바시슈타』*Laghu-Yoga-Vāsiṣṭha*(5. 6. 85, 92)에서는 이 요가를 명백하게 부정했는데, 여기서는 하타-요가가 고통으로 이끌 뿐이라고 주장했다. 하타-요가를 가장 강력하게 비판한 사람은 16세기의 대학자이자 요가 수행자였던 비갸나 비크슈Vijñāna Bhikṣu였다. 그의 비판 중 일부, 특히 이 요가의 접근법에 나타나는 마술적 저류에 반대하는 관점은 의심의 여지없이 정당화되었다. 그러나 우리는 매우 탁월한 달인들을 많이 배출한 하타-요가 전통 전반에 대해 비판하지 않도록 반드시 주의해야 한다. '쇠퇴기의 요가'(J. H. Woods, 1966)라는 꼬리표는 믿을 만하지 못하다. 가끔은 과도하기도 하

H

고 일반적인 것에서 벗어나기도 하지만, 신체를 긍정적으로 여기는 이 요가의 방침은 전성기 탄트리즘의 통합주의적 정신(spirit)을 극대화한다. 탄트라의 모든 학파처럼 이 요가는 암흑시대(칼리-유가 kali-yuga)인 현재의 어려운 환경을 위한 가르침이라고 주장한다.

또한 하타-요가는 하타 haṭha라는 단어 자체에 '힘' 또는 '강력한'이란 의미가 있어서 '쉬운' 길처럼 암시되어 있지만 결코 그렇게 간단히 처리되어서는 안 된다. 『지반-묵티-비베카』 *Jīvan-Mukti-Viveka*(1, p. 156)에서 저자인 비디야란야 Vidyāraṇya가 '온화한 요가' ♯ mṛdu-yoga라고 불렀던 요가와는 명확하게 대조된다. 그는 두 종류의 접근법을 다음과 같이 특징짓는다. 사람이 동물을 우리에 넣고자 할 때 약간의 신선한 풀로 꾈 수도 있지만 채찍으로 때릴 수도 있다. 전자의 방식이 더 낫다. 후자의 방식은 동물에게 막연한 공포를 불러일으킬 뿐이다. 이와 유사하게 친구와 적을 평등(사마트와 samatva)하게 대하는 것은 마음을 정복하는 쉬운 방법이다. 다른 어려운 방법은 호흡을 조절하는 것(프라나야마 prāṇāyāma)과 감각기관을 제어하는 것(제감制感, 프라티야하라 pratyāhāra)이다. 이것은 하타-요가에 대한 상당한 편견을 보여 주는데, 세계를 부정하고 신체를 부인하는 경향이 있는 베단타 전통의 추종자들 사이에는 일반화되어 있다.

하타라는 단어는 또한 보다 깊고 신비한 중요성도 있다. 그러니까 이 단어의 두 음절, 하 ha와 타 ṭha는 각각 소우주의 태양(수리야 sūrya)과 달(찬드라 candra)을 의미하는 것으로 종종 설명되는 한편, 요가는 이 두 심령 에너지 원리의 결합(아이키야 aikya)이다.

하타-요가는 고전 요가(Classical Yoga)로도 알려져 있는, 파탄잘리 Patañjali의 '왕의' 여덟 가지로 된 길(8지支 요가)인 라자-요가 Rāja-Yoga와 빈번히 대비된다. 그러나 이러한 구분은 상대적으로 최근의 일이다. 비갸나 비크슈에 의해 처음 도입되었던 것으로 추정된다. 처음부터 하타-요가는 보다 높은 요가적 상태인 집중(concentration, 총지總持, 다라나 dhāraṇā), 명상(meditation, 정려精慮, 디야나 dhyāna), 무아경(삼매, 사마디 samādhi)을 포함하고 있었다. 그러나 가장 널리 알려진 하타-요가의 매뉴얼인 『게란다-상히타』 *Gheraṇḍa-Saṃhitā*(1. 1)와 『하타-요가-프라디피카』 *Haṭha-Yoga-Pradīpikā*, 『쉬바-상히타』 *Śiva-Saṃhitā*(5. 181)에서 하타-요가는 라자-요가로 가는 '계단'으로 기술되어 있다. 『하타-요가-프라디피카』(4. 104)는 다음과 같이 비유한다. 실재(탓트와 tattva)는 종자이고 하타-요가는 토양이며 무욕(無慾, ♯ udāsīnya)은 물이다. 이 모두는 함께 전설의 소원 성취 나무 ♯ kalpa-vṛkṣa의 성장을 촉진시킨다. 이 나무는 운마니 unmanī, 즉 마음에 대한 무아경적 초월이라는 숭고한 상태이다.

그러나 하타-요가는 초월의 경험만 추구하는 것은 아니다. 이것의 목적은 인간의 신체를 참자아를 깨닫기에 적합한 매개물로 만드는 데 있다. 신체를 가지고 있다는 것은 참된 장점으로 이해되고, 깨달음은 명백한 신체적 반향들을 갖는다고 생각된다. 『쉬바-상히타』(2. 49)에서는 다음과 같이 단언한다. "카르마 karma로 얻은 신체가 해탈(니르바나 nirvāṇa)의 수단이 되면, 신체라는 운반 수단(바하나 vāhana)은 결실을 맺을 뿐 다른 것은 없다." 또는 『게란다-상히타』(1. 8)의 표현을 빌자면, "굽지 않은 항아리를 물속에 두는 것처럼, [신체라는] 운반 수단은 [곧] 영원히 쇠퇴하게 된다. 요가의 불로 잘 구운 운반 수단은 정화되고 [내구력이 있게] 된다." 『요가-쉬카-우파니샤드』 *Yoga-Śikhā-Upaniṣad*(1. 161ff.)에서 우리는 다음과 같은 송들을 발견할 수 있다.

> 태어나지도 죽지도 않는 신체(핀다 piṇḍa)를 가진 자는 살아서 해탈(지반-묵타 jīvan-mukta)한다. 가축, 공작, 벌레 등은 틀림없이 죽게 된다.
> 오, 파드마자 Padmaja여! 어떻게 신체를 버림으로써 해탈을 얻을 수 있겠는가? [요긴 yogin의] 생기는 바깥으로 뻗어나가지 않고 [척주 중앙 통로, 즉 수슘나-나디 suṣumṇā-nāḍī에 집중된다.] 그때 어떻게 신체를 버리는 일이 [발생할] 수 있겠는가?
> 신체를 버림으로써 얻을 수 있는 해탈이라면 그러한 해탈은 무가치하지 않을까? 마치 암염이 물속으로 [용해되는 것]처럼 그렇게 절대자성(絶對者性, ♯ brahmatva)은 [깨달은 존재의] 신체에까지 도달한다.

동일성∮ananyatal의 상태에] 이를 때 수행자는 해탈되었다고 한다. [그러나 다른 사람들은 계속해서] 여러 신체와 기관 들을 구별한다.

절대자는 구체적인 신체∮dehatva를 획득한다. 마치 물이 물거품이 되는 것처럼.

그래서 하타-요긴haṭha-yogin은 자신의 신체를, 질병에 영향받지 않고 보통의 육체적 신체를 특징짓는 한계로부터 자유로운 '요가적 신체'(요기-데하yogi-deha 또는 바즈라-데하vajra-deha)로 만듦으로써 해탈을 성취하려 노력한다. 요가적 신체는 '초감각'∮atīndriya과 보통 사람의 능력을 훨씬 넘어서는 힘을 부여받는다고 한다. 『요가-쉬카-우파니샤드』(1. 134)에 따르면 하타-요가는 결점(도샤doṣa)에서 기인하는 '아둔함'과 '부정함'을 제거한다. 이것은 요가적 성취의 둘째 단계에 대한 언급이고, 첫째는 모든 질병(로가roga)의 제거이다. 셋째 단계는 내면의 달(찬드라)이 '불사의 감로'(아므리타amṛta)를 나타내 보여, 그 결과 신체는 젊어지게 되고 요긴은 다양한 초자연력(싯디siddhi)을 획득한다.

깨달은 달인의 신체는 실제로 우주적 신체이다. 따라서 그는 의지대로 어떠한 형태나 형상을 취할 수 있다고 한다. 성스럽게 변화된 이 신체는 또 아티바히카-데하ātivāhika-deha, 즉 '초전도 신체'라고도 불린다. 이것은 편재하고 빛나는 운송 수단이다. 『요가-비자』*Yoga-Bīja*(53ff.)에서는 이것을 다음과 같이 설명한다.

> [요긴의] 신체는 에테르(공空)와 같다. 아니 이보다 더 순수하다. 그의 신체는 가장 미세한 것보다 더 미세하고 어떠한 조대한 [대상]보다 더 조대하며 [가장] 무감각한 것보다 [고통 등에] 더 무감각하다.
>
> 요긴들의 우두머리의 [신체는] 그 자신의 의지를 따른다. 그 신체는 자급자족할 수 있고 자율적이며 불사이다. 그는 삼계, 즉 지계 · 중간계 · 천상계 중 어디에 있든지 유희로 자신을 즐겁게 한다.
>
> 요긴은 생각지도 못할 능력들을 소유하고 있다. 감관을 정복한 그는 자신의 의지대로 다양한 형상을 만들 수 있고 또 없앨 수도 있다.

그러므로 하타-요가의 달인들은 깨달은 스승일 뿐 아니라 세상의 창조자와 동등한 존재로 여겨지는 마술사들이다.(프라자파티 Prajāpati 참조)

신체에 대한 하타-요가의 철학은 고라크샤가 저술한 것으로 여겨지는 초기 저작 『싯다-싯단타-팟다티』*Siddha-Siddhānta-Paddhati*의 여섯 장 중 다섯 장에서 가장 공들여 논의되고 있다. 이러한 신체 단련적 접근은 요가의 기법들, 특히 정화법과 청소법(쇼다나śodhana, 다우티dhauti), 요가 자세(아사나āsana), 호흡법(프라나야마) 분야의 기법들을 과도하게 개발하게 했다. 일반적으로 하타-요긴들은 파탄잘리에 의해 윤곽이 잡힌 여덟 가지로 된 길(8지支 요가)을 받아들이지만, 여덟 지분 중 몇몇 부분만 매우 발전시켰다. 그러나 『게란다-상히타』는 일곱 가지 수행(삽타-다나sapta-sādhana)을 제시한다. 또 『요가-탓트와-우파니샤드』*Yoga-Tattva-Upaniṣad*(24ff.)에서는 하타-요가가 다음의 20'가지'(지분, 앙가aṅga)를 가지고 있다고 소개한다. 이 지분 중 첫 여덟 개의 지분은 8지 요가의 내용과 동일하다. 도덕 훈련(금계, 야마yama), 자기 억제(권계, 니야마niyama), 요가 자세(아사나), 호흡 통제(프라나-상야마prāṇa-saṃyama), 감각 제어(제감制感, 프라티야하라), 집중(다라나), 명상(디야나), 무아경(삼매, 사마디), '위대한 결인'(마하-무드라mahā-mudrā), '위대한 잠금'(마하-반다mahā-bandha), '위대한 관통'(마하-베다mahā-vedha), '공중 보행 결인'(케차리-무드라khecarī-mudrā), '인후 잠금'(잘란다라-반다jālandhara-bandha), '상향 잠금'(웃디야나-반다uḍḍiyāna-bandha), '뿌리 잠금'(물라-반다mūla-bandha), 중심의 위아래로 넓어진 프라나바praṇava에 대한 수행∮dīrgha-praṇava-saṃdhāna, 가르침에 귀 기울이기, 즉 학습하기∮siddhānta-śravaṇa, '바즈롤리 결인'(바즈롤리-무드라vajrolī-mudrā), '아마롤리 결인'(아마롤리-무드라amarolī-mudrā), '사하졸리 결인'(사하졸리-무드라sahajolī-mudrā)이다. '잠금'(반다bandha)과 '결인'(무드라mudrā)은 모두 신체 내의 생기(프라나prāṇa) 흐름을 조절하고 통제하기 위해 설계되어 있다. 생기에 대해 통달하는 것은 모든 하타-요가 학파에 필수적이다. 그러므로 호흡법(프라나야마)은 문헌들에서 매우 두드러지게 나타나고 있다. 『아마라우가-프라보다』*Amaraugha-Prabodha*(4)에서는 사실상 하타-

요가를 반드시 호흡 조절을 수반하는 요가로 정의한다. 이것의 주요 관념은 호흡 조절이 마음의 통제를 내포하고 있다는 것이다. 왜냐하면 이 둘은 밀접하게 연관되어 있기 때문이다.

하타-요긴의 주된 목표는 자신의 신체 생기가 동요하며 흐르는 것을 차단하는 것이다. 일반적으로 생기는 신체 활동을 유지하고, 의식이 깨어 있든 잠들어 있든 일상의식(consciousness)의 모든 현상을 산출하는 좌우 통로(나디 nāḍi)들을 따라서 순환한다. 하타-요긴은 타고난 이 신체 에너지를 집중시켜서 흩어지지 않도록 막으려고 한다. 그는 이 에너지의 방향을 바꾸어서 수슘나-나디라고 불리는 신체 중앙의 축을 따라서 흐르게 하려고 노력한다. 이것은 '뱀의 힘'(쿤달리니-샤티 kuṇḍalinī-śakti)으로 알려져 있는 신체의 지배적인 심리적 · 영적 에너지를 깨워서, 척주 기저에 있는 물라다라-차크라 mūlādhāra-cakra에서 정수리에 있는 사하스라라-차크라 sahasrāra-cakra에 이르기까지 점진적으로 인도한다고 생각된다. 정수리에 있는 에너지 센터는 쉬바 Śiva의 자리라고 여겨진다. 여성 원리, 즉 쿤달리니-샤티의 형상을 한 여신의 에너지와 남성 원리인 쉬바의 결합은 일시적인 상태의 비이원적 참자아의 깨달음, 즉 니르비칼파-사마디 nirvikalpa-samādhi를 낳는다.

이 무아경적 깨달음은 신체를 포함하고 있기 때문에, 예를 들자면 베단타 전통에서처럼 단지 명상의 결과로서의 사마디보다 더 완전하다고 생각된다. 하타-요가와 탄트라 일반에서 깨달음은 전신의 계발과 관련된 문제이다. 이러한 접근은, 해탈(묵티 mukti)과 향수(북티 bhukti)는 완전하게 양립할 수 있다는 탄트라의 금언으로 요약할 수 있다.

하타-요가 문헌은 상당히 광범하지만 거의 연구되지 않은 상태이다. 극소수의 저작들만 편집되고 번역되었다. 특히 이 전통의 가장 초기 역사에 대해서는 여전히 잘 알지 못한다. 가장 인기 있는 두 저작은 『하타-요가-프라디피카』와 『게란다-상히타』이다. 다른 저작들로는 다음과 같은 것들이 있다. 『아마나스카-요가』*Amanaska-Yoga*, 『아마라-나타-상와다』*Amara-Nātha-Saṃvāda*, 『아마라우가-프라보다』, 『아난다-사뭇차야』*Ānanda-Samuccaya*, 『브리하드-요기-야갸발키야-스므리티』*Bṛhad-Yogi-Yājñavalkya-Smṛti*, 『차르파타-샤타카』*Carpaṭa-Śataka*, 『고라크-보다』*Gorakh-Bodha*, 『고라크-우파니샤드』*Gorakh-Upaniṣad*, 『고라크샤-부장가』*Gorakṣa-Bhujaṅga*, 『고라크샤-팟다티』*Gorakṣa-Paddhati*, 『고라크샤-샤타카』*Gorakṣa-Śataka*, 『고라크샤-싯단타-상그라하』*Gorakṣa-Siddhānta-Saṃgraha*, 『고라크샤-바차나-상그라하』*Gorakṣa-Vacana-Saṃgraha*, 『고라크샤-비자야』*Gorakṣa-Vijaya*, 『하타-라트나발리』*Haṭha-Ratnāvalī*, 『하타-상케타-찬드리카』*Haṭha-Saṃketa-Candrikā*, 『하타-탓트와-카우무디』*Haṭha-Tattva-Kaumudī*, 『갸나-아므리타』*Jñāna-Amṛta*, 『지욧스나』*Jyotsnā*, 『맛시옌드라-상히타』*Matsyendra-Saṃhitā*, 『나바-샥티-샷카』*Nava-Śakti-Ṣaṭka*, 『샤트-카르마-상그라하』*Ṣaṭ-Karma-Saṃgraha*, 『쉬바-상히타』, 『쉬바-스와로다야』*Śiva-Svarodaya*, 『쉬바-요가-프라디피카』*Śiva-Yoga-Pradīpikā*, 『요가-비자』, 『요가-카르니카』*Yoga-Kārṇika*, 『요가-마르탄다』*Yoga-Mārtaṇḍa*, 『요가-샤스트라』*Yoga-Śāstra*, 『요가-비샤야』*Yoga-Viṣaya*, 『요가-야갸발키야』*Yoga-Yājñavalkya*, 『육타-바바-디피카』*Yukta-Bhava-Dīpikā*. 아마도 『싯다-싯단타-팟다티』가 가장 오래된 저작 중 하나일 것이다. 이 저작들 외에도 21개의 요가-우파니샤드 Yoga-Upaniṣad도 있다.

⇒ 차라나 caraṇa도 참조.

Haṭha-Yoga-Pradīpikā(하타-요가-프라디피카)

'강력한 요가 Yoga에 대한 등불'이라는 뜻이다. 하타-요가 Haṭha-Yoga에 대한 가장 널리 사용되는 매뉴얼이다. 스와트마라마 요긴(Svātmārāma Yogin; 14세기 중엽)이 저술하였다. 이 저작은 신체적 수행과 더불어 더 높은 영적 목적들과 라자-요가 Rāja-Yoga 수행법들을 통합하려 한다. 이 문헌의 상당한 인기는 이것에 대해 쓰인 수많은 산스크리트 Sanskrit 주석으로부터 판단할 수 있고, 그것 중에서 특히 주목할 만한 것들로는 우마파티 Umāpati, 마하데바 Mahādeva, 라마난다 티르타 Rāmānanda Tīrtha, 브라자부샤나 Vrajabhūṣaṇa가 쓴 것이다. 가장 잘 알려진 주석은 브라마난다 Brahmānanda의 『지욧스나』*Jyotsnā*이다.

『하타-요가-프라디피카』*Haṭha-Yoga-Pradīpikā*의 가장 널리 사용되는 판본은 4장 총 389개의 2행 연구聯句로 이루어진 것이지만, 수많은 다양한 판본이 있다. 일부 필사본에는 24송으로 된 한 장이 추가되어 있지만 중보된 이 장은 후대에 속하는 것으로 보인다.

가로테M. L. Gharote와 데브나트P. Devnath의 『하타-요가-프라디피카』 편집본(2001)은 10장 626송으로 이루어진 온전한 문헌으로 보인다. 편집자들은 그 문헌의 '특징' 16가지를 지목했다. 그 가운데서 다음의 내용들은 특히 주목할 만하다. (1)요가 자세, 호흡 보유, 결인, 내면의 소리(나다nāda)의 배양으로 된 '네 가지로 된 요가'(4지支 요가, ☞catur-aṅga-yoga)로 불리는 것에 대한 논의뿐만 아니라 여섯 가지로 된 길(6지 요가, ☞ṣaḍ-aṅga)에 대한 묘사. (2)'여섯 가지 행법'(샤트-카르만ṣaṭ-karman)들 각각을 다룸. (3)결인(무드라mudrā)에 대한 상세한 논의. (4)심장의 연꽃(흐리트-파드마hṛt-padma)과 뱀의 힘에 대한 자세한 묘사. (5)임종 때에 대한 지식☞kāla-jñāna과 신체를 떠난 해탈(이신해탈離身解脫, 비데하-묵티videha-mukti)의 지식을 상세히 설명함.

의미심장하게도 스와트마라마는 요가의 길을 체계화하지 않고 핵심 기법들에 대한 많은 근본적인 정의

श्रीः

हठयोगप्रदीपिका

ज्योत्स्नायुता

प्रथमोपदेशः

श्रीआदिनाथाय नमोऽस्तु तस्मै येनोपदिष्टा हठयोगविद्या ।
विभ्राजते प्रोन्नतराजयोगमारोढुमिच्छोरधिरोहिणीव ॥ १ ॥

श्रीगणेशाय नमः ॥

गुरुं नत्वा शिवं साक्षाद्ब्रह्मानन्देन तन्यते ।
हठप्रदीपिकाज्योत्स्ना योगमार्गप्रकाशिका ॥
इदानींतनानां सुबोधार्थमस्याः सुविज्ञाय गोरक्षसिद्धान्तहार्दम् ।
मया मेरुशास्त्रिप्रमुख्याभियोगात् स्फुटं कथ्यतेऽत्यन्तगूढोऽपि भावः ॥

मुमुक्षुजनहितार्थं राजयोगद्वारा कैवल्यफलां हठप्रदीपिकां विधित्सुः परमकारुणिकः स्वात्मारामयोगीन्द्रस्तत्प्रत्यूहनिवृत्तये हठयोगप्रवर्तकश्रीमदादिनाथनमस्कारलक्षणं मङ्गलं तावदाचरति—श्रीआदिनाथायेत्यादिना । तस्मै श्रीआदिनाथाय नमोऽस्त्वित्यन्वयः । आदिश्चासौ नाथश्च आदिनाथः सर्वेश्वरः । शिव इत्यर्थः । श्रीमानादिनाथः तस्मै श्रीआदिनाथाय । श्रीशब्द आदिर्यस्य सः

주석서『지욧스나』가 있는『하타-요가-프라디피카』의 산스크리트 출판본의 개시송

를 제공한다. 그는 16가지 요가 자세(아사나āsana)를 기술하였고, 그것 중 대부분은 다리를 교차하여 앉는 자세의 변형들이다. 그는 체질(도샤doṣa)들의 부조화로 고통받는 수행자들을 위해서 '여섯 가지 행법'(샤트-카르만)을 서술한다. 이러한 정화 수행법들은 호흡 조절에 앞서 해야 할 것들이다. 스와트마라마는 자신이 '호흡 보유'(쿰바카kumbhaka)라고 불렀던 호흡 조절을 8가지 종류로 구분하였다. 이것들은 '뱀의 힘'(쿤달리니-샤티kuṇḍalinī-śakti)을 상승시킨다고 생각된다. 이 비의적인 과정에 인후, 복부, 항문으로 된 3가지에 대한 '잠금'(반다bandha)을 포함한 10가지 '결인'(무드라)도 덧붙여진다. 그러나 이 문헌에는 또한 아마롤리-무드라amarolī-mudrā와 사하졸리-무드라sahajolī-mudrā에 대한 설명도 포함되어 있다. 스와트마라마의 가르침의 탁월한 특징은 정신의(mental) 용해(라야laya) 상태를 성취하는 수단인 '소리를 통한 숭배'☞nāda-upāsanā이다.

haṭha-yogin(하타-요긴, 남성) 또는 **haṭha-yoginī**(하타-요기니, 여성)

'강력한 요가Yoga'(하타-요가Haṭha-Yoga) 수행자이다.

『하타-요가-프라디피카』*Haṭha-Yoga-Pradīpikā*(4. 79)에서 하타-요긴haṭha-yogin은 라자-요긴rāja-yogin과 뚜렷한 대조를 보인다. "라자-요가Rāja-Yoga에 대한 지식 없이 오직 하타[-요가]만 수행[하는 사람들이 있다.] 이 수행자들은 [각자] 노력한 결과를 얻기 어렵다고 생각한다." 그러나 이러한 구별이 모든 하타-요긴에게 적용되는 것은 아니다.

Hauer, Jakob Wilhelm(야고프 빌헬름 하우어; 1881~1961)

저명한 독일인 인도학자이자 종교사학자이다. 1920년대 초반에 요가Yoga 연구에 처음 착수하였다. 그는 후대 요긴yogin들의 전신이라고 보았던 브라티야Vrātya들에 대한 논문(1927)을 썼고, 요가에 대한 포괄적인 연구서[『요가』*Der Yoga*(1932). 1958년에 개정판 출간]도 저술하였다.

havis(하비스)

곡물, 우유, 버터 또는 소마soma로 이루어진 희생 의례의 봉납물로 이것들을 불 속에 쏟아 붓는다.

hādi-vidyā(하디-비디야)

'하디hādi에 대한 지식'이라는 뜻이다. 하디-마타(♯hādi-mata; '하디의 가르침')라고도 불린다. 로파무드라Lopāmudrā가 전수한 슈리-비디야 I Śrī-Vidyā 지식, 특히 탄트라Tantra의 만트라mantra이다.

하 사 카 라 흐림 ha sa ka la hrīm

하 사 자 하 라 흐림 ha sa ja ha la hrīm

사 카 라 흐림 sa ka la hrīm

[비교] 카디-비디야kādi-vidyā.

hāna(하나)

'중지'라는 뜻이다. 고전 요가(Classical Yoga)에서 '번뇌'(클레샤kleśa)의 중단을 말한다.

head(머리)

산스크리트Sanskrit로는 쉬르샤♯śīrṣa, 쉬라스♯śiras, 카팔라kapāla, 무르다♯mūrdha이다. 흔히 집중(concentration)하는 장소이다. 『바가바드-기타』*Bhagavad-Gītā*(8. 12)에서는 생기(프라나prāṇa)를 머릿속으로 끌어올려야만 한다고 언급한다. 『요가-수트라』*Yoga-Sūtra*(3. 32)에서는 '머릿속의 빛'♯mūrdha-jyotis에 대해 말한다. 달인들의 통찰력(vision, 싯다-다르샤나 siddha-darśana)을 산출하는 무아경적 '억제'(총제總制, 상야마 saṃyama) 수행을 위해서 요긴yogin은 그 빛에 주의를 집중해야만 한다.

머리는 드와다샤-안타-차크라♯dvādaśa-anta-cakra, 사하스라라-차크라sahasrāra-cakra, 아갸-차크라ājñā-cakra, 탈루-차크라♯tālu-cakra와 같은 여러 주요 심령 에너지 센터(차크라cakra)의 자리이기도 하다.

⇒ 신체(body), 심장(heart)도 참조.

headstand(물구나무서기)

⇒ 쉬르샤-아사나 śīrṣa-āsana, 비파리타-카라니-무드라 viparīta-karaṇī-mudrā, 사르바-앙가-아사나 sarva-aṅga-āsana 참조.

health(건강)

아로기야ārogya이다. 신체의 세 종류의 체액(도샤doṣa)의 조화로운 상호작용으로 이해되는 건강은 모든 영적인 길에 바람직하다고 여겨진다. 아마도 질병이 주의집중에 부정적인 영향을 미치기 때문인 것 같다. 그러나 이것은 요가Yoga에서 심지어 하타-요가Haṭha-Yoga에서조차 목표라기보다는 필수조건이다.

[비교] 로가roga, 비야디vyādhi.

heart(심장)

인도의 영적 전통에서는 다른 곳에서와 마찬가지로 '심장'이 신체 기관이라기보다는 물질적 층위의 심장 근육에 상응하는 심리·영성적 구조를 나타낸다. 요긴yogin과 신비주의자 들은 이 영적 심장을 초월적 참자아의 자리로 찬양한다. 이것은 흐리드hṛd, 흐리다야 hṛdaya, 흐리트-파드마(hṛt-padma; '심장의 연꽃')로 불린다. 이것은 요긴이 자신의 마음을 반드시 제어해야만 하는 비밀의 '동굴'(구하guhā)로서 빈번히 언급된다. 일부 학파들, 특히 카슈미르 샤이비즘Kashmiri Śaivism에서는 흐리다야hṛdaya라는 단어를 궁극적 참실재에도 적용한다.

⇒ 아나하타-차크라 anāhata-cakra, 신체(body), 머리(head), 마르만marman도 참조.

heaven(천상 또는 천국)

⇒ 스와르가svarga 참조.

heedlessness(부주의)

⇒ 프라마다pramāda 참조.

hell(지옥)

⇒ 나라카Nāraka 참조.

herbs(약초)
⇒ 아우샤디auṣadhi 참조.

hermitage(은둔처)
⇒ 아슈라마āśrama, 쿠티라kuṭīra, 마타maṭha 참조.

hero(영웅)
⇒ 비라vīra 참조.

heroic posture(영웅 자세)
⇒ 비라-아사나vīra-āsana 참조.

heroism(영웅적 자질 또는 용기)
⇒ 비리야vīrya 참조.

hiṃsā(힝사)
'상해' 또는 '폭력'이라는 뜻이다. 비야사Vyāsa의 『요가-바쉬야』*Yoga-Bhāṣya*(2. 34)에 따르면 상해를 가했는지(능동적인 것인지) 상해를 당하게 되었는지(수동적인 것인지) 승인된 것인지, 그 근원이 탐욕인지 분노인지 틀린 생각인지, 그리고 부드러운 것인지 중간의 것인지 격렬한 것인지(그것들 각각의 정도는 다시 3가지 유형의 강도가 있다)에 따라서 81가지 유형의 폭력이 있다. 다른 존재에게 해를 끼치려는 바로 그 의도가 잘못된 것이고 의도자에게 해롭다는 것이 일반적인 원리이다. 따라서 요가Yoga에서 중요한 것으로 생각되는 이 관념은 비폭력, 즉 아힝사ahiṃsā이다.

Hindu(힌두)
힌두이즘Hinduism의 구성원 또는 힌두이즘의 어떤 면이다.

Hinduism(힌두이즘)
인도의 지배적 문화이다. 적어도 이론상으로 이것은 브라민brahmin, 브라마나 I brāhmaṇa들의 신성한 전통에 기반하고 있다. 이 명칭은 상당히 문제가 있는데, '힌두'Hindu는 생각과 수행법, 직관적 통찰(vision), 태도 들로 된 무정형의 큰 집합체를 기술하는 것이기 때문이다. 그러나 그것들이 공통적으로 가지고 있는 것은 『리그-베다』*Rg-Veda* 시대까지 거슬러 올라가는 공유의 역사이고 고유의 인더스-사라스와티 문명(Indus-Sarasvati civilization)이다. (집합적으로 베다Veda로 알려진) 네 종류의 베다 찬가 '모음집'(상히타Saṃhitā)들에 들어 있는 지혜와 민간전승은 후대 힌두이즘Hinduism의 기반을 이룬다. 힌두이즘에 대응하는 인도 고유의 용어는 사나타나-다르마Sanātana-Dharma이다.

19세기에 본질적으로 막스 뮐러Max Müller에 의해 확립된 전통적인 인도학의 연대기에서는 『리그-베다』가 B.C. 1500년경이라는 임의적인 연대로 시작한다. 일부학자들이 선호하는 개정된 연대기에 따르면 힌두이즘의 발전을 다음과 같이 여덟 시기로 유용하게 구분할 수 있다. (1)베다 시기(B.C. 2000년 이전). 『리그-베다』와 다른 세 종류의 고대 찬가에 나타난 가르침으로 요약된다. (2)브라마나II 시기(대략 B.C. 2000년~1200년). 브라마나 의례 문헌으로 된 작품으로 특징지어진다. (3)우파니샤드Upaniṣad 시기(대략 B.C. 1200년~500년). 우리가 알고 있는 인도의 토양에 기반한, 처음으로 충분히 발달된 신비주의적 소통인 초기 우파니샤드들에 깊게 새겨진 가르침이 눈에 띈다. 힌두이즘에 도전하고 자극을 주었던 불교와 자이니즘Jainism이 이 시기의 마지막 단계에 나타났다. (4)서사시 시기(Epic Age). 요가Yoga에 대한 최초이자 아마도 가장 아름다운 저작인 유명한 『바가바드-기타』*Bhagavad-Gītā*가 들어 있는 『마하바라타』*Mahābhārata* 서사시의 작법과 영향 때문에 그

경전 암송을 수반하는 힌두의 종교 의례

렇게 불린다. (5)고전 시기(Classical Age). 초기 전통들의 철학 학파들로의 구체화와 아드와이타 베단타Advaita Vedānta의 승리로 나타난다. 이 시기에 고전 요가의 교본인 『요가-수트라』*Yoga-Sūtra*와 그것의 주요 주석들이 저술되었다. (6)탄트라 시기(Tantric Age). 다양한 접근법의 통합을 표현하고 탄트라Tantra들의 방대한 문헌들에 구현되어 있는 새로운 문화유형의 창조로 특징지어진다. 이 시기에는 하타-요가Haṭha-Yoga의 출현도 볼 수 있다. (7)종파 시기(Sectarian Age). 박티bhakti 운동의 엄청난 인기로 표현된다. 이 운동은 힌두이즘의 거대한 두 종파 문화, 즉 바이슈나비즘Vaiṣṇavism과 샤이비즘Śaivism으로 된 일신교적 열망의 정점이었다. (8)현대 시기(서기 1700년에서부터 현재). 무굴Mughal 제국의 붕괴와 인도에서 영국 통치의 확립, 그리고 1947년 인도의 독립으로 특징지어진다. 19세기 말엽에 힌두이즘은 크게 부흥하기 시작하였고, 이로 인해 힌두이즘의 가르침이 서구의 많은 나라에 전파되었다.

힌두이즘으로 알려진 종교문화들의 복합체는 오늘날 전 세계적으로 거의 10억의 지지자가 있다고 주장한다. 모든 힌두학파가 베다의 계시(슈루티śruti)를 인정하는 것은 아니라는 것을 아는 것이 중요하다. 예를 들자면 탄트라들에서는 베다의 종교적 교설과 수행법 들이 더 이상 유용하지 않은 현재의 암흑기(칼리-유가kali-yuga)를 위한 가르침이라고 주장한다. 유사하게 남인도에서는 수백만 명의 샤이비즘 지지자가 대부분 윤리적인 문제를 다루고 있고, 서기 6세기부터 시작된 것으로 추정되는 시 모음집인 『티룩쿠랄』♯*Tirukkural*로 네 베다를 대체했다.

Hiraṇyagarbha(히란야가르바)

'황금 배아'라는 뜻이다. (『탓트와-바이샤라디』*Tattva-Vaiśāradī*의 1장 1송에서 인용된 것으로서) 『요기-야갸발키야-스므리티』♯*Yogi-Yājñavalkya-Smṛti*에서는 요가Yoga의 최초 제기자로 찬양된다. 『마하바라타』*Mahābhārata*(12. 337. 60)에서도 동일한 주장을 한다. 대부분의 학자는 히란야가르바Hiraṇyagarbha가 완전히 전설상의 인물이라고 생각한다. 고대의 『리그-베다』*Ṛg-Veda*(10. 121)에서 그는 천상과 지상을 떠받치는, 모든 존재의 최고의 주主를 의미한다. 시간이 지남에 따라 베단타Vedānta에서, 그러나 전고전 요가(Preclassical Yoga)의 일부 학파에서도 가르쳐진 것처럼 황금 배아 또는 '황금 자궁'인 히란야가르바는 일련의 전개에서 '처음 태어난' 존재를 지칭하게 되었다.

『마하바라타』(12. 291. 17f.)에 따르면 히란야가르바는 다름 아닌 상위의 마음, 즉 상키야Sāṃkhya 전통의 붓디buddhi나 요가 전통의 마한mahān이다. 다른 동의어들로는 비린차(♯viriñca; '확장된'), 비슈와-아트만(♯viśva-ātman; '모든 자아'), 비치트라-루파(♯vicitra-rūpa; '여러 형태'), 에카-아크샤라(♯eka-akṣara; '불변의 일자' 또는 '단음절'), 그리고 고전 요가(Classical Yoga)에서의 링가-마트라(liṅga-mātra; '순수한 표징')가 있다.

그렇지만 이러한 심리우주적인 함의들에도 불구하고 히란야가르바로 불리는 성자가 있는 것 같다. 왜냐하면 그 이름을 가진 사람이 요가에 대한 교본(요가-샤스트라 I yoga-śāstra)을 저술한 것으로 기억되기 때문이다. 판차라트라-바이슈나바Pañcarātra-Vaiṣṇava 전통에 속하는 저작인 『아히르부드니야-상히타』*Ahirbudhnya-Saṃhitā*(12. 31ff.)에 따르면 앞서 말한 바와 같이 히란야가르바는 두 권의 '요가에 대한 모음집'♯yoga-saṃhitā을 저술했다. 『아히르부드니야-상히타』는 심지어 그 두 권의 내용에 대한 명확한, 더 정확하게는 개략적인 목록을 제공한다. 그 내용은 『요가-수트라』*Yoga-Sūtra*에서 발견되는 특정한 관념들을 되풀이하고 있는 것으로 보인다.

hitā(히타)

'유익한'이라는 뜻이다. (슈바♯śubha라고도 불리는) 선善이다. 또한 초기에는 나디nāḍī의 동의어이기도 했다. 『브리하다란야카-우파니샤드』*Bṛhadāraṇyaka-Upaniṣad*(2. 1. 19)에 따르면 심장에서 심막♯purītat까지 뻗어 있는 7만 2천 개의 '유익한' 생기(프라나prāṇa) 광선 또는 통로가 있다. 그러나 『프라슈나-우파니샤드』♯*Praśna-Upaniṣad*(3. 6)에 따르면 7만 2천 개의 이 히타hitā는 101개의 나디로부터 갈라진다.

hitā-icchā(히타-잇차, [연성]**hitecchā**히텟차)
'선善에 대한 소망'이라는 뜻이다. 다른 사람들의 행복을 증진시키려는 소망이다. 고대 베다Veda 시대 이래로 중요한 도덕적 가치이다.
⇒ 로카-상그라하loka-saṃgraha도 참조.

homa(호마)
'공물'이라는 뜻이다. 때로는 자기 억제(권계, 니야마 niyama) 중 하나로 꼽히는 희생제 의례의 공물이다.
⇒ 야가yajña도 참조.

hospitality(환대)
⇒ 아티티야ātithya 참조.

hotra(호트라)
'희생제'라는 뜻이다. 베다Veda의 희생제 의례이다. 또한 그 의례에서 사제(호트리hotṛ)가 바치는 공물이기도 하다.

hotṛ(호트리)
'희생제를 주관하는 사람'이라는 뜻이다. 베다Veda의 희생제 의례(호트라hotra)의 제사장이다. 이 용어는 일반적으로 희생제의 사제들에게도 적용된다. 그들은 베다의 주류였던 요긴yogin들이었다.

householder(재가자)
⇒ 그리하스타gṛhastha 참조.

hrī(흐리)
'겸손'이라는 뜻이다. 때로는 자기 억제(권계, 니야마 niyama) 수행 중 하나로 간주된다. 때로는 도덕 훈련(금계, 야마yama)의 구성 요소 중 하나에 포함된다.

hṛd(흐리드)
'심장'이라는 뜻이다. 물리적 심장 또는 흉강이다. 또한 초월적 참자아와 마찬가지인 소위 영적인 기관이기도 하다.
⇒ 흐리다야hṛdaya도 참조.

hṛdaya(흐리다야)
'심장'이라는 뜻이다. 흐리드hṛd와 동의어이다. 이 단어의 세 음절, 즉 흐리hṛ, 다da, 야ya는 『브리하다란야카-우파니샤드』*Bṛhadāraṇyaka-Upaniṣad*(5. 3. 1)에 선물 가져오기, 선물 받기, 천국 가기의 관념을 전달하는 것으로 설명되어 있다.
⇒ 심장(heart)도 참조.

hṛdaya-granthi(흐리다야-그란티)
'심장의 결절'이라는 뜻이다. 간혹 비슈누-그란티 viṣṇu-granthi의 동의어로 사용된다.
⇒ 그란티granthi도 참조.

hṛd-ākāśa(흐리드-아카샤)
'심장 에테르(공空)' 또는 '심장의 공간'이라는 뜻이다. 심장의 비의적이고 빛나는 공간이다. 거기서 초월적 참자아를 경험할 수 있다.
⇒ 구하guhā, 흐리트-파드마hṛt-padma도 참조.

hṛd-dhauti(흐리드-다우티)
'심장 청소'라는 뜻이다. 『게란다-상히타』*Gheraṇḍa-Saṃhitā*(1. 36ff.)에 기술되어 있는 하타-요가Haṭha-Yoga의 청소 기법이다. 이 청소법은 다음과 같은 세 가지 행법으로 구성되어 있다. 단다-다우티(daṇḍa-dhauti; '막대를 사용한 청소'), 바마나-다우티(vamana-dhauti; '구토로 청소'), 바소-다우티(vāso-dhauti; '천을 사용한 청소').
⇒ 다우티dhauti도 참조.

Hṛṣīkeśa(흐리쉬케샤)
'머리카락이 곤두선 자'라는 뜻이다. 크리슈나Kṛṣṇa의 별칭이다. 그는 언제나 무아경(삼매, 사마디 samādhi)의 숭고한 상태에 있다. 무아경의 지복으로 그의 머리카락은 곧게 직립해 있다.

hṛt-padma(흐리트-파드마)

'심장의 연꽃'이라는 뜻이다. 흐리다야-푼다리카hṛdaya-puṇḍarīka 또는 아나하타-차크라anāhata-cakra로도 불린다. 영적인 의미의 심장이다. 『고라크샤-팟다티』*Gorakṣa-Paddhati*(2. 68)에 따르면 이것은 '번개처럼 빛난다.' 이것은 여덟 개 또는 열두 개의 꽃잎이 있는 것으로 기술되어 있다.

humility(겸손)

⇒ 아마니트와amānitva 참조.

[비교] 자만(pride).

H

humming sound(콧노래 소리)

⇒ 프라나바praṇava 참조.

humors(체질 또는 체액)

⇒ 다투dhātu 참조.

hunger(배고픔)

⇒ 크슈다kṣudhā 참조.

huta(후타) 또는 **huti**(후티)

'희생제'라는 뜻이다. 야갸yajña와 동의어이다.

hypnosis(최면)

일부 요가Yoga 연구자, 특히 시구르드 린드퀴스트(Sigurd Lindquist, 1932)는 요가 자세(아사나āsana)들을 포함한 요가의 많은 수행법이, 하지만 더 높은 명상적·무아경적 상태들이 특히 자기 최면에 기초하고 있다고 주장했다. 그러나 이러한 설명은 지나친 단순화일 뿐 요가의 기법과 문헌에 대한 주의 깊은 연구에서 나온 것이 아니다. 게다가 요가의 권위자들은 스스로 최면과 더 높은 영적 현상들 사이를 주의 깊게 구분한다. 최면의 경우로, 예를 들자면 『마하바라타』*Mahābhārata*(13. 40f.)에서는 데바샤르만Devaśarman의 이야기가 관련이 있다. 그는 자신의 제자인 비풀라Vipula에게 자신이 성지순례를 하는 동안 자신의 아내인 루치Ruci를 인드라Indra의 유혹으로부터 지켜달라고 부탁했다. 비풀라는 즉시 루치의 눈을 응시하고 자신의 마음을 그녀의 신체 속으로 '전이'하여서 그녀를 움직이지 못하게 만들었다. 그녀의 아름다움에 매혹된 인드라가 그 은둔처에 도착했을 때 루치는 그에게 반응할 수 없었다. 왜냐하면 비풀라가 요가의 끈들로 '그녀의 모든 감각기관을 묶어 놓았기'때문이다. 감각기관의 억제(제감制感, 프라티야하라pratyāhāra)가 선행하기는 하지만 무아경(삼매, 사마디samādhi)의 상태는 의식(consciousness)이 축소된 상태에 해당하지 않는다. 이 점은 불교와 자이니즘Jainism뿐만 아니라 힌두이즘Hinduism의 영적 문헌 전반을 통해서 강조된다.

⇒ 자율 훈련법(autogenic training), 심리학(psychology)도 참조.

I

I(나)
⇒ 아항카라 ahaṃkāra, 에고 ego, 지바 jīva 참조.

icchā(잇차)
'의지', '소망', '욕망'이라는 뜻이다.
⇒ 카마 kāma, 슈바-잇차 śubha-icchā 참조.

icchā-rūpa(잇차-루파)
'의지 형태'라는 뜻이다. 어떤 형태든지 간에 취할 수 있는 마법적 능력이다. 힌두 Hindu 전설들에는 자신들의 신체를 마음대로 보이지 않게 만들고 다른 사람의 신체를 점유할 수 있는 요긴 yogin들의 이야기로 가득하다. 이를 테면 아드와이타 베단타 Advaita Vedānta의 유명한 해설자인 샹카라 Śaṅkara의 전통적 전기에서는 그가 침실에서의 기교들을 배우기 위해서 어떻게 최근에 죽은 왕의 시체를 움직였고, 그렇게 함으로써 그가 자신의 논적인 만다나 미슈라 Maṇḍana Miśra와의 교의 논쟁에서 이길 수 있었는지에 대해서 자세히 설명한다.
⇒ 카마바사위트와 kāmāvasāyitva, 파라-데하-프라베샤 para-deha-praveśa도 참조.

icchā-śakti(잇차-샥티)
'의지력'이라는 뜻이다. 보통의 의지력이 아니라 몇몇 샤이비즘 Śaivism 학파에 따르면 신(神, Divine) 안에 있는 힘의 세 양태 중 첫째이다. 다른 둘은 갸나-샥티 jñāna-śakti와 크리야-샥티 kriyā-śakti이다. 잇차-샥티 icchā-śakti는 미현현未顯現된 힘(샥티 II Śakti)의 원리 내의 현현顯現하려는 충동이다. 일부 학파에 따르면 지고의 힘 parā-śakti은 의식(consciousness)의 힘(치트-샥티 cit-śakti)과 지복의 힘(아난다-샥티 ānanda-śakti)을 불러일으킨다.

Idaikkādar(이다익카다르)
이다이야르(idaiyar; '양치기')에서 파생된 타밀어 Tamil이다. 남인도의 열여덟 명의 달인(아슈타다샤-싯다 aṣṭādaśa-siddha) 중 한 명으로, 유능한 점성가였다.

idam-aham(이담-아함)
'이것이 나이다'라는 뜻이다. 카슈미르 샤이비즘 Kashmiri Śaivism에서 절대자로부터 세계가 방사되는 과정에서 분화의 둘째 단계이다.
⇒ 아함 aham, 아함-이담 aham-idam도 참조.

idea(관념)
⇒ 붓디 buddhi, 프라티야야 pratyaya 참조.

idealism, philosophical(철학적 이상주의)
이 문구는 현상 세계보다 더 실재적인 것으로 간주되는 궁극적 참실재의 존재를 신봉하는 힌두 Hindu 사상의 그 모든 수많은 학파에 적용될 수 있다. 이 철학적 입장의 다양한 견해는 초기 우파니샤드 Upaniṣad들의 온건한 불이론(不二論, 아드와이타 advaita)에서부터

『만두키야-카리카』Māṇḍūkya-Kārikā와 『요가-바시슈타』 ∮Yoga-Vāsiṣṭha의 급진적 이상론까지로 구별될 수 있다.

identity, psychic(심령적 정체성)
⇒ 아트만ātman, 참자아(Self) 참조.

idleness(나태)
⇒ 아카르만akarman, 알라시야ālasya 참조.

iḍā-nāḍī(이다-나디)
'편안함의 통로'라는 뜻이다. 비의적 해부학에 따르면 신체를 순환하는 생기(프라나prāṇa)의 주요 세 도관 또는 흐름(나디nāḍī) 중 하나이다. 이 나디는 척주의 기저에 있는 심령 에너지 센터(차크라cakra)에서부터 정수리까지 수직으로 흐르는, 수슘나-나디suṣumṇā-nāḍī라고 불리는 축을 이루는 통로의 왼쪽에 위치한다. 이다-나디iḍā-nāḍī는 일반적으로 '구근'(칸다kanda)에서 시작해서 왼쪽 콧구멍까지 뻗어 있는 것으로 생각된다. 이 나디는 중앙 통로를 휘감고 있고, 내적인 달(찬드라candra)의 차가운 에너지와 연관된다. 『쉬바-상히타』Śiva-Saṃhitā(2. 25)에서는 이상하게도 이다가 오른쪽 콧구멍에서 끝난다고 언급하고 있다. 그러나 이 중세의 하타-요가Haṭha-Yoga 문헌은 아마도 의도적으로 비입문자들을 잘못된 방향으로 이끌기 위해서 대부분의 다른 비의적 구조들에 대해서 불일치하는 위치를 주는 것으로 보인다.

이다iḍā라는 단어는 『리그-베다』Ṛg-Veda(1. 40. 4)까지 거슬러 올라가는데, 거기서 이것은 '헌주' 또는 '공물'을 가리킨다. 이것은 헌신의 여신의 이름이기도 하다. 이 단어는 여성 명사 이드id와 연관되어 있는데, 이드의 의미 중 하나는 '편안함'이다. 따라서 이다-나디라는 전문 용어는 '위안을 주는 통로'라는 의미로 해석될 수 있을 것이다. '위안을 주는' 이유는 이 통로가 더운 한낮 동안 신체를 식혀주기 때문이다. 생기의 이다iḍā 흐름은 물리적 층위에서 신체의 부교감신경계에 상응한다. 그러나 이다-나디를 이것과 결코 혼동해서는 안 된다. 『하타-라트나발리』Haṭha-Ratnāvalī(2. 144)에 따르면 이 나디는 찬드라, 샤쉬∮śaśī, 발리∮vālī, 강가∮gaṅgā, 바마vāma로도 알려져 있다.
[비교] 핑갈라-나디piṅgalā-nāḍī.

ignorance(무지無知)
⇒ 아비디야avidyā, 아갸나ajñāna 참조.

ijyā(이지야)
'희생제'라는 뜻이다. 좀 더 의례 지향적인 요가Yoga 수행의 일부로서 봉납물을 바치는 것이다. 때로는 자기 억제(권계, niyama)의 구성 요소 중 하나로 여겨진다.
⇒발리bali, 희생제(sacrifice)도 참조.

ill(악惡 또는 죄)
⇒ 아다르마adharma, 파파pāpa 참조.
[비교] 다르마dharma, 푼야puṇya.

illness(병)
⇒ 로가roga, 비야디vyādhi 참조.
[비교] 건강(health).

illumination(깨달음)
⇒ 보다bodha, 깨달음 또는 해탈(enlightenment) 참조.

illusion(환영 또는 환幻)
⇒ 마야māyā, 모하moha 참조.

image(형상)
⇒ 무르티mūrti 참조.

imagination(상상력)
마음의 상상력들은 요가Yoga의 이론과 수행에서 중요한 역할을 한다. 우리는 상상력을 통해서 세계를 경험한다. 그리고 일부 학파의 사상에 따르면 심지어 우리의 특정한 경험된 환경을 창조하기까지 한다. 그러므로 요긴yogin은 모든 환영을 넘어서 있는 초월적 참실재를 깨달을 수 있게 되도록 자신의 상상력을 조심스럽게 통제해야 할 책임을 지고 있다.

⇒ 바바나bhāvanā, 칼파나kalpanā, 상칼파saṃkalpa도 참조.

I maker(나를 만드는 것 또는 아만我慢)

⇒ 아항카라ahaṃkāra, 에고ego 참조.

immeasurables, four(네 가지의 측정할 수 없는 것 또는 사무량심四無量心)

⇒ 브라마-비하라brahma-vihāra 참조.

immortality(불사)

종종 해탈, 즉 깨달음의 상태와 동일시된다. 그 경우에 이것은 참영혼(Spirit), 즉 초월적 참자아의 불멸을 나타낸다. 그러나 하타-요가Haṭha-Yoga와 연금술과 같은 전통들에서는 신체의 불멸을 열망하지만, 여기서는 신체가 근본적으로 변화되는 것으로 이해된다.

⇒ 아므리타amṛta도 참조.

imperfection(불완전)

⇒ 도샤doṣa 참조.

impermanence(일시성 또는 비영구성)

⇒ 아니티야anitya 참조.

impurity(불순 또는 결점)

⇒ 도샤doṣa, 말라 I mala 참조.

[비교] 청정(purity).

inaction(비행위)

⇒ 아카르만akarman 참조.

inattention(부주의)

⇒ 프라마다pramāda 참조.

incarnation(화신)

⇒ 아바타라avatāra 참조.

incense(향)

⇒ 두파dhūpa 참조.

individuality(인성)

⇒ 아항카라ahaṃkāra, 에고ego, 지바jīva 참조.

Indra(인드라)

'통치자', '지배자'라는 뜻이다. 인도 역사상 초창기의 주요 신이자 베다Veda의 만신전에서 지배자이다. 그는 종종 비의 신 또는 천둥과 번개의 신으로 묘사되어 왔다. 그러나 『리그-베다』*Ṛg-Veda*의 특정한 찬가들로 볼 때 베다인들 또한 그에게서 내면의 빛을 번쩍이게 만드는 영적인 힘을 보았다는 것은 분명하다. 더욱이 그의 이름은 신체에서 귀중한 감로를 흘러나오게 하는 것으로 생각되는 비의적인 달(찬드라candra)뿐만 아니라 천상의 음료, 즉 소마soma를 의미하는 인두(√indu; '즙')와 관련이 있다.

⇒ 데바deva, 신(God)도 참조.

indra-yoni(인드라-요니)

'인드라Indra의 원천'이라는 뜻이다. 일부 탄트라Tantra 유파에 따르면 비슛다-차크라viśuddha-cakra와 아갸-차크라ājñā-cakra 사이에 있는 차크라cakra이다.

indriya(인드리야)

'인드라Indra와 관련한'이란 뜻이다. 감각기관들은 일반적으로 죽어야만 하는 인간들의 삶에서 가장 강력한 영향력을 가진다. 『아그니-푸라나』*Agni-Purāṇa*(373. 20)에서는 이것을 다음과 같이 간략하게 표현한다. "감각들은 모두 천국이나 지옥으로 [이끄는] 것들이다. [인간은 감각들이] 억제되는[지] 또는 활동하는[지에 따라서] 천국이나 지옥[으로 간다.]" 『바가바드-기타』*Bhagavad-Gītā*(2. 62f.)에서는 집중의 작용에 대해 다음과 같은 분석을 내놓는다.

> 어떤 사람이 대상들에 대해 생각할 때 그것들과의 접촉이 발생한다. 그 접촉으로부터 욕망(카마kāma)이 일어나고, 그

욕망으로부터 분노(크로다 krodha)가 자란다.
분노로부터 미망(삼모하 sammoha)이 생기고 미망으로부터 기억의 혼란이 [일어나]며 기억의 혼란으로부터 지혜(붓디 buddhi)의 파괴가 [생긴다.] 지혜가 파괴되면 [그 사람은] 어찌 할 바를 모른다.

그런 다음 『바가바드-기타』(2. 64f.)에서는 다음과 같은 태도를 권한다.

참자아의 통제 하에서 탐욕(라가 rāga)과 혐오(드웨샤 dveṣa)에서 분리된, 잘 통제된 자아(self)를 [가진 사람은] 평정(프라사다 prasāda)에 가까워진다.
평정[에 도달하면] 모든 고통의 소멸이 그에게 발생한다. 청정한 마음을 가진 자이기 때문에 지혜의 능력(붓디)이 즉시 확고하게 뿌리내려진다.

I

이러한 점에서 다른 학파들이 널리 받아들이는 상키야 Sāṃkhya 전통에 따르면 감각기관은 열한 가지가 있다. 이 기관들은 세 그룹으로 정리해 볼 수 있다. (1)눈(차크슈스 cakṣus), 귀 ♯ śrotra, 코 ♯ ghrāṇa, 혀(라사 rasa), 피부 ♯ tvac로 이뤄진 인식 기관(갸나-인드리야 jñāna-indriya 또는 붓디-인드리야 buddhi-indriya), (2)발성기관(바츠 vāc), 손 ♯ pāṇi, 발(파다 II pāda), 항문 ♯ pāyu, 생식기(우파스타 upastha)로 이뤄진 행위 기관(카르마-인드리야 karma-indriya, [연성]카르멘드리야 karmendriya), (3)하위의 마음(마음 감관, 마나스 manas). 이 명칭들은 육체적 기관을 생각나게 하지만, 인드리야 indriya는 기관들이 갖는 본질적인 능력이다.
『마하바라타』 *Mahābhārata*(12. 195. 9)에서 다섯 [인식] 기관은 만물을 비추고 지식을 산출하는, 높은 나무에 달린 램프에 비유된다. 이 기관들은 참자아보다는 외부의 실체에 주의를 집중하도록 유혹한다. 그러므로 요긴 yogin에게 감각기관을 억제(인드리야-자야 indriya-jaya)하는 수행을 지속적으로 권한다. 『카타-우파니샤드』 *Kaṭha-Upaniṣad*(3. 3f.)에서 신체는 마차에, 감각기관들은 제어될 필요가 있는 난폭한 말에 비유되었다. 감각 제어(제감制感, 프라티야하라 pratyāhāra) 과정에 대한 또 다른 널리 알려진 은유로는 사지를 [자신의 몸통 속으로] 움츠려 넣은 거북이가 있다.
⇒ 부타 bhūta, 붓디 buddhi, 우주(cosmos), 전개(evolution), 탄마트라 tanmātra도 참조.

indriya-jaya(인드리야-자야)
'감각기관들의 정복'이라는 뜻이다. 감각들의 통로를 통해서 주의가 바깥으로 흐르는 것을 통제하는 능력이다. 『요가-수트라』 *Yoga-Sūtra*(2. 41)에 따르면 그러한 지배력은 완전한 청정(샤우차 śauca) 수행으로 얻은 유익함 중 하나이다. 파탄잘리 Patañjali는 또한 감각 제어(제감制感, 프라티야하라 pratyāhāra)의 지속적인 수행의 결과로서 감각들의 '복종' ♯ vaśyatā에 대해서도 언급했다.

indriya-nigraha(인드리야-니그라하)
'감각 억제'라는 뜻이다. 때로는 도덕 훈련(금계, 야마 yama) 중 하나에 포함된다. 이것은 프라티야하라 pratyāhāra에 상응한다.

indu-cakra(인두-차크라)
'감로의 바퀴'라는 뜻이다. 쇼다샤-차크라 ṣoḍaśa-cakra라고도 불린다. 마나스-차크라 manas-cakra보다 위에 있는, 머리에 위치한 비의적 심령 에너지 센터(차크라 cakra)이다. 이 차크라는 일반적으로 달빛 같은 흰색의 꽃잎이 여섯 장 있고, 상위의 마음(지성, 붓디 buddhi)의 자리인 것으로 생각된다.
⇒ 인드라 Indra도 참조.

Indus-Sarasvati civilization(인더스-사라스와티 문명)
더 일반적으로는 인더스 Indus 또는 하랍파 Harappa 문명으로 알려져 있는 이 문명은 1920년대 초기에 발견되었다. 처음에는 펀잡(Punjab, 현재 파키스탄 Pakistan)에 있는 인더스 강을 따라서 존재했고, B.C. 1900년경에 발생한 거대한 자연 재앙 이후에 동쪽으로 갠지즈 Ganges 강까지 이동하였다. 인더스 시기에 북쪽에서 남쪽까지가 1천 마일이 넘었다. 이 문명의 기원은 모호하다. 발굴된 하랍파와 모헨조다로Mohenjo-Daro의 크고 잘 조직화된 도시들은 B.C. 3000년에 시작된 것으로 보이지만, 그것들은 아프가니스탄에 있는 메르가르Mehrgarh 도시와 놀랄 만한 문화적 연속성을 보여 준다.

위성사진에서 드러난 것처럼 대부분의 정착지들은 『리그-베다』*Rg-Veda*에서 인도의 가장 강력한 강으로 찬양되는 사라스와티 Sarasvati 강의 길고 마른 바닥에서 발견된다. 새로운 지리학적 · 고고학적 증거는 지금까지 인더스의 대도시들의 붕괴를 설명하는 데 사용되어 온 오래된 아리안Aryan 침입 모델에 심각하게 이의를 제기한다. 인더스 도시 문명의 출현 훨씬 이전에 베다Veda의 아리아인들이 인도에 왔고, 그들이 그 문명의 창조자들이었을 것이라고 믿는 학자들의 수가 점차 증가하고 있다.

인더스의 그림문자 사본이 아직 해독되지 못하고 있기 때문에 이 위대한 문명의 종교적 · 영적 세계에 대해 분명히 이해하기는 어렵다. 그러나 고고학적 증거는 인더스-사라스와티 사람들이 후대의 힌두Hindu들처럼 의식이 매우 타락하였고 다양한 정화 의례에 몰두하였다는 것을 시사하고 있다. 60군데 이상의 발굴된 장소에서 무기가 없다는 것이 특히 주목할 만하다. 이는 '불상해'(不傷害, 아힝사ahiṃsā)의 엄격한 도덕성을 가리킬 수도 있다. 이러한 도덕성은 역사적으로 그 당시에는 매우 이례적이었을 것이다. 건축학적인 단서 이외에 거기에는 다른 무엇보다도 문양의 새김과 예술적인 모티프들을 특징으로 하는 2000개가 넘는 테라코타(동석凍石) 인장이 있다. 그것들은 그 문명에서 유행한 신화적 · 종교적 관념들로 된 어떤 사상을 전달한다.

모헨조다로(Mohenjo-Daro) 폐허

인더스-사라스와티 문명에서 출토된 사제 인물상

특히 파슈파티 Paśupati 인장이라 불리는 하나의 인장이 요가Yoga 연구자들의 주의를 끈다. 그것은 동물들에게 둘러싸여서 후대의 요긴yogin들의 방식으로 다리를 포개고 앉은 뿔 달린 신을 보여 준다. 그 형상은 파슈파티, 즉 짐승들의 주主로서 역할을 하는 쉬바Śiva와 동일시된다. 초기 여신 컬트(cult)와 다산 신앙들을 시사하는 다른 증거는 인더스-사라스와티 문명(Indus-Sarasvati civilization)과 후대 힌두이즘Hinduism 간의 현저한 연속성을 가리킨다. 만일 사실이라면 요가의 역사적 뿌리들이 그 문명까지 거슬러 올라갈 수 있는지 어떤지, 라는 의문이 생긴다.

⇒ 고대 요가(Archaic Yoga), 전고전 요가(Preclassical Yoga) 도 참조.

inference(추론)
⇒ 아누마나anumāna 참조.

infinite(무한한 것)
⇒ 아난타Ananta 참조.

initiate(입문자)
구루guru로부터 입문식(디크샤dīkṣā)을 받은 자이다.

initiation(입문식)
⇒ 아비셰카abhiṣeka, 디크샤dīkṣā 참조.

I

inner instrument(내적 도구)
⇒ 안타카라나antaḥkaraṇa 참조.

Insight Meditation(통찰 명상)
⇒ 비파사나vipassanā 참조.

instability(불안정성)
⇒ 아나바스티타트와anavasthitatva 참조.

Integral Yoga(통합 요가)
⇒ 푸르나-요가Pūrṇa-Yoga 참조.

intellect(지성)
⇒ 붓디buddhi, 마나스manas, 마음(mind) 참조.

intercourse, sexual(성적 교합 또는 성교)
⇒ 마이투나maithuna, 섹슈얼리티 또는 성(sexuality) 참조.

intuition(직관)
산스크리트Sanskrit로 '타고난 지혜'ʃ sahaja-jñāna 또는 '내면의 지혜'ʃ antar-jñāna로 불린다. 가장 높은 단계에서 이것은 자신의 근원적 본성, 참자아에 대한 직접적인 확신이다.
⇒ 참의식(Consciousness), 지식(knowledge)도 참조.

iṣṭa-devatā(이슈타-데바타)
'선택된 신'이라는 뜻이다. 많은 힌두교Hindu 수행자는 추상적인 용어들로 초월적 실재와 연관 짓기는 어렵기 때문에 비슈누Viṣṇu, 크리슈나Kṛṣṇa, 쉬바Śiva, 칼리Kālī와 같은 힌두이즘Hinduism에서 널리 알려진 많은 신(데바deva) 중에서 하나의 형태를 한 신(Divine)에게 경배하기를 선택한다. 이 신들은 단지 종교적 상상력의 산물만이 아니라 실제로 영적인 능력이 있다고 생각된다. 은총(프라사다prasāda)을 받기 위해 그들에게 빌고 가까이 다가간다. 『요가-수트라』*Yoga-Sūtra*(2. 44)에 따르면 요긴yogin은 특히 신성한 지식을 학습(스와디야야svādhyāya)하는 데 자신을 몰입시킴으로써 자신이 선택한 신과 접촉할 수 있게 된다.

iṣṭa-mantra(이슈타-만트라)
'바라던 만트라mantra'라는 뜻이다. (해탈이라는) 바라던 결과를 얻게 해주는, 자신의 구루guru가 전수해 준 만트라이다.

itara-liṅga(이타라-링가)
'다른 표식/남근[상]'이라는 뜻이다. 샤이비즘Śaivism과 탄트라Tantra에서 아갸-차크라ājñā-cakra에 있는 미세(수크슈마sūkṣma) 신체에 나타난 세 개의 주요 링가liṅga 중 하나이다.
[비교] 바나-링가bāṇa-liṅga, 스와얌부-링가svayambhū-liṅga.

Iyengar, Bellur Krishnamachar Sundararaja(B. K. S.)(벨루르 크리슈나마차르 순다라라자 아헹가; 1918년생)
크리슈나마차리야T. Krishnamacharya의 처남이자 제자이다. 아헹가Iyengar는 거의 틀림없이 현대의 가장 영향력 있는 요가Yoga 스승이고 십여 권이 넘는 책을 저술하였는데, 그 중에서도 베스트셀러인 『요가의 등불』*Light on Yoga*(1966)과 『요가 호흡의 등불』*Light on Pranayama*(1981)이 주목할 만하다. 그의 제자인, 국제적으로 유명한 바이올린 연주자 예후디 메뉴힌Yehudi Menuhin이 그를 서구로 데려가는 데 주된 역할을 하였다.

아헹가(B. K. S. Iyengar)

아헹가는 아사나āsana 수행을 예술로 만들었고 현대의 동작 중심 요가라 불리는 것의 발전에 핵심적으로 기여한 인물이었다. 현대의 동작 중심 요가는 대부분 어떠한 도덕적 · 영적 관심도 없는 반면, 아헹가의 개인적인 성향은 확실하게 영적인 목표를 향하고 있기에 훌륭하다. 그는 인도에서 몇 개의 저명한 문화 훈장과 전문가 훈장을 수상하였다. 『타임 매거진』*Time Magazine*(2004)에서는 그를 세계에서 가장 영향력 있는 100인 중 한 명으로 꼽았다.

īhā(이하)
'노력' 또는 '욕망'이라는 뜻이다. 야트나yatna와 동의어이다.

īpsā(입사)
'욕망'이라는 뜻이다. 카마kāma와 동의어이다.

īrṣyā(이르쉬야)
'질투'라는 뜻이다. 맛사리야mātsarya와 동의어이다.

īś(이슈) 또는 **īśa**(이샤) 또는 **īśana**(이샤나)
'지배자'라는 뜻이다. 힌두이즘Hinduism의 유신론 학파들에서는 빈번히 신(Divine)을 세계와 개인의 심신을 지배하는 자로 기술한다. 이 관념에 대한 가장 아름다운 표현 중 하나는 서력기원 이전의 저작인 『이샤-우파니샤드』*Īśā-Upaniṣad*에서 발견된다.
⇒ 이슈와라Īśvara도 참조.

īśitrītva(이쉬트리트와) 또는 **īśitva**(이쉬트와)
'지배'라는 뜻이다. 성취한 달인에게 우주(cosmos)에 대한 통치권을 주는 고전적인 초자연력(싯디 siddhi) 중 하나이다. 『요가-바쉬야』*Yoga-Bhāṣya*(3. 45)에 따르면 이 능력은 달인에게 물질 요소(부타bhūta)들을 창조하거나 재배열하거나 심지어 파괴하는 것을 허락한다.
⇒ 초심리학(parapsychology)도 참조.

Īśvara(이슈와라)
'최고의 통치자', '[지고의] 주主'라는 뜻이다. 이 용어는 이미 고대의 『브리하다란야카-우파니샤드』*Bṛhadāraṇyaka-Upaniṣad*(1. 4. 8, 등)에서 발견된다. 베단타Vedānta에서 영감을 받은 요가Yoga학파들에서 이슈와라Īśvara는 우주(cosmos)와 개체화된 존재를 지배하기 때문에 초월적 참자아라고 언급한다. 『바가바드-기타』*Bhagavad-Gītā*(18. 61)의 다음과 같은 송에서 전형적인 예를 볼 수 있다. "주는 모든 존재의 심장 부위에 거주하면서, 오! 아르주나Arjuna여, [그의] 능력으로 모든 존재를 휘젓는다오. [마치 그들을 자신의] 기계 장치(얀트라yantra) 위에 놓은 것처럼."

『마하바라타』*Mahābhārata*의 서사시 요가(Epic Yoga)유파들에서 이슈와라는 또한 '25째 원리'로 언급된다. 왜냐하면 그는 24원리, 즉 우주의 전개 범주(탓트와tattva)들을 초월하기 때문이다. 고전 요가(Classical Yoga)에서 이슈와라는 특별한 참자아(푸루샤puruṣa)로 정의된다. 이 특별함은 이슈와라가 단 한 번도 자연(nature, 근본원질, 프라크리티prakṛti)의 전개에 휩쓸리지 않았지만, 다른 모든 참자아(푸루샤)는 구현된 존재의 환영에 한때 사로잡혔거나 사로잡히게 될 것이므로 자연의 메커니즘에 속박된다는 것이다. 특히 이슈와라는 '고통의 원인'(번뇌, 클레샤kleśa)들과 행위(카르만karman), 행위의

I

결과(비파카 vipāka), 무의식의 저장고(업의 저장고, 아샤야 āśaya)에 영향을 받지 않는다. 주의 자유는 영원하다.

이 관점은 신학적인 어려움들을 발생시키는데, 파탄잘리 Patañjali 또한 이슈와라를 첫째 스승으로 간주했기 때문이다. 어떻게 완전하게 초월적인 참자아가 시공간의 세계에 개입하는 것이 가능한가? 『요가-바쉬야』 *Yoga-Bhāṣya*(1. 24)에서 비야사 Vyāsa는 이 문제를 다루려 했다. 비야사는 자신이 삿트와(sattva; '순질'純質)라고 부른 완벽한 매개체를 주가 떠맡는다는 관점에서 이슈와라를 가르치는 역할을 설명했다. 바차스파티 미슈라 Vācaspati Miśra는 맡은 역할의 인물과 [자신이] 같지 않다는 것을 아는 배우가 하는 역할에 이것을 비유했다. 그는 또한 이것이 가능하다는 것을 강조했다. 왜냐하면 주의 삿트와는 라자스 rajas와 타마스 tamas의 어떠한 흔적도 없기 때문이다. 비야사는 또한 주가 '존재의 큰 기쁨' ♯ bhūta-anugraha을 위한 수단으로 그런 완전한 삿트와를 사용한다고도 설명한다. 더 나아가 두 주석가는 이러한 믿음에 대한 증거가 신성한 문헌들에서 발견된다고 주장했는데, 이 문헌들은 완전한 삿트와의 나타남이다.

Īśvara-Gītā(이슈와라-기타)

'[신성한] 지배자의 노래'라는 뜻이다. 『바가바드-기타』 *Bhagavad-Gītā*의 모방작 중 하나이다. 『쿠르마-푸라나』 *Kūrma-Purāṇa*(2. 1~11)의 일부인 이 문헌은 쉬바 Śiva와 일군의 성자들 사이의 대화 형식으로 되어 있으며, 총 11장 497송으로 구성되어 있다. 이 문헌(2. 40)에서는 요가 Yoga를 '한 곳에 집중된 마음' ♯ eka-cittatā으로 정의하고, 요가와 지혜(갸나 jñāna)의 상관관계를 강조한다. 예를 들자면 다음과 같은 송(2. 3)에서 이를 알 수 있다. "지혜는 요가 [수행]에서 솟아난다. 요가는 지혜로부터 얻는다. 요가와 지혜에 전념하는 자에게 얻지 못할 것이란 없다." 쉬바의 은총(프라사다 prasāda)을 통해서 열반(니르바나 nirvāṇa)에 이른다. 영적인 그 길은 파탄잘리 Patañjali가 가르친 여덟 가지로 된 길(8지支 요가, 아슈타-앙가-요가 aṣṭa-aṅga-yoga)이다.

Īśvara Kṛṣṇa(이슈와라 크리슈나; 350~450)

『상키야-카리카』 *Sāṃkhya-Kārikā*의 저자이다. 이 저작과 고전 상키야(Classical Sāṃkhya)의 관계는 『요가-수트라』 *Yoga-Sūtra*와 고전 요가(Classical Yoga)의 관계와 같다.

īśvara-praṇidhāna(이슈와라-프라니다나)

'주主에 대한 헌신'이란 뜻이다. 자기 억제(권계, 니야마 niyama) 중 하나이다. 『요가-바쉬야』 *Yoga-Bhāṣya*(1. 23)에서는 이 수행을 특별한 종류의 사랑(박티 bhakti)이나 열망 ♯ abhidhyāna으로 설명한다. 이것에 의해 주(이슈와라 Īśvara)는 요긴 yogin에게 호의를 갖게 된다. 이 주석의 다른 곳(2. 1, 32)에서는 이것을 지고의 스승, 즉 이슈와라께 모든 행위를 바치고 자신의 행위의 결과(팔라 phala)에 대해 포기(renunciation, 산니야사 saṃnyāsa)하는 것으로 설명한다.

īśvara-pūjana(이슈와라-푸자나)

'주主에 대한 숭배'라는 뜻이다. 때로는 자기 억제(권계, 니야마 niyama) 중 하나로 꼽힌다. 『다르샤나-우파니샤드』 *Darśana-Upaniṣad*(2. 8)에서는 이것을 탐욕(라가 rāga)이 없는 심장, 허위에 더럽혀지지 않은 말, 폭력(힝사 hiṃsā)으로부터 자유로운 행위라고 설명한다.

Īśvarī(이슈와리)

'지배하는 그녀'라는 뜻이다. 탄트라 Tantra에서 쿤달리니 kuṇḍalinī와 동의어이다.

J

jagat(자가트)

'세계'라는 뜻이다.

⇒ 우주(cosmos), 비슈와viśva 참조.

Jaigīṣavya(자이기샤비야)

서사시 요가(Epic Yoga)의 탁월한 스승으로, 상키야 Sāṃkhya와 요가Yoga에 대한 그의 견해는 『요가-바쉬야』 *Yoga-Bhāṣya*(예, 3. 18)에 몇 차례 인용되었다. 『맛시야-푸라나』 ♯ *Matsya-Purāṇa*(180. 59)에서 그는 명상(meditation)으로 '요가의 불'을 붙인 후에 '독존'(獨存, 카이발리야kaivalya)의 상태에 도달했다고 한다. 아시타 데발라 Asita Devala와 나눈 그의 교훈적인 대화는 『마하바라타』 *Mahābhārata*(12. 222. 4ff.)에 기록되어 있다. 그는 또한 요가보다는 탄트라Tantra에 더 가까운 후대 저작인 『다라나-샤스트라』 ♯ *Dhāraṇā-Śāstra*['집중(concentration)에 대한 논서']를 저술한 것으로 여겨진다.

Jainism(자이니즘)

가우타마 붓다Gautama Buddha와 동시대의 초창기에 바르다마나 마하비라Vardhamāna Mahāvīra에 의해 창시된 영적 전통에서 생겨난 문화적 복합체이다. 그러나 자이니즘Jainism의 역사적 뿌리는 아득히 멀고 오래된 과거까지 거슬러 올라간다. 그래서 자이나 문헌들은 24명의 '여울을 만드는 자' ♯ tīrthaṅkara들, 즉 마하비라가 마지막 달인인 스승들의 계보에 대해 말한다. 자이니즘의 영성은 많은 고대의 특징을 보존해 오고 있고 엄격한 고행주의적인 경향성을 띤다. 요가Yoga의 윤리적 측면들, 특히 '불상해'(不傷害, 아힝사ahiṃsā)의 덕목(virtue)과 도덕적 인과 관계(카르마karma)에 대한 가르침의 발달에 지대한 영향을 미쳤다. 후에 자이나의 저자들은 힌두Hindu 요가와 상당히 유사한 관념과 수행법 들을 분명하게 설명했다. 그와 같이 유명한 학자인 하리바드라(Haribhadra; 750년경)는 파탄잘리Patañjali가 집대성한 것의 일부를 사용했다. 1천4백 권이 넘는 그의 저작 가운데 요가에 대한 몇몇 권의 논서가 있는데, 주목할 만한 것들로는 『요가-빈두』 ♯ *Yoga-Bindu*('요가의 씨앗'), 『요가-드리슈티-사뭇차야』 ♯ *Yoga-Dṛṣṭi-Samuccaya*('요가의 관점들 집성')이다. 헤마찬드라 Hemacandra는 또한 7세기 『요가-샤스트라』*Yoga-Śāstra*('요가의 가르침')에서, 파탄잘리의 『요가-수트라』*Yoga-Sūtra*에서 발견되는 명확한 어구들의 일부도 적절히 사용하였다.

jala(잘라 I)

'물'이라는 뜻이다. 다섯 가지 물질 요소(부타bhūta) 중 하나이다. 『요가-쉬카-우파니샤드』*Yoga-Śikhā-Upaniṣad*(5. 50)에서는 물에 집중(concentration)하면 수水 요소에 결코 압도되지 않는 초자연적 능력(싯디siddhi)을 부여받는다고 언급한다.

⇒ 아프ap도 참조.

jala-vasti(잘라-바스티)

'물 관장'이라는 뜻이다. 두 종류의 바스티 vasti 중 하나이다. 『게란다-상히타』*Gheraṇḍa-Saṃhitā*(1. 46f.)에는 이것을 다음과 같이 기술한다. 배꼽까지 차는 물속에 몸을 담구고, '들어올려진 자세'(웃카타 아사나 utkaṭa-āsana)를 수행하는 동안 항문괄약근을 수축·팽창시켜야만 한다. 이것은 비뇨기 장애, 소화장애, '심한 고통을 주는 [체내의] 가스' ♪krūra-vāyu, 즉 풍風 요소와 연관된 질병들을 치료하는 것으로 생각된다.

[비교] 슈슈카-바스티 śuṣka-vasti.

Jamadagni(자마다그니)

베다 Veda 시대의 일곱 현자(리쉬 ṛṣi) 중 한 명이었다. 힌두 Hindu 전통에서는 그를 리치카 Ricīka의 아들이자, 라마 Rāma와 크리슈나 Kṛṣṇa 양자에 앞서는 비슈누 Viṣṇu의 화신인 파라슈-라마 Paraśu-Rāma의 아버지로 기억하고 있다. 『마하바라타』*Mahābhārata*에서는 그에 대한 역사적 진실성이 의심스러운 몇 가지 이야기를 한다. 한 이야기에 따르면 그에게는 자신에 대해 음탕한 생각들을 하고 있었기 때문에 처형당한 아내 레누카 Renukā가 있었다. 파라슈-라마가 처형했지만, 그 처형은 오직 그녀가 완전하게 도덕적인 상태로 즉각 재탄생한다는 것이 보장된 후에야 이루어졌다. 그 이야기는 레누카라는 이름이 또한 도덕(virtue)과 타파스 tapas를 성취하기 위해서 통제되어야만 하는 정액을 의미하는 것처럼 깊은 상징적 의미가 있다. 자마다그니 Jamadagni는 카르타비리야 Kārtavīrya 왕에 의해 살해되었다고 한다.

Janaka(자나카)

굉장히 부유할 뿐만 아니라 현명하기도 했던 비데하 Videha의 초대 왕이다. 그는 『브리하다란야카-우파니샤드』*Bṛhadāraṇyaka-Upaniṣad*(4. 1ff.)에 위대한 성자 야갸발키야 Yājñavalkya의 제자로 언급되어 있다. 후대의 많은 성자와 사람이 이 현명한 지배자를 기념하여 같은 이름을 지었다.

Janana-Sāgaram(자나나-사가람)

타밀어 Tamil이다. 산스크리트 Sanskrit로는 자나나-사가라(♪Janana-Sāgara; '탄생의 대양')이다. 보가르 Bogar가 저술한 타밀어 문헌으로, 557송으로 구성되어 있고 열여덟 명의 남인도 달인의 탄생과 삶을 다루고 있다.

⇒ 아슈타다샤-싯다 aṣṭādaśa-siddha, 삽타-칸담 Sapta-Kāṇḍam도 참조.

jana-saṃga(자나-상가)

'사람과 교제하다'라는 뜻이다. 『하타-요가-프라디피카』*Haṭha-Yoga-Pradīpikā*(1. 15)에 따르면 사교는 요가 Yoga를 망치는 요인 중 하나이다.

⇒ 상가 II saṅga도 참조.

janman(잔만)

'출생'이라는 뜻이다. 힌두이즘 Hinduism에서 개인의 탄생은 시작도 없는 일련의 출생, 삶, 죽음 들의 한 국면일 뿐이다. 이것은 상사라 saṃsāra, 즉 윤회로 알려져 있다. 물질적이든 미세하든 다른 층위의 현현顯現에서 항상 새롭게 태어나는 이 과정은 우주의 도덕 법칙, 즉 카르마 karma에 의존한다. 그러나 사람은 악惡보다 선善을, 그름보다는 옳음을 선택할 수 있기 때문에, 개인의 운명을 개선시킬 수 있다. 더 중요한 것은 개인이 삶과 죽음의 사이클에서 완전히 벗어나서 자신의 본질적 존재, 즉 태어나지도 않고(아자 aja) 지속적으로 의식하고 있는 참자아를 회복할 수 있다는 것이다.

⇒ 자타 II jāta도 참조.

japa(자파)

'암송'이라는 뜻이다. 『요가-야갸발키야』*Yoga-Yājñavalkya*(2. 12)에 "특정한 규칙에 따라 만트라 mantra를 '반복'(아비야사 abhyāsa)하는 것"이라고 정의되어 있다. 지극히 오래된 이 수행은 요가 Yoga의 가장 초기 발전 단계에 속하는 것으로, 신성한 베다 Veda 문헌들의 명상적 암송에서 생겨난 것으로 추정된다. 이 수행에서 사제는 최대한 집중(concentration)해야 하는데, 희생제 의례(야갸 yajña)에 악영향을 주지 않기 위해서 각각의 신성한 단어들을 정확하게 발음해야만 하기 때문이다.

『요가-수트라』*Yoga-Sūtra*(1. 28)에서는 모든 장애(안타라야antarāya)를 제거하기 위해서 성음 '옴' Oṃ을 암송할 것을 권한다. 이것을 암송하면 자연스럽게 이 만트라의 내적 의미에 대한 명상(contemplation, 바바나bhāvanā)으로 이끌리게 될 것이다. 단어들을 신경 쓰지 않고 반복한다면 바람직한 결과는 발생하지 않는다. 다른 모든 요가 수행법처럼 자파japa도 강력한 집중과 헌신하는 마음으로 행해야 한다. 『마하바라타』*Mahābhārata*(12. 190)에 따르면 자신이 암송하는 말들의 의미에 집중하지 못하는 자는 지옥으로 떨어질 운명이 될 것이다.

자파는 언어적으로 또는 정신적으로 수행될 수 있다. 전자의 경우에 만트라를 속삭임 ♯upāṃśu으로나 말로 표현(ucca, 다른 곳에서는 바치카vācika라고 불림)할 수 있다. 『요가-야갸발키야』(2. 158)에 따르면 속삭이듯 하는 자파가 말로 표현하는 자파보다 천 배는 낫지만, 정신적(mental, ♯mānasa) 암송이 속삭이듯 하는 자파보다 천 배는 낫다. 그렇지만 명상은 심지어 정신적 자파보다도 천 배는 낫다고 말한다. 『링가-푸라나』*Liṅga-Purāṇa*(1. 85. 106)에서는 집에서 암송하는 것도 좋지만 외양간에서 하는 것이 백 배 낫고, 강둑에서 하는 것이 천 배는 더 낫다고 주장한다. 더 나아가 이 문헌에서는 쉬바Śiva의 면전에서 암송을 하면 무한한 효과가 있다고 특기한다.

⇒ 항사haṃsa도 참조.

japa-mālā(자파-말라)

'암송용 염주'라는 뜻이다.

⇒ 자파japa, 말라 II mālā, 루드라크샤rudrākṣa도 참조.

japa-yajña(자파-야갸)

'암송으로 된 희생제'라는 뜻이다. 오른쪽 흐름(right spirit; 우도)에서 수행되는, 더 정확히 말해서 신(Divine)에게 자신을 봉헌하는 것으로서의 만트라mantra 암송이다. 『쿨라르나바-탄트라』*Kulārṇava-Tantra*(15. 3ff.)에서는 다음과 같이 말한다. "암송(자파japa)의 희생제(야갸yajña)보다 더 높은 희생제는 없다. 그러므로 수행자는 암송으로 아르타artha, 카마kāma, 다르마dharma, 모크샤mokṣa를 함양해야 한다."

jaṭā(자타 I)

'땋아 늘인 머리카락'이라는 뜻이다. 고행자가 쉬바Śiva를 모방해서 한 헝클어진 머리카락('머리카락을 여러 가닥으로 가늘게 묶어서 곱슬곱슬하게 한 머리 모양')이다. 그러나 또한 세상을 '잃어버린'(즉 포기한) 데 대한 한탄의 상징으로 이것을 하기도 한다.

Jayadratha-Yāmala(자야드라타-야말라)

야말라 II Yāmala 중 하나이다. 이 문헌은 4장으로 되어 있고, 각 장은 6,000송으로 구성되어 있으며, 미완성본으로만 존재한다. 가장 초기의 것인 제4장은 성립 연대가 12세기로 거슬러 올라간다. 일부 학자들은 이 문헌을 7세기 이전에 성립된 것으로 간주한다.

Jayaratha(자야라타)

12세기 후대의 탄트리카tāntrika이다. 그의 아버지 슈링가라라타Śṛṅgārarathа는 라자라자(Rājarāja, 자야싱하Jayasiṃha와 동일인으로 추정됨) 왕의 사제였다. 그는 『비베카』♯*Viveka*라 불리는, 『탄트랄로카』*Tantrāloka*에 대한 유명한 주석과 다른 두 시집을 저술하였다. 그는 지반-묵타jīvan-mukta로 회자되고 있다.

Jayākhya-Saṃhitā(자야키야-상히타)

'승리라고 명명되는 모음집'이라는 뜻이다. 자야(jaya; '승리')+아키야(ākhyā; '이름')+상히타(saṃhitā; '모음집')로 만들어졌다. 가장 오래되고 가장 중요한 판차라트라Pañcarātra 문헌 중 하나이다. 이 문헌에는 탄트라Tantra 형태의 수행이 포함되어 있고, 철학적 내용이 풍부하다. 이 문헌에서 박타bhakta는 만트라mantra나 사마디samādhi 중 하나로 바수데바Vāsudeva와 합일하기에 이른 요긴yogin이다. 네 가지 아사나āsana, 즉 파리양카-아사나♯paryaṅkā-āsana, 카말라-아사나kamala-āsana, 파드마-아사나padma-āsana, 바드라-아사나bhadra-āsana, 스와스티카-아사나svastika-āsana가 기술되어 있다. 호흡

J

조절은 프라티야하라 pratyāhāra, 디야나 dhyāna, 다라나 dhāraṇā를 수반한다고 한다. 요가 Yoga는 그 자체로 다음과 같이 세 종류가 될 수 있다. 프라크리타(♯prakṛta; '프라크리티 prakṛti와 연관된'), 파우루샤(pauruṣa; '푸루샤 puruṣa와 연관된'), 아이슈와리야(aiśvarya; '이슈와라 Īśvara와 연관된'). 이것들은 이 전통의 세 가지 주안점을 나타내는 것으로 추정된다.

jāḍya(자디야)

'둔함' 또는 '침체'라는 뜻이다. 『요가-쉬카-우파니샤드』*Yoga-Śikhā-Upaniṣad*(1. 134)에 따르면 보통의 신체는 '둔함'이나 '불순함'으로 고통받는데, 이것은 하타-요가 Haṭha-Yoga의 수행으로 제거될 수 있다. 하타-요긴 haṭha-yogin은 생기(프라나 prāṇa)를 완전히 끌어당겨서 중앙 통로(수슘나-나디 suṣumṇā-nāḍī)로 들어가게 하려고 노력하는데, 이것은 그의 신체를 윤기 있게 만든다고 한다. 이 수행은 또한 그에게 공중에서 움직이는♯khecara 초자연력(싯디 siddhi)도 준다.

⇒ 케차리-무드라 khecarī-mudrā도 참조.

jāgrat(자그라트)

'깨어 있음' 또는 '각성'이라는 뜻이다. 다섯 가지 의식(consciousness) 상태(아바스타 avasthā) 중 하나이다. 이것은 좁은 초점을 가진 활발한 인식(awareness)으로 특징지어지는 보통의 깨어 있는 상태이다. 반면 무아경(삼매) 상태는 초점을 가지고 있지 않는 초각성 상태로 특징지어진다. 왜냐하면 그 상태에서는 한정된 에고가 없기 때문이다. 전자 유형의 의식은 본질적으로 불편한 반면, 후자 유형의 의식은 완전함으로, 그리고 이루 말할 수 없는 지복으로 경험된다.

jāla(잘라 II)

'물 같은'이라는 의미일 수도 있지만, '그물' 또는 '망'이라는 의미일 수도 있다. 후자의 의미로는 때로 '환영'(마야 māyā)과 동의어로 사용된다.

Jālandhara(잘란다라 I)

탄트라 Tantra의 원형적 네 장소(피타 pīṭha) 중 하나로 유명한 도시이다. 이 도시는 동펀자브(East Punjab)에 있는 줄룬두르 Jullundur 근처의 지역과 동일시되어 왔다.

⇒ 카마루파 Kāmarūpa, 푸르나기리 Pūrṇagiri, 웃디야나 Uḍḍiyāna, 바라나시 Vārāṇasī도 참조.

Jālandhara(잘란다라 II)

⇒ 잘란다리 Jālandhari 참조.

jālandhara-bandha(잘란다라-반다)

'잘란다라 jālandhara를 잠금'이라는 뜻이다. '인후 수축'♯kaṇṭha-saṃkocana으로 이루어진 하타-요가 Haṭha-Yoga의 주요 수행법이다. 이 수행은 일반적으로 숨을 들이쉰 후에 턱을 가슴에 두는 것이다. 『게란다-상히타』*Gheraṇḍa-Saṃhitā*(3. 13)에서 이 기법은 '위대한 결인'(마하-무드라 mahā-mudrā)으로 칭송받는다. 이것은 다양한 요가 Yoga 자세(아사나 āsana)와 '결인'(무드라 mudrā)과 결합하여 수행된다. 『고라크샤-팟다티』*Gorakṣa-Paddhati*(1. 79)에 따르면 이 반다 bandha는 통로들의 망 sirā을 '묶'어서, 감로(아므리타 amṛta)가 몸통으로 흘러들어가는 것을 방지한다. 이 반다는 또한 인후 질병들을 치료한다고 생각된다.

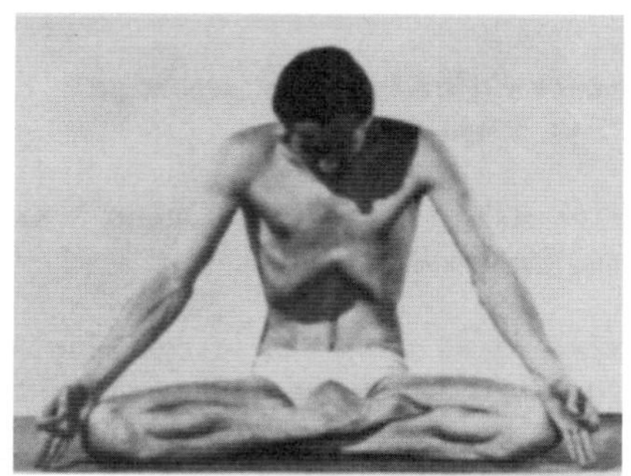

상향 잠금(웃디야나-반다)과 결합된 인후잠금(잘란다라-반다). 테오스 버나드(Theos Bernard)

jālandhara-pīṭha(잘란다라-피타)

'잘란다라 jālandhara의 자리'라는 뜻이다. 비슛다-차크라 viśuddha-cakra와 동의어이다.

Jālandhari(잘란다리) 또는 **Jalandhara**(잘란다라)
'망網 전달자'라는 뜻이다. 잘라(jāla; '망')와 다라(dhara; '운반하는')로 만들어졌다. 하타-요가Haṭha-Yoga의 유명한 달인이다. 세속을 포기(renunciation)하기 전에는 북인도의 하스티나푸르Hastinapur의 통치자였다고 한다. 그는 바르트리하리II Bhartrihari 왕을 요가Yoga 에 입문시켰다고 한다. 몇몇 전통에 따르면 그는 벵골Bengal의 고피찬드라Gopīcandra 왕을 입문시켰던 것으로 알려진 하디파(Hadipā, 하디파다Hadipāda)로도 불렸다.

jāpaka(자파카)
'암송자'라는 뜻이다. 자파japa 수행자, 즉 자파-요긴♯japa-yogin이다.

jāta(자타II)
'출생'이라는 뜻이다. 사람이 태어나면서 속하게 되는 계급이나 신분이다.
⇒ 잔만janman, 자티jāti도 참조.
[비교] 아자aja.

jāti(자티)
'출생'이라는 뜻이다. 사람의 출생, 특히 자신의 카스트(caste)로 형성된 사회적 계급이나 신분이다.
⇒ 잔만janman, 자타II jāta도 참조.

jāṭhara-agni(자타라-아그니, [연성]**jāṭharāgni**자타라그니)
'복부의 불'이라는 뜻이다. 위장 부위에 있는 소화의 열이다. 비의적 관점에서 내면의 태양(수리야sūrya)은 머리에 있는 내면의 달(찬드라candra)에서 떨어지는 신성한 감로(아므리타amṛta)를 집어삼킨다. 바니-사라-다우티vahni-sāra-dhauti, 슈슈카-바스티śuṣka-vasti, 비파리타-카라니♯viparīta-karaṇī와 같은 하타-요가Haṭha-Yoga의 일부 기법들은 그러한 복부의 '불'을 자극하도록 특별히 설계되었다. 실제로 『요가-탓트와-우파니샤드』*Yoga-Tattva-Upaniṣad*(45)의 익명의 저자는 증가된 소화의 불을, 생기가 순환하는 통로(나디nāḍī)들이 성공적으로 정화된 징표(치나cihna)로서 가치 있게 여긴다.
⇒ 아그니I agni, 바이슈와나라vaiśvānara도 참조.

jealousy(질투)
⇒ 이르쉬야īrṣyā, 맛사리야mātsarya 참조.

jihvā-bandha(지와-반다)
'혀 잠금'이라는 뜻이다.
⇒ 케차리-무드라khecarī-mudrā 참조.

jihvā(-mūla)-dhauti[지와(-물라)-다우티]
'혀의 [몸통] 청소'라는 뜻이다. 지와-쇼다나♯jihvā-śodhana로도 불린다. '치아 청소'(단타-다우티danta-dhauti)로 알려진 것의 일부이다. 『게란다-상히타』*Gheraṇḍa-Saṃhitā*(1. 29f.)에 다음과 같이 기술되어 있다. 검지, 중지, 약지로 혀를 문지르고 닦은 다음, 버터와 우유로 마사지한 후에 혀를 집게로 천천히 잡아당긴다. 매일 일출 때와 일몰 때에 이것을 부지런히 수행해야만 한다. 점차 혀의 힘줄(여기서는 람비카♯lambikā로 불림)이 길어지게 되고, 이는 노화, 질병, 심지어 죽음조차 없앤다고 한다.
⇒ 케차리-무드라khecarī-mudrā, 람비카-요가Lambikā-Yoga, 정화(purification)도 참조.

jita-indriya(지타-인드리야, [연성]**jitendriya**지텐드리야)
'감각을 정복한 자'라는 뜻이다. 요가Yoga의 달인이다.
⇒ 인드리야indriya도 참조.

jīva(지바)
'생명' 또는 '활동적인'이라는 뜻이다. 대략적으로 소위 개아(psyche)라고 불리는 것에 상응한다. 『마하바라타』*Mahābhārata*(12. 180. 30)에서는 이것을 '정신의(mental) 불'이라고 표현한다. 이것은 초월적 참자아(파라마-아트만parama-ātman)에 반대되는 개체화된 자아(지바-아트만jīva-ātman)이다. 『라구-요가-바시슈타』*Laghu-Yoga-Vāsiṣṭha*(5. 10. 18)에서는 이것을 참실재를 알지 못해서 고통으로 괴로운 마음(칫타citta)이라고 부른다. 베단타Vedānta학파에 따르면 개체화된 수많은 자아는 환영의 산물이다. 영적 무지(아비디야avidyā, 아갸나ajñāna)에서 생기는 다수의 자아는 궁극적 진리가 아니다. 깨닫자마자 존재의 외형적 다양성은 차츰 사라지고, 오직 하나의 초월적 참자아(아트만ātman)만이 있다.

『고라크샤-팟다티』*Gorakṣa-Paddhati*(2. 35)에서 개아(지바jīva)는 '3중으로 속박'되어 있고, '힘찬 소리로 울부짖는' 황소에 비유된다. '3중으로 속박된'이란 구절은 우주(cosmos)의 세 가지 주요 성분(구나guṇa)에 의한 개아의 속박의 경험을 암시한다. 『쉬바-푸라나』*Śiva-Purāṇa*(1. 10. 99f.)에서는 지바를 '출생의 순간부터 쇠퇴해 가는 것'으로, 그리고 '휩쓸리고 얽혀 태어난 것'으로 정의한다. 동일한 이유로 『게란다-상히타』*Gheraṇḍa-Saṃhitā*(3. 50)에서는 영적인 힘, 즉 쿤달리니-샥티kuṇḍalinī-śakti가 아직 잠들어 있어 각성되지 않는 한 개아를 '동물'(파슈paśu)이라고 명명한다. 『카울라-갸나-니르나야』*Kaula-Jñāna-Nirṇaya*(6. 7)에서 개인은 신체 속에 있을 때는 지바로 불리는 반면, 신체의 속박에서 벗어나자마자 지고의 쉬바Śiva이다. 죽음의 순간에 지바는 일반적으로 (요가Yoga 수행자의 경우는) 정수리를 통해서, 또 (영적으로 준비되지 못한 사람의 경우는) 신체의 다른 구멍을 통해서 빠져나간다고 생각된다.

하타-요가Haṭha-Yoga는 지바와 호흡인 생기(프라나prāṇa) 사이의 긴밀한 연관 관계에 대해 주의 깊게 연구해 왔다. 『고라크샤-팟다티』(1. 38ff.)에서는 다음과 같은 매우 중요한 송을 발견할 수 있다.

> 곤봉으로 쳐진 공이 날아오를 때처럼 그렇게 프라나와 아파나apāna에 의해 쳐진 개아(지바)도 정지해 있지 않는다. 프라나와 아파나의 영향 하에서 개아는 왼쪽과 오른쪽 길을 통해서(즉 이다-나디iḍā-nāḍī와 핑갈라-나디piṅgalā-nāḍī를 통해서) 위아래로 빠르게 움직이고, 이러한 왕복운동 때문에 개아를 볼 수 없다.
> 끈에 묶인 매가 날아가 버리려 할 때 뒤로 잡아당겨지는 것처럼, [우주의] 밧줄(구나)들에 의해 속박된 개아도 프라나와 아파나에 의해서 끌려간다.
> 그것(개아)은 하ha소리와 함께 [신체를] 떠나고 사sa소리와 함께 들어간다. 두 소리는 지속적으로 암송되[고 항사-만트라♯haṃsa-mantra를 형성한다.]

『요가-바시슈타』♯*Yoga-Vāsiṣṭha*(부록 6. 50. 2ff.)에서는 수행자들의 영적 성숙도와 능력에 따라서 지바jīva들을 다음과 같은 매혹적인 7가지 유형으로 나누었다. (1)스와프나-자가라(♯svapna-jāgara; '깨어 있는 꿈'). 자신의 꿈이 다른 사람들의 깨어 있는 세계인 사람. (2)상칼파-자가라(♯saṃkalpa-jāgara; '깨어 있는 상상'). 상상력이 매우 강력해서 그것이 다른 사람들을 위한 깨어 있는 세계를 창조하는 사람. (3)케발라-자가라(♯kevala-jāgara; '단 하나의 깨어 있음'). 처음으로 깨어 있는 상태를 경험한 사람. '새로운 영혼(soul)'. (4)치라-자가라(♯cīra-jāgara; '긴 깨어 있음'). 많은 생애 동안 깨어 있는 상태를 경험한 사람. '오래된 영혼'. (5)가나-자가라(♯ghana-jāgara; '견고해진 깨어 있음'). 반복된 악한 행위로 상대적인 무의식 상태가 된 사람. (6)자그라트-스와프나(♯jāgrat-svapna; '깨어 있는 꿈'). 깨어 있는 상태에서 인식된 세계가 단지 꿈일 뿐인 사람. (7)크쉬나-자가라(♯kṣīna-jāgara; '줄어든 깨어 있음'). 초월적 참자아를 깨달았기 때문에 명백하게 독립적인 창조물로서의 깨어 있는 세계가 더 이상 존재하지 않는 사람.

이 문헌의 다른 곳(3. 94. 2ff.)에서는 우주의 주요 구성 성분(구나)의 상호작용에 근거하여 지바를 12가지로 구분하고 있다. 그러한 모든 분류 체계는 현대 문명에서 매우 값지게 여기는 깨어 있는 상태가 결코 인간의 궁극적 잠재력을 표현하지는 못한다는 점을 잘 알아듣게 만들려는 주요한 목표에 도움이 된다. 더 정확히 말하면 이것은 특정 수준의 도덕적 · 영적 성숙도에 의해 특징지워지는 자각(awareness)의 특정한 정도를 반영한다.

⇒ 행위자(actor), 데힌dehin, 항사haṃsa도 참조.

[비교] 아트만ātman.

jīva-ātman(지바-아트만)

'활동하는 자아'라는 뜻이다. 지바jīva+아트만ātman으로 만들어졌다. 개별화된 의식(consciousness), 즉 개아

(psyche, 지바)이다. 베단타Vedānta와 베단타에 기초한 전고전(Preclassical)·후고전 요가(Postclassical Yoga)학파들에 따르면 해탈은 개아와 초월적 또는 지고의 참자아(파라마-아트만parama-ātman)의 결합으로 이루어진다.

jīvan-mukta(지반-묵타)

'살아서 해탈된' 또는 '생해탈자'生解脫者라는 뜻이다. 신체를 아직 가지고 있음에도 해탈한, 즉 깨달은 달인이다. 이것은 불이론不二論, 즉 참자아에 대한 깨달음에 대하여 초월성과 내재성 사이의 구별이 붕괴하는 것이라는 가르침, 다시 말해서 세계는 신(Divine) 속에서 생겨나는 것이고 세계를 신으로 본다는 가르침을 지지하는 힌두이즘Hinduism의 영적 학파들의 원대한 이상이다. 그러므로 해탈은 신체를 떠남(이신離身)을 암시하는 내세적 대안이 아니다. 『바가바드-기타』*Bhagavad-Gītā*(2. 56f.)에서는 지반-묵타jīvan-mukta에 대해 다음과 같은 설명을 내놓는다.

> 고통(두카duḥkha) 속에서 마음이 동요되지 않는 [자는] 즐거움 속에서도 갈망이 없고, 집착(라가rāga), 두려움(바야bhaya), 분노(크로다krodha)로부터 자유롭다오. 그는 [참자아에 대한] 통찰(vision) 속에 확고히 자리 잡고 있는 성자(무니muni)라고 불린다네.
>
> 모든 것들에 집착하지 않는 자, 자신에게 어떠한 상서로운 [일들이] 발생하여도 기뻐하지 않는 자, 어떠한 불길한 [일들이 일어나]더라도 싫어하지 않는 자, 그의 지혜(프라갸prajñā)는 확고히 확립되어 있다오.

그와 같이 지반-묵타의 참자아 속으로의 지속적인 몰입은 존재를 향한 자신의 금욕주의적 태도로 표현된다. 이는 그가 모든 것을 평등(사마sama)하게 인식할 수 있게 한다. 그러나 그의 평정성은 또한 더 긍정적이고 외향적인 특성들도 가지고 있다. 이것은 『바가바드-기타』에서 크리슈나Kṛṣṇa가 아르주나Arjuna를 가르치는 다음과 같은 송들에서 명확하다.

> 어떤 존재에 대해서도 증오심을 [느끼지 않는 자], 친절하고 자비로운 [자] …… 언제나 만족하고 자기를 통제하고 확고한 결심을 지니고 마음과 지혜(붓디buddhi)를 나에게 바치고 나에게 헌신하는 그는 내게 사랑스러운 자라오.
>
> 세상 사람들이 꺼리지 않고 세상 사람들을 피하지 않으며 환희와 분노, 두려움, 동요로부터 자유로운 자는 나에게 사랑스러운 자라오.

위의 『기타』*Gītā*가 저술된 지 천 년이 넘은 이후에 쓰인 『요가-바시슈타』 ♯ *Yoga-Vāsiṣṭha*(5. 77. 7ff.)에서는 다음과 같은 기억할 만한 송들을 발견할 수 있다.

> 그는 미래에 관여하지도 않고 오로지 현재에 머물지도 않고 과거를 회상하지도 [즉 살지도] 않는다. 그는 참다운 전체로서 행위 한다.
>
> 잠들어 있는 그는 깨어 있다. 깨어 있는 그는 잠들어 있는 자와 같다. [필요한] 모든 행위를 하는 그는 내면적으로는 전혀 아무것도 '하지' 않는다.
>
> 내적으로는 언제나 모든 것을 포기하고 내면의 욕망이 없으며 해야만 할 것을 외적으로 하는 그는 [완전하게] 안정된 상태(사마)를 유지한다.
>
> 완전하게 행복하게 있고 [그에게] 요구되는 모든 것에서 즐거움을 경험하는 그는 행위 하는 자라는 잘못된 생각을 버린 채 모든 행위를 한다.
>
> [그는] 소년들 속에서는 소년으로서, 노인들 속에서는 노인으로서, 성자들 속에서는 성자로서, 젊은이들 속에서는 젊은이로서, 품행이 바른 고통받는 자들 사이에서는 같이 고통받는 자로서 [행위 한다.]
>
> [그는] 현명하고 관대하고 매력적이고 자신의 깨달음으로 채워져 있고 고통 ♯ kheda과 고난으로부터 자유로우며 다정한 친구[이다.]
>
> 행위를 하기 시작함에 의해서도, 절제에 의해서도, 속박이나 해탈, 지하세계나 천상[과 같은 그러한 관념들]에 의해서도 그는 동요되지 않는다.
>
> [왜냐하면] 대상 세계가 하나의 [참실재]로 인식될 때, 그때 마음은 속박도 해탈도 두려워하지 않기 때문이다.

『쿨라르나바-탄트라』*Kulārṇava-Tantra*(9. 10-12)에서는

J

아래와 같이 말하였다.

> 참실재(탓트와 tattva)는 어떠한 생각함♯cintana없이 스스로 빛난다. 참실재가 스스로 빛날 때, 요긴yogin은 즉각 그 속으로 침잠하게 되어야만 한다.
> 꿈꾸거나 깨어 있는 상태에서 잠든 것처럼 보이는 자, 그리고 들이쉬지도 내쉬지도 않고 부동인 자는 진실로 자유롭게 된다.
> 다수의 감각이 활동하지 않는♯nispanda 자, 마음 [또는] 생기♯anila가 참자아 속으로 융합된 자, 송장처럼 행위 하는 자, 그는 진정한 지반–묵타이다.

일부 학파는 지반–묵타가 형상을 바꿀 수 있고, 따라서 그는 불사를 즐긴다고 주장한다. 그러나 대부분의 권위자는 물질적 신체가 결코 부패하지 않는 것이 아니라 자유로운 존재로서의 그의 상태에 죽음이 조금도 영향을 끼치지 않는 것이라고 한다.

jīvan-mukti(지반–묵티)
'생해탈'이라는 뜻이다. 지반–묵타jīvan-mukta의 상태이다.
[비교] 비데하–묵티videha-mukti.

Jīvan-Mukti-Viveka(지반–묵티–비베카)
'생해탈에 대한 식별'이라는 뜻이다. 14세기의 학자이자 영적 수행자인 비디야란야 티르타Vidyāraṇya Tīrtha가 저술한 뛰어난 베단타Vedānta 저작이다. 이 포괄적인 저작은 베단타적 관점에서 요가Yoga의 길에 대한 상세한 논의를 제공한다. 비디야란야는 위대한 많은 문헌들을 인용하고 있고, 그의 저작에는 특히 『요가–바시슈타』♯*Yoga-Vāsiṣṭha*와 『요가–수트라』*Yoga-Sūtra*에 대한 이해를 돕는 주석들이 포함되어 있다.

jīva-nyāsa(지바–니야사)
'생기의 배치'라는 뜻이다. 수행자의 신체 속으로 신의 가장 중요한 성질을 넣는 것이다.
⇒ 니야사nyāsa 참조.

jīva-śakti(지바–샥티)
'생기 에너지'라는 뜻이다. 『탄트라–라자–탄트라』*Tantra-Rāja-Tantra*(30. 34)에서는 쿤달리니kuṇḍalinī의 동의어이다.

jñāna(갸나)
'지혜' 또는 '지식'이라는 뜻이다. 신성한 맥락과 세속적인 맥락 양자에 적용되는 단어이다. 이것은 학식이나 개념적 지식을 나타낼 수 있고, 더 높고 직관적인 통찰(vision)과 지혜, 즉 영지靈智를 나타낼 수도 있다. 때로 갸나jñāna는 심지어 궁극적 참실재 자체와 동일시되기도 한다.

『바가바드–기타』*Bhagavad-Gītā*(18. 20ff.)에서는 우주(cosmos)의 세 가지 주요 구성 요소(구나guṇa) 중 하나 또는 다른 둘 중 어느 하나의 지배에 따라서 갸나를 세 유형으로 구별한다. (1)삿트위카–갸나♯sāttvika-jñāna로 수행자는 모든 것에서 불변의 참실재를 본다. (2)라자사–갸나♯rājasa-jñāna로 수행자는 모든 존재의 근본적인 통일성이 아니라 그것들의 복합적 속성을 본다. (3)타마사–갸나♯tāmasa-jñāna로 수행자는 참실재에 대한 걱정 없이, 하나의 것이 전부인 것처럼 비합리적으로 그 하나의 것에 집착한다.

『요가–바시슈타』♯*Yoga-Vāsiṣṭha*(3. 118. 5ff.)는 지혜의 일곱 단계 또는 수준(부미bhūmi)을 언급한다. (1)슈바–잇차śubha-icchā는 영적으로 상서로운 것을 향한 충동이다. (2)비차라나vicāraṇā는 영적인 가르침들에 대한 근본적인 숙고이다. (3)타누–마나시♯tanu-mānasī는 자신의 생각의 개선이다. (4)삿타–아팟티sattā-āpatti는 순수한 존재의 획득이다. (5)아상삭티asaṃsakti는 무집착(이욕離慾)이다. (6)파다–아르타–바바♯pada-artha-bhāva는 참으로 중요한 것에 대한 인식, 즉 깨달음이다. (7)투리야–가turīya-gā는 넷째(투리야 I turīya)의 직관이다. 갸나의 이 단계들은 마지막이자 돌이킬 수 없는 해탈로 이끈다. 따라서 『바가바드–기타』(4. 36)에서 언급된 것처럼 지혜는 뗏목♯plava이고, 이것으로 수행자는 '삶의 구불구불한 흐름'을 건널 수 있다. 이 저작의 다른 송(4. 38)에서 말한 바와 같이 지혜는 '지상에서 가장 위대한 정화 장치'이다.

때로 갸나는 (구체적인 수행법들이라는 의미에서) 요가Yoga와 대비된다. 그래서 『트리-쉬키-브라마나-우파니샤드』*Tri-Śikhi-Brāhmaṇa-Upaniṣad*(2. 19)에서는 다음과 같이 단언한다. "지혜는 요가에 의해서 발생한다. 요가는 지혜에 의해서 계발된다."

Jñāna-Amṛta(갸나-아므리타, [연성]**Jñānāmṛta**갸나므리타)

'지혜의 감로'라는 뜻이다. 고라크샤 I Gorakṣa이 저술한 것으로 추정되는 중세 하타-요가Haṭha-Yoga 저작이다.

jñāna-bandhu(갸나-반두)

'지식의 친구'라는 뜻이다. 영적인 문제들을 학습하지만 자신의 관심을 실천적인 수행으로 전환하지 못하는 사람이다.

⇒ 그란타-샤스트라grantha-śāstra, 샤스트라śāstra도 참조.

jñāna-bhūmi(갸나-부미)

'지혜의 단계'라는 뜻이다.

⇒ 갸나jñāna, 부미bhūmi, 삽타-갸나-부미 sapta-jñāna-bhūmi 참조.

jñāna-cakṣus(갸나-차크슈스) 또는 **jñāna-netra**(갸나-네트라)

'혜안'慧眼이라는 뜻이다. 비록 인간의 눈으로는 초월적 참자아를 볼 수 없지만, 통찰(vision)에 대한 이러한 비유는 참자아에 대한 깨달음을 기술하는 데 널리 사용되어 왔다. 예를 들어 『바가바드-기타』*Bhagavad-Gītā*(15. 10)에서는 참자아를 지혜의 눈을 통해서 볼 수 있다고 언급한다. 다른 송(13. 34)에 따르면 이 내면의 눈은 수행자가 '밭'(크셰트라kṣetra)과 '밭을 아는 자'(크셰트라-갸kṣetra-jña), 다시 말해서 우주(cosmos)와 참자아 사이를 구별하는 데 도움이 된다.

⇒ 마나스-차크라manas-cakra도 참조.

jñāna-catuṣka(갸나-차투슈카)

'네 가지 지식'이라는 뜻이다. 카슈미르 샤이비즘Kashmiri Śaivism에서 인정한 지식의 네 가지 수단, 즉 아누파야anupāya, 삼바바-우파야śāmbhava-upāya, 샥타-우파야śākta-upāya, 아나바-우파야āṇava-upāya를 나타낸다.

Jñānadeva(갸나데바) 또는 **Jñāneśvara**(갸네슈와라; 13세기 후반)

마하라슈트라Maharashtra의 가장 위대한 천재 신비가이자 시인이었다. 그는 21세의 나이로 죽었는데, 무아경(삼매, 사마디 samādhi) 상태에서 육체적 신체를 자발적으로 버린 것 같다. 『바가바드-기타』*Bhagavad-Gītā*에 대한, 시로 표현된 포괄적인 주석인 『갸네슈와리』*Jñāneśvarī*는 마라티어Marathi로 된 최초의 철학서이다. 그는 『아므리타-아누바바』*Amṛta-Anubhava*('불멸의 경험.' [연성]아므리타누바바 Amṛtānubhava)와 보다 짧은 수많은 소책자도 저술하였다. 그의 영적 뿌리는 한편으로는 나타Nātha 전통에, 다른 한편으로는 박티bhakti 운동에 놓여 있다. 그는 『갸네슈와리』(18. 1751ff.)에서 자신의 영적 계보를 다음과 같이 말한다. 쉬바Śiva, 샥티 II Śakti, 맛시옌드라Matsyendra, 고라크샤 I Gorakṣa, 가히니Gahinī, 니브릿티(Nivṛtti, 그의 형).

갸나데바(Jñānadeva)

갸나데바Jñānadeva의 철학은 현현顯現된 세계가 절대자의 '유희'♯vilāsa, 다시 말해서 유일한 참실재의 지고한 사랑의 표현이라는 관념을 중심으로 전개된다. 그는 고전 상키야(Classical Sāṃkhya)의 이원론과 후기 불교의 이상주의, 그리고 특히 세계 존재의 궁극적 원인인 무지(아비디야avidyā)에 대한 샹카라Śaṅkara의 이론을 논박했다. 갸나데바는 지혜가 스며든 박티bhakti를 영적인 삶의 중심적 요소로 간주한다. 그의 철학적 입장은 스푸르티-바다♯sphūrti-vāda, 즉 자연 발생적인 현현에 대한 교의로 알려져 있다. 그는 자신의 형에 의해 하타-요가Haṭha-Yoga에 입문했지만, 이 요가Yoga 유파의 기법과 의례 들에 대해 비판적이었다는 것은 그의 『갸네슈와리』(예, 18. 1138)의 일부 송들에서 분명히 알 수 있다. 그의 저작은 헌신의 미덕(virtue)과 해탈시키는 힘에 대해 격찬하고 있다.

J

jñāna-indriya(갸나-인드리야, [연성]**jñānendriya**갸넨드리야)

'지식 기관' 또는 '인식 기관'이라는 뜻이다.

⇒ 인드리야indriya 참조.

Jñāna-Kārikā(갸나-카리카)

'지혜의 활동'이라는 뜻이다. 3장에 걸쳐 137송♯kārikā이 나뉘어져 구성되어 있는 카울라 전통(Kaula tradition)의 문헌이다. 마지막 장은 동굴, 화장터, 강들의 합류점, 교차로와 같은 그러한 장소들을 포함하여 카울라-요긴kaula-yogin을 위한 알맞은 환경을 서술하고 있다. 이 모두는 상징적으로 신체 내의 위치들로 해석된다.

jñāna-mārga(갸나-마르가)

'지혜의 길'이라는 뜻이다. 우파니샤드Upaniṣad에 대한 비이원적 접근법이다. 또한 갸나-요가Jñāna-Yoga와 동의어이기도 하다.

⇒ 길(path)도 참조.

jñāna-mudrā(갸나-무드라)

'지혜의 결인'이라는 뜻이다. 명상(meditation) 중에 사용되는 손 제스처(하스타-무드라hasta-mudrā) 중 하나로, 엄지를 검지와 맞닿게 해서 원을 만들고 나머지 세 손가락은 편다. 『브라마-비디야-우파니샤드』*Brahma-Vidyā-Upaniṣad*(64)에서 갸나-무드라jñāna-mudrā는 상징적으로 무아경(삼매, 사마디samādhi) 상태에서 항사-만트라♯haṃsa-mantra를 기억하는 것으로 해석된다.

카슈미르 샤이비즘Kashmiri Śaivism에서 이 용어는 쉬바Śiva와 샥티IIŚakti 사이의 내적인 영적 결합을 나타낸다. 불교 탄트라Tantra에서는 이와 유사한 해석이 널리 퍼져 있다.

⇒ 아바야-무드라abhaya-mudrā, 친-무드라cin-mudrā, 디야나-무드라dhyāna-mudrā도 참조.

jñāna-nāḍī(갸나-나디)

'지혜의 도관'이라는 뜻이다. 수슘나-나디suṣumṇā-nāḍī의 동의어이다.

Jñānaprakāśa(갸나프라카샤; 16세기)

남인도의 달인이자 『쉬바-갸나-싯디』*Śiva-Jñāna-Siddhi*에 대한 주석의 저자이다. 그는 『쉬바-요가-사라』*Śiva-Yoga-Sāra*와 『쉬바-요가-라트나』*Śiva-Yoga-Ratna*를 포함하여 여러 권의 다른 저작을 저술한 것으로도 여겨진다. 그는 요가Yoga를 '결합'의 의미가 아닌, 쉬바Śiva 또는 쉬바성♯śivatva과 자신의 동일성♯sayujya에 대한 깨달음의 의미로 설명한다. 그의 길은 명상(meditation)과 무아경(삼매, 사마디samādhi)을 통한 지혜(갸나jñāna)의 길이지만 호흡 조절도 중시 여긴다.

Jñāna-Saṃkalinī-Tantra(갸나-상칼리니-탄트라)

'지혜의 결합 탄트라Tantra'라는 뜻이다. 110송으로만 되어 있는 후대 탄트라 저작이다. 세계의 창조와 파괴, 그리고 수행자가 모든 순환을 초월할 수 있는 브라만brahman에 대한 지혜♯brahma-jñāna의 획득에 대한 논의를 중심으로 전개된다. 요가Yoga는 모든 생각을 놓아주는 것으로 이해될 수 있다. 마음이 안정될 때 그것은 쉬바Śiva

의 참된 거주처가 된다. 마음이 활동적이거나 불안정한 한 그것은 샥티 II Śakti의 거주처가 된다.

jñāna-śakti(갸나-샥티)

'지혜의 힘'이라는 뜻이다. 신(Divine)의 세 가지 면 중 하나이다. 궁극적 참실재는 무지각적이 아니라 초의식적이고 현현顯現된 자각(awareness), 즉 지성의 모든 층위의 모체가 된다.

⇒ 잇차-샥티 icchā-śakti, 크리야-샥티 kriyā-śakti도 참조.

jñāna-upāya(갸나-우파야, [연성]**jñānopāya**갸노파야)

'지식으로 된 수단'이라는 뜻이다. 샥타-우파야 śākta-upāya와 동의어로, 표상 작용(비칼파 vikalpa)에서부터 초월적 상태♯nirvikalpa로 진전한다.

⇒ 갸나-차투슈카 jñāna-catuṣka도 참조.

Jñāna-Yoga(갸나-요가)

'지혜의 요가 Yoga'라는 뜻이다. 요가의 주요 유파 중 하나이고, 다른 유파들은 박티-요가 Bhakti-Yoga, 카르마-요가 Karma-Yoga, 하타-요가 Haṭha-Yoga이다. 이것은 사실상 영적 인식을 중요시하는 베단타 Vedānta의 영적인 길과 동일하다. 특히 갸나-요가 Jñāna-Yoga는 비실재로부터 참실재를, '참자아가 아닌 것'♯an-ātman으로부터 참자아를 식별하는 지속적인 수행으로 이루어진다.

복합적인 갸나-요가는 『바가바드-기타』*Bhagavad-Gītā*(3. 3)에서 처음 채택되었다. 거기서 크리슈나 Kṛṣṇa는 제자인 아르주나 Arjuna에게 "옛날에 나는 이 세상에서 두 갈래 삶의 방식을 주장했다오. 오, 정직한 이여! 상키야 Sāṃkhya들을 위해서는 지혜의 요가를, 요긴 yogin들을 위해서는 행위의 요가(카르마-요가)를"이라고 말한다. 여기서 상키야들은 특정 상키야학파의 추종자들이라기보다는 명상 수행자들이라 불릴 수 있는 것이다. 그러므로 갸나-요가의 주요 기법은 명상(meditation)이다. 실재와 비실재 사이의 식별(비베카 viveka)을 가장 효과적으로 계속 추구할 수 있는 것은 명상의 단순화된 내적 환경에 있다. 크리슈나는 갸나-요가를 붓디-요가 Buddhi-Yoga와 동일시한다. 왜냐하면 그것은 그러한 식별을 가능하게 만드는 붓디 buddhi, 즉 '지혜의 기관'이기 때문이다.

15세기 사다난다 Sadānanda의 『베단타-사라』♯*Vedānta-Sāra*('베단타의 정수')에는 갸나-요가의 길이 다음과 같은 네 가지 주요 수단으로 이루어진다고 언급되어 있다. (1)영원한 것과 일시적인 것, 참실재와 비실재 사이의 식별(비베카). (2)행위의 결과(팔라 phala)에 대한 향수의 포기(renunciation, 티야가 tyāga). (3)평정(샤마 śama), 감각 억제(다마 dama), 심신의 유지나 깨달음의 추구와 관련이 없는 행위들을 중단함♯uparati, 인내(티티크샤 titikṣā), 정신적(mental) '침착함'(사마다나 samādhāna), 믿음(슈랏다 śraddhā)으로 이루어진 '여섯 가지 성취'♯ṣaṭ-sampatti. (4)해탈을 향한 열망(무무크슈트와 mumukṣutva). 『브라마-수트라』*Brahma-Sūtra*(1. 1. 4)에 대한 샹카라 Śaṅkara의 탁월한 주석과 같은 일부 저작들에서는 갸나-요가의 일곱 가지 길(삽타-사다나 sapta-sādhana)에 대해 말한다. 그것은 정신적 침착함을 제외하고 위에서 언급한 수행으로 이루어져 있고, 신성한 주主에 귀 기울이기(슈라바나 śravaṇa), 경전들의 진리를 숙고하기♯manana, 명상하기(니디디야사나 nididhyāsana)를 포함한다.

⇒ 갸나-마르가 jñāna-mārga도 참조.

jñāna-yogin(갸나-요긴, 남성) 또는 **jñāna-yoginī**(갸나-요기니, 여성)

갸나-요가 Jñāna-Yoga 수행자이다.

⇒ 갸닌 jñānin도 참조.

Jñānānanda Tīrthanātha(갸나난다 티르타나타) 또는 **Jñānendranātha**(갸넨드라나타)

19세기의 벵골 Bengal 탄트리카 tāntrika로, '다섯 엠 M'(판차-마-카라 pañca-ma-kāra)을 동반한 숭배에 대해 논한 『라하시야-푸자-팟다티』♯*Rahasya-Pūjā-Paddhati*('비밀스러운 숭배에 대한 발자국들')를 저술하였다.

Jñānārṇava-Tantra(갸나르나바-탄트라)

'지혜의 홍수 탄트라 Tantra'라는 뜻이다. 갸나 jñāna + 아르나바(arṇava; '홍수')로 만들어졌다. 2천3백 송이 26

J

장에 나뉘어져 구성되어 있는 탄트라이다. 이 문헌은 철학보다는 수행에 초점을 맞추고 있고, 슈리-비디야 I Śrī-Vidyā 전통에 속한다. 이 문헌(4. 31~47, 51~56; 5. 47~68)에서는 서른 개 이상의 무드라mudrā가 언급되어 있고, 케차리-무드라(khecarī-mudrā, 15. 61~63 참조)를 기술하고 있다. 이 문헌에는 또한 다음과 같은 여덟 군데의 피타pīṭha의 명칭이 언급되어 있다. 차우하라 Cauhāra, 데비콧타 Devīkoṭṭa, 잘란다라 I Jālandhara, 카마루파 Kāmarūpa, 카울라기리 Kaulagiri, 쿨란타카 Kulāntaka, 말라야 Malaya, 웃디야나 Uḍḍīyāna.

Jñāneśvarī(갸네슈와리)

'지혜의 여신'이라는 뜻이다. 갸나jñāna와 이슈와리(īśvarī; '여신')로 만들어졌다. 『바바-아르타-디피카』 ♯ *Bhāva-Artha-Dīpikā*('존재의 의미에 대한 등불', [연성]『바바르타디피카』 *Bhāvārthadīpikā*)로도 불린다. 갸나데바 Jñānadeva의 주요 저작이다. 그는 15세의 나이인 1290년에 그 저작의 9천 송을 즉흥적으로 지었다고 한다.

jñānin(갸닌)

'아는 자'라는 뜻이다. 갸나-요긴jñāna-yogin의 동의어이다. 『트리푸라-라하시야』 *Tripura-Rahasya*(19. 16ff.)에서는 이 요가Yoga 수행자들을 세 유형으로 구별한다. 첫째 유형은 자만심이라는 결점으로 고통받는다. 둘째 유형은 행위자라는 착각, 다시 말해서 에고와 행위를 넘어 있는 참자아 대신 행위들에 관여하는 에고적 인성 상태를 떠맡는 것으로 고통받는다. 셋째이자 가장 일반적인 유형은 욕망이라는 '괴물', 즉 자아 초월을 향한 근본적인 충동을 역행하는 욕구로 고통받는다. 수행자의 노력과 인성의 유형에 따라서 갸나-요가Jñāna-Yoga는 여러 개인들에 있어서 다르게 나타난다. 그러나 『트리푸라-라하시야』(19. 71)의 익명의 저자는 이러한 차이들이 지혜 자체가 여러 가지라는 것을 의미하는 것은 아니라고 재빨리 지적한다. 오히려 갸나 jñāna는 어떠한 차이도 허용하지 않는다. 갸나는 참실재와 본질적으로 일치한다.

일부 문맥에서 갸닌jñānin이라는 단어는 문헌들의 위대한 가르침을 숙고하는 개인을 나타내지만, 영적 수행자(갸나-반두 jñāna-bandhu 참조)로 생각되지는 않는다. 『요가-쉬카-우파니샤드』 *Yoga-Śikhā-Upaniṣad*(1. 48f.)에서는 다시 갸닌과 요긴yogin을 대비하여 전자는 자신의 미래의 탄생을 제거하지 못하는 반면, 후자는 자신의 신체에 통달하는 법을 배워서 해탈을 확신한다고 주장한다.

Jñāta-Amṛta-Śāstra(갸타-아므리타-샤스트라, [연성] Jñātāmṛtaśāstra 갸타므리타샤스트라)

'불멸의 아는 자에 대한 가르침'이라는 뜻이다. 고라크샤 I Gorakṣa이 저술한 것으로 추정되는 희귀한 저작으로, 2백27송으로 구성되어 있다.

jñātṛ(갸트리)

'아는 자'라는 뜻이다. 알려진 대상 ♯ jñeya과 아는 과정(갸나 jñāna)에 반대되는 아는 주체이다. 일부 학파에서 이 용어는 초월적 참자아를 나타내는 데 사용된다.

jogi(조기)

요긴yogin의 지방어 철자로, 종종 경멸적으로 사용된다.

Jois, Krishna Pattabhi(크리슈나 팟다비 조이스; 1915~2009)

1937년부터 1973년까지 마이소르Mysore의 마하라자 Maharaja 산스크리트Sanskrit 대학에서 요가Yoga를 가르쳤고, 1948년에 인도의 라크슈미푸람Lakshmipuram에 있는 아슈탕가 요가 연구협회(Ashtanga Yoga Research Institude)를 설립했던 크리슈나마차리야T. Krishnamacharya의 제자이다. 그는 1974년에 처음 서구에 왔다. 그의 유일한 저작인 『요가 말라』 ♯ *Yoga Mala*는 칸나다Kannada어로 쓰여 있고, 1999년에 영어로 번역되었다.

joy(기쁨)

⇒ 아난다 ānanda, 지복 또는 환희(bliss), 행복(happiness), 수카 sukha 참조.

jugupsā(주굽사)

'혐오'라는 뜻이다. 여덟 가지 족쇄ⓢaṣṭa-pāśa 중 하나이다. 『요가-수트라』*Yoga-Sūtra*(2. 40)에서 이 용어는 '[다른 사람들로부터의] 보호 거리'와 같은 어떤 것을 나타낸다.

Jung, Carl Gustav(칼 구스타프 융; 1875~1961)

스위스의 세계적으로 유명한 정신과 의사이다. 그의 접근법은 20세기 영적 부흥의 영역들에서 특히 영향력이 있어 왔다. 그는 꿈, 신화, 예술, 그 중에서도 요가Yoga를 포함한 동양종교에서 발견되는 상징주의를 수단으로 하여 인간의 정신(psyche)을이해하려 노력했다. 자신의 자서전에서 드러나 있는 것처럼 융은 정신적 위기(1913~1918)의 시기 동안 어떤 종류의 요가를 수행했다. 그는 브런튼P. Brunton을 포함하여 인도인의 지혜를 가르치는 여러 대표자를 만났다. 요가에 대한 융의 관심은 1932년에 취리히Zurich의 심리학 클럽(Psychological Club)에서 쿤달리니-요가Kuṇḍalinī-Yoga에 대한 유명한 세미나를 통해서 대중적으로 알려지게 되었다. 그 세미나에는 특히 하우어J. W. Hauer와 짐머H. Zimmer가 참여하였고, 샴다사니(S. Shamdasani, 1999)는 뒤늦게 그것을 영어로 출판하였다.

융은 서구에 있어서 요가의 의미에 대하여 상충된 감정들을 가지고 있었다. 『심리학과 동양』*Psychology and the East*(1978)에서 융은 다음과 같이 썼다. "[요가는] 신체성과 영성을 종합하여 이례적이게 완전한 방식으로 서로서로가 되게 한다."(p.81) 그러나 그는 이것이 인도에는 적합하지만 서구에는 적합하지 않다고 느꼈다. "서구인의 마음에서의 균열은 …… 모든 알맞은 방식으로 요가의 의도를 실현하려는 것을 애초부터 불가능하게 만든다."(p.81) 그는 요가에 대한 연구는 권했지만 수행은 권하지 않았다. "만일 내가 요가를 매우 비판적으로 계속해서 싫어한다면, 그것은 내가 동양의 이러한 영적 성취를 인간의 마음이 이제까지 창조해 왔던 가장 위대한 것 중 하나로 여기지 않는다는 것을 의미하지는 않는다."(P. 85) 스즈키D. T. Suzuki가 쓴 『선불교 개설』*Introduction to Zen Buddhism*(1939, 독일)의 서문에서 융은 "복잡한 하타-요가Haṭha-Yoga 기법들에 대해서, 생리학적인 마음을 가진 유럽인들을 속여서 단지 앉아서 호흡하는 것만으로 영성(spirit)을 획득할 수 있다는 잘못된 희망을 갖게 하는 것들"(p.157)이라고 말했다. 이러한 비판이 아무리 타당하다 해도 그것은 불완전하고, 융의 평가에서 편견을 시사한다.[예, 제이콥스H. Jacobs, 『서구의 치료와 힌두 사다나』*Western Therapy and Hindu Sadhana*(1961) 참고]

⇒ 심리학(psychology)도 참조.

jyotir-dhyāna(지요티르-디야나)

'빛 명상(meditation)'이라는 뜻이다. 테조-디야나ⓢtejo-dhyāna로도 불린다. 『게란다-상히타』*Gheraṇḍa-Saṃhitā*(6. 1)에 기술되어 있는 세 종류의 명상 중 하나이다. 이것은 개인 정신(individual psyche), 즉 개아(지바-아트만 jīva-ātman)가 빛의 형태로 자리한다고 하는, 척주 기저에 있는 비의적 센터에 대한 집중(concentration)을 수반한다. 다른 방법으로는 미간의 점으로 심상화된 프라나바(praṇava, 즉 옴Oṃ)의 '불'에 집중하는 것이 있다.

jyotir-liṅga(지요티르-링가)

'상징/빛으로 된 남근'이라는 뜻이다.

⇒ 드와다샤-링가dvādaśa-liṅga 참조.

jyotis(지요티스)

'빛'이라는 뜻이다. 고대로부터 초월적 참자아는 상상할 수 없는 광휘로 묘사되어 왔다. 『바가바드-기타』*Bhagavad-Gītā*(13. 17)에서는 참자아를 '어둠을 넘어서 있는 빛 중의 빛'으로 여긴다. 대부분의 힌두Hindu 문헌에서는 참자아의 밝은 면에 대해 언급한다. 『쉬바-상히타』*Śiva-Saṃhitā*(5. 23)는 이런 경향을 전형적으로 보여 준다. "한순간이나마 환한 광휘를 보는 자는 모든 죄에서 벗어나 지고의 상태에 도달한다."

⇒ 타라카-요가Tāraka-Yoga도 참조.

jyotiṣa(지요티샤)

⇒ 점성학(astrology) 참조.

J

jyotiṣa-śāstrin(지요티샤-샤스트린)
'점성학의 전문가'라는 뜻이다. 점성가이다.

Jyotsnā(지욧스나)
'달빛'이라는 뜻이다. 『하타-요가-프라디피카』 *Haṭha-Yoga-Pradīpikā*에 대한 중요한 주석이다. 이 문헌의 저자인 브라마난다Brahmānanda는 하타-요가Haṭha-Yoga의 관념과 수행법 들에 대한 유익한 설명을 많이 제공한다.

K

Kabīr(카비르; 1440~1518)

위대한 중세 힌두Hindu 시인 중 한 명이다. 그는 베나레스(Benares, 바라나시Vārāṇasī)에 있는 한 무슬림 직공에 의해 양육되었지만, 라마난다(Rāmānanda; 1440~1470)의 영향을 받아 힌두이즘Hinduism으로 개종하였다. 그는 여성 달인 랄라Lallā와 나마데바Nāmadeva, 특히 수피즘Sufism의 가르침에 큰 영향을 받았다. 진정한 박타bhakta였던 카비르Kabīr는 하타-요가Haṭha-Yoga의 부자연스러운 접근법을 비판했다. 생기(프라나prāṇa)의 운용으로 수행자가 강렬한 지복을 경험할 수 있다는 것을 부인하지는 않았지만, 그가 지적했듯이 그처럼 인위적으로 일어나게 된 상태는 극히 일시적이기 때문에 거의 가치가 없다고 보았다. 그는 카스트(caste)제도와 지나친 상像 숭배도 반대했다.

카비르(Kabīr). 직공이자 신비주의자

Kailāsa(카일라사)

서티베트에 있는, 사면으로 된 히말라야의 봉우리이다. 이곳은 전통적으로 쉬바Śiva의 거주처로 여겨지고, 주요 순례 장소이다. 난디나타Nandinātha까지 거슬러 올라가는 남인도 싯다siddha들의 계보(파람파라paramparā)가 이 산의 이름을 가지고 있다. 이 봉우리는 『마하바라타』*Mahābhārata*에 이미 언급되어 있는데, 거기서는 메루meru 산의 남쪽에 있는 것으로 묘사되어 있다.

kaivalya(카이발리야)

'홀로 있음', '독존'獨存이라는 뜻이다. 참자아의 절대적인 존재 상태이다. 고전 요가(Classical Yoga)에서, 더 정확하게는 『요가-수트라』*Yoga-Sūtra*(2. 25)에서 이 용어는 '보는 자drśi의 홀로 있음'이라고 부르는 것을 나타낸다. 이것은 의식(consciousness, 칫타citta)의 내용들에 대해 온전히 의식된 자각을 하기 위한 참자아의 고유한 능력을 말한다. 『요가-수트라』(4. 34)의 다른 정의에서 이것은 자신의 초월적 자율성을 회복한 참자아로 인해 모든 목적을 잃어버린 우주(cosmos)의 주요 구성 성분(구나guṇa)들의 '역전개'(환멸還滅, 프라티프라사바pratiprasava)로 설명된다. 그러나 파탄잘리Patañjali의 다른 송(3. 55)에 따르면 카이발리야kaivalya는 삿트와(sattva, 우주의 최고의 존재론적인 면)와 참자아가 동일하게 청정한 상태로 될 때 확립된다고 한다. 『하타-요가-프라디피카』*Haṭha-Yoga-Pradīpikā*(4. 62)에서는 카이발리야를 요가Yoga 수행을 통해서 하위의 마음이 '융해된' 이후에 남는 것으로 정의한다.

『만달라-브라마나-우파니샤드』*Maṇḍala-Brāhmaṇa-Upaniṣad*(2. 3. 1)에서는 움직임이 없고 충만한 '홀로 있는 빛'♯kaivalya-jyotis에 대해 말하는데, 이것은 "바람 없는 곳에 있는 불꽃과 유사하다." 『지반-묵티-비베카』*Jīvan-Mukti-Viveka*(제2장)에서는 이것을 "오직 영지(靈智, 갸나 jñāna)만을 통해서 획득할 수" 있는 "분리된(케발라 kevala) 참자아의 상태, 즉 신체 등으로부터의 자유로움"으로 설명한다.

17세기 베단타 Vedānta 저작인 『야틴드라-마타-디피카』♯*Yatīndra-Mata-Dīpikā*(8. 16f.)에서는 카이발리야를 다음과 같이 모크샤 mokṣa, 즉 해탈과 대비한다.

> 해탈을 추구하는 자들은 두 종류이다. 카이발리야를 추구하는 자들과 모크샤를 추구하는 자들이다. 갸나-요가 Jñāna-Yoga를 통해서 [도달될 때] 카이발리야라 불리는 [것은] 우주와 뚜렷이 구별되는 것으로서 깨달음의 본성이다. 그들은 이 깨달음이 주(主, 바가바트 Bhagavat)가 없는 깨달음이라고 말한다. ……
> 모크샤를 추구하는 자들은 두 종류이다. [주께서 궁극적 참실재라고 하는] 박타 bhakta들과 프라판나♯prapanna들이다.

그러므로 이 설명에 따르면 카이발리야는 이원론적 형이상학에 기초를 둔 반면, 모크샤라는 이상의 형이상학적 토대는 분명히 일신교적이다. 그러나 역사적으로 말하자면 카이발리야는 만유 내재신론적인 서사시 시대의 요가학파들에서 유래하고, 그 용어는 후고전 요가(Postclassical Yoga)의 수많은 학파에서 모크샤의 동의어로 지속적으로 사용되었다.

kakṣa-puṭa(카크샤-푸타)

'겨드랑이'라는 뜻이다. 제목이 『라사-라트나카라-탄트라』*Rasa-Ratnākara-Tantra*로도 불리는 나가르주나 Nāgārjuna의 문헌만 남아 있는 탄트라 Tantra 유파이다. 책 제목으로 이 신체 부위를 사용한 이유가 완전하게 명확한 것은 아니지만, 이는 자신이 전통적으로 따라온 비밀주의 때문에 자기 스스로를 암시했을 수 있다.

⇒ 연금술(alchemy)도 참조.

kakṣā(카크샤)

'은신처'나 '굴'屈 또는 '겨드랑이'라는 뜻이다. 카슈미르 샤이비즘 Kashmiri Śaivism의 주요 문헌인 『비갸나-바이라바』*Vijñāna-Bhairava*(79)에서는 머리 위로 팔을 원호 모양으로 들어올리는 동안 겨드랑이에 주의를 집중하는 기이한 수행법이다. 이 행법은 내면의 평화를 낳는다고 생각된다.

kalaśa(칼라샤)

'물주전자'라는 뜻이다. 물을 가져다니기 위한 고행자들의 일반적인 물품이다. 우주 또는 지구의 상징이다.

kalā(칼라 I)

'부분' 또는 '조각'이라는 뜻이다. 카슈미르 샤이비즘 Kashmiri Śaivism에서 구분되는 존재의 범주(탓트와 tattva) 중 하나이다. 거기서 칼라 kalā는 부차적이거나 부분적인 창조자의 지위를 의미한다. 탄트라 Tantra와 하타-요가 Haṭha-Yoga에서 이것은 또한 소리의 잠재력을 나타내는데, 종종 나다 nāda, 빈두 bindu와 함께 언급된다. 아비나바굽타 Abhinavagupta의 『파라-트리쉬카-비바라나』♯*Parā-Triśikā-Vivaraṇa*에서는 아 a부터 아하 ah까지의 산스크리트 Sanskrit 문자들을 16칼라로 부른다. 16째 것은 불변하는 비사르가-칼라♯visarga-kalā로 알려져 있다.

『쿨라르나바-탄트라』*Kulārṇava-Tantra*(6. 38ff.)에서는 달의 '소원을 성취해 주는' 16위상을 열거하고, 또한 태양의 12단위와 아그니 I agni의 10단위를 포함하여 다른 종류의 칼라도 언급한다. 이것은 또한 창조♯sṛṣṭi, 유지(스티티 sthiti), 철회(상하라 saṃhāra)로 된 10개의 칼라를 구분하고 묘사한다. 이것들은 산스크리트 알파벳(자모字母)과 아움-카라 aum-kāra와 관련되어 있다.

칼라는 어떤 것, 특히 달의 16째 조각을 의미한다. 따라서 요가 Yoga에 대한 중세의 많은 저작에서는 '천 개의 살로 된 바퀴'(사하스라라-차크라 sahasrāra-cakra)에서 달의 '조각'을 언급한다. 『샤트-차크라-니루파나』*Ṣaṭ-*

Cakra-Nirūpaṇa(46)에서 그것은 아마-칼라amā-kalā로 불린다. 아마♯amā는 '불사의 감로'(아므리타amṛta)를 방울방울 떨어뜨리는 비의적인 달인 찬드라candra에 대한 많은 동의어 가운데 하나이다. 이 저작(47)에서는 또한 이 아마-칼라 내에서 발견되는 니르바나-칼라(nirvāṇa-kalā; '열반의 조각')도 언급한다. 명상(meditation)과 무아경에서의 구체적인 경험을 설명하려고 해봄으로써 그러한 개념들을 가장 잘 이해할 수 있다. 아마-칼라의 경험은 초의식 무아경(무상 삼매, 아삼프라가타-사마디 asamprajñāta-samādhi)과 연관되어 있다.

kali-yuga(칼리-유가)

'칼리Kālī 시대'라는 뜻이다. 영적으로 위축된 현재의 암흑기이다. 이 시기는 전통적으로 기원전 3천2년에 크리슈나Kṛṣṇa가 죽으면서 시작되었다고 한다. 이 관념은 탄트라Tantra에서 핵심적인데, 탄트라는 이 어둠의 시기를 위한 새로운 복음이라고 주장한다. 막연히 '어둠'으로 흔히 번역되는 칼리라는 단어는 주사위 던지기에서 지는 것에서 유래되었다. 주사위 놀이는 고대 인도인들이 즐기던 활동이다.

⇒ 칼파kalpa, 만완타라manvantara, 유가yuga도 참조.

Kalki(칼키) 또는 **Kalkin**(칼킨)

비슈누Viṣṇu의 예언된 열째 화신(아바타라avatāra)이다. 그는 현재의 암흑기(칼리-유가kali-yuga) 끝에 백마를 타고 혜성처럼 불꽃이 활활 타오르는 칼을 휘두르며 온다고 한다. 바이슈나바vaiṣṇava 신학에 따르면 그는 다음에 오는 황금기를 세울 것이다.

Kallaṭa(칼라타)

9세기 말엽의 카슈미르Kashmir 달인이다. 그는 아비나바굽타Abhinavagupta의 선임 구루guru였고 소마난다Somānanda와 동시대인이었다. 그의 스승은 바수굽타Vasugupta였다. 그는 『스판다-수트라』♯*Spanda-Sūtra*(바수굽타의 저작과 다름)와 여러 권의 다른 저작을 저술하였다.

kalpa(칼파)

'관습' 또는 '규칙'이라는 뜻이다. 힌두Hindu 신화에서는 어마어마한 지속 기간으로 된 세계의 주기들이 있다는 사실에 대해 알고 있다. 1칼파kalpa는 창조자인 브라마II Brahma의 생에서 하루를 나타낸다. 그것은 인간에게 있어 4십3억 2천만 년이고 신(divine)에게 있어서 1천2백만 년이며 1천 '대한 세계시대'♯maha-yuga로 전환될 수 있다. 총계가 우리 태양계에 대한 현대의 계산 결과에 놀랄 만큼 가깝게 된다. 브라마는 3만 6천 칼파 동안 산다고 생각된다. 각 칼파는 '낮'과 '밤'으로 되어 있다. 밤의 시기 동안 우주(cosmos)는 일시적으로 사라진다. 이 사라짐은 '해체'(프랄라야pralaya)로 알려져 있다. 현재 우주의 창조 이래로 거의 2십억 년이 경과한 것으로 계산된다.

kalpanā(칼파나)

'만들기', '제작' 또는 '형성'이라는 뜻이다. 상칼파saṃkalpa와 동의어이다.

⇒ 상상력(imagination) 참조.

kalpa-taru(칼파-타루)

'소원 성취 나무'라는 뜻이다. 아나하타-차크라anāhata-cakra의 비의적 명칭이다.

kamala-āsana(카말라-아사나, [연성]**kamalāsana**카말라사나)

'연꽃 자세'라는 뜻이다. 파드마-아사나padma-āsana와 동의어이다.

Kamalamuni(카말라무니)

'연꽃 성자'라는 뜻이다. 카말라(kamala; '연꽃')+무니muni로 만들어졌다.

⇒ 칼랑기Kālāṅgi 참조.

kamaṇḍalu(카만달루)

'그릇'이라는 뜻이다. 힌두Hindu 고행자들이 휴대하고 다니는 주둥이가 달린 항아리이다.

kampa(캄파) 또는 **kampana**(캄파나)

'떨림' 또는 '진동'이라는 뜻이다. '뱀의 힘'(쿤달리니-샥티kuṇḍalinī-śakti)의 각성과 연관된 호기심을 유발시키는 요가Yoga적 현상이다. 『요가-야갸발키야』*Yoga-Yājñavalkya*(6. 26)와 수많은 다른 하타-요가Haṭha-Yoga 문헌에 따르면, 떨림은 호흡 조절(프라나야마prāṇāyāma)의 둘째 단계 동안 일어난다. 『카울라-갸나-니르나야』*Kaula-Jñāna-Nirṇaya*(14. 16)에서는 두 단계에 대해 다음과 같이 언급한다. (1)일반적 떨림과 (2)내면의 소리들에 대한 듣기를 수반하는 사지의 격렬한 떨림. 『마르칸데야-푸라나』*Mārkaṇḍeya-Purāṇa*(39. 56)에서는 개선 방법으로 수행자가 산(안정성의 상징)의 이미지에 마음을 고정해야만 한다고 권한다.

kanda(칸다)

'구근'이라는 뜻이다. 때로는 칸다♯kānda로 쓴다. 생기(프라나prāṇa)가 신체를 순환하는 통로망(나디-차크라nāḍī-cakra)의 원천점이다. 일부 학파는 이것의 위치를 회음(요니yoni) 자리에 상응하는 척주의 기저에 있다고 명확히 말하는 한편, 다른 학파들은 '신체의 중앙'♯deha-madhya에 있다고 말한다. 만장일치로 달걀 모양이라고 하지만 『하타-요가-프라디피카』*Haṭha-Yoga-Pradīpikā*(3. 113)에서는 이것을 '말린 천' 모양을 한 것으로 기술한다. 크기는 종종 손가락 아홉 개 너비의 길이와 네 개 너비의 폭으로 설명되고, 대체로 부드럽고 흰색이라고 언급된다. 이것은 또한 칸다-요니(♯kanda-yoni; '구근의 원천')와 칸다-스타나(♯kanda-sthāna; '구근의 자리')로도 알려져 있다. 『요가-쿤달리-우파니샤드』*Yoga-Kuṇḍalī-Upaniṣad*(1. 49)에서는 칸다가 발목 부근에 있다고 언급하는데, 이 문헌에서 이것은 영향을 받기 쉬운 부위(마르만marman)를 의미하는 것으로 추정된다.

Kanthaḍi(칸타디)

『하타-요가-프라디피카』*Haṭha-Yoga-Pradīpikā*(1. 6)에 하타-요가Haṭha-Yoga의 달인으로 언급되어 있다.

K

kañcuka(칸추카)

'덮개'라는 뜻이다. 카슈미르 샤이비즘Kashmiri Śaivism에서 마야māyā로 된 다섯 덮개(판차-칸추카pañca-kañcuka), 다시 말해서 제한적 활동(칼라 I kalā), 불순한 지식(비디야vidyā), 탐욕 또는 집착(라가rāga), 공간적 한계(니야티niyati), 시간적 한계(칼라 II)는 순수 참의식(Awareness)을 차단한다.

Kaṇāda(카나다)

⇒ 바이셰쉬카Vaiśeṣika 참조.

kaṇṭha-bandha(칸타-반다)

'인후 잠금'이라는 뜻이다. 잘란다라-반다jālandhara-bandha와 동의어이다. 때로는 칸타-무드라(♯kaṇṭha-mudrā; '인후 결인')와 칸타-상코차(♯kaṇṭha-saṃkoca; '인후 수축')로도 불린다.

kaṇṭha-cakra(칸타-차크라)

'인후 바퀴'라는 뜻이다. 비슛디-차크라viśuddhi-cakra와 동의어이다.

kapāla(카팔라)

'두개골'이라는 뜻이다. 특정한 유형의 요긴yogin들, 특히 사람의 두개골을 정찬용 접시로 쓰는 카팔리카Kāpālika파 구성원들이 사용하는 도구 중 하나이다. 두개골 컵은 요긴이 정복해 온 세계를 상징한다. 이것의 비의적 의미는 쉬바Śiva와 샥티 II Śakti의 결합(요가Yoga)이다.

kapāla-bhāti(카팔라-바티)

'두개골을 빛나게 함'이라는 뜻이다. 일부 문헌에서는 마스타카-바티♯mastaka-bhāti로도 불린다. '여섯 정화법'(샤트-카르만ṣaṭ-karman) 중 하나이다. 『게란다-상히타』*Gheraṇḍa-Saṃhitā*(1. 55)에서는 이것이 점액(카파kapha)을 제거한다고 하는 세 가지 수행법으로 구성된 것이라고 서술한다. 이것들은 '왼쪽 과정'(바마-크라마vāma-krama), '거꾸로 된 과정'(비윳크라마vyutkrama), '쉿

[소리로 된] 과정'(쉬트-크라마 śīt-krama)이다. 『하타-요가-프라디피카』*Haṭha-Yoga-Pradīpikā*(2. 35)에 따르면 카팔라-바티 kapāla-bhāti는 단순히 '풀무 호흡'(바스트리카 bhastrikā)과 유사한 빠른 호흡으로 이루어져 있다. 이 기법은 (비만과 같은) 점액 과다로 인한 질병을 치유하는 수단으로 권해진다.

⇒ 시트-카리 sīt-kārī도 참조.

kapāla-kuhara(카팔라-쿠하라)

'두개골의 굴窟'이라는 뜻이다. 케차리-무드라 khecarī-mudrā 수행에서 혀를 뒤로 향하게 뒤집어서 집어넣는 두개골 속의 구멍이다.

kapāla-randhra-dhauti(카팔라-란드라-다우티)

'두개골 구멍 청소'라는 뜻이다. 하타-요가 Haṭha-Yoga에서 치아-청소(단타-다우티 danta-dhauti)의 일부이다. 『게란다-상히타』*Gheraṇḍa-Saṃhitā*(1. 34f.)에서는 이것을 다음과 같이 기술한다. 수행자는 콧날 가까이에 있는 이마의 움푹한 곳을 오른손 엄지손가락으로 문질러야만 한다. 이 문헌에서는 더 나아가 이 수행법을 매일 아침, 식후, 저녁에 행해야만 '신성한 시력' *divya-dṛṣṭi*, 즉 천리안을 얻는다고 언급한다.

⇒ 디비야-차크슈스 divya-cakṣus도 참조.

Kapālī(카팔리)

『하타-요가-프라디피카』*Haṭha-Yoga-Pradīpikā*(1. 7)에 하타-요가 Haṭha-Yoga의 스승으로 언급되어 있다.

kapha(카파)

'점액질'이라는 뜻이다. 슐레슈마 *śleṣma*로도 불린다. 토착 힌두 Hindu 의학(아유르-베다 Āyur-Veda)에서 인정하는 세 가지 체질(다투 dhātu) 중 하나이다. 이 원리 중 많은 부분이 요가 Yoga에 채택되었다. 점액질은 무겁고 차고 기름지고 달다고 기술되어 있다.

[비교] 핏타 pitta, 바타 vāta.

Kapila(카필라)

몇몇 푸라나 Purāṇa와 같은 후대 문헌들에서는 그를 위대한 요긴 yogin으로 부르고 있지만, 전통적으로는 상키야 Sāṃkhya 전통의 창시자로 여긴다. 이 이름을 가진 역사적으로 유명한 몇 명의 인물이 있었을 가능성이 있다. 카필라 Kapila라는 용어는 『리그-베다』*Ṛg-Veda*(10. 27. 16)에 이미 나타나 있는데, 거기서 이것은 적갈색을 뜻한다. 현자(리쉬 ṛṣi) 카필라는 『슈웨타슈와타라-우파니샤드』*Śvetāśvatara-Upaniṣad*(5. 2)에 언급되어 있다.

상키야의 권위자인 카필라는 『상키야-수트라』*Sāṃkhya-Sūtra*의 저자로 널리 알려져 있지만, 이 저작은 상대적으로 후대인 1400년경 이후에 저술된 것으로 보인다. 십중팔구 참자아(푸루샤 puruṣa)와 자연(nature, 근본 원질, 프라크리티 prakṛti)의 개념을 주요 주제로 다룬 만유내재신론적 교의였겠지만, 카필라의 실제적 가르침은 더 이상 재건될 수 없다. 『마하바라타』*Mahābhārata*의 남부 교정

K

카필라(Kapila)

본에는 허구일 것으로 추정되는, 카필라와 그의 수제자인 아수리Asuri 사이의 대화가 들어 있다.

kara-nyāsa(카라-니야사)

'손[에] 배치'라는 뜻이다. 프라나prāṇa와 신들이 손에 배치된 여러 종류의 니야사nyāsa 중 하나이다.

karma(카르마)

원형인 카르만karman을 형성하는 산스크리트Sanskrit 동사 어근 √kṛ('만들다')의 주격, 목적격이다. 일반적으로 운명이라는 의미로 사용된다.

[비교] 파우루샤pauruṣa.

karma-dhauti(카르마-다우티)

'귀 청소'라는 뜻이다. 단타-다우티danta-dhauti 수행 중 하나이다. 『게란다-상히타』*Gheraṇḍa-Saṃhitā*(1. 33)에 따르면 검지와 약지로 이것을 수행해야만 한다. 규칙적으로 매일 수행하면 내면의 소리(나다nāda)를 지각할 수 있다.

karma-indriya(카르마-인드리야, [연성]karmendriya 카르멘드리야)

'행위 기관'이라는 뜻이다.

⇒ 인드리야indriya 참조.

karma-mala(카르마-말라)

⇒ 말라 I mala 참조.

karman(카르만)

'행위'라는 뜻이다. 또한 주격의 경우 카르마karma라고 쓴다. 보통은 행위라는 의미로 쓰인다. 『바가바드-기타』*Bhagavad-Gītā*(18. 23ff.)에서는 '행위자'의 내면의 기질에 따라서 행위의 세 가지 기본적 유형을 구별한다. (1)삿트위카-카르만♯sāttvika-karman. 전통에 의해 규정된 행위와 '결과'(팔라phala)에 집착하지 않고 하는 행위이다. (2)라자사-카르만♯rājasa-karman. 이기심(아항카라ahaṃkāra)에서 하는 행위와 쾌락을 경험하기 위해서 하는 행위이다. (3)타마사-카르만♯tāmasa-karman. 자신의 행위가 갖는 도덕적 · 영적 결과에 대해 어떠한 관심도 두지 않는, 착각에 빠져 분별력 없는 사람이 하는 행위이다.

카르만karman의 추가적 의미는 '의례 행위'이다. 그러나 더 명확하게 카르만(대개 카르마로 영어 표기됨)은 의도, 생각, 행위의 도덕적인 힘을 말한다. 이런 의미에서 카르마는 과거생과 현생의 삶에서 자신의 존재의 특성에 의해 결정되는 운명에 빈번히 상응한다. 기본적인 관념은 존재의 도덕적 차원조차도 인과적으로 결정된다는 것이다. 『쉬바-상히타』*Śiva-Saṃhitā*(2. 39)에서는 이것을 다음과 같이 말한다. "이 세상에서 무엇을 경험하든지 간에 모든 것은 카르마에서 일어난다. 모든 피조물은 [그들 자신의] 카르마에 부합되게 경험한다." 『게란다-상히타』*Gheraṇḍa-Saṃhitā*(1. 6f.)에는 다음과 같은 두 송이 있다.

> 선행과 악행을 통해서 생명이 있는 존재들의 항아리(♯ghaṭa, [즉 신체])가 산출된다. 신체로부터 카르마가 일어난다. 그러므로 [윤회는] 물레바퀴♯ghaṭi-yantra처럼 회전한다.
> 거세한 수소들에 의해 물레바퀴가 올라갔다 내려갔다 하는 것처럼, 개아(psyche, 지바jīva)는 카르마의 힘에 의해 [반복적으로] 삶과 죽음을 거쳐 지나간다.

카르마의 교의는 재탄생(푸나르-잔만punar-janman)의 관념과 밀접하게 연관되어 있다. 두 교의는 초기 우파니샤드Upaniṣad에서 처음 드러났다. 그러나 고대 베다Veda 전통의 필수적인 부분으로 이미 있었음에 틀림없다.

일반적으로 카르마는 세 종류가 있다고 생각된다. (1)산치타-카르마♯saṃcita-karma. 결실 맺기를 기다리는 업의 저장고(아샤야āśaya)에 축적된 전체 업의 비축량. (2)프라라브다-카르마♯prārabhda-karma. 이 생애(예를 들면 우리의 신체적 구성 또는 체질)에 결실을 맺는 업. (3)바르타마나-카르마♯vartamāna-karma 또는 아가미-카르마♯āgāmi-karma. 현재의 생애 동안 쌓아서 미래에 결실을 맺는 업.

『요가-수트라』*Yoga-Sūtra*(3. 22)에서는 도덕적 과보를 급성의 것(♯ sa-upa-krama, [연성]sopakrama로 쓰임)과 유예된 것♯ nirupakrama으로 구별하였다. 비야사Vyāsa는 『요가-바쉬야』*Yoga-Bhāṣya*(3. 22)에서 창의적으로 전자 유형의 업을 넓게 펴져 있어서 빨리 마르는 젖은 천에, 후자의 유형의 업을 공 모양으로 말려 있어서 천천히 마르는 천에 비유했다.

'선한 것'이든 '악한 것'이든 모든 카르마는 속박하는 것으로 간주했다. 카르마는 제한된 존재(상사라 saṃsāra)가 자신을 나타내는 메커니즘이다. 카르마의 광범위한 영향에도 불구하고 인도의 철학자와 성자들은 거의 예외 없이 운명론에 굴복하지 않았다. 반대로 그들의 사유는 도덕적인 인과관계의 연쇄에서 어떻게 벗어날 수 있을까, 하는 질문을 중심으로 돌아가고 있다. 모든 영적인 길은 현대 물리학이 자연 법칙이라고 부르는 것에 비교할 만한 도덕적 과보의 법칙을 초월할 수 있다는 것을 가정하는 것에서부터 출발한다. 그러므로 『요가-수트라』(4. 7)에서 파탄잘리 Patañjali는 카르마가 4종류라고 말한다. 『요가-바쉬야』에서는 이것을 다음과 같이 설명한다. 카르마는 '검은 것', '검고 흰 것', '흰 것', '검지도 희지도 않은 것'이 있다.

카르마의 철칙을 넘어서기 위해서 수행자는 정신적(mental)·육체적 행위를 산출하는 바로 그 의식(consciousness)과 그것의 결과를 초월해야만 한다. 다른 말로 하자면 에고적 인성과 자신이 행위자(카르트리 kartṛ)라는 착각을 초월해야만 한다. 이 철학은 『바가바드-기타』의 카르마-요가Karma-Yoga에 대한 가르침에서 멋진 전형을 보여 준다. 삶이 행위와 동의어라는 것을 이해하는 크리슈나Kṛṣṇa는 단지 행위를 회피하는 것만으로는 해탈, 즉 깨달음에 이르지 못한다는 것을 가르쳤다. 그러므로 그는 '행위를 초월한 행위'(나이슈카르미야-카르만 naiṣkarmya-karman)의 길을 제시했다. 주관의 센터, 즉 에고의 존재를 가정하지 않고 행한 행위만이 속박이 없다. 자아 초월 성향을 끊임없이 함양함으로써 카르마의 존재로 인한 악순환을 차단할 수 있다. 그래서 미래의 카르마는 막아지지만, 과거의 카르마는 그것이 일어나게 될 때 그저 스스로 다 소모되게 둔다. 영적 수행은 다른 점에서는 심각한 신체적 카르마를 흩뜨릴 수 있다고 생각된다. 예를 들자면 대개 자동차 사고를 불러올 카르마를, 그 운명 지워진 사고를 꿈속에서 경험함으로써 중화시킬 수 있을 것이다.

Karma-Yoga(카르마-요가)

'[자아를 초월한] 행위의 요가Yoga'라는 뜻이다. 이 요가는 2천 년 훨씬 전에 『바가바드-기타』*Bhagavad-Gītā*에서 처음 이 명칭으로 전해졌지만, 그 문헌 이전에 존재했음에 틀림없다. 그 『기타』*Gītā*에서는 이 길을 크리슈나Kṛṣṇa가 가르친 두 가지 '삶의 방식'♯ niṣṭhā 중 하나로 소개했다. 다른 하나는 상키야-요가Sāṃkhya-Yoga이다. 카르마-요가Karma-Yoga는 독창적인 관점과는 거리가 있지만 활동적인 삶을 고무한다. 바꿔 말해서 모든 일은 반드시 알맞아야 할 뿐만 아니라 내면의 희생제(야갸yajña)의 정신(spirit)으로 행해져야만 하는데, 알맞다는 것은 대개 삶에서 지위에 따라 자신에게 배정된 것을 의미한다. 그래야만 자신의 행위가 카르마karma에 속박되지 않는다.

『맛시야-푸라나』♯*Matsya-Purāṇa*(52. 5f.)에 따르면 카르마-요가는 갸나-요가Jñāna-Yoga보다 수천 배 더 낫다. 갸나-요가는 여기서 명상(meditation)과 이욕(renunciation)의 길을 의미한다. 그러나 『웃다바-기타』*Uddhāva-Gītā*(15. 7)에서 카르마-요가는 갸나-요가로 향하는 첫 걸음으로 소개된다. 이 요가는 행위에 '혐오감'이 없는 사람들과 모든 종류의 욕망을 여전히 즐기는 사람들을 위해 만들어졌다. 때로 카르마-요가는 크리야-요가Kriyā-Yoga로도 불린다.

『마누-스므리티』*Manu-Smṛti*(2. 2)에서는 카르마-요가를 의례 행위로 이해하는데, 이것은 이 용어의 보다 오래된 의미이다.

karmin(카르민)

'행위자'라는 뜻이다. 카르마-요긴♯ karma-yogin과 동의어이다. 카르마-요가Karma-Yoga의 길을 따르는 영적 수행자이다.

kartṛ(카르트리)

'행위자', '작인'作因 또는 '동인'動因이라는 뜻이다. '행위의 집합'♯karma-saṃgraha에서 하나의 연결 고리이다. 다른 두 가지는 대상♯kārya과 원인의 작용kāraṇa 그 자체이다. 『바가바드-기타』*Bhagavad-Gītā*(18. 26ff.)에서는 행위자들을 3가지 종류로 구분한다.

(1)삿트위카-카르트리♯sāttvika-kartṛ. 집착으로부터 자유롭고 변함없고 헌신적이고 성공이나 실패에 의해 변화되지 않으며 '나'를 말로 표현하지 않는 자이다. (2)라자사-카르트리♯rājasa-kartṛ. 자신의 행위의 결과(팔라phala)에 항상 연연해하고, 호색하고 탐욕스럽고 불순하고, 의기양양함과 우울함의 지배를 받는 자이거나 폭력적인 본성을 가진 자이다. (3)타마사-카르트리♯tāmasa-kartṛ. 훈련되지 않고 저속하고 완고하고 기만적이고 비열하고 나태하고 의존적이고 낙담하고 늑장부리는 자이다.

⇒ 행위자(actor), 구나guṇa, 카르만karman도 참조.

K

karuṇā(카루나)

'연민', '호의'라는 뜻이다. 예를 들면 『요가-수트라』*Yoga-Sūtra*(1. 33)에 명상(meditation, 정려精慮, 디야나dhyāna)에서 나타나는 긍정적 감정이라고 언급되어 있다. 파탄잘리Patañjali가 이 용어를 불교에서 차용한 것으로 추정된다. 샤이비즘Śaivism의 특정 학파들과 바이슈나비즘Vaiṣṇavism의 라마누자Rāmānuja 학파에서도 카루나karuṇā는 신(divine)의 은총을 나타낸다.

⇒ 다야dayā도 참조.

Karuvūrār(카루부라르)

타밀어Tamil이다. 보가르Bogar의 브라민brahmin 제자였던, 남인도의 열여덟 명의 달인(아슈타다샤-싯다aṣṭādaśa-siddha) 중 한 명이다.

katthana(캇타나)

'자랑함', '뽐냄'이라는 뜻이다. 『요가-탓트와-우파니샤드』*Yoga-Tattva-Upaniṣad*(3)에 따르면 요가Yoga의 다섯 가지 장애(비그나vighna) 중 하나이다.

⇒ 아비마나abhimāna도 참조.

[비교] 마우나mauna.

Kaṭha-Upaniṣad(카타-우파니샤드, [연성]Kaṭhopaniṣad카토파니샤드)

가장 오래된 운문 우파니샤드Upaniṣad로 추정된다. 이 『우파니샤드』의 가장 초기 부분을 보면 성립 연대가 기원전 5세기까지 거슬러 올라간다. 이 문헌은 또한 요가Yoga와 상키야Sāṃkhya에 대한 명확한 관념들을 담고 있는 최초의 우파니샤드이다. 이 관념들은 학생인 나치케타스Naciketas가 죽음의 신(∵야마Yama)에 의해서 더 높은 신비들을 접하게 된다는 고대의 설화에 접목된다. 독립적인 장으로 보이는 둘째 장에서는 '감각들의 확고한 억제'로 이루어진 서사시 요가(Epic Yoga)를 상세히 설명한다. 한 송(2. 12)에서 초월적 참자아(푸루샤puruṣa)에 대한 깨달음이 목표인 복합적인 아디야트마-요가Adhyātma-Yoga가 나타난다. 이 저작의 전반적인 경향은 만유내재신론이다.

kaula(카울라)

'쿨라kula에 속하는'이라는 뜻이다. 카울라-마르가('쿨라와 관련된 길')의 축약 표현이다. 『쿨라르나바-탄트라』*Kulārṇava-Tantra*(2. 13~14, 20~21)에서 격찬된 영적인 접근법이다.

> 모든 창조물의 발자국들이 코끼리의 발자국에 의해 사라지는 것처럼, 모든 사람의 [철학적] 견해들은 쿨라[의 가르침] 속으로 [흡수]된다.
>
> 쇠가 결코 금과 비교될 수 없는 것처럼, 쿨라 의 가르침은 결코 다른 어떠한 [가르침]에도 견줄 수 없다.
>
> 쿨라의 가르침의 수레를 탄 가장 탁월한 사람은 [이 세계의] 섬을 가로질러 천국에 다다른다. [그런 다음] 해탈이라는 보석을 얻는다.
>
> 다른 모든 [철학적] 관점에서 사람들은 오랫동안의 수행을 통해서 해탈을 얻는다. 그러나 카울라kaula [유파]에서 [그들은] 즉각적으로 [해탈된다.]

카울라 전통(Kaula tradition)을 수행하기 위한 기초는 '불사의 감로'(아므리타 amṛta)의 흐름을 자극함으로써 신체를 신성화하는 것이다. 『카울라-갸나-니르나야』 *Kaula-Jñāna-Nirṇaya*(14. 94)에서 이 천상의 음료는 '카울라의 진정한 조건'이라고 언급된다.

카울라라는 용어는 또한 카울라 전통의 영적인 길을 수행하는 자에게도 적용된다. 『아쿨라-비라-탄트라』 *Akula-Vīra-Tantra*(B판본, 43)에 따르면 두 종류의 카울라가 있다. 하나는 '뱀의 힘'(쿤달리니-샥티 kuṇḍalinī-śakti)을 알고 해탈을 얻기 위해 그것을 다루려 하는 크리타카(♯ kṛtaka; '인위적인')-카울라들이고, 다른 하나는 쉬바 Śiva와 동일함을 성취하였고 영원히 사마라사 ♯ samarasa 상태에 머무는 사하자(sahaja; '자발적인')-카울라들이다.

⇒ 달인(adept), 카울라-요긴 kaula-yogin, 카울라-요기니 kaula-yoginī, 자발성(spontaneity)도 참조.

kaula-āgama(카울라-아가마, [연성]**kaulāgama**카울라가마)

쿨라-아가마 kula-āgama의 동의어이다.

Kaula-Jñāna-Nirṇaya(카울라-갸나-니르나야)

'카울라 kaula 지식의 확립'이라는 뜻이다. 맛시옌드라 Matsyendra가 저술한 것으로 추정되는 고대 탄트라 Tantra 문헌이다. 그가 가르친 카울라-마르가 kaula-mārga에 대한 가장 오래된 저작으로 알려져 있다. 간기刊記에 따르면 이 저작은 1천 송으로 이뤄져 있다고 하지만 성립 연대가 11세기 중반까지 거슬러 올라가는, 구할 수 있는 이 저작의 모든 필사본은 불완전한 상태이다. 대부분이 분실된 제1장은 우주의 창조 과정을 다루고 있다. 제2장은 대우주와 소우주의 용해(라야 laya, 프랄라야 pralaya)에 대해 논한다. 제3장은 명상(meditation)을 위한 신체의 여러 위치(스타나 sthāna)들에 대한 개요를 설명하고, 남근(링가 liṅga)의 참된 본성과 이것이 어떻게 숭배되어야 하는가에 대해서도 설명한다. 그 다음에 영적 수행으로 자연히 생기게 되는 초자연력(싯디 siddhi)을 다루는 방법에 대해 장황하게 서술한다. 그 뒤의 세 장에서는 숨겨진 신체 에너지 센터(차크라 cakra)와 케차리-무드라 khecarī-mudrā를 포함한 다양한 비의적 행법을 다루고 있다. 제8장에서는 여러 종류의 여성적 힘(샥티 I śakti)에 대한 숭배 의례를 소개한다. 그 다음 장은 이 특별한 유파의 스승들의 명단이다. 제10장에서는 여러 차크라의 종자 만트라(비자-만트라 bīja-mantra)들을 밝힌다. 그런 뒤 그 다음 장에서는 음식 섭취와 행위에서 고려해야 할 사항을 다룬다. 제13장에서는 해탈의 방법, 특히 항사 haṃsa에 대한 비의적인 가르침을 논의하는 데 할애한다. 남은 11개의 장에서는 입문자들을 위한 모든 종류의 비의적 행법을 다루고 있다.

kaula-mārga(카울라-마르가)

'카울라 kaula의 길'이라는 뜻이다. 쿨라-아가마 kula-āgama와 동의어이다.

⇒ 카울라 전통(Kaula tradition)도 참조.

Kaula-Tantra(카울라-탄트라)

카울라 전통(Kaula tradition)에 속하거나 속한다고 주장하는 모든 많은 탄트라 Tantra이다.

Kaula tradition(카울라 전통)

탄트라 Tantra의 광범한 움직임 내에서 이 전통의 시작은 5세기까지 거슬러 올라갈 것이다. 카울라-마르가(kaula-mārga; '카울라들의 길')는 매우 두드러져서 탄트라 그 자체와 종종 동일시되었다. 아쌈 Assam에서만 요기니-카울라 ♯ yoginī-kaula 유파를 설립한 것으로 보이지만 전통적으로 맛시옌드라 Matsyendra가 개조로서 숭배된다. 그럼에도 불구하고 10세기에 아비나바굽타 Abhinavagupta가 카슈미르 샤이비즘 Kashmiri Śaivism에 대한 정통한 저작들을 저술할 때까지 긴 역사를 되돌아보면 카울라 전통(Kaula tradition)은 잘 확립되어 있었다.

싯다 Siddha 전통과 일치하게 카울라 kaula들은 깨달음이 신체적인 사건이고, 신체 구조들이 바르게 다뤄진다면 이것들이 참자아에 대한 깨달음을 낳을 것이라고 생각한다. 이 과정의 중심 메커니즘은 쿨라 kula 또는 쿨라-샥티 ♯ kula-śakti로도 알려진 '뱀의 힘'(쿤달리니-

K

샤티kuṇḍalinī-śakti)이다. 카울라들의 신체 긍정 수행은 많은 탄트라 유파의 특징인 성적 의례(마이투나 maithuna)의 사용을 포함했다.

매우 광범위했을 것으로 추정되는 카울라 전통의 문헌은 부실하게 보존되었고 거의 연구되지 않는다. 가장 대중적인 저작은 의심의 여지없이 『쿨라르나바-탄트라』*Kulārṇava-Tantra*이다. 덜 알려져 있지만 역사가들에게 더 중요한 다른 문헌은 『카울라-갸나-니르나야』*Kaula-Jñāna-Nirṇaya*이다.

Kaula-Upaniṣad(카울라 우파니샤드, [연성]Kaulopaniṣad카울로파니샤드)

'카울라kaula들의 우파니샤드Upaniṣad'라는 뜻이다. 모든 것과 모든 이를 그 자신의 참자아로 여기는 가르침으로 끝나는 45개의 송으로 이뤄진 탄트라Tantra 문헌이다.

kaula-yogin(카울라-요긴, 남성형) 또는 **kaula-yoginī**(카울라-요기니, 여성형)

카울라-마르가kaula-mārga의 수행자이다.

⇒ 카울라kaula도 참조.

Kaulāvalī-Tantra(카울라발리-탄트라) 또는 **Kaulāvalī-Nirṇaya**(카울라발리-니르나야)

22장으로 된 탄트라Tantra의 주요 문헌으로, 위대한 달인 갸나난다 파라마항사Jñānānanda Paramahaṃsa가 저술한 것으로 여겨진다. 이 문헌은 땅(부미, bhūmi), 자기 자신, 의례 용품, 만트라mantra, 신의 정화에 대해 언급한다. 제4장과 제5장은 판차-탓트와pañca-tattva를 다룬다. 푸자pūjā의 중요성이 강조되고 의례용 염주(루드라크샤rudrākṣa 참조)들이 권장된다. 제14장은 샤바-사다나śava-sādhana에 대해 몇 가지 가르침을 준다. 그 다음 장에서는 처녀 숭배에 대해 논한다. 샤트-카르만(ṣaṭ-karman, 마술적 의례)들이 제20장에서 논의된다.

kaulika(카울리카)

'쿨라kula와 연관된'이라는 뜻이다. 카울라kaula의 동의어이다. 또한 카울라 전통(Kaula tradition)의 추종자이기도 하다.

kaupīna(카우피나)

많은 요긴yogin과 사두sādhu가 입는 허리감싸개(간단한 옷)이다.

Kaurava(카우라바) 또는 **Kuru**[s](쿠루[들])

⇒ 마하바라타Mahābhārata도 참조.

[비교] 판다바Pāṇḍava.

kauśala(카우샬라)

'기량' 또는 '숙련'이라는 뜻이다. 『바가바드-기타』*Bhagavad-Gītā*(2. 50)에서 요가Yoga는 '행위에 있어서의 숙련'으로 정의된다.

⇒ 붓디-요가Buddhi-Yoga, 카르마-요가Karma-Yoga도 참조.

kavaca(카바차)

'갑옷'이라는 뜻이다. 신체와 마음을 보호하는 역할을 하는 만트라mantra이다. 흔히 부적으로서 신체에 그 만트라를 쓴다.

kādi-vidyā(카디-비디야)

'카디kādi에 대한 지식'이라는 뜻이다. 카디-마타(♪kādi-mata; '카디에 대한 가르침')로도 불린다. 만마타Manmatha가 전수한 슈리-비디야Ⅰ Śrī-Vidyā 지식이다. 특히 다음과 같은 3행 만트라mantra이다.

카 에 이 라 흐림 ka e ī la hrīm
하 사 카 하 라 흐림 ha sa ka ha la hrīm
사 카 라 흐림 sa ka la hrīm

[비교] 하디-비디야hādi-vidyā.

Kākachaṇḍīśvara(카카찬디슈와라)

『하타-요가-프라디피카』*Haṭha-Yoga-Pradīpikā*(1. 7)에 하

타-요가Haṭha-Yoga의 달인으로 언급되어 있다. 그는 자신의 이름을 가진, 연금술에 대한 탄트라Tantra 문헌을 저술한 것으로 여겨진다.

kāka-mata(카카-마타)

'까마귀 교의'라는 뜻이다. 『요가-쉬카-우파니샤드』*Yoga-Śikhā-Upaniṣad*(1. 144)에 언급되어 있고, 이 문헌에 대한 우파니샤드 브라마요긴Upaniṣad Brahmayogin의 주석에서는 마헤슈와라(Maheśvara, 즉 쉬바 Śiva)가 '환영의 주인'♯māyin, 다시 말해서 세계라고 불리는 환영(마야māyā)의 원천이라는 교의로 설명된다.

kākī-mudrā(카키-무드라)

'까마귀 결인'이라는 뜻이다. 『게란다-상히타』*Gheraṇḍa-Saṃhitā*(1. 22)에 배출 청소(바히슈-크리타-다우티bahiṣ-kṛta-dhauti)와 관련하여 언급되어 있다. 3. 86f.에 따르면 이것은 입을 까마귀 부리처럼 만든 다음 공기를 빨아들이는 것으로 수행된다. 이 저작에서는 또한 이 기법을 수행하면 수행자는 '까마귀처럼' 질병이 없게 된다고 말한다.

kāla(칼라II)

'시간' 또는 '죽음'이라는 뜻이다. 고통(두카duḥkha)으로 가득 찬 한정된 존재(바바II bhava)를 경험하게 되는 주요한 이유는 그 존재가 일시적이기 때문이다. 시간은 모든 창조물들의 거대한 적으로 보인다. 『요가-바시슈타』♯*Yoga-Vāsiṣṭha*(1. 23. 4)에서 말하는 것처럼 "해저의 불이 범람하는 대양을 [집어삼키는] 것처럼 가장 식욕이 왕성한 시간이 집어삼키지 않는 것은 여기 이 우주에는 아무것도 없다." 『요가-바시슈타』(6. 7. 34)의 저자는 시간을, 깨뜨리고 싶을 때면 언제든지 오직 박살내기만을 위해서 끊임없이 돌림판을 돌려 수많은 도자기를 생산해 내는 도공에 비유한다. 『마하바라타』*Mahābhārata*(11. 2. 8. 24)에는 다음과 같은 두 송이 있다.

> 시간은 모든 창조물들, 심지어 신조차도 끌어당긴다. 시간에게 소중한 것은 아무것도 없고, 미워할 것도 아무것도 없다.
>
> 시간은 [모든] 존재를 '요리한다.' 시간은 [모든] 창조물을 파괴한다. [그 밖의 다른 모두가] 잠들어 있을 [때], 시간은 깨어 있다. 시간은 극복하기 어렵다.

그러나 시간을 초월하는 것은 명확히 모든 영적 전통의 목표이다. 그러므로 요긴yogin은 불멸인 초월적 참실재를 깨달음으로써 시간과 죽음에서 '벗어나려' 한다. 완성된 달인은 또한 칼라-아티타(♯kāla-atīta, [연성]칼라티타 kālātīta), 즉 '시간을 초월한 자'라고도 불린다. 이러한 태도는 『하타-요가-프라디피카』*Haṭha-Yoga-Pradīpikā*(4. 17)의 한 송에서 축약적으로 나타난다. "무아경(삼매, 사마디samādhi)을 통해서 결합된 요긴은 시간에 의해 집어삼켜지지 않는다." 동일한 저작(4. 17)에서 태양과 달은 낮과 밤이라는 형태로 시간을 만들어 내지만, 중앙 통로(수슘나 나디 suṣumṇā-nāḍī)는 시간을 소멸시킨다. 이는 생기(프라나prāṇa)가 축의 통로로 들어갈 때 마음이 정지하고 공간과 시간에 대한 모든 인식이 중단된다는 것을 의미한다.

아마도 후대 불교의 영향 하에서 파탄잘리Patañjali와 그의 저작에 대한 주석자들은 시간의 본성에 대해 사색했을 것이다. 고전 요가(Classical Yoga)에 따르면 시간은 찰나(크샤나kṣaṇa)의 연속으로 이루어진다. 불연속적 본성을 가진 시간이라는 이 관념은 현대의 양자물리학의 관념들에 부합한다. 시간의 간격들은 그 자체로 인식될 수 없다. 그러나 『요가-수트라』*Yoga-Sūtra*(3. 52)에 따르면 요긴은 무아경의 상태에 있는 동안 시간의 실체에 집중할 수 있고, 이는 식별에서 태어난 지혜♯viveka-ja-jñāna를 산출한다. 주석들에서는 시간의 이 극미한 간격을 물질의 원자(파라마-아누parama-aṇu)들에 비유했다. 이 크샤나들은 실재하는 것으로 여겨진 반면, 일시적인 지속 기간은 단지 '정신의(mental) 구성물'♯buddhi-samāhāra이다.

칼라kāla라는 용어는 또한 요가Yoga의 문헌들에서 수행하기에 적합한 시간을 나타내는 데 사용되기도 한다. 이와 같이 『게란다-상히타』*Gheraṇḍa-Saṃhitā*(5. 8ff.)에서는 날씨가 너무 덥거나 너무 추울 때, 또는 우기

K

에 수행자는 수행을 시작하지 말아야만 한다고 규정하고 있다. 그러므로 이상적인 두 계절은 봄♯vasanta과 가을♯śarad이다. 『마르칸데야-푸라나』*Mārkaṇḍeya-Purāṇa*(39. 47)에서는 또한 바람이 셀 때나 다른 양극단(드완드와 dvandva)이 지배적인 곳에서는 수행자가 요가 수행을 삼가야만 한다고 덧붙이고 있다. 『마하바라타』(12. 294. 9)에서는 부가적으로 요가 수행을 중단해야만 하는 세 가지 경우를 언급하는데, 이것들은 배뇨할 때, 배변할 때, 식사할 때이다. 그러나 신체에 더 긍정적인 다른 유파들은 이 금욕적인 규정을 지지하지는 않는다. 요가 수행을, 특히 명상(meditation)을 하기에 알맞은 시간은 '브라만 brahman의 시간'(브라마-무후르타 brahma-muhūrta)으로 알려진 일출 때이다. 일부 문헌에서는 또한 일몰 때와 자정 바로 전과 후를 권하기도 한다.

⇒ 안타-칼라 anta-kāla, 우주(cosmos), 가티카 ghaṭikā, 칼파 kalpa, 마트라 mātrā, 무후르타 muhūrta, 프라야나-칼라 prayāṇa-kāla, 세계의 시대(world ages)도 참조.

K

kāla-cakra(칼라-차크라)

'시간의 바퀴'라는 뜻이다. 탄트라 Tantra에서 비슛다-차크라 viśuddha-cakra와 아갸-차크라 ājñā-cakra 사이에 위치한 차크라 cakra이다. 랄라나-차크라 lalanā-cakra로도 불린다. 불교♯Kālacakrayāna에서 이 용어는 파괴의 행위자로서 '시간의 순환'을 나타내는데, 아비나바굽타 Abhinavagupta의 『탄트랄로카』*Tantrāloka*에서 제안된 관념과 다르지 않다.

Kālāmukha sect(칼라무카파)

탄트라 Tantra 유파(대략 1000년경)이다. 일반적으로 라쿨리샤 Lakulīśa 전통의 한 지파로 간주된다. 구성원들이 배우는 것을 좋아했던 이 유파의 문헌 중 현재는 어떤 것도 존재하지 않기 때문에, 형이상학과 영적 수행법에 대해서 명확하게 이해하기는 어렵다. 잘 조직화된 이 유파는 카팔리카 Kāpālika들의 의례들과 유사한 기이하고 모호한 의례들에 몰두하는 것으로 빈번하고 명백히 부당하게 비난받아 왔다. 이 유파는 추종자들이 자신들의 이마에 눈에 잘 띄는, 세상에 대한 포기(renunciation)를 나타내는 검은 표시를 가지고 있다는 사실로부터 '검은 얼굴'(칼라무카 Kālāmukha)이라는 이름을 얻었다.

Kālāṅgi(칼랑기)

'공기[와] 불'이라는 뜻이다. 남인도의 18명의 달인(아슈타다샤-싯다 aṣṭādaśa-siddha) 중 한 명으로, 보가르 Bogar의 스승이었다. 그는 카말라무니 Kamalamuni로도 알려져 있다.

Kālī(칼리)

눈이 툭 튀어나오고 혀를 내밀고 있는 것으로 묘사되는 '검은' 여신이다. 이 여신은 신(Divine)의 파괴적인 면을 나타낸다. 그녀는 에고의 환영을 파괴하고 그녀의 헌신자들을 위해서 참자아에 대한 깨달음의 길에 있는 모든 장애와 한계를 제거한다. 때로 칼리 Kālī는 『리그-베다』*Ṛg-Veda*(10. 127)의 라트리데비♯Rātridevī와 그릇되게 동일시되지만, 아마도 여신 니르리티♯

칼리(Kālī)

Nirriti가 베다Veda에서 그녀의 전신인 것으로 추정된다. 그녀는 『마하바라타』*Mahābhārata*와 초기 푸라나Purāṇa들, 특히 『마르칸데야-푸라나』*Mārkaṇḍeya-Purāṇa*(7. 5ff.)의 몇몇 곳에 언급되어 있다. 벵골Bengal에서 가장 인기 있는 신인 그녀는 여전히 매일 숭배된다. 가장 중요한 순례지는 캘커타Calcutta에 있는 칼리 사원이다.

⇒ 데바deva, 마하-비디야mahā-vidyā도 참조.

kālī-kula(칼리-쿨라)

'칼리Kālī의 가족/일족'이라는 뜻이다. 여신의 파괴적인 측면인 칼리에 대한 숭배에 초점을 맞춘 탄트라Tantra 유파이다.

[비교] 슈리-쿨라śrī-kula.

Kālī-Tantra(칼리-탄트라)

후대 베단타Vedānta에 기초를 둔 탄트라Tantra이다. 이 문헌은 21장으로 구성되어 있고, 요가Yoga를 다각도에서 다룬다. 여기서는 여덟 가지로 된 요가(8지支 요가, '아슈타-앙가-요가aṣṭa-aṅga-yoga' 참조)와 여덟 종류의 멈춘 숨(쿰바카kumbhaka)에 대해 말한다. 파탄잘리Patañjali가 언급한 8지로 구성된 인간 요가∮mānuṣa-yoga는 포기(renunciation)의 형태로 된 자기희생, 호흡 조절, 마음의 제거가 핵심인 샥티-요가∮śakti-yoga로 특징지어진다. 『게란다-상히타』*Gheraṇḍa-Saṃhitā*와 유사하게 이 문헌에서도 84가지의 요가 자세(아사나āsana) 중 다음의 32가지가 가장 좋다고 언급한다. 바드라-아사나bhadra-āsana, 부장가-아사나bhujaṅga-āsana, 다나-아사나dhana-āsana, 가루다-아사나garuḍa-āsana, 고-무카-아사나go-mukha-āsana, 고라크샤-아사나gorakṣa-āsana, 굽타-아사나gupta-āsana, 쿡쿠타-아사나kukkuṭa-āsana, 쿠르마-아사나(kūrma-āsana, 2번 열거됨), 마카라-아사나makara-āsana, 맛시야-아사나matsya-āsana, 맛시옌드라-아사나matsyendra-āsana, 마유라-아사나mayūra-āsana, 므리타-아사나mṛta-āsana, 묵타-아사나mukta-āsana, 파드마-아사나padma-āsana, 상카타-아사나saṃkaṭa-āsana, 샬라바-아사나śalabha-āsana, 싯다-아사나siddha-āsana, 싱하-아사나siṃha-āsana, 스와스티카-아사나svastika-āsana, 우그라-아사나ugra-āsana, 우슈트라-아사나uṣṭra-āsana, 웃카타-아사나utkaṭa-āsana, 웃타나-쿠르마-아사나uttāna-kūrma-āsana, 웃타나-만두카-아사나uttāna-maṇḍūka-āsana, 바즈라-아사나vajra-āsana, 비라-아사나vīra-āsana, 브리크샤-아사나vṛkṣa-āsana, 브리샤-아사나vṛśa-āsana, 요가-아사나yoga-āsana.

이 문헌에서는 또한 25가지 무드라mudrā, 5가지 다라나-무드라dhāraṇā-mudrā, 6가지의 일반적인 신체 정화 기법도 언급한다. 중심 여신은 칼리Kālī로, 광포한 외양임에도 불구하고 웃고 있다. 그녀에 대한 지식이 최고이다.

Kālī-Vilāsa-Tantra(칼리-빌라사-탄트라)

'칼리Kālī의 현현顯現에 대한 탄트라Tantra'라는 뜻이다. 35장으로 된 후대 좌도 문헌으로, 많은 개념과 수행법을 다룬다. 특히 칼리-유가kali-yuga에는 오직 '짐승 같은 상태'만이 존속한다고 주장한다. 비록 이 문헌에서는 수행자들에게 성적 의례인 마이투나maithuna를 수행하도록 고무시키지만 정액의 배출을 지지하지는 않는다. 만트라mantra 암송이 많은 송을 차지하고 있고 만트라 자파japa를 통한 여러 신에 대한 숭배가 권해진다. 칼리-유가에는 푸라슈차라나puraścaraṇa, 호마homa, 아비셰카abhiṣeka, 타르파나tarpaṇa를 금한다. 동벵골(Eastern Bengali) 출신의 익명의 저자는 크리슈나Kṛṣṇa에 대해 두드러진 존경을 바친다.

kāma(카마)

'욕망'이라는 뜻이다. 일반적으로 즐거움을, 특히 성적 열망이나 관능성 또는 호색을 의미한다. 즐거운 경험이라는 의미에서 카마kāma는 인간의 열망으로 된 정당한 목표(푸루샤-아르타puruṣa-artha) 중 하나로 간주된다. 그러나 인간의 최고의 가능성인 해탈(모크샤mokṣa)이라는 관점에서 보면 이것은 대개 인간이 추구할 가치가 없는 것으로 여겨진다. 사실상 분노(크로다krodha)와 탐욕(로바lobha)과 함께 카마는 '지옥의 세 입구' 중 하나로 널리 생각된다.

탄트라Tantra에서 욕망은 장애가 아니라 영적 변환을 위한 에너지의 근원으로 간주된다. 그러므로 해탈

(묵티 mukti)과 향수(북티 bhukti)는 완전하게 양립할 수 있는 것, 즉 동전의 양면으로 생각된다.

kāma-dahana-āsana(카마-다하나-아사나, [연성]kāhmadahanāsana카마다하나사나)

'욕망을 태우는 자세'라는 뜻이다. 『하타-라트나발리』*Haṭha-Ratnāvalī*(3. 48)에 다음과 같이 기술되어 있다. 바드라-아사나 bhadra-āsana로 앉아서 발을 반대의 방향으로 놓는다. 그러므로 이 행법은 바드라-아사나의 변형이다.

kāma-kalā(카마-칼라)

'욕망의 부분'이라는 뜻이다. 욕망에 대한 탄트라 Tantra의 예술로 프라카샤 prakāśa와 비마르샤 vimarśa 사이의 균형으로 이루어져 있다. 비의적으로 이것은 라비-빈두 ravi-bindu, 아그니-빈두 agni-bindu, 소마-빈두 soma-bindu의 결합이다. 신체 부위로서 카마-칼라 kāma-kalā는 정수리에 위치한 천 개의 꽃잎을 가진 연꽃으로 된 달의 원♯candra-maṇḍala 안에 있는 삼각형이다.

Kāma-Kalā-Vilāsa(카마-칼라-빌라사)

'욕망의 부분의 현현顯現'이라는 뜻이다. 푼야난다나타 Puṇyānandanātha가 저술한 것으로 추정되는 탄트라 Tantra 문헌으로 단지 55송으로만 되어 있다. 이 문헌은 중요한 슈리-비디야 I Śrī-Vidyā 저작이고, 나타나난다 Nātanānanda가 저술한 『치드-발리』♯*Cid-Vallī*['참의식(Awareness)에 대한 넝쿨']라는 제목의 주석을 가지고 있다. 이 문헌에는 많은 비의적 개념, 특히 샥티 I śakti뿐만 아니라 칼라 I kalā, 빈두 bindu, 링가 liṅga, 아다라 ādhāra, 차크라 cakra가 기술되어 있다. 주석에서도 아홉 가지 미세한 소리(나바-나다 nava-nāda)를 기술하고 있다.

Kāmarūpa(카마루파)

'바랐던 대로 취해진 형상'이라는 뜻이다. 많은 피타 pīṭha를 포함하고 있는 아삼 Assam의 넓은 신성한 지역이고, 그 자체로 네 곳의 최초의 탄트라 Tantra 피타 중 한 곳으로 간주된다. 이곳은 비탄에 잠긴 쉬바 Śiva가 데비 devī의 조각 난 시신을 어깨에 메고 갈 때 그녀의 생식기(요니 yoni)가 지상으로 떨어진 장소이다. 이 지역은 『요기니-탄트라』*Yoginī-Tantra*(제2장)에 삼각형이고 길이가 1백 요자나(♯yojana, 대략 1천4십 킬로미터)이고 너비가 30요자나(대략 2백8십4 킬로미터)인 것으로 묘사된다.(잘란다라 I Jālandhara, 푸르나기리 Pūrṇagiri, 웃디야나 Uḍḍiyāna도 참조)

이것은 또한 인체의 비의적인 구조이기도 하다. 후자적 의미에서 이것은 회음(요니)에 있는 비밀스러운 장소를 나타낸다. 이것은 토대 센터(물라다라-차크라 mūlādhāra-cakra)의 한 부분을 형성하고 '세 개의 도시'(♯tripura, ♯traipura)라고도 불리는 짙은 붉은색의 삼각형(트리-코나 tri-koṇa)으로 묘사된다. 『샤트-차크라-니루파나』*Ṣaṭ-Cakra-Nirūpaṇa*(8)에 따르면 이것은 1천만 개의 태양의 밝기를 가지고 있다. 중앙 통로(수슘나-나디 suṣumṇā-nāḍī)의 아래 틈새가 발견되는 곳이 여기이다. 이것은 '뱀의 힘'(쿤달리니-샥티 kuṇḍalinī-śakti)의 자리이다.

덧붙여 카마루파(Kāmarūpa, 때로는 카마-루파트와♯kāma-rūpatva)는 마음대로 어떠한 형상도 취할 수 있는 초자연력(싯디 siddhi)이다.

Kāmākhyā(카마키야 I)

'욕망이라는 이름[의 그녀]'라는 뜻이다. 마하칼리 Mahākālī, 즉 두르가 Durgā의 별칭이다. 일부에 따르면 카마키야 Kāmākhyā는 카시 Khāsi족이 요니 yoni로 숭배한 여신의 명칭인 카메카 Kamekha의 산스크리트 Sanskrit화된 형태이다.

Kāmākhyā(카마키야 II)

아삼 Assam의 카마루파 Kāmarūpa에 있는 라우히티야 Lauhitya 강에 위치한 주요 순례 센터로 카마키야(Kāmākhyā, 두르가 Durgā의 한 형태) 여신과 연관된다. 『칼리카-푸라나』♯*Kālikā-Purāṇa*에 따르면 프라그지요티샤푸라 Prāgjyotishapura의 소도시에 위치한 이곳은 특히 크리슈나라마 니야야바기샤 Kṛṣṇarāma Nyāyavāgīśa 구루 guru와 그의 제자인 아홈 Ahom왕조의 왕 루드라싱하(Rudrasiṃha; 1596~1714)와 연관되어 있다. 카마키야 사원은 카마기리

(Kāmagiri; '욕망의 산')에 위치한다. 그곳에서는 1832년까지 인신 공희가 행해졌다. 또한 삼각형은 요니yoni, 즉 물라다라-차크라mūlādhāra-cakra에도 위치한다.

Kāmākhyā-Tantra(카마키야-탄트라)

12장으로 구성된 후대 탄트라Tantra로, 만트라mantra들과 지고의 여신 카마키야 I Kāmākhyā에 대한 명상(meditation)과 숭배를 다룬다. 또한 판차-탓트와pañca-tattva, 특히 라타-사다나latā-sādhana를 상세히 설명하기도 한다.

kāmāvasāyitva(카마바사위트와)

'욕망에 거주함'이라는 뜻이다. 카마kāma+바사위트와(vasāyitva; '거주함')로 만들어졌다. 바라는 바를 완전하게 성취하는 초자연적 능력(싯디siddhi)이다. 이 능력을 부여받은 요긴yogin은 자신의 모든 욕망을 실현한다. 『요가-바쉬야』*Yoga-Bhāṣya*(3. 45)에서 이것은 달인이 주(主, 이슈와라Īśvara)가 만든 우주의 자연 질서를 뒤엎을 수 있다는 것을 의미하는 것은 아니라고 현명하게 언급한다. 그러나 이러한 충고적인 다른 견해에 대해 대중적 요가Yoga 문헌에서는 거의 주의를 기울이지 않는다. 거기에는 신들이 자신들의 명령을 수행하도록 만들기 위해서 세계를 뒤죽박죽으로 만드는 데 주저하지 않는 요긴과 고행자 들의 이야기가 가득하다.
⇒ 초심리학(parapsychology)도 참조.

Kāmeśvarī(카메슈와리)

'욕망의 주主'라는 뜻이다. 탄트라Tantra에서 위대한 여신의 별칭이다. 타라Tārā의 한 형태이고 니티야Nityā 중 하나이다.

kāmika-āsana(카미카-아사나, [연성]**kāmikāsana**카미카사나)

'바랐던 [목적을] 위한 자리'라는 뜻이다. 카미야-자파♯kāmya-japa로 불리는, 특별한 목적을 위해서 만트라mantra를 암송 수행하기 위한 자리, 즉 아사나(āsana, 사슴, 호랑이, 양 가죽)이다.

Kānphaṭa sect(칸파타파)

힌디어hindi로 칸파타♯Kānphaṭa는 '찢어진 귀'를 의미한다. 큰 귀걸이(힌디어로 다르샨darśan 또는 쿤달kundal이라 불림)를 걸기 위해 양쪽 귀의 연골을 찢는 관습과 관련이 있다. 본래 고행적인 이 교단은 고라크샤 I Gorakṣa에 의해 세워졌다고 한다. 그는 또한 하타-요가Haṭha-Yoga를 창시했다고 생각된다. 그러므로 칸파타파Kānphaṭa sect의 구성원들은 고라크나타 신봉자♯Grakhnāthī들로 널리 알려져 있기도 하다. 오늘날 이 유파는 남성들과 나트니♯nāthnī들로 알려진 여성들로 이루어져 있고, 그 중 일부는 결혼했다. 보다 큰 공동체 내에서 그들의 지위는 일반적으로 낮고, 그들은 오컬티즘Occultism과 해몽, 심령 요법(psychic healing)에 종사하고 있다.

16세기 후반에 그 교단은 시크(Sikh, 시키즘 참조)들의 손에 자신의 많은 사원들이 파괴되는 경험을 하였다. 아직 남아 있는 수많은 칸파타 수도원(마타maṭha)들이 인도 전역에 흩어져 발견된다. 브릭스(G. W. Briggs, 1933)의 견해를 따르면 각각은 그 교단의 최초 열두 지파 중 하나에 속한다. 이 지파들은 다음과 같다. 사트나트Satnāth, (달인 산토크나트Santokhnāth로 돌아가는) 람나트Rāmnāth, (맛시엔드라Matsyendra의 제자였던 달인 다람나트Dharamnāth가 설립한) 다람나트, (고라크샤의 제자였던 달인 라크슈만나트Lakṣmannāth로 돌아가는) 라크슈만나트, 다리야나트Daryānāth, (카팔무니Kapalmuni의 제자였던 달인 강가나트Gaṅgānāth가 설립한) 강가나트, (바르트리하리 II Bhartṛhari로 돌아가는) 바이라그Bāirāg, (유랑하는 이슬람교 고행자들로 구성되어 있고 라왈Rāwal이라고도 불리는) 나그나트Nāgnāth, (위대한 달인 잘란다리Jālandhari의 이름을 딴) 잘란다리파Jālandharipā, (달인 촐리나트Colināth와 관련된) 아이판트Āipanth, (고라크샤의 제자였던 달인 카팔무니로 돌아가는) 카플라니Kaplāni, (하누마트Hanumat와 관련된) 닷자나트Dhajjanāth, (잘란다리의 제자인 달인 카니파Kāṇipā의 이름을 딴) 카니파.

두 단계의 입문식(디크샤)이 일반적으로 인정된다. 첫 단계는 여섯 달의 수습 기간이다. 그 기간 동안 입문자는 그의 발심을 시험하기 위해 감금된 상태로 생활한다. (귀를 찢기 이전의) 첫 단계의 입문식을 거친 해

K

당 유파의 구성원들은 아우가르 *Āughar*들로 알려져 있다. 이것에 뒤따라 지원자들은 공식적인 제자로 받아들여지게 되고, 그때 그들은 만트라mantra와 요긴yogin의 의복을 받는다. 입문식의 둘째 단계에서는 제자의 귀를 뚫는데, 이것은 마술적 힘을 획득하는 것과 연관이 있는 특정한 생기의 흐름(나디 nāḍī)을 자극한다고 생각된다.

칸파타들이 하타-요가의 발달에 있어서 중요하다는 것은 의문의 여지가 없다. 그들은 이러한 종류의 요가Yoga에 대해 상당히 방대한 문헌들을 저술했지만, 오늘날 그 구성원 중 극소수만이 그것들에 대해 알고 있다. 많은 문헌을 영원히 잃어버렸음에 틀림없다.

⇒ 나타 컬트Nātha cult, 싯다 컬트Siddha cult, 탄트라Tantra도 참조.

K

kānti(칸티)

'아름다움'이라는 뜻이다. 신체적 아름다움은 때로 성공적인 요가Yoga 수행의 징표(치나 cihna) 중 하나로 간주된다. 이것은 신체 내 프라나prāṇa 활동이 강화된 결과이다.

Kāṇerin(카네린)

『하타-요가-프라디피카』*Haṭha-Yoga-Pradīpikā*(1. 7)에 하타-요가Haṭha-Yoga의 달인으로 언급되어 있다.

Kāṇha(칸하)

잘란다리Jālandhari의 카팔리카Kāpālika 제자이다. 불교에서 마하-싯다mahā-siddha로 인정받고 있다.

Kāṇipā(카니파)

잘란다리Jālandhari의 제자이다. 아고리Aghorī 분파의 저명한 개조이다.

Kāpālika(카팔리카)

『하타-요가-프라디피카』*Haṭha-Yoga-Pradīpikā*(1. 8)에 하타-요가Haṭha-Yoga의 달인으로 언급되어 있다. 그에 대한 역사적 확실성은 불분명하다.

Kāpālika sect(카팔리카파)

샤이바Śaiva파이고 소마-싯단타Soma-Siddhānta로도 알려져 있다. 이 유파는 서기 1세기에 남인도에서 기원한 것으로 추정된다. 힌두Hindu 영성이 정도를 더 벗어나서 나타난 것에 속한다. '카팔리카'Kāpālika라는 명칭은 '두개골을 지닌 자'를 의미하고 밥그릇으로 사용하는 사람의 해골(카팔라 kapāla)을 가지고 다니는 이상한 수행법으로 설명된다. 수행자들이 고기를 먹고 과실주를 마시며 성적 의례(마이투나 maithuna)들을 하기 때문에 이 유파는 탄트라Tantra에 속한다. 그리고 이 유파의 문헌들은 현재 남아 있는 것이 없다.

카팔리카들은 『마이트라야니야-우파니샤드』*Maitrāyaṇīya-Upaniṣad*(7. 9)에 호의적이지 않은 방식으로 처음 언급되었다. 그들은 다음과 같은 여섯 가지 '결인'(무드라 mudrā)으로 자신들의 신체를 치장한다. 목걸이, 장신구, 귀걸이, '최고의 보석', 온몸에 문질러 바르는 재(바스만 bhasman), 신성한 실(聖絲). 더불어 그들은 해골(카팔라)과 곤봉 *khaṭ-vāṅga*을 들고 다닌다.

Kāraikkāl Ammaiyār(카라익칼 암마이야르)

타밀어Tamil이다. 600년경에 살았던 남인도의 여성 싯다siddha이다. 부유한 상인의 딸이었던 그녀는 매우 아름다웠다고 알려져 있다. 그녀가 남편에게 자신의 초자연적 능력(싯디 siddhi) 중 하나를 사심 없이 보여 줬을 때 그는 달아나버렸다. 나중에 그는 돌아와서 그녀의 발밑에 무릎을 꿇고 절했다. 그녀는 쉬바Śiva께 자신의 신체가 악령처럼 보이게 해달라고 기도했다. 그녀의 바람이 이루어졌을 때 그녀는 아고리니 *aghorinī*의 삶을 택했고, 그녀의 추함은 모든 사람을 겁주어 쫓아버렸다.

⇒ 마하데비Mahādevī도 참조.

kāraṇa(카라나)

'원인' 또는 '이유'라는 뜻이다. '결과' *kārya*와 상반된다. 술을 가리키는 탄트라Tantra 용어이기도 한 이것은 인간의 삶의 네 가지 목적(푸루샤-아르타 puruṣa-artha)을 이해하는 '이유'가 된다고 생각된다.

⇒ 카르만karman, 카르트리kartṛ, 나바-카라나nava-kāraṇa, 사트-카리야-바다sat-kārya-vāda도 참조.

kārpaṇya(카르판야)
'비열함'이라는 뜻이다. 때로 영적인 길의 결점(도샤doṣa) 중 하나로 열거된다.

Kāshīnātha Bhatta(카쉬나타 밧타)
19세기 후반의 바라나시Vārānasi의 달인이다. 그는 탄트라Tantra에 대한 여러 권의 짧은 저작을 저술하였다. 그의 저작들은 본질적으로 좌도(바마vāma) 접근법이었다.

Kāśyapa 또는 **Kaśyapa**(카쉬야파)
고대의 여러 성자들 이름이다. 장음 a(즉 ā)로 쓰인 이름은 특별히 베다Veda 시대의 위대한 현자(리쉬ṛṣi) 중 한 명을 가리킨다. 그는 칸와Kaṇva로도 알려져 있고, 전통적으로는 브라마II(Brahma)의 직계 자손이라고 한다. 그는 『아타르바-베다』*Atharva-Veda*(예, 1. 14. 4)에서 마법에 통달한 성자로 처음 언급된다. 다른 카쉬야파(Kāśyapa 또는 Kaśyapa)는 베단타Vedānta의 현명한 교사로서 『마하바라타』*Mahābhārata*와 많은 푸라나Purāṇa에서 두드러지게 나타난다. 이 카쉬야파 중 한 명은 의학의 유명한 교사이자 『카쉬야파-상히타』*Kāśyapa-Saṃhitā*라는 제목의, 아유르-베다Āyur-Veda에 대한 중세의 소책자의 저자였다.

kāya(카야)
'신체'라는 뜻이다. 데하deha와 샤리라śarīra의 동의어이다.

kāya-kalpa(카야-칼파)
'신체 만들기'라는 뜻이다. 신체를 젊어지게 하기 위해 은둔, 명상(meditation), 여러 가지 허브 혼합물의 사용을 필요로 하는 아유르-베다Āyur-Veda 치료법이다. 180년 이상 살았던 것으로 추정되는 유명한 힌두Hindu 성자 타파스위지 마하라즈Tapasviji Maharaj는 이 치료를 몇 차례 받았고, 이 치료 덕분에 장수한 것이라고 생각했다.
⇒ 연금술(alchemy)도 참조.

kāya-saṃpat(카야-삼파트)
'신체의 완전함'이라는 뜻이다. 이것은 『요가-수트라』*Yoga-Sūtra*(1. 45)에 '요소들을 완전히 정복함'(부타-자야bhūta-jaya)에서 생기는 것으로 언급되어 있고, 아름다움, 우아함, 힘과 금강석과 같은 강건함(vajra-saṃhananatva)에 있다.
⇒ 신체(body), 카야-싯디kāya-siddhi도 참조.

kāya-siddhi(카야-싯디)
'신체의 완전함'이라는 뜻이다. 『요가-수트라』*Yoga-Sūtra*(2. 43)에 따르면 고행(타파스tapas)의 결과 중 하나이다. 『요가-바쉬야』*Yoga-Bhāṣya*(2. 43)에서는 다음과 같이 설명한다. 그러한 완전함은 천안통(天眼通, dūra-darśana), 천이통(天耳通, dūra-śravaṇa)과 같은 초자연적 능력(싯디siddhi)뿐만 아니라 8가지 주요 초자연력을 획득하는 것으로 입증된다.
⇒ 신체(body), 카야-삼파트kāya-saṃpat, 초심리학(parapsychology)도 참조.

kāya-śuddhi(카야-슛디)
'신체 정화'라는 뜻이다.
⇒ 정화(purification), 청정(purity) 참조.

Keśidvaja(케쉬드와자)
서사시 요가(Epic Yoga)의 스승이다. 『아그니-푸라나』*Agni-Purāṇa*(379. 25)에서 그는 요가Yoga를 마음과 절대자(브라만brahman)의 결합(상요가saṃyoga)으로 정의한다.

keśin(케쉰)
'머리카락이 긴'이라는 뜻이다. 무아경에 빠진 베다Veda적 유형의 성자이다. 『리그-베다』*Ṛg-Veda*(10. 136)의 모든 찬가가 그에게 바쳐져 있다. 일부 학자들은 케쉰keśin에게서 후대 요긴yogin의 전신을 보았다. 그는 베다

K

'현자'(리쉬 ṛṣi)들의 희생제적 의례주의와는 차별되는 신비주의 문화를 대표하는 것으로 보인다.

kevala(케발라)
'홀로' 또는 '단독으로'라는 뜻이다. 참자아이다. 『요가-탓트와-우파니샤드』*Yoga-Tattva-Upaniṣad*(12f.)에 따르면 이 용어는 '20가지 결점(도샤 doṣa)이 전혀 없는' 개아(psyche, 지바 jīva)를 나타낸다.

Kevala Advaita(케발라 아드와이타, [연성]Kevalādvaita 케발라드와이타)
예를 들면 샹카라 Śaṅkara가 내세운 급진적 불이론不二論으로 된 베단타 Vedānta의 가르침이다. 이 가르침은 참실재는 하나이고 모든 다양성은 인식의 오류일 뿐이라고 주장한다.
[비교] 비쉬슈타 아드와이타 Viśiṣṭa Advaita.

kevala-kumbhaka(케발라-쿰바카) 또는 **kevalī-kumbhaka**(케발리-쿰바카)
'절대적 호흡 보유'라는 뜻이다. 하타-요가 Haṭha-Yoga에 있는 호흡 조절(프라나야마 prāṇāyāma)의 형태 중 하나이다. 『하타-요가-프라디피카』*Haṭha-Yoga-Pradīpikā*(2. 73)에서는 이것을 들숨과 날숨이 없는 호흡의 보유로 정의한다. 이 저작(2. 72)에서는 또한 수행자가 케발라-쿰바카 kevala-kumbhaka를 성취하지 못하는 한 사히타-쿰바카 sahita-kumbhaka를 수행해야만 한다고 규정하고 있다. 『게란다-상히타』*Gheraṇḍa-Saṃhitā*(5. 89)에서는 이것을 다음과 같이 설명한다. "호흡이 항아리(♯ghaṭa, 즉 신체)에 가두어졌을 때, 이것이 케발라-쿰바카이다." 이 문헌(5. 92f.)에서는 더 구체적으로, 수행자가 1차례에서 64차례까지 호흡을 보유함으로써 시작해야 한다고 명시하고 있다. 이 호흡법을 매 3시간마다 수행해야만 한다. 이것이 가능하지 않다면 하루에 다섯 차례(이른 아침, 정오, 해질녘, 한밤 중, 밤의 1/4의 넷째 시간) 하거나 세 차례(아침, 정오, 저녁) 해야만 한다. 수행자는 또한 호흡 보유의 시간을 매일 늘리려 노력해야만 한다.

kevalatā(케발라타) 또는 **kevalatva**(케발라트와)
'홀로 있음', '혼자임'이라는 뜻이다. 베단타 Vedānta에서 사용되는 카이발리야 kaivalya와 동의어이다.

kevalin(케발린)
'홀로 있는 것'이라는 뜻이다. 초월적 참자아이다. 이 용어는, 예를 들자면 『요가-바쉬야』*Yoga-Bhāṣya*(1. 24)에서 3가지 '속박'♯bandhana을 단절한 수많은 케발린 kevalin이 있다고 말하는 데서 사용된다. 그 속박들은 아마도 우주(cosmos)의 주요 구성 요소(구나 guṇa)로 된 3종류의 속박을 나타내는 것으로 추정된다. 케발린들은 자신들의 초월적인 참자아성을 완전하게 회복한 해탈한 달인들이다. 이 용어는 자이니즘 Jainism에서도 동일하게 사용된다. 사실상 이 개념은 요가 Yoga의 권위자들이 자이니즘으로부터 차용했을 것이다.

kevalī-bhāva(케발리-바바)
'홀로 있음의 상태'라는 뜻이다. 『요가-바시슈타』♯*Yoga-Vāsiṣṭha*(3. 4. 53)에서 사용된 카이발리야 kaivalya와 동의어이다. 이 개념은 『마하바라타』*Mahābhārata*(12. 306. 77)에서 이미 발견된다. 거기서는 홀로 있게 된♯kevalībhūta 자는 26째 원리(즉 참자아)를 본다고 언급한다. 이것은 고전 요가(Classical Yoga)에서의 카이발리야라는 후대개념 형성의 원천적 개념으로 보인다.

kha(카)
'구멍' 또는 '공空/공간/에테르'라는 뜻이다. 아카샤 ākāśa와 동의어이다.
⇒ 두카 duḥkha, 수카 sukha도 참조.

Khajuraho(카주라호)
마디야 프라데시 Madhya Pradesh에 있는 85개의 사원으로 된 하나의 단지이다. 대략 8제곱마일쯤 되고 서기 950~1050년에 세워졌다. 이 사원들은 노골적인 탄트라 Tantra적 모티프들로 유명한데, 거기에는 마이투나 maithuna와, 다른 성적 행위들에 대한 묘사가 포함되어 있다.

K

⇒ 코나라크Konārak도 참조.

Khaṇḍa(∵칸다)
『하타-요가-프라디피카』*Haṭha-Yoga-Pradīpikā*(1. 8)에 하타-요가Haṭha-Yoga의 달인으로 언급되어 있다.

kha-puṣpa(카-푸슈파)
'공중의 꽃'이라는 뜻이다. 월경혈에 대한 비의적인 탄트라Tantra적 명칭이다.

khatvāṅga(카트왕가)
카트와(khatvā; '침대틀')+앙가(aṅga; '신체')로 만들어졌다. 쉬바Śiva의 곤봉으로 침대틀의 다리 모양으로 생겼고 꼭대기에 두개골이 얹혀 있다.

khecaratva(케차라트와)
'공중 보행'이라는 뜻이다. 공중부양 또는 유체이탈 체험 중 하나로 다양하게 이해된다. 오컬티즘Occultism에 대한 저작들에서는 이것을 '아스트랄 여행'이라고 부른다. 이 초자연적 능력(싯디 siddhi)은 케-가티 ♯khe-gati로도 불린다.

⇒ 아카샤-가마나 ākāśa-gamana, 라가바 lāghava, 초심리학(parapsychology)도 참조.

khecarī-mantra(케차리-만트라)
『요가-쿤달리-우파니샤드』*Yoga-Kuṇḍalī-Upaniṣad*(2. 20)에 따르면 이 만트라mantra는 '흐림 hrīṃ, 밤 bhaṃ, 삼 saṃ, 팜 paṃ, 팜 phaṃ, 삼 sāṃ, 크샴 kṣāṃ'이다. 비자-만트라bīja-mantra는 '흐림'이다.

khecarī-mudrā(케차리-무드라)
'공중 보행 결인'이라는 뜻이다. 케차리(khecarī, 여성형)는 카kha와 어근 √car('움직이다')에서 파생되었다. 탄트라Tantra와 하타-요가 Haṭha-Yoga의 주요 '결인'(무드라 mudrā) 중 하나이다. 『마이트라야니야-우파니샤드』*Maitrāyaṇīya-Upaniṣad*(6. 20)에 이미 암시되어 있는 이 기법은 하타-요가에서 커다란 중요성을 가지고 있다. 거기서 이것은 호흡 조절과 결합되어 사용된다. 『게란다-상히타』*Gheraṇḍa-Saṃhitā*(3. 25ff.)에서 우리는 다음과 같은 서술을 발견한다. 혀의 소대小帶를 자르고서 혀를 계속해서 움직여야 한다. 그리고 버터로 혀를 훑으며 쇠로 된 도구로 혀를 잡아당긴다. 혀를 늘여서 양 눈 사이에 있는 지점에 도달할 수 있을 때 수행자는 케차리-무드라 khecarī-mudrā를 수행하기에 알맞다. 이 기법에서는 혀를 뒤로 돌려서 '두개골의 공동'(카팔라-쿠하라 kapāla-kuhara) 안으로 천천히 집어넣는다. 이것은 신들의 액체(아므리타 amṛta)가 풍부하게 흐르기 시작할 때 짠맛에서부터 쓴맛, 단맛에 이르기까지 모든 범위의 맛을 포함해서 모든 종류의 감각을 낳는다. 수행자의 응시(드리슈티 dṛṣṭi)는 이마의 가운데에 고정되어야만 한다. 이 무드라는 기절(무르차 mūrchā), 배고픔, 갈증, 나태(알라시야 ālasya), 질병, 노화, 심지어 죽음도 막을 수 있다고 한다. 이것은 또한 '신성한 신체' ♯deva-deha를 창조한다고도 한다. 그러한 성변화聖變化된 아름다운 신체는 요소들의 변화를 넘어서 있고, 특히 뱀이 물지 못한다.

『하타-요가-프라디피카』*Haṭha-Yoga-Pradīpikā*(3. 34)에서는 수행자에게 혀의 소대를 한 번에 머리카락 한 개의 너비만큼만 자르고 분말 암염[과 노란색 미로발란(가자訶子, 열대 아시아산 가리륵 열매)]으로 혀를 문지르라고 조언한다. 대략 6개월 이후에 혀의 소대가 온전하게 절단될 때까지 이 과정을 7일마다 한 번씩 해야만 한다. 이 문헌(3. 41)에서는 또한 이 무드라가 효과가 있기 위해서는 혀와 마음이 '공간'(카) 안으로 이동해야만 한다고 설명한다. 3. 42송에서는 더 나아가 수행자가 정열적인 여성을 안고 있을 때조차도 이 기법으로 정액이 방사되는 것을 막을 수 있다고 주장한다. 이 수행법에 능숙한 요긴yogin은 15일 이내에 죽음을 정복한다고 단언한다.(3. 44) 다른 송(4. 49)에서는 '요가적 수면'(요가-니드라 yoga-nidrā)이 시작될 때까지 케차리-무드라를 수행해야만 한다고 언급한다.

『샨딜리야-우파니샤드』*Śāṇḍilya-Upaniṣad*(1. 7. 15)에서는 케차리-무드라를 호흡과 마음이 '내면의 징표'(안타르-라크쉬야 antar-lakṣya)에 머물게 되는 상태로 정의한다.

'케차리의 지혜'(케차리-비디야Khecarī-Vidyā)에 긴 절을 할애하고 있는 『요가-쿤달리-우파니샤드』*Yoga-Kuṇḍalī-Upaniṣad*(2. 44)의 익명의 저자는 이 기법을 수행하고 있는 동안 수행자는 또한 우유에 적신 실로 싼, 금이나 은 또는 쇠로 만든 작은 관으로 콧구멍을 막아야만 한다고 말한다. 이 저작에서는 또 일부 요긴은 혀를 몇 인치까지 늘이는 데 성공하지만, 일부는 혀를 정수리까지 뻗을 수 있다는 의심스러운 주장도 한다.

⇒ 람비카-요가Lambikā-Yoga도 참조.

Khecarī-Vidyā(케차리-비디야)

'비행(공중 보행)에 대한 지식'이라는 뜻이다. 아디나타Ādinātha가 저술한 것으로 추정되는, 연금술에 대한 13세기의 탄트라Tantra 문헌이다. 여기서는 마법적인 공중부양 기법에 초점을 맞추고 있고 하타-요가Haṭha-Yoga에 대해 언급한다. 이 문헌은 종종 『마하칼라-요가-샤스트라』♯*Mahākāla-Yoga-Śāstra*의 일부분으로 소개되고, 제1장은 『요가-쿤달리-우파니샤드』*Yoga-Kuṇḍalī-Upaniṣad*에 포함되어 있다.

khyāti(키야티)

'통찰력'(vision)이라는 뜻이다.

⇒ 안야타-키야티 anyatā-khyāti, 아트마-키야티 ātma-khyāti, 비베카-키야티 viveka-khyāti 참조.

kilbiṣa(킬비샤)

'죄', '불의', '상해'라는 뜻이다. 도샤doṣa의 동의어이다. (단지 죄책감뿐만 아니라) 킬비샤kilbiṣa는 삶의 법칙을 어기고 생기를 침해하는 것이다. 그러므로 고대 이래로 호흡 조절 수행(프라나야마prāṇāyāma)은 죄를 갚아 도덕적 질서를 재건하기 위한 수단으로 권해져 왔다.

⇒ 클레샤kleśa, 파파pāpa도 참조.

kiṃnara 또는 **kinnara**(킨나라)

문자 그대로 '어떤 [종류의] 사람인가'라는 뜻이다. 신화에서 인간의 신체와 말의 머리를 가진 존재이다. 이 종족의 구성원들은 음악과 관련이 있고 카일라사 Kailāsa 산에서 산다. 탄트라Tantra 수행자는 그러한 피조물을 통제한다고 한다.

kind speech(부드러운 말)

인도의 많은 영적 전통에서는 친절한 말이 중요한 덕목(virtue)으로 간주된다. 아마도 그것이 '불상해'(不傷害, 아힝사ahiṃsā)의 한 면을 나타내기 때문일 것이다. 그러므로 『쉬바-상히타』*Śiva-Saṃhitā*(3. 18)에서는 요가Yoga에서의 성공이 거친 말♯niṣṭhura-bhāṣā을 곧잘 하는 데서 벗어나는 것이라고 말한다.

⇒ 바츠vāc도 참조.

Kiraṇa-Tantra(키라나-탄트라)

'빛 탄트라Tantra'라는 뜻이다. 10세기 이전에 성립된 샤이바 싯단타Śaiva Siddhānta의 초기 아가마II Āgama이다. 이 문헌에는 라마칸타 I Rāmakaṇṭha이 저술한 주석이 있다.

kīrtana(키르타나)

'찬송'이라는 뜻이다. 자신이 선택한 신(이슈타-데바타iṣṭa-devatā)을 숭배하는 의례에서 찬송가를 부르는 것은 박티-요가Bhakti-Yoga의 '지분'(앙가aṅga) 중 하나이다. 이 수행은 요가Yoga의 다른 유파들에서 갈망하는 정적인 무아경(삼매, 사마디samādhi)으로 이끌기보다는 더 빈번하게는 기쁨의 눈물과 함께 감정적으로 강렬한 황홀경(ecstasy)으로 이끄는 경향이 있다.

kleśa(클레샤)

'고통'이나 '괴로움' 또는 '번뇌'라는 뜻이다. 이 용어는 『마하바라타』*Mahābhārata*에서 이미 발견된다. 거기서는 대체적으로 '고역' 또는 '투쟁'이라는 의미로 사용된다. 그러나 적어도 한 송(12. 204. 16)에서는 클레샤kleśa를 더 전문적인 의미로 사용하는 것으로 보인다. "불에 구운 씨앗은 다시 싹을 틔우지 못하는 것처럼, 그렇게 참자아(아트만ātman)는 지혜(갸나jñāna)로 [한 번] 태운 클레샤에 의해 다시는 속박되지 않는다." 여기서 이 용어는 '고통의 원인'이라고 불러 왔던 것을 나타낸다. 파탄잘리Patañjali는 보다 앞선 전통을 되풀이 하고 있는 것으로 추정되는데, 클레샤의 원인을 다음과 같이 다섯 가지로 구별한다. '무지'(아비디야avidyā), '나의 존재성'(아견我見, 아만我慢, 아스미타asmitā), '탐욕'(라가rāga), '혐오'(드웨샤dveṣa), '삶에 대한 애착'(아비니베샤abhiniveśa). 더 앞선 세대의 심리학자들의 경향들과 비교할 수 있는 이 요소들은, 조건 지워진 존재(상사라saṃsāra)가 되어서 초월적 참자아에 대한 무지 속에 빠진 보통의 개인을 이해하기 위한 인식 · 동기 체계를 제공한다. 『요가-수트라』*Yoga-Sūtra*(2. 12)에서 언급했듯이 이 클레샤들은 잠재의식에 있는 업의 '저장고'(아샤야āśaya)의 뿌리이다. 이것들의 영향은 현재 생에서 느낄 수 있을 뿐만 아니라 미래에 있을 재탄생의 특성을 결정한다.

『요가-수트라』(2. 4)에 따르면 클레샤는 다양한 양태로 존재하는데 다음과 같다. (1)잠들어 있음♯prasupta. 심리 · 정신 활동으로 나타날 준비가 된 잠재의식의 활성체(잠세력潛勢力, 상스카라saṃskāra)의 형태로 존재. (2)쇠약함♯tanu. 집중(concentration)이나 다른 요가Yoga 기법으로 인해 일시적으로 영향을 미치지 못하는 상태. (3)저지됨♯vicchinna. 한 종류의 클레샤가 다른 클레샤의 작용을 막는 경우. (4)활성화♯udāra. 완전하게 활동하고 있음. 파탄잘리에 따르면 클레샤를 약화시키기♯tanū-karaṇa 위한 것이 크리야-요가Kriyā-Yoga의 목적이다. 궁극적으로 클레샤들은 '다르마dharma의 구름'(법운法雲삼매, 다르마-메가-사마디dharma-megha-samādhi)의 깨달음을 통해서 완전하게 제거된다.

『요가-바쉬야』*Yoga-Bhāṣya*(1. 8)에서는 다음과 같은 대체 명칭들이 사용되고 있다. 타마스(tamas; '어둠'), 모하(moha; '어리석음'), 마하-모하(♯mahā-moha; '큰 어리석음'), 타미스라(♯tāmisra; '짙은 어둠'), 안다타미스라(♯andhatāmisra; '칠흑 같은 어둠'). 클레샤의 다른 명칭은 비파리야야(viparyaya; '그릇된 인식')이다.

⇒ 아클리슈타akliṣṭa, 도샤doṣa, 두카duḥkha, 클리슈타 kliṣṭa도 참조.

kliṣṭa(클리슈타)

'고통받는', '괴로워하는'이라는 뜻이다. 명사 클레샤kleśa가 파생된 어근 √kliṣ의 과거분사이다. 파탄잘리Patañjali는 다섯 가지 마음(mental) 작용(브릿티vṛtti)을 '고통받는 것'이나 '고통받지 않는 것'(아클리슈타akliṣṭa) 중 하나로 간주한다. 『요가-바쉬야』*Yoga-Bhāṣya*(1. 5)에서는 전자를 '클레샤에서 기인한 것'으로 설명하지만, 『마니-프라바』*Maṇi-Prabhā*(1. 5)에서는 '속박을 야기하는 것'이라는 보다 명확한 해석을 제공한다.

knots(결절)

⇒ 그란티granthi 참조.

knowledge(지식 또는 지혜)

서구 사상에서 지식은 세상에 대한 단순한 정보일 뿐이다. 지식은 어떠한 형이상학적 기능도 가지지 않는다고 생각한다. 그러나 인도의 성자들은 일찍이 정보로서의 지식, 즉 차별화된 현상계에 대한 지식과 참자아를 드러내 보이고 그로인해 해탈하는 지혜로서의 지식을 구별했다. 둘째 유형의 지식은 실용적 지식보다 더 높게 평가된다. 이 지식은 호기심어린 마음을 충족시킬 뿐 아니라 참자아에 대한 깨달음을 통해 완전한 행복으로 이끌기 때문이다.

⇒ 아비갸abhijñā, 갸나jñāna, 프라갸prajñā, 비디야vidyā, 프라마나pramāṇa도 참조.

[비교] 아갸나ajñāna, 아비디야avidyā, 비파리야야viparyaya.

Konārak(코나라크)

오릿사Orissa에 있는, 수리야sūrya에게 바쳐진 13세기의 사원이다. 12피트 높이의 바퀴를 가진 거대한 마차 모양으로 만들어졌고, 탄트라Tantra의 성적 장면이 묘사되어 있다.

⇒ 카주라호Khajuraho도 참조.

Konganar(콘가나르)

타밀어Tamil이다. 남인도의 18명의 달인(아슈타다샤-

싯다aṣṭādaśa-siddha) 중 한 명이다. 그는 자신의 출생지의 명칭을 따서 이름을 지었는데, 타밀어를 말하는 지역에서는 콘구 나두Kongu Nadu, 마하라슈트라Maharashtra 지역에서는 콘칸Konkan이었다. 세속을 포기하기 이전에 그는 자신의 부모님이 그랬던 것처럼 쇠로 만든 그릇을 파는 상인으로 살았다.

Korakkar(코락카르)
타밀어Tamil이다.
⇒ 고라크샤 I Gorakṣa 참조.

Koranṭaka(코란타카)
『하타-요가-프라디피카』*Haṭha-Yoga-Pradīpikā*(1. 6)에 언급된 하타-요가Haṭha-Yoga의 스승이다.

K

kośa(코샤)
'겹' 또는 '껍질'이라는 뜻이다. 세계의 모든 주요 영적 전통에서는 물질적 신체가 의식(consciousness)이 자신을 표현할 수 있거나 참영혼(Spirit), 즉 참자아(아트만ātman)가 자신을 나타내는 유일한 매체가 아니라는 믿음에 동의한다. 그래서 대부분의 후고전 요가(Postclassical Yoga)와 베단타Vedānta 학파들은 신체가 다섯 겹 ♯pañca-kośa으로 되어 있다는 교의를 받아들였는데, 이 교의는 고대의 『타잇티리야-우파니샤드』*Taittirīya-Upaniṣad*(2. 7)에서 처음 소개되었다. 이 문헌에서는 초월적 참자아의 순수한 빛을 차단하는 다섯 겹에 대해 말한다. (1)'음식으로 이뤄진 겹'(안나-마야-코샤anna-maya-kośa), (2)'생기로 이뤄진 겹'(프라나-마야-코샤prāṇa-maya-kośa), (3)'마음으로 이뤄진 겹'(마노-마야-코샤mano-maya-kośa), (4)'지성(awareness)으로 이뤄진 겹'(비갸나-마야-코샤vijñāna-maya-kośa), (5)'지복으로 이뤄진 겹'(아난다-마야-코샤ānanda-maya-kośa). 후대 학파들은 마지막에 언급된 겹을 여전히 참자아를 둘러싸 가리고 있는 미세한 장막으로 여겼지만, 『타잇티리야-우파니샤드』에서는 이것을 초월적 참실재 그 자체와 동일하게 생각했다.

고전 요가(Classical Yoga)는 이 모델을 받아들이지 않았다. 그러나 여기서도 물질적 신체보다 더 미세한(수크슈마sūkṣma) 물질 에너지로 이뤄진 초육체적 신체의 존재를 가정하고 있다. 『요가-수트라』*Yoga-Sūtra*에서는 그러한 신체를 직접적으로 언급하지는 않았지만, 이를 테면 참된 토대인 우주(cosmos)와 융합하는 고도로 숙달된 요가Yoga의 달인들이 있다는 관념에 암시되어 있기는 하다. 이 융합prakṛti-laya은 상당히 장기간 지속되고 준해탈 상태이다. 또 신(데바deva)들도 이런 저런 형태로 존재한다. 그리고 '자재신'(이슈와라Īśvara) 자신은 고대의 성자들을 가르치기 위해 삿트와sattva라 불리는 매우 정화된 초물질적 상태를 취해 온 것으로 생각된다. 더 나아가 '공중 보행' ♯khecarī-gati 또는 유체이탈과 같은 기법들은 미세한 신체의 존재를 시사하고 있다.

그러나 『요가-바쉬야』*Yoga-Bhāṣya*(4. 10)의 한 구절에서 비야사Vyāsa는, 마음(consciousness, 칫타citta)은 편재하므로 미세하거나 '초전도적' ♯ātivāhika 신체에 대한 질문은 있을 수 없다고 특징적이게 주장한다. 편재하는 칫타는 마음(mental) 작용(브릿티vṛtti)으로 나타날 때만 수축・팽창한다. 아마도 견해의 차이들은 신체의 개념을 너무 문자 그대로 받아들인 결과일 것이다. 우리는 마음(consciousness)의 우주적 영역에 대해 인식할 수 있다. 위계적으로 보이는 이 마음은 상이한 속성으로 된 다른 우주적 영역으로부터 아직은 경계가 정해져 있다. 여기서 상이한 속성이란 비야사가 자신의 교수 방식에서 틀림없이 이슈와라로 가정한 고도로 정화된 삿트와의 영역과 같은 것이다. 그러므로 신체로 그러한 영역에 대해 말하는 것은 가능하다.

Krama(크라마)
가장 중요한 샤이비즘Śaivism 유파, 특히 카슈미르Kashmir에서 유명한 유파 중 하나이다. 이 유파의 명칭은 오직 점진적인 단계들 속에서만 해탈을 얻을 수 있다는 교의에서 유래한다. 아비나바굽타Abhinavagupta는 자신의 『탄트랄로카』*Tantrāloka*(3. 157)에서 이 유파를 쿨라kula 전통의 자매 전통으로 간주한다. 이 전통은 8세기 초에 카슈미르에서 시작되었고, 가장 초기에 알려진 스승은 쉬바난다Śivānanda였다. 탁월한 스승은 또한 고라크샤II Gorakṣa라는 이름도 가지고 있는 12세기의 마헤슈와라난다Maheśvarānanda였다. 한때 방대했던 이 전통의 문헌은 잃어버렸다. 의례 차원에서 크라마Krama는 다양한(12~144) 형태로 칼리Kālī에 대한 숭배를 주장하고 또한 판차-마-카라pañca-ma-kāra도 채택하였다.

이 유파는 궁극적 참실재를 과정(크라마)으로 간주한다. 다시 말해서 초월적 참의식(Consciousness, 삼위드 saṃvid)은 자기 자신으로부터 복합적인 우주를 방사하지만, 그 자신은 영원히 동일한 상태를 유지한다.

krama-mukti(크라마-묵티)

'점진적 해탈'이라는 뜻이다. 초기 우파니샤드Upaniṣad들에서 가르쳤던 두 길 중 하나이다. 이것은 데바-야나deva-yāna로도 불리는데, 도덕적인 사람들을 한정된 존재의 속박(상사라 saṃsāra)으로부터 완전히 해방시키기 이전에 신들의 영역들로 이끌기 때문이다. 그 순간에 완전히 포기(renunciation)할 수 있는 사람들은 즉각 해탈한다. 이것이 둘째 길인 사디요-묵티(♯sadyo-mukti; '즉각적인'이라는 뜻의 sadyas에서 파생)이다.

⇒ 피트리-야나pitṛ-yāna

krauñca-niṣadana(크라운차-니샤다나)

'마도요 자세'라는 뜻이다. 『요가-바쉬야』Yoga-Bhāṣya(2. 46)에 언급된 요가Yoga 자세이다. 『탓트와-바이샤라디』Tattva-Vaiśāradī(2. 46)에서는 이것을 수행하기 위해서 수행자는 마도요의 전형적인 자세를 학습해야만 한다는 별달리 도움이 되지 않는 말을 한다.

krānta(크란타)

『마하싯다-사라-탄트라』♯Mahāsiddha-Sāra-Tantra에 따르면 인도에는 세 곳의 신화적인 지리적 장소(크란타 krānta)가 있다. 각각은 64개의 탄트라Tantra를 산출했다. 라타-크란타(♯Ratha-krānta; 빈디야Vindhya 언덕에서 마하-치나Mahā-cina, 즉 위대한 중국까지), 비슈누-크란타(♯viṣṇu-krānta; 빈디야 언덕에서 찻탈라Cattala까지), 아슈와-크란타(♯aśva-krānta; 빈디야 언덕에서 대양까지).

[비교] 암나야āmnāya, 피타pīṭha, 스로타srota.

Kripalvānanda, Swami(스와미 크리팔바난다; 1913~1981)

자애로운 바부지(Babuji; '아버지')로 유명했던 쿤달리니-요가Kuṇḍalinī-Yoga의 달인이자 라쿨리샤Lakulīśa 길의 추종자이다. 일평생 대부분 홀로 명상(contemplation, 22년간 묵언 수행을 포함)을 한 후에 그는 자신의 제자 아므리트 데사이Amrit Desai의 권유로 1977년에 미국으로 건너가 죽을 때까지 거기서 살았다. 학문적인 그는 『크리팔루-우파니샤드』♯Kripalu-Upanishad를 포함하여 여러 권의 산스크리트Sanskrit 저작을 저술하였다. 데사이가 설립하고 크리팔바난다가 축성해 주었던 요가Yoga 수행 센터가 매사추세츠Massachusetts에 세워져서, 오늘날 북미에서 가장 큰 요가 센터가 되었다.

Krishna, Gopi(고피 크리슈나; 1903~1984)

카슈미르Kashmir의 원주민이었던 그는 공무원으로서 일하는 동시에, 17년간 명상(meditation)을 수행한 후인 1937년에 느닷없이 '뱀의 힘'(쿤달리니-샥티kuṇḍalinī-śakti)의 각성을 체험하였다. 몇 년 동안 이 풀려난 심리・영성적 힘은 상태가 안정될 때까지 그의 신체와 마음을 엉망으로 만들었다. 그의 시련들은 자서전인 『쿤달리니: 인간 속의 진화적 에너지』Kundalini: Evolutionary Energy

고피 크리슈나(Gopi Krishna)

K

크리슈나마차리야(Krishnamacharya)

in Man(1967)에 매우 자세하게 기록되어 있다. 이 저술의 첫 영문판에는 제임스 힐만James Hillman이 심리학적 해설을 붙였다. 고피 크리슈나Gopi Krishna의 증언은 쿤달리니 현상들에 대해 구할 수 있는 가장 포괄적인 기술적 설명이다. 뒤이어서 그는 많은 다른 저작을 출간했는데, 거기서 그는 쿤달리니가 인간성의 보다 높은 영적 진화의 원인이 되는 메커니즘이라는 믿음을 표현했다. 고피 크리슈나는 학파를 세우거나 운동을 시작하지 않고 서구에 쿤달리니-요가Kuṇḍalinī-Yoga를 보다 널리 알리는 데 많은 일을 하였다.

Krishnamacharya, Tirumalai(티루말라이 크리슈나마차리야; 1891~1989)

요가Yoga 달인이자 산스크리트Sanskrit 학자이며 자연요법가이다. 마이소르Myso-re의 마하라자Maharaja에게 요가를 가르친 개인 교사이다. 크리슈나마차리야Krishnamacharya는 자신의 영적 계보를 10세기의 남인도 달인인 나타무니Nāthamuni까지 거슬러 올라갔다. 나타무니는 여덟 가지로 된 길(8지支 요가)을 수행했고, 여러 문헌 중에서도 『요가-라하시야』*Yoga-Rahasya*('요가의 비밀 교의')를 저술하였다. 크리슈나마차리야는 자신의 아들인 데시카차르T. K. V. Desikachar와 처남인 아헹가B. K. S. Iyengar의 스승이기도 했다. 또한 크리슈나마차리야는 팟타비 조이스Pattabhi Jois도 교육시켰다.

kriyā(크리야)

'행위' 또는 '의례'라는 뜻이다. 카르만karman과 동의어로 빈번히 사용된다. 현대의 요가Yoga 단체들에서 크리야kriyā는 또한 '뱀의 힘'(쿤달리니-샥티 kuṇḍalinī-śakti)이 상승한 결과로 생기는 관절의 비자발적 움직임을 뜻하기도 한다.

⇒ 크리야-요가Kriyā-Yoga도 참조.

kriyā-śakti(크리야-샥티)

'행위 능력'이라는 뜻이다. 신(Divine)의 이 면은 우주(cosmos)의 모든 역동성의 근원이다.

⇒ 샥티 I śakti도 참조.

[비교] 잇차-샥티 icchā-śakti, 갸나-샥티 jñāna-śakti.

Kriyā-Tantra(크리야-탄트라)

'행위 탄트라Tantra'라는 뜻이다. 탄트라의 네 부문(또는 단계) 중 첫째이다. 이것은 외적 요가Yoga 수행과 의례를 강조한다.

Kriyā-Uḍḍīśa-Tantra(크리야-웃디샤-탄트라, [연성] **Kriyoḍḍīśa-Tantra**크리욧디샤-탄트라)

'[의례] 행위에 대한 탄트라Tantra'라는 뜻이다. 22장으로 구성된 탄트라이다. 이 문헌은 마법적인 샤트-카르만ṣaṭ-karman 수행과 다양한 보호 주문(카바차 kavaca)들로 시작한다. 그런 다음 헌화, 입문식(아비셰카 abhiṣe-ka), 만트라mantra 암송을 포함하여 많은 숭배 의례를 기술한다. 제9장에서는 올바른 종류의 명상(meditation) 좌법(아사나 āsana)과 요가Yoga 자세를 수행하는 동안 바닥에 까는 깔개에 대해 다루고 있다. 깔개의 다양한 재료들과 그것이 갖는 마법적 이점들이 다음과 같이 설명되어 있다. 빈곤을 없애기 위한 나무와 돌(원석)뿐만 아니라 해탈을 위한 호랑이 가죽, 평정을 위한 사슴 가죽, 질병들을 제거하기 위한 천, 모든 종류의 의례를 위한 길상초. 흑마술용·보호용 만트라와 부적에 대해 여러 장을 할애한다. 제21장에서는 마와 다양한 음료(물, 우유 등)를 혼합하여 마실 것을 권한다.

kriyā-upāya(크리야-우파야, [연성]**kriyopāya**크리요파야)

'행위 수단'이라는 뜻이다. 이것은 아나바-우파야 ānava-upāya와 동의어이다.

Kriyā-Yoga(크리야-요가)

'[의례] 행위의 요가Yoga'라는 뜻이다. 『요가-수트라』 *Yoga-Sūtra*(2. 1)에서 크리야-요가Kriyā-Yoga는 고행(타파스 tapas), 자기학습 또는 성전 공부(스와디야야svādhyāya), 신에 대한 헌신(이슈와라 프라니다나īśvara-praṇidhāna)을 통해 잠재의식의 활성체, 즉 잠세력(潛勢力, 상스카라saṃskāra)을 제거하는 변화시키는 행위의 요가를 나타낸다. 이 요가는 2. 28~3. 8송에서 각 '지분'(앙가aṅga)들이 자세히 설명되어 있는 아슈타-앙가-요가aṣṭa-aṅga-yoga와 대비될 수 있다. 파탄잘리Patañjali 요가가 여덟 가지로 된 길(8지支 요가, 아슈타-앙가-요가)로 명성을 얻긴 했지만 이 특별한 체계화는 파탄잘리에 의해 인용되었을 뿐이고, 요가에 대한 그 자신의 공헌은 크리야-요가인 것 같다.

『트리-쉬키-브라마나-우파니샤드』*Tri-Śikhi-Brāhmaṇa-Upaniṣad*(2. 23)에서 크리야-요가의 길은 갸나-요가Jñāna-Yoga와 대비되고 카르마-요가Karma-Yoga와 동등하다고 간주된다. 이것은 또한 24송에서 특별한 대상에 마음을 고정하고 문헌에 일러진 도덕적 규율을 지키는 것으로 이뤄져 있다고 한다. 마지막 내용은 카르마-요가로 생각하는 것이 적합하다.

『바가바타-푸라나』*Bhāgavata-Purāṇa*(11. 27. 49)에 따르면 크리야-요가는 베다Veda적 또는 탄트라Tantra적 의례 수행 중 하나라고 할 수 있다. 이 두 접근법은 수행자를 신(Divine)에게로 인도한다고 한다. 현대에서 서구의 많은 수행자는 파라마한사 요가난다Paramahansa Yogananda의 크리야-요가를 따랐다. 이 요가의 목표는 박티-요가Bhakti-Yoga를 기반으로 정신(mental) 집중(다라나dhāraṇā)과 호흡 조절(프라나야마prāṇāyāma)을 통해 쿤달리니kuṇḍalinī를 각성시키는 것이다.

krodha(크로다)

'화', '분노'라는 뜻이다. 욕망(카마kāma)과 탐욕(로바lobha)과 함께 '지옥의 문' 중 하나이다. 『바가바드-기타』*Bhagavad-Gītā*의 인상적인 한 송(2. 63)에서 분노는 욕망으로부터 발생하고 미망(모하moha)을 불러일으킨다고 한다. 이것은 결국 기억의 혼란과 지혜(붓디buddhi)의 상실로 이끌어서 자기 자신을 완전히 잃어버리게 된다.

그러나 강렬한 감정의 한 가운데서 보는 자, 즉 초월적 참자아의 입장을 취할 때 자신의 진정한 본성이 이 고高에너지 상태에서 나타날 수 있다. 이 가르침은, 예를 들어 카슈미르 샤이비즘Kashmiri Shaivism의 주요 문헌 중 하나인 『스판다-카리카』*Spanda-Kārikā*(1. 22)에 표현되어 있다.

kṛ-kara(크리-카라)

'크리kṛ를 만드는 자'라는 뜻이다. 때로는 크리-칼라kṛ-kala라고도 쓴다. 신체를 순환하는 생기 에너지(프라나prāṇa)의 다섯 가지 부차적 형태 중 하나이다. 이것은 배고픔(크슈다kṣudhā) 또는 재채기의 원인이 된다.

kṛpā(크리파)

'은총'이라는 뜻이다. 아누그라하anugraha, 프라사다prasāda와 동의어이다.

⇒ 은총(grace)도 참조.

[비교] 노력(effort).

Kṛṣṇa(크리슈나)

'끌어당기는 자' 또는 '검정색'이라는 뜻이다. 바이슈나바vaiṣṇava 전통에서 숭배되는, 인간의 모습을 한 신이다. 그는 헌신자의 마음을 자신에게로 끌어당기거나 매혹하기 때문에 그렇게 불린다. 일부 학자들은 『바가바드-기타』*Bhagavad-Gītā*와 『마하바라타』

*Mahābhārata*의 다른 부분들에 가르침이 기록되어 있는 크리슈나Kṛṣṇa라는 이름의 역사적 인물이 실재했다는 것에 대해 의심을 가지지만, 이러한 회의적인 태도는 십중팔구 부당할 것이다. 크리슈나라는 이름은 고대의 『리그-베다』*Ṛg-Veda*(8. 74)에서 처음 등장했는데, 거기서는 성자를 나타낸다. 다른 송(8. 85)에서는 괴물을 나타낸다. 달인인 크리슈나와 좀 더 관련이 있을 것으로 생각되는 전거는 『찬도기야-우파니샤드』*Chāndogya-Upaniṣad*(30. 6)에 들어 있다. 거기서 크리슈나는 데바키Devakī의 아들이자 『아타르바-베다』*Atharva-Veda* 전통에 속하는 태양의 사제인 고라 앙기라사Ghora Aṅgirasa의 제자로 불린다. 라다크리슈난(S. Radhakrishnan, 1948)은 "고라 앙기라사의 가르침 …… 과 『기타』*Gītā*에서 크리슈나의 가르침 사이에는 상당한 유사성이 있다"(p. 28)고 지적한다. 이 크리슈나는 야다바Yādava 부족 일파의 지도자이고 상당히 존경받는 영적 지도자였던 것으로 나타난다. 시간이 흐름에 따라서 그는 다른 수많은 스승들처럼 신격화되었다.

중세 시대에 크리슈나는 『바가바드-기타』에서 처음 가르쳐진 더 발달된 박티-요가Bhakti-Yoga의 형태인 열광적인 박티bhakti 운동과 연관되었다. 그의 허구적 생애담은 『마하바라타』의 부록이자 『바가바타-푸라나』*Bhāgavata-Purāṇa*의 부록이기도 한 『하리-방샤』♯*Hari-Vaṃśa*('하리의 혈통')에서 이야기된다. 거기서 그는 비슈누Viṣṇu의 완전한 화신♯pūrṇa-avatāra으로 찬양된다.

⇒ 아바타라avatāra도 참조.

Kṛṣṇānanda Āgama-Vāgīśa(크리슈나난다 아가마-바기샤)

'크리슈나Kṛṣṇa 속에서 더 없이 행복하[고] 아가마II Āgama들에 관한 말하기의 주主인 자'라는 뜻이다. 벵골Bengal 출신의 탄트라Tantra 달인이다. 그는 16세기에 활약했고 널리 알려진 『탄트라-사라』*Tantra-Sāra*를 저술하였으며, 『슈리-탓트와-친타마니』♯*Śrī-Tattva-Cintāmaṇi*를 저술한 것으로 믿어진다.

kṛtya(크리티야)

'행위'라는 뜻이다.

⇒ 판차-비다-크리티야pañca-vidha-kṛtya 참조.

Kshemānanda(크셰마난다)

마다바난다나타Mādhavānandanātha의 제자이자 『사우바기야-칼파-라티카』♯*Saubhāgya-Kalpa-Latikā*의 저자인 19세기의 탄트리카tāntrika이다.

kṣamā(크샤마)

'인내'라는 뜻이다. 도덕 훈련(금계, 야마yama) 중 하나로 종종 열거된다. 『요가-야갸발키야』*Yoga-Yājñavalkya*(1. 64)에서 이것은 즐거운 일과 불쾌한 일에 대한 평정(사마트와samatva)으로 정의된다. 『다르샤나-우파니샤드』*Darśana-Upaniṣad*(1. 16~17)에서는 자신의 적들이 성나게 만들 때 동요를 억제하는 것으로 이것을 설명한다.

kṣaṇa(크샤나)

'순간' 또는 '아주 짧은 동안'이라는 뜻이다. 『요가-바쉬야』*Yoga-Bhāṣya*(3. 52)에서는 원자(파라마-아누para-ma-aṇu)가 한 위치에서 다른 위치로 이동하는 데 걸린 시간으로 정의한다.

⇒ 칼라IIkāla도 참조.

kṣara(크샤라)

'고정되어 있지 않은', '변화하는'이라는 뜻이다. 우주(cosmos)를 나타내기 위한 서사시 요가(Epic Yoga)의 일반적 용어이다. 우주는 지속적으로 변화하지만 궁극적 참실재는 완전히 안정적이다.

[비교] 아크샤라akṣara.

kṣānti(크샨티)

'자제', '관용'이라는 뜻이다. 크샤마kṣamā와 동의어이다. 『바가바드-기타』*Bhagavad-Gītā*(13. 7)에서는 이것을 지혜(갸나jñāna)의 나타남으로 간주한다.

Kṣemarāja(크셰마라자; 11세기)

카슈미르 샤이비즘Kashmiri Śaivism의 달인이자 아비나바굽타Abhinavagupta의 수제자 중 한 명이다. 그는 바수굽타Vasugupta의 『쉬바-수트라』*Śiva-Sūtra*에 대한 주요 주석인 『비마르쉬니』☞*Vimarśinī*를 저술하였다. 그는 헌신적이고 교훈적인 찬가뿐 아니라 『프라티야비갸-흐리다야』*Pratyabhijñā-Hṛdaya*, 『스판다-산도하』☞*Spanda-Saṃdoha*, 『스판다-니르나야』☞*Spanda-Nirṇaya*를 포함하여 유명한 다른 많은 저작도 저술하였다.

Kṣemendra(크셰멘드라)

때로 크셰마라자Kṣemarāja와 혼동되지만 11세기의 다른 카슈미르Kashmir 저자이다. 그는 많은 저작을 저술하였고 아비나바굽타Abhinavagupta에게 영향을 받았다.

kṣetra(크셰트라)

'밭'이라는 뜻이다. '밭을 아는 자'(크셰트라-갸kṣetra-jña), 즉 참자아와는 반대로 우주(cosmos)와 신체·마음 양쪽 모두 또는 어느 한쪽을 나타내는 서사시 요가(Epic Yoga)의 용어이다.

kṣetra-jña(크셰트라-갸)

'밭을 아는 자'라는 뜻이다. 크셰트린☞kṣetrin으로도 불린다. 개인의 의식(consciousness)을 유지하는 초월적 참자아이다. 『마하바라타』*Mahābhārata*(12. 212. 40)에서는 이것을 다음과 같이 설명한다. "마음에 머무는 그 존재(바바 II bhava)는 '밭을 아는 자'라고 불린다." 『요가-바쉬야』*Yoga-Bhāṣya*(2. 17)에서는 '밭을 아는 자'를 불변하고 비활동적이라고 강조한다. 『바가바드-기타』*Bhagavad-Gītā*(13. 2)에 따르면 모든 '밭'에 대해 '밭을 아는 자'는 다름 아닌 바로 크리슈나Kṛṣṇa이다.

kṣudhā(크슈다)

'배고픔'이라는 뜻이다. 간혹 결점(도샤doṣa) 중 하나로 여겨진다. 후고전 요가(Postclassical Yoga)의 몇몇 저작에 따르면 이것은 쉬탈리-프라나야마☞śītalī-prāṇāyāma로 방지될 수 있다.

Kṣurikā-Upaniṣad(크슈리카-우파니샤드, [연성]Kṣurikopaniṣad크슈리코파니샤드)

'단검短劍 우파니샤드Upaniṣad'라는 뜻이다. 요가-우파니샤드Yoga-Upaniṣad 중 하나로, 베단타Vedānta에 기초한 24송으로 된 소책자이다. 주로 집중(concentration, 다라나dhāraṇā)을 다룬다. 집중은 '주머니칼' 또는 '단검'으로 불리고, 요긴yogin은 이것으로 무지의 매듭을 절단한다. 여기서 다라나는 신체의 특정한 지점, 예컨대 발목, 정강이, 무릎, 허벅지, 항문, 남근, 배꼽, 중앙 통로(수슘나 나디suṣumṇā-nāḍī), '심장의 거처'(☞hṛd-aya-āyatana, 흐리다야hṛdaya 참조), 목구멍에 마음과 호흡(프라나prāṇa)과 시선을 집중하는 것의 조합이다. 우파니샤드 브라마요긴Upanishad Brahmayogin의 주석에 따르면 두 개의 지점이 더 있는데, 그것들은 미간의 중앙(브루-마디야bhrū-madhya)과 정수리에 있는 사하스라라-차크라sahasrāra-cakra이다. 그 문헌에서는 이 장소(데샤deśa)들을 절단될 '이음매(마르만marman)들'로 언급한다. 신체를 순환하는 생기의 7만 2천 흐름(나디nāḍī)들에 대해서도 유사한 과정이 묘사된다. 축을 이루는 통로(수슘나 나디suṣumṇā-nāḍī)를 제외하고 그것들은 '잘려져야'만 한다. 이 요가Yoga의 목표는 절대자 속으로의 용해(라야laya)이다.

Kubja(쿠브자) 또는 **Kubjeśvara**(쿠브제슈와라)

쿠브지카Kubjikā의 신성한 배우자로, 그는 쉬바Śiva를 닮았다.

Kubjikā(쿠브지카)

'등을 구부린', '등이 굽은'이라는 뜻이다. 궁극적 참실재를 나타내는 '서쪽 전승'(파슈치마-암나야paścima-āmnāya) 탄트라Tantra의 여신으로, 그녀는 늙고 구부정한 모습으로 묘사된다.

Kubjikā-Mata(쿠브지카-마타)

'쿠브지카Kubjikā의 가르침'이라는 뜻이다. 여신 쿠브지카와 연관된 탄트라Tantra의 카울라kaula 교의로 이것은 역사적으로 네팔Nepal과 밀접하게 연관되어 있다.

Kubjikā-Tantra(쿠브지카-탄트라)

아홉 장으로 된 카울라kaula 문헌이다. 이 문헌은 만트라mantra와 비자-만트라bīja-mantra, 만트라 의식(consciousness)♯mantra-caitanya을 다루고, 탄트라Tantra의 세 기질(바바IIIbhāva), 흑마술, 처녀 숭배도 이야기하고 있다.

Kubjikā-Upaniṣad(쿠브지카-우파니샤드, [연성]Kubjikopaniṣad쿠브지코파니샤드)

'쿠브지카Kubjikā에 대한 비밀스러운 가르침'이라는 뜻이다. 25장(인쇄된 면이 대략 53쪽 가량 됨)으로 구성된 후대 카울라kaula 문헌이다. 이 문헌은 『아타르바-베다』*Atharva-Veda*를 공개적으로 지지한다. 이 문헌에서는 여덟 또는 아홉 가지 형태의 쿠브지카에 대해 이야기하고 이 유파와 무관한 것으로 보이는 열 가지 마하-비디야mahā-vidyā에 대해서도 언급한다. 쿠브지카는 '서쪽 전승(파슈치마-암나야paścima-āmnāya)의 여왕'으로 불린다.

K

Kudambaiccittar(쿠담바잇칫타르)

타밀어Tamil이다. 쿠담바이(kudambai; '귀걸이') + 칫타르cittar로 만들어졌다. 남인도의 18명의 달인(아슈타다샤-싯다aṣṭādaśa-siddha) 중 한 명이다. 이 구루guru의 성적 정체성은 불분명하다. 일반적으로는 남성으로 간주되지만 흔히 여성으로 묘사되기도 한다.

kuhū-nāḍī(쿠후-나디)

'초승달 통로'라는 뜻이다. 생기 에너지가 신체 내에서 통과하여 흐르는 14개의 주요 통로(나디nāḍī) 중 하나이다. 『샨딜리야-우파니샤드』*Śāṇḍilya-Upaniṣad*(1. 4. 9)에 따르면 이 나디는 중앙 통로(수슘나-나디suṣumṇā-nāḍī)의 뒤쪽 측면에 위치하고 생식기까지 뻗어 있다. 또한 『다르샤나-우파니샤드』*Darśana-Upaniṣad*(4. 8)에서도 이 나디를 중앙 통로의 측면에 위치시키고, 『요가-쉬카-우파니샤드』*Yoga-Śikhā-Upaniṣad*(5. 26)에서는 이것을 항문과 배변과 연관 짓는다.

kukkuṭa-āsana(쿡쿠타-아사나, [연성]kukkuṭāsana쿡쿠타사나)

'수탉 자세'라는 뜻이다. 『게란다-상히타』*Gheraṇḍa-Saṃhitā*(2. 31)에 다음과 같이 기술되어 있다. 연화좌(파드마-아사나padma-āsana)로 앉아서 양손을 허벅지와 무릎 사이에 끼우고 자신을 들어올려서 팔꿈치로 몸을 지탱한다.

쿡쿠타-아사나, 즉 수탉 자세
테오스 버나드(Theos Bernard)

kula(쿨라)

일반적인 문맥에서는 '가족'이나 '무리' 또는 '가정'을 의미한다. 그러므로 영적인 계보를 뜻하는 '스승의 가족'(구루-쿨라guru-kula)에서처럼 허물없이 친하다는 관념을 전달한다. 이것이 함축하고 있는 의미는 신비주의적 탄트라Tantra학파에서 카울라kaula라는 용어의 용례에서 유지되고 있다. 거기서는 절대자의 여성적인 면을 나타내는 성스러운 힘(샥티 I śakti)을 나타낸다. 절대자(Divine)의 남성적인 면은 아쿨라akula라고 알려져 있다. 혼동스럽게도 쿨라kula는 쉬바Śiva와 샥티 II śakti, 남신과 여신, 힘과 참의식(Consciousness)이 결합하는 경험을 묘사하는 데도 사용된다.

⇒ 카울라kaula도 참조.

kula-amṛta(쿨라-아므리타, [연성]kulāmṛta쿨라므리타)
'가족 집단/일족의 감로'라는 뜻이다. 요기니yoginī의 생리혈이나 또는 차크라-푸자cakra-pūjā에서 사용되는 남자와 여자의 사정액의 혼합물이다.

kula-ācāra(쿨라-아차라, [연성]kulācāra쿨라차라)
'쿨라kula 수행'이라는 뜻이다. 카울라 전통(Kaula tradition)의 해탈을 위한 접근법이다.
⇒ 아차라ācāra도 참조.

kula-āgama(쿨라-아가마, [연성]kulāgama쿨라가마)
'쿨라kula 전통'이라는 뜻이다. 자신의 교의적 주요 기둥으로서 쿨라의 관념을 갖는 탄트라Tantra 전통이다. 쿨라-아차라kula-ācāra와 쿨라-마르가kula-mārga로도 불린다.

Kula-Cūḍāmaṇi-Tantra(쿨라-추다마니-탄트라)
'[탄트라Tantra] 가족 집단의 최고 보석 탄트라'라는 뜻이다. 7장으로 된, 후대이지만 권위 있는 이 문헌에서는 64종의 익숙한 세트에 속하는 많은 탄트라를 언급한다.

kula-dravya(쿨라-드라비야)
'가족 집단/일족의 물질'이라는 뜻이다. 탄트라Tantra에서 차크라-푸자cakra-pūjā 동안 사용되는 다음의 다섯 가지 구성 요소이다. 곡물(무드라mudrā), 술, 물고기(맛시야matsya), 살코기(망사māṃsa), 성교(마이투나maithuna).

kula-kuṇḍalinī(쿨라-쿤달리니)
쿨라kula와 쿤달리니kuṇḍalinī의 동의어이다.

kula-mārga(쿨라-마르가)
'쿨라kula의 길'이라는 뜻이다. 카울라-마르가kaula-mārga와 동의어이다.

kula-patha(쿨라-파타)
'가족 집단/일족의 길'이라는 뜻이다. 수슘나-나디suṣumṇā-nāḍī와 동의어이다.

kula-pūjā(쿨라-푸자)
'가족 집단/일족의 숭배'라는 뜻이다. 요기니yoginī와 바이라바Bhairava 들에 대한 숭배이다. 『쿨라르나바-탄트라』*Kulārṇava-Tantra*(10. 118f.)에 따르면 그들은 쿨라kula를 보호해 주기 위해 10억 명까지 존재한다. 이 『탄트라』*Tantra*(10. 112ff.)에서는 이러한 형태의 숭배를 그 밖의 다른 모든 것보다 가치 있는 것으로 칭송한다.

kula-saṃketa(쿨라-상케타)
푸자pūjā뿐만 아니라 만트라mantra와 얀트라yantra 수행과 연관된 카울라kaula 길의 비의적인 수행법들이다.

K

Kulasekhara(쿨라세카라; 8세기경)
남부 바이슈나비즘Vaiṣṇavism의 열두 알와르Ālvār 중 한 명이다. 케랄라Kerala의 통치자인 그는 군주로서의 업적보다 헌신적인 시로 더 유명하다.

Kulārṇava-Tantra(쿨라르나바-탄트라)
'쿨라kula 탄트라Tantra의 홍수'라는 뜻이다. 쿨라+아르나바(arṇava; '홍수')로 만들어졌다. 17장 2천 송 이상으로 구성된 주요 카울라kaula 문헌이다. 이 문헌은 10세기 또는 그보다 약간 후대에 속한다. 제9장에서 요가Yoga를 다루고 있고, 카울리카kaulika 또는 쿨라-요긴♯kula-yogin을 쿨라-탓트와♯kula-tattva들에 정통하고 쿨라의 가르침을 알며 쿨라(샥티 II Śakti)의 숭배에 헌신하는 입문자로 정의한다. 제11장에서는 여성을 칭송하고, 모든 종류의 죄를 범했더라도 그 여성을 꽃으로도 때려서는 안 된다고 언급한다. 제17장에서는 디크샤dīkṣā, 무드라mudrā 등과 같은 전형적인 탄트라 용어들에 대한 어원을 제공한다.

kumbhaka(쿰바카)
'항아리 같은'이라는 뜻이다. 호흡의 보유는 의식

(consciousness)의 변화들을 야기하는 가장 직접적인 수단 중 하나이다. 이는 전 세계의 많은 영적 전통에서 활용되어 왔다. 쿰바카kumbhaka라는 용어는 일반적으로 '호흡 조절'(프라나야마prāṇāyāma)과 특히 '호흡 보유'라는 핵심적 수행 양자를 의미한다. 후자의 의미에서 쿰바카라는 용어는 호흡을 일시적으로 멈추는 동안 신체의 몸통을 생기 에너지로 가득 채운다는 사실을 나타내는데, 항아리♯kumbha가 액체를 보유하는 것처럼 그 생기 에너지는 보유된다. 그러나 이 기법은 또한 마음을 안정시키기도 하기 때문에, 『요가-탓트와-우파니샤드』*Yoga-Tattva-Upaniṣad*(142)에서는 쿰바카를 미풍이 도달할 수 없기 때문에 깜빡거리지 않는 항아리 안에 든 램프에 비유한다.

『샨딜리야-우파니샤드』*Śāṇḍilya-Upaniṣad*(1. 7. 13. 5)에 따르면 쿰바카는 두 종류로 되어 있다. 들숨과 날숨과 '연관된'♯sahita 것과 '분리된'♯kevala 것, 즉 들숨이나 날숨 어느 한쪽이 없는 것이다. 후자 유형의 호흡 보유는 호흡 조절에서 상급의 형태로 긴장 없이 일어난다. 다양한 사히타♯sahita 형태의 쿰바카는 '뱀의 힘'(쿤달리니-샤티kuṇḍalinī-śakti)을 중앙 통로(수슘나-나디suṣumṇā-nāḍī)로 끌어당기는 반면, '분리된' 호흡 보유는 정수리에 있는 센터에 이르기까지 척주의 축을 따라서 그 힘을 강제로 올라가게 하는 주요한 수단이다. 『하타-요가-프라디피카』*Haṭha-Yoga-Pradīpikā*(2. 72ff.)에서는 이것을 관찰한다.

> [요긴yogin이 여전히] 케발라kevala [유형의 호흡 정지]의 성취(싯디siddhi)를 [갈망하는] 한, 그는 사히타 [유형]을 수행해야만 한다. 날숨과 들숨 없이 호흡(바유vāyu)이 쉽게 보유될 때……
>
> …… 이 [유형의] 호흡 조절은 케발라-쿰바카kevala-kumbhaka라고 한다. 날숨과 들숨 없이 이 케발라-쿰바카가 획득될 때……
>
> 그가 얻기 어려운 것은 세 세계三界에서 아무것도 없다. 케발라-쿰바카를 수단으로 하여 힘을 부여받은 그는 마음대로 호흡을 보유함(다라나dhāraṇā)을 통해서……
>
> …… 심지어 라자-요가Rāja-Yoga의 상태에 도달한다. 이것에 대한 의심의 여지는 없다.

『쉬바-상히타』*Śiva-Saṃhitā*(3. 53)에 따르면 수행자는 초자연력(싯디siddhi)들을 획득하기를 바랄 수 있기 전에 3가티카ghaṭikā(즉 72분) 동안 호흡을 보유할 수 있어야만 한다. 이 저작의 다른 곳(3. 59)에서는 수행자가 전체 야마(yama, 즉 3시간) 동안 쿰바카를 행할 수 있을 때, 신체가 매우 가벼워지게 되어서 엄지손가락으로 균형을 잡을 수 있다고 언급한다.(라가바lāghava도 참조)

kumbhamela(쿰바멜라)

'항아리 또는 주전자 들의 집회'라는 뜻이다. 쿰바(kumbha; '항아리' 또는 '주전자')+멜라(mela; '집회', '회합')로 만들어졌다. 힌두Hindu의 사두sādhu와 고행자 들의 대규모 회합이다. 이는 관례상 3년마다 한 번씩 프라야가(prayaga, 알라하바드Allahabad), 웃타르 프라데슈Uttar Pradesh의 하르드와르Hardwar, 마하라슈트라Maharashtra의 나시크Nasik, 마디야 프라데슈Madhya Pradesh의 웃자인Ujjain에서 열린다. 심지어 더 큰 회합(마하쿰바멜라♯mahākumbhamela로 불림)이 프라야가에서 12년마다 열린다. 이 회합들에는 5천만 명 이상의 사람들이 모인다. 크게 가치 있는 점(푼야puṇya)은 이 축제에 참석한 순례자들의 일원이 되는 것이고, 특히 어떻게든 나체의 성자를 만진다는 것이라고 한다.

kuṇḍala(쿤달라)

'고리'나 '반지' 또는 '귀걸이'라는 뜻이다. 칸파타Kānphaṭa 교단의 구성원들은 양쪽 귀의 연골을 뚫어서 찢어야 하는 큰 귀걸이를 착용한다. 이것은 신체의 생기 에너지 흐름에 이로운 영향을 미친다고 한다. 이 귀걸이들은 또한 '결인들'(무드라mudrā)로도 불린다.

kuṇḍalinī(쿤달리니)

⇒ 이슈와리Īśvarī, 세샤Śeṣa 참조.

kuṇḍalinī-śakti(쿤달리니-샤티)

'뱀의 힘'이라는 뜻이다. 이것은 쿤달리♯kuṇḍalī, 쿠

K

틸랑기 ♯ kuṭilāṅgī, 부장기니 ♯ bhujaṅginī, 파니 ♯ phaṇī, 나기 ♯ nāgī, 차크리 ♯ cakrī, 사라스와티 ♯ sarasvatī, 랄랄나 ♯ lalalnā, 라사나 ♯ rasanā, 상키니 ♯ saṃkinī, 라지 ♯ rājī, 사르피니 ♯ sarpiṇī, 마니 ♯ maṇī, 아슈타-바크라 aṣṭa-vakrā, 아트마-샥티 ♯ ātma-śakti, 아바두티 ♯ avadhūtī, 쿤티 ♯ kuntī로도 불리고, 많은 다른 명칭으로도 불린다. 인간의 단계에서 샥티 I śakti은 심리영성적인 힘이고, 탄트라 Tantra와 하타-요가 Haṭha-Yoga의 개념적 · 실제적 중추이다. 『하타-요가-프라디피카』*Haṭha-Yoga-Pradīpikā*(3. 1)에서 그것은 모든 요가 Yoga 논서(탄트라)의 토대로서 찬양된다. 수수께끼 같은 쿤달리니는 이미 『리그-베다』*Ṛg-Veda*(10. 189)에 '뱀의 여왕' ♯ sarpa-rājñī으로 묘사되는 바츠 비라즈(♯ Vāc Virāj; '빛나는 소리')라는 이름으로 암시되어 있었다. 쿤달리니 체험은 신체의 우주적 구조들에 의존한다고 주장되기 때문에 우리는 신비주의자들이 수세기에 걸쳐서 그 체험에 직면해 왔다고 가정할 수 있다. 그러나 오직 탄트라들의 신체 긍정적 비전秘傳과 더불어서만 이 체험은 정교화 되어서 충분히 발달된 개념적 모델이 되었다. 그 모델은 당시에 체계적으로 쿤달리니의 힘을 깨우려는 노력을 하는 수행자들에게 지침 역할을 하였다.

신체가 대우주에서 발견되는 거대한 형태들을 충실히 반영하는 소우주라는 오컬트 원리에 의거하여 쿤달리니가 우주적 여성 원리, 즉 샥티 I 의 개체화된 형태가 된 것이라고 상상된다. 그 신성한 힘은 한편으로는 쿤달리니의 형태로, 다른 한편으로는 생기(프라나 prāṇa)의 형태로 현현顯現한다고 생각된다. 그러나 쿤달리니는 영적 수행 과정에서 더 근원적인 잠재력으로 이해되어야 한다. 아마도 프라나와 쿤달리니 사이의 관계는 원자폭탄과 수소폭탄 사이의 관계로 비유할 수 있을 것이다. 쿤달리니의 힘을 작동시켜서 그것이 신체의 중앙 도관(수슘나-나디 suṣumnā-nāḍī)을 따라 상승하도록 만들기 위해서는 호흡 조절로 통제된 프라나 에너지의 집중적인 영향이 필요하다.

쿤달리니는 신체의 맨 아래 신비적 센터(차크라 cakra)에서 백만 개의 태양처럼 밝게 빛나는 잠재력의 상태로 거주하고 있는 것으로 묘사된다. 잠재력 상태의 쿤달리니는 똬리를 틀고 있다는 관념으로 표현된다. 그 똬리는 종종 세 바퀴 반, 다섯 바퀴, 여덟 바퀴 감겨 있다고 언급된다. 이 숨겨진 뱀은 해탈로 향하는 문을 막고 있는데, 그 문은 중앙 통로(수슘나-나디)로 들어가는 아래의 문이다. 『고라크샤-상히타』*Gorakṣa-Saṃhitā*(1. 47ff.)에서는 다음과 같이 말하고 있다.

> 절대자로 향하는 문의 틈새를 자신의 얼굴로 막고서, '구근'(칸다 kanda) 위에 여덟 번 감겨 있는 형태로 된 뱀의 힘은 거기에 머물러 있다.
>
> 그 문을 통해서 절대자에 이르는 안전한 문에 도달할 수 있다. 그 얼굴로 그 문을 막고 있는 그 위대한 여신은 [일반인들 속에서] 잠들어 있다.
>
> 마음과 호흡[의 결합된 작용]과 함께 붓디-요가 Buddhi-Yoga를 통해서 깨어난 그녀는 마치 바늘[로] 실을 [관통시키는 것]처럼 수슘나 suṣumṇā를 통해서 위로 올라간다.
>
> 뱀의 형태로 잠들어 있는, 눈부시게 빛나는 끈을 닮은 그녀가 요가의 불[즉 정신 집중(mental concentration)과 호흡 조절]에 의해 깨어날 때, 수슘나를 통해서 상승한다.
>
> 마치 사람이 열쇠를 가지고 힘으로 문을 열 수 있는 것과 마찬가지로, 그렇게 요긴 yogin은 쿤달리니로 해탈로 가는 문을 부수어 열어야만 한다.

탄트라 요긴의 과제는 쿤달리니를 '풀어'서 정신적 · 영적 에너지로 된 정적 극점인 정수리에 있는 '천 개의 꽃잎으로 된 연꽃'으로 상승하지 않을 수 없게 만드는 것이다. 이곳이 쉬바 Śiva의 자리이다. 결과로 발생한 쉬바와 샥티 II Śakti, 즉 신과 여신의 결합은 요가의 지고의 목표로서 찬양된다. 이것은 의식(consciousness)에 있어서 근본적 전환으로 나타나는데, 개체감이 제거되고 신체가 신성한 감로, 즉 쿨라-아므리타(kula-amṛta, 또는 소마 soma)로 넘치게 된다. 이것은 더할 나위 없는 지복(아난다 ānanda)으로 경험된다.

토대 차크라 cakra로부터 정수리 차크라까지 쿤달리니의 상승은 다양한 심령적 현상, 특히 열과 빛(지요티스 jyotis)뿐만 아니라 여러 종류의 내면의 소리(나다 nāda)와 연관되어 있다. 『요가-쉬카-우파니샤드』

Yoga-Śikhā-Upaniṣad(1. 114f.)에 따르면 쿤달리니에 대한 지속적 자극은 중앙 통로에서 개미가 척주를 기어오르는 느낌과 유사한 감각을 낳는다. 이러한 생리적 부작용 중 일부는 매우 충격적일 수 있는데, 특히 쿤달리니의 각성이 즉각적이고 적절한 준비나 정화 없이 일어날 때 그러하다. 이러한 부작용들에 대해 고피 크리슈나(Gopi Krishna, 1971)는 생생하게 기술하였다. 현대의 쿤달리니 '피해자'였던 그는 서서히 이 힘을 다스리는 방법을 배웠다. 『쿤달리니: 인간에 내재하는 영적 진화 에너지』*Kundalini: Evolutionary Energy in Man*라는 자서전에서 그는 자신의 체험을 다음과 같이 생생하게 묘사했다.

> 갑자기 폭포가 떨어지는 소리와 같은 굉음과 함께, 나는 척주를 통해서 뇌로 들어오는 밝은 빛의 흐름을 느꼈다. 그러한 진전에 대해 전혀 대비가 없었던 나는 완전히 놀라움에 사로잡혔다. 그러나 곧바로 다시 자기 통제력을 회복한 나는 동일한 자세로 앉아 있는 상태를 유지하면서 마음을 집중점에 유지하였다. 그 빛은 점점 더 밝게 되고 굉음은 더 커지면서 나는 흔들리는 느낌을 체험했고, 그런 다음 나 자신이 신체 밖으로 미끄러져 나와서 빛으로 된 바퀴에 완전하게 싸이게 된 것을 느꼈다.(pp.12~13)

탄트라 요긴의 최후의 깨달음은 신체를 포함하기 때문에 라자-요긴rāja-yogin의 깨달음보다 더 완전하다고 생각된다. 다시 말해서 그것은 마음의 초월 상태일 뿐만 아니라 신체 자체를 계발하기 때문이다. 이때 신체는 신(Divine)의 신체로 경험된다. 이런 식으로 탄트라 요긴, 즉 사다카sādhaka는 해탈의 이상(묵티 mukti)과 세속 향수(북티 bhukti)의 이상을 결합한다.

⇒ 그란티granthi도 참조.

K

Kuṇḍalinī-Yoga(쿤달리니-요가)

쿤달리니-샤티kuṇḍalinī-śakti의 의도적 상승을 수반하는 탄트라Tantra 수행이다.

⇒ 부타-슛디bhūta-śuddhi도 참조.

Kuravar(쿠라바르)

네 명의 샤이바Śaiva 사마야-아차리야♯samāya-ācārya, 즉 삼반다르Sambandar, 앗파르Appar, 순다라르Sundarar, 마닉카바차카르Māṇikkavācakar에 대한 타밀어Tamil 호칭이다.

kuṭīra(쿠티라)

'오두막'이라는 뜻이다. 요긴yogin의 은둔처이다. 『게란다-상히타』*Gheraṇḍa-Saṃhitā*(5. 5ff.)에서는 이것의 구조에 대해 다음과 같이 자세히 설명하고 있다. 공정하고 기부에 우호적♯subhikṣa이며 분쟁이 없는 나라의 좋은 장소(데샤deśa)에서 일반인이 들어갈 수 없게 친 울타리 안에 외딴집을 지어야만 한다. 소똥을 바른 그 오두막은 너무 높지도 너무 낮지도 않은 곳에 위치해야만 하고 벌레들이 없어야만 한다. 그 울타리 내부에는 우물이나 연못이 있어야만 한다. 『하타-요가-프라디피카』*Haṭha-Yoga-Pradīpikā*(1. 13)에서는 은둔처(마타maṭha)에 창문은 없고 오직 작은 문 하나만 있어야 한다고 권한다. 요긴의 거주처는 만디라mandira라고도 불린다.

⇒ 아슈라마āśrama도 참조.

Kuvalayananda, Swami(스와미 쿠발라야난다; 1883~1966)

카이발리야다마 아슈람과 연구소(Kaivalyadhama Ashram and Research Institute, 1921)의 설립자이자 파라마함사 마다

스와미 쿠발라야난다(Swami Kuvalayananda)

바다스Paramahamsa Madhavadas의 제자이다. 그는 인도의 체육 교육과 요가Yoga에 대한 의학적·문헌적 연구에 있어서 지칠 줄 모르는 선구자였다. 그의 과학적 노력은 코버(Kovoor T. Behanan)의 저작 『요가: 과학적 평가』*Yoga: A scientific Evaluation*(1937)를 통해 보다 널리 알려지게 되었다.

ku-yogin(쿠-요긴)

'나쁜 요긴yogin'이라는 뜻이다. 『바가바타-푸라나』*Bhāgavata-Purāṇa*(2. 4. 14)에 따르면 신성성(神聖性, Divine)을 얻을 수 없는 성공하지 못한 수행자이다. 『웃다바-기타』*Uddhāva-Gītā*(23. 29)에서는 그에 대해 다음과 같이 말한다. 그는 장애(안타라야antarāya)들이나 다른 사람들에 의해서 또는 심지어 신들에 의해서도 잘못된 방향으로 끌리게 된다.

kūrma(쿠르마)

'거북'이라는 뜻이다. 생기 에너지(프라나prāṇa)의 다섯 가지 부차적 형태 중 하나이다. 『트리-쉬키-브라마나-우파니샤드』*Tri-Śikhi-Brāhmaṇa-Upaniṣad*(2. 82)에 따르면 이것은 피부와 뼈 속에서 순환하고 눈의 감고 뜸을 관장하는데, 이는 이 생기 에너지의 널리 수용되는 작용이다.

kūrma-āsana(쿠르마-아사나, [연성]**kūrmāsana**쿠르마사나)

'거북 자세'라는 뜻이다. 『게란다-상히타』*Gheraṇḍa-Saṃhitā*(2. 32)에 다음과 같이 기술되어 있다. 양 발꿈치를 교차시켜 음낭 아래에 두고서 몸통, 머리, 목을 곧게 펴야만 한다. 『하타-요가-프라디피카』*Haṭha-Yoga-Pradīpikā*(1. 22)에서는 발목을 교차시켜 항문을 눌러야만 한다고 명기하고 있다. 현대의 매뉴얼들에서는 이 자세(아사나āsana)를 다르게 설명한다. 수행자는 다리를 앞으로 쭉 뻗고 앉아서 앞으로 굽혀야만 한다. 그런 다음 팔을 자신의 다리 사이 아래로 집어넣고 등 쪽을 향해 위로 뻗어서 등 뒤에서 깍지를 낀다.

⇒ 웃타나-쿠르마(카)-아사나uttāna-kūrma(ka)-āsana도 참조.

kūrma-nāḍī(쿠르마-나디)

'거북 통로'라는 뜻이다. 『요가-수트라』*Yoga-Sūtra*(3. 31)에 언급되어 있고, 『요가-바쉬야』*Yoga-Bhāṣya*에서는 가슴에 있는 맥관으로 설명되어 있다. 이 나디nāḍī에 대한 무아경적 '억제'(총제總制, 상야마saṃyama)를 수행함으로써 요긴yogin은 뱀이나 이구아나처럼 [정신적(mental)] 부동 상태를 달성한다.

Kūrma-Purāṇa(쿠르마-푸라나)

원래 5세기의 바이슈나바vaiṣṇava 저작으로 추정되는 이 문헌은 수백 년 후에 파슈파타Pāśupata 전통의 관점에서 재구성되었다. 이 문헌에는 『이슈와라-기타』*Īśvara-Gītā*가 들어 있다.

kūṭa-stha(쿠타-스타)

'정상에 있음' 또는 '꼭대기에 머묾'이라는 뜻이다. 『바가바드-기타』*Bhagavad-Gītā*에서 사용된 용어이다. 예를 들면 어떤 곳(6. 8)에서는 완성된 달인을 가리키고, 다른 곳(15. 16)에서는 존재의 불멸의(아크샤라akṣara) 차원을 표현한다.

L

laghiman(라기만)

'공중부양'이라는 뜻이다. 여덟 가지의 고전적인 초자연력(싯디 siddhi) 중 하나이다. 『탓트와-바이샤라디』 *Tattva-Vaiśāradī*(3. 45)에서는 수행자가 이 능력을 사용하여 갈대 다발처럼 하늘에 떠 있게 된다고 말한다. 『마르칸데야-푸라나』*Mārkaṇḍeya-Purāṇa*(40. 31)에서는 흥미롭게도 이것을 빠름♯ śīghratva으로 설명한다.

⇒ 초심리학(parapsychology)도 참조.

laghu-āhāra(라구-아하라, [연성]**laghvāhāra**라그와하라)

'소식'小食이라는 뜻이다. 라구(laghu; '적은', '부족한')+아하라(āhāra; '식사')로 만들어졌다. 때로는 자기 억제(권계, 니야마 niyama) 훈련의 구성 요소 중 하나로 간주된다. 『요가-탓트와-우파니샤드』*Yoga-Tattva-Upaniṣad*(28)에서는 이것을 심지어 가장 중요한 도덕 훈련(금계, 야마 yama)으로 간주한다. 『만달라-브라마나-우파니샤드』*Maṇḍala-Brāhmaṇa-Upaniṣad*(1. 2. 2)에 따르면 가벼운 식사는 신체의 결점(도샤 doṣa)들을 억제한다.

⇒ 아하라 āhāra, 미타-아하라 mita-āhāra도 참조.

[비교] 아티야하라 atyāhāra.

laghutā(라구타)

⇒ 라가바 lāghava 참조.

Laghu-Yoga-Vāsiṣṭha(라구-요가-바시슈타)

10세기 초에 카슈미르Kashmiri 학자 가우다 아비난다Gauda Abhinanda가 보다 앞선 시기의, 더 이상 현존하지 않는 저작에 기초하여 지은 저작일 것이다. 『라구('짧은')-요가-바시슈타』*Laghu-Yoga-Vāsiṣṭha*는 일반적으로 『요가-바시슈타』♯ *Yoga-Vāsiṣṭha*의 축약판으로 간주된다. 그러나 전자가 동일 저자 또는 다른 시인이자 편집자에 의해 이후에 다섯 배나 더 많은 『요가-바시슈타』로 만들어진, 사실상 원저작이라고 추정할 수 있는 충분한 이유들이 있다. 『라구-요가-바시슈타』는 총 6천 송 가량으로, 여섯 장으로 이루어져 있다. 그것은 『라마야나』*Rāmāyaṇa*의 전설적 저자인 고대의 성자 발미키 Vālmīki의 작품으로 보인다. 발미키는 현자 바라드와자 Bharadvāja에게 라마 Rāma와 바시슈타 Vāsiṣṭha 사이에 일어났던 교훈적인 대화에 대해 이야기한다.

그 저작의 범위는 훨씬 더 포괄적이어서 영적·철학적 문제들뿐 아니라 우주론도 포함하지만, 제목이 나타내는 것처럼 그것은 요가 Yoga의 가르침을 상세히 설명한다고 주장한다. 전반적인 관점은 지혜의 요가(갸나-요가 Jñāna-Yoga)를 지향한다. 그것의 형이상학적 기초는 현저하게 있는 샥티즘 Śaktism과 함께 베단타 Vedānta의 불이론不二論이다. 그러므로 지고의 참실재는 모든 잠재력(샥티 I śakti)을 가진 것으로 그려진다.(3. 7. 1) 그것의 양상들은 의식(awareness)의 힘(치트-샥티 cit-śakti), 운동성의 힘♯ spanda-śakti, 유동성의 힘♯ drava-śakti, 공空의 힘♯ śūnya-śakti이다.

궁극적 참실재는 순수하고 전지하고 편재하는 참의식(Consciousness)/참인식(Awareness)(치트 cit, 칫타 citta)이다.

그것은 "내부가 비어 있고 외부가 비어 있는…… 볼 수 있지도 않고 시야를 넘어서 있지도 않은 창공처럼 고요하고 빛나는 돌[조각상]의 윤곽과 같다"고 묘사된다.

현상 세계는 순수 참의식의 광대한 확장에서 나타나는 꿈과 같다. 인간의 마음만이 속박의 환영과 해탈 과정의 환영을 만들어 낸다. 깨달아야 할 것은 궁극적으로는 결코 아무것도 발생하지 않고, 거기에는 단지 영원하고 대상없는 지복만이 있다는 것이다. 이 극단적인 이상주의적 형이상학은 요가-우파니샤드Yoga-Upaniṣad들의 일부 작자들을 포함한 베단타의 많은 스승에게 영감을 주어 왔다.

lajjā(랏자)

'부끄러움'이라는 뜻이다. 때로는 요가Yoga의 전진을 방해하는 결점(도샤doṣa) 중 하나로 열거된다.

Lakshmanjoo, Swami(스와미 라크슈만주; 1907~1991)

카슈미르 샤이비즘Kashmiri Śaivism의 위대한 스승으로 이 전통의 부흥을 주도하였다. 릴리안 실번Lilian Silburn, 알렉시스 산더슨Alexis Sanderson, 마크 디치코브스키Mark S. G. Dyczkowski, 존 휴즈John Hughes, 자이데바 싱Jaideva Singh, 라메슈와르 자Rameshwar Jha를 포함한 동서양의 많은 유명한 학자들의 스승이자 구루guru였다. 그는 『카슈미르 샤이비즘: 지고의 비밀』*Kashmir Shaivism: The Secret Supreme*을 저술하였다.

lakṣaṇa(라크샤나)

'특성' 또는 '표시'라는 뜻이다. 『요가-수트라』*Yoga-Sūtra*(3. 13)에서는 대상의 특정한 존재 상태이다.

⇒ 파리나마pariṇāma도 참조.

Lakṣmī(라크슈미)

슈리 II Śrī 라크슈미 Lakṣmī라고도 불린다. 부와 번영, 아름다움의 여신으로 비슈누Viṣṇu의 배우자이다. 비너스처럼 그녀는 대양에서 태어났다. 베다Veda에서 이름이 이미 언급되었지만 이 우아한 여신은 『마하바라타』*Mahābhārata*와 『라마야나』*Rāmāyaṇa*에서만 힌두Hindu 신 중에서 주요 신이 되었다. 『아가스티야-상히타』♯ *Agastya-Saṃhitā*(489)에서는 꽃가루가 꿀벌을 유혹하는 것처럼 라크슈미가 미모와 젊음으로 요긴yogin들의 마음을 매혹한다고 기술하고 있다.

lakṣya(라크쉬야)

'지각할 수 있는 대상' 또는 '보이는 것'이라는 뜻이다. 타라카-요가Tāraka-Yoga에서 빛에 대한 강렬한 경험으로 표시되는 명상적 환영을 보는 상태이다. 이 상태의 세 가지 변화는 내적으로 보이는 것(안타르-라크쉬야antar-lakṣya), 외적으로 보이는 것(바히르-라크쉬야 bahir-lakṣya), 중간적으로 보이는 것(마디야-라크쉬야madhya-lakṣya)으로 구별된다.

Lakulīśa(라쿨리샤)

'곤봉의 주'라는 뜻이다. 또한 라쿨리♯Lakuli와 나쿨리샤Nakulīśa로도 불린다. 파슈파타파Pāśupata sect의 유명한 개조이고, 그의 특징적 표시는 모든 추종자가 지니고 다니는 곤봉♯lakula이다. 네 명의 수제자를 두었고, 자신의 추종자들을 가르칠 때는 '재로 된 제단'에 앉았다고 기억된다. 그는 1세기경에 살았고 곧 신으로

라크슈미(Lakṣmī)

L

받들어졌다.

lalanā-cakra(랄라나-차크라)
'어루만지는 바퀴'라는 뜻이다. 목젖 근처 머리에 위치하는 심령 에너지 센터이다. 이것은 또한 탈루-차크라♯tālu-cakra로도 알려져 있다. 이것의 유별난 명칭은 아마도 달의 감로가 흐르도록 자극하기 위해 구개, 좀 더 구체적으로 목젖을 혀로 핥는 요가Yoga 수행법으로 설명될 것이다. 랄라나♯lalanā는 이다-나디idā-nāḍī의 비의적 명칭 중 하나이기도 하다.
⇒ 차크라cakra도 참조.

lalāṭa(랄라타)
'이마'라는 뜻이다. 요가Yoga 문헌들에서 흔히 아갸-차크라ājñā-cakra의 위치로 언급되지만, 이 심령 에너지 센터(차크라cakra)는 사실상 뇌의 중심부에 있다. 샤이바Śaiva, 바이슈나바vaiṣṇava 들처럼 다양한 힌두이즘Hinduism 유파에 속하는 요긴yogin들은 각 유파의 표식을 자신의 이마에 칠한다. 몇몇 유파가 이마에 칠한 둥근 점(빈두bindu)은 아갸-차크라의 위치를 표시한다. 여성의 경우 이 장식용 표식은 틸라카(tilaka, tila; '참깨')라 불린다.

L

Lallā(랄라; 14세기)
카슈미르 샤이비즘Kashmiri Śaivism의 달인이자 라야-요가Laya-Yoga 수행자이다. 그녀의 아름다운 시적 금언 중 하나에서 그녀는 참실재를 알고자 늘 '갈망'했기 때문에 자신이 랄라(Lallā, 산스크리트Sanskrit로 ♯Lalāsa)로 불렸다고 말한다.

Lambikā-Yoga(람비카-요가)
'옷걸이-요가Yoga'라는 뜻이다. 람비카(lambikā; '옷걸이')는 혀이다. 이것은 하타 요가Haṭha-Yoga에서 특별한 중요성을 가진다. 『고라크샤-팟다티』*Gorakṣa-Paddhati*(2.48)에서는 다음과 같이 설명한다.

> 혀가 목젖의 끝에 계속해서 살짝 닿을 때, [그 때문에] 액체(라사rasa)가 흘러나오게 [된다.] [그것은 아마도] 짜거나 자극적이거나 시거나 또는 우유나 꿀 또는 기름과 같은 [맛일 것이다.] 이 액체는 질병을 치료하고 나이 드는 것을 방지하며 [자신의 몸으로] 던져진 무기들을 견디는 능력을 준다. 이 수행법을 통달한 요긴 yogin은 불사와 여덟 가지 '탁월함'(구나guṇa)의 획득을 [즐길] 것이고 궁극적인 완전함을 얻게 될 것이다.

이 기법은 케차리-무드라khecarī-mudrā의 부분이다.

lamp(등불)
⇒ 디파dīpa 참조.

language(언어)
설령 궁극적인 영적 깨달음이 마음과 말을 초월한다고 해도 세상의 모든 영적 전통의 수행자들은 다른 사람들이 그 깨달음을 재현할 수 있게 하기 위해서 그것에 대한 무언가를 전달하려고 지속적으로 노력해 왔다. 언어는 진리를 드러내고 숨기는 신기한 능력을 가지고 있다. 그리고 고대 이래로 인도의 영적 통달자들은 언어적 전달의 가능성과 한계에 대해 특히 민감했다. 따라서 5천 년 이상 전에 『리그-베다』*Ṛg-Veda*와 다른 베다Veda의 찬가들에 기록되어 있는 지혜를 가진 현자(리쉬 ṛṣi)들은 비상한 힘과 아름다움을 가진 정교한 상징 언어를 발달시켰다.
훨씬 뒤에 탄트라Tantra의 통달자들은 산디야-바샤(saṃdhyā-bhāṣā; '모호한 언어')라 불리는 비밀스러운 언어를 고안해 냈다. 외부인들에게 영적 진리를 감추고 입문자들에게 신비를 드러내려는 목적에 도움을 준다.
⇒ 알파벳 또는 자모(alphabet), 바츠vāc도 참조.
[비교] 마우나mauna.

languor(권태 또는 불활성 또는 무기력)
⇒ 알라시야ālasya, 스티야나styāna, 탄드라(tandrā 또는 tandra) 참조.

latā-sādhana(라타-사다나)
'덩굴식물의 수행'이라는 뜻이다. 마이투나maithuna와 동의어이다.

laulikī(라울리키)
'구르기'라는 뜻이다. 나울리naulī와 동의어이다.

laulya(라울리야) 또는 **loluptva**(롤룹트와)
'변덕스러움' 또는 '뒹굴기'라는 뜻이다. 『하타-요가-프라디피카』*Haṭha-Yoga-Pradīpikā*(1. 15)에 따르면 요가Yoga의 성공을 방해하는 요인 중 하나이다.
[비교] 알롤룹트와aloluptva, 다이리야dhairya, 드리티dhṛti.

law(법)
⇒ 다르마dharma, 사나타나-다르마Sanātana-Dharma 참조.

lawlessness(무법)
⇒ 아다르마adharma 참조.

laya(라야)
'용해' 또는 '병합', '흡수'라는 뜻이다. 『아그니-푸라나』*Agni-Purāṇa*(368. 1ff.)에서는 이것을 네 가지 유형으로 나눈다. (1)니티야-라야nitya-laya. 수백만 존재의 매일 매일의 죽음이다. (2)나이밋티카-라야♯naimittika-laya. 모든 존재가 절대자에게로 '우연히 용해'되는 것이다. (3)프라크리타-라야♯prākṛta-laya. 세상 종말의 시기에, 다시 말해 4천 이온(유가yuga)의 주기 이후에 모든 것이 '물질적으로 소멸'하는 것이다. (4)아티얀티카-라야♯ātyantika-laya. 개인 정신(individual psyche), 즉 개아(지바jīva)가 '최종적으로 절대자에게 병합'되는 것이다.
하타-요가Haṭha-Yoga에서 라야laya라는 용어는 무아경(삼매, 사마디samādhi) 수행으로 주의가 참실재 속으로 몰입 또는 병합되는 것을 의미한다. 가끔씩 라야라는 용어는 사마디의 동의어로 사용된다. 『하타-요가-프라디피카』*Haṭha-Yoga-Pradīpikā*(4. 34)에 이와 관련된 송이 있다. "사람들은 '라야, 라야'라고 말한다. 그러나 라야의 본질은 무엇인가? 라야란 [무아경 상태에서] 이전의 잠재의식의 흔적(훈습, 바사나vāsanā)들이 일어나지 않기 때문에 아무것도 기억하지 못하는 것이다." 이 저작(4. 66)에서는 주요 신인 쉬바Śiva의 별칭인 아디나타Ādinātha가 라야를 성취하기 위한 1천2백5십만 가지의 방법을 가르치고 있다고 서술한다. 그러나 이 문헌에서는 특히 '[내면의] 소리의 배양'(나다-아누산다나nāda-anusaṃdhāna)을 권한다.
이와는 상반되게 『테조-빈두-우파니샤드』*Tejo-Bindu-Upaniṣad*(1. 41)에서는 라야를 요가Yoga의 9가지 장애(비그나vighna) 중 하나로 언급한다. 여기서 이 용어는 명백히 '불활성', '무력함'이란 뜻으로 사용되었다.

Laya-Yoga(라야-요가)
'[명상적] 병합의 요가Yoga'라는 뜻이다. 빈번히 하타-요가Haṭha-Yoga의 호흡 조절법과 여러 가지 '결인'(무드라mudrā)과 같은 기법들을 통해서 제한된 마음을 용해시키려 노력하는 모든 다양한 탄트라Tantra 명상(meditation)의 접근법들이다. 『아마라우가-프라보다』*Amaraugha-Prabodha*(27f.)에서는, 예를 들면 라야-요가Laya-Yoga가 중간 정도 수준의 수행자를 위한 요가이고, 신체 내의 불사의 감로에 대해 명상(contemplation)하는 것으로 이뤄져 있다고 말한다. 이것은 척주 기저의 카마루파Kāmarūpa 속에서 빛나는 남근(링가liṅga)의 형상으로 쉬바Śiva를 관상하는 것과 연관되어 있다. 문헌에서는 독자에게 6개월 후에는 초자연력(싯디siddhi)과 최장 3백 년까지 장수를 누릴 수 있다고 보장하고 있다.
『요가-비자』*Yoga-Bīja*(142)에서는 라야-요가를 '밭'(크셰트라kṣetra)의 동일성(아이키야aikya)과 '밭을 아는 자'(크셰트라-갸kṣetra-jña)로 정의하고, 계속해서(143) 다음과 같이 서술하고 있다. "오! 여신이여, 그 동일성을 깨닫자마자 마음은 용해될 것이오. 라야-요가[의 상태]가 계속될 때, 생기(파바나pavana)는 안정된다오. [그와 같은] 병합[의 상태]로 인해 수행자는 행복, 다시 말해서 자신 속의 지복(아난다ānanda) 즉 초월의 상태에 이르게 된다오."

laziness(나태 또는 게으름)

⇒ 알라시야 ālasya, 스티야나 styāna, 탄드라(tandrā 또는 tandra) 참조.

lāghava(라가바) 또는 **laghutā**(라구타) 또는 **laghutva**(라구트와)

'가벼움'이라는 뜻이다. 신체의 경량감은 규칙적인 상급의 호흡법 수행의 부산물 중 하나이다. 특히 강렬한 프라나야마 prāṇāyāma로 생겨난 자신의 땀(스웨다 sveda)을 피부에 문질러 바른 후에 나타난다. 『게란다-상히타』*Gheraṇḍa-Saṃhitā*(1. 11)에서 이것은 일곱 가지 수행 중 다섯째 '구성 요소'(앙가 aṅga)로 간주된다.

⇒ 라기만 laghiman, 공중부양(levitation), 웃타나 utthāna도 참조.

left-hand path, tantric(탄트라의 왼쪽 길 또는 좌도 탄트라)

⇒ 바마-마르가 vāma-mārga 참조.

letters(글자)

⇒ 아크샤라 akṣara, 알파벳 또는 자모(alphabet) 참조.

levitation(공중부양)

⇒ 아카샤-가마나 ākāśa-gamana, 부-차라-싯디 bhū-cara-siddhi, 케차라트와 khecaratva, 라가바 lāghava, 마노-가티 mano-gati, 웃타나 utthāna 참조.

liberated posture(해탈좌)

⇒ 묵타-아사나 mukta-āsana 참조.

liberation(해탈)

힌두이즘 Hinduism에 따르면 해탈은 인간의 최고 잠재력이고 가치(푸루샤-아르타 puruṣa-artha 참조)이다. 그것 없이는 인간 존재들이 추구할 수 있는 어떠한 다른 가치나 목표 들도 전혀 말이 되지 않는다. 해탈의 추구는 사람이 할 수 있는 가장 고귀한 일일 뿐만 아니라 가장 의미 있는 일이기도 하다. 그 이유는 해탈을 통해서 우리의 근원적 본성, 즉 참자아를 실현하기 때문이다. 해탈은 여러 학파에서 상이하게 해석되지만, 그것이 모든 무의식적 조건화로부터 사람을 자유롭게 해서 참실재와 접촉할 수 있게 만든다는 점은 언제나 지켜진다.

⇒ 아파바르가 apavarga, 깨달음 또는 해탈(enlightenment), 자유(freedom), 지반-묵티 jīvan-mukti, 카이발리야 kaivalya, 크라마-묵티 krama-mukti, 모크샤 mokṣa, 묵티 mukti, 비데하-묵티 videha-mukti도 참조.

life(생명)

⇒ 지바 jīva, 프라나 prāṇa 참조.

life force(생기)

⇒ 프라나 prāṇa 참조.

light(빛)

『파슈파타-브라마나-우파니샤드』*Pāśupata-Brāhmaṇa-Upaniṣad*(2. 21)의 익명의 저자는 "광휘(프라카샤 prakāśa)만이 영원하다"고 단언한다. 그와 같이 고대의 전 세계적인 신비주의적 직관적 지식을 되풀이하고 있다. 『찬도기야-우파니샤드』*Chāndogya-Upaniṣad*(3. 13. 7f.)에는 다음과 같은 기억할 만한 구절이 있다.

> 이제, 전체의 이면에 있고 모든 것의 배후에 있으며 가장 높은 것보다 더 높은 천상을 넘어서 빛나는 그 빛(지요티스 jyotis), 참으로 그것은 사람 안에 여기에 있는 빛과 동일하다. 그것은 볼 수 있다. …… 사람이 이 신체에서 [그것의] 온기를 지각할 때, 사람이 자신의 귀를 막을 때 그것은 들리고, 벌이나 황소 또는 타오르는 불꽃으로 된 것과 같은 종류의 소리를 듣는다. 이것을 아는 사람은 이것을 볼 수 있는 아름다운 자가 되고, 이것에 대해 들을 수 있는 유명한 자가 될 것이다.

초월적 참자아는 빛을 발하고, 그것에 대한 깨달음은 셀 수 없이 많은 문헌에 눈부신 빛으로 이루어진 것으로 생생하게 기술되어 있다. 사실상 광휘는 많은 영적인 상태 또는 내면의 상태의 특징이다. 그것은 생기(프라나prāṇa)와 다양한 심령 에너지 센터(차크라cakra)들, 그리고 특히 탄트라Tantra에 따르면 변화의 위대한 동인動因인 '뱀의 힘'(쿤달리니-샥티kuṇḍalinī-śakti)의 속성이다.

⇒ 타라카-요가Tāraka-Yoga도 참조.

lightness(가벼움)

⇒ 라가바lāghava, 공중부양(levitation) 참조.

limb(가지, 지분支分 또는 사지四肢)

⇒ 앙가aṅga 참조.

liṅga(링가)

'표시' 또는 '징표'라는 뜻이다. 영어로 빈번히 링감(lingam)이라고 철자한다. 상키야Sāṃkhya 전통에서 이 용어는 '특징을 가진 것'(또는 징표가 있는 것), 즉 상위의 마음(지성, 붓디buddhi)과 '나를 만드는 것'(자아의식, 아견我見, 아항카라ahaṃkāra), 하위의 마음(마음 감관, 마나스manas), 다섯 인식 기관(갸나-인드리야jñāna-indriya), 다섯 행위 기관(카르마-인드리야karma-indriya)이다.

『마이트라야니야-우파니샤드』*Maitrāyaṇīya-Upaniṣad*(6. 10)에서는 링가liṅga라는 용어를 첫째 원리(마하트mahat)에서부터 '차별이 있는 것(비셰샤viśeṣa)들'까지로 확장하여 전체 창조에 적용한다. 그 문헌에서는 이것과 '토대가 없는', 즉 가늠하기 힘든 참실재 그 자체인 링가를 대비한다. 『마하바라타』*Mahābhārata*(12. 195. 15)에서 링가는 개아(psyche)를 운송하는 운반체, 즉 신체이다.

우주 창조의 상징인 쉬바-링가(Śiva-liṅga)를 표현함

링가라는 용어는 또한 남근[상], 또는 더 나아가 창조의 우주적 원리를 나타내기도 한다. 남근의 상징을 통한 신(Divine)에 대한 숭배는 인더스-사라스와티 문명(Indus-Sarasvati civilization)으로까지 거슬러 올라간다. 초기에 쉬바Śiva는 링가의 상징과 그것에 대한 숭배와 관계가 있게 되었다. 샤이비즘Śaivism의 한 유파인 링가야타Liṅgāyata들은 링가의 축소 모형을 부적으로 지닌다. 형이상학적으로 링가는 세계의 창조에 우선하는 상상할 수 없는 창조의 잠재력 또는 힘을 의미한다. 위대한 학자이자 달인인 아비나바굽타Abhinavagupta는 자신의 저작인 『탄트랄로카』*Tantrāloka*(5. 54)에서 세계를 다음과 같이 설명한다. "전체 [우주는] 그것 속으로 융해된다♯līnam. 그리고 이 전체 [우주는] 그것 안에 존재하는 것으로 인식된다♯gamyate." 유사하게 『아마라우가-프라보다』*Amaraugha-Prabodha*(55)에서는 이것에 다음과 같은 어원학적 정의를 제공한다. "움직이는 것과 움직이지 않는 것들이 라야laya의 힘에 의해 융해되는 곳, 그곳이 링가[로 알려져] 있다."

오컬트의 '위에서와 같이, 아래에서도'라는 상응 법칙에 의하면 우주의 링가는 소우주인 인간의 신체 내에도 자신을 나타내고 있다. 탄트라Tantra와 하타-요가Haṭha-Yoga의 문헌들은 신체의 여러 가지 심령 에너지 센터(차크라cakra)들에서 볼 수 있는 빛나는 링가와 연관된 경험을 기술한다. 예를 들자면 『브라마-우파니샤드』♯*Brahma-Upaniṣad*(80)에서는 수행자가 명상(meditation)의 대상으로 삼아야만 하는 세 가지 유형의 링가에 대해 다음과 같이 말한다. (1)척주의 기저에 있는 아도(♯adho; '하위의')-링가, (2)중앙 통로(수슘나-나디suṣumṇā-nāḍī)의 위쪽 끝에 있는 쉬킨(śikhin; '정점')-링가, (3)이마의 심령 에너지 센터에 위치한 지요티르(♯jyotir; '빛')-링가. 『싯다-싯단타-팟다티』*Siddha-Siddhānta-Paddhati*(2. 4)에서는 심장에 있는 링가 형태의 불꽃에 대해 언급한다.

⇒ 요니yoni도 참조.

liṅga-cakra(링가-차크라)
'남근 바퀴'라는 뜻이다. 또한 링가-스타나(☞liṅga-sthāna; '남근의 장소')로도 알려져 있다. 스와디슈타나-차크라svādhiṣṭhāna-cakra의 동의어로 드물게 쓰인다.

liṅga-mātra(링가-마트라)
'순수 표식'이라는 뜻이다. 고전 요가(Classical Yoga)에서 구체적인 대상들이 전개되기 이전의 우주적 현현顯現의 단계이다. 『탓트와-바이샤라디』*Tattva-Vaiśāradī*(1. 45)에서도 이것을 '대원리'☞mahat-tattva로 명명했고, 비야사Vyāsa는 자신의 『요가-바쉬야』*Yoga-Bhāṣya*(2. 19)에서 이것을 '단지 존재할 뿐인 것'(표징이 있는 것, 삿타-마트라sattā-mātra)이라고 했다.

Liṅga-Purāṇa(링가-푸라나)
열여덟 개의 주요 푸라나Purāṇa 중 하나이다. 이 문헌은 샤이비즘Śaivism 전통에 속하고 많은 장(특히 제7장~제9장, 제88장)에서 파슈파타파Pāśupata sect의 관점으로 요가Yoga를 논의한다. 이 문헌은 여덟 가지로 된 길(8지支 요가, 아슈타-앙가-요가aṣṭa-aṅga-yoga)과, 장애(비그나vighna)와 전조(아리슈타ariṣṭa) 들의 긴 목록을 제공한다.

liṅga-śarīra(링가-샤리라)
'특성으로 된 신체'라는 뜻이다. 상키야Sāṃkhya 전통에 따르면 이것은 링가liṅga라 불리는 미세 매개체의 구성 부분들로 이루어져 있고, 다섯 미세 요소, 즉 감관의 잠재력(탄마트라tanmātra)이 추가된다. 이 복합체는 또한 '미세 신체'(수크슈마-샤리라sūkṣma-śarīra)로 알려져 있기도 하고, 물질 요소(부타bhūta)들로 구성된 육체적 생명체인 '조대 신체'☞sthūla-śarīra와 대비된다. 조대한 신체 자체는 지각이 없다고 여겨진다. 링가-샤리라liṅga-śarīra와 연결될 때 살아 있게 되는데, 이는 전적으로 개인의 카르마karma의 힘에 의해 완성된 실체이다.
⇒ 칫타-샤리라citta-śarīra, 데하deha도 참조.

Liṅgāyata sect(링가야타파)
12세기에 기원을 둔 샤이비즘Śaivism 내의 온건한 종교적 유파이다. 이 유파의 추종자들은 비라 샤이바Vīra Śaiva들로도 알려져 있다. 개조 또는 재편자는 바사바Basava 또는 바사반나(Basavanna; 1106~1167)였다. 빈번히 링가야타(Liṅgāyata, 영어로는 종종 링가야트Lingayat로 씀)라는 명칭은 창조력의 상징인 남근(링가liṅga)의 형태로 쉬바Śiva를 숭배하는 관습에서 유래하였다. 이 전통의 교리상 새로 도입된 것 중 하나는 '여섯 영역'(샤트-스탈라ṣaṭ-sthāla)의 관념이다.

lion posture(사자 자세)
⇒ 싱하-아사나siṃha-āsana 참조.

listening(경청)
⇒ 슈라바나śravaṇa 참조.

līlā(릴라)
'유희'라는 뜻이다. 힌두이즘Hinduism의 일부 불이론不二論 학파에서는 세계를 전적으로 자연발생적이고 임의적인 창조물 또는 신(divine)의 유희로 본다. 특히 릴라līlā는 한밤의 춤에서 절정에 이르는 크리슈나Kṛṣṇa의 사랑놀이를 나타내고, 라사-릴라☞rasa-līlā에서 크리슈나는 각각의 고피gopī가 그녀 자신만이 그의 주의를 온전히 끌고 있다고 생각하도록 여러 명으로 분신하였다. 그와 대조적으로 춤의 왕☞naṭa-rāja으로서 쉬바Śiva의 춤은 용해, 즉 파괴의 춤이다.

lobha(로바)
'탐욕'이라는 뜻이다. 주요 결점(도샤doṣa) 중 하나로, 지속적인 '무욕'(아파리그라하aparigraha) 수행을 통해서 억제되어야만 한다.

lock(잠금)
⇒ 반다bandha 참조.

locust posture(메뚜기 자세)
⇒ 샬라바-아사나śalabha-āsana 참조.

L

loin cloth(허리 감개)
⇒ 카우피나kaupīna 참조.

loka(로카)
'영역', '범위'라는 뜻이다. 어근 √ruc 또는 √loc('빛나다', '밝다', '눈에 보이다')에서 파생되었다. 우주 존재의 층위, 즉 세계의 영역이다. 힌두Hindu의 우주 구조론에 따르면 의식(consciousness)의 구체적인 상태에 각각 상응하는 일곱 개의 주요 영역이 있다.
⇒ 우주(cosmos)도 참조.

loka-saṃgraha(로카-상그라하)
'세계 모으기'라는 뜻이다. 『바가바드-기타』*Bhagavad-Gītā*(3. 20, 25)에서 발견되는 복합어이다. 거기서 이것은 세계를 '합치기', 즉 세계와 조화하기라는 이상을 의미한다. 이 목표는 올바르거나 법(다르마 dharma)에 맞는 행위를 장려하기 위해 제안된다. 그리고 이는 동시에 '동일한 마음을 가짐'(사마-붓디 sama-buddhi), 즉 직관에 따른 무심으로 모든 것을 대한다는 요가Yoga의 덕목(virtue)에 대한 카르마-요가Karma-Yoga의 요구를 균형 잡아 준다.
⇒ 사르바-부타-히타 sarva-bhūta-hita, 파라-아르타-이하para-artha-īhā도 참조.

Lord(주主)
⇒ 이슈와라Īśvara, 나타nātha, 파티Pati 참조.

Lordship(지배자)
⇒ 아이슈와리야aiśvarya 참조.

lotus posture(연꽃 자세)
⇒ 카말라-아사나kamala-āsana, 파드마-아사나padma-āsana 참조.

love(사랑)
⇒ 박티bhakti, 프라니다나praṇidhāna, 프라팟티prapatti 참조.

luminosity(광휘)
⇒ 딥티dīpti, 지요티스jyotis, 빛(light) 참조.

lust(정욕情慾)
⇒ 카마kāma 참조.

L

M

Maccamuni(맛차무니)
맛시엔드라Matsyendra에 대한 타밀어Tamil 표현이다. 남인도의 18명의 달인(아슈타다샤-싯다 aṣṭādaśa-siddha) 중 한 명이다.

macrocosm(대우주)
⇒ 브라마-안다brahma-aṇḍa 참조.
[비교] 소우주(microcosm), 핀다-안다piṇḍa-aṇḍa.

mada(마다)
'자만' 또는 '들뜸'이나 '도취'라는 뜻이다. 때로는 결점(도샤doṣa) 중 하나로 열거된다.

Madhavadas, Paramahamsa(파라마함사 마다바다스; 1798~1921)
요가Yoga를 '현대 과학'의 원리에 부합되게 가르쳐야만 한다고 주장한 차이탄야II Caitanya 계보의 유명한 달인이다. 그는 브리하트 사두 사마즈(♯Brihat Sadhu Samaj; '사두sādhu들의 위대한 모임')의 영적 우두머리였고 스와미 쿠발라야난다Swami Kuvalayananda와 슈리 요겐드라Sri Yogendra의 구루guru였다.

madhu-bhūmika(마두-부미카)
'꿀의 단계에 이른 자'라는 뜻이다. 『요가-바쉬야』 *Yoga-Bhāṣya*(3. 51)에서, 의식 무아경(유상 삼매, 삼프라가타-사마디 samprajñāta-samādhi)의 가장 높은 단계에서 진리를 보유한 지혜(리탐바라-프라갸ṛtaṃbhara-prajñā)에 대한 경험을 얻은 요긴yogin은 마두-부미카madhu-bhūmika로 알려진다고 설명한다. 이 유형의 수행자는 더 높은 존재들에게 유혹되므로 자신의 마음을 '홀로 있음'(독존獨存, 카이발리야kaivalya), 즉 해탈이라는 목표에 확고히 고정시킬 필요가 있다. 이러한 유혹은 『요가-수트라』*Yoga-Sūtra*(3. 51)에서 높은 지위에 있는 존재♯sthānin들에 대해 언급하는 데서 나타난다.
⇒ 부미bhūmi, 마두-비디야madhu-vidyā도 참조.
[비교] 아티크란타-바바니야atikrānta-bhāvanīya, 프라갸-지요티스prajñā-jyotis, 프라타마-칼피카prathama-kalpika.

Madhurājayogin(마두라자요긴)
분철하면 마두-라자-요긴Madhu-rāja-yogin이다. 본명은 밧타 크리슈나Bhaṭṭa Kṛṣṇa이다. 아비나바굽타Abhinavagupta의 제자였던 11세기 초의 학식 있는 달인이다. 그의 시는 오직 세 편만이 남아 있다. 간략한 자전적 설명에 따르면 그는 만년에 샤이바Śaiva 고행자가 되었고 80세에 쉬바Śiva와 하나됨을 깨달았다.

madhu-vidyā(마두-비디야)
'꿀의 교의'라는 뜻이다. 『브리하다란야카-우파니샤드』*Bṛhadāraṇyaka-Upaniṣad*(2. 5. 1ff.)에 자세히 설명되어 있는 고대의 가르침이다. 여기서 마두mādhu, 즉 '꿀'은 어떤 것의 자양이 되는 정수를 상징한다. 이것의 근본적인 관념은 모든 것이 전체 우주(cosmos)를 뭉치게 만드는 초월적 참자아(아트만 ātman)에 참여한다는 것이다. 따라서 그 근원적 참존재 때문에 요소들, 태양, 번개, 공간 등은 영양이 되는 꿀의 성질을 가지고 있다. 『탓트와-바이샤라디』*Tattva-Vaiśāradī*(3. 54)에 따르면 마두는 진리를 보유한 지혜(리탐바라-프라갸 ṛtambhara-prajñā)이다.

madhya-lakṣya(마디야-라크쉬야)

'중간의 통찰(vision)' 또는 '중간의 징조'라는 뜻이다. 타라카-요가 Tāraka-Yoga의 세 유형의 시각적 경험(라크쉬야 lakṣya) 중 하나이다. 『아드와야-타라카-우파니샤드』*Advaya-Tāraka-Upaniṣad*(7)에서는 이것을 다섯 유형의 빛나는 '에테르-공간'(아카샤 ākāśa)의 경험으로 이끄는 여러 가지 색상으로 된 빛의 체험으로 서술한다.

[비교] 안타르-라크쉬야 antar-lakṣya, 바히르-라크쉬야 bahir-lakṣya.

madhya-mārga(마디야-마르가)

'가운데 길', 즉 '중도'中道라는 뜻이다. 수슘나-나디 suṣumṇā-nāḍī와 동의어이다.

madya(마디야) 또는 **madirā**(마디라)

'술' 또는 '과실주'라는 뜻이다. 수라 II surā와 동의어이다. 술은 탄트라 Tantra의 판차-탓트와 pañca-tattva 의례에서 사용되는 다섯 가지 구성 요소 중 하나이다. 그 의례에서 이것은 성적 흥분제로 간주된다. 『카울라-갸나-니르나야』*Kaula-Jñāna-Nirṇaya*(18. 7~9)에서는 이 수행에 대한 상징적 설명을 부여한다. 술, 정액, 여성 분비물♯ rakta의 혼합물은 절대자 그 자체라고 말한다. 술이 적절한 헌신(박티 bhakti)으로 준비되어 있을 때 그것은 참의식(Consciousness)의 지복(아난다 ānanda)이라고 말하기도 한다. 비의적 어원을 재분류한 『쿨라르나바-탄트라』*Kulārṇava-Tantra*(17. 63~64)에서는 마디야 madya가 모든 환영의 그물을 파괴하기 때문에 그것은 소위 해탈로 가는 길을 드러내 보여 주고, 위대한 선물(다나 dāna)들을 준다고 설명한다. 『샥티-상가마-탄트라』*Śakti-Saṃgama-Tantra*(칼리 Kālī장 9. 46)에서는 가우다 Gauḍa 계보에서 사용하는 열세 종류의 술을 언급한다. 『마하니르바나-탄트라』*Mahānirvāṇa-Tantra*(6. 2~3)에서 언급되었듯이 가장 좋은 종류의 술은 파이슈티♯ paiṣṭī, 가우디♯ gauḍī, 마드위♯ mādhvī라고 생각된다. 대용 음료로는 우유, 꿀, 설탕 주스가 있다. 상징적으로 마디야는 '매료시키는' 지식을 나타낸다.

Magaradhvaja Yogi(Jogi) 700(마가라드와자 요기 700; 12세기)

샤이비즘 Śaivism의 유명한 달인이다. 이 요긴 yogin의 특이한 이름은 여러 비문碑文에서 발견되는데, 7백이라는 숫자는 분명히 그의 제자들의 수를 나타낸다.

magic(마법 또는 마술)

아비차라(abhicāra; '마술', '마법'), 인드라-잘라(♯ indra-jāla; '인드라의 그물망') 또는 마야 māyā라는 뜻이다. 이성적인 마음이 받아들이는 인과 법칙들을 제외한 법칙들에 기초를 둔 수행법과 의례 들을 통해서 사람의 환경에 영향을 미치는 고대의 기법이다. 요가 Yoga는 마법적인 요소를 많이 품고 있고, 여러 세기를 통해서 요긴 yogin들은 자기 자신들에 정통한 자로 추앙받아 왔을 뿐 아니라 초자연적인 힘의 소유자로 두려움의 대상이기도 해왔다. 사실상 영적 완성과 초자연적 힘이란 뜻의 이 단어는 산스크리트 Sanskrit의 싯디 siddhi와 같다. 역사적으로 요가의 지류 중 하나인 고행주의(타파스 tapas) 전통은 근본적으로 마법의 한 형태이다. 왜냐하면 그것은 보통 신(데바 deva)들인 보이지 않는 존재들의 직간접적인 강압에 기초를 두고 있기 때문이다. 마법적 특징들은 특히 탄트라 Tantra 유파들에서 두드러진다. 영적 수행자들은 이기적 목적을 위해 마법적 힘들을 사용하는 것에 대해 빈번히 경고를 받음에도 불구하고, 바로 그러한 경고들을 지키지 못했기 때문에 수많은 이야기들에서 은총을 잃은 요긴들에 대해 말하고 있다.

maha(마하)
'큰'大 또는 '위대한'이라는 뜻이다. 많은 중요한 산스크리트Sanskrit 용어에 접두사로 붙는 형용사이다.

maharṣi(마하르쉬)
'위대한 현자'라는 뜻이다. 마하(mahā; '위대한')와 리쉬(ṛṣi; '현자')로 만들어졌다. 달인에 대한 존경의 명칭이다. 듣기 좋은 음조를 위해서 단어 리쉬ṛṣi는 마하maha와 함께 르쉬ṛṣi라고 철자한다.

mahat(마하트)
⇒ 마한 마하트mahān mahat 참조.

mahā-ātma(마하-아트마, [연성]mahātma마하트마)
'위대한 정신(soul)'이라는 뜻이다. 간디Gandhi와 같은 경건한 사람, 즉 '위대한 영혼'을 가리킨다. 철학적 맥락에서 이 용어는 궁극적 참실재를 나타낸다.

M

mahā-bandha(마하-반다)
'위대한 잠금'이라는 뜻이다. 『하타-요가-프라디피카』*Haṭha-Yoga-Pradīpikā*(3. 19ff.)에서는 다음과 같이 기술하고 있다. 왼발은 회음(요니yoni)에 두고 오른발은 왼쪽 허벅지 위에 놓는다. 숨을 들이쉰 다음 턱으로 가슴을 확고히 누르고 항문괄약근을 수축한다. 마음은 생기의 중앙 도관(수슘나-나디 suṣumṇā-nāḍī)에 고정시킨다. 가능한 한 오랫동안 숨을 보유한 다음, 부드럽게 내쉰다. 오른발을 회음에 두고서 반복한다. 일부 권위자들은 수행자가 (칸타-반다kaṇṭha-bandha 또는 잘란다라-반다jālandhara-bandha로 불리는) 인후 잠금을 수행하는 것이 아니라 '혀 잠금'(지와-반다jihvā-bandha)을 수행함으로써 단순히 공기의 흐름만 차단해야 한다고 명기한다. 이것은 혀로 앞니를 누르는 것이다. 『쉬바-상히타』*Śiva-Saṃhitā*(4. 21f.)에서는 더 나아가 수행자가 아파나apāna를 위로 올리고 프라나prāṇa를 아래로 내려가게 해야만 한다고 설명한다. 이 기법은 신체에 활기를 북돋우고 신체를 회춘시키며, 뼈를 강화하고 마음을 기쁘게 하며, 무엇보다도 생기 에너지를 중앙 통로(수슘나 나디)로 밀어 넣어서 궁극적으로는 '뱀의 힘'(쿤달리니-샥티kuṇḍalinī-śakti)을 각성시킨다고 생각된다.

Mahābhārata(마하바라타)
'바라타Bharata들의 위대한 [이야기]'라는 뜻이다. 산스크리트Sanskrit로 된 인도의 전 국민적인 위대한 두 서사시 중 하나이다. 다른 하나는 『라마야나』*Rāmāyaṇa*이다. 전설에 따르면 두 서사시는 비야사Vyāsa가 저술한 것으로 여겨진다. 『라마야나』에는 고행자(타파스윈 tapasvin)들에 대한 이야기가 많이 있지만, 사실상 엄밀한 의미의 요가Yoga적 요소들은 전혀 담겨 있지 않다. 그러나 『마하바라타』*Mahābhārata*에는 요가와 상키야Sāṃkhya에 대한 언급이 풍부하다. 이것은 전고전 요가(Preclassical Yoga)유파들을 위한 중요한 문헌이다. 교훈적인 세 편, 즉 『바가바드-기타』*Bhagavad-Gītā*, 『모크샤-다르마』*Mokṣa-Dharma*, 『아누-기타』*Anu-Gītā*가 특히 중요하다.

학자들 사이에 『마하바라타』의 연대에 대한 견해 차이가 있다. 이 서사시의 핵심을 이루는 카우라바Kaurava와 판다바Pāṇḍava 들 사이의 전쟁은 일반적으로 기원전 800년경으로 확정되어 있다. 그러나 (구자라트 Gujarat의 카티아와르Kathiawar 반도 앞바다에 대한 수중 고고학에 주로 의지한) 일부 학자들에 따르면 인더스Indus 강에서부터 갠지즈Ganges 강 유역의 옥토에 이르기까지 인더스-사라스와티 문명(Indus-Sarasvati civilization)의 확산 이후 몇 세기가 지난 기원전 1500년경에 전쟁을 치룬 것으로 나타난다. 이 전쟁에 대한 전통적인 연대는 훨씬 앞서지만(대략 기원전 3000년경) 가능성은 낮다. 그

유일하게 성자의 말을 따르고 기억할 수 있는 가네샤(Gaṇeśa)에게 『마하바라타』를 받아쓰게 하는 비야사(Vyāsa)

또한 그 가능성은 낮다.

판다바들은 자신들의 왕국을 사기 당했고 그것을 되찾기 위해 노력하고 있었다. 아르주나Arjuna 왕자의 스승인 크리슈나Kṛṣṇa의 도움으로 그렇게 하는 데 성공했다. 이 이야기는 틀림없이 매우 오래되었지만, 이 서사시의 현존하는 판본은 단지 기원전 300~400년경에 완성된 것으로 보인다.

mahā-bhūta(마하-부타)

'큰大 요소'나 '위대한 요소' 또는 '조대 요소'라는 뜻이다. 조대한 다섯 물질 요소(판차-부타pañca-bhūta) 중 어느 것이든 하나이다.

[비교] 탄마트라tanmātra.

mahā-cakra(마하-차크라)

'큰大 원' 또는 '위대한 원'이라는 뜻이다. 탄트라Tantra의 다섯 가지 차크라cakra 의례 중 하나이다. 여기서는 어머니, 누이나 여동생, 딸, 며느리, 아내가 다섯 샥티 II Śakti로 숭배된다.

⇒ 판차-마-카라pañca-ma-kāra도 참조.

mahācīnācāra(마하치나차라)

분철하면 마하-치나-아차라mahā-cīna-ācāra이다. '마하치나mahācīna[에 따른] 행위'라는 뜻이다. 또한 마하치나-크라마♯mahācīna-krama, 즉 '마하치나의 과정'으로도 알려져 있다. 다시 말해서 '더 위대한 치나cīna'로 불리곤 했던 것과 연관되어 있는 탄트라Tantra의 접근법이다.

⇒ 아차라ācāra도 참조.

Mahādeva(마하데바)

'위대한 신'이라는 뜻이다. 쉬바Śiva의 일반적인 별칭이다.

Mahādevī(마하데비)

12세기 마이소르Mysore 출신의 여성 사드위sādhvī이다. 그녀는 탁발승의 삶을 계속 영위하기 위해 자신의 흉포한 남편을 떠났다. 랄라Lallā처럼 그녀는 긴 머리로 자신의 아름다움을 가린 채 알몸으로 돌아다니기로 마음먹음으로써 모든 금기를 어겼다. 그녀는 아주 뛰어난 시를 지었고 20대에 죽었다.

⇒ 카라익칼 암마이야르Kāraikkāl Ammaiyār도 참조.

Mahākālī(마하칼리)

⇒ 카마키야 I Kāmākhyā 참조.

mahāmāṃsa(마하망사)

'위대한 고기'라는 뜻이다. 탄트라Tantra에서는 다음과 같은 동물들의 살코기를 선호한다. 인간, 암소, 숫양, 말, 물소, 수퇘지, 염소, 사슴. 이 동물들은 특히 신에게 소중하다고 여겨진다. 생강과 마늘 등은 대용품으로 쓰일 수 있다.

⇒ 판차-마-카라pañca-ma-kāra도 참조.

mahā-mudrā(마하-무드라)

'위대한 결인'이라는 뜻이다. 『게란다-상히타』*Gheraṇḍa-Saṃhitā*(3. 6f.)에 다음과 같이 설명되어 있다. 오른쪽 다리를 쭉 뻗어 발가락들을 잡고서 왼쪽 발꿈치로 엉덩이(항문)를 압박하라. 그런 다음 인후를 수축하고 미간의 점을 응시하라. 왼쪽 다리를 쭉 뻗어 반복한다. 이 기법은 모든 질병, 특히 폐결핵, 치질, 소화불량을 치료한다고 한다. 『쉬바-상히타』*Śiva-Saṃhitā*(4. 16)에서는 수행자가 왼 발꿈치로 회음(요니yoni)을 압박해야만 한다고 말한다. 현대 문헌들에서 이것은 '앞으로 반半굽히기 자세'♯ardha-paścima-uttāna-āsana로도 알려져 있다.

『고라크샤-팟다티』*Gorakṣa-Paddhati*(1. 76)에서는 마하-무드라mahā-mudrā를 전체 통로망(나디-차크라nāḍī-cakra)을 정화(쇼다나śodhana)하고 체액(라사rasa)을 바짝 말리는 것(쇼샤나śoṣaṇa)으로 정의하고 있다. 이 저작(1. 60)에서는 이 기법으로 가장 치명적인 독을 감로로 바꿀 수 있다고도 말한다. 『하타-요가-프라디피카』*Haṭha-Yoga-Pradīpikā*(3. 18)에서는 이 무드라mudrā가 '뱀의 힘'(쿤달리니-샥티kuṇḍalinī-śakti)을 각성시킨다고 주장한다.

이것은 의례의 손 제스처(하스타-무드라hasta-mudrā) 중 하나이기도 하다. 이 무드라는 두 엄지손가락은 엮고 다른 손가락들은 쭉 펴는 것이다.

⇒ 나보-무드라nabho-mudrā도 참조.

mahā-nagna(마하-나그나)

'위대한 벌거숭이 [남성]'이라는 뜻이다. 『아타르바-베다』*Atharva-Veda*(예, 19. 1. 36, 킬라Khila 5. 22. 6)에서 결혼식의 신랑이다.

[비교] 마하-나그니mahā-nagnī.

mahā-nagnī(마하-나그니)

'위대한 벌거숭이 [여성]'이라는 뜻이다. 『아타르바-베다』*Atharva-Veda*에서 결혼식의 신부이다. 또한 추정건대 베다Veda의 제단을 상징하기도 한다.

Mahānirvāṇa-Tantra(마하니르바나-탄트라)

'위대한 열반을 다룬 문헌'이라는 뜻이다. 작자 미상이거나 때로는 19세기 초에 영향력 있는 (친영親英) 브라마 사마즈Brahma Samaj를 설립했던 사회 개혁가 람모한 로이Rammohan Roy의 스승인 하리하라난다나타Hariharānandanātha가 저술한 것으로 추정되는 널리 존중받는 탄트라Tantra이다. '가장 중요한 힌두Hindu 탄트라'(아게하난다 바라티Agehananda Bharati, 1965)로 불리는 종합적인 이 저작은 14장으로 구성되어 있고, 거주지의 정화, 수행자가 선택한 신에게 기도하고 경배하기, 만트라mantra 암송, 좌도의 '다섯 엠M'(판차-마-카라pañca-ma-kāra) 의례 등과 같은 다양한 의례 수행을 주의 깊게 기술하고 있다. 이 문헌은 또한 다른 어떤 가르침보다 더 뛰어나다고 간주되는 카울라kaula의 귀중한 가르침(14. 179)도 담고 있다. 14. 123에서 이 탄트라는 요가Yoga를 '개아(psyche, 지바jīva)와 초월적 참자아와의 결합'으로 정의하고, 절대자를 깨달은 자는 요가와 경배(푸자pūjā) 양자를 모두 초월한다고 언급하고 있다.

mahān mahat(마한 마하트)

'위대한 하나' 또는 '큰大 하나'라는 뜻이다. 붓디buddhi와 동의어이다.

mahā-rajas(마하-라자스)

'위대한 라자스rajas'라는 뜻이다. 월경혈과 질 분비물 양자 모두로 밝혀진 정액(빈두bindu)의 여성적 형태이다. 이것은 어근 √raj 또는 √rañj('붉다')에서 파생된 단어 라자스에서 표현된 붉은 색깔이라고 한다.

mahā-samādhi(마하-사마디)

'위대한 무아경', '대삼매'大三昧라는 뜻이다. 이것은 죽음의 순간에 삶으로부터 참자아를 깨달은 달인의 의식이 떠나는 것이다. 또한 스승의 그러한 비범한 떠남을 기리기 위해 일반적으로 그러한 무아경(삼매, 사마디samādhi)이 일어난 곳에 세워진 성지이기도 하다.

mahā-sattā(마하-삿타)

'위대한 존재 상태'라는 뜻이다. 카슈미르 샤이비즘Kashmiri Śaivism에서 최고의 참실재이다.

⇒ 삿타sattā도 참조.

mahā-siddha(마하-싯다)

'위대한 달인'이라는 뜻이다. 북부 탄트라Tantra에서는 84명의 마하-싯다mahā-siddha에 관해서 알고 있다. 그들은 성취(싯디siddhi), 즉 깨달음을 얻었고 또한 모든 다양한 초자연력(싯디)도 가지고 있다. 남인도에서는 18명의 달인(아슈타다샤-싯다aṣṭādaśa-siddha)이 알려져 있다.

⇒ 달인(adept), 아슈타다샤-싯다aṣṭādaśa-siddha, 차투라쉬티-싯다caturaśīti-siddha, 싯다siddha도 참조.

mahā-siddhi(마하-싯디)

'위대한 능력'이라는 뜻이다. 『요가-탓트와-우파니샤드』*Yoga-Tattva-Upaniṣad*(76)에 따르면 해탈 그 자체이다. 이것은 초자연적 능력(싯디siddhi) 중 어느 것보다도 단연 월등한 것으로 간주된다. 왜냐하면 이 능력은 초자연력들의 근원이기 때문이다.

mahā-sukha(마하-수카)

'큰 기쁨'이라는 뜻이다. 해탈을 깨닫게 된 최상의 지복, 즉 완전한 기쁨이다. 이 용어는 특히 초월적 참실재와 내재적 실재가 궁극적으로 동일함을 가르치는 사하지야 운동(Sahajiyā Movement)에서 통용된다.

⇒ 아난다ānanda, 즐거움(pleasure), 수카sukha도 참조.

Mahā-Upaniṣad(마하-우파니샤드, [연성]Mahopaniṣad마호파니샤드)

포기의 이상을 다룬 산니야사-우파니샤드Saṃnyāsa-Upaniṣad 중 하나이다. 이 문헌에서는 요가Yoga를 '마음의 정화'로 정의(5. 22)하고, 요가 진전의 일곱 단계(부미bhūmi)에 대해 언급(5. 22)하고 있다.

mahā-vākya(마하-바키야)

'위대한 경구'라는 뜻이다. 우파니샤드Upaniṣad들에서 위대한 경구들은 궁극적 진리(사티야satya)에 대한 선언들이다. 가장 유명한 세 가지 영적 경구 또는 금언은 다음과 같다. '나는 절대자이다'aham brahma asmi, '너는 그것이다'tat tvam asi, '이 참자아는 절대자이다'ayam ātma brahma.

Mahā-Vākya-Upaniṣad(마하-바키야-우파니샤드, [연성]Mahāvākyopaniṣad마하바키요파니샤드)

'위대한 경구의 우파니샤드Upaniṣad'라는 뜻이다. 요가-우파니샤드Yoga-Upaniṣad 중 하나이다. 이 문헌은 단 열두 송으로만 구성되어 있고 항사haṃsa의 암송(자파japa) 수행을 권한다. 여기서는 최상의 지혜(비갸나vijñāna)를 얻기 위해 수행자가 해탈로 인도하는 '지혜의 눈'♯vidyā-cakṣus과 속박으로 이끄는 '무지의 눈'♯avidya-cakṣus 양자 모두를 버려야만 한다고 언급한다. 최상의 깨달음은 무아경(삼매, 사마디samādhi)이나 요가Yoga의 능력(싯디siddhi)들 또는 심지어 마음의 용해(마노-라야mano-laya)와도 아무런 관련이 없다. 그것은 단지 수행자 자신과 절대자와의 완전한 동일성(아이키야aikya)일 뿐이다.

mahā-vedha(마하-베다)

'위대한 관통자'라는 뜻이다. 『하타-요가-프라디피카』*Haṭha-Yoga-Pradīpikā*(3. 26ff.)에 다음과 같이 기술되어 있다. '위대한 잠금'(마하-반다mahā-bandha)을 수행하면서 숨을 들이쉰 다음, '인후 결인'♯kaṇṭha-mudrā, 즉 잘란다라-반다jālandhara-bandha를 한다. 반복해서 자신의 몸을 약간 들어올렸다가 엉덩이를 다시 바닥에 댄다. 이 기법은 생기 에너지를 중앙 통로(수슘나-나디suṣumṇā-nāḍī)로 밀어 넣는다고 생각된다. 『쉬바-상히타』*Śiva-Saṃhitā*(4. 24)에서 명시했듯이 이 수행법은 '관통자'로 알려져 있다. 왜냐하면 이것은 집중된 프라나prāṇa가 세 '결절'(그란티granthi)을 뚫기 때문이다. 『게란다-상히타』*Gheraṇḍa-Saṃhitā*(3. 21ff.)에서는 다음과 같이 언급한다. "여성의 아름다움과 젊음과 매력은 [그것들을 감탄하는] 남성들이 없다면 헛되듯이, 위대한 관통자가 없다면 뿌리 잠금(물라-반다mūla-bandha)과 위대한 잠금(마하-반다)도 역시 그러하다."

mahā-vidyā(마하-비디야)

초월적 참자아를 드러내는 해탈의 지혜(갸나jñāna 또는 비디야vidyā)이다.

⇒ 다샤-마하비디야Daśa-Mahāvidyā도 참조.

mahā-vrata(마하-브라타)

'위대한 서약'이라는 뜻이다. 『요가-수트라』*Yoga-Sūtra*(2. 31)에 따르면 어떠한 상황이라도 항상 지켜야만 하는 도덕 훈련(금계, 야마yama)을 구성하는 다섯 가지 수행법이다. 다른 인도 전통과 학파 들은 보편적 도덕성을 반영한 이 주제 하에 다소 상이한 수행법들을 열거한다. 또한 베다Veda의 중요한 풍작 기원 의례도 포함되어 있는데, 이것은 탄트라Tantra의 마이투나maithuna의 전조가 되는 성교와 관련이 있다.

Mahā-Yoga(마하-요가)

'위대한 요가Yoga'라는 뜻이다. 『요가-쉬카-우파니샤드』*Yoga-Śikhā-Upaniṣad*(1. 129f.)에 따르면 만트라-요가Mantra-Yoga, 라야-요가Laya-Yoga, 하타-요가Haṭha-Yoga, 라자-요가Rāja-Yoga로 구성되어 있다. 이 문헌은 호흡 조절의 핵심적인 중요성을 강조 할 때, 그때 이 모든 접근법이 공통적으로 가지고 있는 것은 들숨(프라나prāṇa)

과 날숨(아파나 apāna)의 '결합'(상요가 saṃyoga)이라고 언급(1. 138)한다. 마하-요가라는 표현은 또한 요가의 위대한 상태인 사마디 samādhi와 동의어로 흔히 사용되기도 한다.

Mahesh Yogi, Maharshi(마하리쉬 마헤쉬 요기; 1918~2008)

본명은 마헤슈 프라사드 바르마 Mahesh Prasad Varma이다. 지요티르 사원(Jyotir Math)의 샹카라차리야 Shankarācārya였던 스와미 브라마난다 Swami Brahmānanda의 인도인 제자이다. 그는 몇 차례 세계 투어를 했고, 첫 번째 투어를 1958년에 시작했다. 비틀즈 Beatles와 서구의 다른 유명인들의 마음을 끎으로써 그는 빠른 시간에 많은 나라와 단체와 사람들에게 초월 명상(TM)을 보급하는 데 있어 거대한 성공을 거둬들였다. 1970년대 중반에 그는 인간의 잠재력에 대한 관심의 일부로서(예를 들자면 요가 Yoga의 공중부양과 연관된) 자신의 TM 싯디 siddhi 프로그램을 소개했다. 1973년에 그는 미국에 베다 Veda의 학문에 전념하는 대학을 설립하였고 이후에 전 세계에 관리 겸 교육 센터(Administrative-cum-Teaching Center)들, 즉 '평화의 궁전'(Peace Palace)들을 세웠다. 그는 16권 이상의 저작을 저술하였고 수많은 상을 수상하였으며 죽을 때까지 네덜란드에서 살았다.

maheśvara-siddha[s](마헤슈와라-싯다[들])

'위대한 주主, 즉 쉬바 Śiva의 달인[들]'이라는 뜻이다. 전통적∮samāya인 탄트라 Tantra를 따르고 좌도 접근법을 피하는 타밀 Tamil의 싯다 siddha들이다.

Maheśvarānanda(마헤슈와라난다)

⇒ 고라크샤 II Gorakṣa 참조.

mahiman(마히만)

'확대', '거대화', '대형화'라는 뜻이다. 무한정 확장시키는 능력이다. 요가 Yoga와, 다른 인도 전통들에서 인정하는 여덟 가지 전형적인 초자연력(싯디 siddhi) 중 하나이다. 바차스파티 미슈라 Vācaspati Miśra는 자신의 『탓트와-바이샤라디』*Tattva-Vaiśāradī*(3. 45)에서 이것을 코끼리나 산만큼 또는 도시 전체 등과 같이 크게 되는 능력으로 설명한다. 그러나 『마니-프라바』*Maṇi-Prabhā*(3. 44)에서는 마히만 mahiman을 '편재'∮vibhūtva로 정의하는데, 그것은 육체적 신체가 아니라 '미세 신체'(수크슈마-샤리라 sūkṣma-śarīra), 즉 마음이 팽창함을 나타낸다.

⇒ 초심리학(parapsychology)도 참조.

Mahīdhara(마히다라)

바라나시 Vārāṇasī 출신의 16세기 탄트리카 tāntrika이다. 그는 북 판찰라 Pāñcāla의 수도인 아힛차트라(Ahicchatra, 현재는 람나가르 Rāmnagar로 추정됨)에서 태어나 바라나시에 정착하였다. 그는 『만트라-마호다디』*Mantra-Mahodadhi*에 대한 주석인 『나우카』∮*Naukā*뿐만 아니라 베다 Veda 문헌들에 대한 정통 주석들도 저술하였다.

maithuna(마이투나)

'성적 교합', 즉 '성교'라는 뜻이다. 아디-야가 ādi-yāga로도 불린다. 봉헌된 남성과 여성 입문자 사이의 의례적 성교이고, 좌도 탄트라 Tantra의 핵심 수행법이다. '결인'(무드라 mudrā)으로 알려진 여성은 의례를 하는 동안 여신, 즉 신성한 샥티 II Śakti로 여겨지는 한편, 남성 수행자는 쉬바 Śiva, 즉 바이라바 Bhairava로 여겨진다. 이 신성한 성적 교합은 판차-탓트와 pañca-tattva의례의 절정이

의례(마이투나)에서 껴안고 있는 탄트라 커플

다. 이것은 일반적으로 스승과 함께 한 입문자들로 만들어진 원(차크라 cakra) 안에서 일어난다. 그는 대개 자신의 배우자와 함께 원의 중심에 앉게 된다.

이것은 결코 음탕한 행위를 위한 의례를 의도하는 것은 아니다. 더 정확히 말하자면 이 의례는 오래 지속된 의례의 말미에 하는 것이고 근본적으로 명상(meditation) 수행이다. 신체 전체로 성적 에너지를 분산시켜, 보통 오르가즘을 건너뛴다. 성적 접촉을 통해 발생되는 심신 에너지는 입문자의 복잡한 심상화들을 고양시키는 데 사용되어서 지복(아난다 ānanda)으로 변환된다.

Maitrāyaṇīya-Upaniṣad(마이트라야니야-우파니샤드, [연성]Maitrāyaṇīyopaniṣad마이트라야니요파니샤드)

『마이트리-우파니샤드』 ♯ *Maitrī-Upaniṣad* 또는 『마이트라야나-우파니샤드』 *Maitrāyaṇa-Upaniṣad*([연성]『마이트라야노파니샤드』 *Maitrāyaṇopaniṣad*)로도 불린다. 기원전 2~3세기에 속하는 산문체 문헌이다. 두 종류의 교정본이 있고 삽입된 구절이 많은 이 저작에는 여섯 가지로 된 길(6지支 요가, 샤드-앙가-요가 ṣaḍ-aṅga-yoga)이 최초로 기록되어 있다.

maitrī(마이트리)

'친교' 또는 '자애'라는 뜻이다. 고전 요가(Classical Yoga)에서 하나의 덕목(virtue)으로 인정된다. 연민(카루나 karuṇā), 기쁨(무디타 muditā), 평정(무관심, 우페크샤 upekṣā)과 더불어, 자애를 보여 주거나 의식적으로 발산하는 것을 『요가-수트라』 *Yoga-Sūtra*(1. 33)에서는 마음을 청정하게 하는 수단이라고 언급한다. 불교에서 이 네 덕목은 '브라만의 거주처'(♯ brahma-vihāra, 즉 사무량심四無量心)들로 알려져 있다.

ma-kara(마-카라)

'알파벳 m'이라는 뜻이다.

⇒ 판차-마-카라 pañca-ma-kāra 참조.

makara-āsana(마카라-아사나, [연성]makarāsana마카라사나)

서구의 요가 Yoga계에서는 돌고래 자세로 널리 알려져 있지만, 마카라 makara라는 단어는 일반적으로 악어나 상어 같은 위험한 해양 동물을 나타낸다. 『게란다-상히타』 *Gheraṇḍa-Saṃhitā*(2. 40)에서는 이런 표현을 쓰고 있다. 앞으로 엎드려서 두 다리를 쭉 뻗어서 벌린 채, 양손으로 머리를 감싼다. 현대 매뉴얼의 기술들에 따르면 두 팔은 요람 모양으로 만들고 두 손은 각각 반대쪽 어깨에 대고서 이마를 그 속에 놓는다. 이 수행은 '신체의 불', 즉 대사를 증가시킨다고 한다.

mala(말라 I)

'불결' 또는 '오염'이라는 뜻이다. 모든 영적 전통에서 보통의 사람은 진정한 지혜(갸나 jñāna)에 대한 깨달음을 방해하는 불순한 상태에 있다는 것에 동의한다. 요가 Yoga의 길은 강력하게 자기 정화를 시도하는 것으로 간주될 수 있다. 완전한 순수(청결)는 해탈과 같다. 『탓트와-바이샤라디』 *Tattva-Vaiśāradī*(4. 31)에서는 오염을 '고통과 업(카르마 karma)의 원인(클레샤 kleśa)들'이라고 밝힌다.

카슈미르 샤이비즘 Kashmiri Śaivism에서는 다음의 세 가지 근본 오염을 인정한다. (1)아나바-말라 ānava-mala. 개체성 자체와 연관되어 있는 것. (2)마위야-말라 māyīya-mala. 다수의 대상이 거주하고 있는 외부 세계라는 환영(마야 māyā)을 야기하는 것. (3)카르마-말라 karma-mala. 그러한 환영의 세계에서 동기가 부여된 행위로 귀착하는 것. 세 가지 오염 모두 초월적 참자아의 고유한 빛과 지복 주위를 덮고 있다.

⇒ 안타라야 antarāya, 도샤 doṣa, 나바-말라 nava-mala도 참조.

[비교] 쇼다나 śodhana, 슛디 śuddhi.

manas(마나스)

'마음'이라는 뜻이다. 감각기관(인드리야 indriya)들로부터 받은 정보를 처리하는 하위의 마음(마음 감관)으로, 지혜의 원천인 상위의 직관적인 마음(붓디 buddhi)

M

에 상반된다. 감각 작용에 근접하기 때문에 감각기관(인드리야)으로 간주된다. 『브리하다란야카-우파니샤드』*Bṛhadāraṇyaka-Upaniṣad*(1. 5. 3)에서는 그것의 작용 방식들을 성적 욕망(카마 kāma), 의도(상칼파 saṃkalpa), 의심 ♯ vicikitsā, 믿음(슈랏다 śraddhā), 믿음의 결여 ♯ aśraddhā, 결단(드리티 dhṛti), 우유부단 ♯ adhṛti, 수치심(흐리 hrī), 지식(디 dhī), 두려움 ♯ bhī이라고 한다.

요가 Yoga 문헌들에서는 마음의 의도적이고 의심하는 성질을 강조한다. 『슈웨타슈와타라-우파니샤드』*Śvetāśvatara-Upaniṣad*(2. 9)에서 표현하듯이 보편적으로 권하는 바는, "다루기 힘든 말들이 끄는 전차처럼" 마음을 억제해야만 한다는 것이다. 『라구-요가-바시슈타』*Laghu-Yoga-Vāsiṣṭha*(6. 9. 367)에서는 마음을 가지뿐 아니라 뿌리도 베어야만 하는 나무에 비유한다.

『마이트라야니야-우파니샤드』*Maitrāyaṇīya-Upaniṣad*(6. 24)에서는 "마음의 소멸에서 발생하는 지복이 절대자(브라만 brahman)이다"라고 말한다. 동일한 문헌(4. 6)에서 마음은 욕망으로 채워져 있느냐 아니냐에 따라서 청정하거나 불순하거나 둘 중 하나일 수 있다고 분명히 말한다. 다른 송(4. 11)에 따르면 마음이 감각 대상들로 향할 때 그것은 속박으로 이끌고, 마음이 감각 대상들을 외면할 때 그것은 해탈의 원인이 된다. 『하타-요가-프라디피카』*Haṭha-Yoga-Pradīpikā*(4. 26)에서는 마나스 manas를 매우 불안정한 수은에 비유한다. 4. 29에서 마나스는 감각들의 '주'(主, 나타 nātha)로 불리는 한편, 생기(프라나 prāṇa)는 하위의 마음(마음 감관, 마나스)의 '주'라고 한다. 호흡과 마음의 연관성은 요가의 위대한 발견 중 하나이고, 그것의 많은 부분은 하타-요가 Haṭha-Yoga에 있는 것으로 만들어져 있다.

⇒ 칫타 citta도 참조.

manas-cakra(마나스-차크라)

'마음의 바퀴'라는 뜻이다. 머리에 있는 여섯 개의 꽃잎으로 된 흰 연꽃으로 묘사된, 신체의 심령 에너지 센터 중 하나이다. 이 차크라 cakra는 아갸-차크라 ājñā-cakra 위에 위치하고 수리야-만달라(♯ sūrya-maṇḍala; '태양의 구체') 또는 갸나-네트라(♯ jñāna-netra; '지혜의 눈')로 불리기도 한다.

⇒ 차크라 cakra, 갸나-차크슈스 jñāna-cakṣus도 참조.

mana-unmanī(마나-운마니, [연성] manonmanī마논마니)

'정신적(mental) 고양'이라는 뜻이다. 탄트라 Tantra와 하타-요가 Haṭha-Yoga에서 무아경(삼매, 사마디 samādhi)과 동의어로 사용된다. 『하타-요가-프라디피카』*Haṭha-Yoga-Pradīpikā*(4. 20)에는 다음과 같은 송이 있다. "생기(프라나 prāṇa)가 수슘나 suṣumṇā로 흘러 들어갈 때 마나-운마니 mana-unmanī [상태]가 성취된다. 그렇지 않고 다른 수행을 하는 것은 요긴 yogin들에게 [무의미한] 노력일 뿐이다."

⇒ 아마나스카타 amanaskatā, 운마니 unmanī도 참조.

mandira(만디라)

'거처' 또는 '사원'이라는 뜻이다.

⇒ 데바-만디라 deva-mandira, 쿠티라 kuṭīra 참조.

manifest(현현顯現하다 또는 나타나다)

⇒ 비약타 vyakta 참조.

[비교] 아비약타 avyakta.

manifestation(현현顯現 또는 나타남)

⇒ 현현(appearance), 우주(cosmos), 창조(creation) 참조.

manīṣā(마니샤)

'지혜'라는 뜻이다. 베다 Veda 시대의 용어이다.

manliness(남자다움)

⇒ 파우루샤 pauruṣa 참조.

Manmatha(만마타)

비디예슈와라 Vidyeśvara 중 한 명으로 카마라자 Kāmarāja로도 알려져 있으며 카디-비디야 kādi-vidyā를 전수하였다.

mano-gati(마노-가티)

'마음을 걷는 자'라는 뜻이다. 수행자가 원하는 어떠한 사람의 마음으로든 들어갈 수 있는 초자연적 능력(싯디 siddhi)이다.

⇒ 아카샤-가마나 ākāśa-gamana, 케차라트와 khecaratva, 초심리학(parapsychology)도 참조.

mano-javitva(마노-자비트와)

'마음[처럼] 빠름'이라는 뜻이다. 달인이 마음의 속도로, 즉 순간적으로 움직일 수 있게 하는 초자연적 능력(싯디 siddhi)이다. 예를 들면 『요가-수트라』*Yoga-Sūtra*(3. 48)에서는 우주(cosmos)의 모체를 완전히 지배함으로써 이 능력을 얻는다고 말한다.

⇒ 초심리학(parapsychology)도 참조.

mano-laya(마노-라야)

'마음의 용해'라는 뜻이다.

⇒ 라야 laya 참조.

mano-maya-kośa(마노-마야-코샤)

'마음으로 이루어진 겹'이라는 뜻이다. 참자아를 가리고 있는 다섯 가지 '겹'(코샤 kośa) 중 하나이다. 그 외에는 하위의 마음(마음 감관, 마나스 manas)으로 알려져 있다.

⇒ 데하 deha도 참조.

Manthāna(만타나)

『하타-요가-프라디피카』*Haṭha-Yoga-Pradīpikā*(1. 6)에 하타-요가 Haṭha-Yoga의 달인으로 언급되어 있다. 그는 만타나 바이라바 Manthana Bhairava와 동일인으로 추정되고, 『아난다-칸다』*Ānanda-Kanda*라는 제목의 연금술서를 저술하였다.

mantra(만트라)

어근 √man('생각하다')에 도구성을 암시하는 접미사 tra가 붙어서 만들어졌다. 소리로 표현된 생각 또는 의도이다. 그러므로 만트라 mantra라는 단어는 '기도문', '찬가', '주문', '상담', '의도'를 의미한다. 요가 Yoga적 맥락에서 만트라는 전달 가능한 의미를 가지거나 그렇지 않은 신비한 음소를 나타낸다. 『쿨라르나바-탄트라』*Kulārṇava-Tantra*(17. 54)에서는 이것을 다음과 같이 정의한다. "만트라는 그렇게 불린다. 왜냐하면 참실재의 형상인 빛나는 신에 대한 명상☞ manana을 통해 모든 두려움으로부터 수행자를 구해 주기 때문이다." 그러나 이것은 만트라를 사용하는 목적 중 하나일 뿐이다. 만트라는 또한 단순히 세속적 목적들을 성취하기 위한 마술적인 도구로서도 빈번히 사용된다.

만트라는 입문 의례를 통해 전해질 때 만트라가 된다.(디크샤 dīkṣā 참조) 그러므로 심지어 모든 만트라 중에서 가장 유명한 성스러운 음절 '옴' Oṃ조차도 수행자의 스승(구루 guru)이 권능을 부여해야만 만트라가 된다. 모든 만트라는 보이지 않는 특정한 힘, 즉 신과 연관되어 있다. 옴과 같은 몇몇 만트라는 그 자체로 절대자를 의미한다.

만트라는 단음절 또는 분명한 의미를 가지지 않은 일련의 음소들로 되어 있을 수 있다. 이것은 또한 고대 가야트리-만트라☞ gāyatrī-mantra의 경우처럼 완전하게 의미 있는 문장으로 구성되어 있을 수도 있다. 비자-만트라 bīja-mantra, 즉 '종자' 만트라는 특히 중요한데, 왜냐하면 만트라와 해당 신의 본질을 표현하기 때문이다. 따라서 칼리 Kālī의 비자-만트라는 크림 krīṃ이고, 쉬바 Śiva는 흐림 hrīṃ, 마하라크슈미 Mahālakṣmī(라크슈미 Lakṣmī 참조)는 슈림 śrīṃ 등이다.

⇒ 나다 nāda, 만트라-샤스트라 mantra-śāstra, 만트라-요가 Mantra-Yoga, 샤브다 śabda도 참조.

ॐ नमः शिवाय

ॐ नमो भागवते

'옴 나마하 쉬바야'(oṃ namaḥ śivāya) 만트라와 '옴 가네샤야 나마하'(oṃ Gaṇeśāya namaḥ) 만트라

mantra-deha(만트라–데하)

만트라의 에너지 ⸗ mantra-śakti로 만들어진 성변화聖變化된 신체이다. 이것은 아비나바굽타Abhinavagupta의 트리카 카울라Trika Kaula학파에서 중요하다.

mantra-japa(만트라–자파)

⇒ 자파japa 참조.

Mantra-Mahodadhi(만트라–마호다디)

'만트라mantra의 대양'이라는 뜻이다. 25장 3천3백 개가 넘는 송으로 구성되어 있는 만트라–요가Mantra-Yoga에 대한 사전적 저작이다. 이 문헌은 1889년 5~6월에 마히다라Mahīdhara가 완성하였다.

mantra-nyāsa(만트라–니야사)

특정한 만트라mantra들이 입문자의 심신에 정신적으로 자리 잡게 되는 니야사nyāsa의 몇 가지 유형 중 하나이다.

M

mantra-śāstra(만트라–샤스트라)

'만트라mantra에 대한 가르침'이란 뜻이다. 또한 만트라 비디야vidyā, 즉 '만트라의 과학'이라고도 알려져 있다. 인간 소리의 신비한 잠재력에 대한 사색과 탐구의 모음이다.

⇒ 나다nāda, 샤브다śabda도 참조.

mantra-tanu(만트라–타누)

'만트라mantra로 된 신체'라는 뜻이다. 성변화聖變化된 신체로 신들에게도 적용된다.

Mantra-Yoga(만트라–요가)

요가Yoga 전통의 주요 유파 중 하나이다. 『요가–탓트와–우파니샤드』*Yoga-Tattva-Upaniṣad*(21f.)에서는 이것을 '자모(字母, 마트리카mātṛkā)들', 다시 말해서 산스크리트Sanskrit 알파벳(자모)의 주요 소리들로 만들어진 다양한 만트라mantra의 암송으로 정의한다. 영적인 삶에 대한 통찰(vision)이 거의 없는 하급 수행자에게 적합하다고 하는 이 수행은 12년간 계속해야만 한다. 이것은 점차적으로 고전적인 초자연력(싯디 siddhi)뿐만 아니라 지혜(갸나 jñāna)로 이끈다. 신비한 소리의 암송으로 된 이 요가가 고대 마법의 주문들에 그 뿌리를 가지고 있다는 것은 『리그–베다』*Ṛg-Veda*에서 뚜렷이 드러난다. 그 베다Veda의 만트라들은 마법적 속성들을 가지고 있는 것으로 나타난다. 희생의례적 컬트cult의 중요한 구성 요소인 만트라 암송은 브라마나II Brāhmaṇa들에 의해 정확하고 엄밀한 과학이 되었다. 왜냐하면 보이지 않는 힘들이 적어도 희생제의자에 대해 등을 돌리지 않게 하기 위해서는 이 힘들이 정확하게 숭배되고 불려야만 하기 때문이다.

만트라 암송 수행은 요가의 가장 초기 구성 요소 중 하나이다. 비록 요가 전통에서 만트라들이 사람의 욕망들을 성취하기 위한 마법적 수단들로서의 원래 성격을 보유하고 있다 할지라도 그것들은 새로운 기능, 즉 요긴yogin의 영적 성숙을 돕는 역할을 획득했다. 다시 말해서 만트라들은 참자아에 대한 깨달음의 도구들이 되었다. 그러나 요가의 독립적 유파로서 만트라–요가Mantra-Yoga는 요가의 긴 역사에서 상대적으로 늦게 발달했다. 그것의 출현은 탄트라Tantra의 발생과 밀접하게 연관되어 있다. 만트라–요가는 문화 운동에 속하는 수많은 문헌에서 다루어진다. 거기에는 또한 만트라–요가를 구체적으로 설명하는 수많은 저작, 특히 『만트라–마호다디』*Mantra-Mahodadhi*, 『만트라–요가–상히타』*Mantra-Yoga-Saṃhitā*, 『만트라–마하르나바』 ⸗ *Mantra-Mahārṇava*('만트라들의 대범람'), 『만트라–묵타발리』 ⸗ *Mantra-Muktāvalī*('만트라들의 계통'), 『만트라–카우무디』 ⸗ *Mantra-Kaumudī*('만트라들에 대한 달빛'), 『탓트와–아난다–타랑기니』 ⸗ *Tattva-Ānanda-Taraṅgiṇī*('참실재의 지복으로 된 강')가 있다.

『만트라–요가–상히타』에 따르면 만트라–요가에는 열여섯 '지분'(앙가 aṅga)이 있다. (1)박티(bhakti; '헌신'). 세 가지 종류가 있는데 의례적 숭배로 이루어진 '규정된 헌신' ⸗ vaidhī-bhakti, '집착을 수반하는 헌신' ⸗ rāga-ātmikā-bhakti, '지고의 헌신' ⸗ parā-bhakti이다. (2)슛디(śuddhi; '정화'). 신체와 마음에 대한 의례적 정화, 특별히 신성화된 환경(데샤deśa)의 사용, 암송을 하는 동안 오른쪽 방향을 향함으로 이루어진다. (3)아사나(āsana; '요가 자세'). (4)판차-앙가-세바나(pañca-aṅga-sevana; '다섯 지분(앙가aṅga)'을 제공함]. 『바가바드-기타』Bhagavad-Gītā('주主의 노래'), 『사하스라-나마』Sahasra-Nāma('[신(Divine)의] 천 개의 이름')의 음독 수행과 찬양, 보호, 마음 열기로 된 노래들을 암송하는 수행으로 이루어진다. (5)아차라(ācāra; '행위'). '신성한'(디비야divya) 행위, 세속적인 활동과 관련된 '좌도의'(바마vāma) 행위, 포기(renunciation)와 관련된 '우도의'(다크쉬나dakṣiṇā) 행위, 세 종류가 있다. (6)다라나(dhāraṇā, concentration, '집중'). (7)디비야-데바-세바나(♯divya-deva-sevana; '신성한 공간'을 제공함). 주어진 장소를 만트라의 암송에 적합한 신성화된 공간(데샤deśa)으로 변화시키는 열여섯 가지 수행법으로 이루어져 있다. (8)프라나-크리야(♯prāṇa-kriyā; '호흡 의례'). 수행자 자신의 호흡을 신에게 바치는 희생제이고 생기의 '배열'(니야사nyāsa)을 포함한 많은 의례를 수반한다. (9)무드라(mudrā; '결인'). 마음에 초점을 맞춘 여러 가지 손 제스처로 이루어져 있다. (10)타르파나(tarpana; '만족'). 그들을 좋게 생각하게 만들기 위해서 보이지 않는 힘들에게 물로 된 헌주를 바치는 수행이다. (11)하바나(♯havana; '기원' 또는 '기도'). 만트라들로 수행자 자신이 선택한 신(이슈타-데바타iṣṭa-devatā)을 부르는 것이다. (12)발리(bali; '봉헌'). 수행자 자신이 선택한 신에게 과일이나 꽃으로 된 선물을 주는 것이다. (13)야가(yāga; '희생'). 외적인 것 또는 내적인 것이 있는데, 후자가 더 상급의 것으로 생각된다. (14)자파(japa; '암송'). (15)디야나(dhyāna, meditation, '명상'). (16)사마디(samādhi; '무아경' 또는 '삼매'). 마음이 신에게 용해된 '위대한 상태'♯mahā-bhāva로도 불린다.

만트라-요가가 고대 인도의 희생의례적 컬트에 있는 근원뿐만 아니라 탄트라적인 기원도 반영하고 있기 때문에 명백히 의례적이라는 것은 이러한 수행법들을 볼 때 분명하다.

Mantra-Yoga-Saṃhitā(만트라-요가-상히타)

'만트라-요가Mantra-Yoga에 대한 모음집'이라는 뜻이다. 5백6십6송으로 구성된, 만트라-요가에 대한 체계적인 해설서이다. 성립 연대는 알려져 있지 않지만 잠정적으로 17세기 또는 18세기로 추정해 볼 수 있다. '소리의 요가Yoga'를 다음과 같이 정의한다.(1. 4) "[바른] 성질 또는 기질(바바IIIbhāva)과 소리(샤브다śabda)의 조력으로, '이름과 형상'(나마-루파nāma-rūpa)[으로 이뤄진] 자아의 [조력으로] 수행되는 요가를 만트라-요가라고 부른다."

이 저작에서는 스승(구루guru)과 제자(쉬쉬야śiṣya)의 자질, 의례의 정화 수행법들, 호흡 조절, 투사 주의 집중(니야사nyāsa) 기법들, 여러 종류의 경배(푸자pūjā), (차크라cakra로 불리는) 진단 도형을 사용하여 제자들을 위한 바른 종류의 만트라mantra를 결정하는 법에 대해 논하고 있다.

Manu-Smṛti(마누-스므리티)

『마나바-다르마-샤스트라』♯Mānava-Dharma-Śāstra로도 알려져 있다. 이 저작은 힌두이즘Hinduism의 다양한 사회 계급(바르나varṇa)의 규율을 다루고 있는 2,685개의 송으로 이루어져 있다. 인간의 시간으로 3억 1천1백4만 년으로 이루어진 현재의 세계 주기(만완타라manvantara)의 인류 조상인 마누Manu가 저술한 것으로 추정된다. 그러나 학자들은 이 문헌을 몇 명의 저자의 산출물로 간주하고 아마도 서력기원 초기까지 완성되지 않은 것으로 추정한다. 『마누-스므리티』Manu-Smṛti는 사제, 통치자, 일반 시민들을 위한 다르마dharma의 실용성에 초점을 두는 동시에, 고대의 고행주의 전통에 대한 가치 있는 일별을 제공해 주기도 한다. 요가Yoga라는 단어는 주로 감각들을 '억제한다'는 의미로 사용된다. 한 곳(6. 65)에서 요가를 수단으로 하여 지고의 참자아의 미세함에 대해 숙고할 것을 브라민brahmin에게 권한다. 몇 차례 발견되는 복합어인 카르마-요가Karma-Yoga는 『바가바드-기타』Bhagavad-Gītā에서 가르쳐진 것과 같은 자신을 초월하는 행위의 요가라기보다는 오히려 의례의 수행을 나타낸다. 요가의 과정은 내면의 열(타파스tapas)을 부채질하는 것이고, 이것이 『마누-스므리티』의 요가를 고대 베다Veda들의 요가와 일치하게 만든다.

⇒ 다르마-샤스트라 II Dharma-Śāstra도 참조.

manvantara(만완타라)

마누manu + 안타라(antara; '시기')로 만들어졌다. 특별한 마누, 즉 인류의 조상이 통치하는 세계의 주기이다. 『마누-스므리티』*Manu-Smṛti*(1. 79)에 따르면 이 주기들은 셀 수 없고 8십5만 2천 '신성'(divine)년(71×12,000)으로 이루어져 있다. 현재 주기는 마누 스와얌부Manu Svayaṃbhū 왕조의 일곱째이고, 마누 바이바스와트Manu Vaivasvat가 통치한다.

⇒ 칼파kalpa, 세계의 시대(world ages)도 참조.

maṇḍala(만달라)

'원'圓 또는 '구체'라는 뜻이다. 일반적인 용어로 종종 신체 내의 부위이다. 더 구체적으로는 집중(concentration)의 도구로 사용되는 얀트라yantra와 유사한 원형의 배열이다. 이것은 세 가지 주요한 기하학적 요소를 포함하고 있다. 중앙에 우주(cosmos)와 마음 양자의 잠재력의 지점을 나타내는 '종자'(빈두bindu)가 있다. 둘러싼 원들은 존재의 다양한 층위를 나타낸다. 그것들은 차례로 열린 '문들'을 가진 사각형으로 둘러싸여 있다. 이것을 넘어서 다른 여러 요소가 있을 수 있다. 티베트 불교에서는 그러한 만달라maṇḍala들이 복잡한 그림들로 표현되고 있다. 그러나 복잡하든지 단순하든지 간에 만달라는 언제나 신성화된 공간을 나타내고, 수행자가 선택한 신(이슈타-데바타iṣṭa-devatā)의 신체로 생각된다. 만달라는 그 신을 숭배하고, 복잡한 심상화 수행을 통해서 수행자가 그 신이 되는 데 사용된다. 『쿨라르나바-탄트라』*Kulārṇava-Tantra*(6. 23)에 따르면 만달라 없는 숭배는 무익하다. 일부 탄트라Tantra 문헌들에서 만달라라는 용어는 수행자 공동체(상가 I saṃga)를 의미하는 데도 사용된다. 또한 그 용어는 때로 차크라cakra의 동의어로 이해된다. 위에서 언급한 탄트라 문헌(17. 59)에서는 다음과 같은 비의적 어원을 제공한다. "다키니ḍākinī들의 상서로움mangalatva 때문에, [그리고] 요기니yoginī들에 의해 점유된 [것]이기 때문에, [그리고] 그것의 아름다움 때문에 그것은 만달라로 찬양된다."

Maṇḍala-Brāhmaṇa-Upaniṣad(만달라-브라마나-우파니샤드, [연성]Maṇḍalabrāhmaṇopaniṣad만달라브라마노파니샤드)

요가-우파니샤드Yoga-Upaniṣad 중 하나로 89송이 다섯 장에 나뉘어 구성되어 있다. 제3~5장은 독립된 문헌인 것으로 보인다. 이 『우파니샤드』*Upaniṣad*의 가르침들은 야갸발키야Yājñavalkya의 이름과 관계있다. 그는 여덟 가지로 된 요가(8지支 요가, 아슈타-앙가-요가aṣṭa-aṅga-yoga)를 자세히 설명하는데, 이것을 구성하는 수행법들은 파탄잘리Patañjali의 길(path)과 다르다. 야갸발키야는 또한 다섯 가지 결점(도샤doṣa)에 대해 다음과 같이 말한다. 정욕(카마kāma), 분노(크로다krodha), 잘못된 호흡(니슈와사niśvāsa), 두려움(바야bhaya), 수면 또는 졸음(니드라nidrā). 이것들은 의도(상칼파saṃkalpa)를 내려놓음, 인내(크샤마kṣamā), 소식(라구-아하라laghu-āhāra), 친절함, 진실의 함양에 의해 정복된다. 이 『우파니샤드』에는 또한 세 가지 통찰(vision)의 경험(라크쉬야lakṣya)과 타라카-요가Tāraka-Yoga에서 알고 있는 다섯 종류의 '공'(空, 아카샤ākāśa)이 나타나 있다. 더 나아가 이것에는 명상(meditation) 중에 하는 세 종류의 응시(드리슈티dṛṣṭi)가 언급되어 있다. 이 요가Yoga의 목표는 '초정신'(아마나스카타amanaskatā), 즉 '요가적인 잠'(요가-니드라yoga-nidrā)으로도 알려져 있는 '생해탈'(지반-묵티jīvan-mukti)의 상태이다.

maṇḍūka-āsana(만두카-아사나, [연성]maṇḍūkāsana만두카사나)

'개구리 자세'라는 뜻이다. 이미 『마하바라타』*Mahābhārata*(12. 292. 8)에 언급되어 있고, 『게란다-상히타』*Gheraṇḍa-Saṃhitā*(2. 34)에 다음과 같이 개략적으로 기술되어 있는 요가Yoga 자세(아사나āsana)이다. 넓게 벌린 무릎은 앞을 향하게, 발은 뒤를 향하게 놓아서 발가락이 서로 닿게 한다. 다른 말로 하자면 수행자는 거의 발꿈치 위에 앉는다.

[비교] 웃타나-만두카-아사나uttāna-maṇḍūka-āsana.

maṇḍūkī-mudrā(만두키-무드라)

'개구리 결인'이라는 뜻이다. 『게란다-상히타』*Gheraṇḍa-Saṃhitā*(3. 62f.)에 따르면 이 수행법은 입을 다물고 혀를 구개에 대고 빙빙 돌리는 것이다. 이것은 감로(아므리타 amṛta)의 생성을 자극하고 질병과 노화를 방지한다.

⇒ 케차리-무드라 khecarī-mudrā, 람비카-요가 Lambikā-Yoga도 참조.

Maṇi-Prabhā(마니-프라바)

'보석의 광휘'라는 뜻이다. 16세기에 라마난다 사라스와티 Rāmānanda Sarasvatī가 쓴 『요가-수트라』*Yoga-Sūtra*에 대한 복주석이다.

maṇipura-cakra(마니푸라-차크라)

'보석으로 된 도시의 바퀴'라는 뜻이다. 이것은 또한 마니푸라카♯ manipuraka로도 알려져 있다. 배꼽에 위치한 심령 에너지 센터(차크라 cakra)이다. 일반적으로 열 개의 꽃잎으로 된 비구름색의 연꽃으로 묘사된다. 『샤트-차크라-니루파나』*Ṣaṭ-Cakra-Nirūpaṇa*(19)에 따르면 이 차크라 내에 불로 된 삼각형의 영역(만달라 maṇḍala)이 있다. 이 센터에 거주하는 달인은 루드라 Rudra이고, 거주하는 여신은 네 개의 팔을 가진 어두운 색의 라키니♯ Lākinī이다. '종자 음절'(비자-만트라 bīja-mantra)은 람 raṃ이고, 화火 요소와 관련 있다. 『고라크샤-팟다티』*Gorakṣa-Paddhati*(1. 23)에서는 이 차크라가 '줄로 꿴 보석(mani)처럼' 중앙 통로(수슘나-나디 suṣumṇā-nāḍī)에 의해 관통된 '구근'(칸다 kanda)의 위치이기도 하다는 사실로부터 기발하게 마니-푸라♯ mani-pura라는 명칭의 유래를 찾는다.

『쉬바-상히타』*Śiva-Saṃhitā*(5. 81)에 따르면 이 비밀스러운 센터에 대해 명상하는 요긴 yogin은 질병과 죽음을 정복할 뿐만 아니라 타인의 신체에 들어가는 능력을 획득한다. 게다가 금을 만들고, 치료제와 보물들이 숨겨진 장소도 알아낸다.

⇒ 나비-차크라 nābhi-cakra도 참조.

마니푸라-차크라
배꼽에 위치한 심령 에너지 센터

maraṇa-siddhi(마라나-싯디)

'살생 능력'이라는 뜻이다. 생각만으로 살생하는 초자연적 능력(싯디 siddhi)이다. 『카울라-갸나-니르나야』*Kaula-Jñāna-Nirṇaya*(4. 14)에 언급되어 있다.

⇒ 초심리학(parapsychology)도 참조.

mardana(마르다나)

'마사지'라는 뜻이다. 하타-요가 Haṭha-Yoga에서 마사지는 프라나야마 prāṇāyāma 후에 권장되는 것이지, 자신을 애지중지 가꾸는 것이 아니다. 오일을 사용하지 않고 호흡 조절 수행 도중에 생겨난 땀(스웨다 sveda)으로만 한다.

markaṭa-āsana(마르카타-아사나, [연성]markaṭāsana마르카타사나)

'원숭이 자세'라는 뜻이다. 『하타-라트나발리』*Haṭha-Ratnāvalī*(3. 55)에 다음과 같이 기술되어 있다. 양 손으로 두 발을 누르고 발가락들을 단단히 붙잡고서 두 발 사이에 머리를 둔다. 마치 활처럼.

marman(마르만)

'이음매' 또는 '연결 부위'라는 뜻이다. 신체 내 몇몇 특별한 생명점 중 어떤 것으로 침자리(경혈)를 연상시

M

킨다. 인도 의학(아유르-베다 Āyur-Veda)에서는 신체 내의 그러한 장소 107곳에 대해 알고 있고, 제일의 마르만 marman은 심장이다. 요가Yoga 문헌들은 대체로 18개의 마르만에 대해 언급한다. 그래서 『샨딜리야-우파니샤드』*Śāṇḍilya-Upaniṣad*(1. 8. 1f.)에서는 발, 엄지발가락, 발목, 정강이, 무릎, 허벅지, 항문, 생식기, 배꼽, 심장, 인후, '우물'(♯kūpa; '인후의 우물', 즉 가슴뼈 위쪽 경계 부분의 경정맥 절흔을 의미함), 구개(탈루 tālu), 코, 눈, 미간 중앙(브루-마디야 bhrū-madhya), 이마, 머리를 말한다. 『크슈리카-우파니샤드』*Kṣurikā-Upaniṣad*(14)에 따르면 수행자는 '마음의 예리한 날'로 이 생명점들을 뚫고 지나가야만 한다. 기본적인 수행은 각 마르만에 대해 주의와 호흡을 집중하고 마르만의 긴장을 제거해서 생기(프라나 prāṇa)가 미세 통로(나디 nāḍī)를 통해 자유롭게 흐를 수 있게 하는 것이다.

마르만이라는 단어는 또한 아비나바굽타 Abhinavagupta의 『파라트림쉬카-비바라나』*Parātriṃśikā-Vivaraṇa*(p. 82)에서처럼 '손가락을 사용한 측정'을 의미할 수 있다. 거기서 마르만은 특별한 심상화 수행에서 내적 공간의 크기를 지칭한다.

⇒ 데샤deśa, 스타나sthāna도 참조.

massage(마사지)

⇒ 마르다나mardana 참조.

mastery over food(음식에 대한 통달)

⇒ 아하라-자야āhāra-jaya 참조.

mastery over senses(감각기관의 정복)

⇒ 인드리야-자야indriya-jaya 참조.

mastery over the foundation(of cosmos)[(우주의) 토대에 대한 지배]

⇒ 프라다나-자야pradhāna-jaya 참조.

mati(마티)

'신념'이라는 뜻이다. 때로는 권계(니야마 niyama) 중 하나로 간주된다. 『다르샤나-우파니샤드』*Darśana-Upaniṣad*(2. 11)에서는 베다Veda의 가르침을 '믿음'(슈랏다 śraddhā)과 베다를 거스르는 어떠한 교의도 회피함으로 설명된다.

matsya(맛시야)

'물고기'라는 뜻이다. 탄트라 Tantra의 판차-탓트와 pañca-tattva 의례의 구성 요소 중 하나이다. 대용품으로는 콩류로 만든 케이크를 사용할 수 있다.

matsya-āsana(맛시야-아사나, [연성]matsyāsana맛시야사나)

'물고기 자세'라는 뜻이다. 『게란다-상히타』*Gheraṇḍa-Saṃhitā*(2. 21)에 다음과 같이 기술되어 있다. 연화좌로 앉은 다음 양팔로 머리를 부드럽게 잡고서 눕는다.

Matsyendra(맛시옌드라)

'물고기의 주主'라는 뜻이다. 맛시야(matsya; '물고기')+인드라(indra; '주')로 만들어졌다. 맛시옌드라나타 Matsyendranātha라고도 한다. 84명의 위대한 달인(마하-싯다 mahā-siddha) 중 한 명으로 기억된다. 일부 학자들은 그를 5세기의 인물로 위치시키지만, 대다수의 견해는 10세기를 지지한다. 그렇지만 점차 앞선 연대가 사실로 받아질 것으로 보인다. 그는 아삼 Assam 지역의 카울라 전통(Kaula tradition) 탄트라 Tantra의 요기니 yoginī 지파의 창시자였던 것 같다. 티베트에서 그는 미나나타 Mīnanātha 또는 로히파다 Lohipāda('아삼에 있는 로히트 Lohit 강 출신')의 축약어로 추정되는 루이파 Luipā로 알려져 있다. 그리고 네팔에서 그는 아발로키테슈와라 Avalokiteśvara 신으로 숭배된다. 그는 전통적으로 하타-요가 Haṭha-Yoga의 첫 인간 스승이자 나타 컬트 Nātha cult의 창시자였던 것으로 간주된다. 맛시옌드라는 12명(또는 22명)의 제자를 두었고, 가장 유명한 제자는 고라크샤 I Gorakṣa이라고 한다. 북인도에는 그와 고라크샤에 대한 많은 전설들이 있다. 맛시옌드라는 오래된 『카울라-갸나-니르나야』*Kaula-Jñāna-Nirṇaya*를 포함하여 많은 저작의 원저자인 것으로 생각된다. 그러나 그 문헌은 대략 그의 시대 백 년 뒤에 쓰인 것으로 추정된다. 일부 학자들에 따르면 맛시옌드라와 고라크샤는 특정한 입문 단계들을 암시적으로 언급하는 명칭들이다.

맛시옌드라(Matsyendra)

맛시옌드라-아사나(변형). 테오스 버나드(Theos Bernard)

matsyendra-āsana(맛시옌드라-아사나, [연성]matsyendrāsana맛시옌드라사나)

'맛시옌드라 Matsyendra의 자세'라는 뜻이다. 『게란다-상히타』*Gheraṇḍa-Saṃhitā*(2. 22f.)에 다음과 같이 기술되어 있다. 앉아서 몸통을 옆으로 비튼다. 왼쪽 다리를 오른쪽 넓적다리 옆에 두고 오른쪽 팔꿈치를 왼쪽 넓적다리에 댄 다음, 오른손으로 턱을 받친다. 반대 방향으로 반복한다. 『하타-요가-프라디피카』*Haṭha-Yoga-Pradīpikā*(1. 27)에 따르면 이 수행은 위장의 불을 일으켜서 모든 질병을 치유하고 '뱀의 힘'(쿤달리니-샥티 kuṇḍalinī-śakti)을 일깨운다.

Matsyendra-Saṃhitā(맛시옌드라-상히타)

'맛시옌드라 Matsyendra의 모음집'이라는 뜻이다. 1990년대에 발견된, 1천3백5십6송이 20장에 걸쳐 배분되어 있는 귀한 문헌으로 맛시옌드라가 저술한 것으로 추정된다. 『맛시옌드라-상히타』*Matsyendra-Saṃhitā*의 내용은 연대가 더 후대임을 시사하므로, 『카울라-갸나-니르나야』*Kaula-Jñāna-Nirṇaya*를 저술한 동일한 맛시옌드라가 이 문헌도 저술했을 것이다. 그러나 이것의 특성은 이론적이다.

maṭha(마타)

'움막'(오두막) 또는 '수도원'이라는 뜻이다.
⇒ 아슈라마 āśrama, 쿠티라 kuṭīra 참조.

mauna(마우나)

'침묵'이라는 뜻이다. 무니 muni, 즉 침묵하는 성자의 특징적인 상태이다. 『바가바드-기타』*Bhagavad-Gītā*(17. 16)에 따르면 마우나 mauna는 정신적(mental) 고행(타파스 tapas)의 한 면이다. 때로는 자기 억제(권계, 니야마 niyama)뿐만 아니라 도덕 훈련(금계, 야마 yama)의 구성 요소 중 하나에도 포함된다. 『요가-바쉬야』*Yoga-Bhāṣya*(2. 32)에서는 카슈타-마우나♯kāṣṭha-mauna('목석 침묵')와 아카라-마우나♯ākāra-mauna('형상 침묵')를 구별한다. 바차스파티 미슈라 Vācaspati Miśra는 그의 『탓트와-바이샤라디』*Tattva-Vaiśāradī*(2. 32)에서 전자를 심지어 제스처들을 수단으로 자신의 의도를 표시하지 않는 수행으로 설명하는 반면, 후자는 단순히 말을 자제하는 것이라고 한다. 『라구-요가-바시슈타』*Laghu-Yoga-Vāsiṣṭha*(4. 5. 29)에서 마우나는 해탈과 동일시된다. 그러나 『쉬바-상히타』*Śiva-Saṃhitā*(5. 4)에서는 그것을 영적인 길에 있을 수 있는 장애(비그나 vighna) 중 하나로 간주한다.

[비교] 캇타나 katthana.

M

Mauni(마우니)

고락크샤 I Gorakṣa 계보의 달인이다. 1012년에 왕위에 올랐던 촐라Cola 왕의 사제인 바마나이야Vāmanayya의 스승이 되었다고 한다.

mayūra-āsana(마유라-아사나, [연성]mayūrāsana마유라사나)

'공작 자세'라는 뜻이다. 『게란다-상히타』*Gheraṇḍa-Saṃhitā*(2. 29f.)에 다음과 같이 기술되어 있다. 두 손바닥을 바닥에 대고 팔꿈치를 복부에 붙여서 몸을 바닥과 평행이 되게 한다. 그런 다음 두 다리를 공중으로 들어올린다. 이 자세는 소화력을 자극하고 복부 질병들을 치료한다고 한다.

Mādhavānandanātha(마다바난다나타)

분철하면 마다바-아난다-나타Mādhava-ānanda-nātha이다. 19세기 중엽에 살았던 벵골Bengal의 탄트리카tāntrika이고 『사우바기야-칼파드루마』♪*Saubhagya-Kalpadruma*를 저술하였다.

M

mādhurya(마두리야)

'상냥함'이라는 뜻이다. 때로는 도덕 훈련(금계, 야마yama) 중 하나에 포함되기도 한다.

⇒ 마르다바mārdava도 참조.

mālā(말라II)

'화환' 또는 '염주'라는 뜻이다. 일부 요기니yoginī들은 만트라mantra 암송을 위해 염주를 사용한다. 염주는 다양한 재료로 만들 수 있다. 가장 좋은 재료는 담팔수의 말린 산딸기인 루드라크샤(rudrākṣa; '루드라Rudra의 눈')이다. 주로 108개의 알을 함께 엮는다. 루드라크샤-말라rudrākṣa-mālā는 예를 들면 『쉬바-푸라나』*Śiva-Purāṇa*[『비디예슈와라-상히타』*Vidyeśvara-Saṃhitā*(1ff.)]와 『파드마-푸라나』♪*Padma-Purāṇa*(57장)에서 논의되고 있다. 전자기적 분석이 밝힌 바에 따르면 전반적으로 화환/염주가 콘덴서로서 역할을 할 수 있는 것과 마찬가지로 이 구슬들 또한 그러한 역할을 할 수 있다. 금속선으로 함께 꿰어진 루드라크샤-말라rudrākṣa-mālā는 심장에 영향을 주기 때문에 혈액 순환을 조화롭게 만들 수 있다.

mālinī(말리니)

'화환으로 장식한 그녀'라는 뜻이다. 산스크리트Sanskrit의 열두 모음 소리를 상징하고 도상학적으로 쿠브지카Kubjikā로 현현顯現한 탄트라Tantra의 여신이다.

Mālinī-Vijaya-Tantra(말리니-비자야-탄트라)

더 이상 구할 수는 없지만 아비나바굽타Abhinavagupta가 자신의 『바룻티카』♪*Vārttika*에서 약간 상세하게 설명했던 아가마II Āgama 부류의 중요한 탄트라Tantra 저작이다. 23장으로 된 더 짧은 판본은 현존하며, 『말리니-비자욧타라-탄트라』♪*Mālinī-Vijayottara-Tantra*로 알려져 있다.

māṃsa(망사)

'고기'라는 뜻이다. 탄트라Tantra의 판차-탓트와pañca-tattva 의례의 구성 요소 중 하나이다. 『쿨라르나바-탄트라』*Kulārṇava-Tantra*(5. 44)에서는 고기를 세 종류로 구분한다. 나는 생명체의 고기, 땅에 사는 생명체의 고기, 수중 생명체의 고기[다름아닌 물고기(맛시야matsya) 제외]. 이 문헌은 제5장 제45송에서, 희생제에서 생명이 있는 것을 살해한 자에게는 죄가 귀속되지 않지만 자신의 목적을 위해서♪ātmārtha 어떤 것을 죽이는 것은 금지된다고 언급하고 있다. 이 탄트라의 다른 곳(17. 69)에서는 이 비의적 어원을 다음과 같이 말한다. "상서로움♪māṅgalya을 주기 때문에, 의식(consciousness, ♪samvit)에 지복(아난다ānanda)을 주기 때문에, [그리고] 모든♪sarva 신에게 [자신이] 귀중하기 때문에 그것은 망사māṃsa라고 불린다."

Māṇikkavācakar(마닉카바차카르)

타밀어Tamil이다. 산스크리트Sanskrit로는 마니카바차카Maṇikavācaka이다. '그의 말들이 보석 같은 자'라는 뜻이다. 위대한 샤이바Śaiva 성자들과 박티-요가Bhakti-Yoga 달인 중 한 명이다. 그는 (9세기 중엽에) 남인도에서 살았다. 세속을 포기(renunciation)할 당시 그는 바라구나 2세Varaguna II 왕의 하급 사제였다. 그의 헌신적 시는 남부 샤이비즘Śaivism의 경전인 『티루-무라이』Tiru-Murai의 제8권『티루바차캄』Tiruvācakam('성언'聖言)을 구성한다.

⇒ 나얀마르[들]Nayanmār[s]도 참조.

Māṇḍavya(만다비야)

『탓트와-바이샤라디』Tattva-Vaiśāradī(4. 1)에서 약초(아우샤디auṣadhi)를 사용하는 요긴yogin의 본보기로 언급되어 있다. 그는 많은 푸라나Purāṇa에 언급되어 있고, 『마하바라타』Mahābhārata(1. 107f.)에서는 강도들이 그를 찔렀을 때 요가Yoga 능력들로 자신을 살렸던 일화에 대해 이야기한다. 그는 자신의 저주 능력 때문에 자신을 두려워했다.

마닉카바차카르(Māṇikkavācakar; 13세기)

Māṇḍūkya-Kārikā(만두키야-카리카)

가우다파다Gaudapāda가 저술한 이 문헌은 2~3세기의 『만두키야-우파니샤드』Māṇḍūkya-Upaniṣad에 대한 산문으로 된 주석이다. 이 『카리카』Kārikā에는 '무촉 요가'(아스파르샤-요가Asparśa-Yoga)에 대한 해설이 담긴 샹카라Śaṅkara의 귀중한 복주석이 있다.

mārdava(마르다바)

'온화함' 또는 '관대함'이라는 뜻이다. 때로는 도덕 훈련(금계, 야마yama) 중 하나에 포함된다.

⇒ 마두리야mādhurya, 마이트리maitrī도 참조.

mārga(마르가)

'길'이라는 뜻이다.

⇒ 박티-마르가bhakti-mārga, 카울라-마르가kaula-mārga, 니브릿티-마르가nivṛtti-mārga, 길(path), 프라브릿티-마르가pravṛtti-mārga 참조.

mārga-anurakti(마르가-아누락티, [연성]mārgānurakti 마르가누락티)

'길을 고수함'이라는 뜻이다. 『만달라-브라마나-우파니샤드』Maṇḍala-Brāhmaṇa-Upaniṣad(1. 1. 4)에 자기 억제(권계, 니야마niyama)의 구성 요소 중 하나로 언급되어 있다.

⇒ 무무크슈트와mumukṣutva도 참조.

Mārkaṇḍeya(마르칸데야)

『마하바라타』Mahābhārata와 많은 푸라나Purāṇa, 특히 『마르칸데야-푸라나』Mārkaṇḍeya-Purāṇa에 언급되어 있는 유명한 달인이다. 이 이름을 가진 성자가 한 명 이상 있었던 것으로 추정된다.

Mārkaṇḍeya-Purāṇa(마르칸데야-푸라나)
성립 연대가 기원전 3세기로 추정되는 현존하는 가장 초기의 푸라나Purāṇa 중 하나이다. 이 문헌은 특히 제36~44장에서 요가Yoga를 다루는데, 대부분 닷타트레야Dattātreya와 알라르카Alarka 사이의 긴 대화로 이루어져 있다. 이 저작에서는 요긴yogin에게 상당히 의례적인 생활 방식을 지시하는데, 이것은 후고전 요가(Postclassical Yoga)의 몇몇 문헌에서 크리야-요가Kriyā-Yoga로 불린다.

mātaṅginī-mudrā(마탕기니-무드라)
'코끼리 결인'이라는 뜻이다. 『게란다-상히타』Gheraṇḍa-Saṃhitā(3. 88ff.)에 다음과 같이 기술되어 있다. 목까지 차는 물 속에서 양 콧구멍으로 물을 빨아들여 입으로 뱉는다. 그런 다음 입으로 물을 들이마시고 코로 뿜어낸다. 이 과정을 규칙적으로 여러 차례 반복하면 코끼리처럼 강한 사람이 된다고 한다.

mātrā(마트라)
'척도'라는 뜻이다. 전통적으로 다양한 수행법, 특히 호흡법(프라나야마prāṇāyāma)의 지속 시간을 계산하는 데 사용되었던 측정 단위이다. 마트라mātrā는 『요가-추다마니-우파니샤드』*Yoga-Cūḍāmaṇi-Upaniṣad*(100)에서 위와 아래의 '공간'을 메우기 위해, 즉 폐를 채우기 위해 한 번 호흡(슈와사śvāsa)하는 데까지 걸린 시간으로 정의한다.

그러나 『요가-탓트와-우파니샤드』*Yoga-Tattva-Upaniṣad*(40)에 따르면 손을 무릎 둘레로 돌린 후에 손가락으로 딱 소리를 내는 데 걸리는 시간이다. 『탓트와-바이샤라디』*Tattva-Vaiśāradī*(2. 50)에서는 올바른 지속 시간에 도달하기 위해서는 손을 무릎 둘레로 세 차례 돌려야만 한다고 자세히 서술하고 있다. 『마르칸데야-푸라나』*Mārkaṇḍeya-Purāṇa*(39. 15)에서 마트라는 눈을 떴다가 감는 데 걸린 시간이라고 말한다.

『바가바드-기타』*Bhagavad-Gītā*(2. 14)와 같은 보다 초기 저작에서 마트라라는 용어는 '물질' 또는 '물질적 대상'을 나타내기도 한다.

⇒ 메루meru도 참조.

mātṛkā(마트리카)
'모체' 또는 '기반'이라는 뜻이다. 산스크리트Sanskrit 알파벳(자모字母) 중 어떤 것이든지 된다. 또한 여덟 명의 여신(아슈타-마트리카aṣṭa-mātrikā) 중 어느 누구든지 된다. 신체의 심령 에너지 센터(차크라cakra)들을 나타내는 여러 가지 '연꽃'(파드마padma)에 대한 묘사에서 꽃잎에 새겨진 50개의 알파벳(자모)을 빈번히 본다.

mātṛkā-nyāsa(마트리카-니야사)
'어머니들을 배치하기'라는 뜻이다. 프라나prāṇa와 신들을 알파벳(자모字母)의 글자들에 배치하는 몇 가지 유형의 니야사nyāsa 중 하나이다. 이것들을 피부에 쓰거나 수행자의 신체에 정신적으로 투사한다.
⇒ 카라-니야사kara-nyāsa, 니야사nyāsa, 샤드-앙가-니야사ṣaḍ-aṅga-nyāsa도 참조.

mātsarya(맛사리야)
'부러움' 또는 '질투'라는 뜻이다. 극복해야만 하는 바람직하지 못한 성격적 특성으로 종종 언급된다. 특히 좌도(바마-마르가vāma-mārga) 탄트라Tantra 수행자, 즉 '영웅'(비리야vīrya)은 성적 질투를 정복해야만 한다. 왜냐하면 신성한 성교(마이투나maithuna) 의례 중에 그의 여성 파트너가 동일한 사람이 두 번 되는 일은 좀처럼 없기 때문이다. 이 탄트라 의례의 참가자들 사이에 결코 애착이 생겨서는 안 된다. 맛사리야mātsarya의 동의어는 이르쉬야īrṣyā이다.

māyā(마야)
'측정하는 그녀'라는 뜻이다. 베단타Vedānta 전통의 핵심 개념이다. 이 용어는 일반적으로 '환영'으로 번역된다. 그러나 『바가바드-기타』*Bhagavad-Gītā*(7. 14)와 『슈웨타슈와타라-우파니샤드』*Śvetāśvatara-Upaniṣad*(4. 10)와 같은 아주 초기의 요가Yoga와 상키야Sāṃkhya 문헌들에서는 우주(cosmos)의 세 가지 주요 구성 성분(구나guṇa)과 연관된 '창조하는 힘'이라는 의미로 사용되었다. 『기타』Gītā(18. 61)에서는 주(主, 이슈와라Īśvara)의 마야māyā에 의해 모든 존재가 도구 위에 놓인 것처럼 빙빙 돌게 된다고 말한다.

오직 베단타의 몇몇 급진적인 이상주의 학파들만이 이 용어를 '환영' 또는 '상상의 존재'라는 의미로 사용했다. 예를 들자면 『쉬바-상히타』Śiva-Saṃhitā(1. 64)에서는 마야를 '환영의 작용'ᶠmāyā-vilāsita인 '우주의 어머니'ᶠviśva-janani라고 부른다. 보다 온건한 불이론不二論 학파들은 마야를 '환영'이라기보다는 '상대적인 존재'로 이해했다. 이는 불이론적인 절대적 참실재와는 대조적인 의미로 사용된다.

⇒ 릴라līlā, 파리나마pariṇāma, 사트-카리야-바다sat-kārya-vāda도 참조.

māyīya-mala(마위야-말라)

⇒ 말라 I mala 참조.

meanness(비천함 또는 비열함 또는 인색함)

⇒ 카르판야kārpaṇya 참조.

means, spiritual(영적 수단/방편)

⇒ 우파야upāya 참조. 앙가aṅga, 사다나(sādhana 또는 sādhanā)도 참조.

measure(척도)

⇒ 마트라mātrā, 프라마나pramāṇa 참조.

medicine(의학)

인도 의학과 요가Yoga의 연관성은 다양하다. 요가는 의학의 관념들을 사용할 뿐 아니라 아유르-베다Āyur-Veda 문헌들에 기술된 많은 방법도 채택하였다. 예를 들자면, 관장법(바스티vasti)들과 물을 코로 들이마시기(네티neti)의 활용뿐만 아니라 다양한 형태의 생기 에너지(프라나prāṇa), 신체의 체액(다투dhātu)들, 신체의 치명적인 부위(마르만marman)들, 다가오는 죽음의 징조(아리슈타ariṣṭa)들, 그리고 식습관의 고려 사항들이 있다. 요가 전통은 결국 의학의 권위자들에게 개념적·기술적으로 영향을 미쳤다. 과거와 현재의 많은 요긴yogin은 치료술들에 대한 소양이 있어 왔다. 그래서 칸파타Kānphaṭā 교단의 구성원들은 의술에 있어서 상당한 명성을 가지고 있다.

요가와 아유르-베다의 밀접한 연관성을 잘 그린 문헌들에는 치드가나난다Cidghanānanda의 『미슈라카』Miśraka와 『샤트-카르마-상그라하』Ṣaṭ-Karma-Saṃgraha가 있다.

⇒ 연금술(alchemy), 해부학(anatomy)도 참조.

meditation(명상)

체계적으로 의식(consciousness)을 비우고 통합하는 수행이다. 명상 상태는 보통의 각성 상태, 즉 깨어 있는 상태와는 다른 구조로 되어 있지만 그럼에도 불구하고 자각(awareness)을 수반한다. 사실상 이것은 명료함의 정도가 비범한 것으로 특징지어진다.

⇒ 디야나dhyāna, 니디디야사나nididhyāsana, 사마디samādhi도 참조.

meditator(명상가)

⇒ 디야트리dhyātṛ 참조.

meḍhra(메드라)

'남근'이라는 뜻이다. 어근 √mih('물을 만들다')+접미사 tra로 만들어졌다. 링가liṅga 또는 우파스타upastha와 동의어이다.

memory(기억)

⇒ 스므리티smṛti 참조.

mercury(수은)

연금술에 대한 문헌들은 흔히 라사rasa, 즉 '정수'라는 명칭으로 수은(pārada)을 부른다. 그러므로 연금술은 라사야나rasāyana로 알려져 있다.

merit(선善)

⇒ 푼야puṇya 참조.

meru(메루)

힌두Hindu 신화에 따르면 지구의 중심에 있는 황금 산이다. 이 산은 3백5십만 마일 높이와 그만큼의 깊이를 가지는 것으로 추정된다. 이 산은 힌두 만신전의 신들을 위한 유원지 역할을 한다. 요가Yoga와 탄트라Tantra에서 메루meru는 인체의 중심축, 즉 척주를 가리키는 비밀스러운 용어이고, 종종 메루-단다(♯meru-daṇḍa; '메루의 지팡이')로도 불린다.

메루는 또한 쿰바카kumbhaka를 재는 기준일 뿐 아니라 염주(말라 II mālā)의 가운데 구슬에 대한 명칭이기도 하다. 1메루는 14마트라mātrā이다. 이 개념은 메루 산의 완만한 오르막길을 나타낸다고 말할 수 있다.

⇒ 우주(cosmos)도 참조.

Meykaṇḍār(메이칸다르; 13세기 중엽)

샤이바 싯단타Śaiva Siddhānta 전통의 유명한 달인이다. 『라우라바-아가마』♯Raurava-Āgama의 기초가 된 열두 편의 시만으로 구성된 『쉬바-갸나-보다』♯Śiva-Jñāna-Bodha('쉬바Śiva의 지혜에 대한 해설')의 저자이다. 이것은 남부 샤이비즘Śaivism의 신학적 교의를 체계적으로 설명하려 한 첫 타밀어Tamil 문헌이다. 메이칸다르Meykaṇḍār는 49명의 제자를 두었다.

microcosm(소우주)

산스크리트Sanskrit로는 핀다-안다piṇḍa-aṇḍa이다. 인간의 신체는 알♯aṇḍa에서 태어났지만 그 속에 전 우주를 포함하고 있다. 요가Yoga는 신체와 우주(cosmos)가 구조적으로 일치한다는 고대의 관념에 동의한다. 그러므로 모든 면에서 신체를 초월하면 세계를 초월할 수 있다.

[비교] 대우주(macrocosm).

mind(마음)

⇒ 붓디buddhi, 칫타citta, 참의식(Consciousness), 마나스manas 참조.

mistress, Tantric(탄트라의 여주인 또는 여자 지배자)

⇒ 나위카nāyikā 참조.

Miśraka(미슈라카)

'혼합'이라는 뜻이다. 치드가나난다Cidghanānanda의 저작으로 요가Yoga 수행의 결함들로 인한 질병들을 다루고 있다.

⇒ 샤트-카르마-상그라하Ṣaṭ-Karma-Saṃgraha도 참조.

mita-āhāra(미타-아하라, [연성]**mitāhāra**미타하라)

'알맞은 식습관'이라는 뜻이다. 때로는 금계(야마yama) 중 하나로 간주된다. 『하타-요가-프라디피카』*Haṭha-Yoga-Pradīpikā*(1. 58)에서는 이것을 쉬바Śiva를 즐겁게 하기 위해 먹는 적당하고 영양분이 풍부한 음식으로 정의 내린다. 위장의 절반은 음식으로 사분의 일은 물로 채우고 나머지 사분의 일은 비워 두어야 한다고 규정할 때, 이 저작은 식사와 관련된 널리 퍼져 있는 지혜를 반영하고 있다. 『게란다-상히타』*Gheraṇḍa-Saṃhitā*(5. 16ff.)에서는 다음과 같이 말한다. "알맞은 식습관 없이 요가Yoga를 수행하는 자는 다양한 질병에 걸리고 성취를 이루지 못한다."

⇒ 아하라āhāra, 라구-아하라laghu-āhāra도 참조.

[비교] 아티야하라atyāhāra.

Mīnanātha(미나나타)

'물고기의 주主'라는 뜻이다. 『하타-요가-프라디피카』*Haṭha-Yoga-Pradīpikā*(1. 5)에 하타-요가Haṭha-Yoga 초기의 달인으로 언급되어 있다. 일부 전통에서는 그를 맛시옌드라Matsyendra와 동일시하는 반면, 다른 데서는 핑갈라나타Piṅgalānātha로도 불린 동명이인으로, 그리고 고라크샤 I Gorakṣa의 스승으로 간주하는 것 같다.

moderation(알맞음)

모든 문제에 적용되어야만 하는 요가Yoga의 중요한 덕목(virtue)이다.

Modern Postural Yoga(현대의 동작 중심 요가)
이 용어는 빈번히 요가Yoga의 다른 모든 면을 제외하고 아사나āsana 수행을 강조하는 동·서양의 요가에 대한 현대의 많은 접근법을 나타내기 위해 새로 만들어졌다. 이 수행법과 대조를 이루는 것은 전통 요가라 명명되는 것이다.
⇒ 벨루르 크리슈나마차르 순다라라자 아헹가(Iyengar, Bellur Krishnamachar Sundararaja)도 참조.

modesty(겸손)
⇒ 흐리hrī 참조.

moha(모하)
'환영'이라는 뜻이다. 흔히 결점(도샤doṣa) 중 하나로 꼽힌다. 『요가-바릇티카』*Yoga-Vārttika*(2. 34)에서는 이것을 동물을 희생시킴으로써 생기는 이점이라는 관념처럼 잘못된 관념이라고 설명한다. 가장 심각한 형태의 모하moha는 수행자가 초월적 참자아라기보다는 한정된 에고적 인성이라는 자기 기만이다.

mokṣa(모크샤)
'해탈'이라는 뜻이다. 『라구-요가-바시슈타』*Laghu-Yoga-Vāsiṣṭha*(5. 9. 48)에 다음과 같이 설명되어 있다. "해탈은 천상을 넘어서 있는 것도 지하 세계에 있는 것도 지상 세계에 있는 것도 아니다. 해탈은 모든 욕망(아샤āśā)을 제거함으로써 마음을 용해하는 것이라고 한다." 다시 말해 해탈은 어떤 장소가 아니라 정신 내부의 사건이다. 이것은 모든 이원성을 초월하는 의식(consciousness)의 변화이다. 해탈이라는 사건은 역설적이게도 해탈과 속박 양자가 단지 개념적 구조물이므로 궁극적인 중요성이 없다는 깨달음과 일치한다. 『라구-요가-바시슈타』(6. 13. 25)에서는 이것을 다음과 같이 설명한다. "속박도 해탈도 없다. 오직 죄악을 넘어선 절대만이 있을 뿐이다." 동일 문헌(6. 13. 93)에서는 단호하게 "'해탈'이라 부르는 것은 공간이나 시간 또는 다른 어떤 양태도 가지지 않는다"고 말한다.
⇒ 아파바르가apavarga, 지반-묵티jīvan-mukti, 카이발리야kaivalya, 크라마-묵티krama-mukti, 묵티mukti, 비데하-묵티videha-mukti도 참조.

Mokṣa-Dharma(모크샤-다르마)
'해탈 교의'라는 뜻이다. 전고전 요가(Preclassical Yoga)와 상키야Sāṃkhya의 많은 학파의 가르침을 기록한 『마하바라타』*Mahābhārata*(12. 168~353)의 주목할 만한 교훈적인 장章이다.

monastic(수도승)
⇒ 비크슈bhikṣu 참조.

monkey posture(원숭이 자세)
⇒ 마르카타-아사나markaṭa-āsana 참조.

moon(달)
⇒ 찬드라candra 참조.
[비교] 수리야sūrya.

M

morality(도덕성)
일반적으로 영성과 동일시할 수 없는 것은 분명하지만 영적 삶에 있어서 필수적인 면이다. 사랑과 헌신(박티bhakti), 용서, 관용(다나dāna) 등과 같은 가치를 구현하는 도덕적인, 즉 '선한' 삶의 방식은 모든 고등한 영적 수행법이 성공할 수 있는 토대이다. 도덕성은 더 추가되는 카르마karma의 결점(카르마 참조), 즉 죄업의 축적을 막지만, 영적 수행은 선善과 악惡 양자의 초월을 목표로 한다.
⇒ 윤리(ethics), 야마yama도 참조.

Mṛgendra-Tantra(므리겐드라-탄트라)
므리가(mṛga; '사슴')와 인드라(indra; '주'主)로 만들어졌다. 500년에서 800년 사이에 성립된 파슈파타Pāśupata 전통의 권위 있는 문헌이다. 여기서는 명백히 독립적인 두 개의 단락으로 된 특별한 장에서 요가Yoga를 다루고 있다. 한 단락에서 다음의 '지분'(앙가aṅga)들로 구성된 요가의 길을 언급한다. 호흡 조절, 감각 철회(제감制感), 집중(concentration), 명상(meditation), '탐구' ♯ vīkṣaṇa, 무아경(삼매, 사마디 samādhi). 앙긴 ♯ aṅgin, 즉 '지분들의 소유자'로서 요가 그 자체는 여덟째 요소가 된다고 한다.

mṛta-āsana(므리타-아사나, [연성]mṛtāsana므리타사나)

'송장 자세'라는 뜻이다. 샤바-아사나(śava-āsana; '송장 자세')로도 알려져 있다. 『게란다-상히타』*Gheraṇḍa-Saṃhitā*(2. 19)에 송장처럼 바닥에 반듯하게 눕는 것으로 기술되어 있다. 이 자세는 피로를 회복하고 흥분된 마음을 진정시키기도 한다고 한다.

mṛtyu(므리티유)

'죽음'이라는 뜻이다. 때로는 인간 존재의 결점(도샤 doṣa) 중 하나로 간주된다.

⇒ 죽음(death), 칼라 II kāla도 참조.

muditā(무디타)

'기쁨'喜이라는 뜻인 무디타 muditā는 긍정적인 마음 상태이다. 이것은 자각하여 나타나게 되는 것이다.

⇒ 카루나 karuṇā, 마이트리 maitrī, 우페크샤 upekṣā도 참조.

mudrā(무드라)

'결인'이라는 뜻이다. 이 단어는 요가 Yoga와 탄트라 Tantra에서 수많은 상이한 함축된 의미를 가지고 있다. 그러므로 하타-요가 Haṭha-Yoga에서 이것은 요가 자세(아사나 āsana)와 유사한 수행법을 의미한다. 『게란다-상히타』*Gheraṇḍa-Saṃhitā*(3)에는 25가지의 그러한 '결인'이 소개되고 있는데, 거기에는 '잠금'(반다 bandha)과 함께 이상하게도 5가지의 집중(concentration) 기법(판차-다라나 pañca-dhāraṇā)도 포함되어 있다. 그것들은 다음과 같다. 아슈위니-무드라 aśvinī-mudrā, 부장기니-무드라 bhujaṅginī-mudrā, 잘란다라-반다 jālandhara-bandha, 카키-무드라 kākī-mudrā, 케차리-무드라 khecarī-mudrā, 마하-반다 mahā-bandha, 마하-무드라 mahā-mudrā, 마하-베다 mahā-vedha, 만두키-무드라 maṇḍūkī-mudrā, 마탕기(♯ mātaṅgī 또는 마탕기니 mātaṅginī)-무드라 mudrā, 물라-반다 mūla-bandha, 나보-무드라 nabho-mudrā, 파쉬니-무드라 pāśinī-mudrā, 사하졸리-무드라 sahajolī-mudrā, 샥티-찰라니(♯ śakti-cālanī 또는 샥티-찰라 śakti-cala)-무드라 mudrā, 샴바비-무드라 śāmbhavī-mudrā, 타다기-무드라 taḍāgī-mudrā, 웃디야나-반다 uḍḍiyāna-bandha, 바즈롤리-무드라 vajrolī-mudrā, 비파리타-카라니-무드라 viparīta-karaṇī-mudrā, 요니-무드라 yoni-mudrā, 파르타비-다라나-무드라 pārthavī-dhāraṇā-mudrā, 암바시-다라나-무드라 āmbhasī-dhāraṇā-mudrā, 바야비-다라나-무드라 vāyavī-dhāraṇā-mudrā, 아그네위-다라나-무드라 āgneyī-dhāraṇā-mudrā, 아카쉬-다라나-무드라 ākāśī-dhāraṇā-mudrā. 이 모든 '잠금'은 매우 조심스럽게 비밀로 지켜져야만 한다고 이 문헌에 언급되어 있다. 특히 악한 제자나 믿음이 없는 사람에게 그것들을 가르쳐서는 결코 안 된다. 이 무드라 mudrā들은 향수(보가 I bhoga)와 해탈(묵티 mukti) 양자 모두를 준다. 그것들은 치유시키고 다시 젊게 만드는 엄청난 힘을 가지고 있고, 위장의 불(자타라-아그니 jāṭhara-agni)을 증가시키기도 한다. 『하타-요가-프라디피카』*Haṭha-Yoga-Pradīpikā*(3. 8)에서는 그것들을 '신성하다'(디비야 divya)고 부른다. 왜냐하면 그것들은 해탈로 이끌고, 또한 해탈된 존재의 전형적인 초자연력(싯디 siddhi)을 산출하기 때문이다. 『게란다-상히타』에는 언급되어 있지 않은 다른 중요한 '결인'은 샨-무키-무드라 ṣaṇ-mukhī-mudrā이다.

게다가 무드라라는 용어는 요가적 의례를 하는 동안, 그리고 특정한 요가 자세(아사나)와 명상(meditation)을 하는 과정에서 사용되는 특정한 손 제스처(하스타-무드라 hasta-mudrā)를 의미한다. 『소마-샴부-팟다티』♯ *Soma-Śambhu-Paddhati*에는 적어도 37종의 손 무드라가 기술되어 있다. 요가계에서 가장 널리 알려진 것들은 아바야-무드라 abhaya-mudrā, (가슴 앞에서 양손을 모음으로써 수행되는) 안잘리-무드라 añjali-mudrā, 친-무드라 cin-mudrā, 디야나-무드라 dhyāna-mudrā, 갸나-무드라 jñāna-mudrā이다.

『쿨라르나바-탄트라』*Kulārṇava-Tantra*(17. 57)에는 다음과 같은 비의적 어원이 설명되어 있다. "그것은 신들에게 즐거움 muda을 주기 때문이고 마음을 융해시키기 ♯ drāvayanti 때문이라오. 그러므로 그것은 계시된 것으로 무드라라 불린다오, 오! 여신이여."

탄트라에서는 무드라에 대한 두 가지 의미가 더 통용된다. 여기서 그 용어는 판차-탓트와pañca-tattva 의례의 다섯 가지 구성 요소 중 하나인, 최음제적 성질을 가졌다고 생각되는 볶은 곡물과 더불어 성적 의례(마이투나maithuna)의 여성 참가자를 나타낼 수 있다. 마지막으로 하타-요긴haṭha-yogin들도 무드라라는 용어를 칸파타Kānphaṭā 교단의 구성원들이 착용하는 커다란 귀걸이를 의미하는 데 사용한다.

⇒ 아마롤리-무드라amarolī-mudrā, 바이라바-무드라bhairava-mudrā, 다라나-무드라dhāraṇā-mudrā, 데누-무드라dhenu-mudrā, 타르자니-무드라tarjanī-mudrā도 참조.

muhūrta(무후르타)

2가티카ghaṭikā로 구성되어 있는 48분간의 시간이다.

⇒ 브라마-무후르타brahma-muhūrta, 칼라 II kāla도 참조.

mukta-āsana(묵타-아사나, [연성]muktāsana묵타사나)

'해탈된 자세'라는 뜻이다. 『게란다-상히타』*Gheraṇḍa-Saṃhitā*(2. 11)에 다음과 같이 기술되어 있다. 왼쪽 발꿈치는 생식기 뿌리에 오른쪽 발꿈치는 생식기 위에 놓는다. 『하타-야갸발키야』♯*Haṭha-Yājñavalkya*(3. 14)에서는 다음과 같은 대안을 설명한다. 왼쪽 발목을 생식기 위에 오른쪽 발목을 그 위에 둔다.

Muktananda, Swami(스와미 묵타난다; 1908~1983)

자신을 싯다-요가♯siddha-yoga라고 불렀던 현대의 쿤달리니-요가Kuṇḍalinī-Yoga의 위대한 달인이다. 바가완 니티야난다Bhagawan Nityananda의 제자인 그는 인도와 서방국가들에서 차례로 많은 추종자들을 가졌고 직접적인 영적 전수(샥티-파타śakti-pāta)를 통해 수천 명의 남녀를 입문시켰다. 그의 보다 탁월한 미국인 제자 가운데 고故 '루디'(Rudi, 스와미 루드라난다Swami Rudrananda)는 스와미 체타나난다Swami Chetanananda와, 묵타난다 자신이 직접 입문시키기도 했던 프랭클린 존스Franklin Jones(일명 다 프리 존Da Free John 등으로 불림)를 가르쳤다. 철학적으로 스와미 묵타난다는 카슈미르 샤이비즘Kashmiri Śaivism에 일가견이 있었다.

스와미 묵타난다(Swami Muktananda)

mukti(묵티)

'자유롭게 하다'라는 뜻이다. 모크샤mokṣa와 동의어이다. 『마르칸데야-푸라나』*Mārkaṇḍeya-Purāṇa*(39. 1)에서는 이것을 참된 지혜(갸나jñāna)의 새벽에 영적 무지에서 분리♯viyoga되는 것으로, 그리고 자신을 절대자와 동일시(아이키야aikya)하고 우주(cosmos)의 주요 구성 요소(구나guṇa)들과는 동일시하지 않는 것으로 이해한다. 『쉬바-푸라나』*Śiva-Purāṇa*(4. 41. 3)에서는 그러한 해탈을 네 가지 유형이나 단계로 열거한다. (1)살로키야-묵티♯sālokya-mukti. 신으로서 같은 영역(로카loka)에 거주함으로써 해탈. (2)산니디야-묵티♯sāṃnidhya-mukti. 신에 근접함으로써 해탈. (3)사루피야-묵티♯sārūpya-mukti. 신과 같은 형태를 취함으로써 해탈. (4)사유지야-묵티♯sāyujya-mukti. 신과 완전하게 결합함으로써 해탈.

⇒ 지반-묵티jīvan-mukti, 크라마-묵티krama-mukti, 비데하-묵티videha-mukti도 참조.

Muktikā-Upaniṣad(묵티카-우파니샤드, [연성]Muktikopaniṣad묵티코파니샤드)

14세기 후반에 성립된 베단타Vedānta 문헌이고 두 부

M

분으로 구성되어 있다. 둘째 부분에는 다양한 요가Yoga 과정이 언급되어 있다.

Müller, F. Max(막스 뮐러; 1823~1900)

독일 태생의 탁월한 산스크리트Sanskrit 학자이다. 그는 인생의 대부분을 잉글랜드에서 살면서 가르쳤고 자신을 칭송하는 인도 대중들에 의해 모크샤-물라(♯Mokṣa-Mūla; '해탈의 근원')로 불렸다. 수년에 걸쳐 그는 『리그-베다』*Ṛg-Veda*의 첫 판본을 출간했고 널리 알려진 『동방 성서』*Sacred Books of the East* 시리즈의 편집장을 맡기도 했다. 그는 또한 비교신화학의 창시자이기도 하고, 자신의 마지막 책인 『인도 철학의 여섯 체계』*The Six Systems of Indian Philosophy*(1899)에서 요가Yoga를 다루었다. 그는 옥스퍼드Oxford에서 스와미 비베카난다Swami Vivekananda를 만났고 슈리 라마크리슈나Sri Ramakrishna에 대한 책을 저술하였다.

mummūla-yogin(뭄물라-요긴)

이 타밀어Tamil 용어는 '뱀의 힘'(쿤달리니-샥티kuṇḍalinī-śakti)이 가장 높은 차크라cakra로 상승했고 세 '결절'(그란티granthi)이 모두 뚫린 요긴yogin을 가리킨다.

mumukṣutva(무무크슈트와)

'해탈에 대한 갈망'이라는 뜻이다. 일부 요가Yoga 권위자들이 채택한 베단타Vedānta 용어이다. 에고적 인성(자아의식, 아견我見, 아항카라ahaṃkāra)을 초월하려는 갈망은 영적 성장에 필수불가결한 전제 조건이다. 이것이 없다면 사람이 수행에 전념하려는 노력은 약해지기 쉽다. 다른 한 편 해탈을 향한 열망에는 세상이나 자기 자신으로부터 도피하려는 어떠한 신경증적인 충동도 없어야만 한다. 해탈을 갈망하는 사람은 무무크슈♯mumukṣu로, 이와 반대되는 사람은 '즐거움을 추구하는 자'♯bubhukṣu로 불린다.

⇒ 마르가-아누락티mārga-anurakti도 참조.

muni(무니)

'성자'라는 뜻이다. 어원학적으로 마우나(mauna; '침묵')와 연관된 단어이다. 확실히 이 명칭은 원래 고대 베다Veda 시대에 정통 브라마니즘Brahmanism계 밖에서 종교적 무아경을 나타내기 위해 사용되었다. 이 단어는 그리스어 단어 마니아(mania; '예찬')와 연관된 것으로 추정된다. 그러나 샹카라(Śaṅkara; 700~800년경) 시대까지 무니muni는 가장 높은 형태의 영적 완전함을 나타내는 것으로 간주되었다.

『라구-요가-바시슈타』*Laghu-Yoga-Vāsiṣtha*(6. 7. 3)에서는 두 종류의 무니를 구별한다. 일반적인 형태는 카슈타-타파스윈♯kāṣṭha-tapasvin, 즉 '꼼짝도 하지 않고 서 있는 고행자'로 알려져 있다. 둘째로 보다 상급의 유형은 명칭이 나타내듯이 지반-묵타jīvan-mukta, 즉 생해탈자이다.

⇒ 케쉰keśin도 참조.

muṇḍa-sādhana(문다-사다나)

'삭발 수행'이라는 뜻이다. 셋 또는 다섯 구의 사람이나 동물의 머리(두개골)를 땅속에 묻은 자리 주변에 앉아서 명상(meditation) 수행하는 것으로 이루어진 탄트라Tantra 수행이다.

Murugan(무루간)

쉬바Śiva의 아들 스칸다Skanda 또는 카룻티케야Kārttikeya와 쉬바 자체를 표현한 타밀어Tamil이다.

music(음악)

음악은 베다Veda 시대 이후로 줄곧 힌두Hindu들의 종교적·영적 삶에서 중요한 역할을 해왔다. 네 베다 찬가 중 하나인 『사마-베다』*Sāma-Veda*는 지금까지 희생제 의례 동안 우드가트리♯udgātṛ 사제들이 사용한다. 이 문헌의 찬가들은 『가나스』♯*Gānas*라 불리는 특별한 노래책에서 정해진 7음계 멜로디에 따라 찬송되고 불린다. 호흡 조절은 이 수행에서 확실히 중요하다. 인도 음악의 초기 발달에 대해 알려진 사실은 많지 않지만, 서력기원 초기까지 인도는 『바라타-나티야-샤스트라』♯*Bhārata-Nāṭya-Śāstra*에도 분명히 나타나듯이 어엿한 음악 이론 체계가 있었다. 특히 헌신 요가(박티-요가Bhakti-Yoga)의 여러 학파들은 영적 충동을 표출하는 것으로써 음악을 선호했다. 따라서 찬송과 노래는 남인도 바이슈나바vaiṣṇava들과 벵골Bengal의 바울Baul들에 의해 사용되었고, 여전히 사용되고 있다.

⇒ 춤(dance), 키르타나kīrtana도 참조.

mūla-bandha(물라–반다)

'뿌리 잠금'이라는 뜻이다. 하타–요가Haṭha-Yoga에서 사용하는 세 가지 주요 '잠금'(반다bandha) 중 하나이다. 이것은 『게란다–상히타』*Gheraṇḍa-Saṃhitā*(3. 14ff.)에 다음과 같이 기술되어 있다. 왼쪽 발꿈치를 회음(요니yoni)에 둔 채 회음을 수축하고, 복부를 척주 쪽으로 조심스럽게 끌어당긴다. 오른쪽 발꿈치는 생식기 위에 올려놓아야만 한다. 이 기법은 호흡에 통달하게 하고 신체를 다시 젊어지게 해준다고 한다. 『요가–쿤달리–우파니샤드』*Yoga-Kuṇḍalī-Upaniṣad*(1. 42ff.)에 따르면 자연스럽게 아래로 움직이는 아파나apāna 숨은 항문괄약근을 수축함으로써 위로 올라가게 된다. 『하타–요가–프라디피카』*Haṭha-Yoga-Pradīpikā*(3. 61ff.)에서 물라–반다mūla-bandha는 프라나prāṇa와 아파나가 나다nāda와 빈두bindu와 결합하도록 돕는다고 말한다. 이 '잠금'은 또한 신체 내면의 불을 자극하고 잠자는 '뱀의 힘'(쿤달리니–샥티kuṇḍalinī-śakti)을 각성시키는 것으로도 생각된다. 이 수행의 부수적 효과 중 하나는 소변과 대변의 감소이다. 『테조–빈두–우파니샤드』*Tejo-Bindu-Upaniṣad*(1. 27)에서는 물라–반다가 세상 모든 것의 뿌리라는 상징적 정의를 제공한다.

mūla-mantra(물라–만트라)

'근본 만트라mantra'라는 뜻이다. 신에 대한 기본 만트라이다.

mūla-śodhana(물라–쇼다나)

'뿌리 청소'라는 뜻이다. 하타–요가Haṭha-Yoga에서 사용하는 네 종류의 '청소'(다우티dhauti) 중 하나이다. 이것은 『게란다–상히타』*Gheraṇḍa-Saṃhitā*(1. 42ff.)에 다음과 같이 기술되어 있다. 직장을 알맞게 정화하지 않으면 아파나apāna 호흡(생기 에너지)은 자유롭게 순환하지 않는다. 그러므로 수행자는 강황 줄기나 중지를 사용해서 물로 직장을 깨끗하게 씻어야만 한다.

⇒ 차크리–카르마cakrī-karma도 참조.

mūlādhāra-cakra(물라다라–차크라)

'토대 받침 바퀴'라는 뜻이다. 신체의 일곱 개의 심령 에너지 센터(차크라cakra) 중 가장 아래에 있다. 대부분의 유파들은 이 센터를 항문이나 회음(요니yoni)에 위치한 네 개의 꽃잎으로 된 연꽃으로 묘사한다. 꽃잎들은 대개 진홍색으로 표현된다. 이 차크라의 '종자 음절'(비자–만트라bīja-mantra)은 람laṃ이고 지地 요소와 관련이 있다. 여기에 거주하는 달인은 드위란다Dviranda이고, 거주하는 여신은 다키니ḍākinī이다. 이 센터에는 카마루파(Kāmarūpa; '욕망으로 형성된')라 불리는 빛나는 삼각형이 들어 있고, 그 안에서 쉬바Śiva의 금색 남근(링가liṅga)이 발견된다. 이 차크라는 생기의 중앙 통로(수슘나–나디suṣumṇā-nāḍī)의 원천이고 '뱀의 힘'(쿤달리니–샥티kuṇḍalinī-śakti)의 안식처이다. 이 심령 에너지 센터에 대해 규칙적으로 명상(contemplation)하면 다른 많은 것 중에서도 개구리처럼 뛸 수 있는 초자연력이, 상급 단계가 되면 실제로 공중부양 할 수 있는 초자연력이 생긴다.

물라다라–차크라
척주의 기저에 있는 심령 에너지 센터

M

mūrchā(무르차)

'기절'이라는 뜻이다. 몇몇 요가Yoga 수행, 특히 호흡 조절 수행을 하는 동안 발생할 수 있다. 『요가-마르탄다』*Yoga-Mārtaṇḍa*(55)에 따르면 이것은 케차리-무드라khecarī-mudrā 수행으로 극복될 수 있다.

또한 여덟 종류의 호흡 보유(쿰바카kumbhaka) 중 하나의 명칭이기도 한 무르차mūrchā는 『하타-요가-프라디피카』*Haṭha-Yoga-Pradīpikā*(2. 69)에 다음과 같이 기술되어 있다. 수행자는 숨을 들이쉰 후 인후 잠금(잘란다라-반다jālandhara-bandha)을 매우 강하게 한 다음 천천히 내쉰다. 마음을 황홀해지게 해서 행복하게 하기 때문에 이것은 그렇게 불린다.

mūrti(무르티)

'형상'이라는 뜻이다. 숭배되거나 불리거나 명상되는 신(데바타devatā)들의 가시적 현현顯現이다. 이것은 종종 초월적 참실재의 화신으로 존경받는 신(Divine)의 형상 또는 스승(구루guru)의 이미지이다.

M

Mysore Palace(마이소르 궁전)

일반적으로 '마이소르 궁전'으로 알려진 곳에 거주하는 마이소르Mysore의 우데야르Wodeyar 왕조는 지난 200년 넘게 현대 요가Yoga의 발달에 특별한 역할을 해왔다. 뭄마디 크리슈나라자 우데야르(Mummadi Krishnaraja Wodeyar; 1794~1868)는 80개 이상의 아사나āsana를 그린 그림이 121개 들어 있는 『슈리-탓트와-니디』*Śrī-Tattva-Nidhi*를 저술하였다. 1897에 화재로 궁전의 기록보관소가 불탔다. 그래도 그때 이전까지 요가에 대해 왕조의 후원이 계속되었다. 1930년에 날와디 크리슈나라자 우데야르(Nalvadi Krishnaraja Wodeyar, 마이소르의 마하라자Maharaja)의 스승인 크리슈나마차리야T. Krishnamacharya가 궁전에 요가학교♯yoga-śālā를 세웠다. 그 학교는 1950년까지 계속되었다. 그의 요가 스타일은 궁전에서 하는 체력 단련과 체조 수행법으로부터 영감을 받았다.

mystery(신비)

⇒ 구히야guhya, 비밀(secret) 참조.

mysticism(신비주의)

요가yoga는 빈번하게 신비주의의 한 형태로서 특징지어져 왔다. 우리가 신비주의를, 궁극적 참실재와 더 깊은 연관을 달성하기 위해서 또는 궁극적 참실재로서의 자기 자신에 대한 자각을 성취하기 위해서 자기 초월로 가는 체계적인 접근법으로 이해한다면 이는 정확하다. 요가는 불분명하다는 의미에서의 신비주의가 아니다. 오히려 요가의 지향은 철저하게 실용적이고 경험적이다. 요가의 권위자들은 자신들이 요가-프라티야크샤♯yoga-pratyakṣa라고 부르는 것을 고려하여 지각의 확장된 관념을 잘 다루지만, 직접 지각(프라티야크샤pratyakṣa)은 바른 지식(프라마나pramāṇa)의 중요한 수단으로 간주된다. 그러한 확장된 관념은 현대의 초심리학(parapsychology)이 막 탐구하기 시작하고 있는 그런 초감각적인 지식♯atīndriya-jñāna을 포함한다.

mythology(신화)

신화와 전설들은 요가yoga 전통의 필수적인 부분을 형성하고 요가 원리들에 대한 교화와 가르침에 사용된다. 그것들의 상징은 믿을 수 없을 정도로 풍부하고 요가 전통으로 들어가는 유용한 입구를 제공한다. 푸라나Purāṇa들의 많은 이야기가 기초하고 있는 베다Veda들의 훨씬 더 복잡하고 모호한 신화가 그러하듯이, 푸라나들의 신화는 특히 가치 있는 연구에 기여한다.

N

nabho-mudrā(나보–무드라)

'에테르/공간/공空의 결인'이라는 뜻이다. 나바스(nabhas, 연음 앞이라 nabho로 바뀜)라는 용어는 아카샤 ākāśa와 동의어이다. 이 '결인'(무드라 mudrā)은 『게란다–상히타』*Gheraṇḍa-Saṃhitā*(3. 7)에 다음과 같이 기술되어 있다. 종사하고 있는 일에 관계없이 수행자는 언제나 혀를 구개에 대고 뒤로 돌리고 숨을 억제해야만 한다. 이것은 일상 속의 케차리–무드라khecarī-mudrā로 불릴 수 있다. 그러나 『요가–추다마니–우파니샤드』*Yoga-Cūḍāmaṇi-Upaniṣad*(45)에 따르면 나보–무드라nabho-mudrā는 마하–무드라mahā-mudrā와 동의어이다.

naiṣkarmya-karman(나이슈카르미야–카르만)

'행위 없는 행위' 또는 '행위를 초월한 행위'라는 뜻이다. 카르마–요가karma-yoga 의 핵심 개념이다. 『바가바드–기타』*Bhagavad-Gītā*(3. 4)에서 처음 가르쳐진 이 교의에서는 희생의 정신(spirit)으로 행위를 하는 사람이라면 자신의 행위에 카르마karma적으로 영향받지 않는다고 말한다. 나이슈카르미야–카르만naiṣkarmya-karman은 에고를 초월한 행위이고, 여기서는 반드시 단순한 행위(카르만karman)와 비행위(아카르만akarman)가 주의 깊게 구분되어야만 한다.

Nakṣatra(나크샤트라)

별자리이다. 점성학에서 말하는 27수宿 또는 28수이다.

nakulīśa(나쿨리샤)

⇒ 라쿨리샤Lakulīśa 참조.

name(이름)

대다수 힌두이즘Hinduism 학파는 신(Divine) 자체를 이름도 형태도 없는 것으로 생각하지만, 전통적으로는 매우 신성시된 많은 이름ⓢnāman으로 신을 숭배한다. 사실상 『사하스라–나마』*Sahasra-Nāma*('천 개의 이름')로 알려진 모음집들이 있다. 이 모음집들은 신을 불렀을 수많은 이름을 열거하는 데 전적으로 전념하고 있다. 이것은 일종의 만트라mantra 수행이다.

[비교] 나마–루파nāma-rūpa.

Namm(남; 대략 9세기 후반)

타밀어Tamil로 '우리'라는 뜻이다. 알와르Ālvār 중 한 명이다. 남인도의 바이슈나바vaiṣṇava 시인이자 성자 중에서 가장 마지막이자 가장 존경받기도 한 인물이다. 그는 부차적인 다른 두 저작뿐만 아니라 바이슈나바 경전 문헌들의 일부인 수많은 찬가ⓢāruvāymoli와 티루–비룻타ⓢTiru-Viruttta라는 제목의 사랑시를 지었다. 그는 때로 자신이 숭배하는 비슈누Viṣṇu의 화신(아바타라avatāra)으로 여겨졌다. 그의 시는 해탈을 향한 헌신(박티bhakti)적 접근법을 전형적으로 보여 준다.

Nandarāma(난다라마)

널리 알려진 『샤트–차크라–니루파나』*Ṣaṭ-Cakra-*

*Nirūpaṇa*를 저술한 벵골Bengal 탄트리카tāntrika이다. 이 저작은 통치자 하리발라바 라야Harivallabha Rāya의 후원 아래 저술되었다.

Nandidevar(난디데바르)
티루물라르Tirumūlar의 스승인 그는 불교 수도승이자 의사였고, 655년에 인도에서 중국까지 여행을 했고 663년에 한 차례 그곳을 여행했다.

Nandikeśvara-Kāśikā(난디케슈와라–카쉬카)
현존하는 난디나타Nandinātha의 유일한 저작이다. 26송으로 구성된 이 문헌은 샤이바Śaiva 철학에 대한 해설서이다.

Nandinātha(난디나타) 또는 **Nandikeśvara**(난디케슈와라)
카일라사–파람파라kailāsa-paramparā를 세웠고 파탄잘리Patañjali와 비야그라파다Vyāghrapāda의 스승(구루guru)이었던 남인도의 달인이다. 그는 기원전 250년경에 살았고 『난디케슈와라–카쉬카』*Nandikeśvara-Kāśikā*의 저자로 기억된다.
⇒ 카일라사Kailāsa도 참조.

napuṃsaka-mantra(나풍사카–만트라)
'양성 만트라mantra'라는 뜻이다. 『샤라다–틸라카–탄트라』*Śāradā-Tilaka-Tantra*(2. 57~58)에 따르면 남성적♯puruṣa-mantra이지도 여성적♯strī-mantra이지도 않은 만트라이다.

nature(자연 또는 근본원질)
⇒ 우주(cosmos), 프라크리티prakṛti, 세계(world) 참조.

Naṭanānandanātha(나타나난다나타)
'춤의 지복으로 된 주主'라는 뜻이다. 푼야난다나타Puṇyānandanātha의 『카마–칼라–빌라사』*Kāma-Kalā-Vilāsa*에 대한 주석인 『치드–발리』♯*Cid-Vallī*['참의식(Awareness)에 대한 넝쿨']의 저자이다.

naulī(나울리)
라울리키(laulikī; '회전')로도 알려져 있다. 『하타–요가–프라디피카』*Haṭha-Yoga-Pradīpikā*(2. 33f.)에 다음과 같이 기술되어 있다. 어깨를 앞으로 굽히고서 힘차게 복부 근육을 회전시킨다. '여섯 행법'(샤트–카르만ṣaṭ-karman) 중 하나인 이 수행법은 하타–요가Haṭha-Yoga의 '정수'로서 위장의 불을 활성화시키고 체액의 이상을 치료한다고 말한다. 『하타–라트나발리』*Haṭha-Ratnāvalī*(1. 31ff.)에서는 내적♯antara 나울리naulī와 외적♯bāhya 나울리를 구분한다. 후자는 복부 근육의 능숙한 회전이다. 전자는 이다–나디iḍā-nāḍī와 핑갈라–나디piṅgalā-nāḍī의 힘찬 회전으로 설명된다. 이 두 흐름은 생기의 중앙 통로(수숨나–나디suṣumṇā-nāḍī)를 빙 둘러서 나선형 방식으로 흐른다. 아마도 의도하는 수행법은 심상화 또는 왼쪽과 오른쪽 콧구멍으로 번갈아 호흡함으로써 이 두 흐름을 교대로 활성화시키는 형태이겠지만, 이것이 의미하는 바는 불분명하다. 일부 요가Yoga 권위자들은 안타라–나울리♯antara-naulī를 복부 근육의 수직 운동으로 설명한다.

나울리. 하타–요가의 기법.
테오스 버나드(Theos Bernard)

nava(나바)
'아홉'9이라는 뜻이다.
⇒ 나바–차크라nava-cakra, 나바–드와라nava-dvāra, 나바

—카라나 nava-kāraṇa, 나바—말라 nava-mala, 나바—나다 nava-nāda, 나바—나타 nava-nātha, 나바—나타—차리타 Nava-Nātha-Carita, 나바—라사 nava-rasa, 나바—라트리 Nava-Rātrī, 나바—샥티—샷카 Nava-Śakti-Ṣaṭka, 나바—요니 nava-yoni 참조.

nava-cakra(나바—차크라)

'아홉 개의 바퀴'라는 뜻이다. 일부 전통에서는 아홉 개의 심령 에너지 센터(차크라 cakra) 체계를 말하는데, 일반적으로는 널리 알려진 일곱 개 세트에 '구개 센터' ♯ tālu-cakra와 사하스라라—차크라 sahasrāra-cakra의 일부인 '에테르/공간 센터'(아카샤—차크라 ākāśa-cakra 또는 비요마—차크라 vyoma-cakra)가 추가적으로 포함되어 있다. 또한 슈리—얀트라 śrī-yantra의 아홉 개의 주요 삼각형을 나타내는 명칭이기도 하다.

[비교] 샤트—차크라 ṣaṭ-cakra.

nava-dvāra(나바—드와라)

'아홉 개의 문'이라는 뜻이다. 신체의 아홉 구멍이다. 『마하바라타』*Mahābhārata*(12. 203. 35)에서는 신체를 '아홉 개의 문이 있는 고결한 도시'라고 말한다. 이 관념은 고대 베다 Veda 시대에 이미 통용되었다. 요가 Yoga에서 이 아홉 개의 구멍은 『요가—탓트와—우파니샤드』*Yoga-Tattva-Upaniṣad*에서 설명했듯이 '거북처럼 팔다리를 움츠려서' 닫아야 한다.

⇒ 드와라 dvāra도 참조.

nava-kāraṇa(나바—카라나)

'아홉 원인'이라는 뜻이다. 『요가—바쉬야』*Yoga-Bhāṣya*(2. 28)에 상세히 설명된 심오한 철학적 가르침에 따르면 다음과 같은 아홉 가지 유형의 원인이 있다. (1)웃팟티—카라나 ♯ utpatti-kāraṇa. '발생의 원인.' 예) 정신적(mental) 과정들의 원인으로서의 마음이다. (2)스티티—카라나 ♯ sthiti-kāraṇa. '영원한 원인.' 예) 마음의 영원성만이 참자아의 고유한 목적성을 충족시켜줄 수 있다. (3)아비비약티—카라나 ♯ abhivyakti-kāraṇa. '현현顯現의 원인.' 예) 모든 정신적 과정에 대한 참자아의 지속적으로 의식된 지각이, 예를 들자면 색상에 대한 경험을 창조한다. (4)비카라—카라나 ♯ vikāra-kāraṇa. '변화시키는 원인.' 예) 불은 음식물을 변화시켜서 요리되게 만드는 원인이다. (5)프라티야야—카라나 ♯ pratyaya-kāraṇa. '표상의 원인.' 예) 연기에 대한 관념은 불에 대한 관념의 원인이다. (6)프랍티—카라나 ♯ prāpti-kāraṇa. '획득의 원인.' 예) 요가 Yoga 수행은 해탈의 원인이다. (7)비요가—카라나 ♯ vyoga-kāraṇa. '분리의 원인.' 예) 요가 수행은 부정한 마음(psyche)으로부터 참자아를 분리시키는 원인이다. (8)안야트와—카라나 ♯ anyatva-kāraṇa. '다름의 원인.' 예) 금세공사는 금을 보석으로 변환시키는 원인이다. (9)드리티—카라나 ♯ dhṛti-kāraṇa. '유지의 원인.' 예) 신체는 감각을 유지하는 원인이다.

⇒ 원인(causation)도 참조.

nava-mala(나바—말라)

'아홉 가지 결함'이라는 뜻이다. 『요가—바쉬야』*Yoga-Bhāṣya*(1. 30)에서 사용된 요가가 Yoga의 길의 장애(안타라야 antarāya)들의 동의어이다.

⇒ 말라 I mala도 참조.

nava-nāda(나바—나다)

'아홉 가지 소리'라는 뜻이다. 탄트라 Tantra에서 아홉 가지 미세한(수크슈마 sūkṣma) 소리는 쿤달리니—샥티 kuṇḍalinī-śakti의 각성과 연관되어 있다. 『카마—칼라—빌라사』*Kāma-Kalā-Vilāsa*(27송)에 대한 주석인 『치드—발리』♯ *Cid-Vallī*['참의식(Awareness)에 대한 넝쿨']에 따르면 이 소리들은 치니(♯ cīni, 의성어), 간타(ghaṇṭā; '종'), 샹카(śaṅkha; '소라고둥'), 탄트리(♯ tantrī; '탄트라와 관련 있는'), 카라탈라(♯ karatāla; '손바닥'), 베누(♯ veṇu; '대나무'), 베루(♯ veru; '신체의 [소리]?'), 므리담가(♯ mṛdaṃga; '작은 북'), 메가(♯ megha; '구름')로 불린다.

⇒ 나다 nāda도 참조.

nava-nātha(나바—나타)

'아홉 명의 주主'라는 뜻이다. 12세기에 북서 인도에서 한때 출현했던 교의적인 집단과, 맛시옌드라

N

Matsyendra와 고라크샤 I Gorakṣa과 같은 초기 스승들이 사후에 이 저명한 모임에 포함되었다.
⇒ 나타 nātha도 참조.

Nava-Nātha-Carita(나바-나타-차리타)
'아홉 주主의 삶'이라는 뜻이다. 15세기 초에 가우라나 Gaurana가 저술한, 텔루구어 Telegu로 된 칭송 일색의 된 전기이다.

nava-rasa(나바-라사)
'아홉 가지 가장 근본적인 성질, [즉 느낌]'이라는 뜻이다. 미학에서 제각각 다양한 정신(mental) 상태(바바III bhāva)를 산출될 수 있는 다음과 같은 아홉 가지 주요 감정(sentiment) 또는 느낌(feeling, 라사 rasa)이다. 사랑 ♯ śṛṅgāra, 두려움 ♯ bhayānaka, 분노 ♯ raudra, 혐오 ♯ bībhatsa, 즐거움 ♯ hāsya, 용기(비라 vīra), 연민(카루나 karuṇā), 놀라움 ♯ adbhuta, 평온함 ♯ śānta. 이 중 여덟 가지는 무용 분야 ♯ nātya-śāstra에서 인정되고, 아비나바굽타 Abhinavagupta가 거기에 아홉째로 평온함을 더했다. 하리쉬 조하리[P. Marchand(2006)]가 구두로 가르쳤던 것처럼 탄트라 Tantra에서 이 감정들은 수행(라사-사다나 rasa-sādhana)으로 변화될 수 있다.

N

nava-rātra(나바-라트라)
'아홉 밤'이라는 뜻이다.
⇒ 처녀 숭배(virgin worship) 참조.

Nava-Rātrī(나바-라트리)
'아홉 밤'이라는 뜻이다. 9월이나 10월의 초승달이 뜰 때 시작하는 축제로, 거기서는 신성한 어머니, 즉 샥티 II Śakti를 두르가 Durgā/칼리 Kālī, 라크슈미 Lakṣmī, 사라스와티 Sarasvatī의 세 형태로 숭배한다.

Nava-Śakti-Ṣaṭka(나바-샥티-샷카)
'아홉 가지 능력에 대한 여덟 [송]'이라는 뜻이다. 고라크샤 I Gorakṣa이 저술한 것으로 추정되는 두 권의 문헌 중 짧은 저작이다.

nava-yoni(나바-요니)
'아홉 가지 근원'이라는 뜻이다. 슈리-얀트라 śrī-yantra의 아홉 개의 주요 삼각형과 동의어이다. 나바-차크라 nava-cakra로도 불린다.
⇒ 삼각(triangle)도 참조.

navel(배꼽)
⇒ 나비 nābhi 참조.

Nayanmār[s](나얀마르[들])
4세기에서 9세기 사이에 살았던 63명으로 된 남인도의 남녀 샤이바 Śaiva 성자 그룹이다. 일부는 브라민 brahmin 일가 출신이었고 다른 일부는 상인 계급에 속했지만, 나머지는 하층민이었다. 하지만 시와 노래로 표현했던 쉬바 Śiva를 향한 온 마음을 다한 사랑(박티 bhakti)에 의해서 모든 사회적 차별은 녹아버렸다. 가장 잘 알려진 사람으로는 티루물라르 Tirumūlar, 삼반다르 Sambandar, 앗파르 Appar, 마닉카바차카르 Māṇikkavācakar, 순다라르 Sundarar가 있다.
[비교] 알와르[들] Ālvār[s].

nābhi(나비)
'배꼽'이라는 뜻이다. 신체의 민감한 부위(마르만 marman) 중 하나이다.

nābhi-cakra(나비-차크라)
'배꼽의 바퀴'라는 뜻이다. 마니푸라-차크라 maṇipura-cakra와 동의어이다. 이것은 『요가-수트라』 *Yoga-Sūtra*(3. 29)에서 그 명칭이 언급된 유일한 차크라 cakra이다. 여기서는 이 심령 에너지 센터에 대해 무아경적 '억제'(총제總制, 상야마 saṃyama)를 수행함으로써 수행자는 신체에 대한 해부학적 지식을 획득한다고 말한다. 『샨딜리야-우파니샤드』 *Śāṇḍilya-Upaniṣad*(1. 4. 6)에 따르면 여기에 개아(psyche, 지바 jīva)가 '거미줄 속의 거미처럼' 거주하고 있다.

nābhi-kanda(나비–칸다)

'배꼽에 있는 구근 모양의 것'이라는 뜻이다.

⇒ 칸다kanda 참조.

nāda(나다)

'소리'라는 뜻이다. 심령 에너지의 흐름망(나디–차크라nāḍī-cakra)이 충분히 정화되었을 때 내면의 소리(샤브다śabda 또는 드와니dhvani)를 들을 수 있다. 『요가–쉬카–우파니샤드』*Yoga-Śikhā-Upaniṣad*(3. 3)에 따르면 '소리로서의 절대자'(샤브다–브라만śabda-brahman)가 나타나는 둘째 단계이다. 이 소리는 다양한 방식으로 나타난다. 『다르샤나–우파니샤드』*Darśana-Upaniṣad*(6. 36)에서는 이것을 세 단계로 구분하는데 각각 소라고둥 소리, 천둥구름 소리, 산의 큰 폭포 소리이다. 『나다–빈두–우파니샤드』*Nāda-Bindu-Upaniṣad*(34f.)에서는 첫째 단계에서 나타나는 소리를 대양, 천둥구름, 케틀드럼, 폭포에서 나는 소리에 비유한다. 둘째 단계의 소리는 드럼이나 큰 드럼, 종(bell) 소리와 같다. 셋째 단계에서는 작은 종이나 대나무 피리, 류트(lute), [꿀]벌의 소리와 유사하다.

『항사–우파니샤드』*Haṃsa-Upaniṣad*(16)에서는 열 가지 양태의 내면의 소리에 대해 말한다. 마지막의 소리는 '천둥구름 소리'ᶴmegha-nāda라고 불리는데, 이것은 집중(concentration)에 적합한 초점일 뿐이라고 한다. 특정한 다른 현상들은 다른 단계의 내면의 소리와 연관되어 있고, 넷째 단계부터는 계속 중요해진다. 오름차순으로 정렬해 보면 이 현상들은 다음과 같다. 머리의 떨림, '불사의 감로'(아므리타amṛta)의 풍부한 생성, 천상의 음료의 향유, 비밀 지식과 '초월적 언어'ᶴparā-vācā의 획득, 자신을 보이지 않게 만드는 능력(신체 투명술), 무한히 보는 능력(천리안), 마지막으로 절대자와의 동일시이다. 『항사–우파니샤드』(43)에서는 더 나아가 나다nāda를 뱀을 부리는 자에 비유했는데, 왜냐하면 변덕스러운 하위의 마음(마음 감관, 마나스manas)을 붙잡기 때문이다.

『하타–요가–프라디피카』*Haṭha-Yoga-Pradīpikā*(3. 64)에서는 프라나prāṇa · 아파나apāna와 나다 · 빈두bindu의 결합에 대해 언급한다. 다시 말해 호흡 조절과 정신(mental) 집중을 통해서 날숨과 들숨 간의 결합이 발생한다. 이것은 중앙 통로(수슘나–나디suṣumṇā-nāḍī) 속에서 일어나 내면의 소리를 발생시킨다. 그런 다음 집중된 호흡에 실려 있는 그 내면의 소리는 심장 위에 존재한다고 상상되는, (빛의 형태로 된) 소리의 들을 수 없는 면인 빈두로 올라간다. 이 문헌(4. 90ff.)에서는 다음과 같이 기술하고 있다.

> 감로를 마시는 꿀벌이 향기에 관심을 두지 않는 것처럼 나다에 흡수된 마음은 감각 대상을 필요로 하지 않는다. 나다의 예리한 갈고리는 감각 대상이라는 정원을 휘젓고 다니는 미친 코끼리[와 같은] 마음을 효과적으로 억제한다.
>
> 마음이 나다의 올가미에 묶여서 [습관적으로] 동요하는 성질을 버릴 때, 그 마음은 마치 날개 잘린 새처럼 완전한 안정에 이른다.
>
> 나다는 사슴을 포획하여 가두는 덫이자 갇힌 사슴을 죽이는 사냥꾼이다.

나다는 척주의 중앙에서 시작한다고 생각된다. 『디야나–빈두–우파니샤드』*Dhyāna-Bindu-Upaniṣad*(95)에서는 이것을 '비나(인도 현악기의 일종)의 활'ᶴvīṇā-daṇḍa이라고 부른다. 내면의 소리를 더 쉽게 이끌어내기 위해서

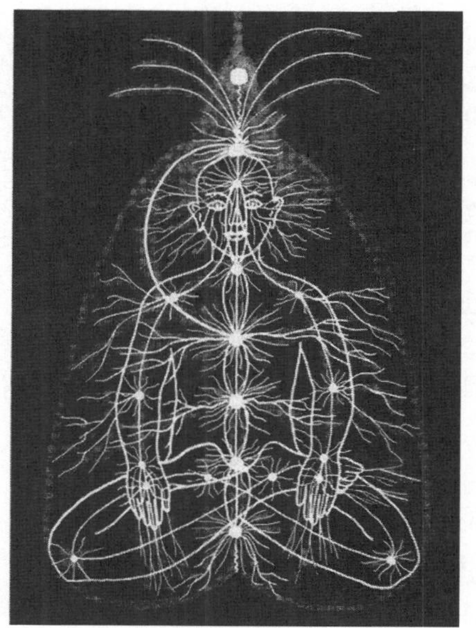

신체를 지탱하는 미세 에너지 통로망(나디)

N

몇몇 요긴yogin들은 콧구멍과 눈, 귀를 막는 '여섯 구멍 결인'(산 무키-무드라ṣaṇ-mukhī-mudrā)으로 알려진 행법을 수행한다.

나다는 문자로는 성스러운 음절 옴Oṃ과 마찬가지로 반달 또는 반원(아르다-찬드라ardha-candra)으로 나타낸다.(옴에 대한 삽화 참조)

nāda-anusaṃdhāna(나다-아누산다나, [연성]**nādānusaṃdhāna**나다누산다나)

'[내면의] 소리 배양'이라는 뜻이다. 나다-우파사나(♯ nāda-upāsana, [연성]nādopāsana나도파사나), 즉 '소리를 통한 경배'라고도 불린다. 『하타-요가-프라디피카』*Haṭha-Yoga-Pradīpikā*(4. 66)에 따르면 이것은 의식의(mental) 용해(라야laya)를 성취하는 주요 수단이다. 이 수행법은 네 단계(아바스타avasthā 참조)로 되어 있다고 한다.

Nāda-Bindu-Upaniṣad(나다-빈두-우파니샤드, [연성]**Nādabindūpaniṣad**나다빈두파니샤드)

요가-우파니샤드Yoga-Upaniṣad 중 하나이다. 단 53송으로만 되어 있는 이 문헌은 베단타Vedānta에 기초한 나다-요가Nāda-Yoga를 설명하고 있다. 내면의 소리(나다nāda)는 요긴yogin이 현상 세계라는 대양을 넘어갈 수 있도록 해주는 운송 수단이라고 언급한다.(31ff.) 이것은 모든 외적 소음을 차단하여서 마음을 집중시킨다. 바이슈나비-무드라vaiṣṇavī-mudrā를 수행하도록 권한다. 이 요가Yoga의 궁극적 목적은 육체적 신체를 버린 뒤에 수반되는 해탈이다.

nāda-sphuṭatva(나다-스푸타트와)

'[내면의] 소리의 폭발'이라는 뜻이다. 『하타-요가-프라디피카』*Haṭha-Yoga-Pradīpikā*(2. 78)에 성취의 징표 중 하나로 언급되어 있다.

⇒ 나다nāda도 참조.

Nāda-Yoga(나다-요가)

요가-우파니샤드Yoga-Upaniṣad들에 나타나는 탁월한 가르침이다. 이것은 『마이트라야니야-우파니샤드』*Maitrāyaṇīya-Upaniṣad*(6. 22)에서 이미 직접적으로 언급되어 있다. 거기서는 귀에 엄지손가락을 얹고 심장 안의 소리(샤브다śabda)를 듣는 사람에 대해 말하고 있다. 미세한 소리(나다nāda)가 들리게 되었을 때 이것을 심장 근육의 박동 소리나 귀에서 울리는 소리와 혼동해서는 안 된다. 카비르Kabīr는 이 수행을 수라티-샤브다-요가♯ surati-śabda-yoga라고 말했다. 이 표현은 라다스와미Rādhāsvāmi 학파에 의해 유지되어 오고 있다.

⇒ 요가Yoga도 참조.

nāḍī(나디)

'도관', '통로', '정맥' 또는 '동맥'이라는 뜻이다. 혈액을 운반하는 정맥이나 동맥으로 된 어떤 것이다. 또한 생기(프라나prāṇa)가 속에서 또는 따라서 순환하는 미세한(수크슈마sūkṣma) 통로들로 된 어떤 것이기도 하다. 더 정교한 해설에서는 나디nāḍī들을 심신 에너지의 흐름 패턴으로 이해한다. 나디에 대한 다른 전문용어들은 히타(hitā; '유익한')와 시라(♯ sirā; '흐름')이다.

『트리-쉬키-브라마나-우파니샤드』*Tri-Śikhi-Brāhmaṇa-Upaniṣad*(2. 76)에서 우리에게 확언하는 것처럼 그것들은 사실상 무수하지만, 그 숫자는 일반적으로 7만 2천 개로 주장된다. 『쉬바-상히타』*Śiva-Saṃhitā*(2. 13)에서는 모두 합쳐서 3십5만 개의 나디가 있다고 주장한다. 일부 저작에서는 72개의 나디가 특히 중요하다고 말하지만, 대부분은 단지 10개, 12개 또는 14개의 명칭만을 언급한다. 그와 같이 『다르샤나-우파니샤드』*Darśana-Upaniṣad*(4. 6ff.)에 따르면 14개의 주요한 생기 통로들이 있다. 그것들은 수슘나suṣumṇā, 이다iḍā, 핑갈라piṅgalā, 사라스와티sarasvatī, 푸샤pūṣā, 바루나Varuṇa, 하스티-지와hasti-jihvā, 야샤스위니yaśasvinī, 알람부샤alambuṣā, 쿠후kuhū, 비슈와-우다라viśva-udara, 파야스위니payasvinī, 샹키니śaṅkhinī, 간다라gāndhāra이다.

『브리하다란야카-우파니샤드』*Bṛhadāraṇyaka-Upaniṣad*(4. 2. 3)와 『찬도기야-우파니샤드』*Chāndogya-Upaniṣad*(8. 6. 6)에 기록되어 있는 초기 전통에서는 심장에 있는 101개의 나디에 대해 말한다. 『카타-우파니샤드』*Kaṭha-Upaniṣad*(6. 16)에서는 이 101개의 통로 중 오직 하나만

N

이 정수리에 이르고 불사로 이끈다고 한다. 이러한 가르침은 일부 요가-우파니샤드Yoga-Upaniṣad들에 되풀이된다. 그러므로 『요가-쉬카-우파니샤드』*Yoga-Śikhā-Upaniṣad*(6. 5)에서는 머리까지 뻗어 있는 나디를 파라-나디♯para-nāḍī라고 밝혔고, 이것은 다른 명칭으로는 수슘나-나디suṣumṇā-nāḍī로 알려져 있다.

생기의 수많은 통로 중 세 가지는 특별한 비의적 중요성을 가지고 있다. 이 셋은 수슘나-나디로 불리는 중앙 통로와 빙 두르는 방식으로 그것을 나선형으로 휘감는 두 통로이고, 후자의 둘은 이다-나디iḍā-nāḍī와 핑갈라-나디piṅgalā-nāḍī로 알려져 있다.

『바라하-우파니샤드』*Varāha-Upaniṣad*(5. 28)에서는 12개의 주요 통로를 중앙에 나비-차크라nābhi-cakra가 있는 '여러 색상으로 된 천'으로 서술한다. 14개의 주요 나디를 인정하는 『샨딜리야-우파니샤드』*Śāṇḍilya-Upaniṣad*(1. 4. 11)와 『요가-야갸발키야』*Yoga-Yājñavalkya*(4. 46)에서는 이 통로들의 그물망을 아슈왓타♯aśvattha, 즉 인도 보리수에 비유한다. 모든 나디는 '구근'(칸다kanda)에서 비롯된다고 한다. 가장 중요한 것은 그것들을 개아(psyche, 지바jīva)의 장소라고 생각한다는 것이다.

『라구-요가-바시슈타』*Laghu-Yoga-Vāsiṣṭha*(6. 9. 111)에서는 나디들이 덩굴식물처럼 신체를 속박한다고 말한다. 그러나 이는 그것들이 불순물(말라 I mala)로 채워져 있는 한에서만 진실이다. 그 경우에 생기(프라나)는 그것들 속에서 자유롭게 순환할 수 없고, 특히 중앙 통로로 들어갈 수 없다. 그러므로 나디들의 정화를 위해서 수행할 것을 요긴yogin에게 권한다. 『샨딜리야-우파니샤드』(1. 7. 1)에서는 단 3개월의 수행 이후에 성과를 낸다고 약속한다.

⇒ 아므리타-나디amṛta-nāḍī, 차투르다샤-나디caturdaśa-nāḍī, 드위삽타티사하스라-나디dvisaptatisahasra-nāḍī, 나디-쇼다나nāḍī-śodhana, 나디-슛디nāḍī-śuddhi, 라카-나디rākā-nāḍī도 참조.

nāḍī-cakra(나디-차크라)

'통로들의 바퀴'라는 뜻이다. 생기 에너지의 전체 도관(나디nāḍī)들의 망이다. 또한 '심장의 연꽃'(♯hṛdaya-puṇḍarīka, 흐리트-파드마hṛt-padma 참조)이기도 하다.

nāḍī-śodhana(나디-쇼다나)

'통로들의 정화'라는 뜻이다. 고급의 호흡 조절법(프라나야마prāṇāyāma)의 핵심적 전제 조건이다. '뱀의 힘'(쿤달리니-샤티kuṇḍalinī-śakti)을 깨우기 위한 상급 호흡 수행과 기법 들은 나디nāḍī들이 완전하게 정화되지 않는 한 위험하다. 『게란다-상히타』*Gheraṇḍa-Saṃhitā*(5. 36)에 따르면 정화 수행법들은 두 가지 기본적 유형, 사마누samanu와 니르마누nirmanu로 되어 있다. 전자는 '종자-만트라', 즉 비자-만트라bīja-mantra를 수단으로 하고 사실상 더 상급의 명상(meditation)이고 호흡 수행법이다. 후자는 여섯 가지 '청소'(다우티dhauti) 수행법이다. 이것은 사마누 수행을 하기 전에 해야만 한다. 사마누의 진전을 위해서 수행자는 연화좌(파드마-아사나padma-āsana)를 취하고 스승(구루guru)을 자신의 심장에 모시고서 풍風 요소의 '종자' 음절 얌yaṃ을 숙고해야만 한다. 이 수행은 다음의 단계들을 가지고 있다. (1)얌 소리를 16번 반복하는 동안 왼쪽 콧구멍으로 들이쉰다. (2)64번 반복하는 동안 숨을 참는다. (3)32번 반복하는 동안 오른쪽 콧구멍으로 천천히 내쉰다. (4)'불'(아그니 I agni)을 배꼽 부위로부터 심장을 향하여 상승시킨다. (5)화火 요소의 '종자' 음절 람raṃ을 16번 반복하는 동안 오른쪽 콧구멍으로 숨을 들이쉰다. (6)64번 반복하는 동안 숨을 보유한다. (7)32번 반복하는 동안 왼쪽 콧구멍을 통해서 내쉰다. (8)'종자' 음절 탐thaṃ을 16번 반복하는 동안 코끝에 있는 '달'(찬드라candra)의 빛나는 반영에 대해 숙고하면서 왼쪽 콧구멍으로 들이쉰다. (9)'달'로부터 흘러내리는 '감로'(아므리타amṛta)에 대해 숙고하면서 64번 반복하는 동안 숨을 보유한다. (10)음절 람laṃ을 32번 반복하는 동안 오른쪽 콧구멍으로 내쉰다.

『하타-요가-프라디피카』*Haṭha-Yoga-Pradīpikā*(1. 39)에 따르면 나디들은 성취된 자세(달인좌, 싯다-아사나siddha-āsana)의 규칙적인 수행에 의해서 정화된다. 그러나 이 문헌(2. 7ff.)에서는 또한 교호 호흡의 한 형태도 권한다. 『다르샤나-우파니샤드』*Darśana-Upaniṣad*(5. 10)에서

N

는 수행자가 교호 호흡을 수행해야만 한다고 규정하는 한편, 은둔하면서 3~4일 동안 하루에 3~4회 수행해야만 한다고 한다.

⇒ 나디-숫디 nāḍī-śuddhi도 참조.

nāḍī-śuddhi(나디-숫디)

'나디 nāḍī의 정화'라는 뜻이다. 때로 나디-쇼다나 nāḍī-śodhana와 동의어로 사용되지만, 엄격히 말하자면 정화가 끝난 상태를 가리킨다. 나디 체계가 정화되었다는 표식 중에는 신체의 가벼움(라가바 lāghava), 복부에서 타오르는 '불'의 증가, 내면의 소리(나다 nāda)의 나타남이 있다.

⇒ 치나 cihna도 참조.

nāga(나가)

'뱀'이라는 뜻이다. 생기 에너지, 즉 우파프라나 upaprāṇa의 부차적 유형 중 하나이다. 대부분의 문헌들에서는 이것을 트림과 구토의 기능을 하는 것으로 기술한다. 『싯다-싯단타-팟다티』*Siddha-Siddhānta-Paddhati*(1. 68)에 따르면 모든 팔다리에 나타나고 움직임과 배출을 책임진다.

N

Nāgārjuna(나가르주나)

이 이름을 가진 달인이 최소 네 명은 있었던 것 같다. 가장 최초의 나가르주나 Nāgārjuna는 2세기에 살았던 불교의 중관(中觀, ♯Mādhyamika) 철학자로 유명했다. 둘째 나가르주나는 탄트라 Tantra의 연금술을 수행했지만 그가 저술한 문헌은 남아 있지 않은 7~8세기의 동명이인이다. 그는 주로 화학적 혼합물보다 약초에 더 관심이 있었다. 셋째의 동명이인은 9세기에 살았고 널리 알려져 있는 연금술 저작인 『요가-샤타카』♯*Yoga-Śataka*('요가에 대한 1백 개')를 저술하였다. 넷째 나가르주나는 12~13세기에 속하는 바스카라 Bhāskara와 연관되어 있다. 그렇지 않다면 토착 전통의, 장수한 오직 한 명의 나가르주나만이 존재했다는 주장이 올바를 것이다.

Nāgoji Bhaṭṭa(나고지 밧타; 16세기 후반)

나게샤 Nāgeśa로도 알려진 힌두 Hindu의 가장 위대한 학자 중 한 명이다. 그는 베단타 Vedānta에 대한 순한 원작의 저자이며 『요가-수트라』*Yoga-Sūtra*에 방대한 주석과 짧은 주석(각각 『브리하티』♯*Bṛhatī*와 『라그비』♯*Laghvī*)을 달기도 했다.

Nālāyira-Divya-Prabandham(날라위라-디비야-프라반담)

⇒ 디비야-프라반담 Divya-Prabandham 참조.

Nāmadeva(나마데바; 1270~1350)

갸나데바 Jñānadeva와 동시대인으로 그의 저작을 계속 연구했다. 전통적인 이야기에 따르면 젊은 시절 나마데바 Nāmadeva는 노상 강도였다. 그는 자신이 죽였던 남자의 미망인의 눈물을 보고 정신을 차렸다. 개심한 후에 그는 중세 박티 bhakti 운동의 위대한 주창자 중 한 명이 되었다. 그는 수많은 교훈적 시(아방가 abhaṅga)를 남겼다.

⇒ 에카나타 Ekanātha, 가히니나타 Gahinīnātha도 참조.

nāma-rūpa(나마-루파)

'이름[과] 형태'라는 뜻이다. 현상적 우주를 나타내는 베단타 Vedānta의 어구이다. 그것은 정신적(mental) 구성물(상칼파 saṃkalpa)이므로 참실재와는 다르다. 그것은 괴테 Goethe가 'Schall und Rauch'(소리와 연기)로 시적으로 표현했던 극히 평범한 실재이다. 참궁극은 이름이 없고 형태가 없다.

⇒ 현현(appearance), 우주(cosmos)도 참조.

[비교] 이름(name).

Nānak(나나크; 1469~1539)

시키즘 Sikhism의 열 명의 구루 guru 중 첫째 구루이다. 그는 즉흥적으로 쉽고 아름다운 노래로 자신의 추종자들을 가르쳤다. 그의 가르침은 힌두 Hindu의 헌신주의(박티 bhakti)와 무슬림의 수피즘 Sufism을 통합한 것이다. 그에게는 힌두도 무슬림도 없었고 신성한 진리만 있었다. 시크 전통에 따르면 나나크Nānak는 30세에 3년간 모습을 감추었다. 그리고 이 시기에 그는 신 앞에 있었는데, 신은 그에게 인류에게 기도하는 법을 가르치고 신(divine)의 이름을 찬양하고 자비·목욕·봉사를 수행함으로써 모든 이에게 모범이 되어야 할 임무를 맡겼다.

Nārada(나라다)

나라다Nārada의 역사성을 전체적으로 의심할 설득력 있는 근거들이 없기 때문에, 의심하지 않는다면 이 이름을 쓰는 개인들이 여러 명 있었을 것으로 추정된다. 나라다라 불리는 현자는 이미 『아타르바-베다』*Atharva-Veda*(5. 19. 9)에, 그리고 고대의 『찬도기야-우파니샤드』*Chāndogya-Upaniṣad*(7. 1ff.)에 재차 언급되어 있다. 이 나라다는 이를 테면 『마하바라타』*Mahābhārata*와 많은 푸라나Purāṇa들에서 상당히 두드러지게 중시되었던 성자이거나 또는 현존하는 두 권의 『박티-수트라』*Bhakti-Sūtra* 중 하나를 저술했던 나라다와 동일 인물인 것 같지는 않다.

Nārada-Parivrājaka-Upaniṣad(나라다-파리브라자카-우파니샤드, [연성]**Nāradaparivrājakopaniṣad**나라다파리브라자코파니샤드)

산니야사-우파니샤드Saṃnyāsa-Upaniṣad 문헌군 중에서 가장 광범위한 문헌이다. 1200년경에 성립된 것으로 추정된다. 이 문헌에서는 여섯 부류의 고행자, 즉 쿠티차카♯kuṭīcaka, 바후다카♯bahūdaka, 항사haṃsa, 파라마-항사parama-haṃsa, 투리야-아티타turīya-atīta, 아바두타avadhūta를 말한다.(5. 11ff.) 마지막 두 부류만이 참자아의 '홀로 있음'(독존獨存, 카이발리야kaivalya)을 향수한다고 한다. 이 저작(5. 26)은 요가Yoga와 상키야Sāṃkhya 문헌들에서 규정한 수행법들의 가치를 매도하지만, 제6장에서는 요긴yogin으로서 '베단타Vedānta를 아는 자'♯vedānta-vid에 대해 말한다. 이 문헌의 요가는 불이론不二論의 변형임이 분명하다.

Nāradeva(나라데바)

『하타-요가-프라디피카』*Haṭha-Yoga-Pradīpikā*(1. 8)에 하타-요가Haṭha-Yoga의 달인 중 한 명으로 언급되어 있다.

Nāraka(나라카)

'사람과 관련 있는'이라는 뜻이다. 나라nara+접미사 카ka로 만들어졌다. 지옥이다. 지옥에 대한 언급은 고대의 『리그-베다』*Ṛg-Veda*(7. 104. 등)에서 이미 발견되지만, 이것이 수반하는 것에 대한 최초의 선명한 그림은 우파니샤드Upaniṣad들에서 설명된다. 『요가-바쉬야』*Yoga-Bhāṣya*(3. 26)에서는 일곱 지하 세계를 언급할 때 대중적 관념들을 반영한다. 이들은 오름차순으로 다음과 같다. 아비치(avīci; '변화가 없는 [즉 고정된] 것'), 마하-칼라(♯mahā-kāla; '큰 죽음/암흑'), 암바리샤(♯ambarīṣa; '프라이팬'), 라우라바(♯raurava; '[악령] 루루ruru와 관련 있는 것'), 마하-라우라바(♯mahā-raurava; '위대한 루루와 관련 있는 것'), 칼라-수트라(♯kāla-sūtra; '죽음/암흑의 실'), 안다타-미슈라(♯andhatā-miśra; '짙은 어둠'). 이 명칭들은 각각의 지옥 같은 지역들이나 존재의 상태들을 특징짓는 우세한 요소에 의해 부분적으로 설명된다.

이 지역들에서 창조물은 다른 생들에서 자신들이 한 행위의 결과(카르마karma 참조)들을 경험한다.

⇒ 우주(cosmos), 파탈라pātāla도 참조.

[비교] 스와르가svarga.

nāraka-dvāra(나라카-드와라)

'지옥의 문'이라는 뜻이다. 『바가바드-기타』*Bhagavad-Gītā*(16. 21)에서는 세 개의 지옥 문, 즉 욕망(카마kāma), 분노(크로다krodha), 탐욕(로바lobha)에 대해 언급한다.

Nārāyaṇa(나라야나)

'사람의 거처'라는 뜻이다. 비슈누Viṣṇu의 많은 이름 중 하나이다.

Nārāyaṇakaṇṭha(나라야나칸타)

비디야칸타Vidyākaṇṭha의 아들이자 샤쉬카라Śaśikara의 손자인 카슈미르Kashmir의 샤이바Śaiva이다. 그는 자신이 인용한 웃팔라데바Utpaladeva보다 후대에 살았다. 그는『므리겐드라-탄트라』Mṛgendra-Tantra에 대한 주석인『브릿티』ᶠ Vṛtti를 저술하였다.

Nārāyaṇa Tīrtha(나라야나 티르타; 14세기경)

위대한 베단타Vedānta 학자이다.『요가-수트라』*Yoga-Sūtra*에 대한 두 권의 주석, 즉『수트라-아르타-보디니』*Sūtra-Artha-Bodhinī*와『요가-싯단타-찬드리카』*Yoga-Siddhānta-Candrikā*의 저자이다. 거기서 그는 특히 헌신의 수행, 즉 박티-요가Bhakti-Yoga를 묘사하면서 베단타의 관점으로 고전 요가(Classical Yoga)를 해석한다.

nāsā(나사)

'코'라는 뜻이다. 집중(concentration)을 위한 장소(데샤 deśa) 중 하나이다.

nāsā-agra-dṛṣṭi(나사-아그라-드리슈티, [연성]**nāsāgradṛṣṭi**나사그라드리슈티)

'코끝 응시'라는 뜻이다. 다양한 요가Yoga 자세(아사나āsana)와 명상(meditation) 수행을 위한 예비 행법이다.

N

나사-아그라-드리슈티
코끝을 집중적으로 응시하는 요가 기법

nātha(나타)

'주'主라는 뜻이다. 나타 컬트Nātha cult의 달인들과 칸파타Kānphaṭā 교단의 구성원들, 특히 맛시옌드라 Matsyendra와 고라크샤 I Gorakṣa을 구별 짓는 명칭이다.

⇒ 나바-나타nava-nātha도 참조.

Nātha cult(나타 컬트) 또는 **Nāthism**(나티즘)

샤이바Śaiva 탄트라Tantra의 보다 큰 전통 내에 있는 한 전통이다. 기원은 명확하지 않지만 나티즘Nāthism은 싯다 컬트Siddha cult의 특별한 한 국면으로 올바르게 기술되어 왔다. 이 컬트의 구성원들은 신체의 성변화聖變化를 열망했다. 하타-요가Haṭha-Yoga가 발달하게 된 것은 나타 컬트Nātha cult 내에서였다. 이 유파의 가장 뛰어난 두 달인은 맛시옌드라Matsyendra와 그의 제자 고라크샤 I Gorakṣa이다. 북인도는 '아홉 주主'(나바-나타 nava-nātha)의 전통에 대해 알고 있다. 여러 명단에서 각각 다른 사람들의 이름들을 언급하고 있다. 가장 잘 알려진 명단에서는 맛시옌드라, 고라크샤, 차르파타Carpaṭa, 망갈라Maṅgala, 구고Ghugo, 고피Gopī, 프라나 Prāṇa, 수라타Sūrata, 참바나Cambana의 이름을 열거하고 있다.

이 전통의 성공은 부분적으로는 자신의 스승들이 카스트(caste)의 장벽들을 인정하기를 거부하였고 불가촉천민과 왕 들이 동등하게 그들의 가르침들을 받아들였기 때문이었다. 시간이 지남에 따라 나티즘 Nāthism의 추종자들은 방적공, 직공, 금속공으로 된 '카스트 없는' 카스트가 되었다.

⇒ 카울라 전통(Kaula tradition)도 참조.

Nāthamuni(나타무니; 10세기경)

남인도 바이슈나바vaiṣṇava 전통에서 최초의 학식 있는 성자이다. 그는 여덟 가지로 된 길(8지支 요가, 아슈타-앙가-요가aṣṭa-aṅga-yoga)의 수행자였고 종종 벌거벗은 채로 돌아다니면서 던져 준 음식을 먹고 생활하였다고 한다. 그가 저술한 문헌 중에는『요가-라하시야』*Yoga-Rahasya*가 있다. 널리 여행했던 이 스승은 열한 명의 수제자를 두었다. 그는 라마누자Rāmānuja의 스승인 야무나차리야Yāmunācārya의 조부였다.

Nāthism(나티즘)

⇒ 나타 컬트Nātha cult 참조.

nāyikā(나위카)
'여자 지도자', '여자 지배자', '여주인'이라는 뜻이다. 탄트라Tantra의 요기니yoginī이다.
⇒ 두티dūtī, 라자키rājakī도 참조.

necessity(불가결한 것 또는 제한)
⇒ 니야티niyati 참조.

nectar(감로)
요가Yoga의 상징주의와 신화에서 아므리타amṛta, 즉 불멸의 감로를 나타낸다. 이것은 달의 감로의 형태로 신체적 상관물을 가진다.

Neem Karoli Baba(님 카롤리 바바; ?~1973)
박티-요가Bhakti-Yoga 전통에서 성자 같은, 기적을 행한 힌두Hindu 구루guru이자 하누마트Hanumat에 대한 열렬한 헌신자였다. 그는 람 다스Ram Dass(일명 리처드 알퍼트Richard Alpert)에 의해 서구에서 유명하게 되었다. '마하라즈-지'Maharaj-ji로 가장 잘 알려진 그는 1958년에 세속을 포기할 때까지 재가자(그리하스타gṛhastha)였다.

neo-Tantrism(네오-탄트리즘)
서구인('뉴에이지'New Age)을 위해 고안된 명칭으로, 비정통적이고 성性과 에로티시즘Eroticism에 주로 초점을 맞춘 탄트라Tantra의 파생어이다.

nescience(무지)
⇒ 아갸나ajñāna, 아비디야avidyā 참조.

neti(네티)
하타-요가Haṭha-Yoga의 '여섯 행위'(샤트-카르만ṣaṭ-karman) 중 하나이다. 『게란다-상히타』*Gheraṇḍa-Saṃhitā*(1. 49)에 따르면 이 수행법은 길이가 9인치인 깨끗한 실을 한쪽 콧구멍 속으로 집어넣어서 입 밖으로 빼내는 것이다. 『하타-라트나발리』*Haṭha-Ratnāvalī*(1. 37)에 따르면 실의 길이가 6비타스타♯vitasta, 즉 54인치이어야만 한다. 이 수행은 점액질 이상을 치료하고 시력을 증진시키며 케차리-무드라khecarī-mudrā 수행을 용이하게 하는 것으로 생각된다. 현대의 요긴yogin들은 가는 고무줄을 사용한다. 예비 수행 또는 대체 방법으로 손이나 네티neti 포트를 사용하여 코로 물을 들이마시는 잘라-네티♯jala-neti가 있다. 의사들은 특히 만성 코막힘으로 고통받는 사람들에게 갈수록 이 수행법을 더 권한다.

neti-neti(네티-네티)
na iti('이것은 아니다')로 이루어져 있다. 초월적 참자아에 대한 긍정적인 표현을 갈구하는 호기심 많은 제자들에게 응답하는, 널리 알려진 우파니샤드Upaniṣad식 대답이다. 참실재에 대해 말할 수 있는 것은 무엇이든지 궁극적 진리가 아니다. 표현들은 모든 정신적(mental) 생각을 초월하는 그것을 가리키는 지시어들일 뿐이다.
⇒ 언어(language)도 참조.

Netra-Tantra(네트라-탄트라)
'[쉬바Śiva의] 눈 탄트라Tantra'라는 뜻이다. 22장으로 구성된 카슈미르Kashmiri의 탄트라 문헌이다. 이 문헌에는 크셰마라자Kṣemarāja의 주석이 있다. 여기서는 예를 들면 요기니(yoginī, 여신)들의 역할에 대해 논한다.

N

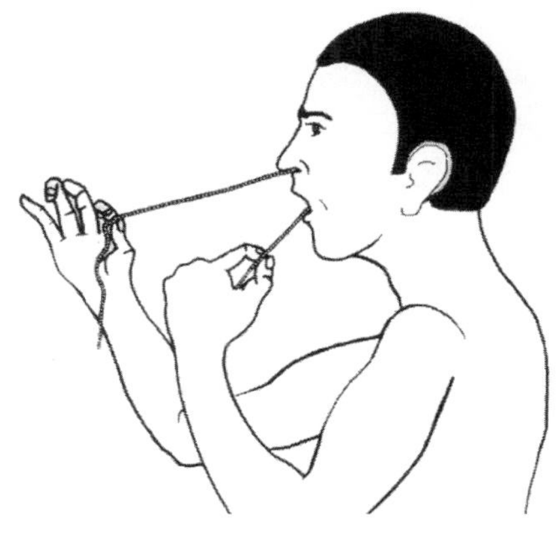
네티. 실(수트라sūtra)을 사용한 부비강 청소

nididhyāsana(니디디야사나)

어근 √dhyai['명상하다'(meditate), '숙고하다'(contemplate)]의 원망형(desiderative)에서 왔다. 디야나dhyāna에 대한 베단타Vedānta 용어이다.

nidrā(니드라)

'수면' 또는 '잠'이라는 뜻이다. 요가Yoga 수행의 가장 큰 적 중 하나로 널리 간리 간주된다. 그래서 종종 결점(도샤doṣa) 중 하나로 열거된다. 『마하바라타』*Mahābhārata*(12. 209. 1)에서는 수행자가 이것을 버려야만 한다고 이미 언급되어 있다. 이 저작의 다른 곳(12. 263. 46)에서는 수면을 욕망(카마kāma), 분노(크로다krodha), 탐욕(로바lobha), 두려움(바야bhaya)과 같은 결점 중 하나로 기술하고 있다.

고전 요가(Classical Yoga)에서 수면은 의식(consciousness)의 다섯 가지 '작용'(브릿티vṛtti) 중 하나로 간주되고 있다. 파탄잘리Patañjali는 그의 저작 『요가-수트라』*Yoga-Sūtra*(1. 10)에서 이것을 다른 정신적(mental) 현상들이 일어나지 않는 것에 대한 경험(프라티야야pratyaya)에 기초하고 있는 그러한 정신 상태로 정의하고 있다. 이는 수면이 일종의 기본적 의식(awareness)이라는 것을 의미한다. 『요가-바쉬야』*Yoga-Bhāṣya*(1. 10)에 따르면 수면이 단순히 의식 활동이 없는 것이 아니라는 것은 잠에서 깨어났을 때 '나는 잘 잤다'는 것을 기억한다는 사실로 증명된다. 『요가-수트라』(1. 38)는 또한 수면에서 파생된 통찰(vision)들은 명상(meditation, 정려精慮, 디야나dhyāna)의 주제가 될 수 있다고 언급한다. 호흡법, 특히 시트-카리-프라나야마♯sīt-kārī-prāṇāyāma와 케차리-무드라khecarī-mudrā를 포함한 다양한 요가 기법은 수면을 제거하는 데 사용될 수 있다.

⇒ 꿈(dreams), 수숩티suṣupti, 스와프나svapna, 요가-니드라yoga-nidrā도 참조.

nidrā-jaya(니드라-자야)

'잠에 대한 정복'이라는 뜻이다. 『싯다-싯단타-팟다티』*Siddha-Siddhānta-Paddhati*(2. 32)에 도덕 훈련(금계, 야마yama) 중 하나로 열거되어 있다.

nigraha(니그라하)

'억제'라는 뜻이다.

⇒ 인드리야-니그라하indriya-nigraha 참조.

niḥsaṅgatā(니상가타)

'비접촉' 또는 '무욕', '무집착'이라는 뜻이다. 『싯다-싯단타-팟다티』*Siddha-Siddhānta-Paddhati*(2. 33)에 자기억제(권계, 니야마niyama) 중 하나로 언급되어 있다. 사교는 일반적으로 요긴yogin의 내적·영적 활동에 해롭다고 느낀다. 집착은 타인과 접촉함으로써 강화되는 경향이 있다.

[비교] 상가II saṅga, 사트-상가sat-saṅga도 참조.

nimeṣa(니메샤)

'[눈을] 감음'이라는 뜻이다. 카슈미르 샤이비즘Kashmiri Śaivism에서 환합環合의 과정이다. 이 과정에 의해서 다양한 대상으로 된 세계는 신(Divine)과 함께 하거나 또는 신 속으로 재흡수 된다. 이 용어는 또한 신 속에 모든 것이 내재한다는 무아경적 의식(awareness)을 의미한다.

[비교] 운메샤unmeṣa.

nimīlana-samādhi(니밀라나-사마디)

'[눈을] 감은 상태의 무아경'이라는 뜻이다. 카슈미르 샤이비즘Kashmiri Śaivism에서 주의가 안으로 향하고 눈을 감는 것(즉 프라티야하라pratyāhāra)이 수반되는 무아경(삼매, 사마디samādhi)의 한 종류이다. 이 수행법은 『비갸나-바이라바』*Vijñāna-Bhairava*(34)에 다음과 같이 언급되어 있다. 눈을 감고♯mīlita-locana 앉아 있는 동안 하위의 마음(마음 감관, 마나스manas)을 두개골(카팔라kapāla)의 내부에 고정시킨 수행자는 확고부동한 마음으로 지고의 통찰력(vision, 라크쉬야lakṣya)을 서서히 알아차려야만 한다.

⇒ 프라티밀라나-사마디pratimīlana-samādhi도 참조.

[비교] 운밀라나-사마디unmīlana-samādhi.

nine(아홉9)

⇒ 나바nava 참조.

N

ninety-six(아흔여섯96)
⇒ 샨나바티 ṣaṇṇavati 참조.

Nirañjana(니란자나)
『하타-요가-프라디피카』*Haṭha-Yoga-Pradīpikā*(1. 7)에 하타-요가Haṭha-Yoga의 달인으로 언급되어 있다.

nirasmitā-samāpatti(니라스미타-사마팟티)
'나의 존재성을 넘어선 일치', 즉 '무아견 등지'無我見 等至라는 뜻이다. 바차스파티 미슈라Vācaspati Miśra가 자신의 저작『탓트와-바이샤라디』*Tattva-Vaiśāradī*(1. 41)에서 사-아스미타-사마팟티 sa-asmitā-samāpatti에 뒤따르는 단계로 제시한 의식 무아경(유상 삼매, 삼프라갸타-사마디 samprajñāta-samādhi)의 한 형태이다. 그러나 영향력 있는 권위자인 비갸나 비크슈Vijñāna Bhikṣu는 자신의 저작인『요가-바룻티카』*Yoga-Vārttika*(1. 41)에서 표현했듯이 무아경(삼매, 사마디)의 기준에 적합한 단계로서 이 형태를 받아들이는 데 반대한다.
⇒ 아스미타asmitā, 사마팟티 samāpatti도 참조.

nirālambana-āsana(니랄람바나-아사나, [연성]nirālambanāsana니랄람바나사나)
'받침이 없는 자세'라는 뜻이다.『하타-라트나발리』*Haṭha-Ratnāvalī*(3. 60)에 다음과 같이 기술되어 있다. 손을 연꽃모양으로 만들고 팔꿈치에 의지하여서 거뜬하게 자신을 들어올려라. 이것은 코브라 자세(부장가-아사나 bhujaṅga-āsana)의 예비 수행으로 보인다.

nirānanda-samāpatti(니라난다-사마팟티)
'환희를 넘어선 일치', '무환희 등지'라는 뜻이다. 바차스파티 미슈라Vācaspati Miśra가 자신의 저작인『탓트와-바이샤라디』*Tattva-Vaiśāradī*(1. 41)에서 언급한 무아경적 깨달음의 단계로 사-아난다-사마팟티 sa-ānanda-samāpatti를 뒤따른다. 그러나 무아경적 경험의 이 단계를 비갸나 비크슈Vijñāna Bhikṣu는 자신의 저작인『요가-바룻티카』*Yoga-Vārttika*(1. 41)에서 분명하게 거부하였다. 요긴yogin이었던 것으로 보이지 않는 바차스파티 미슈라가 니르비타르카-사마팟티 nirvitarka-samāpatti와 니르비차라-사마팟티 nirvicāra-samāpatti에 대한 논리적인 보완물로서 이 유형의 무아경을 고안해 냈을 수 있다.
⇒ 지복 또는 환희(bliss), 사마팟티 samāpatti도 참조

nirbīja-samādhi(니르비자-사마디)
'종자가 없는 무아경', 즉 '무종 삼매'無種 三昧라는 뜻이다. 모든 마음 작용의 완전한 억제(니로다nirodha)의 결과인 지고의 마음(consciousness) 상태를 나타내는 파탄잘리Patañjali의 용어이다. 이 무아경의 상태를『요가-수트라』*Yoga-Sūtra*(1. 51)에서는 '무종자'無種子라고 부른다. 왜냐하면 이 무아경이 '잠재의식의 활성체'(잠세력潛勢力, 상스카라saṃskāra)들로 자신들의 잠재형태 속의 '고통의 원인'(클레샤kleśa)들을 초월하기 때문이다. 그러나『요가-바쉬야』*Yoga-Bhāṣya*(1. 18)에 따르면 이 무아경은 주의를 고정시킬 수 있는 어떠한 객관적 기반(알람바나 ālambana)이 없는 것으로 설명된다. 이 상태는 '초의식 무아경'(무상 삼매,아삼프라갸타-사마디 asamprajñāta-samādhi)으로도 불리지만, 더 정확하게는 그러한 높은 무아경 상태의 마지막 단계, 즉 다르마-메가-사마디 dharma-megha-samādhi를 나타낸다.
⇒ 비자bīja, 사마디 samādhi도 참조.

nirgarbha-prāṇāyāma(니르가르바-프라나야마)
'종자 없는 호흡법'이라는 뜻이다. 때로는 아가르바-프라나야마 agarbha-prāṇāyāma로 나타내기도 한다. 비자-만트라 bīja-mantra 암송을 겸하지 않는 프라나야마 prāṇāyāma이다. 여기서 가르바garbha는 비자bīja와 동의어이다.
[비교] 사가르바-프라나야마 sagarbha-prāṇāyāma, 사히타-쿰바카 sahita-kumbhaka.

nirguṇa(니르구나)
'속성이 없는', '무속성無屬性의' 또는 '완전무결한'이라는 뜻이다. 속성(구나guṇa), 즉 우주(cosmos)의 주된 구성 요소들을 초월해서 영원히 머무는 초월적 참실재에 적용된다. 현상 세계는 그와 대조적으로 '속성이

N

있는(즉 유속성有屬性의)', 바꿔 말해서 사구나♯saguṇa라고 한다.

nirguṇa-brahman(니르구나-브라만)

'속성이 없는(즉 무속성無屬性의) 절대자'라는 뜻이다. 속성이 없는 것으로 간주될 수 있는 궁극적 참실재이다.(네티-네티 neti-neti 참조)

[비교] 사구나-브라만 saguṇa-brahman, 샤브다-브라만 śabda-brahman.

nirlipta(니를립타)

'더럽혀지지 않은', '순결한'이라는 뜻이다. 때로는 '무오염'無汚染 또는 '순수'이다. 『게란다-상히타』*Gheraṇḍa-Saṃhitā*(1. 9)에 따르면 일곱 가지 수행(삽타-사다나 sapta-sādhana)의 일곱째 구성 요소이다.

⇒ 샤우차śauca도 참조.

nirmanu(니르마누)

⇒ 나디-쇼다나nāḍī-śodhana 참조.

N

nirmāṇa-citta(니르마나-칫타)

'창조된 의식(consciousness)'이라는 뜻이다. 『요가-수트라』*Yoga-Sūtra*(4. 4)에 나오는 이 용어는 전통적으로 '인위적으로 창조된 마음'이라는 의미로 해석된다. 그러나 이것은 '개별화된 의식'을 나타내는 보다 더 철학적인 의미가 있는데, 이 의식은 '순수하게 나의 존재성뿐'(유아견有我見, 아스미타-마트라asmitā-mātra)의 존재론적 원리(탓트와tattva)에서 전개된다.

⇒ 칫타citta도 참조.

nirmāṇa-kāya(니르마나-카야)

'창조된 신체'라는 뜻이다. 마하야나 붓디즘(♯Mahāyāna Buddhism, 금강승 불교)에서 붓다Buddha의 이 세상에서의 신체이다. 그러나 요가Yoga에서 이 용어는 『마하바라타』*Mahābhārata*(12. 289. 26)의 다음과 같은 송에서 분명히 드러나듯이 마법적 능력(싯디siddhi)을 나타낸다. "오, 바라타Bhārata의 황소여. 힘(발라bala)을 획득한 요가의 [신봉자는] 스스로 수천 개의 신체를 만들 것이다. 그리고 그는 그들 모두와 함께 이 지상을 돌아다닐 것이다." 『탓트와-바이샤라디』*Tattva-Vaiśāradī*(3. 18)에서는 달인 아바티야Avatya를 자신의 요가적 능력들을 사용해서 스스로 '인공적' 신체를 창조한 달인의 본보기로 언급한다.

⇒ 초심리학(parapsychology)도 참조.

nirodha(니로다)

'억제', '통제'라는 뜻이다. 고전 요가(Classical Yoga)에서는 마음 작용(consciousness)에 대한 네 가지 수준의 억제가 인정된다. (1)브릿티-니로다♯vṛtti-nirodha. '[마음] 작용(브릿티 vṛtti)들에 대한 억제'로, 명상(meditation, 정려精慮, 디야나 dhyāna)에 의해 성취된다. (2)프라티야야-니로다♯pratyaya-nirodha. '나타난 관념(표상, 프라티야야pratyaya)에 대한 억제'로, 의식 무아경(유상 삼매, 삼프라갸타-사마디 samprajñāta-samādhi) 수준에서 성취된다. (3)상스카라-니로다(♯saṃskāra-nirodha). '[잠재의식의] 활성체(잠세력潛勢力, 상스카라 saṃskāra)들에 대한 억제'로, 초의식 무아경(무상 삼매, 아삼프라갸타-사마디 asamprajñāta-samādhi) 수준에서 발생한다. (4)사르바-니로다♯sarva-nirodha. '완전한 억제'로, '다르마dharma 구름의 무아경'(법운法雲 삼매, 다르마-메가-사마디 dharma-megha-samādhi)의 깨달음과 동시에 일어난다. 또한 니로다nirodha라는 용어는 때로 쿰바카kumbhaka와 동의어로도 사용된다.

nirvāṇa(니르바나)

'열반' 또는 '해탈'이라는 뜻이다. 이 용어는 일반적으로 불교와 연관되는데, 거기서 이것은 모든 욕망의 멈춤, 즉 깨달음과 아주 밀접한 상태를 나타낸다. 그러나 이 용어는 일부 요가Yoga유파에서 사용되기도 한다. 그러므로 이를 테면 『바가바드-기타』*Bhagavad-Gītā*(2. 72)에서는 이미 요긴yogin이 '절대자 안에서 열반하는 것'(브라마-니르바나 brahma-nirvāṇa)이라고 말한다. 『기타』*Gītā*(6. 19)에는 또한 다음과 같은 관련 송이 있다. "'바람 없는 [장소]에 있는 등불이 흔들리지 않는 것처럼', 마음(칫타citta)을 제어한 요긴이 자아를 [초월적 참자아와] 합일(요가)하는 수행을 할 [때]를 상기하면 그와 같다."

nirvāṇa-cakra(니르바나-차크라)

'열반의 바퀴'라는 뜻이다. 사하스라라-차크라sahasrāra-cakra와 동의어이다. 이 심령 에너지 센터(차크라cakra)의 구체적인 위치는 중앙 통로(수숨나-나디suṣumṇā-nāḍī)의 위쪽 끝점이다. 이곳은 '브라만brahman의 틈새'(브라마-란드라brahma-randhra)로도 알려져 있다.

nirvāṇa-kalā(니르바나-칼라)

'뱀의 힘'(쿤달리니-샤티kuṇḍalinī-śakti)의 세 면 중 하나이다. 『샤트-차크라-니루파나』*Ṣaṭ-Cakra-Nirūpaṇa*(47)에 따르면 이것은 아마-칼라amā-kalā 내에 위치하고 머리카락 끝의 1천분의 1[의 크기]와 거의 같으며 '일제히 비추는 모든 태양의 광휘만큼' 빛난다.

[비교] 니르바나-샤티nirvāṇa-śakti.

nirvāṇa-śakti(니르바나-샤티)

'뱀의 힘'(쿤달리니-샤티kuṇḍalinī-śakti)의 세 면 중 가장 높은 것이다. 이것은 초월적인 씨앗점♯para-bindu 안에 위치한 신성한 힘이다. 『샤트-차크라-니루파나』*Ṣaṭ-Cakra-Nirūpaṇa*(48)에서는 이것을 "1천만 개의 태양처럼 빛나"고 "진리에 대한 지식♯tattva-bodha을 성자들의 마음에 자비롭게 전달하는 세 세계(삼계)의 어머니"라고 말한다. 그것의 내부에는 "영원히 흐르는 사랑♯prema의 시내"가 있다.

[비교] 아마-칼라amā-kalā, 니르바나-칼라nirvāṇa-kalā.

nirvicāra-samāpatti(니르비차라-사마팟티)

'초숙고 일치', 즉 '무사 등지'無伺 等至라는 뜻이다. 고전 요가(Classical Yoga)에서 의식 무아경(유상 삼매, 삼프라갸타-사마디samprajñāta-samādhi)의 형태 중 하나이다. 이 무아경 상태에는 '숙고 일치'의 상태(유사 등지有伺 等至, 사비차라-사마팟티savicāra-samāpatti)를 특징짓는 '숙고'(사伺, 비차라vicāra)라고 불리는 사고적 요소들이 없다. 그러므로 이 상태는 보다 높은 층위에서 니르비타르카-사마팟티nirvitarka-samāpatti에 상응한다.

⇒ 사마디samādhi, 사마팟티samāpatti도 참조.

nirvicāra-vaiśāradya(니르비차라-바이샤라디야)

'초숙고 명료' 또는 '초숙고 명석'(무사 명석無伺 明晳)이라는 뜻이다. 니르비차라-사마팟티nirvicāra-samāpatti의 정점이다. 『요가-수트라』*Yoga-Sūtra*(1. 47)에 따르면 이것은 아디야트마-프라사다adhyātma-prasāda로 알려진 내적 존재의 완전한 청정 상태와 매우 유사하다.

nirvikalpa-samādhi(니르비칼파-사마디)

'분별 없는 무아경', '무상 삼매'無想 三昧라는 뜻이다. 고전 요가(Classical Yoga)의 초의식 무아경(무상 삼매, 아삼프라갸타-사마디asamprajñāta-samādhi)에 상당하는 베단타Vedānta 용어이다. 『라구-요가-바시슈타』*Laghu-Yoga-Vāsiṣṭha*(5. 10. 81)에서 말하듯이 이 상태는 잠재의식의 모든 흔적(바사나vāsanā)들을 제거하여서 해탈로 이끈다. 『만달라-브라마나-우파니샤드』*Maṇḍala-Brāhmaṇa-Upaniṣad*(5. 2)에 따르면 이 무아경 상태의 경험은 소변, 대변, 수면을 줄어들게 한다.

⇒ 사마디samādhi도 참조.

[비교] 사비칼파-사마디savikalpa-samādhi.

nirvitarka-samāpatti(니르비타르카-사마팟티)

'초사고 일치', '무심 등지'無尋 等至라는 뜻이다. 모든 사고(심尋, 비타르카vitarka)가 그치는 의식 무아경(유상 삼매有想 三昧, 삼프라갸타-사마디samprajñāta-samādhi)의 형태 중 하나이다. 이것은 '사고 일치'의 무아경 상태(유심 등지有尋 等至, 사비타르카-사마팟티savitarka-samāpatti)에 뒤따르고 니르비차라-사마팟티nirvicāra-samāpatti와 유사하다.

⇒ 사마디samādhi, 사마팟티samāpatti도 참조.

niścaya(니슈차야)

'결정'이라는 뜻이다. 『하타-요가-프라디피카』*Haṭha-Yoga-Pradīpikā*(1. 16)에 따르면 요가Yoga의 성공에 도움이 되는 요소 중 하나이다.

N

niśvāsa(니슈와사)

'[잘못된] 호흡'이라는 뜻이다. 『만달라-브라마나-우파니샤드』*Maṇḍala-Brāhmaṇa-Upaniṣad*(2. 1)에 언급된 결점(도샤doṣa) 중 하나이다. 이것은 짐작건대 보통 사람의 얕고 불규칙한 호흡을 나타내는 것인데, 이 호흡은 호흡 조절(프라나야마 prāṇāyāma)을 통해서 교정되어야만 한다.

niṣadana(니샤다나)

'자리', '좌석' 또는 '앉기'라는 뜻이다. 아사나āsana와 동의어로 드물게 쓰인다.

niṣkala(니슈칼라)

'나뉘지 않은'이라는 뜻이다. 아칼라akala와 동의어이다.

niṣkāma-karman(니슈카마-카르만)

⇒ 나이슈카르미야-카르만naiṣkarmya-karman 참조.

N

niṣpatti-avasthā(니슈팟티-아바스타, [연성]niṣpattyavasthā니슈팟티야바스타)

'성숙함의 상태'라는 뜻이다. 요가Yoga 길의 넷째이자 마지막 단계(아바스타avasthā)이다. 『바라하-우파니샤드』*Varāha-Upaniṣad*(5. 75)에서는 이 단계의 영적 성취를 얻은 요긴yogin은 '자발성의 요가'♯sahaja-yoga에 의해 '생해탈'(지반-묵티jīvan-mukti)의 결실을 거둔다고 말한다. 『쉬바-상히타』*Śiva-Saṃhitā*(3. 66)에서 영적 성숙함은 점진적인 수행에 의해 도달된다고 특기한다. 『하타-요가-프라디피카』*Haṭha-Yoga-Pradīpikā*(4. 76f.)에는 다음과 같은 송이 있다.

> [아갸-차크라 ājñā-cakra에 위치한] 루드라의 결절(루드라-그란티 rudra-granthi)을 뚫은 생기 에너지는 절대자(즉 주主)의 자리에 도달한다. 그때 플루트와 같은 소리나 루트의 소리를 듣게 된다.
>
> 마음이 하나♯ekī-bhūta로 되었을 때 이것을 라야—요가Laya-Yoga라고 부른다. 이때 요긴 은 [온 세상을] 창조 · 파괴할 수 있는 주(이슈와라 Īśvara)와 동등하게 된다.

Nityananda, Bhagawan(바가완 니티야난다; 1961년 사망)

카슈미르 샤이비즘Kashmiri Śaivism의 달인이다. 스와미 묵타난다Muktananda의 스승이다. 출생일은 알려져 있지 않지만, 그는 12세 초반에 포기자(산니야신 saṃnyāsin)의 삶을 시작했다. 남인도에서 태어난 그는 어릴 때 히말라야Himalaya에서 방랑하면서 보냈고 위대한 영적 달인, 치유자, 기적을 행하는 자로 명성을 얻었다. 여러 해 동안 그는 나무에서 살았는데, 돌아다니지 않을 때는 동굴에서 살았다. 생애의 마지막 25년 동안은 바가완 니티야난다Bhagawan Nityananda를 봄베이Bombay 근처 가네슈푸리Ganeshpuri의 소도시에 있는 자신의 은둔처에서 발견할 수 있었다.

그는 아바두타avadhūta여서 빈번히 나체로 돌아다녔고 일상적인 삶이 환상에 불과하다는 것을 다른 사람들에게 가르치기 위해서 상당히 관습에 얽매이지 않는 행위들을 이용하였다.

Nityanātha(니티야나타; 1300년 또는 1400년)

『하타-요가-프라디피카』*Haṭha-Yoga-Pradīpikā*(1. 7)에 하타-요가Haṭha-Yoga의 스승으로 언급되어 있다. 그는 니티야난다나타Nityānandanātha와 동일인인 것으로 추정된다.

스와미 니티야난다(Swami Nityananda)

Nityā(니티야)

'영원한'이라는 뜻이다. 슈리-비디야 I Śrī-Vidyā 전통에서 숭배하는 16명의 여신, 즉 트리푸라-순다리 Tripura-Sundarī, 카메슈와리 Kāmeśvarī, 바가-말리니 Bhaga-Malinī, 클린나 Klinnā, 베룬다 Bheruṇḍā, 바니-바시니 Vahni-Vāsinī, 마하비디예슈와리 Mahāvidyeśvarī, 두티 Dūtī, 트와리타 Tvaritā, 쿨라-순다리 Kula-Sundarī, 니티야 Nityā, 닐라-파타카 Nīla-Patākā, 비자야 Vijayā, 사르바-망갈라 Sarva-Maṅgalā, 즈왈라-말리니 Jvālā-Mālinī, 비치트라 Vicitrā 중 누구든 한 명이다.

Nityānandanātha(니티야난다나타)

13세기의 박식한 탄트리카 tāntrika이자 연금술사이다. 그는 『랄리타-스타바』 ≠ *Lalitā-Stava*('랄리타에 대한 찬양')에 대한 주석인 『라트나』 ≠ *Ratna*와 『프라판차-사라』 ≠ *Prapañca-Sāra*에 대한 주석을 포함하여 여러 권의 저작을 저술하였다. 그는 라트나카라 Ratnākara와 동일인인 것으로 추정되고, 몇몇 필사본에서는 『싯다-싯단타-팟다티』 *Siddha-Siddhānta-Paddhati*와 『라사-라트나카라-탄트라』 *Rasa-Ratnākara-Tantra*의 저자로 명명된다.

nivṛtti-mārga(니브릿티-마르가)

'중지'의 길이라는 뜻이다. 세속을 포기한 요긴 yogin의 영적 지향이다.

Nivṛttinātha(니브릿티나타)

갸나데바 Jñānadeva의 형이자 스승이고 고다바리 Godavari 강의 발원지에서 완전히 깨닫게 되었다.

niyama(니야마)

'억제' 또는 '권계'勸戒라는 뜻이다. 파탄잘리 Patañjali가 가르친 여덟 가지로 된 요가 Yoga(8지支 요가)의 둘째 '지분'(앙가 aṅga)이다. 그의 『요가-수트라』 *Yoga-Sūtra*(2. 32)에 따르면 이것은 다섯 가지 수행법, 즉 청정(샤우차 śauca), 만족(산토샤 saṃtoṣa), 고행(타파스 tapas), 자기학습(스와디야야 svādhyāya), 자재신에 대한 봉헌(이슈와라-프라니다나 īśvara-praṇidhāna)으로 구성되어 있다. 『트리-쉬키-브라마나-우파니샤드』 *Tri-Śikhi-Brāhmaṇa-Upaniṣad*(2. 29)에서는 니야마 niyama를 '궁극적 참실재에 대한 지속적인 애착'으로 정의한다. 또한 이 문헌에서는 니야마가 다음의 열 가지 수행법을 포함한다고 언급한다. 고행(타파스), 만족 ≠ saṃtuṣṭi, 베다 Veda의 전승이나 신(神, Divine)의 존재에 대한 확신(아스티키야 āstikya), 관용 또는 자비(다나 dāna), 숭배(아라다나 ārādhana), '베단타 Vedānta[의 문헌들에] 귀 기울임' ≠ vedānta-śravaṇa, 겸손 또는 겸양(흐리 hrī), 참회(마티 mati), 암송(자파 japa), 서약(브라타 vrata). 『웃다바-기타』 *Uddhāva-Gītā*(14. 34)에서는 열두 가지 수행법을 열거하고 있다. 각기 분리해서 생각되는 신체적·정신적(mental) 청정(샤우차), 암송(자파), 고행(타파스), 희생제(호마 homa), 믿음(슈랏다 śraddhā), 환대(아티티야 ātithya), 숭배(아르차나 arcanā), 성지 순례[티르타-아타나 tīrtha-aṭana, 타인을 위한 노력(파라-아르타-이하 para-artha-īhā)], 만족(투슈티 tuṣṭi), 스승에 대한 섬김(아차리야-세바나 ācārya-sevana). 『링가-푸라나』 *Liṅga-Purāṇa*(1. 8. 29f.)에서는 '생식기에 대한 통제'(우파스타-니그라하 upastha-nigraha), 단식(우파바사 upavāsa), 성수로 목욕(스나나 snāna), 침묵(마우나 mauna)을 덧붙여 언급한다. 『싯다-싯단타-팟다티』 *Siddha-Siddhānta-Paddhati*(2. 33)에서는 위에 언급한 것들에 다음의 내용을 더한다. 독거(에칸타-바사 ekānta-vāsa), 비접촉(니상가타 niḥsaṅgatā), 무관심 ≠ audāsīnya, 이욕(dispassion, 바이라기야 vairāgya), '스승의 발자국을 따름' ≠ guru-caraṇa-avarūḍhatva.

[비교] 야마 yama.

niyati(니야티)

'불가결한 것', 또는 '제한', '억제'라는 뜻이다. 카슈미르 샤이비즘 Kashmiri Śaivism에서 환영(마야 māyā)에 의해 만들어진, 초월적 참자아를 둘러싼 다섯 가지 덮개(칸추카 kañcuka) 중 하나이다. 이것은 참자아의 해탈과 편재를 제한한다.

Nīlakaṇṭha Caturdhara(닐라칸타 차투르다라)

고다바리 Godāvari 강에 있는 프라티스탄푸라 Pratisthānpura에서 바라나시 Vārānasī로 이주한 17세기 후반의 탄트리카 tāntrika이다. 그는 『마하바라타』 *Mahābhārata*에 대한 주석과 『쉬바-탄다바』 ≠ *Śiva-Tāṇḍava*('쉬바 Śiva의 춤')에 대한 주석인 『아누파라누』∮*Anūparānu*를 저술하였다.

Nīla-Tantra(닐라-탄트라)

'푸른 탄트라Tantra'라는 뜻이다. 1425년 이전에 쓰인 탄트라이고 22장으로 구성되어 있다. 이 문헌에서는 탄트라의 일반적인 문제들 이외에 세 아우가augha, 처녀 숭배∮kumārī-pūjā, 샤바-사다나śava-sādhana를 다루고 있다.

nonattachment(무집착)

⇒ 아상가 I asaṅga, 바이라기야vairāgya 참조.

nonbeing(비존재)

⇒ 아바바-요가Abhāva-Yoga, 아사트asat 참조.

nondual(불이不二)

⇒ 아드와야advaya 참조.

nonduality(불이론不二論)

⇒ 아드와이타advaita 참조.

non-self(비자아)

⇒ 아나트만anātman 참조.

[비교] 아트만ātman.

nanviolence(불상해不傷害 또는 불살생)

⇒ 아힝사ahiṃsā 참조.

[비교] 힝사hiṃsā.

nonwavering(흔들림 없음 또는 안정성)

⇒ 알롤룹트와aloluptva 참조.

nose(코) 또는 **nostrils**(콧구멍)

⇒ 나사nāsā 참조.

nṛti(느리티)

'춤'이라는 뜻이다. 신체의 가장 낮은 심령 에너지 센터, 즉 물라다라-차크라mūlādhāra-cakra의 생기 에너지를 억제하면 때로 자연스럽게 춤을 추게 된다.

⇒ 춤(dance)도 참조.

nun(여승女僧 또는 여성 탁발승)

⇒ 비크슈니bhikṣuṇī 참조.

nyāsa(니야사)

'던지다' 또는 '두다', '배열하다'라는 뜻이다. 주체와 객체가 융합하는 곳에 주의를 집중하는 것이다. 『요가-수트라』*Yoga-Sūtra*(3. 25)의 상야마saṃyama와 동의어로 쓰인다. 다른 맥락에서, 특히 탄트리즘Tantrism에서 니야사nyāsa는 자신이 선택한 신(이슈타-데바타iṣṭa-devatā)의 신체 또는 스승의 신체의 특정 부위를 만지거나 만지면서 부여받은 만트라mantra를 암송함으로써 자신의 신체를 그러한 신체로 점차 동화시켜 나가도록 설계된 다양한 의례를 말한다. 이 의례들은 주로 요소들을 정화(부타-슛디bhūta-śuddhi)한 뒤에 행한다.

니야사 의례에서 첫 단계는 지바-니야사jīva-nyāsa, 즉 신의 생명(지바jīva)을 자신의 몸에 불어넣는 것이다. 그 다음에는 산스크리트Sanskrit 알파벳 50개를 몸에 배열하는 마트리카-니야사mātṛkā-nyāsa를 행한다. 그런 다음 수행자는 신체의 각각 다른 부분과 연관된 여러 신에게 경배하는데, 이것은 리쉬-니야사∮ṛṣi-nyāsa로 알려져 있다. 다음으로 '여섯 가지(6지支) 배열'(샤드-앙가-니야사ṣaḍ-aṅga-nyāsa)을 행한다. 이것은 신의 사지(앙가-니야사aṅga-nyāsa)와 손(카라-니야사kara-nyāsa)을 자신의 몸 위에 겹쳐 놓는 것이다. 앞 의례는 특정한 만트라를 암송하는 동안 머리의 여러 부위를 만지면서 행한다. 뒤 의례는 만트라를 손의 여러 부위에 배열하는 것이다. 그러므로 니야사는 신체의 정신적·영적 힘(샥티 I śakti)을 배분하고, 그로 인해 새로운 내적·외적 실재를 스스로 창조하는 비의적 수단이다.

『쿨라르나바-탄트라』*Kulārṇava-Tantra*(17. 56)에서는 다음과 같은 비의적 어원을 제공하고 있다. "획득된 보물들을 사지에 올바르게 놓기(니야사) 때문에, 그리고 모든 것∮sarva을 보호하기 때문에 그것은 니야사라고 불린다." 일반적인 형태의 탄트라 니야사는 다음과 같다. 앙가-니야사, 지바-니야사jīva-nyāsa, 카라-니야사kara-nyāsa, 마트리카-니야사mātṛkā-nyāsa, 만트라-니야사mantra-nyāsa, 피타-니야사pīṭha-nyāsa.

Nyāya(니야야)

힌두이즘Hinduism의 고전적인 여섯 체계(다르샤나darśana) 중 하나이다. 니야야Nyāya 전통은 정확한 논리적인 절차나 규칙(니야야) 들을 사용하여 진리를 확인하려고 한다. 이 학파의 사상적 기원은 잘 알려져 있지 않지만, 요가Yoga 전통과 역사적으로 관계가 있어 보인다. 니야야의 개조는 가우타마Gautama였다. 그는 서력기원 초기 동안 살았던 것으로 추정되고, 『니야야-수트라』*Nyāya-Sūtra*를 저술한 것으로 여겨진다.

N

O

O

obedience(복종)

⇒ 구루 슈슈루샤guru-śuśrūṣā 참조.

object(대상)

대상들의 세계가 고전 요가(Classical Yoga)에서처럼 실재하는 것으로 인식되든지 또는 대부분의 베단타 Vedānta학파에서처럼 환영으로 인식되든지 간에, 힌두이즘Hinduism의 모든 전통은 다음과 같은 내용에서 일치한다. 형상들은 필연적으로 변화(파리나마 pariṇāma)를 겪는 반면 형상이 없는 것은 영원히 불변하기 때문에, 형상들로 된 우주는 형상이 없는 참실재보다 하등하다. 인간 존재에게 변화는 다양한 정도의 고통(두카 duḥkha)을 반드시 수반하기 때문에, 오직 불변하는 참존재에 대한 깨달음만이 행복에 머무는 것을 약속한다.

⇒ 현현(appearance), 아르타artha, 우주(cosmos), 드리쉬야dṛśya, 비샤야viṣaya도 참조.

[비교] 초월적 주체(Subject, transcendental).

observances, moral(도덕 준수)

⇒ 도덕성(morality), 비디vidhi, 야마yama 참조.

obstacles(장애)

⇒ 우파사르가upasarga, 비그나vighna 참조. 도샤doṣa도 참조.

Occultism(오컬티즘)

가장 지적으로 정교한 요가Yoga학파들조차도 마법적이거나 오컬티즘Occultism적인 요소들을 포함하고 있다. 사람들은 이러한 특성들을 단지 이전의 지식이 없던 시대의, 제 기능을 하지 못하는 잔여물로 간주하고 싶어 할 수 있을 것이다. 그러나 요가의 신화성을 제거하려는 모든 시도는 실패할 운명에 처해 있다. 왜냐하면 그것은 이 고대 전통의 필수적인 면들에 대한 제거를 수반할 것이기 때문이다.

새로운 학문 분야인 초심리학은 여태까지 과학적으로 확립된 합의된 견해에 대항하여 스스로를 방어하기에 너무 바빴기에 궁극적 확실성이 없는 통계 실험을 훨씬 넘어서 앞서갈 수 없었다. 시험되거나 추정된 모든 알려진 요소를 수용하고 만족할 만하게 해석할 수 있는 중요한 모델을 아직까지 만들지 못했다. 그러한 모델을 구할 수 있을 때까지 '객관적' 과학의 틀 내에서 즉각적으로 이해할 수 없는 문제들에 대해서는 인식론적으로 겸손한 태도를 취하는 것이 더 적합한 방향일 것이다. 결국 우리는 요가가 현대 과학보다 훨씬 더 긴 실험의 역사를 뒤돌아본다는 사실을 확실하게 믿을 수 있다. 지금까지 과학이 거의 완전히 무시해 온 영역, 다시 말해 우리 인류의 보다 고등한 심리영성적 능력들의 영역에 대해 우리는 확고한 믿음을 둘 수 있다.

요가와, 특히 오컬트 기법들을 가진 탄트라Tantra의 밀접한 연관 때문에 서구의 오컬티즘은 당연히 인도의 가르침들에 민감한 관심을 보여 왔다. 그러므로 영국에서 알레이스터 크로울리(Aleister Crowley, [요한 계시록에 나오는] '짐승'The Beast)는 자신의 책『요가에 대한 여덟 강의』*Eight Lectures on Yoga*(첫 판본, 1939)에서 요가를 옹호했다.

⇒ 징조(omens), 싯디siddhi도 참조.

oḍḍiyāna(옷디야나) 또는 **uḍḍiyāna**(웃디야나)

탄트라Tantra의 원형적 네 장소(피타pīṭha) 중 하나로, 오릿사(Orissa, 오드라Odra)에 위치한다. 이 장소는 상징적으로 스와디슈타나-차크라svādhiṣṭhāna-cakra와 연관되어 있다.

offering, sacrificial(희생제 공물)

⇒ 발리bali, 다나dāna, 하비스havis, 호마homa, 푸슈파puṣpa 참조.

ojas(오자스)

'힘', '능력' 또는 '생명력'이라는 뜻이다. 어근 √vaj('강력하다', '힘이 세다')에서 파생되었다. 아유르-베다Āyur-Veda에서 신체 구성 요소(다투dhātu)의 정수이다. 현대의 일부 해석자들은 그것을 알부민 또는 글리코겐으로 여기지만, 요긴yogin들은 그것을 온몸에 퍼져 있고 신체에 끊임없이 양분을 공분해 주는 상당히 미세한 힘이라고 단언한다. 오자스ojas는 일곱 다투에 들어 있거나 축적되어 있는 생명력이다.

오자스가 최대한 농축된 것은 정액(빈두bindu, 슈크라śukra)에서 발견된다. 이는 모든 전통에서 완전한 금욕은 아닐지라도 적어도 엄격한 성적 절제를 왜 권하는지를 설명한다. 정액의 보존은 오자스의 축적을 증가시켜서 수행자의 건강뿐 아니라 의식(consciousness)의 질도 향상시킨다는 것이 기본적인 관념이다.

⇒ 브라마차리야brahmacarya도 참조.

olī(올리)

드물게 쓰이는 산스크리트Sanskrit 접미사이다. 이 접사는 특정한 문자적 의미를 지니는 것 같지는 않고 세 명사, 즉 아마롤리amarolī, 사하졸리sahajolī, 바즈롤리vajrolī에만 사용된다. 이 무드라mudrā들은 하타-요가Haṭha-Yoga에서 널리 알려져 있다.

omens(징조)

⇒ 아리슈타ariṣṭa, 치나cihna 참조.

omniscience(전지全知)

⇒ 사르바-갸트와sarva-jñātva 참조.

Oṃ(옴)

절대자를 상징하는 신성한 한 음절이다. 힌두Hindu의 모든 만트라mantra 중 가장 오래되고 가장 숭배되는 것이고, 불교에서도 사용된다. 옴Oṃ은 오직 베다Veda들에서만 암시되어 있고 브라마나 II Brāhmaṇa들에서 처음 등장한다. 이것은 또한 '뿌리', 즉 물라-만트라mūla-mantra라고도 불리고 종종 다른 만트라들에 우선한다.『마이트라야니야-우파니샤드』*Maitrāyaṇīya-Upaniṣad*(6. 22)에서는 이것을 소리 없는 절대자의 소리로 표현한다. 이 신비한 소리를 수단으로 하여 요긴yogin은 온전하게 한정된 의식(consciousness)을 초월할 수 있는 그 지점에 자신의 주의를 집중한다. 앞서 언급한『우파니샤드』*Upaniṣad*(6. 24)에서는 신체를 활에, 음절 옴을 화살에, 집중된 마음을 화살촉에, 궁극적 신비를 표적에 비유한다. 이 문헌은 또한 "마치 자신의 실을 수단으로 하여 올라가는 거미가 열린 공간을 발견하는 것처럼, 진실로 명상자는 옴을 수단으로 하여 올라가서 자주성(절대 자유, ♯ svā-tantrya)을 발견한다"고 말한다.

신성한 음절 옴

O

한 음절인 옴에 대한 존재론과 비전秘傳을 분석하는 데 완전히 전념하는 『만두키야-우파니샤드』*Māṇḍūkya-Upaniṣad*는 다음과 같은 구절로 시작한다. "옴! 이 음절(아크샤라 akṣara)은 이 세계 전체라네. 그것에 대한 그 이상의 설명은 다음과 같다네. 과거 · 현재 · 미래, 이 모든 것은 단지 옴 소리뿐이라네. 세 종류의 시간을 초월하는 그밖의 무엇이든지 역시 옴 소리뿐이라네." 이 문헌에서는 옴이 네 부분, 즉 네 음소인 아a, 우u, 음m과 콧소리의 허밍을 의미하는 산스크리트Sanskrit 글자 m 위에 위치한 점으로 표현되는 소리의 뒷부분(아누스와라 anusvāra)으로 이루어진다고 설명한다. 이 네 부분은 의식의 네 상태에 비유된다. 깨어 있는 상태, 꿈꾸는 상태, 잠자는 상태, 그리고 마음을 넘어선 초월적 참자아인 '넷째'(투리야 I turīya)이다.

⇒ 빈두bindu, 차투르타caturtha, 항사haṃsa, 나다nāda, 프라나바praṇava도 참조.

oṃkāra(옹카라)

'옴Oṃ을 만드는 자'라는 뜻이다. 글자 옴이다.

O

one hundred(백100)

⇒ 샤타śata 참조.

one hundred eight(백여덟108)

⇒ 아슈톳타라샤타aṣṭottaraśata 참조.

one-pointedness(한 점에 집중됨 또는 집일集一)

⇒ 에카그라타ekāgratā 참조.

[비교] 에카타나타ekatānatā.

one, the(하나 또는 일자一者)

⇒ 에카eka 참조.

one thousand eight(천여덟1008)

⇒ 아슈톳타라사하스라aṣṭottarasahasra 참조.

ontology(존재론)

참존재와 그것의 범주들과 연관이 있는 철학 분야이다. 요가Yoga를 포함한 힌두Hindu 철학은 영향력 있는 상키야Sāṃkhya 전통에서 발전된 존재론적 관념에 주로 토대를 두고 있다. 그러나 고전 요가(Classical Yoga)의 존재론은 매우 독창적이고, 『상키야-카리카』*Sāṃkhya-Kārikā*에서 표현된 고전 상키야(Classical Sāṃkhya)의 그것과 개념상으로나 용어상으로나 완전히 다르다.

order, cosmic(우주의 질서)

⇒ 리타ṛta 참조.

order, moral(도덕적 질서)

⇒ 다르마dharma 참조.

ostentation(과시 또는 허식)

⇒ 담바dambha 참조.

oṣadhi(오샤디)

⇒ 아우샤디auṣadhi 참조.

out-of-body experience(유체 이탈 경험)

서구의 오컬트Occult 그룹들에서 '아스트랄 투사' 또는 '아스트랄 여행'으로도 불린다. 물질적 신체에서부터 미세한 신체(수크슈마-샤리라 sūkṣma-śarīra)까지의 의식(consciousness)의 일시적 재배열이다. 성취한 요긴yogin들은 물질적 신체를 마음대로 떠날 수 있고 존재의 미세한 차원들을 돌아다닐 수 있다. 일부 달인은 심지어 물질적 신체로부터 완전하게 단절해서 자신의 의식을 다른 사람의 신체로 옮길 수 있다고 한다. 그 기법은 파라-데하-프라베샤para-deha-praveśa로 알려져 있다.

⇒ 아카샤-가마나ākāśa-gamana, 케차라트와khecaratva, 초심리학(parapsychology)도 참조.

overexertion(지나친 노력)

⇒ 프라야사prayāsa 참조.

P

pada(파다 I)

'발', '발자국', '집', '표시', '단어'를 비롯하여 수많은 의미를 가지고 있다.

pada-artha(파다-아르타, [연성]padārtha파다르타)

'그 단어(파다 I pada)[에 상응하는] 것'이라는 뜻이다. 궁극적 참실재이다. 이 용어는 '본질'로 번역될 수 있다.

pada-artha-bhāvanā-bhūmi(파다-아르타-바바나-부미)

'본질에 대한 깨달음의 단계'라는 뜻이다. 지혜의 일곱 단계(삽타-갸나-부미 sapta-jñāna-bhūmi) 중 하나이다. 『바라하-우파니샤드』*Varāha-Upaniṣad*(4. 2. 9)에서는 궁극적 참실재에 대한 마음의 오랜 집중에 뒤따르는 참실재에 대한 통각 작용☞avabodhana으로 설명되고 있다.

pada-candrikā(파다-찬드리카)

'[파탄잘리 Patañjali의] 말들에 대한 달빛'이라는 뜻이다.

⇒ 요가-수트라-아르타-찬드리카 Yoga-Sūtra-Artha-Candrikā 참조.

paddhati(팟다티)

'발걸음'이라는 뜻이다. 파드pad + 하티hati로 만들어졌다. 일종의 매뉴얼이다.

⇒ 고라크샤-팟다티 Gorakṣa-Paddhati 참조.

padma(파드마)

'연꽃'이라는 뜻이다. 차크라cakra와 동의어이다.

padma-āsana(파드마-아사나, [연성]padmāsana파드마사나)

'연꽃 자세' 또는 '연화좌'라는 뜻이다. 카말라-아사나kamala-āsana로도 불린다. 『게란다-상히타』*Gheraṇḍa-Saṃhitā*(2. 8)에 다음과 같이 기술되어 있다. 오른발을 왼쪽 허벅지에, 왼발을 오른쪽 허벅지에 두고 손을 등 뒤에서 교차하여 양쪽 엄지발가락을 잡는다. 턱은 가슴으로 당기고, 시선은 코끝☞nāsā-agra에 고정시킨다.

파드마-아사나
명상 자세로 선호되는 연꽃 자세

P

이 자세(아사나āsana)는 모든 질병을 치료한다고 한다. 『하타-요가-프라디피카』*Haṭha-Yoga-Pradīpikā*(1. 45f.)에서는 다른 형태를 설명한다. 양 발바닥은 위로 향하게 해서 각각 반대편 허벅지 위에 올려놓고, 손바닥은 위로 향하게 해서 허벅지 사이에 둔다. 두 자세 모두 일반적으로 호흡 조절(프라나야마 prāṇāyāma) 수행을 위해 권해진다.

pain(고통)
⇒ 두카duḥkha 참조.
[비교] 기쁨(pleasure).

pakva(파크와)
'익은' 또는 '성숙한'이라는 뜻이다. 하타-요가Haṭha-Yoga에서는 보통의 신체를 '미숙'하거나 '덜 구워진'♯apakva 것으로생각한다. 이 요가Yoga의 여러 수행법의 목적은 신체를 강화하고 신체가 충분히 발달하여서 '신성한 신체'(디비야-데하divya-deha)가 되도록 돕는 것이다.
⇒ 하타-파카 haṭha-pāka, 성변화(transubstantiation)도 참조.

P

palate(구개)
신체의 주요한 비의적 장소(데샤deśa)이다.
⇒ 탈루tālu도 참조.

panth(판트)
힌디어hindi이다. 산스크리트Sanskrit로는 파타♯patha, 즉 길이라는 뜻이다. 계보이다. 나타 컬트Nātha cult의 열두 계보 또는 지파 중 어느 것이든 하나이다.

pañca-akṣara-mantra(판차-아크샤라-만트라, [연성] pañcākṣaramantra판차크샤라만트라)
'다섯 음절 만트라mantra'라는 뜻이다. 가장 성스러운 샤이바Śaiva 만트라로, 옴 나마하 쉬바야(oṃ namaḥ śivāya; '옴, 쉬바Śiva께 경배드립니다')이다.
⇒ 아크샤라akṣara도 참조.

pañca-amṛta(판차-아므리타, [연성]pañcāmṛta판차므리타)
'다섯 감로'라는 뜻이다. 판차pañca+아므리타amṛta로 만들어졌다. 탄트라Tantra의 연금술에서 다섯 가지 물질 요소(부타bhūta)의 '정수'인 이것은 외형이 변화된 신체나 '금강석 같은'(바즈라 vajra) 신체를 창조하기 위해 추출된 것이다.

pañca-aṅga-sevana(판차-앙가-세바나, [연성]pañcāṅgasevana판창가세바나)
'다섯 지분支分을 섬김'이라는 뜻이다. 만트라-요가Mantra-Yoga 수행의 구성 요소이다. 자신이 선택한 신(이슈타-데바타iṣṭa-devatā)의 다섯 '지분'(앙가aṅga)은 일상의 의례라고 한다. 이 지분들은 『바가바드-기타』*Bhagavad-Gītā*와 『사하스라-나마』*Sahasra-Nāma*('[신의] 천 개의 이름')를 읽고 찬송하는 노래들을 부르고 보호 주문들을 암송하고 자신의 마음을 여는 의례를 말한다.

pañca-avasthā(판차-아바스타, [연성]pañcāvasthā판차바스타)
'다섯 단계'라는 뜻이다.
⇒ 아바스타avasthā 참조.

pañca-ākāśa(판차-아카샤, [연성]pañcākāśa판차카샤)
'다섯 에테르/공간/공空'이라는 뜻이다.
⇒ 아카샤ākāśa 참조.

pañca-āmnāya(판차-암나야, [연성]pañcāmnāya판참나야)
'다섯 전승'이라는 뜻이다.
⇒ 암나야āmnāya 참조.

pañca-bhūta(판차-부타)
'다섯 요소'라는 뜻이다. 다섯 가지 물질 요소(부타bhūta) 그룹이다.

pañca-daśa-aṅga-yoga(판차–다샤–앙가–요가, [연성] **pañcadaśāṅgayoga**판차다샹가요가)

'열다섯 가지로 된 요가Yoga', '15지支 요가'라는 뜻이다. 『테조–빈두–우파니샤드』*Tejo-Bindu-Upaniṣad*(1. 15ff.)에서는 다음과 같은 열다섯 '지분'(앙가 aṅga)으로 구성된 요가의 길을 가르친다. (1)도덕 훈련(금계, 야마 yama), (2)자기 억제(권계, 니야마 niyama), (3)버림(abandonment, 티야가 tyāga), (4)침묵(마우나 mauna), (5)장소(데샤 deśa), (6)시간(칼라 II kāla), (7)요가 자세(아사나 āsana), (8)'뿌리 잠금'(물라–반다 mūla-bandha), (9)신체의 균형 ♯deha-saṃya, (10)통찰(vision)의 안정성(드리크–스티티 dhṛk-sthiti), (11)프라나야마 prāṇāyāma와 동일한 호흡의 억제 ♯prāṇa-saṃyamana, (12)감각 제어(제감制感, 프라티야하라 pratyāhāra), (13)집중(concentration, 다라나 dhāraṇā), (14)참자아에 대한 명상(meditation) ♯ātma-dhyāna, (15)무아경(삼매, 사마디 samādhi). 이 『우파니샤드』*Upaniṣad*의 익명의 저자는 이 수행법들의 대부분을 문자 그대로라기보다는 상징적으로 해석한다.

[비교] 아슈타–앙가–요가 aṣṭa-aṅga-yoga, 삽타–사다나 sapta-sādhana, 샤드–앙가–요가 ṣaḍ-aṅga-yoga.

pañcadaśan(판차다샨)

'열다섯'15이라는 뜻이다.

⇒ 판차–다샤–앙가–요가 pañca-daśa-aṅga-yoga 참조.

pañca-dhāraṇā(판차–다라나) 또는 **pañca-dhāraṇā-mudrā**(판차–다라나–무드라)

'다섯 집중(concentration)' 또는 '다섯 집중 결인'이라는 뜻이다. 다섯 가지 물질 요소(부타 bhūta)에 대한 집중(다라나 dhāraṇā)으로 된 탄트라 Tantra와 요가 Yoga의 수행법이다. 다섯 요소의 상징이나 연관된 신(데바타 devatā) 중 하나에 집중함으로써 이 행법을 할 수 있다. 그렇기 때문에 『트리–쉬키–브라마나–우파니샤드』*Tri-Śikhi-Brāhmaṇa-Upaniṣad*(2. 133ff.)에 따르면 지地 요소는 노란색의 정사각형으로, 수水 요소는 은빛의 초승달로, 화火 요소는 붉은색의 불꽃으로, 풍風 요소는 뿌연색의 희생제 제단으로, 에테르(공空) 요소는 빛나는 새까만 공간으로 심상화하는 것이다. 그것들에 거주하는 신들은 각각 아니룻다 Aniruddha, 나라야나 Nārāyaṇa, 프라디윰나 Pradyumna, 상카르샤나 Saṃkarṣaṇa, 바수데바 Vasudeva이다. 각각의 경우 집중에는 반드시 호흡 보유(쿰바카 kumbhaka)가 수반되어야만 한다. 지 요소에 대한 집중은 지속 시간이 두 시간이 되어야만 하고, 연속되는 각각의 집중 시간은 앞선 것보다 두 시간 더 지속되어야만 한다.

『요가–탓트와–우파니샤드』*Yoga-Tattva-Upaniṣad*(69ff.)에서는 수행자가 각각의 다섯 요소가 지배하는 신체 부위(스타나 sthāna)에 호흡을 보유해야만 한다고 설명한다. 신체에서 다섯 요소의 부위는 다음과 같다. (1)프리티비–스타나(♯pṛthivī-sthāna; '지의 영역'). 발바닥에서 무릎까지. (2)아팜–스타나(♯apaṃ-sthāna; '수의 영역'). 무릎에서 엉덩이까지. (3)바니–스타나(♯vahni-sthāna; '화의 영역'). 엉덩이에서 배꼽까지. (4)바유–스타나(♯vāyu-sthāna; '풍의 영역'). 배꼽에서 코까지. (5)아카샤–스타나[♯ākāśa-sthāna; '에테르(공)의 영역']. 코에서 정수리까지.

『슈웨타슈와타라–우파니샤드』*Śvetāśvatara-Upaniṣad*(2. 13) 시대 때 이미 수행된 것으로 보이는 이 다섯 유형의 집중은 『게란다–상히타』*Gheraṇḍa-Saṃhitā*에 '결인'(무드라 mudrā)들로 열거되어 있고, 이것들은 각각 다음과 같이 불린다. 프리티비–다라나–무드라 ♯pṛthivī-dhāraṇā-mudrā, 암바시–다라나–무드라 āmbhasī-dhāraṇā-mudrā, 아그네위–다라나–무드라 āgneyī-dhāraṇā-mudrā, 바야비–다라나–무드라 vāyavī-dhāraṇā-mudrā, 아카쉬–다라나–무드라 ākāśī-dhāraṇā-mudrā. 이것들은 신체의 견고함으로 이끌고, 더불어 각 집중은 특정한 초자연적 능력(싯디 siddhi)들을 발생시킨다고 한다.

pañca-kañcuka(판차–칸추카)

'다섯 덮개'라는 뜻이다.

⇒ 칸추카 kañcuka 참조.

pañca-kleśa(판차–클레샤)

다섯 가지 고통의 원인, 즉 '다섯 가지 번뇌'라는 뜻이다.

P

⇒ 클레샤kleśa 참조.

pañca-ma-kāra(판차-마-카라)

'5가지 엠m 글자' 또는 '다섯 엠M의'라는 뜻이다. 좌도 탄트라Tantra 의례의 5가지 핵심적 수행법을 의미하는 판차-탓트와pañca-tattva로도 알려져 있다. 이 모두는 글자 엠으로 시작하는 명칭을 가지고 있다. 이것들은 마디야(madya; '과실주'), 망사(māṃsa; '고기'), 맛시야(matsya; '물고기'), 무드라(mudrā; '볶은 곡식'), 마이투나(maithuna; '성교')이다. 과실주, 고기, 물고기, 볶은 곡식의 소비는 성적 충동을 자극한다고 생각되고 이 의례의 최고의 수행법으로서 성교는 '뱀의 힘'(쿤달리니-샥티kuṇḍalinī-śakti)의 상승을 위해 축적된 성적 에너지를 이용하는 수단이다.

이 의례의 5가지 '구성 요소'는 또한 쿨라-드라비야kula-dravya 또는 쿨라-탓트와♯kula-tattva로도 알려져 있다. 이것들 또는 이것들의 대체물들은 모두 반드시 자격을 주기 위한 만트라mantra들로 의례적으로 정화되어야만 한다. 『마하니르바나-탄트라』*Mahānirvāṇa-Tantra*(8. 172f.)에서 언급된 것처럼 칼리-유가kali-yuga의 탄트라 수행자는 과실주, 고기, 물고기를 우유, 설탕, 꿀로, 마이투나를 여신에 대한 명상(meditation)과 그녀의 만트라에 대한 암송(자파japa)으로 대체해야(아누칼파anukalpa)만 한다. 맥각(호밀 맥각균을 건조시킨 것)으로 추정되는 볶은 곡식(무드라mudrā)은 분명히 터무니없어 보이지는 않는다. 심지어 『쿨라르나바-탄트라』*Kulārṇava-Tantra*와 같은 강경한 좌도(바마vāma) 문헌에서도 판차-탓트와에 대해서 비유적으로 이해하는 것이 가능하고, 이것이 더 바람직하다는 것을 독자들에게 일깨워 주기까지 하는 두 송(5. 109f.)이 들어 있는데 다음과 같다. "지혜의 검으로 선善(푼야puṇya)과 악惡[에 존재하는] 짐승을 죽임으로써 [요긴yogin은] 요가에 대해 [참으로] 아는 자가 된다. 마음을 인도하여 지고자至高者 속에 융해시킨 자는 고기(팔라phala)를 먹은 자로 불린다. [만일 그가] 마음으로 감각들을 통제한다면 그는 [그것을] 참자아로 나아가게 해야만 한다. [그러므로] 그는 물고기(맛시야)를 먹는다, 오 여신이여. [모든] 다른 이는 [단지] 창조물의 살해자일 뿐이다."

⇒ 바이라비-차크라bhairavī-cakra, 차크라-푸자cakra-pūjā, 마하-차크라mahā-cakra도 참조.

pañcan(판찬) 또는 **pañca-**(판차-)

'다섯'5이라는 뜻이다.

판차-아카샤pañca-ākāśa, 판차-아크샤라-만트라pañca-akṣara-mantra, 판차-암나야pañca-āmnāya, 판차-아므리타pañca-amṛta, 판차-앙가-세바나pañca-aṅga-sevana, 판차-아바스타pañca-avasthā, 판차-부타pañca-bhūta, 판차-다샤-앙가-요가pañca-daśa-aṅga-yoga, 판차-다라나pañca-dhāraṇā, 판차-칸추카pañca-kañcuka, 판차-클레샤pañca-kleśa, 판차-마-카라pañca-ma-kāra, 판차-파트라pañca-pātra, 판차라트라Pañcarātra, 판차쉬카Pañcaśikha, 판차-슛디pañca-śuddhi, 판차-탄마트라pañca-tanmātra, 판차-탓트와pañca-tattva, 판차-우파사나pañca-upāsanā, 판차-비다-크리티야pañca-vidha-kṛtya, 판차-비요만pañca-vyoman 참조.

pañca-pātra(판차-파트라)

'다섯 개의 그릇'이라는 뜻이다. 탄트라Tantra에서 차크라-푸자cakra-pūjā 동안 사용되는 다섯 개의 그릇♯patra으로 된 세트이다. 『쿨라르나바-탄트라』*Kulārṇava-Tantra*(6. 26f.)에 따르면 이것들은 다음과 같다. 사만야-아르가-파트라♯sāmānya-argha-pātra, 슈리-파트라♯śrī-pātra, 구루-파트라♯guru-pātra, 보가-파트라♯bhoga-pātra, 발리-파트라♯bali-pātra. 그릇들은 오른쪽에서 왼쪽으로 배열하고, 깨끗이 씻은 다음 기본 만트라(물라-만트라mūla-mantra)를 암송하면서 술, 고기, 물고기(맛시야matsya)로 가득 채워야만 한다.

Pañcarātra(판차라트라)

'5일 밤과 관련된'이라는 뜻이다. 바수데바Vasudeva, 즉 비슈누Viṣṇu를 숭배하고 적어도 불교만큼 오래된 일신교적 힌두Hindu 전통이다. 원래 베다Veda 종교 문화의 가장자리에 있었던, 그리고 스스로를 바가바타Bhāgavata로 불렀던 추종자들을 가졌던 판차라트라Pañcarātra 전통은 나중에 바이슈나비즘Vaiṣṇavism을 낳았

P

다. 일신교적 숭배를 강조했던 것과는 별도로 이 전통은 또한 사원과 이미지 관념을 힌두이즘Hinduism 속으로 도입하였고, 사람들 사이의 평등이라는 자신의 이상으로 기존의 카스트(caste)제도에 도전했다. 판차라트라라는 명칭은 모호하지만 이 전통을 특징짓는 일종의 통합주의를 암시한다.

판차라트라 전통에 108개의 '모음집'이 있다고 하지만 사실상 200개가 넘는 제목들이 알려져 있다. 이 저작들은 원칙적으로 네 가지 주제를 다룬다. (1) 지혜(갸나 jñāna), (2)요가Yoga, (3)사원의 축조 또는 신(Divine)에 대한 이미지의 창조와 같은 컬트적 활동(크리야kriyā), (4)의례적 행위(차리야carya). 가장 중요한 상히타Saṃhitā들은 『아히르부드니야-상히타』*Ahirbudhnya-Saṃhitā*, 『자야키야-상히타』*Jayākhya-Saṃhitā*, 『파라마-상히타』*Parama-Saṃhitā*, 『사트와타-상히타』*Sātvata-Saṃhitā*이다. 상히타Saṃhitā들은 탄트라Tantra적 요소들로 가득 차 있지만, 판차라트라와 탄트라 사이의 연관은 아직까지 연구되지 않고 있다.

Pañcaśikha(판차쉬카; 대략 1세기경에 활약)
'[머리카락으로 된] 다섯 개의 술로 장식이 된'이라는 뜻이다. 상키야Sāṃkhya 전통의 유명한 권위자이다. 그에 대한 언급은 『요가-바쉬야』*Yoga-Bhāṣya*를 포함한 수많은 요가Yoga 저작에서 발견된다.

pañca-śuddhi(판차-슛디)
'다섯 가지 정화법'이라는 뜻이다. 『쿨라르나바-탄트라』*Kulārṇava-Tantra*(6. 16ff.)에 따르면 다섯 종류의 탄트라Tantra 정화법은 자신(아트만 ātman)·장소(스타나 sthāna)·만트라mantra·의례품·신에 대한 정화로 이루어져 있다. 첫째는 목욕·부타-슛디bhūta-śuddhi·호흡법·샤드-앙가-니야사ṣaḍ-aṅga-nyāsa에 의해 성취된다. 둘째 종류는 의례 장소를 '거울처럼' 반짝이도록 깨끗하게 하고 꽃·화환·향·조명으로 장식하는 것이다. 셋째 형태의 정화는 물라-만트라mūla-mantra와 알파벳(자모字母)의 글자들과 연결하고 이 전체 조합을 앞뒤로 암송하는 것과 연관이 있다. 넷째는 '파트'♯phat 만트라와 데누-무드라dhenu-mudrā를 수행하면서 성수를 의례품(쿨라-드라비야kula-dravya) 위에 흩뿌리는 것이다. 다섯째 종류는 물라-만트라를 암송하는 동안 신의 이미지 위에 성수를 흩뿌리는 것을 필요로 한다.

pañca-tanmātra(판차-탄마트라)
'다섯 [미세] 요소'라는 뜻이다.
⇒ 탄마트라tanmātra 참조.

pañca-tattva(판차-탓트와)
'다섯 원리'라는 뜻이다. 판차-마-카라pañca-ma-kāra와 동의어이다.

pañca-upāsanā(판차-우파사나, [연성]**pañcopāsanā**판초파사나)
'다섯 [가지] 숭배'라는 뜻이다. 신들, 즉 비슈누Viṣṇu, 쉬바Śiva, 샥티 II Śakti, 가네샤Gaṇeśa, 수리야Sūrya에 대한 집단적 숭배이다.

Pañca-Vaktra-Śiva(판차-박트라-쉬바)
'다섯 개의 입을 가진 쉬바Śiva'라는 뜻이다. 판차나나-쉬바[♯Pañcānana-Śiva; 판차 pañca+아나나(ānana; '얼굴')로 만들어졌다]로도 불린다. 샤이비즘Śaivism과 탄트라Tantra에 따르면 쉬바는 자신의 다섯 개의 입으로 가르침을 주었다고 여겨진다. 그것들은 이샤나(īśāna; '지배자' 또는 '통치자'), 탓푸루샤(♯tatpuruṣa; '그 사람'), 사디요지요티(♯sadyojyoti; '순간적인 빛'), 바마-데바♯vāma-deva, 아고라(♯aghora; '무섭지 않은')로 알려져 있다. 상징적으로 그들은 참의식(Consciousness, 치트 cit)·지복(아난다 ānanda)·의지(잇차 icchā)·지혜(갸나 jñāna)·행위(크리야 kriyā)를 나타낸다.
[비교] 차투르-박트라catur-vaktra.

pañca-vidha-kṛtya(판차-비다-크리티야)
'5가지 활동'이라는 뜻이다. 샤이바 싯단타Śaiva Siddhānta에서 쉬바 Śiva가 가지고 있다고 생각되는 5가지 주요 작용이다. (1)스리슈티(sṛṣṭi; '창조', 문자 그대

P

로 '배출'). 세계의 방사. (2)스티티(sthiti; '안정'). 창조된 또는 방사된 우주의 유지. (3)상하라(saṃhāra; '철회'). 방사된 세계의 재통합. (4)빌라야(♯vilaya; '재흡수'). 쉬바의 무한한 존재 속에 있는 잠복된 세계. (5)아누그라하(anugraha; '은총', 문자 그대로 '분배'). 모든 존재를 해탈시키는 쉬바의 은총의 힘. 샤이바 싯단타Śaiva Siddhānta의 중요한 매뉴얼인 『샤이바-파리바샤』♯Śaiva-Paribhāṣā(2. 9)에서 쉬바그라요긴Śivāgrayogin은 다음과 같이 설명한다. "5가지 활동과 관련한 그의 작용♯kartatva은 마치 연꽃이나 백합꽃이 [자신의 꽃잎들을] 피우거나 닫게 만들고 버터를 액화시키거나 습지를 마르게 하는 태양의 근접 활동처럼", 단지 근접에만 의한 것이다. 다른 말로 하자면 주主 자신은 이러한 창조 활동들 가운데서 전혀 변하지 않는다.

⇒ 샤이비즘Śaivism, 샤티 I śakti도 참조.

pañca-vyoman(판차-비요만)

'다섯 에테르/공간/공空'이라는 뜻이다.

⇒ 아카샤ākāśa 참조.

paṇḍita(판디타)

'(인도의) 대학자', '전문가', '권위자', '학자'라는 뜻이다. 『바가바드-기타』*Bhagavad-Gītā*(4. 19)에서는 학식 있는 참된 자를 행위에 욕망(카마kāma)과 이기적 동기(상칼파saṃkalpa)가 없는 사람, 즉 진정한 카르마-요가Karma-Yoga 수행자로 기술하고 있다.

⇒ 그란타grantha, 샤스트라śāstra도 참조.

para-artha-īhā(파라-아르타-이하, [연성]**parārthehā** 파라르테하)

'다른 사람들의 행복을 위한 노력'이라는 뜻이다. 『웃다바-기타』*Uddhāva-Gītā*(14. 34)에 자기 억제(권계, 니야마niyama) 중 하나로 열거되어 있다.

⇒ 로카-상그라하loka-saṃgraha도 참조.

para-arthatva(파라-아르타트와, [연성]**parārthatva**파라르타트와)

'다른 목적이 있음'이라는 뜻이다. 『요가-수트라』*Yoga-Sūtra*(3. 35)에서 이 용어는 우주(cosmos)가 오로지 참자아의 목적을 위해서만 존재할 뿐이지, 그와는 반대로 우주 자신을 초월하는 목적은 없다는 관념을 표현하는 데 사용된다. 우주의 두 가지 주된 목적은 세속적 향수(보가 I bhoga)나 해탈(모크샤mokṣa) 중 하나를 제공하는 것이다.

para-brahman(파라-브라만)

'지고의 절대자'라는 뜻이다. 속성이 없는 궁극적 참실재이다. 이것에 대해서는 아무것도 말해질 수 없다.

⇒ 절대자(Absolute), 브라만brahman도 참조.

[비교] 샤브다-브라만śabda-brahman.

para-citta-jñāna(파라-칫타-갸나)

'다른 사람의 마음에 대한 지식'이라는 뜻이다. 초자연적 능력(싯디siddhi) 중 하나이다. 『요가-수트라』*Yoga-Sūtra*(3. 19)에 따르면 이것은 다른 사람의 의식(consciousness)을 직접 지각(사크샤트-카라나sākṣāt-kāraṇa)함으로써 획득된다.

⇒ 마음(mind), 초심리학(parapsychology)도 참조.

para-deha-praveśa(파라-데하-프라베샤)

'타인의 몸에 들어가기'라는 뜻이다. 파라-카야-프라베샤♯para-kāya-praveśa 또는 파라-카야-아베샤♯para-kāya-āveśa라고도 불린다. 많은 달인이 얻게 되는 중요한 요가Yoga적 힘(싯디siddhi)이다. 이것은 아갸-차크라ājñā-cakra나 아나하타-차크라anāhata-cakra, 물라다라-차크라mūlādhāra-cakra에 대해 강력하게 명상(contemplation)함으로써 생긴다. 『라구-요가-바시슈타』*Laghu-Yoga-Vāsiṣṭha*(6. 9. 117)에서는 안정된 생기 에너지가 얼굴에서부터 12 손가락 너비 거리에서 유지될 때, 날숨(레차카recaka)을 사용하여 이것을 성취할 수 있다고 언급한다. 그러나 이것은 '뱀의 힘'(쿤달리니 샤티kuṇḍalinī-śakti)의 각성을

P

전제로 한다. 『샹카라-디그-비자야』 *ś Śaṃkara-Dig-Vijaya*에 나오는 한 가지 널리 알려진 이야기를 보면, 성性에 대해 무지한 포기자인 샹카라Śaṅkara가 후궁의 즐거움을 경험하기 위해 왕의 시신에 들어가 어떻게 지식 경연(intellectual tournament)에서 우승할 수 있었는지 들려주고 있다.

『카울라-갸나-니르나야』*Kaula-Jñāna-Nirṇaya*(20. 8)에 따르면 이 능력은 동물의 몸에까지 미친다. 그래서 『마하바라타』*Mahābhārata*(12. 260. 5~262. 45)에는 성자 카필라Kapila와 대화하기 위해 소의 몸에 들어갔던 시유마라슈미Syūmaraśmi의 이야기가 있다. 이 초자연적 능력은 때로 유체 이탈 현상과 동일시되어 왔지만, 더 복잡한 과정이 수반된다.

⇒ 초심리학(parapsychology)도 참조.

parakīyā(파라키야)

수행자 자신의 부인 이외의 탄트라Tantra의 여성 파트너이다.

[비교] 스와키야svakīyā.

parama-aṇu(파라마-아누, [연성]paramāṇu파라마누)

'초원자'超原子라는 뜻이다. 『요가-수트라』*Yoga-Sūtra*(1. 40)에서 이 용어는 단순히 '극미'極微를 의미한다. 그러나 비야사Vyāsa는 자신의 『요가-바쉬야』*Yoga-Bhāṣya*(1. 43)에서 만물은 원자(아누aṇu)들로 구성되어 있다는 바이셰쉬카Vaiśeṣika의 관념을 차용하고 있다. 따라서 그는 대상들을 '원자들의 복합체ś aṇu-pracaya들'로 간주한다. 바차스파티 미슈라Vācaspati Miśra는 이 송에 대한 주석에서 파라마-아누parama-aṇu들, 즉 '초원자들'의 관념을 도입한다. 그는 이것을 아누와 상호교환해서 사용하는 것 같다.

⇒ 부타bhūta도 참조.

parama-ātman(파라마-아트만, [연성]paramātman파라마트만)

'지고의 참자아'라는 뜻이다. 정신(psyche, 지바jīva) 또는 '개아'(지바-아트만jīva-ātman)와 대조되는 초월적 참자아이다.

parama-guru(파라마-구루)

'지고한 스승'이라는 뜻이다. 신학적 맥락에서 수행자의 스승의 스승, 즉 신(Divine) 그 자신은 모든 영적 지식과 가르침의 원천이다.

⇒ 이슈와라Īśvara도 참조.

parama-haṃsa(파라마-항사 또는 파라마-함사)

'지고의 백조'라는 뜻이다. 해탈, 즉 깨달음을 향수하는 달인에게 적용되는 경칭이다.

⇒ 아바두타avadhūta, 붓다buddha, 항사haṃsa도 참조.

parama-īśvarī(파라마-이슈와리, [연성]parameśvarī파라메슈와리)

'지고의 여신'이라는 뜻이다. 쿤달리니kuṇḍalinī와 동의어이다.

Parama-Saṃhitā(파라마-상히타)

'최고의 모음집'이라는 뜻이다. 판차라트라Pañcarātra 문헌 중 하나이다. 제10장에서는 요가Yoga를 '마음과 주어진 대상과의 흔들리지 않는ś asaṃkṣobha 결합'으로 이해한다. 신(Divine)에게 의지함으로써 요긴yogin은 카르마-요가Karma-Yoga와 갸나-요가Jñāna-Yoga 양자 모두의 결실을 얻는다. 천천히 나아가도록, 그래서 의욕이 앞서서 자신에게 해를 끼치지 않도록 충고하고 있다.

paramānanda(파라마난다)

'최상의 지복'이라는 뜻이다. 파라마(parama; '최상의')+아난다ānanda로 만들어졌다.

paramparā(파람파라)

'한 사람[으로부터] 다른 사람[에게로]'라는 뜻이다. 스승(구루guru)으로부터 제자(쉬쉬야śiṣya)에게로 구두적 전승과 권한 부여에서의 일련의 간단없는 연속이다. 그러한 가르침의 계보의 구성원이 되는 것은 전통적으로 상서롭고 중요하다고 간주된다. 그러나 언제나 인

P

간 스승의 은혜 없이 깨닫게 되는 달인들이 있어 왔다.

paranormal perception(초자연적 지각)

⇒ 디비야-차크슈스 divya-cakṣus, 디비야-슈로트라 divya-śrotra, 초심리학(parapsychology), 프라티바 pratibhā 참조.

paranormal powers(초자연적 힘)

⇒ 발라 bala, 초심리학(parapsychology), 싯디 siddhi, 비부티 vibhūti 참조.

parapsychology(초심리학)

초자연적인 능력과 사건 들에 대한 주장은 심리·영성적 전통의 '보편적 상수'이다. 요가 Yoga 문헌들에는 요긴 yogin이 영적 수행의 과정에서 획득한다고 생각되는 수많은 크고 작은 힘(싯디 siddhi)들에 대한 언급들로 가득 차 있다. 『요가-수트라』 *Yoga-Sūtra*의 거의 한 장 전체가 초자연적인 힘들과 그것들을 획득할 수 있는 기법들에 바쳐져 있다. 파탄잘리 Patañjali가 권하는 방법은 무아경적 '억제'(총제總制, 상야마 saṃyama)로 알려져 있다. 이것은 응시(contemplation)의 동일한 대상에 대한 집중(concentration, 총지總持, 다라나 dhāraṇā), 명상(meditation, 정려精慮, 디야나 dhyāna), 무아경(삼매, 사마디 samādhi)으로 된 결합 수행법이다. 이 방법은 특별한 종류의 지식을 낳는다고 하고, 힌두 Hindu 철학의 다른 대부분의 학파에 의해 타당한 인식(프라마나 pramāṇa)의 한 형태로 인정된다. 이것은 또한 요기-프라티야크샤 yogi-pratyakṣa, 즉 '요긴의 인식'으로도 알려져 있다.

아마도 인도의 방대한 영적 문헌들 어딘가에서 언급되지 않은 오늘날에 알려진 심령적 현상은 없고, 대부분의 환상적인 주장들은 8가지 주요 초자연력, 즉 마하-싯디 mahā-siddhi의 교의를 중심으로 전개된다. 이 8가지는 '주主의 힘'(자재력自在力, 아이슈와리야 aiśvarya)으로도 알려져 있는데, 아니만 aṇiman, 마히만 mahiman, 라기만 laghiman, 프랍티 prāpti, 프라카미야 prākāmya, 바쉬트와 vaśitva, 이쉬트리트와 īśitrītva, 카마바사위트와 kāmāvasāyitva이다. 이것들은 달인의 최고의 영적 깨달음의 부산물이라고 한다. 대부분의 힌두 권위자들은 이 주요 초자연력들을 문자 그대로 이해하지만, 일부는 그것들을 상징적으로 이해하고 몇몇은 단지 '미세 신체'(수크슈마-샤리라 sūkṣma-śarīra)에만 속하는 것으로 간주한다. 기꺼이 자신을 속이고 판타지들에 관여하려는 인간 마음이 항상 존재한다는 점을 우리는 계속해서 경계해야만 하지만, 현대의 초심리학에서는 초자연적 현상들의 존재에 대한 충분한 증거들을 축적해 왔다. 그러므로 오늘날 요가와 다른 유사한 영적 전통들의 주장 중 일부는 더 이상 믿기 어렵지만은 않다.

para-śarīra-āveśa(파라-샤리라-아베샤, [연성]paraśarīrāveśa 파라샤리라베샤)

'다른 사람의 신체에 들어가기'라는 뜻이다. 파라-데하-프라베샤 para-deha-praveśa와 동의어이다.

⇒ 초심리학(parapsychology)도 참조.

Para-Śiva(파라-쉬바)

'초월적 쉬바 Śiva'라는 뜻이다. 파라마-쉬바(Parama-Śiva; '최고의 쉬바')라고도 한다. 궁극적 참실재로서 쉬바에 대한 많은 명칭 중 하나이다.

Paraśurāma-Kalpa-Sūtra(파라슈라마-칼파-수트라)

'파라슈라마 Paraśurāma의 규율에 대한 수트라 sūtra'라는 뜻이다. 1300년경에 쓰인 슈리-비디야 Śrī-Vidyā의 주요 문헌으로 336송으로 이루어져 있다. 이 문헌에는 1831년에 라메슈와라 Rāmeshvara가 『사우바기요다야』 *Saubhāgyodaya*라는 제목으로 저술한 주석이 있다. 그 문헌에서는, 예를 들자면 탄트라 Tantra 숭배의 일곱 단계(삽타-울라사 sapta-ullāsa)를 설명하고 있다.

para-vairāgya(파라-바이라기야)

'더 높은 포기(renunciation)'라는 뜻이다. 고전 요가(Classical Yoga)에서 보다 뛰어난 형태의 이욕(dispassion, 바이라기야 vairāgya)이다. 이것은 『요가-수트라』 *Yoga-Sūtra*(1. 16)에 요긴 yogin이 우주(cosmos)의 '주된 성분들에 대한

P

갈망'♯guṇa-vaitṛṣṇya으로부터 벗어나는 것으로 정의되어 있다. 이것은 세상에 대한 최종적인 완전한 거부이다. 보통의 이욕과는 달리 보다 높은 이 무아경의 상태(삼매, 사마디samādhi)를 경험한 후에만 깨달을 수 있다. 이것은 '참자아에 대한 통찰(vision)'(푸루샤-키야티 puruṣa-khyāti)의 결과로 발생한다. 『마니-프라바』*Maṇi-Prabhā*(1. 51)에서는 이것을 '소위 다르마-메가[-사마디] dharma-megha[-samādhi]에 대한 열망'으로 바꾸어서 말하고 있다.

parā(파라)
'지고至高의'라는 뜻이다. 궁극에 대한 아비나바굽타Abhinavagupta의 표현이다.
⇒ 아눗타라anuttara도 참조.

parānta-jñāna(파란타-갸나)
'[수행자의 삶의] 마지막에 대한 지식'이라는 뜻이다. 파라(para; '궁극적')와 안타(anta; '끝')로 만들어졌다. 『요가-수트라』*Yoga-Sūtra*(3. 22)에 따르면 [죽음의] 징조(아리슈타ariṣṭa)들 또는 자신의 카르마karma에 대한 무아경적 '억제'(총제總制, 상야마saṃyama)를 수행함으로써 획득되는 것이다.
⇒ 안타-칼라anta-kāla, 죽음(death)도 참조.

parā-prāsāda-mantra(파라-프라사다-만트라)
'지고의 궁전을 [형성하는] 만트라mantra'라는 뜻이다. 『쿨라르나바-탄트라』*Kulārṇava-Tantra*(3. 49)에서 이 만트라는 쉬바Śiva와 샥티 II Śakti 양자를 나타내고 '위쪽 전승'♯ūrdhva-āmnāya을 지배하는 것으로 칭송된다. 들숨과 날숨의 형태를 갖는 모든 생물에 의해서 이 만트라는 자동적으로 암송된다.
⇒ 항사haṃsa도 참조.

Parātriṃśikā-Vivaraṇa(파라트링쉬카-비바라나)
'파라트링쉬카Parātriṃśikā에 대한 해설'이라는 뜻이다. 현존하지 않는 『파라-트리쉬카』♯*Parā-Triśikā*, 『파라-트링쉬카』♯*Parā-Triṃśikā*, 『트리카-수트라』♯*Trika-Sūtra*에 대한 아비나바굽타Abhinavagupta의 주요 주석이다. 이 달인은 『라구-브릿티』♯*Laghu-Vṛtti*라는 제목의 더 짧고 더 이해하기 쉬운 주석도 저술하였다.

paricaya-avasthā(파리차야-아바스타, [연성]paricayāvasthā파리차야바스타)
'축적 상태'라는 뜻이다. 요가Yoga 발전의 네 단계 중 셋째이다. 『하타-요가-프라디피카』*Haṭha-Yoga-Pradīpikā*(4. 74f.)에서는 이것을 다음과 같이 기술하고 있다. 수행자는 아갸-차크라ājñā-cakra의 '에테르/공간'에서 드럼의 음音 같은 소리를 듣는다. 그런 다음 생기 에너지(프라나prāṇa)는 모든 능력(싯디siddhi)의 자리인 '위대한 공간'♯mahā-śūnya에 도달한다. 수행자가 '마음[에서 생겨난] 지복'♯citta-ānanda을 초월했을 때, '자발적인 지복'♯sahaja-ānanda이 생겨나서 고통 · 노쇠 · 질병 · 기아 · 잠(니드라nidrā)에서 해방된다. 『쉬바-상히타』*Śiva-Saṃhitā*(3. 60)에 따르면 이 단계에서는 생기 에너지가 중앙 통로(수슘나-나디suṣumṇā-nāḍī)로 들어가서 '뱀의 힘'(쿤달리니-샥티kuṇḍalinī-śakti)을 각성시키는 특징이 있다.

paridhāna(파리다나)
'감기' 또는 '두르기'라는 뜻이다. 『하타-요가-프라디피카』*Haṭha-Yoga-Pradīpikā*(3. 112)에 나타난 비밀스러운 과정으로, 이것을 통해 '뱀의 힘'(쿤달리니-샥티 kuṇḍalinī-śakti)이 각성될 수 있다. 이 수행은 나울리naulī와 동일한 것으로 추정된다.

pariṇāma(파리나마)
'변화', '변환', '전변'轉變이라는 뜻이다. 파탄잘리 Patañjali 철학의 핵심 용어로 연속적인 변화를 의미한다. 『요가-수트라』*Yoga-Sūtra*(3. 13)에 따르면 전변은 다음과 같은 세 가지 기본 유형이 있다. (1)다르마-파리나마(♯dharma-pariṇāma; 속성의 전변, 즉 법전변法轉變). 실체(마음)의 형태에서의 변화. (2)라크샤나-파리나마(♯lakṣaṇa-pariṇāma; 시간적 형태의 변화, 즉 상전변相轉變). 시간(칼라 II kāla)은 과거 · 현재 · 미래로 구성되어 있다

P

는 사실 속에 내재하는 변화. (3)아바스타-파리나마(*avasthā-pariṇāma*; 상태의 변화, 즉 위전변位轉變). 흙으로 만든 그릇이 깨져서 먼지로 될 때처럼 시간의 영향(즉 시간이 가는 것) 때문에 생기는 질적인 변화. 파탄잘리는 이러한 통찰(vision)을 의식(consciousness)과 요가Yoga의 기법을 통한 의식의 변화에 적용하려고 노력했다. 파탄잘리의 전변 철학은 우주(cosmos) 현상의 영속성을 인정하지 않는다. 초월적 참자아(푸루샤puruṣa)만이 '불변'*apariṇāmit*을 향수하는 것으로 생각한다.
⇒ 전개(evolution)도 참조.

Parivrājakācārya(파리브라자카차리야)
'탁발하는 영적 교사'라는 뜻이다. 파리브라자카Parivrājaka＋아차리야ācārya로 만들어졌다. 『카미야-얀트롯다라』*Kāmya-Yantroddhāra*('얀트라yantra들에 대한 바람직한 추론')를 저술했던 14세기의 벵골Bengal 출신의 탄트라Tantra 달인이다.

part(부분)
⇒ 앙샤aṃśa 참조.

particularized(차별이 있는)
⇒ 비셰샤viśeṣa 참조.
[비교] 아비셰샤aviśeṣa.

part, sixteenth(열여섯째 부분)
⇒ 칼라 I kalā 참조.

parvan(파르반)
'연결'이라는 뜻이다. 파탄잘리Patañjali는 자신의 존재론에서 우주(cosmos)의 현현顯現 또는 층위 들을 다음과 같이 네 단계(파르반parvan)로 구별하였다. 비셰샤(viśeṣa; '차별이 있는 것'), 아비셰샤(aviśeṣa; '차별이 없는 것') 링가-마트라(liṅga-mātra; '표징이 있는 것'), 알링가(aliṅga; '표징이 없는 것'). 이 층위들은 뚜렷이 구별되지만 모든 현상을 구성하는 주된 세 성분(구나guṇa)의 기능적 영역과 연관되어 있다. 참자아는 이 층위들을 초월한 보는 자의 의식(consciousness)이다.

paryaṅka(파리양카)
'침대틀'이라는 뜻이다. 예를 들면 『요가-바쉬야』*Yoga-Bhāṣya*(2. 46)에 언급되어 있는 요가Yoga 자세(아사나 āsana)이다. 이 용어에 대한 바차스파티 미슈라Vācaspati Miśra의 주석에 따르면 누워 있는 동안 자신의 두 팔로 무릎을 붙잡음으로써 이 자세를 행한다. 현대 매뉴얼들에서는 이 자세를 다음과 같이 다르게 기술하고 있다. 영웅 자세(비라-아사나 vīra-āsana)로 시작해서 머리가 바닥에 닿을 때까지 뒤로 활모양으로 젖힌다. 두 팔로 머리를 부드럽게 안는다.
[비교] 아르다-파리양카ardha-paryaṅka.

passion(열정)
⇒ 카마kāma, 라가rāga, 라자스rajas, 라티rati 참조.

paścima-āmnāya(파슈치마-암나야)
'서쪽 전승'이라는 뜻이다. 탄트라Tantra의 다섯 전승(암나야āmnāya) 중 하나이다. 이것은 카울라kaula의 가르침과 강력하게 연관되어 있기 때문에 특히 중요하다.

paścima-tāna-āsana(파슈치마-타나-아사나, [연성] paścimatānāsana파슈치마타나사나)
'등을 뻗어 늘이는 자세'라는 뜻이다. 『트리-쉬키-브라마나-우파니샤드』*Tri-Śikhi-Brāhmaṇa-Upaniṣad*(2. 51)에 다음과 같이 기술되어 있다. 두 다리를 앞으로 쭉 뻗고 앉아서 두 손으로 양 엄지발가락을 잡을 수 있을 때까지 앞으로 굽히고, 무릎 위에 이마가 놓이게 한다. 『요가-추다마니-우파니샤드』*Yoga-Cūḍāmaṇi-Upaniṣad*의 익명의 저자가 말하듯이 이 수행은 실제로 '잠금'(반다 bandha)이다. 왜냐하면 이 자세로 복부 수축이 이루어지기 때문이다. 『쉬바-상히타』*Śiva-Saṃhitā*(3. 92)에서는 이것이 우그라-아사나ugra-āsana로도 불린다고 말한다.
⇒ 아사나āsana도 참조.

P

paścima-uttāna-āsana(파슈치마–웃타나–아사나, [연성]**paścimottānāsana**파슈치못타나사나)

'등을 스트레치 하는 자세'라는 뜻이다. 보통 파슈치마–타나–아사나paścima-tāna-āsana와 동의어이다.

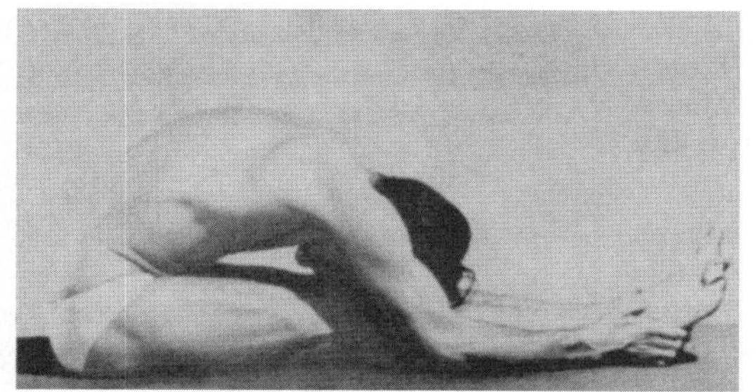

파슈치마–웃타나–아사나. 테오스–버나드(Theos Bernard)

paśu(파슈)

'짐승' 또는 '창조물'이라는 뜻이다. 개체화된 자아인 지바jīva, 즉 개아(psyche)에 대한 샤이바Śaiva의 동의어이다. 『쉬바–푸라나』*Śiva-Purāṇa*(7. 1. 5. 61)에서는 창조의 신 브라마II Brahma로부터 가장 작은 창조물에 이르기까지 모든 존재를 올가미(파샤pāśa)에 속박된 동물들로 묘사한다. 그들의 사료는 고통과 즐거움이다. 그러나 실제에 있어서 파슈paśu들은 초월적 참자아를 나타내는 쉬바Śiva 또는 파슈파티Paśupati와 동일하다. 오직 근본적 무지(아비디야avidyā)만이 그들이 본래 가지고 있는 자유와 지복을 알 수 없게 한다.

쉬바 파슈파티, 즉 '짐승들의 주'(인더스–사라스와티 문명에서 출토된 테라 코타 인장 탁본)

Paśupati(파슈파티)

'짐승들의 주主'라는 뜻이다. 쉬바Śiva의 이름 중 하나이다. 샤이비즘Śaivism에서 그는 모든 창조물(파슈paśu)의 통치자로 간주된다. 인더스–사라스와티 문명(Indus-Sarasvati civilization)의 큰 도시 중 하나인 모헨조다로Mohenjo-Daro에서 발굴하던 중에, 단壇 위에 가부좌로 앉아서 세운 남근(링가liṅga)처럼 보이는 것을 가지고 있고 뿔이 둘 달린 보석으로 장식된 투구를 쓰고 있으며 여러 종류의 동물들에 둘러싸여 있는 모습을 묘사한 테라 코타 인장이 발견되었다. 비록 해석이 바뀌긴 했지만 이 상像은 종종 파슈파티Paśupati에 대한 가장 초기 표현으로 생각되어 왔다.

⇒ 신 또는 신성성(神聖性, Divine), 신(God), 판차–비다–크리티야pañca-vidha-kṛtya도 참조.

Patancaliyar(파탄찰리야르)

파탄잘리Patañjali에 대한 타밀어Tamil이다.

Patañjali(파탄잘리)

힌두Hindu 사상의 역사에서 파탄잘리Patañjali라는 이름을 가진 몇 명의 사람이 탁월했다. 그 이름을 가진, 파니니Pāṇini의 『아슈타–아디야위』*Aṣṭa-Adhyāyī*([연성]『아슈타디야위』*Aṣṭādhyāyī*, '문법에 대한 여덟 장')에 대한 학술적인 주석을 단 유명한 문법학자가 B.C. 2세기의 어느

비의적 지식의 수호자인,
머리가 많이 달린 뱀의 보호를 받고 있는 파탄잘리(Patañjali)

P

때에 살았다. 그는 베다Veda 의례 문헌 연구에 중요한 저작인 『니다나-수트라』 ♯ *Nidāna-Sūtra*를 저술한 파탄잘리와는 다르다. 셋째 파탄잘리는 남인도의 18명의 달인(아슈타다샤-싯다aṣṭādaśa-siddha) 중 한 명이었다. 그는 그에 대해, 그리고 그가 『티루-만티람』 *Tiru-Mantiram*에 나오는 치담바람Chidambaram 사원을 방문했던 것에 대해 언급한 티루물라르Tirumūlar보다 이전에 살았다. 넷째 파탄잘리는 상키야Sāṃkhya의 널리 알려진 스승이었다. 비록 토착 인도 전통에서는 문법학자와 요가Yoga 저자가 동일하다고 주장하지만, 그들 모두는 『요가-수트라』 *Yoga-Sūtra*를 저술했던 그들의 동명이인과 다를 가능성이 높다. 『요가-수트라』의 내부 증거들과 일반적인 역사적 고려 사항들로 보아 요가의 권위자인 파탄잘리는 2세기에 살았을 것이다.

사실상 그에 대해 알려진 것은 아무것도 없다. 힌두 전통에 따르면 그는 아난타Ananta, 즉 뱀족의 지배자인 천 개의 머리를 가진, 세샤Śeṣa의 화신이었다. 요가를 지상에 가르치기를 갈망했던 아난타는 천상으로부터 고니카Goṇikā라는 이름의 고결한 여성의 손바닥 ♯ añjali 위로 떨어졌다 ♯ pat고 한다. 그는 분명히 철학을 무척 좋아하는 요가의 달인이었다. 종종 '요가의 아버지'로 잘못 간주되는 파탄잘리의 위대한 공헌은 존재하던 지식을 집적하고 체계화하여 당대의 다른 사상 학파들과 경쟁할 수 있게 요가에 철학적 외형을 부여한 것이었다. 남인도의 구전 전통에 따르면 파탄잘리는 샤이비즘Śaivism의 스승이었다.

⇒ 히란야가르바Hiraṇyagarbha도 참조.

P

Patañjali-Carita(파탄잘리-차리타)

'파탄잘리Patañjali의 삶'이라는 뜻이다. 라마바드라 디크쉬타Rāmabhadra Dīkshita의 18세기의 이야기책으로, 『요가-수트라』 *Yoga-Sūtra*와 제목이 불분명한 의학 논문의 저자인 성자 파탄잘리에 대해 말하고 있다.

Patañjali-Sūtra(파탄잘리-수트라)

우마파티 쉬바차리야Umāpati Śivācārya의 저작으로, 남인도의 치담바람Chidambaram 사원의 숭배 의례의 절차와 축제 행사들을 기술하고 있다.

path(길)

영적인 삶은 거의 보편적으로 영적 무지(아비디야avidyā)의 상태에서 지혜 또는 깨달음의 상태로 이끄는 길로 표현된다. 사하지야 운동(Sahajiyā Movement)과 같은 일부 급진적인 학파들만 이 비유를 거부한다.

⇒ 마르가mārga, 사다나(sādhana 또는 sādhanā)도 참조.

Pati(파티)

'주'主라는 뜻이다. 쉬바Śiva를 나타낸다. 그는 무지(아비디야avidyā)의 올가미(파샤pāśa)에 얽매인 모든 창조물(파슈paśu)의 주인으로 간주된다.

⇒ 파슈파티Paśupati도 참조.

patience(인내)

⇒ 크샤마kṣamā, 크샨티kṣānti, 티티크샤titikṣā 참조.

Pattinattar(팟티낫타르)

타밀어Tamil이다. '[소] 우리에 대한 안내'라는 뜻이다. 널리 알려져 있는 남인도의 싯다siddha이다.

pauruṣa(파우루샤)

'남자다움', '씩씩함', '용감함'이란 뜻이다. 『요가-바시슈타』 ♯ *Yoga-Vāsiṣṭha*(2. 4. 10ff.)에 있는 중요한 관념으로, 거기서는 주로 노력이 운명 위에 놓인다. 노력 없이 고통(두카duḥkha)은 극복될 수 없다. 이 저작(2. 7. 31)에서 주장하는 바에 따르면 사람은 운명에 의지해서는 안 된다.

[비교] 은총(grace), 카르마karma.

pavana(파바나)

'바람'(풍風)이라는 뜻이다. 프라나prāṇa, 바타vāta, 바유vāyu와 동의어이다.

Pavana-Vijaya(파바나-비자야)

'바람(풍風)에 대한 정복'이라는 뜻이다. 9장에 걸쳐

3백4십9송이 나뉘어져 구성되어 있는, 호흡 조절에 대한 현대 저작이다.

payasvinī-nāḍī(파야스위니-나디)
'물 같은 흐름'이라는 뜻이다. 푸샤-나디pūṣa-nāḍī와 사라스와티-나디sarasvatī-nāḍī 사이에 위치해 있고 오른쪽 귀까지 뻗어 있는 생기 에너지(프라나prāṇa)의 통로이다.

pāda(파다 II)
'발' 또는 '4분의 1'이라는 뜻이다.
⇒ 발(feet) 참조.

pāda-pīṭha-āsana(파다-피타-아사나, [연성]pādapīṭhāsana파다피타사나)
'발 벤치 자세'라는 뜻이다. 『하타-라트나발리』*Haṭha-Ratnāvalī*(3. 71)에 다음과 같이 기술되어 있다. 한쪽 다리로 서서 양손을 몸통 뒤로 둘러서 다른 쪽 다리를 잡고 뒤로 강하게 잡아 당겨라. 이것은 하타-요가Haṭha-Yoga의 몇몇 현대 매뉴얼에 언급되어 있는 나타라자-아사나(☞naṭa-rāja-āsana; '춤의 왕 자세')와 동일한 것으로 보인다.

pāda-pūjā(파다-푸자)
'발에 대한 숭배'라는 뜻이다. 파다-세바나pāda-sevana와 동의어이다.

pāda-sevana(파다-세바나)
'[신의] 발아래에서 섬김'이라는 뜻이다. 헌신의 요가(박티-요가Bhakti-Yoga)의 '지분'(앙가aṅga) 중 하나이다. 남근(링가liṅga)과 같은 이미지(무르티mūrti) 또는 상징으로서 성지에 설치된 신(Divine)에 대한 숭배 의례의 부분이다.

pādukā(파두카)
'샌들'이라는 뜻이다. 구루guru의 샌들은 신성한 대상 또는 스승을 대체하는 상징물로 간주된다. 많은 유파에서는 스승에 대한 숭배 의례(구루-푸자guru-pūjā) 과정에서 이 샌들을 공경하는 마음으로 다룬다.
⇒ 파다-세바나pāda-sevana도 참조.

Pādukā-Pañcaka(파두카-판차카)
'발판에 대한] 다섯 [송]'이라는 뜻이다. 단 일곱 송으로만 된 저작으로, 다음과 같은 쿤달리니-요가Kuṇḍalinī-Yoga의 비의적인 다섯 장소에 대한 명상(meditation)을 기술하고 있다. (1)심장에 있는 열두 개의 꽃잎으로 된 연꽃. (2)그 연꽃의 과피에 있는 삼각형tri-koṇa. (3)나다nāda와 빈두bindu 지점. (4)그 안에 있는 '보석의 자리'☞maṇi-pīṭha. (5)그 위에 있는 삼각형과 함께 그 자리 밑에 있는 항사haṃsa.

Pāmbātti(팜밧티) 또는 **Pāmnātticcittar**(팜낫틧칫타르)
타밀어Tamil로 '뱀을 부리는 사람'이라는 뜻이다. 찻타무니Cattamuni로부터 입문식을 받았던, 남인도의 18명의 달인(아슈타다샤-싯다aṣṭādaśa-siddha) 중 한 명이다. 대중들은 그가 의학에 대한 저술들과 독사에 대한 저작을 저술하였다고 생각한다. 뱀을 부리는 기술은 그의 쿤달리니-요가Kuṇḍalinī-Yoga에 대한 상징일 수 있다.

Pāṇḍava(판다바)
⇒ 마하바라타Mahābhārata도 참조.
[비교] 카우라바Kaurava.

pāṇḍitya(판디티야)
'학식'이라는 뜻이다.

pāṇi-pātra-āsana(파니-파트라-아사나, [연성]pāṇipātrāsana파니파트라사나)
'손 그릇 자세'라는 뜻이다. 『하타-라트나발리』*Haṭha-Ratnāvalī*(3. 49)에 다음과 같이 기술되어 있다. 배꼽에 두 발목을 놓은 다음, 두 손을 그릇(발을 놓는 요람) 모양으로 만든다. 이 수행은 서서히, 그렇지만 있는 힘을 다해서 해야만 한다. 이 자세는 현대의 몇몇 하타

P

—요가Haṭha-Yoga 매뉴얼에서 칸다—아사나♯kanda-āsana라고 언급되어 있는 것과 동일한 것 같다.

pāpa(파파) 또는 **pāpman**(팝만)

'죄' 또는 '악'惡이라는 뜻이다. 죄와 악과 연관된 관념들은 이미 고대 베다Veda 시대 사람들의 도덕적 삶에서 중요한 역할을 했다. 『리그—베다』*Ṛg-Veda*에는 죄에 대한 용서를 구하는 기도문이 많이 있다. 베다의 현자(리쉬ṛṣi)들은 죄를 인간의 상태의 일부로 받아들였다. 죄는 나와 너 사이의 분리 경험의 불가피한 산물이다. 『리그—베다』에서 빈번히 참자아(아트만ātman)와 동일시되는 호흡만이 악에 의해 정복되지 않는다. 그러므로 참자아와 조화를 이루는 것이 죄와 악과 싸울 수 있는 유일한 수단이다.

죄에 대한 베다적 이해는 후대 힌두Hindu 사상에도 영향을 미친다. 그래서 『바가바드—기타』*Bhagavad-Gītā*(3. 36f.)에는 크리슈나Kṛṣṇa와 그의 제가 아르주나Arjuna가 나눈 다음과 같은 대화가 있다.

> 그런데 오! 바르슈네야(Vārṣṇeya, 즉 크리슈나 여, 무엇이 인간이 죄를 저지르도록 재촉합니까? 심지어 이에 저항하면서도 마치 힘에 의해 강제된 것처럼.
>
> 그것은 욕망(카마kāma)이고 동질♯rajo-guṇa에서 태어난 분노이며 모든 것을 삼키는 대단한 악이라오. 이를 여기 [지상에서] 적으로 아시오.

그러므로 욕망은 모든 악의 뿌리이다. 그러나 욕망 자체는 자신이 나머지 존재들로부터 분리되어 있다는 착각인 에고 감각(아만我慢, 아항카라ahaṃkāra)에 뿌리내리고 있다. 오직 지혜(갸나jñāna)만이 죄를 넘어설 수 있게 한다. 지혜를 통해서 인간은 완전하게 되기 때문이다. 크리슈나는 『바가바드—기타』(4. 36ff.)에서 다음과 같이 설명한다.

> 설령 당신이 악을 행하는 자 중 가장 악하다 할지라도 많은 지혜를 가지고 있다면, [삶의] 모든 죄의 [강들을] 건너게 될 것이오. 타오르게 된 불이 연료를 재로 만드는 것처럼, 오! 아르주나여, 그렇게 지혜의 불은 모든 행위를 재로 만든다오.
>
> 왜냐하면 이 [지상에서] 지혜와 같이 정화할 수 있는 것은 아무것도 없기 때문이라오. 요가Yoga를 완성한 이 [수행자]는 조만간 그 자신 속에서 자신을 발견하게 될 것이오.

고대의 윤리 문헌(법전, 다르마—샤스트라 I dharma-śāstra)들에는 이미 강렬한 고행(타파스tapas)의 양태인 격렬한 호흡 조절이라는 수단으로 죄를 속죄한다고 언급되어 있다. 이 관념은 많은 후대 요가 문헌에서 반복된다. 조절된 호흡은 지혜의 적용이라는 자기 희생의 한 형태이다.

⇒ 아다르마adharma, 도샤doṣa, 킬비샤kilbiṣa, 파타카pātaka, 프라야슈칫타prāyaścitta도 참조.

[비교] 다르마dharma, 푼야puṇya.

pāpa-puruṣa(파파—푸루샤)

'악인'이라는 뜻이다. 탄트라Tantra에서 개인의 죄를 없애기 위한 마법적 의례에서 사용하는 남자 모형이다.

pārada(파라다)

'[다른] 해안海岸/목표를 주는'이라는 뜻이다. 연금술에서 주요 시약일 뿐만 아니라 해탈의 도구로서의 수은이다. 쉬바Śiva의 편재하는 신체의 정수(라사rasa), 즉 정액으로 간주된다.

pāramārthika-satya(파라마르티카—사티야)

'절대적 진리'라는 뜻이다. 파라마(pārama; '절대적')+아르티카(arthika; '관련된')+사티야satya로 만들어졌다. '지고의 대상', 즉 '궁극적 실재'를 의미하는 파라마르타♯paramārtha라는 용어와 관련 있다.

[비교] 비야바하리카—사티야vyāvahārika-satya.

Pārānanda-Sūtra(파라난다—수트라)

'파라난다Pārānanda의 경구들'이라는 뜻이다. 대략 1백 송으로 구성되어 있고 900년에서 1200년 사이에 성립된 탄트라Tantra의 카울라kaula 문헌이다.

pārthavī-dhāraṇā-mudrā(파르타비-다라나-무드라)
'지地 [요소]에 대한 집중(concentration)의 결인'이라는 뜻이다. 아도-다라나 ♯ adho-dhāraṇā로도 불린다. 『게란다-상히타』 *Gheraṇḍa-Saṃhitā*(3. 59)에 다음과 같이 기술되어 있는 다섯 가지 집중 기법 중 하나이다. 이것은 1백5십 분 동안 마음과 생기 에너지를 심장 속에 있는 지 요소에 고정하는 것이다. 이것은 안정stambha을 주고, 요긴yogin에게 지 요소 자체에 대한 통제력을 갖게 해준다.

⇒ 다라나 dhāraṇā, 무드라 mudrā, 판차-다라나 pañca-dhāraṇā도 참조.

pāśa(파샤)
'올가미' 또는 '족쇄'라는 뜻이다. 신성한 주(主, 파티 pati), 즉 파슈파티 Paśupati와 창조물(파슈 paśu)들을 구별하는 샤이비즘Śaivism의 주요 개념이다. 이 단어는 모든 창조물이 카르마 karma에 얽매여 있다는 사실을 나타내는데, 그 근원에는 영적 무지(아비디야 avidyā)가 있다. 또한 쉬바 Śiva는 도상학적으로 올가미를 가지고 다니는 것으로 묘사된다. 그는 도덕 질서(다르마 dharma)를 어기는 자들에게 올가미로 족쇄를 채운다.

pāśinī-mudrā(파쉬니-무드라)
'새잡이 결인'이라는 뜻이다. 파닌드라 phaṇīndra로도 알려져 있다. 『게란다-상히타』 *Gheraṇḍa-Saṃhitā*(3. 65)에 다음과 같이 기술되어 있다. 두 다리를 목 뒤에 걸쳐 놓고 올가미(파샤 pāśa)처럼 단단하게 유지한다. 이것은 힘(발라 bala)과 활력 ♯ puṣṭi을 줄 뿐만 아니라 '뱀의 힘'(쿤달리니-샥티 kuṇḍalinī-śakti)도 각성시킨다.

Pāśupata-Brāhmaṇa-Upaniṣad(파슈파타-브라마나-우파니샤드, [연성]**pāśupatabrāhmaṇopaniṣad**파슈파타브라마노파니샤드)
요가-우파니샤드 Yoga-Upaniṣad 중 하나로 78송이 두 부분에 걸쳐 나뉘어져 배분되어 있다. 이 문헌에서는 내면의 희생제를 찬양하는 상징적 희생제의 철학을 기술한다. 여기서는 마음이 항사 haṃsa에 적합하게 되는 일종의 나다-요가 Nāda-Yoga를 권한다. 이 문헌(2. 6)에서 제안하는 구체적인 접근법은 항사-아르카-프라나바-디야나 ♯ haṃsa-arka-praṇava-dhyāna, 즉 '빛나는 백조의 허밍 소리[즉 옴 Oṃ]에 대한 명상(meditation)'으로 불린다. 이것은 오직 빛(프라카샤 prakāśa)만이 존재함을 이유로 침묵(마우나 mauna)하라고 말한다.(2. 21) 이 문헌은 더 나아가 다음과 같이 말한다.(2. 31) 참자아를 아는 자는 해탈되지도 속박되지도 않는다. 왜냐하면 그러한 관념은 오직 여전히 속박된 자들에게만 속하는 것이기 때문이다. 동일한 이유로 음식(안나 anna)에 대한 금기는 참자아를 깨달은 달인에게 적용되지 않는다고 한다. 달인은 [고대의 『타잇티리야-우파니샤드』 *Taittirīya-Upaniṣad*의 정신(spirit)에서] 음식이자 음식을 먹는 자이다.

Pāśupata sect(파슈파타파)
샤이비즘Śaivism의 가장 초기의 최고로 영향력 있는 종파 또는 유파이다. 이 유파의 추종자들은 파슈파티 Paśupati로서의 쉬바 Śiva를 숭배한다. 개조는 라쿨리샤 Lakulīśa이고 그의 가르침은 『파슈파타-수트라』 *Pāśupata-Sūtra*에 체계적으로 정리되어 있다. 구자라트 Gujarat에서 가장 유명했던 이 전통의 다른 주요 저작은 여덟 송으로만 이뤄져 있는, 9세기 하라닷타 Haradatta의 『가나-카리카』 ♯ *Gaṇa-Kārikā*이다. 이 문헌은 종종 그것에 대한 주석인 『라트나-티카』 ♯ *Ratna-Ṭīkā*를 저술한 바사르바갸 Bhāsarvajña의 작품으로 그릇되게 여겨진다.

⇒ 칼라무카파 Kālāmukha sect, 카팔리카파 Kāpālika sect 참조.

Pāśupata-Sūtra(파슈파타-수트라)
'파슈파타 Pāśupata의 [가르침]에 대한 경전'이라는 뜻이다. 파슈파타 유파의 사상에 대한 주요 문헌이다. 라쿨리샤 Lakulīśa가 저술한 것으로 추정되고 불과 1930년에야 발견되었다. 제5장에서는 요가 Yoga에 대해 논하고 도덕 훈련(금계, 야마 yama)과 자기 억제(권계, 니야마 niyama)에 대해 광범위하게 다루고 있다. 이 경전에서는 과거, 현재, 미래의 모든 것에 대

P

해 이욕하고 신(Divine)을 사랑하기를 권한다. 대단히 의례적인 이 요가의 길은 푸라나Purāṇa들에 기술된 파슈파타–요가Pāśupata-Yoga와 구별되어야만 한다. 파슈파타–요가는 파탄잘리Patañjali의 고전 요가(Classical Yoga)에 더 가깝다. 카운딘야Kauṇḍinya가 저술한 『파슈파타–수트라』Pāśupata-Sūtra는 『판차–아르타–바쉬야』♯Pañca-Artha-Bhāṣya('[파슈파타 철학의] 다섯 주제에 대한 논의')라는 제목의 귀중한 주석을 가지고 있다.

Pāśupata-Yoga(파슈파타–요가)

파탄잘리Patañjali 이후 다양한 샤이바Śaiva의 가르침들에 주어진 공통적 명칭이다. 이 요가Yoga의 교의들은 『쉬바–푸라나』Śiva-Purāṇa, 『링가–푸라나』Liṅga-Purāṇa, 『쿠르마–푸라나』Kūrma-Purāṇa와 같은 문헌들에 상세히 설명되어 있다. 그들이 공언하는 목표는 쉬바Śiva와의 합일이다.

pātaka(파타카)

'죄'라는 뜻이다. 죄 또는 악(惡, 파파pāpa)의 종류이다. 이것은 너무 엄중해서 어떤 이에게서 그의 카스트(caste) 구성원으로서의 지위, 즉 생계수단을 빼앗는다. 『요가–추다마니–우파니샤드』Yoga-Cūḍāmaṇi-Upaniṣad(108)에 따르면 호흡법 수행은 아주 중대한 죄까지도 속죄시킬 수 있다.

Pātañjala-Darśana(파탄잘라–다르샤나)

'파탄잘리Patañjali의 견해'라는 뜻이다. 현대 학자들이 고전 요가(Classical Yoga)라 부르는 것에 대한 힌두Hindu 토착 용어이다.

Pātañjala-Rahasya(파탄잘라–라하시야)

'파탄잘리Patañjali의 비밀'이라는 뜻이다. 간결한 정의와 다른 저작의 인용구를 많이 제공하고 있는 『탓트와–바이샤라디』Tattva-Vaiśāradī에 대한 짧은 복주석이다. 이 저작의 저자는 라가바난다 사라스와티(Rāghavānanda Sarasvatī; 19세기)이다.

Pātañjala-Sūtra(파탄잘라–수트라)

⇒ 요가–수트라Yoga-Sūtra 참조.

Pātañjala-Yoga(파탄잘라–요가)

고전 요가(Classical Yoga)와 동의어이다.

Pātañjala-Yoga-Sūtra(파탄잘라–요가–수트라)

널리 알려져 있는 파탄잘리Patañjali의 저작과는 다르다. 501송으로 구성되어 있는 이 문헌은 1910년에 베나레스Benares의 맹인 판디타paṇḍita 단라즈Dhanraj가 바가반 다스Bhagavan Das에게 받아쓰게 한 것이다.

pātāla(파탈라)

'지하계'라는 뜻이다. 『요가–바쉬야』Yoga-Bhāṣya(3.26)에 따르면 일곱 지옥계(나라카Nāraka) 위에 있는 일곱 지하계 중 하나이다. 다른 것들은 마하–탈라♯mahā-tāla, 라사–탈라♯rasa-tāla, 아탈라♯atāla, 수탈라♯sutāla, 비탈라♯vitāla, 탈라–아탈라♯tāla-atāla이다. 탈라♯tāla라는 단어는 '층' 또는 '층위'를 의미한다.

⇒ 우주(cosmos)도 참조.

pātra(파트라)

'그릇'이라는 뜻이다. 차크라–푸자cakra-pūjā에 사용되는 의례용 도구 중 하나이다. 이것은 가타♯ghaṭa 또는 아다라ādhāra로도 불린다.

peacock posture(공작 자세)

⇒ 마유라–아사나mayūra-āsana 참조.

penance(참회 또는 속죄)

⇒ 프라야슈칫타prāyaścitta 참조.

perception(지각 또는 인식)

⇒ 드리슈티dṛṣṭi, 그라하나grahaṇa, 프라티야크샤pratyakṣa, 사크샤트–카라sākṣāt-kāra 참조.

perfection(완전함)
⇒ 싯디 siddhi 참조.

perfection of the body(신체의 완전함)
⇒ 카야-삼파트 kāya-saṃpat, 카야-싯디 kāya-siddhi 참조.

perineum(회음)
⇒ 요니 yoni 참조.

Periya Ālvār(페리야 알와르)
타밀어 Tamil이다. 산스크리트 Sanskrit로는 비슈누칫타 Viṣṇucitta로 알려져 있기도 하다. 비슈누 Viṣṇu를 숭배한 남인도의 위대한 달인 중 한 명이다. 그는 800년경에 푸두바이야루 Puduvaiyaru 마을의 한 브라민 brahmin 가문에서 태어났고, 헌신적인 자작시로 지역 내에서 명성을 얻었다. 그는 팔란투 ♯Pallāṇṭu로 알려진, 타밀어 경전의 개시하는 시 10절을 지었고, 크리슈나 Kṛṣṇa의 유아기와 유년 시절을 찬양한 『티루몰리』 ♯*Tirumoli*의 시 50편을 저술하였다. 타밀 전통에 따르면 그는 평생 독신으로 살았고 노후에는 버려진 여아를 발견하고 입양했는데, 그녀는 후일 유명해지게 된 안달 Āndāl이었다.

Periya-Purāṇam(페리야-푸라남)
타밀어 Tamil로 지어진 티루무라이 Tirumurai의 열둘째 저작이다. 이 저작은 63명의 나얀마르 Nayanmār에 대해 이야기하고 있고, 12세기에 섹킬라르 Sekkilar가 저술하였다.

perplexity(혼란 또는 당혹)
⇒ 브라마 I bhrama 참조.

person(사람)
⇒ 푸드갈라 pudgala 참조.

perspiration(땀)
⇒ 프라스웨다 prasveda, 스웨다 sveda 참조.

phala(팔라)
'결과'라는 뜻이다. 행위에 대한 도덕적 보상, 즉 카르마 karma적 과보이다. 『바가바드-기타』 *Bhagavad-Gītā*(18. 12)에 따르면 이 과보는 다음과 같은 세 종류이다. (1)아니슈타(♯aniṣṭa; '원하지 않는'). 샹카라 Śaṅkara가 『기타』 *Gītā*에 대한 자신의 주석에서 설명했듯이 미래에 지옥의 존재로 만드는 것이다. (2)이슈타(♯iṣṭa; '원하는'). 미래에 어떤 천상계의 존재로 만드는 것이다. (3)미슈라(♯miśra; '혼합된'). 미래에 인간 존재가 되게 한다고 추정되는 것이다. 카르마-요가 Karma-Yoga 수행은 『바가바드-기타』에서 가르쳤듯이 주로 마음속으로 자신의 행위의 결과에 대해 포기(renunciation)하는 것으로 구성되어 있다. 이 문헌에서는 이것을 다음과 같이 말한다. "그대의 특권(아디카라 adhikāra)은 바로 행위에 있는 것이지 결코 그 결과에 있는 것이 아니라오. 행위의 결과가 (그 행위의) 원인이 되어서도, 무행위(아카르만 akarman)에 집착해서도 안 된다오." 연관 개념은 비파카(vipāka; '과보')이다.

phallus(남근상)
⇒ 링가 liṅga 참조.

phaṇīndra(파닌드라)
파니(phani; '뱀') + 인드라(indra; '주'主)로 만들어졌다. 『하타-라트나발리』 *Haṭha-Ratnāvalī*(3. 64)에서 발견된 묘사에 따르면 파쉬니-무드라 pāśinī-mudrā와 동의어이다.

phenomenon(현상)
⇒ 다르마 dharma 참조.

phlegm(점액질)
⇒ 카파 kapha 참조.

photism 또는 **photistic**(환시幻視)
타라카-요가 Tāraka-Yoga에서 내면의 빛을 나타낸다.

P

pilgrimage(성지 순례)

⇒ 티르타—아타나tīrtha-aṭana, 야트라yātrā 참조.

piṅgalā-nāḍī(핑갈라—나디)

'황갈색의 흐름'이라는 뜻이다. 생기(프라나prāṇa)의 주요 세 통로 중 하나이다. 대다수 문헌에 따르면 중앙 도관(수슘나—나디suṣumṇā-nāḍī)의 오른쪽에 위치하고 오른쪽 콧구멍에서 끝난다고 하지만, 『쉬바—상히타』*Śiva-Saṃhitā*(2. 26)에서는 이 나디nāḍī가 왼쪽 콧구멍에서 끝난다고 한다. 이 나디는 태양(수리야sūrya)과 연관되어 있고 신체에 열을 내게 만든다. 이 나디는 신체의 교감신경계에 상응한다. 『하타—라트나발리』*Haṭha-Ratnāvalī*(2. 143)에 따르면 이 나디는 둠비니♯dumbhinī, ∵수리야sūryā, 야미나♯yaminā, 아크샤라akṣarā, 칼라—아그니♯kāla-agni, 루드리♯rudrī, 찬디♯caṇḍī로도 불린다.

[비교] 이다—나디iḍā-nāḍī.

piṇḍa(핀다)

'덩어리'라는 뜻이다. 많은 하타—요가Haṭha-Yoga 문헌에서 인간의 신체를 나타내는 데 사용된 용어이다. 『싯다—싯단타—팟다티』*Siddha-Siddhānta-Paddhati*(1)에서는 여섯 핀다piṇḍa에 대해 말하고 있다. 그 중 '미발달된 신체'♯garbha-piṇḍa라 불리는 육체적 신체가 가장 조대한 현현顯現이다.

⇒ 데하deha, 코샤kośa, 샤리라śarīra도 참조.

piṇḍa-aṇḍa(핀다—안다, [연성]piṇḍāṇḍa핀단다)

'덩어리로 된 알'이라는 뜻이다. 대우주의 정확한 복제물로서 인간의 신체를 지칭한다. 그래서 『싯다—싯단타—팟다티』*Siddha-Siddhānta-Paddhati*(3. 2ff.)에 따르면 우주(cosmos) 전체는 신체에 충실하게 반영되어 있다. 예를 들자면 우주를 떠받치고 있는 신화속의 거북은 발바닥에 있고, 여러 지옥계(파탈라pātāla)는 발가락, 무릎, 넓적다리에 있다. 지상 세계의 영역♯bhū-loka은 몸통의 여러 부분에서 발견되는 한편, 천상계는 머리에 위치하고 있다.

⇒ 소우주(microcosm)도 참조.

P

pitṛ-yāna(피트리—야나)

'선조들의 길'이라는 뜻이다. 피트리♯pitṛ는 자신의 먼 조상들인 반면, 프레타preta라는 단어는 최근에 세상을 떠난 조상을 말한다. 힌두Hindu의 종말론에 따르면 죽음은 존재의 마지막 소멸을 의미하지는 않기 때문에 조상들은 지하계(파탈라pātāla)나, 또는 악행을 저질렀다면 지옥계(나라카Nāraka)에 거주한다고 생각된다. 신앙심 깊은 힌두는 일상 의례 속에서 자신의 선조들을 기억하고 희생 공물들을 통해서 그들에게 음식을 바친다. 그렇지만 가장 초기 우파니샤드Upaniṣad 시대 이후로 줄곧 '선조들의 길'은 '돌아가는'♯āvṛtti 길, 재생의 길로 묘사되어 왔다. 『바가바드—기타』*Bhagavad-Gītā*(8. 25)에서 이 길은 '어두운 길'♯kṛṣṇa-gati로 알려져 있다. 선조들의 운명은 '신들의 길'(데바—야나deva-yāna)과 대비된다.

⇒ 아티바히카—데하ātivāhika-deha, 해탈(liberation)도 참조.

pitta(핏타)

'담즙질'이라는 뜻이다. 아유르—베다Āyur-Veda와 요가Yoga에서 인정하는 세 체질(다투dhātu) 중 하나이다. 이것은 비만한 · 뜨거운 · 자극적인 · 유동적인 성질들과 연관되어 있다. 몇몇 저작들에서는 담즙질 과다를 없애기 위해서 바스트리카—프라나야마♯bhastrikā-prāṇāyāma를 권한다.

⇒ 카파kapha, 바타vāta도 참조.

pīṭha(피타)

'자리', '장소'라는 뜻이다. 때로는 아사나āsana의 동의어로 사용된다. 이 용어는 사원이나, 차크라cakra에 상응하는 영적 에너지(샥티 I śakti)를 가진 신체 내 · 외부의 특별한 장소와 같은 성소(티르타tīrtha)를 나타낼 수도 있다. 탄트라Tantra에서는 네 군데의 원형적 장소(original seat), 즉 카마루파Kāmarūpa, 푸르나기리Pūrṇagiri, 잘란다라 I Jālandhara, 웃디야나Uḍḍiyāna가 알려져 있다. 전통적으로는 51곳의 그러한 장소가 인정된다. 더불어 많은 부차적인 장소(upa-pīṭha)가 있다.

또한 『라구-요가-바시슈타』*Laghu-Yoga-Vāsiṣṭha*(6. 2. 100f.)에 따르면 신체 내에는 신(神, Divine)이 숭배되어야만 하는 36곳의 티르타가 있다.

더욱이 피타pīṭha의 몇몇 분류 체계 중 하나인 샤이바Śaiva 탄트라에서는 피타라는 용어를 암나야āmnāya와 스로타srota의 범주와 유사한 특정 유형의 문헌(아가마II Āgama)을 나타내는 데 사용한다. 거기에는 네 종류의 그러한 피타들이 있는데, 그것들은 비디야-피타ƒ vidyā-pīṭha, 만트라-피타ƒ mantra-pīṭha, 무드라-피타ƒ mudrā-pīṭha, 만달라-피타ƒ maṇḍala-pīṭha이다. 특별한 종류의 문헌들에서는 주로 (만트라mantra 또는 만달라maṇḍala와 같은) 명칭으로 자신의 범주를 표시하는 문제를 주제로 다루는 한편, 각각의 문헌은 모든 중요한 탄트라적 원리를 다룬다.

추가적으로 피타는 쉬바-링가śiva-liṅga의 토대나 받침대라는 의미가 있다.

⇒ 암나야āmnāya, 크란타krānta, 스로타srota, 트리-피타tri-pīṭha도 참조.

pīṭha-nyāsa(피타-니야사)

탄트라Tantra의 성소(피타pīṭha)가 입문자의 신체와 마음에 정신적으로 자리 잡게 되는 여러 종류의 니야사nyāsa 중 하나이다.

pīyūṣa(피유샤)

'우유' 또는 '크림'이라는 뜻이다. 아므리타amṛta와 동의어이다.

place(장소)

⇒ 데샤deśa, 피타pīṭha, 스타나sthāna, 티르타tīrtha 참조.

planet(행성)

⇒ 그라하graha 참조.

play(유희)

깨달음, 즉 해탈이라는 관점에서 보면 조건 지워진 존재는 중요하지 않게ƒ alpa 나타나고, 삶을 지속하기 위한 개인의 투쟁은 심지어 어리석은 것처럼 보인다. 우주의 영향력 안에 있는 모든 것은 반드시 변화하고 결국 해체된다. 생존을 위한 에고의 필사적인 노력은 좌절되기 마련이고, 지속적인 행복은 심지어 다층 우주(cosmos)의 최고의 층위에서조차 발견되지 않는다. 그러나 이러한 기정사실이 끊임없이 변화하는 현상세계를 넘어서 있는 영원한 참실재, 즉 참자아를 깨달은 해탈한 달인을 방해하지 않는다. 오히려 내재하는 지복(아난다ānanda)에 대한 깨달음으로 인해 그는 불합리함으로 가득 찬 삶을 다시 살아갈 수 있다. 모든 꿈과 희망과 더불어 신체와 마음은 죽을 운명이라는 것을 알기에, 그는 그것들에 큰 의미를 두지 않고 모든 경험을 신(Divine)의 유희(릴라līlā)로 맞이한다. 유희는 세상의 변화에 대한 적절한 비유이다. 왜냐하면 이것은 완전히 자연발생적이고 부조리하며 모두의 통제를 넘어서기 때문이다. 이 관념은 불이론不二論 학파, 즉 아드와이타 베단타Advaita Vedānta에 특히 익숙한 것이다. 거기서 세상과 그것의 셀 수 없는 사건들은 단독자인 참실재의 장난이다.

⇒ 춤(dance)도 참조.

plāvanī-kumbhaka(플라바니-쿰바카)

플라비니-쿰바카plāvinī-kumbhaka와 동의어이다.

plāvinī(플라비니)

'부유물' 또는 '부상'浮上이라는 뜻이다. 하타-요가Haṭha-Yoga에서 가르치는 여덟 종류의 호흡 보유(쿰바카kumbhaka) 중 하나이다. 『하타-요가-프라디피카』*Haṭha-Yoga-Pradīpikā*(2. 70)에서는 이것을 다음과 같이 기술하고 있다. 숨을 충분히 들이쉬고 공기로 복부(즉 폐의 아래쪽 반)를 가득 채움으로써 수행자는 연꽃처럼 쉽게 물 위에 떠 있을 수 있다.

⇒ 프라나야마prāṇāyāma도 참조.

pleasure(즐거움)

보통의 삶은 즐거움(수카sukha)의 극대화와 고통(두카duḥkha)의 극소화를 중심으로 돌아간다. 고통을 피하는

P

편이 명백히 바람직하지만, 요가Yoga 권위자들은 즐거움도 극복해야 한다고 이른다. 고통처럼 즐거움도 마음을 속박하는 영향력이 있다. 즐거움은 반복되기를 요구하고 결국 이것에 중독된다. 요가의 스승들은 '즐거움의 원리'와는 상당히 다른 이상을 제시한다. 그들은 오직 본질적으로 지복(아난다 ānanda)인 초월적 참자아에 대한 개인적인 깨달음에서만 우리가 궁극적인 성취를 발견할 수 있다고 주장한다.

plow posture(쟁기 자세)
⇒ 할라-아사나hala-āsana 참조.

Postclassical Yoga(후後고전 요가)
탄트라Tantra, 하타-요가Haṭha-Yoga, 요가-우파니샤드Yoga-Upaniṣad들, 『요가-바시슈타』*Yoga-Vāsiṣṭha*의 가르침을 포함하여 파탄잘리Patañjali 시대 이후에 번영한 많은 상이한 학파와 요가Yoga 전통을 망라하는 말이다. 파탄잘리가 주장한 이원론적 형이상학과는 달리 후대의 이 가르침들은 거의 불이론不二論적 관점(아드와이타advaita)의 철학에 기초하고 있는데, 이는 또한 전고전 요가(Preclassical Yoga)의 특징이기도 하다.

P

postural yoga(동작 중심 요가)
⇒ 현대의 동작 중심 요가(modern postural yoga) 참조.

posture(요가 자세)
⇒ 아사나āsana, 반다bandha, 무드라mudrā, 니샤다나niṣadana, 피타pīṭha 참조.

pot-belly(올챙이 배)
⇒ 물고기 배(fish-belly) 참조.

powers(힘 또는 능력)
⇒ 발라bala, 초심리학(parapsychology), 샥티 I śakti, 싯디siddhi, 비부티vibhūti 참조.

Prabhudeva(프라부데바)
⇒ 알라마 프라부데바Allāma Prabhudeva 참조.

Prabhupāda, Shrīla(슈릴라 프라부파다; 1896~1977)
보다 초기에 아바이 차라나라빈다Abhay Caranaravinda(A. C.)로 알려진 박티베단타 스와미Bhaktivedanta Swami는 크리슈나 의식을 위한 국제 협회(International Society for Krishna Consciousness[ISKCON])의 설립자이자 영적 지도자이다. 무아경에 빠진 차이탄야II Caitanya가 16세기 전반기에 가르친, 고대 바이슈나비즘Vaiṣṇavism 전통의 분파이다. 슈릴라 프라부파다Shrīla Prabhupāda의 어렸을 때 이름은 아바이 차란 데Abhay Charan De였고, 자신의 아버지의 크리슈나Kṛṣṇa에 대한 헌신적 숭배에 깊은 영향을 받아서 일찍이 종교와 영성에 관심을 보였다. 그는 1922년에 처음 스승인 박티싯단타 사라스와티 타쿠라Bhakti siddhanta Sarasvati Thakura를 만났고 10년 뒤에 공식적으로 그의 제자가 되었지만, 56세까지 세속을 포기하지 않았다. 그는 포기(renunciation, 산니야사saṃnyāsa)와 동시에 『바가바타-푸라나』*Bhāgavata-Purāṇa* 전체를 영어로 번역하기로 결심했다. 인도에서 수많은 장애에 맞부딪힌 이후 그는 1965년에 주머니에 20달러를 가지고 갈 곳도 없이 미국에 도착했다. 완전히 자신의 삶을 신(divine)의 인도에 내맡긴 그는 곧 칼리-유가kali-yuga의 사람들, 특히 미국인들에게 있는 '신 의식(consciousness)'을 회복시키기 위한

슈릴라 프라부파다(Shrīla Prabhupāda)

자신의 사명을 위한 굉장한 지원을 얻어냈다. 뒤이은 12년 동안 그는 60권의 책을 썼고 100개의 센터를 열었다. 1966년에 설립된 ISKCON은 고대의 수많은 바이슈나바 vaiṣṇava 문헌들, 특히 『바가바드-기타』*Bhagavad-Gītā*와 『바가바타-푸라나』(15권으로 된)에 대한 새로운 번역본들의 출간으로 널리 알려져 있다. 또한 그 단체의 포기자들은 서반구에서 '하레 크리슈나' Hare Krishna 만트라 mantra를 유명하게 만들었다. 박티-요가 Bhakti-Yoga의 한 형태를 가르친 슈릴라 프라부파다는 비교적 짧은 시간 내에 크리슈나에 대한 헌신의 길의 르네상스를 일으켰다.

Pracaṇḍa-Caṇḍikā-Tantra(프라찬다-찬디카-탄트라)

'난폭한 [여신] 찬디카 Caṇḍikā의 탄트라 Tantra'라는 뜻이다. 『친나마스타-탄트라』*Chinnamastā-Tantra*로도 불린다.

practice(수행)

⇒ 아비야사 abhyāsa, 사다나(sādhana 또는 sādhanā) 참조.

practitioner(수행자)

⇒ 아비야신 abhyāsin, 사다카 sādhaka, 요긴 yogin, 요기니 yoginī 참조.

pradakṣiṇā(프라다크쉬나)

'오른쪽으로 향하는'이라는 뜻이다. 사원이나 신전 또는 다른 신성한 장소나 대상의 주위를 시계 방향으로 도는 방식의 의례 행위이다.

pradhāna(프라다나)

'토대'라는 뜻이다. 참의식(Consciousness)의 다양한 모나드 monad들, 즉 참자아(푸루샤 puruṣa)들과 구별되는 우주(cosmos)의 초월적인 모체이다. 『탓트와-바이샤라디』*Tattva-Vaiśāradī*(2. 23)에서는 요가 Yoga와 상키야 Sāṃkhya에 공통된 이 용어를 "이것에 의해 변화(전개, 비카라 vikāra)들의 주인이 산출되는 ♯ pradhīyate 것"이라고 설명한다.

⇒ 프라크리티 prakṛti도 참조.

pradhāna-jaya(프라다나-자야)

'[우주(cosmos)의] 토대를 정복함'이라는 뜻이다. 『요가-수트라』*Yoga-Sūtra*(3. 48)에 인식의 과정(그라하나 grahaṇa)에 대한 무아경적 '억제'(총제總制, 상야마 saṃyama) 수행의 결과 중 하나로 언급되어 있다. 이 초자연적 능력(싯디 siddhi)은 요긴 yogin을 전 우주의 지배자로 만든다. 이것은 아이슈와리야 aiśvarya로도 불린다. 바차스파티 미슈라 Vācaspati Miśra는 자신의 『탓트와-바이샤라디』*Tattva-Vaiśāradī*(3. 18)에서 이 힘을 가진 달인은 스스로 수천 개의 몸을 만들어 내서 천상과 지상을 자유롭게 돌아다닐 수 있다고 말한다.

pradīpikā(프라디피카)

⇒ 하타-요가-프라디피카 Haṭha-Yoga-Pradīpikā, 요가-아누샤사나-수트라-브릿티 Yoga-Anuśāsana-Sūtra-Vṛtti, 요가-프라디피카 Yoga-Pradīpikā 참조.

Prahlāda(프랄라다)

『바가바드-기타』*Bhagavad-Gītā*(10. 30)에 이미 언급되어 있는 초기 바이슈나바 vaiṣṇava 전통의 달인이다. 전설에 따르면 그의 아버지 히란야카쉬푸 Hiraṇyakashipu는 크리슈나 Kṛṣṇa에 대한 자신의 아들 프랄라다의 헌신(박티 bhakti)에 격분하여 그에게 죽으라고 명령했다. 나중에 프랄라다 Prahlāda는 나라-싱하(♯ Nara-Siṃha; '인간 사자')로 화현한 비슈누 Viṣṇu 신화와 연관되었다. 그는 『바가바타-푸라나』*Bhāgavata-Purāṇa*에서 유명한 인물이자 헌신의 보편적인 모델이다.

prajalpa(프라잘파)

'수다스러움'이라는 뜻이다. 『하타-요가-프라디피카』*Haṭha-Yoga-Pradīpikā*(1. 15)에 따르면 요가 Yoga를 방해하는 요소 중 하나이다.

[비교] 마우나 mauna.

P

Prajāpati(프라자파티)

'창조물의 주主'라는 뜻이다. 세계의 창조주이다. 후대 힌두이즘Hinduism에서 이 명칭은 또한 일반적으로 신성한 창조주에게 속한 힘들을 부여받은 여러 고위의 존재에 대한 칭호로 사용되기도 한다.

⇒ 브라마 II Brahma도 참조.

prajñā(프라갸)

'지혜' 또는 '지식'이라는 뜻이다. 갸나jñāna와 동의어이다. 해탈로 이끄는 통찰(vision) 또는 심지어 해탈 자체의 근본적 성질이다. 『마하바라타』*Mahābhārata*에서는 지혜를 최고의 덕목(virtue)이라고 찬양한다. "지혜는 존재의 토대이다. 지혜는 최고의 획득물로 간주된다. 지혜는 세상에서 가장 위대한 선善이다. 지혜는 덕 있는 자에 의해 천국으로 여겨진다."(12. 173. 2) 『요가-수트라』*Yoga-Sūtra*(1. 49)에 따르면 프라갸prajñā는 무아경의 상태(삼매, 사마디samādhi)에서 얻어지는 예지叡智이고, 추론이나 전승으로부터 얻게 되는 지식과는 매우 다르다. 이것은 직접 지각(사크샤트-카라 sākṣāt-kāra)에 근거하고 있다. 가장 높은 수준에서 이 최고의 지식은 '진리의 보유자'ṛtaṃbhara로 불린다.

P

prajñā-āloka(프라갸-알로카, [연성]**prajñāloka**프라갈로카)

'지혜의 광휘'라는 뜻이다. 『요가-수트라』*Yoga-Sūtra*(3. 5)에 따르면 무아경적 '억제'(총제總制, 상야마 saṃyama)의 수행에 통달함으로 인해 발생한다.

prajñā-jyotis(프라갸-지요티스)

'지혜의 빛을 가진 자'라는 뜻이다. 『요가-바쉬야』*Yoga-Bhāṣya*(3. 51)에 따르면 요긴yogin의 한 유형이다. 그는 요소와 감각기관 들을 정복한 자이고, 영적 성취들을 보존할 수 있는 자이며, 해탈을 달성하기 위해 그 성취들을 기반으로 하는 자이다.

[비교] 아티크란타-바바니야 atikrānta-bhāvanīya, 마두-부미카 madhu-bhūmika, 프라타마-칼피카 prathama-kalpika.

prakāśa(프라카샤)

'밝음' 또는 '광휘'라는 뜻이다. 신(神, Divine)의 본질적 특성이다. 또한 순수성으로 된 우주적 원리인 삿트와sattva의 속성 중 하나이기도 하다.

⇒ 빛(light), 비마르샤vimarśa도 참조.

prakṛti(프라크리티)

'여성 창조자'라는 뜻이다. 우주(cosmos), 즉 창조를 나타내기 위한 요가Yoga와 상키야Sāṃkhya의 용어이다. 비록 이 단어가 『바가바드-기타』*Bhagavad-Gītā*(3. 39)와 『슈웨타슈와타라-우파니샤드』*Śvetāśvatara-Upaniṣad*(4. 10) 이전에 나타나지는 않았지만 근본적인 관념은 훨씬 이전에 알려졌고, 종종 아비약타(avyakta; '미현현'未顯現)라고 칭해졌다. 또한 프라크리티prakṛti라는 명칭은 원래 우주의 8가지 주요한 전개 원리, 즉 파탄잘리Patañjali가 알링가aliṅga라고 불렀던 미현현(아비약타) 차원, 상위의 마음(지성, 붓디buddhi), '나를 만드는 것'(자아의식, 아견我見, 아항카라 ahaṃkāra), 다섯 요소(부타bhūta)에도 사용되었다. 『바가바드-기타』(7. 4)에서 크리슈나Kṛṣṇa는 자신의 '하위의 본성'으로서 이 8가지 부분, 즉 원리(탓트와tattva)에 대해 말한다.

힌두이즘Hinduism에서는 우주를 5요소로 이루어진 가시적 영역으로부터 초월적 토대(프라다나 pradhāna), 즉 '근원 자연'♯mūla-prakṛti에까지 이르는 다층위적인 위계 조직체로 본다. 가시적 차원은 '조대한'(스툴라 sthūla)으로, 다른 모든 감춰진 차원들은 '미세한'(수크슈마 sūkṣma)으로 불린다. 상키야 전통에서 우주의 초월적 핵으로부터 다섯 감각기관(인드리야indriya)으로 쉽게 접근할 수 있는 현현顯現된 영역에 이르기까지의 점진적 전개(전변轉變, 파리나마 pariṇāma)를 설명하는 가장 정교한 모델을 발달시켰다. 이 모델은 대부분의 요가와 베단타Vedānta학파에 의해 채택되고 변용되었다. 이것은 의식(consciousness)에 있어서 외적인 것에서부터 내적인 것에까지, 그런 다음 우주의 초월적 차원에까지, 마지막으로 우주의 영향력을 벗어나서 초의식적 참자아에까지 나아가려 노력하는 요긴yogin을 위해서 다양한 형태로 일종의 지도 역할을 한다.

고전 요가(Classical Yoga)와 상키야의 형이상학에 따르면 모든 측면에 있어서 우주는 완전히 의식이 없다. 오직 초월적 참자아, 즉 푸루샤puruṣa만이 참의식(Consciousness)을 향유한다. 참자아는 완전하고 영원하게 부동인 순수한 보는 자(사크쉰sākṣin)인 반면, 우주는 본질적으로 움직이고 있다. 그것의 역동성은 세 가지 유형의 주요 구성 요소(구나guṇa), 즉 삿트와sattva, 라자스rajas, 타마스tamas의 상호작용 때문이다. 그것들은 결합하여 상위에서 하위에 이르기까지 우주 존재의 전체 패턴을 직조한다. 구나들은 모든 물질적 · 심령적 실체들의 기저를 이룬다. 마음과 에고는 변화하지 않는 초월적 참의식, 즉 치트cit에 의해 조명되는 물질적 현상 중에 포함된다.

의식이 없는 우주와 오로지 의식뿐인 참 자아 사이의 관계는 철학적 장애물로 판명되었다. 『마하바라타』Mahābhārata(12. 303. 14ff.)에서 이 관계는 파리와 무화과, 물고기와 물, 불과 화로 사이의 관계에 비유된다. 후대의 사상가들은 근본적으로 초월적 참자아-모나드(무엇으로도 나눌 수 없는 궁극적인 실체)가 어떻게 무엇인가를 경험하는 것이 가능한가, 라는 인식론적인 질문과 씨름했다.

고전 요가에서 우주는 또한 '보이는 것'(드리쉬야 dṛśya)으로 불리는 반면, 참자아는 '보는 자'(드라슈트리 draṣṭṛ) 또는 '보는 힘' ∮dṛk-śakti으로 알려진다. 이 두 궁극적 원리 사이의 관계는 '미리 제정된 조화'(요기야타 yogyatā)의 하나라고 한다. 『요가-수트라』Yoga-Sūtra에 대한 주석 문헌에서 프라크리티와 푸루샤 사이의 이 적합성은 다음과 같은 반영의 교의로 설명된다. 초월적 참자아의 '빛'은 우주의 가장 높은 또는 가장 미세한 면, 바꿔 말해서 삿트와에 반영된다. 의식의 삿트와가 초월적 참자아만큼 순수해질 때 '홀로 있음'(독존獨存, 카이발리야kaivalya), 즉 해탈을 획득한다.

prakṛti-laya(프라크리티-라야)
'우주(cosmos) 속으로의 용해'라는 뜻이다. 『요가-수트라』Yoga-Sūtra(1. 19)에서 이것은 '생성의 관념'(존재연 存在緣, ∮bhava-pratyaya)을 초월하지 못하고 우주의 중심부에서 신체를 떠난(이신離身, videha) 상태로 일종의 사이비 해탈을 성취하는 자들의 운 명으로 언급되어 있다. 이것은 인간 존재와 비교하여 말할 수 없이 오래 장수하지만, 그럼에도 불구하고 죽을 수밖에 없는 운명인 신들의 상태를 묘사한다. 비야사Vyāsa가 앞의 송에 대한 자신의 주석에서 설명한 것처럼, 프라크리티-라야prakṛti-laya 상태가 된 자들의 제대로 발달하지 못한 의식(consciousness)의 중압은 머지않아 그들에게 우주의 한 영역이나 다른 영역에서 새로운 신체를 가지고 태어남(화신)을 경험하도록 강요한다. 우주를 완전하게 초월한 진짜 해탈은 영원하다.

⇒ 라야laya도 참조.

pralaya(프랄라야)
'해체', '용해', '소멸'이라는 뜻이다. 물질적 우주의 현현顯現 주기의 끝에 그 우주가 사라지는 것이다. 힌두Hindu 우주론자들은 그 주기의 지속 기간을 2십1억 6천만 년으로 계산했다. 이 기간은 브라마II Brahma의 생애에서 깨어 있는 하루의 길이, 즉 칼파kalpa라고 생각된다. 동일한 지속 기간으로 된 그가 잠든 시기 동안, 신과 성자 들이 거주하는 미세한 차원의 우주(cosmos)만이 존재한다. 브라마가 잠에서 깰 때 세계는 다시 창조된다. 자신의 백 번째 해를 끝내자마자 브라마는 스스로 죽고, 조대하고 미세한 차원 모두를 가진 전체 우주는 해체되어 신(Divine) 속으로 들어간다. 이 순간은 '위대한 해체' ∮mahā-pralaya로 알려져 있다.

⇒ 칼라II kāla, 만완타라manvantara, 세계의 시대(world ages), 유가yuga도 참조.

pramāda(프라마다)
'부주의함'이라는 뜻이다. 『요가-수트라』Yoga-Sūtra(1. 30)에 언급된 장애(안타라야antarāya) 중 하나이다. 비야사Vyāsa는 자신의 『요가-바쉬야』Yoga-Bhāṣya(1. 30)에서 이것을 무아경(삼매, 사마디samādhi)의 수단들을 배양함의 결어로 정의한다. 『요가-쿤달리-우파니샤드』Yoga-Kuṇḍalī-Upaniṣad(1. 59)에서는 프라맛타타∮pramattatā가 동의어로 채택되었는데, 그것은 요가Yoga의 길에 있는

P

10가지 장애(비그나 vighna) 중 하나라고 한다.

pramāṇa(프라마나)
'척도' 또는 '기준'이라는 뜻이다. 고전 요가(Classical Yoga)에서 바른 인식이다. 힌두이즘Hinduism의 다른 모든 학파처럼 요가Yoga학파도 지식의 가능성과 범위에 대한 중요한 철학적 논쟁을 무시하지 못한다. 따라서 파탄잘리Patañjali는 바른 인식의 세 원천, 즉 직접 지각(프라티야크샤pratyakṣa), 추론(아누마나 anumāna), 증언(아가마 I āgama)을 인정한다.

praṇava(프라나바)
'윙윙거림', '콧노래를 부름'이라는 뜻이다. 신성한 음절 옴Oṃ에 대한 비의적 명칭인 이것은 비음화된 콧소리로 암송된다. 『요가-수트라』*Yoga-Sūtra*(1. 28)에 따르면 프라나바praṇava는 암송되어야만 하고, 그것의 '내부로 향하는 마음가짐' ♯pratyak-cetana의 배양을 위해 숙고되어야만 한다. 이것은 주된 만트라mantra이므로 '태고의 씨앗' ♯ādi-bīja으로도 알려져 있다. 『쉬바-푸라나』*Śiva-Purāṇa*(1. 17. 4)에서는 다음과 같은 창의적인 어원을 제공한다. 프라나바는 요긴yogin이 존재의 대양을 안전하게 건너 절대자의 해안에 닿을 수 있는 보트이기 때문에 프라크리티[prakṛti; '우주'(cosmos)]에서 파생된 프라pra와 나바ṇava로 만들어졌다.
⇒ 비자bīja, 빈두bindu, 자파japa, 나다nāda도 참조.

praṇidhāna(프라니다나)
'전념'이라는 뜻이다. 온 마음을 다해 영적 진전에 몰두하는 것이다.
⇒ 이슈와라-프라니다나īśvara-praṇidhāna도 참조.

Prapañca-Sāra-Tantra(프라판차-사라-탄트라)
'현상들의 본질에 대한 탄트라Tantra'라는 뜻이다. 전통적으로 (그러나 잘못되게) 아드와이타 베단타Advaita Vedānta 철학자인 샹카라Śaṅkara가 저술한 것으로 추정되는 초기 탄트라의 중요한 요약서이다. 이 문헌은 36장으로 구성되어 있고 3천 송이 넘는다. 이 문헌은 파드마파다Padmapāda의 주석인 『비바라나』*Vivaraṇa*('해설')를 포함하여 여러 주석을 가지고 있다.

prapatti(프라팟티)
'포기' 또는 '항복'이라는 뜻이다. 판차라트라Pañcarātra 또는 바이슈나바vaiṣṇava 전통의 핵심 관념이다. 신(Divine)에게 무조건적으로 복종하는 것이다. 헌신자(박타bhakta)는 신의 자비에 대한 완전한 믿음 대신에 모든 관심, 심지어 해탈에 대한 관심도 내려놓는다. 이러한 근본주의적 헌신(박티bhakti)의 태도는 『바가바드-기타』*Bhagavad-Gītā*(18. 66)의 크리슈나Kṛṣṇa의 충고에서 전형적으로 보인다. "모든 가르침(다르마dharma)을 포기하고 오직 나만을 귀의처로 삼아서 오라. 모든 죄로부터 너를 구해줄 것이다. 비통해 하지 마라!" 프라팟티prapatti를 닦는 수행자는 자기 자신의 하찮음과 무기력함에 대해 인정하는 것으로부터 시작한다. 자신이 소멸하여 신 속에서 완전한 무아경적 망각에 이를 때까지 헌신자는 서서히 더욱 깊이 신에게 귀속된다.
『야티-인드라-마타-디피카』♯*Yati-Indra-Mata-Dīpikā*[(연성)『야틴드라마타디피카』*Yatīndramatadīpikā*(7. 28)]와 같은 일부 문헌들에서는 프라팟티를 일곱 가지 수행(삽타-사다나sapta-sādhana)과 여덟 가지로 된 길(8지支 요가, 아슈타-앙가-요가aṣṭa-aṅga-yoga)의 고된 수행에 대한 대안으로 간주한다. 헌신자는 신의 구원의 은총(프라사다prasāda)을 확신하기 위하여 오직 한 번 자기 자신을 신에게 내맡겨야만 한다. 헌신(박티)에 대한 중세의 위대한 지지자인 라마누자Rāmānuja가 신의 의지에 대한 이러한 전면적인 복종을 가르쳤다는 증거는 없다. 그러나 라마누자 사후 약 150년이 지나자 그의 추종자들은 각각 남부 학파와 북부 학파(타밀어Tamil로 텐갈라이♯tengalai와 바다갈라이♯vaḍagalai)로 알려진 두 그룹으로 나누어졌다. 남부 학파의 지지자들은 프라팟티를 신의 은총에 대한 순전한 수용성으로 설명하는 반면, 북부 학파의 권위자들은 헌신자가 신성한 만트라mantra들의 암송을 포함하여 그러한 은총을 받을 만한 특정한 적극적인 조치를 취해야만 한다고 생각한다. 라마누자는 자신의 저술들 전반을 통해서 신에 대한 명상

(meditation, 디야나dhyāna, ∮upāsanā)의 중요성을 강조했다.

[비교] 노력(effort), 파우루샤pauruṣa.

prasaṃkhyāna(프라상키야나)

'높은 곳'(elevation)이라는 뜻이다. 식별의 통찰력(vision)(식별지識別智, 비베카-키야티viveka-khyāti)으로 이루어진 높은 단계의 무아경 상태이다. 요긴yogin이 '다르마dharma 구름의 무아경'(법운法雲 삼매, 다르마-메가-사마디dharma-megha-samādhi)을 깨닫기 위해서는 결코 이 경험에 대한 '이자를 받지 말아야'∮akusīda만 한다. 그러나『요가-바쉬야』*Yoga-Bhāṣya*(1. 2)에 따르면 이것은 다르마-메가-사마디의 또 다른 명칭이다. 이 저작의 다른 송(2. 2)에서는 프라상키야나prasaṃkhyāna의 불이 '번뇌'(클레샤kleśa)를 태워서 생산력이 없게 만든다고 말한다.『비바라나』*Vivaraṇa*(2. 4)에서는 이 용어를 '완전한 통찰력'∮samyag-darśana으로 해석한다.

prasāda(프라사다)

'명료성'이나 '평정' 또는 '은총'이라는 뜻이다. '명료함'이나 '평정'이라는 의미에서 프라사다prasāda는 때로 도덕 훈련(금계, 야마yama) 중 하나로 열거된다.『바가바드-기타』*Bhagavad-Gītā*(17. 16)에 따르면 프라사다는 고행(타파스tapas)의 한 면이다. 이 저작의 다른 송(2. 64)에서는 평정은 자신의 자아(즉 에고)를 통제 하에 둔 요긴yogin의 재능이라고 한다. 평정을 통해서 그는 모든 슬픔(두카duḥkha)으로부터 자유로워지게 된다. 이것은 또한『마하바라타』*Mahābhārata*(12. 238. 10)의 주장이기도 한데, 거기서는 정신적(mental) 평정∮citta-prasāda을 통해서 수행자가 상서로움∮śubha과 불길함∮aśubha 양자를 버린다고 말한다.『요가-수트라』*Yoga-Sūtra*(1. 47)에서는 '내면 존재의 명료성'(아디야트마-프라사다adhyātma-prasāda)은 높은 단계의 무아경적 경험인 '초숙고 명석'(무사 명석無伺 明晳, 니르비차라-바이샤라디야nirvicāra-vaiśāradya)에서 기인한다. 그러므로 프라사다는 때로 수행의 길에서 진전의 징표(치나cihna) 중 하나로 간주된다. 그 경전(1. 33)에서 파탄잘리Patañjali는 의식(consciousness)의 평정∮prasādana을 위해서 자애(마이트리maitrī), 연민(카루나karuṇā), 기쁨(무디타muditā), 무관심(우페크샤upekṣā)의 감정들을 보여 주는 수행법을 권한다.

또한 프라사다라는 단어가 왜 '은총'의 의미를 획득해야만 했는지를 아는 것은 쉽다. 왜냐하면 정신적 평정은 더 높은 상태의 의식으로 들어가기 위한 전제 조건이기 때문이다. 이 사건은 종종 '위로부터' 받는 것, 다시 말해서 은총의 작용으로 경험된다. 그렇기 때문에『링가-푸라나』*Liṅga-Purāṇa*(1. 7. 4)는 우리를 안심시킨다. "은총을 통해서 지혜(갸나jñāna)가 태어나고, 지혜를 통해서 요가Yoga가 발생한다. 요가를 수단으로 해탈을 얻는다. 따라서 은총을 통해서 모든 것[이 성취된다.]" 고대의『카타-우파니샤드』*Kaṭha-Upaniṣad*에서는 이미 이 입장이 다음과 같은 절(2. 23)에서 주장되었다. "이 참자아는 가르침을 통해서도, 지성에 의해서도, 많은 학식에 의해서도 얻을 수 없다. 그것은 오직 그것이 선택한 사람에 의해서만 얻어질 것이다. 그러한 사람에게 참자아는 자신∮tanu을 드러낸다." 샹카라Śaṅkara는 동일한 관점을『브라마-수트라』*Brahma-Sūtra*(1. 1. 4)에 대한 자신의 박학한 주석에서 다음과 같이 표현한다. "절대자(브라만brahman)에 대한 지식은 인간의 활동에 의지하지 않는다. 그렇다면 어디에 의지하는가? 인식과 지식의 다른 수단들의 대상인 어떤 대상에 대한 지식과 마찬가지로, [절대자에 대한] 이 [지식] 또한 오로지 그 [초월적] 참대상에만 의지한다."

⇒ 아누그라하anugraha, 크리파kṛpā도 참조.

[비교] 노력(effort).

prasveda(프라스웨다)

'땀' 또는 '땀 흘리기'라는 뜻이다. 때로는 과도한 땀 흘림을 가리킨다.

⇒ 스웨다sveda 참조.

praśvāsa(프라슈와사)

'내쉬는 숨'이라는 뜻이다. 파탄잘리Patañjali는 자신의『요가-수트라』*Yoga-Sūtra*(1. 31)에서 장애(안타라야antarāya)를 수반하는 증상 중 하나로 열거한다. 여기서 이것은 '잘못된 호흡'을 의미하는 것으로 생각된다.

P

그러나 다른 곳(2. 49)에서는 이 용어가 '날숨'이라는 의미로 나타난다.

⇒ 슈와사śvāsa도 참조.

[비교] 니슈와사niśvāsa.

prathama-kalpika(프라타마-칼피카)

'첫째 상태에 있는 자'라는 뜻이다. 『요가-바쉬야』 *Yoga-Bhāṣya*(3. 51)에서 설명하듯이 광휘가 [이제 막] 시작될 뿐인 첫 단계의 요가Yoga 수행에 있는 초보자이다.

[비교] 아티크란타-바바니야atikrānta-bhāvanīya, 마두-부미카madhu-bhūmika, 프라갸-지요티스prajñā-jyotis.

pratibhā(프라티바)

'빛을 발하는'이라는 뜻이다. 『요가-바쉬야』 *Yoga-Bhāṣya*(3. 33)에 '태양이 떠오르는 것을 [알리는] 빛처럼 식별(비베카viveka)로부터 발생하는 지혜, 즉 식별지識別智의 전조적 형태'로 설명되어 있다. 비야사Vyāsa는 또한 이것을 '전달자'(구제자, 타라카Tāraka)로 부른다. 『요가-수트라』 *Yoga-Sūtra*(3. 36)에서는 청각, 촉각, 시각, 미각, 후각에 대한 '조명성의 번득임, 즉 직관'(프라티바pratibhā)이라고 언급한다. 『요가-바쉬야』(3. 36)에 따르면 이것들은 달인이 소유한 '초감각' ♯ati-indriya들이다. 파탄잘리Patañjali는 이 현상들이 각성 상태에서는 초자연적 힘(싯디siddhi)들이지만 무아경(삼매, 사마디samādhi)을 획득하는 길에서는 장애들이라고 말한다.(3. 37) 『마하바라타』 *Mahābhārata*(12. 232. 22)에서는 이미 영적 수행으로 생기는 이 '직관들'이 무시되어야만 한다고 충고했다. 이 저작의 다른 송(12. 266. 7)에서는 다음과 같은 내용을 읽을 수 있다. "진리를 아는 자 ♯tattva-vid는 지혜(갸나jñāna)의 수행으로 수면(니드라nidrā)과 프라티바를 [정복해야만 한다.]"

⇒ 디비야-차크슈스divya-cakṣus, 디비야-상위드divya-saṃvid, 디비야-슈로트라divya-śrotra도 참조.

pratibimba(프라티빔바)

'반영'이라는 뜻이다. 우주(cosmos)와, 즉 인간의 신체 및 마음과 영원히 구별되어 있다고 생각되는 초월적 참자아가 어떻게 마음의(mental) 상태를 지각할 수 있을지를 설명하려는 고전 요가(Classical Yoga)의 중요한 인식론적 개념이다. 2세기의 『요가-수트라』 *Yoga-Sūtra*에서는 프라티빔바pratibimba에 대한 언급이 전혀 없지만, 『요가-바쉬야』 *Yoga-Bhāṣya*(4. 23)에서는 이 용어를 한 번 언급하고 의식(consciousness)에 대상을 '반영'하는 것으로 이해한다. 수백 년 뒤에 저술된 『탓트와-바이샤라디』 *Tattva-Vaiśāradī*(2. 17)에서는 빔바bimba, 즉 의식에 대상을 반영하는 것과 프라티빔바('역逆반영'), 즉 의식의 그 내용을 초월적 참자아에 반영하는 것 사이를 구분한다. 그러나 이 저작에서 두 용어는 빈번히 호환되어 사용된다. 바차스파티 미슈라Vācaspati Miśra에 따르면 의식은 참자아의 의식(awareness, 차이탄야 I caitanya)이 반영되는 거울 ♯darpaṇa과 같다. 이것은 '상호 반영' ♯paras-paraṃpratibimba을 이야기한 비갸나 비크슈Vijñāna Bhikṣu의 『요가-바릇티카』 *Yoga-Vārttika*(1. 4)에서 완전히 발전된 관념으로 발견된다.

pratimīlana-samādhi(프라티밀라나-사마디)

내적·외적 무아경(삼매, 사마디samādhi) 양자를 잇달아 경험하는 것이다.

⇒ 니밀라나-사마디nimīlana-samādhi, 운밀라나-사마디unmīlana-samādhi도 참조.

pratipakṣa-bhāvanā(프라티파크샤-바바나)

'반대의 것의 계발'이라는 뜻이다. 파탄잘리Patañjali 자신이 '해로운 궁리'(비타르카vitarka)라고 규정하는 부정적인 정신적(mental) 상태들과 싸우기 위해서 자신의 『요가-수트라』 *Yoga-Sūtra*(2. 33)에서 제안한 방법이다. 가장 단순한 수준에서 이것은 부정적이거나 바람직하지 않은 의도 또는 생각 들이 무엇이든지 간에 자신의 마음을 괴롭히고 있는 것의 단지 반대되는 것의 모음이라고 할 수 있다. 그러나 이것이 어떻게 계발되어서 충분히 발달된 명상(contemplation)이 될 수 있는지 쉽게 알 수 있다. 그러므로 『요가-바쉬야』 *Yoga-Bhāṣya*(2. 33)에서는 해로운(거친) 생각들로 고통 받는 수행자들에게 다음과 같이 곰곰이 생각하라고 권한다. "존재라

P

는 무시무시한 숲(상사라 saṃsāra)으로 삶기고 있는 나는 모든 피조물에게 용기를 줌으로써 요가Yoga의 가르침에서 피난처를 찾았다. [모든] 해로운 궁리를 던져버린 내가 개처럼 스스로 그것들에 다시 정신을 쏟는다. 다시 말해서 마치 개가 자신의 토사물을 [핥아 먹는] 것과 마찬가지로, 그렇게 나는 [내가] 던져 버렸던 [것]에 나 자신으로 하여금 정신을 쏟게 한다."

⇒ 바바나bhāvanā도 참조.

pratiprasava(프라티프라사바)

'맞흐름', '역류'라는 뜻이다. 고전 요가(Classical Yoga)에서 우주(cosmos)의 주요 성분(구나guṇa)들의 '환멸'還滅이다. 프라사바Prasava는 우주의 본원적 구성 요소들이 '바깥으로 흘러나옴'을 의미하는데, 이로 인해 모든 범위에서 우주가 다양한 형태가 된다. 다른 한편으로 프라티프라사바pratiprasava는 막 해탈(카이발리야kaivalya)을 성취하려는 달인의 소우주와 연관이 있는 그러한 다양한 형태들의 용해 과정을 나타낸다. 신체를 떠난 해탈(비데하-묵티videha-mukti)의 이상을 지지하는 고전 요가에서 이것은 개인의 정신물리적 죽음과 동일시된다.

[비고] 전개(evolution).

pratīti(프라티티)

'신념' 또는 '믿음'이라는 뜻이다. 『요가-쉬카-우파니샤드』*Yoga-Śikhā-Upaniṣad*(1. 132)에서는 믿음이 자신의 만트라mantra 암송과 합쳐질 때 이것은 하타-요가Haṭha-Yoga가 된다고 말한다.

⇒ 슈랏다śraddhā도 참조.

Pratyabhijñā-Hṛdaya(프라티야비갸-흐리다야)

'재인식의 심장'이라는 뜻이다. 크셰마라자Kṣemarāja가 저술한 것으로, 익명의 저자가 저술한 20개의 경문(수트라Sūtra)에 대한 주석이다. 그 경문들은 카슈미르 샤이비즘Kashmiri Śaivism의 주요 저작인 크셰마라자의 문헌에 들어 있다.

Pratyabhijñā school(프라티야비갸 학파)

북인도의 샤이비즘Śaivism 유파 중 가장 유명한 학파이다. 『쉬바-수트라』*Śiva-Sūtra*의 '발견자'인 바수굽타(Vasugupta; 770~830년)가 설립한 이 학파는 개별 존재가 자신을 절대자인 쉬바Śiva로 '재인식'할 수 있다는 중심 교의로부터 이 명칭을 얻게 되었다. 이 관념은 바수굽타의 제자인 소마난다Somānanda가 자신의 『쉬바-드리슈티』*Śiva-dṛṣṭi*('쉬바에 대한 응시')에서 처음 철학적으로 상술하였다. 카슈미르Kashmir의 권위자들 사이에서 오늘날까지 여전히 사용되고 있고 이 철학을 자세히 설명한 가장 인기 있는 문헌은 유명한 달인인 아비나바굽타Abhinavagupta의 제자 크셰마라자Kṣemarāja의 『프라티야비갸-흐리다야』*Pratyabhijñā-Hṛdaya*이다.

요가Yoga는 프라티야비갸Pratyabhijñā 지지자들 사이에서 중요한 역할을 했다. 사실상 『쉬바-수트라』는 『요가-수트라』와 비슷한 요가 매뉴얼로 간주될 수 있다. 바수굽타와 그의 주석가들은 '힘의 전수'(샥티-파타śakti-pāta), '알맞은 입문식'(디크샤dīkṣā), '조명된 지혜' bodha-jñāna에 나타난 것과 같이 은총의 중요성을 강조한다. 이 학파에 사용된 요가 기법은 초기 하타-요가Haṭha-Yoga의 기법에 가깝다.

Pratyabhijñā-Vimarśinī(프라티야비갸-비마르쉬니)

'재인식 [체계]에 대한 연구'라는 뜻이다. 아비나바굽타Abhinavagupta가 만년에 저술한 카슈미르 샤이비즘Kashmiri Śaivism에 대한 중요한 철학서이다.

pratyakṣa(프라티야크샤)

'[직접] 지각' 또는 '인식'이라는 뜻이다. 문자 그대로 '자신의 눈앞에(prati + akṣa) 있음'이다. 고전 요가(Classical Yoga)에서 바른 인식(프라마나pramāṇa)의 세 수단 중 하나이다. 다른 둘은 추리(아누마나anumāna)와 성언(聖言, 아가마 I āgama)이다. 전고전 요가(Preclassical Yoga)를 대표하는 『마하바라타』*Mahābhārata*(12. 211. 26)에서는 직접 지각이 다른 두 인식의 토대라고 말한다. 이 문헌의 다른 곳(12. 289. 7)에서는 프라티야크샤pratyakṣa가 상키야Sāṃkhya 전통의 이론적 접근법에 좀 더 의존하는 요가

Yoga와 대조를 이루어 사용된다. 이 요가는 책에서 배운 지식♯śāstra-viniścaya의 확립에 의존하는 특성이 있다.

프라티야크샤는 또한 일곱 가지 수행(삽타-사다나 sapta-sādhana)의 여섯째 '구성 요소'(앙가aṅga) 역할을 한다. 이런 이유로 『게란다-상히타』Gheraṇḍa-Saṃhitā(1. 11)에서는 이것을 명상(meditation, 디야나dhyāna)의 결과로 발생하는 참자아에 대한 지각으로 정의한다. 보다 일반적으로는 참자아에 대한 깨달음이 어떤 지각 정보가 아닌 직접 지각에 기초한다는 사실을 강조하기 위해서 고차원적인 이 영적 지각을 사크샤트-카라sākṣātkāra로 부른다.

[비교] 비파리야야viparyaya.

pratyaya(프라티야야)

『요가-수트라』Yoga-Sūtra에서 이 용어는 처음부터 끝까지 십중팔구 '생각' 또는 '관념'의 뜻을 가지지만, 고전 주석자들은 몇몇 군데에서 '원인'이라는 의미로 해석한다. 이 용어는 마음(consciousness)의 어떠한 내용이라도 나타내므로, 마음(mental) 작용(브릿티vṛtti)의 다섯 종류나 무아경(삼매, 사마디samādhi)의 보다 높은 직관, 즉 예지(叡智, 프라갸prajñā)보다 더 포괄적이다. 이 두 정신(mental) 현상은 사실상 '나타난 관념'(표상, 프라티야야pratyaya)들이라 불리는 것으로 초월적 참자아에 의해 끊임없이 종합·통일, 즉 통각統覺된다.

P

pratyāhāra(프라티야하라)

'철회', '거두어들임' 또는 '제감'制感이라는 뜻이다. 감각기관의 제어制御이다. 파탄잘리Patañjali의 여덟 가지로 된 길(8지支 요가, 아슈타-앙가-요가aṣṭa-aṅga-yoga)의 다섯째 '지분'(앙가aṅga)이다. 『요가-수트라』Yoga-Sūtra(2. 54)에서 프라티야하라pratyāhāra는 감각기관들이 자신들 각각의 대상들로부터 자신들을 분리시키는 한에 있어서 의식(consciousness)의 본성을 모방하는 것으로 정의된다. 이것은 감각기관들의 최고의 '복종'♯vaśyatā이라는 결과를 낳는다고 하는데, 이는 '외부로 향하는 주의를 꺼서' 자유로이 극단적인 내향적 마음의 상태를 산출하는 능력이다. 비야사Vyāsa는 자신의 『요가-바쉬야』Yoga-Bhāṣya(2. 54)에서 다음과 같이 직유적으로 표현한다. 여왕벌이 날아오를 때 벌들이 그녀를 뒤쫓아 떼지어 날고 그녀가 내려앉으면 그들도 내려앉듯이, 유사하게 의식(칫타citta)이 통제될 때 감각기관들도 통제된다.

『마이트라야니야-우파니샤드』Maitrāyaṇīya-Upaniṣad(6. 25)에서는 프라티야하라를 수면 중에 우리의 감각적 지각(awareness)이 축소되는 것에 비유한다. 그러나 이 비유는 다소 적절하지 않다. 왜냐하면 프라티야하라는 완전하게 자발적인 과정이고, 지각이 줄어드는 상태가 되는 것이 아니고 강화된 의식 중 하나이기 때문이다. 『요가-추다마니-우파니샤드』Yoga-Cūḍāmaṇi-Upaniṣad(121)에서는 이 과정을 태양이 늦은 오후에 자신의 빛을 거두어들이는 것에 비유한다. 『샨딜리야-우파니샤드』Śāṇḍilya-Upaniṣad(1. 8. 1)에서는 프라티야하라에 대해 '보이는 모든 것을 참자아로 여겨야만 한다'는 상징적 해석을 내놓는다. 이 문헌에서는 또한 이것을 규정된 일상 의례들의 정신적(mental) 실행으로, 그리고 18곳의 감각 부위♯marma-sthāna에 호흡(바유vāyu)을 차례차례로 멈추는 것으로 정의한다.

감각기관의 제어 과정을 묘사하는, 마음에 드는 이미지가 예를 들자면 『고라크샤-팟다티』Gorakṣa-Paddhati(2. 24)에 다음과 같이 표현되어 있다. "거북이가 자신의 사지를 몸통 속으로 움츠려 넣듯이, 요긴yogin은 감각기관들을 자신 속으로 거두어들여야만 한다." 이 문헌(2. 25ff.)에서는 계속해서 아래와 같이 말하고 있다.

> 즐거운 [것이든지] 불쾌한 [것이든지] 그가 듣는 것이 무엇이든지 간에 참자아라는 것을 아는, 요가Yoga를 아는 자는 [자신의 감각기관들을] 거두어들인다.
>
> 무슨 냄새든지 간에 그가 코로 맡는 것이 참자아라는 것을 아는, 요가를 아는 자는 거두어들인다.
>
> 무엇이든지 간에 그가 눈으로 보는 것이 참자아라는 것을 아는, 요가를 아는 자는 거두어들인다.
>
> 만질 수 있는 것이든지 만질 수 없는 것이든지 그가 피부로 느낄 수 있는 것은 무엇이든지 간에 참자아라는 것을 아는, 요가를 아는 자는 거두어들인다.
>
> 짜든지 짜지 않든지 그가 혀로 맛볼 수 있는 것은 무엇이

든지 간에 참자아라는 것을 아는, 요가를 아는 자는 거두어들인다.

『테조—빈두—우파니샤드』*Tejo-Bindu-Upaniṣad*(1. 34)에 따르면 프라티야하라는 열다섯 가지로 된 요가(15지支 요가, 판차—다샤—앙가—요가pañca-daśa-aṅga-yoga)의 열두째 지분(앙가)이다. 여기서 프라티야하라는 모든 것에서 참자아를 보는 '즐거운 의식'♯citta-rañjaka으로 정의된다. 이것은 강렬하게 내면을 향한 상태라고 주장하는 대부분의 다른 정의와 상반된다. 『트리—쉬키—브라마나—우파니샤드』*Tri-Śikhi-Brāhmaṇa-Upaniṣad*(2. 30)에서는 프라티야하라를 '내면을 향한'♯antar-mukhin 의식으로 정의한다. 이 문헌의 다른 곳(130송)에서는 이것을 신체에 있는 여러 장소에서 생기 에너지를 철회하는 것이라고 말한다.

⇒ 인드리야—자야indriya-jaya, 마르만marman도 참조.

pravṛtti(프라브릿티)

'활동' 또는 '작용'이라는 뜻이다. 『탓트와—바이샤라디』*Tattva-Vaiśāradī*(1. 2)에 따르면 라자스rajas의 영향으로 말미암아 괴로움과 비애(쇼카śoka)와 같은 그런 상태에 있는 정신적(mental) 기질(성향)이다. 『요가—수트라』*Yoga-Sūtra*(1. 35)에서 이 용어는 또한 『요가—바쉬야』*Yoga-Bhāṣya*(3. 25)에서 '신성한 지각'(디비야—상위드divya-saṃvid), 즉 고양된 감각적 인식(awareness)으로 부를 수 있는 것의 일종으로 설명되는 특별한 정신적 현상을 나타낸다. 비야사Vyāsa가 지적하듯이 그런 초자연적 현상은 수행자의 의심(상샤야saṃśaya)을 없애버리는 한에 있어서는 유용하다.

pravṛtti-mārga(프라브릿티—마르가)

'활동의 길'이라는 뜻이다. 세상을 포기하지 않은 사람들의 지향이다. 이것은 결과적으로 되풀이되는 죽음♯punar-mṛtyu이 섞인 반복적인 재탄생(푸나르—잔만punar-janman)으로 이끈다.

[비교] 니브릿티—마르가nivṛtti-mārga.

prayatna(프라야트나)

'노력'이라는 뜻이다. 『요가—탓트와—우파니샤드』*Yoga-Tattva-Upaniṣad*(81)에 따르면 요가Yoga의 성공을 위한 필수불가결한 요건이다. 『바가바드—기타』*Bhagavad-Gītā*(6. 45)에서 밝히고 있듯이 이러한 노력은 완전함에 도달할 때까지 평생 많은 시간을 계속해야만 할 것이다. 그러나 『요가—수트라』*Yoga-Sūtra*(2. 47)에서 프라야트나prayatna는 '긴장'을 나타내는데, 이것은 요가 자세(아사나āsana)를 정확하게 하기 위해서 반드시 이완되어야만 한다.

⇒ 파우루샤pauruṣa, 야트나yatna도 참조.

[비교] 은총(grace).

prayāga(프라야가)

'희생제의 장소'라는 뜻이다. 트리—베니tri-veṇi와 동의어이다.

prayāṇa-kāla(프라야나—칼라)

'출발 시간'이라는 뜻이다. 죽음의 순간이다.

⇒ 안타—칼라anta-kāla도 참조.

prayāsa(프라야사)

'지나친 노력'이라는 뜻이다. 『하타—요가—프라디피카』*Haṭha-Yoga-Pradīpikā*(1. 15)에 따르면 요가Yoga에서 수행의 진보를 방해하는 요인 중 하나이다.

⇒ 노력(effort), 비그나vighna도 참조.

prayer(기도)

프라르타나♯prārthanā이다. 고대 『리그—베다』*Ṛg-Veda*의 많은 찬가는 찬양과 청원이 결합된 기도문들이다. 일부 맥락에서 베다Veda의 산스크리트Sanskrit 단어 브라만brahman은 '기도를 드리는 명상(meditation)' 정도를 의미한다. 후대에 이 용어는 현자(리쉬ṛṣi)들이 열망했던 궁극적 참실재를 나타내게 되었다. 기도는 인격적인 힘으로서의 신(Divine)에 대한 경배와 직접적으로 연관되어 있다. 그러므로 이것은 유신론적인 바이슈나비즘Vaiṣṇavism과 샤이비즘Śaivism 유파들, 특히 박티—요가Bhakti-Yoga에서 중요한 요소이다. 기도가 좀 더 순수하거나 자아 의지를 덜 표현할수록 그것은 개인의식(consciousness)이 초월적 참의식(Consciousness, 치트cit)으로 몰입되는 명상(디야나dhyāna)에 더 가깝다.

prākāmya(프라카미야)

'소원 성취'라는 뜻이다. 위대한 초자연력(싯디siddhi) 중 하나이다. 『요가-바쉬야』*Yoga-Bhāṣya*(3. 45)에서는 이것을 '자신의 의지에 장애가 없음'으로 설명한다. 비야사Vyāsa는 이 문헌에서, 예를 들면 요긴yogin은 이 능력으로 단단한 땅을 물인 것처럼 그 속으로 뛰어들 수 있게 된다고 밝힌다.

⇒ 초심리학(parapsychology)도 참조.

prāṇa(프라나)

'생명'이라는 뜻이다. 문자 그대로 '앞으로 내쉼'이다. 접두어 프라pra + 어근 √an('호흡하다')으로 만들어졌다. 『리그-베다』*Rg-Veda*(예, 10. 90. 13)에서는 우주적인 푸루샤puruṣa의 호흡과 일반적으로 생명체의 호흡을 나타낸다. 초기에 이것은 모든 생명체의 초월적 근원인 절대자와 동일시되었다. 세속적인 맥락에서 프라나prāṇa는 '공기'를 의미한다. 그러나 힌두이즘Hinduism의 신성한 문헌들에서 프라나는 대부분 예외 없이 우주적인 생기를 의미하는데, 이것은 고대 그리스의 뉴마(pneuma)와 유사한, 진동하는 정신생리 에너지이다. 『요가-바시슈타』♯*Yoga-Vāsiṣtha*(3. 13. 31)에서는 프라나를 모든 현현顯現의 근저에 존재하는 '진동하는 힘'♯spanda-śakti이라고 효과적이게 정의한다.

후대의 저자들은 우주적인 '주요 생기'♯mukhya-prāṇa와 개인적 존재를 활기 있게 만드는 생기를 구별한다. 또한 개아(psyche, 지바jīva, 항사haṃsa)와 동일시되는 개별화된 프라나는 심장에 존재하고 빨간색이라고 한다. 그러나 『트리-쉬키-브라마나-우파니샤드』*Tri-Śikhi-Brāhmaṇa-Upaniṣad*(2. 79ff.)에서 프라나 에너지는 입, 코, 심장, 배꼽, 엄지발가락을 순환하며 음식의 소화와 흡수를 책임지고 있다고 한다. 『요가-야갸발키야』*Yoga-Yājñavalkya*(4. 58f.)에 따르면 그것은 복부의 중앙에 위치하고 물, 딱딱한 음식, 그리고 그것들의 '정수'(라사rasa)를 분리하는 기능이 있다.

프라나의 개별화된 유형은 초창기부터 다음과 같이 다섯 가지로 생각되어져 왔다. (1)프라나. 배꼽이나 심장으로부터 나와서 상승하는 숨이고 들숨과 날숨을 포함한다. (2)아파나apāna. 몸통의 아래쪽 절반과 연관된 숨이다. (3)비야나vyāna. 모든 팔다리를 순환하는 확산하는 숨이다. (4)우다나udāna. 트림, 말하기, 보다 높은 의식(consciousness) 상태에서 주의력을 상승시키는 데 책임을 지고 있는 '상승하는 숨'이다. (5)사마나samāna. 복부 부위에 위치한 숨으로 소화 과정과 연관되어 있다. 또한 프라나와 아파나는 각각 들숨과 날숨을 의미한다. 일반적으로 프라나는 마루트♯marut, 바타vāta, 바유vāyu, 파바나pavana와 동의어이다.

샹카라(Śaṅkara; 7~8세기 초) 이후의 시기에 요가Yoga와 베단타Vedānta의 권위자들은 종종 다음과 같은 다섯 가지의 부차적인 숨♯upaprāṇa을 덧붙여 말한다. 나가(nāga; '뱀'), 쿠르마(kūrma; '거북'), 크리-카라(kṛ-kara; 'kṛ를 만드는 자'), 데바-닷타(deva-datta; '신이 주신 것'), 다남-자야(dhanaṃ-jaya; '부의 정복').

10가지 유형의 이 생기는 일반적으로 신체의 모든 기관을 양육하는 7만 2천 개의 통로(나디nāḍī) 속에서 또는 통로를 따라서 순환하는 것으로 여겨진다. 이미 고대의 『타잇티리야-우파니샤드』*Taittirīya-Upaniṣad*(2)에서 복잡하게 패턴화된 이 생명 에너지는 별개의 영역, 즉 프라나-마야-코샤prāṇa-maya-kośa를 형성하는 것으로 간주되었다.

『찬도기야-우파니샤드』*Chāndogya-Upaniṣad*(2. 13. 6)에서 다섯 가지 주요 숨은 '천상계를 지키는 문지기들'로 언급된다. 그것은 호흡과 의식 사이의 밀접한 연관성에 대한 심원한 이해를 암시한다. 그리고 이것은 호흡 조절(프라나야마prāṇāyāma)을 위한 다양한 기법들을 개발해 내도록 이끈다.

⇒ 스와라svara도 참조.

prāṇa-dhāraṇā(프라나-다라나)

'생기 에너지 유지하기'라는 뜻이다. 특정한 기관의

P

건강을 회복시키기 위해 신체의 정해진 부위들에 생기 에너지를 보내는 기법이다. 『트리-쉬키-브라마나-우파니샤드』 *Tri-Śikhi-Brāhmaṇa-Upaniṣad*에 언급되어 있는 이 수행법은 모든 질병(로가 roga)과 피로 ♯klama를 정복한다고 한다.

prāṇa-liṅga(프라나-링가)
'생기 넘치는 징표'에 대한 비라 샤이바파 Vīra Śaiva sect의 용어로, 링가 liṅga 속에서 쉬바 Śiva에 대한 수행자의 개별적 체험을 의미한다.

Prāṇamanjarī(프라나만자리)
탄트라 Tantra 입문자인 프레마니디 Premanidhi의 아내이다. 그녀는 『탄트라-라자-탄트라』 *Tantra-Rāja-Tantra*에 대한 주석을 저술하였다.

prāṇa-maya-kośa(프라나-마야-코샤)
'생기로 된 겹'이라는 뜻이다. 초월적 참자아의 고유한 광휘를 덮고 있는 다섯 '겹'(코샤 kośa) 중 하나이다. 현대의 몇몇 신비주의자는 이 장場을 아우라 aura와 동일시한다.

prāṇa-pratiṣṭhā(프라나-프라티슈타)
'생기 에너지 확립'이라는 뜻이다. 새로 자리 잡게 된 신의 이미지에 프라나 prāṇa를 투사하는 의례이다. 이 의례는 예를 들자면, 특히 『프라판차-사라-탄트라』 *Prapañca-Sāra-Tantra*(35장)에서 논의된다.

prāṇa-rodha(프라나-로다) 또는 **prāṇa-saṃrodha**(프라나-상로다)
'생기 에너지에 대한 통제'라는 뜻이다. 프라나야마 prāṇāyāma와 동의어이다. 프라나-자야(♯prāṇa-jaya; '생기에 대한 정복')로도 알려진 생기 에너지(프라나 prāṇa)에 대한 완전한 통제는 대체로 오랜 시간 동안 호흡을 보유하는 요긴 yogin의 능력에 의해 평가된다. 이 놀라운 능력을 증명하기 위해서 일부 요긴은 이른바 밀폐된 지하 컨테이너 속에서 한 번에 여러 시간 동안, 심지어 여러 날 동안 매장된 채 있었다.

prāṇa-saṃyama(프라나-상야마)
'생기 에너지의 억제'라는 뜻이다. 프라나야마 prāṇāyāma와 동의어이다. 『브리하드-요기-야갸발키야-스므리티』 *Bṛhad-Yogi-Yājñavalkya-Smṛti*(9. 35)에 따르면 이것은 요가 Yoga의 넷째 '지분'(앙가 aṅga)이지만, 『테조-빈두-우파니샤드』 *Tejo-Bindu-Upaniṣad*(1. 31)에서는 이것을 열다섯 가지로 된 요가(15지支 요가, 판차-다샤-앙가-요가 pañca-daśa-aṅga-yoga) 중 열한째 지분으로 열거한다. 『트리-쉬키-브라마나-우파니샤드』 *Tri-Śikhi-Brāhmaṇa-Upaniṣad*(2. 30)에서는 이것에 상징적 의미를 부여하는데, 이것을 세계가 허위 ♯mithyā라는 확신으로 정의한다.

prāṇa-spanda(프라나-스판다)
'생기 에너지의 진동'이라는 뜻이다. 『라구-요가-바시슈타』 *Laghu-Yoga-Vāsiṣṭha*(5. 9. 78)에 따르면 항상 역동적인 생기 에너지(프라나 prāṇa)가 멈추면 마음 작용도 마찬가지로 억제된다.
⇒ 스판다 I spanda도 참조.

prāṇāyāma(프라나야마)
'호흡 조절'이라는 뜻이다. 파탄잘리 Patañjali가 가르친 여덟 가지로 된 길(8지支 요가)의 넷째 '지분'(앙가 aṅga)이다. 이 단어는 프라나(prāṇa; '호흡' 또는 '생기 에너지')와 아야마(āyāma; '연장')로 구성되어 있고, 이것은 호흡 조절의 주된 목적인 [호흡] 보유, 즉 멈춘 숨(쿰바카 kumbhaka)의 단계를 암시한다. 호흡 보유 시간의 연장은 삶 자체의 연장이라고 생각된다. 프라나야마 prāṇāyāma는 신체의 원기 회복과 실로 불멸의 주된 수단 중 하나로 인정받는다. 그러나 프라나야마의 궁극적 목적은 마음 작용을 억제하는 것이다. 『요가-쉬카-우파니샤드』 *Yoga-Śikhā-Upaniṣad*(1. 61)에서 언급된 것처럼 생기 에너지는 단지 사색, 대화, 책들의 유혹, 고안품, 주문, 약품 들에 의해 통제될 수 없다. 그것은 프라나야마 수행을 통해서 억제되어야만 한다. 호흡을 조절하지 않고 요가 Yoga를 수행하려는 요긴 yogin을 굽지 않은 흙으로 만든 배를 타고 대양을 건너고자 하는 사람에 비유한다.(1. 62f.) 그 배는 물이 배어들게 되어 가라앉고 말 것이다.

프라나야마는 하타-요가Haṭha-Yoga의 주요 기법이다. 이것에 의해 '뱀의 힘'(쿤달리니-샤티kuṇḍalinī-śakti)은 중앙 통로(수숨나-나디suṣumṇā-nāḍī)로 들어가게 되어서 머리로 상승하기 시작할 것이다. 하타-요가 문헌들은 '[호흡] 보유(쿰바카kumbhaka, 문자 그대로 '항아리')들'로도 불리는 여덟 종류의 호흡 조절법에 대해 알고 있다. 이것들은 수리야-베다sūrya-bheda 또는 수리야-베다나(sūrya-bhedana; '태양 관통'), 웃자위(ujjāyī; '승리'), 시트-카리[sīt-kārī; '시트(sīt, 쉿소리) 만듦'], 쉬탈리(śitalī; '냉각'), 바스트리카(bhastrikā; '풀무'), 브라마리(bhrāmarī; '윙윙거리는 소리', 즉 '꿀벌'), 무르차(mūrchā; '황홀해짐'), 플라비니(plāvinī; '뜨는 것')이다. 『게란다-상히타』*Gheraṇḍa-Saṃhitā*에서는 시트-카리와 플라비니 형태의 호흡법 대신에 사히타(♯sahita; '결합된')와 케발리(♯kevalī; '절대적인') 프라나야마를 언급한다.

호흡 조절은 세 단계, 즉 들숨(푸라카pūraka), 멈춘 숨(쿰바카), 날숨(레차카recaka)으로 되어 있다. 덧붙여 『하타-요가-프라디피카』*Haṭha-Yoga-Pradīpikā*(2. 72)에서는 사히타-쿰바카sahita-kumbhaka와 케발라-쿰바카kevala-kumbhaka 양자를 구분하고 있다. 전자의 수행법은 의도적인 들숨과 날숨을 수반하는 반면, 케발라-쿰바카는 즉각적인 호흡의 멈춤이다.

프라나야마를 시작하기 전에 수행자는 (다우티dhauti라 불리는) 다양한 청소 행법들을 수련해야만 한다. 프라나야마 중 일부 유형은 이러한 목적으로 사용되기도 한다. 호흡 조절에 통달했을 때 요긴은 요가의 더 높은 단계로 나아가는 데 적합하게 된다. 『게란다-상히타』(5. 1)에서는 프라나야마 수행을 위한 핵심적인 전제 조건을 언급한다. 그것들은 알맞은 장소(스타나sthāna), 알맞은 시간(칼라IIkāla), 알맞은 식사(미타-아하라mita-āhāra), 생기 에너지가 흐르는 통로(나디nāḍī)들의 정화(나디-슛디nāḍī-śuddhi)이다. 『쉬바-상히타』*Śiva-Saṃhitā*(3. 37)에서는 음식을 먹은 지 얼마 안 된 후나 배가 고플 때 수행하지 말아야 한다고 권고한다. 또한 이 문헌에서는 호흡 수행을 시작하기 전에 약간의 우유와 버터를 섭취해야만 한다고도 언급한다. 그러나 이러한 내용들은 성취를 이룬 수행자에게는 적용되지 않는다.

『하타-요가-프라디피카』(2. 15)에서는 호흡 조절을 수행함에 있어서 주의해야 할 사항에 대해 다음과 같이 충고한다. "사자나 코끼리 또는 호랑이를 서서히 길들이는 것과 꼭 마찬가지로 그렇게 생기 에너지는 통제되어야만 한다. 그렇지 않으면 그것은 수행자를 죽이게 될 것이다." 그러나 알맞게 수행된 프라나야마는 엄청난 치유적 가치가 있고, 문헌에서는 호흡 조절을 통해서 질병 가운데서 딸꾹질, 기침, 머리와 귀와 눈의 통증이 효과적으로 치유된다고 언급한다. 프라나야마는 또한 대변과 소변과 점액(카파kapha)을 줄여 준다고도 한다. 게다가 심신을 강화시키고 활기차게 만들고, 심지어 회춘 효과가 있기도 하다고 주장한다.

프라나야마 수행은 다양한 심신의 현상들과 연관되어 있다. 『쉬바-상히타』(3. 40ff.)에서는 이 과정의 네 단계를 언급한다. 첫째 단계에서는 땀(스웨다sveda)이 나는데, 이 땀을 문질러서 사지로 흡수시켜야만 한다. 둘째 단계에서 요긴은 떨림(캄파kampa)을 경험한다. 셋째 단계에서 그는 '개구리처럼' 뛰어오르기 시작한다. 넷째 단계에서는 대단한 가벼움(라구타laghutā)을 경험하고서 공중을 걸어 다닐 수 있게 된다.

⇒ 쉬트-크라마śīt-krama도 참조.

prāpti(프랍티)

'도달', '달성'이라는 뜻이다. 무한정 팽창할 수 있는 능력으로 고전적인 초자연적 능력(싯디siddhi) 중 하나이다. 『요가-바쉬야』*Yoga-Bhāṣya*(3. 45)에서 이 능력을 향유하는 요긴yogin은 손가락 끝으로 달을 만질 수 있다고 진지하게 말한다.

⇒ 초심리학(parapsychology)도 참조.

prārabdha-karman(프라라브다-카르만)

'시작된 행위'라는 뜻이다. 막을 수 없는, 진행 중인 카르마karma, 즉 운명이다.

prāyaścitta(프라야슈칫타)

'속죄' 또는 '참회'라는 뜻이다. 프라야슈(prāyaś; '앞으로 나아가다')＋칫타(citta; '마음')로 만들어졌다. 문자 그대로 '발전된 마음'이란 뜻에서 '속죄' 또는 '참회'라는 의미로 쓰인다. 도덕적 규율을 위배하거나 영적인 길의 의무를 제대로 수행하지 못한 것을 속죄하거나 참회하는 수행이다. 참회로 잘못을 바로 잡을 수 있다. 베다Veda 시대 이래로 이것과 연관된 수행들은 인도인들의 영적 삶에서 매우 중요한 역할을 해오고 있다. 저명한 의사 차라카(Charaka, Caraka-Saṃhitā차라카-상히타 참조)는 이것을 의약품♯bheṣaja과 동등한 것으로 간주하였다. 이것은 잘못된 행위, 즉 죄로 인해 발생하는 질병이나 이상을 제거하기 때문이다. 프라야슈칫타prāyaścitta의 목적은 도덕적 · 의례적 순수성을 회복하는 것이다.

preceptor(영적 교사 또는 위대한 교사)

⇒ 아차리야ācārya 참조.

[비교] 구루guru.

Preclassical Yoga(전前고전 요가)

현대 학문의 광범위한 역사적 범주로, 『마하바라타』*Mahābhārata*, 특히 이 서사시의 『바가바드-기타』*Bhagavad-Gītā*와 『모크샤-다르마』*Mokṣa-Dharma*와 『아누-기타』*Anu-Gītā* 장章들뿐만 아니라 『카타-우파니샤드』*Kaṭha-Upaniṣad*, 『마이트라야니야-우파니샤드』*Maitrāyaṇīya-Upaniṣad*, 『슈웨타슈와타라-우파니샤드』*Śvetāśvatara-Upaniṣad*와 같은 그러한 문헌들에서 발견되는 수많은 요가Yoga의 가르침을 나타낸다. 전고전 요가의 형이상학은 근본적으로 베단타Vedānta적이다.

[비교] 고전 요가(Classical Yoga), 서사시 요가(Epic Yoga), 후고전 요가(Postclassical Yoga).

Premanidhi(프레마니디)

'사랑의 보물'이라는 뜻이다. 쿠르마찰라(Kūrmācala, 쿠마윤Kumayun)에서 바라나시Vārāṇasī로 이주한 18세기 중엽의 탄트리카tāntrika이다. 우마파티Umāpati의 아들인 그는 『쉬바-탄다바』♯*Śiva-Tāṇḍava*('쉬바Śiva의 춤')에 대한 주석인 『만트라다르샤』♯*Mantrādarśa*('만트라의 거울')와 『안타르-요가-라트나』♯*Antar-Yoga-Ratna*('내적 요가의 보석')를 포함하여 탄트라Tantra에 대한 여러 저작을 저술하였다.

⇒ 프라나만자리Prāṇamanjarī도 참조.

preta(프레타)

'세상을 떠난 [영혼(spirit)]'이라는 뜻이다. 최근에 사망한 사람의 사후의 독립체이다. 『요가-바시슈타』♯*Yoga-Vāsiṣṭha*(3. 55. 27ff.)에서는 프레타preta들이 자신들의 살아있는 인척들이 바친 공물들로부터 만들어진 새로운 신체에서 스스로를 경험한다고 언급한다. 나중에 그들은 죽음의 신 야마Yama의 전령들을 만난다. 고결한 영혼은 낚아채어져 천상의 탈 것들에 타게 되는 반면, 죄인들은 눈 덮이고 위험한 숲을 걸어가야 한다. 야마의 세계에 도착했을 때 그들은 판결을 받은 다음 천국이나 지옥으로 이송된다. 두 영역 중 어느 한 곳에서 일정 기간을 보낸 이후에 그들은 재탄생한다.

⇒ 데바-야나deva-yāna, 피트리-야나pitṛ-yāna, 푸나르-잔만punar-janman도 참조.

pride(자만)

⇒ 아비마나abhimāna, 다르파darpa, 담바dambha, 마다mada, 스마야smaya 참조.

prīti(프리티)

'만족'이라는 뜻이다. 때로는 도덕 훈련(금계, 야마yama)의 원리 중 하나로 간주된다.

⇒ 산토샤saṃtoṣa, 투슈티tuṣṭi도 참조.

progress(진전 또는 발전)

대부분의 비의적 전통들에서는 영적인 삶을 수행자(요긴yogin, 사다카sādhaka)를 해탈이라는 정상에 보다 가깝게 한 걸음 한 걸음 데려가는 꾸불꾸불한 길로 묘사한다. 몇몇 학파에서는 해탈을 갑작스럽고 자연발생적인 사건으로 이해하지만, 그렇다고 하더라도 일반적으로는 어떤 형태의 준비나 수행이 필요하다고 생각된다. 영적인 삶을 자기 이해나 자아 초월을 증진시키는 것으로 된 등급으로 나눠진 과정(크라마 Krama)으로 보는 사람들은 종종 성장의 뚜렷한 상태(아바스타 avasthā)나 단계(부미 bhūmi) 들 사이를 구분한다. 문헌들에서는 얼마나 빨리 특정한 상태들에 도달할 것인가에 대한 평가에 있어서 다르다. 『아므리타–나다–우파니샤드』 *Amṛta-Nāda-Upaniṣad*(28f.)에서는, 예를 들자면 다음과 같은 순서를 제시한다. 3개월 후에 지혜(갸나 jñāna)가 나타나고, 4개월 후에 신(데바 deva)들을 볼 수 있고, 5개월 후에 비라즈 ♯ virāj라고 불리는 눈부신 원리가 보이게 되고, 6개월 후에 '홀로 있음'(독존獨存, 카이발리야 kaivalya), 즉 해탈을 얻는다. 이러한 낙관적인 견해는, 예를 들자면 『요가–탓트와–우파니샤드』 *Yoga-Tattva-Upaniṣad*(21)의 익명의 저자와 공유되지 않는다. 그는 비록 통로들의 정화(나디–슛디 nāḍī-śuddhi)는 3개월 이내에 성취할 수 있다고 인정하지만, 지혜는 만트라–요가 Mantra-Yoga 수행을 12년 한 이후에 획득된다고 말한다.

대부분의 요가 Yoga 권위자들은 결국 해탈은 잘 준비된 수행자에게 불시에 찾아오는 은총의 문제라고 여기기 때문에 이러한 계산법들을 지나치게 문자 그대로 받아들여서는 결코 안 된다. 아마도 그것들의 목적은 수행자를 격려하는 데 있을 것이다. 영적인 진전은 자아 초월의 과정에 대한 개인의 헌신과 카르마 karma의 (유전적·심리정신적인) 힘과 경향성에 매우 많이 의존한다.

proximity of Self and mind(참자아와 마음의 근접)

⇒ 산니디 saṃnidhi 참조.

pṛthivī(프리티비)

'지'地, '땅', '흙'이라는 뜻이다. 프리투(♯ prithu; '넓은')에서 파생되었다. 우주(cosmos)에서 가장 밀도 높은 층위를 이루는 다섯 물질 요소(부타 bhūta) 중 하나이다.

⇒ 탓트와 tattva도 참조.

Pṛthu(프리투)

많은 베다 Veda에서, 특히 『바유–푸라나』♯ *Vāyu-Purāṇa*에서 기억되는 고대 베다의 아요디야(Ayodhya, 아우드 Audh)의 황제이자 위대한 성자이다. 그는 브라티야 Vrātya 조직과 긴밀하게 연관되어 왔던 것으로 보이는데, 음절 옴 Oṃ에 대한 비밀 지식을 그들로부터 배웠다. 『바가바타–푸라나』 *Bhāgavata-Purāṇa*(4. 23)에 따르면 그는 사낫쿠마라 Sanatkumāra에 의해 요가에 입문했다.

psychology(심리학)

일반적인 의식(consciousness)의 양상과 현상 들은 불교에서 비할 바 없이 자세하게 분석된 반면, 힌두 Hindu 요가 Yoga에서는 현대 심리학에서조차 해당하는 말이 없는 사마디 samādhi로 불리는 의식의 놀라운 상태의 복잡한 현상학을 발달시켜 왔다. 특히 '목격자'(사크쉰 sākṣin)로서의 초월적 참자아의 관념은 우리가 세심한 주의를 기울일 가치가 있다.

요가심리학이라는 단어는 가장 넓은 의미에서 치료, 즉 치유이다. 그러나 현대의 심리치료는 의학이 도움을 줄 수 없는 경우들에 대한 임상적 처치에서 성장·발전해 온 반면, 요가는 처음부터 개인을 단지 신체적 또는 정신적(mental) 건강보다는 근본적인 완전한 상태로 회복시키기 위한 영적인 카타르시스와 변화의 체계였다. 요긴 yogin들은 자아 분열과 고통의 관념이 있는 일상적인 의식을 초월하고, 참자아(푸루샤 puruṣa, 아트만 ātman)의 감소시킬 수 없는 지복을 깨닫기 위해 언제나 노력해 왔다. 신체적·정신적 기법들로 된 영적 수행의 과정에서 그들은 틀에 박힌 유형의 동기와 인식에 빠지는 경향이 있는 개아(psyche, 지바 jīva)의 습관적 패턴들에 필연적으로 직면할 수밖에 없었다. 지그문트 프로이트 Sigmund Freud 훨씬 이전에 그들은 잠재의식의 실체를 발견했다. 그러므로 고전 요가(Classical Yoga)의 권위자들은 평범한(즉 깨닫지 못한) 인성 체계를 유지시키는, 결합하여서 '훈습(바사나 vāsanā)들'이 되는 '잠재의식의 활성체(잠세력潛勢力, 상스카라 saṃskāra)들'에 대해 말한다. 그러므로 자기 이해 또한 중요하다.

요가의 목적은 바로 '나를 만드는 것'(자아의식, 아견我見, 아항카라 ahaṃkāra) 또는 '나의 존재성'(아견, 아만我

慢, 아스미타asmitā)이라 불리는 에고 메커니즘의 초월을 통해서 잠재의식적 마음을 완전하게 변화시키는 것이다. 깨달음, 즉 해탈과 일치하는 이 목표는 현대 심리학과 심리치료의 세계관과는 맞지 않는다. 그럼에도 불구하고 아브라함 매슬로Abraham Maslow에 의해 인도된 인본주의 심리학과 특히 자아 초월 심리학에서는 참자아에 대한 깨달음이라는 요가의 이상에 더 호의적이고, 또한 요긴들이 주장하는 것처럼 무아경의 상태(삼매, 사마디)가 무의식적 상태라기보다는 잠들지 않은 상태를 넘어서 있는 상태라고 평가한다. 극소수의 연구자들이 요가심리학을 체계적으로 연구하려는 시도를 해오고 있다. 주목할 만한 출판물들로는 다음과 같은 것이 있다.

코스터G. Coster의 『요가와 서양심리학』*Yoga and Western Psychology*(1934), 스와미 아킬라난다Swami Akhilananda의 『정신 건강과 힌두 심리학』*Mental Health and Hindu Psychology*(1952), 제이콥스H. Jacobs의 『서양 심리치료와 힌두 사다나』*Western Psychotherapy and Hindu Sādhana*(1961), 신경학자의 관점으로 『요가-수트라』*Yoga-Sūtra*를 주석한 미슈라R. S. Mishra의 『요가심리학 교본』*A Textbook of Yoga Psychology*(1963), 싱L. A. Singh의 『요가심리학』*Yoga Psychology*(1970) 두 권, 스와미 라마Swami Rama 등의 『요가와 심리치료』*Yoga and Psychotherapy*(1976), 사츠데바H. P. Sachdeva의 『요가와 심층심리』*Yoga and Depth Psychology*(1978), 샴다사니S. Shamdasani의 『쿤달리니 요가의 심리학』*The Psychology of Kundalini Yoga*(1996), 카워드H. Coward의 『요가와 심리학』*Yoga and Psychology*(2002). 또한 명상(meditation)에 대한 심리학적 · 생리학적 연구에 관한 방대한 저작들이 있다.

⇒ 칼 구스타프 융(Jung, Carl Gustav), 초심리학(parapsychology)도 참조.

pudgala(푸드갈라)

'사람'이라는 뜻이다.

punar-janman(푸나르-잔만)

'재탄생', '재생'이라는 뜻이다. 사람이 한 번 이상의 생애를 가진다는 관념은 인도사상의 대부분의 학파에 공통적이다. 이 관념은 베다Veda 신념 체계의 필수불가결한 일부분인 것처럼 보이지만, 비밀스러운 가르침으로 취급되었음에도 불구하고 가장 오래된 우파니샤드Upaniṣad들에서 더 공공연하게 처음으로 이야기되었다. 예를 들자면 『찬도기야-우파니샤드』*Chāndogya-Upaniṣad*(5. 10. 7)에는 다음과 같은 구절이 있다. "여기 [지상에서] 아름다운 행위를 한 자는 신속히 만족스러운 자궁, 다시 말해서 브라만brahman [여성]의 자궁이나 전사 [계급]의 [여성의] 자궁 또는 상인 [계급 여성]의 자궁 속으로 들어간다. 그러나 여기 [지상에서] 악취 나는 행위를 한 자는 곧 개의 자궁이나 돼지의 자궁 또는 불가촉천민의 자궁 속으로 들어간다."

푸나르-잔만punar-janman의 관념은 『브리하다란야카-우파니샤드』*Bṛhadāraṇyaka-Upaniṣad*(4. 4. 5)에서 처음으로 표현된 다음과 같은 생각과 연관이 있다. 한 사람의 존재의 질은 자신의 행위의 질에 의해 결정된다. 그러므로 선한 행동을 하는 자는 선하게 되는 반면, 악한 행동을 하는 자는 악하게 된다. 다시 태어남의 교의는 이 관념을 확장하여서 현재 생애의 행로를 넘어선다. 여러 생애 사이를 잇는 고리는 카르마karma이다.

요가Yoga의 궁극적인 목적은 태어남과 죽음으로 된 이 끝없는 사이클로부터 벗어나는 것이고 카르마의 생성과 결실을 중단하는 것이며 초월적 참자아(아트만ātman, 푸루샤puruṣa)로서의 자신의 정체성을 깨닫거나 다시 깨닫는 것이다.

puṇya(푼야)

'선'善이라는 뜻이다. 도덕적으로 선한, 즉 우주 질서(리타ṛta, 다르마dharma)와 조화를 이루는 행위나 의도(상칼파saṃkalpa)의 결과이다.

[비교] 파파pāpa, 팔라phala.

puṇya-tithi(푼야-티티)

'[달의] 선善한 맨션(mansion)'이라는 뜻이다. 달인의 기일忌日이다.

Puṇyānandanātha(푼야난다나타)

푼야puṇya + 아난다ānanda + 나타nātha로 만들어졌다. 『카마-칼라-빌라사』*Kāma-Kalā-Vilāsa*('카마-칼라의 현현顯現')를 저술한 10세기 중엽의 탄트라Tantra 달인이다. 그의 제자는 아므리타난다나타Amṛtānandanātha였다.

pupil(제자)

⇒ 쉬쉬야śiṣya 참조.

puraścaraṇa(푸라슈차라나)

'예비 의례'라는 뜻이다. 탄트라Tantra에서 만트라mantra를 활성화하기 위해 이것을 상당히 많은 횟수 암송하는 수행이다. 이 의례는 절식과 신성화된 공간(데샤deśa)의 사용과 같은 다른 수행들과 결합된다.

⇒ 자파japa도 참조.

puravī(푸라비)

'말'馬이라는 뜻이다. 쿤달리니kuṇḍalinī의 타밀어Tamil 동의어이다. 왜냐하면 이 정신영성적 에너지의 힘찬 활동 때문이다.

Purāṇa(푸라나)

'고대의 [이야기]'라는 뜻이다. 적어도 이론적으로는 다음과 같은 5가지 주제를 다루는 일종의 대중적인 백과사전이다. 세계 최초의 창조 · 파괴 이후 세계의 재창조, 위대한 세계의 시대, 신과 성자 들의 계보, 왕조 역사. 푸라나Purāṇa는 모두 익명으로 저술되었고, 전통적으로는 비야사Vyāsa가 저술한 것으로 여겨진다. 마하-푸라나*ś* mahā-purāṇa라고 불리는 이 장르의 18가지 중요한 저작에는 『아그니-푸라나』*Agni-Purāṇa*, 『바가바타-푸라나』*Bhāgavata-Purāṇa*, 『브라마-푸라나』*Brahma-Purāṇa*, 『브라만다-푸라나』*Brahmāṇḍa-Purāṇa*, 『쿠르마-푸라나』*Kūrma-Purāṇa*, 『링가-푸라나』*Liṅga-Purāṇa*, 『마르칸데야-푸라나』*Mārkaṇḍeya-Purāṇa*, 『바마나-푸라나』*Vāmana-Purāṇa*, 『비슈누-푸라나』*Viṣṇu-Purāṇa*가 포함되어 있는 것으로 알려져 있다. 이 푸라나들의 대부분은 서력기원에 성립되었지만, 어떤 경우에는 베다Veda 시대만큼 오래 전에 번성하였던 전통들에 의존하고 있다. 그래서 푸라나들에 대한 진술들은 이미 브라마나II Brāhmaṇa 문헌들에서 발견할 수 있다.

푸라나에 있는 요가Yoga의 가르침들은 후고전 요가(Postclassical Yoga)에 속하므로 넓게는 비이원론(아드와이타advaita)이다. 그것들은 일반적으로 파탄잘리Patañjali의 형식들을 사용하고 있지만, 보다 제식주의로 향하는 경향이 있다. 특히 후대의 푸라나들은 탄트라Tantra적인 영향을 보인다. 또한 우파-푸라나Upa-Purāṇa들로 알려진, 이 문헌 장르의 2차 문헌들도 있다. 전통적으로는 18개의 우파-푸라나들이 열거되지만, 그 숫자는 훨씬 더 많다. 이것들 가운데 샥티즘Śaktism의 신성한 문헌 중 하나로 꼽히는 『칼리카-푸라나』*ś Kālikā-Purāṇa*는 여신 칼리Kālī 또는 두르가Durgā에 대한 숭배에 헌신한다.

purification(정화)

⇒ 다우티dhauti, 샤우차śauca, 쇼다나śodhana 참조.

purification of channels(통로의 정화)

⇒ 나디-쇼다나nāḍī-śodhana 참조.

purity(청정)

산스크리트Sanskrit로 '슛디'śuddhi이다. 모든 영적 전통에서 중심이 되는 개념이다. 초월적 참실재는 일반적으로 완전히 순수한 존재로 여겨진다. 에고의 작용에 의해 오염된 인간의 마음(mind)이나 의식(consciousness)은 이와는 정반대이다. 영적인 길은 모든 결함(도샤doṣa)이 제거되어서 신성성(神聖性, Divine), 즉 참자아의 빛이 완전하게 반영될 수 있을 때까지 신체와 마음을 점진적으로 정화하는 것이다. 요가Yoga와 상키야Sāṃkhya에서 이 과정은 우주(cosmos)의 삿트와sattva적인 면이 점차 나타나는 것으로 이해될 수 있다.

『비갸나-바이라바』*Vijñāna-Bhairava*(123)에서는 전통적인 의미의 정화를 영적인 관점에서 보면 여전히 불순한 상태라고 말한다. 왜냐하면 업의 종자(카르만karman 참조)들을 파괴하지 못했기 때문이다. 참된 정화는 모든 분별(비칼파 vikalpa)이 마음에서 제거될 때 획득된다.

puruṣa(푸루샤)

'남자'라는 뜻이다. 초월적 참자아, 즉 순수 참의식(Spirit)에 대한 요가 Yoga와 상키야 Sāṃkhya의 용어이다. 일반적으로 베단타 Vedānta 전통에서 아트만 ātman이라고 불린다. 『브리하다란야카-우파니샤드』 *Bṛhadāraṇyaka-Upaniṣad*(1. 4. 1)에서는 다음과 같은 기발한 어원 설명을 제공한다. "모든 것에 선행하는 ♯ pūrva 그는 모든 악惡을 소멸시켰기 ♯ auṣat 때문에 푸루샤 puruṣa로 [불린다.]" 3천 년보다 더 오래된 저작인 『고-파타-브라마나』 ♯ *Go-Patha*('암소의 길')-*Brāhmaṇa*(1. 1. 39)에서는 단어 푸루샤를 '성城에서 쉬는 자' ♯ puri-śaya로 정의한다. 여기서 '성'은 신체이다. 이것은 또한 중세 문헌인 『링가-푸라나』 *Liṅga-Purāṇa*(1. 28. 5)의 설명이기도 하다. 두 어원의 설명보다 더 가능성이 있는 설명은 푸루샤가 푸(pu, 즉 puṃs; '남자')와 브리샤(♯ vṛṣa; '황소')에서 파생되었다는 것이다.

초월적 참의식(Consciousness)으로서 푸루샤는 모든 심리정신적 경험의 '목격자'(사크쉰 sākṣin)이다. 『요가-수트라』 *Yoga-Sūtra*(1. 3)에서 참자아는 '보는 자'(드라슈트리 draṣṭṛ)라고 불린다. 『비바라나』 *Vivaraṇa*(1. 3)에서는 그것을 인식(붓디 buddhi)들의 '인식자' ♯ boddhṛ라고 명명한다. 서사시 요가(Epic Yoga)에서 이 용어는 '아는 자' ♯ jña 또는 '밭을 아는 자'(크셰트라-갸 kṣetra-jña)로 널리 언급된다. 여기서 '밭'은 개인의 신체와 마음으로 된 우주(cosmos)이다.

고전 요가(Classical Yoga)에서 '참의식(Awareness)의 힘'(치티-샤티 citi-śakti)으로 명명된 푸루샤는 의식(awareness)이 전혀 없는 우주(프라크리티 prakṛti)와 완전히 구별되는 것으로서 인식된다. 그러나 우리가 의식(consciousness)이라고 부르는 것은 푸루샤와 프라크리티 사이의 특이한 연관성(상요가 saṃyoga) 때문이다. 참자아가 자신의 원래의 광채를 빛낼 때까지 그 연관성은 요가의 과정을 통해서 서서히 약화된다.

『카타-우파니샤드』 *Kaṭha-Upaniṣad*(5. 3)에서는 푸루샤를 신체의 중앙, 즉 심장에 거주하는 '난쟁이' ♯ vāmana로도 표현한다. 이 저작(4. 12)에서는 또한 푸루샤 자신이 신체와 마음과 결합하여서 '엄지손가락 크기 만하게 된다'고 언급한다. 그러나 자신의 초월적 상태에서 푸루샤는 무한하다고 말한다. 속박된 형태와 자유로워진 형태라는 참자아의 이중적 성질은 수많은 초월적 참자아가 있는지, 베단타 전통에서 주장하듯이 오직 하나의 참자아(아트만)만이 있는지, 라는 질문을 낳았다. 『마하바라타』 *Mahābhārata*(12. 338. 2)에서는, 요가와 상키야에서는 세계에 다수의 푸루샤가 존재하지만 이 수많은 푸루샤는 모두 불변하고 나누어지지 않는 하나의 참자아에 그 원천을 가진다고 주장한다고 서술한다. 그 참자아는 동일한 장에서 '보는 자'(드라슈트리)와 '보이는 것' ♯ draṣṭavya 양자로 묘사된다. 이러한 관점은 서사시 요가 또는 전고전 요가(Preclassical Yoga) 학파들의 특징이다. 그러나 이것은 고전 요가의 입장이 아니다.

그러므로 『요가-바쉬야』 *Yoga-Bhāṣya*(1. 24)에서는 해탈의 상태를 즐기는 수많은 푸루샤, 즉 순수의식이 있다고 분명하게 밝힌다. 자이니즘 Jainism에서는 그것들을 케발린 kevalin들이라고 부른다. 그렇지만 『탓트와-바이샤라디』 *Tattva-Vaiśāradī*(1. 41)에서는 이 수많은 참자아 사이에 어떠한 차이도 없다고 강조한다. 논리적으로는 만일 편재하고 전全 시간적인 존재가 하나 이상 있다면 반드시 그것들은 모두 무한히 그리고 영원히 동시에 존재해야만 한다. 이 논의는 고전 요가 교본의 저자인 파탄잘리 Patañjali와 고전 상키야(Classical Sāṃkhya)의 개조인 이슈와라 크리슈나 Īśvara Kṛṣṇa 두 사람의 주의를 끌지 못했다.

puruṣa-artha(푸루샤-아르타, [연성]puruṣārtha 푸루샤르타)

'인간의 목적'이라는 뜻이다. 힌두이즘 Hinduism에 따르면 사람들이 전념할 수 있는 네 가지 목적이 있다. (1)아르타 artha. 물질적 안녕과 부富이다. (2)카마 kāma. 즐거움이다. 다시 말해 물질적 안정, 정서적 웰빙, 지적 기쁨을 추구하는 것이다. (3)다르마 dharma. 도덕(virtue)과 도덕적인 삶의 길인 정의이다. (4)모크샤 mokṣa. 해탈이다. 요가 Yoga는 인생의 최고선인 해탈

P

에 대한 깨달음을 돕는 것과 연관되어 있다. 마라티 Marathi의 달인 갸나데바 Jñānadeva는 신(Divine)께 헌신하는 것(박티 bhakti)을 인간 노력의 다섯째 목적으로 상정했다.

puruṣa-khyāti(푸루샤-키야티)

'참자아에 대한 통찰력(vision)'이라는 뜻이다. 초의식 무아경(무상 삼매, 아삼프라갸타-사마디 asamprajñāta-samādhi)의 정수이다.

⇒ 아트마-다르샤나 ātma-darśana, 키야티 khyāti도 참조.

puruṣa-uttama(푸루샤-웃타마, [연성]**puruṣottama**푸루숏타마)

'지고의 남성'이라는 뜻이다. 신(Divine)을 나타내는 바이슈나바 vaiṣṇava 신학의 용어이다. 『바가바드-기타』 *Bhagavad-Gītā*(15. 18)에 따르면 푸루샤-웃타마 puruṣa-uttama는 개인의 정신(individual psyche)인 크샤라-푸루샤(♯kṣara-purūa; '변하는 자아')와 해탈 상태의 초월적 참의식(Spirit) 또는 참자아인 아크샤라-푸루샤(♯akṣara-purūa; '불변의 참자아')를 넘어서 있다. 후자는 '정상에 있음'(쿠타-스타 kūṭa-stha)의 원리로도 알려져 있다.

puryaṣṭaka(푸리야슈타카)

'여덟 개로 된 도시'라는 뜻이다. 푸리(puri; '도시')와 아슈타카(aṣṭaka; '여덟 개로 된')로 만들어졌다. 『라구-요가-바시슈타』 *Laghu-Yoga-Vāsiṣṭha*(6. 5. 5f.)에 따르면 '나를 만드는 것'(자아의식, 아견我見, 아항카라 ahaṃkāra), 하위의 마음(마음 감관, 마나스 manas), 상위의 마음(지성, 붓디 buddhi), 다섯 감각기관(인드리야 indriya)으로 구성되어 있다. 이것은 또한 '미세 신체'(수크슈마-샤리라 sūkṣma-śarīra)로도 불린다.

⇒ 링가-샤리라 liṅga-śarīra도 참조.

puṣpa(푸슈파)

'[헌]화'라는 뜻이다. 탄트라 Tantra 의례의 일부이다. 『카울라-갸나-니르나야』 *Kaula-Jñāna-Nirṇaya*(3. 24)에 따르면 이것은 '불상해'(不傷害, 아힝사 ahiṃsā), 감각기관의 억제(인드리야-니그라하 indriya-nigraha), 인내(크샤마 kṣamā), 명상(meditation, 디야나 dhyāna)과 같은 영적 수행법들로 구성된 정신적(mental) 행위임에 분명하다.

푸슈파 puṣpa라는 용어는 또한 쿠수마(♯kusuma; '꽃')로도 불리는 여성의 분비물(빈두 bindu)을 가리키는 데 사용되기도 한다.

puṭa(푸타)

콧구멍을 가리키는 비의적 용어이다.

⇒ 삼푸타-요가 Sampuṭa-Yoga도 참조.

pūjana(푸자나)

'숭배' 또는 '공경'이라는 뜻이다. 『바가바타-푸라나』 *Bhāgavata-Purāṇa*(17. 14)에서는 신, 스승, 성자와 힌두 Hindu 사회의 '재생족'(드위자 dvija) 구성원들(즉 브라민 brahmin, 무사, 상인 들)에 대한 신체적 고행(타파스 tapas)으로서의 공경에 대해 말한다.

⇒ 구루-푸자 guru-pūjā, 이슈와라-푸자나 īśvara-pūjana도 참조.

pūjarin(푸자린)

주격은 푸자리♯pūjārī이다. 숭배 의례(푸자 pūjā)를 행하는 사람이다.

pūjā(푸자)

'숭배', '경배'라는 뜻이다. 푸자 pūjā와 탄트라 Tantra의 관계는 희생제(야갸 yajña)와 주류 베다 Veda 종교, 즉 브라마니즘 Brahmanism의 관계와 같다. 반드시 그런 것은 아니지만 이것은 주로 자신이 선택한 신(이슈타-데바타 iṣṭa-devatā)을 날마다 숭배하는 것을 의미한다. 이것은 다음과 같은 의례적 요소들을 포함하고 있다. (1) 아사나 āsana. 신의 이미지로 된 '좌법.' (2)스와가타♯svāgata. 신을 환영하여 부름. (3)파디야♯pādya. 신의 발을 씻기 위한 물 뿌리기. (4)아르기야♯arghya. 삶지 않은 쌀이나 꽃 등을 바침. (5)아차마나♯ācamana. 한 모금 마실 물. 신에게 두 번 바침. (6)마두-파르카♯madhuparka. 꿀, 우유, 기. (7)스나나 snāna. 목욕. (8)바사나

vasana. 천 또는 옷. (9)아바라나♯ābharaṇa. 신의 이미지(무르티 mūrti)를 치장할 보석. (10)간다♯gandha. 향료와 백단향 반죽. (11)푸슈파 puṣpa. 꽃. (12)두파 dhūpa. 향. (13)디파 dīpa. 등불. (14)나이베디야♯naivedya. 음식. (15) 반다나 vandana 또는 나마스카라♯namaskāra. 찬송. 의식에는 만트라 mantra 암송, 호흡 조절, 명상(meditation)도 사용됨.

Pūjyapāda(푸지야파다)

『하타-요가-프라디피카』*Haṭha-Yoga-Pradīpikā*(1. 7)에 하타-요가 Haṭha-Yoga의 달인으로 언급되어 있다. 그는『칼리야나-카라카』♯*Kalyāna-Kāraka*라 불리는 의학서를 저술했던 카르나타카 Karnataka 지역의 동명이인인 신비주의자이자 철학자와는 다른 인물로 추정된다. 일부 학자는 그를 6백 년경으로 위치시킨다.

pūraka(푸라카)

'들숨'이라는 뜻이다. 호흡 조절(프라나야마 prāṇāyāma)의 세 단계 중 하나이다. 『브리하드-요기-야갸발키야-스므리티』*Bṛhad-Yogi-Yājñavalkya-Smṛti*(8. 19)에서는 이것을 모든 미세 통로(나디 nāḍī)를 채우는 호흡 조절로 정의한다. 이것은 들숨이 공기를 마시는 것 이상이라는 것을 암시한다. 이것은 보편적인 생기 에너지(프라나 prāṇa)를 신체로 끌어당기는 것이다.

[비교] 쿰바카 kumbhaka, 레차카 recaka.

pūrṇa(푸르나)

'가득 찬' 또는 '온전한'이라는 뜻이다. 절대자에 대한 고대 베다 Veda의 명칭이다. 『요가-쉬카-우파니샤드』*Yoga-Śikhā-Upaniṣad*(1. 19)에서는 절대자의 완전성♯pūrnatva에 대해 말하는데, 거기서 그는 나누어지는 것♯sakala과 나누어지지 않는 것♯niṣkala 둘 모두가 가능하다. 훨씬 더 오래된『카우쉬타키-우파니샤드』♯*Kauṣītaki-Upaniṣad*(4. 8)에서는 그러한 충만함을 숭배함으로써 수행자는 영광♯yaśas과 '브라만의 광휘'♯brahma-varcasa로 가득 차게 된다.

Pūrṇagiri(푸르나기리)

푸르나 pūrṇa + 기리(giri; '언덕')로 만들어졌다. 탄트라 Tantra의 원형적 네 장소(피타 pīṭha) 중 한 곳이다. 위치는 불확실하지만 인도 북서부의 어딘가에 자리한다.

pūrṇa-huti(푸르나-후티)

'완전한 공물'이라는 뜻이다. 전체 의례의 결과를 참가자들에게 주는 모든 의례의 정점이다.

⇒ 후타 huta도 참조.

Pūrṇa-Yoga(푸르나-요가)

슈리 아우로빈도 Sri Aurobindo의 통합 요가 Yoga에 대한 산스크리트 Sanskrit 용어이다. 통합 요가는 서구의 진화 관념과 결합된 베단타 Vedānta 형이상학에 기초를 두고 있다. 아우로빈도의 철학에 따르면 유일한 참존재는 물질 영역에 현현顯現하고 진화의 과정을 통해서 물질의 비의식성으로부터 해탈된다. 이는 출생을 일으킨 다음 마음을 창조하고, 마지막에는 우리에게 '초마음'(Supermind)이 떠오를 수 있도록 의식적인 참여를 하도록 고무한다. 그러므로 현현된 세계는 단지 환영이 아니라 신(divine)이 나타나는 과정의 필수적인 일부분이다.

통합 요가는 세상이나 세속의 의무들에 대한 어떠한 포기(abandonment)도 부추기지 않고 세상에 대한 긍정적인 태도를 통해서 초정신적 의식(consciousness)을 깨달으려 노력한다는 점에서 전통적인 형태의 요가와는 다르다. 다시 말해서 푸르나-요긴 pūrṇa-yogin은 단지 초월적인 참자아, 즉 참영혼(Spirit)의 수준까지 의식을 높이는 것이 아니라 참영혼을 잠재적인 변형의 힘으로써 물질 영역으로 데려오려고 노력하는 것이다. 전통적인 요가의 방법들은 이러한 변화에 유용하다는 범위 내에서 푸르나-요가 Pūrṇa-Yoga의 길 안으로 통합된다.

자신의 저작인『요가의 통합』*Synthesis of Yoga*(1965)에서 아우로빈도는 요가에서의 완성♯yoga-siddhi을 샤스트라(śāstra, 수행자 자신의 심장에서 드러나는 것으로서 요가 과정의 원리에 대한 지식을 의미함), 웃사하(utsāha, 인내와 지속적인 노력), 구루(guru, 내면의 안내자로서 이해되는 스승),

P

칼라 II[kāla, 신(Divine) 자신의 흐름을 통해서 원숙해진다는 의미에서의 시간]의 시너지의 최종적인 결실로서 이해한다.

Pūrṇānanda(푸르나난다)

푸르나pūrṇa + 아난다ānanda로 만들어졌다. 16세기 중엽의 벵골Bengal 출신의 학식 있는 탄트라Tantra 달인이다. 그는 『쉬야마–라하시야』 *Śyāmā-Rahasya*('쉬야마[즉 크리슈나Kṛṣṇa]의 비밀'), 『샥타–크라마』 *Śākta-Krama*('샥타 과정'), 『슈리–탓트와–친타마니』 *Śrī-Tattva-Cintāmaṇi*('원리들에 대한 신성한 최고의 보석'), 『탓트와난다–타랑기니』 *Tattvānanda-Taraṅginī*('참실재의 지복으로 된 물결'), 『샤트–카르몰라사』 *Ṣaṭ-Karmollāsa*('여섯 행위에 대한 기쁨', 샤트–카르만ṣaṭ-karman + 울라사ullāsa로 만들어짐)를 포함하여 여러 권의 저작을 저술하였다.

pūṣā-nāḍī(푸샤–나디)

'영양이 되는 통로'라는 뜻이다. 생기 에너지(프라나prāṇa)의 미세 통로(나디nāḍī) 중 하나이다. 일반적으로는 핑갈라–나디piṅgalā-nāḍī의 뒤쪽에 위치하고 오른쪽 눈이나 귀에서 끝난다고 생각되지만 때로는 왼쪽 눈으로 명시되어 있기도 하다.

qualifications, spiritual(영적 자격)
⇒ 아디카라adhikāra 참조.

qualified practitioner(자격을 갖춘 수행자)
⇒ 아디카린adhikārin 참조.

qualities of cosmos(우주의 본질)
요가Yoga와 상키야Sāṃkhya의 우주론은 우주(cosmos)를 수많은 존재의 층위로 이루어져 있는 것으로 묘사한다. 이 층위들은 '조대한'(스툴라sthūla) 물질 영역에서부터 '미세한'(수크슈마sūkṣma) 심령적 영역, 존재의 미현현未顯現(아비약타avyakta) 차원(프라크리티prakṛti 참조)에까지 이른다. 이 모든 층위와 이들 각각의 현상들을 이루는 '재료'는 세 가지 유형의 근원적 성분(구나guṇa)이다. 모든 것은 세 성분의 상호작용에 의해 형성된다. 오직 초월적 실재, 즉 참자아만이 프라크리티의 이 주요 구성 요소들을 영원히 초월해 있다. 그러므로 참자아를 니르구나nirguṇa라고 한다.

quality(속성)
⇒ 다르마dharma 참조.

quiescence(침묵)
⇒ 샤마śama 참조.

quietude(고요)
⇒ 샨티śānti 참조.

Q

R

Raghunātha Bhaṭṭācārya(라구나타 밧타차리야)

라구(Raghu; '빠르게 움직이는 자') + 나타nātha + 밧타(bhaṭṭa; '학식 있는 자') + 아차리야ācārya로 만들어졌다. 『아가마-탓트와-빌라사』♯Āgama-Tattva-Vilāsa('아가마들의 원리를 밝힘')를 저술한 17세기 후반의 벵골Bengal 출신의 탄트라Tantra 입문자였다.

rahasya(라하시야)

'비밀'이라는 뜻이다. 오늘날에조차도 인도의 영적 전통들의 핵심적 가르침은 비밀스럽게 구두로 전해진다. 이전 시대에 구두 전승은 스승(구루guru)이 더 높은 지식을 제자에게 전하기 위한 비개방적인 방식이었다. 그러므로 우파니샤드Upaniṣad들은 전통적으로 탁월한 비밀의 가르침으로 특징지어져 왔다.

⇒ 비밀(secret)도 참조.

raised posture(들어올려진 자세)

⇒ 웃카타-아사나utkaṭa-āsana 참조.

rajas(라자스)

어근 √raj/ranj('통제되다', '영향을 받다', '흥분되다', '매혹되다')에서 파생되었다. 이 용어는 몇 가지 중요한 의미를 가지고 있다. 첫째, 이것은 우주(cosmos)의 세 가지 주요 구성 성분(구나guṇa) 중 하나를 가리킨다. 라자스rajas는 동적 원리로, 그것의 양태는 『마이트라야니야-우파니샤드』Maitrāyaṇīya-Upaniṣad(3. 5)에 다음과 같이 열거되어 있다. 갈애(트리슈나tṛṣṇā), 애착(스네하sneha), 탐욕(라가rāga), 욕망(로바lobha), 상해(힝사hiṃsā), 애욕(라티rati), 증오♯dviṣṭi, 기만♯vyāvṛtatva, 질투(이르쉬야īrṣyā), 성적 욕망(카마kāma), 불안정♯asthiratva, 변덕♯cañcalatva, 소유욕♯jihīrṣā, 재물욕(♯artha-upārjana, arthopārjana로 연성되어 쓰임), 족벌주의(♯mitra-anugrahaṇa, mitrānugrahaṇa로 연성되어 쓰임), 자신의 환경에 의존(♯parigraha-avalamba, parigrahāvalamba로 연성되어 쓰임), 원하지 않는 감각 대상들을 혐오♯aniṣṭeṣu indriya-artheṣu dviṣṭi, 원하는 것을 아주 좋아함♯iṣṭeṣu abhiṣu aṅga. 둘째, 라자스는 열정으로 된 정신적(mental)이거나 감정적인 기질을 나타내고, 그 기질 자체로서 결점(도샤doṣa) 중 하나로 간주된다. 『바가바드-기타』Bhagavad-Gītā(14. 7)에서는 그것을 갈애(트리슈나)와 집착(상가II saṅga)에서 발생하는 애욕(라가)의 본성으로 된 것이라고 기술한다. 또한 사람이 행위에 집착함을 통해서 속박을 만들어 낸다고 한다.

라자스가 셋째로 내포하고 있는 의미는 '혈액'이고 이런 의미에서 여성의 '정액', 즉 질 분비물을 나타내는 데 사용된다. 탄트라Tantra와 하타-요가Haṭha-Yoga의 일부 학파들에서 이 라자스 액은 바즈롤리-무드라vajrolī-mudrā를 사용하여 남성기를 통해서 빨아올려진다. 더 나아가 라자스는 또한 일반적으로 여성 원리, 다시 말해 샥티 I śakti을 의미한다. 그래서 『요가-쉬카-우파니샤드』Yoga-Śikhā-Upaniṣad(1. 136)에서는 다음과 같이 말한다. "위대한 장소인 회음(요니yoni)의 중앙에 잘 숨겨진 라자스, 즉 여신의 원리가 존재하고, 이것은 자파japa와 반두카bandhuka[꽃]을 닮았다."

⇒ 마하-라자스mahā-rajas, 레타스retas도 참조.

[비교] 빈두bindu.

Rajneesh, Bhagwan Shree(바그완 슈리 라즈니쉬; 1931~1990)

오쇼Osho라고도 알려져 있다. 전직 철학 교수이고 수많은 저작의 저자이다. 일견 탄트라Tantra적인 그의 가르침은 특히 성性에 대해 부정적인 기독교 전통에 불만을 품은 서구인들에게 인기가 있었다. 1980년대 초에 라즈니쉬는 인도의 푸나Poona에 있는, '동양의 에살렌 연구소'(Esalen of the East)인 자신의 수행 센터로 몰려든 6,000명 가량의 서구인들에게 매일 설교하였다. 1985년에 그의 제국이 몰락하기 시작할 때까지 20,000명 가량의 유럽인과 미국인 추종자들이 있었다.

Ramacharaka, Yogi(요기 라마차라카)

윌리엄 워렌 앳킨슨(William Warren Atkinson; 1862~1932)이 사용한 몇 가지 필명 중 하나이다. 그는 변호사이자 신사상 운동의 개척자였다. 요가Yoga에 대한 그의 많은 저작은 20세기 전반에 걸쳐 굉장히 인기가 있었다.

Ramakrishna(라마크리슈나; 1836~1886)

현대 힌두교(Hindu)의 가장 위대한 영적 스승 중 한 사람으로 널리 인정되고 있다. 벵골Bengal의 가난한 브라마나 I brāhmaṇa의 아들이었던 그는 예닐곱 살에 첫 영적 체험을 했다. 삶 전반을 통해서 그는 칼리Kālī 여신을 숭배했고, 한때 탄트라Tantra 수행에 입문했다. 나중에 그의 스승인 토타 푸리Tota Puri는 그에게 아드와이타 베단타Advaita Vedānta와 분별 없는 무아경(무상 삼매, 니르비칼파-사마디 nirvikalpa-samādhi) 수행을 가르쳤다. 라마크리슈나Ramakrishna는 하루 만에 그 삼매를 성취하는 데 성공했다. 그는 포기자(산니야신 saṃnyāsin)이자 캘커타Calcutta 근처의 다크쉬네슈와르Dakshineshvar에 있는 칼리사원의 사제로 삶을 살았다. 신방을 차리지는 않았지만 결혼은 했다. 아내인 사라다 데비Sarada Devi는 그에게 여신의 화현이었고, 그녀는 그를 영적인 스승(구루guru)으로 여겼다. 그처럼 그녀도 성자로 간주되었다. 배움보다는 신비적 체험을 더 중요시 여긴 '바보 같은 신'이었던 라마크리슈나는 기독교와 이슬람교를 포함한 다양한 종교적 수행을 한 후에, 모든 길은 동일한 끝, 바꿔 말해서 신에 대한 깨달음에 도달한다는 것을 확신하게 되었다. 라마크리슈나는 수많은 제자를 두었다. 그 중에서 스와미 비베카난다Swami Vivekananda가 세계적으로 널리 알려져 있다.

Ramalinga, Swami(스와미 라마링가; 1823~1874)

남인도의 치담바람Chidambaram에서 북쪽으로 10마일 떨어진 마루두르Marudur 마을에서 태어났다. 라마링가Ramalinga는 아버지의 때 이른 죽음 이후에 마드라스Madras에서 자랐다. 어린 소년임에도 그는 헌신의 찬가를 지었고, 열두 살에는 공식적으로 가르치기 시작했다. 지혜와 열정적인 활동으로 인해 그는 곧 유명하게 되었다. 그는 산마라사 베다 산마르가 산감(Sanmarasa Veda Sanmarga Sangam, 후에 산마라사 숫다 산마르가 사티야 산감Sanmarasa Suddha Sanmarga Satya Sangam으로 개명함)을 설립했다. 그의 『티루-바룰파』 *Tiru-Varulpa*('은총에 대한 신성한 노래')는 타밀Tamil 문학의 위대한 저작

라마크리슈나(Ramakrishna)

R

중 하나로 여겨진다. 지상에서의 삶이 끝을 향해 갈 때 라마링가는 자신의 신체의 완전한 성변화聖變化를 성취했다. 1874년 1월 30일에 그는 모든 신체로 들어갈 것이라고 공표한 후에 스스로 자신의 방에서 문을 잠갔다. 헌신자들이 방문 밖에서 노래를 부르고 있을 때 그의 방에서 갑자기 보라색 빛으로 된 섬광이 방사되었다. 얼마 안 있어 문이 열렸을 때 그 성자는 흔적도 없이 사라지고 없었다. 라마링가는 그의 신체 변이를 약간 자세하게 역사에 남겼다. 먼저 '순수한'(슛다śuddha) 신체 또는 '황금의'ſ suvarṇa 신체로, 그런 다음 볼 수는 있지만 만질 수는 없는 은총으로 된(프라나바praṇava) 신체로, 마지막으로 편재하는 영지적 신체ſ jñāna-deha로 변화되었다.

Ramana Maharshi(라마나 마하리쉬; 1879~1950)

벤카타라만Venkataraman 집안에서 태어났다. 20세기의 가장 위대한 갸나-요가Jñāna-Yoga의 달인 중 한 명이다. 남인도의 걸출한 성인과 성자 들의 삶을 기술한 타밀어Tamil 저작인 『페리야-푸라남』ſ *Periya-Purāṇam*에 영감을 받은 그는 일찍이 영적 삶으로 옮겨 갔다. 어느 날 그는 갑자기 죽음에 대한 강렬한 두려움을 경험하였다. 이 사건은 그가 자신이 화장되고 소멸되는 상상을 하도록 촉발하였다. 이 상상 훈련은 그가 육체적 신체를 넘어선 참자아를 발견하도록 이끌었다. 이런 식으로 그는 16살에 참자아를 깨닫게 되었다. 깨달음 이후에 그는 여생을 보내기 위해 티루반나말라이Tiruvannamalai에 있는 성산 아루나찰라Arunachala에 정착하였다. 처음에 그는 여러 동굴에서 살았다. 그러나 후에 숫자가 늘고 있던 헌신자들의 요청이 있었을 때 그는 마지못해 수행처(아슈라마āśrama)로 옮기는 데 동의하였다. 그의 평화로운 존재함은 전 세계로부터 수많은 구도자를 끌어당겼다. 서구에서 그의 명성은 원래 『신비한 인도에서의 탐색』*A Search in Secret India*(1934)에서 라마나 마하리쉬Ramana Maharshi와의 만남에 대해 쓴 폴 브런튼Paul Brunton의 지지에 의한 것이었다.

그는 구도자들에게 그 자신이 깨달았던 방법, 즉 "나는 누구인가?"라는 질문에 숙고하기를 가장 빈번하게 권유하였다. 이 명상적 탐구ſ ātma-vicāra는 네티-네티(neti-neti; '이것은 아니다, 이것은 아니다')로 된 베단타Vedānta 명상의 한 유형이고, 에고적 인성을 넘어선 실재적 참자아(아트만ātman)를 보이지 않게 만드는 수많은 거짓된 정체성을 서서히 꿰뚫고자 한다.

라마나 마하리쉬(Ramana Maharshi)

Rama, Swami(스와미 라마; 1925~1996)

브리즈 키쇼르 쿠마르Brij Kishor Kumar에 있는 가르왈 히말라야Garhwal Himalaya의 브라마나 I brāhmaṇa 가정에서 태어났다. 그는 어린 나이 때부터 그의 스승인 벵갈리 바바Bengali Baba에 의해 양육되었다. 또한 젊은 시절에 남인도에 있는 카비르피타Kavirpītha에서 몇 년 동안 샹카라차리야śaṃkarācārya의 지위를 가졌다. 후에 그는 재가자(그리하스타gṛhastha)의 삶을 살았던 것으로 보인다. 왜냐하면 그는 아들과 딸을 남기고 죽었기 때문이다. 이 탄트라Tantra 달인은 스승의 권유로 1960년에 서구로 갔다. 그리고 그는 (메닝거 재단Menninger Foundation에 있는) 실험실에서 자신을 의학적으로 연구할 수 있게 허락한 극소수의 요기yogi 중 한 명이었다. 초자연적 능력뿐만 아니라 심장박동, 혈압, 체온을 마음먹은 대로 통제할 수 있음을 입증했다. 그는 펜실베이니아Pennsylvania에 국제 히말라야 연구소(International Himalayan Institute)와 인도에 병원을 설립하였고, 몇 권의 저작을 저술하였다. 그의 가장 널리 알려진 제자들로는 마하만달레슈와라 스와미 베다 바라티 Mahamandaleshvara Swami Veda Bharati와 판디트 라즈마니 티구나이트 Pandit Rajmani Tigunait가 있다.

스와미 라마(Swami Rama)

Ramdas, Swami(스와미 람다스; 1884~1963)

어렸을 때 이름은 빗탈 라오 Vittal Rao였다. 결혼한 재가자(그리하스타 gṛhastha)로서의 삶 이후에 서른여섯 살에 포기(renunciation, 산니야사 saṃnyāsa)의 생활을 선택하고서 지속적으로 신성한 이름 '람'(Rām; '라마')을 염송했던 인도의 성자이다. 라마나 마하리쉬 Ramana Maharshi가 그에게 드리그-디크샤 dṛg-dīkṣā를 해주었고, 1922년에는 그의 헌신자들이 그를 위해 아슈라마 āśrama를 세웠다. 그는 다정하고 단순한 행동과 박애주의적인 저작들로 유명하다.

Ramsuratkumar, Yogi(요기 람수랏쿠마르; 1918~2001)

라마나 마하리쉬 Ramana Maharshi에 의해 타파스 tapas를, 슈리 아우로빈도 Sri Aurobindo에 의해 갸나 jñāna를, 구루 guru 람다스 Ramdas에 의해 박티 bhakti를 전수받았던 성자 같은 달인이다. 1959년에 헌신자들이 그에게 남인도의 티루반나말라이 Tiruvannamalai의 아슈라마 āśrama에 정착할 것을 간청하기 전까지 그는 재가자(그리하스타 gṛhastha)로서의 존재를 버리고 포기(renunciation)와 영원한 방랑의 삶에 몰두하였다. '서구 바울'(Western Baul) 공동체들의 설립자인 리 로조빅 Lee Lozowick에 의해서 유명해졌다.

rasa(라사)

'가장 근본적인 성질'이라는 뜻이다. 이것은 몇 가지 함의를 가지고 있다. 첫째는 '맛'이라는 의미에서 그것은 혀와 수水 요소와 연관이 있으므로 지각기관 indriya-jñāna의 작용 중 하나이다. 이미 『리그-베다』 *Ṛg-Veda*에서 진액이라는 의미로 사용된 용어인데, 주로 물과 관련이 있다.

연장선상에서 라사 rasa는 대상 세계에 대한 어떤 사람의 '맛'이다. 『바가바드-기타』 *Bhagavad-Gītā*(2. 59)에서 말해진 것처럼 이 맛은 심지어 세상에서 '음식 섭취'를 절제한 이후에도 잔존한다. 그러나 바사나 vāsanā의 개념과 동일한 이 무의식의 맛은 초월적 실재를 깨닫게 되었을 때 사라진다. 아유르-베다 Āyur-Veda에서 여섯 라사, 즉 맛은 다음과 같이 구별된다. 단맛, 신맛, 짠맛, 매운맛, 톡 쏘는 맛, 쓴맛, 시큼한 맛.

둘째, 라사는 신(神, Divine)에게 헌신적으로 내맡기는 것으로 된 최고 상태에서의 순수한 은총의 '핵심'이다.

람수랏쿠마르(Ramsuratkumar)

이것은 박티-요가Bhakti-Yoga의 정점이다. 셋째, 연금술에서 라사는 수은을 의미한다. 넷째, 요가Yoga의 연금술에서 이것은 신체에 숨겨진, 생명을 주는 위대한 영약인 '불사의 감로'(아므리타amṛta)를 나타낸다. 『고라크샤-팟다티』*Gorakṣa-Paddhati*(2. 48)에 따르면 '입맞춤', 즉 혀로 목젖(라자-단타rāja-danta)을 자극함으로써 라사를 풍부하게 흐르도록 만들 수 있다. 처음에 그것은 짜고 톡 쏘며 시큼한 맛이지만 신체가 정화되어감에 따라서 우유와 꿀, 기의 맛이 난다.

다섯째, 미학에서는 여덟 가지 감정(라사)을 인정한다. 아비나바굽타Abhinavagupta는 이 여덟 가지에 아홉째의 것, 즉 샨타(☞śānta, nava-rasa나바-라사 참조)를 더했다.

마지막으로 라사는 일반적으로 체액을, 특히 체질(도샤doṣa)을 의미한다. '위대한 무드라'(마하-무드라mahā-mudrā)로 그것들을 '완전히 건조'(쇼샤나śoṣaṇa)시킨다.

Rasa-Hṛdaya(라사-흐리다야)

'정수(즉 수은)의 심장'이라는 뜻이다. 라사-싯다rasa-siddha인 고빈다 II Govinda가 저술한 것으로 여겨지는 연금술적 탄트라Tantra이다. 이것은 열아홉 장으로 되어 있고 10세기에서 11세기 사이에 성립되었다. 구할 수 있는 가장 오래된 연금술에 대한 저작일 것이다.

Rasa-Ratna-Lakṣmī(라사-라트나-라크슈미)

'라크슈미Lakṣmī의 정수(즉 수은)로 된 보석'이라는 뜻이다. 비슈누-데바Viṣṇu-Deva가 저술한 연금술에 대한 중요한 저작이다.

R

Rasa-Ratna-Samuccaya(라사-라트나-사뭇차야)

'보석과 정수(즉 수은)의 모음'이라는 뜻이다. 13세기에서 14세기에 바그밧타 2세Vāgbhaṭṭa II가 저술한 것으로 여겨지는 이 저작은 30장으로 되어 있고 연금술과 아유르-베다Āyur-Veda에 대한 유명한 저작이다.

Rasa-Ratnākara-Tantra(라사-라트나카라-탄트라)

'정수(즉 수은)로 된 보석 광산 탄트라Tantra'라는 뜻이다. 라사rasa+라트나(ratna; '보석')+아카라(ākara; '광산')로 만들어졌다. 탄트라적 연금술에 대한 가장 중요한 저작으로, 유명한 불교의 스승인 나가르주나Nāgārjuna 또는 니티야난다나타Nityānandanātha 중 한 사람이 저술한 것으로 추정된다. 수은과 금의 혼합물은 신체를 쇠퇴하지 않게 만든다고 한다.

rasa-sādhana(라사-사다나)

'라사rasa들에 대한 수행'이라는 뜻이다. 신체와 마음에서 일어나는 아홉 감정(나바-라사nava-rasa)들을 통달하려 노력하는 탄트라Tantra 수행이다.

rasa-siddha(라사-싯다)

문자 그대로 '정수에 대한 달인'이라는 뜻이다. 연금술에 통달한 달인이다. 『라사-라트나카라-탄트라』*Rasa-Ratnākara-Tantra*와 『라사-라트나-사뭇차야』*Rasa-Ratna-Samuccaya*에는 스물일곱 명의 그러한 라사-싯다rasa-siddha에 대해 언급되어 있다. 초기의 이름 목록은 『하타-요가-프라디피카』*Haṭha-Yoga-Pradīpikā*(1. 5~9)에서 발견할 수 있다.

⇒ 나타nātha, 싯다siddha도 참조.

Rasārṇava(라사르나바)

'정수(즉 수은)의 홍수'라는 뜻이다. 연금술에 대한 샤이바Śaiva의 핵심 저작이다. 나가르주나Nāgārjuna가 저술한 것으로 잘못 알려졌는데, 아마도 11세기에 소마데바Somadeva가 저술하였을 것이다. 18장 2,300송 가량으로 되어 있는 이 저작은 『라사-라트나카라-탄트라』*Rasa-Ratnākara-Tantra*로부터 상당히 많은 내용을 가져왔고, 또한 만트라mantra와 디크샤dīkṣā 같은 탄트라Tantra의 주제들도 다루고 있다.

rasāyana(라사야나)

라사rasa+아야나āyana로 만들어졌다.

⇒ 연금술(alchemy) 참조.

rati(라티)

어근 √ram('기뻐하다')에서 파생되었다. 크리슈나

Kṛṣṇa와 관련하여 라다Rādhā가 경험한 것과 같은 열정적인 사랑이다. 라티rati는 심미적인 즐거움이고, 바가바타 컬트Bhāgavata cult의 성애적 영성의 기본 감정인 영적인 기쁨의 정제된 농축물이다. 따라서 크리슈나의 추종자들은 신체에 대해 더 부정적인 다른 학파들이 부도덕하게 여기는 것을 도덕(virtue)으로 만들었다.
⇒ 박티bhakti도 참조.

Ratnākara(라트나카라)
연금술의 달인으로 니티야나타Nityanātha와 동일인으로 추정된다.

ravi(라비)
'태양'이라는 뜻이다. 수리야sūrya의 동의어이다.
[비교] 찬드라candra.

ravi-bindu(라비-빈두)
'태양의 종자'라는 뜻이다.
⇒ 빈두bindu 참조.

Rādhā(라다)
크리슈나Kṛṣṇa의 배우자이고 지금까지도 힌두Hindu들에게 영적인 여성다움의 상징이다. 바이슈나비즘Vaiṣṇavism의 독실한 추종자들에게 라다Rādhā는 여러 세기 동안 여성들의 위대한 이상으로서 역할을 해왔다. 그녀의 헌신(박티bhakti)은 매우 충분하고 깊어서 단순한 관능을 넘어서고, 그녀 자신과 자신의 연인의 영적 중심부를 건드린다. 고피gopī와 크리슈나 사이의 영적인 사랑 이야기가 『바가바타-푸라나』*Bhāgavata-Purāṇa*에서 감동적으로 묘사되고, 『기타-고빈다』*Gītā-Govinda*에서는 더욱 숨김없이 에로틱한 방식으로 서술된다.

rāga(라가)
'탐욕' 또는 '집착'이라는 뜻이다. 고전 요가(Classical Yoga)에서 다섯 가지 '고통(클레샤kleśa)의 원인' 중 하나이다. 『요가-수트라』*Yoga-Sūtra*(2. 7)에서는 즐거움에 머무는 것으로 정의된다. 이것은 종종 '혐오' 또는 '증오'를 의미하는 드웨샤dveṣa와 짝을 이룬다. 『바가바드-기타』*Bhagavad-Gītā*(3. 34)에서는 이것들을 두 가지 '장애'♯paripanthin로 부른다.
⇒ 카마kāma 라자스rajas, 라티rati도 참조.

Rāghava Bhaṭṭa(라가바 밧타)
라가바(rāghava; '라구Raghu와 관련된' ['빠르게 움직이는 자'])+밧타(bhaṭṭa; '학식 있는 자')로 만들어졌다. 15세기의 학식 있는 탄트리카tāntrika로 마하라슈트라Mahārāṣṭra에 있는 자나스타나(Janasthāna, 현재 나식Nāsik) 출신이다. 그의 아버지는 프리트비다라Pṛthvīdhara라는 사람이었고, 할아버지는 라메슈와라Rāmeśvara였다. 다양한 주제들에 대한 그의 많은 저작 중에는 『샤라다-틸라카-탄트라』*Śāradā-Tilaka-Tantra*에 대한 주석인 『파다르타다르샤』♯*Padārthādarśa*가 있다.

rāja-danta(라자-단타)
'왕의 치아'라는 뜻이다. 목젖에 대한 비의적인 명칭이다. 이것은 케차리-무드라khecarī-mudrā의 수행에서 중요한 역할을 한다. 목젖을 자극함으로써 '감로'(아므리타amṛta)가 더 풍부하게 흘러나온다고 한다.
⇒ 람비카-요가Lambikā-Yoga도 참조.

rājakī(라자키)
나위카nāyikā와 동의어이다.

R

Rāja-Mārtaṇḍa(라자-마르탄다)
'왕의 태양'이라는 뜻이다. 이것은 『요가-바쉬야』*Yoga-Bhāṣya*에 대한 보자Bhoja왕의 주석으로, 『보자-브릿티』*Bhoja-Vṛtti*라고도 불린다. 『탓트와-바이샤라디』*Tattva-Vaiśāradī*의 해석과 대부분 같은 의견이지만, 보자는 가끔 독창적인 해석적 지식을 제공한다.

Rāja-Yoga(라자-요가)
'왕의 요가Yoga'라는 뜻이다. 파탄잘리Patañjali의 『요가-수트라』*Yoga-Sūtra*에서 핵심을 찔러 자세하게 설명된 요가-다르샤나yoga-darśana, 즉 고전 요가(Classical Yoga)

이다. 이것은 하타-요가Haṭha-Yoga와 자주 비교된다. 그 경우에 라자-요가Rāja-Yoga는 더 높은 영적 수행을 의미하는 반면, 하타-요가는 예비 훈련으로 보인다. 이 구분은 더 명상적이고 이욕적인 접근인 여덟 가지로 된 길(8지支 요가, 아슈타-앙가-요가aṣṭa-aṅga-yoga)과 신체 긍정적인 새로운 가르침인 탄트라Tantra적 하타-요가를 통합하기 위한 시도의 일환으로 약 11세기경에 유행하기 시작했다.

요가에 대한 이 두 접근법 사이에 다리를 놓으려 노력하는 『하타-요가-프라디피카』*Haṭha-Yoga-Pradīpikā*(3. 126)는 다음과 같이 주장한다. "라자-요가가 없으면 대지(프리티비pṛthivī)는 불길하다. 라자-요가가 없으면 밤♯niśā[은 불길하다.] 라자-요가가 없으면 심지어 여러 가지 결인(무드라mudrā)[조차도 불길이다.]" 이 대구는 라자rāja라는 단어에 대한 미묘한 말장난을 담고 있다. 이것은 왕의 통치, 달rāja, 왕rāja의 결인을 암시한다. 이 중세 저작에 대한 『지욧스나』*Jyotsnā* 주석에서는 상징적으로 이 단어를 '대지'와 '밤'夜으로 이해한다. 그 주석에서 전자는 요가 자세(아사나āsana)들의 안정적(스타이리야sthairya) 속성을, 후자는 호흡 보유(쿰바카kumbhaka) 수행에서 생기의 흐름이 없음을 의미하는 것으로 생각된다.

『요가-쉬카-우파니샤드』*Yoga-Śikhā-Upaniṣad*(1. 137)에서 라자-요가는 라자스와 레타스retas, 또는 남성과 여성의 창조 원리 사이의 결합(요가)으로 설명된다. 이 결합을 수행함으로써 요긴yogin은 '빛난다'♯rājate고 한다.

R

rāja-yogin(라자-요긴, 남성), **rāja-yoginī**(라자-요기니, 여성)

라자-요가Rāja-Yoga 수행자이다.

rākā-nāḍī(라카-나디)

'보름달 통로'라는 뜻이다. 생기의 흐름으로, 『요가-쉬카-우파니샤드』*Yoga-Śikhā-Upaniṣad*(5. 24)에 언급되어 있다. 그것은 콧물로 코를 가득 채워서 물을 한 모금 마신 후에 재채기가 나게 하는 것이라고 한다.

⇒ 나디nāḍī도 참조.

Rāma(라마) 또는 **Rāmacandra**(라마찬드라)

고대 코살라Kosala 왕국의 통치자였다. 일부 학자들에 따르면 그는 8세기경에 살았고, 다른 학자들은 그가 그보다 훨씬 이전에 살았다고 추정한다. 그는 『라마야나』*Rāmāyaṇa*의 유명한 영웅이고, 바이슈나바vaiṣṇava 전통에서는 비슈누Viṣṇu의 강림, 즉 '화신'(아바타라avatāra) 중 하나로서 숭배된다. 이름이 암시하듯이 라마Rāma는 대체로 거무스름한 피부색을 하고 있고, 활과 화살을 가지고 다니는 것으로 빈번히 묘사된다. 그의 아내 시타Sītā는 결혼 생활의 헌신과 배우자에 대한 정절의 상징이다.

Rāmadevar(라마데바르)

라마데바Rāmadeva의 타밀어Tamil이다. 열여덟 명의 남인도 달인(아슈타다샤-싯다aṣṭādaśa-siddha) 중 한 사람이고 풀라스티야Pulastya의 제자이다. 그는 『라마데바르-바이디야-카비얌』♯*Rāmadevar-Vaidya-Kāviyam*을 포함한 몇 권의 저작을 저술했다. 자신의 증언에 따르면 이 칫타르cittar는 사마디samādhi 상태에 깊이 몰입하는 동안 마법으로 아라비아로 이동했다. 보가르Bogar의 도움으로 그는 그 지역 주민들과 친구가 되었고, 자발적으로 이슬람으로 개종하여 자콥(Jacob, 타밀어로는 자코부Jācobu)이라는 이름을 받았다. 그는 몇 명의 아랍 제자를 두었다.

Rāma-Gītā(라마-기타)

'라마Rāma의 노래'라는 뜻이다. 『바가바드-기타』*Bhagavad-Gītā*를 본떠서 만든, 소위 『기타』*Gītā*의 모방작이다. 이것은 『아디야트마-라마야나』*Adhyātma-Rāmāyaṇa*와 툴시다스Tulsīdās가 쓴 『람차리트마나스』♯*Rāmcaritmānas* 양자 모두에서 발견된다. 라마와 그의 형제인 라크슈마나Lakṣmaṇa 사이의 대화로 그려져 있다.

Rāmakaṇṭha(라마칸타 I)

11세기 초엽에 번성했던 샤이비즘Śaivism의 유명한 카슈미르인Kashmir 스승이다. 그는 웃팔라데바Utpaladeva의 제자였고, 『사드-브릿티』♯*Sad-Vṛtti*의 저자이다. 이것은 유일하게 알려진 그의 저작이다.

Rāmakaṇṭha(라마칸타II)
샤이비즘Śaivism에 대한 몇 가지 저작을 저술한 12세기의 카슈미르Kashmir인이다. 주목할 만한 저작은 『나다-카리카』*Nāda-Kārikā*이다.

Rāmaśaṃkara(라마샹카라)
『구루-탄트라』*Guru-Tantra*를 저술한 것으로 믿어지는 15세기의 탄트리카tāntrika이다.

Rāmatoshana(라마토샤나)
『프라나-토쉬니』*Prāṇa-Toṣinī*를 쓴 19세기의 벵골Bengali 탄트리카tāntrika이다. 이 저작은 캘커타Calcutta의 지주인 프라나크리슈나 비스와스Pranakrishna Biswas의 후원 아래 쓰였다.

Rāmānanda Yati(라마난다 야티)
1600년대에 활약했던 인물로, 『요가-수트라』*Yoga-Sūtra*에 대한 짧은 주석을 썼다. 그 저작의 제목은 『마니-프라바』*Maṇi-Prabhā*이다.

Rāmānuja(라마누자)
1017년에 남인도에서 태어났고, 1137년에 죽었다고 한다. 비쉬슈타 아드와이타(Viśiṣṭa Advaita; '한정불이론') 베단타Vedānta학파의 창시자이고, 중세 박티bhakti 운동의 선도적 신학자이자 철학자이다. 바이슈나비즘Vaiṣṇavism의 열정적인 지지자인 라마누자Rāmānuja는 수많은 사람을 자신의 종교로 개종시켰고, 알려진 바에 따르면 그의 추종자 중에는 12,000명의 남자 수도자와 300명의 여자 수도자뿐만 아니라 700명의 고행자가 있었다. 그의 예리한 지성과 선교의 열망은 그를 샹카라Śaṅkara 철학의 주요 논적으로 만들었다. 라마누자는 『브라마-수트라』*Brahma-Sūtra*, 『바가바드-기타』*Bhagavad-Gītā*, 주요 우파니샤드Upaniṣad들에 대한 탁월한 주석을 썼다. 그 모든 주석에는 방대한 복주석서가 달렸다.

라마누자는, 절대자는 단지 비인격적이고 속성이 없을 뿐만 아니라 그 자신 속에 자신의 부분(앙샤aṃśa)으로 현상 세계를 포함하고 있다고 가르쳤다. 그는 변화하는 세계를 신(神, Divine)의 신체로 간주하였고, 우주가 비실재mithyā 또는 환영(마야māyā)이라는 관념주의적 관념을 거부했다. 라마누자가 '주'(主, 이슈와라Īśvara)라고 부르는 신은 모든 것의 토대이다. 신의 존재는 추론될 수 없고 계시(슈루티śruti)에 근거하여 받아들여야만 한다. 모든 것이 신에게 달려 있지만, 자유의지 또한 있다. 피조물은 신을 향하거나 외면할 수 있다. 헌신(박티)으로 신에 의지하는 사람들은 신의 은총(프라사다prasāda)을 받는다. 이것은 그들을 어느 때보다도 해탈에 더 근접하게 끌어당긴다. 라마누자에게 박티는 감정적인 과장 상태가 아니라 지혜(갸나jñāna) 중 하나이기 때문이다.
⇒ 프라팟티prapatti도 참조.

라마누자(Rāmānuja)

Rāmāyaṇa(라마야나)
'라마Rāma의 생애'라는 뜻이다. 발미키Vālmiki의 『라마야나』*Rāmāyaṇa*는 인도의 두 가지 전 국민적 산스크리트Sanskrit 서사시 중 하나이다. 다른 하나는 『마하바라

R

타』Mahābhārata이다. 라마가 영웅인 비극적 사랑 이야기인 『라마야나』는 서력기원이 시작하기 조금 전에 지어진 것으로 추정되지만, 그것의 핵심 부분은 훨씬 더 오래되었다. 이 저작은 무수한 세대에게 민간 지혜의 보고로서 역할을 해왔다. 현재의 형태로 이 서사시는 7장 약 2만 4천 송으로 이루어져 있다. 『라마야나』의 영적 이상은 요가Yoga라기보다는 고행주의(타파스tapas)이다.

Reality(참실재)

⇒ 절대자(Absolute), 참존재 또는 참실재(Being), 신 또는 신성성(Divine), 신(God), 탓트와tattva 참조.

realization(깨달음)

어떤 더 높은 영적 성취(싯디siddhi), 특히 깨달음을 나타내는 데 주로 사용된다.

reason(이성)

대부분의 힌두이즘Hinduism 학파들은 계시(슈루티 śruti)와 믿음(슈랏다śraddhā)에 큰 비중을 두었지만, 인도인들이 무정형의 비합리주의에 빠지지 않았다는 것은 산스크리트Sanskrit와 지방어로 된, 구할 수 있는 저작들에서 쉽고도 확연하게 드러난다. 샹카라Śaṅkara와 라마누자Rāmānuja, 비갸나 비크슈Vijñāna Bhikṣu 등의 신학적·철학적 걸작들은 명민함과 박학함, 통찰력(vision)에서 아리스토텔레스Aristotle, 성 오거스틴St. Augustine, 성 토마스 아퀴나스St. Thomas Aquinas의 위대한 저작들과 견줄 수 있다.

힌두Hindu의 권위자들은 이성도, 지성도 피해왔지만, 그것들의 기능과 유용성을 밝히고 범위를 설정해 오기도 했다. 그들은 실재가 이성과 하위의 마음(마음 감관, 마나스manas), 심지어 빛나는 이성, 즉 지성(붓디buddhi)조차도 넘어서 존재한다는 것을 명확히 이해했다. 그러므로 그들은 이성에 내재된 한계를 보여 주고 진리를 향한 인간의 타고난 열망을 만족시킬 수 있는 실제적이고 경험적인 방법, 다시 말해서 참자아에 대한 깨달음, 즉 해탈의 단계에 이르기 위한 자아 초월과 자아 변형의 힘든 영적인 길을 가리켜 보여 주기 위해서 이성적인 논증을 사용해 왔다.

⇒ 타르카tarka도 참조.

rebirth(재탄생 또는 재생)

⇒ 푸나르-잔만punar-janman 참조.

recaka(레차카)

'날숨'을 뜻한다. 레차♪reca 또는 레치야♪recya라고도 부른다. 생기(프라나prāṇa)의 방출, 즉 바깥으로 흐르는 것이다. 호흡 조절(프라나야마prāṇāyāma)의 세 가지 측면 중 하나이다.

[비교] 쿰바카kumbhaka, 푸라카pūraka.

recognition(재인식)

⇒ 프라티야비갸-흐리다야Pratyabhijñā-Hṛdaya 참조.

rectitude(정직)

⇒ 아르자바ārjava 참조.

reflection(반영)

⇒ 빔바bimba, 프라티빔바pratibimba 참조.

reflection(숙고)

'사려'(consideration)이다.

⇒ 타르카tarka, 비차라vicāra, 비타르카vitarka 참조.

refutation(탈가탁脫假託)

⇒ 아파바다apavāda 참조.

reincarnation(재탄생 또는 재생)

⇒ 푸나르-잔만punar-janman 참조.

relaxation(이완)

명상(meditation)과 다른 요가Yoga적 수행의 기초가 된다. 이것은 자아 정체감(아항카라ahaṃkāra)에 대한 주의 고착을 느슨하게 한다는 의미를 내포하고 있다. 이 정체감은 신체와 마음의 편재하는 진정한 본성을 감추는 수축을 나타낸다.

⇒ 샤이틸리야śaithilya도 참조.

release(해탈)

⇒ 묵티mukti, 모크샤mokṣa 참조. 해탈(liberation)도 참조.

renunciation(포기)

⇒ 버림(abandonment), 산니야사saṃnyāsa, 티야가tyāga 참조.

respiration(호흡)

⇒ 숨(breath), 프라나prāṇa, 슈와사śvāsa 참조.

restraint(억제)

⇒ 다마dama 니야마niyama 참조.

restraint of the life-force(생기 억제)

⇒ 프라나-로다prāṇa-rodha 참조.

retas(레타스)

'정액'이라는 뜻이다. 빈두bindu의 동의어이다. 『고라크샤-팟다티』*Gorakṣa-Paddhati*(2. 49)에 따르면 신체가 '불사의 감로'(아므리타amṛta)로 채워졌을 때 레타스retas가 상승한다. 정액의 이러한 상승은 오직 승화(sublimination)로만 특징지어질 수 있는 심령적 과정이다. 이것은 의식(consciousness)의 더 높은 상태들을 수반한다.

⇒ 우르드와-레타스ūrdhva-retas도 참조.

[비교] 라자스rajas.

revelation(계시)

힌두이즘Hinduism에서는 적어도 계시의 두 가지 경향을 구분한다. 베다Veda에 구현된 가르침들이 첫째 경향이다. 둘째는 탄트라Tantra의 가르침이다.

⇒ 슈루티śruti 참조.

[비교] 이성(reason).

right-hand(우측의)

다크쉬나dakṣiṇā이다.

ritual(의례儀禮) 또는 **ritualism**(의례주의)

요가Yoga는 언제나 어떤 형태의 종교적 또는 마술적인 의례주의와 관련되어 왔다. 그러나 어떤 학파들은 다른 학파들보다 더 의례적이고, 영적 수련의 중요한 측면으로 의례(크리야kriyā)들을 포함한다. 특히 푸라나Purāṇa와 탄트라Tantra 들에서 언급되는 요가의 가르침들은 지향에 있어서 명백히 의례적이다. 반면에 그 스펙트럼에서 철학적인 끝 쪽으로 더 기우는 고전 요가(Classical Yoga) 문헌은 의례적 요소로부터 비교적 자유롭다.

ritual, preparatory(예비 의례)

⇒ 푸라슈차라나puraścaraṇa 참조.

roga(로가)

'병'病이라는 뜻이다. 요가Yoga 권위자들에게 병 또는 질병(비야디vyādhi)은, '모든 것이 고통이다'ṡ sarvaṃduḥkham라는 파탄잘리Patañjali와 가우타마 붓다Gautama Buddha의 근본적 통찰(vision)이 정확하다는 것을 확증시켜 준다. 서사시 『마하바라타』*Mahābhārata*(12. 318. 3)에서는 이것을 다음과 같이 설명한다. "육체적 · 정신적(mental) 질병은 숙달된 궁수가 쏜 날카로운 화살처럼 몸을 관통한다." 비록 요가가 다른 무엇보다도 자아 초월과 참자아에 대한 깨달음으로 이끄는 영적 수행이지만, 건강(아로기야ārogya)은 소중하고 요가 수행법 중 일부는 분명히 예방적 · 치료적 유용성을 지닌다. 특히 하타-요가Haṭha-Yoga의 많은 기법은 질병에 절대적으로 면역이 된 '신성한 신체'(디비야-데하divya-deha)를 창조하는 것과 직접적으로 관련이 있다.

『하타-요가-프라디피카』*Haṭha-Yoga-Pradīpikā*(2. 16f.)에 따르면 호흡법은 모든 질병을 치유할 수 있지만, 부적절하게 수행되면 천식, 기침, 딸꾹질, 두통을 포함한 모든 종류의 질병을 유발할 것이라고 한다. '청소법'(다우티dhauti), '잠금'(반다bandha), '결인'(무드라mudrā),

R

심지어 '요가 자세'(아사나āsana)에 대해서도 유사한 주장을 한다. 잘못된 요가 수행은 그 자체의 질병들을 초래할 수 있다. 『샤트-카르마-상그라하』*Ṣaṭ-Karma-Saṃgraha*와 『미슈라카』*Miśraka*와 같은 저작들에서는 질병들이 치료법들과 함께 검토되고 있다.
⇒ 아유르-베다Āyur-Veda, 의학(medicine)도 참조.

rosary(염주)
⇒ 말라 II mālā 참조.

rudra(∵루드라)
프라나prāṇa 또는 바유vāyu와 동의어로 드물게 쓰인다.

Rudra(루드라)
'으르렁거리는 사람'이라는 뜻이다. 베다Veda 시대의 독립적인 신이다. 후대에 쉬바Śiva로 동화되었다. 『쉬바-푸라나』*Śiva-Purāṇa*(7. 1. 32. 36)에서 이 명칭은 '고통ᶴrud을 평정하는 자'로 설명된다. 루드라Rudra는 브라티야Vrātya 형제단이 불러서 빌었던 신 중 하나였던 것으로 나타난다.
⇒ 데바deva도 참조.

rudra-granthi(루드라-그란티)
'루드라Rudra의 결절'이라는 뜻이다. 신체의 중앙통로(수숨나-나디suṣumṇā-nāḍī)를 통한 생기의 흐름을 막는 세 '결절' 중 하나이다. 이것은 머리에 있는 아갸-차크라ājñā-cakra에 위치한다.

rudrākṣa(루드라크샤)
루드라rudra+아크샤akṣa로 만들어졌고 '루드라Rudra의 눈'이라는 뜻이다. 이마 가운데 있는 '제3의 눈'으로 아갸-차크라ājñā-cakra를 나타낸다.

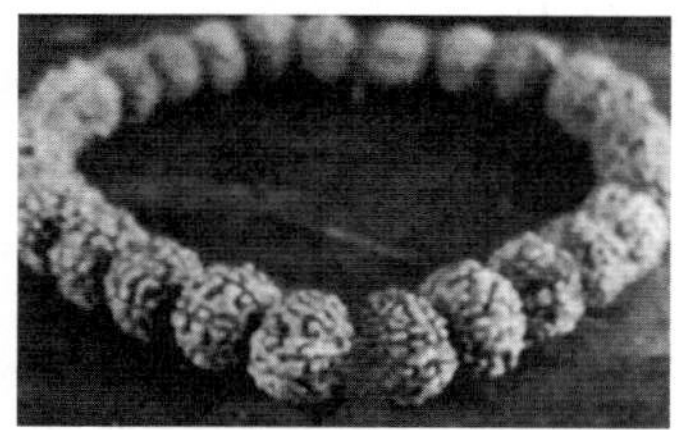
루드라크샤. 염주

⇒ 말라 II mālā도 참조.

Rudra-Yāmala-Tantra(루드라-야말라-탄트라)
카슈미르Kashmir에서 유래한 야말라 II Yāmala 중 하나이다. 이것은 600개가 넘는 송들이 66장에 배분되어 있다. 이 저작은 『비갸나-바이라바』*Vijñāna-Bhairava*와 마찬가지로 일부분만 남아 있다. 사실상 탄트라Tantra로 종종 취급되는 『웃타라-탄트라』ᶴ*Uttara-Tantra*는 후대의 쿤달리니-요가Kuṇḍalinī-Yoga에 대한 전형적인 카울라kaula 문헌이다.

rule(규율)
⇒ 비디vidhi 참조.

rūpa(루파)
'형상'이라는 뜻이다. 다용도로 쓰이는 단어이다. 이것은 신체나 육체적 아름다움, 보이는 것 또는 심령적 현상, 즉 '징표'(치나cihna)를 의미할 수 있다. 예를 들자면 마지막으로 언급했던 의미는 『마하바라타』*Mahābhārata*(12. 228. 18f.)에서 발견된다. 거기서는 명상(meditation) 중에 발생할 수 있는 다음과 같은 환영적 징표들을 언급한다. 연기, 물, 불, '노란색 덮개와 같은' 외양, 울색상의 현상. 『슈웨타슈와타라-우파니샤드』*Śvetāśvatara-Upaniṣad*(2. 11)에서는 안개, 연기, 태양, 불, 바람, 반딧불이, 번개, 수정, 달과 유사한 현상들을 열거한다. 이것은 해탈에 대한 궁극적 깨달음의 예비 단계라고 한다.

Ṛbhu(리부)
일부 후기 우파니샤드Upaniṣad들에서 언급되거나 인용되는 바이슈나바vaiṣṇava 성자이다. 그의 불이론不二論적 가르침은 『비슈누-푸라나』*Viṣṇu-Purāṇa*(1. 15~16)에서도 언급된다.

Ṛg-Veda(리그-베다)
'찬송에 대한 지식'이라는 뜻이다. 네 가지 베다Veda 모음집(상히타Saṃhitā) 중 가장 오래된 것이다. 성립 연대에 대해서는 논쟁 중이지만 아마도 기원전 3000년까지 거슬러 올라가거나 훨씬 더 오래되었을 것이다. 10개의 (만달라 maṇḍala로 불리는) 장과 총 1,028송(♯sūkta, 만트라 mantra)으로 이루어져 있다. 이 저작은 브라마니즘Brahmanism의 원천이다. 요가Yoga라는 단어와 그것의 어원인 yuj는 종종 『리그-베다』Rg-Veda에서 발견되고 대개는 '멍에' 또는 '수행'의 의미를 가지고 있다. 그러나 거기에는 아직 체계적인 길의 요가는 없다. 그렇지만 이 찬가에는 후대 요가의 몇 가지 중요한 관념과 수행법 들의 맹아들이 나타나 있다. 이러한 영적인 가르침들은 '고대 요가'라고 부를 수 있는데, 그것은 그럴 만하다.

⇒ 인더스-사라스와티 문명(Indus-Sarasvati civilization), 전고전 요가(Preclassical Yoga), 베다Veda도 참조.

Ṛgvidhāna(리그비다나)

'『리그(-베다)』*Rg(-Veda)*에 대해 다룸'이라는 뜻이다. 세속적 · 영적 목적 양자 모두를 위한 베다Veda의 만트라mantra와 마법적 의례에 대한 중요한 매뉴얼이다. 이 저작은 샤우나카Śaunaka가 저술한 것으로 여겨지고 대략 기원전 500~400년경에 성립되었으며 탄트라Tantra의 영향 하에 900년경에 개작되었을 것이다. 심장 또는 이마(랄라타lalāṭa)의 자리에 대한 집중과 더불어 프라나야마prāṇāyāma와 함께 하는 옴Oṃ 소리의 암송을 권한다. 요가Yoga는 간략하게 언급되어 있다. 정수리에 마음을 집중하면 '별로 된 길'♯nakṣatra-patha로 가게 된다고 한다.

ṛju-kāya(리주-카야)

'곧추선 신체'이다. 『바가바타-푸라나』*Bhāgavata-Purāṇa*(3. 28. 8)에 따르면 바른 자세(아사나āsana)의 특징 중 하나이다. 『요가-탓트와-우파니샤드』*Yoga-Tattva-Upaniṣad*(36)에서는 이것을 호흡 조절 수행의 필요 요건으로 여긴다.

Ṛṣabha(리샤바)

몇몇 성자와 왕의 이름이다. 『바가바타-푸라나』*Bhāgavata-Purāṇa*(5. 5. 28ff.)에서는 자신의 배설물을 자기에게 더덕더덕 칠했지만 여전히 달콤한 향기를 내뿜었던 달인으로 기억된다. 『쉬바-푸라나』*Śiva-Purāṇa*(3. 4. 35)에서 그는 쉬바Śiva의 화신으로 소개된다. 리샤바Ṛṣabha는 또한 자이나교Jainism의 첫째 티르탕카라♯Tīrthaṅkara의 이름이기도 하다.

ṛṣi(리쉬)

'현자'라는 뜻이다. 베다Veda 시대의 음유시인들에 대한 명칭이다. 찬가(♯sūkta, 만트라mantra)를 짓기 전에 그들은 그 찬가를 '볼 수 있었다.' 리쉬ṛṣi와 마하리쉬(마하mahā+리쉬에서 왔고, '위대한 현자'라는 뜻)는 심지어 오늘날에도 성인 같은 사람들에게 부여하는 존칭이다. 여성 현자는 리쉬카♯ṛṣikā로 알려져 있다. 대개 다음과 같은 세 계층의 리쉬를 인정한다. 브라마리쉬(brahma+ṛṣi에서 옴), 라자리쉬(rāja+ṛṣi에서 옴), 데바리쉬(deva+ṛṣi에서 옴). 바쉬슈타Vaśiṣṭha는 첫째 계층에, 비슈와미트라♯viśvāmitra는 둘째 계층에, 카쉬야파(Kāśyapa 또는 Kaśyapa)는 셋째 계층에 속한다. 각각의 세계 주기(만완타라 manvantara)에는 [삽타리쉬(sapta+ṛṣi에서 옴)로 알려진] 일곱 명의 위대한 현자가 있다고 한다.

⇒ 케쉰keśin, 무니muni도 참조.

ṛta(리타)

'진리' 또는 '질서'라는 뜻이다. 사티야satya와 동의어이다. 이는 베다Veda 시대의 핵심 개념들 가운데 하나이고, 우주(cosmos)의 보편적 조화를 표현한다.

[비교] 다르마dharma.

ṛtaṃbhara-prajñā(리탐바라-프라갸)

'진리를 보유한 지혜'라는 뜻이다. 『요가-수트라』*Yoga-Sūtra*(1. 48)에 언급된 것처럼 '초사고 일치'(무사-삼매, 니르비차라-사마디♯nirvicāra-samādhi)의 정점에서 요긴yogin이 깨닫게 된다. 이 특별한 지식은 '진리의 보유자'라고 한다. 왜냐하면 이는 어떠한 정신적(mental) 왜곡 없이 있는 그대로 집중 대상을 드러내기 때문이다.

S

sa-asmitā-samāpatti(사-아스미타-사마팟티, [연성] sāsmitāsamāpatti사스미타사마팟티)

'자아의식과 동시에 일어나는 것', '나의 존재성과의 일치'(유아견 등지有我見 等至)라는 뜻이다. 『탓트와-바이샤라디』 *Tattva-Vaiśāradī*(1. 44)에 따르면 의식 무아경(유상 삼매, 삼프라가타-사마디 samprajñāta-samādhi)의 하위 형태 중 하나이다. 이것은 어떤 다른 정신적(mental) 내용 없이 현재에 존재하는 무아경적 경험이다.

⇒ 사마디 samādhi, 사마팟티 samāpatti도 참조.

[비교] 니라스미타-사마팟티 nirasmitā-samāpatti.

sa-ānanda-samāpatti(사-아난다-사마팟티, [연성] sānandasamāpatti사난다사마팟티)

'환희와 동시에 일어나는 것', '환희 있는 일치'(유환희 등지有歡喜 等至)라는 뜻이다. 바차스파티 미슈라 Vācaspati Miśra가 자신의 저작인 『탓트와-바이샤라디』 *Tattva-Vaiśāradī*(1. 44)에서 언급한, 의식 무아경(유상 삼매, 삼프라가타-사마디 samprajñāta-samādhi)의 하위 형태 중 하나이다. 그것은 감각기관(인드리야 indriya)과 관련한 무아경적 '억제'(총제總制, 상야마 saṃyama) 수행의 결과로 지복(아난다 ānanda)을 체험하는 것이다.

⇒ 사마디 samādhi, 사마팟티 samāpatti도 참조.

[비교] 니라난다-사마팟티 nirānanda-samāpatti.

sabīja-samādhi(사비자-사마디)

'종자를 가진有種 삼매'라는 뜻이다. 고전 요가(Classical Yoga)에서 의식 무아경(유상 삼매, 삼프라가타-사마디 samprajñāta-samādhi)의 여러 유형에 대한 전문 명칭이다. 『요가-바쉬야』 *Yoga-Bhāṣya*(1. 46)에 따르면 '종자'(비자 bīja)는 집중(concentration)의 대상이다. 그러나 비갸나 비크슈 Vijñāna Bhikṣu가 자신의 저작인 『요가-바룻티카』 *Yoga-Vārttika*(1. 46)에서 주석하듯이 대상들 자체는 고통의 종자들이다. 따라서 그것들은 초의식 무아경(무상 삼매, 아삼프라가타-사마디 asamprajñāta-samādhi) 상태에서 궁극적으로 초월되어야만 한다.

⇒ 사마디 samādhi도 참조.

[비교] 니르비자-사마디 nirbīja-samādhi.

sac-cid-ānanda(사츠-치드-아난다)

'존재', '의식'(consciousness), '지복'이라는 뜻이다. 사트 sat + 치트 cit + 아난다 ānanda로 만들어졌다. 베단타 Vedānta의 가르침으로 절대자의 세 가지 본질적인 면이다. 그러나 이것들이 속성은 아니다. 절대자는 무속성(니르구나 nirguṇa)이고 부분으로 나뉘지 않기(아칼라 akala) 때문이다. 그러므로 지복은 마음의 상태가 아니고, 즐거움의 경험을 포함한 모든 정신심리 현상들을 초월할 때 변함없이 지속되는 상태이다.

⇒ 참존재 또는 참실재(Being)도 참조.

sacrifice(희생제)

희생제(야갸 yajña, 호트라 hotra, 후타 huta, 이지야 ijyā)의 관념은 힌두이즘 Hinduism의 핵심이다. 초기 베다 Veda 종교가 희생제 의례주의의 하나로 특징지어져 온 것은 당연하다. 브라마나II Brāhmaṇa 시대 동안 이것은 발전되어서

성숙한 희생제의적 신비주의가 되었고, 우파니샤드 Upaniṣad와 후대 요가Yoga의 '내면적 희생제'로 이행하는 데 교량 역할을 했다. 다양한 의례와 연관된 외면적 희생제가 베다인들을 위한 천상으로 가는 길이라면 자아, 즉 에고의 희생제는 요긴yogin을 위한 해탈의 길이다. 물론 천상에 대한 베다적 관념은 기독교적 이상향 이상의 것을 수반하였고, 베다의 몇몇 구절들에서는 어떤 의미에서 해탈에 대한 후대의 관념과 유사하게 이해되고 있는 것으로 나타난다.

Sadāshiva Indra(사다쉬바 인드라)

『요가-수트라』*Yoga-Sūtra*에 대한 18세기의 주석가이다. 그는 『요가-수다-아카라』*Yoga-Sudhā-Ākara*를 저술하였다.

Sadā-Śiva(사다-쉬바)

'영원한 쉬바Śiva'라는 뜻이다. 궁극적 실재로서의 쉬바의 많은 이름 중 하나이다. 『하타-요가-프라디피카』*Haṭha-Yoga-Pradīpikā*(8. 30)에서는 내면의 미세한 소리(나다 nāda)에 대한 지식(또는 지각)이다. 점진적인 명상(meditation) 속에서 이 소리를 더 이상 들을 수 없을 때 운마니 unmanī 상태가 나타난다.(8. 31)

sad-guru(사드-구루)

'진정한 스승' 또는 '진리의 스승'이라는 뜻이다. 사트sat + 구루guru로 만들어졌다. 해탈한, 즉 참자아를 깨달은 참된 영적 스승이다. 『쿨라르나바-탄트라』*Kulārṇava-Tantra*(13. 104ff.)에는 이와 관련된 다음과 같은 송들이 있다.

> 집집마다 있는 등불처럼 많은 스승(구루)이 있다. 그러나 오! 데비devī여, 태양처럼 모든 것을 환히 비추는 스승은 찾기 어렵다.
>
> 베다Veda와 문헌(샤스트라 śāstra) 들에 정통한 스승은 많다. 그러나 오! 데비여, 지고의 참진리를 얻은 스승은 찾기 어렵다.
>
> 참자아 외에 다른 것을 주는 스승은 지상에 많이 있다. 그러나 오! 데비여, 참자아를 밝혀 주는 스승은 모든 세계에서 찾기 어렵다.
>
> 제자의 부를 갈취하는 스승은 많다. 그러나 제자의 고통을 제거해 주는 스승은 드물다.
>
> 접촉만으로도 지복(아난다 ānanda)이 넘치게 하는 그는 [참된] 스승이다. 현명한 자는 다름 아닌 자신의 스승으로 그러한 사람을 선택해야만 한다.

Sadyojyoti Śiva(사디요지요티 쉬바; 9세기 이전)

케타(카)팔라 Kheta(ka)pāla라고도 불렸던 그는 완전한 스승☞siddha-guru으로 간주되었다. 그는 우그라지요티 Ugrajyoti의 제자였고 샤이바Śaiva 이원론을 가르쳤다. 그는 이 전통의 알려진 아차리야ācārya 중에서 가장 오래된 사람이고, 지금은 소실되었지만 중요한 『라우라바-탄트라-브릿티』☞*Raurava-Tantra-Vṛtti*('라우라바-탄트라에 대한 주석')를 포함한 다른 저작들뿐만 아니라 카리카☞Kārikā 타입의 여러 주석서를 저술하였다. 『스와얌부바-수트라-상그라하』☞*Svāyambhuva-Sūtra-Saṃgraha*('스와얌부바 경전에 대한 해설')에 대한 그의 주석서는 현재 남아 있다.

sagarbha-prāṇāyāma(사가르바-프라나야마)

'종자와 함께 하는 호흡 조절법'이라는 뜻이다. 비자-만트라bīja-mantra를 마음(mental)이나 입으로 암송하면서 수행하는 호흡 조절법이다. 여기서 '종자', 즉 비자bīja는 가르바garbha라 불린다.

[비교] 아가르바-프라나야마 agarbha-prāṇāyāma, 니르가르바-프라나야마 nirgarbha-prāṇāyāma.

sage(성자)

⇒ 무니muni 참조.

[비교] 케쉰keśin, 리쉬ṛṣi.

S

saguṇa-brahman(사구나-브라만)

'속성이 있는(즉 유속성有屬性의) 절대자'라는 뜻이다. 참실재의 현상적 차원으로 우주(cosmos)의 세 가지 주요 성분(구나guṇa)으로 이루어져 있다.

⇒ 브라마-로카brahma-loka, 브라만brahman도 참조.

[비교] 니르구나-브라만nirguṇa-brahman.

sahaja(사하자)

'타고난' 또는 '자발적인'이라는 뜻이다. 사하saha + 자(ja; '태어나다')로 만들어졌다. 문자 그대로 '함께 태어난' 또는 '함께 나타난'이란 뜻이다. 해탈은 우리 외부에 있는 것이 아니라 바로 우리 자신의 상태이고, 현상적 실재(상사라saṃsāra)는 초월적 참실재(니르바나nir-vāṇa)와 함께 그리고 그 내부에서 동시에 일어나며, 한정된 마음과 깨달음은 상호 배타적인 원리가 아니라는 사상이다. 이 가르침에 따르면 참된 자발성이나 자연스러움은 참실재의 표현이고, 깨달음은 언제나 손 닿는 곳에 가까이 있다. 불교의 위대한 달인인 사라하파다Sarahapāda는 이것을 '곧은 길'♬uju-patha 또는 '왕의 길'♬rāja-patha이라고 불렀다. 이것이 대승♬Mahāyāna불교와 사하지야 운동Sahajiyā Movement의 핵심 관념이다.

sahaja-karman(사하자-카르만)

'자발적 행위'라는 뜻이다. 이 어구는 『바가바드-기타』*Bhagavad-Gītā*(18. 48)에서 발견된다. 이것은 자신의 진정한 본성(스와-바바sva-bhāva)을 따라서 하는 행위를 말한다. 『기타』*Gītā*에서는 다른 사람의 내면의 법(스와-다르마sva-dharma)에 진실한 행위들을 완전하게 하기보다는, 비록 불완전하더라도 자신에게 진실한 행위들을 하는 편이 더 낫다는 입장을 단호하게 취한다.

⇒ 카르마-요가Karma-Yoga도 참조.

sahaja-samādhi(사하자-사마디)

'즉각적 삼매'라는 뜻이다. 탁월한 베단타Vedānta 저작인 『트리푸라-라하시야』*Tripura-Rahasya*(17. 107)에 외적인 활동에 몰두하는 동안 일어나는 중단 없이 분별 없는 무아경(무상 삼매, 니르비칼파-사마디nirvikalpa-samādhi)의 깨달음으로 설명되어 있다. 고양된 이 의식(consciousness) 상태에 대한 요가Yoga적 용어인 초의식 무아경(무상 삼매, 아삼프라가타-사마디asamprajñāta-samādhi)은 육체적 신체로부터 자신의 자각(awareness)을 거두어들임과 함께 일어나는 극단적인 주의집중이라는 뜻을 내포하고 있다. 그 결과 이 상태는 종종 변형된 의식 상태(trans)와 혼동되어 왔다. 그러나 외적으로 '돌과 같은' 존재 상태는 요긴yogin들의 초월적 참의식(Consciousness) 또는 참자각(Awareness)으로 된 내적 깨달음을 전달하지 못한다. 이와 반대로 사하자-사마디sahaja-samādhi는 신체에까지 그 깨달음을 가져다준다. 말하자면 요긴은 두 세계, 즉 무속성(니르구나nirguṇa)으로 된 존재의 차원과 상대성의 차원 양자에서 산다. 사하자-사마디는 완전하고 영속적인 깨달음, 즉 '살아 있는 동안의 해탈'(생해탈, 지반-묵티jīvan-mukti)이다. 그 상태 내에서 해탈된 요긴은 사비칼파-사마디savikalpa-samādhi, 즉 삼프라갸타-사마디samprajñāta-samādhi와 니르비칼파-사마디, 즉 아삼프라갸타-사마디를 포함한 다양한 의식 상태를 경험한다.

⇒ 사하자sahaja, 사마디samādhi도 참조.

Sahajiyā Movement(사하지야 운동)

벵골Bengal에서 기원한 중세 바이슈나바vaiṣṇava 전통 내에서 전개되었고, 한편으로는 사하자야나♬Sahajayāna 불교와, 다른 한편으로는 힌두Hindu 탄트라Tantra와 연관되어 있었다. 명칭이 암시하듯이 이 운동은 주로 성적 즐거움(라티rati)을 초월적 지복(아난다ānanda 또는 마하-수카mahā-sukha)으로 변화시켜서 사하자sahaja 상태를 함양하는 데 전념하였다. 영적인 에로티시즘Eroticism인 박티-요가Bhakti-Yoga의 형태를 한 요가Yoga는 이 운동에서 중대한 역할을 했다. 자신의 아내 이외의 여성과의 성적 즐거움♬parakīya-rati이라는 이상은 사하지야♬Sahajiyā 가르침의 정신(spirit)을 가장 잘 표현한다. 이 운동의 가장 위대한 인물은 14세기의 달인이자 시인인 찬디다사Caṇḍīdāsa이다. 바울Baul들 또한 힌두의 정신성이 탁월하게 나타난 것에 속하지만, 그들은 성적·정신적 결합을 외적인 성교(마이투나maithuna)를 통해서보다는 자신의 심장 속에서 일어나는 것으로 생각했다.

S

⇒ 라사rasa, 사마-라사sama-rasa도 참조.

sahajolī-mudrā(사하졸리-무드라)

'사하졸리sahajolī 결인'이라는 뜻이다. 『하타-요가-프라디피카』*Haṭha-Yoga-Pradīpikā*(3. 92ff.)에 기술되어 있는 바즈롤리-무드라vajrolī-mudrā의 변형이다. 성교(마이투나 maithuna) 후에 물과 소똥을 태워서 얻은 재를 섞어 몸에 칠하는 것이다. 이 과정은 용감하고 질투심이 없는 고결한 수행자의 경우에만 성공한다고 한다.

⇒ 무드라mudrā도 참조.

[비교] 아마롤리-무드라amarolī-mudrā.

sahasra(사하스라)

'천'1,000이라는 뜻이다.

⇒ 사하스라-나마 sahasra-nāma, 사하스라라-차크라 sahasrāra-cakra 참조.

sahasra-nāma(사하스라-나마)

'천 개의 이름'이라는 뜻이다. 이것은 신의 신성한 이름들을 기억하는 수많은 호칭 기도의 제목에서 발견된다.

⇒ 샤타-나마śata-nāma도 참조.

sahasrāra-cakra(사하스라라-차크라)

'천 개의 살로 된 바퀴'라는 뜻이다. 사하스라sahasra와 아라ara로 만들어졌다. 신체의 심령 에너지(프라나 prāṇa) 중 맨 위의 센터(차크라cakra)이다. 이 차크라는 정수리에 위치해 있고 '천 개의 꽃잎으로 된 연꽃'∮sahasra-dala-padma, '위대한 자리'∮mahā-pīṭha, 공空의 바퀴(아카샤-차크라ākāśa-cakra)로도 불린다. 『카울라-갸나-니르나야』*Kaula-Jñāna-Nirṇaya*(5. 8)에서는 이것을 우주의 '우유 바다' 중앙에 떠 있는 흰색 연꽃으로 묘사한다. 그 연꽃의 중앙에 참자아가 거주한다. 『쉬바-상히타』*Śiva-Saṃhitā*(5. 102, 122f.)에서는 이것에 대해 세 가지 다른 위치를 지정한다. 즉 구개의 뿌리(탈루tālu), 브라만brahman의 틈새(브라마-란드라brahma-randhra), 신체 외부(머리 위)이다. 오직 뒤의 두 위치만이 일반적으로 받아들여진다.

샤이바 Śaiva 신봉자들은 사하스라라-차크라 sahasrāra-cakra를 쉬바Śiva와 그의 배우자 파르바티(Pārvatī, 또는 간단히 데비devī)의 거주처인 카일라사Kailāsa 산으로 심상화한다. 바이슈나바vaiṣṇava들의 경우에 그것은 '가장 높은 사람'∮parama-puruṣa, 즉 비슈누Viṣṇu의 자리이다. 이것은 중앙 통로(수슘나-나디 suṣumnā-nāḍī)의 위쪽 도달점이고, 각성된 '뱀의 힘'(쿤달리니-샤티 kuṇḍalinī-śakti)의 마지막 도착지이다. 쿤달리니kuṇḍalinī, 즉 여신(데비)의 힘이 이 센터에 이르면 이것은 쉬바와 샤티 II Śakti의 결합을 암시한다.

종鐘 모양으로 된 이 심령 에너지 센터의 천 개의 살 또는 꽃잎은 각각 50개의 꽃잎을 가진 층이 20층으로 배열되어 있다. 각 꽃잎에는 산스크리트Sanskrit 알파벳(자모字母)이 한 글자(마트리카 mātṛkā)씩 새겨져 있고, 이것들은 '다섯 줄기 빛으로 된 화환'∮pañca-śikhā-mālā으로 알려진 원을 이루는 것으로 심상화된다. 연꽃의 과피에는 '달의 지역'∮candra-maṇḍala이 있는데, 그것은 승도복숭아(nectarine) 빛을 방사한다. 이것은 내부에 공(空, 슌야śūnya)이 있는 빛나는 삼각형을 포함하는데, 초월적 참의식과 지복의 거주처인 지고의 빈두∮parama-bindu로도 불린다.

⇒ 드와다샤-안타dvādaśa-anta도 참조.

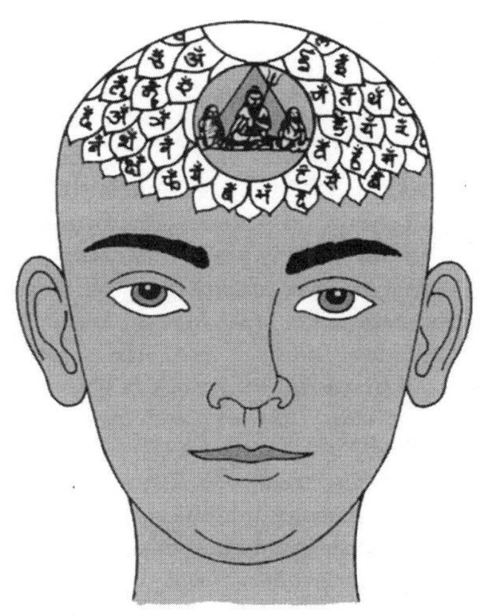

사하스라라-차크라
정수리에 있는 심령 에너지 센터

S

sahita-kumbhaka(사히타-쿰바카)

'결합된 멈춘 숨'이라는 뜻이다. 『게란다-상히타』*Gheraṇḍa-Saṃhitā*(5. 47f.)에 언급되어 있는 여덟 가지 유형의 호흡 조절법 중 하나이다. 이것은 두 종류, 즉 사가르바(♯sagarbha; '종자가 있는')와 니가르바(♯nigarbha; '종자가 없는')로 되어 있다. '종자' 또는 '자궁'(가르바 garbha)은 신성한 음절 옴Oṃ이다. 전자는 음절 옴(아움 aum으로서)의 염송과 함께 수행하는 것으로, 거기서 수행자는 16척도(마트라 mātrā) 동안 (아a를 염송하면서) 숨을 들이쉬고, 64척도 동안 (우u를 염송하면서) 숨을 멈추고, 32척도 동안 (음m을 염송하면서) 숨을 내쉰다. 수행자는 콧구멍을 교대로 바꿔야만 한다. 니가르바-쿰바카♯nigarbha-kumbhaka는 비자-만트라bīja-mantra의 반복 없이 단순히 호흡을 조절하는 것이다. 1부터 100까지의 척도로 들숨, 멈춘 숨, 날숨을 조절할 수 있고, 이 척도는 왼손바닥으로 왼쪽 무릎에 원을 그리며 세는 것이다.

⇒ 쿰바카kumbhaka, 프라나야마prāṇāyāma도 참조.

sakalīkṛti-mudrā(사칼리크리티-무드라)

'완전한 행위의 결인'이라는 뜻이다. 의례적 손 제스처(하스타-무드라 hasta-mudrā) 중 하나이다. 이 무드라 mudrā는 신상神像에 대해 샤드-앙가-니야사ṣaḍ-aṅga-nyāsa를 행하는 것이다.

⇒ 무드라mudrā도 참조.

S

sama(사마)

'동일한' 또는 '평등한'이라는 뜻이다. 『바가바드-기타』*Bhagavad-Gītā*에서 선호하는 표현으로 거기서 독립적으로 쓰이기도 하고, 특히 사마-다르샤나sama-darśana 처럼 명사와 결합하여 쓰이기도 한다. 핵심적인 사상은 9. 29송에 다음과 같이 나타나 있다. "나[크리슈나 Kṛṣṇa]는 모든 존재에게 평등하다. 내게는 싫은 것도 좋은 것도 전혀 없다."

절대자, 즉 신(Divine)은 어디에나 존재한다. 모든 것은 신 속에서 일어나고, 신으로 존재한다. 그러므로 세상에 어떤 것도 신에게 생경한 것은 없고, 미워서 거부하거나 열정적으로 좋아한다는 것과 같은 관념은 해당되지 않는다. 요긴yogin은 완전한 평등(사마트와 samatva)의 정신(spirit)을 모방해야 한다. 그래서 『바가바드-기타』(12. 18f.)에서는 다음과 같이 말한다.

> 집착 없이 친구와 적에 대해, 마찬가지로 존경과 멸시에 대해 동일하고, 추위와 더위, 즐거움과 고통에 대해 동일한 자, 비난과 칭찬에 대해 평등하고 침묵하며 모든 것에 만족하고 '머무는 곳이 없'으며 확고부동한 마음을 가진 자, 그리고 [나를] 사랑하는 자. 그가 내게 가장 사랑스러운 사람이라오.

이 송은 표면적으로 크리슈나가 주장하는 완전한 평등과 모순되는 듯 보인다. 그러나 여기서 말한 것은 신학적 교리라기보다는 비의적인 사실에 대해 말하는 것이다. 신에 대한 사랑과 헌신(박티 bhakti)을 통해서 요긴은 직접적으로 지복의 존재인 신과 함께 할 수 있다. 그는 영원히 현존하는 성스러운 은총(프라사다 prasāda)을 향해 자신을 열어 놓고서 크리슈나의 사랑을 경험한다.

sama-buddhi(사마-붓디)

'동일한 마음가짐'이라는 뜻이다. 요긴yogin이 한 줌의 흙이나 한 덩어리의 금을 동일한 평정함으로 보게 되는, 내적으로 초연한 태도이다. 숭고한 무관심으로 된 이 요가Yoga적 이상은 공공의 안녕(사르바-부타-히타 sarva-bhūta-hita)을 향한 긍정적 지향에 의해 균형을 이루게 된다. 『바가바드-기타』*Bhagavad-Gītā*(12. 4)에서도 마찬가지로 이 공공의 안녕을 장려한다.

sama-cittatva(사마-칫타트와)

'동일한 마음가짐'이라는 뜻이다. 사마-붓디 sama-buddhi의 동의어이다. 『바가바드-기타』*Bhagavad-Gītā*(13. 8-9)에서는 이 성숙한 자세를 지혜(갸나 jñāna)의 발현으로 간주한다.

sama-darśana(사마-다르샤나)

'평등한 통찰력(vision)' 또는 '평등함으로 된 통찰력'이라는 뜻이다. 모든 것에서 참자아를 보는 사람의 상태이다. 『바가바드-기타』*Bhagavad-Gītā*(6. 32)에서는 그런 사람을 으뜸가는 요긴yogin으로 찬양한다.

sama-dṛṣṭi(사마-드리슈티)

'평등한 통찰력(vision)'이라는 뜻이다. 사마-다르샤나sama-darśana의 동의어이다.

sama-kāya(사마-카야)

'균형 잡힌 신체'라는 뜻이다. 올바른 요가Yoga 수행의 결과 중 하나이고, 긍정적 징표(치나cihna) 중 하나이다.

samanu(사마누)

⇒ 나디-쇼다나nāḍī-śodhana 참조.

sama-rasa(사마-라사)

'동등한 본질' 또는 '균형'이라는 뜻이다. 신(Divine)과 조화를 이루어 신체적으로 공명하는 과정과 상태이다. 싯다siddha 운동, 특히 하타-요가Haṭha-Yoga의 주요 개념이다. 『싯다-싯단타-팟다티』*Siddha-Siddhānta-Paddhati*(5. 4)에 따르면 이 상태는 신체 구조에 대한 요가Yoga적 지식과 자신의 스승의 은총을 전제로 한다.

sama-rasatva(사마-라사트와)

'균형성', '동일성'이라는 뜻이다. 사마-라사sama-rasa와 동의어이다.

sama-saṃsthāna(사마-상스타나)

'균형 잡힌 자세'라는 뜻이다. 『요가-바쉬야』*Yoga-Bhāṣya*(2. 46)에 언급된 요가Yoga 자세(아사나āsana)이다. 바차스파티 미슈라Vācaspati Miśra가 자신의 주석서에서 기술한 자세로 다음과 같다. 발을 끌어당겨서 발꿈치와 발가락을 서로 맞대고 민다.

samatva(사마트와) 또는 **samatā**(사마타)

'평등' 또는 '평정'이라는 뜻이다. 『바가바드-기타』*Bhagavad-Gītā*(2. 47)에서 중요한 관념으로 거기서는 요가Yoga를 평정(사마트와samatva)으로 정의한다. 동일한 초월적 절대자가 모든 현상적 형태에 내재되어 있기 때문에 평정과 평등의 태도를 통해서 근원적 동일성을 깨닫는 것이 가장 위대한 영적 덕목(virtue)이라고 생각한다. 『쉬바-상히타』*Śiva-Saṃhitā*(3. 18)에서는 이 수행을 요가의 성취를 위한 전제 조건으로 간주한다. 『라구-요가-바시슈타』*Laghu-Yoga-Vāsiṣṭha*(4. 5. 12)에 따르면 사마타samatā는 모든 의도적 활동(상칼파saṃkalpa)을 그쳤을 때 남는 것이다. 『요가-탓트와-우파니샤드』*Yoga-Tattva-Upaniṣad*(107)에서는 이 용어를 개인의 정신(individual psyche, 지바jīva)과 초월적 참자아의 '동일성' 또는 '합일'로 이해한다.

samādhāna(사마다나)

'아주 침착함'이라는 뜻이다. 사마디samādhi와 동의어이다.

samādhi(사마디)

'무아경' 또는 '삼매'라는 뜻이다. 요가Yoga 길의 마지막 '지분'(앙가aṅga)이다. 『게란다-상히타』*Gheraṇḍa-Saṃhitā*(7. 1)에서는 사마디samādhi를 행운과 스승의 은총과 자애로움을 통해서, 그리고 스승에 대한 헌신으로 얻어지는 '위대한 요가'라고 말한다. 『트리-쉬키-브라마나-우파니샤드』*Tri-Śikhi-Brāhmaṇa-Upaniṣad*(2. 31)에서는 무아경(삼매)에 선행하는 명상(meditation) 상태에 대한 '완전한 망각'으로 삼매를 기술한다. 『요가-수트라』*Yoga-Sūtra*(3. 3)에서는 그것에 대해 의식(consciousness, 칫타citta)이 대상으로 삼은 객체로 빛나는 상태라고 말한다. 다시 말해서 사마디에서는 주체와 객체가 합일된다. 『쿠르마-푸라나』*Kūrma-Purāṇa*(2. 11. 41)에서는 이 상태를 '일관성'*ś* eka-ākāra 중 하나라고 설명한다. 『파잉갈라-우파니샤드』*ś Paiṅgalā-Upaniṣad*(3. 4)에서는 다음과 같이 설명하고 있다. "무아경은 의식이 오직 명상의 대상(디에야dhyeya)에만 이르고, 마치 바람이 없는

[곳에] 놓인 램프처럼 명상하는 자(디야트리 dhyātṛ)와 명상하는 행위(디야나 dhyāna)에 대해서 잊고 있는 [상태]이다."

일반적으로 무아경은 감각 제어(제감制感, 프라티야하라 pratyāhāra)와 명상(정려精慮) 기법을 통한 결과로서 감각기관이 완전히 억제되는 상태를 수반한다. 『마니-프라바』*Maṇi-Prabhā*(3. 12)와 여러 종류의 푸라나 Purāṇa 같은 일부 저작들에서는 사마디를 명상(정려)의 지속성과 강도의 12배를 가진 것으로 설명하는데, 이것은 외부 환경으로부터의 분리라는 의미를 내포한다. 삼매는 마법적 속성도 있는 것으로 생각된다. 이는 『하타-요가-프라디피카』*Haṭha-Yoga-Pradīpikā*(4. 108ff.)에 명료하게 나타나 있다.

> 무아경 상태에 몰입해 있는 요긴 yogin은 시간(칼라 II kāla)에 의해 삼켜지지 않고 [자신의] 행위(카르만 karman)에 의해 속박되지 않으며 다른 사람들에게 결코 지배받지 않는다.
> 무아경 상태에 몰입해 있는 요긴은 자신도 타인도 알지 못하고 냄새, 맛, 형상(루파 rūpa), 촉감, 소리를 [경험하지] 못한다.
> 무아경 상태에 몰입해 있는 요긴은 추위와 더위, 슬픔과 즐거움, 명예와 모욕을 경험하지 않는다.
> 무아경 상태에 몰입해 있는 요긴은 만트라 mantra와 얀트라 yantra[로부터의 마술적 영향]을 받지 않고 어떠한 무기에도 상처 입지 않고 어떠한 사람에 의해서도 공격받지 않는다.

모든 전통에서는 적어도 주요한 두 가지 유형의 무아경을 구분한다. 하나는 사비칼파-사마디 savikalpa-samādhi 또는 삼프라갸타-사마디 samprajñāta-samādhi이다. 이것은 대상과의 동일시를 필요로 하고 (프라갸 prajñā라 불리는) 보다 고차원적 사고를 수반하는 사마디이다. 다른 하나는 니르비칼파-사마디 nirvikalpa-samādhi, 즉 아삼프라갸타-사마디 asamprajñāta-samādhi이다. 이것은 초월적 참자아와 자신을 동일시하는 것이고, 의식의 어떠한 내용도 없는 사마디이다. 오직 둘째 종류의 무아경만이 의식의 완전한 변성을 통해서 참자아에 대한 깨달음, 즉 해탈로 이끌 수 있다. 일부 학파는 셋째 유형의 비의적 상태, 즉 '즉각적인 무아경'(사하자-사마디 sahaja-samādhi)에 대해서도 알고 있다. 이것은 여전히 육체를 가진 상태에서의 해탈, 즉 생해탈(지반-묵티 jīvan-mukti)과 동일하다.

『요가-추다마니-우파니샤드』*Yoga-Cūḍāmaṇi-Upaniṣad*(110)에 따르면 사마디는 우선 '놀라운 의식'↗caitanya-adbhuta으로 이끌고, 그 다음에 해탈(모크샤 mokṣa)로 이어진다. 의식의 경이로움들은 실로 삼프라갸타-사마디의 다양한 상태를 통해서 접근된다. 사실상 이 상태들은 요긴이 탐구하는 방법으로, 『요가-수트라』 제3장에서 무아경적 '억제'(총제總制, 상야마 saṃyama) 방법의 예들을 소개하는 데서 명백하게 나타난다. 그러나 궁극적으로는 요가적인 모든 형태의 영적 지식(프라갸)도 초월되어야만 하고, 그 결과 오직 참자아에 대한 통찰(vision)만 남아야 한다. 『가루다-푸라나』↗*Garuda-Purāṇa*(49. 36)에서 설명한 것처럼 무아경은 요긴이 '내가 절대자'라는 것을 깨닫는 상태이다. 그러므로 베단타 Vedānta와 베단타에 의존하는 학파들은 무아경을 '개아(psyche, 지바 jīva)와 참자아(아트만 ātman)의 합일'로 빈번히 정의한다. 어떤 권위자들은 '합일'(상요가 saṃyoga)을 '평등'(사마트와 samatva) 또는 '동일성'(아이키야 aikya)으로 대체한다. 『하타-요가-프라디피카』(4. 5ff.)에는 다음과 같은 유명한 직유적 표현이 있다.

> 소금이 물과 섞여 용해되는 것처럼, 마음과 참자아의 결합이 무아경이다.
> 생기(프라나 prāṇa)가 압축되어 [중앙 통로, 즉 수슘나-나디 suṣumṇā-nāḍī 속으로] 들어가서 마음이 용해될 때, 그때 무아경으로 불리는 본질적 동일성(사마-라사트와 sama-rasatva)이 있다.
> 모든 의지 작용이 없는, 개별적 자아와 지고의 참자아의 평등성(사마 sama)이나 동일성이 무아경으로 불린다.

참자아에 대한 깨달음이라는 이 무아경만이 『요가-야갸발키야』*Yoga-Yājñavalkya*(10. 1)에서의 표현대로 '존재의 굴레'↗bhava-pāśa를 파괴한다. 그러므로 사마디는 때로 해탈, 즉 깨달음과 동등하게 취급된다.

무아경의 상태들에 대한 가장 완전한 모델은 고전 요가(Classical Yoga)의 것이다. 무아경의 단계들은 내림 차순으로 다음과 같다. (1)초의식 무아경(무상 삼매無想 三昧, 아삼프라갸타-사마디), (2)의식 무아경(유상 삼매有想 三昧, 삼프라갸타-사마디). 그리고 하위 체계로 (a) 초숙고 명석(무사 명석無伺 明晳, 니르비차라-바이샤라디야nirvicāra-vaiśāradya), (b)초숙고 무아경(무사 삼매無伺 三昧, 니르비차라-사마디 ∮nirvicāra-samādhi), (c)숙고 무아경(유사 삼매有伺 三昧, 사비차라-사마디savicāra-samādhi), (d)초사고 무아경(무심 삼매無尋 三昧, 니르비타르카-사마디 ∮nirvitarka-samādhi), (e)사고 무아경(유심 삼매有尋 三昧, 사비타르카-사마디 ∮savitarka-samādhi)이 있다.

또한 의식 무아경의 다른 형태들은 주체와 객체 사이의 일치성을 나타내는 '일치'(사마팟티samāpatti)라는 전문적 명칭을 가지고도 있는데, 이는 참된 무아경 상태의 특징이다. 바차스파티 미슈라Vācaspati Miśra와 같은 몇몇 권위자들은 위에서 언급한 의식 무아경(유상 삼매)의 하위 범주 앞에 다음과 같은 부가적인 상태들을 삽입한다. (a)나의 존재성을 넘어선 일치(무아견 등지無我見 等至, 니라스미타-사마팟티nirasmitā-samāpatti), (b)나의 존재성과의 일치(유아견 등지有我見 等至, 사-아스미타-사마팟티sa-asmitā-samāpatti), (c)환희를 넘어선 일치(무환희 등지無歡喜 等至, 니라난다-사마팟티nirānanda-samāpatti), (d)환희 있는 일치(유환희 등지有歡喜 等至, 사-아난다-사마팟티sa-ānanda-samāpatti). 이 체계의 타당성은 의심스럽고, 이미 비갸나 비크슈Vijñāna Bhikṣu에 의해 거부되었다.

사마디라는 용어는 또한 요긴의 원형으로 된 무덤을 가리키는 데 사용되기도 한다. 인도에서 고행자들은 가부좌 자세로 묻히는 반면, 일반인들은 화장한다. 화장은 요가의 불로 정화되지 않은 사람들을 위한 통과 의례로 보인다.

⇒ 니밀라나-사마디nimīlana-samādhi, 프라티밀라나-사마디pratimīlana-samādhi, 운밀라나-사마디unmīlana-samādhi도 참조.

samāna(사마나)

접두어 sam('함께')+어근 √an('호흡하다')에서 파생되었다. 생기(프라나prāṇa)의 주요 흐름 중 하나이다. 이것은 사지四肢 모두에 골고루 퍼져 있고, 라사rasa로서의 음식물을 배분함으로써 신체에 영양 공급을 책임진다. 『링가-푸라나』*Liṅga-Purāṇa*(1. 8. 65)에 따르면 이것은 신체 기능들을 정상화시킨다. 하타-요가Haṭha-Yoga의 많은 문헌에서는 이것을 배꼽 부위에 위치시키지만, 『마하바라타』*Mahābhārata*(12. 177. 24)에서는 심장에 배치한다. 『요가-수트라』*Yoga-Sūtra*(3. 40)에 따르면 사마나samāna의 흐름을 정복하면 '광채' ∮jvalana가 나게 된다.

samāpatti(사마팟티)

고전 요가(Classical Yoga)에서 명상(contemplation)의 대상과 무아경적 동일시이다. 이런 의미에서 이것은 삼매와 동의어이거나 삼매의 기초 과정이다.

⇒ 아난타-사마팟티ananta-samāpatti, 니라난다-사마팟티nirānanda-samāpatti, 니라스미타-사마팟티nirasmitā-samāpatti, 니르비차라-사마팟티nirvicāra-samāpatti, 니르비타르카-사마팟티nirvitarka-samāpatti, 사-아난다-사마팟티sa-ānanda-samāpatti, 사-아스미타-사마팟티sa-asmitā-samāpatti, 사비차라-사마팟티savicāra-samāpatti, 니르비차라-사마팟티nirvicāra-samāpatti도 참조.

samāveśa(사마베샤) 또는 **āveśa**(아베샤)

'들어감'이라는 뜻이다. 카슈미르 샤이비즘Kashmiri Śaivism에서 신성한 의식(consciousness) 속으로 들어가는 달인의 무아경적 몰입이다. 그러므로 최상의 삼매 상태와 동의어이다.

Sambandar(삼반다르)

가장 위대하고 여전히 가장 존경받는 남인도의 샤이바Śaiva 숭배자 중 한 사람이다. 그는 7세기의 달인인 앗파르Appar와 동시대 사람이었고, 그와 함께 여러 달 동안 여행하였다. 삼반다르Sambandar의 시 중 하나는 거의 모든 샤이바 경전에서 시작하는 시(귀경게歸敬揭에 해당하는 귀경시歸敬詩)이고, 그의 헌신적인 노래에서는 그는 쉬바Śiva와 그의 신성한 배우자인 파르바티Pārvatī와 놀랍도록 신비한 친밀감을 보여 준다. 그는 4,000편 이상의 시를 지었고, 그 모든 시는 작곡되었다. 그는 타밀Tamil의 음악시를 부흥시키는 데 커다란 촉발제 역할을 하였다. 또한 그는 위대한 기적을 행하는 자이기도 했다. 삼반다르의 가장 훌륭한 기적 중 하나는 곱사등이인 자이나 통치자 쿤 판디야Kūṇ Pāṇḍya를 샤이비즘Śaivism으로 개종시킨 것이었는데, 그는 왕의 추한 기형을 고쳐 주었다.

⇒ 나얀마르[들]Nayanmār[s]도 참조.

same-mindedness(동일한 마음가짐)

⇒ 사마-붓디 sama-buddhi, 사마-칫타트와 sama-cittatva 참조.

sammoha(삼모하)

'혼동', '미망'이라는 뜻이다. 『바가바드-기타』*Bhagavad-Gītā*(2. 63)에 따르면 이것은 감각 대상(비샤야 viṣaya)들과 접촉함으로써 일어난다. 동의어로 삼무다트와♯sammūḍhatva를 사용하는 『마이트라야니야-우파니샤드』*Maitrāyaṇīya-Upaniṣad*(3. 2)에서는 수행자가 이 근원적 혼동의 결과로 주主를 볼 수 없다고 단언한다.

sammukhīkaraṇī-mudrā(삼무키카라니-무드라)

'대결하기 결인'이라는 뜻이다. 의례적 손 제스처(하스타-무드라 hasta-mudrā) 중 하나이다. 이 무드라 mudrā는 양 주먹을 위로 들어올리는 것이다.

⇒ 하스타-무드라 hasta-mudrā(그림 포함)도 참조.

sampradāya(삼프라다야)

'전통'(tradition)이라는 뜻이다. 많은 스승의 계보(파람파라 paramparā)로 이루어진 영적 전통이다. 『쿨라르나바-탄트라』*Kulārṇava-Tantra*(17. 47)에서는 다음과 같은 비의적 어원을 설명한다. "변화하는 세상(상사라 saṃsāra)의 본질이기 때문에, 빛(프라카샤 prakāśa)[과] 지복을 주기(다나 dāna) 때문에, 그리고 명예♯yaśas와 행운을 가져오기 때문에 이것은 삼프라다야 sampradāya라고 불린다."

samprajñāta-samādhi(삼프라갸타-사마디)

'의식 무아경' 또는 '유상 삼매'有想 三昧라는 뜻이다. 고전 요가(Classical Yoga)에서 마음(consciousness, 칫타 citta)이 동일시하게 되는 객관적 토대(알람바나 ālambana)를 가진 무아경(삼매)적 경험의 범주이다. 이것은 보다 높은 지식(프라갸 prajñā)과 연관되어 있다. 『요가-수트라』*Yoga-Sūtra*(1. 17)에 따르면 의식 무아경의 주요 형태들은 비타르카-사마팟티♯vitarka-samāpatti 또는 비타르카-사마디♯vitarka-samādhi, 비차라-사마팟티♯vicāra-samāpatti 또는 비차라-사마디♯vicāra-samādhi, 아난다-사마팟티ānanda-samāpatti 또는 아난다-사마디♯ānanda-samādhi, 아스미타-사마팟티asmitā-samāpatti 또는 아스미타-사마디♯asmitā-samādhi이다. 『요가-바쉬야』*Yoga-Bhāṣya*(1. 17)에서는 이 네 가지 형태 각각의 구성을 이해하기 위해 다음과 같은 도식을 제시한다.

비타르카(vitarka; '사고' 또는 '심'尋)=비타르카+비차라 vicāra+아난다 ānanda+아스미타 asmitā
비차라(vicāra; '숙고' 또는 '사'伺)=비차라+아난다+아스미타
아난다(ānanda; '지복')=아난다+아스미타
아스미타(asmitā; '나의 존재성' 또는 '자아의식')=아스미타

그러므로 더 조대한(스툴라 sthūla) 면들이 더 미세한 면들을 포함하는 반면, 더 미세한 면들이 무아경(삼매) 상태에 이르게 될수록 더 조대한 면들은 점점 사라진다.

바차스파티 미슈라 Vācaspati Miśra는 『탓트와-바이샤라디』*Tattva-Vaiśāradī*(1. 47)에서 처음 두 유형의 초점은 존재의 조대하고 미세한 대상들인 반면, 셋째 유형의 초점은 감각기관들이고, 넷째 유형은 에고 원리(아스미타)라고 말한다. 더 나아가 바차스파티는 네 형태 각각은 마음의 모든 내용물이 고요해지는 상위의 형태를 가지고 있는데, 이것들은 니르비타르카-사마팟티 nirvitarka-samāpatti, 니르비차라-사마팟티 nirvicāra-samāpatti, 니라난다-사마팟티 nirānanda-samāpatti, 니라스미타-사마팟티 nirasmitā-samāpatti라고 주장한다. 그러나 여덟 가지 형태의 의식 무아경(유상 삼매)으로 된 이 유형론은 비

S

갸나 비크슈Vijñāna Bhikṣu에 의해 명확하게 거부되었다. 그는 단지 여섯 가지 유형만 인정했다. 그는 '환희 있는 일치'(환희 등지歡喜 等至, 아난다-사마팟티)의 대상은 환희 자체이고 '나의 존재성(자아의식)과의 일치'(아스미타-사마팟티)의 대상은 절대적 참자아♯kevala-puruṣa의 직관(상위드saṃvid)이라고 말한다. 그러므로 니라난다nirānanda와 니라스미타nirasmitā 형태의 무아경은 발생하지 않는다.

이 여섯(또는 여덟) 유형의 삼프라갸타-사마디samprajñāta-samādhi는 베단타Vedānta의 사비칼파-사마디savikalpa-samādhi에 상응한다. 초월적 참자아를 드러내 보여 주는 초의식 무아경(무상 삼매, 아삼프라갸타-사마디asamprajñāta-samādhi)이 그것들보다 상위에 있다.

Samputa-Yoga(삼푸타-요가)

'그릇의 결합'이라는 뜻이다. 아비나바굽타Abhinavagupta의 저술들에서 완전한 자기 억제 상태인, 쉬바Śiva로 불리는 궁극적 참실재를 나타내는 전문 용어이다. 이 용어는 삼푸티-카라나♯samputī-karaṇa 수행을 나타내기도 하는데, 이 수행은 주요 만트라mantra로 다른 만트라를 '둘러싸는' 것이다. 마지막으로 탄트라Tantra 의례에서 남녀 파트너 간의 성적 결합(마이투나maithuna)을 나타낸다.

samyag-darśana(삼야그-다르샤나)

'완전한 통찰력(vision)'이라는 뜻이다. 『요가-바쉬야』*Yoga-Bhāṣya*(2. 15)에 따르면 고통(두카duḥkha)으로부터 해탈하는 수단이고, 다섯 가지 고통의 원인(클레샤kleśa)이 제거된 뒤에 생긴다. 『마누-스므리티』*Manu-Smṛti*(6. 74)에서는 완전한 통찰력을 가지고 있는 자는 자신의 행위에 결코 속박되지 않는다고 단언한다.

⇒ 갸나jñāna, 비디야vidyā, 비베카viveka, 지혜(wisdom)도 참조.

saṃcita-karman(산치타-카르만)

'축적된 카르마karma'라는 뜻이다.

⇒ 카르마karma 참조.

Saṃdhā-Bhāṣā(산다-바샤) 또는 **Saṃdhyā-Bhāṣā**(산디야-바샤)

전자는 '의도적인 언어'라는 뜻이고, 후자는 '모호한 언어'라는 뜻이다. 힌두Hindu와 불교 양자의 여러 탄트라Tantra 유파에 있는 상징적 언어에 붙여진 전문 명칭이다. 그 문헌들에서는 '의도적인 언어'라는 해석을 선호하는 것처럼 보이지만, 어느 것이 더 정확한지에 대해서는 학계에서 논란이 되어 왔다.[예, 아게하난다 바라티Agehananda Bharati(1965) 참조] 타밀어Tamil에서 이것은 슌야-삼바샨나이śūnya-sambhāśannai, 즉 '공空에 대한 대화'라고도 불린다. 탄트라의 상징적 언어의 예를 들어 보자면, 바즈라(vajra; '벼락', 남성 성기를 의미함), 보디칫타(♯bodhicitta; '깨달은 마음', 정액을 나타냄), 카팔라(kapāla; '두개골', 우주를 의미함), 랄라나(♯lalanā; '부정한 여성', 지혜나 왼쪽 통로(나디nāḍī)를 상징함), 라사나(♯rasanā; '혀', 우파야upāya, 즉 깨달음의 수단을 의미함)와 같은 단어들이다.

⇒ 언어(language)도 참조.

saṃga(상가 I)

'공동체'라는 뜻이다. 특히 불교에서 사용되는 영적 수행자들의 공동체이다. 만달라maṇḍala라고도 불린다.

⇒ 쿨라kula도 참조.

saṃhāra(상하라)

'수축'이라는 뜻이다. 이온(칼파kalpa) 말기의 우주(cosmos)의 파괴이다. 또한 명상(meditation) 과정에서 요소들이 용해되는 것이다. 거기서 이 경우는 라야laya와 동의어이다.

Saṃhitā(상히타)

'모음집'이라는 뜻이다. 바이슈나비즘Vaiṣṇavism 전통에서 신성한 저작들의 장르에 붙인 명칭이다. 네 베다Veda의 찬가들도 이 명칭을 가지고 있고, 마찬가지로 다수의 요가Yoga 매뉴얼도, 예를 들자면 『게란다-상히타』*Gheraṇḍa-Saṃhitā*와 『쉬바-상히타』*Śiva-Saṃhitā*도 그러하다.

S

saṃkalpa(상칼파)

'의지', '의도' 또는 '기호'라는 뜻이다. 때로는 '내적 기관'(안타카라나 antaḥkaraṇa), 즉 마음 작용 중 하나로 열거되기도 한다. 『슈웨타슈와타라-우파니샤드』 *Śvetāśvatara-Upaniṣad*(5. 8)에 따르면 의도와 '나를 만드는 것'(아견我見, 아항카라 ahaṃkāra)은 모두 한정된 인성으로 여겨진다. 『요가-바시슈타』 *Yoga-Vāsiṣṭha*(6b. 1. 27)는 이것을 '정신적(mental) 속박'으로 정의하는 한편, 의도가 없는 상태를 '해탈' vimuktatā이라고 한다. 『바가바드-기타』 *Bhagavad-Gītā*(6. 2)에서는 욕망(카마 kāma)의 원인이 되는 모든 의도적 행위를 포기함으로써 요긴 yogin이 된다고 말한다. 『바라하-우파니샤드』 *Varāha-Upaniṣad*(2. 45)에서는 다시 한 번 상칼파 saṃkalpa가 세상의 참된 근원이고 니르비칼파-[사마디] nirvikalpa-[samādhi]에 의해 버려져야만 한다고 말한다.

saṃkaṭa-āsana(상카타-아사나, [연성]**saṃkaṭāsana**상카타사나)

'위험한 자세' 또는 '모은 자세'라는 뜻이다. 『게란다-상히타』 *Gheraṇḍa-Saṃhitā*(2. 28)에 다음과 같이 기술되어 있다. 왼발을 바닥에 대고 오른쪽 다리로 왼쪽 다리를 감싼 다음, 손을 무릎에 둔다. 현대의 하타-요가 Haṭha-Yoga 매뉴얼들은 반대쪽 다리로 서 있는 동안 이 자세를 반복해야만 한다고 올바르게 말한다.

상카타-아사나, 즉 '위험한' 자세.
테오스 버나드(Theos Bernard)

saṃketa(상케타)

'합의'라는 뜻이다. 닷타트레야 Dattātreya의 『요가-샤스트라』 *Yoga-Śāstra*(41ff.)에서 사용된 전문 용어로, 허공(슌야 śūnya) 또는 자신의 코 앞쪽 공간을 응시(contemplation)하는 것과 같은 특정한 초점들에 대한 집중(concentration)을 나타낸다.

⇒ 데샤 deśa도 참조.

saṃkoca(상코차)

'수축'이라는 뜻이다. 카슈미르 샤이비즘 Kashmiri Śaivism에 따르면 비사르가 visarga로 알려진 쉬바 Śiva의 초월적 창조는 두 가지 운동, 즉 팽창(비스타라 vistara, 비카사 vikāsa로도 불림)과 수축(상코차 saṃkoca)으로 이루어진다. 세계는 무한한 신체의 쉬바 속에 쉬바 자신을 수축한 직접적인 결과이다. 오직 영적 무지(아갸나 ajñāna)의 형태 속에서만 이 수축은 속박이므로 요가 Yoga를 통해서 이것은 제거되어야만 한다.

saṃnidhāpana-mudrā(산니다파나-무드라)

'근접 결인'이라는 뜻이다. 의례적 손 제스처(하스타-무드라 hasta-mudrā) 중 하나인 이 무드라 mudrā는 엄지를 위로 향하게 하여 두 주먹을 모으는 것이다.

⇒ 하스타-무드라 hasta-mudrā(그림 포함)도 참조.

saṃnidhi(산니디)

'근접'이라는 뜻이다. 『요가-바쉬야』 *Yoga-Bhāṣya*(1. 4)에서 참자아와 의식(consciousness, 칫타 citta) 사이의 초월적 근접성을 기술하는 데 사용된 전문 용어이다. 그것에 의해 참자아는 한정된 마음의 인식을 지각하는 것이 가능하다.

⇒ 상요가 saṃyoga도 참조.

S

saṃnirodhanī-mudrā(산니로다니–무드라)

'통제의 결인'이라는 뜻이다. 의례적 손 제스처(하스타–무드라 hasta-mudrā) 중 하나인 이 무드라 mudrā는 엄지를 안으로 밀어 넣어 손으로 감싼 두 주먹을 함께 모으는 것이다.

⇒ 하스타–무드라 hasta-mudrā(그림 포함)도 참조.

saṃnyāsa(산니야사)

'포기'(renunciation)라는 뜻이다. 힌두이즘 Hinduism 내에서 토대를 이루는 수행이다. 요가 Yoga처럼 이것은 그 자체의 가치관, 수행법, 문헌(예를 들면 산니야사–우파니샤드[들] Saṃnyāsa-Upaniṣad[s]) 들을 만들어 냈다. 이것은 가장 오래된 우파니샤드 Upaniṣad들만큼 오래되었다. 『바가바드–기타』*Bhagavad-Gītā*(18. 2)에서는 산니야사 saṃnyāsa를 욕망이 시킨 행위의 포기, 즉 내면의 희생 또는 의도(상칼파 saṃkalpa)의 포기(6. 2)로 설명한다. 이것은 티야가 tyāga, 즉 자신의 모든 행위의 결과(팔라 phala)에 대한 버림과 대비된다. 이것은 카르마–요가 Karma-Yoga의 핵심이다. 단순한 포기는 카르마–요가보다 하등한 것으로 생각된다.(5. 2)

⇒ 버림(abandonment)도 참조.

Saṃnyāsa-Upaniṣad[s](산니야사–우파니샤드[들], [연성]Saṃnyāsopaniṣad[s]산니야소파니샤드[들])

포기(renunciation, 산니야사 saṃnyāsa)를 자세히 설명한 우파니샤드 Upaniṣad들이다. 그러한 저작들은 대개 19개가 언급되며 그 중 몇몇은 대략 1000년 정도 되었다.

Saṃnyāsa-Yoga(산니야사–요가)

'포기(renunciation)의 요가 Yoga'라는 뜻이다. 『바가바드–기타』*Bhagavad-Gītā*(9. 28)와 『문다카–우파니샤드』*Muṇḍaka-Upaniṣad*(3. 2. 6)를 포함한 전고전 요가(Preclassical Yoga)의 몇몇 저작들에서 발견되는 복합어이다. 단순히 포기의 수행을 나타낸다.

saṃnyāsin(산니야신)

'포기자'라는 뜻이다. 『바가바드–기타』*Bhagavad-Gītā*(5. 3)에서는 어떠한 것도 미워하지도 갈망하지도 않고, '상반된 것'(드완드와 dvandva)들을 초월한 사람으로 특징짓는다.

⇒ 산니야사 saṃnyāsa도 참조.

saṃsāra(상사라)

'흐름' 또는 '윤회'라는 뜻이다. 니르바나 nirvāṇa로 불리든 브라만 brahman 또는 아트만 ātman으로 불리든 간에 초월적 또는 본체의 참실재에 반대되는 현상적 세계이다. 상사라[saṃsāra, 어근 √sṛ('흐르다')에서 옴]라는 단어는 한정된 존재가 영원성과 안정성을 전혀 발견할 수 없는 사건들의 지속적 흐름이라는 관념을 잘 전달한다. 영원한 초월적인 참자아만이 우주(cosmos, 프라크리티 prakṛti)의 변하기 쉬운 성질을 피하기를 바라는 사람들에게 안식처 역할을 한다. 무엇보다도 상사라는 카르마 karma와 재탄생의, 그러므로 순전한 고통(두카 duḥkha)의 영역이다. 『바라하–우파니샤드』*Varāha-Upaniṣad*(2. 64)에서는 그것을 오래 계속된 마음의 환영이자 슬픔의 바다인 긴 꿈(스와프나 svapna)으로 묘사한다. 『마이트라야니야–우파니샤드』*Maitrāyaṇīya-Upaniṣad*(6. 28)에서 표현하는 것처럼 해탈한 사람들은 어지럽게 돌고 있는 바퀴(차크라 cakra)를 무시하는 것처럼 상사라를 무시한다. 『요가–바쉬야』*Yoga-Bhāṣya*(4. 11)에서는 영

힌두(Hindu)의 포기자(산니야신 saṃnyāsin)

S

적 무지(아비디야avidyā)의 힘 때문에 돌아가는 이 세계의 바퀴가 여섯 개의 살을 가지고 있다고 설명한다. 그것들은 선(善, virtue, 다르마 dharma)과 악(惡, 아다르마 adharma), 즐거움(수카 sukha)과 고통(두카), 집착(라가 rāga)과 혐오(드웨샤dveṣa)이다.

saṃsārin(상사린)
'속인'俗人이라는 뜻이다. 자연적·도덕적 인과관계로 된 늘 변화하는 세상(상사라 saṃsāra)에 사로잡혀 있는 존재, 즉 개아(psyche, 지바 jīva)이다.
[비교] 초월적 참자아(Self, transcendental).

saṃskāra(상스카라)
'[잠재의식의] 활성체' 또는 '잠세력'潛勢力이라는 뜻이다. '의례'라는 일반적인 의미에서 상스카라saṃskāra는 출생 의례, 삭발식, 결혼식과 같은 모든 그러한 통과 의례를 나타낸다. 그러나 요가Yoga에서 이 단어는 심리학적 중요성을 지닌다. 의식적인 것이든 무의식적인 것이든, 내적인 것이든 외적인 것이든, 바람직한 것이든 그렇지 않은 것이든 우리의 일상적인 경험들이 남긴 잠재의식 속의 지울 수 없는 흔적들을 의미한다. 상스카라라는 용어는 이 흔적들이 사람의 행위와 의지 작용의 수동적인 자국들뿐 아니라 그의 정신적 삶에 있어서 상당히 동적인 힘들이라는 것을 암시하고 있다. 그것들은 지속적으로 의식(consciousness)을 추동하여 행위 하게 만든다. 『요가-수트라』*Yoga-Sūtra*(3. 9)에서는 잠재의식의 활성체(잠세력, 상스카라)들을 두 종류, 즉 의식의 외적 표현(비윳타나vyutthāna)으로 이끄는 것과 의식 과정의 억제(니로다 nirodha)를 발생시키는 것으로 구분한다. 요긴yogin은 무아경(삼매, 사마디samādhi)의 상태를 성취하기 위해서 후자 유형의 상스카라를 함양해야만 한다. 이는 잠재의식의 활성체들의 새로운 발생을 막는다. 『요가-수트라』(1. 50)에 따르면 의식 무아경(유상 삼매, 삼프라갸타 사마디 samprajñāta-samādhi)의 최고 단계에서는 다른 모든 잠재의식의 활성체를 저지하는 잠재의식의 활성체가 발생하여서 초의식 무아경(무상 삼매, 아삼프라갸타 사마디asamprajñāta-samādhi)의 상태에 이르게 된다.

⇒ 아샤야āśaya, 카르마karma, 무의식(unconscious), 바사나vāsanā도 참조.

saṃśaya(상샤야)
'의심' 또는 '의혹'이라는 뜻이다. 요가Yoga의 길에서 주요한 장애(안타라야antarāya)이다. 『요가-쿤달리-우파니샤드』*Yoga-Kuṇḍalī-Upaniṣad*(1. 59)에서 이것은 영적인 성장을 좌절시키는 열 가지 장애(비그나vighna) 중 하나로 지명된다. 『요가-바쉬야』*Yoga-Bhāṣya*(1. 30)에서는 딜레마의 양쪽과 접촉하는 생각(비갸나vijñāna)의 일종으로 이것을 정의한다. 이 저작(1. 35)에서는 또한 초감각적 지각(awareness)♯divya-dampad으로 의심을 효과적으로 불식시킬 수 있고, 이것은 수행자의 믿음의 원인이 된다고도 주장한다. 『바가바드-기타』*Bhagavad-Gītā*(4. 40)에 따르면 의심은 믿음(슈랏다śraddhā)이 부족한 사람을 괴롭히고 궁극적으로 그를 파괴시킬 수 있다. 『맛시야-푸라나』♯ *Matsya-Purāṇa*(110. 10)에서 간략하게 언급하듯이 의심으로 경도된 사람은 요가가 아니라 고통을 거두어들일 뿐이다. 대중적인 이미지를 적절히 사용한 『바가바드-기타』(4. 42)에서는 오직 지혜(갸나jñāna)의 칼만이 사람의 심장에 품은 의심을 잘라내 버릴 수 있다고 말한다.

saṃtāna(산타나)
'지속성'이라는 뜻이다. 바차스파티 미슈라 Vācaspati Miśra는 자신의 저작인 『탓트와-바이샤라디』*Tattva-Vaiśāradī*(1. 4)에서 영적 무지(아비디야avidyā)와 잠재의식의 흔적(훈습薰習, 바사나vāsanā) 사이에 존재하는 무시無始의 연쇄를 표현하는 데 이 용어를 사용한다.
⇒ 상요가saṃyoga도 참조.

saṃtoṣa(산토샤)
'만족'이라는 뜻이다. 고전 요가(Classical Yoga)에 자기억제(권계, 니야마niyama)를 구성하는 수행법 중 하나로 열거되어 있고, 『요가-수트라』*Yoga-Sūtra*(2. 42)에 따르면 이것은 더할 나위 없는 즐거움(수카sukha)으로 이끈다. 『다르샤나-우파니샤드』*Darśana-Upaniṣad*(2. 4-5)에서는 이것을 운명이 무엇을 데려오든지 간에 즐거워하는 것이라고 설명한다. 이 중세의 저작은 완전한 무관심♯virakti에서 기인하고 절대자에 대한 깨달음 속에서 끝나는 쾌적한 상태인 지고의 만족♯para-saṃtoṣa에 대해서도 말한다. 『마하바라타』*Mahābhārata*(12. 21. 2)에서는 만족을 다음과 같이 칭송한다. "만족은 실로 최상의 천국이다. 만족은 지고의 기쁨이다. 만족(투슈티 tuṣṭi)보다 더 높은 것은 아무것도 없다. 그것은 원래 전부 갖추어져 있다." 『라구-요가-바시슈타』*Laghu-Yoga-Vāsiṣṭha*(2. 1. 73)에서는 이것을 얻은 것과 얻을 수 없는 것뿐만 아니라 고난과 편안함에 대한 '평등'(사마타 samatā)으로 설명한다.

saṃvid(상위드)

'의식'(consciousness) 또는 '인식'(awareness)이라는 뜻이다. 치트 cit와 동의어이다. 카슈미르 샤이비즘 Kashmiri Śaivism에서 이것은 파라-상위드♯parā-saṃvid, 즉 '지고의 참의식(Consciousness)'의 준말이다.

⇒ 아한타 ahaṃtā도 참조.

saṃyama(상야마)

'억제', '총제'總制라는 뜻이다. 파탄잘리 Patañjali의 『요가-수트라』*Yoga-Sūtra*(3. 4)에서 동일한 대상에 대한 집중(concentration, 총지總持, 다라나 dhāraṇā), 명상(meditation, 정려精慮, 디야나 dhyāna), 무아경(삼매, 사마디 samādhi)의 영속적인 수행으로 설명된다. 이 기법은 요긴 yogin의 탐구 방법이다. 그것은 모든 종류의 초감각적 지식(프라갸 prajñā)을 산출하기 때문이다. 이 용어는 간혹 '통제'라는 의미로, 특히 감각의 정복과 관련하여 사용되기도 한다.

saṃyoga(상요가)

'상관 관계' 또는 '결합'(union)이라는 뜻이다. 고전 요가(Classical Yoga)에서 이것은 초월적 참자아(푸루샤 puruṣa)와 우주(cosmos, 프라크리티 prakṛti) 사이, 즉 초월적 참의식(Awareness)과 경험적 의식(consciousness, 칫타 citta) 사이에 존재하는 상관관계이다. 이 상관관계, 즉 결합은 모든 고통(두카 duḥkha)의 뿌리이다. 이것은 영적 무지(아비디야 avidyā)에 의해 발생되고, 지혜(프라갸 prajñā)를 통해서 제거된다. 파탄잘리 Patañjali는 참자아와 경험적 우주가 완전히 별개이기 때문에 참자아와 경험된 대상(드리쉬야 dṛśya) 사이의 결합은 단지 표면상의 결합일 뿐이라고 주장한다. 그는 이 인식론적인 문제를 더 분석하지는 않는다. 이것은 『요가-수트라』*Yoga-Sūtra*에 대한 주석 문헌들에서 많은 고찰로 이어져 왔다. 그러므로 바차스파티 미슈라 Vācaspati Miśra는 참자아와 의식 사이의 특별한 적합성(요기야타 yogyatā)이라는 표현으로 수수께끼와 같은 관련성에 대해서 말한다. 자신의 저서인 『탓트와-바이샤라디』*Tattva-Vaiśāradī*(2. 17)에서 밝히고 있는 것처럼 마음의 삿트와 sattva적 측면은 초월적 참의식(차이탄야 I caitanya)의 반영(빔바 bimba)을 포함하고, 이는 경험적 의식으로 된 환영을 산출한다. 비갸나 비크슈 Vijñāna Bhikṣu는 참자아 속의 정신적(mental) 상태들로 된 '역반영'(프라티빔바 pratibimba)에 대해 말한다.

이 철학적 견해에 대한 역사적인 기원은 전고전 요가(Preclassical Yoga) 문헌들에서 발견할 수 있다. 그렇게 『바가바드-기타』*Bhagavad-Gītā*(13. 26)에서는 모든 창조물들의 생성 기반이 되는 '밭'(크세트라 kṣetra)과 '밭을 아는 자'(크세트라-갸 kṣetra-jña) 사이의 관련에 대해 언급한다. 이 문헌(5. 14)에서는 또한 행위(카르만 karman)와 그것의 결과(팔라 phala) 사이의 우연한 연결에 대하여 상요가 saṃyoga라는 단어를 사용하고 있다.

⇒ 산니디 saṃnidhi도 참조.

Sanatkumāra(사낫쿠마라)

분명히 여러 성자의 이름이다. 사낫쿠마라 Sanatkumāra는 고대 『찬도기야-우파니샤드』*Chāndogya-Upaniṣad*(7. 1ff.)에서 최초로 언급된다. 『마하바라타』*Mahābhārata*(12. 327. 64)에서는 사낫쿠마라를 성자 사나 Sana, 사나카 Sanaka, 사난다나 Sānandana, 사나타나 Sanātana, 사낫수자타 Sanatsujāta와 함께 요가 Yoga와 상키야 Sāṃkhya에 대해 아는 자로 열거한다. 또한 일부 푸라나 Purāṇa와 후대 우파니샤드 Upaniṣad 들에서는 널리 알려진 스승으로 나타나기도 한다.

Sanātana-Dharma(사나타나-다르마)

'영원한 가르침'이라는 뜻이다. 힌두이즘Hinduism 지지자들이 힌두이즘에 붙인 전통적인 명칭이다.

sandals(샌들)

⇒ 파두카pādukā 참조.

Sanskrit(산스크리트)

상스크리타(♯ saṃskṛta; '정제된'이라는 뜻)이다. 인도-유럽어족에 속하는 언어로, 일찍이 문법적으로 집대성되었다. 전통적으로 이것은 현자(리쉬 ṛṣi)들이 명상(meditation) 중에 받은 것으로 여겨진다. 산스크리트Sanskrit는 대부분 나가리♯ nāgarī, 즉 데바-나가리♯ deva-nāgarī 문자로 쓰인다. 이 문자는 마흔아홉 개의 음소를 가지지만 다른 문자들이 사용되기도 한다. 탄트라Tantra의 문자는 총 오십 개의 음소가 있고, 그 음소들은 신비적 의미를 지닌다.

[비교] 타밀어Tamil.

saṅga(상가II)

'집착'(attachment)이라는 뜻이다. 영적인 길에서 큰 장애물이다. 이런 점에서는 라가rāga와 동의어이다. 『바가바드-기타』*Bhagavad-Gītā*(2. 47)에서 상가saṅga는 특히 한 사람이 자신의 행위의 결실(팔라phala)에 '집착하는 것'을 의미한다. 이 집착은 반대되는 카르마karma적 결과(카르마 참조)들을 낳으므로 포기되어야 한다. 일부 맥락에서 상가는 '사교'社交를 나타내는데, 『쉬바-상히타』*Śiva-Saṃhitā*(5. 185)에 따르면 그것을 피해야만 한다. 가끔 그것은 사트-상가sat-saṅga, 즉 성자와 달인 들과의 유익한 교류를 나타내기도 한다.

[비교] 니상가타niḥsaṅgatā.

sapta-akṣara-mantra(삽타-아크샤라-만트라, [연성]saptākṣaramantra삽타크샤라만트라)

'일곱 글자로 된 만트라mantra'라는 뜻이다. 『마하니르바나-탄트라』*Mahānirvāṇa-Tantra*(3. 12)에 따르면 가장 뛰어난 만트라이다. 이것은 '옴 사츠-치드-에캄 브라마' Oṃ sac-cid-ekaṃ brahma, 즉 '옴, 절대자[는] 하나의 실재와 참의식(Awareness)이다'라고 한다. 발음의 편의상 사트sat와 치트cit는 사츠-치드sac-cid로 변화되어야만 한다. 이 만트라는 브라마-만트라brahma-mantra로도 알려져 있다.

sapta-aṅga-yoga(삽타-앙가-요가, [연성]saptāṅgayoga삽탕가요가)

'일곱 가지로 된 요가Yoga', '7지支 요가'라는 뜻이다.

⇒ 삽타-사다나sapta-sādhana 참조.

saptadha-prajñā(삽타다-프라갸)

'일곱 가지 지혜'라는 뜻이다. 『요가-수트라』*Yoga-Sūtra*(2. 27)에 나타나는 용어로 파탄잘리Patañjali에 의해 설명되지 않고 남겨져 있다. 그러나 현존하는 가장 오래된 주석인 『요가-바쉬야』*Yoga-Bhāṣya*(2. 27)에서는 의식 무아경(유상 삼매, 삼프라갸타-사마디 samprajñāta-samādhi)의 정점에서 요긴yogin은 다음과 같은 직접적인 통찰력(vision)들을 갖는다는 그럴듯한 설명을 제공한다. (1) 막아야 할 것, 즉 미래의 고통(두카 duḥkha)이 방지된다. (2)고통의 원인들이 제거된다. (3)완전한 중지(하나hāna)를 성취한다. (4)중지를 가져오기 위한 수단, 즉 식별의 통찰력(식별지識別智, 비베카-키야티 viveka-khyāti)이 성공적으로 사용된다. (5)최고의 정신적(mental) 능력, 즉 붓디buddhi의 임무가 달성된다. (6)우주(cosmos)의 주요 구성 요소(구나guṇa)는 자신의 기반을 잃어서 '마치 산비탈에서 굴러 내려오는 바위처럼' 해체(프랄라야 pralaya)로 기운다. (7)참자아는 오염되지 않고 홀로 존재하는(케발린kevalin) 원초적인 빛(지요티스jyotis)으로서 자신의 궁극적 본성에 머문다.

더 나아가 비야사Vyāsa는 처음 네 종류의 통찰, 즉 직접적인 깨달음들은 '임무들의 해탈'♯ kāryā-vimukti로 불리는 한편, 뒤의 세 종류의 통찰은 '마음(consciousness)의 해탈'♯ citta-vimukti로 알려져 있다고 설명한다.

S

sapta-jñāna-bhūmi(삽타–갸나–부미)

'지혜의 일곱 단계'라는 뜻이다. 후고전 요가(Postclassical Yoga)의 일부 학파들, 특히 짧은 판본과 긴 판본의 『요가–바시슈타』♪*Yoga-Vāsiṣṭha*와 연관된 모델이다. 그러므로 『라구–요가–바시슈타』*Laghu-Yoga-Vāsiṣṭha*(6. 13. 56ff.)에 따르면 일곱 단계는 다음과 같다. (1)슈바–잇차(śubha-icchā: '훌륭한 것에 대한 욕망')는 요가Yoga 초심자♪nava-yogin에게 신성한 가르침에 대한 학습과 이해를 적용시킴으로써 긍정적인 영적 태도와 견해를 배양하기 위한 추동력이다. (2)비차라나(vicāraṇā; '식별')는 일상생활 속에서 아집(아비마나abhimāna), 자만, 질투, 망상 등을 점진적으로 버릴(abandonment) 수 있게 하고, 신성한 가르침의 숨겨진(라하시야♪rahasya) 의미를 이해할 수 있는 능력을 산출하는 식별을 수행하는 것이다. (3)아상가–바바나(♪asaṅga-bhāvanā; '무집착의 함양'). 이 단계에서 수행자는 은둔처(아슈라마āśrama)에 살면서 자신에 대한 앎과 자기 초월에 대한 신성한 지식에 귀 기울이는(슈라바나śravaṇa) 수행에 진지하게 착수한다. 이것은 자연스럽게 마음의 평정과 도덕적인 행위만을 하는 경향성을 낳는다. (4)빌라피니(♪vilapini; '슬퍼함'). 여기서 수행자는 모든 것을 평온하게 보고, 그의 마음은 '가을의 구름층처럼 사라진다.' (5)슛다–상윈–마야–아난다–루파♪śuddha-saṃvin-maya-ānanda-rūpa는 명칭이 나타내는 것처럼 '지복으로 형성되고 순수 의식/인식(awareness)으로 구성된' 단계이다. 이 단계의 영적 전개에서 요긴yogin은 불이성(아드와이타advaita)의 진리에 대한 영원한 확신 속에서 산다. 이 수준은 '생해탈'(지반–묵티jīvan-mukti)로 알려진 상태와 일치한다. (6)아상웨다나–루파♪asaṃvedana-rūpa는 감각♪saṃvedana을 넘어서고 지속적인 지복(아난다ānanda)을 경험하는 단계이다. 이 단계는 깊은 잠(수숩티suṣupti)과 유사하다고 하지만, 이것은 각성 상태와 연관되어 있다. (7)투리야–아바스타–우파샨타[♪turya-avasthā-upaśānta, (연성)turyāvasthopaśānta투리야바스토파샨타로 씀]는 '평정한 넷째 상태'로, '신체를 떠난 해탈'(이신해탈離身解脫, 비데하–묵티videha-mukti) 또는 지고의 적멸(지고의 열반, ♪para-nirvāṇa)과 일치한다.

『요가–바시슈타』♪*Yoga-Vāsiṣṭha*에서 발견되는 세 가지 견해 중 하나를 따라서 『바라하–우파니샤드』*Varāha-Upaniṣad*(4. 1. 1ff.)에서는 다음과 같은 일곱 단계를 설명한다. (1)슈바–잇차(위 참조), (2)비차라나(위 참조), (3)타누–마나시(♪tanu-mānasī; '미세한 마음으로 된 [단계]'), (4)삿트와–아팟티(♪sattva-āpatti; '삿트와의 획득'), (5)아상삭티(asaṃsakti; '[완전한] 무관심'), (6)파다르타–바바나(♪padārtha-bhāvanā; '[존재의] 본질에 대한 깨달음'), (7)투리야–가(turya-gā; '넷째로 들어감'). 마지막 네 단계는 살아 있는 동안 해탈한 달인(지반–묵타)에 속한다고 한다.

Sapta-Kāṇḍam(삽타–칸담)

타밀어Tamil이다. 산스크리트Sanskrit로는 삽타–칸다(♪Sapta-Kānda; '일곱 부분')이다. 『보가르 7000』♪*Bogar 7000*으로도 알려져 있는 타밀어 저작이다. 왜냐하면 이 저작은 남인도의 달인 보가르Bogar가 저술하였고, 7장 총 7,000송으로 되어 있기 때문이다.

⇒ 자나나–사가람Janana-Sāgaram도 참조.

saptan(삽탄) 또는 **sapta-**(삽타–)

'일곱'7이라는 뜻이다.

⇒ 삽타–아크샤라–만트라 sapta-akṣara-mantra, 삽타–앙가–요가 sapta-aṅga-yoga, 삽타다–프라갸 saptadhā-prajñā, 삽타–갸나–부미 sapta-jñāna-bhūmi, 삽타–칸담 Sapta-Kāṇḍam, 삽타–리쉬 sapta-ṛṣi, 삽타–사다나 sapta-sādhana, 삽타–울라사 sapta-ullāsa 참조.

sapta-ṛṣi(삽타–리쉬, [연성]**saptarṣi**삽타리쉬)

'일곱 현자'라는 뜻이다. 베다Veda 시대까지 거슬러 올라가는 고대의 개념이다. 각각의 세계 주기(만완타라manvantara)에서 위대한 성자들로 된 여러 7인 1조가 존재의 미세한 영역 내에서 세계를 통치한다. 현재의 주기에서 일곱 현자는 마리치Marīci, 앙기라스Aṅgiras, 아트리Atri, 풀라스티야Pulastya, 바시슈타Vāsiṣṭha, 풀라하Pulaha, 크라투Kratu이다. 그들은 고대에 인류의 운명에 영향을 미치는 원천들로서 주요 일곱 행성(그라하graha)과 관련이 있어 왔다. 요가Yoga에서 현자들은 인간의 신체 자체 내에 거주하는 것으로 시각화된다.

S

sapta-sādhana(삽타-사다나)

'일곱 가지 수행'이라는 뜻이다. 『게란다-상히타』 *Gheraṇḍa-Saṃhitā*(1. 9)에 따르면 이것은 정화(쇼다나śodhana), 확고함(드리다타dṛḍhatā), 평온함(스타이리야sthairya), 꾸준함(다이리야dhairya), 가벼움(라가바lāghava), [직접] 지각(프라티야크샤pratyakṣa), 비非오염(니르립타nirlipta)으로 구성되어 있다. 베단타Vedānta에서 삽타-사다나sapta-sādhana는 여러 가지 수행 세트를 나타낸다.

sapta-ullāsa(삽타-울라사, [연성]**saptollāsa**삽톨라사)

'일곱 [단계] 성장'이라는 뜻이다. 삽타sapta+울라사ullāsa로 만들어졌다. 일곱 [단계] 성장은 다음과 같다. 아람바-울라사(☞ārambha-ullāsa; '시작함'), 타루나-울라사(☞taruṇa-ullāsa; '연약함', 즉 탄트라Tantra를 학습하려는 열망을 가짐), 야우바나-울라사(☞yauvana-ullāsa; '어림', 즉 일부 지식을 배움), 프라우다-울라사[☞prauḍha-ullāsa; '성숙함', 즉 명상(meditation)을 수행하려고 열망함], 타단타-울라사(☞tadanta-ullāsa; '그것으로 끝남', 즉 명상 속에서 일부 기술을 획득함), 운마나-울라사(☞unmana-ullāsa; '거침' 또는 '광적임', 즉 마음을 초월하기 위한 일부 능력을 획득함), 아나바스타-울라사(☞anavasthā-ullāsa; '자리에 없음'). 마지막 단계는 쉬바Śiva와의 완전한 합일의 신호이다.

Sarasvatī(사라스와티)

'흐르는 것'이라는 뜻이다. 베다Veda 시대에 사라스와티Sarasvatī는 가장 장대한 강이었고, 강둑은 인더스-사라스와티 문명(Indus-Sarasvati civilization)의 중심지를 형성했다. 이 강은 기원전 1900년경에 완전히 말라 버려서 베다인들은 비옥한 갠지즈(Ganges, 강가Gaṅgā) 강 계곡으로 이주하게 되었다. 강의 이름을 따서 명명된 사라스와티 여신은 류트, 책, 염주를 포함하여 그녀에 대한 전통적인 도상학적 상징물들에서 연상할 수 있는 것처럼 언어와 학문, 예술을 관장한다. 후대 힌두이즘Hinduism에서 그녀는 물라다라-차크라mūlādhāra-cakra라 불리는 척주의 기저에 있는 비의적 센터와, 쿤달리니-샥티kuṇḍalinī-śakti가 상승하는 중앙 통로(수슘나-나디suṣumṇā-nāḍī)와 연관되기도 했다.

S

sarasvatī-cālana(사라스와티-찰라나)

'사라스와티Sarasvatī를 흔들어 움직이게 하기'라는 뜻이다. 생기 에너지(프라나prāṇa)를 중앙 통로(수슘나-나디suṣumṇā-nāḍī)로 강제로 들어가게 만드는 쿤달리니-요가Kuṇḍalinī-Yoga의 수행법이다. 『요가-쿤달리-우파니샤드』 *Yoga-Kuṇḍalī-Upaniṣad*(1. 10ff.)에서는 이 비의적인 과정을 다음과 같이 기술한다. 연화좌(파드마-아사나padma-āsana)로 앉은 수행자는 생기가 이다-나디iḍā-nāḍī로 순환하는 동안 생기(즉 호흡)를 네 자리에서 열두 자리로 늘리고 사라스와티-나디sarasvatī-nāḍī를 연장된 호흡으로 '둘러싸야'만 한다. 그리고 (호흡 보유를 통해서) 그 나디nāḍī 속에 생기를 멈추어야만 하고, 머리의 모든 구멍을 손가락들로 막고서 45분 동안 프라나를 오른쪽 나디에서 왼쪽 나디로 반복해서 강제로 들어가게 한다. 그런 다음 수행자는 수슘나-나디를 '정렬시켜야'만 한다. 이것은 쿤달리니-샥티kuṇḍalinī-śakti를 수슘나 도관의 입구로 들어가게 한다. 그 후에 목 '잠금'(잘란다라-반다jālandhara-bandha)과 그 문헌에서는 타나☞tāna로 언급된 복부 '잠금'(웃디야나-반다uḍḍiyāna-bandha)을 수행해야만 한다. 이는 프라나의 흐름을 강제로 위로 향하게 만들 것이다.

마지막으로 수행자는 '태양' 통로, 즉 중앙 통로의 오른쪽에 있는 핑갈라-나디piṅgalā-nāḍī로 생기를 배출해야만 한다.

⇒ 샥티-찰라나-무드라śakti-cālana-mudrā도 참조.

sarasvatī-nāḍī(사라스와티-나디)

'사라스와티Sarasvatī 통로'라는 뜻이다. 일반적으로 중앙 통로(수슘나-나디suṣumṇā-nāḍī)의 앞쪽에 위치한다고 하지만 때로는 그것과 동일시되는 생기(프라나prāṇa)의 통로(나디nāḍī)로 혀까지 뻗어있다고 한다. 이 통로, 즉 생기 에너지의 흐름은 '뱀의 힘'(쿤달리니-샥티kuṇḍalinī-śakti)이 중앙 통로를 따라 상승할 수 있기 전에 활성화되어야만 한다.

Sarasvatī Tīrtha(사라스와티 티르타)

사라스와티sarasvatī+티르타tīrtha로 만들어졌다. 별칭은 파라마항사 파리브라자카차리야Paramahaṃsa Parivrāja kācārya이다. 남인도의 달인으로 『프라판차-사라-탄트라』Prapañca-Sāra-Tantra에 대한 주석서를 썼다.

sarga(사르가)

'창조'라는 뜻이다. 힌두Hindu 철학자들은 항상 우주(cosmos)의 기원에 상당한 관심을 가져왔다. 왜냐하면 그들은 소우주와 대우주가 서로를 반영한 이래로 이런 종류의 지식이 우리 개개인의 기원과 역할에 중요한 단서들을 제공해 준다는 것을 올바르게 직감적으로 알았기 때문이다.

⇒ 세계의 시대(world ages)도 참조.

sarva-aṅga-āsana(사르바-앙가-아사나, [연성]**sarvāṅgāsana**사르방가사나)

'모든 사지四肢 자세'라는 뜻이다. 현대의 하타-요가Haṭha-Yoga 매뉴얼에서 어깨 서기라고 부르는 것이다. 이 자세는 다리와 팔의 위치에 따라 많은 변형이 있다.

[비교] 쉬르샤-아사나śīrṣa-āsana.

사르바-앙가-아사나. 어깨로 서기로 더 잘 알려져 있다.
테오스 버나드(Theos Bernard)

sarva-arthatā(사르바-아르타타, [연성]**sarvārthatā**사르바르타타)

'모든 것을 대상화함'이라는 뜻이다. 『요가-수트라』Yoga-Sūtra(3. 11)에서 발견되는, 보통의 의식(consciousness) 상태를 기술하는 전문적 표현이다.

[비교] 에카그라타ekāgratā.

sarva-bhāva-adhiṣṭhātṛtva(사르바-바바-아디슈타트리트와, [연성]**sarvabhāvādhiṣṭhātṛtva**사르바바바디슈타트리트와)

'[존재의] 모든 상태에 대한 지배'라는 뜻이다. 『요가-수트라』Yoga-Sūtra(3. 49)에 따르면 이것은 초월적 참자아와 우주(cosmos)의 삿트와sattva 측면 사이의 차이에 대해 지속적으로 알아차리는 달인이 획득하는 것이다.

sarva-bhūta-hita(사르바-부타-히타)

'모든 존재에 대한 선善'이라는 뜻이다. 『마하바라타』Mahābhārata(12. 187. 3)에 따르면 참자아에 대한 깨달음의 결과 중 하나이다. 『바가바드-기타』Bhagavad-Gītā(12. 4)에서 주장하듯이 사실상 성자는 모든 사람의 행복을 증진시키는 데서 기쁨(라티 rati)을 얻어야만 한다. 이는 동일한 마음가짐(사마 붓디 sama-buddhi)을 필요로 하는 것과 충돌하지는 않는다.

⇒ 로카-상그라하loka-saṃgraha도 참조.

sarva-jñātva(사르바-갸트와) 또는 **sarva-jñātṛtva**(사르바-갸트리트와)

'전지'全知, '전지성'全知性이라는 뜻이다. 『요가-수트라』Yoga-Sūtra(3. 49)에 따르면 완전한 식별의 통찰력(vision)(식별지識別智, 비베카-키야티 viveka-khyāti)의 산물이다. 그러나 『쉬바-상히타』Śiva-Saṃhitā(5. 65)에서는 척주 기저에 있는 심령 에너지 센터인 물라다라-차크라mūlādhāra-cakra에 대해 명상함으로써 이것이 생긴다고 주장한다. 『요가-쉬카-우파니샤드』Yoga-Śikhā-Upaniṣad(3. 25)에서는 전지성을 절대자에 대한 수행자의 기억의 결과로 간주한다. 이 저작은 전능성에 대해서도 동일한 주장을 한다. ☞ sarva-sam-pūrṇa-śakti

S

Sarvānanda(사르바난다)

분철하면 사르바-아난다Sarva-ānanda이다. '완전히 지복인 자'라는 뜻이다. 사르바sarva+아난다ānanda로 만들어졌다. 『사르볼라사』∮*Sarvollāsa*('모든 즐거움')를 저술한 벵골Bengal 출신의 탄트리카tāntrika이다. 『나바나-푸자-팟다티』∮*Navāhṇa-Pūjā-Paddhati*('9일 간의 숭배의 발자국들')와 『트리푸라르차나-디피카』∮*Tripurārcana-Dīpikā*('트리푸라 숭배에 대한 등불')도 저술한 것으로 추정된다.

sat(사트)

⇒ 참존재 또는 참실재(Being), 사츠-치드-아난다sac-cid-ānanda 참조.

[비교] 아사트(asat).

Satchidananda, Swami(스와미 삿치다난다; 1914~2002)

어렸을 때 이름은 라마스와미 군데르C.K. Ramaswamy Gounder이다. 결혼한 지 5년 만에 아내가 갑자기 죽기 전까지 재가자(그리하스타gṛhastha)로 살았던 남인도인이다. 첫 구루guru는 라마나 마하리쉬Ramana Maharshi였고, 스승이 죽자 그는 1949년에 스와미 쉬바난다Swami Sivananda에 의해서 포기 수행 교단에 입문하였다. 차와 손목시계와 같은 현대의 편리한 물건들에 대해 언제나 열려 있던 그는 1966년에 미국 방문 초정에 쉽게 응했고, 결국은 미국 시민이 되었다. 3년 후에 그는 우드스톡Woodstock 음악 예술 페스티벌에서 많은 군중을 설득시켰고, 초종교적 접근법으로 전 세계에 걸쳐 커다란 대중적 매력을 확보하였다. 그는 통합요가연구소(Integral Yoga Institute)를 설립했고 1980년에 요가빌(Yogaville, 버지니아Virginia)을 만들었으며 수많은 책을 저술하였다.

satisfaction(만족)

⇒ 프리티prīti, 타르파나tarpaṇa, 투슈티tuṣṭi 참조.

sat-kārya-vāda(사트-카리야-바다)

'인중유과론'이라는 뜻이다. 모든 결과는 그것의 원인(카라나kāraṇa) 속에 잠재적으로 포함되어 있다는 상키야Sāṃkhya와 요가Yoga의 가르침이다. 사트-카리야sat-kārya의 교의는 무無로부터의 창조 관념을 명백히 거부한다. 창조는 항상 잠재적 가능성들의 현현(顯現, ∮āvirbhāva)일 뿐이다. 궁극적 원인을 프라크리티(prakṛti; '창조자'), 즉 우주(cosmos)라고 여긴다. 모든 미현현未顯現된(비가시적인) 형태와 현현된(가시적인) 형태는 근원의 초물질들, 즉 프라크리티의 변화(비크리티vikṛti, 비카라vikāra, 파리나마pariṇāma)들일 뿐이다.

⇒ 전개(evolution)도 참조.

sat-saṅga(사트-상가)

'참실재와의 접촉'이라는 뜻이다. 달인과 성자 같은 사람(사두sādhu)들과 친교 하는 오래된 수행이다. 그들과의 접촉이 수행자를 정화시키고 고양시키며 수행자의 영적 진전을 촉진시킨다고 여긴다.

⇒ 샥티-파타śakti-pāta도 참조.

sattā(삿타)

'진실성' 또는 '존재성'이라는 뜻이다. 사트sat와 접미사 타tā로 만들어졌다. 삿트와sattva의 동의어이다. 일반적으로는 존재를, 또는 특별히 궁극적 존재를 나타낼 수 있다.

sattā-āpatti(삿타-아팟티, [연성]**sattāpatti**삿타팟티)

'삿타sattā의 성취'라는 뜻이다. 지혜(갸나jñāna)의 일곱 단계 중 하나이다.

⇒ 삽타-갸나-부미sapta-jñāna-bhūmi 참조.

sattā-mātra(삿타-마트라)

'존재뿐'이라는 뜻이다. 『요가-바쉬야』*Yoga-Bhāṣya*(2. 19)의 링가-마트라liṅga-mātra와 동의어이거나 『탓트와-바이샤라디』*Tattva-Vaiśāradī*(2. 19)에서 '위대한 지성'∮mahad-buddhi이라고 부르는 것이다. 우주(cosmos, 프라크리티prakṛti)의 첫째 전개이다. 그러나 베단타Vedānta 저작인 『요가-바시슈타』∮*Yoga-Vāsiṣṭha*(5. 10. 86)에서는 이 용어를 초월적 참실재 그 자체를 가리키는 데 사용한

S

다. 삿타-마트라 sattā-mātra는 두 측면, 즉 동질성♯eka-rūpa과 이질성♯vibhāga이 있다고 한다. 후자는 일시성♯kāla-sattā, 분열성♯kalā-sattā, 객관적 존재성♯vastu-sattā에 의해 야기된다.

sattva(삿트와)

'실재성' 또는 '존재'라는 뜻이다. 일반적 '존재' 또는 특별한 '존재'이다. 요가 Yoga와 상키야 Sāṃkhya 전통에서 이 용어는 또한 우주(cosmos, 프라크리티 prakṛti)의 세 주요 구성 요소(구나 guṇa) 중 하나를 의미한다. 『바가바드-기타』*Bhagavad-Gītā*(14. 6)에서는 그것을 "결점이 없고 밝게 빛나며 병이 없는 것"으로 특징짓는다. 그러나 구나 중 하나라는 이유로 삿트와 sattva는 또한 속박하는 영향력을 갖는다. 그리고 『바가바드-기타』에서 지적했듯이 이것은 즐거움과 지식에 대한 집착을 불러일으킬 수 있다. 그럼에도 불구하고 삿트와는 자신의 확장을 통해서 라자스(rajas, 동적 원리)와 타마스(tamas, 불활성 원리)를 압도함으로써만 해탈, 즉 깨달음이 가능하다.

삿트와는 순수성을 가진 심리우주적 원리이거나 개념적 여과와 감정적 뒤덮임이 없는 존재일 뿐이다. 고전 요가(Classical Yoga)에서는 마음(psyche)의 삿트와적 측면의 순수성을 초월적 참자아(푸루샤 puruṣa), 즉 순수 참의식(Consciousness)의 고유한 관조성에 어울리게 되는 지점까지 정화하려 한다.

⇒ 삽타-갸나-부미 sapta-jñāna-bhūmi, 삿타 sattā도 참조.

satya(사티야)

'진리' 또는 '진실함'이라는 뜻이다. '진실함'이라는 의미로 도덕 훈련(금계, 야마 yama)을 구성하는 수행법 중 하나이다. 『만달라-브라마나-우파니샤드』*Maṇḍala-Brāhmaṇa-Upaniṣad*(1. 4)에서는 자기 억제(권계, 니야마 niyama) 수행법 중에 그것을 열거한다. 이것은 영적 전통에서 진실함이 갖는 높은 관심을 보여 준다. 『마하니르바나-탄트라』*Mahānirvāṇa-Tantra*(4. 75ff.)에서는 진실함을 다음과 같이 극찬한다.

진실함보다 더 훌륭한 도덕(virtue, 다르마 dharma)은 없고, 거짓을 [조장하는 것]보다 더 큰 죄는 없다. 그러므로 [도덕적인] 사람은 온 마음을 다해 진실함에서 도피처를 찾아야만 한다.

진실함 없는 경배(푸자 pūjā)는 헛되다. 진실함 없는 [신성한 만트라 mantra] 암송은 무용하다. 진실함 없는 고행(타파스 tapas)[의 수행]은 불모지의 씨앗처럼 열매 맺지 못한다.

진실함은 지고의 절대자(브라만 brahman)의 형태이다. 참으로 진실함은 최고의 고행이다. 모든 행위는 진실함에 뿌리 내리고 [있어야만 한다.] 진실함보다 더 뛰어난 것은 없다.

『요가-수트라』*Yoga-Sūtra*(2. 36)에 따르면 이 도덕에 기초한 요긴 yogin은 초자연력(싯디 siddhi)을 획득하는데, 이 힘에 의해서 자신의 행위의 결과가 전적으로 자신의 의지에 의해 좌우된다. 『요가-바쉬야』*Yoga-Bhāṣya*(2. 36)에서는 이것을, 달인이 하는 말은 무엇이든 진실이 된다는 것을 의미하는 것으로 여긴다. 이 저작의 다른 곳(2. 30)에서 비야사 Vyāsa는 적어도 말을 하려면 그것은 자신의 지식으로 되어 있고, 다른 사람들에게 도움을 주는 것으로서의 소통이어야만 한다고 말한다. 그러므로 그 소통은 기만적이거나 오류가 있거나 무익해서는 결코 안 된다. 이 정의는 개인의 정직성과 사실에의 충실성을 결합한다. 일반적인 정서를 표현하는 『가루다-푸라나』♯*Garuḍa-Purāṇa*(49. 30)에서는 진실성을 '존재들에게 이로운♯bhūta-hita 말'로 유사하게 이해한다. 『다르샤나-우파니샤드』*Darśana-Upaniṣad*(1. 9f.)에서는, 진리는 감각들로 된 증거에 기초한 것이지만 최고의 진리는 모든 것이 절대자(브라만)이다, 라는 확신이라고 말한다.

샹카라 Śaṅkara는 상대적 진리(비야바하리카-사티야 vyāvahārika-satya)와 절대적 진리(파라마르티카-사티야 pāramārthika-satya)를 구분하는 두 개의 층으로 된 형이상학을 가르쳤다.

Satyananda Sarasvati, Swami(스와미 사티야난다 사라스와티; 1923년생)

19세에 스와미 쉬바난다 Swami Sivananda 아래서 산니

S

야사saṃnyāsa 서약을 하고 12년간 그와 함께 지냈던 탄트라Tantra의 달인이다. 그 후에 그는 8년간 인도 전역과 다른 나라를 떠돌아다녔고, 1968년에는 비하르Bihar에 국제요가협회(International Yoga Fellowship)를 설립하였다. 1988년에 그는 모든 공적 업무를 자신의 후계자인 스와미 니란자난다Swami Niranjananda에게 맡겼고 파라마-항사parama-haṃsa의 방랑 생활을 시작했다. 그의 통합적인 가르침은 사티야난다 요가Satyananda Yoga라는 명칭으로 알려져 있다. 그는 많은 책을 저술하였고, 다른 것 중에서도 정교한 형태의 요가-니드라yoga-nidrā를 전했다.

saumanasya(사우마나시야)
'기쁨'이라는 뜻이다. 『요가-수트라』*Yoga-Sūtra*(2. 41)에 따르면 청정(샤우차śauca)의 결과 중 하나이다.
[비교] 다우르마나시야daurmanasya.

Saundarya-Laharī(사운다리야-라하리)
'아름다움의 물결'이라는 뜻이다. 샥티 II Śakti를 향한 일백 송으로 된 탄트라Tantra 찬가이다. 이 찬가는 아드와이타 베단타Advaita Vedānta 스승인 샹카라Śaṅkara가 저술한 것으로 잘못 생각되고 있다. 많은 주석서가 있는데, 강가하리Gaṅgāhari와 라크슈미다라Lakṣmīdhara의 것이 가장 중요하다.
⇒ 아난다-라하리Ānanda-Laharī도 참조.

saura-āsana(사우라-아사나, [연성]**saurāsana**사우라사나)
'태양 자세'라는 뜻이다. 『하타-라트나발리』*Haṭha-Ratnāvalī*(3. 62)에 따르면 한쪽 발바닥을 펴서 다른 발 위에 포개는 것이다. 이 수행법은 동일한 문헌에서 제시된 84가지 자세(아사나āsana) 목록에서 이 명칭으로 열거되지 않는다.

savicāra-samāpatti(사비차라-사마팟티)
'숙고 일치', '유사 등지'有伺 等至라는 뜻이다. 미세한(수크슈마 sūkṣma) 대상에 주의가 집중된, 의식 무아경(유상 삼매, 삼프라갸타-사마디 samprajñāta-samādhi)의 하위 유형이다.
⇒ 사마디samādhi, 사마팟티samāpatti도 참조.
[비교] 니르비차라-사마팟티nirvicāra-samāpatti.

savikalpa-samādhi(사비칼파-사마디)
'분별 있는 무아경(삼매, 사마디samādhi)', '유상 삼매'有想 三昧라는 뜻이다. 요가Yoga의 삼프라갸타-사마디samprajñāta-samādhi에 상당하는 베단타Vedānta 용어이다. 비칼파vikalpa라는 단어는 '형상'과 '표상 작용' 양자를 의미할 수 있다. 이 유형의 무아경(삼매, 사마디)은 사고라고 부를 수 있는, 보다 더 높은 정신(mental) 작용을 수반하지만, 즉각적으로 일어나는 생각들은 일반적이고 산만한 마음의 생각들과는 현격하게 차이가 있는 명료성과 직접성을 가지고 있다.
⇒ 사마디samādhi, 사마팟티samāpatti도 참조.
[비교] 니르비칼파-사마디nirvikalpa-samādhi.

savitarka-samāpatti(사비타르카-사마팟티)
'사고 일치', '유심 등지'有尋 等至라는 뜻이다. 의식 무아경(유상 삼매, 삼프라갸타-사마디 samprajñāta-samādhi)의 가장 낮은 형태이다. 여기서는 주의가 도상圖像으로 표현된, 볼 수 있는 형상인 신과 같은 대상의 조대한(스툴라 sthūla) 측면에 집중된다.
⇒ 사마디samādhi, 사마팟티samāpatti도 참조.
[비교] 니르비타르카-사마팟티nirvitarka-samāpatti.

Savitṛ(사비트리 I)
'자극하는 것'이라는 뜻이다. 태양에 대한 베다Veda 시대의 명칭이다.

sādhaka(사다카, 남성) 또는 **sādhikā**(사디카, 여성)
'수행자' 또는 '구도자'라는 뜻이다. 영적인 수행자(요긴yogin 또는 요기니yoginī)에 대한 탄트라Tantra의 명칭이다. 『쉬바-상히타』*Śiva-Saṃhitā*에 따르면 영적인 과정에 대한 열망과 헌신에 따라서 네 유형의 수행자가 있다. (1)므리두-사다카(♯ mṛdu-sādhaka; '약한 수행자')

는 열의가 부족하고 머리가 나쁘고 병약하고 탐욕스럽고 아내에게 집착하고 변덕스럽고 소심하고 못됐고 잔인하고 타인에게 의존하고 나쁜 궁리를 하는 데 빠져 있다. 그는 자신의 스승을 비난하고 기적을 행한다고 자칭하는 사기꾼(ƒ bahu-āśin, bahvāśin으로 씀)이다. 그러한 사람은 만트라-요가Mantra-Yoga에 적합하고 12년간 부지런히 수행한 이후에 성공하게 될 것이라고 한다. (2)마디야-사다카(ƒ madhya-sādhaka; '보통의 수행자')는 마음이 평정하고 인내심 있고 도덕(virtue)을 원하고 목소리가 상냥하고 맡은 모든 일에 절도가 있다. 그는 라야-요가Laya-Yoga에 적합하다. (3)아디마트라-사다카(ƒ adhimātra-sādhaka; '열정적인 수행자')는 하타-요가Haṭha-Yoga에 적합하고 6년간 수행한 이후에 성공하게 될 것이다. 그는 한결같은 마음이고 잘 단련되어 있고 자립적이고 활기차고 동정심 있고 인내심 있고 정직하고 용기 있고 성숙하고 믿음으로 충만하다. 그는 또한 기대가 높고 자신의 스승의 발아래에 경배하고 요가Yoga 수행에 지속적으로 열중한다. (4)아디마트라타마-사다카(ƒ adhimātratama-sādhaka; '가장 열정적인 수행자')는 어떤 유형의 요가에도 적합하고 3년만 수행하면 성취를 이루게 된다. 그는 매우 활기차고 열성적이고 상냥하고 용감하고 가르침(샤스트라śāstra)들을 알고 있고 수행에 열심이고 현혹되지 않고 혼란스러워하지 않고 한창 젊었을 때이고 식습관이 알맞고 감각기관들을 통제하고 있고 두려움이 없고 청결하고 능숙하고 관대하고 모든 사람을 지지하고 유능하고 단호하고 현명하고 자신의 운명에 만족하고 참을성 있고 착하고 도덕적이고 말을 잘하고 심각한 질병에 걸리지 않는다. 그는 또한 자신의 노력을 비밀로 유지하고 가르침들에 대해 믿음이 있고 자신의 스승과 신 들을 숭배하고 공적인 모임을 피하고 모든 형태의 요가를 수행한다.

sādhana 또는 **sādhanā**(사다나)
'깨달음의 수단'이라는 뜻이다. 영적인 길, 특히 완전함(싯디 siddhi)으로 이끄는 탄트라Tantra의 길이다. 요가Yoga의 모든 권위자는 우리가 본질적으로 자유롭다는 견해를 지지했지만, 고유한 자유를 깨닫기 위해서는 수행자가 자기에 대한 앎과 이욕(dispassion)의 태도를 배양해야만 한다는 데도 의견을 같이한다. 다시 말해서 수행자는 고유한 자유, 즉 깨달음의 상태와 유사한 성질을 가진 삶을 살아야만 한다. 신(Divine)을 모방하는, 즉 신을 본받는 것으로 된 이 과정이 바로 영적인 길의 핵심이다.
⇒ 아슈타-앙가-요가aṣṭa-aṅga-yoga, 삽타-사다나sapta-sādhana, 샤드-앙가-요가ṣaḍ-aṅga-yoga, 요가-크리티야yoga-kṛtya도 참조.

sādhikā(사디카)
⇒ 사다카sādhaka 참조.

sādhu(사두, 남성형) 또는 **sādhvī**(사드위, 여성형)
'고결한'이라는 뜻이다. 요가Yoga 수행자일 수도 아닐 수도 있는 성자 같은 사람이다. 성자 같은 사람과 교류(상가II saṅga 또는 상가마 saṅgama)하는 것은 전통적으로 가장 가치 있는 수행 중 하나인 것으로 간주되어 왔다. 사두-상가ƒ sādhu-saṅga는 『요가-바시슈타』ƒ *Yoga-Vāsiṣṭha*(2. 16. 9)에서 언급하는 것처럼 "수행자의 심장에 있는 어둠을 제거하고, 세상에서 올바른 길을 위한 등불이 된다."
⇒ 사트-상가sat-saṅga도 참조.

sāhasa(사하사)
'대담함'이라는 뜻이다. 『하타-요가-프라디피카』*Haṭha-Yoga-Pradīpikā*(1. 16)에 따르면 요가Yoga를 증진시키는 여섯 요인 중 하나이다. 경험적이고 심지어 실험적이기도 한 요가에서 소심함이 있을 곳은 분명히 없다. 그래서 수행자 자신의 신체와 마음은 실험실이다. 그러나 대담함이 무모함은 아니다.

sākṣāt-kāraṇa(사크샤트-카라나) 또는 **sākṣāt-kāra**(사크샤트-카라)
'눈으로 알아차리다'라는 뜻이다. √sa('~와 함께')+아크샤(akṣa; '눈')로 만들어졌다. 요긴yogin의 지각(요기-프라티야크샤yogi-pratyakṣa)으로도 알려져 있다. 무아경(삼

S

매, 사마디samādhi) 상태에서 사물에 대한 직접적인 지각이다. 감각 입력이 수반되지는 않지만 삼매의 과정을 통해서 요긴은 대상과 동일하게 되고, 그 때문에 대상을 경험한다. 이 용어는 종종 참자아에 대한 깨달음에 적용된다.

[비교] 그라하나grahaṇa.

sākṣin(사크쉰)

'목격자' 또는 '보는 자'라는 뜻이다. 일반적으로 초월적 참자아를 지칭하는 명칭이다. 보는 자의 의식(consciousness)은 인도의 영적 전통에서 위대한 발견으로 열렬한 지지를 받아 왔다.

⇒ 드라슈트리draṣṭṛ도 참조.

Sāma-Veda(사마-베다)

'노래에 대한 지식'이라는 뜻이다. 사만(sāman; '노래' 또는 '가창')에서 유래되었다. 네 베다Veda의 찬가 중 하나이다. 이 모음집에는 1,875송이 들어 있다. 그 중 1,800송은 『리그-베다』*Rg-Veda*에서 채택되었다. 『사마-베다』*Sāma-Veda*의 찬가들은 희생제의 도중에 찬송되었다. 그리고 이 수행법은 일찍이 요가Yoga의 가장 중요한 측면 중 하나인 호흡법(프라나야마prāṇāyāma)과 연관되었다.

⇒ 베다Veda도 참조.

Sāṃkhya(상키야)

'수'數라는 뜻이다. 존재론의 고대 형태이다. 또한 상키야Sāṃkhya의 신봉자이기도 하다. 이 명칭은 상키야 권위자들이 존재의 범주(탓트와tattva)에 대해 열거한 데서 파생되었다. 상키야는 24가지 또는 25가지의 주요 존재적 범주를 구분하는데, 이 중 두 가지 주요 범주는 초월적 참자아(푸루샤puruṣa)의 범주와 우주(cosmos)를 의미하는 프라크리티prakṛti의 범주이다. 남은 범주들은 우주 현현顯現의 여러 층위들과 관련된다. 상키야의 영적 길은 푸루샤와 프라크리티 사이의 주의 깊은 구분과 의식(consciousness)을 가진 유일한 원리인 참자아를 제외한 모든 것에 대한 완전한 포기(renunciation)이다. 식별(비베카viveka)로 된 이 수행은 상키야라는 용어의 다른 의미, 즉 '통찰'(vision) 또는 '탐구적 이해'라는 의미를 시사한다.

요가Yoga와 마찬가지로 상키야 전통은 정확한 시작을 정할 수 없을 만큼 오래된 역사를 가지고 있다. 초기 상키야적 요소들은 『리그-베다』*Rg-Veda*와 『아타르바-베다』*Atharva-Veda*의 찬가들에서 이미 발견할 수 있다. 『마하바라타』*Mahābhārata*(특히 『바가바드-기타』*Bhagavad-Gītā*와 『모크샤-다르마』*Mokṣa-Dharma* 장에서)와 『카타-우파니샤드』*Kaṭha-Upaniṣad*, 『슈웨타슈와타라-우파니샤드』*Śvetāśvatara-Upaniṣad*, 『마이트라야니야-우파니샤드』*Maitrāyaṇīya-Upaniṣad*와 같은 그러한 비전적 문헌들에서는 기원전 500년에서 200년 사이의 시기에 발달된 전고전 상키야(Preclassical Sāṃkhya) 학파들을 서술한다. 이 학파들은 요가 전통과 밀접한 연관을 보여 주는데, 양자는 종종 상키야-요가Sāṃkhya-Yoga로 함께 언급될 정도이다. 그러나 『모크샤-다르마』에서는 상키야와 요가가 동일한 목표로 이끈다고 강조하지만, 양자 사이를 뚜렷하게 구분 짓는 구절들도 있다. 이를테면 『마하바라타』(12. 289. 7)의 한 구절에서는 요가가 지각(프라티야크샤 pratyakṣa)에 의존하는 반면, 상키야는 전통(즉 달인들의 증언)에 근거한다고 언급함으로써 두 전통을 정확하게 서술한다. 『바가바드-기타』(5. 4)에서 요가는 카르마-요가Karma-Yoga와 상키야는 포기(산니야사saṃnyāsa)의 길과 동일시되지만, 그 다음 송에서는 그것들의 본질적인 통합이 강조된다.

성자 카필라Kapila는 상키야의 설립자로 추앙되지만, 그에 대해 명확히 알려진 것은 아무것도 없다. 분화되고 한동안 분명히 영향력 있었던 이 전통은 『상키야-카리카』*Sāṃkhya-Kārikā*의 저자인 이슈와라 크리슈나Īśvara Kṛṣṇa의 고전적 정형화로 절정에 이르렀다. 또한 카필라가 저술한 것으로 추정되는 경구 모음인 『상키야-수트라』*Sāṃkhya-Sūtra*도 있는데, 이 문헌은 철학적으로 많은 점에서 이슈와라 크리슈나의 가르침과는 다르다. 베단타Vedānta의 불이론不二論의 관점에서 상키야의 형이상학을 재건하려는 비갸나 비크슈Vijñāna Bhikṣu의 용감한 시도가 있을 때까지 약 11세기 이후부터 상키야

S

전통은 쇠퇴하였다. 파탄잘리Patañjali의 요가-다르샤나 yoga-darśana는 단순히 상키야 형이상학에 접목된 것으로 자주 오인되지만, 사실상 그의 가르침들은 독창적인 요가적 관점을 분명히 표현한다.

Sāṃkhya-Kārikā(상키야-카리카)
'상키야Sāṃkhya에 대한 송들'이라는 뜻이다. 상키야 전통에 대한 가장 중요한 저작으로 이슈와라 크리슈나Īśvara Kṛṣṇa가 저술한 것으로 여겨지고 5세기의 어느 때에 성립되었다.

Sāṃkhya-Sūtra(상키야-수트라)
'상키야Sāṃkhya의 경전'이라는 뜻이다. 저자 미상이고 연대상으로는 1400년경에 처음 등장한 상키야 문헌이다. 이 문헌에는 아니룻다Aniruddha가 쓴 『상키야-수트라-브릿티』♯*Sāṃkhya-Sūtra-Vṛtti*라는 제목의 주석서와 비갸나 비크슈Vijñāna Bhikṣu가 쓴 『상키야-프라바차나-바쉬야』♯*Sāṃkhya-Pravacana-Bhāṣya*라는 제목의 주석서가 있다.

Sāṃkhya-Yoga(상키야-요가)
전고전 상키야(Preclassical Sāṃkhya)의 특징처럼 세속적 존재의 본성과 초월적 참자아에 대한 통찰력(vision)에 기초를 둔 영적 접근법이다. 『맛시야-푸라나』♯*Matsya-Purāṇa*(52. 2)에서 상키야-요가Sāṃkhya-Yoga는 갸나-요가 Jñāna-Yoga와는 동등하게 여겨지고 카르마-요가Karma-Yoga, 즉 '의례의 요가Yoga'와는 대조를 이룬다. 『라구-요가-바시슈타』*Laghu-Yoga-Vāsiṣṭha*(6. 7. 13)에서 상키야-요긴♯sāṃkhya-yogin은 요가-요긴♯yoga-yogin에 병치된다. 『안나-푸르나-우파니샤드』♯*Anna-Pūrṇā-Upaniṣad*(5. 49)에서도 동일한 구별을 볼 수 있다. 거기서 전자는 무아경(삼매, 사마디samādhi)과 지식에 대한 완전한 통제에 의해 각성된다고 하는 반면, 후자는 생기(프라나prāṇa)의 안정화를 통해 해탈에 도달한다.

sāttvika(삿트위카)
삿트와sattva의 형용사형이다. 일반적으로는 'sattvic'(삿트와의)으로 표기된다.

Sātvata-Saṃhitā(사트와타-상히타)
'사트와타sātvata들에 대한 해설'이라는 뜻이다. 25장으로 된 중요한 판차라트라Pañcarātra 문헌이다. 사트와타들은 다름 아닌 바가바트(Bhagavat, 비슈누Viṣṇu/크리슈나Kṛṣṇa)의 숭배자인 바가바타Bhāgavata들이다.

Sātvata-Tantra(사트와타-탄트라)
'사트와타sātvata들의 탄트라Tantra'라는 뜻이다. 박티 bhakti에 중점을 둔 9장으로 된 바이슈나바vaiṣṇava 탄트라이다. 크리슈나Kṛṣṇa에 대한 천 가지 이름(사하스라-나마sahasra-nāma) 중 한 호칭이다.

Sāvitrī(사비트리II)
사비트리Savitṛ의 여성형이다. 가야트리gāyatrī와 동의어이다.

scripture(문헌)
⇒ 샤스트라śāstra, 슈루티śruti, 스므리티smṛti, 수트라 sūtra, 탄트라Tantra 참조.

seal(결인)
⇒ 무드라mudrā 참조.

seat(좌법 또는 자리)
⇒ 아사나āsana, 니샤다나niṣadana, 피타pīṭha 참조.

S

secrecy(비밀 엄수)
많은 문헌에서는 비밀 엄수를 명한다. 이 명령에 주의하지 않는 사람들은 종종 무시무시한 결과들, 특히 극단적인 영적 불행에 직면한다. 예를 들면 『브라마-비디야-우파니샤드』*Brahma-Vidyā-Upaniṣad*(47)에서는 스승이 지옥(나라카Nāraka)에 떨어지지 않도록 헌신적인 제자에게만 가르침을 전수할 것을 요구한다. 유사하게 『마하-바키야-우파니샤드』*Mahā-Vākya-Upaniṣad*(2)에서는 올바르게 자기 성찰♯antar-mukha하는 삿트와적인(삿트위카sāttvika) 제자에게만 가장 비전적인 지식을 전수해야만 한다고 요청한다. 비밀 엄수는 종종 특정한 기법들, 특히 케차리-무드라khecarī-mudrā에 대해 명해진다. 『요가-쉬카-우파니샤드』*Yoga-Śikhā-Upaniṣad*(1. 156)에서는 초자연적 능력(싯디siddhi)들에 대한 비밀 엄수를 요구하는데, 이 능력들은 드러내지 말아야 한다. 다시 한 번 『하타-요가-프라디피카』*Haṭha-Yoga-Pradīpikā*(1. 11)에서 성취(싯디siddhi)를 바라는 요긴yogin은 하타-요가Haṭha-Yoga의 과학을 주의 깊게 감춘 채 지켜야만 한다고 선언한다. 왜냐하면 그것은 오직 비밀로 지켜지는 한에서만 강력할 뿐 걸맞지 않는 사람들에게 공개될 때는 효력이 거의 없어지기 때문이다. 비밀 엄수에 대한 이러한 요구는 대체로 입문 전통의 특징이다. 『쿨라르나바-탄트라』*Kulārṇava-Tantra*(11. 83)에서는 탄트라Tantra의 이런 중요한 특징을 다음과 같이 표현한다. "내면적으로는 카울라kaula이고 외면적으로는 샤이바Śaiva이며 사람들 사이에서는 바이슈나바vaiṣṇava이다. 오, 데비devī여! 수행자는 과일 속의 [가치 있는] 과즙처럼 카울라의 [길]을 잘 감춘 채 지켜야만 한다."

⇒ 산다-바샤Saṃdhā-Bhāṣā도 참조.

secret(비밀)

궁극의 비밀, 즉 신비는 신(神, Divine) 그 자체이다. 보통 사람의 관점으로는 볼 수 없게 감추어져 있기 때문에 비밀이다. 신, 즉 초월적 참자아와 하나가 된 해탈한 달인의 경우에만 신비의 장막이 걷힌다.

⇒ 구히야guhya도 참조.

seed(종자)

⇒ 비자bīja, 빈두bindu 참조.

seed syllable(종자 음절)

⇒ 비자-만트라bīja-mantra 참조.

seer(현자)

⇒ 드라슈트리draṣṭṛ, 리쉬ṛṣi 참조.

S

self(자아) 또는 **ego-personality**(에고적 인성)

초월적 참자아는 경험적 자아(지바jīva), 즉 에고(아만我慢, 아항카라ahaṃkāra, 아스미타asmitā)와 뚜렷이 구별되지만 그것의 내부에 또는 그것의 배후에 숨겨져 있다. 이것은 또한 융C. G. Jung의 '자기'(Self) 개념과도 다르다. 융의 자기는 에고가 자기의 메시지들에 민감하고 기꺼이 그것들에 반응하는 개인(personality)의 심리·영성적 성숙을 책임지는 심리적 원형이다. 융의 개념은 베단타Vedānta의 초월적 참자아와 연결 지어 생각되는 개념 중 하나인, 우파니샤드Upaniṣad들에 나타난 '내적 통제자'(안타리야민antaryāmin) 관념에 더 부합한다.

모든 힌두Hindu 전통은 초월적 참자아에 대한 깨달음이 인간이 소망하는 대상들 가운데 가장 고귀하고 가치 있는 목표라는 데 동의한다. 이것은 자아실현과 자기 능력 실현이라는 심리학적 목표들과는 주의 깊게 구분되어야만 한다.

⇒ 아디야트만adhyātman, 푸루샤-아르타puruṣa-artha도 참조.

Self-knowledge(참자아에 대한 지식)

⇒ 참자아에 대한 앎(Self-understanding) 참조.

self-offering(자기 봉헌)

⇒ 아트마-니베다나ātma-nivedana 참조.

self-purification(자기 정화)

⇒ 아트마-슛디ātma-śuddhi 참조.

Self-realization(참자아에 대한 깨달음)

아트마-갸나(ātma-jñāna; '참자아에 대한 앎') 또는 아트마-다르샤나[ātma-darśana; '참자아에 대한 통찰력(vision)']이다. 에고적 인성이기보다는 초월적 참실재인 진정한 자기 정체성의 회복이다. 이것은 인지 과정, 즉 단순한 경험이 아니라 의식(consciousness)의 근원에서의 근본적 변화이다. 이는 신체뿐만 아니라 마음의 초월도 수반하는 것으로 깨달음, 즉 해탈과 동의어이다.

Self-recognition(참자아에 대한 재인식)
⇒ 아트마-프라티야비갸ātma-pratyabhijñā 참조.

self-reliance(자립 또는 자기에 대한 신뢰)
⇒ 스와탄트리야svātantrya 참조.

self-surrender(자기 헌신)
헌신(박티bhakti)의 말로 표현하자면 자아 초월의 태도이다. 이 태도는 신(神, Divine) 또는 초월적 참자아를 중심으로 삼는다.
⇒ 아트마-니베다나ātma-nivedana도 참조.

self-transcendence(자아 초월)
모든 문제에 대해서 에고의 습관으로 된 한계들을 초월하는 수행이다. 이것은 영적 삶에서 이상적이고 토대가 되는 과정이다. 자아 초월의 태도는 일반적인 상황들뿐 아니라 환영, 초자연력(싯디siddhi), 여러 형태의 무아경(삼매, 사마디samādhi)에도 적용되는 것이다. 자기 헌신, 즉 자기희생의 지향은 참자아에 대한 깨달음, 즉 해탈이라는 위대한 사건에서 충분히 그 역할을 수행한다.

Self, transcendental(초월적 참자아)
파라마-아트만parama-ātman이다. 인간 존재의 본질적 핵심이다. 기독교 전통에서는 영원한 영혼(soul)으로 알려져 있는 것이다. 참자아(아트만ātman, 푸루샤puruṣa)는 모든 역할로부터 독립되어 있는 인간의 진정한 정체성이고, 불멸・불변한다고 생각된다. 아울러 힌두이즘Hinduism의 대부분의 영적 전통들에서 이것은 초감각♯atīndriya이고 순수 참의식(Awareness, 치트cit, 치티citi, 체타나♯cetana, 차이탄야 I caitanya. 이 단어들은 모두 동일한 어근을 가지고 있다)으로 간주된다.

Self-understanding(참자아에 대한 앎)
아트마-갸나ātma-jñāna이다. 특히 인간의 정신(psyche, 지바jīva)이 복잡해지는 오늘날, 요가Yoga의 성취를 위해서 중요한 정신적 요건이다.

Self-vision(참자아에 대한 통찰력)
⇒ 아트마-다르샤나ātma-darśana 참조.

semen(정액)
⇒ 빈두bindu, 레타스retas, 슈크라śukra 참조.
[비교] 라자스rajas.

sense control(감각기관 통제)
⇒ 인드리야-자야indriya-jaya, 인드리야-니그라하indriya-nigraha 참조.

senses(감각기관)
⇒ 인드리야indriya 참조.

sense withdrawal(감각 철회 또는 제감制感)
⇒ 프라티야하라pratyāhāra 참조.

serpent posture(뱀 자세)
⇒ 부장가-아사나bhujaṅga-āsana 참조.

serpent power(뱀의 힘)
⇒ 쿤달리니-샥티kuṇḍalinī-śakti 참조.

serpent seal(뱀 결인)
⇒ 부장기니-무드라bhujaṅginī-mudrā 참조.

service(섬김)
⇒ 세바seva 참조.

sevā(세바) 또는 **sevana**(세바나)
'섬김'이라는 뜻이다. 제자의 중요한 면이다. 고대로부터 더 높은 단계의 입문의례(디크샤dīkṣā)를 바라는 제자(쉬쉬야śiṣya)는 스승(구루guru)을 변함없이 섬김으로써 자기 자신을 증명해 보여야만 했다.
⇒ 아차리야-세바나ācārya-sevana, 구루-세바guru-sevā, 파다-세바나pāda-sevana, 판차-앙가-세바나pañca-aṅga-sevana도 참조.

S

seven(일곱7)
⇒ 삽탄saptan 참조.

seventy-two thousand(칠만 이천72,000)
⇒ 드위삽타티사하스라dvisaptatisahasra 참조.

sexuality(섹슈얼리티 또는 성性)
인도의 영적 전통은 두 범주로 나뉜다. 대부분의 탄트라Tantra 유파들처럼 신체와 성적인 것에 대한 긍정적 지향을 지지하는 전통들과 성적인 것을 영적인 길에서 피할 수 없는 장애물로 여기는 전통들이 있다. 다수를 차지하는 후자는 구도자♯nava-yogin가 성적인 모든 행위를 억제하고 엄밀한 의미에서 [성적] 금욕(동정童貞, 브라마차리야brahmacarya)을 반드시 수행할 것을 요구한다. 일반적으로 영적인 삶을 살기 위해 노력하는 재가자(그리하스타gṛhastha)에 대해서는 용인 하지만, 설령 재가자라고 하더라도 생각과 말, 행위에 있어서는 완전한 성적 금욕을 위해 노력해야만 한다. 이것을 권고하는 이유는 오르가즘♯kṣobha 속에서 자신의 성적 에너지를 방출하는 것은 요가Yoga 수행을 통한 인성의 변화라는 몹시 힘든 일생 동안의 과제를 위해 필요한 생명 에너지(프라나prāṇa), 즉 생명력의 손실을 수반하기 때문이다. 승화(우르드와-레타스ūrdhva-retas)는 정액 물질의 실제적인 정제를 발생시켜 오자스ojas로 알려진 것 속으로 들어가는 심신적 과정으로 이해된다.

성에 긍정적인 유파들의 실천은 단지 쾌락주의적이고 음탕한 시도들만은 아니었다. 또한 그들은 대체로 오르가즘과 그와 동시에 발생하는 생명력의 손실을 좋아하지도 않는다. 그러나 그들은 영적 변화의 가치 있는 수단으로써 성적 활동을 허용하고 권장하기까지 하였다. 성적 욕망(카마kāma)은 특별히 강력하기는 하지만 억압되지 않고 적절하게 이용되어야만 하는 한정된 인성의 일반적인 기능으로 보인다. 사실상 탄트라의 좌도 유파는 명확하게 성적 충동을 자극하려는 일련의 기법들을 제공한다. 이 탄트라적 지향의 핵심 의례는 '다섯 엠M'(판차-마 카라pañca-ma-kāra)으로 알려져 있다. 그중 성적 의례(마이투나maithuna)는 다섯째이자 마지막 의례의 수행법이다. 그것의 목적은 육체적 결합을 통해서 무아경(삼매, 사마디samādhi)을 성취하는 것이다. 이 접근법은 성적 즐거움(수카sukha, 라티ṛati)이 초월적 지복(아난다ānanda)의 현현顯現이므로 그와 같이 경험될 수 있다는 관념에 기초하고 있다. 이 지향은 크리슈나Kṛṣṇa와 고피gopī들 사이의 사랑놀이라는 종교적 모티브를 전형적으로 보여 준다. 인도에서는 언제나 금욕적인 경향이 지배적이었고, 성에 긍정적인 유파들은 거의 비밀리에 존재해 왔다. 오늘날은 명백하게 반反탄트라적 태도가 만연해 있다. 다른 한편으로 탄트라는 서구로 갔고, 수많은 신新탄트라 유파들이 갑자기 생겨났다. 그러나 대부분의 경우 이들이 전통적인 탄트라와 공통적으로 가지고 있는 것은 명칭뿐이다.

⇒ 빈두bindu, 라사rasa, 사하지야 운동Sahajiyā Movement, 정액(semen)도 참조.

shadow(그림자)
⇒ 차야chāyā, 차야-푸루샤chāyā-puruṣa 참조.

Shamanism(샤머니즘)
샤먼shaman으로 불린 무아경의 전문가들을 중심으로 전개된 부족의 전통에 붙여진 명칭이다. 그들은 자신의 부족 구성원들에게 이익을 주기 위해서 우주의 숨은 힘들에게 협력을 요청하는 다양한 마법적 · 영적 수행법들을 사용한다. 특히 샤먼들은 육체적 · 정신적(mental) 질병을 치유하는 일을 부탁받는 치유사들이다. 그러나 그들은 또한 미래와 관련된 모든 문제를 예언하고 안내하기 위한 상담자 역할을 맡는다. 샤머니즘Shamanism은 요가Yoga와 많은 요소, 특히 의지대로 무아경의 의식(consciousness) 상태 속으로 들어가서 거기서 초자연적 지식과 지혜를 가져올 수 있는 능력을 공유한다. 샤머니즘이, 용어가 갖는 가장 넓은 의미에서, 요가 전통의 뿌리 중 하나라는 것은 그럴 듯해 보인다. 그러나 요긴yogin들은 초자연적 능력이나 지식보다는 해탈을 추구하므로 요가와 샤머니즘의 차이는 현저하다. 영성의 최고의 단계에서 요긴들 또한 다른 존재들의 안녕을 다른 모든 것 위에 놓는다는 것은 사실이다. 이것은 불교의 이상인 보디삿트와bodhisattva에 담겨 있다. 그는 깨달음을 실현하겠다는 노력을 아끼지 않는다. 그래서 그는 고통으로부터 깨어나 자유로워지기 위한 자신의 투쟁에서 다른 사람들에게 최선의 봉사를 할 수 있다.

shame(부끄럼 또는 수줍음)
⇒ 랏자lajjā 참조.

Shankarānandanātha(샹카라난다나타)
샹카라śaṃkara + 아난다ānanda + 나타nātha로 만들어졌다. 탄트라Tantra 입문 전에는 샴부 밧타(Śāmbhu Bhaṭṭa, 밧타bhaṭṭa; '의사')로 알려져 있었고 18세기 초에 활약했다. 그는 유명한 미망사 학자인 칸다데바Khandadeva의 제자였고, 슈리-비디야 I Śrī-Vidyā 문헌인 『순다리-마호다야』♯ *Sundarī-Mahodaya*('순다리의 대양')를 저술하였다.

Shastri, Hari Prasad(하리 프라사드 샤스트리; 1882~1956)
런던에서 샨티 사단Shanti Sadan을 창립(1929)하기 전 몇 년간 일본과 중국에서 가르쳤던 인도 태생의 산스크리트Sanskrit 학자이다. 그는 『아바두타-기타』 *Avadhūta-Gītā*와 『아슈타바크라-기타』 *Aṣṭāvakra-Gītā*를 포함하여 아드와이타 베단타Advaita Vedānta의 고전들을 여러 권 번역하였다. 그의 구루guru는 알리가르Aligarh 출신의 슈리 다다지Shri Dadaji였다.

sheath(겹)
⇒ 코샤kośa 참조.

Shivananda, Swami(∵스와미 쉬바난다)
⇒ 스와미 쉬바난다Sivananda, Swami, 스와미 쉬바난다 라다Sivananda Radha, Swami 참조.

Shivapuri Baba(쉬바푸리 바바; 1826~1963)
일명 스와미 고빈다나트 바라티 Swami Govindanath Bharati라고 불린다. 아마도 처음으로 서구를 방문한 성자 같은 힌두Hindu 스승으로 장수했다. 그는 세계를 여행하면서 분명히 국가 원수들을 직접 접견하려고 했고, 빅토리아 여왕을 열여덟 번 접견했다. 그는 요가Yoga를 오락꺼리라고 하여 거들떠보지 않았지만, 그의 가르침은 요가로 분류될 수 있다.

shoulder stand(어깨로 서기)
⇒ 사르바-앙가-아사나sarva-aṅga-āsana 참조.
[비교] 비파리타-카라니-무드라viparīta-karaṇī-mudrā.

siddha(싯다)
'성취된' 또는 '달인'이라는 뜻이다. 여성형은 싯다-앙가나♯ siddha-aṅganā, 즉 '달인의 동반자'이다. 일반적으로 깨달았거나 성취(싯디 siddhi)에 이르렀다고 여겨지는 영적 스승이다. 『요가-쉬카-우파니샤드』 *Yoga-Śikhā-Upaniṣad*(1. 159)에 따르면 달인은 그가 소유한 초자연적 능력(싯디라고도 불림)들로 알 수 있게 된다. 같은 저작(1. 50)에서는 또한 완전한 요긴yogin이 되기 위해 낮은 단계의 갸나-요가Jñāna-Yoga 수행자(즉, 갸닌 jñānin)에게는 달인의 은총(프라사다 prasāda)이 필수적이라고도 언급한다.
⇒ 마하-싯다mahā-siddha, 샥티-파타śakti-pāta도 참조.

siddha-āsana(싯다-아사나, [연성]**siddhāsana**싯다사나)
'완성된 자세'라는 뜻이다. 『게란다-상히타』 *Gher-*

싯다-아사나, 즉 완성된 자세

aṇḍa-Saṃhitā(2. 7)에 기술되어 있는 명상(meditation) 자세로 다음과 같다. (왼쪽) 발꿈치는 항문 아래에 다른 발꿈치는 생식기 위에 놓는 한편, 턱을 가슴에 얹고 미간(브루-마디야 bhrū-madhya) 지점을 응시한다. 이 자세(아사나 āsana)는 해탈로 이끈다고 한다. 『하타-요가-프라디피카』*Haṭha-Yoga-Pradīpikā*(1. 40)에서는 이 기법을 알맞게 수행하면 12년 내에 완성할 수 있다고 약속한다. 이는 또한 왼쪽 발목을 생식기 위에 놓는 대안적인 자세를 언급하기도 한다. 이 수행은 때로 바즈라-아사나 vajra-āsana, 묵타-아사나 mukta-āsana, 굽타-아사나 gupta-āsana로 언급되기도 한다. 『요가-마르탄다』*Yoga-Mārtaṇḍa*(5)에서 이것은 스와스타-아사나 ♯ svastha-āsana로도 불린다.

siddha-cikitsā(싯다-치킷사)

싯다 siddha 의학이다. 이것은 싯다 컬트 Siddha cult에서 전해진 탄트라 Tantra 연금술 의학 분파이다. 아바다우티카-치킷사 avadhautika-cikitsā와 유사하거나 동일하다.

Siddha cult(싯다 컬트)

800년~1200년 사이에 번성하였다. 싯다 siddha들로 알려진 완전한 존재들의 집단에 대한 인정과 숭배이다. 북인도 전통은 최고 상태의 해탈(모크샤 mokṣa)을 즐길 뿐 아니라 위대한 초자연력(싯디 siddhi)들도 소유하고 있는 84명의 위대한 달인(마하-싯다 mahā-siddha)들을 인정한다. 그들은 설명하기 거의 불가능한 사람들로서 숭배된다. 비상한 이 존재 중에서 가장 널리 알려진 인물은 맛시옌드라(Matsyendra, 티베트에서는 루이파 Luipā로 알려짐)와 고라크샤 I Gorakṣa이다. 영적으로 고귀한 84명으로 된 이 명단이 분명히 보여 주는 바와 같이 싯다 컬트 Siddha cult는 힌두이즘 Hinduism과 불교 양자에 모두 걸쳐 있다. 남인도 전통은 18명의 그러한 달인들, 특히 아가스티야 Agastya, 티루물라르 Tirumūlar, 치바박키야르 Civavākkiyar의 사원들에 대해 알고 있다. 이 둘째 목록에는 또한 중국, 스리랑카, 심지어 이집트 출신의 인도인이 아닌 인물들이 포함되어 있다. 셀 수 없는 전설들이 이 인물들의 생애와 기적 같은 행위들을 중심으로 만들어졌다. 그러나 그들의 가르침은 불완전하게 보존되어져 왔을 뿐이다. 일부 저작들(대부분은 진위 여부가 의심스러운) 이외에도 수많은 교훈적인 노래 ♯ dohā들도 있다.

신성시되는 존재나 힘의 초점인 영적 인물에 대한 숭배는 당연히 전통적인 수행이고, 『마하바라타』*Mahābhārata*와 다른 초기 저작들로부터 분명히 알 수 있듯이 이것은 수천 년 전까지 거슬러 올라간다. 스승에 대한 숭배(구루-푸자나 guru-pūjana)는 이 수행의 한 측면이다.

신체의 완전함, 심지어 신체적인 불사에 대한 관심은 싯다 컬트나 싯다 운동에 불가결한 요소였다. '신체의 (잠재력을) 배양하는' 훈련 ♯ kāya-sādhana은 하타-요가 Haṭha-Yoga의 발생으로 이끈다. 그러나 싯다 컬트와 하타-요가, 나티즘 Nāthism, 카울리즘 Kaulism 사이의 역사적인 연관성은 여전히 매우 모호하다.

쉬바 Śiva 숭배자들인 마헤슈와라-싯다 maheśvara-siddha들은 진정한 해탈, 다시 말해 바즈라-데하 vajra-deha의 육체적 불사뿐만 아니라 디비야-데하 divya-deha의 깨달음도 추구하였다. 대개 수도자들이었던 나타 nātha 싯다들은 주로 육체적 수행 ♯ kāya-sādhana을 통해서 해탈을 갈망하였다. 영적 연금술에 몰두했던 라사-싯다 rasa-siddha들은 교단은 없었지만 종종 궁중에 소속되었다.

⇒ 나타 컬트 Nātha cult, 샤이비즘 Śaivism도 참조.

siddha-darśana(싯다-다르샤나)

'달인들의 통찰(vision)'이라는 뜻이다. 『요가-수트라』*Yoga-Sūtra*(3. 32)에 따르면 수행자는 '머릿속의 빛'에 대한 무아경적 '억제'(총제總制, 상야마 saṃyama) 수행으로 달인들의 통찰력 있는 경험을 유발할 수 있다. 『쉬바-상히타』*Śiva-Saṃhitā*(5. 87)에서는 심장 센터(아나하타 차크라 anāhata-cakra)에 대한 명상(contemplation)을 통해서 이 통찰을 획득할 수 있다고 말한다.

siddha-deha(싯다-데하)

'완전한 신체' 또는 '달인의 신체'라는 뜻이다. 바즈라-데하 vajra-deha와 동의어이다.

S

Siddhapāda(싯다파다)

『하타-요가-프라디피카』*Haṭha-Yoga-Pradīpikā*(1. 6)에서 하타-요가Haṭha-Yoga의 달인으로 언급되어 있다.

Siddha-Siddhānta-Paddhati(싯다-싯단타-팟다티)

문자 그대로 '달인들의 가르침의 궤적들'이라는 뜻이다. 초기 하타-요가Haṭha-Yoga의 중요한 저작이다. 고라크샤 I Gorakṣa이 저술한 것으로 추정되는 이 문헌은 총 353송으로 되어 있고 6개의 장으로 이루어져 있다. 이 저작은 나티즘Nāthism의 철학, 특히 신체(핀다 piṇḍa)에 대한 가르침을 자세히 설명하고 있다. 제1장에서는 신체 형상화의 여섯 유형 또는 단계를 구분하고 있는데, 초월적para 신체로 시작해서 '태아의'(가르바 garbha), 즉 육체적 신체로 끝난다. 뒤이은 장에서는 비의적 해부학을 광범위하게 다루고 있다. 한 송(2. 32)에서 참된 요긴yogin은 아홉 센터(차크라 cakra)와 열여섯 토대(아다라 ādhāra), 세 대상(라크쉬야 lakṣya), 다섯 에테르 공간(비요만 vyoman)을 아는 자로 정의된다. 사하스라라-차크라sahasrāra-cakra가 여기서 니르바나-차크라nirvāṇa-cakra로 불리는 것을 제외하면 아홉 심령 에너지 센터는 널리 알려진 일련의 일곱 센터를 포함하고 있다. 여덟째 센터는 탈루-차크라♯tālu-cakra로, 이것은 구개에 자리하고 신비한 '종'[鐘, 간티카 ghaṇṭikā, 즉 목젖 또는 '왕의 치아'(라자-단타 rāja-danta)]에 위치하며, 신성한 감로(아므리타 amṛta)가 떨어지는 지점이다. 아홉째 차크라는 아카샤-차크라ākāśa-cakra로, 열여섯 개의 바퀴살로 묘사되고 정수리에 있는 '브라만brahman의 구멍'(브라마-란드라 brahma-randhra)에 자리하고 있다.

제4장에서는 '뱀의 힘'(쿤달리니-샤티 kuṇḍalinī-śakti)을 소개하고 있는데, 이것은 두 가지 형태, 즉 미현현未顯現된(우주적) 형태와 현현顯現된(개체화된) 형태로 존재한다고 한다. 전자의 상태에서 이것은 아쿨라akula로 알려져 있고, 후자의 상태에서는 쿨라kula로 알려져 있다. 더 나아가 이 문헌에서는 각각 척주, 배꼽, 정수리의 기저에 위치하는 하・중・상위의 힘(샤티 I śakti)을 구분하고 있다. 제5장에서는 요가Yoga의 성취가 스승의 은총(프라사다 prasāda)에 달려 있다는 중요한 주장을 한다. 이것은 수행자가 얻었던 모든 초자연적 능력(싯디 siddhi)을 포기하고, 신체가 '지고의 상태'♯paraṃ-pāda, 즉 쉬바Śiva와 합일되는 '나타나지 않는'♯nirutthāna 상태로 나아갈 수 있게 한다.

이 제목으로 된 다른 저작은 100송으로 이루어져 있고, 어떤 파라메슈와라 요긴Parameśvara Yogin이 저술한 것으로 추정된다.

Siddha-Siddhānta-Saṃgraha(싯다-싯단타-상그라하)

'달인들의 가르침에 대한 개요'라는 뜻이다. 발라바드라Balabhadra가 저술한 것으로 추정되는 306송으로 된 저작으로, 니티야나타Nityanātha의 『싯다-싯단타-팟다티』*Siddha-Siddhānta-Paddhati*에 대한 요약을 뜻한다.

siddhānta(싯단타)

'교의'라는 뜻이다. 싯다(siddha; '성취된' 또는 '확립된')+안타(anta; '끝' 또는 '결론')로 만들어졌다. 가르침들, 즉 교의들은 '확립된 내용'이다. 왜냐하면 그것들은 달인들의 경험과 깨달음에 토대를 두고 있기 때문이다.

⇒ 샤이바 싯단타Śaiva Siddhānta도 참조.

siddhānta-śravaṇa(싯단타-슈라바나)

'교의들을 귀 기울여 듣기'라는 뜻이다. 『다르샤나-우파니샤드』*Darśana-Upaniṣad*(2. 9)에 따르면 권계(니야마 niyama)의 열 가지 구성 요소 중 하나이다. 이것은 참되고 무한한 지식(갸나 jñāna), 최상의 지복(아난다 ānanda), 최고의 확실성, '가장 내면의 부분'♯pratyañc에 대한 학습으로 정의되고 있다. 『요가-탓트와-우파니샤드』*Yoga-Tattva-Upaniṣad*에서는 이것을 하타-요가Haṭha-Yoga를 구성하는 수행법 중 하나로 소개한다. 비의적 가르침들을 경청하는 것은 바른 인식을 발생시키고 믿음(슈랏다 śraddhā)을 서서히 심어 주어서, 수행자들이 자기 단련과 자아 초월의 고난에 몰두할 수 있는 동기를 준다.

⇒ 슈라바나śravaṇa도 참조.

siddhāri-cakra(싯다리-차크라)

싯다siddha＋아리(ari; '적'敵)＋차크라cakra로 만들어졌다. 『굽타-사다나-탄트라』*Gupta-Sādhana-Tantra*(제8장)에서 언급된 이것은 열여섯 개의 칸으로 된 사각형으로, 각기 특정한 모음과 자음이 들어 있다. 이것은 수행자의 입문 이름을 만드는 데 사용된다.

siddhi(싯디)

'성취'라는 뜻이다. 이 용어는 요가Yoga 문헌에서 수많은 방식으로 사용된다. 가장 일반적인 의미로는 '획득' 또는 '성공'을 의미한다. 더 구체적으로 이 용어는 '완성', 즉 해탈을 의미하는 상싯디♯saṃsiddhi와 동의어이다. 또한 이것은 가끔 '위대한 성취'(마하-싯디 mahā-siddhi)로 언급되기도 한다. 『쉬바-상히타』*Śiva-Saṃhitā*(3. 18)에서는 요가에서 성공하기 위한 여섯 가지 구체적인 전제 조건에 대해 말하는데 다음과 같다. (1)비슈와사viśvāsa, 즉 영적인 길과 그의 노력이 결실을 맺을 것이라는 확신. (2)슈랏다śraddhā, 즉 믿음. (3)구루-푸자나guru-pūjana, 즉 스승에 대한 숭배. (4)사마타-바바(♯samata-bhāva; '평정심'), 즉 정신의 균형 상태. (5)인드리야-니그라하indriya-nigraha, 즉 감각기관의 통제. (6)프라미타-아하라♯pramitā-āhāra, 즉 알맞은 식사.

싯디siddhi라는 용어의 셋째로 중요한 함의는 '초자연적 성취', 즉 '마법적 능력'이다. 『요가-비자』*Yoga-Bīja*(54)에 나오는 다음과 같은 내용처럼 "요긴yogin은 상상할 수 없는 힘을 소유하고 있다. 자신의 의지로 감각들을 정복한 그는 다양한 형상을 취할 수 있고, 그것을 다시 사라지게 할 수 있다." 고대 이래로 요긴들은 성자 같은 사람들로 숭배되었을 뿐만 아니라, 많은 능력을 가지고 강력한 저주를 내릴 수 있는 마법사로서 두려움의 대상이 되기도 했다. 싯디라는 단어의 어근은 '달인'(싯다siddha)이라는 단어와 동일한 어근에서 파생되었다. 달인은 우주(cosmos)의 힘들에 대한 통달자일 뿐만 아니라 자신의 신체와 마음의 통달자이기도 하다.

요긴의 힘은 영적 과정, 특히 무아경적 '억제'(총제總制, 상야마saṃyama)의 부산물로 간주된다. 『요가-쉬카-우파니샤드』*Yoga-Śikhā-Upaniṣad*(1. 151ff.)에서는 두 가지 근본적인 유형의 초자연력에 대해 말하는데, 그것은 인공적인♯kalpita 것들과 자연적인♯akalpita 것들이다. 전자는 약초(아우샤디auṣadhi), 의례(크리야kriyā), 마법(잘라 II jāla), 만트라mantra 수행, 연금술의 영약(라사rasa)에 의해 발생한다. 『요가-수트라』*Yoga-Sūtra*(4. 1)에서는 삽입된 것으로 추정되는 한 경문에서 유사하게 그 힘들이 다섯 가지 가능한 원인, 즉 출생(잔만janman), 약초(아우샤디), 만트라 암송, 고행(타파스tapas), 무아경(삼매, 사마디samādhi)으로부터 발생한다고 설명한다. 그것들은 일시적이라고 생각되고 효능이 거의 없다. 그러나 둘째 종류의 싯디는 자립(스와탄트리야svātantrya)으로부터 발생하는데, 영원하고 상당히 효능이 있으며 주(主, 이슈와라Īśvara)를 만족시킨다. 그것들은 욕망(바사나vāsanā)으로부터 자유롭게 된 사람들에게 자연스럽게 나타나고, 참된 달인(싯다)의 표시이다. 신성한 도시인 카쉬(Kāshī, 현재 베나레스Banaras)로 가는 순례자는 수많은 성소(티르타tīrtha)를 거쳐 가는 것과 마찬가지로 수행자는 영적 수행 과정에서 이 힘들을 만나게 된다. 『요가-쉬카-우파니샤드』(1. 160)에서는 그러한 힘들이 없는 수행자는 속박되어 있다고 말한다.

힌두이즘Hinduism, 붓디즘Buddhism, 자이니즘Jainism의 문헌들은 초자연적 능력들에 대한 언급과 예 들로 가득 차 있다. 가장 잘 알려진 것은 해탈을 수반한다고 생각되는 여덟 가지 '위대한 능력'(마하-싯디)이다. 『요가-바쉬야』*Yoga-Bhāṣya*(3. 45)에 따르면 이것들은 아니만(aṇiman; '소형화', '원자화'), 마히만(mahiman; '대형화'), 라기만(laghiman; '공중부양'), 프랍티(prāpti; '확장'), 프라카미야(prākāmya; '[압도적인] 의지'), 바쉬트와(vaśitva; '지배력'), 이쉬트리트와(īśitrītva; '[우주에 대한] 지배력'), 카마바사위트와(kāmāvasāyitva; '[모든] 욕망의 충족')이다. 일부 문헌들은 마하-싯디들에 대한 약간 다른 목록을 제공한다. 푸라나Purāṇa들에서는 집중(concentration)과 무아경적 '억제'(총제, 상야마)를 위한 받침대 역할을 하는 다섯 물질 요소(부타bhūta)에 따라서 자주 그것들을 분류한다. 그래서 『링가-푸라나』*Liṅga-Purāṇa*(1. 9. 30ff.)에서는 자신의 몸집을 크거나 야위게 만들고, 미래를 예언하거

S

나 볼 수 있고, 몸에서 불을 만들어 내고, 의지대로 어떠한 형태라도 취할 수 있고, 심지어 온 우주를 용해시킬 수 있는 능력을 포함한 초자연적 능력들에 대한 자세한 목록을 제공한다.

『요가-쉬카-우파니샤드』(5. 54)에서는 수행자가 불안정한 마음을 가지고 있는 한 그는 초자연적 능력들을 획득한 상태로 남아 있지 못할 것이라고 충고한다. 『요가-탓트와-우파니샤드』*Yoga-Tattva-Upaniṣad*(75)에서는 그것들을 영적인 길에 있는 장애(비그나vighna) 중 하나로 간주한다. 『바라하-우파니샤드』*Varāha-Upaniṣad*(3. 29)에서 그것들은 참자아를 깨닫기 위해 노력하는 수행자에게 중요하지 않다고 언급한다. 『라구-요가-바시슈타』*Laghu-Yoga-Vāsiṣṭha*(6. 14. 4)에서는 참자아를 보는 자ātma-darśin는 그것들을 갈망하지 않는다고 밝힌다. 『링가-푸라나』(1. 9. 14)에서는 처음의 장애(안타라야antarāya)들이 헌신적인 영적 수행을 통해 사라지지만, 그 다음 새로운 장애(우파사르가upasarga)들이 발생한다고 말한다. 『요가-수트라』(3. 37)에 따르면 프라티바pratibhā로 불리는 특정한 초자연적 능력들은 무아경(삼매, 사마디)을 획득하는 데 있어 장애들로 여겨진다. 그러나 파탄잘리Patañjali는 자신과 우주에 대한 더 높은 이해를 얻기 위해서 싯디들을 사용하는 쪽으로 분명히 호의적으로 마음이 기울어 있었다. 그렇지 않았다면 그는 자신이 비부티vibhūti, 즉 (힘의) 현현顯現들로 부른 것에 대해 자신의 저작의 제3장 전체를 바치지는 않았을 것이다. 『탓트와-바이샤라디』*Tattva-Vaiśāradī*(3. 55)에서 싯디들은 해탈(카이발리야kaivalya)을 획득하기 위해서는 필요 없지만 그것들이 완전히 무용지물인 것도 아니라고 분명히 말한다. 왜냐하면 그것들은 수행자의 믿음(슈랏다)을 강화할 수 있기 때문이다.

많은 문헌, 예를 들자면 『요가-탓트와-우파니샤드』(76f.)에서는 이 능력들을 드러내서는 안 되고, 비밀로 유지해야만 한다고 말한다. 그 이유는 어떠한 대중적 시연도 고요한 요긴의 삶을 방해할 것이기 때문이다. 완전하게 깨닫지 못했다면 그것은 그를 자만심에 빠뜨리게 할 수 있어서 모든 종류의 카르마karma적 얽힘을 불러일으킬 것이다. 인도의 전통 문화와 신화는 고행자나 요긴 들이 마법적 힘의 오용으로 추락하게 되는 수많은 이야기들에 대해서 알고 있다. 그것들은 가장 마음에 들어 하는 티베트의 달인 밀라레파Milarepa의 이야기처럼 행복하게 끝나는 경우가 드물다. 그는 젊은 시절에 대단히 파괴적인 결과를 초래하는 마법적 능력들을 사용하였다. 이것이 그가 마르파Marpa 아래서 제자로 있는 동안 특별히 어려웠던 이유이다. 그러므로 비밀 유지는 무고한 구경꾼을 위해서라기보다는 수행자를 보호하기 위해서이다. 요가의 초자연적 능력들의 존재에 대한 광범하고 지속적인 주장은 초심리학에서 이용 가능한 경험적 방법을 통해서 주의 깊게 연구될 만하다. 요긴들에 의해 입증되는 비범한 이해력과 또한 신경계와 마음 작용에 대한 통제를 고려해 볼 때 요가의, 그리고 실로 다른 전통들의 영적 문헌들에서 주장되는 초자연적 현상 중 적어도 일부가 현실에 기반을 두고 있다 하더라도 우리는 놀라지 말아야 한다. 전통적인 주장 중 어느 정도가 종교적 허구이고 어느 정도가 확실한 사실인지는 밝혀지지 않은 채 남아 있다.

⇒ 치나cihna, 초심리학(parapsychology), 프라브릿티pravṛtti도 참조.

Siddhi(∴싯디)

『하타-요가-프라디피카』*Haṭha-Yoga-Pradīpikā*(1. 6)에 하타-요가Haṭha-Yoga의 달인으로 언급되어 있다.

sight(통찰력)

⇒ 다르샤나darśana, 드리슈티dṛṣṭi 참조.

sign(징표 또는 징조)

⇒ 아리슈타ariṣṭa, 치나cihna, 라크쉬야lakṣya, 링가liṅga 참조.

Sikhism(시키즘)

힌두이즘Hinduism의 헌신의 접근법(박티bhakti)과 무슬림 수피즘Sufism의 신비주의 사이의 통합으로 나타난 영적 전통이다. 이 전통은 시크Sikh들이 인정하는 열

명의 구루guru 중 첫째인 나나크Nānak에 의해 시작되었다. 처음의 다섯 영적 스승들의 가르침은 『그란트 사히브』 ♯ *Granth Sahib*('주主의 책')에 체계적으로 정리되어 있다. 이 문헌은 또한 열째 구루인 고빈드 싱(Gobind Singh; 1666~1708)이 집성한 『다삼-그란트』 ♯ *Dasam-Granth*('열째 책')와 구분하기 위해서 『아디-그란트』 ♯ *Ādi-Granth*('첫째 책')로도 알려져 있다.

구루들 자신들을 제외하고 『아디-그란트』는 시크의 헌신에 대한 가장 신성한 중심이다. 그리고 이것은 이 전통의 독실한 추종자들에 의해 매일 암송된다. 시키즘Sikhism의 중심은 구루-요가Guru-Yoga와 신(divine)의 이름을 암송(자파japa)하는 형태로 된 만트라-요가Mantra-Yoga(나마-마르가 ♯ nāma-mārga, 즉 '이름의 길'이라고 불리는 수행법)이다. 나나크 이래로 시키즘의 스승들은 고행주의와 강제 금욕보다 자발성 또는 자연스러움(사하자sahaja)을 더 강조해 왔다.

silence(침묵)
⇒ 마우나mauna 참조.

siṃha-āsana(싱하-아사나, [연성]siṃhāsana싱하사나)
'사자 자세'라는 뜻이다. 『게란다-상히타』 *Gheraṇḍa-Saṃhitā*(2. 14f.)에 다음과 같이 기술되어 있다. 무릎을 꿇고 앉아서 손을 무릎 위에 둔 채 발꿈치를 음낭 아래에서 교차시켜 위로 향하게 둔다. 입을 벌려 유지한 채 인후 잠금(잘란다라-반다jālandhara-bandha)을 하고서 코끝을 지속적으로 응시(나사-아그라-드리슈티 nāsā-agra-dṛṣṭi)한다.

sin(죄)
⇒ 파파pāpa, 파타카pātaka 참조.
[비교] 푼야puṇya.

Singh, Jaideva(자이데바 싱; 1893~1986)
스와미 라크슈만주Swami Lakshmanjoo의 제자였던 인도의 박학한 산스크리트Sanskrit 학자이다. 그는 『파라트링쉬카-비바라나』 *Parātriṃśikā-Vivaraṇa*, 『프라티야비갸-흐리다야』 *Pratyabhijñā-Hṛdaya*, 『쉬바-수트라』 *Śiva-Sūtra*, 『스판다-카리카』 *Spanda-Kārikā*, 『비갸나-바이라바』 *Vijñāna-Bhairava*를 포함하여 주요 산스크리트 문헌들에 대한 탁월한 수많은 편집본과 뛰어난 영어 번역으로 유명하였다.

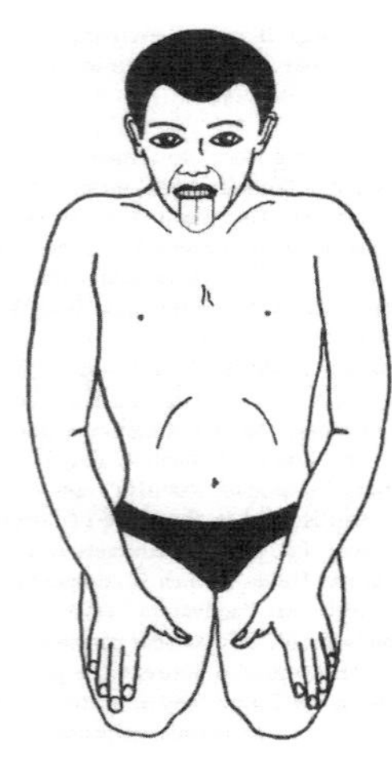
싱하-아사나, 즉 사자 자세

singing(노래 또는 노래하기)
⇒ 바자나bhajana, 키르타나kīrtana 참조.

Sivananda Radha, Swami(스와미 쉬바난다 라다; 1911~1995)
어렸을 때 이름은 우르술라 실비아 헬만Ursula Sylvia Hellman이었다. 스와미 쉬바난다Sivananda의 널리 존경받던 제자로 독일 태생의 캐나다인이다. 스승의 명령에 따라 그녀는 서구로 돌아가서 서구인들에게 스승의 가르침을 전했다. 그녀는 1963년에 야소다라Yasodhara 아슈람(브리티시 콜롬비아)을 설립했고, 『쿤달리니: 서구인을 위한 요가』 *Kundalini: Yoga for the West*(1981)와 『하타 요가: 숨겨진 언어』 *Hatha Yoga: The Hidden Language*(1987)를 포함하여 여러 권의 책을 저술하였다.

Sivananda, Swami(스와미 쉬바난다; 1887~1963)
산스크리트Sanskrit로 스와민 쉬바난다Svāmin Śivānanda이다. 현대의 위대한 요가Yoga 스승 중 한 명이다. 의 사로서 성공적으로 수련을 마친 뒤 그는 1923년에 세속을 포기했다. 1932년에 자신의 은둔처를 지었고, 4년 뒤에는 신성한 삶 협회(Divine Life Society)를 설립하였다. 그 협회는 그 이후로 국제적인 명성을 얻어 왔다. 그가 저술한 것으로 추정되는 출판물이 300개가 넘는다. 가장 잘 알려진 제자 중에는 그의 뒤를 이어 신성한 삶 협회장이 되었던 스와미 치다난다Swami Cidananda와 스와미 사티야난다 사라스와티 Swami Satyananda Sarasvati, 스와미 비슈누 데바난다Swami Vishnu devananda, 스와미 삿치다난다Swami Satchidananda, 스와미 벤카테사난다 Swami Venkatesananda, 스와미 쉬바난다 라다Swami Sivananda Radha가 있다.

six(여섯6)
⇒ 샤트ṣaṭ 참조.

sixty(예순60)
⇒ 샤슈티 ṣaṣṭi 참조.

sixty-four(예순넷64)
⇒ 차투샤슈티 catuḥṣaṣṭi 참조.

스와미 쉬바난다(Swami Sivananda, 앉은 사람)와 스와미 쉬바난다 라다(Swami Sivananda Radha)

sīt-kārī(시트-카리)
'시트sīt [소리] 만들기'라는 뜻이다. 기본 호흡법(프라나야마 prāṇāyāma) 중 하나이다. 『하타-요가-프라디피카』*Haṭha-Yoga-Pradīpikā*(2. 54)에서는 다음과 같이 가르친다. 입으로 숨을 들이쉬는 동안 싯 소리(즉 sīt)를 내는 반면, 숨을 내쉴 때는 코로 조용히 해야만 한다.
⇒ 쉬트-크라마sīt-krama도 참조.

skull(두개골)
⇒ 카팔라kapāla 참조.

sleep(수면)
⇒ 니드라nidrā, 수슙티 suṣupti, 스와프나svapna 참조.

sloth(나태)
⇒ 알라시야ālasya 참조.

smaraṇa(스마라나)
'회상'이라는 뜻이다. 즉 신(神, Divine)에 대한 기억이다. 박티-요가Bhakti-Yoga의 모습 중 하나이다. 자신이 선택한 신(이슈타-데바타 iṣṭa-devatā)을 흠모하는 것이다.

Smartism(스마르티즘)
샹카라Śaṅkara로 돌아가고, 주로 스므리티smṛti 문헌, 특히 다르마-샤스트라 I dharma-śāstra들, 푸라나Purāṇa들, 『마하바라타』*Mahābhārata*(특히 『바가바드-기타』*Bhagavad-Gītā*)에 의존하는 무종파 전통을 나타내는 현대의 신조어이다.

smaya(스마야)
'자만'이라는 뜻이다. 『요가-수트라』*Yoga-Sūtra*(3. 51)에 따르면 이것은 보다 높은 존재들이 달인에게 비위를 맞추려고 주의를 기울인 결과 발생하는 것이라 할 수 있다. 이는 세속적 존재에 다시 새롭게 얽히는 것을 방지함으로써 극복되어야만 한다.
⇒ 자만(pride)도 참조.

S

smārta(스마르타)

힌두이즘Hinduism의 스므리티smṛti라 불리는 부차적 문헌들과 연관되어 있다.

smṛti(스므리티)

어근 √smṛ('기억하다')에서 파생되었다. '알아차림'이란 의미에서 스므리티smṛti는 『요가-수트라』*Yoga-Sūtra*(1. 20)에 초의식 무아경(무상 삼매, 아삼프라갸타-사마디asamprajñāta-samādhi)에 앞서는 요소 중 하나로 언급되어 있다. 이 송에 대한 주석에서 바차스파티 미슈라Vācaspati Miśra는 이 용어를 디야나[dhyāna, 명상(meditation)]와 동일시했다. 고전 요가(Classical Yoga)에서 스므리티의 덜 전문화된 의미는 '기억'이다. 그런 의미로 이것을 마음(mental) 작용(브릿티vṛtti)의 다섯 가지 유형 중 하나로 여겼다. 파탄잘리Patañjali의 송 중 일부에서 이 용어는 '심층 기억', 즉 의식(consciousness, 칫타citta)의 심층적 구조이다. 이것은 한 개인의 삶 속에서, 그리고 현재의 존재와 미래 구현 사이에서도 업의 지속성을 책임지는 잠재의식의 활성체(잠세력潛勢力, 상스카라saṃskāra)로 이루어져 있다.

또한 수많은 모든 문헌도 힌두Hindu 규율(다르마-샤스트라 I dharma-śāstra)에 바쳐진다. 더 나아가 베당가vedāṅga, 수트라sūtra, 서사시, 푸라나Purāṇa 들과 같은 힌두Hindu의 정통 교리에 의한 계시에 근거한 것으로 여겨지지 않는 문헌은 어떤 것도 없다.

⇒ 아가마 I āgama, 스마르티즘Smartism도 참조.

snake charming(뱀 부리기)

쿤달리니kuṇḍalinī의 상승에 대한 상징적 표현으로 이해될 수 있다. 거기서 뱀은 주의를 집중하기 위한 도상(얀트라yantra)으로 간주된다.

snāna(스나나)

'목욕 [재계]' 또는 '세정식'이라는 뜻이다. 『하타-라트나발리』*Haṭha-Ratnāvalī*(3. 3)에서처럼 이것은 때로 자기 억제(권계, 니야마niyama)의 한 구성 요소로 간주된다. 목욕 의례는 『브리하드-요기-야갸발키야』♯*Bṛhad-Yogi-Yājñavalkya*(7. 1ff.)에 자세하게 기술되어 있다. 『가루다-푸라나』♯*Garuḍa-Purāṇa*(50. 8)에서는 세정을 여섯 가지 유형으로 구분한다. (1)브라마(♯brāhma; '브라만의')-스나나snāna는 자신에게 물을 뿌리는 것이다. (2)아그네야(♯āgneya; '불의')-스나나는 신체에 재를 바르는 것이다. (3)바야비야(♯vāyavya; '공기의')-스나나는 소똥을 사용하는 것이다. (4)디비야(divya; '신성한', '눈부신')-스나나는 일광욕을 하는 것이다. (5)바루나(vāruṇa; '물의')-스나나는 물속에서 목욕하는 것이다. (6)야우기카(♯yaugika; '요가Yoga적 목욕')-스나나는 신(Divine)에 대해 명상(meditation)하는 것이다. 『하타-탓트와-카우무디』*Haṭha-Tattva-Kaumudī*(5. 2~3)에서는 브라마차린brahmacārin이 아침 목욕이나 찬물 목욕을 하는 것을 찬성하지 않는다. 그리고 목까지 몸을 담그는 목욕은 오직 정오경에만 적합하지 결코 아침에는 그렇지 않다고 말한다.

『쉬바-상히타』*Śiva-Saṃhitā*(5. 4)에서는 목욕을 장애(비그나vighna) 중 하나로 간주하지만, '내면의 강들', 즉 갠지스Ganges, 야무나Yamunā, 사라스와티Sarasvatī의 신성한 합류점에서 하는 '정신적(mental) 목욕'(마나사-스나나♯mānasa-snāna)을 언급한다.(5. 134) 이 세 강은 생기가 순환하는 주요한 세 통로(나디nāḍī)를 나타내고, 아갸-차크라ājñā-cakra에서 함께 모인다. 이 정신적 목욕은 특히 임종 시에 사용된다.

sneha(스네하)

'집착'이라는 뜻이다. 라가rāga와 동의어이다.

solar posture(태양 자세)

⇒ 사우라-아사나saura-āsana 참조.

Solar Yoga(태양 요가)

사우리야-요가♯saurya-yoga이다. 베다Veda 요가Yoga의 진수로 태양의 원리(수리야sūrya 참조)에 대한 숭배이다. 불가리아의 영지주의자 옴람 미카엘 아이반호프Omraam Mikhaël Aïvanhov에 의해서 20세기에 되살아났다.

soma(소마)

'추출하다'라는 뜻이다. 어근 √su('짜내다')에서 파생된 것으로 베다Veda 시대의 일상적인 희생제의에서 신에 대한 헌주로 사용되는 불사의 음료이다. 일부 학자들은 이것을 광대버섯 추출물과 동일시하지만, 소마soma의 식물 출처를 종종 덩굴식물로 묘사하는 것과 마찬가지로 명확치 않다. 탄트라Tantra 시대 동안 소마즙에 대한 새로운 관념이 나타났는데, 그것에 따르면 소마즙은 영적 수행의 결과로 신체에서 생성되는 내적인 분비물이다. 이것은 또한 아므리타(amṛta; '불사의 감로')와 수다(sudhā; '잘 놓인')로도 알려져 있다. 그러나 일부 문헌들은 소마와 수다 사이의 차이를 명확하게 하고, 후자로 인해 발생하는 도취를 바람직하지 못한 것으로 간주한다. 『하타-요가-프라디피카』*Haṭha-Yoga-Pradīpikā*(3. 44)에서는 케차리-무드라khecarī-mudrā 수행을 통해 내면의 소마를 지속적으로 마시는 자는 15일 내에 죽음을 정복한다고 주장한다.

soma-bindu(소마-빈두)

'달의 씨앗'이라는 뜻이다.

⇒ 빈두bindu 참조.

Soma-Siddhānta(소마-싯단타)

일부 학자들(특히 주세페 투치Guiseppe Tucci)은 이 체계를 탄트라Tantra 유파인 카팔리카Kāpālika와 동일시한다.

Somānanda(소마난다)

현대의 카슈미르Kashmir 달인인 칼라타Kallata는 소마난다Somānanda의 연대가 9세기 중반까지 거슬러 올라간다고 보았다. 그는 아비나바굽타Abhinavagupta의 가장 탁월한 스승(파라마-구루parama-guru)이었고 『쉬바-드리슈티』*Śiva-Dṛṣṭi*(약 700송)를 썼으며 이 저작에 대해 자주(自註, 『비브리티』*Vivṛti*라 불림)를 달았다. 그는 꿈 속에서 쉬바Śiva가 영감을 주어서 불이론不二論적 탄트라Tantra의 형이상학적 가르침을 체계화했다고 주장했다.

sorrow(슬픔 또는 비애)

⇒ 두카duḥkha, 쇼카śoka 참조.

soruba-samādhi(소루바-사마디)

'변형적 무아경'이라는 뜻이다. 신체를 성변화聖變化시키는 데 성공한 달인들의 가장 높은 영적 상태를 나타내는 타밀어Tamil 용어이다. 위대한 달인들의 성변화된 빛나는 신체는 그들이 신(Divine)과 합일되었다는 표현이다. 그들은 의지대로 어떤 형태든 취할 수 있고 다른 사람들을 가르치기 위해서 그렇게 한다.

⇒ 바바지Babaji, 스와미 라마링가Ramalinga, Swami도 참조.

soul(개아)

⇒ 지바jīva 참조.

[비교] 아트만ātman, 푸루샤puruṣa, 참자아(Self), 참영혼(Spirit).

sound(소리)

⇒ 드와니dhvani, 나다nāda, 샤브다śabda, 스와라svara, 바츠vāc 참조.

space(공간)

⇒ 아카샤ākāśa 참조.

spanda(스판다 I)

'떨림' 또는 '진동'이라는 뜻이다. 카슈미르(Kashmir, 또는 북부) 샤이비즘Śaivism에서 현저하게 전문적인 개념이다. 그것은 궁극적 참실재의 완전한 지복으로 된 '진동'이다. 그것은 일반적으로 이해되는 것과 같은 운동이 아니고 모든 움직임의 초월적 원인이다. 이 철학적 관념은 바수굽타Vasugupta의 9세기 저작인 『스판다-카리카』*Spanda-Kārikā*에서 충분히 상세하게 설명되었고, 이 저작은 흔히 그의 제자인 칼라타Kallata가 저술한 것으로 여겨진다.

Spanda(스판다 II)
카슈미르Kashmir에서 유명한 샤이비즘Śaivism의 선도적인 철학파 중 하나이다.

Spanda-Kārikā(스판다–카리카)
'진동에 대한 송頌'이라는 뜻이다. 『쉬바–수트라』*Śiva-Sūtra*에 대한 독자적인 주석으로, 바수굽타Vasugupta나 (가능성은 낮지만) 그의 수제자인 칼라타Kallata 중 한 명이 저술하였다. 이 문헌에서는 신성한 진동(스판다 I spanda) 관념을 설명하는데, 이것은 카슈미르 샤이비즘Kashmiri Śaivism의 중심 교의이다. 『스판다–카리카』*Spanda-Kārikā*에는 칼라타가 쓴 『브릿티』*Vṛtti*를 포함하여 중요한 주석서가 여러 권 있다.

sparśa(스파르샤)
'촉각'觸覺이라는 뜻이다. 수水 요소와 연관된 지각기관(갸나–인드리야jñāna-indriya) 중 하나이다. 『마하바라타』*Mahābhārata*(12. 232. 21)에서 이 용어는 촉각으로 알 수 있는 영역의 초지각력을 나타내는데, 그것은 명상(meditation)의 부산물이다.

Sparśa-Yoga(스파르샤–요가)
'접촉 요가Yoga'라는 뜻이다. 『쉬바–푸라나』*Śiva-Purāṇa*(7. 2. 37. 9)에서 호흡 조절과 연관하여 생각되는 만트라–요가Mantra-Yoga를 나타낸 용어이다.
[비교] 아스파르샤–요가Asparśa-Yoga.

S

sphoṭa(스포타)
'갑자기 튀어나옴'이라는 뜻이다. 소리들의 배열이 영원하다는 것의 기초가 되는 비의적인 언어 관념이다. 이 관념은 문법가 파탄잘리Patañjali가 가르쳤고, 전통적으로 『요가–수트라』*Yoga-Sūtra* 3. 17송에 의지하여 이 경의 저자가 만든 것으로 여겨져 왔다. 그러나 이 『수트라』*Sūtra*에 대한 보다 자세한 연구는 그러한 해석에 신빙성을 더해 주지는 않는다. 스포타sphoṭa에 대한 모든 논의는 사실상 바차스파티 미슈라Vācaspati Miśra의 주석인 『탓트와–바이샤라디』*Tattva-Vaiśāradī*(3. 17)로 한정된다. 스포타라는 단어는 심지어 『요가–바쉬야』*Yoga-Bhāṣya*에서도 언급되지 않는다.

sphuraṇa(스푸라나)
'고동', '진동'이라는 뜻이다. 요긴yogin에 의해 체험되는 생기(프라나prāṇa)의 주기적인 움직임이다. 간혹 이 용어는 스판다 I spanda과 동의어로 사용된다.

spine(척주)
⇒ 메루meru 참조.

Spirit(참영혼) 또는 **spiritual**(영적) 또는 **spirituality**(영성)
⇒ 아트만ātman, 푸루샤puruṣa 참조.
[비교] 지바jīva, 개아 또는 개인의 영혼(soul).

spiritual(영적인)
'참영혼'(Spirit)과 연관된 것이다.

spontaneity(자발성)
⇒ 사하자sahaja 참조.

srota(스로타)
'흐름' 또는 '경향'이라는 뜻이다. 이 용어는 전통적으로 샤이바–아가마 I Śaiva-āgama들을 분류하는 데 사용된다. 때로는 위대한 힘haṭha을 통하여 즉각적인 깨달음으로 이끈다고 하는 여섯째, 즉 '위쪽' 흐름이 덧붙여지지만, 일반적으로는 네 방위와 중앙과 연관된 다섯 흐름으로 구분된다.
[비교] 암나야āmnāya, 크란타krānta, 피타pīṭha.

stability(안정성)
⇒ 스타이리야sthairya 참조.

staff(막대기)
⇒ 단다daṇḍa 참조.

staff posture(막대 자세)
⇒ 단다-아사나daṇḍa-āsana 참조.

stambha(스탐바)
'중지'라는 뜻이다. 『요가-수트라』*Yoga-Sūtra*(2. 50)에 나타난 호흡의 멈춤이다. 이 용어는 『카울라-갸나-니르나야』*Kaula-Jñāna-Nirṇaya*(4. 14)에서 언급된 것처럼 다른 존재를 마비시키는 초자연력(싯디siddhi)을 나타내기도 한다.

steadfastness(확고함)
⇒ 다이리야dhairya, 드리티dhṛti 참조.

sthairya(스타이리야)
'평온함'이라는 뜻이다. 금계(야마yama) 수행 중 하나이다. 하타-요가Haṭha-Yoga의 일곱 가지 수행(삽타-사다나sapta-sādhana) 중 셋째 구성 요소이다. 『게란다-상히타』*Gheraṇḍa-Saṃhitā*(1. 10)에 따르면 이것은 스티라타(ꟙ sthiratā; '확고함')로도 불린다. 『바가바드-기타』*Bhagavad-Gītā*(13. 7)에서는 이것을 지혜(갸나jñāna)의 발현으로 여긴다. 반면 『요가-수트라』*Yoga-Sūtra*(3. 31)에서는 이것을 '거북 통로'(쿠르마-나디kūrma-nāḍī)에 대한 무아경적 '억제'(총제總制, 상야마saṃyama)의 결실로 본다.

sthala-vasti(스탈라-바스티)
슈슈카-바스티śuṣka-vasti와 동의어이다.

sthāla(스탈라)
⇒ 샤트-스탈라ṣaṭ-sthāla 참조.

sthāna(스타나)
'장소' 또는 '거처'라는 뜻이다. 데샤(deśa; '위치')의 동의어이다. 그러므로 『게란다-상히타』*Gheraṇḍa-Saṃhitā*(5. 3~7)에서는 수행자가 집에서 너무 멀리 떨어진 지역이나 숲 속, 대도시 또는 군중 속에서 요가Yoga 수행을 해서는 안 된다고 말한다. 왜냐하면 이러한 장소들은 수행자의 노력을 좌절시킬 뿐이기 때문이다. 멀리 떨어진 지역에서는 수행자가 믿음(슈랏다śraddhā)을 잃게 되고, 숲 속에서는 어떤 보호도 받지 못하며, 혼잡한 도시에서는 대중들과 접하게 된다.

스타나sthāna라는 용어는 종종 집중(concentration)과 명상(meditation)을 위한 도구로 사용되는 신체 부위를 나타낸다. 따라서 『고라크샤-팟다티』*Gorakṣa-Paddhati*(2. 75f.)에서는 아홉 개의 그러한 부위를 언급한다. 다른 문헌들에서는 다섯 요소(부타bhūta)의 지배를 받는 다섯 가지 신체 부위를 언급한다. 『트리-쉬키-브라마나-우파니샤드』*Tri-Śikhi-Brāhmaṇa-Upaniṣad*(2. 135f.)에 따르면 발바닥에서 무릎까지 부위는 '지地의 영역'ꟙ pṛthivī-sthāna, 무릎에서 엉덩이까지는 '수水의 영역'ꟙ ap-sthāna, 엉덩이에서 신체 중심까지는 '화火의 영역'ꟙ agni-sthāna, 배꼽에서 코까지는 '풍風의 영역'ꟙ vāyu-sthāna, 코에서 '브라만brahman 동굴'(브라마-빌라brahma-bila), 즉 정수리까지는 '공空의 영역'ꟙ vyoma-sthāna이다.

스타나라는 단어는 또한 예외적으로 아사나āsana의 동의어이기도 하다.
⇒ 마르만marman도 참조.

sthāpanī-mudrā(스타파니-무드라)
'고정 결인'이라는 뜻이다. 의례의 손 제스처(하스타-무드라hasta-mudrā) 중 하나이다. 이것은 손바닥을 아래로 향하게 하여 손 옆에 손을 맞대어서 만든다.
⇒ 하스타-무드라hasta-mudrā(그림 포함)도 참조.

sthita-prajñā(스티타-프라갸)
'지혜 속에 확고히 안정된 자'라는 뜻이다. 『바가바드-기타』*Bhagavad-Gītā*(2. 54)에 따르면 그는 참자아에만 머무는 데 만족하고, 모든 욕망(카마kāma)을 물리치고, 슬픈 일들로 낙담하지도 않고, 즐거운 경험들로 고무되지도 않는 성자이다. 그러한 달인은 '평등함으로 된 통찰력(vision)'(사마-다르샤나sama-darśana) 속에 지속적으로 몰입해 있다. 그는 또한 스티타-디(ꟙ sthita-dhī; '통찰적 사유 속에 확고히 안정된 자')로도 알려져 있다.

S

sthiti(스티티)

'양상' 또는 '상태'라는 뜻이다. 타마스tamas의 현현顯現으로서, 불활성으로 된 정신적(mental) 기질(쉴라 śīla)이다. 『탓트와-바이샤라디』*Tattva-Vaiśāradī*(1. 2)에서는 이 용어가 무기력, 은닉, 낙담과 같은 바람직하지 못한 상태들을 포함한다고 언급한다.

sthūla(스툴라)

'조대한' 또는 '거친'이라는 뜻이다. 사물의 가장 바깥쪽, 즉 보이는 물질적 측면이다. 따라서 '거친 몸'∮sthūla-śarīra은 필멸의 신체 구조, 즉 '음식으로 된 겹'(안나-마야-코샤anna-maya-kośa)이다. 반의어는 수크슈마sūkṣma이다.

⇒ 우주(cosmos)도 참조.

sthūla-dhyāna(스툴라-디야나)

'거친 명상(meditation)'이라는 뜻이다. 수행자가 선택한 신(이슈타-데바타iṣṭa-devatā)의 도상 형태와 같은 사물의 '거친'(스툴라sthūla) 면에 대한 명상(정려精慮)이다.

[비교] 지요티르-디야나jyotir-dhyāna, 수크슈마-디야나 sūkṣma-dhyāna.

Stotra(스토트라)

'찬송'이라는 뜻이다. 다양한 명칭 하에 신(Divine)을 찬양하는 시적인 송들로 된 문학의 한 범주이다.

S

strī(스트리)

'여성'이라는 뜻이다. 신(Divine)의 여성적인 면의 화신 또는 인간적 표현, 즉 샥티 II Śakti라고 생각된다. 그러나 힌두이즘Hinduism의 보다 고행주의적인 유파들에서 여성들은 종종 남성들을 위협하는 존재로 여겨진다. 예를 들면 슈리 라마크리슈나Sri Ramakrishna는 세상에서 위험한 것들을 '여성과 황금'이라는 말로 요약했다.

strī-guru(스트리-구루)

'여성 스승'이다. 초기 탄트라Tantra에서 여성 구루guru들은 높이 평가받았고 수요도 많았다. 왜냐하면 그녀들의 입문식(디크샤dīkṣā)이 특별히 효과가 있다고 생각되었기 때문이다.

study(학습)

⇒ 스와디야야svādhyāya 참조.

styāna(스티야나)

'무기력' 또는 '게으름'이라는 뜻이다. 고전 요가(Classical Yoga)에서 영적인 길의 장애(안타라야antarāya) 중 하나로 인식되었다. 『요가-바쉬야』*Yoga-Bhāṣya*(1. 30)에서는 그것을 '마음이 활동하지 않음'∮akarmanyatācittasya, 즉 침체로 정의한다. 그것은 타마스tamas의 나타남이다.

⇒ 알라시야ālasya, 탄드라(tandrā 또는 tandra)도 참조.

subconscious(잠재의식)

요가Yoga 전통에서는 비록 '잠재의식'에 대한 구체적인 용어가 없지만, 인간 마음의 무의식적 작용을 설명할 때 이것은 분명히 이 잠재의식 관념과 함께 다루어진다. 그러므로 결합하여서 연쇄가 되는바사나vāsanā라 불리는 잠재의식의 '활성체'(잠세력潛勢力, 상스카라 saṃskāra)에 대한 모든 가르침은, 완전한 의식이라고 말할 수는 없지만 우리를 지배하는 엄청난 힘을 가진 마음의 한 측면이라는 것을 전제한다. 고통(두카 duḥkha)으로부터 완전한 자유를 성취하고 해탈의 지혜를 획득하기 위해서 요긴yogin은 이러한 잠재의식의 힘들을 무력하게 만들어야만 한다.

⇒ 심리학(psychology)도 참조.

[비교] 참의식(Consciousness), 무의식(unconscious).

Subhagānandanātha(수바가난다나타)

바라나시Vārāṇasī에 정착했던 케랄라Kerala 출신의 탄트리카tāntrika이자 브라마나 I brāhmaṇa이다. 그는 바스카라라야Bhāskararāya보다 이전에 살았고, 카슈미르 Kashmir 전통을 신봉했다. 그는『탄트라-라자-탄트라』*Tantra-Rāja-Tantra*의 첫 25개의 장들에 대한 주석인『마노라마』∮*Manoramā*를 저술하였다. 나머지 장들은 그의 제자인 프라카샤난다 데쉬카Prakāshānanda Deshika가 주석하였다.

Subject, transcendental(초월적 주체)
⇒ 아트만ātman 참조.
[비교] 대상(object).

Subramuniyaswami(수브라무니야스와미; 1927~2001)
전통주의적이지만 다소 변형된 샤이비즘Śaivism의 전파자로 서양과 동양에서 널리 존경받았던 미국 태생의 샤이바Śaiva 달인이다. 그는 알라베디Alaveddy에 있는 샤이바 싯단타 요가 교단(Śaiva Siddhānata Yoga Order)과 샤이바 싯단타 교회(Śaiva Siddhānata Church)의 설립자였다. 그가 동굴에서 니르비칼파-사마디nirvikalpa-samādhi를 얻은 직후에 요가스와미Yogaswami는 그를 입문시켰는데, 그때 그는 스물두 살이었다. 51에이커의 부지 위에 세워진 본부는 하와이Hawaii의 카우아이Kauai 섬에 위치하고 있다. 그는 『쉬바Śiva와 춤추기』*Dancing with Siva*를 포함하여 많은 책을 저술하였고, 1979년에는 국제적 신문인 「힌두이즘 투데이」*Hinduism Today*를 창간하였다.

substance(물질)
⇒ 다르마dharma, 다르민dharmin, 드라비야dravya 참조.

subtle(미세한)
⇒ 수크슈마sūkṣma 참조.

sudhā(수다)
'잘 놓인'이라는 뜻이다. 도취시키는 음료, 특히 알코올이다. 무아경의 맥락에서는 불사의 감로(아므리타amṛta 또는 소마soma)와 동의어로 쓰인다.

suffering(고통)
⇒ 두카duḥkha 참조.

sukha(수카)
'기쁨', '즐거움' 또는 '안락함'이라는 뜻이다. 두카duḥkha라는 단어와 연관하여 사용될 때 수카sukha라는 용어는 '즐거움'을 나타낸다. 『요가-바쉬야』*Yoga-Bhāṣya*(4. 11)에서 언급하는 것처럼 즐거움은 집착(라가rāga)을 발생시킨다. 『바가바드-기타』*Bhagavad-Gītā*(18. 36ff.)에서는 한 구나guṇa 또는 다른 구나의 우세에 따라서 즐거움을 세 종류로 구분한다. (1)삿트위카-수카ʃ sāttvika-sukha는 처음에는 고통처럼 보이지만 그 이후에 감로로 밝혀지고 평정(프라사다prasāda)을 일으키는 것이다. (2)라자사-수카ʃ rājasa-sukha는 처음에는 감로처럼 보이지만 그 후에 독으로 변하는 것이다. 이것은 감각(인드리야indriya)들이 감각 대상(비샤야viṣaya)들과 결합하는 데서 발생한다. (3)타마사-수카ʃ tāmasa-sukha는 수면, 나태, 부주의로부터 발생하고 수행자를 타락으로만 이끈다. 인도의 고행주의 전통에 따르면 모든 형태의 즐거움은 모든 형태의 두카, 즉 고통과 마찬가지로 극복되어야만 한다.

탄트라Tantra에서 즐거움은 걱정스럽게 피할 필요가 없다. 왜냐하면 즐거움은 궁극적인 지복(아난다ānanda)을 숨기고 있거나 포함하고 있기 때문이다. 오히려 영적 수행자에게 일상의 모든 즐거움의 순간에 '커다란 즐거움'(마하-수카mahā-sukha)을 발견하라고 충고한다.
⇒ 카마kāma, 라티rati도 참조.

sukha-āsana(수카-아사나, [연성]sukhāsana수카사나)
'행복한 요가Yoga 자세'(행복좌) 또는 '편안한 요가 자세'(편안좌)라는 뜻이다. 『쉬바-상히타』*Śiva-Saṃhitā*(3. 97)에 따르면 스와스티카-아사나svastika-āsana와 동일하다. 『트리-쉬키-브라마나-우파니샤드』*Tri-Śikhi-Brāhmaṇa-Upaniṣad*(2. 52)에서는 이것을 안정성을 얻을 수 있는 자세라고 서술한다. 다른 요가 자세(아사나āsana)들을 할 수 없는 사람들에게 적합하다고 한다. 일반적으로 수카-아사나sukha-āsana는 재단사의 앉은 자세와 동일하다.

Sulabhā(술라바)

비데하 Videha 왕이 진정으로 깨달음을 얻었는지 어떤지 확인하기 위해서 그의 의식(consciousness)으로 들어갔던 요기니 yoginī로, 『마하바라타』*Mahābhārata*(12. 308. 3ff.)에 언급되어 있다.

sumperimposition(가탁 또는 덧씌움)

⇒ 아디야사 adhyāsa, 우파디 upādhi 참조.

sun(태양)

⇒ 라비 ravi, 수리야 sūrya 참조.

Sundaradeva(순다라데바)

『하타-상케타-찬드리카』*Haṭha-Saṃketa-Candrikā*와 『하타-탓트와-카우무디』*Haṭha-Tattva-Kaumudī*의 저자이다. 그는 베나레스(Banaras, 바라나시 Vārāṇasī)에서 살았고, 그의 스승은 푸르나난다 Pūrṇānanda였다.

Sundarar(순다라르; 8세기 초)

타밀어 Tamil이다. 산스크리트 Sanskrit로는 순다라 Sundara이다. 샤이비즘 Śaivism의 위대한 타밀 성자 중 한 사람이다. 그는 신(Divine)에게 지나치게 친하게 굴고 약간은 불쾌한 행위를 하였기 때문에 '무례한 헌신자'로 알려지게 되었다. 우리는 주로 그가 지은 열정적인 시에서 그의 삶과 가르침을 알 수 있다.

⇒ 미치광이 달인(crazy adept), 샤이바 싯단타 Śaiva Siddhānta도 참조.

Sundarānandar(순다라난다르)

산스크리트 Sanskrit 순다라난다 Sundarānanda에 대한 타밀어 Tamil이다. 열여덟 명의 남인도 달인(아슈타다샤-싯다 aṣṭādaśa-siddha) 중 한 명이고, 찻타이무니 Cattaimuni의 제자이다. 보가르 Bogar에 따르면 그는 케차리-무드라 khecarī-mudrā의 달인이었다.

Sundarī(순다리)

⇒ 트리푸라-순다리 Tripura-Sundarī 참조.

superstition(미신)

힌두 Hindu의 민속 전통이 미신들로 가득 차 있다는 것이 사실임과 동시에 많은 미신이 초자연적 요소를 포함한다는 것도 사실이다. 요가 Yoga의 가르침들이 단지 미신적인 믿음일 뿐이라고 연역적으로 평가절하되어서는 안 된다. 오히려 그것들을 제대로 연구해야만 한다.

⇒ 오컬티즘(Occultism), 초심리학(parapsychology)도 참조.

support(토대)

⇒ 아다라 ādhāra 참조.

sura(수라 I)

데바 deva의 동의어이다.

[비교] 아수라 asura.

surā(수라 II)

'알코올'이라는 뜻이다.

⇒ 마디야 madya 참조.

Surānanda(수라난다)

『하타-요가-프라디피카』*Haṭha-Yoga-Pradīpikā*(1. 6)에 하타-요가 Haṭha-Yoga의 달인으로 언급되어 있다.

Suśruta-Saṃhitā(수슈루타-상히타)

'수슈루타의 모음집'이라는 뜻이다. 인도의 토착 의학에 대한 위대한 두 문헌 중 하나이다. 다른 하나는 『차라카-상히타』*Caraka-Saṃhitā*이다. 이슈와라 크리슈나 Īśvara Kṛṣṇa의 『상키야-카리카』*Sāṃkhya-Kārikā*에 상술된 철학에 의지하므로 이 편집물은 350년 이후 시기에 속한다. 그러나 그 문헌의 자료들은 부분적으로는 상당히 더 오래된 것으로, 연대가 『샤타-파타-브라마나』*Śata-patha-Brāhmaṇa* 시대까지 거슬러 올라간다.

⇒ 아유르-베다 Āyur-Veda도 참조.

suṣumṇā-nāḍī(수숨나–나디)

'가장 속俗되지 않은 통로'라는 뜻이다. 생기(프라나 prāṇa)가 척주의 기저에 있는 심령 에너지 센터(차크라 cakra)로부터 정수리까지 관통하여 흐르는 중앙 도관이다. 『마이트라야니야–우파니샤드』*Maitrāyaṇīya-Upaniṣad*(6. 21)에서 이미 언급되었듯이 이것은 신체의 모든 나디 nāḍī 중 가장 중요하다. 『요가–비샤야』*Yoga-Viṣaya*(11)에서는 이것이 즐거움(수카 sukha)이라는 성격으로 된 것이라고 단언한다. 그 이유는 수숨나–나디 suṣumṇā-nāḍī가 『하타–요가–프라디피카』*Haṭha-Yoga-Pradīpikā*(4. 17)의 용어로 '태양과 달에 의해 만들어지는 시간을 삼키기' 때문이다. 다시 말해서 그것은 요긴yogin이 왼쪽과 오른쪽의 심령 에너지 흐름, 즉 이다–나디 iḍā-nāḍī와 핑갈라–나디 piṅgalā-nāḍī 사이의 양극적 역학을 초월하여서 불멸 상태인 참자아에 대한 깨달음을 획득하는 데 이용되는 비밀스러운 통로이다. 그러므로 그것은 『요가–야갸발키야』*Yoga-Yājñavalkya*(4. 30)에서 '해탈에 이르는 길' ♯ mokṣa-mārga이라고 불린다. 모든 나디처럼 수숨나–나디 suṣumṇā-nāḍī도 '구근'(칸다 kanda)으로부터 시작되지만, 그것만이 정수리에 있는 브라만brahman의 틈새(브라마–란드라 brahma-randhra)에까지 도달한다. 그것은 메루와 비나–단다(♯ vīṇā-daṇḍa; '비나의 활')처럼 여러 가지 명칭으로 불리는 척주를 따라서 움직인다. 『샤트–차크라–니루파나』*Ṣaṭ-Cakra-Nirūpaṇa*(2)에 따르면 이 축을 이루는 통로는 몇 가지 층위로 이루어져 있다. 바즈라–나디 vajra-nāḍī, 그 안에 치트리니–나디 citriṇī-nāḍī, 그리고 그 안에 브라마–나디 brahma-nāḍī가 있다.

'뱀의 힘'(쿤달리니–샥티 kuṇḍalinī-śakti)이 수숨나 속에서 상승할 수 있도록 그것에서 모든 불순물(말라 I mala)들을 제거해야만 한다. 이 과정은 때로 수숨나–요가 ♯ suṣumṇā-yoga 또는 마하–요가(mahā-yoga; '위대한 요가')라고 일컬어진다.

suṣupti(수숩티)

'수면'이라는 뜻이다.

⇒ 니드라 nidrā, 스와프나 svapna 참조.

sūkṣma(수크슈마)

'미세한'이라는 뜻이다. 존재의 내적 또는 심령적 차원은 육안으로 볼 수 있는 것이 아니라 명상(meditation)에서 체험될 수 있다. 미세한 차원은 우주(cosmos)의 초월적 토대(프라다나 pradhāna)까지 쭉 뻗어 있다.

[비교] 스툴라 sthūla.

sūkṣma-dhyāna(수크슈마–디야나)

'미세한 명상(meditation)'이라는 뜻이다. 『게란다–상히타』*Gheraṇḍa-Saṃhitā*(6. 9f.)에서는 쉬바Śiva와 샥티 II Śakti의 합일을 체험하는 샴바비–무드라 śāmbhavī-mudrā와 동일시된다.

[비교] 지요티르–디야나 jyotir-dhyāna, 스툴라–디야나 sthūla-dhyāna.

sūkṣma-śarīra(수크슈마–샤리라)

'미세한 신체'라는 뜻이다. 요가Yoga의 형이상학에 따르면 물질적 또는 조대한 신체의 지배를 받지 않고 존재할 수 있는 온전한 심리정신 복합체이다. 이것은 죽은 뒤에도 유지되고, 미래의 화신을 위한 전제 조건의 역할을 하는 신체적 '영역'이다. 바차스파티 미슈라 Vācaspati Miśra는 그것에 대한 적절한 문헌적 뒷받침이 없다는 이유로, 또한 재탄생(푸나르–잔만 punar-janman)의 과정을 설명하기 위한 미세 신체를 가정할 필요가 없기 때문에, 자신의 『탓트와–바이샤라디』*Tattva-Vaiśāradī*(4. 10)에서 그러한 신체의 존재를 거부했다.

⇒ 아티바히카–데하 ātivāhika-deha, 데하 deha, 샤리라 śarīra도 참조.

sūrya(수리야)

'태양'이라는 뜻이다. 배꼽 부위에 위치한다고 생각되는 비전적 현상 또는 미세한 해부학적 구조이다. 하타–요가Haṭha-Yoga의 문헌들에서는 그것을 머리에 위치한 '달'(찬드라 candra)에서 떨어지는 '불사의 감로'(아므리타 amṛta)를 삼켜버리는 것으로 기술한다. 이로 인해 신체에서 자연스럽게 생성되는 감로(ambrosia)는 독毒으로 바뀐다. 그런 다음 그것은 핑갈라–나디 piṅgalā-

S

nāḍī를 통해 흐른다. 태양 발전기를 멈추고 달의 흐름을 강화·개발하기 위해 다양한 기법들이 제시된다.
⇒ 해부학(anatomy)도 참조.
[비교] ∵수리야sūryā.

sūrya-bheda(수리야-베다) 또는 **sūrya-bhedana**(수리야-베다나)
'태양 관통'이라는 뜻이다. 『게란다-상히타』*Gheraṇḍa-Saṃhitā*(5. 58f.)에 있는 여덟 종류의 호흡 조절법(프라나야마 prāṇāyāma) 중 하나로 다음과 같이 기술되어 있다. '태양 통로'(즉 오른쪽 콧구멍)로 활기차게 숨을 들이쉬고, 땀이 많이 날 때까지 인후 잠금(잘란다라-반다 jālandhara-bandha)을 수행하면서 조심스럽게 숨을 보유한다. 다른 송(5. 66f.)에서는 다음의 기법을 권한다. 태양 채널에서 차단된 다양한 형태의 생기(프라나 prāṇa)를 배꼽(나비 nābhi)으로부터 끌어올린 다음, 이다-나디(iḍā-nāḍī, 즉 왼쪽 콧구멍)로 천천히 내쉰다. '뱀의 힘'(쿤달리니-샥티 kuṇḍalinī-śakti)의 각성을 위해서 이것을 반복적으로 수행해야만 한다.
⇒ 쿰바카kumbhaka도 참조.

sūrya-grahaṇa(수리야-그라하나)
'일식'日蝕이라는 뜻이다. 『다르샤나-우파니샤드』*Darśana-Upaniṣad*에 따르면 생기(프라나 prāṇa)가 오른쪽 채널(즉 핑갈라-나디 piṅgalā-nāḍī)을 경유하여 '뱀의 힘'(쿤달리니-샥티 kuṇḍalinī-śakti)의 장소, 즉 물라다라-차크라 mūlādhāra-cakra에 도달할 때 발생한다.
[비교] 찬드라-그라하나 candra-grahaṇa.

sūrya-namaskara(수리야-나마스카라)
'태양 경배'라는 뜻이다. 현대의 하타-요가 Haṭha-Yoga 매뉴얼에 기술되어 있는 일련의 역동적인 열두 자세(아사나 āsana)이다. 이 연속 자세는 아침에 온화한 햇살을 마주 보면서 수행해야만 하기 때문에 그렇게 불린다. 이 자세는 19세기에 아우드(Oudh, 인도 웃타르 프라데쉬 중부에 있는 지역)의 라자Raja가 고안했던 것으로 보인다.

sūryā(∵수리야)
수리야sūrya의 여성형이다.

sūtra(수트라)
'실'絲이라는 뜻이다. 문자 그대로 힌두이즘Hinduism의 상위 세 사회적 계급의 남성 구성원들이 두르고 있는 실이다. 또한 신성한 가르침들을 기억하기 위한 도구 역할을 하는 간결한 경구이다. 쿠마릴라 밧타 Kumārila Bhaṭṭa의 『슐로카-바룻티카』♯*Śloka-Vārttika*(1. 1. 22f.)에 따르면 목적에 따라서 다음과 같은 여섯 종류의 그러한 경구가 있다. 정의♯saṃjñā, 해석♯paribhāṣā, 일반 규칙(비디 vidhi), 제한적 규칙(니야마 niyama), 원래 진술(아디카라 adhikāra), 유비♯atideśa. 이런 유형의 글쓰기는 파탄잘리 Patañjali의 『요가-수트라』*Yoga-Sūtra*와 같은 힌두Hindu 철학의 여섯 체계(다르샤나 darśana)의 원전들에서 사용되었다. 불교에서 수트라(sūtra, 팔리어로는 숫타 sutta임)라는 용어는 붓다Buddha와 다른 달인들의 기억할 만한, 그리고 기억되어야 할 언급들을 나타낸다.

Sūtra-Artha-Bodhinī(수트라-아르타-보디니, [연성] Sūtrārthabodhinī수트라르타보디니)
'[요가Yoga] 경전의 내용에 대한 해설'이라는 뜻이다. 『요가-수트라』*Yoga-Sūtra*에 대한 나라야나 티르타 Nārāyaṇa Tīrtha의 원주석으로, 대략 24개의 폴리오(48장)로 구성되어 있다. 더 긴 『요가-싯단타-찬드리카』*Yoga-Siddhānta-Candrikā*도 동일한 저자가 저술하였다.

sva-bhāva(스와-바바)
'자신의 존재 상태'라는 뜻이다. 의미있는 방식으로 인생을 살기 위해 존중해야만 하는 한 사람의 내적 본성이다. 중요한 이 윤리적 개념은 스와-다르마 sva-dharma와 연관된 것으로 『바가바드-기타』*Bhagavad-Gītā*에 소개되어 있다. 스와-바바 sva-bhāva는 잠시 멈춰 서서 자신의 주의를 내면으로 돌리는 사람들의 '아주 작은 소리' 속에 나타난다.
⇒ 스와-루파 sva-rūpa도 참조.

Svacchanda-Tantra(스왓찬다-탄트라)

카울라kaula를 지향하는 중요하고 방대한 문헌(산스크리트Sanskrit 본으로 된 여섯 권)이다. 이 문헌은 호흡 조절법과 신성한 음절 옴Oṃ의 암송을 포함하여 의례와 요가Yoga 수행법 들에 대해 자세히 설명하고 있다. 아비나바굽타Abhinavagupta가 쓴 탁월한 주석서가 있다.

Svacchanda-Yoga(스왓찬다-요가)

'자신의 의지로 된 요가Yoga'라는 뜻이다. 『쉬바-수트라』*Śiva-Sūtra*(1. 11)에 대한 크세마라자Kṣemarāja의 주석에 나타난 구절이다. 스왓찬다[스와(sva; '자신의')+찬다스(chandas; '의지')로 만들어짐]로도 불리는 궁극적 참실재에 대한 깨달음 후에 얻는 요긴yogin의 완전한 자유를 나타낸다. 이것은 절대적 자발성(사하자sahaja) 상태에 대한 또 다른 명칭이다.

sva-dharma(스와-다르마)

'자신의 규준' 또는 '자신의 의무'라는 뜻이다. 자신에게 적용되는 것으로서의 도덕적 법칙 또는 규범(다르마 dharma)이다. 이 개념은 『바가바드-기타』*Bhagavad-Gītā*(18. 47)의 가르침들에서 가장 중요한 역할을 하는데, 거기에는 다음과 같은 기억할 만한 언급이 있다.

> 타인의 의무를 잘하는 것보다 [자신의] 의무를 불완전하게 [수행하는 것이] 더 낫다오. [자기] 자신의 존재 상태(스와-바바sva-bhāva)에 의해서 규정된 행위를 함으로써 그는 죄(킬비샤 kilbiṣa)를 쌓지 않는다오.
>
> 그는 '타고난'(사하자sahaja) 행위를 버리지 말아야만 한다오. 비록 그것이 결함이 있더라도, 오 카운테야(Kaunteya, 아르주나Arjuna)여. 왜냐하면 마치 불이 연기로 가려져 있는 것처럼, 해야 할 모든 일은 결함(도샤doṣa)으로 가려져 있기 때문이라오.

여기서 크리슈나Kṛṣṇa는 자신의 제자인 아르주나에게 전사(크샤트리야 ∮ kṣatriya)는 필요하다면 군사력으로 도덕적 질서를 수호해야만 한다고 가르친다. 전사가 상인이나 브라민brahmin의 삶을 사는 것은 부적절하고, 반대의 경우도 마찬가지이다. 사람은 자신의 타고난(사하자) 의무들에 충실해야만 한다. 힌두Hindu 윤리학에 따르면 주로 이 의무들은 자신의 카르마karma에 의해 결정되는 사회에서 자신의 위치로부터 유래한다. 스와-다르마sva-dharma는 두 가지 면을 가지고 있다. 그것은 자신의 근본적 존재 상태(스와-바바)의 도덕적 '정언 명령'과 카스트(caste)의 법칙들이라는 관점에서 타고난 도덕적 기준의 형식화 양자이다. 사람은 자신의 스와-다르마의 완수를 통해서 자신을 실현한다.

⇒ 카르마-요가Karma-Yoga도 참조.

svakīyā(스와키야)

수행자 자신의 아내가 탄트라Tantra의 여성 파트너이다.

[비교] 파라키야parakīyā.

svapna(스와프나)

'꿈'이라는 뜻이다. 고대 이래로 의식(consciousness)의 독특한 상태로 인정되어 왔다. 일반적으로 이 단어는 빈번히 '잠'을 의미하고, 그와 마찬가지로 니드라nidrā 또는 수숩티suṣupti의 동의어이다. 그러나 수많은 문맥에서 이것은 특히 '꿈'을 나타낸다. 『바라하-우파니샤드』*Varāha-Upaniṣad*(2. 61)에서는 이 상태를 '미세 통로' ∮ sūkṣma-nāḍī 속에서 상위의 마음(붓디buddhi)이 움직여 다닌 결과로 설명한다. 말하자면 꿈꾸는 상태는 신체의 내적 환경에 대한 주의 집중에 기초를 두고 있다. 『항사-우파니샤드』*Haṃsa-Upaniṣad*(8)에서는 개아(psyche, 지바jīva)가 심막心膜에 들어갈 때 꿈을 꾸게 되고, 한편 개아가 심장에 있는, 쉬바Śiva의 상징인 '남근'(링가liṅga)에 집중할 때는 깊은 잠(수숩티)이 발생한다고 말한다.

『마하바라타』*Mahābhārata*(12. 232. 4)에서 스와프나svapna는 결점(도샤doṣa) 중 하나로 간주된다. 그러나 『요가-수트라』*Yoga-Sūtra*(1. 38)에 따르면 깊은 잠은 명상(meditation)에 적합할 수 있는 유용한 통찰(vision)들을 낳을 수 있다. 또한 요긴yogin의 꿈들은 중요한 징조(아리슈타arişta)를 포함할 수도 있다.

svara(스와라)

'소리'라는 뜻이다. 일반적으로는 소리이고, 구체적으로는 호흡으로 만들어지는 소리이다. 『아므리타-빈두-우파니샤드』*Amṛta-Bindu-Upaniṣad*(7)에서는 스와라svara를 아스와라ᶠasvara, 즉 '소리 없는' 절대자와 대비하고 있다. 이것은 만트라-요가Mantra-Yoga의 핵심 관념이다.

⇒ 샤브다śabda, 말(speech), 바츠vāc도 참조.

Svara-Cintāmaṇi(스와라-친타마니)

'[호흡의] 소리에 대한 보석 같은 생각'이라는 뜻이다. 24개의 짧은 장으로 된 후대의 저작으로 호흡의 흐름을 통한 예언을 다루고 있다. 이것은 『쉬바-스와로다야』*Śiva-Svarodaya*보다 더 자세하다.

svara-sauṣṭhava(스와라-사우슈타바)

'호감이 가는 목소리'라는 뜻이다. 『슈웨타슈와타라-우파니샤드』*Śvetāśvatara-Upaniṣad*(2. 12)에 따르면 요가Yoga에서 초기의 진전(프라브릿티pravṛtti)을 보여 주는 징표(치나cihna) 중 하나이다. '부드러운 목소리'ᶠsvara-somyatā로 언급되기도 한다.

⇒ 상냥한 말씨(kind speech)도 참조.

svarga(스와르가) 또는 **svarga-loka**(스와르가-로카)

전자는 '천상', 후자는 '천상의 세계'라는 뜻이다. 신들의 영역이다. 그리고 『바가바드-기타』*Bhagavad-Gītā*(9. 29f.)가 우리에게 상기시키듯이 희생제(야갸yajña)로 신(Divine)을 숭배하지만 그럼에도 불구하고 그들의 선(善, 푼야puṇya)이 고갈되자마자 다시 태어나게 될 덕 있는 사람들의 영역이다. 그러므로 천상은 변화의 고통으로부터 영원한 안전을 제공하지는 못한다. 그것은 해탈과 같지 않다.

[비교] 나라카Nāraka.

S

svarodaya-vijñāna(스와로다야-비갸나)

'[호흡의] 소리의 일어남에 대한 지식'이라는 뜻이다. 스와라(svara; '소리')와 우다야(udaya; '일어남')로 만들어졌다. 호흡을 사용하여 건강과 미래의 웰빙과 운명을 진단·예측하는 기법이다. 단지 호흡이 마음과 밀접하게 연관되어 있고 마음도 동일하게 신체 전체와 밀접하게 연관되어 있기 때문에 이 기법이 가능하다고 생각된다.

Svarodaya-Vivaraṇa(스와로다야-비바라나)

최근 저작으로 바로다(Baroda, 구자라트Gujarat주)의 바바 샤스트린Bhāva Shāstrin이 저술하였고 125송으로 되어 있으며, 미세 통로(나디nāḍī)와 생기(프라나prāṇa)를 다루고 있다.

sva-rūpa(스와-루파)

'자신의 양태'라는 뜻이다. 고전 요가(Classical Yoga)에 따르면 사물의 핵심적 본성이다. 이를 테면 견고함은 지地 요소의 고유한 속성이다. 『요가-바쉬야』*Yoga-Bhāṣya*(3. 47)에서는 그것을 보편 [양태]ᶠsamānya와 특수 [양태](비세샤viśeṣa)의 복합체로 정의한다. 보편의 예는 들을 수 있음이고, 특수의 예는 소리이다.

⇒ 스와-바바sva-bhāva도 참조.

svastika(스와스티카)

'행운의' 또는 '상서로운'이라는 뜻이다. 수(su; '잘')와 아스티(asti; '있다')로 만들어졌다. 태양에 대한 고대의 상징으로, 유럽인들의 의식(consciousness)에는 파괴의 상징으로 떠오른다. 이것은 요가Yoga에서 소우주의 '태양'(수리야sūrya)의 장소인 배꼽에 있는 심령 에너지 센터와 연관되게 되었다.

svastika-āsana(스와스티카-아사나, [연성]svastikāsana 스와스티카사나)

'행운 요가Yoga 자세'라는 뜻이다. 『요가-바쉬야』*Yoga-Bhāṣya*(2. 46)에서 이미 언급되었고 『게란다-상히타』*Gheraṇḍa-Saṃhitā*(2. 13)에서는 다음과 같이 기술되었

스와스티카

다. 몸을 곧게 세우고 앉아서(리주-카야ṛju-kāya) (양쪽) 무릎과 허벅지 사이에 발을 끼운다. 『쉬바-상히타』*Śiva-Saṃhitā*(3. 96)에서는 이 요가 자세가 질병을 막고, 추측건대 (호흡처럼) 내・외적으로 바람(바유vāyu)에 대한 초자연적 통제력을 가져온다고 언급하고 있다. 『쉬바-푸라나』*Śiva-Purāṇa*(7. 2. 16. 55)에서는 스승(구루guru)이 제자의 신체에 들어가는 사마야♯samaya 의례를 하는 동안 스와스티카-아사나svastika-āsana를 할 것을 특별히 권하고 있다. 이 자세는 또한 수카-아사나sukha-āsana로도 불린다.

svayambhū-liṅga(스와얌부-링가)
'독립 자존하는 남근'이라는 뜻이다. 물라다라-차크라mūlādhāra-cakra와 연관된 남근의 상징이다. 이것은 아래쪽을 향해 있고 '뱀의 힘'(쿤달리니-샥티kuṇḍalinī-śakti)에 둘러싸여 있다.
⇒ 링가liṅga도 참조.

svādhiṣṭhāna-cakra(스와디슈타나-차크라)
'자신에 기초한 센터'라는 뜻이다. 스와sva와 아디슈타나adhiṣṭhāna로 만들어졌다. 오름차순으로 신체의 둘째 심령 에너지 센터이다. 생식기에 위치한 여섯 개 꽃잎으로 된 진홍색의 연꽃으로 묘사된다. '종자 음절'(비자-만트라bīja-mantra)은 밤vaṃ이고, 수(水, 아파스) 요소와 관련이 있다. 이 센터에 거주하는 신들은 비슈누Viṣṇu와 여신 라키니♯Rākinī이다. 이 센터는 미각(라사rasa), 손, 번식력과 연결 지어 생각되고, 악어를 떠올리게 하는 수중 괴물의 이미지로 상징된다. 이 센터에는 '안으로 향하는', 산호처럼 빛나는 남근(링가liṅga)이 들어 있다. 이 센터에 대해 명상(contemplation)하면 요긴yogin은 세상 사람들, 특히 이성에게 매력적이게 된다. 이것은 그에게 감당하기 힘든 시험으로 변할 수 있다.
⇒ 링가-차크라liṅga-cakra도 참조.

스와디슈타나-차크라
생식기에 위치한 심령 에너지 센터

svādhyāya(스와디야야)
'학습'이라는 뜻이다. 문자 그대로 '자기 자신sva이 ~속으로 들어감adhyāya'이다. 『요가-수트라』*Yoga-Sūtra*에 크리야-요가Kriyā-Yoga의 구성 수행법 중 하나(2. 1)이자 자기 억제(권계, 니야마niyama)의 구성 요소 중 하나(2. 32)로 언급되어 있다. 『요가-바쉬야』*Yoga-Bhāṣya*(2. 1)에서는 이것을 신성한 음절 옴Oṃ과 다른 유사한 만트라mantra들의 암송(자파japa)으로, 그리고 해탈에 대한 신성한 전승 지식♯mokṣa-śāstra으로 설명한다. 이 두 가지 의미는 역사적인설명을 가지고 있다. 베다Veda 시대에 학습은 반복적 암송을 통한 신성한 전통의기억을 의미했다. 학습은 초기에 자신에 대한 이해와 자기 초월의 실행 가능한 수단으로 인정되었다. 『샤타-파타-브라마나』♯*Śata-Patha-Brāhmaṇa*(11. 5. 7. 1)에서 이것은 다음과 같이 증명된다. "[신성한 전승 지식의] 학습과 해석은 즐거움의 [원천]이다. [진지한 수행자는] 정신적으로 집중되고 다른 사람들로부터 독립적이게 되며 나날이 [영적인] 힘을 얻는다. 그는 평화롭게 잠자고 그 자신의 최고의 의 사이다. 그는 감각들을 통제하고 일자一者 속에서 즐거워한다. [그의] 통찰력(vision, 프라갸prajñā)과 [내적인] 영광 ♯ yaśas이 증가되어서 [그는] 세계를 [정신적으로] 고양시키는 (♯ loka-pakti; 문자 그대로 '세계를 요리함') [능력을 획득한다.]"

스와디아야svādhyāya는 단지 지성적인 배움을 넘는 것이다. 그것은 명상(meditation)의 성질에 근접하고, 『비슈누-푸라나』*Viṣṇu-Purāṇa*(6. 6. 2f.)의 다음과 같은 구절처럼 영적인 수행법들의 실천을 보완한다. "수행자는 학습으로부터 요가Yoga로 나아가야 하고, 요가로부터 학습으로 나아가야 한다. 학습과 요가의 완성을 통해서 지고의 참자아는 현현顯現하게 된다. 학습은 그것[즉 참자아]를 바라보기 위한 한쪽 눈이고, 요가는 다른 쪽 눈이다."

⇒ 그란타grantha, 샤스트라śāstra도 참조.

svāmin(스와민)

'주인' 또는 '주'主라는 뜻이다. 영적인 인물에게 붙이는 일반적 존칭이다. 영어로는 종종 '스와미'(Swami)로 쓴다. 스와민svāmin은 타인에 대해서보다 자신sva에 대해서 통달한 자로 이해되지만, 일반적으로는 모든 종류의 초자연적 능력(싯디siddhi)도 가지고 있는 것으로 생각된다. 고전 요가(Classical Yoga)에서 이 용어는 참자아를 나타내기도 하지만, 스와는 자신의 본성을 나타낸다.

svātantrya(스와탄트리아)

'자립' 또는 '자기 신뢰'라는 뜻이다. 영적 수행자의 중요한 자질이다. 『요가-쉬카-우파니샤드』*Yoga-Śikhā-Upaniṣad*(1. 154)에서 단언하듯이 자기 신뢰는 영원한 완전함(싯디siddhi)을 획득하는 데 필수적이다. 그러나 그와 동시에 제자가 너무 자기 뜻대로 해서 스승(구루guru)에 대한 복종을 받아들이지 않는다면 결코 안 된다.

Svātmārāma Yogīndra(스와트마라마 요긴드라; 대략 14세기)

『하타-요가-프라디피카』*Haṭha-Yoga-Pradīpikā*의 저자이다. 그는 맛시옌드라Matsyendra와 고라크샤 I Gorakṣa을 자신의 스승으로서 존경했지만, 개인적으로 그들에 대해 학습하지는 않았다.

sveda(스웨다) 또는 **prasveda**(프라스웨다)

'땀'이라는 뜻이다. 호흡 조절법(프라나야마prāṇāyāma)의 초기 단계들과 각별히 연관된 현상이다. 『하타-요가-프라디피카』*Haṭha-Yoga-Pradīpikā*(2. 13)에서는 수행자가 자신의 땀(잘라 I jala)을 몸에 문질러 스며들게 하여 피부를 '탱탱'하고 '윤기'있게 만들기를 권한다. 『테조-빈두-우파니샤드』*Tejo-Bindu-Upaniṣad*(1. 41)에서는 발한을 아홉 가지 장애(비그나vighna) 중 하나로 본다.

Swami 또는 **Svāmī**(스와미)

⇒ 스와민svāmin 참조.[스와미(Swami)들의 개인적인 이름 아래에 각각 스와미를 기재했다.]

symbolism(상징주의)

이미 고대 베다Veda 시대에 인도의 성자들은 영적 삶의 더 깊은 진실을 표현하기 위해 상징과 은유를 이용했다. 그러므로 베다의 많은 찬가는 현대의 학자들에 의해서 점차 복원되고 있을 뿐인, 상징이 내포된 언어로 구성되어 있다. 서구의 학자들은 오랫동안 베다들이 가치 있는 지식을 어떠한 것도 담고 있지 않는 원시적인 시에 불과하다고 생각했다. 이러한 평가는 전통주의자인 인도인 자신들이 베다의 문헌들에 대해 품어온 숭배심과 충돌했다. 그들에게 베다들은 최고의 질서에 대한 계시된 지혜였다. 오늘날 베다주의자들은 베다의 찬가들에서 발견되는 문학적 정교함의 수준에 더욱 감사하기 시작했고, 일부는 심지어 고대의 이 작품들이 수준 높은 사고와 깊은 지혜를 담고 있다는 관점을 마음속에 품기도 한다.

비의적 상징주의는 또한 우파니샤드Upaniṣad들에서도 발견할 수 있는데, 그 문헌들에서는 여러모로 베다의 영적 인식이 지속되고 있다. 『마하바라타』*Mahābhārata* 역시 의미심장한 상징들로 채워져 있고, 푸라나Purāṇa들도 마찬가지이다. 그러나 영적 상징주의의는 탄트라Tantra들에서 그 정점에 도달한다. 거기서는 심지어 비입문자는 전혀 이해할 수 없는 '모호한 언어'(산디야-바샤Saṃdhyā-Bhāṣā)를 사용하기도 한다.
⇒ 신화(mythology)도 참조.

sympathy(연민)
⇒ 다야dayā 참조.

śabda(샤브다)
'소리'라는 뜻이다. 요긴yogin들이 주의를 집중하기 위해 찾았던, 중요하고 가장 오래된 방법 중 하나이다. 소리의 변화시키는 본성에 대한 어렵게 얻게 된 실험 결과와 이론 들은 만트라-비디야♯mantra-vidyā, 즉 '신성한 발성된 말의 과학'으로 알려진 것으로 구체화되었다. 샤브다śabda는 글자로 표현될 수 있고(♯varṇa-ātmaka, [연성]varṇātmaka로 씀), 의미를 부여받을 수 있다. 또는 폭포의 굉음과 같은 의미 없는 소리♯dhvani일 수 있다. 이에 더하여 초감각적 소리 또는 내면의 소리(나다nāda)가 있다. 모든 유형의 소리가 그 속에서 그리고 그것으로부터 발생하게 되는 궁극적인 토대는 샤브다-브라만śabda-brahman이라 불린다. 들을 수 있는 소리는 샤브다-브라만의 초월적 진동(스판다 I spanda)이 점차 나타나게 되는 전체 전개 과정의 마지막 산물이다. 일반적으로 네 단계로 구분된다. (1)파라-샤브다(♯Para-śabda; '지고의 소리')는 소리의 가장 미세한 양태로, 척주의 맨 아래에 있는 심령 에너지 센터, 즉 물라다라-차크라mūlādhāra-cakra와 연관되어 있다. (2)파쉬얀티-샤브다(♯Paśyantī-śabda; '가시적 소리')는 심장과 연관이 있고, 신성한 음절 옴(Oṃ, 즉 프라나바praṇava)으로 들을 수 있다. (3)마디야마-샤브다(♯Madhyama-śabda; '중간 소리')는 '모체'(마트리카mātṛkā)들로 알려진 산스크리트Sanskrit 알파벳(자모字母)으로 된 50개의 음가(바르나varṇa)와 같은 다양한 기본적 소리를 말한다. 이것은 또한 만트라mantra들이 달인에게 드러나는 단계이다. 각각의 소리 단위는 세 가지 면, 즉 비자bīja, 나다, 빈두bindu를 가지고 있다. (4)바이카라-샤브다(♯Vaikhāra-śabda; '나타난 소리')는 소리의 가장 조대한 면이고, 말로 표현된다.
⇒ 만트라-요가Mantra-Yoga도 참조.
[비교] 마우나mauna.

śabda-brahman(샤브다-브라만)
'소리로서의 절대자' 또는 '소리로 된 절대자'(sonic Absolute)라는 뜻이다. 들을 수 있든 없든 모든 소리(샤브다śabda)의 근원이다. 힌두이즘Hinduism에서 신성한 소리인 옴Oṃ으로 나타난다.
⇒ 절대자(Absolute), 아크샤라akṣara 참조.
[비교] 파라-브라만para-brahman.

śaithilya(샤이틸리야)
'완화'라는 뜻이다. 파탄잘리Patañjali의 『요가-수트라』*Yoga-Sūtra*(2. 47)에서는 모든 노력(야트나yatna)을 완화하는 동안 요가Yoga 자세(아사나āsana)를 수행해야만 한다고 언급한다. 그 결과 『요가-바쉬야』*Yoga-Bhāṣya*에서 설명했듯이 신체의 동요♯ejaya가 없다.

śaiva(샤이바)
'쉬바Śiva에 속하는'이라는 뜻이다. 샤이비즘Śaivism의 지지자를 나타내기 위해 명사로 사용되기도 하는 형용사이다.

Śaiva-Āgama(샤이바-아가마)
⇒ 아가마 II Āgama 참조.

Śaiva Siddhānta(샤이바 싯단타)
샤이비즘Śaivism의 남인도 지파 전통이다. 북인도에서 쓰인 28종의 산스크리트Sanskrit 아가마 II Āgama에 부분적으로 기초한 샤이바 싯단타Śaiva Siddhānta는 타밀어Tamil로 엄청나게 많은 자파japa의 문헌을 생산해 왔는데, 그 문헌들은 앗파르Appar, 마닉카바차카르Māṇikkavācakar, 삼반다르Sambandhar, 순다라르Sundarar, 티루물라르Tirumūlar와 같은 그러한 샤이바Śaiva 성자들의 시로 시작되었다. 샤이비즘Śaivism의 교의들에 대한 타밀어로 된 체계적인 상세한 첫 설명은 13세기 메이칸

S

다르Meykaṇḍār의 『쉬바-갸나-보담』*Śiva-Jñāna-Bodham*('쉬바Śiva에 대한 지식을 깨닫게 하기')이다.

이 저작은 명백히 산스크리트 『라우라바-아가마』∮*Raurava-Āgama*에서 발췌된 열두 경문으로 된 작품인 『샤이바-싯단타』*Śaiva Siddhānta*에 대한 주석이다.

불이론(不二論, 아드와이타advaita) 형이상학을 신봉하는 샤이바 싯단타Śaiva Siddhānta 전통에서는 파슈파티(Paśupati, 즉 쉬바)라 불리는 신(Divine)과 파슈paśu라 불리는 개인 정신(individual psyche), 즉 개아와 '족쇄'(파샤pāśa)로 불리는 의식이 없는 우주(cosmos)를 구분한다. 이 종교철학적 체계는 또한 존재의 36원리(탓트와tattva)를 인정하고 있는데, 상키야Sāṃkhya 전통의 24원리를 포함하고 있다. 나머지 12원리는 '순수한', 즉 초월적 범주라고 한다.

오늘날에도 여전히 활동적인 이 유파는 헌신적 숭배와 의례를 강조하지만, 『쉬바-갸나-싯디』*Śiva-Jñāna-Siddhi*와 갸나프라카샤Jñānaprakāśa의 『쉬바-요가-라트나』*Śiva-Yoga-Ratna*('쉬바-요가의 보석')와 같은 그러한 저작들에서 볼 수 있는 것처럼 요가Yoga 또한 중요한 역할을 한다.

⇒ 파슈파타파Pāśupata sect, 프라티야비갸 학파Pratyabhijñā school, 링가야타파Liṅgāyata sect도 참조.

Śaivism(샤이비즘)

수많은 전통들, 특히 카팔리카Kāpālika, 칼라무카Kālāmukha, 칸파타Kānphaṭā, 카울라kaula, 파슈파타Pāśupata, 크라마Krama, 프라티야비갸Pratyabhijñā, 트리카Trika, 스판다II Spanda, 샤이바 싯단타Śaiva Siddhānta, 비라 샤이비즘(Vīra Śaivism, 또는 링가야타liṅgāyata)에 붙인 명칭으로, 이들은 교의적 관점과 실천적 접근법 들의 넓은 영역을 포함한다. 일반적으로 공통된 특징은 쉬바Śiva인 초월적 참실재에 대한 숭배이다. 샤이비즘Śaivism의 기원들은 모호한 과거 속에 놓여 있다. 쉬바는 이미 『리그-베다』*Ṛg-Veda*에서 언급되지만, 이 신에 대한 충분히 발달된 일신교적 숭배의 가장 초기 증거는 (기원전 3세기나 4세기 또는 그보다 더 이른) 『슈웨타슈와타라-우파니샤드』*Śvetāśvatara-Upaniṣad*에서 발견될 수 있다. 『마하바라타』*Mahābhārata*에는 비슈누Viṣṇu의 심각한 라이벌이 되기 시작한 쉬바에 대한 새로워진 중요성이 반영되어 있다. 서력기원에 샤이비즘과 그 경쟁자인 바이슈나비즘Vaiṣṇavism의 점진적인 번영을 목격하였고, 대략 첫 천 년이 바뀌는 무렵에 샤이비즘은 정점에 이르렀다. 샤이바Śaiva들로 불리는, 북쪽과 남쪽 인도의 샤이비즘 추종자들은 다양한 언어(특히 산스크리트Sanskrit와 타밀어Tamil)로 방대한 문헌들을 생산했지만, 단지 그것들의 일부만이 현재 남아 있고 여전히 빈약하게 연구되고 있을 뿐이다. 그것들은 요가Yoga의 발전에, 특히 고행주의 계보를 따라서 더 많은 도움을 주었다. 놀랄 일도 아니게 자이나 저자인 라자셰카라Rājaśekhara는 자신의 저작인 『샤드-다르샤나-사뭇차야』∮*Ṣaḍ-Darśana-Samuccaya*에서 샤이비즘을 당연히 '요가 전통'yoga-mata이라고 명명한다.

[비교] 샥티즘Śaktism, 바이슈나비즘Vaiṣṇavism.

śakti(샥티 I)

'힘' 또는 '능력'이라는 뜻이다. 여성으로 상상되고 쉬바Śiva의 신성한 배우자인 샥티II Śakti로 상징되는 존재의 동적인 또는 창조적인 원리이다. 이 관념은 구별되지 않는 단일한 실재가 무한한 형태를 한 다차원적인 우주(cosmos)를 어떻게 산출할 수 있는지를 설명하려고 한다. 쉬바로 상징되는 초월적인 정적 원리는 자신의 힘으로 창조할 수 없다. 다음과 같은 널리 알려진 교리적 금언은 이러한 내용을 담고 있다. "샥티II 없는 쉬바는 어떤 것도 이룰 수 없다." 샥티II에게서 떨어진 쉬바는 송장과 같다. 『쉬바-푸라나』*Śiva-Purāṇa*(7. 2. 4. 10)에서는 시적 비유로 이를 설명한다. "달빛 없이 달이 빛나지 못하는 것처럼 그렇게 쉬바 또한 샥티II 없이는 빛나지 못한다."

쉬바는 샥티만∮śaktimān, 즉 '힘의 소유자'라고 불린다. 반면 샥티II는 신랑에 의해 삶이 완전해지는 신부와 같다. 쉬바와 샥티II, 즉 신과 여신은 분리할 수 없는 원리이다. 『카울라-갸나-니르나야』*Kaula-Jñāna-Nirṇaya*(17. 8)에서는 둘의 관계를 불과 연기에 비유했다. 몇몇 권위자들은 절대자는 무한한 수의 샥티를 내포하

S

고 있다고 설명한다. 그러나 빈번하게 샥티 I 은 셋 또는 그 이상의 주요 유형들로 구분된다. 『카울라-갸나-니르나야』(2. 6)에서는 샥티 I 의 세 가지 근원적 측면에 대해 말할 때 대중적으로 알려진 샤이바Śaiva의 가르침을 되풀이하고 있는데 다음과 같다. 크리야-샥티(kriyā-śakti; '행위의 힘'), 때로는 그 핵심이 놀라움(차맛카라camatkāra)이라고 하는 잇차-샥티(icchā-śakti; '의도의 힘'), 갸나-샥티(jñāna-śakti; '지식의 힘'). 이들 각각은 불가해한 존재인 쉬바의 능동적 · 의지적 · 인식적 측면을 나타낸다. 우주의 해체 시기에 앞의 두 측면은 셋째 측면 속으로 용해되어 들어간다. 가끔은 두 가지 측면, 즉 치트-샥티[cit-śakti; '자각(awareness)의 힘']와 아난다-샥티(ānanda-śakti; '은총의 힘')가 더 언급되기도 한다. 『카울라-갸나-니르나야』의 다른 송(20. 10)에서는 9종의 샥티 I 을 언급하고 있고, 다른 저작들은 훨씬 더 복잡한 모델들을 제시하고 있다.

『싯다-싯단타-팟다티』*Siddha-Siddhānta-Paddhati*(1. 5ff.)에서는 다음과 같이 샥티 I 의 다섯 측면을 언급했다. 니자-샥티(♯nijā-śakti; '선천적 힘'), 파라-샥티(♯para-śakti; '더 높은 힘'), 아파라-샥티(♯apara-śakti; '더 낮은 힘'), 수크슈마-샥티(♯sūkṣma-śakti; '미세한 힘'), 쿤달리니-샥티(kuṇḍalinī-śakti; '뱀의 힘'). 이 문헌의 다른 곳(4. 2)에서는 다른 내용을 열거하고 있다. 파라-샥티('더 높은 힘'), 삿타-샥티(♯sattā-śakti; '존재의 힘'), 아한타-샥티(♯ahaṃtā-śakti; '자아의 힘'), 스푸랏타-샥티(♯sphurattā-śakti; '현현顯現의 힘'), 칼라-샥티(♯kalā-śakti; '부분적인/불완전한 존재의 힘'). 이들 모두는 정신 · 우주적 전개 과정의 특정한 수준과 연관된 것으로서 샥티에 대해 언급한 것이다.

화장터와 연관되고 모든 피조물의 유한성을 상징하는 힘의 여신인 샥티이다.

『라구-요가-바시슈타』*Laghu-Yoga-Vāsiṣṭha*(6. 2. 28)에서는 이 샥티 I 모두가 인간의 신체 내에 있다는, 즉 이들은 우주적 실재이고 심리적 실재 양자 모두라는 중요한 점을 지적한다. 그러나 샥티 I 은 창조를 책임질 뿐만 아니라 변화와 파괴의 동인動因이기도 하다. 이것은 해탈뿐만 아니라 우주적 존재 뒤에 있는 힘이다. 실제적으로 말하자면 샥티 I 의 가장 중요한 형태는 쿤달리니-샥티이다.

탄트라Tantra에서 입문하거나 그렇지 않은, 여신을 나타내는 어떤 여성이기도 하다. 이 용어는 『리그-베다』*Ṛg-Veda*(예3. 31. 14, 5. 31. 6, 7. 20. 10, 10. 88. 10)만큼 일찍부터 사용되었다.

⇒ 치티-샥티citi-śakti도 참조.

Śakti(샥티 II)

신(神, Divine)의 여성적 형태에 대한 의인화이다.

⇒ 데비devī, 샥티 I śakti도 참조.

[비교] 쉬바Śiva.

S

śakti-cala-mudrā(샥티-찰라-무드라) 또는 **śakti-cālana-mudrā**(샥티-찰라나-무드라)

'힘을 북돋우는 결인'이라는 뜻이다. 『게란다-상히타』*Gheraṇḍa-Saṃhitā*(3. 49ff.)에 다음과 같이 기술되어 있다. 재를 몸에 바른 다음, 부드러운 천 한 조각을 네 손가락 너비(대략 3인치)와 한 뼘(대략 9인치) 길이로 자신의 허리를 둘러서 감싸고, 한 가닥의 실로 확고하게 고정시킨다. 성취된 자세(달인좌, 싯다-아사나siddha-āsana)로 앉은 채로 숨을 들이쉬고서 활기차게 들숨(프라나prāṇa)과 날숨(아파나apāna)을 하나로 합친다. 그런 다음 호흡(바유 vāyu)이 중앙 통로(수슘나-나디 suṣumṇā-nāḍī)에 이를 때까지 아슈위니-무드라 aśvinī-mudrā로 천천히 항문을 수축한다. 『하타-요가-프라디피카』 *Haṭha-Yoga-Pradīpikā*(3. 104ff.)에는 다르게 서술되어 있다. 금강석 같은 자세(금강좌, 바즈라-아사나 vajra-āsana)로 앉아서 자신의 발목을 고정시키고서, 그것들을 '구근'(칸다 kanda)에 밀어붙인다. 그런 다음 풀무(바스트리카 bhastrikā) 호흡(프라나야마 prāṇāyāma)을 하고서 '태양'(즉 복부 부위)을 수축한다. 이런 식으로 '뱀의 힘'(쿤달리니-샤티 kuṇḍalinī-śakti)이 중앙 통로로 들어갈 때까지 1시간 30분 동안 대담하게 그것을 자극한다. 독신 수행자들은 40일 이내에 완성(싯디 siddhi)을 얻게 된다고 한다. 『요가-쿤달리-우파니샤드』 *Yoga-Kuṇḍalī-Upaniṣad*(1. 8)에 따르면 이 '결인'(무드라 mudrā)은 호흡 보유에 뒤이어서 사라스와티-나디 sarasvatī-nāḍī의 각성을 수반한다. 이것은 쿤달리니 kuṇḍalinī를 '똑바로 서게' ♯ ṛjvī 만든다고 한다.

샤티-찰라나-무드라 śakti-cālana-mudrā는 쿤달리니를 각성시키기 위해서 아파나 형태의 생기를 사용한다. 『고라크샤-팟다티』 *Gorakṣa-Paddhati*(1. 74)에서는 이것이 정액(슈클라 śukla)과 혈액(라자스 rajas)의 결합을 발생시킨다고 언급한다.

⇒ 사라스와티-찰라나 sarasvatī-cālana도 참조.

śakti-pāta(샤티-파타) 또는 **śakti-nipāta**(샤티-니파타)

'힘의 하강' 또는 '힘의 전수'라는 뜻이다. 달인으로부터 그의 제자(또는 다른 어떤 사람)에게로 심리영성적 에너지(샤티 I śakti)를 전달하는 것이다. 자신의 총애하는 제자인 나렌(Naren, 나중에 스와미 비베카난다 Swami Vivekananda가 됨)에게 발을 올려놓아서 그를 깊은 무아경(삼매) 속으로 들어가게 한 라마크리슈나 Ramakrishna의 경우에서처럼, 이것은 대개 접촉에 의해 달성된다. 그러나 영적 전수는 또한 힐끗 쳐다보는 것만으로도 발생할 수 있다.

⇒ 디크샤 dīkṣā도 참조.

Śakti-Saṃgama-Tantra(샤티-상가마-탄트라)

'샤티 II Śakti와의 합일에 대한 탄트라 Tantra'라는 뜻이다. 친나마스타 Chinnamastā, 칼리 Kālī, 타라 Tārā, 순다리(Sundarī, 슈리 II Śrī)에 헌신하는 중요한 16세기 탄트라이다.

Śaktism(샤티즘)

샤티 II Śakti로서 여성 형태를 한 신(Divine)에 대한 컬트적 숭배를 중심으로 전개된, 힌두이즘 Hinduism 내의 엄청난 수의 유파와 전통을 나타낸다. 역사 이전의 어렴풋한 과거로 돌아가면 여신 숭배는 언제나 인도 사회의 하층민들 사이에서 번성하였지만, 5세기경 이후부터는 읽고 쓸 줄 아는 대부분의 대중의 마음도 얻었다. 여신은 본질적으로 고요하고 접근하기 어려운 초월적 참실재의 활동적인 측면으로 이해된다. 힌두 Hindu의 만신전에서 가장 대중적인 여신(데비 devī) 중 일부는 칼리 Kālī, 두르가 Durgā, 사라스와티 Sarasvatī, 안나푸르나 ♯ Annapūrṇā, 찬디 ♯ Caṇḍī, 라크슈미 Lakṣmī, 파르바티 ♯ Pārvatī, 우마 ♯ Umā, 사티 ♯ Satī, 라다 Rādhā, 슈리-비디야 II Śrī-Vidyā이다. 샥타 śākta들, 즉 샤티즘 Śaktism 추종자들의 신성한 문헌들은 일반적으로 탄트라 Tantra들로 알려져 있지만, 탄트라는 샤티즘과 구별되어야만 한다.

śalabha-āsana(살라바-아사나, [연성]**śalabhāsana** 살라바사나)

'메뚜기 자세'라는 뜻이다. 『게란다-상히타』 *Gheraṇḍa-Saṃhitā*(2. 39)에 다음과 같이 기술되어 있다. 손을 가슴 가까이에 두고 배를 바닥에 대고 엎드려서 다리를 한 뼘(약 9인치)만큼 공중으로 들어올린다.

śama(샤마)

'평정'이라는 뜻이다. 『라구-요가-바시슈타』 *Laghu-Yoga-Vāsiṣṭha*(2. 1. 64)에서 해탈로 가는 문을 지키는 것 중 하나로 간주된다. "유쾌하거나 불쾌한 [것들을] 듣고 만지고 보고 맛보고 냄새 맡을 때 그것들을 즐기지도 유감스럽게 여기지도 않는 자는 평화롭다 ♯ śānta고

한다."

『바가바드-기타』Bhagavad-Gītā(6. 3)에 따르면 샤마 śama는 성취된 요긴yogin의 영적 수행법의 바로 핵심인 반면, 카르마-요가Karma-Yoga에서는 수행자를 위한 길이라고 한다. 『웃다바-기타』Uddhāva-Gītā(14. 36)에서는 이것을 '나에 대해 몰두'∮man-niṣṭhatā하는 마음(붓디 buddhi)으로 설명한다. 여기서 '나'는 크리슈나Kṛṣṇa, 즉 초월적 참실재이다.

Śaṃkara(∴샹카라)

『타라-라하시야-브릿티』∮Tara-Rahasya-Vṛtti라는 주석서와 『쿨라-물라바타라』∮Kula-Mūlāvatāra('쿨라의 뿌리에 대한 설명')를 포함하여 여러 저작을 저술한 16세기 후반의 벵골Bengal 출신의 탄트라Tantra 달인이다.

Śaṅkara(샹카라)

아드와이타 베단타Advaita Vedānta의 저명한 영적 스승(아차리야ācārya)이다. 남인도의 케랄라Kerala에 있는 칼라디Kaladi 마을에서 태어난 것으로 추정된다. 전통적으로 그는 788~822년까지 살았다고 하지만, 일부 현대 학자들은 앞의 연대를 포기자로서 입문한 해로 생각한다. 전설에서는 그를 두 살에 글을 읽을 수 있었고 여덟 살에 베다Veda들을 통달했던 천재 소년으로 묘사되고 있다. 샹카라Śaṅkara의 아드와이타 베단타 스승은 가우다파다Gaudapāda의 제자였던 고빈다 바가바드파다Govinda Bhagavadpāda였다. 인도에서 널리 여행했던 샹카라는 네 곳, 즉 서쪽의 드와라카Dvārakā, 동쪽의 푸리Purī, 북쪽의 바드린Badrīn, 남쪽의 슈링게리Śriṅgeri에 수도자 교단을 세웠다. 대단히 심오한 지식으로 된, 현존하는 수많은 저작들에 보존된 아드와이타 베단타에 대한 그의 상세한 해설은 그 고대 전통의 부흥과 불교가 인도에서 쇠퇴한 주요 원인이 되었다. 그는 또한 『브라마-수트라』Brahma-Sūtra와 주요 우파니샤드Upaniṣad들, 『바가바드-기타』Bhagavad-Gītā에 대한 학술적 주석뿐만 아니라, 보기에 교훈적인 수많은 대중 저작들을 저술하였다. 특히 『우파데샤-사하스리』∮Upadeśa-Sāhasrī('천 개의 가르침')가 주목할 만하다. 엄청나게 많은 신에 대한 헌신의 찬가도 그가 저술한 것으로 추정된다. 샹카라의 전설적인 삶에 대한 이야기는 마다바Mādhava가 쓴 유명한 전기, 『샹카라-디그-비자야』∮Śaṅkara-Dig-Vijaya 속에서 전해지고 있다.

독일의 인도학자 폴 하커(Paul Hacker, 1968)는 샹카라가 아드와이타 베단타로 전향하기 이전에 요가Yoga의, 더 구체적으로는 파탄잘리Patañjali 학파의 요가 추종자였다는 가정에 대한 훌륭한 근거를 제시했다. 만일 맞다면 이것은 중요하지만 거의 알려져 있지 않은 (그리고 아마도 은폐된), 『비바라나』Vivaraṇa라는 제목을 가진 『요가-수트라』Yoga-Sūtra에 대한 복주석을 샹카라 바가바트파다Śaṅkara Bhagavatpāda가 저술했다는 고유의 주장을 뒷받침할 수 있을 것이다.

샹카라('자애로운')는 또한 쉬바Śiva의 많은 이름 중 하나이고, 성자 샹카라는 쉬바의 화신(아바타라avatāra)으로 널리 간주된다. 또한 그 이름은 가끔 샹카라Śaṃkara라고도 쓴다. 『스판다-카리카』Spanda-Kārikā(1. 1)에서 그 이름은 '샴śam을 만드는 자'로, 샴이라는 단어는 아누그라하anugraha, 즉 '은총'과 동의어로 설명된다.

샹카라(Śaṅkara)

S

śaṅkha(샹카)

'고둥'이라는 뜻이다. 원반(차크라 cakra)과 더불어 비슈누 Viṣṇu의 가장 특징적인 도구이고 다른 신들을 상징하는 것이기도 하다. 이것은 힘을 나타낸다.

śaṅkhinī-nāḍī(샹키니-나디)

'진주층으로 된 통로'라는 뜻이다. 생기(프라나 prāṇa)의 주요 통로 중 하나로 간다라-나디 gāndhāra-nāḍī와 사라스와티-나디 sarasvatī-nāḍī 사이에 위치해 있고, 오른쪽(또는 왼쪽) 귀까지 뻗어 있다. 이 나디 nāḍī에 대한 문헌의 정보는 불명확하고, 일부 구절들에서는 두 개의 샹키니 śaṅkhinī가 있는 것처럼 말한다. 그것은 쿤달리니 kuṇḍalinī와 동의어이기도 하고, 또한 몇몇 측면에서는 수슘나-나디 suṣumṇā-nāḍī의 동의어로 간주될 수 있기도 하다.

⇒ 나디 nāḍī도 참조.

śarīra(샤리라)

'신체'라는 뜻이다. 어근 √śri('산산이 부서지다')에서 파생된 것으로, '비참한 신체'이다. 『마이트라야니야-우파니샤드』*Maitrāyaṇīya-Upaniṣad*(2. 3ff.)에서는 신체를 감각이 없는 마차와 참자아에 의해 돌려지는 (도공이 사용하는) 돌림판에 비유한다. 이 『우파니샤드』*Upaniṣad*(3. 4)에서는 또한 화신에 대해 다음과 같은 고전적인 비난을 한다. "성적 교합(마이투나 maithuna)으로 발생한 이 신체는 [자궁이라는] 지옥에서 자라서 비뇨기 구멍으로부터 나온다. 그것은 뼈로 이루어져 있고 살로 발려 있고 피부로 덮여 있고 대변과 소변, 담즙, 점액, 골수, 지방, 기름으로 채워져 있고 부잣집의 금고처럼 수많은 질병을 [타고 난다.]" 『쉬바-푸라나』*Śiva-Purāṇa*(5. 23. 9)에서 그것을 간결하게 설명한 것처럼 신체에는 한 군데도 청결한 곳이 없다.

⇒ 데하 deha, 코샤 kośa, 핀다 piṇḍa도 참조.

śarīrin(샤리린)

'화신化身한 자'라는 뜻이다. 데힌 dehin의 동의어이다.

S

śaśi-maṇḍala(샤쉬-만달라) 또는 **śaśi-sthāna**(샤쉬-스타나)

'달의 원圓' 또는 '달의 장소'라는 뜻이다.

⇒ 찬드라 candra 참조.

[비교] 수리야 sūrya.

śata(샤타)

'백'100이라는 뜻이다.

⇒ 샤타-나마 śata-nāma, 샤타-라트나-상그라하 Śata-Ratna-Saṃgraha 참조.

śata-nāma(샤타-나마)

'백 가지 이름'이라는 뜻이다. 신의 신성한 이름들에 대해 기억하는 많은 호칭 기도의 제목에서 발견된다.

⇒ 사하스라-나마 sahasra-nāma도 참조.

Śata-Ratna-Saṃgraha(샤타-라트나-상그라하)

'일백 개의 보석 모음집'이라는 뜻이다. 우마파티 쉬바차리야 Umāpati Śivācārya가 집성하였다. 샤이바 싯단타 Śaiva Siddhānta철학을 상세히 설명하는 아가마 II Āgama들에서 인용한 선집이다.

śauca(샤우차)

'청정' 또는 '정화'라는 뜻이다. 고전 요가(Classical Yoga)에 따르면 권계(니야마 niyama) 기법 중 하나이다. 이것은 또한 후고전 요가(Postclassical Yoga)의 일부 문헌에 도덕 훈련(금계, 야마 yama)의 열 가지 수행법 중 하나로 실려 있다. 『요가-수트라』*Yoga-Sūtra*(2. 40)에서는 청정이 완전하게 함양되면 자신의 신체에 대한 혐오(주굽사 jugupsā)와 다른 사람들과의 접촉을 통한 오염을 회피하려는 욕망으로 이어진다고 말한다. 『요가-바쉬야』*Yoga-Bhāṣya*(2. 32)에서는 정화가 외적인♯ bāhya 것과 내적인♯ abhyantara 것 두 가지라고 기술한다. 전자는 청정한 음식 섭취와 더불어 물, 흙, 다른 유사한 물질을 사용함으로써 달성된다. 내면의 청정은 마음의 결점(말라 I mala)을 씻어서 제거하는 것이다. 『바가바드-기타』*Bhagavad-*

*Gītā*에 따르면 샤우차śauca는 지식(갸나jñāna)의 나타남이고(13. 7) 신체적 고행(타파스tapas)의 일부를 형성한다(17. 14).

⇒ 다우티dhauti, 쇼다나śodhana, 슛디śuddhi도 참조.

Śaunaka(샤우나카)

『마하바라타』*Mahābhārata*(3. 2. 14)에서 상키야Sāṃkhya와 요가Yoga 양자 모두에 정통한 성자로 언급되어 있다. 그의 다른 이름은 그릿사마다Gṛtsamada이다. 그는 전통적으로 『리그-베다-아누크라마니』 ♯ *Ṛg-Veda-Anukramaṇī*와 『리크-프라티샤키야』 ♯ *Ṛk-Prātiśākhya*, 『리그-베다』*Ṛg-Veda*에 대한 다른 여덟 권의 해설서를 쓴 저명한 저자로 알려져 있다. 그의 수제자는 아슈왈라야나Āśvalāyana인데, 그는 세 권의 주요 저작을 저술하였다. 다음으로 아슈왈라야나의 수제자는 카티야야나Kātyāyana인데, 그는 문법학자인 파탄잘리Patañjali의 스승이었다고 한다.

śava-āsana(샤바-아사나, [연성]śavāsana샤바사나)

'송장 자세'라는 뜻이다. 므리타-아사나mṛta-āsana와 동의어이다.

śava-sādhana(샤바-사다나)

입문자가 시체 위에 앉아서 명상(meditation) 수행을 하는 탄트라Tantra 의례이다. 화장터에서 행해지고 혐오감, 특히 두려움을 극복하는 것이 이 수행의 핵심적인 면이다.

śayita-tāna-āsana(샤위타-타나-아사나)

'누워서 스트레칭 하는 자세'라는 뜻이다. 『하타-라트나발리』*Haṭha-Ratnāvalī*(3. 67)에 잠자는 자세로 스트레칭 하는 것으로 모호하게 기술되어 있다.

Śābara(샤바라)

『하타-요가-프라디피카』*Haṭha-Yoga-Pradīpikā*(1. 5)에 하타-요가Haṭha-Yoga의 달인으로 언급되어 있다.

śākta(샥타)

'샥티 I śakti과 연관된'이라는 뜻이다. 일반적으로 'shaktic'(샥티의)으로 표기된다. 대문자로 쓰면 이것은 샥티 II śakti 또는 샥티즘Śaktism의 추종자를 나타낸다.

śākta-upāya(샥타-우파야)

'샥티 I śakti과 연관된 수단'이라는 뜻이다. 카슈미르 샤이비즘Kashmiri Śaivism에서 해탈을 얻는 세 가지 수단 중 하나이다. 이것은 자신을 쉬바Śiva로 명상(contemplation)하는 것을 수반한다.

śāla-grāma(샬라-그라마)

'석조도시'라는 뜻이다. 바이슈나바vaiṣṇava들에게 바쳐진, 잔다키(Jandakī, 간다크Gandak) 강가에 있는 마을의 이름이다. 비슈누Viṣṇu를 상징하는 암모나이트이기도 하다.

śāmbhava-upāya(샴바바-우파야, [연성]śāmbhavopāya샴바보파야)

'샴부(Śambhu, 즉 쉬바Śiva)와 연관된 수단'이라는 뜻이다. 달인에 대한 응시(드리그-디크샤dṛg-dīkṣā)와 같은 가장 미미한 계기만을 필요로 하는 마음에서 쉬바 의식(awareness)이 즉각적으로 출현하는 것이다.

⇒ 갸나-차투슈카jñāna-catuṣka도 참조.

śāmbhavī-mudrā(샴바비-무드라)

'샴부(Śambhu, 즉 쉬바Śiva)와 관련된 결인'이라는 뜻이다. 탄트라Tantra와 하타-요가Haṭha-Yoga의 가장 중요한 '결인'(무드라mudrā) 중 하나이다. 문헌들에서는 일반적으로 그것에 대해 철저하게 비밀을 엄수하도록 명한다. 예를 들자면 『게란다-상히타』*Gheraṇḍa-Saṃhitā*(3. 65)에서 이 무드라는 "고귀한 혈통의 신부처럼 보호되어야"만 한다고 말한다. 그에 반해서 베다Veda와 문헌(샤스트라śāstra), 푸라나Purāṇa 들에서는 '창녀와 같다'고 말한다. 『게란다-상히타』(3. 64ff.)에서 수행자는 눈 사이에 시선을 고정하고 참자아의 '숲/기쁨' ♯ ārāma을 바라보아야만 한다고 서술한

S

다. 이 문헌(1. 54)에서는 또한 이 무드라가 흔들림 없는 응시(트라타카 trāṭaka)에 의해 유발될 수도 있다고 말한다. 『하타-요가-프라디피카』*Haṭha-Yoga-Pradīpikā*(4. 36)에서는 수행자가 시선을 고정하고 눈을 뜨고도 못 보는 상태로 '내적 징표'(안타르-라크쉬야 antar-lakṣya)에 마음과 호흡을 집중해야만 한다고 부연한다. 이 문헌의 다른 송(4. 39)에서는 '외적 징표'(바히르-라크쉬야 bahir-lakṣya)라고도 알려진, (코끝에 있는) 빛 응시를 수반하는 변형된 수행법을 언급한다. 이 기법은 신속하게 고양(운마니 unmanī) 상태의 깨달음을 낳는다고 주장한다.
⇒ 바이슈나비-무드라 vaiṣṇavī-mudrā도 참조.

śānti(샨티)
'평화'라는 뜻이다. 간혹 금계(야마 yama)의 구성 요소 중 하나로 인용된다. 이 맥락에서 이것은 정신적(mental) 평정을 나타낸다. 그러나 『바가바드-기타』*Bhagavad-Gītā*(5. 29)에서 분명히 나타나듯이 이 용어는 절대자 속에 소멸된 지고의 상태(브라마-니르바나 brahma-nirvāṇa)를 나타낼 수도 있다.

Śāṇḍilya(샨딜리야)
자신의 가르침에 대한 베다 Veda적 정통성을 옹호했던 라마누자 Rāmānuja보다 이전에 살았던 판차라트라 Pañcarātra 전통의 유명한 권위자를 포함한 몇몇 스승의 이름이다. 그는 이미 『브라마-수트라』*Brahma-Sūtra*(2. 2. 45)에 대한 주석에서 샹카라 Śaṅkara에 의해 언급되었다. 베다들을 통해서는 지고의 지복을 발견할 수 없었기 때문에 판차라트라 전통으로 전향했다는 샨딜리야의 주장이 담긴 한 송이 그 문헌에서 인용된다. 아마도 다른 샨딜리야가 『박티-수트라』*Bhakti-Sūtra*를 저술하였을 것이고, 그 이름으로 널리 알려진 다른 두 달인의 가르침이 고대의 『찬도기야-우파니샤드』*Chāndogya-Upaniṣad*(3. 14)와 『마하바라타』*Mahābhārata*(예, 12. 47. 6)에 기록되어 있다.

샨딜리야(Śāṇḍilya)

Śāṇḍilya-Upaniṣad(샨딜리야-우파니샤드, [연성]Śāṇḍilyopaniṣad 샨딜리요파니샤드)
요가-우파니샤드 Yoga-Upaniṣad 중 하나이다. 3장으로 구성되어 있고 발간된 저작이 30종류가 훨씬 넘는다. 이 문헌은 성자 샨딜리야 Śāṇḍilya의 이름을 따서 명명하였고, 그는 거기에서 (『아타르바-베다』*Atharva-Veda*와 연관되어 있는) 아타르반 Atharvan의 제자로 묘사된다. 첫 장에서는 여덟 가지로 된 길(8지支 요가, 아슈타-앙가-요가 aṣṭa-aṅga-yoga)의 '지분'(앙가 aṅga)들을 정의하면서 도덕 훈련(금계, 야마 yama)과 자기 억제(권계, 니야마 niyama) 각각에 대한 열 개의 구성 요소를 언급하고, 감각 제어(제감制感, 프라티야하라 pratyāhāra)의 다섯 국면과 집중(concentration, 다라나 dhāraṇā)의 다섯 유형은 물론 명상(meditation, 디야나 dhyāna)의 두 형태도 기술한다. 이 저작은 또한 비의적 해부학과 요가 Yoga 수행을 위한 알맞은 환경(데샤 deśa)에 대해서도 상당히 자세하게 논한다. 짧은 제2장과 제3장에는 이 문헌의 가르침의 철학적 토대를 형성하는 베단타 Vedānta의 형이상학에 대한 자세한 설명이 포함되어 있다. 많은 송들이 『요가-야가발키야』*Yoga-Yājñavalkya*에서도 발견된다. 그리고 그 문헌은 대개 삽입된 것으로 추정되는, 수많은 송으로 된 복합체 모습을 띠고 있다.

S

Śāradā-Tilaka-Tantra(샤라다-틸라카-탄트라)
'샤라다(Śāradā, 즉 사라스와티 Sarasvatī)의 장신구에 대한 탄트라 Tantra'라는 뜻이다. 라크슈마나 데쉬카 Lakṣmaṇa Deśika가 저술한 11세기의 중요한 탄트라 요약본이다. 이 저작은 4,500송이 넘고, 라가바 밧타 Rāghava Bhaṭṭa의 주석을 포함한 많은 주석서가 있다.

Śārṅgadhara-Paddhati(샤릉가다라-팟다티)
'활을 지닌 자의 발자국들'이라는 뜻이다. 샤릉가(ṣārṅga; '활')+다라(dhara; '지닌'또는 '지닌 자')+팟다티(paddhati; '발자국')로 만들어졌다. 여섯 가지로 된 요가(6지支요가, 샤드-앙가-요가 ṣaḍ-aṅga-yoga)와 여덟 가지로 된 요가(8지 요가, 아슈타-앙가-요가 aṣṭa-aṅga-yoga)를 구별 짓는 14세기 문헌이다. 전자는 고라크샤 I Gorakṣa이, 후자는 닷타트레야(Dattātreya, 여기서는 마르칸다 Mārkaṇḍa로 불림)가 저술한 것으로 추정된다.

Śārṅgadhara-Saṃgraha(샤릉가다라-상그라하)
'활을 지닌 자에 대한 개요'라는 뜻이다. 연금술에 대한 중요한 문헌이다.

Śārṅganātha(샤릉가나타)
'활의 주主'라는 뜻이다. 샤릉가(ṣārṅga; '활')+나타 nātha로 만들어졌다. 맛시옌드라 Matsyendra와 고라크샤 I Gorakṣa과 더불어, 전통적으로 나타 컬트 Nātha cult 창시자 중 한 명이라고 여겨진다.

śāstra(샤스트라)
'가르침' 또는 '문헌'이라는 뜻이다. 대부분의 권위자들은 문헌들에 대한 학습을 성공적인 영적 수행에 필수적인 것으로 간주하는 반면, 일부는 문서로 된 가르침의 가치를 의심하거나 심지어 노골적으로 거부한다. 『라구-요가-바시슈타』 *Laghu-Yoga-Vāsiṣṭha*(6. 2. 130)에서는 능력 있는 스승(구루 guru)과 문헌들의 내용에 대한 지식 없이는 참자아를 깨달을 수 없다고 말한다. 『바가바드-기타』 *Bhagavad-Gītā*(16. 24)에서는 샤스트라 śāstra들이 적합한 ♯ kārya 행위와 부적합한 행위를 결정하는 데 있어서 수행자를 안내해야만 한다고 진술한다. 왜냐하면 자기가 원하는 대로 사는 사람들은 결코 완전함(싯디 siddhi)이나 즐거움(수카 sukha)을 알지 못할 것이기 때문이다. 『마하바라타』 *Mahābhārata*(12. 245. 12)에는 심지어 '샤스트라-요가'(♯ śāstra-yoga; '문헌들의 요가')라는 표현법도 있다. 이와는 반대로 『요가-쉬카-우파니샤드』 *Yoga-Śikhā-Upaniṣad*(1. 4)에서는 '문헌들의 덫' ♯ śāstra-jāla, 즉 단지 책으로만 배우는 것에 대해 경고한다.
⇒ 그란타 grantha도 참조.

Śeṣa(셰샤)
'나머지', '잔여 부분'이라는 뜻이다. 무한한 우주 뱀 아난타 Ananta이다. 힌두 Hindu 신화에서는 그것을 비슈누 Viṣṇu의 침상으로 간주한다. 개개의 인간 단계에서 셰샤 Śeṣa는 쿤달리니 kuṇḍalinī이다.

śikhā(쉬카)
'[새의] 도가머리' 또는 '뭉치'라는 뜻이다. 일부 수행자들이 쉬바 Śiva의 헤어스타일을 모방하여 기른 한 타래 또는 한 다발의 머리카락이다.

śikhin(쉬킨)
'도가머리(관모冠毛 또는 우관羽冠)를 한 자'라는 뜻이다. 불(아그니 I agni)의 별칭이다. 『트리-쉬키-브라마나-우파니샤드』 *Tri-Śikhi-Brāhmaṇa-Upaniṣad*(2. 56)에 따르면 신체 한가운데에 위치해 있는 쉬킨 śikhin은 '녹인 금처럼 빛'난다. 쉬킨이 있는 장소는 일반적으로 삼각(트리-코나 tri-koṇa)형인 것으로 상상된다. 이 경전에서는 더 나아가 네발짐승의 경우에는 사각형, 뱀의 경우에는 육각형, 곤충의 경우에는 팔각형, 새의 경우에는 원이라고 언급한다. 이들 관념은 비의적 해부학의 영역에 속한다.

śiṣya(쉬쉬야)
'학생' 또는 '제자'라는 뜻이다. 요가 Yoga는 일반적으로 수습생 또는 제자 신분의 기간을 필요로 하는 입

S

문 전통이다. 그 기간 동안 영적 수행을 열망하는 사람은 올바른 자기 수행뿐만 아니라 스승(구루guru)에게 자신을 바쳐야 한다. 가능성 있는 제자가 자신을 스승(스와민svāmin)에게 보인 다음, 그 스승은 제자가 영적 수행 생활을 위해 필요한 자질이나 역량(아디카라 adhikāra)을 갖췄는지 아닌지를 보기 위해서 개인적이고 전통적인 특정한 기준을 지원한 제자에게 적용시킨다. 물론 스승은 유망한 잠재력을 보여 주는, 준비되지 않은 제자를 받아들인다.

『쉬바-상히타』*Śiva-Saṃhitā*(5. 10ff.)에서는 영적인 삶에 전념하는 정도에 따라서 제자를 네 가지 유형으로 구분한다. (1)약한∮mṛdu 수행자는 열성이 없고 어리석고 변덕스럽고 소심하고 병약하고 의존적이고 버릇없고 무례하고 에너지가 없다. 그는 오직 만트라-요가 Mantra-Yoga에만 맞다. (2)보통의(마디야madhya) 수행자는 마음의 평정, 인내심, 도덕(virtue)을 추구하는 열망, 친절한 말씨, 모든 일에서 알맞음을 수행하는 경향을 가지고 있다. 그는 라야-요가Laya-Yoga에 적합하다. (3)우수한∮adhimātra 수행자는 확고한 이해력, 명상적 몰입(라야laya), 자기 신뢰, 관대함, 용기, 활력, 충실함, 스승의 연꽃 발(문자 그대로, 그리고 비유적으로)을 숭배하겠다는 의지, 요가 수행을 기뻐함을 확실하게 보인다. 그는 하타-요가Haṭha-Yoga를 수행할 수 있다. (4)비범한∮adhimātratama 수행자는 에너지, 열정, 매력, 영웅적 자질, 문헌적 지식, 수행하는 경향, 망상 없음, 단정함, 젊음, 알맞은 식습관, 감각들에 대한 통제, 두려움 없음, 청결, 능숙함, 관대함, 모든 사람들을 위한 대피처가 되는 능력, 보편적인 능력, 안정성, 사려 깊음, 스승이 바라는 바는 무엇이든 하려는 의지, 인내, 예의 바름, 도덕적 · 영적 법칙(다르마 dharma) 준수, 자신과의 싸움을 유지할 수 있는 능력, 친절한 말씨, 문헌에 대한 믿음, 신과 [신(Divine)의 화신으로서] 스승을 숭배하려는 의지, 자신의 수행 단계에 관련이 있는 서약(브라타 vrata)에 대한 지식, 마지막으로 모든 유형의 요가 수행을 보여 준다.

전통적으로 제자는 제자 신분 기간 동안 스승과 함께 살고 그에게 봉사할 것으로 기대되어 왔다. 그러한 제자들은 안테바신(∮antevāsin; '근처에 거주하는 자')으로 알려진다. 그렇게 하는 이유는 의심의 여지없이 스승에게 제자의 이기적인 태도와 행위에 이의를 제기할 기회를 주기 위해서이다. 덧붙여 제자 신분의 기간은 제자에게 스승의 훌륭한 예를 볼 뿐만 아니라 달인의 정신 · 신체적 '방사'로부터 이로움을 얻을 수 있는 기회를 준다. 이것이 문헌들에서 '참실재와의 접촉'(사트-상가sat-saṅga)의 위대한 원리를 권하는 이유이다. 이상적으로는 제자가 해탈에 이를 때까지, 또는 스승이 아직 해탈하지 못했다면 적어도 스승의 영적 성취와 동일한 수준에 이를 때까지, 제자는 의지와 육체적인 접촉에 의해서 스승의 존재 상태와 동화된다. 오직 완전하게 참자아를 깨달은 또는 해탈한 스승만이 제자를 참자아에 대한 깨달음으로 인도할 수 있다고 생각된다.

⇒ 디크샤dīkṣā, 구루-요가Guru-Yoga도 참조.

śiṣyatā(쉬쉬야타)

⇒ 제자 기간 또는 제자 신분(discipleship) 참조.

Śiva(쉬바)

신(神, Divine)의 정적이고 남성적인 양태에 대한 상징이다. 이 단어는 '자비로운'이라는 뜻이다. 역설적이게도 쉬바Śiva는 대체로 우주의 파괴자로 여겨진다. 그러나 영적인 관점에서 보면 그의 파괴하는 힘은 에고적 인성을 파괴하는(제거하는) 필수적인 작용이다. 그래서 이 힘으로 신의 빛이 투과하게 된다. 『마하바라타』*Mahābhārata*와 푸라나Purāṇa들에서 이야기되는 셀 수 없이 많은 신화에서 쉬바는 요긴yogin들의 탁월한 신으로 나타난다. 그는 강렬한 고행(타파스tapas)과 과도한 흥청망청함 양자의 가능성을 자신 속에 겸비하고 있다.

⇒ 아고라 Aghora, 데바 deva, 샥티 I śakti, 샥티 II Śakti도 참조.

Śiva-Jñāna-Bodham(쉬바-갸나-보담)

타밀어 Tamil로 '쉬바 Śiva의 지혜에 대한 조명'이라는 뜻이다. 단 12개 송으로만 이뤄진 메이칸다르Meykaṇḍār의 타밀어 저작이다. 샤이바 싯단타Śaiva Siddhānta 철학의 정수를 소개하고 있다.

Śiva-Jñāna-Siddhi(쉬바-갸나-싯디)
'쉬바Śiva의 지혜의 완전함'이라는 뜻이다. 메이칸다르Meykaṇḍār의 49명의 제자 중 수제자인 아룰난다Arulnanda가 저술한, 남부 샤이비즘Śaivism(샤이바 싯단타Śaiva Siddhānta)에 대한 고전적 해설서이다. 이 저작은 갸나프라카샤Jñānaprakāśa의 탁월한 주석이 있다.

śiva-liṅga(쉬바-링가)
⇒ 링가liṅga 참조.

śiva-mantra(쉬바-만트라)
샤이비즘Śaivism에서 가장 경배되는 신성한 만트라mantra로, 옴 나마하 쉬바야Oṃ namaḥ śivāya, 즉 '옴, 쉬바Śiva신께 경배드립니다!'이다. 『쉬바-푸라나』*Śiva-Purāṇa*(3. 5. 6. 25f.)에서 다음과 같이 이 만트라의 원문을 제공한다. 옴 나마하 쉬바야 슈밤 슈밤 쿠루 쿠루 쉬바야 나마하 옴Oṃ namaḥ śivāya śubhaṃ śubhaṃ kuru kuru śivāya namaḥ Oṃ, 즉 '옴, 쉬바신께 경배 드립니다! [우리를] 도와주소서! [우리를] 도와주소서! 쉬바신께 경배드립니다! 옴.'

쉬바와 파르바티(Pārvatī)

Śiva-Purāṇa(쉬바-푸라나)
푸라나Purāṇa 장르의 주요 문헌 중 하나로, 7장에 걸쳐 2만 4천 송 이상으로 구성되어 있다. 제목이 시사하듯이 이 문헌은 샤이비즘Śaivism에 속한다. 모든 활동을 억제하고 쉬바Śiva에게 집중(concentration)하는 것이 요가Yoga라고 정의한다. 제1장 17절에서 쉬바-만트라śiva-mantra의 암송(자파 japa)을 포함한 만트라-요가Mantra-Yoga를 소개한다. 이 종류의 요가 신봉자들은 다음과 같이 세 유형이 있다고 한다. (1)크리야-요긴kriyā-yogin. 신성한 의례(크리야kriyā)를 수행하는 자이다. (2)타포-요긴tapo-yogin. 고행(타파스tapas)을 추구하는 자이다. (3)자파-요긴japa-yogin. 다른 두 유형의 요긴yogin의 수행을 따르면서 지속적으로 쉬바-만트라śiva-mantra도 암송하는 자이다. 제7장의 37~39절에서 요가를 재차 상세하게 다룬다. 다섯 가지 유형의 요가를 다음과 같이 구분한다. (1)만트라-요가. (2)스파르샤-요가(Sparśa-Yoga; '접촉의 요가'). 호흡 조절(프라나야마prāṇāyāma)과 결부된 일종의 만트라-요가이다. (3)바바-요가(Bhāva-Yoga; '존재의 요가'). 더 상급의 만트라-요가이다. 거기서는 만트라와의 접촉은 끊어지고 의식(consciousness)은 존재의 미세한 차원으로 들어간다. (4)아바바-요가Abhāva-Yoga; '비존재의 요가'). 전체 세계에 대한 숙고(contemplation)로, 대상과 연관된 인식(awareness)에 대한 초월과 관련이 있다. (5)마하-요가(Mahā-Yoga; '위대한 요가'). 어떠한 제한된 조건 없이 쉬바에 대해 숙고하는 것이다.

śiva-rātrī(쉬바-라트리)
'쉬바Śiva의 밤'이라는 뜻이다. 이월 말에 초승달이 뜨는 밤이다. 이 밤은 특히 쉬바에게 바쳐진다. 만트라mantra '옴 나마하 쉬바야'Oṃ namaḥ śivāya를 끊임없이 반복 암송함으로써 그를 부른다.

S

Śiva-Saṃhitā(쉬바-상히타)

'쉬바Śiva[의 지혜]에 대한 모음집'이라는 뜻이다. 대략 17세기 또는 그보다 일찍 성립된 것으로 추정된다. 645송이 다섯 장으로 나뉘어져 구성되어 있는 하타-요가Haṭha-Yoga의 주요 문헌 중 하나이다. 이것은 불이원론적 요가Yoga보다 하위에 있다고 판단되는 사상을 가진 다양한 학파들을 비판하면서 시작한다. 시작하는 장에서 저자는 아드와이타 베단타Advaita Vedānta의 형이상학에 완전히 통달하고 있다는 것을 명확히 알 수 있다. 제2장에서는 비의적 해부학을 다루는데, 이 주제는 실제적인 요가 수행과 관련하여 결론장에서 다시 다루어진다. 제3장에서는 다섯 유형의 생기와, 호흡 조절(프라나야마prāṇāyāma)과 몇 가지 요가 자세(아사나āsana)를 포함한 생기 통제법들을 기술하고 있다. 제4장에서는 신체의 '결인'(무드라mudrā)을 다룬다. 제5장은 후대에 첨부된 것으로 보인다. 이 문헌은 이슈와라(Īśvara; '주'主)와 데비(devī; '여신') 사이의 대화로 이루어져 있다. 그 내용은 여러 유형의 요가에 대한 정의에서부터 다양한 비의적 수행법에 이르기까지의 내용이 섞여 있다. 이 저작의 몇몇 곳에서는 재가자(그리하스타gṛhastha)들도 부지런히 수행하면 요가를 성취할 수 있다고 강조한다.

Śiva-Sūtra(쉬바-수트라)

'쉬바경Śiva經'이라는 뜻이다. 카슈미르(또는 북부) 샤이비즘Kashmiri Śaivism의 원전이다. 9세기 초에 바수굽타Vasugupta가 저술('발견')했다. 엄청나게 많은 주석서가 쓰였는데, 가장 중요한 것은 크셰마라자Kṣemarāja의 『비마르쉬니』*Vimarśinī*이다. 바수굽타의 저작은 총 3장 77송(수트라Sūtra)으로 되어 있다. 파탄잘리Patañjali의 『요가-수트라』*Yoga-Sūtra*와 유사하게 『쉬바-수트라』*Śiva-Sūtra*는 완전하게 개발된 전문 어휘를 사용한, 극단적으로 간결한 요가Yoga에 대한 해설서로 간주될 수 있다.

⇒ 프라티야비갸 학파Pratyabhijñā school도 참조.

Śiva-Svarodaya(쉬바-스와로다야)

'쉬바Śiva의 소리의 산출'이라는 뜻이다. 산스크리트Sanskrit 단어 스와로다야Svarodaya는 스와라(svara; '소리')와 우다야(udaya; '일어남', '산출', '성공')로 이루어져 있다. '소리의 산출'은 특히 호흡에 의해 만들어지는 소리와 관련이 있다. 그러므로 스와라는 프라나prāṇa와 거의 동의어이다. 395송으로 된 후대 저작인 『쉬바-스와로다야』*Śiva-Svarodaya*는 3개의 중요한 통로, 즉 왼쪽의 이다-나디iḍā-nāḍī, 오른쪽의 핑갈라-나디piṅgalā-nāḍī, 중앙의 수슘나-나디suṣumṇā-nāḍī를 통한 생기(즉 호흡)의 흐름을 다루고 있다. 요긴yogin들은 생기의 흐름이 왼쪽과 오른쪽 통로(나디nāḍī) 사이를 교대하고 한쪽에서 다른 쪽으로 바뀔 때, 그 생기가 짧은 시간 동안 중앙 통로로 흐른다는 점에 주목했다. 어느 쪽 콧구멍이 막혔는지를 점검함으로써 이를 알아낼 수 있다. 양쪽 콧구멍이 열렸을 때 생기는 수슘나-나디를 통해서 흐른다고 생각된다. 그 주기는 각 콧구멍별로 대략 한 시간가량 지속된다고 한다. 그 흐름은 막혀 있는 콧구멍의 반대쪽으로 누움으로써 몇 분 내에 바뀔 수 있다. 각 흐름은 특정한 상서로운 순간과 불길한 순간과 연관되어 있다. 『쉬바-스와로다야』는 호흡에 근거한 예언과 크게 관련되어 있다.

Śiva-Yoga(쉬바-요가)

『쉬바-푸라나』*Śiva-Purāṇa*(7. 1. 33. 25)에서는 이것을 파슈파타-요가Pāśupata-Yoga와 동일한 것으로 간주한다. 이 저작(1. 3. 27)에 따르면 쉬바-요가Śiva-Yoga는 처음에는 고통스럽지만 그 이후에는 상서롭다. 이것은 슈라바나(śravaṇa; '경청'), 키르타나(kīrtana; '찬송'), 마나나(♯ manana; '숙고')로 이루어져 있다.

Śiva-Yoga-Ratna(쉬바-요가-라트나)

'쉬바-요가Śiva-Yoga의 보석'이라는 뜻이다. 192송으로 되어 있고 산문체로 된 짧은 부록이 있는, 남부 샤이비즘Śaivism의 이론과 수행에 대한 중요한 문헌이다. 갸나프라카샤Jñānaprakāśa가 저술한 것으로 추정되는 아홉 권의 저작 중 하나이다. 이 저작에서 가르친 요가

S

Yoga는 아스파르샤-요가 Asparśa-Yoga와 흡사하지만, 가우다파다 Gaudapāda와는 달리 갸나프라카샤는 호흡법과 명상(meditation)법의 수행 기법들도 간략하게 기술한다.

Śiva-Yoga-Sāra(쉬바-요가-사라)
'쉬바-요가 Śiva-Yoga의 정수'라는 뜻이다. 갸나프라카샤 Jñānaprakāśa의 저작 중 하나이다. 남부 샤이비즘 Śaivism 요가 Yoga의 가르침에 대한 요약서이다.

Śivāgrayogin(쉬바그라요긴)
『샤이바-파리바샤』 ♯ *Śaiva-Paribhāṣā*와 샤이바 싯단타 Śaiva Siddhānta에 대한 산스크리트 Sanskrit와 타밀어 Tamil로 된 다른 저작들의 저자이다. 남인도에서 수리야나르코일 아디남 Suryanārkoil Ādhīnam의 수장으로 쉬박콜룬두 쉬바차리야 Śivakkolundu Śivācārya의 사상을 계승한 수제자이다. 그의 『샤이바-파리바샤』는 샤이바 싯단타의 인식론, 형이상학, 윤리학을 상세히 설명한 탁월한 안내서이다.

Śivānanda(쉬바난다)
『니티야쇼다쉬카르나바』 ♯ *Nityāṣodaśikārṇava*에 대한 주석인 『리주-비마르쉬니』 ♯ *Ṛju-Vimarśinī*를 저술한 13세기의 탄트라 Tantra 달인이다. 그는 마헤슈와라난다(Maheśvarānanda, 고라크샤 II Gorakṣa로도 불림)의 스승의 스승이었다.

Śivānandanātha(쉬바난다나타)
카슈미르 Kashmir 크라마 Krama 체계에서 인간으로서의 첫째 영적 교사이다. 아바타라카나타 Avatārakanātha로도 알려진 그는 탄트라 Tantra의 여신인 카마루파 Kāmarūpa로부터 직접 가르침을 받았다. 그는 8세기에 살았고, 세 명의 여성 수행자, 즉 케유라바티 Keyūravatī, 마다니카 Madanikā, 칼리야니카 Kalyāṇikā를 가르쳤다.

śīla(쉴라)
'성질' 또는 '행위'라는 뜻이다. 『요가-바쉬야』 *Yoga-Bhāṣya*(1. 2)에서는 마음(consciousness, 칫타 citta)의 세 가지 근본 성질에 대해 말한다. 이것은 우주(cosmos)의 세 가지 주된 성분(구나 guṇa), 즉 조명성 ♯ prakhya, 활동성(프라브릿티 pravṛtti), 불활성(스티티 sthiti) 중 어느 하나가 우세함에서 기인한다.

śīrṣa-āsana(쉬르샤-아사나, [연성]**śīrṣāsana** 쉬르샤사나)
'머리 자세'라는 뜻이다. 현대의 하타-요가 Haṭha-Yoga 매뉴얼에 기술되어 있는 물구나무서기이다. 이 요가 Yoga 학파의 초기 문헌에서 이것은 비파리타-카라니 viparīta-karaṇī라는 명칭을 따른다.
[비교] 사르바-앙가-아사나 sarva-aṅga-āsana.

쉬르샤-아사나, 즉 물구나무서기. 테오스 버나드(Theos Bernard)

śītalī(쉬탈리)
'냉각'이라는 뜻이다. 하타-요가 Haṭha-Yoga에서 가르치는 여덟 종류의 호흡법(프라나야마 prāṇāyāma) 중 하나이다. 『게란다-상히타』 *Gheraṇḍa-Saṃhitā*(5. 73f.)에 다음과 같이 기술되어 있다. 쭉 뻗어서 둥글게 만 혀로 공기를 들이쉬면서 점차 복부를 채운다. 잠시 보유했다가 양 콧구멍을 통해서 다시 내쉰다. 이 호흡법은 소화불량과, 담즙질(핏타 pitta)과 점액질(카파 kapha)의 불균형으로 초래되는 장애들을 치료한다고 한다.

śīt-krama(쉬트-크라마)

'쉬트śīt [소리를 일으키는] 과정'이라는 뜻이다. 『게란다-상히타』*Gheraṇḍa-Saṃhitā*(1.59f.)에 기술되어 있듯이 카팔라-바티kapāla-bhāti의 세 과정 중 하나이다. 이것은 입으로 물을 빨아올려서 코로 내뱉을 때 나는 소리에서 그 명칭을 따왔다. 이 수행법은 힌두Hindu의 큐피드에 해당하는 카마Kāma신만큼 수행자를 아름답게 만든다고 한다. 『샨딜리야-우파니샤드』*Śāṇḍilya-Upaniṣad*(1. 7. 13. 3)에 따르면 이 수행법을 시트-카리sīt-kārī라고 부르는데, 수행자는 숨을 들이쉰 다음 가능한 한 오래 공기를 보유해야 한다. 여기에는 쉬트-크라마śīt-krama가 수면과 나른함뿐 아니라 배고픔과 갈증도 물리친다고 언급되어 있기도 하다.

śmaśāna(슈마샤나)

'무덤' 또는 '묘지'라는 뜻이다. 샤바-사다나śava-sādhana, 그리고 다른 유사 의례들을 행하고 싶어 하는 카울라kaula와 좌도 탄트리카tāntrika들이 선호하는 장소이다. 또한 사하스라라-차크라sahasrāra-cakra의 동의어이기도 하다.

śodhaka(쇼다카)

'정화하는 자'라는 뜻이다. 샤이비즘Śaivism에서 신성한 힘(샥티 I śakti)은 궁극적으로 영적 수행자의 정화를 책임진다. 정화되어야 하는 것, 즉 에고적 인성은 쇼디야☞śodhya로 알려져 있다.

S

śodhana(쇼다나)

'정화' 또는 '청결'이라는 뜻이다. 일곱 가지 수행(삽타-사다나 sapta-sādhana)의 첫째 구성 요소이다. 『게란다-상히타』*Gheraṇḍa-Saṃhitā*(1. 10)에 따르면 '여섯 정화 행법'(샤트-카르만ṣaṭ-karman)으로 성취된다.

⇒ 청정(purity), 슛디śuddhi도 참조.

śoka(쇼카)

'비애'라는 뜻이다. 결점(도샤doṣa) 중 하나이다. 슬픔의 헛됨에 대한 가르침은 『바가바드-기타』*Bhagavad-Gītā*에서 탁월하게 나타나 있다. 거기서 아르주나Arjuna 왕자는 전장에서 적군으로 만난 자신의 친척을 죽여야 한다는 생각을 할 때 슬퍼하는 것으로 묘사되어 있다. 크리슈나Kṛṣṇa는 그에게 참자아의 불멸성에 대한 비밀을 가르치면서 카르마-요가Karma-Yoga를 수행하도록 권한다.

śoṇita(쇼니타)

'붉은 색을 띤'이라는 뜻이다. 라자스rajas, 즉 여성의 성적 분비물과 동의어이다.

śoṣaṇa(쇼샤나)

'건조함'이라는 뜻이다. 일반적으로 고행주의(타파스tapas)의 정수로 간주된다. 하타-요가Haṭha-Yoga에서 이것은 간혹 '위대한 결인'(마하-무드라mahā-mudrā)의 수행으로 생긴 생명액(라사rasa)의 '고갈'을 나타낸다.

⇒ 우파바사upavāsa도 참조.

śraddhā(슈랏다)

'믿음'이라는 뜻이다. 때로 자기 억제(권계, 니야마ni-yama) 수행 중 하나로 간주되는 이것은 영적인 삶에서 대단히 중요하다. 이미 고대의 『리그-베다』*Ṛg-Veda*(10. 151)에서 믿음은 베다Veda의 의례와 생활의 필수적인 면으로 나타난다. 이 찬가에서는 심지어 믿음이 의인화되고, 불을 지피고 봉헌물을 바치고 자비를 수행하려 노력하는 독실한 숭배자 속에 믿음 자체를 확립시킬 것을 요구한다.

믿음은 종종 '긍정적인 태도'☞āstikya-buddhi로 설명된다. 『요가-바쉬야』*Yoga-Bhāṣya*(1. 20)에서는 이 단어를 '정신적(mental) 평정'☞cetasaḥsaṃprasādaḥ으로 정의하고, 믿음을 보살펴 주는 어머니에 비유한다. 왜냐하면 이것은 요긴yogin을 보호하기 때문이다. 믿음 그 자체는 수행자의 에너지를 서서히 고갈시키고 영적인 진전을 방해하는 의심(상샤야saṃśaya)의 경향에 정확히 반대된다. 바차스파티 미슈라Vācaspati Miśra는 자신의 『탓트와-바이샤라디』*Tattva-Vaiśāradī*(1. 20)에서 "믿음은 요가Yoga의 뿌리이다"라고 말한다. 『요가-수트라』*Yoga-Sūtra*(1.

20)에서는 믿음을 초의식 무아경(무상 삼매, 아삼프라갸타-사마디asamprajñāta-samādhi)을 일으키기 위한 전제 조건으로 여긴다. 『바가바드-기타』Bhagavad-Gītā(4. 39)에서는 '신심을 지닌 자'♯śraddhāvāṃ에 대해서 말한다. 그는 우선 지혜(갸나jñāna)를, 그런 다음 평화(샨티śānti)를 얻는다. 동일 문헌(17. 2f.)에서 믿음은 어느 하나의 구나guṇa의 지배에 따라서 세 종류가 있다고 밝히고 있다.

> 신체를 가진 자(데힌dehin)들의 믿음은 [그들의] 바로 그 존재 상태(스와-바바sva-bhāva)로부터 발생하는 세 가지, 즉 삿트와sattva적 성질을 가진 것, 라자스rajas적 성질을 가진 것, 또는 타마스tamas적 성질을 가진 것이 있다오. 그것들[에 관해서 더] 들어보시오.
> 오, 바라타Bhārata여. 모든 이의 믿음은 그 자신의 본질(삿트와)과 일치한다오. 이 사람(푸루샤puruṣa)들은 믿음의 형태로 되어 있다오. 그의 믿음이 무엇이든 간에 그것은 바로 그 자신이라오.

[비교] 이성(reason).

śravaṇa(슈라바나)

'경청'이라는 뜻이다. 박티-요가Bhakti-Yoga의 한 면이다. 이 용어는 숙고♯manana 다음에 오는 신성한 가르침에 주의를 기울여 경청함을 나타낸다. 어떤 맥락에서는 슈라바나śravaṇa가 명상(meditation) 수행과 연관된 청각 현상을 나타낸다. 그리고 때로는 그와 같은 것이 영적인 길의 장애(우파사르가upasarga 또는 비그나vighna) 중 하나로 여겨진다.

⇒ 싯단타-슈라바나siddhānta-śravaṇa도 참조.

śrī(슈리 I)

'신성한' 또는 '성스러운'이라는 뜻이다. 인명 앞에 붙이는 접두사이다. 『슈리-바쉬야』*Śrī-Bhāṣya*와 같은 특정 문헌명의 일부이기도 하다.

⇒ 티루tiru도 참조.

Śrī(슈리 II)

비슈누Viṣṇu의 배우자인 위대한 라크슈미Lakṣmī 여신의 이름 중 하나이다. 이 이름은 그녀의 상서로움과 아름다운 본성을 강조한다.

Śrī-Bhāṣya(슈리-바쉬야)

'신성한 주석'이라는 뜻이다. 라마누자Rāmānuja의 주요 저작이다. 거기서 그는 『브라마-수트라』*Brahma-Sūtra*의 형이상학적 · 윤리적 함의에 대해 자신만의 독창적인 해석을 한다.

śrī-cakra(슈리-차크라)

'신성한 원'이라는 뜻이다. 슈리-얀트라śrī-yantra와 동의어이다. 또한 탄트라Tantra에서는 차크라-푸자cakra-pūjā를 수행하기 위한, 입문자들로 만든 의례의 원이다. 『쿨라르나바-탄트라』*Kulārṇava-Tantra*(11.13)에 따르면 신성한 모임으로 의례의 원을 보지 못하는 입문자는 눈에 손상을 입게 된다.

Śrīkaṇṭha(슈리칸타 I) 또는 **Nīlakaṇṭha**(닐라칸타)

환영이 되어 라쿨리샤Lakulīśa에게 나타난 쉬바Śiva의 이름이다. 그는 종종 카울리즘Kaulism이나 2세기의 샤이바Śaiva 전통 전체의 창시자로 간주되지만, 샤이바의 사상과 수행법 들은 훨씬 이전으로 거슬러 올라간다.

Śrīkaṇṭha(슈리칸타 II)

콘카나(Konkana, 인도 서해안)에 있는 '달의 도시'♯candra-purī에서 카울라 전통Kaula tradition을 세웠던 다소 신비적인 달인이다. 그는 '서쪽 전승'(파슈치마-암나야paścima-āmnāya)에 속하고 『브라마-야말라』*Brahma-Yāmala*를 받았다고 한다.

śrī-kula(슈리-쿨라)

'슈리śrī의 가족/일족'이라는 뜻이다. 여신 랄리타♯Lālitā의 신성한 면으로 슈리 II에 대한 숭배를 중심으로 한 탄트라Tantra 유파이다.

[비교] 칼리-쿨라kālī-kula.

S

Śrīnātha(슈리나타)

'신성한 주主'라는 뜻이다. 쉬바Śiva의 별칭이다. 카슈미르Kashmir에서는 또한 성자 두르바사스Durvāsas의 마음에서 태어난 아들이다. 그는 아들에게 불이론不二論적 샤이바Śaiva 가르침을 물려주었다.

⇒ 트리얌바카Tryambaka도 참조.

Śrīnivāsa(슈리니바사)

『트리푸라-라하시야』Tripura-Rahasya에 대한 『탓파리야-디피카』ś Tātparya-Dīpikā('참의미에 대한 해설')라는 제목의 주석을 쓴 탄트라Tantra 입문자이다.

Śrīnivāsa Bhaṭṭa(슈리니바사 밧타; 17세기)

하타-요가Haṭha-Yoga를 다룬 『하타-라트나발리』Haṭha-Ratnāvalī의 저자이다. 그는 또한 베다Veda, 베단타Vedānta, 탄트라Tantra, 니야야Nyāya에 대해서도 권위자이다. 차크리-카르마cakrī-karma 기법을 개발했거나 적어도 그 기법에 대한 주요 주창자였을 것이다.

Śrī-Tattva-Nidhi(슈리-탓트와-니디)

'참실재에 대한 신성한 보물'이라는 뜻이다. 마이소르 궁전(Mysore Palace) 지역의 뭄마디 크리슈나라자 워데야르(Mummadi Krishnaraja Wodeyar; 1794~1868)가 쓴 요가Yoga 문헌이다. 이 문헌에는 121장의 삽화가 들어 있다.

S

Śrī-Vidyā(슈리-비디야 I)

'신성한 지식'이라는 뜻이다. 남인도 샥티즘(Śaktism, 탄트라Tantra)에서 여신 숭배에 대한 가장 중요한 비의적 전통이다. 이 용어는 이 전통의 가장 신성한 만트라mantra를 나타내기도 한다. 이 만트라는 함-사-크샤-마-라-바-라-윰 아난다-바이라바야 바샤트 타르파야미 스와하haṃ-sa-kṣa-ma-la-va-ra-yūm ānanda-bhairavāya vaṣaṭ tarpayāmi svāhā처럼 종자 음절(비자 만트라bīja-mantra)을 연결하여 시작한다.

Śrī-Vidyā(슈리-비디야II)

남인도 샥티즘Śaktism의 가장 중요한 부분인 신성한 지식, 즉 영지靈知의 화신이다. 그녀는 각성된 '뱀의 힘'(쿤달리니-샥티 kuṇḍalinī-śakti)으로 요긴yogin에게 나타나는 신성한 참실재이다.

⇒ 데비devī도 참조.

śrī-yantra(슈리-얀트라)

'신성한 도상'이라는 뜻이다. 슈리-차크라(śrī-cakra; '신성한 바퀴') 또는 슈리-푸라(ś śri-pura; '신성한 도시')라고도 불리고, 힌두Hindu 샥티즘Śaktism과 탄트라Tantra적 불교에서 사용되는 가장 널리 알려진 얀트라yantra이다. 이것은 아홉 개의 서로 맞물려 있는 삼각형으로 이루어져 있고, 일반적으로 아래로 향한 다섯 개의 삼각형과 위로 향한 네 개의 삼각형으로 묘사된다. 이것들은 각각 여성 원리(샥티 I śakti)와 남성 원리(쉬바Śiva)를 나타낸다. 서로 관통하는 이 삼각형들의 배열은 존재의 특정한 면과 연관된 신(데바타devatā)들을 모시는 총43개의 작은 삼각형을 만들어 낸다. 때로는 신들의 이름이나 그것들에 적합한 '종자 소리'(비자-만트라bīja-mantra)인 산스크리트Sanskrit 문자(알파벳 또는 자모字母 참조)를 새김으로써 이것을 표현한다. 이 복잡한 기하학적 구

슈리-얀트라

조는 4개의 동심원뿐만 아니라 대개 각각 8개의 꽃잎과 16개의 꽃잎으로 된 두 개의 원형의 연꽃 패턴에 에워싸여 있다. 전체 도안은 세 개의 평행한 선으로 둘러싸인 정사각형 속에 놓여 있고, 이것은 보호하기 위한 '세속의 집'♯bhū-gṛha으로 알려진 것을 형성한다.
[비교] 만달라maṇḍala.

śruta(슈루타)
'들려왔던 것'이라는 뜻이다. 고전 요가(Classical Yoga)에서 '전통'(아가마 I āgama)과 동의어이다.

śruti(슈루티)
'계시'라는 뜻이다. 슈루타śruta의 여성형 과거분사이다. 고대 네 베다Veda와 우파니샤드Upaniṣad들을 포함한 신성한 힌두이즘Hinduism 문헌이다. 스므리티smṛti 문헌과는 대조적인 것으로서 계시서들은 인간이 아닌 존재, 즉 신에게 기원한 것으로 된 것이라고 생각된다. 특별한 의식(consciousness) 상태에 든 성자(리쉬 ṛṣi, 무니muni)들이 그것들을 '보'거나 '상상'해 왔다.
⇒ 아가마 I āgama도 참조.

śubha-icchā(슈바-잇차, [연성]śubhecchā슈벳차)
'뛰어남에 대한 열망'이라는 뜻이다. 지혜의 일곱 단계(삽타-갸나-부미 sapta-jñāna-bhūmi) 중 첫째이다. 그 위에서 초보자는 참자아에 대한 깨달음을 얻으려는 의지를 함양한다. 이것은 보리심♯bodhi-citta의 함양을 위한 불교 수행에 상응한다.
⇒ 무무크슈트와mumukṣutva도 참조.

śubha-nāḍī(슈바-나디)
'훌륭한 통로'라는 뜻이다. '구근'(칸다kanda)에서부터 음경의 귀두♯meḍhra-anta까지 뻗어 있다. 『트리-쉬키-브라마나-우파니샤드』*Tri-Śikhi-Brāhmaṇa-Upaniṣad*(2. 73)에 언급되어 있다.

śuddha(슛다)
'순수'라는 뜻이다.
[비교] 아슛다aśuddha.

śuddhi(슛디)
'청정' 또는 '정화'라는 뜻이다. 영적 삶의 주요 개념이다.
⇒ 부타-슛디bhūta-śuddhi, 청정(purity)도 참조.

Śuka(슈카)
『마하바라타』*Mahābhārata*(12. 319. 9)에 따르면 공중을 날아다닐 수 있었던 비야사Vyāsa의 아들이다. 『바라하-우파니샤드』*Varāha-Upaniṣad*(4. 2. 34)에 따르면 슈카Śuka는 점진적 해탈(크라마-묵티 krama-mukti)에 반대되는 즉각적 해탈♯sadyo-mukti을 나타낸다.
⇒ 공중부양(levitation), 묵티 mukti, 초심리학(parapsychology)도 참조.

śukla(슈클라)
'흰색'이라는 뜻이다. 슈크라(śukra; '정액')의 동의어이다.
⇒ 빈두bindu, 레타스retas도 참조.
[비교] 라자스rajas.

śukla-dhyāna(슈클라-디야나)
'백색 명상(meditation)'이라는 뜻이다. 『자발라-우파니샤드』♯*Jābāla-Upaniṣad*에 대한 우파니샤드 브라마요긴Upaniṣad Brahmayogin의 주석에 절대자의 백색 광채에 대한 명상으로 설명되어 있다.

śukra(슈크라)
'정액'이라는 뜻이다. 간혹 슈클라śukla라고 불린다. 빈두bindu와 동의어이다. 『쉬바-푸라나』*Śiva-Purāṇa*(5. 22. 49)에서는 생명체의 힘이 정액에 의존한다는 것에 주목한다.

śuśrūṣā(슈슈루샤)
'복종'이라는 뜻이다.
⇒ 구루-슈슈루샤guru-śuśrūṣā 참조.

śuṣka-vasti(슈슈카-바스티)
'건식 관장'이라는 뜻이다. 스탈라-바스티 sthala-vasti로도 불린다. 두 종류의 바스티 vasti 중 하나이다. 『게란다-상히타』*Gheraṇḍa-Saṃhitā*(1. 48f.)에 다음과 같이 기술되어 있다. 파슈치마-웃타나-아사나 paścima-uttāna-āsana를 하고서 장을 부드럽게 아래로 민다. 그런 다음 아슈위니-무드라 aśvinī-mudrā로 항문 괄약근을 수축하고 팽창시킨다. 이 기법은 변비와 고창鼓脹을 치료하고 소화의 불(자타라-아그니 jāṭhara-agni)을 자극한다고 한다.
[비교] 잘라-바스티 jala-vasti.

śūnya(슌야)
'빈' 또는 '없는'이라는 뜻이다. 대승불교Mahāyana Buddhism에서 기인한 공空 개념으로 궁극적 참실재에 대한 관념이다. 이것은 또한 하타-요가 Haṭha-Yoga 문헌들에도 나타나지만 다른 의미로 쓰인다. 『하타-요가-프라디피카』*Haṭha-Yoga-Pradīpikā*(4. 56)에서 최고의 무아경(삼매, 사마디 samādhi) 단계를 비어 있으면서도 가득 차(푸르나 pūrṇa) 있는 상태로 묘사하였다. 또 이 용어는 이따금 내쉬는 숨에 뒤이은 숨의 일시적인 정지를 나타내는 데도 사용된다.
⇒ 사하스라라-차크라 sahasrāra-cakra도 참조.

śūnya-maṇḍala(슌야-만달라)
'공空의 원圓'이라는 뜻이다. 사하스라라-차크라 sahasrāra-cakra와 동의어이다.

śūnya-pañcaka(슌야-판차카)
'다섯 가지 공空'이라는 뜻이다. 『비갸나-바이라바』*Vijñāna-Bhairava*(32)에 언급되어 있다. 이것은 다섯 감각기관(인드리야 indriya), 즉 다섯 탄마트라 tanmātra의 원천을 표현한다. 요긴 yogin은 궁극의 참공眞空을 깨닫기 위해 그것들에 집중해야만 한다.

śūnya-ṣaṭka(슌야-샷카)
'여섯 가지 공空'이라는 뜻이다. 『스왓찬다-탄트라』*Svacchanda-Tantra*(4. 288ff.)에서는 신성한 힘(샥티 I śakti)이 여섯 단계로 나타난다고 말한다. 그것들은 가장 아래쪽 신체 센터(물라다라-차크라 mūlādhāra-cakra), 심장, 인후에서 '브라만 brahman의 구멍'(브라마-란드라 brahma-randhra)까지의 부위, (비야핀 ♯vyāpin이라 불리는) 편재하는 형태의 신성한 힘, 샥티 I의 사마나 samanā 측면과 운마나 ♯unmanā 측면과 각각 연관되어 있다. 초월적 쉬바 Śiva인 참공眞空을 위해서 이 모두를 초월해야만 한다.

śūnyatā(슌야타)
'공성'空性 또는 '텅 빔'이라는 뜻이다. 『테조-빈두-우파니샤드』*Tejo-Bindu-Upaniṣad*(1. 41)에서 '멍한 마음'이라는 의미로 사용된다. 장애(비그나 vighna) 중 하나로 간주된다. 이 개념은 『요가-바시슈타』♯*Yoga-Vāsiṣṭha*의 철학적 관념론에서 한 역할을 담당한다.
[비교] 아바바 abhāva.

śūra-nāḍī(슈라-나디)
'용맹한 통로'라는 뜻이다. 『요가-쉬카-우파니샤드』*Yoga-Śikhā-Upaniṣad*(5. 22)에 따르면 미간(브루-마디야 bhrū-madhya)의 중심 부위까지 뻗어 있다.

śvāsa(슈와사)
'들숨'이라는 뜻이다. 고전 요가(Classical Yoga)에서 일반적인 의미의 들숨과, 더 구체적 의미인 요가 Yoga 길의 장애(안타라야 antarāya) 중 하나인 잘못된 호흡 양자 모두로 사용된 용어이다. 후자의 함의는 『마하바라타』*Mahābhārata*(12. 290. 54)에서 이미 발견된다. 거기서는 슈와사 śvāsa를 다섯 가지 결점(도샤 doṣa) 중 하나로 열거하고, 소식(라구-아하라 laghu-āhāra)을 함으로써 그것을 극복할 수 있다고 언급한다.(55) 다른 송(12. 266. 6)에서는 슈와사가 '밭을 아는 자'(크세트라-갸 kṣetra-jña)를 배양함으로써, 즉 삶에서 순수 참의식(Consciousness)의 원리를 확대함으로써 극복된다고 한다.

S

Śvetāśvatara-Upaniṣad(슈웨타슈와타라-우파니샤드)
'가장 흰 말馬 우파니샤드Upaniṣad'라는 뜻이다. 기원전 3세기나 4세기, 또는 보다 이른 시기에 만들어졌다. 우파니샤드 장르에서 가장 아름다운 작품 중 하나이다. 총 6장 113송으로 구성된 이 저작은 샤이비즘Śaivism의 가장 초기 문헌이다. 호기심을 끄는 이 문헌의 제목은 설명되지 않은 채 남아 있다. 이 문헌에 대한 샹카라Śaṅkara의 정통한 주석에 따르면 『슈웨타슈와타라-우파니샤드』*Śvetāśvatara-Upaniṣad*('가장 흰 말')는 감각들(비의적으로 '말들'로 불리기도 함)을 정화하고 통제 하에 둔 성자의 이름이다.

일신교적 형이상학에서 이 저작은 『바가바드-기타』*Bhagavad-Gītā*와 상당히 유사하지만 카르마-요가Karma-Yoga에 대해서는 아무런 언급이 없고, 요가Yoga적 가르침은 명상(meditation, 디야나dhyāna)을 중심으로 한다. 영적 구도자의 아주 귀중한 목표로서 루드라-쉬바-하라Rudra-Śiva-Hara 신을 가진 여섯 가지로 된 길(6지支 요가, 샤드-앙가-요가ṣad-aṅga-yoga)을 소개한다. 다음 송들은 이 초기 요가 문헌의 지향과 성격을 담고 있다.

> 명상의 요가를 따르는 그들은 자신의 속성(구나guṇa)들에 의해 감춰져 있는 신의 자아의 힘f ātma-śakti을 인식한다. 그는 시간과 자아(아트만ātman)와 연결된 모든 원인을 지배하는 자이다.(1. 3)
>
> 주(主, 이샤īśa)는 소멸하는 것과 소멸하지 않는 것, 현현顯現된 것과 현현되지 않은 것으로 이루어진 이 우주를 지탱한다. 주가 아닌 [개체화된] 자아는 향수자로 있다[는 관념에] 의해 속박된다. 그러나 신에 대해 알자마자 그는 모든 속박으로부터 풀려난다.(1. 8)
>
> '토대'(프라다나pradhāna)는 사라진다. 하라[쉬바 Śiva]는 불사하고 불멸한다. 하나의 신은 소멸하는 것과 자아들을 지배한다. 그에 대해 명상함으로써 참실재(탓트와tattva)와 결합하여 이것이 되면 마침내 모든 환영(마야māyā)이 그친다.(1. 10)
>
> 신을 앎으로써 모든 족쇄가 [신속하게] 사라진다. 모든 번뇌(클레샤kleśa, [즉 영적 무지와 그 결과들])가 사라지자마자 태어남과 죽음의 사라짐이 [달성된다.] 그에 대해 명상함으로써 신체로부터 분리되자마자 제3의 [상태]인 우주적인 권능이 있다. [그러므로 요긴yogin은] 욕망을 충족한 유일한(케발라kevala) [참자아]가 [된다.](1. 11)

신성한 음절 옴Oṃ의 암송을 수반하는 명상적 과정은 내면의 불을 붙여서 참자아의 고유한 광채를 드러나게 하는 일종의 휘젓기로 묘사된다. 성공적인 명상(디야나)은 다양한 내적 환영을 필연적으로 일으키는데, 문헌에서 경고하듯이 결코 깨달음과 혼동해서는 안 된다. 『슈웨타슈와타라-우파니샤드』*Śvetāśvatara-Upaniṣad*(3. 8)의 익명의 저자가 궁극적 깨달음을 묘사하는 방법은 다음과 같다. "어둠을 넘어서 태양처럼 찬란히 빛나는 저 위대한 참자아(푸루샤puruṣa)를 나는 안다. 홀로 그를 깨달은 사람은 죽음을 넘어서 간다. [반복된 태어남과 죽음의 순환을 넘어서] 가기 위한 다른 길은 없다." 이 저작은 대략적 윤곽으로 요가의 길의 모든 기본적 요소를 가지고 있고, 심지어는 헌신(박티bhakti)적 측면도 포함하고 있다.

ṣaḍ-adhvan(샤드-아드완)
'여섯 통로'라는 뜻이다.
⇒ 아드완adhvan 참조.

ṣaḍ-aṅga-nyāsa(샤드-앙가-니야사)
'6지支[에] 배치'라는 뜻이다. 생기(프라나prāṇa)와 신들을 만트라mantra와 함께 신체의 사지로 배치하는 니야사nyāsa의 한 형태이다. 6'지'는 심장, 머리, 정수리, 호신부적護身符籍, 눈, 복부이다. 이것은 자기 정화(아트마-슛디ātma-śuddhi)의 한 면으로 간주된다.

ṣaḍ-aṅga-yoga(샤드-앙가-요가)
'여섯 가지로 된 요가Yoga', '6지支 요가'라는 뜻이다. 『마이트라야니야-우파니샤드』*Maitrāyaṇīya-Upaniṣad*(6. 18)의 익명의 저자(들)가 처음으로 가르친 것으로, 호흡 조절(프라나야마prāṇāyāma), 감각 제어(제감制感, 프라티야하라pratyāhāra), 명상(meditation, 디야나dhyāna), 집중(concentration, 다라나dhāraṇā), 심사숙고(타르카tarka), 무아

S

경(삼매, 사마디 samādhi)으로 이루어져 있다. 주목할 만한 것은 일련의 명상과 집중(후대 문헌들에서는 순서가 바뀜)과 타르카에 대한 언급이다. 6지와 유사한 배열들이 후고전 요가(Postclassical Yoga)의 다양한 문헌에서 나타난다. 흥미로운 변형이 『가루다-푸라나』*Garuḍa-Purāṇa*(227. 18)에서 발견되는데, 거기에는 호흡 조절에 뒤이어 두 번째 구성 요소로 암송(자파 japa)이 포함되어 있다. 이 모든 도식은 파탄잘리 Patañjali의 '여덟 가지로 된 요가'(8지支 요가, 아슈타-앙가-요가 aṣṭa-aṅga-yoga)의 토대인 도덕 훈련(금계, 야마 yama)과 자기 억제(권계, 니야마 niyama)에 대한 어떠한 언급도 없다는 공통점을 가지고 있다. 그러나 이것이 야마의 도덕적 규칙들을 무시했다는 것을 의미하지는 않는다. 그것들은 단지 공식화되지 않았을 뿐이다.

ṣaḍ-viṃśa(샤드-빙샤) 또는 **ṣaḍ-viṃśaka**(샤드-빙샤카)

'26[원리]'라는 뜻이다. 『마하바라타』*Mahābhārata*의 여러 곳에서 사용된 전고전 요가(Preclassical Yoga)의 용어이다. 이것은 초월적 참실재, 즉 '주'(主, 이슈와라 Īśvara)를 나타낸다. 26가지 존재론적 원리(탓트와 tattva)의 가정은 서사시 요가(Epic Yoga)학파를 그 시대의 라이벌인 상키야 Sāṃkhya학파와 구별한다. 상키야 지지자들은 25원리에 대해서만 안다. 24개는 의식이 없는 우주(cosmos, 프라크리티 prakṛti)에 속하고, 25째는 초의식인 초월적 참자아(푸루샤 puruṣa)이다.

⇒ 부디야마나 budhyamāna도 참조.

ṣaṇ-mukhī-mudrā(샨-무키-무드라)

'여섯 구멍의 결인'이라는 뜻이다. 이것은, 예를 들자면 『고라크샤-팟다티』*Gorakṣa-Paddhati*(2. 16)에서 자신의 귀와 눈, 콧구멍을 자신의 손가락으로 막는 것이라고 언급된다. 이 '결인'(무드라 mudrā)은 자신의 엄지손가락으로 귀를, 집게손가락으로 눈을, 가운데손가락으로 콧구멍을 막음으로써 올바르게 수행된다. 이 수행법은 내면의 소리(나다 nāda)의 현현顯現을 위해서 권해진다.

ṣaṇṇavati(샨나바티)

'아흔여섯'96이라는 뜻이다. 샤트(ṣaṭ; '6')+나바티(navati; '90')로 만들어졌다.

⇒ 샨나바티양굴라 ṣaṇṇavatyaṅgula, 샨나바티-탓트와 ṣaṇṇavati-tattva 참조.

ṣaṇṇavati-tattva(샨나바티-탓트와)

'96원리/범주'라는 뜻이다. 『바라하-우파니샤드』*Varāha-Upaniṣad*(1. 7ff.)에 따르면 존재의 범주에 대한 하나의 확장된 세트이다.

[비고] 차투르빙샤티-탓트와 caturviṃśati-tattva, 샷트링샤트-탓트와 ṣaṭtriṃśat-tattva.

ṣaṇṇavatyaṅgula(샨나바티양굴라)

'아흔여섯96 손가락 폭'이라는 뜻이다. 샨나바티 ṣaṇṇavati+앙굴라(aṅgula; '손가락')로 만들어졌다. 하타-요가 Haṭha-Yoga에 따르면 이상적인 인간의 신장身長이다.

ṣaṣṭi(샤슈티)

'예순'60이라는 뜻이다.

⇒ 샤슈티-탄트라 Ṣaṣṭi-Tantra 참조.

Ṣaṣṭi-Tantra(샤슈티-탄트라)

'60가지 [주제]로 된 체계/저작'이라는 뜻이다. 상키

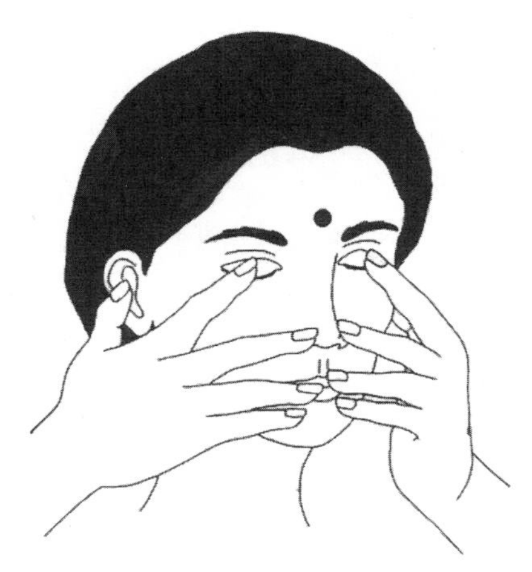

샨-무키-무드라

S

야Sāṃkhya에 대해 체계적으로 설명한 것으로, 아마도 원래 한 권의 책 형태였을 것이다.

ṣaṭ(샤트)

'여섯'6이라는 뜻이다. 모음이나 연자음과 결합할 때 샤드ṣaḍ가 된다.

⇒ 샤드-아드완ṣaḍ-adhvan, 샤드-앙가-니야사ṣaḍ-aṅga-nyāsa, 샤드-앙가-요가ṣaḍ-aṅga-yoga, 샤트-차크라ṣaṭ-cakra, 샤트-차크라-베다ṣaṭ-cakra-bheda, 샤트-카르만 ṣaṭ-karman, 샤트-차크라-니루파나Ṣaṭ-Cakra-Nirūpaṇa, 샤트-스탈라ṣaṭ-sthāla 참조. 산나바티ṣaṇṇavati도 참조.

ṣaṭ-cakra(샤트-차크라)

'여섯 바퀴'라는 뜻이다. 파슈치마-암나야paścima-āmnāya의 독특한 여섯 심령 에너지 센터(차크라cakra)의 모델이다.

ṣaṭ-cakra-bheda(샤트-차크라-베다)

'여섯 센터 관통'이라는 뜻이다. 심령 에너지 센터(차크라cakra)들에 대한 가장 일반적인 모델은 여섯 개의 그러한 센터와 상승하는 '뱀의 힘'(쿤달리니-샥티 kuṇḍalinī-śakti)의 종점 역할을 하는 일곱째 센터를 구별한다. 상승할 때 쿤달리니kuṇḍalinī는 화환을 꿰는 줄처럼 하위의 여섯 센터 또는 '연꽃'(파드마padma)을 꿰뚫는 것으로 그려진다.

Ṣaṭ-Cakra-Nirūpaṇa(샤트-차크라-니루파나)

'여섯 센터에 대한 연구'라는 뜻이다. 푸르나난다 스와민Pūrṇānanda Svāmin이 저술한 25장으로 된, 탄트라 Tantra에 대한 후대의 방대한 저작인 『슈리-탓트와-친타마니』*Śrī-Tattva-Cintāmaṇi*의 여섯째 장이다. 55송(또는 56송)으로 된 이 『니루파나』*Nirūpaṇa*는 샤트-차크라-베다 ṣaṭ-cakra-bheda의 과정을 다룬 가장 널리 알려져 있는 저작이다.

ṣaṭ-karman(샤트-카르만)

'여섯 행위'라는 뜻이다. 『게란다-상히타』*Gheraṇḍa-Saṃhitā*(1. 12)에 따르면 가타스타-요가Ghaṭastha-Yoga의 첫 단계이다. 이것은 다음의 수행법들로 이루어진다. (1)다우티(dhauti; '청소')에는 네 가지 구성 기법이 있다. (2)바스티(vasti; '공기 주머니')는 관장에 해당하는 요가 Yoga의 기법이다. (3)네티(neti, 번역할 수 없는 단어)는 코 정화법이다. (4)나울리naulī 또는 라울리♯laulī나 라울리키laulikī는 '앞뒤로 또는 이쪽저쪽으로 움직임'이라는 의미로 복부 근육을 요동치게 하는 것이다. (5)트라타카(trāṭaka, 번역할 수 없는 단어임)는 흐트러짐 없는 의식적 응시이다. (6)카팔라-바티(kapāla-bhāti; '두개골의 빛남')에는 세 가지 구성 기법이 있다. 『하타-요가-프라디피카』*Haṭha-Yoga-Pradīpikā*(2. 21)에서는 이 여섯 행위를 특히 지방 또는 점액질(카파kapha) 과다로 고통받는 입문자들에게 권한다.

샤트-카르만ṣaṭ-karman이라는 용어는 또한 다음과 같은 탄트라Tantra의 여섯 가지 마법적 수행법도 나타낸다. (1)마라나(♯māraṇa; '살해'). (2)웃차타나(♯uccāṭana; '물리침'). (3)바쉬-카라나(♯vaśī-karaṇa; '자신의 통제 하에 있게 만듦'). (4)스탐바나(♯stambhana; '저지함'). 예를 들자면 폭풍을 저지함과 같은 것. (5)비드웨샤나(♯vidveṣaṇa; '적의를 만듦'). (6)스와스티야야나(♯svastyayana; '안녕을 가져옴'). 이들 수행법의 대부분은 흑마술에 속한다.

⇒ 아슈타-싯디aṣṭa-siddhi, 싯디siddhi도 참조.

Ṣaṭ-Karma-Saṃgraha(샤트-카르마-상그라하)

'여섯 행위에 대한 해설'이라는 뜻이다. 나타 컬트 Nātha cult의 가가나난다Gaganānanda의 제자인 치드가나난다Cidghanānanda의 저작이다. 이 문헌은 하타-요가 Haṭha-Yoga의 치유적 측면과 관계가 있고, 모든 범위의 정화 기법, 특히 요가Yoga 수행을 실천하는 데 부주의하거나 식사 규정과 다른 규율들을 준수하는 데 소홀히 함으로써 발생하는 질병들에 대해 기술하고 있다. 치드가나난다는 요긴yogin에게 이 저작에서 밝히고 있는 기법들에 의존하기 이전에 먼저 요가 자세(아사나 āsana)와 자신을 치유하는 오컬트적 요법들을 해보라고 충고하고 있다.

ṣaṭ-sthāla(샤트-스탈라)

'여섯 단계'라는 뜻이다. 비라 샤이비즘(Vīra Śaivism, 또는 링가야타 Liṅgāyata)의 중심 교리이다. 여기서는 다음과 같은 영적 성숙의 여섯 단계를 언급한다. (1)박티(bhakti; '신에 대한 헌신'), 즉 사원이나 집에서 의례적 숭배로 표현되는 것. (2)마헤샤(♯maheśa; '위대한 주主'), 즉 수행자의 마음을 훈련하는 단계. (3)프라사다(prasāda; '은총'), 즉 헌신자가 모든 것 속에서 모든 것을 통하여 작용하는 신(神, Divine)을 깨닫는 평화로운 단계. (4)프라나-링가(prāṇa-liṅga; '생기 에너지로 된 남근'), 즉 헌신자가 (신성화된 사원인) 신체 내에 있는 신을 경험하기 시작하는 단계. (5)샤라나(♯śaraṇa; '피신[하기]'), 즉 헌신자가 '신을 각별히 사랑'하게 되는 단계로, 여성이 연인을 그리워하는 것처럼 쉬바 Śiva를 갈망한다. (6)아이키야(aikya; '합일'), 즉 의례적 숭배가 끝난 완전한 단계. 왜냐하면 헌신자는 주(이슈와라 Īśvara)가 되었기 때문이다.

일부 문헌에서는 샤트-스탈라 ṣaṭ-sthāla가 신체의 여섯 심령 에너지 센터(차크라 cakra)를 나타낸다.

ṣaṭśatādhika-sahasraikaviṃśati(샤트샤타디카-사하스라이카빙샤티)

'이만 천육백'21,600이라는 뜻이다. 문자 그대로 '21,000을 600넘는'이라는 뜻이다. 샤트-샤타-아디카-사하스라-에카-빙샤티 ṣaṭ-śata-adhika-sahasra-eka-viṃśati로 만들어졌다. 대부분의 인도 체계에 따르면 하루 동안 쉬는 호흡수이다.

ṣaṭtriṃśat(샷트링샤트)

'서른여섯'36이라는 뜻이다.

⇒ 샷트링샤트-탓트와 ṣaṭtriṃśat-tattva 참조.

ṣaṭtriṃśat-tattva(샷트링샤트-탓트와)

'36원리/범주'라는 뜻이다. 존재의 서른여섯 가지 범주(탓트와 tattva)군은 탄트라 Tantra와 샤이비즘 Śaivism의 일부 학파에서 토대가 되는 것으로 인정된다.

[비교] 차투르빙샤티-탓트와 caturviṃśati-tattva, 산나바티-탓트와 ṣaṇṇavati-tattva.

ṣoḍaśa-ādhāra(쇼다샤-아다라, [연성]ṣodaśādhāra쇼다샤다라)

'열여섯16 토대'라는 뜻이다.

⇒ 아다라 ādhāra 참조.

ṣoḍaśa-cakra(쇼다샤-차크라)

'열여섯 [꽃잎으로 된] 센터'라는 뜻이다. 『요가-쿤달리-우파니샤드』 *Yoga-Kuṇḍalī-Upaniṣad*(1. 69)에서 언급된 이것은 인두-차크라 indu-cakra로 더 잘 알려져 있다.

ṣoḍaśa-kalā(쇼다샤-칼라)

'열여섯 부분'이라는 뜻이다. 달은 열여섯 '부분' 또는 국면(칼라 I kalā)을 가진다고 한다. 그 중 열여섯째는 불멸과 연관된다.

[비교] 드와다샤-칼라 dvādaśa-kalā.

ṣoḍaśa-upacāra(쇼다샤-우파차라, [연성]ṣodaśopacāra쇼다쇼파차라)

'열여섯 물품'이라는 뜻이다. 탄트라 Tantra의 숭배 의례를 위해 필요한 중요 물품들이다. 자리(아사나 āsana), 환영[♯svāgata; 수(su; '잘')+아가타(♯āgata; '오다')로 되어 있음], 발 씻을 물♯pādya, 공물로 바치는 물♯argha, 입 헹굴 물♯ācamanīya, 신께 올리는 단맛의 술♯madhu-parka, 다시 입 헹굴 물♯punar-ācamanīya, 목욕물♯snānīya, 장신구♯bhushana, 향♯gandha, 꽃(푸슈파 puṣpa), 향료(듀파 dhūpa), 등불(디파 dīpa), 공양♯naivedya, 경배(반다나 vandana)이다. 이 모든 물품은 신을 위해 계획된다.

S

T

taḍāgī-mudrā(타다기-무드라)

'저수지 결인'이라는 뜻이다. 『게란다-상히타』*Gheraṇḍa-Saṃhitā*(3. 61)에 다음과 같이 서술되어 있다. 등펴기 자세(파슈치마-웃타나-아사나 paścima-uttāna-āsana)를 하고서 복부를 저수지처럼 만들어라. 전통적인 주석가들의 견해에서는 위장을 비우고 등을 바닥에 대고 누워서 이 행법을 한다. 그러나 현대의 일부 권위자들에 따르면 앉은 상태로 앞으로 굽히고, 복부를 확장하기 위해서 숨을 들이쉬면서 이 행법을 한다고 한다. 이 '결인'(무드라 mudrā)은 노화와 죽음을 막는다고 한다.

tailor's seat(재단사 앉은 자세)

⇒ 수카-아사나 sukha-āsana 참조.

Taittirīya-Upaniṣad(타잇티리야-우파니샤드, [연성]Taittirīyopaniṣad 타잇티리요파니샤드)

가장 초기의 우파니샤드 Upaniṣad 중 하나로 고대 베다 Veda의 스승인 팃티리 Tittiri의 학파에 속한다. 그의 이름은 '자고鷓鴣새'를 의미한다. 이 저작은 많은 고대적 관념, 특히 생명에 대한 원시 '생태학적' 해석을 담고 있다. 브리구 Bhṛgu라는 이름의 현인과 연관된 이 가르침에 따르면 모든 것은 자신 외의 다른 모든 것을 위한 음식(안나 anna)이다. 다시 말해서 생명은 자신을 영속시키기 위해 생명을 먹는다. 다음과 같은 한 구절(2. 21)에 그 내용이 있다. "진실로, 음식으로부터 창조물이 생산되었다. 지상에 사는 어떤 [창조물]이라도. 게다가 사실상 그들은 음식으로 살아가고 결국 죽어서 그것이 된다." 생명에 대한 이 무시무시한 가능성 있는 전망은 다른 교의에 의해 균형 잡힌다. 그 교의에 따르면 존재는 본질적으로 지복(아난다 ānanda)상태이다. 『타잇티리야-우파니샤드』*Taittirīya-Upaniṣad*는 단순한 즐거움에서부터 더할 나위 없는 환희에 이르기까지 다양한 층위의 지복에 대해 말하고 있다. 영적인 삶은 절대자(브라만 brahman)에 내재하는 지복의 절정을 발견하는 데 있다. 이 문헌은 다섯 '겹'(코샤 kośa)의 교의에 대한 최초의 언급도 포함하고 있다. 이 중 다섯째이자 마지막 겹은 순수한 지복으로 이루어져 있다. 여기서(2. 4. 1) 우리는 변덕스러운 감각(인드리야 indriya)들에 대한 의식적인 통제라는 전문적 의미의 '요가' Yoga라는 용어가 처음으로 기록되어 있는 것도 발견할 수 있다.

talkativeness(수다스러움)

⇒ 프라잘파 prajalpa 참조.

tamas(타마스)

'어두움', '암질'暗質이라는 뜻이다. 불활성한 심리적 우주원리이다. 요가 Yoga와 상키야 Sāṃkhya 전통에서 우주(cosmos, 프라크리티 prakṛti)의 세 가지 주요 구성요소(구나 guṇa) 중 하나이다. 『바가바드-기타』*Bhagavad-Gītā*(14. 8)에서 밝힌 것처럼 그것은 영적인 무지(아갸나 ajñāna)로부터 발생하고 모든 존재를 속여서 부주의(프라마다 pramāda), 게으름(알라시야 ālasya), 수면(니드라 nidrā)

T

으로 모두를 속박한다. 『테조-빈두-우파니샤드』*Tejo-Bindu-Upaniṣad*(1. 41)에서는 그것을 아홉 가지 장애(비그나vighna) 중 하나로 꼽는다. 『마이트라야니야-우파니샤드』*Maitrāyaṇīya-Upaniṣad*(3. 5)는 타마스tamas, 즉 타모-구나♯tamo-guṇa의 특성들에 대한 긴 목록을 제공해 준다. 그 중에서도 그 목록에는 배고픔과 갈증뿐만 아니라 두려움, 혼란, 낙담, 슬픔이 포함되어 있다.

[비교] 라자스rajas, 삿트와sattva.

Tamil(타밀어)

남인도와 스리랑카Sri Lanka에서 사용되는 드라비다인Dravidian의 언어이다. 그것의 가장 초기 문헌(음유시인의 시)은 기원전 3세기에 속하고, 힌두Hindu 헌신주의(박티bhakti)의 발달에서 특히 중요하다.

[비교] 산스크리트Sanskrit.

tandrā 또는 **tandra**(탄드라)

'나태'라는 뜻이다. 결점(도샤doṣa) 중 하나로 『요가-탓트와-우파니샤드』*Yoga-Tattva-Upaniṣad*(12)에 열거되어 있다.

⇒ 알라시야ālasya, 스티야나styāna도 참조.

tank seal(저수지 결인)

⇒ 타다기-무드라taḍāgī-mudrā 참조.

tanmātra(탄마트라)

'오직 그것뿐'이라는 뜻이다. 중성 대명사 타드(tad; '그것')+마트라(mātra; '오직 ~뿐')로 만들어졌다. 타누-마트라(tanu-mātra; '미세한 물질')의 언어 왜곡 현상일 수도 있다. 요가Yoga와 상키야Sāṃkhya 전통의 우주론에 따르면 이 용어는 물질 요소(부타bhūta)의 미세한(수크슈마sūkṣma) 측면을 나타낸다. 이것은 소리(聲, 샤브다śabda), 형상(色, 루파rūpa), 촉감(觸, 스파르샤sparśa), 맛(味, 라사rasa), 냄새(香, ♯gandha)로 된 잠재력이다. 『상키야-카리카』*Sāṃkhya-Kārikā*(38)에서는 그것들을 '무차별적'(아비셰샤) 상태로 묘사하고 있다. 고전 요가(Classical Yoga)에서 이 다섯 잠재력은 아스미타-마트라asmitā-mātra와 함께 '무차별적'(아비셰샤aviśeṣa) 존재 단계에 속한다. 그것들은 링가-마트라liṅga-mātra에서 생겨나서 차례로 '차별적인'(비셰샤viśeṣa) 존재로 된 16개의 범주(탓트와tattva)를 발생시킨다. 즉 하위의 마음(마음 감관, 마나스manas), 10개의 감각기관(인드리야indriya), 5개의 물질 요소(판차-부타pañca-bhūta)이다.

T

Tantra(탄트라)

산스크리트Sanskrit로 '베틀', '직물'이라는 뜻이다. 산스크리트 동사 어근 √tan('확장하다')에서 파생된 탄트라Tantra는 티베트어로 gyu이다. 전통적으로 탄트라는 '지식을 확장하는/넓히는 것'으로 설명된다.(tanyate vistāryate jñānam anena iti tantram) 이 용어는 가장 일반적으로 샤스트라(śāstra; '논서')의 동의어로 사용된다. 그러나 구체적으로 말하면 이것은 탄트라로도 알려진 영적 전통에 속하는 저작을 말한다.

1. 개요

탄트라는 전 인도인의 매우 다양한 종교적·영적 접근법으로 힌두교Hindu, 불교, 자이나교 속에 보인다. 이것은 서기 800년경에 암흑기(칼리-유가kali-yuga)를 위한 새로운 계시로서 독특한 문학으로 나타났지만, 이보다 몇 세기 더 앞선 시기에 탄트라)적 관념과 수행법 들의 뚜렷한 흔적들을 발견할 수 있다. 예를 들자면 탄트라의 '어머니 여신'(마트리카mātṛkā)을 언급한 비슈와바르만Viśvavarman의 강가다라Gangadhara 돌 비문은 서기 424년까지 거슬러 올라간다. 일부 학자들은 마트리카 신상들이 2천 년보다 더 이전의 인더스-사라스와티 문명(Indus-Sarasvati civilization)에서 이미 발견된다고 생각한다.

탄트라의 가장 중요한 특징은 그것이 네 베다Veda와 그것들에 딸린 문헌(즉 브라마나II Brāhmaṇa, 아란야카Āraṇyaka, 우파니샤드Upaniṣad)들로 구체화된 베다의 계시(슈루티śruti)를 대체하거나 보완하려는 새로운 계시라고 주장하는 것이다. 일부 권위자들은 탄트라를 '다섯째 베다'라고 말한다. 탄트라의 달인들에 따르면 베다의 가르침들은 신체적·정신적(mental) 쇠약뿐 아니라 도덕적 · 영적 타락의 시기에 무력하다고 여겨졌다. 이 관념은 역사를 주기적 순환의 방식으로 전개한다고 보는 유가yuga 이론과 밀접한 관련이 있다. 유가 이론은 판차라트라Pañcarātra와 바가바타Bhāgavata 전통들, 특히 비슈누Viṣṇu의 '화신'(아바타라avatāra)으로서 크리슈나Kṛṣṇa를 소개했던 후대의 『바가바드-기타』*Bhagavad-Gītā*를 통하여 두드러졌다. 이 저작의 4. 7~8송에서 신인 크리슈나는 그의 충실한 제자 아르주나Arjuna에게 약화되거나 심지어 잃어버린 영적 가르침을 회복하기 위해서 매 시대(유가)마다 다시 한 번 세상으로 내려온다고 말한다. 대부분의 탄트라 학파들은 적어도 탄트라 의례 수행이라는 면에서는 카스트(caste) 체계를 거부했다. 이것이 힌두의 엘리트들이 탄트라를 반대하려는 이유 중 하나이다. 다른 이유는 탄트라의 도덕률 폐기론과 빈번한 노골적 에로티시즘(Eroticism)에 대한 강한 경향성 때문이다.

탄트라는 많은 계보(파람파라paramparā)와 학파(다르샤나darśana), 전통(삼프라다야sampradāya) 들로 이루어져 있는데, 이것들은 각기 자신들만의 독특한 이론적 · 실천적 견해를 가지고 있다. 그래서 대부분의 학파들의 너무도 강력한 의례주의는 자연스러움(사하자sahaja)을 선호하고 심지어 반의례주의적이기까지 한 그 학파들에 반대하는 것으로 보일 수 있다. 실질적으로 말하자면 탄트라는 영적 해탈(모크샤mokṣa)의 수단이다. 바꿔 말해서 그것은 본질적으로 사다나(sādhana 또는 sādhanā), 즉 내면의 자유에 도달하려는 영적 수행이다. 탄트라는 이러한 태도를 요가Yoga와 공유한다. 이 점은 이 두 위대한 수행체계 사이에 연관성을 발생시킨다. 일부(특히 인도의) 권위자들은 탄트라가 요가에서 발달하였다고 주장하는 반면, 대부분의 학자들은 상황을 반대로 본다. 이렇게 보고 싶어 하더라도 요가 수행법들은 탄트라를 실제적으로 구축하는 데 기초가 된다. 요가라는 용어는 종종 탄트라 수행법을 나타내는 데 사용된다. 형이상학적 관점에서 탄트라는, 궁극적 실재는 순수하고 초월적인 참의식(Awareness) 원리를 나타내는 '남성'과 창조 원리를 나타내는 '여성'으로 된 양극으로 되어 있다는 관념을 중심으로 전개되는 접근법이다. 일반적으로 이 두 양극은 각각 쉬바(Śiva; '관조자')와 샥티 II(śakti; '힘')로 부른다.

주목할 만한 탄트라 수행 중 하나는 심신의 잠재된 심령 에너지(쿤달리니-샥티kuṇḍalinī-śakti)를 상승시켜서 머리의 정수리에 위치한, 신체의 맨 위에 있는 심령적 구조(사하스라라-차크라sahasrāra-cakra)로 이것을 나아가게 하는 비전적 과정에 집중하는 쿤달리니-요가Kuṇḍalinī-Yoga이다. 이 과정은 탄트라 수행자(탄트리카tāntrika 또는 사다카sādhaka)를 해탈(모크샤)로 이끄는 것으로 묘사된다.

탄트라의 통달자들은 주로 '달인' 또는 '성취자'(산스크리트 싯다siddha, 타밀어Tamil 칫타르cittar)로 알려져 있다. 이 명칭은 사다나와 싯디siddhi처럼 동일한 동사 어근[즉 √sidh('성취하다')]에서 파생되었다. 싯다들은 대체로 84명의 북부 싯다(차투라쉬티-싯다caturaśīti-siddha)와 18명의 남부 싯다(아슈타다샤-싯다aṣṭādaśa-siddha 참조)로 분류된다. 때로는 후자 그룹이 24명으로 이루어져 있다고 한다. 전자의 그룹에서 가장 널리 알려진 사람들은 맛시옌드라Matsyendra, 고라크샤 I Gorakṣa, 고피찬드라Gopīcandra, 잘란다리Jālandhari이다. 남부 싯다 중 가장 뛰어난 사람은 아갓티야르Agattiyar, 티루물라르Tirumūlar(산스크리트; 티루물라Tirumūla), 팟티낫타르Pattinattar, 보가르bogar이다. 두 목록이 항상 동일한 달인들을 싣고 있는 것은 아니다. 북부와 남부의 싯다 전통들은 또한 북부에 니티야난다Nityānanda, 남부에 라마링가Rāmalinga와 같은 현대의 후계자들을 가지고 있다.

2. 역사

대체로 탄트라에 대한 학술적 연구가 부족하기 때문에 자세하고 믿을 만한 연대기를 보여 주는 것은 불가능하므로, 역사는 신경 쓰지 않아도 된다. 탄트라의 역사적 전개에 대한 기본적인 윤곽만이 가능할 뿐이다. 문제들 가운데 하나는, 그 당시 구할 수 있는 문헌을 통해 추적해서 밝혀낼 수 있는 탄트라의 특성이나 요소를 명확하게 구성하는 데 대해 권위자들의 견해들이 나눠진다는 것이다. 탄트라의 기원에 대한 중요한 관점이 세 가지 있다. (1)몇몇 권위자들(특히 인도 출신의)은 가장 고대의 산스크리트 문헌인 베다들, 그 중에서도 두드러지게 『아타르바-베다』Atharva-Veda의 사우바기야-칸다 ♯saubhāgya-kāṇḍa에서 탄트라의 기원을 찾는다. (2)다른 학자들은 탄트라의 발전적 전개에서 베다들의 역할을 부인하고 후자의 관념을 중세에 발명된 것으로 간주한다. 그들은 탄트라를 모신母神과 마법적 수단에 초점을 둔 민속 전통에서 발생한 것으로 본다. 일부는 심지어 탄트라를 '베다 계시 범위 밖에 있는 것' ♯veda-bāhya으로 여기는 데까지 이르렀다. 벵골Bengal의 탄트라 문헌과 가르침 들의 탁월함 때문에 일부 학자들은 그 지역을 탄트라의 발원지라고 그릇되게 지지한다. 그러나 히말라야의 나라들이 발원지일 가능성이 더 크다. (3)그럼에도 불구하고 또 다른 학자들은 탄트라를 인도 외부(즉 티베트, 몽골, 중국, 이집트, 소아시아)에서 기원하여 불교를 통해 인도로 들어온 것으로 간주한다. (4)넷째 학자군은 탄트라를 불교에서 고안된 다음 힌두교와 자이나교로 퍼진 것으로 본다. 예를 들자면 탄트라에 대해 베다적 뿌리를 선호하는 학자들은 『리그-베다』Ṛg-Veda(10. 71)에 있는 바츠(vāc; '말씀')의 철학적 관념이나 베다의 가야트리-만트라 ♯gāyatrī-mantra와 탄트라의 슈리-비디야 I Śrī-Vidyā 전통[『리그-베다』(5. 47. 4)] 사이의 추정상의 연관성에 직접적으로 주의를 기울인다. 일부 연구자들은 탄트라의 위대한 여신인 두르가Durgā에 대해 말하는, 『리그-베다』(10. 125)의 데비-숙타(♯devī-sūkta; '여신에 대한 찬가')에서 찾는다. 다른 이들은 일부 전문가들이 삽입된 것으로 간주하는 『리그-베다』(10. 127)의 라트리-숙타(♯rātri-sūkta; '밤에 대한 찬가')에서 그 여신을 발견해 낸다. 핵심 용어인 샥티 I śakti이 『리그-베다』(예, 3. 31. 14, 5. 31. 6, 7. 20. 10, 10. 88. 10)에서 몇 차례 나오긴 하지만, 탄트라에서처럼 우주적 창조 원리를 의미하기보다는 '신들'이나 '에너지'를 나타낸다. 초기 탄트라 문헌에 기초하여 연구자들은, 특히 『아타르바-베다』와 이어지는 브라마나 II, 아란야, 우파니샤드 들에서 분명히 표현된 것처럼 더 설득력 있게 생기의 힘(프라나prāṇa)과 호흡 조절 수행(프라나야마prāṇāyāma)의 개념을 나타낼 수 있을 것이다. 고도의 영적 가르침들에 더하여 이 베다 문헌들은 민속 신앙과, 탄트라에서 완전하게 드러나는 마법적 관념과 방법도 포함하고 있다. 『리그-베다』 자체에는 마법적 토대에 속하는 관념과 수행 들(예, 1. 35. 10, 7. 104. 15, 10. 14. 9, 10. 14. 9)이 포함되어 있다. 사실상 『리그-베다』는 성적 이미지와 상징으로 가득하다. 『리그-베다』는 또한 마법 의학적인 민간 전승 지식을 포함하고 있지만, 이 민간 전통들은 특히 『아타르바-베다』에서 두드러진다. 후자의 찬가는 마법적 가르침에 대한 강력한 경향성을 가지고 있는데, 이런 이유로 예전부터 브라만brahman의 정통적 교리에 의해 일정 정도 의혹의 눈초리를 받아 왔다.

천년이 넘는 인도 문명의 위대한 문화적 지속성을 생각하면 베다 시대부터 탄트라가 완전하게 부각된 중세 시대에 이르기까지 사상과 신앙, 의례의 점진적인 발달을 상상하는 것은 타당하다. 베다들과 어쩌면 이들보다 앞선 샤머니즘(Shamanism)에 분명히 그 뿌리를 두고 있는 요가의 전개에서도 우리는 믿을 수 없는 동일한 지속성을 볼 수 있다. 탄트라의 유연성은, 지성적인 엘리트가 저술한 주류산류 산스크리트 문헌들에서는 좀처럼 인정되지 않는 의례 전통들을 표면화시켜서 새로운 계시로서 자신의 자리를 요구할 수 있게 해주었다. 탄트라에서 여성 원리(샥티 II)가 지배적인 것이 가장 좋은 예이다. 여성 신들은 『리그-베다』에서 언급되긴 했지만 그녀들은 『마하바라타』Mahābhārata, 『라마야나』Rāmāyaṇa, 푸라나들의 시대에 이를 때까지 지배적이지 못했다. 인류학적 연구로부터 우리는 여성 신들이 인도 농촌 거주민들의 종교적 삶에 있어서 주요한 역할을 했다는 것을 알 수 있다. 많은 푸라나들, 특히 『바가바타-푸라나』Bhāgavata-Purāṇa는 탄트라로부터 엄청난 영향을 받은 것으로 보인다. 『마하바라타』의 셋째 권에서 샥티 I 과 관련된 티르타tīrtha와 난폭한 마트리카들에 대해 언급한 것뿐만 아니라, 이 저작과 푸라나들에서 만트라mantra들을 탁월하게 사용한 것은 탄트라의 조짐을 보이는 내용들로 생각되어 왔다.

탄트라의 각별한 통합주의적 경향은 탄트라의 저자들이 보다 자유롭게 대중적인 신앙과 수행법 들을 용인하여 탄트라 체계 속으로 받아들였다는 것을 시사한다. 역으로 그들은 또한 탄트라의 사상과 수행법 들을 대중적 종교 속으로 도입했다. 강력하게 샥티 II로 경도된 탄트라는 탄트라가 어디서 끝나고 샥티즘 Śaktism이 어디서 시작되는지 말하기 어렵게 만들었다. 이 두 전통 사이의 역사적 연관성 또한 불분명하다. 샥타 śākta 문헌과 탄트라 들(탄트라의 밝혀진 문헌들) 사이의 유동적인 경계 때문에 그것들을 함께 연구하는 것은 타당하다. 사실상 이 같은 유동성으로 인해 그러한 연구가 필요하다.

3. 지파들

탄트라의 출현 초기에 탄트라 권위자들은 이미 급성장한 학파와 지향 들에 대해 체계적인 개관을 제공하려고 노력했다. 그들은 암나야 āmnāya, 크란타 krānta, 피타 pīṭha, 스로타 srota와 같은 체계적 범주들을 제시했다. 문헌들은 넷에서 여섯 종류의 암나야, 네 종류의 피타, 세 종류의 스로타로 구분되는데, 이것들은 더 세분된다. 마크 디치코브스키 Mark S. G. Dyczkowski는 그의 탁월한 논문인 「샤이바가마와 쿠브지카 탄트라들」 *Śaivagama and the Kubjika Tantras*(1988)에서 이 난해한 주제를 연구하였다. 탄트라의 가장 중요한 유파들에는 카울라 Kaula, 나타 Nātha, 슈리-비디야 I, 라사 Rasa, 싯다가 있다. 종종 탄트라의 한 유파로 하타-요가 Haṭha-Yoga를 넣어 생각한다.

4. 문헌

전통적으로는 64가지 근본 탄트라(즉 밝혀진 탄트라 문헌들. catuḥṣaṣṭi-tantra(차투샤슈티-탄트라 참조)가 있다고 한다. 남인도 샤이바 Śaiva 전통에서는 28가지 아가마 II Āgama(aṣṭaviṃśati-āgama아슈타빙샤티-아가마 참조)에 대해서 말하고, 지파로 갈라진 판차라트라 전통(바이슈나비즘 Vaiṣṇavism의 한 유파)에서는 108가지 상히타(아슈톳타라샤타-상히타 Aṣṭottaraśata-Saṃhitā)를 특별히 권위 있고 신성하다고 여긴다. 『니티야-쇼다쉬카르나바』 *Nitya-Ṣoḍaśikārṇava*(1. 13-22)에서는 탄트라들을 카울라-탄트라 Kaula-Tantra로 언급하지만, 그것들은 셀 수 없이 많다고 진술한다. 64종의 탄트라로 된 세트(종종 바이라바-탄트라 Bhairava-Tantra라고 불렀던)는 실제 현실에 부합하지 않았다. 심지어는 그때도 훨씬 더 많은 탄트라가 있었던 것으로 보이기 때문이다. 『삼모하 탄트라』 *Sammoha Tantra*에서는 402종의 샤이바 탄트라 Śaiva Tantra와 339종의 바이슈나바 탄트라 Vaiṣṇava Tantra, 180종의 사우라 탄트라 Saura Tantra, 122종의 가나파티야 탄트라 Gāṇapatya Tantra, 39종의 바웃다 탄트라 Bauddha Tantra에 대해 말한다. 흥미롭게도 빈번하게 이 문헌들이 현재의 규모로 정제되어 축소될 때까지 원래는 훨씬 더 많은 형태로 존재했다고 생각된다. 그것들의 원형으로 주어진 형태들은 일반적으로 믿을 수 없을 정도로 상당히 과장되어 있다. 드러난 원형적 문헌들의 규모를 부풀리는 이러한 관습은 아마도 영적인 가르침들이 실제로는 글로 기록될 수 있는 것보다 훨씬 더 상세하다는 사실과 연관이 있거나, 또는 이러한 관습을 용인할 수 있다고 여겼을지도 모른다.

아가마 II가 더 구체적으로는 남인도의 밝혀진 샤이

탄트리즘(Tantrism)은 영적 실재를 표현하기 위해 성적 상징을 사용한다. 추종자들과 함께 무아경으로 춤추고 있는 목이 잘린 여신 친나마스타(Chinnamastā)는 근본적인 최고의 진정한 영성인 자기희생의 영적 법칙을 나타낸다.

T

비즘 문헌들을 뜻하지만, 혼란스럽게도 탄트라들 또한 아가마II로 불린다. 아가마II들은 의례에 초점을 맞추는 경향이 있는 반면, 탄트라들은 비의적이거나 오컬트적인 문제들을 전문적으로 다룬다. 탄트라들은 전형적으로 비밀 전승, 즉 외부자들 앞에서 비밀이 지켜져야만 하는 것으로 나타난다. 바꿔 말해서 탄트라들은 구전으로, 알맞은 입문식(디크샤dīkṣā)의 상황 속에서 스승(구루guru)으로부터 제자(쉬쉬야śiṣya)로 전해지는 비전적 전통이다. 탄트라들은 '의도적'이거나 '상징적'인 언어 ⸗ sāṃdhyā-bhāṣā를 사용하기에 입문식 없이는 해석이 어렵거나 때로는 불가능하기까지 하다. 역설적으로 비밀스러운 가르침들을 기록하도록 허용하는 것은 명백히 비밀주의 규칙에 상반된다. 그렇기는 하지만 이 문헌들에 대한 해석이 매우 어렵고 극히 적은 해석이 존재하는 주된 이유는 앞서 언급한 탄트라 입문식의 특성 때문이다. 다른 이유는 빈번한 문법적 변형이다. 이것은 거의 탄트라들의 대표적 특징이고, 종종 상당히 의도적인 것 같다. 탄트라들은 대체로 쉬바신과 그의 샥티II를 상징하는 신성한 배우자 사이의 대화 형태로 나타난다. 그것들은 신(divine)의 베풂이고, 인간의 관점으로 보면 익명의 저작들이다. 말하자면 독자들은 그들의 신성한 대화를 엿듣고 있다. 거기서 쉬바는 가르침을 전해 주는 자의 역할을 한다. 더욱 드문 것은 소위 니가마Nigama들이라고 불리는 것에서 데비(devī, 그녀의 많은 형태 중 하나)가 구루의 역할을 한다는 것이다. 어느 문헌들이 원형적 탄트라들에 속하는 것들인지, 어느 문헌이 원형적이라고 주장하는 후대의 창작물들인지 최종적으로 결정하기는 어렵다. 극단적인 비밀주의를 주장하지 않거나 인간 저자들(성자와 현자 들)이 썼다고 간주되는 데서 대체로 후대의 문헌들임을 확인할 수 있다.

다른 분류에서는 사용되는 주요 만트라의 첫 음절에 따라서 카디 ⸗ Kādi, 하디 ⸗ Hādi, 카하디(⸗ Kahādi, 또는 사디 ⸗ Sādi)로 나눈다. [그러므로 첫 음절 카ka는 카디(카디-비디야kādi-vidyā) 등으로 이어진다] 그러나 또 다른 분류에서는 탄트라들을 칼리-쿨라kālī-kula와 슈리-쿨라śrī-kula로 나눈다. 전자는 데비의 난폭한 측면을, 후자는 라크슈미Lakṣmī로 표현되는 것처럼 데비의 자비로운 측면을 강조한다. 탄트라들은 또한 네 그룹으로 나누어질 수도 있는데, 아가마II, 다마라 ⸗ Dāmara, 야말라II Yāmala, 엄밀한 의미에서의 탄트라들이다. 다마라들은 특별한 종류의 탄트라들이며, 여섯 문헌으로 이루어진다. 『쉬바-다마라』 ⸗ *Śiva-Dāmara*, 『요가-다마라』 ⸗ *Yoga-Dāmara*, 『두르가-다마라』 ⸗ *Durgā-Dāmara*, 『사라스와타-다마라』 ⸗ *Sārasvata-Dāmara*, 『브라마-다마라』 ⸗ *Brahma-Dāmara*, 『간다르바-다마라』 ⸗ *Gāndharva-Dāmara*이다. 또한 여덟 종류의 야말라II도 있다. 『루드라-야말라』*Rudra-Yāmala*, 『스칸다-야말라』 ⸗ *Skanda-Yāmala*, 『브라마-야말라』*Brahma-Yāmala*, 『비슈누-야말라』 ⸗ *Viṣṇu-Yāmala*, 『야마-야말라』 ⸗ *Yama-Yāmala*, 『바유-야말라』 ⸗ *Vāyu-Yāmala*, 『쿠베라-야말라』 ⸗ *Kubera-Yāmala*, 『인드라-야말라』 ⸗ *Indra-Yāmala*이다. (고문헌들인) 『핑갈라마타』 ⸗ *Piṅgalāmata*와 『자야드라타-야말라』*Jayadratha-Yāmala*도 마지막으로 언급된 엄밀한 의미의 탄트라들의 종류에 종종 포함된다. 그러나 탄트라의 문헌들은 제시된 이들 범주보다 훨씬 더 광범하다. 가장 오래된 탄트라 필사본들의 연대는 9세기 중엽으로까지 거슬러 올라간다. 캄보디아Cambodia에서 온 비명碑銘적 증거, 즉 1052년으로 추정되고 선대의 통치자에 대해 언급하는 표지석인 스독 칵 톰Sdok Kak Thom의 비문은 탄트라가 800년경에 출현했다는 것을 입증한다. 비범한 카슈미르Kashmir의 달인이자 학자인 아비나바굽타(Abhinavagupta; 10세기)는 자신의 시대에 앞섰던 위대한 수많은 탄트라 문헌에 대해 언급한다. 『탄트랄로카』*Tantrāloka*에서 그는 자신이 속한 쿨라kula 전통의 앞선 14명의 스승을 언급한다. 탁월한 저작인 『티루-만티람』*Tiru-Mantiram*을 지은 남인도의 달인 티루물라르Tirumūlar는 비록 일부 학자들이 9세기보다 수세기 앞선다고 주장하지만, 대체로 9세기 초로 배치된다. 실제 탄트라들에 더하여 탄트라 문헌에는 또한 주석서, 요약서, 용어 해설서, 찬가, 다른 유형의 문헌 들로 된 수많은 부차적 저작도 포함된다.

5. 현대의 연구

탄트라의 달인들은 내부의 정보를 외부인들과 나누는 것을 꺼려하기로 악명 높다. 이것이 연구를 어렵게 만든다. 입문자들 또한 자신들 주제에 거의 학술적인 관심을 가지고 있지 않다. 예외가 되는 두 사람은 고피나트 카비라즈Gopinath Kaviraj와 스와미 라크슈만주Swami Lakshmanjoo이다. 다른 것 중에서 카비라즈는 4,433권의 탄트라 문헌이 실려 있는 힌디어로 된 탄트라 보고寶庫의 편집을 지도했다. 다른 편집물들은 고피나트 카비라즈가 다룰 필요가 없는 문헌들을 담고 있다. 20세기 초에 필명이 아서 아발론Arthur Avalon인 존 우드로프John Woodroffe경은 탄트라 문헌들의 편집과 출판, 번역 분야를 개척하였다. 인도에서 그의 저작에 대한 반응은 매우 비판적이었고, 서구에서는 보통의 호기심을 끌었다.

탄트라 연구는 인도학에서 냉대 받는 분야로 남아 있다. 영국의 청교도주의와 거만함의 영향 아래에 밧타차리야B. Bhattacharyya와 같은 많은 인도인 연구자들조차 탄트라를 질병이나 아주 바람직하지 않은 어떤 것으로 보았다. 가장 최근에 가나파티 I. T. N. Ganapathy은 심하게 무시되었던 남인도의 타밀 싯다Tamil Siddha 전통의 탄트라를 깊이 탐구하기 시작했다. 중대한 저작인 『타밀 싯다들의 철학』*The Philosophy of the Tamil Siddhas*(1993)에서 그는 이 영적 전통에 대한 저술의 어려움에 대해 말한다. 특히 그는 타밀어 저작들에 대한 신뢰할 만한 편집본의 부재와 그것들의 사상이 나타나는 역설적인 스타일에 대해 한탄한다. 싯다들은 자신들의 지혜와 비의적 지식을 전하기 위해 노래를 선택한다. 그래서 본질적으로 어려운 언어라는 난제와 더불어 구두 전승이라는 난제가 관계되어 있다. 타밀 싯다의 문학적 유산은 2000년 이래로 인도의 첸나이Chennai에 있는 요가 싯다 연구 센터(Yoga Siddha Research Center)의 원조 하에 광범위하게 연구되어 오고 있다. 이로 인해서 핵심 문헌들에 대한 번역을 포함하여 영어로 된 다수의 책들을 출간하게 되었다. 또한 캐나다에 있는 바바지Babaji의 크리야 요가, 간행물(Kriya Yoga and Publications) 단체의 지원을 받은 캘리포니아의 요가 연구 · 교육 센터(Yoga Research and Education Center, 2006년에 없어짐), 그리고 요가 싯다 연구 센터(Yoga Siddha Research Center, 첸나이)는 11,000페이지가 넘는 미출간된 타밀 싯다 문헌들로 된 자기 테이프(magnetic tape) 복제품들을 모았고, 남인도의 싯다들에 대한 중대한 일련의 저작들을 출간하는 데도 성공했다.

Tantra-Rāja-Tantra(탄트라-라자-탄트라)

'탄트라Tantra 중 왕과 같은 탄트라'라는 뜻이다. 약 3,600송이 36장에 걸쳐 분포되어 구성된 중요한 슈리-비디야 I Śrī-Vidyā 문헌이다. 열여섯 니티야(Nityā, '여신' 참조)의 숭배에 대한 세련된 논의를 담고 있다. 이 문헌에 대해 수바가난다나타Subhagānandanātha가 단 주석이 있다.

Tantra-Sāra(탄트라-사라)

'탄트라Tantra의 정수'라는 뜻이다. 『탄트랄로카』*Tantrāloka*에 대한 탁월한 요약으로 아비나바굽타Abhinavagupta가 썼다. 이것은 또한 크리슈나난다Kṛṣṇānanda가 쓴 16세기의 널리 알려진 탄트라 문헌의 제목이기도 하고, 18세기 나디야Nadiyā의 통치자인 크리슈나찬드라Krishnacandra 치하의 궁정 학자였던 라마난다Rāmānanda가 저술한 것으로 여겨지는 10장으로 된 저작의 제목이기도 하다. 뒤의 문헌은 앞 문헌의 각색으로 보인다.

Tantrāloka(탄트랄로카)

'탄트라Tantra의 등불'이라는 뜻이다. 아비나바굽타Abhinavagupta의 대표작이다. 이 문헌은 카슈미르 샤이비즘Kashmiri Śaivism의 관점에서 탄트리즘Tantrism의 형이상학과 영적 수행을 매우 깊게 논한다. 자야라타Jayaratha의 『비베카』*Viveka* 주석이 달린 산스크리트Sanskrit 판본은 열두 권으로 구성되어 있다.

tantric(탄트라적인)

⇒ 탄트리카tāntrika 참조.

Tantricism(탄트리시즘)
탄트리즘Tantrism의 옛 철자(표기법)이다.

Tantrism(탄트리즘)
탄트리즘Tantrism은 학술적 · 대중적 문헌 양자에서 발견되는 산스크리트Sanskrit 용어 탄트라Tantra의 일반적으로 널리 알려진 영어화된 변형이다. 전통적 탄트라를 위해 산스크리트 단어를 보존하고 탄트라의 파생물들, 특히 네오-탄트리즘neo-Tantrism이라고 불리는 것에만 영어 명칭을 적용하는 것이 제안되어 왔다.

tapas(타파스)
'열'熱 또는 '불빛'이라는 뜻이다. 고행이다. 이것은 『요가-바쉬야』*Yoga-Bhāṣya*(2. 32)에서 양극단(드완드와 dvandva)들에 대한 인내로 설명된다. 파탄잘리Patañjali는 타파스tapas를 크리야-요가Kriyā-Yoga의 세 구성 요소 중 하나로 여기고, 또한 권계(니야마 niyama)의 구성 요소 중 하나로도 포함시킨다. 『요가-수트라』*Yoga-Sūtra*(2. 43)에서 그는 더 나아가 타파스가 신체와 감각들을 완전하게(싯디 siddhi) 만든다고 언급한다. 이는 『요가-야갸발키야』*Yoga-Yājñavalkya*(2. 3)를 포함한 많은 문헌들에서 설명된 타파스의 특징과 상충된다. 그 문헌들에서는 타파스를 신체의 건조함(쇼샤나 śoṣaṇa), 즉 쇠약함으로 이해한다. 고행에 대한 파탄잘리의 긍정적인 해석을 지지하는 『탓트와-바이샤라디』*Tattva-Vaiśāradī*(2. 1)에서는 타파스에 대해 체질(다투 dhātu)의 균형을 깨뜨리지 않는 한도 내에서 수행되어야만 하는 것이라고 주석한다.

유사하게 『바가바드-기타』*Bhagavad-Gītā*(7. 5f.)에서는 과도한 고행에 반대한다. 이것은 과시(담바 dambha)와 이기주의(아항카라 ahaṃkāra)에서 발생하고 주(主, 이슈와라 Īśvara)가 자신의 신체 내에 거주한다는 사실을 무시한다. 이 문헌(17. 14ff.)에 따르면 타파스는 세 가지가 있다. (1)샤리라-타파스♯śarīra-tapas, 즉 '신체적 고행'으로 신들과 '재생족'(드위자 dvija), 스승과 성자 들에 대한 공경(푸자나 pūjana)과 청결(샤우차 śauca), 정직(아르자바 ārjava), [성적] 금욕(동정童貞, 브라마차리야 brahmacarya), '불상해'(不傷害, 아힝사 ahiṃsā)로 이루어져 있다. (2)반-마야-타파스♯van-maya-tapas, 즉 '음성적 고행'으로 자기학습(스와디야야 svādhyāya)뿐만 아니라 동요를 야기하지 않는 말과 진실하고 친절하며 즐거운 말로 이루어져 있다. (3)마나사-타파스♯mānasa-tapas, 즉 '정신적(mental) 고행'으로 평정(프라사다 prasāda), 친절♯saumyatva, 침묵(마우나 mauna), 자제♯ātma-vinigraha, 감정의 정화♯bhāva-saṃśuddhi로 이루어져 있다. 이 세 종류의 타파스가 삿트위카 sāttvika이다.

고행이 과시나 명예, 명성을 얻으려는 욕망으로 물들게 되면 그것은 라자사♯rājasa이다. 마지막으로 타파스가 자기학대로 바뀌거나 다른 존재를 해치기 위해서 하게 되면 그것은 타마사♯tāmasa이다. 『웃다바-기타』*Uddhāva-Gītā*(14. 37)에서는 다시 타파스를 욕망을 버림♯kāma-tyāga으로 정의한다.

tapasvin(타파스윈)
타파스tapas 수행자이다.

tapo-yogin(타포-요긴, 남성) 또는 **tapo-yoginī**(타포-요기니, 여성)
타파스윈tapasvin의 동의어이다.

tarjanī-mudrā(타르자니-무드라)
악한 힘들을 물리치기 위해서 검지, 즉 '위협하는' 손가락으로 가리키는 마법적 제스처(무드라 mudrā)이다. 위를 가리키는 검지는 일반적으로 경고나 목격함을 나타내는 데 사용된다.

tarka(타르카)
'숙고' 또는 '심사'라는 뜻이다. 『아므리타-나다-우파니샤드』*Amṛta-Nāda-Upaniṣad*(16)에서는 전통(아가마 I āgama)을 따르는 추론♯ūhana으로 정의된다. 그러나 여섯 가지로 된 길(6지支 요가, 샤드-앙가-요가 ṣaḍ-aṅga-yoga)의 맥락에서 이 용어는 고전 요가(Classical Yoga)의 사비타르카-사마디♯savitarka-samādhi의 경험에 상응할 것이다.

tarpaṇa(타르파나)
'만족'이라는 뜻이다. 만트라-요가Mantra-Yoga의 '지분'(앙가aṅga) 중 하나이다.
⇒ 투슈티tuṣṭi도 참조.

taste(미각)
⇒ 아스와다āsvāda, 라사rasa 참조.

tat(타트)
'그것'이라는 뜻이다. 절대자 또는 참자아에 대한 비밀스러운 언급으로, '그것이 너다'tat tvam asi와 같은 그러한 교리적 경구 속에 있다.

tattva(탓트와)
'그것인 상태'라는 뜻이다. 실재이다. 우주적 존재의 범주이기도 하다. 이 두 함축적 의미 사이의 연관성은 『쉬바-상히타』*Śiva-Saṃhitā*(2. 54)에 잘 표현되어 있다. 거기서는 "모든 탓트와tattva가 사라진 다음, 탓트와 자체가 나타나게 된다"고 말한다. 고전 상키야(Classical Sāṃkhya)에서는 24개의 그러한 범주를 구별하는데, 이것들은 우주(cosmos, 프라크리티prakṛti)의 주요한 층위 또는 원리로 다음과 같다. (1)프라크리티. (의식이 없는) 존재의 초월적 토대이다. (2)마하트(mahat; '위대한 하나', '대'大). 붓디buddhi로도 알려져 있다. (3)아항카라(ahaṃkāra; '나를 만드는 것', 자아의식, 아견我見). 개체성의 원리이다. (4)~(14)하위의 마음(마음 감관, 마나스manas)과 10개의 감각기관(인드리야indriya)이다. (15)~(19)다섯 미세 요소(탄마트라tanmātra)이다. (20)~(24)다섯 물질 요소(부타bhūta)이다. 이들 범주와 분리되고 그 상위에 있는 것은 순수 참의식(Consciousness) 원리인 푸루샤puruṣa이다.

샤이비즘Śaivism의 몇몇 학파는 36범주(샷트링샤트-탓트와ṣaṭtriṃśat-tattva)를 인정하였다. 『브라마-비디야-우파니샤드』*Brahma-Vidyā-Upaniṣad*(62)에서는 51범주를 암시하였고, 한편 『바라하-우파니샤드』*Varāha-Upaniṣad*(1. 7ff.)는 무려 96개나 되는 범주를 언급하였다.
⇒우주(cosmos), 샤드-빙샤ṣaḍ-viṃśa도 참조.

Tattva-Vaiśāradī(탓트와-바이샤라디)
'[존재의] 범주에 대한 가을 같은 명료함'이란 뜻이다. 『요가-바쉬야』*Yoga-Bhāṣya*에 대한 주요 복주석서이다. 바차스파티 미슈라Vācaspati Miśra가 저술한 이 주석은 많은 빛나는 언어학적인 지식을 담고 있는, 상당한 학술적 위업이 되는 저작이다. 그러나 이것은 샹카라Śaṅkara의 『비바라나』*Vivaraṇa*의 설득력과 권위에는 필적하지 못한다.

tattva-vid(탓트와-비드)
'실재에 대해 아는 자'라는 뜻이다. 『바가바드-기타』*Bhagavad-Gītā*(5. 8f.)의 표현을 빌자면 참자아가 모든 행위를 초월하지만 여전히 행위 한다는 것을 아는 깨달은 존재이다. 때로 이 명칭은 존재의 범주(탓트와tattva)들을 아는 사람을 의미하기도 한다.

tālu(탈루)
'구개'라는 뜻이다. 생기(프라나prāṇa)의 중요한 장소이다. 그것의 요가Yoga적 중요성은 이미 『타잇티리야-우파니샤드』*Taittirīya-Upaniṣad*(1. 6. 1)에서 인식되었다. 후대 저작들은 탈루-차크라♯tālu-cakra를 '왕의 치아'(라자-단타rāja-danta) 또는 '방울'(간티카ghaṇṭikā), 즉 목젖의 위치에 있는 것으로 말한다. 『사우바기야-라크슈미-우파니샤드』♯*Saubhāgya-Lakṣmī-Upaniṣad*(3. 6)에서는 이 심령에너지 센터(차크라cakra)로부터 '불사의 감로'(아므리타amṛta)가 흘러나온다고 말한다.

tālu-mūla(탈루-물라)
'구개의 뿌리'라는 뜻이다. 『트리-쉬키-브라마나-우파니샤드』*Tri-Śikhi-Brāhmaṇa-Upaniṣad*(2. 132)에서는 신체에서 열여덟 개의 예민한 지점(마르만marman) 중 하나라고 언급한다. 또한 이 지점이 깊은 수면(수숩티suṣupti) 상태에 있는 의식(consciousness)과 연관되어 있다는 것도 특기한다.

tāntrika(탄트리카)
'탄트라Tantra적'이라는 뜻이다. 탄트라 수행자를 지

T

칭하는 명사로도 사용되는 형용사이다.

Tāṇḍava(탄다바)
'탄두Taṇḍu의 [춤]'이라는 뜻이다. 우주의 창조와 파괴로 된 쉬바Śiva의 격정적 춤이다. 이것은 신의 시종 중 한 사람에 의해 창작되었다.

tāraka(타라카)
'전달자', '구제자'라는 뜻이다. 일반적으로 구원적 양상을 한 초월적 실재이다. 그러나 고전 요가(Classical Yoga)에서 이 용어는 절대자가 아니라 무아경(삼매, 사마디 samādhi) 상태의 정점에서 나타나는 '식별에서 태어난 지혜'♯viveka-ja-jñāna를 나타낸다. 『파슈파타-브라마나-우파니샤드』 *Pāśupata-Brāhmaṇa-Upaniṣad*(1. 32)에서 이 용어는 신성한 음절 옴Oṃ을 표시하는 데 사용된다. 타라카-요가Tāraka-Yoga에서 이것은 빛의 형태로 된 참자아의 현현顯現을 나타낸다.

Tāraka-Yoga(타라카-요가)
'[징표]를 전하는 요가Yoga'라는 뜻이다. 『아드와야-타라카-우파니샤드』*Advaya-Tāraka-Upaniṣad*와 『만달라-브라마나-우파니샤드』*Maṇḍala-Brāhmaṇa-Upaniṣad*에서 가르쳐진, 베단타Vedānta에 기초한 요가로 중세 인도에서 널리 퍼졌던 것으로 보인다. 이 접근법의 핵심은 명상(meditation) 중에 일어나고, '전달자'(구제자, 타라카Tāraka)로서의 절대자의 현현顯現으로 간주되는 빛의 현상들이다. 세 종류의 현상이 구분된다. 안타르-라크쉬야(antar-lakṣya; '내적 징표'), 바히르-라크쉬야(bahir-lakṣya; '외적 징표'), 마디야-라크쉬야(madhya-lakṣya; '중간 징표')이다. 세 '징표'(라크쉬야lakṣya)는 '육체의 전달자'♯mūrti-tāraka로 알려져 있다. 반면 참자아에 대한 보다 높은 깨달음은 '비非육체적'♯amūrti이고 '초정신적'(아마나스카타 amanaskatā)이다. 중간 징표는 다섯 유형의 빛나는 의식(consciousness) 공간(아카샤ākāśa)에 대한 경험으로 이끈다.

T

Tārā(타라)
'여성 구제자', '여성 구원자'라는 뜻이다. 힌두Hindu와 불교도에게 중요한 이 여신은 불교에 그 기원을 두고 있는 것으로 보이고, 탄트라Tantra의 좌도(바마 vāma) 수행법들과 함께 중국에서 인도로 들어왔다. 그녀의 여덟 가지 형태는 타라Tārā, 우그라Ugrā, 마호그라Mahogrā, 바즈라Vajrā, 칼리Kālī, 사라스와티Sarasvatī, 카메슈와리Kāmeśvarī, 바드라칼리Bhadrakālī이다.
⇒ 치나차라cīnācāra도 참조.

teacher(교사 또는 스승)
⇒ 아차리야ācārya, 구루guru, 우파디야야upādhyāya 참조.

tejas(테자스)
'빛남', '광휘'라는 뜻이다. 성자의 빛나는 얼굴로 표현되는, 강렬한 고행(타파스tapas)의 결과 중 하나로 종종 인용된다. 지나치게 열심히 한다는 의미에서 테자스tejas는 『테조-빈두-우파니샤드』*Tejo-Bindu-Upaniṣad*에서 영적 수행의 길에 있는 9가지 장애(비그나vighna) 중 하나로 열거되어 있다.

Tejo-Bindu-Upaniṣad(테조-빈두-우파니샤드, [연성] **Tejobindūpaniṣad**테조빈두파니샤드)
'빛나는 점點 우파니샤드Upaniṣad'라는 뜻이다. 요가-우파니샤드Yoga-Upaniṣad 중 하나로 6장 465송으로 이루어져 있다. 제4장 이후의 내용이 명확히 급변하는 점으로 보아 아마도 편집된 저작일 것이다. 테조-빈두tejo-bindu, 즉 '빛나는 점'은 명상(meditation) 중에 모든 참자아♯viśva-ātman의 심장 속에서 발견된다고 한다. 불이론不二論적 형이상학의 베단타Vedānta에 확고히 기초하고 있는 이 저작은 열다섯 가지로 된 길(15지支 요가, 판차-다샤-앙가-요가pañca-daśa-aṅga-yoga)을 제시하고 있고, 영적 진보를 방해하는 9가지 장애(비그나vighna)를 언급하고 있다. 4장에서는 생해탈(지반-묵티jīvan-mukti)과 신체를 떠난 해탈(이신離身 해탈, 비데하-묵티videha-mukti)의 본성에 대해 기술하고 있다.

tejo-dhyāna(테조-디야나)
지요티르-디야나jyotir-dhyāna와 동의어이다.

temple(사원)
⇒ 데바-만디라deva-mandira 참조.

ten(열10)
⇒ 다샨daśan 참조.

terrifying posture(무서운 자세)
⇒ 우그라-아사나ugra-āsana 참조.

testimony(증언)
⇒ 아가마 I āgama 참조.

theism(유신론)
유신론이 신이라 부를 수 있는 궁극적 실재의 존재를 주장하는 교리라면, 인도에서 영성에 기초한 거의 모든 학파의 사상은 유신론적[세슈와라 *f* seśvara; 사(sa; '~과 함께')+이슈와라(īśvara; '주'主)로 만들어짐]이라고 표현할 수 있을 것이다. 주목할 만한 예외들로는 불교의 특정 학파들과 힌두이즘Hinduism 내의 상키야Sāṃkhya 전통이 있다. 그러나 이들에게서조차도 그 태도는 무신론이라기보다는 불가지론 중 하나에 더 가깝다. 총칭해서 차르바카Cārvāka로 언급되는 인도의 유물론 철학들만 엄밀하게 단어적인 의미에서의 무신론을 신봉한다.

그러나 유신론의 범주 내에서 힌두이즘과 불교 양자 모두에는 엄청난 범위의 교리적인 다양성이 존재한다. 그 스펙트럼의 한쪽 끝에는 일부 급진적인 불이론不二論(아드와이타advaita) 학파들이 있다. 이들은 모든 다양성을 환영으로 간주하면서 오직 하나의 존재만이 있다고 주장한다. 다른 한쪽 끝에는 (이슈와라의 형태를 한) 신을 많은 자유로운 초월적 참자아 중 하나로 여기는 고전 요가(Classical Yoga)와 같은 학파들이 있다. 이들은 논리적으로 무한성 속에 모든 것을 융합해야만 한다. 그 가운데는 '만유내재신론'으로 명명되는 것에 찬성할 수많은 학파가 있다. 이들은 우주(cosmos)를 하나의 신(神, Divine)의 무한한 신체 속에서 생겨난 수많은 대상으로 본다.
⇒ 아드와이타 베단타Advaita Vedānta, 비쉬슈타 아드와이타Viśiṣṭa Advaita도 참조.

thirty-six(서른여섯36)
⇒ 샷트링샤트ṣaṭtriṃśat 참조.

thought(사고)
⇒ 친타cintā, 디dhī 참조. 마음(mind)도 참조.

thousand(천1000)
⇒ 사하스라sahasra 참조.

three(셋3)
⇒ 트리tri 참조.

throat(인후)
⇒ 칸타-반다kaṇṭha-bandha, 칸타-차크라kaṇṭha-cakra 참조.

throat lock(인후 잠금)
⇒ 잘란다라-반다jālandhara-bandha, 칸타-반다kaṇṭha-bandha 참조.

Tigunait, Rajmani(라즈마니 티구나이트)
1953년에 태어났다. 산스크리트Sanskrit 판디타paṇḍita이고 스와미 라마Swami Rama의 제자이다. 그는 많은 저작을 저술하였는데, 특히 『밝혀진 탄트라』*Tantra unveiled*(1999)가 주목할 만하고, 그의 구루guru가 설립한 히말라얀 국제 연구소(Himalayan International Institute)의 소장이다.

tilaka(틸라카)
'참깨'라는 뜻으로 틸라tila에서 파생되었다. 선택된 신(이슈타-데바타iṣṭa-devatā)에 대한 헌신의 징표로 힌두Hindu 여성들과 일부 고행파 구성원들의 이마에 칠하

T

는 백단 반죽으로 된 작고 둥근 점이다.

time(시간)
⇒ 칼라 II kāla 참조.

tiru(티루)
'성스러운' 또는 '신성한'이라는 뜻이다. 남인도의 성자와 문학작품 들의 명칭으로 많이 발견되는 타밀어 Tamil 단어이다. 산스크리트 Sanskrit 용어 슈리 I śrī에 상응한다.

Tirumankai(티루만카이)
타밀어 Tamil이다. 결혼하기를 원했던 여성에게 했던 서약의 일부분으로 일생동안 비슈누 Viṣṇu에 대한 헌신자 1,008명을 부양하는 데 재산을 썼던 8세기의 군대 지휘관이다. 자신의 재산을 다 써버리고 난 후에 그는 부자들을 강탈하여 가난한 사람들을 부양하기 시작했다. 전설에 따르면 그가 매복하여 습격했던 한 부유한 브라만 brahmin 커플이 비슈누와 그의 배우자인 라크슈미 Lakṣmī로 밝혀졌고, 비슈누는 그에게 신성한 만트라 mantra '나라야나에게 경배함' ♯ namo nārāyana을 계시하였다. 알와르 Ālvār 중 한 명으로서 티루만카이 Tirumankai는 비슈누를 찬송하는 노래를 부르면서 이 사원 저 사원을 여행했다. 그는 『디비야-프라반담』 *Divya-Prabandham*의 송 중 1,000개가 넘는 송을 지었고, 또한 『페리야-티루몰리』 ♯ *Periya-Tirumoli*도 저술하였다.

Tiru-Mantiram(티루-만티람)
샤이바 Śaiva 경전(『티루-무라이』 *Tiru-Murai* 참조)의 열째 문헌으로, 티루물라르 Tirumūlar가 타밀어 Tamil로 저술하였다. 요가 Yoga의 길을 포함하여 윤리적 · 철학적 · 종교적인 문제들에 대한 3,000개가 넘는 음악 같은 송들로 되어 있다. 티루물라르는 아가마 II Āgama들과 자신의 영적 체험에 주로 의지하여 샤이비즘 Śaivism의 형이상학에 대해 위대한 통찰력(vision)과 서정적인 아름다움을 갖추고서 자세하게 설명한다.

Tiru-Murai(티루-무라이)
타밀어 Tamil이다. 남인도 샤이비즘 Shaivism의 신성한 경전이다. 이것은 열두 권으로 되어 있고, 그 특징은 쉬바 Śiva를 찬송하는 헌신의 시라는 점이다. 7세기에서 12세기 사이에 작성되었다.
⇒ 나얀마르[들] Nayanmār[s], 샤이바 싯단타 Śaiva Siddhānta 도 참조.

Tirumūlar(티루물라르; 6세기경)
타밀어 Tamil이다. 산스크리트 Sanskrit로는 슈리-물라 Śrī-Mūla이다. 남인도 샤이비즘 Śaivism의 위대한 달인 중 한 명이다. 그러나 오늘날에는 널리 경배되지 않는다. 그는 탁월한 타밀어 저작, 『티루-만티람』 *Tiru-Mantiram*의 저자이다. 카밀 즈벨레빌(Kamil V. Zvelebil, 1973)은 이 저작을 '타밀어 문헌에서 요가 Yoga에 대해 가장 탁월하게 다룬 것'으로 높게 평가했다. 티루물라르는 헌신(박티 bhakti)적 접근법의 지지자였다. 그의 스승은 난디 Nandi였다.
⇒ 나얀마르[들] Nayanmār[s]도 참조.

Tiruppan(티룻판)
타밀어 Tamil이다. 남인도 바이슈나비즘 Vaiṣṇavism의 알와르 Ālvār 중 한 명이다. 불가촉천민의 음악가 가정에서 태어난 그는 지역의 사원으로 들어가는 것을 거부당했다. 좌절하지 않은 티룻판 Tiruppan은 카베리 Kaveri 강둑에서 랑가나타 Raṅganātha의 형상을 한 비슈누

티루물라르(Tirumūlar)

Viṣṇu를 찬양하는 노래를 부르며 하루 종일 서 있었다. 어느 날 아침 그 사원의 사제가 비슈누에게 바칠 물을 긷기 위해서 강으로 왔다. 사랑하는 주主에 대한 무아경의 헌신에 완전히 몰입해 있었던 티룻판이 옆으로 비켜서지 못했을 때 그 사제는 매우 화가 나서 그에게 돌을 던졌고, 그는 그 돌을 이마에 정확하게 맞혔다. 티룻판은 겸손하게 사과하면서 오만한 브라민brahmin을 위해 공간을 마련해 주었다. 자신의 헌신자에게 고통을 주는 것을 지켜보던 비슈누는 그 사원의 사제에게 교훈을 줘야겠다고 결심했다. 그 사제가 공물을 바치기 위해서 안쪽 성소로 들어왔을 때 무섭게도 랑가나타 주께서 이마에 피를 철철 흘리고 있는 것을 보았다. 이 기적적인 사건과 자신의 악행 사이의 연관성을 알아채지 못한 그 사제는 다른 브라만들, 심지어 왕에게까지도 이 사악한 징조가 사라질 수 있도록 기도해 달라고 요청했다. 그 뒤에 비슈누가 그의 꿈에 나타나서 헌신자인 티룻판에게 돌을 던져 입힌 상처 때문에 자신이 얼마나 강렬한 고통을 겪었는지를 설명했다. 비슈누는 사제에게 티룻판에게 가서 그를 어깨에 메고 사원의 안쪽 성소로 데려 오라고 지시했고, 그 사제는 그렇게 했다. 마침내 사랑하는 주의 모습을 보자 티룻판은 갑자기 자연발생적으로 노래를 하기 시작했다. 그의 수많은 모든 노래 중에서 오직 하나만 남아 있다.

Tiru-Vāymoli(티루-바이몰리)

남 알와르Namm Ālvār가 지은 비슈누Viṣṇu를 찬송하는 헌신의 장편시로, '타밀Tamil의 베다Veda'로 불려왔다. 그것은 1,102송으로 되어 있고, 한 송의 맺음말이 다음 송의 여는 말로 지어져 있다. 몇 종류의 주석이 있고, 가장 초기 주석은 티룩쿠루카이 피란 필란(Tirukkurukai Pirān Pillān; 대략 12세기 초반)의 것이다.

tithi(티티)

태음일 또는 28수宿이다.

⇒ 아마-칼라amā-kalā, 푼야-티티puṇya-tithi 참조.

titikṣā(티티크샤)

'관용'이라는 뜻이다. 『웃다바-기타』*Uddhāva-Gītā*(14. 36)에 '고통에 대한 끈기 있는 인내'♯duḥkha-sammarṣa로 정의되어 있다.

⇒ 크샤마kṣamā, 크샨티kṣānti도 참조.

tīrtha(티르타)

성지聖地 또는 성소聖所이다. 『다르샤나-우파니샤드』*Darśana-Upaniṣad*(4. 48ff.)에서는 외적(bahis-) 성지와 내적(antas-) 성지를 구분한다. 전자보다 상위의 것으로 간주되는 후자는 바바-티르타♯bhāva-tīrtha들이라고도 한다. 바바Ⅲbhāva이라는 단어는 '정신적(mental) 상태'를 의미한다. 이 내적 티르타tīrtha들은 주의를 집중하기 위한 상서로운 장소들로, 신체의 주요 심령 에너지 센터(차크라cakra)들에 대응된다.

tīrtha-aṭana(티르타-아타나, [연성]**tīrthātana**티르타타나)

'신성한 장소에 대한 순례'라는 뜻이다. 『웃다바-기타』*Uddhāva-Gītā*(14. 34)에 열두 권계(니야마niyama) 수행법 중 하나로 언급되어 있다. 이 계율은 또한 티르타-야트라♯tīrtha-yātrā로도 불린다.

Tīrthaṅkar(티르탕카르)

'여울을 만드는 자'라는 뜻이다. 자이나교의 24명의 깨달은 달인, 특히 영적인 길을 드러내 보여 준 개조인 바르다마나 마하비라Vardhamāna Mahāvīra에게 붙여진 존경을 나타내는 명칭이다.

tongue(혀)

'혀'에 해당하는 통상적인 산스크리트Sanskrit 단어는 지와♯jihvā이지만 하타-요가Haṭha-Yoga 문헌들의 비의적인 기호로서 혀는 고(go; '소')라고도 불린다. 왜냐하면 케차리-무드라khecarī-mudrā 수행을 위해서 혀를 '젖을 짜듯이' 훑어서 길게 늘이기 때문이다. 길게 늘인 혀를 비강 속으로 삽입하는 요가』Yoga 기법은 기술적으로 고-망사-바크샤나♯go-māṃsa-bhakṣaṇa, 즉 '쇠고기 먹

T

기'로 알려져 있다.[예, 『하타-라트나발리』*Haṭha-Ratnāvalī*(2. 145) 참조]

⇒ 지와-반다jihvā-bandha, 지와(-물라)-다우티jihvā(-mūla)-dhauti도 참조.

tongue lock(혀 잠금)

⇒ 지와-반다jihvā-bandha 참조.

tortoise posture(거북이 자세)

⇒ 쿠르마-아사나kūrma-āsana 참조.

touch(촉각觸覺 또는 감촉 또는 접촉)

⇒ 스파르샤sparśa 참조.

tradition(전통)

⇒ 아가마 I āgama, 스므리티smṛti 참조.

[비교] 슈루티śruti.

Traditional Yoga(전통 요가)

종종 현대의 아사나āsana 중심 요가Yoga와 대조적으로 사용되는 현대의 신조어이다. 전통 요가는 구루guru에서 제자에게로 전수되는 아주 오래된 인도의 가르침을 존중한다.

⇒ 파람파라paramparā, 삼프라다야sampradāya도 참조.

tranquillity(평정)

⇒ 프라사다prasāda, 사마트와samatva, 샨티śānti 참조.

T

transcendence(초월)

⇒ 자아 초월(self-transcendence) 참조.

cosmic transformation(전변轉變)

⇒ 변화(change), 전개(evolution), 파리나마pariṇāma, 비카라vikāra 참조.

transmindedness(마음의 초월)

⇒ 아마나스카타amanaskatā 참조.

spiritual transmission(영적 전수)

⇒ 샥티-파타śakti-pāta 참조.

transubstantiation(성변화聖變化)

육체를 가진 것을 긍정적으로 생각하는 탄트라Tantra와 하타-요가Haṭha-Yoga와 같은 그러한 전통들에서는 깨달음 또는 해탈을 완성하기 위해서는 신체를 반드시 포함되어야만 하는 사건으로 이해한다. 그들은 단지 육체적 존재를 초월하는 것 대신에 완전히 새로운 신체가 창조되는 지점까지 신체를 구성하는 요소들을 변화시키는 것이다. 그 과정은 '성변화'聖變化라는 명칭으로 알려져 있다. 새로운 이 신체는 '신성한 신체'(디비야-데하divya-deha)로 알려져 있고, 모든 종류의 초자연적인 능력(싯디siddhi)들을 가지고 있다.

trāṭaka(트라타카)

『하타-라트나발리』*Haṭha-Ratnāvalī*(1. 25)에서는 트로타나♯troṭana로도 불린다. '여섯 정화 행법'(샤트-카르만 ṣaṭ-karman) 중 하나로 『게란다-상히타』*Gheraṇḍa-Saṃhitā*(1. 53f.)에 다음과 같이 기술되어 있다. 눈물이 나서 흐를 때까지 깜빡임 없이 안정적으로 작은 물체를 응시하라. 이 기법은 눈의 모든 고통을 치유하고 천리안♯divya-dṛṣṭi과 샴바비-무드라śāmbhavī-mudrā를 발생시킨다.

⇒ 드리슈티dṛṣṭi도 참조.

tree posture(나무 자세)

⇒ 브리크샤-아사나vṛkṣa-āsana 참조.

트라타카. 집중의 보조 기법으로 흔들림 없는 응시하기이다.

tri(트리)

'셋'3이라는 뜻이다.

⇒ 삼각(triangle), 트리-비자tri-bīja, 트리-도샤tri-doṣa, 트리-그란티 tri-granthi, 트리-구나tri-guṇa, 트리카Trika, 트리-코나tri-koṇa, 트리-코나-아사나tri-koṇa-āsana, 트리-쿠타tri-kūṭa, 트리-라크쉬야tri-lakṣya, 트리-링가tri-liṅga, 트리무르티 Trimūrti, 트리-피타tri-pīṭha, 트리-푸라-차크라tri-pura-cakra, 트리푸라-라하시야Tripura-Rahasya, 트리-샤티 tri-śakti, 트리-쉬키-브라마나-우파니샤드 Tri-Śikhi-Brāhmaṇa-Upaniṣad, 트리-슐라tri-śūla, 트리-베다tri-veda, 트리베딘trivedin, 트리-베니tri-veṇi, 트리얌바카Tryambaka 참조.

triangle(삼각)

⇒ 트리-코나tri-koṇa 참조.

triangle posture(삼각 자세)

⇒ 트리-코나-아사나tri-koṇa-āsana 참조.

tri-bīja(트리-비자)

'세 종자 [만트라mantra]'라는 뜻이다. 세 비자-만트라bīja-mantra는 모든 트리푸라-순다리Tripura-Sundarī 만트라의 근본이 되고, 각각 바그-바바♯vāg-bhava, 카마-라자♯kāma-rāja, 샤티 I śakti로 알려져 있다.

⇒ 트리tri도 참조.

trident(삼지창)

⇒ 트리-슐라tri-śūla 참조.

tri-doṣa(트리-도샤)

'세 결점'이라는 뜻이다.

⇒ 도샤doṣa 참조.

tri-granthi(트리-그란티)

'세 결절'이라는 뜻이다.

⇒ 그란티granthi 참조.

tri-guṇa(트리-구나)

'3질' 또는 '세 성분'이라는 뜻이다.

⇒ 구나guṇa 참조.

Trika(트리카)

'삼위일체'라는 뜻이다. 카슈미르Kashmir의 중요한 영적 전통으로 불이론不二論적 샤이비즘Śaivism의 한 형태이다. 이 명칭은 이 체계의 세 종류의 철학적 범주에서 파생되었다. 이 셋은 (궁극적 실재를 나타내는) 쉬바Śiva와 (여신 또는 실재의 힘의 측면인) 샤티 II Śakti, [무지와 카르마karma, 속박의 영향 하에 있는 참영혼(Spirit)을 나타내는 인간 존재인] 나라♯nara이다. 트리카Trika 체계는 주로 아비나바굽타Abhinavagupta에 의해 발전되었다. 북인도의 잘란다라 I Jālandhara 시에서 온 샴부나타Śambhunātha가 그를 이 전통에 입문시켰다. 트리카 문헌은 넓게 보아 세 가지 범주로 구분될 수 있다. (1)아가마 II Āgama들(쉬바가 직접 계시했다고들 하는 문헌들). 특히 『말리니-비자야-웃타라-탄트라』♯*Mālinī-Vijaya-Uttara-Tantra*(『말리니-비자야-탄트라』*Mālinī-Vijaya-Tantra* 참조), 『스왓찬다-탄트라』*Svacchanda-Tantra*, 『므리겐드라-탄트라』*Mṛgendra-Tantra*, 『네트라-탄트라』*Netra-Tantra*, 『쉬바-수트라』*Śiva-Sūtra*. (2) 신성한 진동(스판다 I spanda)의 교의에 대한 다양한 문헌들. 즉 『스판다-카리카』*Spanda-Kārikā*와 그것에 대한 몇 종류의 주석. (3)프라티야비갸Pratyabhijñā 문헌들. 소마난다Somānanda의 『쉬바-드리슈티』♯*Śiva-Dṛṣṭi*, 웃팔라Utpala의 『프라티야비갸-수트라』♯*Pratyabhijñā-Sūtra*와 함께 그것들에 대한 많은 주석과 같은 것들. 이 마지막 범주에는 아비나바굽타의 『탄트랄로카』*Tantrāloka*와 『탄트라-사라』*Tantra-Sāra*도 포함되어 있다.

⇒ 카울라 전통Kaula tradition, 탄트라Tantra, 트리tri도 참조.

tri-koṇa(트리-코나)

'삼각형'이라는 뜻이다. 샤티즘Śaktism과 탄트라Tantra, 특히 슈리-비디야 I Śrī-Vidyā 전통에서 중요한 기하학적 도형이다. 쉬바(Śiva, 삼각형)나 샤티 II (Śakti, 역삼각형)에 대한 그림으로 된 상징으로 쓰인다. 이것은 슈

T

리-얀트라śrī-yantra 구조에 기본이 된다. 이 용어는 여성 성기(요니yoni)에 대한 비의적 명칭으로도 사용된다.

tri-koṇa-āsana(트리-코나-아사나, [연성]**trikoṇāsana** 트리코나사나)
'삼각 자세'라는 뜻이다. 현대 하타-요가Haṭha-Yoga의 매뉴얼들에 다음과 같이 기술되어 있는 자세이다. 다리를 벌리고 팔을 쭉 뻗어서 똑바르게 선 다음, 숨을 내쉬면서 한쪽으로 엉덩이에서부터 굽힌다. 동일한 방식으로 다른 쪽으로 굽힌다.

tri-kūṭa(트리-쿠타)
'세 정점'이라는 뜻이다. 생기(프라나prāṇa)가 흐르는 세 주요 통로(나디nāḍī), 즉 수슘나-나디suṣumṇā-nāḍī, 이다-나디iḍā-nāḍī, 핑갈라-나디piṅgalā-nāḍī가 만나는 곳으로 미간의 지점(브루-마디야bhrū-madhya)에 대한 비의적 명칭이다.

tri-lakṣya(트리-라크쉬야)
'세 대상'이라는 뜻이다.
⇒ 라크쉬야lakṣya 참조.

tri-liṅga(트리-링가)
'세 개의 표식/남근상'이라는 뜻이다. 바나-링가bāṇa-liṅga, 스와얌부-링가svayambhū-liṅga, 이타라-링가itara-liṅga를 말한다.
⇒ 링가liṅga, 트리tri도 참조.

Trimūrti(트리무르티)
'세 개로 이뤄진 형상'이라는 뜻이다. 힌두Hindu 도해법에서 이것은 브라마II Brahma, 비슈누Viṣṇu, 쉬바Śiva가 결합된 형태로, 각기 창조, 유지, 파괴의 관념을 상징한다. 이 개념은 서력기원 초기 세기들의 통합주의의 산물이다.

tri-pīṭha(트리-피타)
'[성스러운] 세 장소'라는 뜻이다. 탄트라Tantra에서 카마루파Kāmarūpa, 푸르나기리Pūrṇagiri, 잘란다라 I Jālandhara로 된 순례 센터들이다. 보통은 그런 장소가 네 곳으로 언급된다.
⇒ 티르타tīrtha, 트리tri도 참조.

tri-pura-cakra(트리-푸라-차크라)
'삼각형의 바퀴'라는 뜻이다. 슈리-얀트라śrī-yantra의 동의어이다.
[비교] 아슈타-코나-차크라aṣṭa-koṇa-cakra.

Tripura-Rahasya(트리푸라-라하시야)
'트리푸라Tripura의 신비'라는 뜻이다. 『하리타야나-상히타』*Haritāyana-Saṃhitā*로도 알려져 있다. 샥티즘Śaktism에 강하게 경도된 슈리-비디야 I Śrī-Vidyā 문헌이다. 이 저작은 여러 종류의 무아경(삼매, 사마디samādhi)에 대한 매혹적인 논의를 담고 있는데, 니르비칼파-사마디nirvikalpa-samādhi를 포함한 다른 모든 형태들보다 즉각적 무아경(사하자-사마디sahaja-samādhi)을 선호한다. 이것은 남인도의 성자 라마나 마하리쉬Ramana Maharshi가 선호했던 저작 중 하나이다. 이 제목은 트리푸라 여신을 찬송하는 것이다.

Tripura-Sundarī(트리푸라-순다리)
힌두이즘Hinduism에서 (더 구체적으로는 샥티즘Śaktism에서) 여신의 많은 이름 중 하나이다. 쉬바Śiva의 배우자인 여신의 이 이름은 악마 트리푸라(Tripura; '세 도시')를 파괴한 그녀의 신성한 행위를 떠오르게 한다. 이는 널리 알려진 샥티즘의 신화이다.
⇒ 슈리-비디야II Śrī-Vidyā, 트리tri도 참조.

tri-śakti(트리-샥티)
'세 가지 힘'이라는 뜻이다. 샤이비즘Śaivism에서 샥티II Śakti의 세 가지 주요한 형태 또는 측면으로, 지식(갸나jñāna), 의지(잇차icchā), 행위(크리야kriyā)이다.
⇒ 트리tri도 참조.

Tri-Śikhi-Brāhmaṇa-Upaniṣad(트리-쉬키-브라마나-우파니샤드, [연성]**Triśikhibrāhmaṇopaniṣad**트리쉬키브라마노파니샤드)

'세 다발의 브라마나-우파니샤드Brāhmaṇa-Upaniṣad'라는 뜻이다. 요가-우파니샤드Yoga-Upaniṣad 중 하나이다. 이 저작의 제목은 우파니샤드Upaniṣad의 지혜를 받는 자, 즉 세 다발의 머리카락을 땋은 브라마나 I brāhmaṇa에서 왔다. 이 저작은 두 편 165송으로 이루어져 있고, 아드와이타 베단타Advaita Vedānta의 불이론不二論 형이상학을 자세하게 설명한다. 익명의 저자는 여덟 가지로 된 길(8지支 요가, 아슈타-앙가-요가aṣṭa-aṅga-yoga)을 찬성한다. 이 길의 목표는 쉬바Śiva와 동일시되는, 그리고 비슈누Viṣṇu와도 동일시되는 신(神, Divine)과의 결합이다. 이 저작은 우주론의 고찰로 시작한 다음, 의식(consciousness)의 네 가지 양태 또는 단계(아바스타avasthā)에 대해 자세히 설명한다. 이것은 네 '겹'(코샤kośa)과 관련이 있다. 두 종류의 요가Yoga, 즉 갸나-요가Jñāna-Yoga와 카르마-요가Karma-Yoga를 구분한다. 8지의 길은 근본적으로 파탄잘리Patañjali의 길과 일치한다고 서술한다. 또한 이 저작은 열일곱 가지 요가 자세(아사나āsana)를 열거하여 설명하고, 비의적 해부학에 대한 상세한 정보를 제공한다. '뱀의 힘'(쿤달리니-샥티kuṇḍalinī-śakti)이 언급되어 있지만 규정된 접근법에서 중요한 역할을 하는 것으로 보이지는 않는다. 그러나 호흡 조절(프라나야마prāṇāyāma)과 통로들의 정화(나디-쇼다나nāḍī-śodhana)에 많은 주의를 기울인다. 무아경(삼매, 사마디samādhi)은 전형적인 베단타Vedānta의 방식인 절대자와 개아(psyche, 지바jīva)의 융합으로 정의된다.

tri-śūla(트리-슐라)

'삼지창'이라는 뜻이다. 쉬바Śiva의 상징 가운데 하나이다. 오늘날까지 쉬바파의 특정 분파의 구성원들은 이를 지니고 다닌다.

tri-veda(트리-베다)

'세 종류의 베다Veda'라는 뜻이다. 세 가지 주요 베다 상히타Saṃhitā, 즉 『리그-베다』*Ṛg-Veda*, 『야주르-베다』*Yajur-Veda*, 『사마-베다』*Sāma-Veda*이다.

⇒ 트리tri도 참조.

trivedin(트리베딘)

세 종류의 베다Veda를 암기하는 사람이다.

⇒ 트리tri도 참조.

[비교] 드위베딘dvivedin.

tri-veṇi(트리-베니)

'세 가닥으로 꼰 끈'이라는 뜻이다. 세 종류의 강, 즉 갠지즈Ganges, 야무나Yamuna, 사라스와티Sarasvati의 합류점이다. 탄트라Tantra에서 이곳은 아갸-차크라ājñā-cakra의 위치를 의미한다. 이 지점은 또한 프라야가prayāga로도 알려져 있다.

⇒ 트리tri, 트리-쿠타tri-kūṭa도 참조.

truth(진리 또는 진실)

⇒ 리타ṛta, 사티야satya 참조.

Tryambaka(트리얌바카)

카슈미르Kashmir에서 탄트라Tantra의 불이론不二論 지파의 창시자로 찬양된다. 소마난다Somānanda는 스스로를 이 구루guru의 계보(파람파라paramparā)에서 열아홉째 제자로 표현한다. 그는 성자 두르바사스Durvāsas의 마음에서 태어난 아들이었고, 자신의 형제인 아마르다카Amardaka와 슈리나타Śrīnātha와 함께 그로부터 쉬바Śiva의 가르침을 받았다.

tṛṣā(트리샤) 또는 **tṛṣṇā**(트리슈나)

'갈증' 또는 '갈애'라는 뜻이다. 종종 결점(도샤doṣa) 중 하나로 인용된다. 이 용어는 관습적인 의미 이외에 비유적으로 삶에 대한 갈망으로도 사용된다. 이미 『마하바라타』*Mahābhārata*에서는 깨닫지 못한, 즉 카르마karma적 존재의 원인으로서 그것이 수반하는 모든 것이 고통(두카duḥkha)인 조건 지워진 경험에 대한 갈망이 다음과 같이 나타난다. "직공이 바늘을 수단으로 실을 옷감에 끼워 넣듯이, 이와 유사하게 조건 지워진 존재라

T

는 실♯saṃsāra-sūtra은 갈망[즉 욕망]의 바늘에 단단히 잡아 매어진다." 이 위대한 서사시의 다른 송(12. 173. 25)에 나타나 있는 것처럼 이 갈증은 한 모금의 물로는 해소될 수 없다. 이것은 오직 지혜(갸나 jñāna)를 통해서만 제거될 수 있다.

⇒ 아비니베샤abhiniveśa도 참조.

[비교] 크슈다kṣudhā.

Tulsīdās, Gosvāmin(고스와민 툴시다스; 1532?~1623)

지방어로 된 『람차리트마나스』♯*Rāmcaritmānas* 중 힌디어로 된 저작의 저자이다. 여기에는 『라마-기타』*Rāma-Gītā*가 포함되어 있다.

turīya(투리야 I)

'넷째'라는 뜻이다.

⇒ 차투르타caturtha 참조.

turīya-atīta(투리야-아티타, [연성]turīyātīta투리야티타)

'넷째를 넘어서는 것'이라는 뜻이다. 『라구-요가-바시슈타』*Laghu-Yoga-Vāsiṣṭha*(3. 9. 124)에 따르면 생해탈(지반-묵티 jīvan-mukti)의 상태로, 이 상태는 지혜의 일곱 단계(갸나-부미 jñāna-bhūmi)를 넘어서 있다고 한다.

turya(투리야 II)

투리야 I turīya과 동의어이다.

turya-ga(투리야-가)

'넷째 [단계]에 도달함'이라는 뜻이다. 지혜의 일곱 단계(갸나-부미 jñāna-bhūmi) 가운데 하나이다.

tuṣṭi(투슈티)

'만족'이라는 뜻이다. 때로는 권계(니야마 niyama) 수행법의 하나로 열거된다.

⇒ 프리티prīti, 산토샤saṃtoṣa, 타르파나tarpaṇa도 참조.

tuṭi(투티)

호흡에 적용되는 공간적 단위이다. 그러므로 내부와 외부의 드와다샤-안타dvādaśa-anta, 즉 호흡 움직임의 양끝점 사이의 공간은 16투티tuṭi라고 한다. 이것은 아a로부터 아하aḥ까지의 열여섯 모음 소리에 이른다. 첫 열다섯 모음은 티티tithi들, 즉 태음일을 의미하는 한편, 아하의 음가는 불변하며 달의 열여섯째 부분(칼라 I kalā)('아마-칼라' amā-kalā 참조)을 나타낸다. 요가Yoga의 권위자들은 끊임없이 대우주와 소우주를 서로 연관시킨다.

twelve(열둘12)

⇒ 드와다샤-dvādaśa- 참조.

twenty-four(스물넷24)

⇒ 차투르빙샤티 caturviṃśati 참조.

tyāga(티야가)

'버림'(abandonment)이라는 뜻이다. 『테조-빈두-우파니샤드』*Tejo-Bindu-Upaniṣad*에서 가르친 열다섯 가지로 된 요가(15지支 요가, 판차-다샤-앙가-요가 pañca-daśa-aṅga-yoga) 중 셋째 '지분'(앙가 aṅga)이다. 이 저작(1. 19)에서 티야가 tyāga는 참자아에 대한 수행자의 통찰(vision, ♯avalokana)의 결과로 현상적 형태♯prapañca-rūpa들, 즉 세속을 버리는 것으로 정의된다. 『바가바드-기타』*Bhagavad-Gītā*(18. 2)에서는 대조적으로 설명한다. 거기서는 티야가를 수행자가 자신의 행위의 결과(팔라 phala)에 대해 포기하는 것으로 이해하고 있다. 이러한 해석은 티야가가 행위를 완전히 버리는 것이라는 대중적인 이해와 상충되는데, 『바가바드-기타』에 따르면 이것은 절대 불가능하다. 『라구-요가-바시슈타』*Laghu-Yoga-Vāsiṣṭha*(5. 2. 28f.)에서는 디예야-티야가♯dhyeya-tyāga와 계야-티야가♯jñeya-tyāga를 중요하게 구분한다. 전자는 해탈된 존재(지반-묵타 jīvan-mukta)의 특성으로, 그는 유희의 정신(spirit)으로 행위를 계속한다. 후자는 모든 훈습(바사나 vāsanā)이 제거될 때 신체를 버리는 것과 동시에 일어나는 것이다.

⇒ 산니야사saṃnyāsa도 참조.

tyāgin(티야긴)

'버린 자'라는 뜻이다. 티야가tyāga 수행자이다.

Ṭiṇṭiṇi(틴티니)

하타-요가Haṭha-Yoga의 달인으로 『하타-요가-프라디피카』*Haṭha-Yoga-Pradīpikā*(1. 8)에 언급되어 있다.

U

udāna(우다나)

'상승하는 숨'이라는 뜻이다. 신체 내 생기(프라나 prāṇa)의 주요 흐름 중 하나이다. 『트리-쉬키-브라마나-우파니샤드』 *Tri-Śikhi-Brāhmaṇa-Upaniṣad*(82)에 따르면 모든 사지와 관절을 순환하고 소화를 책임진다. 그러나 훨씬 더 오래된 『마이트라야니야-우파니샤드』 *Maitrāyaṇīya-Upaniṣad*(2. 6)에서는 그것의 작용이 트림하기와 삼키기라고 언급한다. 또한 우다나udāna는 무아경(삼매, 사마디samādhi) 상태에서와 죽을 때 의식(consciousness)을 머리까지 나른다고 한다. 몇몇 하타-요가Haṭha-Yoga 문헌에서는 그것이 목구멍에 위치한다고 하는 한편, 『싯다-싯단타-팟다티』 *Siddha-Siddhānta-Paddhati*(1. 68)에서는 구개(탈루tālu)에 위치한다고 한다. 『요가-야갸발키야』 *Yoga-Yājñavalkya*(4. 55)에서는 상승하는 숨이 신체를 공중에 뜨게 만든다고 언급한다. 『요가-수트라』 *Yoga-Sūtra*(3. 39)에서는 상승하는 숨을 정복♯ udāna-jaya하면 '비집착'(아상가asaṅga)과 상승♯utkrānti의 초자연력(싯디siddhi)이 생기게 된다고 말한다. 『링가-푸라나』 *Liṅga-Purāṇa*(1. 8. 64)와 다른 푸라나들에 따르면 우다나는 예민한 지점(마르만marman)을 자극한다.

Uddhāva-Gītā(웃다바-기타)

'웃다바Uddhāva의 노래'라는 뜻이다. 『바가바타-푸라나』 *Bhāgavata-Purāṇa* 제11권의 6~29장을 구성하는 『바가바드-기타』 *Bhagavad-Gītā*의 '모방작'이다. 요가Yoga와 헌신(박티bhakti)에 대한 베단타Vedānta적 소책자로, 크리슈나Kṛṣṇa와 성자 웃다바 사이의 교훈적인 대화로 서술되어 있다.

udgītha(우드기타)

'가창'歌唱이라는 뜻이다. 프라나바praṇava와 동의어이다.

udyoga(우디요가)

'노력' 또는 '분투'라는 뜻이다. 카슈미르 샤이비즘 Kashmiri Śaivism에서 쉬바Śiva의 형태를 한 궁극적 실재의 고유한 초월적 활동이다. 이 활동은 일종의 창조적 긴장이다. 신성한 힘(샤티 I śakti)이 휘젓기 시작하자마자 이 활동이 촉발되어서 존재의 다양한 층위들이 나타난다.

⇒ 노력(effort), 비사르가visarga도 참조.

uḍḍāna-kumbhaka(웃다나-쿰바카)

'위로 향한 항아리'라는 뜻이다. 웃디야나-반다 uḍḍiyāna-bandha와 함께 숨을 내쉰 후에 호흡을 보유(쿰바카kumbhaka)하는 것이다. 『게란다-상히타』 *Gheraṇḍa-Saṃhitā*(3. 22)에는 '위대한 관통자'(마하-베다 mahā-vedha)의 단계로 규정되어 있다.

Uḍḍiyāna(웃디야나) 또는 **Oddīyāna**(옷디야나)

아마도 탄트라Tantra가 시작되는 장소일 것이다. 따라서 탄트라의 원형적 장소(피타pīṭha) 네 곳 중 하나이다. 여러 곳의 지리적 위치가 제시되어 왔는데, 이 중에서 특히 오늘날 파키스탄 지역인 스와트 계곡(Swat Valley)이 주목할 만하다.

uḍḍiyāna-bandha(웃디야나-반다)

'상향 잠금'이라는 뜻이다. 웃다나 ♯ udduddāna라고도 부른다. 하타-요가 Haṭha-Yoga의 중요한 기법이다. 『게란다-상히타』 *Gheraṇḍa-Saṃhitā*(3. 10f.)에서는 이 '잠금'(반다 bandha)을 다음과 같이 기술한다. 윗배와 아랫배를 위로 수축하여서 뒤로 향하게 하라. 이 기법으로 '위대한 새', 즉 생기(프라나 prāṇa)는 계속해서 억지로 '위로 날도록' ♯ uḍḍīna, 즉 중앙 통로(수슘나-나디 suṣumṇā-nāḍī)를 따라서 상승하도록 강제된다. 『게란다-상히타』에서는 다른 모든 '잠금'보다 우수하다고 이 수행법을 칭송한다. 그래서 이것을 '죽음의 코끼리에 대적하는 사자'라고 부른다. 대다수 현대의 매뉴얼들은 내쉬는 숨 이후에 상향 잠금을 수행해야만 한다고 주장하지만, 『요가-쉬카-우파니샤드』 *Yoga-Śikhā-Upaniṣad*(1. 106ff.)에 따르면 수행자는 내쉬는 숨에 앞서서 상향 잠금을 행해야 한다. 『요가-쿤달리-우파니샤드』 *Yoga-Kuṇḍalī-Upaniṣad*(1. 48f.)에서는 금강석 같은 자세(금강좌, 바즈라-아사나 vajra-āsana)로 앉아서 그것을 수행해야만 하고, 그러는 동안 발목 근처에 있는 '구근'(칸다 kanda)을 단단히 눌러야 한다고 상술한다. 『바라하-우파니샤드』 *Varāha-Upaniṣad*(5. 8f.)에서는 수행자가 배고프거나 방광이나 장이 약해서 고통받을 때는 이 기법을 수행해서는 안 된다고 경고한다.

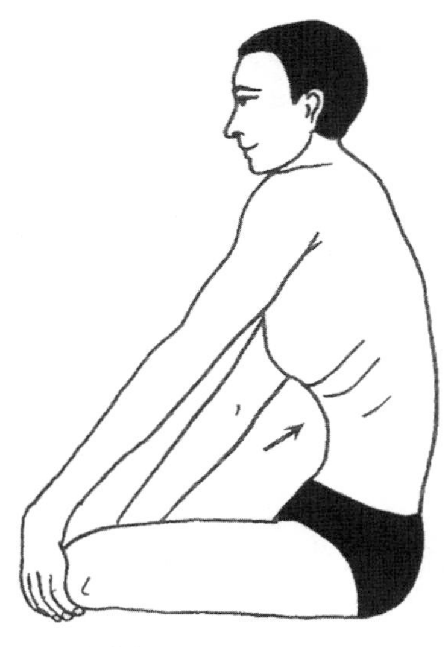

웃디야나-반다, 즉 복부 잠금

ugra-āsana(우그라-아사나, [연성]**ugrāsana** 우그라사나)

'무서운 자세'라는 뜻이다. 『쉬바-상히타』 *Śiva-Saṃhitā*(3. 92ff.)에 다음과 같이 기술되어 있다. 양쪽 다리를 쭉 뻗은 다음, 손으로 머리를 단단히 잡고서 무릎 쪽으로 밀어내린다. 앞의 문헌에서 이 자세(아사나 āsana)는 신체의 불을 지피고, 파슈치마-웃타나-아사나 paścima-ut-tāna-āsana로도 불린다고 말한다.

Ugra Bhairava(우그라 바이라바)

카팔리카 Kāpālika 전통의 달인이다. 마다바 Mādhava의 『샹카라-디그-비자야』 ♯ *Śaṅkara-dig-vijaya*에 있는 관련된 전설에 따르면 우그라 바이라바 Ugra Bhairava가 베단타 Vedānta의 위대한 교사인 샹카라 Śaṅkara에게 접근하여서, 우그라 바이라바 자신이 궁극적 목표인 해탈을 성취할 수 있도록 성자인 그가 생명을 희생해 줄 것을 간청했다. 전지한 성자나 왕 중 한 사람의 머리를 희생제의 불길에 바칠 경우에만 해탈할 수 있을 것이라고 쉬바 Śiva가 자신에게 말했다고 그는 주장했다. 그는 매우 영리하게 간청하였고 샹카라는 자비심이 일어서 자신의 생명을 희생하는 데 동의했다. 그래서 그 고행자는 자신이 바랐던 목적을 달성하였다. 그들은 비밀리에 만났고 샹카라는 깊은 명상(meditation)에 들어감으로써 자신을 희생할 준비를 하였다. 우그라 바이라바가 그 성자의 목을 베려고 준비할 때에 특정한 초자연적 능력(싯디 siddhi)들을 가지고 있던, 샹카라의 제자인 파드마파다 Padmapāda는 무슨 일이 곧 벌어질 것이라는 것을 갑자기 알아챘다. 그 역시 명상에 들어가서 자신을 나라-싱하(♯ Nara-Siṃha; '사자의 머리를 한 인간')의 형상을 한 비슈누 Viṣṇu와 완전히 동일시하여 그 숨겨진 장소로 달려가서 우그라 바이라바를 공격하였고, 사자 같은 발톱으로 그의 가슴을 찢어서 열었다.

ujjāyī(웃자위)

'승리한'이라는 뜻이다. 하타-요가Haṭha-Yoga에서 가르친 여덟 종류의 호흡 조절법(프라나야마 prāṇāyāma) 중 하나이다. 『게란다-상히타』Gheraṇḍa-Saṃhitā(5. 69ff.)에서는 다음과 같이 기술한다. 입을 다문 채 양쪽 콧구멍으로 숨을 들이쉰다. 또한 동시에 심장(즉 가슴)과 인후로부터도 숨을 끌어올린다. 입속에 숨을 활기 있게 보유하면서 동시에 인후 잠금(잘란다라-반다 jālandhara-bandha)을 한다. 인후를 약간 수축하여 가슴으로부터 숨을 끌어올리면 코고는 소리가 발생한다. 이것이 이 기법의 특징이다. 『요가-쉬카-우파니샤드』Yoga-Śikhā-Upaniṣad(1. 94)에 따르면 수행자는 복부에 숨을 보유해야만 한다. 그런 다음 왼쪽 콧구멍을 통해서 내쉰다. 이 문헌에서는 이 기법에서 얻게 되는 엄청나게 많은 치유효과에 대해 언급하는데, 그것들 대부분은 호흡기계와 관련이 있다. 그러나 이 기법은 소화의 불(자타라-아그니 jāṭhara-agni)을 자극한다고도 한다.

ullāsa(울라사)

'활기' 또는 '성장'이라는 뜻이다. 탄트라Tantra에서 영적인 성취의 일곱 단계(삽타-울라사 sapta-ullāsa) 중 하나이다. 또한 일부 탄트라 문헌에서는 한 장章을 나타내기도 한다.

Ultimate(궁극적 실재) 또는 **anuttara**(아눗타라) 또는 **parā**(파라)

아비나바굽타 Abhinavagupta가 고안해 낸 것으로 총체이다. 그는 그것을 초월적으로도, 내재적으로도 있는 모든 것이라고 생각한다.

⇒ 프라카샤prakāśa, 비마르샤vimarśa도 참조.

ulṭā-sādhana(울타-사다나)

'반대로의 수행'이라는 뜻이다. 즉 성적 에너지(물질적 차원에서는 정액)의 '거꾸로 됨'(즉 승화)과 관련이 있는 영적 수행이다.

ulṭā-yogin(울타-요긴)

울타-사다나ulṭā-sādhana의 남성 수행자이다.

Umāpati Śivācārya(우마파티 쉬바차리야; 대략 14세기)

샤이바 싯단타Śaiva Siddhānta의 열네 명의 주요 스승 중 한 사람으로 생각된다. 그는 메이칸다르Meykaṇḍār의 제자였고, 『코윌-푸라나』♯ Koyil-Purāṇa, 『쉬바-프라카샴』♯ Śiva-Prakāśam, 『파우슈카라-아가마』♯ Pauṣkara-Āgama([연성]『파우슈카라가마』Pauṣkarāgama)를 포함한 많은 타밀어Tamil 저작들을 저술하였다. 그는 15세기에 살았던 비하르Bihari 사람인 스승 우마파티Umāpati와 구별되어야만 한다.

unconscious(무의식)

고전 요가(Classical Yoga)와 상키야Sāṃkhya는 우주(cosmos, 프라크리티 prakṛti)는 원래 무의식(아치트 acit)이고 의식(consciousness), 즉 인식(awareness, 치트 cit)은 오직 초월적 참자아(푸루샤puruṣa)의 특징이라는 견해에 찬성했다. 그러므로 심신복합체 전체는 지각이 없다고 생각되고, 의식(칫타 citta)으로 된 현상들이 초월적 참자의 '빛'을 반영한 물질적 우주의 산물이다. 요가Yoga의 베단타Vedānta적 학파들은 유사한 관점을 가지고 있다. 이들에 따르면 모든 현상은 동일한 초의식적 실재의 (환영에 불과한) 변형들이다.

정신은 의식적 마음에 알려지지 않거나 오직 간접적으로만 알려진 영역들을 포함한다는 현대의 정신분석학적 관념도 요가와 무관하지는 않다. 이 사상은 잠재의식의 활성체(잠세력潛勢力, 상스카라 saṃskāra), 훈습(바사나 vāsanā), 잠재력(아샤야 āśaya)에 대한 가르침으로 표현된다. 이것들은 카르마karma와 재탄생(푸나르-잔만 punar-janman)에 대한 교의를 이해하는 데 매우 중요하다. 그러나 요가는 정신 분석학의 관점과는 확연히 다른 관점으로 이 문제들에 접근한다. 정신분석학은 의식적 마음의 비합리적 작용들을 이해하고 그 작용을 합리적 방식으로 통합해서 이상 심리로부터 정신적(mental) 건강으로 이끌기 위해 무의식의 관념을 사용한다. 이와는 반대로 요가는 이것들이 영적 진전을 방해하는, 바꿔 말해서 명상(meditation)과 무아경의 안정적인 습득을 막고 해탈에 지장을 주는 경우를 제외하고는 정신(psyche)의 무의식적 측면에 특별한 관심이 없다. 요가는 인간 마음의 비합리적인 내용들을 합리적으로 설명하려 하지 않고, 신체와 마음의 형태로 된 무의식적 우주가 본래 갖추어진 우리의 자유와 지복이라는 사실을 흐리게 만드는 전체 메커니즘을 초월하려고 한다.

⇒ 잠재의식(subconscious)도 참조.

unenlightenment(몽매함)

일반적인 사람의 상태이다. 그는 자신의 궁극적 본성, 즉 초월적 참자아(아트만 ātman, 푸루샤 puruṣa)를 깨닫지 못하고 있다. 그래서 카르마 karma의 그물에 걸려 있다.

[비교] 깨달음(enlightenment), 자유(freedom), 해탈(liberation).

union(결합)

⇒ 아이키야 aikya 참조.

unmanifest(미현현未顯現)

⇒ 아비약타 avyakta 참조.

[비교] 비약타 vyakta.

unmanī(운마니) 또는 **unmanī-avasthā**(운마니-아바스타)

'고양' 또는 '고양된 상태'라는 뜻이다. 종종 마논마니(♯manonmanī; 마나 mana와 운마니 unmanī에서 유래), 즉 마음의 고양으로도 불린다. 『게란다-상히타』*Gheraṇḍa-Saṃhitā*(7. 17)에서는 이 상태를 사하자(-사마디) sahaja(-samādhi), 즉 완전한 본연의 상태와 동등하게 여긴다. 그러나 『하타-요가-프라디피카』*Haṭha-Yoga-Pradīpikā*(2. 42)에서는 이 상태를 니르비칼파-사마디 nirvikalpa-samādhi와 동일시한다. 왜냐하면 이 상태를 지속하는 동안 신체는 통나무처럼 경직되어서, 요긴 yogin은 큰 드럼 소리조차 들을 수 없기 때문이다. 이 문헌은 또한 운마니 상태를 마음의 평정으로 정의한다. 이 상태는 생기(프라나 prāṇa)가 중앙 통로(수슘나-나디 suṣumṇā-nāḍī)를 통해서 흐를 때 발생한다. 이러한 맥락에서 이 상태는 아마나스카타 amanaskatā로 불리는 지고의 무아경적 깨달음에 선행한다.

unmeṣa(운메샤)

'[눈을] 뜸'이라는 뜻이다. 카슈미르 샤이비즘 Kashmiri Śaivism에서는 신성한 힘(샥티 I śakti)의 외재화를 통해서 우주(cosmos)의 창조가 시작된다. 이 용어는 또한 초월적 참의식(Consciousness)에 초점을 맞춘 요긴 yogin이 경험하는 내적 열림을 나타낼 수도 있다.

[비교] 니메샤 nimeṣa.

unmīlana-samādhi(운밀라나-사마디)

'[눈을] 뜬 상태의 무아경'이라는 뜻이다. 카슈미르 샤이비즘 Kashmiri Śaivism에서 신(神, Divine)이 자신으로부터 많은 층위의 우주(cosmos)를 창조해 내는 전개의 과정이다.(『비갸나-바이라바』*Vijñāna-Bhairava*(88) 참조)

⇒ 프라티밀라나-사마디 pratimīlana-samādhi도 참조.

[비교] 니메샤 nimeṣa, 니밀라나-사마디 nimīlana-samādhi.

unparticularized(차별이 없는)

⇒ 아비셰샤 aviśeṣa, 비셰샤 viśeṣa 참조.

unsupported posture(받침이 없는 자세)

⇒ 니랄람바나-아사나 nirālambana-āsana 참조.

upacāra(우파차라)

'물품'이라는 뜻이다. 숭배에 필요한 모든 물품이다.

⇒ 쇼다샤-우파차라 ṣoḍaśa-upacāra 참조.

Upanishad Brahmayogin(우파니샤드 브라마요긴; 18세기)

라마찬드라 인드라요긴 Rāmacandra Indrayogin으로도 알려져 있다. 그는 바수데바-인드라요긴 Vasudeva Indrayogin의 제자였고 『108 우파니샤드』 ♯*108 Upaniṣad*에 대한 주석으로 유명하다. 요가-우파니샤드 Yoga-Upaniṣad들에 대한 그의 주석은 도움이 되는 자세한 주석을 많이 담고 있다.

Upaniṣad[s](우파니샤드[들])

인도 문헌의 한 장르이다. 우파니샤드 Upaniṣad라는 단어는 동사 어근 √sat('앉다')에 접두어 우파 upa와 니 ni가 붙어서 이루어졌고, '(자신의 스승) 가까이에 앉다'라는 뜻이다. 이것은 스승(구루 guru)에게서 제자(쉬쉬야 śiṣya)로 비전적 지식을 구전으로 전승하는 형식을 나타낸다. 전통적으로는 108 우파니샤드가 말해지지만, 200개가 훨씬 넘는 그러한 저작들이 현존하고 있다. 그것 중 가장 초기작들은 불교에 앞서 형성되었는데, 일부 학자들에 따르면 그 연대는 기원전 2000년대 중반까지 거슬러 올라간다. 가장 후대의 우파니샤드들은 바로 지난 20세기에 성립되었다. 모든 우파니샤드는 신성한 계시서(슈루티 śruti)로 여겨지고, 베다 Veda 전통의 의례 부문 ♯karma-kāṇḍa에 반대되는 것으로서 지혜 부문 ♯jñāna-kāṇḍa에 속하는 것으로 간주된다. 그것들은 고대 베다들의 영적 가르침을 정제시켰음을 보여 주는데, 베다 의 핵심 관념인 희생제의 신비로운 내면화로 특징지어진다. 우파니샤드들은 처음부터 비밀스러운 가르침(라하시야 rahasya)으로 이해될 필요가 있었고, 그것들의 형이상학적 사유는 다음의 밀접하게 연관된 네 가지 주제들을 중심으로 삼는다. (1)개인 존재의 초월적 근원인 참자아(아트만 ātman)는 우주 그 자체의 초월적 근원인 브라만 brahman과 명백히 동일하다는 가르침. (2)인간 존재의 되풀이되는 태어남(푸나르-잔만 punar-janman), 바꿔 말해서 가장 초기의 우파니샤드들에서 그것을 표현한 바와 같이 되풀이되는 죽음 ♯punar-mṛtyu에 대한 교의. (3)카르마 karma와 응보의 교의. 이것은 사람의 행위에 대한 형이상학적 결과들을 설명하려는 노력이다. (4)영적수행, 특히 포기(renunciation)와 명상(meditation)을 통해서 카르마의 산물과 내세의 재탄생을 막을 수 있다는 관념. 후대에는 해탈을 위한 실제적인 길이 요가 Yoga의 접근법과 동일시되었다. 이는 요가-우파니샤드 Yoga-Upaniṣad들에서 입증된다.

⇒ 아란야카 Āraṇyaka, 브라마나 II Brāhmaṇa, 산니야사-우파니샤드[들] Saṃnyāsa-Upaniṣad[s], 베다 Veda도 참조. 개별 우파니샤드[들] Upaniṣad[s]도 참조.

Upapurāṇa(우파푸라나)

'부차적인 푸라나 Purāṇa'라는 뜻이다.

⇒ 푸라나 Purāṇa 참조.

upasarga(우파사르가)

'장애'라는 뜻이다. 깨달음, 즉 해탈에 이르지 못하는 한 수행자는 언제나 에고로부터 발생하는 수많은 어려움의 희생자가 된다. 요가 Yoga 문헌들은 영적인 길에 있는 이 장애들 중 일부에 대해 자세히 열거한다. 『마이트라야니야-우파니샤드』 *Maitrāyaṇīya-Upaniṣad*(7. 8)에서는 '지식에 대한 장애들' ♯jñāna-upasarga로서 지속적으로 농담하기, 여행하기, 구걸하기, 재주로 생계 꾸리기, 영적인 위선에서 귀걸이하기 또는 두개골을 몸에 지니기를 언급한다. 『마르칸데야-푸라나』 *Mārkaṇḍeya-Purāṇa*(40. 1ff.)에서도 욕망에 속박된 행위에서부터 마술(마야 māyā), 지식, 초자연적 능력(싯디 siddhi)들에 이르는 장애들에 대한 긴 목록을 제공한다. 이 『푸라나』 *Purāṇa*(40. 14)에서는 이들 장애를 극복하기 위해서는 수행자가 '흰색의 정신적(mental) 담요'를 걸치고 절대자에 대해 자신의 주의를 집중하기를 권한다. 『쉬바-푸라나』 *Śiva-Purāṇa*(7. 2. 38. 10)에서는 여섯 가지 장애에 대해 다음과 같이 말한다. (1)프라티바(pratibhā, 조명성의 번득임, 즉 직관), (2)슈라바나(śravaṇa, 청각적 현상), (3)바르타(♯vārtā; 초후각), (4)다르샤나(darśana; 환영을 보는 상태), (5)아스와다(āsvāda; 초미각), (6)베다나(♯vedanā; 초감각). 『요가-수트라』 *Yoga-Sūtra*(3. 37)에서 우파사르가 upasarga라는 이 단어는 특히 다섯 감각에서 발생하는 조명성의 번득임(프라티바)이다. 그것은 감각 제어(제감制感, 프라티야하라 pratyāhāra)에 의존하는 무아경(삼매, 사마디 samādhi) 상태에 장애가 된다.

⇒ 비그나vighna도 참조.

upastha(우파스타)
'일어서는 것'이라는 뜻이다. 우파upa + 스타stha로 만들어졌다. 전통적으로 위대한 힘이나 생기(오자스 ojas)의 원천으로 여겨지는 남성 생식기이다.
⇒ 앙가aṅga, 링가liṅga도 참조.

upastha-nigraha(우파스타-니그라하)
'생식기 통제'라는 뜻이다. 성적 충동을 지배하는 것이다. 가끔 권계(니야마niyama)의 구성 요소 중에 열거되기도 한다.
⇒ 브라마차리야brahmacarya, 섹슈얼리티 또는 성(sexuality), 우르드와-레타스ūrdhva-retas도 참조.

upaśama(우파샤마)
'고요함'이라는 뜻이다. 때로는 금계(야마yama) 수행법 중 하나로 간주된다.

upavāsa(우파바사)
'단식'이라는 뜻이다. 때로는 권계(니야마niyama) 수행법 중 하나로 여겨진다. 종종 영적 진전에 있을 수 있는 장애(비그나vighna)로 간주된다. 『게란다-상히타』*Gheraṇḍa-Saṃhitā*(5. 31)에서는 호흡 조절(프라나야마prāṇāyāma) 수행과 단식을 함께하는 것은 피해야만 한다고 명확하게 언급한다. 『마하바라타』*Mahābhārata*(12. 214. 4)에서는 이미 긴 단식을 해로운 것으로 생각하고, 대신에 아침 식사와 저녁 식사 사이에 먹는 것을 절제하라고 권한다. 『바라하-우파니샤드』*Varāha-Upaniṣad*(2. 39)에서는 진정한 단식은 개아(지바-아트만jīva-ātman)와 초월적 참자아(파라마-아트만parama-ātman) 사이의 근접함으로 이루어지는 것이지 신체의 수척함(쇼샤나śoṣaṇa)으로 이루어지는 것은 아니라고 설명한다.

upādhi(우파디)
'가탁'假託 또는 '덧씌움'이라는 뜻이다. 하타-요가Haṭha-Yoga의 일부 저작에서 사용된 베단타Vedānta의 개념이다. 이것은 유일한 실재의 한정된 속성, 다시 말해서 생기(프라나prāṇa), 하위의 마음(마음 감관, 마나스 manas), 감각기관(인드리야indriya), 신체(데하deha), 감각 대상(아르타artha) 들과 같은 속성을 나타낸다. 니르비칼파-사마디nirvikalpa-samādhi를 깨닫자마자 이 모든 구별은 사라지고, 참자아가 자신의 진정한 유일성 속에서 밖으로 빛난다. 『고라크샤-팟다티』*Gorakṣa-Paddhati*(2. 81ff.)는 우파디upādhi들이 실재를 덮고 있고, 지속적인 영적 수행[사다나(sādhana 또는 sādhanā)]을 통해서 이것들을 제거할 수 있다는 것에 주목한다.

upādhyāya(우파디야야)
'교사'라는 뜻이다. 대중적인 지식과 비밀스러운 지식을 전하는 사람이다. 그러나 일반적으로 제자(쉬쉬야śiṣya)를 신비한 영적 수행에 입문시키지는 못한다. 그것은 구루guru의 역할이다.
⇒ 아차리야ācārya도 참조.

upāya(우파야)
'수단' 또는 '방편'이라는 뜻이다. 카슈미르 샤이비즘Kashmiri Śaivism의 전문 용어이다. 『쉬바-수트라』*Śiva-Sūtra*에서는 참자아에 대한 깨달음에 접근하는 세 가지 수단 사이의 차이를 구분하였다. (1)샴바바-우파야(śāmbhava-upāya; '샴부와 연관된 수단')는 신(神, Divine)을 향한 주의 깊은 수동성이다. 이것은 또한 '토대 없는 요가'ś nirālamba-yoga라고도 불린다. (2)샥타-우파야(śākta-upāya; '샥티 II Śakti에 속하는 우파야')는 진정한 본성(참'나')을 탐구하는 마음(칫타citta)의 작용을 수반한다. (3)아나바-우파야(āṇava-upāya; '개인적 수단')는 호흡 조절과 명상(meditation)과 같은 요가Yoga의 많은 수행법 중 어느 것이든 해당된다.
⇒ 갸나-차투슈카jñāna-catuṣka도 참조.

upekṣā(우페크샤)
'평정'이라는 뜻이다. 네 브라마-비하라brahma-vihāra 가운데 하나이다.

U

uṣṭra-āsana(우슈트라-아사나, [연성]**uṣṭrāsana**우슈트라사나)

'낙타 자세'라는 뜻이다. 『게란다-상히타』*Gheraṇḍa-Saṃhitā*(2. 41)에 다음과 같이 서술되어 있다. 복부 근육과 입을 활기 있게 수축하고 앉아서, 다리를 뒤로 굽히고 손으로 잡는다. '낙타좌'♯uṣṭra-niṣadana는 『요가-바쉬야』*Yoga-Bhāṣya*(2. 46)에 이미 언급되어 있다. 그렇지만 우리는 이것을 어떻게 수행해야 하는지 알 수 없다.

utkaṭa-āsana(웃카타-아사나, [연성]**utkaṭāsana**웃카타사나)

'들어올려진 자세'라는 뜻이다. 『게란다-상히타』*Gheraṇḍa-Saṃhitā*(2. 27)에 다음과 같이 기술되어 있다. 발꿈치를 바닥에서 들고 발가락으로 서서, 발꿈치에 엉덩이를 놓아야 한다. 이 자세는 특히 물로 관장(잘라-바스티jala-vasti)할 때 취한다.

Utpaladeva(웃팔라데바)

10세기 초반의 인물이다. 라마칸타 I Rāmakantha의 스승이자 아비나바굽타Abhinavagupta의 스승의 스승이다. 그는 소마난다Somānanda의 아들이자 제자였고, 적어도 10권의 저작을 저술하였다. 『이슈와라-프라티야비갸』♯*Īśvara-Pratyabhijñā*에 대한 『카리카』♯*Kārikā* 주석은 주목할 만하다. 그의 아들이자 제자는 라크슈마나굽타Lakṣmanagupta이다.

utsāha(웃사하)

'열정'이라는 뜻이다. 『하타-요가-프라디피카』*Haṭha-Yoga-Pradīpikā*(1. 16)에 따르면 요가Yoga를 진전시키는 여섯 요인 중 하나이다. 영적 수행을 향한 긍정적이고 활기찬 태도는 그 길에서 필수적인 전제 조건이다. 그렇지 않으면 요긴yogin은 그의 습관을 중단할 수 없어서 완전함과 해탈에 도움이 되는 새로운 '진로들'을 그만두게 될 것이다.

⇒ 비리야vīrya도 참조.

U

Uttanka(웃탄카) 또는 **Utanka**(우탄카)

『마하바라타』*Mahābhārata*와 몇몇 푸라나Purāṇa에 언급된 위대한 고행자이다. 그의 스승은 아포다다우미야Āpodadhaumya이다.

uttāna-kūrma(ka)-āsana(웃타나-쿠르마(카)-아사나, [연성]**uttānakūrmakāsana**웃타나쿠르마카사나)

'쭉 뻗은 거북이 자세'라는 뜻이다. 『게란다-상히타』*Gheraṇḍa-Saṃhitā*(2. 33)에 다음과 같이 기술되어 있다. 수탉 자세(쿡쿠타-아사나kukkuṭa-āsana)를 취한 다음, 사지를 쭉 뻗어 손으로 목을 잡고서 거북이 자세를 한다. 일반적으로 등을 바닥에 대고 누워서 이 복잡한 자세를 한다고 생각한다. 이 자세는 현대의 저작들에서 언급된 '자궁 자세'(가르바-아사나♯garbha-āsana, 가르바사나garbhāsana로 연성되어 쓰임)와 유사한 것으로 보인다. 거기서는 엉덩이로 균형을 잡는다. 현대의 일부 하타-요가Haṭha-Yoga 매뉴얼에서는 다르게 설명하고 있는데 다음과 같다. 발꿈치로 앉아서 머리가 바닥에 닿을 때까지 뒤로 젖힌다. 양손은 허벅지에 댄 채로 유지한다.

⇒ 쿠르마-아사나kūrma-āsana도 참조.

웃타나-쿠르마(카)-아사나, 즉 쭉 뻗은 거북이 자세. 테오스 버나드(Theos Bernard)

uttāna-maṇḍūka-āsana(웃타나-만두카-아사나, [연성]uttānamaṇḍukāsana웃타나만두카사나)

'쭉 뻗은 개구리 자세'라는 뜻이다. 『게란다-상히타』*Gheraṇḍa-Saṃhitā*(2. 24)에 다음과 같이 기술되어 있다. 개구리 자세(만두카-아사나 maṇḍūka-āsana)로 앉아서 팔꿈치로 머리를 잡는다. 그런 다음 몸을 개구리처럼 쭉 편다. 현대의 일부 하타-요가Haṭha-Yoga 매뉴얼들에서는 이것을 다르게 서술하고 있다. 발꿈치를 바닥에 대고 앉아서 머리가 바닥에 닿을 때까지 몸을 뒤로 젖힌다. 팔뚝을 쿠션으로 쓸 수 있는 그런 방식으로 머리를 감싼다.

utthāna(웃타나)

'공중부양'이라는 뜻이다. 호흡 조절(프라나야마 prāṇāyāma)의 최상급 단계 동안 경험하는 현상이다. 몇몇 권위자들은 이것을 문자 그대로 보다는 비유로 이해한다. 그 단계에서 수행자의 의식(consciousness)은 일시적으로 신체에서 들어올려져 외부로 나오게 된다.

⇒ 라가바 lāghava, 초심리학(parapsychology), 싯디 siddhi도 참조.

utthāna-roma(웃타나-로마)

'수직으로 선 머리카락'이라는 뜻이다. 『라구-요가-바시슈타』*Laghu-Yoga-Vāsiṣṭha*(5. 6. 158)에서 성자 웃달라카Uddālaka의 무아경(삼매, 사마디 samādhi) 상태에 수반되는 현상으로서, 그의 텁수룩한 머리카락을 말한다.

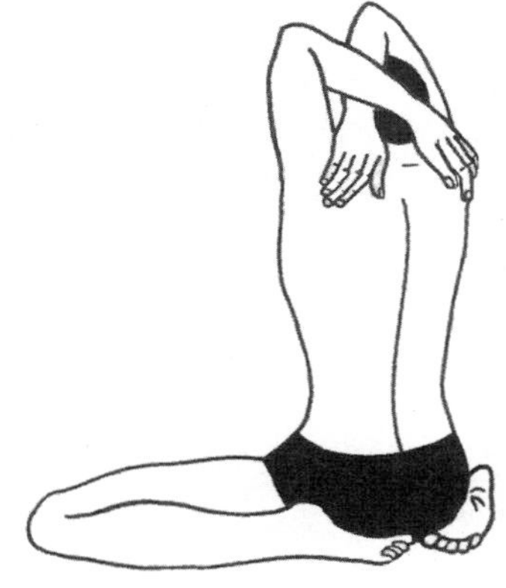

웃타나-만두카-아사나, 즉 쭉 뻗은 개구리 자세

ūrdhva-retas(우르드와-레타스)

정액(레타스 retas)을 요도로 배출시키는 것보다 위로 흐르게 ↗ūrdhva 만드는 정신·생리학적 과정이다. 요긴 yogin에게는 이 과정이 계속되고 있다. 발라킬리야스(↗vālakhilyas; 어떤 유형의 현자, 즉 리쉬 ṛṣi)의 수행법으로 『마이트라야니야-우파니샤드』*Maitrāyaṇīya-Upaniṣad*에서 처음 언급된 우르드와-레타스ūrdhva-retas는 고대 이래로 [성적] 금욕(동정童貞, 브라마차리야 brahmacarya)에 대한 비전적 근거가 되어 왔다. 이것은 승화의 토대가 되는 과정으로 정액을 신체의 더 높은 센터들, 특히 뇌에 공급되는 생기 에너지(오자스 ojas)로 변화시킨다.

U

V

vahni(바니)
'불'이라는 뜻이다. 아그니 I agni의 동의어이다.

vahni-sāra-dhauti(바니-사라-다우티)
'불을 사용한 청소'라는 뜻으로 아그니-사라-다우티 agni-sāra-dhauti로도 알려져 있다. 하타-요가 Haṭha-Yoga에서 사용되는 내부 청소 기법(안타르-다우티 antar-dhauti) 중 하나이다. 『게란다-상히타』*Gheraṇḍa-Saṃhitā*(1. 20f.)에 다음과 같이 기술되어 있다. 배꼽을 척주 쪽으로 일백 회 민다. 이것은 위장의 모든 질병을 치유하고 복부의 불(자타라-아그니 jāṭhara-agni)을 일으키며 '신성한 신체'(디비야-데하 divya-deha)를 만든다고 한다. 이 문헌도 이 수행에 대하여 위대한 비밀 엄수를 명한다.

Vahni-Yoga(바니-요가)
'불 요가 Yoga'라는 뜻이다.
⇒ 아그니-요가 Agni-Yoga 참조.

Vaikhānasa-Smārta-Sūtra(바이카나사-스마르타-수트라)
'산림 거주자를 위한 경구적인 법전'이라는 뜻이다. 제목이 암시하듯이 스므리티 smṛti 범주에 속하는 이 저작은 바이카나사♯vaikhānasa들로 불리는 산림 속 수행자들의 의무를 상세하게 다루고 있다. 4세기의 어느 시기에 성립되었고, 특정한 고행자(타파스윈 tapasvin)가 수행하는 요가 Yoga에 대한 중요한 언급들을 포함하고 있다. 그러므로 제8장에서는 아내가 있거나 없는 은둔자와 자신의 삶을 해탈을 추구하는 데 바치는 탁발수행자(비크슈 bhikṣu)에 대해 말한다. 마지막에 언급된 고행자 중 가장 위대한 자들은 '지고의 백조'(파라마-항사 parama-haṃsa)들이다.

또한 동일한 장에서 세 범주의 요가 수행자들에 대해서도 언급한다. (1)사랑가-요긴♯sāraṅga-yogin, 즉 '다양한' 요긴 yogin. 이들은 네 유형으로 이루어져 있는데 다음과 같다. 호흡 조절 수행은 하지 않지만 '나는 비슈누 Viṣṇu다'라는 확신으로 사는 자들. 호흡 조절 수행과 요가의 다른 기법들을 연마하는 자들. 호흡 조절 수행으로 시작하는 여덟 가지로 된 요가(8지支 요가, 아슈타-앙가-요가 aṣṭa-aṅga-yoga. 그러므로 파탄잘리 Patañjali의 요가는 아님)를 따르는 자들. 일종의 무신론 요가를 수행하는 것처럼 보이는 자들. (2)유일한 리쉬(ṛṣi; '현자')를 가진 에카-리쉬야-요긴♯eka-ṛṣya-yogin. 여기서 이것의 의미는 불분명하다. 그들의 영적 성취에 근거하여 다섯 가지 유형으로 구분된다. (3)비사르가-요긴♯visarga-yogin. 그는 자기 고행을 위해 여러 가지 의심스러운 수단을 사용하고, 때로는 명상(meditation) 수행조차 거부하기도 한다. 오직 미래 생에서만 해탈을 얻을 수 있다.

vairāgya(바이라기야)
'이욕'(離欲, dispassion)이라는 뜻이다. 비라가 virāga로도 알려져 있다. 포기(renunciation) 또는 갈애(라가 rāga)

를 버리는(abandonment) 마음가짐이나 수행법을 의미한다. 때로는 권계(니야마 niyama)의 구성 요소 중 하나에 포함된다. 『요가-수트라』 *Yoga-Sūtra*(1. 15)에서는 이것을 '보이는(세속적인) 것과 드러난(천상의) 것에 대한 갈망이 없는 자의 통제력에 대한 자각(awareness)'으로 정의한다. 또한 파탄잘리 Patañjali는 '참자아에 대한 통찰력(vision)'(푸루샤-키야티 puruṣa-khyāti)으로 인해 우주(cosmos)의 주요 구성 요소(구나 guṇa)들에 대한 갈망이 없는 수행자에게 있는 더 높은 형태의 이욕에 대해 말한다.

바이라기야 vairāgya는 영적 삶의 근본적인 두 측면 중 하나이다. 다른 하나는 다양한 기법, 특히 명상(meditation, 정려精慮, 디야나 dhyāna)의 현실적 적용(아비야사 abhyāsa)이다. 수행이 이욕의 태도를 수반하지 않는다면 수행자는 에고를 초월하기보다는 부풀리게 되는 위험을 무릅써야 한다. 다른 한편 수행 없는 이욕은 무딘 칼과 같다. 이욕을 통해 풀려나게 된 심신의 에너지들은 적절히 흐르지 못하게 되고, 이는 해탈 대신 혼돈과 망상으로 이끌게 될 것이기 때문이다. 그러므로 『바가바드-기타』 *Bhagavad-Gītā*(6. 35)는 양자를 동시에 함양하라고 이른다. 『웃다바-기타』 *Uddhāva-Gītā*(4. 11)에서는 바이라기야-아비야사-요가 ♯ vairāgya-abhyāsa-yoga라는 복합어로 이와 동일한 신념을 표현한다.

⇒ 버림(abandonment), 포기(renunciation), 비타-라가 vīta-rāga도 참조.

Vaiṣṇavism(바이슈나비즘)

비슈누 Viṣṇu에 대한 숭배를 중심에 둔 종교 전통이다. 샤이비즘 Śaivism과 더불어 힌두이즘 Hinduism의 가장 큰 두 개의 유신론적 전통 중 하나이다. 베다 Veda 시대에서 기원한 비슈누에 대한 숭배는 대략 붓다 Buddha 시대에 인기를 얻었다. 바이슈나비즘 Vaiṣṇavism의 초기 단계는 판차라트라 Pañcarātra 또는 바가바타 컬트 Bhāgavata cult로 알려져 있다. 『마하바라타』 *Mahābhārata*의 일부분인 『바가바드-기타』 *Bhagavad-Gītā*는 이 전통의 구할 수 있는 가장 오래된 문헌이다. 스스로 '요가 교본'(요가-샤스트라 yoga-śāstra)이라고 명명하는 『바가바드-기타』는 우리가 초기 바이슈나비즘의 요가 yoga 수행법을 아주 잘 엿볼 수 있게 해준다. 또한 판차라트라 가르침의 편린들은 그 시대의 다른 분파들의 문헌 속에도 보존되어 있다. 서기 초반에 상히타(Saṃhitā; '모음집')로 알려진 바이슈나바 vaiṣṇava 문헌들이 방대하게 나타났다. 그 중에서 200가지가 넘는 저작들이 남아있는 것으로 알려져 있다. 이 문헌 중 일부만이 연구되어 오고 있는데, 그것 중 하나가 『아히르부드니야-상히타』 *Ahirbudhnya-Saṃhitā*(12. 31ff.)이다. 거기서는 히란야가르바 Hiraṇyagarbha가 쓴 『요가-상히타』 ♯ *Yoga-Saṃhitā*를 언급한다. 이 문헌의 저술과 동시에 남인도에서는 자신들 지역의 바이슈나바 시인이자 성자인 알와르 Ālvār들을 찬양했다. 바이슈나비즘은 첫 새천년이 바뀔 때쯤에 융성했고, 라마누자 Rāmānuja와 그의 수많은 제자의 가르침과 선교 활동을 통해서 가장 큰 추진력을 얻었다. 또한 상당히 영향력 있는 문헌인 『바가바타-푸라나』 *Bhāgavata-Purāṇa*가 이 시기에 쓰였다. 강하게 유신론적인 바이슈나비즘 요가의 특성은 박티-요가 Bhakti-Yoga이다. 그러나 이 특성은 카르마-요가 Karma-Yoga에 의해 완화되었다.

⇒ 크리슈나 Kṛṣṇa도 참조.

vaiśāradya(바이샤라디야)

⇒ 니르비차라-바이샤라디야 nirvicāra-vaiśāradya 참조.

Vaiśeṣika(바이셰쉬카)

'구별주의'라는 뜻이다. 힌두이즘 Hinduism의 육파 철학(다르샤나 darśana) 중 하나이다. 카나다 Kaṇāda가 세운 이 학파의 사상은 물질 간의 구분(비셰샤 viśeṣa)을 문제로 삼는다. 존재의 범주에 대한 이성적 이해를 통해서 해탈에 접근하는 법을 제안한다. 『바이셰쉬카-수트라』 ♯ *Vaiśeṣika-Sūtra*(5. 2. 16)는 카나다가 저술한 것으로 여겨지지만 기원전 200년~서기 100년경 사이에 작성되었다. 이 저작은 주로 논리적 · 우주론적 견해를 보여 주지만, 요가 Yoga에 대해서도 언급한다. 거기서는 요가를 '고통(두카 duḥkha)을 중단시키는 것'으로 정의한다.

vaiśvānara(바이슈와나라)

'모든 사람에게 속하는'이라는 뜻이다. 인간 신체의 중앙에 위치한 '불'로 소화를 책임지고 있다. 이것은 자타라-아그니jāṭhara-agni로도 알려져 있다.

vaiṣṇava(바이슈나바)

'비슈누Viṣṇu에 속하는'이라는 뜻이다. 이 형용사는 또한 바이슈나비즘Vaiṣṇavism의 추종자를 나타내는 명사로도 채택되었다.

vaiṣṇavī-mudrā(바이슈나비-무드라)

'비슈누Viṣṇu에 속하는 결인'이라는 뜻이다. 눈꺼풀을 닫거나 열수 없을 때 내적인 징표(안타르-라크쉬야 antar-lakṣya)에 대한 외적인 응시♯bahir-dṛṣṭi로 『샨딜리야-우파니샤드』*Śāṇḍilya-Upaniṣad*(1. 7. 14ff.)에서 설명되었다. 『나다-빈두-우파니샤드』*Nāda-Bindu-Upaniṣad*(31)에서는 내면의 소리(나다nāda)가 나타나는 동안 이 기법을 수행해야만 한다고 명기하였다.

⇒ 샴바비-무드라śāmbhavī-mudrā도 참조.

vaitṛṣṇya(바이트리슈니야)

'갈증 없음'이라는 뜻이다. 비트리슈나vitṛṣṇa의 동의어이다.

vajra(바즈라)

'천둥', '다이아몬드' 또는 '다이아몬드처럼 견고한'이라는 뜻이다. 남성 성기에 대한 비밀스러운 명칭이다.

vajra-āsana(바즈라-아사나, [연성]**vajrāsana**바즈라사나)

'금강좌'라는 뜻이다. 『게란다-상히타』*Gheraṇḍa-Saṃhitā*(2. 12)에 다음과 같이 서술되어 있다. 벼락처럼 허벅지를 단단히 죄고 항문 아래에 다리를 둔다. 이것은 초자연력(싯디siddhi)들을 낳는다고 한다. 일부 문헌에서는 이 행법을 '성취된 자세'(달인좌, 싯다-아사나siddha-āsana)로도 부른다. 『요가-수트라』*Yoga-Sūtra*(3. 46)에서는 신체의 완전함(카야-삼파트kāya-sampat)의 양상 중 하나로서 금강석 같은 견고함♯vajra-saṃhananatva에 대해 말한다.

vajra-deha(바즈라-데하)

'금강석 같은 신체'라는 뜻이다. 하타-요가Haṭha-Yoga 달인의 성변화聖變化된 신체로 금강석과 같이 파괴할 수 없고 싯다-데하siddha-deha라고도 불린다. 『마하바라타』*Mahābhārata*(12. 322. 9)에서는 성자 나라다Nārada가 신성한 메루meru 산을 오를 때 본 금강석과 같은 뼈를 가진 존재들의 무리에 대해 언급한다. 그들은 안정된 시선을 가지고 있고 먹지 않고 살며 아름다운 향기를 내뿜는다고 한다.

⇒ 연금술(alchemy), 디비야-데하divya-deha, 드리다-카야dṛḍha-kāya, 성변화(transubstantiation)도 참조.

vajra-nāḍī(바즈라-나디)

'금강석 같은 통로'라는 뜻이다. 중앙 통로(수슘나-나디suṣumṇā-nāḍī) 내에 있는 도관導管이다. 『샤트-차크라-니루파나』*Ṣaṭ-Cakra-Nirūpaṇa*(1)에 따르면 이 도관은 생식기에서부터 머리까지 뻗어 있다.

⇒ 브라마-나디brahma-nāḍī도 참조.

vajrolī-mudrā(바즈롤리-무드라)

'바즈롤리 결인'이라는 뜻이다. 이것은 바즈로니-무드라♯vajronī-mudrā라고도 쓴다. 하타-요가Haṭha-Yoga의 중요한 '결인'(무드라mudrā)이다. 『게란다-상히타』*Gheraṇḍa-Saṃhitā*(3. 45ff.)에서는 이 기법을 다음과 같이 기술한다. 손바닥을 바닥에 대고 머리를 바닥에 닿지 않게 하면서 다리를 들어올린다. 이 저작에 따르면 바즈롤리-무드라vajrolī-mudrā는 요가Yoga 기법 중 최상의 것으로 칭송된다. 이 기법은 장수할 수 있게 하고 모든 종류의 힘(싯디siddhi), 특히 정액을 통제♯bindu-siddhi하는 힘을 생기게 하는 '뱀의 힘'(쿤달리니-샥티kuṇḍalinī-śakti)을 각성시킨다. 반대로 『하타-요가-프라디피카』*Haṭha-Yoga-Pradīpikā*(3. 85ff.)에서는 이 기법을 여성 분비물(라자스rajas)을 남성 성기♯mehana로 빨아들이는 성적 기법으로 이해한다. 이 능력을 개발하기 위해서 요긴yogin은 자신의 성기에 삽입된 관으로 공기를 불어넣을 것을

V

권고 받는다. 우파니샤드 브라마요긴Upaniṣad Brahmayogin은 『요가-탓트와-우파니샤드』 *Yoga-Tattva-Upaniṣad*(126)에 대한 주석에서 다음과 같은 기법을 서술한다. 요긴은 청동 그릇에 부은 우유에 성기를 담그고 '벼락과 유사하게' 요도로 우유를 빨아들인 다음 그것을 다시 방출한다. 충분히 통제할 수 있게 되면 그는 정액(레타스 retas)을 여성기 속에 사정한 다음, 여성의 분비물(쇼니타 śoṇita)과 함께 그것을 다시 빨아올려야만 한다. 좌도 탄트라Tantra의 도덕률 폐기론자 정신(spirit)을 반영한 『하타-요가-프라디피카』(3. 84)에서는 더 나아가 이 기법을 아는 자는 손상 없이 그가 원하는 만큼 살 수 있을 것이고, 심지어는 권계(니야마 niyama)의 계율들을 무시할 수도 있을 것이라고 말한다.

『하타-라트나발리』 *Haṭha-Ratnāvalī*(2. 101ff.)에 따르면 여성들도 바즈롤리-무드라 수행이 가능하다. 여성은 자신의 빈두bindu를 가지고 있다고 한다.(2. 89) 라자스는 붉은 납♯sindūra의 정수와 유사하고, 여성의 생식기(요니yoni) 속에 영원히 존재한다고 말한다.(2. 93)

[비교] 아마롤리-무드라amarolī-mudrā, 사하졸리-무드라sahajolī-mudrā 참조.

vamana-dhauti(바마나-다우티)

'구토로 청소하기'라는 뜻이다. '심장 청소하기'(흐리드-다우티hṛd-dhauti) 유형 중하나이다. 『게란다-상히타』 *Gheraṇḍa-Saṃhitā*(1. 39)는 이 기법을 다음과 같이 설명한다. 식사 후에 목구멍까지 찰 때까지 물을 마셔서 위장을 채워라. 그런 다음 잠깐 시선을 위로 향해라. 마지막에는 그 물을 다시 토해 내라. 매일 이것을 수행한다면 점액질(카파kapha)과 담즙질(핏타pitta)의 질환을 치유한다고 말한다.

⇒ 가자-카라니gaja-karaṇī도 참조.

vandana(반다나)

'엎드리기'란 뜻이다. 헌신의 요가(박티-요가Bhakti-Yoga)의 모습 중 하나이다.

Varāha-Upaniṣad(바라하-우파니샤드, [연성]Varāhopaniṣad바라호파니샤드)

비슈누Viṣṇu와 성자 리부Ṛbhu 사이의 대화로 묘사된 요가-우파니샤드Yoga-Upaniṣad 중 하나이다. 총 5장 273송으로 된 이 저작은 존재의 범주(탓트와tattva)에 대한 기술로 시작한 다음, 이어서 베단타Vedānta의 형이상학적 원리들을 자세히 설명한다. 여기서(2. 55)는 고전 요가(Classical Yoga)로 보이는 유파에 대해 비판적 입장을 취한다. 이 요가Yoga가 주(主, 이슈와라Īśvara)에 대한 오해에 근거하고 있다고 주장한다. 후대에 덧붙여진 것으로 보이는 제5장에서 그 접근법의 개요를 설명하고 있기는 하지만, 이 『우파니샤드』 *Upaniṣad*(4. 2. 39)는 하타-요가Haṭha-Yoga에 대해서도 비판하고 있다. 여기서는 만트라-요가Mantra-Yoga, 라야-요가Laya-Yoga, 하타-요가를 여덟 가지로 된 길(8지支 요가, 아슈타-앙가-요가aṣṭa-aṅga-yoga)의 단계들로서 다루고 있다. 이 요가는 삼푸타-요가(samputa-yoga; '반구형 사발의 요가')를 지지하는데, 본질적으로는 쿤달리니-요가Kuṇḍalinī-Yoga이다. 삼푸타samputa라는 명칭을 직접적으로 설명할 수는 없지만, 이것은 신체 내 생기 에너지(프라나prāṇa)의 주요한 세 통로인 수슘나-나디suṣumṇā-nāḍī, 이다-나디iḍā-nāḍī, 핑갈라-나디piṅgalā-nāḍī와 쿠후-나디kuhū-nāḍī의 교차점으로 이해될 수 있다.

varṇa(바르나)

'칠' 또는 '색상'이란 뜻이다. 네 가지 사회적 신분으로 된 힌두Hindu 시스템으로, 사제(브라마나 I brāhmaṇa), 군인♯kṣatriya, 상인♯vaiśya, 노예 신분♯śūdra이 있다.

'색상'이라는 의미에서 바르나varṇa는 개아(psyche, 지바jīva)를 특징짓는 빛의 파장을 나타낸다. 『마하바라타』 *Mahābhārata*(12. 271. 33)에서는 여섯 색, 즉 검정색 · 회색 · 파란색 · 빨간색 · 노란색 · 흰색을 언급한다. 이 색들은 어떤 사람의 업의 특징을 나타낸다. 검정색은 가장 양호하지 못하고 흰색은 상급의 도덕관념과 영적 수준을 의미한다. '색상의 투명함'♯varṇa-prasāda은 요가에서의 진보(프라브릿티pravṛtti)의 징조 중 하나로 『슈웨타슈와타라-우파니샤드』 *Śvetāśvatara-Upaniṣad*(2. 12)에 언

V

급되어 있다. 색상은 타라카-요가Tāraka-Yoga와 연관된 통찰력(vision) 있는 체험들에서도 역할을 한다.

마지막으로 바르나라는 단어는 만트라-요가Mantra-Yoga에서 '소리'나 '문자'를 나타내는 데도 쓰인다.

vartamāna-karma(바르타마나-카르마)

'현생업'이라는 뜻이다.

⇒ 카르마karma 참조.

Varuṇa(바루나)

'뒤덮는 자'라는 뜻이다. 그는 그리스의 우라노스(Ouranos, 라틴어로는 우라누스Uranus)와 연관이 있고, 힌두이즘Hinduism의 가장 오래된 종교적 지층에 속한다. 『리그-베다』*Rg-Veda*(6. 48. 14)에서 그는 우주(cosmos)의 모든 형태(루파rūpa)를 창조하는 마야māyā, 즉 신비한 힘을 가진 자로 묘사된다. 그는 또한 우주적 질서(리타ṛta)도 관장하고 그것을 어기는 자들에게 처벌도 가한다. 후대 힌두이즘에서 바루나Varuṇa는 죽음의 신이 되었고, 물 특히 대양과 연관된 신이 되었다.

varuṇā-nāḍī(바루나-나디) 또는 **varuṇī-nāḍī**(바루니-나디)

'바루나Varuṇa의 통로'라는 뜻이다. 신체 내에서 생기 에너지(프라나prāṇa)가 순환하는 주요 통로(나디nāḍī) 중 하나이다. 대부분의 문헌은 그것을 야샤스위니-나디yaśasvinī-nāḍī와 쿠후-나디kuhū-nāḍī 사이에 위치시킨다. 『요가-쉬카-우파니샤드』*Yoga-Śikhā-Upaniṣad*(2. 26)에 따르면 그것은 배꼽 아래에 위치하고 배뇨 작용을 담당한다.

Vasiṣṭha(바시슈타) 또는 **Vaśiṣṭha**(바쉬슈타)

저명한 몇몇 성자의 이름이다. 베다Veda 시대에 바쉬슈타Vaśiṣṭha는 『리그-베다』*Rg-Veda* 제7권의 많은 찬가들을 지은 현자(리쉬ṛṣi)였다. 후대에 바쉬슈타는 『라마야나』*Rāmāyaṇa*와 『마하바라타』*Mahābhārata*, 몇몇 푸라나Purāṇa와 우파니샤드Upaniṣad에서, 특히 『요가-바시슈타』♯*Yoga-Vāsiṣṭha*에서 유명한 성자였다. 전설에 따르면 현명한 왕인 비슈와미트라Viṣvāmitra와 리쉬ṛṣi 바쉬슈타의 개인적인 다툼은 점증하여 그들 각각의 집단 사이의 불화로 번졌다. 그러나 그들의 지속적인 대립에 대한 이 이야기는 종종 사제 계층(브라마나 I brāhmaṇa)의 희생의례주의와 전사 계층♯kṣatriya의 영적 유산 사이의 이해 충돌을 상징하는 것으로 받아들여진다.

⇒ 삽타-리쉬sapta-ṛṣi도 참조.

vasti(바스티)

'방광'이라는 뜻이다. 하타-요가Haṭha-Yoga의 '여섯 가지 [정화] 행법'(샤트-카르만ṣaṭ-karman) 중 하나이다. 『게란다-상히타』*Gheraṇḍa-Saṃhitā*(1. 45)에 따르면 이것은 두 가지 유형, 즉 잘라-바스티(jala-vasti; '물 관장')와 슈슈카-바스티(śuṣka-vasti; '건식 관장')가 있다. 이 단어는 또한 때때로 '관장기'로 번역된다. 그 이유는 『하타-요가-프라디피카』*Haṭha-Yoga-Pradīpikā*(2. 26)의 이 기법에 대한 설명에 따르면 직장으로 물을 빨아올리기 위해 거기에 관管을 삽입하기 때문이다. 『지욧스나』*Jyotsnā*에서는 그 관이 여섯 손가락 길이이고 그것의 2/3를 삽입해야만 한다고 말한다.(2. 26)

vastu(바스투)

'대상', '실체'라는 뜻이다.

⇒ 비샤야viṣaya도 참조.

Vasugupta(바수굽타; 9세기경)

카슈미르Kashmir의 달인이고 『쉬바-수트라』*Śiva-Sūtra*의 저자이다. 전통적인 한 설명에 따르면 이 저작에 기록된 가르침들은 꿈에서 쉬바Śiva가 그에게 알려 준 것이었다. 다른 설명에 따르면 그가 오늘날 카슈미르의 수도인 스리나가르Srinagar 근처에 있는 마하데바Mahādeva 산의 바위 표면에 새겨진 그 가르침들을 발견했다. 샹카라-우팔라♯śaṅkara-upala로 불리는 그 바위는 여전히 성지순례 장소이다. 크셰마라자Kṣemarāja는 또한 그를 『스판다-카리카』*Spanda-Kārikā*의 원저자라고 생각한다.

vaśitva(바쉬트와)

'정복'이라는 뜻이다. 요가Yoga에서 인정되는 주요 초자연력(싯디siddhi) 중 하나이다. 『마니-프라바』*Maṇi-Prabhā*(3. 44)에서는 이것을 '요소들에 대한 통제'♯bhūta-niyantritva로 설명한다.

⇒ 초심리학(parapsychology)도 참조.

vāc(바츠)

'말'이라는 뜻이다. 간혹 일반적인 소리를 의미한다. 『요가-쿤달리-우파니샤드』*Yoga-Kuṇḍalī-Upaniṣad*(3. 18ff.)에 따르면 들을 수 없는 초월적인 소리에서부터 발음된 소리에 이르기까지 네 가지 단계의 소리가 있다. 이것들은 모든 소리를 넘어서 있는 지고의 실재를 깨닫게 될 때까지 역순으로 용해되어야만 한다.

⇒ 샤브다śabda, 바크-싯디vāk-siddhi도 참조.

Vāc(∵바츠)

영원한 말(Word)로 『리그-베다』*Ṛg-Veda*(10. 71. 3)에 언급된 신성한 말의 여신이다. 거기에서 그녀는 현자(리쉬ṛṣi)들의 영감을 위해서 그들에게 들어간다고 한다.

Vācaspati Miśra(바차스파티 미슈라; 10세기)

미틸라Mithila의 샤이바Śaiva 브라민brahmin이고, 니야야Nyāya 체계와 함께 다룬 바이셰쉬카Vaiśeṣika 학파를 제외한 힌두Hindu의 주요한 모든 철학 체계에 대해 주석했던 탁월한 학자이다. 그의 해설의 특징은 위대한 학식과 모범적인 명쾌함이다. 그의 많은 저작 중 『탓트와-바이샤라디』*Tattva-Vaiśāradī*는 『요가-수트라』*Yoga-Sūtra*에 대한 복주復註이다.

vāha(바하)

'흐름'이라는 뜻이다. 들숨(프라나prāṇa)과 날숨(아파나apāna)의 작용이다.

vāhana(바하나)

'운송 수단'이라는 의미이다. 많은 신과 관련이 있는 '탈 것'인 동물이다. 예를 들면 브라마II Brahma는 거위/백조(항사haṃsa), 쉬바Śiva는 난디Nandī라 불리는 황소, 비슈누Viṣṇu는 가루다(Garuḍa, 반은 인간이고 반은 독수리), 아그니II Agni는 숫양, ∵바유Vāyu는 영양, 두르가Durgā는 호랑이이다.

vāk-siddhi(바크-싯디) 또는 **vākya-siddhi**(바키야-싯디)

'말의 힘'이라는 뜻이다. 요긴yogin이 획득하는 초자연적 능력(싯디siddhi) 중 하나로 자주 언급된다. 이것은 자신의 말을 완전히 효과적으로 만들기 위해서 그 말을 초자연적인 힘으로 채우는 능력이다.

⇒ 초심리학(parapsychology), 바츠vāc도 참조.

Vālmīki(발미키)

『라마야나』*Rāmāyaṇa*의 반半전설적인 저자이다.

⇒ 반미카르Vānmīkar도 참조.

vāma(바마)

'왼쪽'이나 '여성'을 의미할 수 있다.

Vāmadeva(바마데바)

베다Veda의 현자(리쉬ṛṣi)이다. 또한 『쉬바-푸라나』*Śiva-Purāṇa*(6. 18. 7ff.)에 그의 가르침이 기록되어 있는 샤이바Śaiva 요긴yogin이기도 하다. 동일한 이름의 달인이 『바라하-우파니샤드』*Varāha-Upaniṣad*(4. 2. 35)에 '점진적 해탈'(크라마-묵티krama-mukti)의 대표자로 나타난다.

Vāmakeśvara-Tantra(바마케슈와라-탄트라)

'왼쪽 [길]의 주主[vāmaka(왼쪽)+이슈와라 Īśvara]에 대한 탄트라Tantra'라는 뜻이다. 슈리-비디야 I Śrī-Vidyā의 탁월한 입문서로 독립적 문헌처럼 유포된 두 부분으로 구성되어 있다. 첫 부분은 『니티야쇼다쉬카르나바』♯*Nityāṣoḍaśikārṇava*('열여섯 니티야Nityā의 밀물'이라는 뜻)로 약400송으로 되어 있고, 둘째 부분은 『요기니-흐리다야-탄트라』*Yoginī-Hṛdaya-Tantra*이다. 서기 1200년보다 앞서 저술된 이 『바마케슈와라』*Vāmakeśvara*는 주석이 많이 있다.

vāma-krama(바마-크라마)

'왼쪽 흐름'이라는 뜻이다. 카팔라-바티kapāla-bhāti 유형 중 하나이다. 『게란다-상히타』*Gheraṇḍa-Saṃhitā*(1. 56f.)에 따르면 긴장하지 않고 반복적으로 왼쪽 콧구멍으로 들이쉬고 오른쪽 콧구멍으로 내쉰다. 이것은 점액질(카파kapha) 관련 질환들을 치유한다고 언급된다.

vāma-mārga(바마-마르가)

'왼쪽 길'이라는 뜻이다. 탄트라Tantra에서 좌도로, 문자 그대로 '다섯 엠M 음절'(판차-마-카라pañca-ma-kāra)로 된 규율을 수반한다. 이것은 때로 두 단계, 즉 중간♯madhyama 단계와 최상♯uttama의 단계가 있다고 언급된다. 전자는 다섯 엠 모두를 필요로 하고, 후자는 마디야madya, 무드라mudrā, 마이투나maithuna만 수반한다. 탄트라의 주류 수행자들은 중간 단계 수행을 위험하다고 여긴다. 그것은 부정한 사람들을 파멸로 이끌기 때문이다.

⇒ 카울라-마르가kaula-mārga도 참조.

Vāmana-Purāṇa(바마나-푸라나)

'난쟁이[로서 비슈누Viṣṇu]의 고대[사]'라는 뜻이다. 비슈누에게 바쳐졌고 서기 900~1100년 사이에 형성된 주요 푸라나Purāṇa이다. 이 저작은 그 중에서도 성지순례를 하는 열두 곳(티르타tīrtha)에 세워진 열두 링가liṅga를 언급한다.

vāmācāra(바마차라)

'왼쪽 길'(좌도)이라는 뜻이다. 바마-마르가vāma-mārga의 동의어이다.

Vānmīkar(반미카르)

'발미키Vālmīki의 타밀어Tamil 표기'이다. 남인도의 열여덟 달인(아슈타다샤-싯다aṣṭādaśa-siddha) 중 한 명이다. 그는 티루반미유르Thiruvānmiyūr에 있는 마룬디슈와라르Marundhīshvarar 사원을 세웠다고들 한다.

Vārāṇasī(바라나시) 또는 **Kāśī**(카쉬) 또는 **Benares**(베나레스)

인도의 가장 신성한 도시로, 그 자체로 성스럽게 여겨지는 갠지즈(Ganges, 강가Ganga) 강에 위치해 있다. 이 지명은 미세 신체의 이다-나디iḍā-nāḍī와 핑갈라-나디piṅgalā-nāḍī로 상징되는 바라나Varaṇā 강과 아시Asi 강 사이에 세워졌다는 데서 유래한다. 인도에서 이 지점은 비전적으로 '달의 섬'♯candra-dvīpa으로도 알려져 있다. 거기에서 '서쪽 전승'(파슈치마-암나야paścima-āmnāya)의 탄트라Tantra 가르침이 유래한다. 고대로부터 이 도시는 힌두교도Hindu와 불교도 들 양자 모두에게 성지순례 장소(티르타tīrtha) 역할을 해왔다. 과거에도 그랬고 지금도 여전히 탄트라의 중심지이다. 아갸-차크라ājñā-cakra에 있는 수슘나-나디suṣumṇā-nāḍī, 이다-나디, 핑갈라-나디의 집합점은 빈번히 강가, 야무나(Yamunā, Jumna), 사라스와티Sarasvatī 세 강의 합류점에 비유된다.

vāri-sāra-dhauti(바리-사라-다우티)

'물로 청소하기'라는 뜻이다. 하타-요가Haṭha-Yoga에서 채택한 내부 청소(안타르-다우티antar-dhauti) 기법 중 하나이다. 『게란다-상히타』*Gheraṇḍa-Saṃhitā*(1. 17ff.)에서는 다음과 같이 기술한다. 물로 입을 가득 채워라. 그런 다음 천천히 삼켜서 위장으로 들어가게 한 후에 직장을 통해서 물을 배출하라. 이 기법으로 '신성한 신체'(디비야-데하divya-deha)를 만들 수 있기 때문에 다우티dhauti 종류 중에서 가장 중요한 것이라고 한다.

Vārṣagaṇya(바르샤간야) 또는 **Vṛṣagaṇa**(브리샤가나)

『마하바라타』*Mahābhārata*(12. 306. 57)에서 처음으로 언급된 상키야Sāṃkhya의 권위자로, 대략 서기 200~300년에 살았다. 불교와 자이나교 문헌에 이 스승에 대한 언급이 많다.

vāsanā(바사나)

'거주'라는 뜻이다. 욕망이다. 또한 욕망을 실행함으로써 마음속에 남겨진 잠재의식의 흔적이다. 『안나푸르나-우파니샤드』♯*Annapūrṇā-Upaniṣad*(4. 78f.)에서는 다음과 같이 분명히 말한다. "마음이 용해되지 않는 한, 그 특성들 역시 제거되지 않는다. 그 특성들이 줄어들지 않는 한, 마음은 고요하게 되지 않는다."

고전 요가(Classical Yoga)에서 바사나vāsanā는 잠재의식의 활성체(잠세력潛勢力, 상스카라saṃskāra)의 연속으로 설명된다. 『요가-수트라』Yoga-Sūtra(4. 24)에 따르면 마음(칫타citta)은 무수한 바사나들로 얼룩져 있다. 그것들은 사람의 선(善, 푼야puṇya)과 악(惡,아푼야apuṇya)의 축적에 달려 있다. 『라구-요가-바시슈타』Laghu-Yoga-Vāsiṣṭha(1. 1. 10)에서는 순수한(슛다śuddha) 바사나와 오염된♯malina 바사나를 구분한다. 전자는 구워진 씨앗에 비유되는데, 그것은 싹을 틔울 수 없다. 후자는 재탄생(푸나르-잔만punar-janman)의 원인이다.

⇒ 아샤야āśaya, 카르마karma도 참조

vāsi-yogam(바시-요감)

쿤달리니kuṇḍalinī를 각성시키는 프라나야마prāṇāyāma 수행에 대한 타밀어Tamil 표현이다.

vāso-dhauti(바소-다우티)

'천을 [사용한] 청소'라는 뜻이다. '심장 청소'(흐리드-다우티hṛd-dhauti)의 형태 중 하나이다. 『게란다-상히타』Gheraṇḍa-Saṃhitā(1. 40f.)에서는 이것을 다음과 같이 묘사한다. 네 손가락 너비의 두꺼운 천을 천천히 삼킨 다음 다시 그것을 밖으로 빼낸다. 이것은 복부 질환, 열, 비대비장, 나병, 피부병, 점액질(카파kapha)과 담즙질(핏타pitta) 질환을 치유한다고 한다. 『하타-요가-프라디피카』Haṭha-Yoga-Pradīpikā(2. 24)에서는 이 기법을 단순히 다우티dhauti라고 부른다. 이 문헌에 따르면 천은 네 손가락 너비이고 길이는 열다섯 뼘이다.

vāta(바타)

'공기' 또는 '바람'이라는 뜻이다. 물질적 우주(cosmos)를 이루는 다섯 요소(판차-부타pañca-bhūta) 중 하나이다. 그것의 상징은 육각형♯ṣaṭkoṇa이고, 검정색과 '종자 음절'(비자-만트라bīja-mantra) 얌yaṃ과 연관이 있으며, 관장 부위가 배꼽(나비nābhi)에서부터 미간의 중앙(브루-마디야bhrū-madhya)까지로 생각된다. 바타vāta라는 단어는 프라나(prāṇa; '호흡')와 동의어로도 사용된다. 이것은 또한 신체의 체질(도샤doṣa) 중 하나를 나타내고 건조함, 차가움, 이동성을 속성으로 갖는다.

⇒ 탓트와tattva, 바유vāyu도 참조.

vāta-sāra-dhauti(바타-사라-다우티)

'공기를 사용한 청소'라는 뜻이다. 하타-요가Haṭha-Yoga에서 사용되는 네 가지 내부 청소(안타르-다우티antar-dhauti) 기법 중 하나이다. 『게란다-상히타』Gheraṇḍa-Saṃhitā(1. 15f.)에서는 이것을 다음과 같이 설명한다. 까마귀의 부리처럼, 즉 카키-무드라kākī-mudrā의 방식대로 입을 만들어라. 그리고 천천히 공기를 들이쉬어 복부를 채워서 그것을 여기저기로 움직여라. 그런 다음 천천히 직장을 통해서 밀어내라. 이것은 모든 질병을 치유하고 '복부의 불'(자타라-아그니jāṭhara-agni)을 증가시킨다.

vāyavī-dhāraṇā-mudrā(바야비-다라나-무드라)

'풍風 [요소]에 대한 집중(concentration) 결인'이라는 뜻이다. 『게란다-상히타』Gheraṇḍa-Saṃhitā(3. 77ff.)에 기술된 다섯 가지 총지總持 기법 중 하나이다. 이 기법은 호흡법을 통해서 주의와 생기를 풍 요소에 159분간 집중하는 것으로 이루어져 있다. 이것은 생기 에너지를 자극하고 수행자가 공중에서 움직일 수 있게 한다♯khe-gamana.

⇒ 다라나dhāraṇā, 무드라mudrā, 판차-다라나pañca-dhāraṇā도 참조.

vāyu(바유)

'공기' 또는 '바람'이라는 뜻이다. 바타vāta와 프라나prāṇa의 동의어이다. 보편적인 요가Yoga적 정서를 표현하는 『샨딜리야-우파니샤드』Śāṇḍilya-Upaniṣad(1. 7. 6)에서는 사람이 사자나 코끼리 또는 호랑이를 길들이는 것처럼, 다시 말해서 그것이 사람을 죽이지 않도록 차근차근 길들이는 것처럼 호흡(바유vāyu)을 길들여야만 한다고 분명히 말한다. 바유-싯디♯vāyu-siddhi로 알

V

려진, 풍風 요소에 대한 완전한 지배는 공중부양이라는 초자연력에서 절정에 이른다.

Vāyu(∵바유)

바람 또는 허공의 신으로 베다Veda 시대 때부터 알려져 있다.

vāyu-sādhana(바유-사다나)

'호흡 수행'이라는 뜻이다. 프라나야마prāṇāyāma의 동의어로 『쉬바-상히타』*Śiva-Saṃhitā*(3. 68)에서 사용되었다.

Veda(베다)

⇒ 베다[들]Veda[s] 참조.

Veda Bharati, Swami(스와미 베다 바라티)

이전에는 판디트 우샤르부드 아리야Pandit Usharbudh Arya였고, 1933년에 출생하였다. 인도인으로 명상(meditation)의 대가이자 산스크리트Sanskrit 학자이다. 많은 책을 저술하였는데, 특히 『요가-수트라』*Yoga-Sūtra*(1986)에 대한 여러 권으로 된 주석이 주목할 만하다. 그는 열한 살에 베단타Vedānta에 대한 강의를 시작했고, 여러 해 동안 미국에 살면서 가르친 이후에 지금은 인도 아슈람(아슈라마āśrama)에 있다. 스와미 라마Swami Rama의 제자이다.

vedantic(베단틱)

베단타Vedānta를 영어화한 형용사이다. 그 의미는 '베단타에 속하는', '베단타의'이다.

Veda[s](베다[들])

V 베다(Veda; '지식')에서 유래하였다. 힌두이즘Hinduism 성전의 가장 오래된 부분으로 네 개의 찬가, 즉 『리그-베다』*Ṛg-Veda*, 『아타르바-베다』*Atharva-Veda*, 『야주르-베다』*Yajur-Veda*, 『사마-베다』*Sāma-Veda*이다. 이들 모음집의 찬가(♂sūkta, 만트라mantra)들은 전통적으로 현자(리쉬ṛṣi)들이 '본'것이라고 하고, 하늘에서 계시된 것(슈루티śruti)으로 간주된다.

⇒ 아란야카Āraṇyaka, 브라마나II Brāhmaṇa, 우파니샤드[들]Upaniṣad[s]도 참조.

Vedānta(베단타)

'베다Veda의 끝'이라는 뜻이다. 베다에서 기원했지만 우파니샤드Upaniṣad에서 고전적인 표현이 발견되는 형이상학적 관념들을 지칭하는 포괄적인 용어이다. 이 우파니샤드는 베다 제식주의가 비밀스럽게 존속되어 온 것이다. 베단타Vedānta는 엄청난 양의 학술적·대중적 문헌으로 이루어져 있다. 이것은 힌두이즘Hinduism의 지배적인 철학이고, 존재에 대한 불이론(不二論, 아드와이타advaita)적 해석을 지지한다. 다시 말해서 오직 하나의 실재가 있고, 이것은 깨닫지 못한 마음에는 다수처럼 보이지만 하나(에카eka)이자 둘이 아닌(아드와야advaya) 것으로 자신을 드러낸다. 힌두이즘의 육파 철학(다르샤나darśana) 중 하나인 베단타는 바다라야나Badarāyaṇa의 『브라마-수트라』*Brahma-Sūtra*(대략 2세기경)에서 체계화되었다. 이 간명한 논의는 다수의, 때로는 상당히 불일치하는 해석이 나오게 하였다. 가장 유명하고 영향력 있는 학파는 샹카라(Śaṅkara; 약 788~820년)의 케발라 아드와이타(Kevala Advaita, 절대적 불이론)이다. 이 학파의 위대한 역사적 라이벌은 라마누자Rāmānuja의 비쉬슈타 아드와이타(Viśiṣṭa Advaita, 제한적 불이론)이다. 심지어 이원론적 베단타학파도 있는데, 그것은 마드와(Madhva; 1199~1270년)의 드와이타Dvaita 학파이다. 요가Yoga는 이 학파들에서 갖가지 두드러진 역할을 하였고, 주장자들은 요가를 여러 가지로 해석하였다. 하지만 베단타 전통에서 내놓은 요가 자료들에 대한 체계적인 연구가 아직까지 시작되지는 못하고 있다.

⇒ 아드와이타 베단타Advaita Vedānta, 라마크리슈나Ramakrishna, 스와미 비베카난다Vivekananda, Swami도 참조.

vedānta-śravaṇa(베단타-슈라바나)

'베단타Vedānta[의 가르침에 대한] 경청'이라는 뜻이다.

『트리-쉬키-브라마나-우파니샤드』 *Tri-Śikhi-Brāhmaṇa-Upaniṣad*(1. 34)에 따르면 열 가지 권계 중 하나이다.
⇒ 슈라바나śravaṇa도 참조.

vedāntin(베단틴)
베단타Vedānta 전통의 추종자이다.

vedāṅga(베당가)
'베다Veda의 지분'이라는 뜻이다. 베다들에 대한 알맞은 이해와 응용을 위해 학습해야 하는 여섯 '분과 학문', 즉 음성학♯śikṣā, 운율학♯chandas, 문법학♯vyākaraṇa, 어원학♯nirukta, 천문학/점성학(지요티샤, jyotiṣa), 의례규범(칼파, kalpa)이다.

vedha(∵베다)
'침투'라는 뜻이다. 자신의 신체나 마음을 가지고 다른 사람의 신체나 마음으로 들어가는 요가Yoga의 기법이다. 이것은 특정한 상급 입문 의례(디크샤dīkṣā)의 특징이다.

vedic(베딕)
바이디카♯vaidika라는 산스크리트Sanskrit 단어를 영어화한 형용사이다. 그 의미는 '베다Veda에 속하는'이다.

Vedic Yoga(베다 요가)
베다Veda, 특히 『리그-베다』*Ṛg-Veda*와 『아타르바-베다』*Atharva-Veda*의 원시 요가Yoga적 요소를 나타내는 분석적 범주이다. 이것들의 수많은 찬가 중 일부는 기원전 3천 년경이나 훨씬 이전에 성립되었을 것이다.
⇒ 태양 요가(Solar Yoga)도 참조.

veneration of the preceptor(영적 교사에 대한 존경)
⇒ 아차리야-우파사나ācārya-upāsana 참조. 구루-박티 guru-bhakti도 참조.

Venkatesananda, Swami(스와미 벤카테사난다; 1921~1982)
스와미 쉬바난다Swami Sivananda의 남인도 브라마나 Ⅰ brāhmaṇa 제자이다. 그는 특히 '선善하게 존재하고, 선을 행하라'라는 메시지를 전파하는 임무를 부여받았다. 그는 남아프리카와 호주에 센터를 가지고 있고, 『요가-바시슈타』♯*Yoga-Vāsiṣṭha*의 요약번역본을 포함하여 몇 권의 책을 저술하였다.

vibhūti(비부티)
'현현'顯現이라는 뜻이다. 『바가바드-기타』*Bhagavad-Gītā*(10. 16)에서는 크리슈나Kṛṣṇa가 세상에 편재하게 되는 '광범위한 힘'이다. 고전 요가(Classical Yoga)에서는 '초자연적인 힘'(싯디siddhi)의 동의어이다. 이 단어는 또한 샤이바Śaiva 고행자들이 세속 포기자(산니야신 saṃnyāsin)로서의 상태를 나타내기 위해 몸에 바르는 재를 의미한다.

vicāra(비차라)
'숙고' 또는 '사'伺라는 뜻이다. 무아경(삼매)의 특정한 단계와 연관된 더 높은 정신적(mental) 현상 또는 자연발생적인 생각의 과정 중 하나이다. 거기서 주의집중의 대상은 우주(cosmos)의 '미세한'(수크슈마 sūkṣma) 차원과 관계가 있다. 베단타Vedānta와 베단타에 기초한 요가Yoga학파에서 비차라vicāra라는 단어는 실존적 숙고를 의미할 수도 있다. 그러므로 『라구-요가-바시슈타』*Laghu-Yoga-Vāsiṣṭha*(2. 1. 69)에서는 이것이 "나는 누구인가?" 그리고 "이 우주는 어디에서 시작했는가?"와 같은 탐구적 질문들을 하는 것으로 이루어져 있다고 설명한다. 이런 종류의 탐구는 '세속적인 만성 질환'♯saṃsāra-roga에 만병통치약이라고 한다.
⇒ 니르비차라-사마팟티 nirvicāra-samāpatti, 사비차라-사마팟티 savicāra-samāpatti도 참조.
[비교] 비타르카vitarka.

vicāraṇā(비차라나)
'숙고하기'라는 뜻이다. 지혜(갸나jñāna)의 일곱 단계

중 하나이다.

⇒ 삽타-갸나-부미sapta-jñāna-bhūmi 참조.

vicitra-karaṇi(비치트라-카라니)

'변화된 형태'라는 뜻이다. 『하타-라트나발리』*Haṭha-Ratnāvalī*(3. 68)에 다음과 같이 서술되어 있다. 샤위타-파슈치마-타나-아사나 ∮śayita-paścima-tāna-āsana에서 다리를 막대기처럼 쭉 뻗어 유지하면서 손을 뻗는다. 이것은 파슈치마-타나-아사나paścima-tāna-āsana의 변형처럼 보이지만, 정확하게 알기에는 묘사가 너무 모호하다.

videha-mukti(비데하-묵티)

'신체를 떠난 해탈', '이신해탈'離身解脫이라는 뜻이다. 일반적으로 죽을 때 신체를 벗음과 동시에 발생하는 해탈로 이해된다. 이 상태를 즐기는 사람들은 전통적으로 우주(cosmos)의 볼 수 없는, 즉 '미세한'(수크슈마 sūkṣma) 차원을 돌아다닌다고 생각된다. 그러나 비디야란야Vidyāraṇya는 그의 저작 『지반-묵티-비베카』*Jīvan-Mukti-Viveka*(2)에서 다른 해석을 제시하는데, '신체를 떠난' ∮videha 상태는 오직 내세의 신체화와 관련이 있는 것이라고 주장한다. 『테조-빈두-우파니샤드』*Tejo-Bindu-Upaniṣad*(4. 33ff.)에서는 비데하-묵티videha-mukti를 모든 신체 의식(consciousness)이 사라지고 절대자와 완전히 동일시된 상태로 이해한다.

[비교] 지반-묵티jīvan-mukti.

vidhi(비디)

'규율'이라는 뜻이다. 『쉬바-상히타』*Śiva-Saṃhitā*(5. 4)에서는 가능한 영적 장애(비그나vighna)의 원천으로서 규율과 서약(브라타vrata)의 준수에 대해 열거한다. 이것은 우리가 우리의 행위들에 대해 바른 관계를 가지고 있어야만 우리가 행하는 바로부터 영적인 유익함을 얻는다는 점을 충분히 납득시킬 수 있다. 에고가 관련되는 한 우리는 언제나 목표를 향한 수단(우파야upāya)들, 예를 들자면 식습관을 지키거나 명상(meditation, 디야나dhyāna)을 수행하는 것을 마치 우리의 궁극적인 관심인 것처럼 잘못 판단할 위험 속에 있다.

vidhūnana-āsana(비두나나-아사나)

'흔들기 자세'라는 뜻이다. 『하타-라트나발리』*Haṭha-Ratnāvalī*(3. 70)에 다음과 같이 서술되어 있다. 교대로 한쪽 다리를 쭉 뻗고 발목으로 다른 쪽 다리를 고정시키고서 손이 엄지발가락에 닿게 한다.

Vidura(비두라)

낮은 카스트(caste)의 여성과 결혼한 비야사Vyāsa의 아들로, 그가 가진 지혜로 인해 존경받았다. 그는 카우라바Kaurava 왕실을 섬겼지만 위대한 바라타Bharata 전쟁에서는 판다바Pāṇḍava들 편이었다.

Vidura-Gītā(비두라-기타)

'비두라Vidura의 노래'라는 뜻이다. 『바가바드-기타』*Bhagavad-Gītā*와 유사한, 『마하바라타』*Mahābhārata*(5. 33~40)에 있는, 교훈적인 대화이다. 그것은 비두라의 지혜를 표현한다.

vidyā(비디야)

'지식' 또는 '지혜'라는 뜻이다. 아비디야avidyā, 즉 영적 무지와 대조를 이룬다. 참자아에 대한 깨달음의 궁극적인 상태는 몽매한 개인을 나타내는 무지에 반대되는 것으로서, 빈번히 영적 지식 중 하나로 특징지어진다. 그것은 보다bodha, 프라갸prajñā, 갸나jñāna로 표현된다. 그러나 이 지혜는 일반적으로 통용되는 지식에서 없어서는 안 될 부분인 주체(의식consciousness)와 객체(세계) 사이의 이분법을 넘어선다. 그것은 의식(칫타citta)의 내용물이 아니고 순수 참의식(Consciousness, 치트cit)의 바로 그 본성이다. 어떤 맥락에서 비디야vidyā라는 단어는 복합어 케차리-비디야khecarī-vidyā에서와 같이 '전문 지식'을 의미한다. 그 지식은 공중 보행 결인(케차리-무드라khecarī-mudrā)에 대한 것이다.

⇒ 브라마-비디야brahma-vidyā, 슈리-비디야 I Śrī-Vidyā도 참조.

V

vidyādhara(비디야다라)
'지식의 보유자'라는 뜻이다. 남성 싯다siddha이다.

vidyādharī(비디야다리)
'지식의 보유자'라는 뜻이다. 여성 싯다siddha이다.

Vidyānandanātha(비디야난다나타)
남인도에서 태어나서 바라나시Vārāṇasī에 정착한 16세기의 탄트라Tantra 입문자이다. 그는 『니티야쇼다쉬카르나바』♯*Nityāṣoḍaśikārṇava*에 대한 주석인 『아르타-라트나발리』♯*Artha-Ratnāvalī*를 포함하여 탄트라 저작들에 대한 중요한 주석을 많이 달았다. 그의 구루guru는 순다라차리야Sundarācārya 또는 삿치다난다나타Saccidānandanātha이다.

Vidyāraṇya Tīrtha(비디야란야 티르타)
1314년경에 태어났다. 학식 있는 베단타Vedānta 학자로 『판차-다쉬』♯*Pañca-Daśī*(적어도 이 책의 첫 10개 장)와 『지반-묵티-비베카』*Jīvan-Mukti-Viveka*와 같은 저작들을 저술하였다. 그는 종종 『사르바-다르샤나-상그라하』♯*Sarva-darśana-saṃgraha*('모든 철학 체계 개론')의 저자인 마다바Mādhava와 동일시된다. 그는 분명히 요가Yoga에 대한 정통한 지식을 가지고 있었고, 실천적인 길인 아슈타-앙가-요가aṣṭa-aṅga-yoga를 추종한 것으로 보인다.

Vidyeśvara(비디예슈와라)
'지식의 주主'라는 뜻이다. 비디야vidyā + 이슈와라īśvara로 만들어졌다. 슈리-비디야 I Śrī-Vidyā 전통에서 카마kāma로서 쉬바Śiva는 자신의 지식을 열두 비디예슈와라Vidyeśvara들에게 전수하였다.

또한 이 전통에 따르면 열두 명의 '지식의 주'가 있다. 이들은 궁극적인 형태인 쉬바와 더불어 마누Manu, 인드라Indra, 만마타Manmatha, 즉 카마라자Kāmarāja, 로파무드라Lopāmudrā, 두르바사스Durvāsas이다. 각각은 자신만의 뚜렷이 다른 계보적 가르침을 가지고 있지만, 만마타의 가르침(카디-비디야kādi-vidyā)과 로파무드라의 가르침(하디-비디야hādi-vidyā)만이 잔존하여 역사에 남았다.

vighna(비그나)
'장애'라는 뜻이다. 영적인 삶은 한결같이 본질적으로 어렵다고 특징지을 수 있다. 그것은 비판적인 자기 이해뿐만 아니라 자아, 즉 에고에 대한 근본적인 초월에 기반하고 있기 때문이다. 이러한 영적인 삶은 개체성 덩어리, 즉 한정된 몸과 마음보다는 자신의 진정한 정체성인 참자아의 본성에 대한 높아지는 이해와 조화를 이루지 못하는 습관적인 패턴들과 현실 순응성들을 버리려는 지속인 의지를 필요로 한다. 이 감정적·정신적(mental) 패턴 중 일부는 유지력이 강한 것으로 판명되고, 변화와 성숙에 장애가 된다.

요가Yoga 문헌들은 수많은 다른 장애물 또는 방해물 들에 대해 말한다. 『요가-탓트와-우파니샤드』*Yoga-Tattva-Upaniṣad*(30f.)에서는, 예를 들자면 영적 수행에서 처음에 발생할 수 있는 장애들을 다음과 같이 언급한다. (1)알라시야(ālasya; '게으름'), (2)캇타나(katthana; '자랑'), (3)두르타-고슈티(♯dhūrta-goṣṭhī; '나쁜 사람들과의 친교'), (4)만트라-아디-사다나(♯mantra-ādi-sādhana; '만트라 등의 수행'), 즉 잘못된 이유들(예컨대 마술적 능력을 얻기 위함)을 위해서 그러한 기법들을 수행, (5)다투-스트리-라울리야카(♯dhātu-strī-laulyaka; '천한 여성을 갈망함'). 이것들은 선(善, 푼야puṇya)의 축적을 통해서 피해야만 하고, 신성한 프라나바(praṇava, 즉 음절 옴Oṃ)를 염송하는 수행을 통해서 호전시킬 수 있다. 다른 저작들에서는 다른 개선방법들을 언급한다. 그러나 모든 저작에서는 수행자가 자신의 영적 노력을 지속해야만 한다는 것을 시사한다. 닷타트레야Dattātreya의 『요가-샤스트라』*Yoga-Śāstra*(101ff.)에서는 다섯 가지 장애를 열거한다. 알라시야('게으름'), 프라캇타나(♯prakatthana; '잡담'), 만트라-사다나(♯mantra-sādhana; '만트라들에 대한 수행'), 다투-바다(♯dhātu-vāda; '연금술'), 카디야-바다카(♯khādya-vādaka; '식습관'). 뒤의 셋은 종종 마술적 힘(싯디siddhi)들의 획득과 같은 잘못된 이유들을 위해서 이용된다.

『테조-빈두-우파니샤드』*Tejo-Bindu-Upaniṣad*(1. 40ff.)에서는 다음의 아홉 가지 장애를 언급한다. 아누-산다나-라히티야(♯anu-saṃdhāna-rāhitya; '계획성 결여'), 알라시야('게으름'), 보가-랄라사(♯bhoga-lālasa; '즐거움에 대한 갈

V

망'), 라야(laya; '무력함'), 타마스(tamas; '무감각'), 비크셰파(vikṣepa; '산란함'), 테자스(tejas; '지나친 열성'), 스웨다(sveda; '과도한 땀 흘림'), 슌야타(śūnyatā; '공허함'). 슌야타는 아마도 딴 데 정신이 팔린 상태를 의미할 것이다. 『요가-쿤달리-우파니샤드』 *Yoga-Kuṇḍalī-Upaniṣad*(1. 56ff.)에는 영적인 길의 장애들에 대한 유사한 목록이 들어 있는데, 의심(상샤야 saṃśaya)과 수면(니드라 nidrā)이 포함되어 있다. 더 확장된 목록이 『쉬바-상히타』 *Śiva-Saṃhitā*(3. 32f.)에 갖추어져 있다. 바람직하지 않은 유형의 음식, 과식♯atīva-bhojana, 단식(우파바사 upavāsa), 사람을 싫어함♯jana-dveṣa, 동물에 대한 학대♯prāṇi-pīḍana, 여성과의 교제♯strī-saṅga, 수다♯bahu-ālāpa가 여기에 포함된다. 이 문헌의 다른 곳(5. 3ff.)에서는 즐거움(보가 I bhoga)으로부터 일어날 뿐만 아니라 도덕(virtue, 다르마 dharma)의 수행, 심지어 지식(갸나 jñāna)으로부터도 발생한다고 언급한다. 그리고 둘째 그룹의 예들로서 목욕(스나나 snāna)과 규칙(비디 vidhi) 들을, 셋째 그룹에 대한 예들로서 생기의 미세 통로(나디 nāḍī)들에 대한 지식과 호흡을 멈출 수 있는 능력을 언급한다. 이 문헌(3. 47)에서는 수많은 이 모든 어려움에 직면하여서도 요긴 yogin은 자신의 노력을 절대적으로 지켜나가야만 한다는 것을 강조한다.

그리고 많은 문헌에서는 초자연적 능력(싯디)들을 깨달음의 '위대한 힘'에 대한 장애들로 여긴다고 언급한다.

⇒ 안타라야 antarāya, 도샤 doṣa, 우파사르가 upasarga도 참조.

vijñāna(비갸나)

'지식'이라는 뜻이다. 지혜(갸나 jñāna)와 구별되는 것으로서 세속적 지식 또는 지적 이해이다. 그러나 일부 맥락에서는 드물게, 이 용어가 궁극적인 해탈의 지식(비디야 vidyā)과 초월적 실재 그 자체를 나타낼 수도 있다.

Vijñāna-Bhairava(비갸나-바이라바)

『쉬바-비갸나-우파니샤드』♯*Śiva-Vijñāna-Upaniṣad*라고도 불리는 것으로 카슈미르 샤이비즘 Kashmiri Śaivism의 핵심 문헌이다. 이 제목은 지고의 참의식(Consciousness) 상태(비갸나 vijñāna)를 가리키는 것으로, 다름 아닌 (바이라바 Bhairava로서의) 쉬바 Śiva이다. 주로 8세기경의 저작으로 평가받고 있지만 정확한 연대는 알려져 있지 않다. 익명의 저자는 이 문헌이 현존하지 않는 『루드라-야말라-탄트라』 *Rudra-Yāmala-Tantra*의 정수라고 주장한다. 『비갸나-바이라바』 *Vijñāna-Bhairava*는 무아경(삼매, 사마디 samādhi)을 성취하기 위한 112가지 요가 Yoga 기법을 기술하고 있다. 그러므로 이것은 중요한 요가-샤스트라 I yoga-śāstra이다.

Vijñāna Bhikṣu(비갸나 비크슈; 1525~1580)

베단타 Vedānta 승려이자 학자이다. 그는 몇 가지 보다 짧은 저작들에 더하여 『브라마-수트라』 *Brahma-Sūtra*, 『상키야-수트라』 *Sāṃkhya-Sūtra*, 『요가-수트라』 *Yoga-Sūtra*(『요가-바릇티카』 *Yoga-Vārttika*라는 제목의)에 대한 권위 있는 주석서와 『요가-바릇티카』의 요약본인 『요가-사라-상그라하』 *Yoga-Sāra-Saṃgraha*를 저술하였다. 독창적인 사상가인 비갸나 비크슈 Vijñāna Bhikṣu는 푸라나 Purāṇa들과 『바가바드-기타』 *Bhagavad-Gītā*의 상키야-베단타 Sāṃkhya-Vedānta적 경향에 가까운 일종의 유신론적 베단타를 공표하였다. 특히 그는 지고의 존재로서 인격신이 존재한다는 신앙을 위한 샹카라 Śaṅkara의 더 급진적인 불이론不二論자 형이상학과 다수의 순수정신(푸루샤 puruṣa), 세계의 실재성을 거부했다. 보통 말하는 그런 요가-다르샤나 yoga-darśana의 추종자는 아니었지만 비갸나 비크슈는 분명히 요가 Yoga의 이론과 기법에 매우 정통했다. 주석에서 그는, 예를 들면 요가의 다른 위대한 대학자인 바차스파티 미슈라 Vācaspati Miśra보다 더 사변적인(speculative) 경향이 있었고, 다른 주석자들이 침묵하거나 앞선 견해를 반복만 하고 있는 부분에 대해 종종 흥미로운 설명을 제시했다. 그의 수제자는 바바 가네샤 Bhāva Gaṇeśa였다.

vijñāna-maya-kośa(비갸나-마야-코샤)

'지성으로 이루어진 겹'이라는 뜻이다. 보다 높은 지적 능력으로 형성된 신체의 '겹'(코샤 kośa)으로, 일부 학파에서는 붓디buddhi라고 부르는 것이다.

vikalpa(비칼파)
'분별', '망상' 또는 '개념화'라는 뜻이다. 고전 요가(Classical Yoga)에서 정신적(mental) '동요'(브릿티 vṛtti)의 다섯 범주 중 하나이다. 이것은 『요가-수트라』*Yoga-Sūtra*(1. 9)에서 인식 가능한 대상이 없고 말에 의한 구분들이 따르는 지식으로 정의된다. 이 용어는 빈번히 '상상' 또는 '망상'이라는 의미로도 이해된다. 모든 비칼파vikalpa는 본질적으로 불순하므로 개아를 한정된 세계에 속박한다. 그러나 샤이비즘Śaivism 전통에서는 유일하게 순수한(슛다 śuddha) 망상 형태의 존재를 인정한다. 그것은 '내가 쉬바이다'ꜱ śivo 'ham라는 생각이다.

vikāra(비카라)
'변화'를 의미한다. 상키야Sāṃkhya의 중요한 용어이다. 종종 『요가-수트라』*Yoga-Sūtra*에 대한 주석들에서도 사용된다. 이것은 우주(cosmos, 프라크리티 prakṛti)의 토대가 변화되어 열 가지 감각기관(인드리야 indriya), 다섯 가지 감각 대상(비샤야 viṣaya), 하위의 마음(마음 감관, 마나스 manas)과 같은 구별되는 범주(탓트와 tattva)들로 되는 것을 의미한다.
⇒ 파리나마pariṇāma도 참조.

vikāsa(비카사)
'팽창'이라는 뜻이다.
⇒ 아디야트마-비카사adhyātma-vikāsa 참조.

vikṛti(비크리티)
비카라vikāra와 동의어이다.

vikṣepa(비크세파)
'산란'이라는 뜻이다. 『요가-수트라』*Yoga-Sūtra*(1. 30)에서 안타라야(antarāya; '장애')와 동의어로 쓰인다. 이 저작에서는 병, 나태, 의심과 같은 장애들이 영적 진전에 제대로 집중하지 못하도록 수행자의 마음(consciousness, 칫타 citta)을 산란하게 한다. 파탄잘리Patañjali에 따르면 고통(두카 duḥkha), 낙담(다우르마나시야 daurmanasya), 사지의 동요ꜱ aṅgam-ejatva, 잘못된 들숨(슈와사 śvāsa)과 날숨(프라슈와사 praśvāsa)이 이러한 산란을 수반한다.

Vimalānanda(비말라난다)
스보보다(R. E. Svoboda)의 『아고라』ꜱ *Aghora*(1986, 1993, 1997) 3부작에 소개된 20세기의 아고리Aghorī이다.

vimarśa(비마르샤)
'숙고' 또는 '검토'라는 뜻이다. 초월적 존재의 고유한 자기인식이다. 카슈미르 샤이비즘Kashmiri Śaivism에서 궁극적 실재의 핵심적 두 측면 중 하나이다. 다른 하나는 프라카샤prakāśa, 즉 '광휘'이다.

Vindhyavāsin(빈디야바신)
유명한 상키야Sāṃkhya의 스승이자 바르샤간야Vārṣagaṇya의 해석학파의 추종자이다. 바르샤간야는 고대 상키야 전통에 대한 교의들을 새롭게 개정한 것으로 보이고, 불교도들과 격렬한 논쟁을 벌였다. 일부 학자들은 그를 『요가-바쉬야』*Yoga-Bhāṣya*의 진짜 저자로 제안했는데, 필사상의 오류로 인해서 전통적으로 이 주석이 전설적인 비야사Vyāsa가 저술한 것으로 여겨진다고 보았다. 그가 활약했던 시기는 대략 350년경으로 추정된다.

viparīta-karaṇī-mudrā(비파리타-카라니-무드라)
'거꾸로 서는 동작의 결인'이라는 뜻이다. 『게란다-상히타』*Gheraṇḍa-Saṃhitā*(3. 33ff.)에 다음과 같이 서술되어 있다. 머리를 바닥에 댄다. 손을 쭉 뻗고 다리를 들어올려서 안정된 상태를 유지한다. 이것이 물구나무서기(쉬르샤-아사나 śīrṣa-āsana)의 원래 명칭인 듯하다. 그러나 현대의 일부 교본에서는 이것을 어깨로 서기로 번역한다. 이 강력한 자세는 소우주의 '태양'(수리야 sūrya)과 '달'(찬드라 candra)의 뒤바꿈을 성취하는 것이다. '달'에서 귀중한 암브로시아(아므리타 amṛta)가 흘러나오고, 이것은 복부로 똑똑 떨어진다. 거기에서 '태양'이 그것을 소모시킨다. 이 '결인'(무드라 mudrā)을 통하여 요긴yogin은 이 과정을 중단시켜서 더 높은 목적을 위하여 넥타를 보존한다. 최대 세 시간 동안 이 기법을 매일 수행하면 '복부의 불'(자타라 아그니 jāṭhara-agni)이 크게 일어난다고 한다. 이것이 수행자가 충분히 음식을 먹어야만 하는 이유이다. 이 수행은 만병통치약이자 죽음을 정복하는 수단으로 칭송된다.

[비교] 사르바-앙가-아사나sarva-aṅga-āsana.

viparyaya(비파리야야)

'오류' 또는 '그릇된 지식'이라는 뜻이다. 『요가-수트라』*Yoga-Sūtra*(1. 8)에서 어떤 것의 실제적인 나타남에 근거하지 않은 잘못된 지식으로 정의되어 있는, 마음(mental) '작용'(브릿티vṛtti)의 다섯 범주 중 하나이다. 『요가-바쉬야』*Yoga-Bhāṣya*(2. 3)에서는 비파리야야viparyaya를 아비디야(avidyā; '무지')라는 용어와 동의어로 취급했는데, 이것은 '다섯 개가 이어져'있다. 이것은 최고의 그릇된 지식이고, 그 결과 우리는 존재 자체를 잘못 이해한다.

[비교] 프라마나pramāṇa.

vipassanā(비파사나)

팔리어Pali로 '통찰'(vision)이라는 뜻이다. 테라바다♯Theravāda 불교의 주요 명상(meditation)법이다. 알아차림 명상(mindfulness meditation)으로도 불린다. 하타-요가Haṭha-Yoga 수행자들은 이 수행 또한 요가Yoga 수행이라는 것을 알지 못하고 종종 비파사나vipassanā를 수행한다. 따라서 요가와 불교를 그릇되게 대비한다. 그러나 불교는 요가 전통이다. 이 점은 붓다Buddha의 가르침에 대한 철저한 연구를 볼 때 분명하다.

vipāka(비파카)

'익음' 또는 '결실', '과보'라는 뜻이다. 카르마karma의 결실, 즉 이 생애에서 저지른 것이든 이전의 생에서 저지른 것이든 (유익한 사건이나 해로운 사건의 형태로 된) 이전의 행위에 대한 가시적인 결과들이다.

[비교] 팔라phala.

viraha(비라하)

'분리'라는 뜻이다. 박티bhakti 전통에서 중요한 개념이다. 거기서 이것은 신(神, Divine)의 일시적인 잠복 상태를 나타낸다. 헌신자의 사랑과 결합에 대한 갈망을 강화하는 데 도움을 준다.

virāga(비라가)

'이욕'離慾이라는 뜻이다. 바이라기야vairāgya의 동의어이다.

virgin(처녀)

탄트라Tantra에서 여성은 여신의 현현顯現으로서 특별한 중요성을 갖는다. 특히 처녀들은 지금까지도 귀중히 여겨지고, 월경을 하기 이전의 소녀들은 데비devī의 순수한 화신들로 찬양받는다.

⇒ 여성(women) 참조.

virgin worship(처녀 숭배)

순결한 처녀를 숭배의 대상으로 삼는 탄트라Tantra적 의례이다. 그녀는 여신을 상징한다. 『쿨라르나바-탄트라』*Kulārṇava-Tantra*(10. 38ff.)에 따르면 이런 종류의 의례는 한 달에 한 번, 3개월마다 한 번, 반 년에 한 번 수행되는 것이다. 아름다운 처녀들이 아홉 밤 동안 계속해서 숭배되는 나바-라트라(nava-rātra; '아홉 밤')로 불리는 연례 의례도 있다. 인도 남단에서는 칸야-쿠마리♯kanyā-kumārī들에 대한 숭배가 널리 알려져 있고 여전히 행해지고 있다.

virtue(도덕)

⇒ 다르마dharma, 도덕성(morality), 푼야puṇya 참조.

Virūpākṣa(비루파크샤)

『하타-요가-프라디피카』*Haṭha-Yoga-Pradīpikā*(1. 5)에서 하타-요가Haṭha-Yoga의 위대한 달인으로 언급되었다. 그는 요가Yoga에 대한 저작인 『비루파크샤-판차쉬카』♯*Virūpākṣa-Pañcaśika*의 저자와 동일 인물일 것이다.

visarga(비사르가)
'방사'라는 뜻이다. 아비나바굽타Abhinavagupta의 철학에서 가장 중요한 개념이다. 이것은 초월적인 팽창(비스타라 vistara, 비카사 vikāsa)과 수축(상코차 saṃkoca)의 과정을 의미한다. 이것은 언제나 신(神, Divine)의 특징을 나타내는 진동(스판다 I spanda) 운동이다. 비사르가visarga는 쉬바Śiva와 샥티 II Śakti의 결합(야말라 I yāmala)이다. 비사르가(무성음)로도 불리는 산스크리트Sanskrit 글자는 형이상학적 결합의 상징적 표현이다. 비사르가의 구심적인 힘은 달인이 궁극적 실재를 깨달을 때까지 그를 더 깊고 깊은 명상적 몰입으로 들어가게 한다.

Vishnu Devananda, Swami(스와미 비슈누 데바난다; 1927~1993)
1947년에 스와미 쉬바난다Swami Sivananda의 제자가 되기 전에 군인이었다. 십 년 뒤에 스와미 쉬바난다가 십 루피를 건네면서 자신의 가르침을 서구에 전파하라고 주문하였다. 그는 전 세계에 수많은 국제 쉬바 요가 베단타 센터Siva Yoga Vedanta centers와 아슈라마 āśrama를 설립하였다. 이것을 달성하기 위해서 현대의 편의 시설을 받아들였고 심지어는 자가용 비행기도 타고 다녔는데, 이로 인해 그는 '날아다니는 구루guru'라는 별칭을 얻었다. 『완전히 도해된 요가북』*The Complete Illustrated Book of Yoga*을 포함하여 몇 권의 책을 저술하였다.

vision(통찰력)
⇒ 다르샤나darśana, 키야티khyāti 참조.

vismaya(비스마야)
'경탄하다'라는 뜻이다. 신(神, Divine)과 직면할 때 일어나는 무아경의 반응 중 하나이다.
⇒ 차맛카라camatkāra도 참조.

vistara(비스타라) 또는 **vikāsa**(비카사)
'팽창'이라는 뜻이다. 카슈미르 샤이비즘Kashmiri Śaivism에서 신성한 심장(흐리다야hṛdaya)이 바깥으로 나가는 단계이다.
⇒ 비사르가visarga도 참조.
[비교] 상코차saṃkoca.

visualization(심상화)
요가Yoga와 탄트라Tantra에서 명상(meditation)은 자신이 선택한 신(이슈타-데바타iṣṭa-devatā)을 마음속에 가능한 한 생생하게 그리는 심상화의 형태를 종종 취한다. 심상화를 표현하는 데는 바바나bhāvanā라는 용어가 널리 사용되지만 디야나dhyāna도 발견된다.

viśeṣa(비셰샤)
'차별', '차이가 있는 것', '특별한 것' 또는 '특성'이라는 뜻이다. 고전 요가(Classical Yoga)에서 '차이가 있게 된 것', 즉 차별로 된 존재의 층위이다. 『요가-바쉬야』*Yoga-Bhāṣya*(2. 19)에 따르면 이것은 다섯 요소(부타 bhūta)와 열 개의 감각기관(인드리야indriya), 하위의 마음(마음 감관, 마나스manas)으로 이루어져 있다.
[비교] 아비셰샤aviśeṣa.

Viśiṣṭa Advaita(비쉬슈타 아드와이타)
'속성이 있는 불이론不二論'으로 된 베단타Vedānta학파이다. 라마누자Rāmānuja가 이 학파의 가장 탁월한 주창자이다. 샹카라Śaṅkara의 급진적 불이론과 대조적으로 이 학파는 궁극적 실재가 단지 속성이 없는(니르구나nirguṇa) 비인격적 절대자가 아니라 모든 속성들이 내재되어 있는 초인격적 참존재(Being)라는 관점을 옹호한다. 나타무니Nāthamuni와 야무나차리야Yāmunācārya와 같은 이 학파의 초기 대변자들은 강력한 헌신(박티 bhakti) 수행과 더불어 여덟 가지로 된 요가(8지支 요가, 아슈타-앙가-요가aṣṭa-aṅga-yoga)를 수행했다.
[비교] 케발라 아드와이타Kevala Advaita.

viśuddha-cakra(비슛다-차크라) 또는 **viśuddhi-cakra**(비슛디-차크라)
전자는 '순수한 바퀴'라는 뜻이고, 후자는 '순수의 바퀴'라는 뜻이다. 오름차순으로 다섯째 심령 에너지

V

센터(차크라 cakra)이다. 또한 잘란다라-피타 jālandhara-pītha와 '해탈로 가는 위대한 관문' ♯ mahā-mokṣa-dvāra으로도 알려져 있다. 목구멍에 위치한다거나, 또는 『요가-쉬카-우파니샤드』 *Yoga-Śikhā-Upaniṣad*(1. 174)에서처럼 이것이 '목구멍의 우물' ♯ kaṇṭha-kūpa에 있다고 설명한다. 대개 열여섯 개의 어두운 보라색 꽃잎으로 된 연蓮으로 묘사된다. 『샤트-차크라-니루파나』 *Ṣaṭ-Cakra-Nirūpaṇa*(28)에 따르면 이것의 과피는 '원형 공간' ♯ nabho-maṇḍala으로 이루어져 있고, 이 공간은 보름달과 비슷하다. 이 센터의 '종자 음절'(비자-만트라 bīja-mantra)은 함 haṃ, 요소는 공(空, 아카샤 ākāśa), 여신은 샤키니 Śākinī와 연결되어 있다. 『쉬바-상히타』 *Śiva-Saṃhitā*(5. 92)에서는 이 차크라에 명상함으로써 수행자는 베다 Veda들과 이들의 모든 신비에 대해 즉각적으로 이해할 수 있게 된다고 한다.

비슛다-차크라. 인후에 위치한 심령 에너지 센터

viśva(비슈와)

'세계'라는 뜻이다. 완전한 상태로서의 우주(cosmos)이다. 힌두 Hindu 우주론에서는 이것을 신(神, Divine)의 무한성 속에서 발생하고 카르마 karma 법칙의 지배를 받는, 광대하고 다차원적이며 동적인 것으로 묘사한다. 보통의 깨닫지 못한 개아(psyche, 지바 jīva)는 우주의 전개과정에 속박되어 있고, 오직 보다 높은 지혜(갸나 jñāna, 비디야 vidyā), 즉 초월적 실재에 대한 깨달음을 통해서만 속박 상태를 벗어날 수 있다. 요가 Yoga는 힌두이즘 Hinduism에서 상세히 설명된 영적인 길 중 하나이다. 세계에 속박된 개아는 요가에 의해서 참자아(아트만 ātman, 푸루샤 puruṣa)로서의 자신의 참된 정체성을 깨달을 수 있고, 자신의 본질적인 자유를 회복할 수 있다. 깨달음, 즉 해탈로 가는 길에서 요긴 yogin은 우주의 시공간의 광대함을 밝혀 주는 모든 종류의 놀라운 통찰력(vision)과 예견력을 획득하게 될 것이다. 그러나 그러한 특권적인 지식, 특히 세계의 '미세한'(수크슈마 sūkṣma) 차원들에 대한 지식도 궁극적으로는 포기되어야만 하는 것이다. 그 결과 우주는 전체적으로 초월될 수 있다.

모든 요가학파는 아니지만 일부 요가학파에게 있어 깨닫지 못한 개아가 경험하는 세계는 영적인 진전의 커다란 적이다. 결과적으로 그들은 우주적 존재의 초월을 인간이 열망하는 최고의 목표로 간주하였다. 이것이 신체를 벗어난 해탈(이신해탈離身解脫, 비데하-묵티 videha-mukti)의 이상이다. 더 통합적인 관점에서는 세계를 깨달음에 잠재적인 도움을 주는 것으로 간주하였다. 둘째 관점에 따르면 세속적인 에고(다양한 대상을 직면하는 주체)로서 분리된 존재라는 꿈에서 깨어난 다음에, 수행자는 신神의 현현顯現 또는 유희(릴라 līlā)로 세계를 즐긴다. 이것이 생해탈(지반-묵티 jīvan-mukti)의 이상이다.

viśva-udara-nāḍī(비슈와-우다라-나디, [연성]**viśvodara-nāḍī** 비슈오다라-나디)

'세계의 복부 통로'라는 뜻이다. 비슈와-우다리-나디(viśva-udarī-nāḍī; '세계의 부어오른 통로'라는 뜻)라고도 쓴다. 생기(프라나 prāṇa)가 신체에서 순환할 수 있게 하는 주요한 도관(나디 nāḍī) 중 하나이다. 일반적으로 이것은 하스티-지와-나디 hasti-jihvā-nāḍī와 쿠후-나디 kuhū-nāḍī 사이에 위치한다고 생각된다. 『요가-야갸발키야』 *Yoga-Yājñavalkya*(4. 44)에서는 이 나디를 복부 ♯ tunda의 중앙에 위치시키는데, 이것은 궁금함을 불러일으키는 이 명칭을 설명해 준다. 왜냐하면 배꼽은 소우주의 중심이기 때문이다. 이 생기(프라나) 통로는 음식의 소화를 책임진다고 여겨진다.

viśvāsa(비슈와사)

'확신' 또는 '믿음'이라는 뜻이다. 이것은 『쉬바-상히타』*Śiva-Saṃhitā*(3. 18)에 성공적인 영적 수행을 위한 전제 조건으로 언급되었다.

⇒ 아스티키야āstikya, 슈랏다śraddhā도 참조.

viṣaya(비샤야)

'대상'이라는 뜻이다. 감각기관(인드리야indriya)들을 통해서 경험되는 것이다. 『요가-바쉬야』*Yoga-Bhāṣya*(4. 17)에서는 대상들을 자석에 비유한다. 왜냐하면 마음(consciousness, 칫타citta)이 철의 속성을 가진 것처럼 대상들이 마음을 속박하기 때문이다. 감각의 인식(awareness)은 깨어 있는 의식(consciousness)의 습관적 상태이다. 대체적으로 주의를 내부로 돌리려고 노력하는 요가Yoga에서는 감각 대상들을 빈번히 적으로 간주한다. 그래서 요가학자인 바차스파티 미슈라Vācaspati Miśra는 그의 저작 『탓트와-바이샤라디』*Tattva-Vaiśāradī*(2. 55)에서 그것들을 뱀의 독액♯āśiviṣa에 비유했다. 이 견해는 다른 전통들의 수많은 저작들에 그대로 반영되었다. 『바가바드-기타』*Bhagavad-Gītā*(2. 59)에서는 대상들에 대한 '식사'(아하라āhāra)에 대해 말한다. 이 관념은 또한 산스크리트Sanskrit 용어로 '경험'을 의미하지만 어근 √bhuj('먹다', '소비하다', '즐기다')로부터 파생된 보가 I bhoga을 떠오르게 한다.

어떤 맥락에서는 비샤야viṣaya가 『요가-쿤달리-우파니샤드』*Yoga-Kuṇḍalī-Upaniṣad*(1. 60)에서처럼 '세 속성'을 나타낸다. 거기서 이것은 열 가지 장애(비그나vighna) 중 하나로 명명되고 이욕(renunciation, ♯virati)과 대비된다.

⇒ 아르타artha, 라크쉬야lakṣya도 참조.

viṣāda(비샤다)

'절망'이라는 뜻이다. 아르주나Arjuna 왕자는 전장에서 그의 가족, 친구, 스승에 맞섰을 때 혼란스러움과 절망감에 휩싸였다. 훌륭한 대의를 위해 싸운다는 것을 알고 있었지만, 그는 그들을 죽이는 것을 상상할 수 없었다. 아르주나의 마부였던 크리슈나Kṛṣṇa는 그가 낙담하는 것을 보고 그에게 자아 초월적 행위의 길인 카르마-요가Karma-Yoga의 비밀을 가르친다. 그가 『바가바드-기타』*Bhagavad-Gītā*에서 가르쳤던 영원한 질서(다르마dharma)는 유지되어야만 한다. 정의를 위해서 싸우는 것이 전사의 의무이고, 낙담하는 것은 남자답지 못한 일이다. 이것은 일반적인 인간의 상황에 대한 풍자로 빈번히 해석된다.

비샤다viṣāda는 이따금씩 결점(도샤doṣa)중 하나로 간주된다. 『웃다바-기타』*Uddhāva-Gītā*(24. 2)에서는 영적 수행자들이 지쳐서, 또는 마음을 알맞게 통제하지 못함으로 인해서 자주 낙담하는 경향이 있다고 한다. 그 때 그들은 '주主의 연꽃 발(lotus feet)'에 대피할 것을 권고 받는다. 『마르칸데야-푸라나』*Mārkaṇḍeya-Purāṇa*(39. 16)에서는 침체 상태를 극복하기 위해서 호흡 조절 수행(프라나야마prāṇāyāma)을 하라고 분명하게 제안한다.

Viṣṇu(비슈누)

원래 베다Veda의 만신전에서 중요하지 않은 신이었으나, 추측컨대 신화에서 그에게 인격과 이력을 주의 깊게 상세히 묘사해 주었기 때문에 급속히 성장하여 힌두이즘Hinduism의 주요 신 중 하나가 된 것 같다. 그의 이름은 '편재자'라는 뜻이고 그의 편재성과 연관된다. 중세 인도의 삼위일체♯tri-mūrti의 신에서 비슈누Viṣṇu는 유지의 원리를 나타내는 한편, 브라마II Brahma는 창조의 원리를, 쉬바Śiva는 파괴의 원리를 나타낸다.

비슈누는 바이슈나비즘Vaiṣṇavism에서 숭배되는 지고의 신이다. 그의 자비로운 속성은 헌신이라는(박티bhakti) 반응을 불러일으켰다. 박티-요가Bhakti-Yoga는 바이슈나비즘의 종교적 문화에서 번성하였다. 여러 세계의 시대(유가yuga)에서 24가지 '화신'(아바타라avatāra)은 비슈누의 가장 중요한 측면이다. 그 중에서 크리슈나Kṛṣṇa가 가장 인기 있는 화신이고, 라마Rāma가 근소한 차이로 그 다음이다. 바이슈나바vaiṣṇava들은 비슈누를 찬양하고 위대한 신과의 합일, 즉 동일시를 깨닫는 길을 알려 주는 탁월한 저작들을 많이 지었다. 이 문헌 중 최고는 『바가바드-기타』*Bhagavad-Gītā*와 『바가바타-푸라나』*Bhāgavata-Purāṇa*이다.

⇒ 데바deva도 참조.

자신의 탈 것인, 반은 사람이고 반은 새인 가루다(G aruḍau)에 올라탄 비슈누(Viṣṇu)

viṣṇu-granthi(비슈누-그란티)
'비슈누Viṣṇu의 결절'이라는 뜻이다. 둘째 '결절'(그란티granthi), 즉 생기(프라나prāṇa)의 자유로운 흐름을 막는 신체 내 장애물이다. 인후에 위치한다. 하지만 일부 권위자들은 심장에 있다고 한다.

Viṣṇu-Purāṇa(비슈누-푸라나)
푸라나Purāṇa 장르의 주요 문헌 중 하나이다. 이 장르의 초기 문헌들은 서기 이전에 성립되었다. 『비슈누-푸라나』*Viṣṇu-Purāṇa*에서는 요가Yoga를 여섯째 장에서 다루고 있고, 명상(meditation, 디야나dhyāna)의 길로 이해한다.

V

Viṣṇu-Saṃhita(비슈누-상히타)
중요한 판차라트라Pañcarātra 문헌이다. 여기서는 요가Yoga를 신체적 · 정신적(mental) 통제를 수반하는 바가바타-요가(♪Bhāgavata-Yoga; '주主와 연관된 수행')로 규정한다. 이 접근법의 핵심은 박티bhakti이다.

vital areas(생기 에너지 자리)
⇒ 마르만marman 참조.

vitality(생명력)
⇒ 비리야vīrya 참조.

vitarka(비타르카)
'사고'(思考, cogitation) 또는 '심'尋이라는 뜻이다. 이 용어는 '생각'이라는 일반적으로 사용되는 의미 외에도 고전 요가(Classical Yoga)에서 두 가지 기본적 의미를 가지고 있다. 첫째, 이것은 '조대한'(스툴라sthūla) 대상에 대한 명상(contemplation, 정려精慮, 디야나dhyāna)과 연관하여 의식 무아경(유상 삼매, 삼프라가타-사마디samprajñāta-samādhi)의 상태에서 일어나는 자연발생적인 생각의 과정들을 나타낸다. 둘째, 비타르카vitarka는 복수하거나 거짓말하려는 생각과 같은, 하루 중에 발생할 수 있는 불건전한 궁리의 종류를 의미한다. 『요가-수트라』*Yoga-Sūtra*(2. 33)에서는 그것들을 근절하기 위해서 자신의 감정적 상태와 관계없이 축복을 빌고 진실을 말하는 것과 같은 상반된 관념에 머무를 것을 권한다. 이 수행법은 프라티파크샤-바바나pratipakṣa-bhāvanā로 알려져 있다.
⇒ 니르비타르카-사마팟티nirvitarka-samāpatti, 사비타르카-사마팟티savitarka-samāpatti, 타르카tarka도 참조.
[비교] 비차라vicāra.

vitṛṣṇa(비트리슈나) 또는 **vaitṛṣṇya**(바이트리슈니야)
'갈망 없음'이라는 뜻이다. 바이라기야(vairāgya; 이욕, dispassion)의 동의어이다.

Vivaraṇa(비바라나)
『요가-바쉬야-비바라나』*Yoga-Bhāṣya-Vivaraṇa*라는 제목을 줄인 것이다. 비야사Vyāsa의 『요가-바쉬야』*Yoga-Bhāṣya*에 대한 복주석復註釋이다. 그것의 저자는 어떤 샹카라 바가바트파다Śaṅkara Bhagavatpāda이다. 더 가능성이 있는 저작연대는 서기 1000~1400년 사이지만, 일부 학자들은 아드와이타 베단타Advaita Vedānta의 위대한 교사(아차리야ācārya)와 그를 동일시한다.

viveka(비베카)

'식별'이라는 뜻이다. 실재(사트sat)와 비실재(아사트asat), 진실과 허구, 특히 초월적 참자아와 '비자아'ƒanātman 사이의 차이에 대한 인식이다. 이것은 고전 요가(Classical Yoga)에서 중요한 관념으로, 순수 정신(Spirit, 푸루샤puruṣa)과 우주(cosmos, 프라크리티prakṛti) 사이의 영원한 분리를 역설한다. 베단타Vedānta의 불이일원론 형이상학에 기초를 둔 『요가-쉬카-우파니샤드』*Yoga-Śikhā-Upaniṣad*(4. 22)에서는 이 관점을 비판하면서 참자아와 '비자아' 사이에 대한 요긴yogin의 식별은 무지로부터 발생한다고 언급한다.

⇒ 비베카-키야티viveka-khyāti, 비베킨vivekin도 참조.

viveka-khyāti(비베카-키야티)

'식별지'識別智 또는 '식별의 통찰력(vision)'이라는 뜻이다. 이것은 또한 식별에서 발생한 지혜ƒviveka-ja-jñāna와 '차이의 통찰력'(안야타-키야티anyatā-khyāti)으로도 불리며, 고전 요가(Classical Yoga)의 핵심 개념이다.

『요가-수트라』*Yoga-Sūtra*(3. 54)에 따르면 이것은 해탈의 직접적 수단이고, 모든 것을 대상ƒsarva-viṣaya으로 하고 모든 시간을 대상ƒsarvathā-viṣaya으로 하며 즉각 나타난다(아크라마akrama)고 한다. 파탄잘리Patañjali는 이것을 '전달자'(구제자, 타라카Tāraka)라고도 부르는데, 이것은 단지 지성적 이해가 아니라는 것을 분명히 해야 한다. 보다 정확히 말하자면 비베카-키야티viveka-khyāti는 의식 무아경(유상 삼매, 삼프라갸타-사마디samprajñāta-samādhi)의 최고 단계에서 발생한다.

Viveka-Mārtaṇḍa(비베카-마르탄다)

'식별의 태양'이라는 뜻이다. 단지 여덟 개의 대구로 된 요가Yoga에 대한 짧은 소책자이다. 분명히 기야스-우드-딘Ghiyās-ud-din이라는 어떤 술탄을 위해 작성되었다. 이 저작은 라메슈와라 밧타(Rāmeśvara Bhaṭṭa; 14세기경)의 저작으로 여겨진다.

Vivekananda, Swami(스와미 비베카난다; 1863~1902)

라마크리슈나Ramakrishna의 많은 제자 중에서 가장 유명하다. 나렌드라나트(Narendranath, '나렌'Naren) 닷타Datta라는 본명을 가진 그는 캘커타Calcutta에 있는 선교대학(Mission College)에서 수학했다. 거기서 그는 철학에 탁월한 재능을 확연히 보였다. 나렌드라나트는 열일곱 살에 라마크리슈나를 처음 만나서 2년 뒤에 그의 아슈람에 들어갔다. 그는 천진난만하지만 현명한 라마크리슈나의 총애를 받는 제자가 되었다. 라마크리슈나는 이 젊은이에게 서로를 쳐다보고 있는 것처럼 분명하게 신을 '보았다'고 단언했다. 1886년에 그의 스승이 죽고 얼마 지나지 않아 비베카난다는 세속을 포기하고 가까운 다른 제자들과 함께 라마크리슈나 교단을 설립했다. 이것은 나중에 라마크리슈나 선교회(Ramakrishna Mission)로 발전했고, 이 선교회는 서반구에 힌두교Hindu의 가르침을 보급하는 데 크게 기여하였다. 비베카난다는 1883년 시카고에서 열린 세계종교 회의에서 힌두이즘Hinduism을 설파함으로써 하룻밤 사이에 세계적인 명성을 얻었다. 그는 윌리엄 제임스William James, 레프 톨스토이Leo Tolstoy와 같은 사람들의 존경을 받았다. 그의 강연 활동은 특히 올더스 헉슬리Aldous Huxley, 제럴드 허드Gerald Heard를 매료시켰는데, 이들은 서구에 베단타Vedānta 전파를 위한 길을 여

스와미 비베카난다(Swami Vivekananda)

V

는 데 중요한 역할을 했다. 인도로 돌아오자마자 그는 국민적 영웅으로 찬양받았다. 주로 소그룹들에 대한 강의로 된 비베카난다의 수많은 책에는 라자-요가 Rāja-Yoga, 카르마-요가 Karma-Yoga, 갸나-요가 Jñāna-Yoga, 박티-요가 Bhakti-Yoga에 대해 다루고 있는, 널리 읽히는 저작들이 포함되어 있다. 그는 베단타의 불이론不二論 철학적 견해로 요가 Yoga를 엄격하게 해석했다.

vivekin(비베킨)

'식별자'라는 뜻이다. 『요가-수트라』 *Yoga-Sūtra*(2. 15)에 따르면 모든 것 속에, 심지어 명백히 즐거운 경험에조차도 슬픔(두카 duḥkha)이 감춰져 있다는 것을 깨달은 자이다. 그러한 사람들은 안구처럼 민감하다고 한다. 그러나 집중(concentration)의 힘으로 그들은 정반대의 것으로 된 쌍(드완드와 dvandva)들을 넘어서 간다.

⇒ 비베카 viveka도 참조.

vīra(비라)

'영웅'이라는 뜻이다. 탄트라 Tantra의 중요한 범주로, '영웅적' 기질(바바 bhāva)을 북돋우는 영적 수행자를 나타낸다. 그는 현재 어둠의 시대(칼리-유가 kali-yuga)에 적합한 유일한 사람이다. 『쿨라르나바-탄트라』 *Kulārṇava-Tantra*(17. 25)에서는 비라 vīra라는 용어를 다음과 같이 설명한다. "갈애(라가 rāga), 도취 ♯mada, 고통(클레샤 kleśa), 분노 ♯kopa, 질투(맛사리야 mātsarya), 미망(모하 moha)으로부터 벗어나 있기 때문에, 그리고 활동성(라자스 rajas)과 불활성(타마스 tamas)이 완전히 제거되었기 때문에 그는 영웅이라고 불린다."

위 단락은 비라('영웅'), 비타(♯vīta; '자유'), 비두라(♯vidhūra; '동떨어진')라는 단어에 대한 기발한 어원학적 재담을 보여 준다. 이 재담은 강력한 활동(라자스)적 성질을 비라에 속하는 것으로 생각하는 다른 탄트라 문헌들과 다르다. 종종 비라는 성적 교합(마이투나 maithuna)을 포함한 '다섯 요소'(판차-탓트와 pañca-tattva)와 관련된 좌도 의례 수행자로 이해된다. 영웅적 수행자는 자아를 초월하기 위한 투쟁에서 모든 위험을 무릅쓴다는 의미이다.

⇒ 비리야 vīrya도 참조.

vīra-āsana(비라-아사나, [연성]**vīrāsana** 비라사나)

'영웅 자세'라는 뜻이다. 『마하바라타』 *Mahābhārata*(12. 292. 8)에서 언급된 이 자세(아사나 āsana)는 『게란다-상히타』 *Gheraṇḍa-Saṃhitā*(2. 17)에서는 다소 불충분하게 설명되어 있다. 한쪽 다리(발)를 (반대쪽) 허벅지 위에 놓고 [다른 쪽] 발을 뒤쪽으로 돌린다. 현대의 교본들에서는 종종 이 자세를 다음과 같이 다르게 설명한다. 무릎을 꿇고 양쪽 허벅지 사이에 앉는다.

Vīra Śaiva sect(비라 샤이바파)

⇒ 링가야타파 Liṅgāyata sect 참조.

vīrya(비리야)

'생명력' 또는 '에너지'라는 뜻이다. 초의식 무아경(무상 삼매, 아삼프라갸타-사마디 asamprajñāta-samādhi)으로 가는 요가 Yoga 길의 필수조건 중 하나로 『요가-수트라』 *Yoga-Sūtra*(1. 20)에 열거되어 있다. 이 저작의 다른 곳(2. 38)에서는 비리야 vīrya가 [성적] 금욕(동정童貞, 브라마차리야 brahmacarya) 수행을 통해서 획득된다고 한다. 일부 문헌에서는 비리야가 '정액'을 의미할 수 있다.

⇒ 비라 vīra도 참조.

vīta-rāga(비타-라가)

'탐욕으로부터 자유'라는 뜻이다. 집착(라가 rāga)으로부터 자유로운 상태이다. 그 상태를 즐기는 사람이기도 하다. 『문다카-우파니샤드』 ♯*Muṇḍaka-Upaniṣad*(3. 2. 5)에서는 이것을 참자아에 대한 깨달음의 전제 조건으로 본다. 한편 『바가바드-기타』 *Bhagavad-Gītā*(2. 56)에서는 이것을 확고한 지혜(스티타-프라갸 sthita-prajñā)를 가진 성자의 필수불가결한 자질로 언급한다. 『요가-수트라』 *Yoga-Sūtra*(1. 37)에서는 그러한 수행자의 마음을 다른 수행자가 명상(meditation)을 하기에 알맞은 대상이라고 말한다.

⇒ 바이라기야 vairāgya도 참조.

vow(서약)
⇒ 브라타vrata 참조.

vrata(브라타)
'서약'이라는 뜻이다. 때로 권계(니야마 niyama)의 구성 요소인 수행들 가운데 하나로 언급된다. 『요가-야갸발키야』*Yoga-Yājñavalkya*(2. 11)에서는 이것을 법(法, virtue, 다르마dharma)과 참자아 양자를 깨닫기 위해 수행자가 영적 방편(우파야upāya)을 계속 고수하는 것으로 설명한다. 『샨딜리야-우파니샤드』*Śāṇḍilya-Upaniṣad*(1. 2. 11)에서는 더 전통적이게 이것을 베다Veda에 규정된 규율을 지속적으로 행하는 것으로 정의한다.

Vrātya[s](브라티야[들])
서약(브라타vrata)으로 함께 모인 고대 인도의 종교적인 떠돌이 집단이다. 그들은 요가Yoga의 가장 초기 역사와 연관되어 있었고, 그들이 작곡한 노래와 멜로디♯sāman 공연과 관련하여 호흡법(프라나야마 prāṇāyāma)의 수행에 막대한 공헌을 했을 것이다. 힌두이즘Hinduism의 문헌은 이 수수께끼 같은 집단들에 대해 많이 언급한다. 그러나 그들에 대해 가장 신뢰할 만한 정보는 『아타르바-베다』*Atharva-Veda*의 브라티야-칸다(♯Vrātya-Khāṇḍa, 15권)에 주어져 있다. 브라티야Vrātya들은 베다Veda 사회의 정통적 중심부에 속하지 않고, 그들 고유의 관습을 가지고 있었던 많은 공동체 중 하나였던 것으로 보인다. 베다 희생제 종교의 브라만brahman 관리자들이 볼 때 그들은 야만적인 천민 계층이었고, 심지어는 인간 희생제의의 예비 제물들이었을 것이다. 브라티야들은 후대에 쉬바Śiva로 흡수된 바람(과 호흡)의 신인 루드라Rudra를 숭배했다. 브라티야들은 주로 인도 북동부 지역에서 떠돌았다. 그러나 시간이 지남에 따라 다수는 정통 브라마니즘Brahmanism으로 개종하여 정착하게 되었다. 그 구성원 중 일부는 '성기를 가라앉혔다'♯śamanīca-medhra고 하고, 이것은 완전한 [성적] 금욕(동정童貞, 브라마차리야brahmacarya)의 추구를 암시한다. 각 집단들에는 전문 시인(♯māgadha 또는 sūta)과 풍슈찰리(♯puṃścalī; '남성을 움직이는 사람')로 불리는 여성이 있었다. 그녀는 성스러운 창녀로 보인다. 한여름의 의례 중에 시인과 창녀는 신과 여신 사이의 창조적이고 에로틱한 행위를 연기한다. 따라서 이것은 의례적 성교(마이투나maithuna)로 된 탄트라Tantra 수행의 전조가 된다.

vrātya-stoma(브라티야-스토마)
베다Veda 시대에 브라티야Vrātya들이 정통 브라마니즘Brahmanism 집단 속으로 들어왔던 특별한 희생 제의이다.

vṛkṣa-āsana(브리크샤-아사나, [연성]**vṛkṣāsana**브리크샤사나)
'나무 자세'라는 뜻이다. 현대 하타-요가Haṭha-Yoga 수행자들 사이에서 선호되는 자세(아사나āsana)이다. 『게란다-상히타』*Gheraṇḍa-Saṃhitā*(2. 25)에 다음과 같이 기술되어 있다. 나무처럼 곧게 바닥에 서서 오른발을 왼쪽 허벅지에 놓는다. 이것은 균형 자세 이상이다. 왜냐하면 이것은 마음도 안정시키기 때문이다.

vṛndāvana(브린다바나)
영어식으로는 브린다반Brindavan이다. 크리슈나Kṛṣṇa가 젊은 시절을 보낸 마투라Mathurā 인근의 숲이 우거진 지역이다. 거기에 고바르다나Govardhana라 불리는 산이 있다.

vṛścikā-āsana(브리슈치카-아사나, [연성]**vṛścikāsana**브리슈치카사나)
'전갈 자세'라는 뜻이다. 『하타-라트나발리』*Haṭha-Ratnāvalī*(3. 74)에 다음과 같이 기술되어 있다. 두 손을 바닥에 댄 다음, 쟁기 자세에서 발목을 들어올린다. 현대 하타-요가Haṭha-Yoga 교본들에 있는 전갈 자세는 (손이나 팔뚝으로 신체를 지탱하는) 물구나무서기에서 온 것으로 추정된다. 발이 정수리에 닿을 때까지 다리를 뒤로 굽힌다.

vṛṣa-āsana(브리샤-아사나, [연성]**vṛṣāsana**브리샤사나)
'황소 자세'라는 뜻이다. 『게란다-상히타』*Gheraṇḍa-*

Saṃhitā(2. 38)에 다음과 같이 기술되어 있다. 오른쪽 발꿈치 위에 엉덩이를 놓고 왼발을 오른쪽 다리 옆에 댄다.

⇒ 아사나āsana도 참조.

vṛtti(브릿티)

'회전', '구르기'라는 뜻이다. 이 용어는 '활동', '작용', '삶의 방식', '생계', '규칙'을 포함하여 수많은 의미를 가지고 있다. 요가Yoga적 맥락에서는 특히 의식(consciousness, 칫타citta)의 '동요' 또는 '작용'을 나타낸다. 파탄잘리Patañjali는 브릿티vṛtti를 다섯 가지로 구분하였는데 다음과 같다. 바른 인식(프라마나pramāṇa), 그릇된 인식(비파리야야viparyaya), 개념화(또는 망상, 비칼파vikalpa), 수면(니드라nidrā), 기억(스므리티smṛti)이다. 이 범주들은 분명히 심리·정신적 상태들에 대한 포괄적인 목록은 아니지만, 명상(meditation, 정려精慮, 디야나dhyāna)과 무아경(삼매, 사마디samādhi)을 수행하는 데 모두 중요하다. 『요가-수트라』*Yoga-Sūtra*(1. 2)에서 언급한 것처럼 "요가는 마음(consciousness) 작용의 억제이다."yogaścitta vṛtti nirodhaḥ 2장 11송에 따르면 그 작용들은 명상으로써 억제된다. 그 작용들의 억제(니로다nirodha)는 의식 무아경, 즉 유상 삼매(삼프라갸타-사마디samprajñāta-samādhi) 상태에 이르게 한다. 요긴yogin이 이 정신·심리 작용들을 억제하려는 이유는 그것들이 초월적 참자아(푸루샤puruṣa)로서의 자신의 참된 본성을 흐리게 해서 진짜가 아닌 존재와 고통(두카duḥkha) 속으로 자신을 끌어들이기 때문이다. 바꿔 말해서 그것들이 잠재의식의 활성체, 즉 잠세력(潛勢力, 상스카라saṃskāra)을 발생시켜서 새로워진 심리·정신 활동을 불러일으키기 때문이다.

vyakta(비약타)

'현현顯現된 것'(나타난 것)이라는 뜻이다. 서사시대 요가Yoga에서 흔히 사용된 개념이다. 『마하바라타』*Mahābhārata*(3. 211. 12)에는 다음과 같은 교훈적인 송이 있다. "감각기관(인드리야indriya)들에 의해 만들어진 것은 무엇이든지 비약타vyakta라고 불린다. 감각기관을 넘어서 있고 [오직] 상징들에 의해서만 알 수 있다고 알려진 것은 미현현未顯現된 것(아비약타avyakta)이다." 『요가-수트라』*Yoga-Sūtra*(4. 13)에서 이 용어는 과거나 미래에 속하는 속성들에 대조되는, 현존하는 대상의 속성(다르마dharma)들을 말한다. 이것들은 엄밀히 말해서 '미세한 것'(수크슈마sūkṣma)들로 알려져 있다.

⇒ 우주(cosmos), 파르반parvan도 참조.

vyakti(비약티)

'현현'顯現이라는 뜻이다. 창조된 전체 우주(cosmos)로, 우주(프라크리티prakṛti)의 초월적 토대(프라다나pradhāna)로부터 전개되었다.

vyādhi(비야디)

'질병'이라는 뜻이다. 『요가-수트라』*Yoga-Sūtra*(1. 30)에서는 영적인 길에 있는 장애(안타라야antarāya) 중 하나로 비야디vyādhi를 열거한다. 『요가-바쉬야』*Yoga-Bhāṣya*(1. 30)에서는 이 용어를 체질(다투dhātu)과 분비물(라사rasa), 감각기관(카라나kāraṇa) 들의 이상으로 설명한다. 신체와 마음이 통합되어 있기 때문에 질병(로가roga)이 수행자의 영적 수행을 방해한다고 인식하는 것은 매우 쉽다. 열이 있거나 신체가 고통에 시달릴 때 집중하거나 명료한 의식을 유지하기는 어렵다. 그러므로 수행자는 전통적인 수단을 통해서나, 가능하다면 요가Yoga 수행과 건강에 좋은 태도들을 선택함으로써 심신에 양호한 건강을 되찾아야 하는 것이 중요하다.

Vyāghrapāda(비야그라파다)

'호랑이의 발을 가진'이라는 뜻이다. 파탄잘리Patañjali와 티루물라르Tirumūlar 양자의 제자였다고 하는 난디나타Nandinātha 계보의 달인이다.

vyāna(비야나)

신체 내를 순환하는 생기(프라나prāṇa)의 다섯 가지 주요 형태 중 하나이다. 일찍이 『마이트라야니야-우파니샤드』*Maitrāyaṇīya-Upaniṣad*(2. 6)에서는 이것을 들숨(프라나)과 날숨(아파나apāna)의 활동을 지탱하는 것이라고 말한다. 일부 문헌에서는 눈, 귀, 인후, 관절과 같은 특정 부위들을 언급하지만, 이것은 전신에 걸쳐 퍼져 있는 것으로 널리 여겨진다. 또한 이것은 말을 할 수 있게 한다고 흔히 생각된다.

Vyāsa(비야사)
'편찬자'라는 뜻이다. 몇 명의 전설적 성자의 이름이다. 『비슈누-푸라나』*Viṣṇu-Purāṇa*(3. 3)에서는 베다 Veda들이 스물여덟 차례 편찬되어 왔기 때문에 그 수만큼의 비야사Vyāsa들이 있어 왔다고 언급한다. 그러나 일반적으로 힌두Hindu 전통에서는 비야사를 한 명의 개인으로 간주한다. 그는 현자 파라샤라 Parāśara의 아들인 크리슈나 드와이파야나 Kṛṣṇa Dvaipāyana로도 불리고, 처녀성을 기적적으로 되찾은 후에 샨타누 Śaṃtanu 왕과 결혼한 아름다운 처녀 어부인 사티야바티Satyavatī로도 불린다.
비야사는 네 종류의 베다, 『바가바드-기타』*Bhagavad-Gītā*와 함께 『마하바라타』*Mahābhārata*, 방대한 푸라나 Purāṇa 문헌들, 다수의 다른 저작을 편찬했다. 그는 또한 파탄잘리 Patañjali의 『요가-수트라』*Yoga-Sūtra*에 대한 현존하는 가장 오래된 주석인 『요가-바쉬야』*Yoga-Bhāṣya*의 저자로도 여겨진다. 『마하바라타』(12. 26. 4)에서는 그를 '요가Yoga의 권위자 중 으뜸가는 인물'로 꼽는다.

비야사(Vyāsa)

vyāvahārika-satya(비야바하리카-사티야)
'상대적 실재'라는 뜻이다. 비야바하리카(vyāvahārika; '일상', '관습')+사티야satya로 만들어졌다. 샹카라 Śaṅkara의 체계에서 '더 낮은 실재', 즉 경험적 실재이다. 이 단어는 접두사 비-(vi-; 부정)+아바(ava; '아래로')+문법적 어근 √hṛ('잡다', '나르다', '제거하다')로 이루어진 비야바하라vyavahāra에서 생겨났고, 문자 그대로 '사용', '교환', '활동', 바꿔 말해서 '일상의 삶'을 의미한다.
[비교] 파라마르티카-사티야pāramārthika-satya.

vyoma-cakra(비요마-차크라)
'에테르, 즉 공空의 바퀴'라는 뜻이다. 『하타-요가-프라디피카』*Haṭha-Yoga-Pradīpikā*(4. 45)에 따르면 이다-나디 iḍā-nāḍī와 핑갈라-나디 piṅgalā-nāḍī 사이에 '지지되지 않는'♯nirālambana 장소에 위치한 심령 에너지 센터(차크라 cakra)이다. 『요가-라자-우파니샤드』*Yoga-Rāja-Upaniṣad*(17)에서는 그것을 16개의 바퀴살을 가지고 있고 위대한 은총을 내려 주는 지고의 샥티 I śakti이 거주하는 아홉째 센터라고 말한다.
⇒ 아카샤-차크라ākāśa-cakra도 참조.

vyoman(비요만)
'에테르' 또는 '공간', '공'空이라는 뜻이다. 아카샤 ākāśa와 동의어이다.

vyutkrama(비윳크라마)
'거꾸로 됨'이라는 뜻이다. 카팔라-바티 kapāla-bhāti를 구성하는 세 가지 수행법 중 하나이다. 『게란다-상히타』*Gheraṇḍa-Saṃhitā*(1. 58)에 따르면 천천히 코로 물을 들이켜서 입으로 다시 내뱉는 기법이다. 점액질(카파 kapha) 질병을 치유한다고 한다.

vyutthāna(비윳타나)
'출현'이라는 뜻이다.
⇒ 각성 의식(waking consciousness) 참조.

V

W

waking consciousness(각성 의식)

산스크리트Sanskrit로 비윳타나vyutthāna이다. 자각(awareness)의 지배적 유형이다. 거기서 자아 동일성(ego identity), 즉 개아(psyche, 지바jīva)는 삶에 대한 습관적인(카르마karma적인) 반응을 통해서 강화되거나 자신의 가치와 태도, 생각, 행위의 영적 전환을 통해서 점차 약화된다. 이런 이유로 각성 의식은 요긴yogin에게 특별한 중요성을 갖는다. 그러나 각성 의식이 자각의 유일한 유형은 결코 아니다. 요긴은 가능한 경험의 모든 단계에서 점진적으로 자신을 단련하는 법을 배워야만 한다. 그러므로 그는 꿈(스와프나svapna), 심지어 깊은 잠(니드라nidrā, 수숩티suṣupti)조차 정복해야만 한다. 이것은 그가 의식의 모든 상태에서 참자아에 대한 자각[보는 자의 의식(consciousness)]을 함양해야만 한다는 것을 의미한다. 무아경(삼매, 사마디samādhi)에서 깨닫게 되는 것과 같은 더 높은 자각 상태에서조차도 이 수행을 받아들이게 될 것이다.

⇒ 자그라트jāgrat, 사하자-사마디sahaja-samādhi도 참조.

walking in the ether(공空 속을 걷기)

⇒ 아카샤-가마나ākāśa-gamana 참조.

W

war(전쟁)

전쟁, 즉 갈등(conflict)은 수많은 일반적인 인간의 삶을 특징짓는다. 포괄적인 영적 철학에서는 이 사실을 결코 무시할 수 없다. 사실상 영성은 종종 정신의 평정(사마트와samatva)을 확립하려는 노력이라는 용어로 표현된다. 전형적으로 삶으로부터 물러남을 통해서 함양되는 그러한 내적 균형 상태를 추구한다. 버림(abandonment, 티야가tyāga)이나 포기(renunciation, 산니야사saṃnyāsa)로 된 힌두Hindu 전통은 점차 이 형태를 취하게 되었다. 그러나 『바가바드-기타』*Bhagavad-Gītā*에는 다른 수행법이 상세히 설명되어 있다. 이 저작의 가르침은 인도 땅에서 벌어진 가장 위대한 전쟁 중 하나를 배경으로 한다. 거기서는 한편으로는 참되고 선한 것을 위해 전쟁을 함으로써 자신의 의무(다르마dharma)를 행하는 것과 또 한편으로는 영적인 깨달음(보다bodha), 즉 해탈(모크샤mokṣa)을 위해 분투하는 것 사이의 긴장을 해결하려 노력한다. 이 저작의 중요한 구절(2. 18ff.)에서 크리슈나Kṛṣṇa는 그의 제자인 아르주나Arjuna 왕자에게 다음과 같은 충고를 한다.

> 영원하고 파괴할 수 없으며 비교할 수 없는 구체화된 존재(샤리린śarīrin, [즉 참자아])로 된 이 육체들은 유한하다. 그러므로 싸워라! 오, 바라타Bhārata의 아들이여.
> 참자신을 죽이는 자로 생각하는 자와 [참자신이] 죽임을 [당한다]고 생각하는 자, 둘 모두 알지 못한다. 참자신은 죽이지도 죽임을 당하지도 않는다는 것을.
> 그는 결코 태어나지도 죽지도 않는다. 그는 생성되지도 않았고, 생성되지도 않을 것이다. 이 태고의 [참자아]는 태어나지 않고 불변하며 영원하다. 신체가 죽임을 당할 때 이것은 죽임을 당하지 않는다.

크리슈나의 윤리는 근본적인 도덕률인 '불상해'(不傷害, 아힝사ahiṃsā)에 위배되는 것으로 보인다. 그러므로 전쟁에 대한 그의 가르침은 종종 우화적인 것일 뿐이라고 해석되어 왔다. 그러나 크리슈나는 일반적으로 전쟁을 용서하지 않는다. 오히려 그와 아르주나가 참여한 전쟁은 아르주나의 왕국을 찬탈했던 쿠루Kuru들의 이기주의로 인해 상실되었던 도덕 질서(다르마)를 재확립하려는 것이다. 도덕 질서가 온전한 사회에서만 사람들이 자유롭게 인간의 가장 높은 열망의 추구, 바꿔 말해서 자아 초월, 즉 해탈(모크샤)의 추구에 자신들을 바칠 수 있기 때문이다. 크리슈나의 평화주의 윤리는 그의 영적 철학을 제쳐 놓고서는 적절하게 평가될 수 없다.

water(물)
⇒ 아프ap, 아파스apas 잘라 I jala 참조.

way(길)
⇒ 마르가mārga, 길(path) 참조.

way of the ancestors(선조들의 길)
⇒ 피트리-야나pitṛ-yāna 참조.

way of the deities(신들의 길)
⇒ 데바-야나deva-yāna 참조.

wheel(바퀴)
⇒ 차크라cakra 참조.

whirls, mental(정신적 동요)
⇒ 브릿티vṛtti 참조.

will(의지)
⇒ 잇차icchā 참조.

will to live(살려는 의지)
⇒ 아비니베샤abhiniveśa 참조.

wind(바람)
⇒ 파바나pavana, 바타vāta, 바유vāyu 참조.

wine(술)
탄트라Tantra에서 판차-마-카라pañca-ma-kāra 중 하나이다. 이것은 여러 가지 명칭, 즉 알리♯ali, 아사바♯āsava, 마두♯madhu, 마디야madya, 수라 II surā로 불린다. 『쿨라르나바-탄트라』*Kulārṇava-Tantra*(5. 107~108)에 따르면 진짜 술은 일단 쿤달리니-샤티kuṇḍalinī-śakti가 각성되기만 하면 정수리에 있는 차크라cakra로부터 흘러내리는 감로(아므리타amṛta)이다.

wisdom(지혜)
삶과 죽음에 대한 기본적인 태도를 변화시킬 정도로 존재 속에 침전되어 온 지식이다. 그것은 개별 인간 존재가 위대한 참존재, 즉 신(神, Divine)으로부터 거의 떨어져 있지 않다는 것을 깊고 생생하게 이해하는 것이다. 신의 지혜는 다시 신 자신 속으로 용해되기만을 위해서 짧은 기간 동안 발생한다. 지혜는 에고 의식(consciousness)이라는 짐으로부터 수행자를 벗어나게 해서 신체와 마음을 초월한 근원적 정체성과 만나게 한다.
⇒ 갸나jñāna, 붓디buddhi, 프라갸prajñā, 비디야vidyā도 참조.

wish fulfillment(소원 성취)
⇒ 프라카미야prākāmya 참조.

withdrawal(제감制感)
⇒ 프라티야하라pratyāhāra 참조.

witness(보는 자)
초월적 참자아는 의식(consciousness)의 여러 상태나 층위를 넘어서 있다. 이것은 모든 정신심리 현상을 보는 자(사크쉰sākṣin)로 간주한다. '넷째'(차투르타caturtha)로도 불리는 이 보는 자는 인도의 현자와 성자 들이 발견한 가장 광범한 영향을 미치는 것이고, 그들이 일반심리학에 가장 크게 기여한 것임에 분명하다.

women(여성)

샥티즘Śaktism과 탄트라Tantra에서 여성들은 어머니들이 받는 친절과 존경을 받는 것이 당연하다. 『쿨라르나바-탄트라』*Kulārṇava-Tantra*(11. 64b-65)에서는 다음과 같이 말한다.

> 여성을 모독하는 [모든 사람]은 쿨라-요기니kula-yoginī들을 화나게 한다.
> 여성이 일백 가지 죄를 [저지른다면(그럴 리 없지만)] 꽃으로도 그녀를 때려서는 안 될 것이다. 여성의 잘못을 세어서는 안 된다. [오히려] 그녀들의 선행(virtue)을 [항상] 드러나 보이게 해야만 한다.

Woodroffe, Sir John(존 우드로프경; 1865~1936)

가명은 아서 아발론Arthur Avalon이다. 캘커타Calcutta에 있는 영국 고등법원 판사였고 탄트라Tantra 연구의 선구자였다. 원어민 판디타paṇḍita들의 도움을 받아 그는 수많은 탄트라들을 편집하고 번역하였다. 그는 탄트라 스승 시브찬드라 비다르나바Sibchandra Vidārnava의 제자였고, 인도인들에게 연민을 느끼고 그들의 영성에 공감했기에 인도에 거주하는 영국인 동료들과 갈등을 빚었다. 가정적인 이유 때문에 불행스럽게도 그

존 우드로프경(Sir John Woodroffe)

는 1922년에 잉글랜드로 돌아갔고, 프랑스에서 은퇴할 때까지 옥스포드 대학에서 인도 법法에 대해 강의했다. 그러는 동안 탄트라에 대한 그의 저작들은 서구 지성들에게 늘 지속적으로 영향을 끼쳤다.

work(활동)

⇒ 카르만karman 참조.

world(세계)

⇒ 부바나bhuvana, 우주(cosmos), 로카loka, 상사라saṃsāra, 비슈와viśva 참조.

World Ages(세계의 시대)

힌두Hindu의 연대는 광범한 시간 주기로 작용한다. 나타난 세계가 존재하는 기간은 1백 브라만brahman의 세월, 즉 인간의 시간으로 3백1십1조 4백억 년에 상응하는 기간 동안 산다고 하는 창조의 신 브라마II Brahma의 수명에 의지한다고 생각된다. 이 우주는 그의 출생과 동시에 창조되었고, 그의 죽음과 동시에 완전히 사라진다. 잠복 시기, 즉 1백 브라만의 세월 이후에 새로운 브라마II가 신(神, Divine)으로부터 태어나고 그와 함께 새로운 우주가 나타난다. 그러므로 창조(사르가sarga)와 해체(프랄라야pralaya)의 주기가 무한히 반복된다. 또한 각 브라만의 낮과 밤, 인간의 시간으로는 8십6억 4천만 년에 해당하는 기간의 끝에 작은 창조와 파괴도 있다. 이 시기는 칼파kalpa로 알려져 있고, 일천 마하-유가[mahā-yuga; '위대한 이온(eon)']로 이루어져 있다. 각 마하-유가는 인간의 시간으로 1십5억 5천5백2십 년에 해당하는 1만 2천 천상天上년으로 이루어져 있다. 각 마하-유가의 기간은 유가yuga라고 불리는, 도덕적 질서(다르마dharma)의 점진적인 악화에 의해 구분되는 네 주기의 시대로 구성되어 있다. 이것들은 크리타-유가♯kṛta-yuga 또는 사티야-유가(♯satya-yuga; 4천 천상년 지속), 트레타-유가(♯tretā-yuga; 3천 천상년 지속), 드와-파라-유가(♯dvā-para-yuga; 2천 천상년 지속), 칼리-유가(kāli-yuga; 1천 천상년 지속)이다. 각각의 이들 네 유가 사이에 각각 8백, 6백, 4백, 2백 천상년이 지속되

W

는 잠복기가 있다. 현재 인류는 어둠의 시기인 칼리-유가의 시작 시기에 살고 있다고 생각된다. 기술과 소비지상주의에 의해 촉진된 광범위한 생태학적 위기에 직면한 진보라는 산업 신화의 붕괴로 인해 현재의 역사에 대한 이러한 전통적인 설명은 충분히 믿을 만하다.

worldling(속인俗人)

산스크리트Sanskrit로는 상사린saṃsārin이다. 조건 지워진 존재 상태에 갇힌 개인이다.

[비교] 묵타mukta, 싯다siddha.

worship(숭배)

베다Veda 시대 이후로 인도에서 가장 영적인 전통들의 중요한 한 면이다. 특히 요가Yoga와 탄트라Tantra 유파들에서 그러하다.

⇒ 아르차나arcanā, 푸자pūjā, 푸자나pūjana 참조.

Y

yajña(야가)

'희생'이라는 뜻이다. 희생의 관념은 힌두교Hindu의 초석 중 하나이다. 희생의례는 베다Veda 시대에 이미 지극히 중요한 역할을 했다. 희생을 통해서 고대 인도인들은 신(데바 deva)들과 소통하고 그들의 은총을 확보하려고 노력하였다. 그들이 보았듯이 세계는 희생의 원칙 위에 세워져 있다. 근본적 존재(Being), 즉 푸루샤 puruṣa는 우주(cosmos)를 창조하기 위해서 자신을 희생하였다. 유사하게 생명은 개인 생명 형태의 파괴를 통해서 그 자신을 영속하게 한다.

일단 이것이 이해되면 유일하게 합리적이고 성숙한 대응은 지속적인 희생물로서의 존재를 받아들이는 것이다. 이 관념은 브라마나II Brāhmaṇa와 초기 우파니샤드Upaniṣad들에서 발달되었다. 예를 들면 『찬도기야-우파니샤드』*Chāndogya-Upaniṣad*(3. 16. 1)에서는 다음과 같이 밝힌다. '진실로 인간(푸루샤)은 희생물'이다. 이러한 인식은 단지 신들에게 헌주로 통속적인 의례적 공물을 바친다기보다 내면의 또는 영적인 희생물, 즉 보다 높은 우주적 목적에 자신의 생명을 바친다는 관념에 이른다. 그러므로 카르마-요가Karma-Yoga는 근본적으로 희생, 즉 자기 포기의 정신(spirit)으로 하게 되는 행위이다. 『바가바드-기타』*Bhagavad-Gītā*(3. 10)에서 크리슈나Kṛṣṇa는 이것을 프라자파티Prajāpati에 의한 이타적인 세계 창조와 비교한다. 이 책의 다른 송(4. 25ff.)에는 신들에 대한 공물들에서부터 자기 억제(상야마 saṃyama)의 불속으로 들어가는 감각기관(인드리야indriya)들의 포기나 음식물의 제한, 또는 호흡의 통제 등에 이르기까지 다양한 형태의 희생 행위가 언급되어 있다. 한 송(4. 33)에서 크리슈나는 지혜의 희생♯jñāna-yajña이 물질적 희생♯dravya-yajña보다 우월하다고 밝히는데, 이것은 일반적으로 요가Yoga의 정신을 표현한다. 그러나 많은 요가학파와 길들은 일상 수행[사다나(sādhana 또는 sādhanā)]에서 물질적인 희생들을 포함한다. 이것은 특히 박티-요가Bhakti-Yoga에 적용된다.

Yajur-Veda(야주르-베다)

'희생제에 대한 지식'이라는 뜻이다. 브라마나II Brāhmaṇa의 희생 제의와 연관이 있는 모든 찬가를 포함하는 베다Veda의 모음집(상히타Saṃhitā)이다.

⇒ 베다[들]Veda[s]도 참조.

yama(야마)

'억제'나 '규제' 또는 금계禁戒라는 뜻이다. 파탄잘리Patañjali가 가르친 여덟 가지(8지支)로 된 요가Yoga의 길의 첫째 '지분'(앙가 aṅga)이다. 이것은 도덕적 관습을 나타내는 것으로 영적 수행의 실제적 토대를 이룬다. 『요가-수트라』*Yoga-Sūtra*(2. 30)에 따르면 다음과 같은 다섯 가지 야마yama가 있다. 불상해(不傷害, 아힝사 ahiṃsā), 진실(사티야 satya), 불투도(不偸盜, 아스테야 asteya), [성적] 금욕(동정童貞, 브라마차리야 brahmacarya), 무욕(無慾, 무소유, 아파리그라하 aparigraha). 이것들은 요긴yogin의 '위대한 서약'(마하 브라타 mahā-vrata)을 구성하고, 시간, 장소, 환경에 구애받지 않고 모든 수준에서 수행될 수 있다.

열다섯 가지로 된 요가(15지支 요가, 판차-다샤-앙가-요가 pañca-daśa-aṅga-yoga)의 첫째 '지분'(앙가)으로 야마를 둔 『테조-빈두-우파니샤드』 *Tejo-Bindu-Upaniṣad*(1. 17)에서는 야마를 '모든 것은 절대자(브라만 brahman)이다'라는 지식 속에서 감각을 통제하는 것으로 정의하고 있다. 『트리-쉬키-브라마나-우파니샤드』 *Tri-Śikhi-Brāhmaṇa-Upaniṣad*(2. 28)에서는 그것을 신체와 신체 감각에 대한 이욕(dispassion, 바이라기야 vairāgya)으로 설명한다. 『링가-푸라나』 *Liṅga-Purāṇa*(1. 8. 10)에서는 그것을 고행주의(타파스 tapas)의 형태로 된 절제 ♯ uparāma로 해석한다. 『쿠르마-푸라나』 *Kūrma-Purāṇa*(2. 11. 13)는 야마의 다섯 가지 수행법이 마음의 정화 ♯ citta-śuddhi에 도움이 된다고 말한다.

후고전 요가(Postclassical Yoga)의 많은 저작에서는 야마로 열 가지 수행을 열거한다. 그래서 『트리-쉬키-브라마나-우파니샤드』(2. 32)에서는 다음의 내용을 언급한다. 불상해, 진실, 불투도, 동정, 연민(다야 dayā), 정직(아르자바 ārjava), 인내(크샤마 kṣamā), 안정(드리티 dhṛti), 알맞은 식사(미타-아하라 mita-āhāra), 청정(샤우차 śauca). 이 일련의 것들은 몇몇 다른 요가-우파니샤드 Yoga-Upaniṣad에서 반복된다. 그러나 『만달라-브라마나-우파니샤드』 *Maṇḍala-Brāhmaṇa-Upaniṣad*(1. 4)에서는 다음과 같은 아홉 가지 수행법을 열거한다. 스승에 대한 헌신(구루-박티 guru-bhakti), 진리의 길에 헌신 ♯ satya-mārga-anurakti, 즐거운 경험 속에서 어렴풋하게 보이는 실재(바스투 vastu)에 대한 향수, 만족(투슈티 tuṣṭi), 무집착(니상가타 niḥsaṅgatā), 외딴 곳에서 살기(에칸타-바사 ekānta-vāsa), 정신(mental) 작용의 멈춤 ♯ mano-nivṛtti, 행위의 결과(팔라 phala)에 대한 무욕 ♯ anabhilāṣa, 이욕(바이라기야).

『싯다-싯단타-팟다티』 *Siddha-Siddhānta-Paddhati*(2. 32)에서는 야마를 구성하는 수행법들로 평정(우파샤마 upaśama), 감각의 정복(인드리야-자야 indriya-jaya), 식습관의 정복(아하라-자야 āhāra-jaya), 수면의 정복(니드라-자야 nidrā-jaya), 추위의 정복 ♯ śīta-jaya에 대해 언급하고서, 이것들을 점진적으로 학습해야만 한다고 강조한다. 『요가-탓트와-우파니샤드』 *Yoga-Tattva-Upaniṣad*(28)에서는 소식(라구-아하라 laghu-āhāra)을 단 하나의 가장 중요한 수행법으로 간주한다.

Yama(∴야마)

'제지자'라는 뜻이다. 힌두 Hindu의 죽음의 신이다. 『카타-우파니샤드』 *Kaṭha-Upaniṣad*(1. 1ff.)에서 야마 Yama는 젊은 영적 수행자 나치케타스 Naciketas의 전수자, 즉 스승으로 소개된다. 이 이야기는 죽음의 공포를 초월하고 불사를 획득하기를 소망하기 이전에 우리 자신이 죽을 운명에 먼저 직면해야만 한다는 점을 강조하는 우화이다.

yamin(야민)

'억제자'라는 뜻이다. 자신을 제어하는 영적 수행자인 요긴 yogin과 동의어이다.

yantra(얀트라)

'도상'圖像이라는 뜻이다. 우주(cosmos)와 (대우주의 소우주적 복제물로서) 인간 신체의 층위와 에너지의 기하학적인 표현이다. 얀트라 yantra들은 탄트라 Tantra의 숭배에서 광범하게 사용되고, 거기에서 수행자가 선택한 신(이슈타-데바타 iṣṭa-devatā)의 '신체'로 취급된다. 이것들은 종이와 나무, 천에 그려지거나 금속과 다른 광물질에 새겨지거나 심지어 진흙으로 3차원적으로 만들어진다. 그것들은 대개 정사각형, 원형, 연꽃잎, 삼각형, 빈두 bindu로 알려진 중앙의 점으로 구성되고, 우주 창조의 기반과 초월적 실재로 가는 입구를 나타낸다.

상위 단계의 탄트라 의례에서 얀트라는 철저하게 내면화되어야만 한다. 다시 말해서 완전하게 관상되어야만 한다. 얀트라-요가 Yantra-Yoga는 개인화된 의식(consciousness)의 용해(라야 laya)와 더불어 안을 향해 작도되어 있는 이 얀트라의 점진적인 해체로 이루어진다. 만일 성공한다면 수행자(사다카 sādhaka)는 이 수행으로 주체와 객체의 구분을 넘어서 있는 순수 참의식에 도달하게 될 것이다. 탄트라는 엄청나게 많은 얀트라를 채택하고, 『만트라-마호다디』 *Mantra-Mahodadhi*(20)에서는 29개의 그러한 기하학적 도상을 기술한다. 가장 유명한 얀트라는 슈리-얀트라śrī-yantra이다. 『쿨라르나바-탄트라』*Kulārṇava-Tantra*(17. 61)에서는 다음과 같은 비의적인 어원을 가지고 있다. "왜냐하면 그것은 언제나 ∵야마Yama와 같은 모든 [무시무시한] 존재들로부터, 그리고 진실로 [모든] 두려움으로부터 지켜주기trāyate 때문에, 오, 쿨레슈와리♯Kuleśvarī여, 그것은 얀트라로 도상화되었다오!"

얀트라는 또한 도가니, 플라스크, 훈증기, 용기 등과 같은 연금술에서 채택된 많은 도구 중 어떤 것이든지 나타낼 수 있다.

⇒ 만달라maṇḍala도 참조.

칼리-얀트라(Kālī-Yantra)

Yantra-Yoga(얀트라-요가/인명은 티베트어로 표기됨)

힌두교Hindu에서 세속적이거나 영적인 목적을 위해서 얀트라yantra를 사용하는 수행이다. 티베트 불교에서 이 용어는 하타-요가Haṭha-Yoga 수행을 가리킨다. 거의 알려지지 않은 몇 가지 얀트라-요가Yantra-Yoga 체계가 거기에 나타난다. 남카이 노르부(Nammkha'i nor bu, 2008)가 밝혀 낸 것은 불교의 마하-싯다mahā-siddha 훙카라Hūṃkara에 의해 최초로 전해졌다고 하는 것이다. 그는 그것을 위대한 구루guru 파드마삼바바Padmasambhava에게 가르쳤고, 파드마삼바바는 서기 8세기에 바이로차나Vairocana에게 그것을 전하였다. 이들 가르침은 웃디야나Uḍḍiyāna로부터 왔다고 말해진다.

남카이 노르부가 가르친 얀트라-요가는 바이로차나가 저술한 『태양과 달 얀트라의 결합』*The Union of the Sun and Moon Yantra*이라는 티베트(족첸, rDzogs chen) 문헌에 기초하고 있다. 이것은 하타-요가를 강하게 연상시킨다. 왜냐하면 하타haṭha의 비의적 의미가 대개 '태양과 달'로 설명되기 때문이다. 이 문헌은 75가지 동작을 서술하고 있는데, 이 동작들은 특정한 호흡 조절과 함께 결합해서 수행되어야만 한다. 가장 최근에는 아좀 둑빠(A 'dzom 'brug pa; 1842~1924)가 이 체계의 얀트라-요가를 통달하였고 가르쳤다. 그는 이 체계를 비디야다라 장춥 도르제Vidyādhara Byang chub rdo rje를 입문시켰던 그의 아들 둑쌔 규르메 도르제('Brug sras 'gyur med rdo rje; 1896~1959)에게 전하였다. 비디야다라 장춥 도르제는 그것을 그의 아들 규르메 갤첸('Gyur med rgyal mtshan; 1914~1972)에게 전하였다. 남카이 노르부는 아좀 둑빠의 직계 제자인 그의 삼촌 똑댄 우르갠 땐진(rTogs ldan u rgyan bstan 'dzin; 1888~1961)으로부터 가르침을 받았다.

티베트 불교의 사키야Sakya 교단에 얀트라-요가 체계가 전승되는데, 이 요가Yoga는 아마 인도의 마하-싯다mahā-siddha인 비루파(Virūpa; 서기 10세기경)까지 거슬러 올라간다. 『차크라-상와라-탄트라』♯*Cakra-Saṃvara-Tantra*와 관련이 있는 다른 얀트라-요가 체계는 칸하(Kānha; 서기 11세기경)에 의해 최초로 가르쳐졌다. 그러므로 티베트 전통은 인도에서 기원한 하타-요가의 다양한 가치 있는 가르침들을 보존해 왔다고 볼 수 있다. 이것들은 비밀의 장막에 싸여 티베트의 탄트라Tantra 수행자들 사이에서 세대를 거쳐 부지런히 전승되었다.

yaśasvinī-nāḍī(야샤스위니-나디)

'아름다운 통로'라는 뜻이다. 신체에서 생기 에너지(프라나prāṇa)가 움직이는 주요 통로(나디nāḍī) 중 하나이다. 여러 문헌들에서 이 나디의 위치는 상이하게 언급된다. 일부는 그것을 핑갈라-나디piṅgalā-nāḍī와 푸샤-나디pūṣā-nāḍī 사이에, 다른 일부는 푸샤-나디와 사라스와티-나디sarasvatī-nāḍī 사이에, 그렇지만 다른 데서는 간다라-나디gāndhāra-nāḍī와 사라스와티-나디 사이에 위치시킨다. 『샨딜리야-우파니샤드』*Śāṇḍilya-Upaniṣad*(1. 4. 11)에서는 그것이 끝나는 지점을 엄지발가락으로 명시하고 있지만, 대부분 '구근'(칸다kanda)으로부터 왼쪽 귀에 이른다고 생각한다.

yati(야티)

요가Yoga 수행자를 포함한 모든 고행자.

yatna(야트나)

'노력'이라는 뜻이다. 노력은 『요가-수트라』*Yoga-Sūtra*(1. 13)에 따르면 영적 수행(아비야사abhyāsa)의 실제적 핵심이다. 요가 Yoga 수행에 전념하지 않고서는 영적으로 성장할 수 없다. 그러나 영적 노력이 경쟁적이게 되면 그것은 역효과를 낳는다.

⇒ 노력(effort), 파우루샤pauruṣa, 프라야트나prayatna도 참조.

[비교] 은총(grace).

yauga(야우가)

'요가Yoga의'라는 뜻이다. 때로 요긴yogin의 동의어로 쓰이기도 한다. 특히 니야야Nyāya와 바이셰쉬카Vaiśeṣika 전통에서 그렇게 쓰인다.

Yājñavalkya(야갸발키야)

서로 다른 시대에 살았던 몇몇 스승의 이름이다. 가장 널리 알려진 야갸발키야Yājñavalkya는 『브리하다란야카-우파니샤드』*Bṛhadāraṇyaka-Upaniṣad*의 존경받는 달인으로, 숲속의 은둔처(아슈라마āśrama)에서 두 아내와 함께 살았다. 그는 재탄생(푸나르-잔만punar-janman)과 카르마karma의 교의를 가르쳤다. 수세기 뒤에 다른 야갸발키야는 『야갸발키야-스므리티』*Yājñavalkya-Smṛti*를 저술했는데, 이것은 기원전 3세기경에 쓰인 법과 도덕(다르마dharma)에 대한 저작이다. 이 문헌(1. 8)에서 최고의 가르침(다르마)은 요가Yoga를 수단으로 하여 참자아에 대한 통찰(vision)(아트마-다르샤나ātma-darśana)에 도달하는 것이라고 언급한다. 이 야갸발키야는 또한 『요가-야갸발키야-상히타』*Yoga-Yājñavalkya-Saṃhitā*의 저자라고도 여겨진다.

야갸발키야는 더욱이 후대의 우파니샤드Upaniṣad들에서 빈번하게 언급되거나 인용되고, 다른 저작 중에서 『요가-야갸발키야-상히타』의 저자로 추정되는 요가 달인의 이름이기도 하다. 산니야사-우파니샤드Saṃnyāsa-Upaniṣad들의 장르에 속하는 『야갸발키야-우파니샤드』*Yājñavalkya-Upaniṣad*도 있는데, 이 문헌은 대략 1천4백 년경에 성립되었다.

야갸발키야(Yājñavalkya). 유명한 힌두Hindu 초상화

yāmala(야말라 I)

'한 쌍'이란 뜻이다. 각각 프라카샤prakāśa와 비마르샤vimarśa로서 쉬바Śiva와 샥티II Śakti의 결합이다. 이 용어는 또한 탄트라Tantra의 특정 유파에서 요긴yogin과 요기니yoginī 사이의 육체적인 결합(마이투나maithuna, saṃghaṭṭa)을 뜻할 수도 있다.

Yāmala(야말라II)

바스카라라야Bhāskararāya의 『니티야쇼다쉬카르나

Y

바』ᶠ *Nityāṣoḍaśikārṇava*에 따르면 다음의 여덟 문헌ᶠ Yāmalāshtaka으로 구성된 탄트라Tantra의 초기 유형(900년 이전)이다. 『브라마-야말라』*Brahma-Yāmala*, 『비슈누-야말라』ᶠ *Viṣṇu-Yāmala*, 『루드라-야말라』*Rudra-Yāmala*, 『라크슈미-야말라』ᶠ *Lakṣmī-Yāmala*, 『우마-야말라』ᶠ *Umā-Yāmala*, 『스칸다-야말라』ᶠ *Skanda-Yāmala*, 『가네샤-야말라』ᶠ *Gaṇeśa-Yāmala*, 『자야드라타-야말라』*Jayadratha-Yāmala*. 이것들은 64 탄트라(차투샤슈티-탄트라 catuḥṣaṣṭi-tantra) 세트의 일부이다.

Yāmunācārya(야무나차리야; 서기 918~1038)

베단타Vedānta의 비쉬슈타 아드와이타Viśiṣṭa Advaita 학파의 위대한 비슈누Viṣṇu파 스승 중 한 사람이다. 나타무니Nāthamuni의 손자인 그는 달인 쿠루카나타 Kurukanātha로부터 여덟 가지로 된 요가(8지支 요가, 아슈타-앙가-요가aṣṭa-aṅga-yoga)를 배웠다고 한다. 그는 라마누자Rāmānuja를 포함하여 수많은 제자를 두었다. 야무나차리야Yamunācārya는 여섯 종류의 저작을 저술하였는데, 가장 중요한 것은 『싯디-트라야』ᶠ *Siddhi-Traya*이다.

yātrā(야트라)

어근 √ya('걷다')에서 파생되었다. 성지이다.

⇒ 티르타-아타나tīrtha-aṭana도 참조.

Yoga(요가)

산스크리트Sanskrit 단어 요가Yoga는 '결합하다', '[말 등에] 마구를 달다'라는 의미의 동사 어근 √yuj에서 파생되었다. 이 단어는 '결합'에서부터 '단체', '합계', '설비', '연계' 등에 이르기까지 광범한 산스크리트 용법을 가지고 있다. 초기 베다Veda 시기에는 이 단어가 아직 특이하지 않은 의미로 사용되었다.(아래 참조) 최종적으로 요가가 의미하게 된 영적 수행의 관념은 그 때까지 여전히 타파스tapas, 즉 '고행'이라는 단어로 표현되었다. 이 서술적인 용어는 브라마나II Brāhmaṇa, 아란야카Āraṇyaka, 가장 초기의 우파니샤드Upaniṣad들, 『라마야나』*Rāmāyaṇa*에서, 그리고 『마하바라타』*Mahābhārata*의 일부분에서 발견된다.

초기에 요가라는 용어는 하위의 마음(마음 감관, 마나스manas)과 감각기관(인드리야indriya)들을 억제하는 데 적용되었다. 이 용례는 불교 이전의 문헌인 고대의 『타잇티리야-우파니샤드』*Taittirīya-Upaniṣad*(2. 4. 1)에서 처음으로 발견된다. 현존하는 판이 BC 3세기 또는 4세기로 규정될 수 있는 『바가바드-기타』*Bhagavad-Gītā*의 성립 시기까지 요가라는 단어는 참자아에 대한 깨달음, 즉 해탈(유파 항목 아래 참조)에 접근하는 다양한 방식들로 이루어진 영적 수행을 의미하는 것으로 광범하게 사용되었다. 중요한 점은 요가가 힌두교Hindu뿐만 아니라 불교, 자이나교에서도 두드러진 전全 인도의 영적 전통이라는 것이다.

1. 개요

『리그-베다』*Ṛg-Veda*가 쓰인 시기에 따라서 요가의 영적 전통은 3천5백 년에서 5천 년 전 사이의 어디쯤이라고 말한다. 많은 인도의 학자들은 점점 더 후자의 시기를 선호한다. 미심쩍은 19세기의 아리아인 침입론을 받아들일지, 『리그-베다』에서 모든 강 중 가장 장대한 것으로 찬양한, BC 1천9백 년경의 사라스와티Sarasvatī 강의 소실에 대한 지질학적 증거를 무시할지에 따라서 『리그-베다』의 시대가 결정된다. 베다의 찬가들이 '영적 수행'을 나타내는 데 요가보다는 타파스를 사용하지만, 기본적으로 두 용어가 동일한 관념을 언급한다는 데는 의심할 여지가 거의 없다. 실로 요가의 전통은 베다시대부터 현대에 이르기까지 놀랄 만한 지속성을 가지고 있다. 일부 학자들은 그 전통을 인더스-사라스와티 문명(Indus-Sarasvati civilization) 훨씬 이전으로까지 확장한다. 그러나 다른 권위자들은 요가라는 명칭을 실제 그 용어를 사용한 그러한 영적인 가르침들로 한정하기를 선호하였고, 초기 베다의 영적인 유산과 그밖의 많은 것을 배제하려고 했다.

2. 역사

우리는 요가의 역사적 발전을 이해하는 데 있어서 빈틈이 수없이 많은데, 일부는 꽤 크다. 특히 『리그-베다』 시대의 사회·문화와 인더스-사라스와티 문명사이의 연관성과, 둘 사이에서 요가가 한 역할에 대해 여전히 불확실하다. 우리는 요가의 전개를 대략적으로 다음의 다섯 단계로 구분할 수 있다. (1)고대, (2)전前고전 시기, (3)고전 시기, (4)후後고전 시기, (5)현대. 첫 단계의 요가를 때로는 원시 요가(Proto-Yoga)로도 부른다. 그것의 연대는 네 종류의 베다와 그 이전으로 거슬러 올라간다. '전고전'은 브라마나II들로부터 자신 이전의 영적인 가르침을 집대성한 파탄잘리Patañjali의 시기(200년경)에 이르기까지 오래 계속된 시기에 속하는 그 모든 요가적 가르침을 말한다. 더 나아가 『마하바라타』에서 명확하게 발견되는 요가의 가르침을 묘사하기 위해 '서사시' 시기와 같은 하위 단계들이 도입될 수 있고 도입되었다. 설령 그것들이 파탄잘리, 특히 광범한 푸라나Purāṇa 문헌으로부터 어떠한 영향도 받지 않았다는 것을 보여 주더라도 '후고전' 시기는 본질적으로 파탄잘리의 『요가-수트라』*Yoga-Sūtra* 이후의 모든 요가적 가르침을 말한다. 그러므로 이 시대 구분은 편리할 수 있지만 확실히 다소 임의적이다. '현대' 시기라는 명칭은 인도의 요가 스승들이 서구를 향해 보기 시작한 때인 19세기 이후에 형성된 요가의 가르침에 적용되어 왔다. 1893년 스와미 비베카난다Swami Vivekananda의 미국 방문이 빈번히 중요한 역사적 지표로 간주된다. 왜냐하면 그 일로 인해 힌두 요가 스승들이 서구인들 사이에서 선교 사업을 시작하기 위한 물꼬가 터졌기 때문이다.

위의 시기 또는 단계에 대해 더 자세하게 설명하자면 베다들로 된 고대의 요가는 근본적으로 상징적이고 의례적인 받침점으로서, 다양한 형태로 된 태양(예, 아리야만♯Aryaman, 마르탄다♯Mārtanda, 사비트리 I Savitṛ, 수리야Sūrya, ∵수리야Sūryā, 비바스와트♯Vivasvat 등)을 가진 태양 요가의 영적 유산이다. 그것의 필수적인 부분은 소마soma의 의례적 사용과 신앙심 깊은 명상(meditation, 브라만brahman), (우주적 질서를 반영한) 도덕적으로 건전한 행위, 희생의례(야가yajña)를 통해서 뿐만 아니라 이 신성한 도안(draft)을 통한 내면적 통찰력(vision, 디dhī)의 발생이다. 이 초기 영성의 배후에 있는 관념은 신들과 함께 빛나는 하늘의 영역(스와르가svarga)에 도달하는 것이다. 『리그-베다』에서 요가라는 용어는 '수단' 또는 '매개물'로, 구체적으로는 찬가의 형태로 된 수단이라는 의미로 주로 사용된다는 것이 1. 5. 3, 1. 30. 7, 5. 81. 1, 3. 27. 11과 같은 찬가들에서 분명하게 나타난다. 영감을 받은 현자(리쉬ṛṣi)가 쓴 찬가를 통해서 수행자는 신들, 특히 인드라Indra와 아그니II Agni와 접촉할 수 있었다고 생각한다. 브라마나II들에 나타난 전고전 요가(Preclassical Yoga)의 가르침은 베다의 의례주의와 밀접하게 연관되어 있다.

이 의례주의에서 더 내면화된 영성으로의 전이는 우파니샤드들의 충분히 발달된 심원함으로 이어지는 아란야카들에서 볼 수 있다. 그 발달 시기에 요가는 상키야Sāṃkhya와 밀접하게 결연되어 있었다. 이 사실은 상키야-요가Sāṃkhya-Yoga라는 복합어를 종종 채택하는 『마하바라타』 서사시에 반영되어 있다. 뒤이은 시기에 요가와 상키야는 발달하여 각각 고전 요가(Classical Yoga, 즉 요가-다르샤나yoga-darśana)와 고전 상키야(Classical Sāṃkhya)로 알려진 철학파로 분리되었다. 전자 학파의 입장은 200년경에 파탄잘리에 의해 집대성되었다. 한편 후자의 형이상학은 한두 세기 이후에 이슈와라 크리슈나Īśvara Kriṣṇa의 『상키야-카리카』*Sāṃkhya-Kārikā*에서 윤곽이 그려졌다. 『마하바라타』 서사시의 『바가바드-기타』와 『모크샤-다르마』*Mokṣa-Dharma*, 다른 교훈적인 부분들에 기록된 것과 같이 전고전 요가의 가르침은 범신론 철학을 신봉한다. 연구자들은 파탄잘리가 이원론적 형이상학을 도입했다고 한다. 그는 세계가 신(神, Divine)의 한 측면이라는 관념을 거부했던 것 같고, 우주(cosmos, 프라크리티prakṛti)와 초월적 참자아(푸루샤puruṣa)를 근본적으로 구분하였다. 그래서 보자Bhoja가 그의 주석 『라자-마르탄다』*Rāja-Mārtaṇḍa*(1. 1)에서 요가를 비요가(♯viyoga; '분리')로 특징짓는 데 정당한 이유가 있다고 생각했다.

그러나 비록 파탄잘리의 체계가 힌두교의 여섯 고전 철학파 중 하나로 간주되었지만 이원론으로 인해 그 체계가 보다 위대한 문화적 중요성을 지니지는 못했다. 실천적 · 의례적 수순에서 다양한 형태의 이원론이 지배해 왔지만 힌두교 신자들 내의 지배적인 철학적 경향은 언제나 불이론不二論(아드와이타 advaita)이었다. 그러므로 요가–우파니샤드Yoga-Upaniṣad들과 탄트라Tantra, 하타–요가Haṭha-Yoga의 저작들에 기록된 것과 같은 후고전 요가(Postclassical Yoga)학파는 앞선 시기의 범신론을 재확인했다. 이것은 또한 20세기 초엽에 형성된 슈리 아우로빈도Sri Aurobindo의 통합 요가(푸르나–요가Pūrṇa-Yoga)의 핵심적 입장이기도 하다.

위에서 서술한 것처럼 현대 요가는 미국과 유럽에 도착했던 초기의 힌두 성직자들로부터 시작되었다. 그 중 주목할 만한 사람들을 연대순으로 서술하자면, 장수했던 쉬바푸리 바바Sivapuri Baba, 아난다 아차리야Ananda Acharya, 스와미 비베카난다Swami Vivekananda, 파라마한사 요가난다Paramahansa Yogananda이다. 비베카난다는 서구에 주로 베단타Vedānta와 베단타적인 형태의 요가를 소개했다.[그의 저작 『라자요가』*Rājayoga*(1896)와 『갸나요가』*Jnānayoga*(1902) 참조] 그에 반해서 요가난다는 통합적이고 기독교를 호의적으로 보는 바바지Babaji의 크리야–요가Kriyā-Yoga의 가르침들을 대중화하였다. 라마나 마하리쉬Ramana Maharshi에게 관심을 기울였던, 매우 성공한 영국 작가 폴 브런튼Paul Brunton은 1930년대에서 1950년대까지 활동하였다. 미국에서는 20세기 초 십년간 라마차라카Ramacharaka가 저술한 수많은 저작들이 하타–요가의 육체적 기법들에 대한 대중적인 관심을 부추겼다. 이러한 관심은 (1950년대에) 영국에서 폴 듀크스Paul Dukes가, (1960년대와 1970년대에) 미국에서 리차드 히틀먼Richard Hittleman과 (1972년부터 그 이후에) 릴리아스 폴란Lilias Folan이 출연했던 초기 TV 요가 프로그램으로 인하여 한층 더 높아졌다. 그 사이에 유럽 대륙에서는 스포츠와 요가에 대한 예수디안Yesudian의 저서가 백만의 독자를 끌어당기고 있었다. 요가에 대한 또 다른 관심의 물결은 마하르쉬 마헤슈 요기Maharshi Mahesh Yogi의 초월 명상(TM) 선교 활동과, 동시에 일어난 슈릴라 프라부파다Shrīla Prabhupāda의 크리슈나 의식 운동('Hare Krishna')에 의해 발생되었다. 1960년대 말에는 아헹가B. K. S. Iyengar가 출현했고, 북미를 휩쓸었던 피트니스 열풍으로 연결되는(tying into) 현대의 동작 중심 요가가 나타났다.

초기의 선교적인 힌두의 스승들 이후로 계속 현대 요가는 두 방향으로 전개되어 왔다. (1)명상적–영적 방향, (2)(하타–요가를 상업화한) 동작 중심적 방향. 인도에서 전자의 수행은 다양한 분파적인, 특히 컬트적인 학파들을 발생시켰고, 그것 중 일부는 서구로 전파되었다. 보다 강력한 흐름은 소위 '현대의 동작 중심 요가', 즉 육체적 요가라 불리는 것이다. 아헹가, 팟타비 조이스Pattabhi Jois, 데시카차르T. K. V. Desikachar와 같은 선두적인 인도의 스승들은 하타–요가의 육체적 수행법들을 확산시키는 데 커다란 성공을 거두었다. 그러나 그들의 영적인 가르침들은 서구의 수행자들로부터 동일한 반응을 받은 것은 아니다. 육체적 나르시시즘과 (불교의 스승인 쵸감 트룽파Chögyam Trungpa의 용어로) '영적 물질주의'는 하타–요가의 영적 전통을 육체적인 피트니스 트레이닝과 곡예('Agro Yoga')로 비교적 빨리 변화시켰다. 요가 고유의 단순한 삶의 방식이 동시대의 환경적 위기(Green Yoga그린 요가 참조)에 대처하는 것과 각별한 관련이 있다는 것이 밝혀져 왔다.

3. 유파

힌두교 교파 내에는 적어도 일곱 개의 주요 요가 유파들이 있는데, 다음과 같이 구분될 수 있다. (1)라자–요가(Rāja-Yoga, 즉 고전 요가), (2)갸나–요가Jñāna-Yoga, (3)카르마–요가Karma-Yoga, (4)박티–요가Bhakti-Yoga, (5)탄트라–요가(즉 탄트라), (6)만트라–요가Mantra-Yoga, (7)하타–요가. 각 유파는 자신만의 고유한 계보와 학파를 가지고 있고, 완전한 영적 체계를 나타낸다. 그러나 힌두 전통은 일반적으로 그것들을 동일한 스펙트럼의 여러 측면을 형성하는 것으로 간주한다. 각각의 유파들은 특정 수준의 역량(아디카라 adhikāra)을 가진 수행자들의 영적 필요를 나타낸다.

4. 문헌

요가는 기본적으로 구두 전승 전통이지만 산스크리트와 지방어들, 특히 타밀어Tamil, 벵골어Bengali, 마라티어Marathi, 구자라트어Gujarati, 힌디어Hindi로 된 광범한 문헌이 있다. 산스크리트 문헌들은 적어도 연대순으로 베다로부터 우파니샤드, 판차라트라Pañcarātra 아가마II Āgama, 바이슈나바vaiṣṇava 상히타Saṃhitā, 서사시, 『바가바드-기타』, 푸라나Purāṇa, 스므리티smṛti, 요가-우파니샤드, 샥타śākta 문헌, 샤이바-아가마Śaiva-Āgama, 바이슈나바 문헌, 탄트라, 싯다siddha 저작, 나타nātha 문헌, 방대한 『요가-바시슈타』 ≠ Yoga-Vāsiṣṭha, 다수의 하타-요가 문헌에까지 이른다.

5. 현대의 연구

요가에 대한 문헌적 연구는 1783년에 윌리엄 존스William Jones경이 『바가바드-기타』를 영역할 때부터 시작되었다. 1801년~1802년에는 우파니샤드에 대한 페르시아어 번역(『우프네카트』*Oupnek'hat*라는 제목으로 된)이 라틴어로 번역되었고, 그때 학계를 사로잡았다. 이 저작에 열광했던 사람 중에는 독일의 철학자 아더 쇼펜하우어(Arthur Schopenhauer; 1814년에 이것을 처음 읽었다)가 있었다. 쇼펜하우어는 산스크리트-스피킹 프리메이슨Sanskrit-speaking Freemason이었던 철학자 크라우제K. C. F. Krause에 의해 요가의 가르침, 특히 명상을 접하게 되었다. 요가와, 다른 힌두 전통들은 독일의 낭만파를 매료시켰다. 그들은 요가와 베단타의 더 많은 저작을 번역하려는 초기의 시도들을 위한 장을 마련했다. 1805년에 헨리 토마스 콜브룩Henry Thomas Colebrook이 요가 철학에 대한 영향력 있는 에세이를 출간했다. 19세기 중반에서 후반까지 독일과 영국의 여러 학자들이 『요가-수트라』를 주요 주석들과 함께, 그리고 요가-우파니샤드들, 하타-요가의 주요 문헌들을 번역했다. 많은 인도의 학자들은 헬레나 페트로브나 블라바츠키Helena Petrovna Blavatsky가 설립한 신지학협회(Theosophical Society)의 후원 하에 이 작업을 수행했다. 요가에 대한 독일과 영국의 학자들 가운데 특별히 주목할 만한 사람들로는 리차드 가르베Richard Garbe[『상키야와 요가』*Sāmkhya und Yoga*(1896)], 폴 도이센Paul Deussen[60가지 우파니샤드를 독일어로 번역(1897)], 에드워드 홉킨스Edward W. Hopkins[『마하바라타』의 요가 기법들에 대하여(1901)], 막스 뮐러Max Müller(그의 『인도 철학의 여섯 체계』*Six Systems of Indian Philosophy*에서 요가 항목), 프리드리히 슈레이더Friedrich O. Schrader[판차라트라 전통에 대한 두 권으로 된 개설서(1916)], 헤르만 야코비Herman Jacobi[원래의 요가 체계에 대하여(1923)], 프랭클린 에저튼Franklin Edgerton[상키야와 요가의 의미에 대하여(1924)]이 있다. 1932년에 스칸디나비아Scandinavia인 학자인 시구르트 린드퀴스트Sigurd Lindquist는 요가를 자기 최면의 형태로 저술하였고, 3년 뒤에는 요가의 초심리학적 형태들에 대한 저작을 출판하였다.

독일의 인도학자 하우어J. W. Hauer는 1922년에 요가의 시원에 대해 연구했고, 1927년에 베다의 브라티야Vrātya들에 대한 중요한 학술 논문과 1932년에 요가에 대한 더 포괄적인 저작(1958년에 개정증보 됨)이 뒤이었다. 미르체아 엘리아데Mircea Eliade의 광범위한 저작, 『요가: 불멸성과 자유』*Yoga: Immortality and Freedom*는 원래 1930년대에 루마니아어로 출판되었다. 뒤이어 첫 개정증보판이 프랑스어로(1936), 그 다음에 영어로(1958) 출판되었다. 엘리아데는 1920년대와 1930년대에 요가 철학에 대한 영향력 있는 책들과 더불어 다섯 권으로 된 『인도철학사』*History of Indian Philosophy*(1922~1955)를 저술한 수렌드라나트 다스굽타Surendra Nath Dasgupta와 인도에서 함께 연구하였다. 1920년대와 1930년대에는 서구 학자들 가운데 존 우드로프경Sir John Woodroffe이 탄트라의 철학, 문학, 요가적 가르침을 거의 혼자 힘으로 연구하였다. 서구에서 탄트라적 관념들의 유포는 원래 독일어로 쓰인 하인리히 짐머Heinrich Zimmer의 요가와 인도의 예술에 대한 저작(1926)에 의해 크게 촉진되었다. 그리고 이 저작은 융C. G. Jung이 스스로 이 전통에 얼마간 정통하도록 자극하였다. 융은 수브라만야 이예르V. Subrahmanya Iyer(마이소르Mysore의 마하라자Mahārāja의 구루guru)와 폴 브런튼을 만났고, 1938년에는 아대륙의 문화와 직접 조심스럽게 접촉하기 위해서 인도로 여행을 떠나기까지 했다. 그는 여전히 회의적이었고 동양인과 서양인 사이의 심리적 기질의 차이를 가정하였다. 이로 인해서 그는 결국 요가가 서양에 적합하지 않은 것으로 간주하게 되었다. 최근 인도학적 관점에서 본 요가에 대한 개요들은 게오르그 호이에르슈타인Georg Feuerstein의 『요가 전통』*Yoga Tradition*(3차 개정판, 2008)과 제럴드 제임스 라슨Gerald James Larson과 람 샹카르 밧타차리야Ram Shankar Bhattacharya의 『요가: 인도의 명상 철학』*Yoga: India's Philosophy of Meditation*(2008)을 참조하라. 요가에 대한 많은 정보를 담고 있는 인류학적 개관에 대해서는 조셉 알터Joseph S. Alter의 『현대 인도의 요가』*Yoga in Modern India*(2004)를, 서구에서 요가의 역사와 영향에 대한 독일어로 된 지적인 설명에 대해서는 칼 바이어Karl Baier의 『서구로 가는 요가』*Yoga auf dem Weg nach Western*(1998)를, 서구에서의 요가 수행에 대한 평가에 대해서는 엘리자베스 데 미켈리스Elizabeth De Michelis의 『현대 요가의 역사』*A History of Modern Yoga*(2004)를 보라. 1996년에 가로테M. L. Gharote가 설립한 로나블라 요가 연구소(Lonavla Yoga Institute)의 산스크리트 문헌에 대한 일련의 번역물들, 특히 하타-요가와 관련된 것들은 신뢰받을 만하다. 마샬 고빈단(Marshall Govindan, 삿치다난단 Satchidanandan)이 창시해서 후원하고, 가나파티 I. T. N. ganapathy이 지도하고 있는 요가 싯다 연구 센터(Yoga Siddha Research Center)도 마찬가지로 타밀 칫타르Tamil cittar 문헌들을 영어로 구할 수 있게 해주었기 때문에 인정받을 만하다.

20세기 후반기에 인도의 여러 학자들과 또 보다 적은 수의 서구 학자들은 요가의 다양한 측면들이나 요가와 관련된 주제들에 대해 지속적으로 연구하였다. 이 중 인도의 두 단체는 선정될 만하다. 첫째는 1921년에 스와미 쿠발라야난다Swami Kuvalayananda가 설립한 카이발리야다마 아슈람Kaivalyadhama Ashram과 연구소(Research Institute)이고, 둘째는 1918년에 슈리 요겐드라Sri Yogendra가 설립한 봄베이 요가 연구소(Yoga Institute of Bombay)이다. 두 단체는 문헌 연구뿐 아니라 과학적인 연구에도 관여하였다. 이 연구 중 일부는 베하난(K. T. Behanan, 1937)에 의해 보고되었다. 요가에 대한 의학적 연구는 1936년에 심장 박동의 요가적 조절에 대한 테레즈 브로스Thérèse Brosse의 조사 연구로 시작되었다. 이런 종류의 생리학적 연구는 수년에 걸쳐, 특히 인도에서 산발적으로 계속되었고, 그것은 메닝거 연구소(Menninger Institute)에서 실시한 스와미 라마Swami Rama에 대한 실험실 연구를 통해 서구에서 일시적으로 증가되었다.[예를 들면 펀더버크J. Funderburk, (1997) 참조]

⇒ 아슈타-앙가-요가 aṣṭa-aṅga-yoga, 아스파르샤-요가 Asparśa-Yoga, 바바-요가 Bhāva-Yoga, 붓디-요가 Buddhi-Yoga, 디야나-요가 Dhyāna-Yoga, 그리하스타-요가 Gṛhastha-Yoga, 구루-요가 Guru-Yoga, 크리야-요가 Kriyā-Yoga, 쿤달리니-요가 Kuṇḍalinī-Yoga, 람비카-요가 Lambikā-Yoga, 라야-요가 Laya-Yoga, 나다-요가 Nāda-Yoga, 판차-다샤-앙가-요가 pañca-daśa-aṅga-yoga, 파슈파타-요가 Pāśupata-Yoga, 푸르나-요가 Pūrṇa-Yoga, 산니야사-요가 Saṃnyāsa-Yoga, 삼푸타-요가 Sampuṭa-Yoga, 삽타-앙가-요가 sapta-aṅga-yoga, 샤드-앙가-요가 ṣaḍ-aṅga-yoga, 쉬바-요가 Śiva-Yoga, 스파르샤-요가 Sparśa-Yoga, 스왓찬다-요가 Svacchanda-Yoga, 타라카-요가 Tāraka-Yoga도 참조.

⇒ 아유르-베다 Āyur-Veda, 바이오피드백(biofeedback), 기독교(Christianity), 최면(hypnosis), 탄트라 Tantra도 참조.

Yoga(∵요가)

『마하바라타』*Mahābhārata*(13. 150. 45)에 언급된 신화적인 성자의 이름이다.

yoga-agni(요가-아그니, [연성]**yogāgni**요가그니)

'요가Yoga의 불'이라는 뜻이다. 『요가-쉬카-우파니샤드』*Yoga-Śikhā-Upaniṣad*(1. 26)에서 이것은 신체를 '가열하'여서 신체에 지각력 ♯ ajaḍa이 생기게 한다. 이 관념은 신체를 위대한 초자연적 능력(싯디 siddhi)을 가진 '신성한' 운송 수단으로 변화시키려 노력하는 하타-요가 Haṭha-Yoga의 근본이 된다.

Yoga-Anuśāsana-Sūtra-Vṛtti(요가-아누샤사나-수트라-브릿티, [연성]**yogānuśāsanasūtravṛtti**요가누샤사나수트라브릿티)

'요가Yoga를 상술하는 송들에 대한 주석'이라는 뜻이다. 『프라디피카』♯ *Pradīpikā*로도 불린다. 비갸나 비크슈 Vijñāna Bhikṣu의 제자인 바바 가네샤 디크쉬타 Bhāva Gaṇeśa Dīkṣita가 쓴 복주석서이다. 『요가-수트라』*Yoga-Sūtra*에 대한 그의 스승의 주석을 설명하려는 저작이다.

yoga-aṅga(요가-앙가, [연성]yogāṅga요강가)
'요가Yoga의 지분'이라는 뜻이다.
⇒ 앙가aṅga 참조.

yoga-ārūḍha(요가-아루다, [연성]yogārūḍha요가루다)
'요가Yoga의 달인'이라는 뜻이다.
⇒ 아루다ārūḍha 참조.

yoga-āsana(요가-아사나, [연성]yogāsana요가사나)
'요가Yoga 동작'이라는 뜻이다. 『게란다-상히타』*Gheraṇḍa-Saṃhitā*(2. 44f.)에 다음과 같이 기술되어 있다. 손바닥을 바닥에서 위로 향하게 하여 뻗어서 (교차된) 발을 무릎 위에 놓는다. [그런 다음] 숨을 들이쉬고 코끝에 시선을 고정(나사-아그라-드리슈티 nāsā-agra-dṛṣṭi)시켜라.

yoga-bala(요가-발라)
'요가Yoga의 힘'이라는 뜻이다. 이 표현은 전고전 요가(Preclassical Yoga) 문헌에서 빈번히 사용된다. 『바가바드-기타』*Bhagavad-Gītā*(8. 10)에서는 다음과 같이 말한다. 죽음의 순간에 요긴yogin은 마음을 안정시키기 위해서 요가의 힘과 헌신(박티 bhakti)을 이용해야만 한다. 그 결과 그는 신(神, Divine)에 이르게 될 것이다.
⇒ 발라bala 참조.

Yoga-Bhāskara(요가-바스카라)
'요가Yoga의 계몽자'라는 뜻이다. 카빈드라차리야 사라스와티(Kavīndrācārya Sarasvatī; 서기 1600년~1675년)가 저술한 요가에 대한 저작으로 더 이상 현존하지 않는다. 그는 또한 수많은 베단타Vedānta 저작들의 저자이기도 하다.

Yoga-Bhāṣya(요가-바쉬야)
'요가Yoga에 대한 해설'이라는 뜻이다. 『요가-수트라』*Yoga-Sūtra*에 대한 현존하는 가장 오래된 주석으로 비야사Vyāsa가 저술했다. 그러나 일부 학자들에 따르면 빈디야바신(Vindhyavāsin; 4세기경)이 저술했을 수도 있다고 한다. 5세기 중반에 성립된 것으로 추정되는 이 저작은 고전 요가(Classical Yoga)에서 뒤이어지는 모든 주석적 노력의 토대이다. 비야사는 요가에 대단히 정통하다는 것을 보여 주고 있지만, 그가 『요가-수트라』의 저자인 파탄잘리Patañjali의 직접적인 계보에 속했던 것으로 보이지는 않는다. 차라리 그는 상키야Sāṃkhya의 스승인 빈디야바신의 사상에 강하게 의지하고 있는 것으로 보인다. 파탄잘리가 직접 『바쉬야』*Bhāṣya*를 작성했다는 힌두Hindu의 일부 권위자들의 주장은 불가능한 것으로 보인다. 왜냐하면 『바쉬야』의 해설과 전문 용어 들이 이따금씩 『요가-수트라』와 불일치하기 때문이다.

Yoga-Bhāṣya-Vivaraṇa(요가-바쉬야-비바라나)
⇒ 비바라나Vivaraṇa 참조.

Yoga-Bīja(요가-비자)
'요가Yoga의 씨앗'이라는 뜻이다. 요가 수행의 규칙, 특히 호흡 조절을 다루고 있는 짧은 현대의 논문으로 10페이지 가량으로 발간되었다. 쉬바Śiva가 직접 저술했다. 대부분의 송들은 『요가-쉬카-우파니샤드』*Yoga-Śikhā-Upaniṣad* 제1장에서 발췌되었다.

Yoga-Cintāmaṇi(요가-친타마니)
'요가Yoga에 대한 생각의 보석'이란 뜻이다. 쉬바난다 사라스와티 Shivananda Sarasvati가 저술한 저작으로, 200페이지 가량으로 이루어져 있다. 이것은 대략 18세기 말이나 19세기 초에 저술되었다.

Yoga-Cūḍāmaṇi-Upaniṣad(요가-추다마니-우파니샤드, [연성]Yogacūḍāmaṇyupaniṣad요가추다만유파니샤드)
'요가Yoga의 최고 보석에 대한 비밀스러운 가르침'이라는 뜻이다. 추다마니cūḍāmaṇi로부터 왔다. 14세기 또는 15세기경에 성립된 요가-우파니샤드Yoga-Upaniṣad 중 하나이다. 121송으로 이루어진 이 문헌은 베단타Vedānta적인 관점에서 하타-요가Haṭha-Yoga를 상세히 설명한다. 익명의 저자는 자신이 프라나-상로다(prāṇa-saṃrodha; '호흡 억제')라고 부르는 것에 특별히 주의를 기울이는 여섯 가지로 된 길(6지支 요가, 샤드-앙가-요가 ṣaḍ-aṅga-yoga)을 지지한다. 첫 71개 송에서는 하타-요가의 이론과 실천의 핵심을 요약한다. 이어서 개체 발생에 대해 보충 설명을 하는데, 십중팔구 삽입된 내용일 것이다. 이 문헌은 감각 제어(제감制感, 프라티야하라 pratyāhāra)에 대해 서술하면서 마치는데 불완전해 보인다. 실제로 이것은 『고라크샤-팟다티』*Gorakṣa-Paddhati*의 일부로 추정된다.

yoga-darśana(요가-다르샤나)

'요가Yoga의 견해'라는 뜻이다. 이 어구는 『마하바라타』*Mahābhārata*(12. 294. 26)에서 처음 발견된다. 거기서 이것은 일반적인 의미이다. 이후에 이것은 특히 파탄잘리Patañjali에 의해 형성되고 그의 주석자들에 의해 갈고 다듬어진, 고전 요가(Classical Yoga)로도 알려진 철학 체계를 가리키는 것이 되었다.

Yoga-Dīpikā(요가-디피카)

'요가Yoga에 대한 등불'이라는 뜻이다. 15세기의 고古칸나다어Kannada로 된 『하타-요가-프라디피카』*Haṭha-Yoga-Pradīpikā*의 번역서로 보인다. 일부 연금술적인 요소를 담고 있다.

yoga-gṛha(요가-그리하)

'요가Yoga의 집'이라는 뜻이다.

⇒ 마타maṭha 참조.

yoga-kakṣa(요가-카크샤)

'요가Yoga 벨트(띠)'라는 뜻이다. 요가 동작(아사나 āsana) 중 하나로, 앉아 있는 동안 무릎의 위치를 지키기 위한 끈이다. 『바가바타-푸라나』*Bhāgavata-Purāṇa*(4. 6. 39)에 언급되어 있다.

Yoga-Kārikā(요가-카리카)

비야사Vyāsa와 바차스파티 미슈라Vācaspati Miśra의 해설에 폭넓게 기초한, 본래 산스크리트Sanskrit로 된 『요가-수트라』*Yoga-Sūtra* 주석이다. 346송으로 된 이 저작은 하리하라난다 아란야Hariharānanda Āraṇya가 『사랄라-티카』♯*Saralā-Ṭīkā*라는 제목을 붙인 자주自註와 함께 구성되어 있다.

Yoga-Kārṇika(요가-카르니카)

'요가Yoga의 귀 장신구'라는 뜻이다. 아고라난다Aghorānanda의 이 저작은 18세기 말 또는 19세기 초에 저술되었다. 13개의 장들로 편집된 것으로, 1,200개가 넘는 송으로 이루어져 있다. 이것의 가치는 (현존하지 않는 저작들을 포함하여) 다른 저작들에서 많이 인용한 데 있다.

yoga-kṛtya(요가-크리티야)

'요가Yoga의 실천'이라는 뜻이다. 『마하바라타』*Mahābhārata*(예, 12. 294. 6)에서 발견되는 사다나(sādhana 또는 sādhanā)와 동의어이다.

Yoga-Kuṇḍalī-Upaniṣad(요가-쿤달리-우파니샤드, [연성]Yogakuṇḍalyupaniṣad요가쿤달리유파니샤드)

쿤달리♯kuṇḍalī로부터 왔다. 쿤달리니kuṇḍalinī와 동의어이다. 요가-우파니샤드Yoga-Upaniṣad 중 하나이다. 성립 연대는 대략 14세기나 15세기경까지 거슬러 올라간다. 총 171개의 송, 3개의 장으로 이루어져 있다. 둘째 장은 『마하칼라-요가-샤스트라』♯*Mahākāla-Yoga-Śāstra*의 첫째 장에서 차용하였다. 제목이 시사하는 것처럼 이 저작은 쿤달리니-요가Kuṇḍalinī-Yoga를 다루는데, 아드와이타 베단타Advaita Vedānta의 불이론不二論적 형이상학의 관점으로 자세하게 설명된다. 첫째 장에서는 영적인 길의 개요를 서술한다. 둘째 장은 케차리-무드라khecarī-mudrā에 대한 자세한 설명으로 이루어져 있다. 셋째 장에서는 더 높은 요가Yoga 수행을 서술하고, 형이상학적 고찰이 배치되어 있다.

yoga-mata(요가-마타)

'요가Yoga의 교의'라는 뜻이다. 전통 또는 관점으로서의 요가이다. 그것 자체는 요가-마르가yoga-mārga와 동의어이다.

yoga-mārga(요가-마르가)

'요가Yoga의 길'이라는 뜻이다. 영적 삶을 통로 또는 길(마르가mārga)에 비유한 것은 한 단계의 성취로부터 다음 단계로 나아가는 떠돌이로서의 영적 수행자의 이미지와 동반하여 조화된다. 『마하바라타』*Mahābhārata*(12. 289. 53)에서는 단지 편안함♯kṣema 때문에 요가의 길을 버리는 것은 큰 죄라고 말한다. 더 급진적인 불이론不二論 학파들은 길의 비유를 거부한다. 그들이 볼 때 오직 하나의 실재만이 존재하는 까닭에 그것은 단지 분리된 실체가 있다는 환영을 강화할 뿐이기 때문이다. 그러나 그러한 형이상학적인 반대를 제외하면 길의 비유는 심리학적 현상에 부합하고 목표 지향적인 노력을 조장하지 않는 범위 내에서 유용하다.

Yoga-Mārtaṇḍa(요가-마르탄다)

'요가Yoga의 태양'이라는 뜻이다. 188송으로 된 저작으로 고라크샤 I Gorakṣa이 저술한 것으로 여겨진다. 『고라크샤-팟다티』*Gorakṣa-Paddhati*의 일부분으로 보인다.

yoga-mudrā(요가-무드라)

'요가Yoga의 결인'이라는 뜻이다. 『하타-라트나발리』*Haṭha-Ratnāvalī*(3. 12)에 84가지 요가 동작(아사나āsana) 중 하나로 기재되어 있지만 설명되지는 않는다. 하타-요가Haṭha-Yoga에 대한 현대의 일부 저작들에 따르면 이 동작은 다리를 교차하고 앉아서 팔을 뒤로하여 손깍지를 끼고 앞으로 굽힘으로써 만들어진다. 우파니샤드 브라마요긴Upanishad Brahmayogin은 『트리-쉬키-브라마나-우파니샤드』*Tri-Śikhi-Brāhmaṇa-Upaniṣad*(2. 93)에 대한 주석에서 요가-무드라yoga-mudrā를 '의식(awareness)의 결인'(친-무드라cin-mudrā)과 동일한 것을 나타내는 손 제스처로 이해한다.

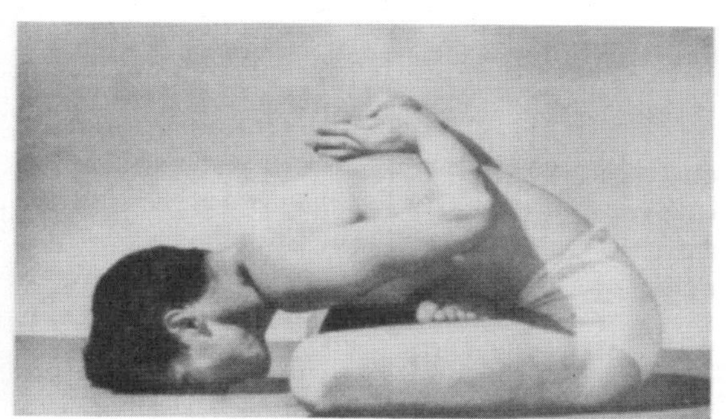

요가-무드라, 즉 요가의 결인. 테오스 버나드(Theos Bernard)

파라마한사 요가난다(Paramahansa Yogananda)

Yogananda, Paramahansa(파라마한사 요가난다; 1893~1952)

서구로 왔던 초기의 요가Yoga 마스터 중 한 명이다. 육테슈와르Yukteshwar의 제자인 그는 1920년에 참자아 깨달음 협회(Self-Realization Fellowship)를 설립했고, 그의 저서인 『한 요기의 자서전』*Autobiography of a Yogi*(1946년에 첫 발행)을 통해서 세계적으로 유명해졌다. 그는 일종의 쿤달리니-요가Kuṇḍalinī-Yoga인 크리야-요가(Kriya yoga, 산스크리트: kriyā-yoga)를 가르쳤고, 힌두교Hindu와 기독교를 몹시 조화시키고 싶어 했다.

⇒ 바바지Babaji, 파라마-항사parama-haṃsa도 참조.

yoga-nidrā(요가-니드라)

'요가Yoga적인 잠'이라는 뜻이다. 후고전 요가(Post-classical Yoga) 문헌에서 가장 높은 의식(consciousness) 상태를 나타내기 위해 널리 사용되는 표현이다. 힌두Hindu

의 신화에서 요가-니드라yoga-nidrā는 세계의 시대(유가 yuga)의 끝에 있는 비슈누Viṣṇu의 상태이다. 그때는 위대한 신이 다시 깨어날 때까지 우주가 일시적으로 용해되어 있다.

현대의 일부 요가 권위자들, 특히 스와미 사티야난다Swami Satyananda는 깊은 이완상태를 나타내기 위해서 요가-니드라라는 어구를 사용하였다. 이 용어는 또한 양손을 허리 뒤에서 꼭 쥐고 등에 의지하면서, 다리를 목뒤에서 교차함으로써 만들어지는 요가 동작(아사나 āsana)에도 적용된다.

yoga-paṭṭa(요가-팟타) 또는 **yoga-paṭṭaka**(요가-팟타카)

술이다. 명상(meditation)하는 동안 팔을 쉬게 하는 장치이다. 『탓트와-바이샤라디』*Tattva-Vaiśāradī*(2. 46)에서는 후자의 의미로 언급되었다. 이것은 또한 『아그니-푸라나』*Agni-Purāṇa*에도 실려 있는데, 새로 입문한 제자의 소지품 중 하나(90. 10)로, 또 다른 구절(204. 11)에서는 숲에 거주하는 고행자♯vānaprastha의 용품 중 하나로 열거된다. 요가-팟타yoga-paṭṭa는 의례의 일종을 의미한다.

Yoga-Pradīpikā(요가-프라디피카)

'요가Yoga의 등불'이라는 뜻이다. 발라데바 미슈라 Baladeva Mishra의 저작이다. 『요가-수트라』*Yoga-Sūtra*에 대한 주석으로 20세기에 저술되었다. 『하타-요가-프라디피카』*Haṭha-Yoga-Pradīpikā*와는 구분되어야만 한다.

Yoga-Rahasya(요가-라하시야)

'요가Yoga의 비밀'이라는 뜻이다. 남인도의 위대한 달인 나타무니Nāthamuni의 소실된 산스크리트Sanskrit 저작 중 하나이다.

Yogarāja(요가라자)

11세기 후반에 살았던 크세마라자Kṣemarāja의 제자이다. 그는 불이론不二論의 관점으로 아비나바굽타 Abhinavagupta의 『파라마르타-사라』♯*Paramārtha-Sāra*에 주석을 달았다.

Yoga-Rāja-Upaniṣad(요가-라자-우파니샤드, [연성] **Yogarājopaniṣad**요가라조파니샤드)

요가-우파니샤드Yoga-Upaniṣad 중 하나이다. 21개 송으로만 이루어진 이 저작은 만트라-요가Mantra-Yoga, 라야-요가Laya-Yoga, 라자-요가Rāja-Yoga, 하타-요가Haṭha-Yoga에 대해 언급하고, 특히 아홉 개의 심령 에너지 센터(차크라cakra)를 다루고 있다.

Yoga-Sāra-Saṃgraha(요가-사라-상그라하)

'요가Yoga의 핵심에 대한 해설'이라는 뜻이다. 이것은 또한 『갸나-프라디파』♯*Jñāna-Pradīpā*('지식의 횃불')라는 제목도 붙어 있다. 널리 알려진 학자인 비갸나 비크슈Vijñāna Bhikṣu가 저술한 고전 요가(Classical Yoga)에 대한 간략한 요약이다.

Yoga-Siddhānta-Candrikā(요가-싯단타-찬드리카)

'요가Yoga 체계에 대한 달빛'이라는 뜻이다. 이 저작은 또한 『요가-수트라-구다-아르타-디요티카』*Yoga--ūtra-Gūḍha-Artha-Dyotikā*('『요가-수트라』*Yoga-Sūtra*의 비밀스러운 의미에 대한 설명')라는 제목이 붙어 있기도 하다. 『수트라-아르타-보디니』*Sūtra-Artha-Bodhinī*의 저자이기도 한 나라야나 티르타(Nārāyaṇa Tīrtha; 약 14세기경)가 저술하였다.

yoga-siddhi(요가-싯디)

'요가Yoga의 완성' 또는 '요가의 힘'이라는 뜻이다.

⇒ 싯디siddhi 참조.

Yoga-Sudhā-Ākara(요가-수다-아카라, [연성]**Yogasudhākara**요가수다카라)

'요가Yoga의 감로의 보고'라는 뜻이다. 사다쉬벤드라 사라스와티(Sadāshivendra Sarasvatī; 약 18세기경)가 저술하였다.

Yoga-Sūtra(요가-수트라)

'요가Yoga 경전'이라는 뜻이다. 고전 요가(Classical Yoga)에 대한 권위 있는 해설로, 파탄잘리Patañjali가 저술하였다. 일부 학자들은 기원전 2세기에 위치시키지만 이 짧은 문헌은 아마도 서력기원 초기에 성립되었을 것이다. 또한 『파탄잘라-수트라』♯ *Pātañjala-Sūtra*로도 알려진 이 저작은 4장(파다 II pāda) 총 195송으로 이루어져 있다.(일부 편집본은 1개 수트라 sūtra가 추가되어 있다) 이 저작을 독립적인 원문 단위로 분석하려는 시도는 성공하지 못했다. 파탄잘리의 저작은 상대적으로 동종의 것들로 이루어진 것으로 보인다. 그러나 저자가 요가의 여덟 '지분'(앙가 aṅga)을 다룰 때(2. 28~3. 3 또는 3. 8), 일련의 존재하던 정의들을 포함시켰다는 다소의 증거가 있다. 이 결론이 올바르다면 파탄잘리의 요가는 아슈타-앙가-요가 aṣṭa-aṅga-yoga라기보다는 크리야-요가 Kriyā-Yoga라고 불려야 하는 것이 적절하다.

첫 장인 '삼매에 대한 장'♯ samādhi-pāda은 의식(consciousness)의 체계적 변형과 관련된 주요 과정의 개요를 서술한다. 둘째 장인 '수단에 대한 장'♯ sādhana-pāda은 크리야-요가 수련의 기본 개념들을 소개한다. 그런 다음 2. 28송에서 논의는 8지支로 전환된다. 셋째 장은 요가의 초자연적인 현상(비부티 vibhūti 또는 싯디 siddhi)들을 다루고 있기에 비부티-파다♯ vibhūti-pāda라는 제목을 가지고 있다. 그러나 이 장은 또한 요가 수행의 더 높은 단계에 대한 중요한 지식도 담고 있다. 마지막 장인 '독존獨存에 대한 장'♯ kaivalya-pāda은 중요한 철학적 개념들을 소개하고, 또한 카이발리야 kaivalya로 불리는 해탈 그 자체를 포함하여 요가의 최종 단계들을 다룬다.

파탄잘리는 자신의 편집물을 기존에 있는 가르침에 대한 '해설'♯ anuśāsana로만 이해했지만, 그럼에도 불구하고 그의 저작은 독창성이 부족한 것은 아니다. 요가 전통을 체계화하려는 노력 속에서 그는 힌두교 Hindu의 선도적인 학파들 또는 철학적 체계(다르샤나 darśana) 중 하나로서 고전 요가(Classical Yoga)의 독자성을 분명하게 나타내는 새로운 관념과 용어 들을 도입했다. 전문 용어로 볼 때 『요가-수트라』 *Yoga-Sūtra*는 마하야나 불교♯ Mahāyāna Buddhism에 가깝다. 그리고 지금까지 세부적인 연구는 이뤄지지 않고 있지만 고전 요가와 불교의 연관성은 종종 학자들에 의해 언급되었다. 특히 『요가-수트라』와 『아비사마야랑카라-샤스트라』♯ *Abhisamayālaṃkāra-śāstra*(마이트레야 Maitreya가 저술함) 사이의 유사점들은 보다 면밀하게 고찰할 가치가 있다.

『요가-수트라』의 중요성을 생각하면 수많은 주석서들이 산출되어 온 것은 놀라운 일이 아니다. 구할 수 있는 가장 오래된 주석서는 『요가-바쉬야』 *Yoga-Bhāṣya*로, 파탄잘리의 저작을 이해하는 열쇠를 제공해 준다. 다른 주요 주석서들로는 샹카라 Śaṅkara의 『비바라나』 *Vivaraṇa*, 바차스파티 미슈라 Vācaspati Miśra의 『탓트와-바이샤라디』 *Tattva-Vaiśāradī*, 비갸나 비크슈 Vijñāna Bhikṣu의 기념비적인 『요가-바룻티카』 *Yoga-Vārttika*와 걸작인 『요가-사라-상그라하』 *Yoga-Sāra-Saṃgraha*가 있다. 추가적인 주석서들로는 보자라자 Bhojarāja의 『라자-마르탄다』 *Rāja-Mārtaṇḍa*(『보자-브릿티』 *Bhoja-Vṛtti*라고도 불림), 나라야나 티르타 Nārāyaṇa Tīrtha의 『요가-싯단타-찬드리카』 *Yoga-Siddhānta-Candrikā*와 『수트라-아르타-보디니』 *Sūtra-Artha-Bodhinī*, 바바 가네샤 Bhāva Gaṇeśa의 『프라디피카』♯ *Pradīpikā*, 나고지 밧타 Nāgoji Bhaṭṭa의 『브리하티』♯ *Bṛhatī*와 『라그비』♯ *laghvī*, 라마난다 야티 Rāmānanda Yati의 『마니-프라바』 *Maṇi-Prabhā*, 사다쉬바 인드라 Sadāśiva Indra의 『요가-수다-아카라』 *Yoga-Sudhā-Ākara*, 아난타데바 Anantadeva의 『요가-수트라-아르타-찬드리카』 *Yoga-Sūtra-Artha-Candrikā*, 하리하라난다 아란야 Hariharānanda Āraṇya의 『바스와티』 *Bhāsvatī*, 발라라마 우다시나 Bālarāma Udāsīna의 『팃파니』♯ *Tippani*, 발라데바 미슈라 Baladeva Miśra의 『요가-프라디피카』 *Yoga-Pradīpikā*가 있다.

Yoga-Sūtra-Artha-Candrikā(요가-수트라-아르타-찬드리카, [연성]**Yogasūtrārthacandrikā** 요가수트라르타찬드리카)

'『요가-수트라』 *Yoga-Sūtra*의 의미에 대한 달빛'이라는 뜻이다. '[파탄잘리 Patañjali 저작]의 각 장들에 대한 달빛'이라는 뜻의 『파다-찬드리카』♯ *Pāda-Candrikā*라는 제목을 붙이기도 한다. 아난타(-데바)[Anata(-deva); 약 19세기 경]가 저술한 『요가-수트라』에 대한 주석이다.

Yoga-Sūtra-Bhāṣya-Vivaraṇa(요가-수트라-바쉬야-비바라나)

⇒ 비바라나Vivaraṇa 참조.

Yoga-Sūtra-Gūḍha-Artha-Dyotikā(요가-수트라-구다-아르타-디요티카)

⇒ 요가-싯단타-찬드리카Yoga-Siddhānta-Candrikā 참조.

Yoga-Sūtra-Vṛtti(요가-수트라-브릿티)

『요가-수트라』*Yoga-Sūtra*에 대한 주석'이라는 뜻이다. 나라야나 티르타Nārāyana Tīrtha가 저술한 『요가-수트라』에 대한 주석이다.

Yogaswami(요가스와미; 1872~1964)

난디나타Nandinātha의 칼일라사Kailāsa 계보인 스리랑카Sri Lanka 샤이비즘Śaivism 전통의 달인으로 수브라무니야스와미Subramuniyaswami를 입문시켰다. 그의 구루guru는 첼랏파스와미Chelappaswami이다.

yoga-śāstra(요가-샤스트라 I)

'요가Yoga의 가르침' 또는 '요가의 교본'이라는 뜻이다.

⇒ 샤스트라śāstra 참조.

Yoga-Śāstra(요가-샤스트라 II)

'요가Yoga의 교본'이라는 뜻이다. 하타-요가Haṭha-Yoga의 원리들을 상세히 설명한 334개 송으로 된 중세의 저작으로 닷타트레야Dattātreya가 저술하였다. 이 문헌은 성적 교합(마이투나 maithuna)과 관련된 바즈롤리-무드라vajrolī-mudrā에 대한 서술에서 명확히 보이듯이 탄트라Tantra적인 경향을 가지고 있다. 남녀 수행자는 모두 그 교합에서 서로 상대의 '정액'(빈두bindu)을 흡수하려 노력한다. 그 문헌이 8백4십만 요가 동작(아사나āsana)의 전통에 대해서 알고 있음에도 불구하고 연화좌(파드마-아사나padma-āsana)만 서술하고 있고, 그런 다음 계속해서 '결인'(무드라mudrā)과 '잠금'(반다bandha)으로 된 비의적 수행법들을 설명한다.

Yoga-Śikhā-Upaniṣad(요가-쉬카-우파니샤드, [연성] Yogaśikhopaniṣad요가쉬코파니샤드)

'최상의 요가Yoga에 대한 비밀스러운 교의'라는 뜻이다. 요가-우파니샤드Yoga-Upaniṣad 중 하나이다. 총 390송 여섯 장으로 이루어져 있다. 마지막 장은 아마도 나중에 덧붙여졌을 것이다. 이 『우파니샤드』*Upaniṣad*는 샹카라(Śaṅkara, 여기서는 쉬바Śiva)와 히란야가르바Hiraṇyagarbha 사이의 교훈적인 대화의 형태를 띠고 있다. 베단타Vedānta의 불이론不二論적 형이상학에 근거를 둔 익명의 저자는 신체에 대한 철학을 개략적으로 전개한다. 요긴yogin은 요가의 불을 통해서 신체(데하deha)에 '활력을 불어넣을 것'ranjayet을 요구 받는다. 뒤따르는 논의는 하타-요가Haṭha-Yoga의 지식에 대한 요약으로, 사라스와티-나디sarasvatī-nāḍī와 쿤달리니-샥티(kuṇḍalinī-śakti; '뱀의 힘')의 각성에 대한 간략한 가르침에서부터 비의적인 해부학에 대한 독창적인 해석에 이른다. 다섯째 장에서는 첫째 장에서 언급한 내용의 일부를 반복하고 있고, 또한 심령 에너지 통로(나디nāḍī)에 대한 상세한 설명을 담고 있다. 마지막 장에서는 신체 내에 잠들어 있는 뱀의 힘을 각성하는 과정을 구체적으로 다룬다. 그러므로 이 저작에서 선호하는 길은 쿤달리니-요가Kuṇḍalinī-Yoga이다.

Yoga-Taraṃga(요가-타랑가)

'요가Yoga의 파도'라는 뜻이다. 『요가-사라-상그라하』*Yoga-Sāra-Saṃgraha*와 유사한 문헌으로, 비디야란야 티르타Vidyāranya Tīrtha의 제자인 데바 티르타 스와민Deva Tīrtha Svāmin이 저술하였다.

Yoga-Tattva-Upaniṣad(요가-탓트와-우파니샤드, [연성]Yogatattvopaniṣad요가탓트오파니샤드)

'요가Yoga의 원리들에 대한 비밀스러운 가르침'이라는 뜻이다. 요가-우파니샤드Yoga-Upaniṣad 중 하나이다. 142개의 송으로 된 이 짧은 저작을 저술한 익명의 저자는 아드와이타 베단타Advaita Vedānta의 철학적 토대 위에 다양한 형태의 요가들을 통합하고자 하였다. 그

Y

는 요가와 지혜(갸나 jñāna)의 상호 의존성을 강조하고 네 단계(아바스타 avasthā), 다섯 가지 장애(비그나 vighna), 호흡 수행을 위한 올바른 환경(데샤 deśa), 식이 요법에 대한 규율, 초자연력(싯디 siddhi), 집중(concentration, 다라나 dhāraṇā)의 수행, 하타-요가 Haṭha-Yoga 기법, 생해탈(지반-묵티 jīvan-mukti) 상태에 대해 개설하였다. 이 저작은 고행주의적 신체 괴롭힘 ☞ kāya-kleśa뿐만 아니라 주지주의도 비판했다.

Yoga-Tārāvalī(요가-타라발리)
'요가 Yoga에 대한 반짝이는 시詩들'이라는 뜻이다. 샹카라 Śaṅkara가 저술한 것으로 여겨지는 이 문헌은 무엇보다도 내면의 소리를 배양하는 수행(나다-아누산다나 nāda-anusaṃdhāna)을 설명하고 있다.

Yoga-Upaniṣad[s](요가-우파니샤드[들], [연성]**Yogo-paniṣad**[s] 요고파니샤드[들])
『요가-수트라』 *Yoga-Sūtra* 이후에 성립되었고 베단타 Vedānta에 기초한 요가 Yoga적 가르침, 특히 하타-요가 Haṭha-Yoga와 쿤달리니-요가 Kuṇḍalinī-Yoga를 상세히 설명하고 있는 21종으로 된 우파니샤드 Upaniṣad군이다. 이들 문헌 중 다수는 14~15세기경에 성립되었다. 이 군群에는 다음과 같은 문헌들이 일반적으로 열거된다. 『아드와야-타라카-우파니샤드』 *Advaya-Tāraka-Upaniṣad*, 『아므리타-나다-우파니샤드』 *Amṛta-Nāda-Upaniṣad*, 『아므리타-(나다)-빈두-우파니샤드』 *Amṛta-(Nāda)-Bindu-Upaniṣad*, 『브라마-비디야-우파니샤드』 *Brahma-Vidyā-Upaniṣad*, 『다르샤나-우파니샤드』 *Darśana-Upaniṣad*, 『디야나-빈두-우파니샤드』 *Dhyāna-Bindu-Upaniṣad*, 『항사-우파니샤드』 *Haṃsa-Upaniṣad*, 『크슈리카-우파니샤드』 *Kṣurikā-Upaniṣad*, 『마하-바키야-우파니샤드』 *Mahā-Vākya-Upaniṣad*, 『만달라-브라마나-우파니샤드』 *Maṇḍala-Brāhmaṇa-Upaniṣad*, 『나다-빈두-우파니샤드』 *Nāda-Bindu-Upaniṣad*, 『파슈파타-브라마나-우파니샤드』 *Pāśupata-Brāhmaṇa-Upaniṣad*, 『샨딜리야-우파니샤드』 *Śāṇḍilya-Upaniṣad*, 『테조-빈두-우파니샤드』 *Tejo-Bindu-Upaniṣad*, 『트리-쉬키-브라마나-우파니샤드』 *Tri-Śikhi-Brāhmaṇa-Upaniṣad*, 『바라하-우파니샤드』 *Varāha-Upaniṣad*, 『요가-추다마니-우파니샤드』 *Yoga-Cūḍāmaṇi-Upaniṣad*, 『요가-쿤달리-우파니샤드』 *Yoga-Kuṇḍalī-Upaniṣad*, 『요가-라자-우파니샤드』 *Yoga-Rāja-Upaniṣad*, 『요가-쉬카-우파니샤드』 *Yoga-Śikhā-Upaniṣad*, 『요가-탓트와-우파니샤드』 *Yoga-Tattva-Upaniṣad*.

Yoga-Vārttika(요가-바룻티카)
『파탄잘라-바쉬야-바룻티카』 ☞ *Patañjala-Bhāṣya-Vārttika* 라는 제목을 붙이기도 한다. 『요가-수트라』 *Yoga-Sūtra*에 대한 광범위한 주석으로 비갸나 비크슈 Vijñāna Bhikṣu가 저술하였다. 상당히 독창적인 자료와 힌두 Hindu의 철학적·종교적 문헌에서 발췌한 아주 많은 인용문을 포함하고 있다. 이 저작은 비야사 Vyāsa의 『요가-바쉬야』 *Yoga-Bhāṣya* 다음으로 파탄잘리 Patañjali의 『요가-수트라』에 대한 가장 중요한 주석이다.

Yoga-Vāsiṣṭha-Rāmāyaṇa(요가-바시슈타-라마야나)
이것은 『요가-바시슈타』 ☞ *Yoga-Vāsiṣṭha* 또는 『아르샤-라마야나』 ☞ *Ārṣa-Rāmāyaṇa*, 『갸나-바시슈타』 ☞ *Jñāna-Vāsiṣṭha*로도 불린다. 대략 3만 송의 교훈적인 시로 된 저작으로 우아한 산스크리트 Sanskrit로 쓰였고, (비록 틀렸지만) 전통적으로 『라마야나』 *Rāmāyaṇa*의 작가인 발미키 Vālmīki가 저술한 것으로 여겨진다. 『요가-바시슈타』는 라마 Rāma 왕자와 그의 스승인 바시슈타 Vāsiṣṭha 사이의 대화로 되어 있다. 이 저작의 성립 연대에 대한 매우 학술적인 고찰이 있었는데, 이에 따르면 그 연대는 9세기에서부터 13세기까지에 이른다고 추정된다. 아마도 그것은 10세기 초라고 할 수 있는 『라구-요가-바시슈타』 *Laghu-Yoga-Vāsiṣṭha* 이후에 지어졌을 것이다. 이 방대한 저작의 많은 축약판, 특히 『요가-바시슈타-사라-상그라하』 *Yoga-Vāsiṣṭha-Sāra-Saṃgraha*가 있다.
『요가-바시슈타』는 무수한 세대의 영적 수행자들에게 영감을 주었다. 이것의 철학적 기초는 형상이 없고 편재하며 전능한 오직 하나의 참의식(Consciousness) ☞ eka-citta만이 존재한다는 아드와이타 베단타 Advaita Vedānta이다. 바위에 새겨진 셀 수 없이 많은 이미지처

Y

럼, 또는 이 문헌의 한 구절(3. 2. 55)에 있듯이 예술가의 마음속에 있는 그림들처럼, 하나의 의식 속에서 세계의 다양한 물체들이 나타난다. 태생적 무지(아비디야 avidyā)의 결과로서 인식되는 세계는 한정된 마음에 마음 자체의 외부에 있는 무엇처럼 나타난다. 그것은 꿈이나 절대자로부터 발생한 거품으로 묘사된다. 그러나 이 형이상학적 진리는 단순히 믿어지는 것이라기보다는 자연발생적인 경험을 통해서 깨닫게 되는 것이다. 『요가-바시슈타』에 개략적으로 서술된 영적인 길은 갸나-요가 Jñāna-Yoga의 길이고, 지혜(갸나 jñāna)와 행위(카르만 karman)의 조화로운 조합에 근거를 둔 『바가바드-기타』 *Bhagavad-Gītā*의 붓디-요가 Buddhi-Yoga와 상당한 유사성이 있다. 왜냐하면 이 저작에 따르면 마음은 자신의 속박과 해탈을 만들어 내기 때문에 일단 유일한 의식의 진리를 경험한다면 육체적으로 세상을 포기할 필요가 없다. 이것은 '정신적인(mental) 해탈'♯ cetya-muktatā의 길이라 불린다. 요가는 '마음(consciousness)의 동요 억제', '감각으로부터 자유', '욕망으로 된 독毒의 영향으로부터 벗어남' 등으로 다양하게 정의된다. 이 요가의 대변인처럼 행동하는 바시슈타는 제자에게 일곱 단계(부미 bhūmi)로 되어 있고 요긴 yogin이 '넷째 상태에 머뭄'(투리야-가 turya-ga)으로 끝나는 요가를 가르친다.

Yoga-Vāsiṣṭha-Sāra(요가-바시슈타-사라)

'『요가-바시슈타』♯ *Yoga-Vāsiṣṭha*의 핵심'이라는 뜻이다. 『요가-바시슈타』에 대한 요약으로, 48편으로 되어 있다. 가우다 아비난다 Gauda Abhinanda가 저술하였다.

Yoga-Vāsiṣṭha-Sāra-Saṃgraha(요가-바시슈타-사라-상그라하)

'『요가-바시슈타』♯ *Yoga-Vāsiṣṭha*의 핵심에 대한 개요'라는 뜻이다. 『요가-바시슈타-라마야나』 *Yoga-Vāsiṣṭha-Rāmāyaṇa*의 가르침에 대한 요약이다. 비디야란야 Vidyāranya에 의해 편집되었다.

yoga-vid(요가-비드)

'요가 Yoga를 아는 자'라는 뜻이다. 『요가-추다마니-우파니샤드』 *Yoga-Cūḍāmaṇi-Upaniṣad*(64)에 따르면 인간의 정액(빈두 bindu)의 두 가지 형태의 조화로운 동일성♯ samarasa-aikyatva에 대해 아는 자이다. 이것은 하타-요가 Haṭha-Yoga 전통에서 일반적인 비의적 설명이다. 그 밖의 곳에서 이 용어는 단순히 요긴 yogin과 동의어로 사용된다.

Yoga-Viṣaya(요가-비샤야)

'요가 Yoga의 대상'이라는 뜻이다. 비록 후대에 속하지만 맛시옌드라 Matsyendra가 저술한 33개의 송으로 된 짧은 저작이다. 아홉 심령 에너지 센터(차크라 cakra), 세 '결절'(그란티 granthi), 아홉 '문'(드와라 dvāra)과 같은 기본적 주제를 다룬다.

Yoga-Yājñavalkya(요가-야갸발키야)

완전한 제목은 『요가-야갸발키야-기타』♯ *Yoga-Yājñavalkya-Gītā* 또는 『요가-야갸발키야-기타-우파니샤드』♯ *Yoga-Yājñavalkya-Gītā-Upaniṣad*이다. 총 506송으로 된 하타-요가 Haṭha-Yoga에 대한 저작이다. 이 저작은 야갸발키야 Yājñavalkya와 그의 아내 가르기 Gargi 사이의 대화 형식으로 쓰여 있다. 산스크리트 문헌 편집자인 디반지(P. C. Divanji, 1953~1954)는 이 문헌을 기원후 2세기에 성립된 것으로 보았다. 이 관점은 『요가-야갸발키야』 *Yoga-Yājñavalkya*의 저자와, 그와 이름이 같은 사람을 동일시한 데 기초하고 있다. 동명이인인 뒷사람은 『야갸발키야-스므리티』♯ *Yājñavalkya-Smṛti*를 저술하였고 한 송(3. 110)에서 '내가 모방한 요가 Yoga의 가르침(요가-샤스트라 I yoga-śāstra)들'에 대해 연구할 것을 권하였다. 그러나 『요가-야갸발키야』의 내용과 전문 용어들을 분석해 보면 『야갸발키야-스므리티』보다 훨씬 후대의 저작이다. 아마도 13~14세기 정도일 것이다. 이 저작과 요가-우파니샤드 *Yoga-Upaniṣad*들, 특히 『샨딜리야-우파니샤드』 *Śāṇḍilya-Upaniṣad*에는 많은 유사점이 있다.

[비교] 브리하드-요기-야갸발키야-스므리티 Bṛhad-Yogi-Yājñavalkya-Smṛti.

yoga-yuj(요가–유즈)
'요가Yoga에 참여한'이라는 뜻이다. 영적인 입문자이다. 『비슈누–푸라나』*Viṣṇu-Purāṇa*(6. 7)에서 입문자는 더 '미세한'(수크슈마sūkṣma) 측면들로 나아가기 전에 맨 먼저 존재의 '조대한'(스툴라sthūla) 형태를 주의 깊게 관찰하도록 명받는다.

yoga-yukta(요가–육타)
'요가Yoga에 결합된'이라는 뜻이다. 요긴yogin의 동의어로 특히 전고전 요가(Preclassical Yoga)의 문헌 속에서 폭넓게 사용되었다. 이것은 요가의 기법들을 수단으로 자신의 감각과 마음을 통제한 수행자를 의미한다.

Yogācāra(요가차라)
'요가Yoga 수행'이라는 뜻이다. 요가yoga+아차라ācāra로 만들어졌다. 14세기경에 아상가II Asaṅga가 설립한 대승불교의 이상주의자 학파이다. 해탈에 대한 개념 때문에 바차스파티 미슈라Vācaspati Miśra의 『탓트와–바이샤라디』*Tattva-Vaiśāradī*(2. 15)에서는 이 학파를 비판했다. 파탄잘리Patañjali의 『요가–수트라』*Yoga-Sūtra*(4. 14-16)에서도 마찬가지로 요가차라Yogācāra에 대해 언급했지만, 때로는 『랑카바타라–수트라』*Laṅkāvatāra-Sūtra*에 나타난 것과 같은 초기 비갸나바다Vijñānavāda 전통에 대한 것임에 틀림없다고 여겨진다.

Yogendra, Sri(슈리 요겐드라; 1897~1989)
재가(그리하스타gṛhastha) 요긴yogin이자 1918년에 뭄바이(Mumbai, 옛 봄베이Bombay)에 있는 요가Yoga 연구소를 세운 설립자이다. 그는 스와미 마다바다사Swami Mādhavadāsa의 제자였고, 초기에 요가에 대한 과학적 연구를 추구하였다. 그는 또한 많은 책을 저술한 저자이기도 했다. 그의 아들인 자야데브 요겐드라Jayadev Yogendra가 현재 그 연구소의 소장으로 활동하고 있다.

yogi(요기) 또는 **yauga**(야우가)
어떤 형태로든 요가Yoga와 관련된 사람이다.

Yogi Bhajan(요기 바잔; 1929~2004)
본명은 하르바잔 싱 푸리Harbhajan Singh Puri였다. 하르바잔 싱 칼사Harbhajan Singh Khalsa로 이름을 바꾼 그는 펀자브Punjab 주의 암리차르Amritsar에 있는 시크교단(Sikh)의 일원이 되었다. 그는 1968년에 미국으로 이민 와서 로스앤젤레스에 건강하고 행복하며 성스러운 단체(Healthy, Happy, and Holy Organization; 3HO)를 설립하였다. 그는 시크교에 기반한 쿤달리니–요가Kuṇḍalinī-Yoga의 한 형태를 가르쳤다. 이 요가Yoga는 북미에서 상당히 인기가 있다.

yogi-deha(요기–데하)
'요긴yogin의 신체'라는 뜻이다. 성변화聖變化된 하타–요가Haṭha-Yoga 달인의 신체이다. 『요가–쉬카–우파니샤드』*Yoga-Śikhā-Upaniṣad*(1. 41)에 따르면 이 신체는 심지어 신들에게도 보이지 않는다. 이것은 변화와 속박으로부터 자유롭고 다양한 초자연적인 능력(싯디siddhi)들을 가지고 있으며 에테르(공空, 아카샤ākāśa)와 유사하다고 묘사된다.
⇒ 디비야–데하divya-deha, 초심리학(parapsychology), 성변화(transubstantiation)도 참조.

yogin(요긴)
남성 요가Yoga 수행자이다. 『쉬바–상히타』*Śiva-Saṃhitā*(2. 5)에서는 요긴yogin을 전체 우주(cosmos)가 자신의 신체 내에 존재하고 있다는 것을 아는 자로 정의한다. 유사하게 『싯다–싯단타–팟다티』*Siddha-Siddhānta-Paddhati*(2. 31)에서는 아홉 심령 에너지 센터(차크라cakra)와 세 대상(라크쉬야lakṣya), 다섯 가지 에테르(공空, 아카샤ākāśa), 머릿속의 칼라 I kalā에서 나오는 감로의 소나기dhārā를 완전하게 아는 자를 요긴이라 부른다고 언급한다.
영적 성취뿐 아니라 요가 수행의 유형과 엄격함에 따라서 여러 범주의 요긴들이 있다. 『요가–쉬카–우파니샤드』*Yoga-Śikhā-Upaniṣad*(1. 75f.)에서는 요긴을 두 종류로 구분한다. 하나는 다양한 요가 기법들을 이용하여 '태양'(수리야sūrya)을 관통하는 자들이고, 다른 하나는 중앙 통로(수슘나 나디 suṣumṇā-nāḍī)의 입구를 깨부수어서 두개골로부터 떨어지는 감로를 마시는 자들이다. 우파니샤드 브라마요긴 Upanishad Brahmayogin은 전자의 유형을 산니야사-요긴(♯ saṃnyāsa-yogin; '포기자')들로, 후자의 유형을 케발라-요긴(♯ kevala-yogin; '급진적 수행자')들로 설명한다. 『쉬바-푸라나』Śiva-Purāṇa(7. 2. 38. 25ff.)는 각각의 상이한 초자연력(싯디 siddhi)에 따라서 요긴들을 분류한다. 『요가-바쉬야』Yoga-Bhāṣya(3. 51)에서는 다시 다음의 네 가지 분류를 제안한다. 프라타마-칼피카(prathama-kalpika, 입문자), 마두-부미카(madhu-bhūmika; '꿀의 단계'에 이른 자), 프라갸-지요티스(prajñā-jyotis, 영지의 빛을 즐기는 상급 수행자), 아티크란타-바바니야(atikrānta-bhāvanīya, 초월자).

『쿨라르나바-탄트라』Kulārṇava-Tantra(9. 8)에서는 다음과 같은 설명을 제공한다. '프라나' prāṇa의 '바람'을 끌어들인 그는 바위처럼 움직일 수 없고, 초월적 존재♯ para-jīva의 유일한 거주처를 아는 그는 요긴, 즉 요가에 대해 아는 자로 불린다.

[비교] 요기니 yoginī.

yoginī(요기니)

여성 Yoga 요가 수행자이다. 『하타-요가-프라디피카』Haṭha-Yoga-Pradīpikā(3. 99)에 따르면 요기니 yoginī는 더 구체적으로 바즈롤리-무드라 vajrolī-mudrā 수행으로 자신의 생식기의 사정액(라자스 rajas)을 보존하고 남성의 정액(빈두 bindu)을 빨아들일 수 있는 여성 입문자이다. 탄트라 Tantra적인 맥락에서 요기니라는 용어는 또한 두르가 Durgā 여신의 형상들인 여덟, 열여섯, 육십 넷 또는 더 많은 여성 신들 집단을 표현할 수도 있다. 이 요기니들에 대한 컬트적 숭배는 9세기에 출현하였고, 샤티즘 Śaktism 전통과 연관이 있다. 요기니들은 초기 트리카 Trika 학파에서 강조되었다.

⇒ 바이라비 Bhairavī도 참조.

[비교] 요긴 yogin.

Yoginī-Hṛdaya-Tantra(요기니-흐리다야-탄트라)

'요기니 yoginī들의 심장(즉 핵심) 탄트라 Tantra'라는 뜻이다. 『바마케슈와라-탄트라』Vāmakeśvara-Tantra의 둘째 부분을 구성하는 슈리-비디야 I Śrī-Vidyā 전통의 376송으로 된 문헌이다.

Yoginī-Tantra(요기니-탄트라)

16세기의 중요한 탄트라 Tantra로 아삼 Assam에서 유래되었다. 1부는 열아홉 장과 1천2백9십3개의 송으로, 2부는 아홉 장과 1천5백14개의 송으로 이루어져 있다.

yogi-pratyakṣa(요기-프라티야크샤)

'요가 Yoga적 지각'이라는 뜻이다. '직접 지각'(사크샤트-카라나 sākṣāt-kāraṇa)의 다른 용어로, 요긴 yogin의 의식과 대상의 동일성을 수반한다. 이것은 무아경적 '일치'(사마팟티 samāpatti) 수행의 기초이고, 이 일치성을 통해서 여러 가지 초자연적인 힘(싯디 siddhi)을 획득할 수 있다.

yogi-rāj(요기-라즈)

'요긴 yogin들의 지배자'라는 뜻이다. 때로는 요가-라즈(♯ yoga-rāj; '요가의 지배자')로도 불린다. 영적 스승에게 허용된, 존경을 나타내는 칭호이다.

yogyatā(요기야타)

'적절함'이라는 뜻이다. 바차스파티 미슈라 Vācaspati Miśra가 그의 저작 『탓트와-바이샤라디』Tattva-Vaiśāradī(1. 4)에서 초월적 참자아와 한정적 의식(consciousness), 즉 마음 사이의 특별한 관련성(상요가 saṃyoga)을 설명하기 위해서 도입한 고전 요가(Classical Yoga)의 전문 용어이다. 이것은 시공간적인 조화가 아니라 일종의 '예정된 조화'이다. 요기야타 yogyatā는 두 가지 능력(샥티 I śakti)을 의미한다. 즉 향수되기 위한 우주(cosmos)의 능력♯ bhogya-śakti과 향수하기 위한 참자아의 능력♯ bhoktṛ-śakti이다.

⇒ 프라티빔바 pratibimba, 산니디 saṃnidhi도 참조.

yoni(요니)

어근 √yu('매다', '결합하다')에서 파생되었다. 문자 그대로 '소지자'이다. 이 단어는 적용 범위가 넓어서 '근원'으로부터 '집', '여성 생식기'에까지 이른다. 요가 Yoga의 맥락에서 이것은 주로 꽃잎이나 여성의 생식기를 나타낸다. 일부 문헌에서는 이것이 물라다라-차크라 mūlādhāra-cakra로 알려진 척주 기저에 있는 연꽃잎에 위치한 것으로 묘사한다. 이 영역은 또한 요니-스타나(♯yoni-sthāna; '회음 부위')와 카마루파(Kāmarūpa; '욕망으로 형성된 것')로 불리고, 『디야나-빈두-우파니샤드』*Dhyāna-Bindu-Upaniṣad*(45)에서는 '모든 요긴yogin에 의해 숭배된다'고 언급한다. 창조의 상징인 안을 향한 남근(링가 liṅga)을 포함하고 있다고 생각된다.

yoni-bandha(요니-반다)

'회음 잠금'이라는 뜻이다. 『요가-탓트와-우파니샤드』*Yoga-Tattva-Upaniṣad*(120f.)에 다음과 같이 서술되어 있는 하타-요가Haṭha-Yoga의 기법이다. 회음(요니 yoni)을 발꿈치로 확고하게 눌러서 아파나apāna 생기 에너지를 강제로 상승시켜라.

yoni-maṇi(요니-마니)

'요니yoni의 보석'이라는 뜻이다. 클리토리스(음핵)이다.

yoni-mudrā(요니-무드라)

'회음 결인'이라는 뜻이다. 가끔씩 요니-반다yoni-bandha와 동의어로 사용된다. 일부 권위자들은 이 수행법을 샴바비-무드라śāmbhavī-mudrā와 동일시한다. 그들은 이 무드라mudrā를 자신 안에 있는 근원(요니yoni)을 찾기 위한 방법으로 설명한다. 이것은 『하타-요가-프라디피카』*Haṭha-Yoga-Pradīpikā*(3. 43)에 언급되어 있지만 묘사되어 있지는 않다. 그러나 브라마난다Brahmānanda는 주석인 『지욧스나』*Jyotsnā*에서 이것을 '생식기의 수축'♯meḍhra-ākuñcana으로 설명하는데, 이는 바즈롤리-무드라 vajrolī-mudrā와 동일하다. 『쉬바-상히타』*Śiva-Saṃhitā*(4. 1ff.)에서 수행자는 '토대' 아다라ādhāra, 즉 척주의 기저에 있는 신체의 가장 낮은 심령 에너지 센터(차크라 cakra)에 집중하고, 숨을 들이쉬는 동안 회음을 수축해야만 한다고 말한다. 『게란다-상히타』*Gheraṇḍa-Saṃhitā*(3. 38)에서는 들숨은 카키-무드라kākī-mudrā로 해야만 한다고 더 구체적으로 명시한다. 요니-무드라yoni-mudrā는 심지어 정액(빈두bindu)이 흐르기 시작한 후에도 요긴yogin이 사정하는 것을 막을 수 있게 하므로 하타-요가 Haṭha-Yoga와 탄트라Tantra 문헌들에서 널리 칭송된다.

요니-무드라는 또한 의례 상황, 특히 여신(데비 devī)에 대한 숭배에서 사용되는 상징적인 손 제스처(무드라) 중 하나이기도 하다.

⇒ 무드라mudrā, 샥티-찰라나-무드라śakti-cālana-mudrā 도 참조.

[비교] 아슈위니-무드라aśvinī-mudrā.

요니-무드라. 여성 생식기를 상징하는 의례를 위한 손 제스처

yoni-puṣpa(요니-푸슈파)

'요니yoni 꽃'이라는 뜻이다. 마이투나maithuna 의례에 사용되는 대체품인 (푸른색 아파라지타♯aparājitā) 꽃이다.

Yoni-Tantra(요니-탄트라)

'여성 생식기/근원 탄트라Tantra'라는 뜻이다. 여덟 장으로 된 후대의 절충주의적 탄트라로, 바이슈나바 vaiṣṇava 편향적이다.

yuga(유가)

'영겁', '억겁', '무한히 긴 시간', '이온'(에온)이라는 뜻이다.

⇒ 세계의 시대(world ages) 참조.

Y

yukta(육타)

'결합된'이라는 뜻이다. 종종 육타-아하라(♯yukta-āhāra; '올바른 식습관') 또는 육타-스와프나(♯yukta-svapna; '통제된 꿈')와 같이 다른 단어들과 결합되어 발견된다. 이것은 요긴yogin과 동일한 어근 √yuj에서 파생되었다. ⇒ 요가-육타yoga-yukta도 참조.

yukta-ātman(육타-아트만, [연성]yuktātman육타트만)

'결합된 자아'라는 뜻이다. 전고전 요가(Preclassical Yoga) 문헌에서 흔히 볼 수 있는 자신을 통제한 요긴yogin과 동의어이다. 『바가바드-기타』*Bhagavad-Gītā*(6. 29)에서 말했듯이 자신을 통제한 요긴은 모든 것을 고요하게 똑같이 차별 없이, 즉 사마-다르샤나sama-darśana를 가지고 생각하기 때문이다. 『웃다바-기타』*Uddhāva-Gītā*(2. 45)에서는 그를 불에 비유했다. 왜냐하면 그는 고행을 통해서 빛나게 되기 때문이다.

Yukta-Bhavadeva(육타-바바데바)

바바데바 미슈라Bhavadeva Miśra가 저술한 하타-요가Haṭha-Yoga 문헌이다. 성립 연대가 대략 1623년까지 거슬러 올라가는 이 문헌은 열한 개의 장으로 된 학술적 저작이다. 이 책은 가로테M. L. Gharote와 자V. K. Jha에 의해 교정 · 편집되어서 출간되었는데 181쪽으로 되어 있다.(2002) 바바데바는 자신의 생각을 뒷받침하는 데서나 비판적으로 바로잡기 위한 데서나 다른 많은 요가Yoga 문헌을 인용하였다. 그는 파탄잘리Patañjali의 8지를 채택했지만 하타-요가의 기법과 과정 들에 주목했다. 특히 그는 해부학과 약초 치료(칼파kalpa)에 대해 두 장을 할애했다. 107개의 생기 에너지 자리(마르만marman)에 대한 논의는 요가 문헌들 가운데서 상당히 독특하다. 칼파 치료는 두 가지 목적이 있다고 한다. 하나는 질병에 대항해 신체가 면역력을 갖게 하는 것이고, 다른 하나는 신체를 젊어지게 하는 것이다. 그는 실제적인 호흡 조절♯vāyu-jaya 수행법을 광범하게 다룬다. 바바데바가 『쉬바-상히타』*Śiva-Saṃhitā*를 인용했기에 이 『쉬바-상히타』를 일반적으로 생각했던 것보다 더 앞선 시기에 위치시킬 수 있다는 사실은 역사적으로 의의가 있다.

Yukteshwar Giri, Sri(슈리 육테슈와르 기리, Skt: Śrī Yukteśvara Giri; 1855~1936)

본명은 프리야나트 카라르Priyanath Karar이다. 파라마한사 요가난다Paramahansa Yogananda와 다른 몇몇 제자의 구루guru였던 그는 크리야-요가Kriyā-Yoga의 스승이자 학식이 깊은 인도 점성학자이다. 결혼한 지 얼마 되지 않아 아내가 죽자 그는 세속의 포기(renunciation)를 맹서했다. 그의 스승은 라히리 마하사야Lahiri Mahasaya였고, 바바지Babaji가 그에게 힌두교Hindu와 기독교의 기본적 단일성을 보여 주려는 책을 쓸 것을 요청하였다. 이 책은 『신성한 과학』*Holy Science*이라는 제목으로 1894년에 출간되었다.

yukti(육티)

'수단'이라는 뜻이다. 『라구-요가-바시슈타』*Laghu-Yoga-Vāsiṣṭha*(5. 10. 128f.)에서는 마음을 통제하는 수단으로 다음의 네 가지를 언급한다. 참자아에 대한 깨달음 획득♯adhyātma-vidyā-adhigama, 성스러운 사람들과의 교제♯sādhu-saṃgama, 욕망을 버림(abandonment)♯vāsanā-samparityāga, 호흡의 움직임 억제(abandonment)♯prāṇa-spanda-nirodhana. 다른 곳(6. 1. 58)에서는 두 가지 주요 수단, 즉 참자아에 대한 앎(아트마-갸나ātma-jñāna)과 호흡 통제♯prāṇa-saṃyama에 대해 말한다.

Yukti-Dīpikā(육티-디피카)

'[상키야Sāṃkhya의] 논증의 등불'이라는 뜻이다. 작자미상이고 성립 년대는 서기 700년경으로 추정되는 상키야의 중요 문헌이다. 이것은 이슈와라 크리슈나Īśvara Kṛṣṇa에 앞선 교사들 및 가르침과 상당한 유사성을 보여 준다.

Z

Zen(선禪)

일본어인 젠(zen, 한국어로는 선禪)은 '명상'(meditation)을 의미하는 중국어 동의어인 찬ch'an에서 파생되었다. 찬은 산스크리트Sanskrit 용어인 디야나(dhyāna, 붓다Buddha의 언어인 팔리어Pali로는 자나jhāna)의 직역어이다. 젠은 요가Yoga의 일본적 형태이고, 그 정신(spirit)에 있어서는 중세 탄트라Tantra의 특정 학파들의 특징인 즉각적(사하자sahaja) 접근법에 가깝다. 좌선(坐禪, 일본어로 자-젠za-zen)과 공안(公案, 일본어로 코안koan)으로 알려진 주의집중 장치의 사용을 통해서 젠 수행자들은 급작스런 깨침(일본어로는 사토리satori) 속에서 순수한 '붓다Buddha의 마음'을 깨치려고 노력한다. 깨침(사토리)의 상태는 요가 특유의 사마디samādhi와는 구별되어야만 한다. 전자가 깨어 있는 의식에 근거하여 발생하는 반면, 후자는 감각 제어(제감制感, 프라티야하라pratyāhāra) 이후에 발생하는 깊은 명상 속에서의 정신적(mental) 변이이다. 더 정확히 말하자면 순식간의 깨달음(일본어로는 사토리)은 그 본질에 있어서 영원한 사하자-사마디sahaja-samādhi 상태와 유사하다. 양자는 어떠한 정신적 왜곡 없이 실재를 '있는 그대로'ṣyathā-bhūta 드러낸다.

zest(열정)

⇒ 웃사하utsāha, 비리야vīrya 참조.

Zimmer, Heinrich(하인리히 짐머; 1890~1943)

처음에는 나치 독일로부터 영국으로, 그 다음은 미국으로 망명한 독일의 저명한 인도학자이다. 그는 힌두Hindu 예술과 신화를 전문적으로 연구하였고, 융C. G. Jung과 오랜 시간 상호 돈독한 친교를 나누었다. 그의 많은 저작은 제자인 조셉 캠벨Joseph Campbell이 편집하였다. 그의 책 중에서 『인도의 신성한 이미지들 속의 예술 형식과 요가』*Artistic Form and Yoga in the Sacred Images of India*(1926년에 독일에서 처음 출간)가 가장 영향력이 있다.

참고 도서

Akhilananda, Swami. 1952. *Mental Health and Hindu Psychology*. New York: Harper.

Alter, Joseph S. 2004. *Yoga in Modern India*. Princeton, N. J.: Princeton University Press.

Ananda Acharya. 1970. *Life and Nirvana*. 2 vols. Alvdal, Nor.: Brahmakul.1924. *Yoga of Conquest*. Reprint, 1971. Hoshiarpur, Ind.: Vishveshvaranand Vedic Research Institute.

Aurobindo, Sri. 1949. *Essays on the Gita*. Pondicherry, Ind.: Sri Aurobindo Ashram.

1955. *The Life Divine*. 2 vols. Pondicherry, Ind.: Sri Aurobindo Ashram.

1948. The Synthesis of Yoga. Pondicherry, Ind.: Sri Aurobindo Ashram.

Baier, Karl. 1998. *Yoga auf dem Weg nach Westen*. Würzburg, Ger.: Königshausen and Neumann.

Banerji, S. C. 1988. *A Brief History of Tantra Literature*. Columbia, Mo.: South Asia Books.

1992. *New Light on Tantra*. Calcutta, Ind.: Punthi Pustak.

1992. *Tantra in Bengal*. 2d ed. New Delhi: Manohar Publications.

Behanan, Kovoor T. 1937. *Yoga: A Scientific Evaluation*. Whitefish, Mont.: Kessinger Publishing.

Bernard, Theos. 1944. *Hatha Yoga*. London: Rider.

Bharati, Agehananda. 1965. *The Tantric Tradition*. London: Rider.

Bhattacharya, Ramshankar, and Gerald J. Larson. 2008. *Yoga: India's Philosophy of Meditation*. New Delhi: Motilal Banarsidass Publishers.

Brunton, Paul. 1984-88. *The Notebooks of Paul Brunton*. 16 vols. Burdett, N. Y.: Larson.

1934. *A Search in Secret India*. London: Rider.

Buitenen, J. A. B. van. 1957. "Studies in Sāmkhya." *Journal of the American Oriental Society*. 76: 15-25, 88-107.

Coster, Geraldine. 1934. *Yoga and Western Psychology*. New Delhi: Motilal Banarsidass.

Coward, H. 2002. *Yoga and Psychology*. Albany, N. Y.: SUNY Press.

Crowley, Aleister. 1939. *Eight Lectures on Yoga*. Las Vegas, New Falcon Publications.

Daniélou, Alain. 1964. *Hindu Polytheism*. New York: Bolligen Foundation. Reissued as *The Myths and Gods of India*. 1991. Rochester, Vt.: Inner Traditions.

1949. *Yoga: The Method of Reintegration*. Whitefish, Mont.: Kessinger Publishing.

Dasgupta, Surendranath. 1922-55. *A History of Indian Philosophy*. 5 vols. New Delhi: Motilal Banarsidass.

Divanji, P. C. "The Yogayājñavalkya." 1953. *Journal of the Bombay Branch of the Royal Asiatic Society,* New series, 28(1953): 99-158, 215-68; 29(1954): 96-128.

Dyczkowski, Mark S. G. 1988. *The Canon of the Śaivāgama and the Kubjikā Tantras*. Albany, N. Y.: SUNY Press.

Eliade, Mircea. 1969. *Yoga: Immortality and Freedom. Princeton*, N. J.: Princeton University Press.

Evola, Julius. 1958. *Eros and the Mysteries of Love*. Repr. 1991. Rochester, Vt.: Inner Traditions.

1934. *Revolt against the Modern World*. Repr. 1995. Rochester, Vt.: Inner Traditions.

1949. *The Yoga of Power*. Repr. 1993. Rochester, Vt.: Inner Traditions.

Feuerstein, Georg. 2008. *The Toga Tradition*. 3rd rev. ed. Prescott, Ariz.: Hohm.

Funderburk, James. 1977. *Science Studies Yoga*. Honesdale, Pa.: Himalayan Institute.

Ganapathy, T. N. 1993. *The Philosophy of the Tamil Siddhas*. New Delhi, Ind.: Indian Council of Philosophical Research.

Gharote, M. L., and Parimal Devnath, eds. 2001. *Hatha-Yoga-Pradīpikāof Svātmārāma*. Lonavla, Ind.: Lonavla Yoga Institute.

Gharote, M. L., and Vijay Kant Jha, eds. 2002. *Yuktabhavadeva of Bhavadevamiśra*. Lonavla, Ind.: Lonavla Yoga Institute.

Gharote, M. L. et al., eds. 2007. *Hatha-Tattva-Kaumudī: A Treatise on Haûhayoga by Sundaradeva*. Lonavla, Ind.: Lonavla Yoga Institute.

Goswami, Shyam Sundar. 1959. *Hatha-Yoga*. London: Fowler.

1999. *Laya-Yoga*. Repr. Rochester, Vt.: Inner Traditions.

Hacker, Paul. 1968. "Śankara der Yogin und Śankara der Advaitin: Einige Beobachtungen." In "Beiträge zur Geistesgeschichte Indiens: Festschrift für E. Frauwallner." Special issue, *Wiener Zeitschrift für die Kunde Süd-und Ostasiens*: 119-48.

Hauer, J. W. 1927. *Vrātyas*. Stuttgart, Ger.: W. Kohlhammer.

1958. *Der Yoga*. Rev. ed. Stuttgart, Ger.: W. Kohlhammer.

Iyengar, B. K. S. 1981. *Light on Pranayama*. New York: Crossroad Publishing.

1966. *Light on Yoga*. New York: Schocken Books.

Jacobs, H. 1961. *Western Therapy and Hindu Sadhana*. London: George Allen and Unwin.

Jung, Carl Gustav. 1939. Foreword to *An Introduction to Zen Buddhism*, by D. T. Suzuki. New York: Grove Weidenfeld.

1978. *Psychology and the East*. Princeton, N. J.: Princeton University Press.

Kak, Subhash. 2000. *The Astronomical Code of the Rgveda*. New Delhi: Munshiram Manoharlal.

Krishna, Gopi. 1967. *Kundalini: The Evolutionary Energy in Man*. London: Robinson & Watkins.

Lindquist, Sigurd. 1932. *Die Methoden Des Yoga*. Cambridge, U. K.: W. Heffer and Sons, Ltd.

Michelis, Elizabeth De. 2004. *A History of Modern Yoga*. New York: Continuum Publishing.

Mishra, R. S. 1963. *The Textbook of Yoga Psychology*. Monroe, N. Y.: Baba Bhagavandas Publications Trust.

Müller, Max. 1899. *The Six Systems of Indian Philosophy*. Reprint, Charleston, S. C.: Forgotten Books, 2010.

Nowotny, Fausta. 1958. *Eine durch Miniaturen erläuterte Doctrina Mystica aus Srinagar*. The Hague, Netherlands: Mouton.

Radhakrishnan, Sarvepalli. 1948. *The Bhagavadgītā*. Reprint, London: Routledge & Kegan Paul, 1960.

Rama, Swami, et al. 1976. *Yoga and Psychotherapy*. Honesdale, Pa.: Himalayan Institute Press.

Sachdeva, I. P. 1978. *Yoga and Depth Psychology*. New Delhi: Motilal Banarsidass.

Singh, L. A. 1970. *Yoga Psychology*. 2 vols. Honesdale, Pa.: Himalayan Institute Press.

Singh, Mohan. 1973. *Gorakhnath and Mediaeval Hindu Mysticism*. Lahore, Ind.: Mohan Singh.

Sivananda Radha, Swami. 1987. *Hatha Yoga: The Hidden Language*. Kootenay Bay, B. C., Can.: Timeless Books.

1981. *Kundalini: Yoga for the West*. Kootenay Bay, B. C., Can.: Timeless Books.

Subramuniyaswami. 1979. *Dancing with Siva*. Kappa, H. I.: Himalayan Academy Publications.

Svoboda, R. E. *Aghora*. 2 vols. 1986. Albuquerque, N. M.: Brotherhood of Life.

Vishnu-devananda, Swami. 1960. *The Complete Illustrated Book of Yoga*. New York: Three Rivers Press.

White, David Gordon. 1996. *The Alchemical Body: Siddha Traditions in Medieval India*. Chicago: University of Chicago Press.

Wilber, Ken. 1979. "Are Chakras Real?" In *Kundalini, Evolution, and Enlightenment*, edited by John White, 120-31. Garden City, N. Y.: Anchor Books.

Woods, James Haughton. 1966. *The Yoga-System of Patañjali*. New Delhi: Motilal Banarsidass.

Yogananda, Paramahamsa. 1946. *Autobiography of a Yogi*. Los Angeles, Calif.: Self-Realization Fellowship.

Zvelebil, Kamil V. 1993. *The Poets of the Powers*. Lower Lake, Calif.: Integral.

Zimmer, Heinrich. 1990. *Artistic Form and Yoga in the Sacred Images of India*. Edited by Joseph Campbell. Princeton, N. J.: Princeton University Press.

추천 도서

Aiyar, K. Narayanasvami. 1980. *Thirty Minor Upanishads*. El Reno, Okla.: Santarasa.

이 저서에는 1914년에 처음 출간된 몇몇 요가-우파니샤드를 비롯하여 꽤 많은 수의 부차적 우파니샤드들에 대한 번역이 들어 있다. 번역이 모두 정확한 것은 아니지만 여전히 유용하다.

Avalon, Arthur [Sir John Woodroffe]. 1958. *The Serpent Power*. New York: Dover.

하타-요가의 비전적 지식과 복잡한 상징들에 대한 고전적 연구서이다. 『샤트-차크라-니루파나』(여섯 차크라에 대한 설명)와 『파두카-판차카』(다섯으로 된 발판)에 대한 번역을 포함하고 있다.

Basham, A. L. 1954. *The Wonder That Was India: A Survey of the History and Culture of the Indian Sub-Continent before the Coming of the Muslims*. New York: Grove.

시대에 뒤떨어진 부분도 있지만, 여전히 인도의 다원적 문화에 대한 최고의 개설서이다.

Bhatt, G. P. ed. 2004. *The Forceful Yoga*. New Delhi: Motilal Banarsidass. Pancham Sinh and R. B. S.

하타-요가의 주요 세 문헌을 한 권으로 만든 찬드라 바수(Chandra Vasu)의 초기 영역본으로, 로마나이즈로 된 산스크리트 텍스트와 함께 훌륭하게 편집되어 있다.

Bhattacharyya, N. N. 1992. *History of the Tantric Religion: A Historical, Ritualistic, and Philosophical Study*. New Delhi: Manohar Publishers.

탄트라에 대해 자세하게 개관하고 있는 저서로, 이 주제에 대해 전문가가 아닌 사람이 물을 만한 모든 질문들에 대해 답하고 있다.

Bryant, Edwin F. 2009. *The Yoga Sūtras of Patañjali*. New York: North Point.

일반 독자들을 위해 쓴, 파탄잘리(Patañjali)의 저작에 대한 광범위하고 모범적인 연구서이다.

Deussen, Paul. 1980. *Sixty Upaniṣads of the Veda*. 2 vols. Translated from the German by V. M. Bedekar and G. B. Palsule. Delhi, Ind.: Motilal Banarsidass.
다수의 요가-우파니샤드를 포함한 60종이나 되는 우파니샤드에 대한 도이센(Deussen)의 선구자적인 독어 번역본(1897년에 첫 출간)의 영역본이다. 지금은 번역이 좀 더 나아질 수 있지만, 이 편집본은 여전히 이런 부류들 중에서 가장 광범위한 시도이다.

Eliade, Mircea. 1975. *Patanjali and Yoga*. New York: Schocken Books.
삽화와 사진 들이 곁들여진, 요가의 이론과 실천에 대한 짧은 해설서로, 저자의 고전적 연구인 『요가: 자유와 불멸성』 *Yoga: Freedom and Immortality*(앞 항목 참조)에서 발췌한 것이다.

Feuerstein, Georg. Forthcoming. *The Bhagavad-Gītā*. Boston: Shambhala Publications.
정확히 글자 그대로 번역한 교정 번역본이다. 역사적 · 문화적 맥락에서 『바가바드-기타』를 소개하는 몇 안 되는 책들 중 하나이다. 이런 맥락 없이 이 중요한 요가 문헌의 가르침들을 철저하게 이해하기는 상당히 어렵다.

________. 2006. *Holy Madness*. 2d rev. ed., Prescott, Ariz.: Hohm.
영적 달인들 중 도덕률 초월론자의 행위, 특히 스승과 제자의 관계에서 나타난 행위에 대해 조사한 것이다.

________. 1996. *The Philosophy of Classical Yoga*. Rochester, Vt.: Inner Traditions.
파탄잘리(Patañjali) 요가의 형이상학과 메타심리학(무의식 연구)에 대한 학술적 논문이다.

________. 1996. *The Shambhala Guide to Yoga*. Boston: Shambhala Publications.
읽기 쉬운 요가 개설서이다.

______. 1989. *The Yoga-Sūtra of Patañjali: A New Translation and Commentary*. Rochester, Vt.: Inner Traditions.
고전 요가의 교전인 『요가-수트라』를 정확히 글자 그대로 번역한 책으로, 고전 요가에 대한 저자의 광범한 문헌학적 · 철학적 연구에 근거한 간결한 주석이 달려 있다.

________. 2008. *The Yoga Tradition: Its History, Literature, Philosophy and Practice*. 3rd rev. and enl. edition. Prescott, Ariz.: Hohm Press.
요가 전통에 대한 가장 광범위한 개설서이다.

________. 1992. *Wholeness or Transcendence? Ancient Lessons for the Emergent Global Civilization*. Burdett, N. Y.: Larson.
스위스 문화 철학자 장 겝서(Jean Gebser)가 개발한 모델을 사용하여 인간 의식의 발전이라는 관점에서 요가와 힌두이즘을 다룬다.

Feuerstein, George, Subhash Kak, and David Frawley. 1995. *In Search of the Cradle of Civilization*. Wheaton, Ill.: Quest Books.
고대 인도에 대한 최신 단서와 견해로 된 매우 읽기 쉬운 개설서로, 특히 인더스-사라스와티 문명과 베다 시대의 아리아인들 사이의 연관성은 주목할 만하다.

Ganapathy, T. N., and K. R. Arumugam, eds. 2006. *The Yoga of Siddha Tirumular*. St. Etienne de Bolton, Canada: Babaji's Kriya Yoga and Publications.

Goswami, Syundar Shyam. 1999. *Layayoga: An Advanced Method of Concentration*. Rochester, Vt.: Inner Traditions.
요가와 베단타의 산스크리트로 된 원전 문헌들에 근거하여 신비적 해부학과 쿤달리니-요가를 광범하게 다루고 있고, 인도 지방어 문헌들로부터 수많은 인용을 한 것이 특징이다.

Iyengar, B. K. S. 1985. *Light on Pranayama*. New York: Crossroad.
요가의 호흡법에 대해 요가의 달인이 전통적 문헌에 근거를 두고 저자의 개인적 경험을 더하여 연구한 탁월한 저서이다.

________. 1966. *Light on Yoga: Yoga Dipika*. New York: Schocken Books.
이 유파의 요가 달인이 저술한, 가장 종합적이고 널리 읽히는 하타-요가 서적이다.

________. 1989. *The Tree of Yoga*. Boston: Shambhala Publications.
요가 수행에 많은 도움이 되는, 통찰력 있는 주석이 있는 아헹가 요가 유파의 내부인이 쓴 요가 개설서이다.

Larson, Gerald James and Ram Shankar Bhattacharya, eds. 1987. *Sāmkhya: A Dualist Tradition in Indian Philosophy*. Princeton, N. J.: Princeton University Press.
산스크리트 원전들로부터 번역하거나 요약한 수많은 자료가 있는 상키야 전통에 대한 가장 광범위한 연구이다.

Leggett, Trevor. 1990. *The Complete Commentary by Śankara on the Yoga Sūtras*. London and New York: Kegan Paul.
조금밖에 알려져 있지 않지만 매우 중요한, 『요가-수트라』의 산스크리트 주석에 대한 첫 영역본이다.

Marchand, Peter. 2003. *The Yoga of the Nine Emotions*. Rochester, Vt.: Destiny Books.

Mishra, Kamalakar. 1993. *Kashmir Śaivism: The Central Philosophy of Tantra*. Cambridge, Mass.: Rudra.
요가가 중심적 역할을 한, 인도의 가장 탁월한 철학파 중 하나에 대한 훌륭한 개설서이다.

Olivelle, Patrick. 1992. *Samnyāsa Upanisads: Hindu Scriptures on Asceticism and Renunciation*. Oxford: Oxford University Press.
인도의 이욕 전통에 대한 학술적 개설이 있는, 소위 산니야사-우파니샤드라 불리는 문헌들에 대한 탁월한 번역서이다.

Panikkar, Raimundo. 1977. *The Vedic Experience: Mantramañjari; An Anthology of the Vedas for Modern Man and Contemporary Celebration*. London: Darton, Longman & Todd.

힌두이즘의 권위 있는 성전들 중 가장 오래된 부분인 베다의 종교철학적 관념들에 대한 통찰력 있고 세밀한 연구서이다.

Radhakrishnan, Sarvepalli. 1953. *The Principal Upaniṣads*. London: Allen & Unwin.
기본적으로 18종의 주요 우파니샤드에 대한 온전한 번역서이다.

Rai, Subas. 1993. *Rudraksha: Properties and Biomedical Implications*. Varanasi, Ind.: Ganga Kaveri.
루드라크샤 목걸이의 전자기에 대한 독특한 과학적 연구이다.

Sannella, Lee. 1987. *The Kundalini Experience: Psychosis or Transcendence?* Lower Lake, Calif.: Integral.
자연발생적인 쿤달리니 각성을 경험한 피실험자들에 대한 임상사례 연구에 근거하여 쿤달리니 현상을 개설한 저작이다. 고피 크리슈나(Gopi Krishna, 위의 참고 도서 참조)의 자서전적 저작과 함께 이 책을 읽는 것이 좋다.

Varenne, Jean. 1976. *Yoga and the Hindu Tradition*. Chicago: University of Chicago Press.
요가-우파니샤드들에 나타난 요가의 주요 개념들에 대한 탁월한 개설서이다. 『요가-다르샤나-우파니샤드』*Yoga-Darśana-Upaniṣad*의 번역이 들어 있다.

Venkatesananda, Swami. 1993. *Vasistha's Yoga*. Albany: SUNY Press.
베단타적 요가의 가장 우수한 산스크리트 문헌들 중 하나에 대한 저자의 축약판으로, 무료이지만 상당히 읽을 만한 번역서이다.

Vivekananda, Swami. 1982. *Jnana-Yoga*. New York: Ramakrishna-Vivekananda Center.

________. 1982. *Karma-Yoga and Bhakti-Yoga*. New York: Ramakrishna-Vivekananda Center.

________. 1982. *Raja-Yoga*. New York: Ramakrishna-Vivekananda Center.
위의 셋은 모두 스와미 비베카난다(Swami Vivekananda)의 저작으로, 요가에 대해 샹카라(Śaṅkara)의 아드와이타 베단타적 관점을 엄격히 고수하고 있다. 이 저작들의 지속적인 가치는 각 주제들에 대해 그가 깨달은 풍부한 개인적 경험에 있다.

더 많은 참고 도서가 필요하다면 하워드 자렐(Howard R. Jarrel)이 엮은 『국제 요가 도서 목록』*International Yoga Bibliography*(Metuchen, N. J.: Scarecrow Press, 1981)뿐만 아니라, 미르치아 엘리아데(Mircea Eliade)의 『요가: 자유와 불멸성』*Yoga: Freedom and Immortality*과 게오르그 포이에르슈타인(Georg Feuerstein)의 『요가 전통』*The Yoga Tradition*의 광범한 문헌 목록을 참조할 수 있다. 이들 저작은 또한 이 책 『요가, 탄트라 백과사전』에서 인용되거나 언급된 산스크리트 문헌들의 판본에 대한 참고 문헌도 담고 있다.

다음의 삽화, 사진 들을 다시 사용할 수 있게 허락해 준 데 대해 기꺼이 감사드린다.

p. 82(안달), French Institute of Indology, Pondicherry;

p. 70(슈리 아우로빈도), Sri Aurobindo Ashram, Pondicherry;

p. 90(바바지), p. 109(보가르), p. 440(티루물라르), Babaji's kriya Yoga and Publications, Eastman, Quebec;

p. 91(밧다 파드마 아사나), p. 103(부장가—아사나), p. 144(다누르 아사나), p. 185(할라 아사나), p. 210(잘란다라 반다), p. 247(쿡쿠타 아사나), p.276(맛시엔드라 아사나), p. 289(나울리), p. 318(파슈치마 웃타나 아사나), p. 371(상카타 아사나), p. 378(사르바 앙가 아사나), p. 609419(쉬르샤 아사나), p. 453(웃타나 쿠르마카 아사나), p. 494(요가 무드라), (모두 테오스 버나드Theos Bernard의 허가를 받음) G. Eleanore Murray;

p. 93(바울), Frank Rondot, www.meditant;

p. 118(차이탄야), p. 139(닷타트레야), p. 224(카필라), p. 319(파탄잘리), p. 356(라마누자), James Ray, Charlotte;

p. 120(케이 버드가 시연한 차크라 아사나), Bonnie Kamin, Fairfax, California;

p. 372(힌두의 이욕 수행자), Matthew Greenblatt;

p. 155(브루 마디야 드리슈티), Richard Lannoy;

p. 173(스와미 기타난다 기리), Meenakshi Devi Bhavanani and Yoga Jivana Satsangha, Pondicherry;

p. 192(하타 요가 프라디피카), Adyar Library and Research Center, Theosophical Society;

p. 195(인도의 종교 의식), Himalayan Academy Publications, Kapaa, Hawaii;

p. 203(사제 인물상)와 p. 203(모헨조다로 폐허), S. P. Gupta;

p. 205(아헹가), Iyengar Yoga Institute, Poona;

p. 408(샥티), Destiny Books, an imprint of Inner Traditions International, Rochester, Vermont, copyright 1986 Harish Johari;

p. 242(고피 크리슈타), Chuck Robinson and Kundalini Research Foundation;

p. 243(크리슈나마차리야), Krishnamacharya Mandir, Poona;

p. 251(스와미 쿠발라야난다), Kaivalyadhama, Lonavla;

p. 277(마닉카바차카르), Munshiram Manoharlal Publishers, New Delhi;

p. 284(스와미 묵타난다), Muktananda Ashram, Ganeshpuri;

p. 328(슈릴라 프라부파다), Clarion Call Publishing, Eugene, Oregon;

p. 352(스와미 라마), Himalayan International Institute, Honesdale;

p. 350(라마크리슈나)와 p. 474(스와미 비베카난다), Ramakrishna-Vivekananda Center, New York;

p. 351(라마나 마하리쉬), Ramanashramam, Tiruvannamalai;

p. 393(스와미 쉬바난다와 스와미 쉬바난다 라다), Yasodhara Ashram, Kootenay;

p. 494(파라마한사 요가난다), Self-Realization Fellowship, Los Angeles.

저작권 출처들을 정확히 확인하기 위해 모든 노력을 기울여 왔다. 저작권 출처가 불분명한 몇 가지, 예를 들면 p. 215(갸나데바), p. 220(카비르), p. 486(야갸발키야)의 경우에는 저자와 출판사가 이 저작의 앞으로의 판에서 각 저작권자들의 통보에 따라 기꺼이 완전하게 저작권 확인을 하고자 한다.

샴발라 출판사는 다음의 삽화들에 대한 저작권을 가지고 있다.
p. 28(아바야-무드라), p. 149(디야나-무드라), p. 297(나사-아그라-드리슈티), p. 426(샨-무키-무드라).

저자는 다음의 삽화, 사진 들에 대한 저작권을 가지고 있다.
p. 77(아갸-차크라), p. 50(아나하타-차크라), p. 49(수크슈마-샤리라), p. 170(안잘리-무드라), p. 95(주 크리슈나와 아르주나왕자), p. 116(가우타마 붓다), p. 140(다마루), p. 170(가네샤), p. 174(고피), p. 175(고라크샤), p. 188(하스타-무드라), p. 258(쉬바-링가), p. 263(마하바라타), p. 267(마이투나), p. 274(마니푸라-차크라), p. 275(맛시옌드라), p. 286(물라다라-차크라), p. 292(나디), p. 290(네티), p. 309(파드마-아사나), p. 319(쉬바 파슈파티), p. 364(사하스라라-차크라), p. 414(샨딜리야), p. 411(샹카라), p. 422(슈리-얀트라), p. 388(싯다-아사나), p. 392(싱하-아사나), p. 405(스와디슈타나-차크라), p. 404(스와스티카), p. 442(트라타카), p. 448(웃디야나-반다), p. 454(웃타나-만두카-아사나), p. 472(가루다를 탄 비슈누), p. 470(비슛다-차크라), p. 477(비야사), p. 485(칼리-얀트라), p. 502(요니-무드라).

저자가 알기로, 여기서 구체적으로 저작자 표시가 되어 있지 않은 삽화, 사진 들은 저작권 권리가 소멸상태인 것들이다.

Z

한글 색인

가 항목

색인

색인

색인

사 항목

색인

색인

ㅍ 항목

하 항목

영문 색인

색인

색인

색인

색인

[부록2]

| 범어 음역 한자의 독음 표기법[1] |

불전의 원어, 즉 산스크리트Sanskrit어와 팔리pāli어, 티베트tibet어 등의 한글 표기를 다음과 같은 원칙에 따라 통일하였다.

이 표기법은 한자를 대상으로 하여 강구된 것이므로, 한역漢譯 불전에만 적용된다. 따라서 한자의 우리말 독음 중에서 불전의 원어와 가장 유사한 음독을 선택한다는 것이 기본 방침이다.

1. 표기의 기본 원칙

제1항 불교 원어의 음역은 원칙적으로 1986년 1월 7일 문교부 고시 제85-11호로 고시된 '외래어 표기법'의 '제1장 표기의 기본 원칙'에 준하여 표기한다. 여기서 말하는 '불교 원어'란 인도에서 불전佛典을 전승하는 데 사용된 팔리어와 산스크리트어를 가리킨다.

(참고 : 외래어 표기법 제1장 표기의 기본 원칙)

① 외래어는 국어의 현용 24 자모만으로 적는다.

② 외래어의 1 음운은 원칙적으로 1 기호로 적는다.

③ 받침에는 'ㄱ, ㄴ, ㄹ, ㅁ, ㅂ, ㅅ, ㅇ'만을 쓴다.

④ 파열음 표기에는 된소리를 쓰지 않는 것을 원칙으로 한다.

⑤ 이미 굳어진 외래어는 관용을 존중하되 그 범위와 용례는 따로 정한다.

(유의 사항)

① 현행 24 자모 이외의 특수한 기호를 사용하지 않는다. 이 원칙은 "1음운은 원칙적으로 1 기호로 적는다"라는 원칙을 포함한 다른 모든 원칙에 우선한다.

② 발음상 된소리(경음)로 들리는 자음도 거센소리(격음)로 표기한다. 이는 발음의 구분이 모호하기 때문만이 아니라, 된소리의 빈도가 지나칠 경우에 야기되는 국어와의 마찰을 최소화하기 위함이다.

③ 국어에서 실제 발음상의 음가를 갖지 못하는 받침은 그대로 사용하지 않고, 가장 가깝게 발음되는 받침으로 대체한다.

④ 불교 원어의 장모음과 단모음을 구분하여 적지 않는다.

1 이 표기법의 내용은 「불교 원어의 음역 표기 조사 연구」(정승석, 『가산학보』, 제4호, 가산불교문화원, 1995)를 그대로 채용하여 재정리한 것이다.

제2항 불교 원어의 자모 배합에 따른 발음의 특성상 제1항으로 해결하기 어려운 경우의 표기는 따로 정하는 '관용적 표기의 세칙'을 따른다.

2. 모음의 표기

a 아 / garuḍa 가루다.

ā 아 / gāthā 가타.

i 이 / licchavī 릿차비.

ī 이 / gotamī 고타미.

u 우 / rāhula 라훌라.

ū 우 / virūḍhaka 비루다카.

ṛ 리 / hotṛ 호트리, rājagṛha 라자그리하.

ṝ 리 / kṝ 크리.

ḷ ㄹ리 / kḷpta 클립타, kāḷodāyin 칼로다윈.

ḹ ㄹ리 / ḷ와 동일하게 취급한다.

e 에 / prasenajit 프라세나지트.

ai 아이 / nairañjanā 나이란자나.

o 오 / lokāyata 로카야타.

au 아우 / kauśika 카우쉬카.

3. 자음과 반모음의 표기

자음은 기본 원칙의 제1항에 따라 아래와 같이 표기하되, 받침으로 표기되는 경우, 자음의 음가에 국어의 '으'음을 결합하는 경우, 특수한 복합 자음의 표기, 기타 병행이 가능한 표기 등은 '관용적 표기의 세칙'에서 정한다.

ka 카 / naraka 나라카, cakra 차크라, bhakti 박티. / 실제의 발음은 경음인 '까'에 가깝게 들리지만, 표기의 기본 원칙 제1항에 따라 격음인 '카'로 적는다. 받침으로 사용될 경우에는 'ㄱ'으로 적는다.

kha 카 / duḥkha 두카, khitaka 키타카. / ka의 경우와 동일하게 적는다. 받침으로 표기되지는 않는다.

ga 가 / gandharva 간다르바, gṛha 그리하.

gha 가 / ghoṣaka 고샤카. / ga의 경우와 동일하게 적는다. 받침으로 표기되지는 않는다.

ṅ 받침 ㅇ / laṅkā 랑카. / 국어의 받침 'ㅇ'에 상당하는 비음이다. 항상 받침 'ㅇ'으로 적는다.

ca 차 / candrakīrti 찬드라키르티, krakucchanda 크라쿳찬다. / 실제의 발음은 경음인 '짜'에 가깝게 들리지만, 표기의 기본 원칙 제1항에 따라 격음인 '차'로 적는다. 받침으로 사용될 경우에는 'ㅅ'으로 적는다.

cha 차 / chanda 찬다. ca의 경우와 동일하게 적는다. 받침으로 표기되지는 않는다.

ja 자 / jati 자티, avijjā 아빗자. / 받침으로 사용될 경우에는 'ㅅ'으로 적는다. ñ가 뒤따를 때는 이 음가를 상실하고 특수하게 발음되는데, 이 경우는 '제5장 관용적 표기의 세칙' 제3항의 1에 따라 적는다.

jha 자 / gijjhakūṭ 깃자쿠타. / ja의 경우와 동일하게 적는다. 받침으로 표기되지는 않는다.

ñ 냐 / yajaña 야자냐, ñānasaṃvara 냐나상와라, sañjaya 산자야. / 국어의 받침 'ㄴ'에 상당하는 비음이지만, 모음 'a'가 뒤따를 때는 '냐'로 적는다. 자음 앞이나 어말에서는 받침 'ㄴ'으로 적는다. 'j'가 선행할 때는 이 음가를 상실하고 특수하게 발음되는데, 이 경우는 제5장 제3항의 1에 따라 적는다.

ṭa 타 / ghanṭā 간타, aṭṭhaṅgika 앗탕기카. / 국어에는 상당하는 음가가 없는 권설음 즉 혀말음소리이다. 받침으로 사용될 경우에는 'ㅅ'으로 적는다.

ṭha 타 / kanṭhaka 칸타카. / ṭa의 경우와 동일하게 적는다. 받침으로 표기되지는 않는다.

ḍa 다 / danḍaka 단다카. / 국어에는 상당하는 음가가 없는 권설음이다. 받침으로 사용될 경우에는 'ㅅ'으로 적는다.

ḍha 다 / virūḍaka 비루다카 / ḍa의 경우와 동일하게 적는다. 받침으로 표기되지는 않는다.

ṇa 나 / dhāraṇī 다라니, kanṭhaka 칸타카. / 국어의 받침 'ㄴ'에 상당하는 비음이다. 자음 앞이나 어말에서는 받침 'ㄴ'으로 적는다.

ta 타 / tamas 타마스, uttara 웃타라. / 실제의 발음은 경음인 '따'에 가깝게 들리지만, 표기의 기본 원칙 제1항에 따라 격음인 '타'로 적는다. 받침으로 사용될 경우에는 'ㅅ'으로 적는다.

tha 타 / gāthā 가타. / ta의 경우와 동일하게 적는다. 받침으로 표기되지는 않는다.

da 다 / dantikā 단티카, khuddaka 쿳다카. / 받침으로 사용될 경우에는 'ㅅ'으로 적는다.

dha 다 / dhaniya 다니야 / da의 경우와 동일하게 적는다. 받침으로 표기되지는 않는다.

na 나 / nandā 난다, chanda 찬다. / 국어의 받침 'ㄴ'에 상당하는 비음이다. 자음 앞이나 어말에서는 받침 'ㄴ'으로 적는다.

pa 파 / pañika 판치카, abhippasādo 아빗파사도, dharmagupta 다르마굽타. / 실제의 발음은 경음인 '빠'에 가깝게 들리지만, 표기의 기본 원칙 제1항에 따라 격음인 '파'로 적는다. 동일 계열의 자음 p, ph 앞에서는 받침 'ㅅ'으로, 이 밖의 받침으로 사용될 경우에는 'ㅂ'으로 적는다.

pha 파 / phala 팔라. / pa의 경우와 동일하게 적는다. 받침으로 표기되지는 않는다.

ba 바 / bauddha 바웃다, śbda 샤브다.

bha 바 / bharata 바라타. / ba의 경우와 동일하게 적는다.

ma 마 / mahāvīra 마하비라, kumbhāṇḍ 쿰반다. / 국어의 받침 'ㅁ'에 상당하는 비음이다. 자음 앞이나 어말에서는 받침 'ㅁ'으로 적는다.

ya 야 / yoga 요가, gomayī 고마위, āraṇyaka 아란야카, saṃhya 상키야, nairāmya 나이라트미야, manuṣa 마누쉬야, geyya 게이야. / 어두에서, 모음 뒤에서, 받침으로 표기되는 비음 뒤에서는 뒤따르는 모음에 따라 '야', '위yi', '유yu', '예ye', '요yo' 등으로 적는다. 그러나 자음 뒤, 또는 받침으로 표기되지 않는 비음 뒤에 있을 때는 그 자음의 음가를 '이'와 결합하고 나서 이 발음, 즉 '야' '유' 등을 첨가하여 적는다. 비음을 받침으로 적는 경우는 제5장 제2항의 3에서 제시한다. y가 중복될 때 앞의 y는 '이'로 적는다.

ra 라 / ratna 라트나, karma 카르마. / 받침으로 표기되지는 않는다.

la ㄹ라 / lohita 로히타, maṇḍala 만달라, tamil 타밀. / 어두에서는 ra의 경우와 동일하나, 어두에 오지 않는 경우에는 선행하는 음가에 'ㄹ'을 받침으로 첨가하고 나서 ra의 경우를 적용한다. 어말에서는 단지 'ㄹ'받침으로 적는다.

va 바 또는 와 / veda 베다, sarva 사르바, svāmī 스와미. / 모음과 반모음 r, l 다음이나 어두에 있을 때는 '바'로 적는다. 그러나 자음 뒤에 있을 때는 '와'로 적는다. 이처럼 '와'로 적는 것은 관용적 표기에 속한다. 자음 뒤의 vi와 ve는 각각 '위'와 '웨'로 적는다.

śa 샤 / āśrama 아슈라마, śiva 쉬바, pariśuddhi 파리숫디, leśyā 레쉬야. / 모음이 뒤따르지 않을 경우에는 '슈'로 적는다. 그러나 뒤따르는 모음이 'a, i, u, e, o'일 경우에는 각각 '샤, 쉬, 슈, 셰, 쇼'로 적는다. 또 'y'가 후속함으로써 '이'음가와 결합할 때는 '쉬'로 적는다. 받침으로 표기되지는 않는다.

ṣa 샤 / viṣṇu 비슈누, dveṣa 드웨샤. / ś의 경우와 완전히 동일하게 적는다.

sa 사 / somā 소마, vipassanā 비팟사나. / 인도어에서는 치찰음에 속하여 '싸'에 가깝게 들리지만, 표기의 기본 원칙 제1항에 따라 '사'로 적는다. 중복될 경우에는 앞의 발음을 받침 'ㅅ'으로 적는다.

ha 하 / harṣa 하르샤, hṛdaya 흐리다야, brahman 브라만. / 받침으로 표기되지는 않는다. 반모음 y나 모음이 뒤따르지 않는 h는 그 음가의 특성상 따로 모음을 주지 않고 묵음으로 처리한다. 모음이 뒤따르지 않는 h를 '흐'로 표기하는 것은 유사한 다른 경우, 즉 대기음에서 기음(-h)을 따로 표기하지 않는다는 원칙이나 말미에 오지 않는 비사르가(ḥ)를 묵음으로 처리한다는 원칙과 일관되지 못한다.

4. 특수음의 표기

ṃ ḥ / 산스크리트어에서 '아누스와라'라고 불리는 'ṃ'과 '비사르가'라고 불리는 'ḥ'는 앞이나 뒤의 음가에 따라 다르게 발음되는 특수음이다. 비음인 ṃ은 'ㄴ, ㅁ, ㅇ' 중의 어느 것이라도 받침으로 선택하여 적을 수 있으며, 기음인 ḥ는 어말에서 '하'로 통일하여 적을 수 있다. 특히 산스크리트어 자음의 음성적 구조를 모를 경우에는 ṃ의 발음을 구별하여 표기할 수 없을 뿐만 아니라, 실제의 발음에서 ṃ은 종종 다른 비음으로 대체될 수 있기 때문이다.

그러나 산스크리트어 자음의 음성적 구조에 따라 아래와 같이 구분하여 적는 것을 원칙으로 삼는다.

제1항 아누스와라(ṃ)는 뒤따르는 자음의 계열에 속하는 비음으로 적는다. 이 밖의 경우에는 받침 'ㅇ'으로 적는다. 어말에서는 항상 받침 'ㅁ'으로 적는다.

saṃgha 상가. / 'k, kh, g, gh, ṅ'가 뒤따를 때는 받침 'ㅇ'으로 적는다. 이 경우, ṃ는 ṅ과 동일하다.

saṃjaya 산자야. / 'c, ch, j, jh, ñ'가 뒤따를 때는 받침 'ㄴ'으로 적는다. 이 경우, ṃ는 ñ과 동일하다.

saṃḍīvin 산디빈. / 'ṭ, ṭh, ḍ, ḍh, ṇ'가뒤따를 때는 받침 'ㄴ'으로 적는다. 이 경우, ṃ는 ṇ과 동일하다. 그러나 ṃ이

이처럼 위치하는 경우는 매우 드물다.

saṃtāna 산타나, kiṃnara 킨나라. / 't, th, d, dh, n'가 뒤따를 때는 받침 'ㄴ'으로 적는다. 이 경우, ṃ는 ṅ과 동일하다.

saṃbodhi 삼보디. / 'p, ph, b, bh, m'가 뒤따를 때는 받침 'ㅁ'으로 적는다. 이 경우, ṃ는 m과 동일하다.

saṃskāra 상스카라, aṃśa 앙샤, saṃvara 상와라, siṃha 싱하, saṃyutta 상윳타. / 앞의 다섯 가지 예에 속하지 않으면서 어말에 있지 않을 때에는 받침 'ㅇ'으로 적는다. 이 경우, ṃ는 ṅ과 동일하다.

제2항 어말의 비사르가(ḥ)는 바로 앞에 있는 모음의 음가를 'ㅎ'과 결합하여 '하'(-aḥ), '히'(-iḥ), '후'(-uḥ), '헤'(-eḥ), '호'(-oḥ) 등으로 적는다. 어말에 있지 않은 경우에는 묵음으로 처리하여 적지 않는다.

puruṣaḥ 푸루샤하, kaviḥ 카비히, dhenuḥ 데누후, mateḥ 마테헤, matyoḥ 마티요호.

duḥkha 두카, naiḥsargika 나이사르기카.

5. 관용적 표기의 세칙

다양한 자모의 배합과 인도어 특유의 발성으로 인해, 앞의 4장에서 제시한 원칙만으로는 그 구체적인 표기법이 불충분하거나 선명하지 않는 경우는 아래의 세칙에 따라 적는다.

제1항 비음과 비사르가(ḥ)를 제외하고 아래의 경우에 해당하는 자음들은 받침으로 적지 않고 국어의 '으'음가와 결합하여 적는다. 'ś' 'ṣ' 여기에 적용되지 않는다.

① 어말에 있는 자음

marut 마루트, vāk 바크. / 산스크리트어의 문장에서 어말에 올 수 있는 자음은 극히 한정되어 있으므로 이 원칙에 적용되는 자음은 'k, ṭ, t, p'에 불과하다. 그러나 낱개의 단어를 표기할 경우에는 다른 자음들도 어말에 올 수 있다. 'l'의 경우는 자음 표기의 원칙에 따라 받침으로 적는다.

② 기본적으로 모음 뒤 또는 어두에서 서로 다른 계열의 자음이 겹칠 경우, 앞에 오는 자음. 여기에 적용되지 않는 예외는 따로 정한다.

krama 크라마, prastha 프라스타, śabda 샤브다, ātman 아트만. / 자음 앞의 비음, 빈번히 사용되는 복합 자음인 jñ와 kṣ 아래의 제2항이 여기에 적용되지 않는 예외가 된다.

③ 'ㄹ'음가를 갖는 모음(ṛ, ṝ, ḷ, ḹ)이나 반모음(r, l) 앞의 자음.

prakṛti 프라크리티, pratiṣṭhita 프라티슈티타, mṛta 므리타.

제2항 받침은 아래의 원칙에 따라 적는다.

① 모음 다음에서 동일 계열의 자음이 겹칠 경우에는 '외래어 표기법'의 기본 원칙에 따라 앞의 자음을 받침으로 표기하되, 국어에서 그 받침의 음가가 분명하지 않을 때는 'ㅅ'으로 표기한다.

mokkha 목카, buddha 붓다, abhippasādo 아빗파사도.

② 모음 뒤에서, 국어의 발음으로 'ㅋ, ㅌ, ㅍ'의 음가를 지니는 자음 'k, t, p'가 비음 이외의 다른 자음 앞에 있을 경우에는 각각 'ㄱ, ㅅ, ㅂ' 등으로 적는다. 그러나 kṣ의 경우는 여기에 적용되지 않는다.

bhakti 박티, gupta 굽타, vātsalya 밧살리야. / 'kṣ'의 표기는 아래 제3항의 ②에서 따로 제시한다.

③ 반모음 ya 또는 자음 앞의 비음이 모음 뒤에 있을 경우에는 원칙적으로 받침으로 적는다. 그러나 모음 다음의 비음에 모음이 뒤따르면, 그 비음은 받침으로 적지 않고 뒤따르는 모음과 결합하여 적는다.

puṇya 푼야, samākhyā 사마키야, amṛta 아므리타. / nairātmya의 경우는 '나이라트미야'라고 적는다. 이는 비음 'm'이 자음 't'의 뒤에 있기 때문이며, 제1항 ②와 제2항 ②의 원칙에 적용되는 것이다. amṛta(아므리타)는 앞의 제1항 ③에도 해당한다.

제3항 jñ와 kṣ는 빈번히 사용되는 복합 자음으로서 발성의 습관에 따라 아래와 같이 적는다.

① jñ는 뒤따르는 모음에 따라 '갸jña', '기jñī', '계jñe' 등으로 적는다.

jñāna 갸나, saṃjñin 산긴, jñeya 계야.

② kṣ는 뒤따르는 모음에 따라 항상 '크샤kṣa', '크쉬kṣi', '크슈kṣu', '크셰kṣe', '크쇼kṣo' 등으로 적는다.

kṣatriya 크샤트리야, dakṣiṇā 다크쉬나, cakṣus 차크슈스, kṣema 크셰마, akṣobhya 아크쇼비야, lakṣmīhara 라크슈미다라. / kṣ의 'k'와 'ṣ'는 앞뒤의 자모와 무관하게 독립된 음가를 유지한다.

제4항 복합어를 표기할 경우에는 접두어나 구성 단어를 분리하여 적을 수도 있다. 이 경우에는 원어를 표기하는 발음 기호에 복합어의 구성 요소를 표시하는 기호(-)가 있어야 하며, 국어의 표기에서는 그 기호를 띄어쓰기로 표시한다. 이때, 연성 법칙에 의해 본래의 음가가 변한 경우에는 본래의 음가로 표기한다.

ṛgveda 리그웨다 ; ṛg-veda 리그 베다.

samākhyā 사마키야 ; sam-ākhyā 삼아키야.

bṛhadāraṇayaka 브리하다란야카 ; bṛhad-āraṇayaka 브리하드 아란야카.

samyaksambodhi 삼약삼보디 ; samyak-sambodhi 삼야크 삼보디.

bodhy-aṅgāni 보디 앙가니.

| **부칙 : 중국 음역어의 한글 표기** |

제1항 한자漢字로 표기된 음역어의 한글 표기는 그 동안 통용되어 온 관례에 따른다.

波羅蜜多pāramitā 파라밀다(×), 바라밀다(○).

菩提bodhi 보제(×), 보리(○).

제2항 제1항을 적용하기가 모호한 경우에 한하여, 하나의 한자에 대한 한글 음이 둘 이상일 때에는 원어의 발음에 가장 가까운 한글 음을 선택하여 적는다. 한글 음을 선택할 때는 전문 학자를 위한 특수한 옥편이 아니라, 일반인에게 통용되는 옥편을 기준으로 삼는다.

鳩摩羅什kumārajiva 구마라습(×), 구마라집(○).

僧佉sāṃkhya 승카(×), 승가(○).

| 산스크리트 영문표기법: 음역 및 발음에 대하여 |[1]

일반 독자의 편리를 위해 산스크리트 단어들을 음역하는 데 간소화한 체계를 채택하였다. 산스크리트 음을 나타내기 위해 학자들이 사용하는 다양한 발음 구별 부호 가운데 장음 기호(a, i, u 모음 위에 대시)만 사용했다. 이 기호는 발음할 때 모음을 길게 늘여서 하라는 것이다. 예를 들자면 rāja-yoga에서 rāja는 rahjuh라고 발음된다.

산스크리트에서 대부분의 모음 소리는 이태리어의 개모음開母音[2]들과 유사한 열린 발음이다. 예를 들자면 yoga에서 o는 log에서의 짧은 o와는 달리, go에서의 긴 o와 다소 유사하게 발음된다. 이와 마찬가지로 īshvara에서의 긴 ī는 island에서의 i와 달리, unique의 i처럼 발음된다. bindu에서의 짧은 i는 pin에서의 i처럼 발음된다. 이 『요가, 탄트라 백과사전』에서 빈번히 등장하는 kundalinī라는 용어는 마지막의 짧은 i를 제외한 모든 모음과 함께 koonduhlinee로 발음된다(산스크리트에서 긴 u와 짧은 u의 차이는 영어에서만큼 크지 않다).

산스크리트에서는 th 음이 없다. 오히려 th는 대기음帶氣音화[3] 된 t 소리로 난다. 그래서 hatha-yoga에서 th는 breath에서의 th가 아니라 hothouse에서의 th처럼 발음된다(서구 요가인들 사이에서 흔히 잘못 발음되고 있다). 유사하게 대기음화 된 h, 즉 bh, ch, dh, gh, jh, kh, ph와 결합된 모든 다른 자음들은 첫 자음에 뒤따르는 h가 뚜렷이 발음된다. 그래서 phala라는 용어는 fala가 아니라 phala로 발음된다. 로마자화된 c는 church에서의 ch처럼 소리 낸다. 그러므로 여기서 cakra로 표기된 단어는 chakra(영어 사전들에 등록된 철자)로 발음된다. 이러한 음역 체계는 대기음화 된 ch 소리(Chāndogya-Upanishad)와의 혼동을 피할 수 있다. 그렇지 않다면 이것을 chh로 표기해야만 할 것이다.

sh 철자는 설전음舌顫音[4] ṣ와 구개음口蓋音[5] ś 양자를 표기할 때 사용되었다. 예외적으로 Sri Aurobindo와 같이 이름 앞에 붙는 경어 Sri(shree로 발음됨)와 Sivananda(Sheevanunduh로 발음됨)라는 이름에서만 s 철자를 사용하였다. 서구에서 장음 기호를 사용하지 않고 있는 현대 저명인의 이름들에는 이 기호를 생략했다(예를 들자면 Swami Muktananda). 익숙한 영어 철자 Swami(Svāmin이 아니라)가 개인의 이름들에 사용되었다.

독일어와 라틴어에서와 마찬가지로 산스크리트 명사는 격(구문상의 기능)에 따라서 다른 어미를 갖는다. 이 사전에 있는 명사들은 변화되지 않은 원형으로 표기되었다. 이것들은 요가에 대한 영어 저술들에서 종종 만나게 되는 주격 형태와 가끔 다르다. 그러므로 익숙한 용어 yogi가 여기서는 yogin으로, mahatma가 mahātman 등으로 표기되어 있다.

또한 일반 독자들의 편의를 위해서 복합어를 개별 어간들로 분철하였다. 하이픈(-)으로 연결된 이 철자들은 그런 복합어들과 연관된 모음의 변화를 반영하지 못한다. 그래서 yogakundalyupanishad는 Yoga-Kundalinī-Upanishad로 표기했다. 산스크리트에서 소위 연성규칙을 따라서 변화된 철자들이 있는 경우에는 복합어 철자를 괄호 안에 표기하였다. 예컨대 표제어 ācārya-upāsana는 뒤에 이어서 괄호 안에 ācāryopāsana라는 철자를 표기했다.

1 본 내용은 저자인 G. Feuerstein의 산스크리트의 영어식 표기법이다.
2 '연홀소리'라고도 한다. 입을 크게 벌리고 혀의 위치를 가장 낮추어서 발음하는 모음이다.
3 '대기음'은 숨이 거세게 나오는 파열음 즉 '거센 소리'이다. 따라서 '대기음화'는 '거센 소리로 변화됨'을 의미한다.
4 혀끝을 비교적 빠르게 떨면서 내는 소리이다. 혀끝을 윗잇몸에 대었다 떼었다 하는 운동을 반복함으로써 생긴다.
5 혓바닥과 경구개 사이에서 나는 소리로 'ㅈ', 'ㅉ', 'ㅊ' 등이 있다.

요가 사전
요가와 탄트라에 대한 백과사전

2018년 11월 10일 초판 1쇄 발행
2022년 10월 30일 초판 2쇄 발행

지은이 게오르그 포이에르슈타인
옮긴이 김재민
펴낸이 정창진
펴낸곳 도서출판 여래
출판등록 제2022-000003호(2006.2.6)
주소 서울시 종로구 인사동11길 16, 403호(관훈동)
전화번호 (02)871-0213
전송 0504-170-3297 / (051)992-0676

ISBN 979-11-86189-82-5 01270
Email yoerai@hanmail.net
blog naver.com/yoerai

값은 뒤표지에 있습니다.

잘못된 책은 구입하신 서점에서 바꿔드립니다.

이 도서의 국립중앙도서관 출판예정도서목록(CIP)은 서지정보유통지원시스템 홈페이지(http://seoji.nl.go.kr)와 국가자료공동목록시스템(http://www.nl.go.kr/kolisnet)에서 이용하실 수 있습니다. (CIP제어번호 : CIP2018031843)